MOMENTOS CUMBRES
DE LAS LITERATURAS HISPÁNICAS

MOMENTOS CUMBRES DE LAS LITERATURAS HISPÁNICAS

Introducción al análisis literario

■■■

Rodney T. Rodríguez
Manhattan College
College of Mount Saint Vincent

PEARSON
Prentice
Hall

Upper Saddle River, NJ 07458

Library of Congress Cataloging-in-Publication Data

Rodríguez, Rodney.

  Momentos cumbres de las literaturas hispánicas / introducción al análisis literario,
Rodney Rodríguez.

    p. cm.

  ISBN 0-13-140132-7

    1. Spanish literature—Explication. I. Title.

PQ6014.R63 2003

860.9—dc21

2003051431

Publisher: Phil Miller
Senior Acquisitions Editor: Bob Hemmer
Executive Marketing Manager: Eileen Moran
Assistant Director of Production:
Mary Rottino
Development Supervision: Julia Caballero
Developmental Editor: Mary Lemire-
Campion
Editorial/Production Supervision:
Melissa Scott, Carlisle Communications, Ltd.
Editorial Assistant: Pete Ramsey
Prepress and Manufacturing Manager:
Nick Sklitsis
Prepress and Manufacturing Buyer:
Brian Mackey

Interior Design: Carlisle Communications, Ltd.
Production Liaison: Claudia Dukeshire
Director, Image Resource Center:
Melinda Reo
Manager, Rights & Permissions:
Zina Arabia
Formatting and Art Manager:
Guy Ruggiero
Illustrator: Margarita Barrera
Cover Design: Kiwi Design
Cover Art: Todd Siler, Centrifugal Force of
Thought, 1987. (c) Courtesy Ronald Feldman
Fine Arts, New York

Credits begin on p. 1024, which constitutes a continuation of the copyright page.

This book was set in 10/12 Bembo typeface by Carlisle Communications, Ltd. and was printed and bound by Von Hoffman. The cover was printed by Phoenix Color Corp.

Printed in the United States of America

10 9 8 7 6 5 4 3 2 1

ISBN: 0-13-140132-7 (college edition)
ISBN: 0-13-101645-8 (school edition)

Pearson Prentice Hall™ is a trademark of Pearson Education, Inc.
Pearson® is a registered trademark of Pearson plc
Prentice Hall® is a registered trademark of Pearson Education, Inc.

Pearson Education LTD., London.
Pearson Education Singapore, Pte. Ltd.
Pearson Education Canada, Ltd., Toronto
Pearson Education, Tokyo
Pearson Education Australia PTY, Limited,
Sydney

Pearson Education North Asia Ltd.,
Hong Kong
Pearson Educación de México, S.A. de C.V.
Pearson Education Malaysia, Pte.Ltd.
Pearson Education, Upper Saddle River,
New Jersey

A la memoria de mi hijo
Michael Gerard Rodríguez
(1978-1997)

CONTENIDO

PREFACE

Structure and features

Momentos cumbres de las literaturas hispánicas provides students and their instructors with one, handy collection of Spanish and Spanish-American texts aimed at teaching literary analysis as well as the main periods of Hispanic literary production. Its main focus, however, is to introduce students to the techniques of literary analysis. It guides students systematically through each work, first with pre-reading activities (*Antes de leer*) which pose issues related to the text but that also connect to the student's realm of experiences. In this way, the reader has a notion of the text's primary concerns. The next section—*Códigos para la comprensión*—provides students with the specialized knowledge (historical, cultural, linguistic, and so forth) needed to understand the meaning of the text. The text itself is analyzed through a two-pronged process: first, by means of a series of *Pasos para la compresión* aimed at understanding the salient features of the text and later through *Pasos para una lectura más a fondo,* which seek to decode the subtext and get beyond the literal meaning. Whenever possible, both sets of *pasos* focus on the literary text as a cultural construct so that the selection can be used as a vehicle for discussing and understanding aspects of Hispanic history, society, values, and culture.

The two-tiered structure of the *pasos* provides flexibility. Instructors may wish to deal only with the first set of *pasos,* especially if their objective is reading comprehension. Or, the first tier may be assigned for preparation outside of class while the second, more sophisticated set of literary considerations, can be used for classroom discussion. It should be noted that the *pasos* are not merely a set of objective questions related to the plot and themes of the work. They often reveal information or make suggestions that provide students with clues for unraveling the hidden messages of the works. The *pasos* are not always solved with a clear-cut response; they are aimed at opening up the multiple possibilities of the text, so that no single interpretation is sought.

Several features of the text support its emphasis on training students in literary analysis. First, a preliminary chapter (*Bases teóricas*) explains in simple language and with concrete examples the concepts of the modern literary theory that will be used throughout the book. And secondly, the *Diccionario de términos literarios,* located in the appendix, serves as a useful reference tool. It not only defines terms, but frequently provides a concrete example from one of the texts in the anthology. The appendix also contains a section on *Métrica española* which explains in simple language the rules of Spanish prosody.

Momentos cumbres, as the title suggests, is centered on moments of extraordinary or significant literary production. Consequently, the texts in each unit are selected to provide a broad range of artistic expression within each literary period or modality. No attempt has been made to reveal the range of styles or expression of any single author. Lope de Vega, for instance, appears as a Renaissance poet and not as a Golden Age dramatist. The accompanying web site (see below) leads students to additional works by authors.

While most of the authors included in the anthology form part of the Hispanic literary canon, there has been an attempt to include previously silenced voices. This is the case with the medieval Jewish discourse of Sem Tob, and voice of the defeated Incans of Felipe Guaman Poma de Ayala, and the expression of feminine issues during the Spanish Golden Age with the work of María de Zayas. In a similar fashion, the term "Hispanic" has been interpreted in its broadest sense to include a great medieval Catalan poet (Ausias March), an example of *gallego-portugués* poetry (the *Cantigas* of Alfonso X), and a poem in Galician by Rosalía de Castro—all of them with Castilian translations alongside the original text.

Companion Website *www.prenhall.com/momentos* and CD

A brief introduction precedes each chapter and author, but this brevity is augmented by the accompanying user-friendly Website designed specifically for *Momentos cumbres* with abundant relevant information on literary movements, historical background, life and works of authors, additional readings, and, where available, articles and other materials pertaining to the works in the anthology. The Website is an integral part of the *Cumbres* program. For instance, it contains an introductory essay, often by great essayists like Ortega y Gasset, to each chapter of the book. Equally significant are the links to essential reference tools, such as dictionaries, encyclopedias, maps, and the like. Much care has gone into the Website so that only outstanding, trustworthy material is included, and each link is succinctly described. The Website will bring literature alive for students, and show them how the Internet can be a powerful tool for literary study, especially when library resources are unavailable.

Audio CDs containing many of the poetic selections are also available with *Momentos cumbres*. Since poetry is a difficult genre for contemporary students, a professional reading of the poems, with their proper intonation, will help students understand their meaning and appreciate their audio and phonic qualities.

Intended audience

Momentos cumbres can be used in the third or fourth year of college-level Spanish study, in either an introductory literature course or a survey course of Spanish and/or Spanish-American literature. If the text is used to study only Spanish Literature or Spanish-American Literature, it has the advantage of letting students see what works were produced in the other part of the Spanish-speaking world within that same modality or time period, thus emphasizing the links that bond Spain to Spanish America. For instance, a student of Spanish literature studying the Baroque can see its ramifications in Mexico and Peru in the works of Sor Juana Inés de la

Cruz and Juan de Valle y Caviedes. On the other hand, a student studying Spanish-American literature and reading examples of Modernismo can see how the early Juan Ramón Jiménez in Spain was influenced by the movement. Because of this feature, *Momentos cumbres* is an ideal text for classes designed for native or heritage speakers of Spanish.

In addition, *Momentos cumbres* includes the works on the AP Spanish Literature reading list and is organized in a chronological, period structure, as this material is generally presented in college. The AP list does not always provide a full range of examples for certain literary units. For instance, of the rich and varied production of documentary literature related to the encounter between Europeans and indigenous peoples of the Western Hemisphere, only Cabeza de Vaca is represented. In *Momentos cumbres,* AP students will be able to see other examples like Las Casas, Díaz del Castillo, and El Inca Garcilaso, thus realizing that Cabeza de Vaca is not a single voice but rather part of a much larger chorus of Spaniards expressing their experiences in the newly discovered territories.

Theories underlying *Momentos cumbres*

As with any book, I have a philosophy about teaching literature that has guided my work. First of all, I hesitate to use translations of words and phrases. If the nature of literary language is to exploit the power of words beyond their literal meaning—as I believe it is—then such translations are counterproductive to the literary experience. Therefore, I have annotated obscure or regional words and expressions in Spanish, making sure to indicate if its meaning is figurative or if it is used in only a particular region of the Spanish-speaking world. I also ask students throughout the book to look up certain words in a Spanish language dictionary, especially when these are polysemic words and its multiple meanings and connotations are appropriate for understanding the text. The *Códigos para la comprensión* avoids the need of extensive footnoting, since they explain beforehand the specialized codes necessary for understanding the work.

Secondly, I want to train students to handle contemporary modes of critical analysis, particularly the concept of signs and codes (semiotics) and how they are structured in a text (structuralism). I also want them to learn critical theory. Although I do not subscribe to any particular method or school, I have suggested a number of different approaches, especially in the *Pasos para una lectura más a fondo,* so that a student can see what Marxist or Feminist critics do, what deconstruction is, how Reader Response or Reception Theory operate, and so forth.

Lastly, I have tried to avoid "fragments" of works, preferring to read complete, albeit short, works that represent an organic whole. However sometimes, fragments are unavoidable. A great writer like Benito Pérez Galdós, for instance, did not write short stories, so I was forced to include a chapter of *Fortunata y Jacinta* that holds together organically. On the whole, selections are purposely short so reading assignments are manageable and students have more time to read in greater depth. Similarly, introductory material to periods and authors is very concise and free of lists of titles and dates. The emphasis is on a close reading of the text.

ACKNOWLEDGMENTS

The origins of this book go back to the 1980s at Kalamazoo College where the Spanish faculty decided to teach Hispanic literature instead of Spanish separate from Spanish America. My colleagues there, Henry Cohen and Enid Valle, are the first to be thanked. My present colleagues at Manhattan College—Joan Cammarata, Margarita Barrera, Roger Celis, and Carlos Sánchez Somolinos—have graciously answered questions, offered suggestions, and read parts of the manuscript. Margarita Barrera has gone a step beyond and has drawn marvelous portraits or caricatures of the authors in the anthology.

I owe a special debt of gratitude to those high school teachers who, over the past years, have participated in my institutes and workshops in preparation for the new AP Spanish Literature curriculum. Some of these participants did projects which helped me to better understand particular works, and they should be considered co-authors of the texts they prepared: Mary Leech of Scarsdale High School (New York) for her work on Unamuno's *San Manuel Bueno, mártir;* Laura Teresa Vinocuna of the Colegio Menor San Francisco de Quito (Ecuador) for her insights on Borges's "La muerte y la brújula"; María-Esther Sánchez of St. Mark's School (Massachusetts) for Borges's "El sur"; Laura Dallmann de Toledo of The Chapin School (New York) for Quiroga's "El hijo"; and Susan Moskowitz of Tappan Zee High School (New York) for García Márquez' "La siesta del Martes." A special thanks also to Blanca Rincón of Jane Addams High School (New Jersey), Gilbany Suárez of DeWitt Clinton High School (New York), Sarah Trabulsi of Strath Haven High School (Pennsylvania) and Magda Abril of Nogales High School (Arizona) for their suggestions on Rulfo, García Márquez, and Allende and Fuentes respectively.

Other participants have inspired me with their keen insights, and their voices are echoed in this book: Teresa Blair of Adlai Stevenson High School (Illinois), Susan Cornochan of Horace Mann School (New York), Marietta Valencia of Amundsen High School (Illinois), Jean Freed of Lincoln Park High School (Illinois), and Luz Palmero of DeWitt Clinton High School (New York).

Thanks also to my colleagues who have reviewed the manuscript: James C. Courtad, Dept. of Foreign Languages, Central Michigan University; Greg Dawes, Dept. of Foreign Languages and Literatures, North Carolina State University; Joseph Hoff; Fred de Rafols; Stacy Southerland.

One cannot help but thank the mentors who have influenced me and whose work I admire. Paramount among them is Albert Sicroff, Professor Emeritus of Queens College, who taught me the secrets of decoding the subtexts of Golden Age literature (although he might not have used those exact terms). Lastly, and perhaps most importantly, my mother Ofelia Tápanes Rodríguez, who introduced me to the joys of literature as a child, and my wife Geraldine and daughter Lia for their unwaivering support. A special debt of gratitude goes to Bob Hemmer, senior acquisitions editor at Prentice Hall for believing in my project and guiding me throughout its stages of development and production, and to the talented and dedicated staff at Prentice Hall, in particular Mary Rottino, Meriel Martínez Monteczuma, Samantha Alducín, and Claudia Dukeshire. The early stages of the manuscript were carefully and sensitively read by Mary Lemire-Campion, and the final manuscript was expertly edited and proofread by Guadalupe Parras-Serradilla. I am in their debt.

Rodney Rodríguez

EL ANÁLISIS LITERARIO: BASES TEÓRICAS

∎∎∎

Teoría de la literatura

¿Qué es la literatura?
¿Por qué es importante estudiarla?

Como estudiantes de la literatura, vale la pena empezar inquiriendo lo que es la literatura, aunque ninguna definición sería lo suficientemente amplia para satisfacer a todo el mundo. Por ejemplo, el primer impulso es hablar de escritura, y en ese primer intento ya nos equivocamos, puesto que la literatura medieval popular fue compuesta y transmitida oralmente, aunque siglos más tarde se conservó por escrito. Este es el caso la epopeya castellana, El *Cantar de Mío Cid*, y del *Romancero* hispánico—obras que nadie negaría al canon literario. Hay también una gran tentación de emplear adjetivos como "estético" y "artístico" para definir la obra literaria, pero enseguida nos damos cuenta de que esos términos son demasiado subjetivos y están ligados a los valores culturales de cada época.

Se podría decir que la literatura tiene que ver con los *géneros* literarios, como la poesía, el teatro, la novela, el relato corto, etc., y con los muchos *subgéneros* de cada uno, como las églogas, los autos, las loas, los entremeses, los pasos, los sainetes, las zarzuelas, etc., todos los cuales se relacionan con el género dramático. Pero, ¿cómo se clasificaría la filosofía, el ensayo, la autobiografía, la historia, la teoría literaria? ¿Son éstas obras literarias? Nadie negaría que la *Vida* de Santa Teresa o los ensayos de Octavio Paz sobre el carácter mexicano—*El laberinto de la soledad*—forman parte del canon literario. Todo esto se complica aún más con los conceptos vigentes sobre la comunicación, puesto que todos sabemos que hay muchas formas de comunicación no lingüísticas, como los *Caprichos* de Goya, que son obras gráficas pero que contienen un mensaje escrito, o un dibujo político del periódico. ¿Y qué se diría del cine? Si el teatro es un género literario, ¿no lo debe ser también el guión cinematográfico?

La crítica contemporánea ha hecho una distinción entre literatura y *paraliteratura,* la cual puede ser útil para separar el texto artístico del que quizá no lo sea. La paraliteratura es una producción por lo general destinada al consumo, que puede tener las características de la literatura "respetable" que forma el *canon,* pero que se queda al margen de ella. Por ejemplo, los versos que se encuentran en una tarjeta de Hallmark, muchas novelas policiacas o de ciencia ficción, las novelas juveniles (los *teenage romances* en inglés), la pornografía, la fotonovela, el folletín, etc. Pero aquí también entra el criterio personal.

Los llamados "*New Critics*" de principios del siglo XX hicieron una distinción entre dos usos de la lengua: uno destinado a la *denotación* y otro a la *connotación.* Esa distinción ha sido elaborada por la teoría literaria contemporánea, y sigue siendo útil. El escritor que elige un lenguaje denotativo para su comunicación lo hace para conseguir un mensaje que sea lo más conciso y claro posible. Así, el periodista emplea este tipo de lenguaje para informar a su público de los datos del partido de fútbol que reporta. El escritor que elige usar un lenguaje connotativo busca un vocabulario *polisémico,* o sea, de varios sentidos y posibilidades. Intenta que su lenguaje, además de comunicar una idea, provoque una reacción emocional en su público. Claro que este circuito de comunicación depende de muchos factores, como se verá más adelante al hablar de la teoría de la comunicación. Sin embargo, tenemos aquí un criterio válido para empezar a entender y a limitar lo que es un texto literario.

Valioso también puede ser el concepto clásico de la obra literaria sintetizado por Horacio en las palabras latinas *dulce e utile*—la noción de que la literatura da placer estético y a la misma vez contiene una lección ventajosa. Claro que hay una literatura que no pretende tener valor trascendental—lo que comúnmente llamamos *arte por el arte*—,pero aún en esos textos se puede apreciar el contexto histórico que pudiera llevar a su autor a evadir la realidad.

Si consideramos el aspecto "útil" del texto literario en su sentido más amplio, podemos ver que un texto literario contiene muchos discursos que nos pueden servir para informarnos de otros campos de estudio. El que quiera conocer la vida madrileña de la última mitad del siglo XIX sólo tiene que leer una novela de Galdós. Allí se reflejan las tensiones y conflictos sociales y morales, se pintan las costumbres del pueblo y de la burguesía, la vida doméstica y pública, el ambiente urbano, se relata la historia contemporánea, los gustos y pasatiempos, los valores éticos y religiosos, los giros del idioma, etc. De este modo, se puede decir que el texto literario es polifacético, y que puede abarcar muchos otros textos o discursos, como los históricos, sociales, filosóficos, religiosos, psicológicos, científicos, morales, políticos, económicos, artísticos, etc. En esto reside lo "útil" del texto literario, y posiblemente, la mayor razón por estudiarlo.

No se debe ignorar que el texto literario es, ante todo, un texto lingüístico—un artificio compuesto con palabras dentro de un sistema sintáctico formando un mensaje más o menos coherente. Si se quiere saber el estado del castellano a principios del siglo XV o del español mexicano de principios del siglo XX, sólo hay que leer a Fernando de Rojas o a Mariano Azuela respectivamente.

Muchas veces, cuando nos referimos a la literatura pensamos en un canon específico que incluye una serie de obras publicadas y preservadas porque por alguna razón o razones contienen un mensaje que ha sido considerado valioso y placentero por un grupo determinado dentro de una cultura específica. Así, hay una "literatura cubana" escrita en castellano y por gente nacida o criada en Cuba que incluye todas esas obras que el pueblo cubano considera que, en su conjunto, reflejan los valores esenciales de su pueblo. Sin embargo, cabe preguntarse en un caso como el de Reinaldo Arenas -autor cubano gay que se exilió de la Cuba de Fidel Castro-, si los críticos literarios de la Cuba revolucionaria lo consideran parte de la literatura cubana. Esta pregunta y su respuesta ambigua ponen en duda el valor de un canon literario.

En efecto, los críticos literarios de los últimos años han puesto en tela de juicio el canon literario tradicional. En muchos casos, el canon ha sido establecido por estructuras del poder de una sociedad. Por esa razón, muchos escritores han sido excluidos ya que el mensaje de sus obras no correspondía con los valores vigentes de aquel momento. Esto, por ejemplo, es lo que ha pasado con una escritora como María de Zayas, cuya obra revela la independencia de la mujer y sus anhelos sexuales en el siglo XVII, a pesar de su popularidad en su época, fue expulsada del canon por los críticos tradicionalistas del siglo XIX por no concordar con los valores que ellos consideraban apropiados la cual para una mujer. Sólo en nuestros días ha sido su obra recuperada y reintegrada al canon hispánico.

Teoría de la comunicación

¿Qué problemas pueden interferir en la comunicación entre un escritor y su lector?
¿Qué se puede hacer para entender el mensaje del autor?

Formando la base de mucha de la teoría literaria moderna está el famoso esquema del acto comunicativo concebido por Roman Jackobson. En su forma más elemental, el esquema identifica un *emisor* que emite un *mensaje* a un *destinatario*. Por ejemplo, el profesor que da una conferencia sobre Cervantes a la clase de literatura es el emisor, lo que dice es su mensaje y los compañeros de la clase son los destinatarios. Sin embargo, el acto comunicativo, para ser entendido, pasa por un proceso mucho más complejo y sutil. Por ejemplo, digamos que la conferencia del profesor se da en finlandés y que nadie en la clase entiende ese idioma, entonces el mensaje no es captado por los destinatarios. El idioma (o lenguaje) es un *código* que el emisor y el destinatario tienen que compartir para que la comunicación se efectúe.

Pero el idioma no es el único código que puede afectar la comunicación; hay muchos otros *códigos y subcódigos*, entre los cuales los de carácter racial, clase social, sexo y cultura son los que más atención han recibido por la crítica moderna. Una mujer no le habla a un hombre del mismo modo que le habla a otra mujer: los temas suelen ser diferentes, así como los recursos lingüísticos. Los mexicanos pueden emplear unos vocablos y expresiones entre sí que otros hispanohablantes no siempre entienden. Se le puede llamar a un amigo de tu misma clase social un "idi-ota," pero esa misma expresión dirigida a alguien fuera de tu círculo social de amigos puede ser un vituperio y provocar una riña. Una persona educada entendería una referencia a las teorías de Freud sobre la subconciencia, mientras que una persona sin instrucción a lo mejor no lo captaría. En el cuento "Las medias rojas" de Pardo Bazán, un padre abusa físicamente de una hija que quiere emigrar a América. Le pega tan ferozmente que la niña no puede realizar su sueño. El cuento contiene un subcódigo cultural que los destinatarios de Pardo Bazán sin duda compartirían (y que posiblemente nosotros no): una hija no debe abandonar a un padre viejo y viudo sin otros hijos para cuidarle. En todos estos casos se puede ver cómo el mensaje es determinado por códigos que el emisor y su destinatario comparten. Una labor importante del estudiante de la literatura es aprender a identificar los códigos que aclaran y determinan el mensaje.

Es importante también entender el *referente* para captar el sentido de una comunicación. Supongamos que estás en una fiesta y te asomas a un grupo de personas que están hablando, y oyes lo siguiente: "y se le vino encima como una fiera y le arañó la cara. Antonio está enojadísimo, y por supuesto, no quiere saber nada de Nanette, y hasta la echó de su casa". Es fácil suponer que Antonio y Nanette pelearon, pero ¿quién es Nanette? ¿Una amiga? ¿Una novia? ¿Un pariente? Resulta que es el gato del compañero de cuarto de Antonio. ¿Por qué no sabías que era un gato? Porque al no escuchar el principio del mensaje, no podías saber su referente, o sea, a lo que se refería. Cada mensaje tiene un referente, que si no se conoce, la comunicación no se puede llevar a cabo. Importante también es el *contexto* en que se enuncia el mensaje. Por ejemplo, si vas a la oficina de tu profesor y él te dice "desnúdate que vuelvo en un momento," creerías que se ha vuelto loco y lógicamente no lo harías. Sin embargo, si vas al consultorio de un médico y te dice "desnúdate," lo harías sin titubear. El enunciado es idéntico, sin embargo producen efectos totalmente diferentes. ¿Por qué? Porque el contexto es diferente: el despacho de un profesor no es el consultorio de un médico, y por lo tanto los mensajes que se emiten en cada ambiente se decodifican de modos distintos. En "Los trapecistas" de Cristina Peri Rossi, no está claro lo que le ha pasado a la amante del narrador, pero cuando se sabe el referente y el contexto—la opresión de las dictaduras del Uruguay de las cuals se exilió la autora—los signos se pueden decodificar.

Puede haber una *interferencia* en el mensaje que prohíbe la comunicación. Piensa, por ejemplo, en la radio de un auto. Estás escuchando las noticias cuando pasas por un túnel que interfiere con la transmisión y no oyes el mensaje. Las mismas interferencias pueden pasar en comunicaciones lingüísticas. Supongamos, por ejemplo, que durante la conferencia sobre Cervantes pasa una ambulancia y no oyes bien la última parte de una oración, y lo que dijo en ese momento era muy importante y luego aparece en un examen. La censura es una forma muy especial de interferencia. Cuando un mensaje se emite bajo una censura, se emite de un modo para que el destinatario lo entienda sin que el censor lo pueda entender. Por ejemplo, si estás diciéndole algo a un amigo, y tus padres te están oyendo y tú no quieres que ellos sepan lo que estás diciendo, lo dirías de un modo disimulado para que tus padres no te entiendan. El *Quijote* se escribió bajo una censura, de modo que es muy posible que las críticas de Cervantes estén veladas, pero sus lectores ideales sabrían decodificarlas. Por ejemplo, la quema de la biblioteca de don Quijote por el cura y el barbero se ha interpretado como una crítica de la Inquisición, que quemaba libros prohibidos. Pero el carácter humorístico del libro, y el hecho de que don Quijote sea un loco, posiblemente velara la crítica.

La *decodificación* es el proceso por el cual el destinatario—tanto el oyente como el lector—interpreta el mensaje. Se debe tener en cuenta que el mensaje literario es mucho más difícil de decodificar que el mensaje verbal. Hay muchas razones por ello, pero basta mencionar que cuando tú hablas con un compañero de clase, que por lo general es de tu misma generación, nacionalidad, momento histórico, clase social, etc., esa persona entiende todos los códigos que empleas. Pero cuando lees un texto literario, suele ser algo escrito en otra época y dirigido a otro público (a otros destinatarios), y por lo tanto, es lógico que la decodificación sea difícil. Claramente, Cervantes no escribió El *Quijote* para nosotros; es inconcebible que Cervantes supiera lo que les interesaría a sus lectores norteamericanos de principios del siglo XXI. Su mensaje va dirigido a los españoles de principios del siglo XVII—y no todos. Va dirigido, probablemente, a los hombres de cierta cultura de esa sociedad de ese momento histórico. Por lo tanto, nosotros no somos los *lectores ideales* del *Quijote*, y a causa de ello, la decodificación del mensaje puede ser difícil.

Los críticos que abrazan la *teoría de la recepción* intentan interpretar una obra literaria tal como fue entendida por sus destinatarios originales. La crítica de la recepción es una rama de la *hermenéutica*, escuela teórica que opina que un emisor o escritor tiene un mensaje comprensible que quiere transmitir a su destinatario, y por lo tanto es posible llegar a una decodificación bastante correcta del mensaje. Esa noción de poder llegar a un entendimiento seguro del mensaje ha sido puesta en tela de juicio por la crítica posmoderna de la *deconstrucción* popularizada por teóricos como Jaques Derrida, quienes opinan que el mensaje de cualquier comunicación, y sobre todo las comunicaciones artísticas, es fluctuante, ambiguo y hasta contradictorio, y como consecuencia, es imposible una interpretación clara o fija.

Teoría de los signos

¿Crees que una palabra siempre tiene el mismo sentido?
¿Qué hace que una palabra pueda significar diferentes cosas para diferentes personas?

El lingüista suizo Ferdinand de Saussure entendió el mensaje como un *signo* o conjunto de signos, entendiendo como cualquier forma que tenga la capacidad de comunicar alguna cosa. Es importante tener en cuenta que signo aunque los signos verbales son los más obvios, hay muchos signos no verbales con la capacidad de comunicar. El código Morse de los telegramas de finales del siglo XIX, los mensajes de humo o de tambores usados por ciertas tribus, las expresiones o movimientos faciales que se emplean para expresar disgusto, todos son ejemplos de signos no verbales.

Resulta que los signos son complejísimos y están compuestos de dos entidades: un *significado* y un *significante*. Pensemos un momento en un perro: un angloparlante lo llamaría *dog* y un italiano *canne*. Por lo tanto, la palabra *perro* es completamente arbitrariay, sin embargo un hispano, un angloparlante y un italiano, al ver escrita esa palabra "arbitraria" pensarían en el mismo mamífero cuadrúpedo. El significado de *perro* es ese animal concreto y perceptible que todos conocemos. Sin embargo, su significante se refiere a su aspecto conceptual. Consideremos ahora el concepto del signo *perro* (su significante) que pudieran tener las siguientes personas en determinadas circunstancias: un ciego, un pastor, una viuda, un niño y un criador. Ahora, claramente, el significado *perro* tiene distintos significantes para cada persona: ojos para el ciego, ayudante para el pastor, compañero para la viuda, juguete para el niño, modo de ganarse la vida para el criador. Consideremos otro escenario: la mayoría de las personas piensan en significantes positivos respecto al signo *perro* puesto que han tenido perros como mascotas. Pero ¿qué significado tendría un perro para una persona que recibió un mordisco de un perro con rabia y que fue atacado? Esto se verá en *Los cachorros* de Vargas Llosa, donde un perro de guardia muerde al héroe de la novela en un lugar que afectará su actividad sexual para toda su vida. Se puede ver claramente el aspecto conceptual y vacilante del significante, que sólo puede cobrar sentido dentro del sistema de significación de la obra.

El significante tiene también valores fónicos. *Perro* en castellano es una palabra onomatopéyica y hasta cacofónica, mientras que en italiano (*canne*) no lo es, aunque el significado es igual en ambos idiomas.

El concepto de los signos tiene muchísimas implicaciones para los textos literarios que, prácticamente por definición, son formas de comunicación que dicen una cosa e implican otra, porque los signos de la comunicación tienen un significado varios significantes. Muchas veces cuando hablamos de las *connotaciones* de las palabras, de su función como *símbolo*, o de lo que significan o quieren decir en un texto literario determinado, nos referimos al concepto de los significantes de los signos.

La ciencia que se ocupa de estudiar los signos se llama *semiótica* o *semiología*. Un semiótico no se preocupa tanto de signos particulares como de la relación que éstos tienen con otros signos dentro del sistema, y de su estructura. Llamamos *estructuralismo* a la corriente crítica que estudia las interrelaciones (estructura) de los signos—en particular los *códigos* (sociales, culturales, etc.) que contribuyen a su interpretación. El estructuralismo afirma que un signo tiene significado sólo en contraste con otros signos del sistema (en el caso que nos concierne, el texto literario), o sea, dentro del sistema de significación del texto. Los signos relacionados entre sí en un texto forman *isotopías*, o conjuntos signos redundantes. Otra noción fundamental del estructuralismo es la de las *oposiciones binarias*, que encuentra precisamente pares opuestos entre los signos que dan sentido a la obra literaria. En el soneto de Garcilaso, "En tanto que en rosa y azucena," se pueden distinguir dos isotopías de signos: una relacionada con el color rojo de la rosa (la pasión, la juventud, la primavera, etc.) y otra relacionada con el color blanco de la azucena (la vejez, la muerte, el invierno, etc.). Estos dos sistemas de isotopías forman una oposición binaria que le da sentido a la obra. No hay ninguna razón por el signo la que "azucena" tenga relación con la vejez fuera del sistema de significación del soneto.

El texto literario es sólo una de las muchas manifestaciones culturales que les interesa a los estructuralistas. También pueden estudiar una serie de la televisión, los anuncios de las revistas, la lírica de la música *rap*, los movimientos del baile del merengue, etc.

Teoría del discurso

Cuando lees un texto literario, ¿qué puedes aprender de él?
¿Por qué es el texto literario polifacético?

El término *discurso* se emplea esencialmente de dos modos en la crítica literaria moderna: uno con énfasis en la lingüística y otro con respecto al mensaje. En la lingüística, el discurso llama sobre el atención lenguaje que se emplea dentro de un determinado contexto histórico, social, ideológico, etc. Por ejemplo, las *formas discursivas* que se emplean para hablar con los amigos no son las mismas que se emplean para hablar con el director de un banco que te entrevista para un puesto de trabajo. Estas prácticas discursivas que varían según el contexto en que se enuncian son de mucho interés para la crítica literaria.

En la crítica literaria actual—sobre todo en la que popularizó Michel Foucault— el discurso en un texto literario se refiere a un objeto de atención al cual el emisor genera una serie de enunciados coherentes, produciendo así un discurso sobre ese objeto. De ese modo podemos hablar del discurso sobre la pobreza en *Lazarillo de Tormes*, o el discurso de la mujer en *La casa de Bernarda Alba* de García Lorca, etc. No se ha de confundir el *tema* de un texto con el discurso: el tema es una idea abstracta al cual se llega analizando la acción o los discursos, mientras que el discurso tiene un objeto fijo de atención. Un texto puede contener discursos sobre la ética, la historia, la banca, etc. y un tema de corrupción. Por ejemplo, un tema de "¡Adiós, Cordera!" de Clarín es el amor que existe entre los seres humanos y los animales. Sin embargo, el cuento contiene discursos sobre la vida del campo, el progreso tecnológico, la historia, la guerra, etc.

El estudio de los discursos ha ayudado a desenterrar mucha información histórica, social, antropológica, etc. de textos literarios de otras épocas, y muchos críticos, como los del *feminismo*, han aprovechado sus técnicas. Por ejemplo, es dudoso que la "mujer" sea un tema de *El burlador de Sevilla*, sin embargo hay en la obra un discurso sobre la mujer. Analizando este discurso (Isabela dice "¡Mal haya la mujer que en hombres fía!") junto con la acción (el rey dispone de las mujeres como le da la gana, dándolas como trofeos a los hombres) podemos llegar a un entendimiento mejor del papel de la mujer en el Siglo de Oro español. El análisis de los discursos nos permite leer un texto literario como un texto no literario, o sea, como un texto histórico, moral, psicológico, social, antropológico, etc.

Teoría de la narratología

Cuando lees una novela, ¿crees que es la voz del autor la que escuchas? ¿Cómo se puede distinguir entre lo que es verdad y lo que es ficción en una obra literaria?

La *narratología* es el término moderno con que uno se refiere al estudio de obras narrativas, normalmente en prosa, y sobre todo a las muchas formas de *narradores*. Ya hemos hecho hincapié en lo complejo del acto comunicativo entre emisor y destinatario, pero esa relación es más compleja aún en un texto literario, puesto que el narrador de un texto—el que nos cuenta los hechos—no es necesariamente el *autor*—sino otro ente de ficción creado por el *autor verdadero*. El narrador puede ser *omnisciente*—como un pequeño dios que lo sabe todo—pero con mucha frecuencia el narrador tiene muchas limitaciones y hasta prejuicios, y el destinatario no puede confiar del todo en él. Piensa, por ejemplo, lo que diría de ti un buen amigo y una persona con quien no te llevas bien. Tú, una misma persona, serías descrito de forma completamente diferente por cada narrador. Lo mismo ocurre en el texto artístico. Una complejidad existe también en el destinatario, puesto que el que recibe el mensaje del emisor no siempre coincide con la persona que se imaginaba el verdadero autor. Ya hemos explicado cómo Cervantes se dirige a una persona bastante culta del Siglo de Oro, y sin embargo, nosotros, hombres y mujeres del siglo XXI, leemos *El Quijote* también, pero no somos los mismos destinatarios. Volvamos a pensar en las personas que te describen—un amigo y un enemigo. La recepción de lo que ellos dicen de ti sería diferente entre los diferentes destinatarios. Si tu enemigo, demos por caso, dice algo malo de ti a una persona que te conoce y sabe que eres una persona decente, entonces ese destinatario va a poner en tela de juicio el mensaje de tu enemigo. Pero si el destinatario no te conoce y no sabe nada de ti, entonces probablemente no tiene más remedio que creer lo que dice de ti tu detractor. Entonces, un mismo mensaje puede ser recibido de diversos modos por dos destinatarios distintos. Todo esto tiene muchas implicaciones para el texto literario, como veremos a continuación.

El siguiente esquema nos puede ayudar a entender la complejidad del circuito de comunicación:

verdadero autor → autor implícito → narrador → MENSAJE →
narratario → lector implícito → lector verdadero

El autor verdadero y el *autor implícito* no tienen que ser la misma persona, puesto que un autor verdadero puede expresar diferentes ideas en diferentes obras. El autor implícito, por lo tanto, es el ente que nos imaginamos que va tejiendo la trama y diseñando la obra. En obras complejas, como *El Quijote*, la situación se complica aún más, puesto que Cervantes (autor verdadero) crea un autor árabe, Cide Hamete Benengeli, que escribe la historia de don Quijote. El narrador de la obra que leemos basa su historia en una traducción de la obra de Benengeli. Benengeli, por lo tanto, sería el autor implícito, pero ficticio, del Quijote.

El narrador puede tomar muchas formas, pero con poca frecuencia es el autor verdadero de un texto narrativo. Una forma muy común de narrar es en *primera persona*. Tales narradores son subjetivos, puesto que tienen grandes limitaciones en lo que saben y, además, por lo general tienen un motivo personal por el que escribir. *San Manuel Bueno, mártir* de Unamuno es narrado por Ángela, una parroquiana que conoció al santo íntimamente, pero Ángela revela en su narrativa creencias sobre don Manuel que van en contra de su santidad, y las revela precisamente en el momento en que se inicia el proceso de su beatificación. Estas consideraciones añaden una dimensión más compleja a la obra, y el lector las tiene que considerar en su interpretación. Entre el narrador de primera persona y el narrador omnisciente (el que es completamente objetivo y que hasta tiene la capacidad de leer los pensamientos de los personajes) hay un sin fin de otras posibilidades. Entre ellos, uno de los más interesantes es el narrador en que no se puede confiar. Piensa, por ejemplo, en una persona que tú sabes que miente con frecuencia. ¿Puedes estar seguro de lo que te dice? Pues la misma cosa puede ocurrir en un texto literario. En "Los amores de Bentos Sagrera" de Javier de Viana, Sagrera, medio embriagado, les cuenta a dos amigos una historia de sus aventuras amorosas. El destinatario tiene la impresión de que el personaje está luciendo su machismo delante de sus amigos, y pone en duda todo lo que dice. Otro caso es el narrador que se niega a contarnos ciertas cosas por ser demasiado penosas o contrarias a lo que quiere que crea o sepa su destinatario. Así ocurre con el cuarto amo de Lazarillo, a quien éste abandona "por cosillas que no digo." Por lo visto, ningún mensaje se puede descifrar sin tomar en cuenta el emisor, su punto de vista y su motivo.

Consideremos ahora los destinatarios. El *narratario* no aparece en todos los textos literarios, pero cuando aparece es imprescindible tenerlo en cuenta. El narratario es un personaje dentro del texto a quien se dirige el narrador. El lector, por lo tanto, es el que escucha un mensaje dirigido a otra persona, como cuando se oye lo que dicen dos amigos que están hablando entre sí, pero que no te incluyen en la conversación. Una de las obras más significativas en el desarrollo de la novela moderna europea, *Lazarillo de Tormes*, tiene un narratario. El mismo Lazarillo cuenta su historia en primera persona a alguien a quien sólo identifica como "Vuestra merced," claramente un individuo de una clase social superior a él. Por lo visto, el discurso de Lazarillo está condicionado por la persona a quien se dirige.

La crítica moderna distingue claramente entre un *lector imaginado* por el autor (algunos críticos llaman a éste un lector ideal) que es capaz de entender todos los códigos con que se expresa el autor y el *lector verdadero*. Cada mensaje va dirigido a una persona en particular y es posible que sólo esa persona entienda el mensaje. Supón que andas con un amigo y ese amigo se encuentra con otro, y tú oyes el siguiente diálogo:

—¿Ya pasó?
—Sí.
—Ánimo.
—Sí.

Es imposible entender este mensaje porque tú no eres su destinatario implícito o ideal. Se pueden inferir ciertas cosas—que lo que pasó no era bueno, ya que tu amigo le dice a la otra persona "Ánimo," que tú sabes es una expresión que se usa con alguien entristecido. Estos dos interlocutores comparten un código que tú no compartes. Tu amigo luego te lo puede aclarar, explicándote lo que ha pasado, o puede no decir nada porque no quiere que tú lo sepas, o, en el peor de los casos, te puede decir una mentira. Todo esto puede pasar, y pasa, en un texto literario aunque no siempre es la intención del autor. Por ejemplo, cuando Heredia, en su poema "En una tempestad," llama el huracán "sublime" y oye en los truenos el eco de Dios, el lector moderno se pregunta cómo es posible comparar una fuerza destructiva con lo divino, pero el lector implícito de Heredia tenía otros conceptos y sabía algo de la vida del poeta que el lector actual (nosotros) quizá no sepa: que como hijo de la Ilustración del siglo XVIII, Heredia veía todo lo relativo a la naturaleza como parte de la obra perfecta del Señor, y que, por lo tanto, algo bueno tenía que resultar del huracán. Además, Heredia fue exiliado por luchar por la independencia de Cuba, de modo que la tempestad es, simbólicamente, la fuerza destructiva que pondrá fin al dominio español. Es una auténtica labor erudita, y hasta un acertijo, decodificar un texto literario del que tú no eres el lector implícito. Pero, por otra parte, piensa en una serie de televisión que te guste: ¿Crees que los habitantes del siglo XXII van a entender esa serie del mismo modo que tú la entiendes? La razón por ello es que tú probablemente eres el destinatario implícito de los autores de esa serie.

Teoría de la retórica

¿Qué significa en inglés cuando se dice que algo es *purely rhetorical*?
¿Usas la retórica cada vez que hablas o es algo que sólo se usa en la literatura?

La *retórica* se refiere a los métodos y técnicas que emplea un orador o un escritor para conseguir el efecto deseado en su discurso oral o escrito. Es un arte muy antiguo en la cultura occidental que se remonta a la época de los griegos, fue muy desarrollada y cultivada por los romanos, y hasta formó una parte esencial de la educación europea hasta el siglo XIX. Para el análisis literario, el aspecto de la retórica que más nos interesa son las *figuras* o *formas expresivas* (con frecuencia llamado *lenguaje figurado*) empleadas por los escritores. A veces pensamos que estas figuras constituyen desviaciones del habla normal y que se emplean casi exclusivamente en el texto literario, pero tal no es el caso. La verdad es que el lenguaje figurado forma una parte importante del habla cotidiana, sin darnos cuenta de ello. Cuando decimos, por ejemplo, que alguien trabaja para poner pan en la mesa o que el vicio de una persona le quita el pan de la boca a sus hijos, estamos usando "pan" metonímicamente, igual que cualquier poeta. En el primer ejemplo, el pan representa el dinero que gana el trabajador que le permite comprar alimentos para mantener a sus familiares. En el segundo ejemplo, el pan representa las necesidades de la vida—sobre todo las de la nutrición—que se tienen que pagar con dinero, pero que el vicioso gasta en otros placeres, haciendo que sus familiares sufran necesidades. Observa que al explicar estas expresiones en detalle, como se acaba de hacer, se verifica un aspecto fundamental del lenguaje figurado: su carácter lacónico y conciso así como estético. Es mucho más bonito y conciso decir "poner pan en la mesa" que "trabajar para ganar dinero para mantener a sus familiares."

Aunque la crítica moderna nos ha ayudado a entender mucho mejor cómo funcionan las figuras, no ha descartado su utilidad para explicar o analizar un texto literario. De los centenares de figuras que existen, y que se irán definiendo a lo largo de este texto, las más importantes son los *tropos*, palabra griega que significa un cambio, y por extensión, el arte de substituir una palabra por otra. El tropo más frecuente es la *metáfora*, se llama la atención a la semejanza entre dos cosas que por medio de la cual no tienen nada en común. Fijémonos en estos versos de José Martí: "Cual bandera / que invita a batallar, la llama roja / de la vela flamea." Aquí Martí compara la llama de una vela con una bandera que llama al poeta a la batalla.

Pero no todos los tropos relacionan cosas directamente. En la *metonimia*, una palabra substituye otra, como cuando empleamos *pan* en vez de *dinero* en la expresión *ganarse el pan*. Notemos otro ejemplo en el soneto ya citado de Garcilaso, al avisarnos que debemos gozar de la vida antes de que "se cubra de nieve / la hermosa cumbre." Por una parte tenemos una imagen de una montaña cuyo pico está cubierto de nieve. Pero en el sistema metonímico y de significación del poema, la "hermosa cumbre" es la cabeza de la mujer y la "nieve" son las canas que la cubren. La metáfora hubiera dicho: "tus cabellos son la nieve que cubre la montaña" pero la metonimia, mucho más sofisticada, deja que el destinatario haga la asociación.

Muchas veces la noción de *símbolo* se confunde con la de metáfora y metonimia. En un poema muy conocido de Jorge Manrique del siglo XV, se lee que "nuestras vidas son los ríos / que van a dar en la mar / que es el morir." Claramente tenemos aquí una doble metáfora: vida = río; mar = morir. También se puede decir que el río es un símbolo de la vida en esta metáfora. Es más: estos versos son tan famosos, que el simbolismo río/vida se convierte en un *emblema* en la literatura hispánica, que quiere decir que cada vez que se usa el signo "río" el destinatario piensa en "vida" como uno de sus significantes.

Además de los tropos, los autores quizá quieran conseguir ciertos efectos en sus escrituras, por ejemplo, tratando objetos como personas (*personificación*), exagerando (*hipérbole*), substituyendo el objeto con una descripción de él (*perífrasis*), contrastando una idea o cosa con otra (*antítesis, paradoja, oxímoron*, etc.), repitiendo las mismas palabras en órdenes diferentes (*anadiplosis, anáfora*, etc.), cambiando el orden de las palabras (*hibérbaton*), o dirigiéndose a personas ausentes o a objetos (*apóstrofe*). Las palabras o las acciones pueden producir *ironía* por medio de un juego muy sutil consistente una discrepancia entre lo que se dice y lo que el receptor sabe. Cuando al final de *El burlador de Sevilla*, don Juan da su palabra de honor de que irá a la tumba de don Gonzalo, el público encuentra sus palabras irónicas porque don Juan jamás ha guardado su palabra a lo largo de la pieza. La ironía se hace hasta más patente cuando don Juan acude a la cita y encuentra allí su muerte.

Mención aparte merecen los recursos que emplean los autores para conseguir efectos auditivos. Las repeticiones ya mencionadas producen estos efectos. En el "Romance sonámbulo" de García Lorca, cuando se escucha "Verde que te quiero verde / Verde viento, verdes ramas," el efecto sensorial mágico y misterioso se produce con la *anadiplosis* (repetición de la misma palabra al final de un verso y al principio del próximo) y con la *anáfora* (repetición de la misma palabra al principio de dos o más versos consecutivos). Sin duda la figura más empleada, tanto en poesía como en prosa, para conseguir efectos auditivos es la *aliteración* o la repetición del mismo sonido en palabras consecutivas o cercanas. Cuando Sor Juana se pregunta quién es más de culpar, la prostituta o su cliente ("la que peca por la paga / o el que paga por pecar") tenemos claramente una aliteración con la letra *p*. Pero se debe tener en cuenta que los mismos sonidos no necesariamente quiere decir la misma letra. Por ejemplo, la *m* y la *p* son letras diferentes, pero muy semejantes fonéticamente, puesto que ambas son bilabiales (o sea, se enuncian juntando el labio superior con el inferior, igual que con las letras *b* y *v*). El primer verso de un soneto de Quevedo que dice "Miré los muros de la patria mía," las palabras que contienen un acento tónico contienen también un sonido bilabial, y es eso lo que crea la aliteración y la belleza del verso. Las mismas palabras se pueden escoger por su valor de belleza fónica (*eufonía*) o, por el contrario, su disonancia (*cacofonía*).

Conclusión

En el siglo XVI, Juan Ruiz, el Arcipreste de Hita, les dio a sus destinatarios algunos consejos de cómo entender su obra, *El libro de buen amor*. Confesó que en ella había "razones encubiertas" y comparó su libro a un instrumento, que sólo el que sabía tocarlo, lo podía entender. La crítica literaria nos enseña las "herramientas" y las técnicas necesarias para entender la obra literaria y para desentrañar sus "razones encubiertas." El texto literario es, como hemos visto, un texto complejísimo; los grandes textos literarios contienen secretos escondidos en su interior, y sus autores nos incitan a penetrar en el *subtexto* para descubrir sus enigmas. A veces, la labor no es fácil, pero la persona que acepta el desafío que le propone el autor emerge de la aventura enriquecida estética, intelectual y emocionalmente. ¡Ojalá que tu aventura literaria sea un recreo placentero!

CAPÍTULO I

LA ÉPOCA MEDIEVAL

 Consulta www.prenhall.com/momentos y lee un ensayo de orientación
a este capítulo.

La Época Medieval es un larguísimo período de tiempo que dura más de un milenio y que se extiende desde la desintegración del Imperio romano (entre los siglos
IV y VI) hasta el Renacimiento, que empieza en algún momento indeterminado del
siglo XIV. Sin embargo, en la historiografía hispánica se ha empleado el año 1492
como transición entre la Época Medieval y el comienzo del Renacimiento dada la
importancia histórica de la fecha. En lo que concierne a la literatura, la Época Medieval es mucho más limitada, puesto que los primeros documentos literarios que se
conservan en lengua romance (o sea, el latín vulgar, como el castellano, el gallego-
portugués o el catalán) datan más o menos del año 1000.

Para entender la producción literaria de la Época Medieval hay que tener en
cuenta que aún no existía un país unido llamado España ni una lengua comunitaria.
Además, la Península Ibérica medieval era una región sumamente pluralista debido
a la conquista de la Península por los musulmanes en el siglo VIII y, como consecuencia de ello, el establecimiento de grandes colonias judías. Por lo tanto, la mayoría de la producción literaria se llevó a cabo en latín, árabe y hebreo. Se debe
mencionar de paso que en tierras hispánicas se produjo el "siglo de oro" de la literatura hebrea y que, además, muchos de los grandes escritores y filósofos del Islam
fueron hispanoárabes.

Durante la Edad Media el pueblo empleaba una variante del latín—lo que se podría llamar un dialecto—para la comunicación oral. Esta habla "vulgar" de la gente no
educada fue tomando vigor hasta que se empezó a emplear en obras literarias y crónicas históricas. Sin embargo, cada región de la Península empleaba su propio dialecto.
Con el tiempo se fueron definiendo tres idiomas nacidos del latín: el castellano,
hablado en el sector norte y central, el gallego-portugués, empleado por toda la zona
oriental junto al Atlántico, y el catalán, hablado desde el extremo noroeste, a lo largo
del mar Mediterráneo, hasta Valencia, e incluyendo las Islas Baleares de Mallorca,
Menorca e Ibiza. Cada una de estas lenguas tuvo un desarrollo literario impresionante durante la Edad Media, como se verá en este capítulo de la antología. La

supremacía del castellano como el idioma oficial—lo que luego llegó a llamarse el español—es un fenómeno del siglo XV debido a razones históricas, entre ellas la conquista del Nuevo Mundo, la cual fue una empresa castellana. Pero en la Época Medieval el catalán y el gallego-portugués competían con el castellano en la expresión literaria.

Un modo tradicional que sigue siendo útil para ordenar la producción poética de la Edad Media es a base de los emisores que componían las obras, sus destinatarios y el propósito de sus mensajes. Los juglares componían poemas épicos para la gente común y los iban cantando de pueblo en pueblo. Este arte, llamado el mester de juglaría, produjo una de las obras cumbres de la literatura castellana—*El Cantar de Mío Cid*. Por otro lado, los sacerdotes, organizados en monasterios, escribían poesía con la intención de instruir al pueblo y a los que deseaban ingresar en las órdenes religiosas. Este arte, el mester de clerecía, tiene una distinguida trayectoria en castellano, desde *Los milagros de Nuestra Señora* de Berceo en el siglo XIII, hasta *El libro de buen amor* de Juan Ruiz del siglo XIV. Además, en las cortes existían trovadores, que eran poetas cultos que escribían versos líricos, en general amorosos, en contraste con el mester de juglaría o el de clerecía que producían una poesía narrativa y didáctica respectivamente. Los poetas trovadorescos gallegos y catalanes se adelantaron mucho a los castellanos, como lo prueban las figuras de Jorgi San Jorgi y Ausiás March en la lírica catalana, y el hecho de que el rey castellano Alfonso X eligiera el gallego para su propia expresión lírica.

Los propósitos de cada corriente eran distintos: los juglares componían para entretener e informar al pueblo, los clérigos para instruir y los trovadores para divertir a los cortesanos. Estas divisiones se han puesto en tela de juicio en nuestro tiempo. Claramente hay momentos de intensidad lírica en las epopeyas y ciertamente en las obras de clerecía. Además, se han encontrado notas críticas en la lírica trovadoresca de la vida cortesana y hasta de la monarquía, lo cual dista mucho del propósito puramente estético que normalmente se le asigna a esta literatura.

La prosa se empleaba en la Edad Media para las crónicas, donde se conservaban los hechos históricos, la más famosa de las cuales es la *Primera crónica general* (segunda mitad del siglo XIII) dirigida por el rey Alfonso X. Pero, debido a una tradición muy difundida entre los árabes que éstos habían tomado de los hindúes, la prosa se empezó a emplear para el cuento moral, llamado también el apólogo; se empezaron a traducir al castellano obras hindúes como *Calila e Dimma* (obra del siglo IV traducida al castellano hacia 1250) que luego, en su forma castellana, se pudieron diseminar al resto de Europa. Es muy probable que en estas obras se encuentre el origen de la novela moderna europea. En el siglo XIV se empezaron a escribir apólogos directamente en castellano. La manifestación más conocida es El *Conde Lucanor* de Juan Manuel, sobrino del rey Alfonso X (escrito entre 1328 y 1335).

Por un lado, la expresión literaria medieval parece sencilla, pero su carácter filológico es complejísimo debido a que el castellano aún no se había codificado y sin reglas establecidas el idioma podía tomar múltiples formas. También, la distancia temporal que separa la Época Medieval de la nuestra hace que los signos no sean fáciles de descifrar. Cualquiera que haya visitado una iglesia o catedral medieval europea se habrá dado cuenta de la complejidad iconográfica de su arte. La multitud de estatuas y elementos ornamentales que adornan el recinto comunicaban un mensaje al visitante medieval, quien, por lo general, no sabía leer, pero sí sabía interpretar la simbología religiosa. Al ver la estatua de un santo, el creyente medieval sabía identificarlo a base de algún símbolo en su representación, así como nosotros sabemos identificar un restaurante o un automóvil sólo a base de sus iconos. Sin embargo, a pesar de la falta de coincidencia entre los códigos medievales y los nuestros, es sorprendente el número de temas y discursos que compartimos. Los valores fundamentales humanos no parecen haber cambiado profundamente a lo largo del tiempo.

Cantar de Mío Cid

Hacia 1140
(Posiblemente hacia 1207)

Las epopeyas medievales eran poemas largos compuestos por juglares, quienes eran poetas y cantantes ambulantes que iban de pueblo en pueblo recitando sus composiciones para el entretenimiento de un público que ni sabía leer ni escribir. En efecto, es muy probable que la poesía épica castellana tampoco se escribiera; en vez, fue compuesta oralmente y transmitida del mismo modo. A principios del siglo XIV, un escribano, Per Abad, hizo una copia del *Cantar de Mío Cid,* probablemente de un juglar que se lo cantaba. Es por esa suerte que hoy poseemos el manuscrito de este poema, porque de las muchas épicas que se compusieron en la Época Medieval, ésta es la única que se ha conservado casi totalmente. Tenemos noticia de muchas otras por fragmentos que se conservan y porque muchas fueron prosificadas en las crónicas medievales. Con la excepción de unos fragmentos poéticos (jarchas) intercalados en composiciones en árabe o hebreo, el *Cantar de Mío Cid* es la obra literaria más antigua compuesta en castellano y es un documento imprescindible para conocer el estado del idioma al comienzo del segundo milenio. Es más: a pesar de su antigüedad, se vislumbran en el poema rasgos fundamentales de la expresión literaria castellana, como podrían ser el realismo, el sentido dramático y el interés por los valores humanos.

Cantar de Mío Cid

Antes de leer

1. ¿Cuáles son las características de un héroe o una heroína? ¿Quién es un héroe para ti?

2. Cada país tiene sus héroes nacionales e históricos. ¿Quiénes son los héroes nacionales americanos? ¿Por qué son heroicos?

3. Cuando se piensa en héroes militares como George Washington, ¿se piensa alguna véz en su carácter de esposo y padre?

Códigos para la comprensión

Código lingüístico: En el castellano antiguo no se había establecido la forma familiar del tú. Existían las formas del vos que era familiar y la de vuestra merced que era formal y que con el tiempo se convertiría en usted. Al pasar los siglos, la forma de vos tomó la forma del actual vosotros, aunque se seguía usando como forma singular. Así se explica por qué Jimena dice, en el verso cinco de la transcripción moderna, "veo que estáis vos en ida," aunque se dirige a sólo una persona—el Cid. Esta característica lingüística (la de emplear el vos con la forma verbal del actual vosotros, pero como forma singular en vez del tú) se seguirá empleando en el castellano hasta el siglo XVIII.

Código cultural: En la Época Medieval existía una forma de comportamiento del caballero hacia su dama, la cual ésta se convierte en una diosa para el caballero, y éste le sirve fielmente encomendándose a ella en todas sus hazañas. Por eso en castellano la voz "caballero" se refiere también al hombre que se porta con cortesía y generosidad.

En contexto

El *Cantar de Mío Cid* es un largo poema dividido en tres cantares que cuenta las hazañas de Rodrigo Díaz del Vivar, el Cid. A causa de un mal entendimiento con el rey castellano Alfonso VI (reinó entre 1069 y 1109), el Cid fue desterrado de Castilla. Para mantenerse a sí mismo y a sus vasallos, el Cid viaja por tierras de moros conquistándolas en el nombre del rey Alfonso. Tantas y tan importantes fueron las conquistas del Cid, que al fin logró el perdón del rey, quien, para mostrar su agradecimiento, ofreció casar a las hijas del Cid con nobles castellanos. Las bodas de las hijas y el mal resultado de los matrimonios forman el tercer cantar del poema. El fragmento pequeño aquí reproducido ocurre al principio del poema cuando el Cid, desterrado por el rey, se despide de su mujer e hijas antes de marcharse de Castilla.

Cantar I
Tirada 16

Transcripción de la versión original:

Merçed, ya Çid,—barba tan conplida!   1
Fem ante vos—yo e vuestras fijas,
iffantes son—e de días chicas,
con aquestas mis dueñas—de quien so yo servida.
Yo lo veo—que estades vos en ida   5
e nos de vos—partir nos hemos en vida.
¡Dadnos consejo—por amor de Santa María!

Enclinó las manos—la barba vellida,
a las sues fijas—en braço las prendía,
llególas al coraçón—ca mucho las quería.   10
Llora de los ojos,—tan fuerte mientre sospira:
Ya doña Ximena,—la mi mugier tan conplida,
commo a la mie alma—yo tanto vos quería.
Ya lo veedes—que partir nos emos en vida,
yo iré y vos—fincaredes remanida.   15
Plega a Dios—e a santa María,
que aún con mis manos—case estas mis fijas,
e vos, mugier onrada,—de mi seades servida!

Traducción a la ortografía moderna:

"¡Merced, ya Cid,—barba tan cumplida!   1
Heme ante vos—yo y vuestras hijas,
infantes son y de días chicas,
con estas mis dueñas—de quienes soy yo servida.
Yo lo veo—que estáis vos en ida   5
y nosotros de vos—partir nos hemos en vida.
¡Dadnos consejo—por amor de Santa María!"

Enclinó las manos—la barba vellida,[1]
a (las) sus hijas—en brazo las prendía,
llególas al corazón—que mucho las quería.   10
Llora de los ojos—tan fuertemente suspira:
"Ya doña Jimena,—(la) mi mujer tan cumplida,
como a (la) mi alma—yo tanto vos quería.
Ya lo veis—que partir nos hemos en vida,
yo iré y vos—quedaréis aquí permanecida.   15
Ruega a Dios—y a Santa María,
que aún con mis manos—case estas mis hijas,
y vos, mujer honrada,—de mí seréis servida!"

---

[1] que tiene vello. *O sea, una barba muy abundante.*

■———Ejercicios de métrica

1. En general, hay dos tipos de versificación en castellano: regular e irregular. En la versificación regular, cada verso del poema tiene el mismo número de sílabas; en la irregular, el número de sílabas varía de verso a verso. Después de consultar la *Métrica española* en el *Apéndice,* cuenta el número de sílabas de los primeros cinco versos de esta tirada del poema. ¿Cómo es la versificación, regular o irregular? Es muy posible que el *Cantar de Mío Cid* fuera compuesto, conservado y transmitido oralmente. ¿Crees que es fácil en esta forma de composición no escrita llevar una cuenta exacta de sílabas?

2. Por lo general, hay dos tipos de rima: asonante y consonante. En la rima asonante, sólo las vocales riman, mientras que en la consonante, por lo menos una consonante junto con las vocales riman. ¿Qué tipo de rima se encuentra en el *Cantar de Mío Cid*? ¿Qué sílabas riman?

■———Ejercicios lingüísticos

1. El español del *Cantar de Mío Cid* refleja el habla en Castilla en el siglo XII, cuando se compuso el poema. Por lo tanto, hay diferencias con el castellano moderno en ortografía, vocabulario y sintaxis. Nota las diferencias entre las siguientes palabras del castellano antiguo y el moderno, y a base de ellas trata de explicar algunas de las transformaciones al español moderno:

   ☐ conplida → cumplida

   ☐ fija → hija

   ☐ e → y

   ☐ braço → brazo

   ☐ Ximena → Jimena

   ☐ mugier → mujer

2. Quizás haya mayores diferencias en la sintaxis y en la gramática.

   ☐ En estas dos oraciones, ¿qué elemento gramatical que se emplea en el castellano moderno no se emplea en el antiguo? "Yo tanto vos quería" y "Plega a Dios. . . que. . . case estas mis fijas."

   ☐ Explica cómo ha cambiado la forma posesiva en el castellano moderno, basándote en estos ejemplos: "las sues fijas," "la mi mugier tan complida" y "la mie alma."

   ☐ Nota las siguientes formas de expresión: "estades vos en ida," "llególas al coraçon," "llora de los ojos." ¿Cómo se dirían en el castellano moderno? En tu opinión, ¿en qué forma tienen más fuerza poética?

■——Pasos para la comprensión

1. En este pequeño fragmento se ve claramente el papel tradicional del hombre y de la mujer en la Época Medieval. ¿Qué se puede decir de la relación entre el Cid y doña Jimena?

2. El Cid es un caballero medieval. Su comportamiento hacia la mujer es lo que da a la palabra moderna de *caballero* su sentido. ¿Cómo muestra el Cid caballerosidad hacia su mujer?

3. ¿Qué se puede decir de la relación entre el Cid y sus hijas?

■——Pasos para una lectura más a fondo

1. ¿Cuál es la mayor preocupación del Cid para con sus hijas al final de este fragmento? Trata de explicar lo que este código cultural implica en cuanto a:
   - □ los valores de la Edad Media
   - □ el papel de la mujer en la Edad Media
   - □ los valores culturales hispánicos en general en la Edad Media

2. En la mayor parte del *Cantar de Mío Cid,* Rodrigo Díaz del Vivar se ve como un héroe por su valentía como guerrero militar. En este fragmento, sin embargo, se ve otro aspecto de su heroísmo. ¿Qué tipo de heroísmo ejemplifica el Cid en este fragmento?

3. En el estereotipo del "machismo"—característica tan asociada con la cultura latina—se suele pensar en un ser empedernido y nada sentimental. ¿Es el Cid un típico "macho" que se niega a expresar sus sentimientos abiertamente? Explica.

Gonzalo de Berceo

■□■

Mediados del siglo XIII

El primer poeta de lengua castellana cuya identidad se conoce es este humilde clérigo de la Rioja. A través de su obra se puede ver la mayoría de los temas de la poesía religiosa medieval del mester de clerecía: el culto hacia la Virgen María, la vida de los santos y temas bíblicos. Desde hace mucho tiempo se ha admirado la sencillez, dramatismo, realismo y sinceridad de los versos de Berceo. Él mismo se consideraba un "juglar" que quería, con el habla común y vulgar del pueblo, llevar su mensaje religioso a todo el mundo. Y su público moderno sigue recibiendo su mensaje; muchos de los grandes poetas del castellano han rendido homenaje a este clérigo bonachón, admirando el primitivismo y soltura de sus versos.

Los milagros de Nuestra Señora

Antes de leer

1. ¿Has comido demasiados dulces alguna vez en tu vida? ¿Qué has sentido?
2. ¿Crees en los milagros? ¿Crees que la gente que es verdaderamente creyente puede tener visiones de seres divinos?
3. ¿Crees que cada uno tenemos un espíritu que nos vigila? Explica.

Código para la comprensión

Código literario: Existe toda una literatura medieval sobre los milagros de la Virgen. Estos milagros pertenecen a una tradición oral-popular que luego se empezó a compilar en libros como el de Berceo. Alfonso X "el Sabio" también escribió una colección de "milagros" pero en gallego-portugués y no en castellano.

Milagro XX: El clérigo embriagado

[El clérigo embriagado]

Otro milagro más os querría contar   1
que aconteció a un monje de hábito reglar:
el demonio lo quiso duramente espantar,
mas la Madre gloriosa súposelo vedar[1].

Desde que entró en la orden, desde que fue novicio,   2
a la Gloriosa siempre gustó prestar servicio:
guardóse de locura y de hablar de fornicio,
pero hubo al final de caer en un vicio.

---

[1] impedir

7. En las últimas tres estrofas el narrador cambia de tono y se dirige a su público. ¿Qué se podría decir de esta parte final del milagro?

■———Pasos para una lectura más a fondo

1. La Virgen María hace varios papeles en este milagro.
   - ☐ ¿Qué papel hace cuando se enfrenta con las tres figuras?
   - ☐ Ahora fíjate en la estrofa 22. ¿Qué papel hace allí? ¿En qué se diferencian estos dos papeles?
   - ☐ ¿Qué podría representar el hacer dos papeles tan diferentes?
2. Ya hemos notado que el toro, el perro y el león representan pecados. ¿Qué tipo de pecados podrían representar? Ten en cuenta que el hombre y la mujer medieval tenían un sentido muy agudo de la simbología.
3. Nota las estrofas 30 y 31. Haz una lista de todos los signos que tengan que ver con "luz." ¿Qué podrían simbolizar estos signos?
4. Explica el mensaje de este milagro en cuanto a los siguientes referentes: el hombre, el pecado y la fe.
   - ☐ ¿Se pinta el cristianismo como una religión atractiva? Explica.
   - ☐ ¿Cómo se pinta a la Virgen?

Alfonso X, el Sabio

■ ☐ ■

1221–1284

En la corte de Alfonso X, rey de Castilla y León, se llevó a cabo la labor historiográfica y cultural más enérgica y trascendente de la Edad Media hispánica. En Toledo estableció la famosa Escuela de Traductores, donde reunió a los investigadores más reconocidos de Europa para traducir textos del árabe y del hebreo al latín. Como gran parte de la cultura helenística se había conservado en textos en lenguas semitas, su traducción al latín facilitó su diseminación por Europa. Con razón esta empresa alfonsí se ha llamado el primer renacimiento. Otro proyecto suyo de mucha magnitud son las historias universales y de España que el rey mandó componer y que él personalmente dirigió. Es con su *Primera crónica general* que arranca toda la historiografía española. El rey insistió en que las crónicas se escribiesen en castellano, contribuyendo a establecer el idioma de Castilla como la lengua oficial de comunicación. Por último, se debe destacar la labor lírica del rey, como sus *Cantigas de Santa María,* para las cuales el "Rey Sabio" empleó el gallego, pareciéndole un idioma más dulce para la poesía y la canción que el castellano.

Cantigas de Santa María

Antes de leer

1. ¿Crees que la religión debe mezclarse con asuntos de estado o de política? Explica.
2. Si odias a alguien, o tienes un enemigo, ¿le ayudarías en alguna ocasión? Explica.
3. ¿Crees que es fácil o difícil convivir con gente de otra religión y cultura? Explica.

Códigos para la comprensión

Código lingüístico: En la Época Medieval no se había fijado un idioma predominante en la Península, de modo que la expresión literaria hispánica se expresaba en varios idiomas además del castellano, y sería una injusticia conocer solamente la producción castellana. El gallego, idioma emparentado con el portugués, se hablaba (y aún se habla) en la zona noroeste de la Península, al norte de Portugal. En esa región se encuentra la reliquia religiosa más importante de España—la tumba del apóstol Santiago. Este sitio se convirtió en la destinación más importante de los peregrinajes medievales. En parte, esto explica por qué Alfonso escogió el gallego para su composición. Sin embargo, hay que mencionar que la poesía lírica en gallego-portugués se desarrolla y se colecciona en cancioneros de mayor vigor que los castellanos. Simplemente se puede decir que estaba de moda escribir poesía en gallego. Lo que sí se puede sacar en limpio del uso del gallego en la corte castellana es el carácter polilingüístico de la Península Ibérica medieval.

Código musical y artístico: Las *Cantigas* alfonsíes, conservadas en varios códices, son de gran importancia también por su contenido musical y artístico. Cada una de las 430 cantigas viene con su música correspondiente, siendo estos códices auténticos tesoros para la musicología medieval. Es más, como la colección se llevó a cabo en la corte, los códices se produjeron con el esmero y calidad artística de la más alta categoría. En algunos casos hay pinturas iluminadas en miniatura donde se da un ejemplo gráfico de la cantiga. Estas miniaturas también son un tesoro iconográfico y arqueológico de la Época Medieval, ya que en ellas se retrata la vestimenta, las costumbres y las herramientas del mundo hispánico medieval.

Código histórico: El evento histórico narrado en esta cantiga es verídico. El mundo musulmán perdió su unificación política pronto en su desarrollo, dejando el campo abierto a tensiones y conflictos entre las diferentes tribus. En el norte de África predominaban las tribus de los almohades y los almorávides. El rey almorávide, Abu Yusuf, intentó conquistar la ciudad de Marrakech, bajo dominación almohade. Las crónicas árabes mencionan que los cristianos de Marrakech salieron al campo de batalla para ayudar a los almohades a defender la ciudad.

Código social: Aunque es difícil comprenderlo hoy día a causa de las tensiones que existen entre musulmanes, judíos y cristianos, en la Península Ibérica medieval estos tres grupos convivieron harmoniosamente por varios siglos. Cada grupo tenía sus leyes, tanto religiosas como civiles. Por eso, el estribillo de la presente cantiga se refiere a los musulmanes como gente de "otra ley."

Cantiga 181 Esta é como Aboyuçaf foy desbaratado en Marrocos pela sina de Santa Maria [Ésta es cómo Abu Yusuf fue vencido en Marrakech por el estandarte de Santa María]

Transcripción de la versión original en gallego:

Traducción libre al castellano moderno:

Pero que seja a gente
d' outra lei e descreuda,
os que a Virgen mais aman,
a esses ela ajuda.

Aunque sea la gente
de otra ley y descreída,
los que a la Virgen más aman,
a esas ella ayuda.

Fremoso miragre desto
fez a Virgen gloriosa
na cidade de Marrocos,
que é mui grand' [e] fremosa,
a un rei que era ende
sennor, que *perigoosa*
guerra con outro avia,
per que gran mester ajuda.
Pero que seja a gente
d' outra lei e descreuda. . .

Hermoso milagro de esto   1
hizo la Virgen gloriosa
en la ciudad de Marrakech,
que es muy grande y hermosa,
a un rey que era entonces
su señor, que insegura
guerra con otro había,
para la cual tenía gran menester de ayuda.
Aunque sea la gente. . .
de otra ley y descreída

Avia de quen lla désse;
ca assi com' el cercado
jazia dentr' en Marrocos,
ca o outro ja passado
era per un gran[de] rio
que Morabe é chamado
con muitos de cavaleiros

De cualquiera que se la diese,   2
que así como el cercado
se encontraba dentro de Marrakech,
el otro ya había pasado
por un grande río
que Morabe era llamado
con muchos caballeros

e mui gran gente miuda.
Pero que seja a gente
d' outra lei e descreuda. . .

y muchos otros soldados.
Aunque sea la gente. . .
de otra ley y descreída

E corrian pelas portas
da vila, e quant' achavan
que fosse fora dos muros,
todo per força fillavan.
E porend' os de Marrocos
al Rei tal conssello davan
que saisse da cidade
con bo'a gent' esleuda.
Pero que seja a gente
d' outra lei e descreuda. . .

Y corrían por las puertas   3
de la villa, y cuanto encontraban
que fuera de los muros,
todo por fuerza se robaban.
Y por eso los de Marrakech
al rey consejo daban
que saliese de la ciudad
con buena gente escogida.
Aunque sea la gente. . .
de otra ley y descreída

D'armas e que mantenente
cono outro rei lidasse
e logo fora da vila
a sina sacar mandasse
da Virgen Santa Maria,
e que per ren non dultasse
que os logo non vencesse,
pois la ouvesse tenduda;
Pero que seja a gente
d' outra lei e descreuda. . .

Con armas a la defensa   4
con el otro rey lidiase
y luego, fuera de la villa,
el estandarte mandase a sacar
de la Virgen Santa María,
y que no dudase
que luego no los venciesen,
después que lo hubiesen tendido;
Aunque sea la gente. . .
de otra ley y descreída

Demais, que sair fezesse
dos crischãos o concello
conas cruzes da eigreja.
E el creu seu consello;
e poi-la sina sacaron
daquela que é espello
dos angeos e dos santos,
e dos mouros foi viuda,
Pero que seja a gente
d' outra lei e descreuda. . .

Además, que salir hiciese   5
a los cristianos de la comunidad
con las cruces de la iglesia.
Y él siguió el consejo;
y después de que el estandarte sacaron
de aquélla que es espejo
de los ángeles y de los santos,
y por los moros fue vista,
Aunque sea la gente. . .
de otra ley y descreída

Que eran da outra parte,
atal espant' en colleron
que, pero gran poder era,
logo todos se venceron,
e as tendas que trouxeran
e o al todo perderon,
e morreu y muita gente
dessa fea e barvuda.
Pero que seja a gente
d' outra lei e descreuda. . .

Que eran del otro bando,   6
tal espanto cogieron
que, aunque gran poder tenían,
luego todos se vencieron,
y las tiendas que trajeron
todo lo perdieron,
y murieron mucha gente
de aquella, fea y barbuda.
Aunque sea la gente. . .
de otra ley y descreída

E per Morabe passaron
que ante passad' ouveran,
e sen que perdud' avian
todo quant' ali trouxeran,
atan gran medo da sina
e das cruzes y preseran,
que fogindo non avia
niun redẽa téuda.
Pero que seja a gente
d' outra lei e descreuda. . .

Y por Morabe pasaron   7
como antes habían pasado,
y sin lo que habían perdido
todo cuanto allí trajeron,
y tan gran miedo del estandarte
y de las cruces habían cogido,
que huyendo no había
nadie que tomara las riendas.
Aunque sea la gente. . .
de otra ley y descreída

E assi Santa Maria
ajudou a seus amigos,
pero que d' outra lei eran,
a britar seus éemigos
que, macar que eran muitos,
nonos preçaron dous figos,
e assi foi ssa mercee
de todos mui connoçuda.
Pero que seja a gente
d' outra lei e descreuda. . .

Y así Santa María   8
ayudó a sus amigos,
aunque de otra ley eran,
a destruir a sus enemigos
que, aunque eran muchos,
no los apreciaron ni dos higos,
y así fue su favor
por todos muy conocido.
Aunque sea la gente. . .
de otra ley y descreída

■——Ejercicio lingüístico

El gallego-portugués es un idioma romántico (o sea, con base en el latín) de modo que tiene muchas semejanzas con el castellano. Nota las diferencias entre las siguientes palabras, y a base de ellas, trata de explicar una de las diferencias entre los dos idiomas.

- ☐ porta→puerta
- ☐ fora→fuera
- ☐ força→fuerza
- ☐ logo→luego

¿Qué relación crees que puede tener este fenómeno con los verbos del castellano que en su conjunción cambian de raíz, como *volver* o *dormir*?

■——Pasos para la comprensión

1. Casi todas las 430 cantigas vienen precedidas por un pequeño poema que funciona como un estribillo y que se repite a lo largo de la cantiga, formando así el carácter responsivo de la colección. Estos estribillos normalmente contienen el mensaje o moraleja de la cantiga, como en el de la cantiga 181.

- ☐ ¿Cuál es ese mensaje?

☐ ¿Quiénes son los de la "otra ley"? (Consulta el *Código social.*)

☐ ¿Por qué crees que llama a los musulmanes gente "descreída"?

2. Las tropas de Abu Yusuf causan gran daño a los habitantes de Marrakech. Haz una lista de las atrocidades que cometen.

3. ¿Qué consejo se le da al rey de Marrakech para bregar con Abu Yusuf? ¿Tiene buen resultado? Explica.

4. Las *Cantigas* son un tesoro documental de la cultura y costumbres medievales. ¿Qué podemos aprender de las costumbres marciales del siglo XIII en la cantiga 181?

■———Pasos para una lectura más a fondo

1. La cantiga, aunque se refiere a Marruecos, refleja la realidad social e histórica de la Península Ibérica. ¿Qué se puede decir de las relaciones entre cristianos y musulmanes en la España medieval?

2. En esta cantiga la Virgen interviene en asuntos políticos.

☐ ¿Crees que en esta época existía una separación entre la religión y la política?

☐ ¿Crees que esta separación debe existir? Explica tu respuesta.

Juan Manuel

■□■

1282–1349

Don Juan Manuel, sobrino del rey Alfonso X, fue uno de los nobles más poderosos del siglo XIV y uno de sus escritores más fecundos puesto que escribió tratados sobre la historia, la condición humana, el comportamiento del caballero y hasta de la caza. Hoy lo reconocemos principalmente por su colección de apólogos, *El Conde Lucanor,* que representa el primer paso importante que da la prosa ficticia en lengua castellana. Aunque se escribieron muchas colecciones de este tipo en la Época Medieval, Juan Manuel supo escribir algo más que un cuento moral o didáctico; sus relatos constituyen magníficas escenas costumbristas y cuadros vivos de la naturaleza humana. Esta característica, junto con su estilo conciso, puro y esmerado, hace que su obra haya mantenido su popularidad hasta nuestros días.

El Conde Lucanor

Antes de leer

1. ¿Sabes de alguien que se casó solo por dinero? ¿Qué opinas de esa persona?

2. En un matrimonio, ¿crees en la igualdad entre los sexos? ¿Por qué sí o no?

3. ¿Conoces a mujeres muy independientes? ¿Qué te parecen?

Código para la comprensión

Código literario: Los árabes introdujeron a la Península Ibérica una tradición de cuentos didácticos. La colección más famosa es *Las mil y una noches* (de orígenes remotos, pero ya en forma de libro en árabe en 860) en que Scheherazade, para salvar la vida, le cuenta una historia cada noche al sultán, pero no la termina hasta la noche siguiente, cuando empieza una historia nueva. Otra forma que tomaba la colección de cuentos era la de consejos, y ésta es la que sigue Juan Manuel. En su colección de "exemplos" titulada *El Conde Lucanor,* el Conde le pide a su consejero Patronio que le dé consejos respecto a algún problema que tiene. Patronio le contesta con un cuentito. Aunque muchos de los cuentos de la colección de Juan Manuel no son originales, otros sí, y éstos forman el primer paso que da la prosa ficticia en España.

Ejemplo XXXV: "De lo que aconteció a un mancebo que se casó con una mujer muy brava"

OTRA VEZ, hablando el conde Lucanor con Patronio, su consejero, díjole así:

—Patronio, uno de mis deudos me ha dicho que le están tratando de casar con una mujer muy rica y más noble que él, y que este casamiento le convendría mucho si no fuera porque le aseguran que es la mujer de peor carácter que hay en el mundo. Os ruego que me digáis si he de aconsejarle que se case con ella, conociendo su genio, o si habré de aconsejarle que no lo haga.

—Señor conde—respondió Patronio—, si él es capaz de hacer lo que hizo un mancebo moro, aconsejadle que se case con ella; si no lo es, no se lo aconsejéis.

El conde le rogó que le refiriera qué había hecho aquel moro.

Patronio le dijo que en un pueblo había un hombre honrado que tenía un hijo que era muy bueno, pero que no tenía dinero para vivir como él deseaba. Por ello andaba el mancebo muy preocupado, pues tenía el querer, pero no el poder.

En aquel mismo pueblo había otro vecino más importante y rico que su padre, que tenía una sola hija, que era muy contraria del mozo, pues todo lo que éste tenía de buen carácter, lo tenía ella de malo, por lo que nadie quería casarse con aquel demonio. Aquel mozo tan bueno vino un día a su padre y le dijo que bien sabía que él no era tan rico que pudiera

10

dejarle con qué vivir decentemente, y que, pues tenía que pasar miserias o irse de allí, había pensado, con su beneplácito, buscarse algún partido con que poder salir de pobreza. El padre le respondió que le agradaría mucho que pudiera hallar algún partido que le conviniera. Entonces le dijo el mancebo que, si él quería, podría pedirle a aquel honrado vecino su hija. 20 Cuando el padre lo oyó se asombró mucho y le preguntó que cómo se le había ocurrido una cosa así, que no había nadie que la conociera que, por pobre que fuese, se quisiera casar con ella. Pidióle el hijo, como un favor, que le tratara aquel casamiento. Tanto le rogó que, aunque el padre lo encontraba muy raro, le dijo que lo haría.

Fuese en seguida a ver a su vecino, que era muy amigo suyo, y le dijo lo que el mancebo le había pedido, y le rogó que, pues se atrevía a casar con su hija, accediera a ello. Cuando el otro oyó la petición le contestó diciéndole:

—Por Dios, amigo, que si yo hiciera esto os haría a vos muy flaco servicio, pues vos tenéis un hijo muy bueno y yo cometería una maldad muy grande si permitiera su desgracia o su muerte, pues estoy seguro que si se casa con mi hija, ésta le matará o le hará pasar una vida 30 mucho peor que la muerte. Y no creáis que os digo esto por desairaros, pues, si os empeñáis, yo tendré mucho gusto en darla a vuestro hijo o a cualquier otro que la saque de casa.

El padre del mancebo le dijo que le agradecía mucho lo que le decía y que, pues su hijo quería casarse con ella, le tomaba la palabra.

Se celebró la boda y llevaron a la novia a casa del marido. Los moros tienen la costumbre de prepararles la cena a los novios, ponerles la mesa y dejarlos solos en su casa hasta el día siguiente. Así lo hicieron, pero estaban los padres y parientes de los novios con mucho miedo, temiendo que al otro día le encontrarían a él muerto o malherido.

En cuanto se quedaron solos en su casa se sentaron a la mesa, mas antes que ella abriera la boca miró el novio alrededor de sí, vio un perro y le dijo muy airadamente: 40

—¡Perro, danos agua a las manos!

El perro no lo hizo. El mancebo comenzó a enfadarse y a decirle aún con más enojo que les diese agua a las manos. El perro no lo hizo. Al ver el mancebo que no lo hacía, se levantó de la mesa muy enfadado, sacó la espada y se dirigió al perro. Cuando el perro le vio venir empezó a huir y el mozo a perseguirle, saltando ambos sobre los muebles y el fuego, hasta que lo alcanzó y le cortó la cabeza y las patas y lo hizo pedazos, ensangrentando toda la casa.

Muy enojado y lleno de sangre se volvió a sentar y miró alrededor. Vio entonces un gato, al cual le dijo que les diese agua a las manos. Como no lo hizo, volvió a decirle:

—¿Cómo, traidor, no has visto lo que hice con el perro porque no quiso obedecerme? Te 50 aseguro que, si un poco o más conmigo porfías, lo mismo haré contigo que hice con el perro.

El gato no lo hizo, pues tiene tan poca costumbre de dar agua a las manos como el perro. Viendo que no lo hacía, se levantó el mancebo, lo cogió por las patas, dio con él en la pared y lo hizo pedazos con mucha más rabia que al perro. Muy indignado y con la faz torva[1] se volvió a la mesa y miró a todas partes. La mujer, que le veía hacer esto, creía que estaba loco y no le decía nada.

Cuando hubo mirado por todas partes vio un caballo que tenía en su casa, que era el único que poseía, y le dijo lleno de furor que les diese agua a las manos. El caballo no lo hizo. Al ver el mancebo que no lo hacía, le dijo al caballo:

—¿Cómo, don caballo? ¿Pensáis que porque no tengo otro caballo os dejaré hacer lo que 60 queráis? Desengañaos, que si por vuestra mala ventura no hacéis lo que os mando, juro a Dios

---

[1] cara espantosa y terrible a la vista

que os he de dar tan mala muerte como a los otros; y no hay en el mundo nadie que a mí me desobedezca con el que yo no haga otro tanto.

El caballo se quedó quieto. Cuando vio el mancebo que no le obedecía, se fue a él y le cortó la cabeza y lo hizo pedazos. Al ver la mujer que mataba el caballo, aunque no tenía otro, y que decía que lo mismo haría con todo el que le desobedeciera, comprendió que no era una broma, y le entró tanto miedo que ya no sabía si estaba muerta o viva.

Bravo, furioso y ensangrentado se volvió el marido a la mesa, jurando que si hubiera en casa más caballos, hombres o mujeres que le desobedecieran, los mataría a todos. Se sentó y miró a todas partes, teniendo la espada llena de sangre entre las rodillas.   70

Cuando hubo mirado a un lado y a otro sin ver a ninguna otra criatura viviente, volvió los ojos muy airadamente hacia su mujer y le dijo con furia, la espada en la mano:

—Levántate y dame agua a las manos.

La mujer, que esperaba de un momento a otro ser despedazada, se levantó muy de prisa y le dio agua a las manos.

Díjole el marido:

—¡Ah, cómo agradezco a Dios el que hayas hecho lo que te mandé! Si no, por el enojo que me han causado esos majaderos, hubiera hecho contigo lo mismo.

Después le mandó que le diese de comer. Hízolo la mujer. Cada vez que le mandaba una cosa, lo hacía con tanto enfado y tal tono de voz que ella creía que su cabeza andaba   80 por el suelo. Así pasaron la noche los dos, sin hablar la mujer, pero haciendo siempre lo que él mandaba. Se pusieron a dormir y, cuando ya habían dormido un rato, le dijo el mancebo:

—Con la ira que tengo no he podido dormir bien esta noche; ten cuidado de que no me despierte nadie mañana y de prepararme un buen desayuno.

A media mañana los padres y parientes de los dos fueron a la casa, y, al no oir a nadie, temieron que el novio estuviera muerto o herido. Viendo por entre las puertas a ella y no a él, se alarmaron más. Pero cuando la novia les vio a la puerta se les acercó silenciosamente y les dijo con mucho miedo:

—Pillos, granujas[2], ¿qué hacéis ahí? ¿Cómo os atrevéis a llegar a esta puerta ni a rechistar[3]? Callad, que si no, todos seremos muertos.   90

Cuando oyeron esto se llenaron de asombro. Al enterarse de cómo habían pasado la noche, estimaron en mucho al mancebo, que así había sabido, desde el principio gobernar su casa. Desde aquel día en adelante fue la muchacha muy obediente y vivieron juntos con mucha paz. A los pocos días el suegro quiso hacer lo mismo que el yerno y mató un gallo que no obedecía. Su mujer le dijo:

—La verdad, don Fulano, que te has acordado tarde. Pues ya de nada te valdrá matar cien caballos; antes tendrías que haber empezado, que ahora te conozco.

Vos, señor conde, si ese deudo vuestro quiere casarse con esa mujer y es capaz de hacer lo que hizo este mancebo, aconsejadle que se case, que él sabrá cómo gobernar su casa; pero si no fuere capaz de hacerlo, dejadle que sufra su pobreza sin querer salir de ella. Y   100 aun os aconsejo que a todos los que hubieren de tratar con vos les deis a entender desde el principio cómo han de portarse.

---

[2] fig. conjunto de gente maleante
[3] decir una sola palabra

El conde tuvo este consejo por bueno, obró según él y le salió muy bien. Como don Juan vio que este cuento era bueno, lo hizo escribir en este libro y compuso unos versos que dicen así:

Si al principio no te muestras como eres,
no podrás hacerlo cuando tú quisieres.

■———Pasos para la comprensión

1. El conde le pide a Patronio consejos, y éste le responde con un cuento. ¿Por qué desea el conde consejos?

2. ¿Qué semejanzas hay entre el dilema del amigo del conde y el mancebo moro del cuento?

3. A pesar de la mala fama de ambas mujeres (la del amigo y la del cuento de *Patronio*), los dos mancebos desean casarse. ¿Por qué? ¿Se ve hoy día a gente que se casa por las mismas razones?

4. El cuento de *Patronio* contiene mucho humor. Por ejemplo, ¿cómo reacciona el padre de la chica al saber que el hijo de su amigo desea casarse con su hija? Cita otros ejemplos de humor en el cuento.

5. En la primera noche del matrimonio el moro va a enseñarle a su nueva esposa cómo comportarse. ¿Qué le pide el mancebo moro a los animales? ¿Por qué razón crees que les pide tal cosa?

6. Las reacciones del mancebo moro a los animales toman una forma violenta y sangrienta. Explica lo que hace con cada uno.

7. En dos ocasiones se menciona que sólo tenía un caballo, y sin embargo, lo mató. ¿Qué mensaje saca su esposa de este acto?

8. ¿Cómo reacciona la mujer cuando le pide el mancebo moro que le traiga agua para lavarse las manos, o luego cuando le pide la cena?

9. ¿De qué se asombraron los padres y parientes del mancebo a la mañana siguiente cuando fueron a su casa? ¿Por qué admiraron tanto al mancebo?

10. ¿Qué hizo el padre de la muchacha al ver el éxito de su yerno? ¿Por qué no tuvo el viejo el mismo éxito que el joven?

11. ¿Cuál piensas que sería la moraleja de este cuento?

12. ¿Cuál es la moraleja que escribe el autor, D. Juan Manuel, al final de la narración? ¿Encuadra tu respuesta al paso 11 con la del autor?

■———Pasos para una lectura más a fondo

1. A pesar de su aparente sencillez, los puntos de vista narrativos de esta narración son sumamente complejos, pues contiene cuatro narradores.

   □ ¿Quién narra la primera línea?

- ☐ ¿Quién pide el consejo?
- ☐ ¿Quién da los consejos?
- ☐ ¿Quién compone la moraleja?
- ☐ Aunque no parece haber una diferencia entre el primer y último narrador, desde un punto de vista literario sí la hay. El primer narrador es implícito, pero el segundo es explícito. Cuando Juan Manuel escribe: "Como don Juan vio que este cuento era bueno, lo hizo escribir en este libro y compuso unos versos que dicen así: Si al principio no te muestras como eres / no podrás hacerlo cuando tú quisieres" se desdobla en dos personas—autor y personaje. Trata de explicar la diferencia entre los dos y el propósito artístico del desdoblamiento.

2. ¿Crees que nosotros los lectores somos los destinatarios del cuento de Patronio?

- ☐ ¿A quién dirige su narración Patronio?
- ☐ Busca en el *Diccionario de términos literarios* en el *Apéndice* el término *narratario*. ¿Contiene este cuento un narratario? Explica.
- ☐ ¿Cómo afecta al lector el que haya un narratario?

3. Nota que el mancebo del cuento de Patronio es moro y la mujer con quien se casa lo tendría que ser también. ¿Qué ventaja podía haber en hacer que el personaje no fuera cristiano?

4. En muchos casos, la literatura puede servir como documento antropológico.

- ☐ ¿Qué aprendemos en este cuento sobre las costumbres musulmanas?
- ☐ Nota que el narrador Patronio menciona explícitamente una costumbre mora que es diferente a la cristiana o española. En otros casos no dice nada. Teniendo esto en cuenta, ¿qué costumbres parecen compartir los cristianos y los musulmanes respecto a los matrimonios?

5. El cuento de Patronio esencialmente toma lugar durante la primera noche de la "luna de miel."

- ☐ ¿Qué signos encuentras? Teniendo en cuenta el referente de la luna de miel, ¿qué significantes podrían tener?
- ☐ Interpreta el siguiente párrafo: "Después le mandó [a su mujer] que le diese de comer. Hízolo la mujer . . . Así pasaron la noche los dos, sin hablar la mujer, pero haciendo siempre lo que él mandaba." ¿Qué opinas tú de la menera en que el mancebo llegó a dominar a la mujer?

6. Algunos críticos han puesto esta narración entre los ejemplos de la literatura misógina (en contra de la mujer) de la literatura medieval.

- ☐ ¿Crees que tienen razón? Explica.
- ☐ Por otra parte, la manceba mora es una mujer "brava," no la mujer sumisa del estereotipo. Sin embargo, el hombre la ve como amenaza y la quiere dominar. Explica.

7. Aunque la moraleja que escribe don Juan al final tiene que ver con la importancia de darse a conocer temprano en una relación, no se puede negar que también hay

una moraleja respecto a la importancia del hombre de dominar a su mujer y saber ajustarse el cinturón. Comenta este discurso de la narración.

8. Aunque hace casi 800 años que se compuso esta narración, ¿siguen siendo vigentes sus mensajes? Explica, teniendo en cuenta los temas del materialismo, del machismo y de la mujer.

Rab Shem Tob ibn Ardutiel ben Isaac (Sem Tob)

■□■

Primera mitad del siglo XIV

Sem Tob, como se le conoce en lengua castellana a este rabino de Carrión, representa lo que hoy llamaríamos el biculturalismo de la España medieval—la voz de un judío en la expresión literaria castellana. Los judíos alcanzaron una de sus épocas culturales más gloriosas en la Península Ibérica, pero claro está, sus grandes obras se escribieron en hebreo. *Las glosas de sabiduría* (¿1355?) de Sem Tob, o, *Proverbios morales* como se conocen más comúnmente, no pertenecen simplemente al subgénero de sentencias y aforismos moralistas de la Edad Media. Sem Tob escribe lo que se podría considerar un tratado filosófico sobre la lógica de las contradicciones, sin dejar de ofrecer consejos prácticos para el bien vivir. Su obra parece sumamente original porque sus fuentes son más bien de la tradición hebrea que de la grecorromana o la cristiana medieval. Sem Tob dedica su libro al rey castellano Pedro I (reinó entre 1350–69), gran protector de las colonias hispanohebreas. Además de la originalidad y hasta la modernidad de su pensamiento, el castellano de Sem Tob alcanza altos niveles líricos, como lo comprueba la admiración que le tuvieron otros poetas castellanos cristianos de finales del siglo XV, como el Marqués de Santillana.

Proverbios morales

Antes de leer

1. ¿Se te ocurre alguna pasión o evento de la vida que pueda dar mucho placer pero también mucha agonía? ¿Se te ocurre algo que normalmente es negativo (la muerte, por ejemplo) pero que bajo ciertas circunstancias puede ser positivo?

2. Mucho de lo que ocurre en la vida produce efectos opuestos en diferentes grupos determinados. En una campaña electoral, por ejemplo, los que ganan sienten júbilo y los que pierden sienten tristeza y enojo. ¿Se te ocurren otros ejemplos?

Códigos para la comprensión

Código histórico: Los judíos españoles (o sefarditas) alcanzaron gran poder y prosperidad en la Península Ibérica medieval. Sus talentos administrativos, científicos y comerciales fueron muy apreciados por los monarcas y nobles españoles. Con el tiempo, el pueblo común cristiano empezó a sentirse contrariado por el éxito económico y social de la comunidad hispanohebrea. La Iglesia, que siempre había criticado a la monarquía por su protección de la comunidad judía, apoyó la contienda del pueblo, y a comienzos del siglo XIV empezaron las persecuciones contra ellos, las cuales culminaron con su expulsión de España a finales del siglo. Sem Tob vive durante este período conflictivo del siglo XIV cuando la comunidad hebrea se veía amenazada, lo cual explica en gran medida el escepticismo de su mensaje.

Código filosófico: El Platonismo, basado en las ideas del filósofo griego Platón, era muy conocido en la Edad Media y en el Renacimiento. Platón observaba que cada objeto mundano es sólo una manifestación física de algo más trascendente. El objeto concreto podía ser estable, pero su aspecto conceptual era variable. Es fácil ver cómo el cristianismo adoptó fácilmente sus doctrinas, transformándolas en "cuerpo" y "alma." Sem Tob también nota que todo en la vida tiene su revés; lo que parece bueno a una persona puede parecerle malo a otra. Este dualismo parece tener cierta relación con las ideas de Platón.

Fragmentos de los *Proverbios morales*

Castellano antiguo:	Castellano moderno libre:	
Quiero dezir del mundo e de las sus maneras, e cómmo de él dubdo, palabras muy çerteras;	Quiero decir del mundo y de sus maneras, y cómo de él dudo, palabras muy certeras.	1
que non sé tomar tiento nin fazer pleitesía: d' acuerdos más de çiento me torno cada día.	Que no me gusta tomar ningún partido ni traer pleitos contra nadie: de acuerdos más de ciento me reniego cada día.	2
Lo que uno denuesta, veo otro loarlo; lo que éste apuesta, el otro afearlo.	Lo que uno critica, veo que otro lo alaba; lo que éste embellece, el otro lo afea.	3

La vara que menguada
la diz' el conprador,
éssa mesma sobrada
la diz' el vendedor;

La vara está corta   4
dice el comprador,
esa misma mide de más
dice el vendedor;

el que lança la lança,
seméjal' vagarosa,
pero que al qu' alcança
tién'la por pressurosa.

el que lanza la lanza,   5
le parece que vuela lenta,
pero al que alcanza
la tiene por presurosa.

Farían dos amigos
çinta de un anillo
en que dos enemigos
non metrien un dedillo.

Harían dos amigos   6
cinturón de un anillo
en que dos enemigos
no metieran ni un dedillo.

Por lo que éste faze
cosa, otro la dexa;
con lo que a mí plaze
mucho, otro se quexa;

Por lo que éste hace   7
este otro deja de hacerlo;
con lo que a mí complace
a otro le da disgusto;

en lo que Lope gana,
Rodrigo enpobreçe;
con lo que Sancho sana,
Domingo adoleçe.

en lo que Lope gana,   8
Rodrigo empobrece;
con lo que a Sancho sana,
a Domingo enferma.

Quien, a fazer senblante,
de su vezino tiene
ojo, sin catar ante
lo que a él conviene,

Quien, para poner buena cara,   9
mira hacia su vecino,
sin considerar antes
lo que a él le conviene,

en muy grant yerro puede
caer muy de rafez;
ca una cosa pide
la sal, otra la pez:

en muy gran error puede   10
uno caer fácilmente;
que una cosa pide
la sal y otra el pez:

el sol la sal atiesta
e la pez enblandeçe;
la mexilla faz' prieta,
el lienço enblanqueçe.

el sol la sal endurece   11
y el pez la ablanda;
la mejilla la pone prieta,
pero el lienzo emblanquece.

E él es esso mesmo
assí en su altura
quando faz' frío cuemo
quando faze calura;

Y el sol está igual   12
en la misma altura
que cuando hace frío
como cuando hace calor;

con frío fázel' fiesta	con frío le hace fiestas	13
e le sal' al encuentro	y le sale al encuentro	
el que dend' a la siesta	el mismo que en la hora de la siesta	
échal' puerta en ruestro.	le tira la puerta en el rostro.	
Quando viento s' levanta,	Cuando el viento se levanta,	14
ya apello, ya viengo:	voy para un lado, luego para otro:	
la candela amata,	el viento la candela mata,	
ençiende el grant fuego:	pero da vida a un gran fuego:	
do luego por sentençia	doy luego por sentencia	15
que es bien el creçer,	que es bueno el crecer,	
e tomo grant acuçia	y pongo gran diligencia	
pora ir bolleçer;	en no perecer;	
ca por la su flaqueza	que por su flaqueza	16
la candela murió	la candela murió	
e por su fortaleza	y por su fortaleza	
el grant fuego bivió;	el gran fuego vivió;	
mas apelo a poco	mas cambio a poco	17
rato deste juízio:	rato de este juicio:	
ca vi escapar flaco	pues he visto ganar a flacos	
e pereçer el rezio;	y perecer a los fuertes;	
que esse mesmo viento	porque ese mismo viento	18
que éssas dos fazía	que esos dos efectos produjo	
fizo çoçobra desto	también cambió mi opinión	
en esse mesmo día:	ese mismo día:	
el mesmo menuzó	él mismo destrozó	19
el árbol muy granado,	el árbol robusto,	
e non s' espeluzó	y no se despeluzó	
dél la yerva del prado.	por él la hierba del prado.	
Quien sus casas se l' queman,	A quienes las casas se les queman,	20
grant pesar ha del viento,	gran pesar tiene del viento,	
quando sus eras toman	pero el beneficio que les hace a sus eras	
con él gran pagamiento.	lo toma de buen pagamiento.	
Nin fea nin fermosa,	Ni fea ni hermosa,	21
en el mundo avés	en el mundo hay;	
pued' omr' alcançar cosa	el hombre no puede alcanzar cosa	
si non con su revés.	si no la acompaña su revés.	

Quien ante non esparze
trigo, non lo allega;
si so tierra non yaze,
a espiga non llega;

non se pued' coger rosa
sin pisar las espinas;
la miel es dulçe cosa,
mas tien' agras vezinas.

La paz non se alcança
si non con guerrear;
non se gana folgança
si non con el lazrar;

el que quisier' folgar
ha de lazrar primero;
si quier' a paz llegar,
sea antes guerrero;
. . . .

La bondat de la cosa
sábes' por su revés,
por agra la sabrosa,
la faz por el envés:

si noche non oviéssemos,
ninguna mejoría
conoçer non sabriemos
a la lumre del día.

Por la gran mansedat
a omre follarán,
e por la crueldat
todos l' aborreçrán;

por la gran escasseza
tenerlo han en poco,
e por mucha franqueza
razonarl' han por loco.

usando la franqueza,
non se pued' escusar
de venir a pobreza
quien la mucho usar';

Quien antes no esparce
trigo, no lo cosecha;
si bajo la tierra no yace,
a espiga no llega;

no se puede coger la rosa
sin pisar las espinas;
la miel es dulce cosa,
pero tiene agrias vecinas.

La paz no se alcanza
sino con guerrear;
no se consigue el ocio
sino con el laborar.

el que quisiera descansar
ha de trabajar primero;
si quiere a la paz llegar,
que sea antes guerrero;
. . . .

Lo bueno de una cosa
se sabe por su revés,
por amarga la sabrosa,
el anverso por su reverso:

si noche no tuviésemos
ninguna mejora
percibir no sabríamos
la lumbre del día.

Por la mucha bondad
al hombre maltratarán,
y por la crueldad
todos le aborrecerán;

por la mucha mezquindad
lo han de tener en poco,
y por mucha generosidad
lo han de tomar por loco.

Siendo uno generoso,
no puede evitar
de llegar a la pobreza
el que la practica mucho;

22

23

24

25

26

27

28

29

30

ca, toda vía dando,
non fincará qué dar;
assí que, franqueando,
mengua el franquear.

que constantemente dando,
no quedará cosa que dar;
así que siendo generoso,
destruye la generosidad.

31

Com' la candela mesma,
cosa tal es el omre
franco: que s' ella quema
por dar a otro lumre.

Como la candela misma,
es el hombre
generoso: que ella se quema
por dar a otro lumbre.

32

■———Pasos para la comprensión

1. Descifra los hipérbatos de la primera estrofa (el hipérbaton es la *figura* consistente en invertir el orden regular de las palabras para conseguir un efecto poético).

   □ ¿De qué duda el narrador?

   □ ¿Te parecen fuertes estas palabras? ¿Por qué?

2. En la segunda estrofa se empieza a elaborar el mensaje de la complejidad y contrariedad de las cosas y cómo no se puede nunca estar seguro de nada. Con esto en mente, ¿por qué dice el narrador que cada día él se vuelve atrás de más de cien acuerdos? ¿Se trata aquí de un hombre en cuya palabra uno no puede confiar?

3. En las estrofas 3 a 8 el narrador da ejemplos para apoyar la teoría que está elaborando. Sus ejemplos tienen mucho interés para el estudio de los signos de comunicación. El significante de cualquier signo es variable porque al variar los códigos y el contexto, el significante cambia. Por ejemplo, un caballo es un signo cuyo significado es el animal que todos reconocemos, pero para el que lo cría para las carreras tiene un concepto muy diferente del caballo que el campesino que lo usa para la labor y el transporte. Lo que ha variado es el contexto en que se entiende el signo del caballo. La teoría de Sem Tob, sin embargo, pone énfasis en la característica de las oposiciones de los signos. Por ejemplo, explica esta teoría por medio de los signos siguientes:

   □ la vara de medir (estrofa 4)

   □ la lanza (estrofa 5)

   □ el anillo (estrofa 6)

4. La traducción al castellano moderno de la estrofa 6 sigue bastante de cerca al castellano antiguo. Nota la forma poética.

   □ ¿Qué tipo de rima tiene: asonante o consonante?

   □ ¿Se asemeja más esta rima a la poesía juglaresca o a la de clerecía? ¿Por qué?

5. La estrofa 7 es de mucha trascendencia. ¿Se te ocurre algún ejemplo concreto de la vida moderna que beneficie a unos y perjudique a otros?

6. Si el significado de todo signo es variable y hasta contradictorio, ¿qué peligro corre el ser humano al imitar a su vecino (estrofa 9)?

7. Le siguen (estrofas 10–20) ejemplos de la naturaleza que confirman el carácter contradictorio de los signos. Los dos signos que forman la base de esta sección son el sol (fuego) y el viento. Da varios ejemplos de estas contradicciones. De estos ejemplos, ¿cuál te complace más? Explica por qué.

8. Las estrofas 21 a la 25 desarrollan el mensaje aún más. Explica.

   ☐ ¿Te convence el autor con los ejemplos que da?

   ☐ ¿Cuál de ellos es para ti el más convincente?

9. En las estrofas 26 a la 28, Sem Tob desarrolla ciertas nociones bastante originales respecto al modo en que los seres humanos adquieren conocimiento. ¿Qué nueva idea desarrolla? ¿Estás de acuerdo con esta teoría? Explica.

10. El fragmento termina con un ejemplo de la generosidad.

   ☐ ¿Crees tú que la generosidad es una característica buena? ¿Por qué?

   ☐ ¿Qué piensa el narrador de la generosidad?

   ☐ ¿Cómo se relaciona el signo de generosidad con el mensaje del fragmento?

■———Pasos para una lectura más a fondo

1. Basándote en lo que sabes de otras tradiciones religiosas, ¿hay algún consejo en los *Proverbios morales* que recuerde sentencias de otros escritos?

   ☐ En la última sección sobre la generosidad, ¿crees que cualquier texto religioso se atrevería a enumerar los posibles malos efectos de ser generoso? ¿Por qué?

   ☐ ¿Por qué crees que Sem Tob usa este ejemplo y no otro menos controversial?

2. Después de consultar el *código filosófico,* trata de explicar cómo las ideas de Sem Tob se asemejan a las de Platón.

   ☐ ¿Habla Sem Tob de la dualidad de los signos?

   ☐ ¿En qué se diferencia de Platón y su teoría de los signos?

   ☐ ¿Dirías que Sem Tob está dentro de la corriente filosófica griega o que se aparta de ella para elaborar una filosofía original?

3. ¿Cómo caracterizarías el mensaje de los aforismos de Sem Tob: es cínico y sospechoso optimista? ¿Es una filosofía práctica o idealista? Explica.

4. Luego de consultar el *código histórico,* trata de explicar el tono de las ideas de Sem Tob a base de la realidad histórica de la época en que vivió.

Juan Ruiz,
Arcipreste de Hita

¿1283–1350?

La figura cumbre de la literatura medieval española es este sacerdote de Hita de cuya vida se sabe muy poco. *El libro de buen amor* (¿1343?), la única obra suya que conocemos, es parte autobiografía y parte cancionero que recoge casi todas las formas poéticas medievales. Todo en la obra parece irónico y enigmático. ¿Qué es el "buen amor"? ¿Es el amor divino o el amor carnal? Se esperaría que Juan Ruiz, como clérigo, escribiera dentro de los confines del mester de clerecía, cuyo propósito es enseñar. Sin embargo, aunque la mayoría del libro está compuesto en cuaderna vía, la forma predilecta del mester de clerecía, es difícil encontrar en él ejemplos concretos del vivir cristiano, a no ser que sea enseñándolo con ejemplos negativos. Es este aspecto "abierto" de su obra, junto con su capacidad de contradecir todo lo que dice, lo que caracteriza su obra y le da una estampa de modernidad.

El libro de buen amor

Antes de leer

1. Hay muchas formas de comunicación. ¿Puedes pensar en algunas formas que no requieran el lenguaje o la escritura?

2. Los mensajes, para ser entendidos, requieren un contexto. Un mismo mensaje en contextos diferentes puede tener significación completamente diferente. Por ejemplo, ¿cómo varía el sentido de "dame tu dinero" cuando te lo pide un amigo que va a comprar un regalo comunitario para el cumpleaños de otro amigo, de cuando te lo dice un desconocido en un callejón oscuro? Piensa en otro ejemplo en que una misma comunicación pueda variar de sentido.

En contexto

El libro de buen amor es un complejo cancionero de muchos temas y de diferentes tipos de poesía medieval cuyo propósito no es nada claro. Sin embargo, la obra empieza con un discurso metaliterario que informa al público de cómo se ha de interpretar el libro. El primer fragmento reproducido aquí, por lo tanto, introduce el libro. Es sorprendente la modernidad de Juan Ruiz en cuanto a las teorías de la comunicación. Gran parte del resto del libro se trata del esfuerzo del Arcipreste de conseguir compañía femenina. El segundo fragmento reproducido es un buen ejemplo de este aspecto de la obra.

El arcipreste explica cómo se ha de entender su obra

Como de cosas serias nadie puede reir,   1
algunos chistecillos tendré que introducir;
cada vez que los oigas no quieras discutir
a no ser en manera de trovar y decir.

Entiende bien mis dichos y medita su esencia   2
no me pase contigo lo que al doctor de Grecia
con el truhán romano de tan poca sapiencia,[1]
cuando Roma pidió a los griegos su ciencia.

Así ocurrió que Roma de leyes carecía;   3
pidióselas a Grecia, que buenas las tenía.
Respondieron los griegos que no las merecía
ni había de entenderlas, ya que nada sabía.

Pero, si las quería para de ellas usar,   4
con los sabios de Grecia debería tratar,
mostrar si las comprende y merece lograr;
esta respuesta hermosa daban por se excusar.

Los romanos mostraron en seguida su agrado;   5
la disputa aceptaron en contrato firmado,
mas, como no entendían idioma desusado,
pidieron dialogar por señas de letrado.

Fijaron una fecha para ir a contender;   6
los romanos se afligen, no sabiendo qué hacer,
pues, al no ser letrados, no podrán entender
a los griegos doctores y su mucho saber.

Estando en esta cuita, sugirió un ciudadano   7
tomar para el certamen a un bellaco romano
que, como Dios quisiera, señales con la mano
hiciese en la disputa y fue consejo sano.

---

[1] sabiduría

A un gran bellaco astuto se apresuran a ir   8
y le dicen: —"Con Grecia hemos de discutir;
por disputar por señas, lo que quieras pedir
te daremos, si sabes de este trance salir."

Vistiéronle muy ricos paños de gran valía   9
cual si fuese doctor en la filosofía.
Dijo desde un sitial, con bravuconería:[2]
—"Ya pueden venir griegos con su sabiduría."

Entonces llegó un griego, doctor muy esmerado,   10
famoso entre los griegos, entre todos loado;
subió en otro sitial, todo el pueblo juntado.
Comenzaron sus señas, como era lo tratado.

El griego, reposado, se levantó a mostrar   11
un dedo, el que tenemos más cerca del pulgar,
y luego se sentó en el mismo lugar.
Levantóse el bigardo,[3] frunce el ceño al mirar.

Mostró luego tres dedos hacia el griego tendidos,   12
el pulgar y otros dos con aquél recogidos
a manera de arpón, los otros encogidos.
Sentóse luego el necio, mirando sus vestidos.

Levantándose el griego, tendió la palma llana   13
y volvióse a sentar, tranquila su alma sana;
levantóse el bellaco con fantasía vana,
mostró el puño cerrado, de pelea con gana.

Ante todos los suyos opina el sabio griego: 14
— "Merecen los romanos la ley, no se la niego."
Levantáronse todos con paz y con sosiego,
¡gran honra tuvo Roma por un vil andariego!

Preguntaron al griego qué fue lo discutido   15
y lo que aquel romano le había respondido:
—Afirmé que hay un Dios y el romano entendido,
tres en uno, me dijo, con su signo seguido.

"Yo: que en la mano tiene todo a su voluntad;   16
él: que domina al mundo su poder, y es verdad.
Si saben comprender la Santa Trinidad,
de las leyes merecen tener seguridad."

---

[2] bravucón: el que presume de valiente sin serlo
[3] *Término despectivo que puede referirse a una persona vaga o viciosa*

Preguntan al bellaco por su interpretación: 17
—"Echarme un ojo fuera, tal era su intención
al enseñar un dedo, y con indignación
le respondí airado, con determinación,"

"que yo le quebraría, delante de las gentes,   18
con dos dedos los ojos, con el pulgar los dientes.
Dijo él que si yo no le paraba mientes,
a palmadas pondría mis orejas calientes."

"Entonces hice seña de darle una puñada   19
que ni en toda su vida la vería vengada;
cuando vio la pelea tan mal aparejada
no siguió amenazando a quien no teme nada."

Por eso afirma el dicho de aquella vieja ardida[4]   20
que no hay mala palabra si no es a mal tenida,
toda frase es bien dicha cuando es bien entendida.
Entiende bien mi libro, tendrás buena guarida.

La burla que escuchares no la tengas por vil,   21
la idea de este libro entiéndela, sutil;
pues del bien y del mal, ni un poeta entre mil
hallarás que hablar sepa con decoro gentil.

Hallarás muchas garzas, sin encontrar un huevo,   22
remendar bien no es cosa de cualquier sastre nuevo:
a trovar locamente no creas que me muevo,
lo que Buen Amor dice, con razones te pruebo.

En general, a todos dedico mi escritura;   23
los cuerdos, con buen seso, encontrarán cordura;
los mancebos livianos guárdense de locura;
escoja lo mejor el de buena ventura.

Son, las de Buen Amor, razones encubiertas;   24
medita donde hallares señal y lección ciertas,
si la razón entiendes y la intención aciertas,
donde ahora maldades, quizá consejo adviertas.

Donde creas que miente, dice mayor verdad,   25
en las coplas pulidas yace gran fealdad;
si el libro es bueno o malo por las notas juzgad,
las coplas y las notas load o denostad.[5]

---

[4] ardid (*se le añadió la "a" para conseguir la rima*)
[5] injuriar gravemente

De músico instrumento yo, libro, soy pariente;   26
si tocas bien o mal te diré ciertamente;
en lo que te interese, con sosiego detente
y si sabes pulsarme, me tendrás en la mente.

■———Pasos para la comprensión

1. Cuando el referente de una comunicación se dirige a sí mismo, decimos que es metalingüístico. Así, cuando una obra literaria trata de la literatura se dice que contiene un discurso metaliterario. Juan Ruiz introduce su discurso metaliterario en la estrofa primera. Sus palabras, como ocurre tantas veces en este libro, son ambiguas. ¿Por qué?

2. En la anécdota de Juan Ruiz, los romanos le piden a los griegos su sistema de leyes, y éstos piden pruebas para ver si los romanos lo merecen o no. Deciden organizar un debate público entre los sabios griegos y los sabios romanos.

   □ ¿A quién escogen como representante los romanos?

   □ ¿Por qué vistieron al romano en "ricos paños de gran valía"?

   □ ¿Tuvo buen efecto este plan?

3. ¿Por qué crees que los griegos y los romanos se comunican con señas de mano en vez de palabras?

4. ¿Cuáles son las diferencias de interpretación de griegos y romanos de las comunicaciones por señas? Explica primero cómo fueron interpretadas por los griegos y después por los romanos.

5. ¿Qué crees que quiere comunicar Juan Ruiz con esta anécdota respecto a la comunicación?

■———Pasos para una lectura más a fondo

1. En las últimas siete estrofas Juan Ruiz da más pistas de cómo se ha de interpretar su libro. En la primera estrofa dice que toda comunicación es buena cuando se dice clara y directamente lo que se quiere comunicar. Sin embargo, en las siguientes estrofas implica la imposibilidad o dificultad de entender cualquier comunicación. Justifica esta idea dando ejemplos de las estrofas 2 y 6.

2. En la cuarta estrofa Juan Ruiz yuxtapone los sustantivos *cordura* y *locura,* formando con ellos una oposición binaria. Busca otros contrastes de este tipo en las estrofas 2 y 6. ¿Cuál crees que podría ser el propósito de estos contrastes opuestos, teniendo en cuenta el referente (la imposibilidad de entender un texto)?

3. En la última estrofa Juan Ruiz compara su libro a un instrumento musical.

   □ De esa asociación, ¿en qué se convierte el lector?

☐ ¿Qué relación hay entre un libro y la música?

☐ ¿Es una relación acertada para el mensaje metaliterario de Juan Ruiz?

4. La última estrofa contiene toda la ironía y paradoja en cuanto a la imposibilidad de hallar una interpretación fija del texto literario. Explica.

"De cómo, por naturaleza, humanos y animales desean la compañía del sexo contrario y de cómo se enamoró el arcipreste" y "Segunda dama: la casquivana Cruz Cruzada que se fue con el mensajero"

Antes de leer

1. ¿Cuáles son las reglas en las diferentes religiones acerca del casamiento de los ministros?

2. ¿Piensas que los ministros religiosos deben poder casarse o no?

Código para la comprensión

Código literario: Intercalada en este fragmento de *El libro de buen amor* hay una forma métrica de mucho interés que ejemplifica una vez más el complejo pluralismo cultural de la España medieval. Es un zéjel, una forma estrófica inventada y cultivada por los poetas árabes de Andalucía, entre ellos Ibn Quzmán, una de las mayores figuras de la literatura árabe. Lo que caracteriza el zéjel es una copla que lo encabeza (en este caso, "Mis ojos no verán luz / pues perdido he a Cruz"). Estas coplas en los zéjeles arábigos eran trocitos de poemas populares de la tradición hebrea o árabe, y algunos eran en lengua mozárabe (o sea, la lengua española hablada por cristianos que vivían en territorios gobernados por musulmanes). Estos poemas en romance (español) que servían como la base formal del poema más largo en árabe o hebreo se llaman jarchas. La colección de estas jarchas constituye el primer testimonio que se posee de una lírica popular en lengua vulgar en toda Europa. El hecho de que se usara un poema en español para una composición en una lengua semita indica claramente que gran parte de la población culta de la Península Ibérica medieval era bilingüe.

Aristóteles dijo, y es cosa verdadera,   1
que el hombre por dos cosas trabaja: la primera,
por el sustentamiento, y la segunda era
por conseguir unión con hembra placentera.

Si lo dijera yo, se podría tachar,   2
mas lo dice un filósofo, no se me ha de culpar.
De lo que dice el sabio no debemos dudar,
pues con hechos se prueba su sabio razonar.

Que dice verdad el sabio claramente se prueba;
hombres, aves y bestias, todo animal de cueva
desea, por natura, siempre compaña nueva
y mucho más el hombre que otro ser que se mueva.

3

Digo que más el hombre, pues otras criaturas
tan sólo en una época se juntan, por natura;
el hombre, en todo tiempo, sin seso y sin mesura,
siempre que quiere y puede hace esa locura.

4

Prefiere el fuego estar guardado entre ceniza,
pues antes se consume cuanto más se le atiza;
el hombre, cuando peca, bien ve que se desliza,
mas por naturaleza, en el mal profundiza.

5

Yo, como soy humano y, por tal, pecador,
sentí por las mujeres, a veces, gran amor.
Que probemos las cosas no siempre es lo peor;
el bien y el mal sabed y escoged lo mejor.

6

Yo, como estaba solo, sin tener compañía,
codiciaba la que otro para sí mantenía:
eché el ojo a una dama, no santa; yo sentía
y cruciaba[1] por ella, que de otro era baldía.

7

Y como, así las cosas, yo con ella no hablaba,
puse de mensajero, por ver si la ablandaba,
a un compañero mío; ¡buena ayuda me daba!
el se comió la carne en tanto yo rumiaba.

8

Hice, con el disgusto, esta copla cazurra;[2]
si una dama la oyere en su enojo no incurra,
pues debieran llamarme necio cual bestia burra
si de tan gran escarnio yo no trovase a burla.

9

Mis ojos no verán luz
pues perdido he a Cruz.

10

Cruz cruzada, panadera,
quise para compañera:
senda creí carretera
como si fuera andaluz.

11

Con una embajada mía
mandé a Fernando García
le rindiese pleitesía
y me sirviese de dux.[3]

12

---

[1] *ant.* penaba
[2] con picardía
[3] de doble (*o sea, que me representara; se emplea esta forma rara para conseguir la rima.*)

Dijo lo haría de grado: 13
de Cruz llegó a ser amado,
me obligó a rumiar salvado
y él se comió el pan más duz.[4]

Le ofreció, por mi consejo,   14
mi trigo, que ya era añejo,
y él le regaló un conejo
¡el traidor, falso, marfuz![5]

¡Dios confunda al mensajero   15
tan astuto y tan ligero!
¡Dios no ayude al conejero
que la caza no me aduz![6]

Cuando la Cruz veía, yo siempre me humillaba;   16
me santiguaba siempre, cuando me la encontraba;
mi amigo, más de cerca a la Cruz adoraba.
¡Traición en tal cruzada yo no me recelaba!

▮━━━Pasos para la comprensión

1. El narrador comienza citando una gran autoridad del pasado. ¿Quién fue Aristóteles?

    ☐ Según el narrador, ¿qué dijo Aristóteles respecto a las dos necesidades del hombre?

    ☐ ¿Por qué crees que el narrador comienza citando a esta autoridad?

    ☐ ¿Crees que en realidad Aristóteles dijo eso?

2. En las estrofas 3 y 4, el narrador explica una de las diferencias entre el hombre y los animales. ¿Qué dos cosas menciona?

    ☐ Busca en un diccionario español el sentido del verbo *juntarse* de la estrofa 4.

    ☐ Teniendo eso en cuenta, ¿cuál es el referente de "esa locura" del último verso de la estrofa 4?

    ☐ Y en la estrofa 5, ¿cuál es el referente del "mal"?

---

[4] dulce (*para conseguir la rima necesaria*)

[5] despreciable

[6] adució; presentó (*se emplea esta forma para conseguir la rima*)

3. Busca el sentido de la palabra *atizar* en el diccionario. Ahora, explica la imagen del fuego de la estrofa 5 y cómo se relaciona metonímicamente con la pasión del hombre. La metonimia es una figura semántica de contigüidad lógica; la metáfora claramente llama la atención sobre la relación entre dos cosas opuestas mientras que la metonimia se vale de la lógica del contexto para hacer la relación.

4. Además de la justificación filosófica y natural, ¿qué otras justificaciones da el narrador en la estrofa 6 para explicar su pasión?

5. En las estrofas se comienza la conquista de Cruz.

   □ ¿A quién contrata el narrador para ayudarlo en la conquista de Cruz?

   □ ¿Qué hizo este mensajero?

   □ Busca en el diccionario el sentido de la palabra *rumiar*. ¿Cuál es la diferencia entre *rumiar* y *comer*?

   6. La mujer se llama Cruz, y es "cruzada," lo cual quiere decir que es mestiza —no cristiana pura. ¿Qué otros grupos había en la península ibérica que se podrían haber mezclado ("cruzado") con los cristianos? ¿Crees que estas mezclas estaban bien vistas por la sociedad?

7. Cruz es panadera, y este código ayuda a explicar varios juegos semánticos del zéjel.

   □ ¿Qué palabras se emplean que tienen que ver con el oficio de Cruz?

   □ En la estrofa 13 también hay un verbo que se clarifica mejor al saber el código del oficio. ¿Qué verbo es?

8. En la estrofa 16 se juega extensamente con el doble sentido de Cruz: nombre y artificio religioso. Explica estos juegos semánticos. ¿Qué quiere decir "cruzado" en esta estrofa?

■——Pasos para una lectura más a fondo

1. El narrador escribe en primera persona y nos da la impresión de que es el mismo Arcipreste de Hita. ¿Por qué lo haría así?

2. Sem Tob dijo que llegamos a conocer las cosas solamente por su revés. ¿Cómo se puede aplicar esta teoría filosófica a lo que se dice en los dos últimos versos de la estrofa 6? ¿Crees que es ésta una buena justificación?

3. ¿Cómo se podría describir la actitud del narrador en este fragmento? (Por ejemplo, serio, jocoso, etc.) ¿Qué conclusión se puede sacar de esta actitud del narrador?

4. La estructura de este fragmento se basa en oposiciones binarias mediante las cuales un signo se convierte en otro. Por ejemplo: comer → rumiar; Cruz → cruz; etc. Busca otros ejemplos de estas oposiciones. Ahora, trata de explicar cómo estas oposiciones se relacionan con el carácter del narrador (un sacerdote no célibe).

5. ¿Qué posible relación hay entre el mensaje de este fragmento y el de los códigos de comunicación del fragmento anterior?

6. Aunque sólo has leído dos fragmentos cortos de *El libro de buen amor,* el cual consta de 1.728 estrofas, ¿puedes deducir algún mensaje central en él?

Ausiás March

■ □ ■

1397–1459

Además de la poesía juglaresca popular y el mester de clerecía, existe en la Edad Media una poesía lírica de carácter cortesano que normalmente trata temas amorosos. En lengua castellana, estos poemas se coleccionaron en cancioneros empezando en el siglo XV, pero, a pesar de los muchos poetas cancioneriles, ninguno destaca. El mayor poeta lírico del mundo hispano medieval—Ausiás March—se expresó en catalán, el idioma de Valencia donde había nacido. Su obra es extensa y su mensaje complejo. Escribe poemas de amor, de muerte y de espíritu religioso. En March no se encuentran sentimientos previsibles; cada poema da un giro nuevo y original al mensaje. En comparación con otros poetas amorosos, March nunca se hunde en el sentimentalismo. Al contrario, su poesía es sumamente introspectiva y profunda. A pesar de no escribir en castellano, su obra fue conocidísima y muy venerada por los grandes poetas castellanos del Siglo de Oro.

Poema XXIV

Antes de leer

1. ¿Cómo se siente uno cuando está enamorado(a) de alguien que no le corresponde el amor? ¿Se siente mucho dolor?

2. El deseo de amor físico lógicamente acompaña el amor. ¿Cuál es la importancia del deseo físico en las relaciones amorosas? Explica.

Códigos para la comprensión

Código simbólico: Un concepto muy conocido de la Época Medieval es el de la rueda de la fortuna. Su iconografía es la de una mujer que hace que la rueda dé vueltas constantes. El hombre a veces está en la cima de la rueda, lo cual representa la prosperidad, y a veces en la parte inferior, que representa la desesperación. Junto con este concepto gráfico existe también la noción de que mientras más alto está uno en la rueda, más penosa es la caída. La Fortuna, por ser tan inconsistente y variable, tiene su antítesis en la Firmeza.

Código biográfico: Gran parte de la poesía amorosa de March va dirigida a una dama, doña Teresa, cuya identidad no se conoce, ni March nos dice mucho de su persona en sus poemas. Lo que sí podemos deducir es que era una mujer casada y que March alude a ella en su poesía, no con su nombre, sino con el apodo "lirio entre cardos." Los cardos son plantas con espinas, de modo que al yuxtaponer el signo del lirio con el del cardo se indica que Teresa es una mujer excepcional entre mujeres ordinarias.

"No sech lo temps mon mensament inmoble"

Catalán medieval:

I

No sech lo temps   mon pensament inmoble,   1
car no ʾs trespost   de un ésser en altre.
Fortuna vol   son torn variat perdre,
sí qu'amistat   ab Fermetat acapta.
Quant m'ha sentit   al pus jus de son centre,
aspres ha fets   los corrons de sa roda,
per c' allissant,   en altre torn no munte
a seure lla   on és lo gran desorde.

II

Com l'envejós,   qui soberch dan vol rebre   2
perqué major   dan son desamich senta
e pren delit   del mal que veu soferre,
tant que no sent   lo mal qui'l és proisme,
tal semblant cas   Fortun' ab mi pratica:
faent procés   a son delit denulle,
muda lo nom   que pren d'ésser no ferma,
per son plaer   qu' és no dar temps al vogi.

III

Sí com aquell c'   adorm ab artifici   3
son cors perqué   la dolor no suferte,

volgr᾽ adormir   los penssaments qui᾽m porten
coses a qué   ma voluntat s'enclina,
causant en mi   cobejança terrible,
passionant   l'arma qui és ajunta
en sofertar   aquest turment tan aspre
ab lo meu cors,   qui᾽n tal cas l'acompanya.

IV

Sí co᾽l castor   caçat, per mort estorçre,   4
tirant ab dents   part de son cors arranca,
—per gran instint   que Natura li dóna
sent que la mort   li porten aquells membres—,
per ma raó   volgr᾽ haver conexença,
posant menyspreu   als desigs qui᾽m turmenten,
matant lo cors,   enpecadant-me l'arma,
sí que jaquir   los me cové per viure.

V

En aquell punt   que᾽l cobejar me sopta   5
volgra ser foll,   ab la pensa tan vana,
que no pensás   pus aventurat home
Fortun᾽ hagués   prosperat de béns mobles.
En gran calor   lo fret tot hom desija,
no creure pot   que jamés l'ivern torne;
axí me'n pren   com dolors me congoxen:
creure no pusch   qu᾽en part de content baste.

VI

Llir entre carts,   si lo comun enginy   6
és tan grosser   que no᾽us bast a compendre,
vullau ab Déu   fer que si Fe los basta,
sia remés   lo pecat d'amor folla.

"No sigue el tiempo mi pensamiento inmóvil"

Traducción libre al castellano moderno:

I

No sigue el tiempo mi pensamiento inmóvil,   1
que no se traspone de un ser en otro.
Fortuna quiere su turno variable perder,

así que amistad con Firmeza busca.
Cuando me ha sentido al más bajo de su centro,
ásperos ha hecho los rodillos de su rueda,
para que alisando, en otra rueda no suba
a sentarme allá donde hay gran desorden.

II

Como el envidioso que gran daño quiere recibir   2
para que mayor daño su enemigo sienta
y saca deleite del mal que ve sufrir,
tanto que no siente el mal que le es próximo,
tal semblante caso Fortuna en mí practica:
haciendo proceso a su deleite menoscaba,
muda el nombre que toma de ser no firme,
pierde su placer que es no dar tiempo a la rueda.

III

Así como aquél que adormece con artificio   3
su cuerpo para que el dolor no sufra,
quisiera adormecer los pensamientos que me traen
cosas a las que mi voluntad se inclina,
causando en mí deseo terrible,
apasionando el alma que es junta
en sufrir este tormento tan áspero
con mi cuerpo, que en tal caso la acompaña.

IV

Así como el castor cazado, para la muerte destinado,   4
tirando con sus dientes parte de su cuerpo arranca,
—por el gran instinto que Natura le da
siente que la muerte le llevan aquellos miembros—,
para mi razón quisiera tener conocimiento,
poniendo menosprecio a los deseos que me atormentan,
matando el cuerpo, llenando de pecado el alma,
así me conviene abandonarlos para vivir.

V

En aquel punto que el deseo me rapta   5
quisiera ser loco, con el pensamiento tan vacío
que no pensara más, [me consideraría] aventurado hombre
[que] Fortuna hubiera prosperado de bienes.
En gran calor el frío todo hombre desea,

no creer puede que jamás el invierno vuelva móviles,
así me pasa cuando los dolores me acongojan:
creer no puedo que en [alguna] parte el contento exista.

VI

Lirio entre cardos, si el común ingenio   6
es tan grosero que no os basta a comprender,
quered con Dios que si la Fe le basta,
sea perdonado el pecado del amor loco.

■——Ejercicios lingüísticos

1. En el catalán medieval de March se pueden observar algunas de las diferencias entre el catalán y el castellano. Por ejemplo, ¿cuál es el equivalente castellano de las siguientes palabras catalanas?

   □ Primera estrofa: temps, pensament, roda.

   □ Cuarta estrofa: mort, dents, sent, cors.

   □ ¿Qué notas en todas estas palabras que es diferente del castellano?

   □ ¿Qué conclusión puedes inferir de esta diferencia respecto a la naturaleza fónica del castellano?

2. Compara los artículos definidos (el, la, etc.) del castellano con los del catalán. ¿Cuál es la diferencia?

3. Nota el gran número de contracciones en catalán (el uso del apóstrofo por ejemplo). ¿Hay muchas contracciones en castellano? ¿Se te ocurren algunas?

4. Compara los adjetivos posesivos (mi, tu, su, etc.) del castellano con los del catalán.

■——Pasos para la comprensión

1. Empecemos con la tercera estrofa, porque es allí donde se empieza a revelar el tormento del narrador. Los signos que emplea son imprecisos, pero puedes intentar descifrarlos.

   □ ¿Cuáles son las "cosas" que le trae su pensamiento y a las cuales él está inclinado? Para contestar esta pregunta, considera el sentido de "mi deseo terrible."

   □ Teniendo en cuenta que éste es un poema de amor, ¿qué podría ser ese "deseo" y las "cosas"?

2. Ahora se puede entender mejor el contenido de las primeras dos estrofas. En la primera estrofa el narrador se queja de la Fortuna.

   □ ¿Qué quiere decir el poeta al escribir que la Fortuna quiere perder su turno, por eso entabla amistad con Firmeza? Antes de contestar, consulta el *código simbólico*.

   □ ¿Qué tiene que ver el tiempo con la fortuna?

   □ ¿Por qué dice que "el tiempo" y su "pensamiento" no están en consonancia?

□ Los rodillos de la rueda de la Fortuna se han estropeado de tantas vueltas. ¿Qué efecto tiene esto para el poeta?

3. En las estrofas 2 a 5 se emplea una serie de metáforas.

□ ¿A qué compara la rueda de la Fortuna en la segunda estrofa?

□ ¿Te parece ésta una metáfora original? Explica la ironía de esta metáfora.

4. En la tercera estrofa, ¿con qué tipo de persona se compara el narrador? ¿Qué quisiera poder hacer el narrador?

5. Según el narrador, ¿qué hace el castor cuando algún cazador lo mata? ¿Cómo es que el narrador querría imitar esta acción?

6. En la estrofa 5, ¿qué quería el narrador que le pasara cuando el deseo le rapta? Explica la comparación con la característica humana de desear el frío cuando hace mucho calor.

7. El poema termina pidiendo perdón por su pecado.

□ ¿Cuál es su pecado?

□ ¿Qué crees que es el "loco amor"? Para entenderlo, compara el término con el título de la obra de Juan Ruiz, *El libro de buen amor.*

■———Pasos para una lectura más a fondo

1. Este poema se debe leer al revés, o sea, desde el final hasta el principio porque es sólo en los últimos versos donde se aclara el motivo de su "deseo terrible" que tanto lo atormenta. A Juan Ruiz, un arcipreste, no parece haberle preocupado tanto su "loco amor." ¿Por qué crees que Ausiás March ve su deseo como un "deseo terrible" y un pecado?

2. Las referencias e imágenes que emplea March son muy originales. March hasta transforma el símbolo iconográfico de la rueda de la Fortuna. ¿Qué hace la Fortuna en este poema que va en contra de su naturaleza?

3. En el poema, March describe un mundo "al revés" —ilógico y cruel. Busca ejemplos de estas características en el poema.

4. El amor normalmente trae placer. ¿Qué circunstancias se revelan en este poema que hacen que el amor produzca sólo congoja y tormento?

5. Con mucha frecuencia en la poesía trovadoresca medieval, el poeta se queja de la mujer porque es ella quien no le corresponde el amor al no concederle al poeta lo que él desea.

□ ¿March se queja de su amada? Explica.

□ ¿Se puede decir que March se echa a sí mismo la culpa de su dolor? Explica usando ejemplos de la estrofa 5.

6. Por lo general, la poesía amorosa trovadoresca es pagana y secular, sin embargo en este poema se nota un tono religioso. ¿Cómo? ¿Por qué?

CAPÍTULO 2

LOS TESTIMONIOS DEL ENCUENTRO ENTRE DOS CULTURAS

 Consulta www.prenhall.com/momentos y lee un ensayo de orientación a este capítulo.

La literatura documental y testimonial relacionada con el encuentro entre europeos e indígenas americanos empieza con el mismo descubrimiento, pues se conservan el diario y las cartas de Cristóbal Colón (1451–1506). A lo largo de la colonización española, que dura aproximadamente 1492 a 1823, se escriben muchas obras de este tipo, aunque su carácter va cambiando de siglo en siglo. Los documentos del siglo XVI suelen ser de los mismos conquistadores, exploradores, soldados y misioneros, y revelan el espíritu inquieto, aventurero, científico y humanístico del Renacimiento.

El descubrimiento europeo del hemisferio occidental, el encuentro con una cultura desconocida, y la subsiguiente conquista, dominación, exploración, colonización y evangelización fueron causa de asombro y admiración para los españoles, quienes documentaron desde su perspectiva europea cada paso de esa historia en millares de documentos y obras que fluctúan entre la pura ficción y la historiografía científica. Cuando se compara la reacción de los españoles ante el encuentro con nuevas culturas con la de los ingleses en Norteamérica, resalta una impresionante diferencia: a los ingleses apenas les interesó la nueva cultura que encontraron. Las primeras obras literarias de Nueva Inglaterra son diminutivas, privadas, de índole religioso y personal. En comparación, los españoles concibieron el encuentro como un gran momento histórico, y se expresaron con la grandilocuencia épica que la ocasión merecía.

Mucho se escribió, y consecuentemente hay muchos modos de organizar la producción. Algunos documentos se escribieron por necesidad, como las cartas que dirigen Colón y Hernán Cortés (1485–1547) a los monarcas españoles. La sed europea de saber más del nuevo mundo y sus habitantes sin duda incitó a otros a producir obras para ese mercado, y las de Cabeza de Vaca (¿1490–1558?) quizá podrían entrar en esta categoría. Otros escribieron para llevar a cabo una agenda personal: Bernal Díaz del Castillo (¿1495?–1584) para corregir los errores de las crónicas oficiales y presentar los hechos desde la perspectiva del soldado común; el Inca Garcilaso (1539–1616) para justificar su nobleza indígena y alabar la cultura incaica; y el padre Las Casas (1484–1566) para despertar la conciencia de los europeos ante los abusos de los derechos humanos. Otros sacerdotes y misioneros llevaron a cabo labores etnográficas de muchísima importancia; aquí se destaca la labor de Bernardino de Sahagún (¿1500?–1590), que bien podría considerarse el padre de la antropología moderna.

Lo que es escaso es la voz de los vencidos. Se ha dicho con razón que la historia es siempre escrita por los vencedores. ¿Qué pensarían los indígenas del encuentro con hombres blancos y barbudos de otros mundos y de culturas diferentes? ¿Qué habrían dicho del holocausto cultural que siguió? Sólo se pueden percibir ecos de las respuestas a estas preguntas en las voces de los informantes indígenas de los escritos antropológicos de autores como Sahagún, o en obras conservadas por casualidad, como la de Guaman Poma de Ayala (¿1532–1614?), un inca culturizado en las maneras europeas que dirige una obra al rey Felipe II (reinó de 1556 a 1598) de España, quejándose de los abusos del gobierno colonial.

La teoría literaria moderna, con su énfasis en la lingüística y en la complejidad del circuito de comunicación, ha contribuido a borrar los límites entre historia, autobiografía y ficción, haciéndonos ver que hasta un texto histórico tiene un narrador que dirige un mensaje con un propósito específico a un destinatario implícito, y que, por lo tanto, esa obra se puede someter a los mismos criterios críticos que cualquier obra de ficción. A causa de ello, hoy podemos analizar estos documentos y testimonios, no simplemente como obras de interés histórico o antropológico, sino como complejos actos de comunicación, y podemos actualizar sus discursos para formar una mejor idea de cómo fue en realidad ese encuentro entre dos culturas. Por lo tanto, las teorías literarias modernas han dado nueva vida al estudio de estos documentos, abriéndolos a nuevas y provocadoras posibilidades. Es más, la nueva historiografía nos ha hecho ver que los españoles no solamente descubrieron América, sino que también la "inventaron." El discurso de América que se ensaya en esta literatura testimonial crea el mito de América—una visión idealizada vista bajo el prisma europeo renacentista. América es para ellos un "nuevo mundo" de "nuevas e ilimitadas oportunidades," donde cualquiera puede encontrarse con "el Dorado," ese pueblo mítico de oro que impulsó a tantos europeos a cruzar el Atlántico entre los siglos XVI y XVIII, o a atravesar Norteamérica camino de California en el siglo XIX. Ese mito de América sigue vigente, como lo comprueban las oleadas de nuevos inmigrantes que siguen llegando a sus costas.

Bartolomé de Las Casas

■□■

1484–1566

La figura de Bartolomé de Las Casas se levanta como un gigante entre los numerosos cronistas y comentaristas del descubrimiento y conquista de América. No sólo fue Las Casas uno de los primeros cronistas, fue también el primero en despertar la conciencia de Europa ante las injusticias en contra los derechos humanos que se estaban cometiendo en las Indias. Su obra más famosa, el pequeño libro titulado *Brevísima relación de la destrucción de las Indias* (1552), obtuvo un éxito inmediato y fue traducido a muchos idiomas y a veces publicado con grabados horripilantes que pintaban los abusos de los españoles. Los países enemigos de España, que eran muchos, se aprovecharon del librito para criticar las hazañas de los españoles en el Nuevo Mundo. Sin embargo, el discurso de los derechos humanos y el debate que luego emergió a causa de los escritos de Las Casas, sólo se llevaron a cabo en España. Los otros países colonizadores no aprendieron las lecciones de Las Casas ni participaron en el discurso de la injusticia. Se puede deducir que el discurso moderno de los derechos humanos arranca de los escritos del padre Las Casas.

Brevísima relación de la destrucción de las Indias

Antes de leer

1. ¿Qué sabes de las actividades de la organización Amnistía Internacional?

2. ¿Cuáles han sido los motivos de las grandes violaciones en contra de los derechos humanos en el siglo XX?

3. Durante la conquista del hemisferio occidental (las Américas) por las potencias europeas, cada grupo que participó tendría motivos diferentes para abandonar su patria e ir a un mundo desconocido. ¿Cuáles serían los motivos de los grupos siguientes: los conquistadores, los exploradores, los misioneros, los colonizadores? ¿Cómo variarían los motivos de la Iglesia y los de la monarquía?

Códigos para la comprensión

Código geográfico: Cuando los españoles dieron con las islas de las Antillas en el mar Caribe, creyeron que habían llegado a India en Asia y por lo tanto, llamaron a la nueva zona "las Indias." Luego, cuando se dieron cuenta de que era otro mundo completamente diferente, siguieron llamándolo las Indias y a sus habitantes "indios." La isla de Española fue el sitio del primer encuentro entre españoles e indígenas. Hoy la isla incluye las naciones de Haití y la República Dominicana. San Juan fue el nombre dado primeramente a lo que hoy es Puerto Rico. Las islas de Cuba y Jamaica mantienen los mismos nombres hasta hoy.

Código biográfico: Las Casas llegó a Santo Domingo como colonizador con una encomienda en 1502. Allí presenció los sermones apasionados que fray Antonio de Montesinos lanzaba en 1511 contra los encomenderos, quienes explotaban despiadadamente a los indígenas. Estos sermones le abrieron la conciencia a Las Casas a las injusticias y atrocidades que los españoles cometían contra los indios. En 1514 renunció a la vida mundanal y se ordenó con los dominicos. Dedicó el resto de su larga vida, pues vivió hasta los 92 años, defendiendo la causa de los indígenas ante la corona española. Sus esfuerzos produjeron fruto, puesto que en el año 1542 se promulgaron las "Nuevas Leyes de Indias" que intentaron proteger a los habitantes indígenas de los abusos de los colonizadores.

Código literario: Las noticias del descubrimiento de un nuevo mundo encendieron la imaginación de los europeos y se crearon muchos mitos al respecto. Uno fue el del "salvaje noble" —la noción que los indígenas, aunque incultos y salvajes, era gente sencilla y humilde, que no sufría de los pecados europeos producidos por la ambición.

Fragmento del prólogo

Descubriéronse las Indias en el año de mil y cuatrocientos y noventa y dos. Fuéronse a poblar el año siguiente de cristianos españoles, por manera que ha cuarenta y nueve años que fueron a ellas cantidad de españoles, y la primera tierra donde entraron para hecho de poblar fue la grande y felicísima isla Española, que tiene seiscientas leguas en torno. Hay otras muy grandes e infinitas islas alrededor por todas las partes de ella, que todas estaban y las vimos las más pobladas y llenas de naturales gentes, indios de ellas, que puede ser tierra poblada en el mundo. La Tierra Firme, que está de esta isla por lo más cercano doscientas y cincuenta leguas, pocas más, tiene de costa de mar más de diez mil leguas descubiertas, y cada día se descubren más, todas llenas como una colmena de gentes, en lo que hasta el año de cuarenta y uno se ha descubierto, que parece que puso Dios en aquellas tierras todo el golpe o la mayor cantidad de todo el linaje humano.

Todas estas universas e infinitas gentes *a toto genere*[1] crió Dios las más simples, sin maldades   10
ni dobleces, obedientísimas, fidelísimas a sus señores naturales y a los cristianos a quien sirven;
más humildes, más pacientes, más pacíficas y quietas, sin rencillas ni bollicios, no rijosos, no
querulosos, sin rancores, sin odios, sin desear venganzas, que hay en el mundo. Son asimismo
las gentes más delicadas, flacas y tiernas en complexión y que menos pueden sufrir trabajos, y
que más fácilmente mueren de cualquiera enfermedad, que ni hijos de príncipes y señores entre nosotros, criados en regalos y delicada vida, no son más delicados que ellos, aunque sean
de los que entre ellos son de linaje de labradores. Son también gentes paupérrimas[2] y que
menos poseen ni quieren poseer de bienes temporales, y por esto no soberbias, no ambiciosas,
no codiciosas. Su comida es tal que la de los santos padres en el desierto no parece haber sido   20
más estrecha ni menos deleitosa ni pobre. Sus vestidos comúnmente son en cueros, cubiertas
sus vergüenzas, y cuando mucho cúbrense con una manta de algodón, que será como vara y
media o dos varas de lienzo en cuadro. Sus camas son encima de una estera, y cuando mucho
duermen en unas como redes colgadas, que en lengua de la isla Española llamaban hamacas.
Son eso mismo de limpios y desocupados y vivos entendimientos, muy capaces y dóciles para
toda buena doctrina, aptísimos para recibir nuestra santa fe católica y ser dotados de virtuosas
costumbres, y las que menos impedimentos tienen para esto que Dios crió en el mundo. Y son
tan importunas desde que una vez comienzan a tener noticia de las cosas de la fe, para saberlas,
y en ejercitar los sacramentos de la Iglesia y el culto divino, que digo verdad que han menester
los religiosos, para sufrirlos, ser dotados por Dios de don muy señalado de paciencia. Y final-   30
mente yo he oído decir a muchos seglares españoles de muchos años acá y muchas veces, no
pudiendo negar la bondad que en ellos ven: "Cierto, estas gentes eran las más bienaventuradas del
mundo, si solamente conocieran a Dios."

En estas ovejas mansas y de las calidades susodichas por su Hacedor y Criador así dotadas,
entraron los españoles desde luego que las conocieron como lobos y tigres y leones crudelísi-
mos de muchos días hambrientos. Y otra cosa no han hecho de cuarenta años a esta parte,
hasta hoy, y hoy en este día lo hacen, sino despedazarlas, matarlas, angustirlas, afligirlas, ator-
mentarlas y destruirlas por las estrañas y nuevas y varias y nunca otras tales vistas ni leídas ni
oídas maneras de crueldad, de las cuales algunas pocas abajo se dirán, en tanto grado que habiendo en la isla Española sobre tres cuentos[3] de ánimas que vimos, no hay hoy de los naturales   40
de ella doscientas personas. La isla de Cuba es casi tan larga como desde Valladolid a Roma:
está hoy cuasi toda despoblada. La isla de San Juan y la de Jamaica, islas muy grandes y muy
felices y graciosas, ambas están asoladas. Las islas de los Lucayos, que están comarcanas a la
Española y a Cuba por la parte del Norte, que son más de sesenta con las que llamaban de
Gigantes y otras islas grandes y chicas, y que la peor de ellas es más fértil y graciosa que la
huerta del Rey de Sevilla, y la más sana tierra del mundo, en las cuales había más de quinientas
mil ánimas, no hay hoy una sola criatura. Todas las mataron trayéndolas y por traerlas a la isla
Española, después que veían que se les acababan los naturales de ella. Andando un navío tres
años a rebuscar por ellas la gente que había, después de haber sido vendimiadas, porque un
buen cristiano se movió por piedad para los que se hallasen converlas y ganarlos a Cristo, no   50

---

[1] *lat.* de todo tipo
[2] *cult.* pobrísimos
[3] cuento: un millón

se hallaron sino once personas, las cuales yo vi. Otras más de treinta islas que están en co-marca de la isla de San Juan, por la misma causa están despobladas y perdidas. Serán todas estas islas, de tierra, más de dos mil leguas, que todas están despobladas y desiertas de gente.

De la gran Tierra Firme somos ciertos que nuestros españoles, por sus crueldades y ne-fandas obras, han despoblado y asolado y que están hoy desiertas, estando llenas de hombres racionales, más de diez reinos mayores que toda España, aunque entre Aragón y Portugal en ellos, y más tierra que hay de Sevilla a Jerusalén dos veces, que son más de dos mil leguas.

Daremos por cuenta muy cierta y verdadera que son muertas en los dichos cuarenta años, por las dichas tiranías e infernales obras de los cristianos, injusta y tiránicamente, más de doce cuentos de ánimas, hombres y mujeres y niños; y en verdad que creo, sin pensar engañarme, que son más de quince cuentos. 60

Dos maneras generales y principales han tenido los que allá han pasado, que se llaman cris-tianos, en estirpar y raer de la haz de la tierra a aquellas miserandas naciones. La una por in-justas, crueles, sangrientas y tiránicas guerras. La otra, después que han muerto todos los que podrían anhelar o suspirar o pensar en libertad, o en salir de los tormentos que padecen, como son todos los señores naturales y los hombres varones (porque comúnmente no dejan en las guerras a vida sino los mozos y mujeres), oprimiéndolos con la más dura, horrible y áspera servidumbre en que jamás hombres ni bestias pudieron ser puestas. A estas dos maneras de tiranía infernal se reducen o se resuelven o subalternan como a géneros, todas las otras di-versas y varias de asolar aquellas gentes, que son infinitas. 70

La causa porque han muerto y destruido tantas y tales y tan infinito número de ánimas los cristianos, ha sido solamente por tener por su fin último el oro y henchirse de riquezas en muy breves días, y subir a estados muy altos y sin proporción de sus personas, conviene a saber, por la insaciable codicia y ambición que han tenido, que ha sido mayor que en el mundo ser pudo, por ser aquellas tierras tan felices y tan ricas, y las gentes tan humildes, tan pacientes y tan fáciles a subjetarlas, a las cuales no han tenido más respeto, ni de ellas han hecho más cuenta ni estima (hablo con verdad por lo que sé y he visto todo el dicho tiempo), no digo que de bestias (porque pluguiera a Dios que como a bestias las hubieran tratado y estimado), pero como y menos que estiércol de las plazas. Y así han curado de sus vidas y de sus ánimas, y por esto todos los números y cuentos dichos han muerto sin fe y sin sacra-mentos. Y ésta es una muy notoria y averiguada verdad, que todos, aunque sean los tiranos y matadores, la saben y la confiesan: que nunca los indios de todas las Indias hicieron mal al-guno a cristianos, antes los tuvieron por venidos del cielo, hasta que, primero, muchas veces hubieron recibido ellos o sus vecinos muchos males, robos, muertes, violencias y vejaciones de ellos mismos. 80

■——Pasos para la comprensión

1. En el segundo párrafo, Las Casas nos da una descripción del carácter de los indí-genas. ¿Qué características resalta el autor?

2. En el tercer párrafo, nos da una relación que podríamos llamar etnográfica. ¿Qué aprendemos de la comida, la ropa y los muebles de los indígenas?

3. Cuando el referente de una enunciación o escrito tiene que ver con el idioma mismo, se le llama discurso "metalingüístico." Al final del tercer párrafo hay un pequeño ejemplo. ¿Cuál es?

   ☐ La etimología es el estudio del origen de las palabras. ¿Qué aprendemos en este discurso respecto a la etimología de la palabra *hammock* en inglés?

4. En el cuarto párrafo, Las Casas revela el que quizá era su propósito al defender y proteger a los indígenas. ¿Cuál es su intención?

5. En el quinto párrafo, enumera varias de las atrocidades que han cometido los españoles. ¿Cuáles han sido?

6. En los párrafos 5 a 7 escribe sobre la despoblación de las Indias. El término *cuento* quiere decir un millón de habitantes. ¿Cuánta gente cree Las Casas que ha perecido a causa de los abusos de los españoles?

7. En el párrafo octavo Las Casas cuenta las dos maneras en qué los españoles han matado a los indígenas. ¿Cuáles son?

   ☐ Hoy sabemos que muchos indígenas murieron a causa de otras razones, y Las Casas alude a una de estas razones en el párrafo 2. ¿Cuál fue la otra gran causa de la despoblación de las Indias?

8. En el último párrafo del fragmento Las Casas revela el motivo de la crueldad de los españoles. ¿Qué es lo que buscaban los españoles?

9. También al final de ese párrafo se hace una referencia a la razón por la cual los indígenas recibieron pacíficamente a los españoles y por qué aguantaron tanto de ellos. ¿Cuál es la razón que propone Las Casas?

■———Pasos para una lectura más a fondo

1. Las Casas fue criticado en su tiempo así como en nuestros días por su tendencia a exagerar. ¿Qué elementos y detalles encuentras en el fragmento que podrían ser hiperbólicos? (Nota, por ejemplo, la inclinación de Las Casas a usar sufijos superlativos "–ísimo/a").

2. En el quinto párrafo Las Casas emplea la metonimia y la metáfora para referirse a los indígenas y a los españoles. La metonimia es el uso de un signo para referirse a otro mientras que la metáfora hace una comparación entre dos signos. Explica los tropos de este párrafo. ¿Crees que las comparaciones son buenas? ¿Por qué?

3. En el último párrafo, Las Casas vuelve a la metonimia de los animales, pero se rectifica diciendo "pluguiera a Dios que como a bestias las hubieran tratado." A continuación inventa otra metonimia que, según él, se acerca más a la forma en que

los españoles tratan a los indios. ¿Cuál es? Explica la fuerza de esta metonimia dentro del discurso de la injusticia.

4. Los escritos de Las Casas contribuyeron mucho a lo que la historia vino a llamar "la leyenda negra," que acusa a los españoles de explotar y maltratar a los indígenas sólo por el deseo de enriquecerse. Esta leyenda ha perdurado hasta nuestros días.

   ☐ ¿Qué opinas de ella?

   ☐ ¿Crees que es justa? Explica.

5. ¿Hubo una gran diferencia entre lo que hicieron los españoles con los indígenas y lo que hicieron los ingleses en Norteamérica dos siglos después? ¿Qué tienen en común las dos conquistas y en qué son diferentes?

   ☐ ¿Conoces algún documento en defensa de los indígenas de la época colonial de Norteamérica?

6. ¿Qué se podría decir de la obra de Las Casas con respecto al discurso moderno de los derechos humanos?

Bernal Díaz del Castillo

■□■

¿1495?–1584

La crónica de Bernal Díaz es única entre las muchas que se escribieron en el siglo XVI por ser la expresión de un soldado que había acompañado a Cortés en la conquista del Imperio azteca y que toma la pluma para narrar las hazañas desde el punto de vista del hombre común. Bernal Díaz se había enojado cuando leyó la crónica oficial de la conquista, escrita por López de Gómara (¿1512–1572?), que narraba la historia desde el punto de vista de los grandes comandantes. Díaz del Castillo era autodidacta, de modo que su estilo es directo y coloquial —un ejemplo valiosísimo del habla popular castellana de principios del siglo XVI. Además del valor historiográfico y filológico de su obra, vale la pena observar que Díaz del Castillo, a pesar de un origen humilde, alza su voz para conseguir para sí mismo (y para sus compañeros de armas) un lugar en la historia humana. El fuerte "yo" de su *Historia verdadera de la conquista de Nueva España* (escrita en 1568, pero no publicada hasta 1632) es el del hombre moderno del Renacimiento.

Historia verdadera de la conquista de Nueva España

Antes de leer

1. ¿Has viajado alguna vez a un país cuya lengua no conoces? ¿Qué habría que hacer para poder comunicarse?

2. ¿Cuál suele ser la fortuna de las personas conquistadas durante las guerras?

3. Si tú fueras la víctima de una conquista por otra nación, ¿cooperarías con los invasores para salvarte el pellejo o lucharías contra ellos? Comenta.

Códigos para la comprensión

Código histórico: Hernán Cortés participó con Diego Velázquez (¿1460–1524?) en la conquista de Cuba (1511–1514), y luego, independiente de Velázquez, partió con seiscientos hombres para conquistar México. Dos personas facilitaron la empresa de Cortés: Jerónimo de Aguilar, un español que había vivido entre los indios y había aprendido a hablar maya, y la Malinche, india que fue entregada a Cortés como premio de guerra después de derrotar a los indios de Tabasco. La Malinche sabía el idioma de los aztecas—náhuatl—así como el maya, y pronto aprendió el castellano.

Código geográfico: Tabasco es la región costeña mexicana al norte del Yucatán. Los poblados de Painala (hoy desaparecido), Guazacualco y Xicalango están en esa región. Esta zona fue el lugar del primer encuentro entre los soldados de Cortés y los mexicanos. La zona, al estar cerca del Yucatán, centro de la cultura maya, explica por qué Aguilar y La Malinche hablaban maya. Desde esta región Cortés maquinó la conquista de los aztecas.

Capítulo XXXVII: Cómo doña Marina era cacica e hija de grandes señores de pueblos y vasallos, y de la manera que la dicha doña Marina fue traída a Tabasco.

Antes que más meta la mano en lo del gran Moctezuma y su gran México y mexicanos, quiero decir lo de doña Marina, cómo desde su niñez fue gran señora de pueblos y vasallos, y es desta manera: que su padre y su madre eran señores y caciques de un pueblo que se dice Painala, y tenía otros pueblos sujetos a él, obra de ocho leguas de la villa de Guazacualco, y murió el padre quedando muy niña, y la madre se casó con otro cacique mancebo y hubieron un hijo, y según pareció, querían bien al hijo que habían habido; acordaron entre el padre y la madre de darle el cargo después de sus días, y porque en ello no hubiese estorbo, dieron de noche la niña a unos indios de Xicalango, porque no fuese vista, y echaron fama que se había

muerto, y en aquella sazón murió una hija de una india esclava suya, y publicaron que era la
heredera, por manera que los de Xicalango la dieron a los de Tabasco, y los de Tabasco a Cortés,   10
y conocí a su madre y a su hermano de madre, hijo de la vieja, que era ya hombre y mandaba
juntamente con la madre a su pueblo, porque el marido postrero de la vieja ya era fallecido; y
después de vueltos cristianos, se llamó la vieja Marta y el hijo Lázaro; y esto sélo muy bien,
porque en el año de 1523, después de ganado México y otras provincias, y se había alzado
Cristóbal de Olí en las Higüeras, fue Cortés allá y pasó por Guazacualco, fuimos con él a aquel
viaje toda la mayor parte de los vecinos de aquella villa, como diré en su tiempo y lugar; y como
doña Marina en todas las guerras de Nueva-España, Tlascala y México fue tan excelente mujer y buena lengua, como adelante diré, a esta causa la traía siempre Cortés consigo. Y en aquella sazón y viaje se casó con ella un hidalgo que se decía Juan Jaramillo, en un pueblo que se
decía Orizava, delante de ciertos testigos, que uno de ellos se decía Aranda, vecino que fue de   20
Tabasco, y aquél contaba el casamiento, y no como lo dice el cronista Gómara. Y la doña Marina tenía mucho ser y mandaba absolutamente entre los indios en toda la Nueva-Espanña.

Y estando Cortés en la villa de Guazacualco, envió a llamar a todos los caciques de aquella
provincia para hacerles un parlamento acerca de la santa doctrina y sobre su buen tratamiento,
y entonces vino la madre de doña Marina, y su hermano de madre Lázaro, con otros caciques.
Días había que me había dicho la doña Marina que era de aquella provincia y señora de vasallos, y bien lo sabía el capitán Cortés, y Aguilar, la lengua; por manera que vino la madre y
su hijo, el hermano, y conocieron que claramente era su hija, porque se le parecía mucho.
Tuvieron miedo de ella, que creyeron que los enviaba a llamar para matarlos, y lloraban; y
como así los vio llorar la doña Marina, los consoló, y dijo que no hubiesen miedo, que   30
cuando la traspusieron con los de Xicalango que no supieron lo que se hacían, y se lo perdonaba, y les dio muchas joyas de oro y de ropa y que se volviesen a su pueblo, y que Dios
le había hecho mucha merced en quitarla de adorar ídolos ahora y ser cristiana, y tener un
hijo de su amo y señor Cortés, y ser casada con un caballero como era su marido Juan
Jaramillo; que aunque la hiciesen cacica de todas cuantas provincias había en la Nueva-España, no lo sería; que en más tenía servir a su marido y a Cortés que cuanto en el mundo
hay; y todo esto que digo se lo oí muy certificadamente, y así lo juro, amén. Y esto me parece
que quiere remedar a lo que le acaeció con sus hermanos en Egipto a Josef, que vinieron a
su poder cuando lo del trigo. Esto es lo que pasó, y no la relación que dieron al Gómara, y
también dice otras cosas que dejo por alto. Y volviendo a nuestra materia, doña Marina sabía   40
la lengua de Guazacualco, que es la propia de México, y sabía la de Tabasco; como Jerónimo
de Aguilar, sabía la de Yucatán y Tabasco, que es toda una, entendíanse bien; y el Aguilar lo
declaraba en castellano a Cortés: fue gran principio para nuestra conquista; y así se nos hacían
las cosas, loado sea Dios, muy prósperamente. He querido declarar esto, porque sin doña Marina no podíamos entender la lengua de Nueva-España y México. Donde lo dejaré, y volveré
a decir cómo nos desembarcamos en el puerto de San Juan de Ulúa.

■——Pasos para la comprensión

1. Nota la voz narrativa en la primera oración del fragmento y la pasión de Díaz del
   Castillo por México. ¿Cómo se puede explicar esta pasión teniendo en cuenta que
   Moctezuma era el enemigo de los españoles?

2. ¿Cómo fue que Marina, hija de caciques de Guazacualco, fue dada a los indios de Xicalango y luego a los de Tabasco? ¿Cómo llegó Marina a manos de Cortés?

3. Nota en la línea 15 cómo los padres de Marina, después de la conquista, se convirtieron al cristianismo. ¿Qué más cambian? ¿Cuáles son los efectos en una persona cuando se cambia de religión y de nombre?

4. A partir de la línea 20 Díaz del Castillo documenta la boda de Marina con Juan Jaramillo. ¿Cómo lo hace para justificar que lo que dice es cierto?

5. En la línea 24, Díaz escribe que "Marina tenía mucho ser," lo cual quiere decir que era una persona muy importante. ¿Cómo sucedió que una mujer indígena pudiera llegar a tener tanta influencia?

6. En el segundo párrafo doña Marina muestra su carácter con su comportamiento y sus palabras.

   ☐ ¿Cómo lo muestra para con su madre y hermano?

   ☐ ¿Cómo lo muestra cuando rechaza ser cacica de todas las provincias de la Nueva España?

7. En esta sección aprendemos que Marina y Cortés tuvieron relaciones. ¿Cómo se sabe?

■———Pasos para una lectura más a fondo

1. La Malinche es una figura muy debatida por los mexicanos. Para unos, representa la fuerza de la mujer y su importancia, para otros, es la traidora que conspira contra los suyos y apoya a los conquistadores. Octavio Paz, por ejemplo, tiene un capítulo titulado "Los hijos de la Malinche" en su libro *El laberinto de la soledad* (1959). Allí se lee: "El símbolo de la entrega es doña Malinche, la amante de Cortés. Es verdad que ella se da voluntariamente al Conquistador, pero éste, apenas deja de serle útil, la olvida. Doña Marina se ha convertido en una figura que representa a las indias, fascinadas, violadas o seducidas por los españoles." ¿Qué piensas tú?

2. ¿Cuál parece ser la actitud de Díaz del Castillo hacia la Malinche?

   ☐ ¿La ve simplemente como objeto o como una figura clave de la conquista?

   ☐ ¿Cómo se compaginan sus actitudes con las típicas actitudes hacia la mujer durante aquella época, en que se pensaba que las mujeres no tenían la capacidad intelectual del hombre?

3. ¿Son los españoles los únicos que tratan a la Malinche como una mercancía? Explica.

4. El discurso de Díaz del Castillo sobre la Malinche es probablemente el primer discurso sobre la mujer en América. ¿Qué nos cuenta ese discurso?

☐ ¿Es un discurso positivo o negativo hacia la mujer?

☐ ¿Qué nos dice de los hombres?

Álvar Núñez Cabeza de Vaca

¿1490–1558?

Poco se sabe de la vida de este aventurero español quien, después de sobrevivir un naufragio junto a la costa de Florida, vagó por diez años con otros sobrevivientes por el sudeste de lo que hoy son los Estados Unidos. Finalmente llegó a la zona entre Texas y México, y pudo reunirse de nuevo con españoles. Al regresar a España, publicó sus experiencias en *Los naufragios* (1542), libro que parece más novela de aventuras que crónica. No obstante, la obra es valiosísima puesto que sus impresiones y descripciones de las costumbres de los indígenas de esta región representan los primeros documentos que existen sobre los habitantes originales de los Estados Unidos. Cabeza de Vaca escribe una prosa rápida, clara y apasionada. Los lectores europeos del siglo XVI se deleitaron con su lectura, y la obra sigue llamando la atención en nuestros días.

Los naufragios (1542)

Antes de leer

1. ¿Recuerdas la primera vez que viste a una persona de una cultura completamente diferente de la tuya vestida de un modo completamente diferente a los estilos occidentales? ¿Cómo reaccionaste?

2. ¿Recuerdas la primera vez que comiste algo de una cocina foránea o muy diferente de la tuya? Describe lo que sentiste.

3. Cuando quieres ser buen anfitrión con tus huéspedes, ¿qué haces?

Códigos para la comprensión

Código cultural/religioso: Los indígenas del valle de México, como los aztecas, practicaban el sacrificio humano. De acuerdo con la cosmovisión azteca, el dios Huitzilopochtli necesitaba ser alimentado diariamente con sangre humana para seguir protegiendo al pueblo azteca. Para ello los aztecas armaban guerras contra tribus vecinas para cazar a seres humanos para estos ritos, que se llevaban a cabo diariamente en el Templo Mayor.

Capítulo XII: "Cómo los indios nos trajeron de comer"

Otro dia, saliendo el sol, que era la hora que los indios nos habían dicho, vinieron a nosotros—como lo habían prometido—y nos trajeron mucho pescado y de unas raíces que ellos comen, y son como nueces, algunas mayores o menores. La mayor parte de ellas se sacan debajo del agua y con mucho trabajo. A la tarde volvieron, y nos trajeron más pescado y de las mismas raíces. Hicieron venir sus mujeres e hijos para que nos viesen; y así se volvieron 5 ricos de cascabeles y cuentas que les dimos. Otros días nos tornaron a visitar con lo mismo que esas otras veces.

Como nosotros veíamos que estábamos proveídos de pescado y de raíces y de agua y de las otras que pedimos, acordamos de tornarnos a embarcar y seguir nuestro camino. Desenterramos la barca de la arena en que estaba metida. Fue menester que nos desnudáse- 10 mos todos y pasásemos gran trabajo para echarla al agua (porque nosotros estábamos tales, que otras cosas muy más livianas bastaban para ponernos en él). Así embarcados, a dos tiros de ballesta dentro en la mar nos dio tal golpe de agua, que nos mojó a todos. Como íbamos desnudos, y el frío que hacía era muy grande, soltamos los remos de las manos, y a otro golpe que la mar nos dio, trastornó la barca. El veedor[1] y otros dos se asieron de ella para escaparse; 15 mas sucedió muy al revés, que la barca los tomó debajo y se ahogaron. Como la costa es muy brava, el mar de un tumbo echó a todos los otros, envueltos en las olas y medio ahogados, en la costa de la misma isla, sin que faltasen más de los tres que la barca había tomado debajo. Los que quedamos escapados, desnudos como nacimos, y perdido todo lo que traíamos; aunque todo valía poco, pero entonces valía mucho. Y como entonces era por noviembre, y 20 el frío muy grande, y nosotros tales, que con poca dificultad se nos podía contar los huesos, estábamos hechos propia figura de la muerte.

De mí sé decir que desde el mes de mayo pasado yo no había comido otra cosa sino maíz tostado, y algunas veces me vi en necesidad de comerlo crudo; porque, aunque se mataron los caballos entre tanto que las barcas se hacían, yo nunca pude comer de ellos, y no fueron diez veces las que comí pescado. Esto digo por excusar razones, porque pueda cada uno ver

---

[1] *ant.* inspector

qué tales estaríamos. Sobre todo lo dicho, había sobrevenido viento norte, de suerte que más   25
estábamos cerca de la muerte que de la vida. Plugo a nuestro Señor[2] que buscando los tizones
del fuego que allí habíamos hecho, hallamos lumbre, con que hicimos grandes fuegos; y así
estuvimos pidiendo a nuestro Señor misericordia y perdón de nuestros pecados, derramando
muchas lágrimas, habiendo cada uno lástima, no sólo de sí, mas de todos los otros, que en el
mismo estado veían.   30

A hora de puesto el sol, los indios, creyendo que no nos habíamos ido, nos volvieron a
buscar y a traernos de comer; mas, cuando ellos nos vieron así en tan diferente hábito del
primero, y en manera tan extraña, espantáronse tanto, que se volvieron atrás. Yo salí a ellos y
llamélos, y vinieron muy espantados. Híceles entender por señas cómo se nos había hundido
una barca, y se habían ahogado tres de nosotros; y allí, en su presencia, ellos mismos vieron   35
dos muertos; y los que quedábamos íbamos aquel camino. Los indios, de ver el desastre que
nos había venido y el desastre en que estábamos, con tanta desventura y miseria se sentaron
entre nosotros, y con gran dolor y lástima que hubieron de vernos en tanta fortuna comenzaron todos a llorar recio, y tan de verdad, que lejos de allí se podía oír. Esto les duró más de
media hora; y, cierto, ver que estos hombres tan sin razón y tan crudos, a manera de brutos,   40
se dolían tanto de nosotros, hizo que en mí y en otros de la compañía creciese más la pasión
y la consideración de nuestra desdicha.

Sosegado ya este llanto, yo pregunté a los cristianos, y dije que, si a ellos parecía, rogaría
a aquellos indios que nos llevasen a sus casas. Algunos de ellos que habían estado en la Nueva
España respondieron que no se debía hablar en ello, porque si a sus casas nos llevaban, nos
sacrificarían a sus ídolos. Mas, visto que otro remedio no había, y que por cualquier otro   45
camino estaba más cerca y más cierta la muerte, no curé[3] de lo que decían, antes rogué a los
indios que nos llevasen a sus casas. Ellos mostraron que habían gran placer de ello, y que -
esperásemos un poco, que ellos harían lo que queríamos. Luego treinta de ellos se cargaron
de leña, y se fueron a sus casas, que estaban lejos de allí, y quedamos con los otros hasta cerca
de la noche, que nos tomaron, y llevándonos asidos y con mucha prisa, fuimos a sus casas.

Por el gran frío que hacía, y temiendo que en el camino alguno no muriese o desmayase,   50
proveyeron que hubiese cuatro o cinco fuegos muy grandes puestos a trechos, y en cada
uno de ellos nos calentaban. Desde que veían que habíamos tomado alguna fuerza y calor,
nos llevaban hasta el otro tan aprisa, que casi los pies no nos dejaban poner en el suelo, y
de esta manera fuimos hasta sus casas, donde hallamos que tenían hecha una casa para
nosotros, y muchos fuegos en ella. Desde a una hora que habíamos llegado, comenzaron a
bailar y hacer grande fiesta (que duró toda la noche), aunque para nosotros no había placer,   55
fiesta ni sueño, esperando cuándo nos habían de sacrificar. A la mañana nos tornaron a dar
pescado y raíces, y hacer tan buen tratamiento, que nos aseguramos algo, y perdimos algo
el miedo del sacrificio.

■———Pasos para la comprensión

1. En el segundo párrafo del fragmento, el narrador explica cómo él y los españoles
   intentaron escaparse de la isla. Cuenta lo que pasó.

---

[2] *ant.* con placer a nuestro Señor
[3] *ant.* no hice caso

☐ ¿Por qué tenían tanto frío?

☐ Al final del párrafo Cabeza De Vaca se describe a sí mismo y a sus compañeros. ¿Cómo los describe?

2. En el primer y tercer párrafos, se encuentra un discurso sobre la comida.

☐ ¿Qué comida les traían los indios?

☐ ¿Qué solía comer el narrador?

☐ ¿Qué mataron los españoles para comer cuando estaban desesperados?

3. Fijémonos un momento en las "raíces" que les traían los indios. El narrador no las nombra sino que emplea la perífrasis.

☐ ¿Por qué no las puede nombrar el narrador?

☐ ¿Tienes alguna idea de lo que es?

☐ ¿Conoces algo muy común que se coma y que crezca como una raíz?

4. ¿Cómo se comunican los españoles con los indios?

5. ¿Cómo reaccionan los indios al saber la tragedia que sufrieron los españoles con el barco? ¿Es su modo de reaccionar un signo? Explica.

6. ¿Por qué temían los españoles ir a las casas de los indios?

☐ ¿Por qué han hecho los indios varias hogueras grandes?

☐ ¿Había justificación en el temor de los españoles? Consulta el *código cultural/ religioso*.

☐ ¿Tenían los indios temor de los españoles también? Fíjate las líneas 33–36.

■———Pasos para una lectura más a fondo

1. Hay en este fragmento un pequeño discurso religioso que se revela en dos momentos: en las líneas 26–30 y 43. ¿Qué se revela de este discurso en cada ocasión?

☐ El segundo ejemplo es muy interesante. ¿Cómo se podría explicar el que los españoles se identifiquen por su religión y no por su nacionalidad, su raza o su clase social?

☐ ¿Qué parece indicar este detalle sobre la cultura española de esa época?

2. En este fragmento vemos el discurso magistral del "otro," o sea, los que no son como los españoles. En el fragmento se observa una serie de choques culturales.

☐ ¿Qué cosas hacen los indios que no harían los europeos?

☐ ¿Qué cosas hacen que se asemejan?

3. Para entender mejor el discurso del "otro", explica cómo los indios tratan a los españoles.

☐ En algún momento, ¿muestra el narrador su agradecimiento?

☐ ¿Con qué signos describe a los indios en la línea 40?

☐ Cuando los indios lloran al ver la tragedia que han sufrido los españoles, ¿cómo reacciona el narrador ante la sincera expresión de lástima de los indígenas? Explica la ironía de esta reacción.

Bernardino de Sahagún

■ ☐ ■

¿1500?–1590

La figura de Sahagún y el valor de su labor etnográfica e historiográfica se han ido agrandando hasta considerarse hoy día el esfuerzo más admirable que hicieron los españoles para preservar la lengua y la cultura mexicana prehispánica. Gran parte de su monumental *Historia general de las cosas de Nueva España* (escrita entre 1547 y 1577, pero no publicada hasta 1829–1830), escrita en náhuatl y castellano, trata de asuntos de más interés para el antropólogo que para el crítico literario. Sin embargo, el último libro de la *Historia general* tiene que ver con la conquista, y como Sahagún se valió de informantes indígenas, la versión que nos da de los últimos días del Imperio azteca es muy diferente de la que cuentan los historiadores y cronistas cristianos. Lo que resalta en la obra de este sacerdote franciscano, además de su método científico moderno, es el entusiasmo y apreciación que muestra por la cultura de los vencidos.

Historia general de las cosas de Nueva España

Antes de leer

1. ¿Qué son dos palitos que se usan en Asia en lugar del tenedor? ¿Cómo se llama el animal que es como un caballo que se usa para andar en el desierto? ¿Qué usan los mexicanos que se asemeja al pan que usamos en los Estados Unidos para hacer un sandwich? Nota que en cada caso se ha descrito algo ajeno a la cultura norteamericana con signos reconocibles de nuestra cultura. ¿Es normal este procedimiento? Explica.

2. ¿Cuál es la raza de perro más conocida de México? ¿Cómo son esos perros? ¿Cómo crees que reaccionaría una persona que sólo ha visto estos perros mexicanos al ver un gran danés o un galgo?

Códigos para la comprensión

Código histórico: Moctezuma II era emperador del Imperio azteca que estaba en pleno auge en 1519 cuando llegaron los españoles. El emperador, al recibir noticia de que unos hombres blancos habían desembarcado en la costa y que se habían aliado con tribus que los aztecas habían subordinado, mandó primero regalos a los invasores para entablar amistad con ellos. Pero los españoles siguieron su marcha hacia la capital. Allí, en 1520, mientras Cortés estaba fuera de la ciudad tratando de contener un motín contra su autoridad por otros españoles, el comandante encargado, Pedro de Alvarado (1485–1541), temiendo que los nobles aztecas preparaban una sublevación contra los españoles, hizo una matanza general de ellos. Esta acción provocó una rebelión de los aztecas que la historia ha denominado la "noche triste" por las miles de personas que murieron. Cortés, al regresar, intentó imponer el orden haciendo que Moctezuma le hablara al pueblo azteca para apaciguarlo. Aquí los historiadores desvarían: algunos dicen que Moctezuma fue matado a pedrada por su propia gente, mientras otros insisten en que fueron los mismos españoles quienes lo asesinaron para imponer su autoridad. Fuere como fuere, el resultado fue la destrucción del Imperio azteca.

Código mitológico azteca: Quetzalcóatl es, posiblemente, el dios más importante de las deidades de Mesoamérica. Se cuenta que este dios se había marchado, enojado con su gente, y que había prometido regresar. Por casualidad, el año de la llegada de los españoles coincidió con el que se había profetizado que volvería Quetzalcóatl, y muchos creían que Cortés era ese dios, lo cual facilitó su conquista.

Libro XII, Capítulos V y VII: Encuentro En El Navío/Allí Se Dice El Relato Con Que Dieron Cuenta A Moctezuma Los Enviados Que Fueron A Ver La Barca

El principal de aquellos embajadores comenzó a hablar y dijo de esta manera [a Monthecuzoma]: "Señor nuestro: como hubimos llegado yo y estos señores que aquí estamos, a la orilla del mar, vimos dentro en la mar unas casas grandísimas de madera todas, con grandes edificios dentro y fuera, las cuales andan por la mar como las canoas que acá nosotros usamos para andar por el agua: dijéronnos que estas casas se llaman navíos: son unos edificios admirables 5 y muy grandes hechos para andar por la mar, que nadie de nosotros tendrá habilidad para contar en particular los diversos edificios que contienen estos navío, o casas de agua. Procuramos luego de llegar con las canoas que llevamos, al principal navíos, o casa de agua, donde vimos el estandarte que traían. Como hubimos llegado cerca, vimos más de veinte navíos y en cada uno de ellos venía mucha gente, y todos nos estaban mirando hasta que entramos en 10 el navío principal. Entrados que fuimos, procuramos de ver al señor *Quetzalcóatl*, que buscamos para darle el presente que llevábamos. Allá dentro del navío en una pieza mostráronnos un señor sentado en su trono, del cual nos dijeron: "Ese es el que buscáis." Luego nos postramos delante dél adorándolo como a dios, y luego le dijimos lo que nos mandaste, le compusimos con las joyas que nos diste. Diéronnos a entender que era poco aquello que llevábamos. Aquel día nos trataron bien, y nos dieron de comer y beber de lo que ellos comen y beben, que es preciosa comida y bebida. Aquella noche dormimos en el navío, y a la mañana comenzáronnos a hablar en que querían ver nuestras fuerzas y manera de pelear, y que peleásemos con ellos de uno a uno, o de dos a dos. Escusámonos de este negocio, y sobre él nos echaron hierros y soltaron tiros de artillería, que nos espantaron mucho, y nos hicieron caer como muertos. Despúes que volvimos en nosotros y nos dieron de comer, vimos sus armas y sus caballos y sus perros, y sería cosa prolija de contar cada cosa de por sí, de las que vimos. Dicen que viene acá a conquistarnos y a robarnos, acá se verá todo: grandemente venimos espantados."

Le dijeron [a Mocthecuzoma] en qué forma se habían ido a admirar y lo que estuvieron viendo, y cómo es la comida de aquellos. Y cuando él hubo oído lo que le comunicaron los enviados, mucho se espantó, mucho se admiró. Y se llama a asombro en gran manera su alimento.

También mucho espanto le causó el oír cómo estalla el cañón, cómo retumba su estrépito, y cuando cae, se desmaya uno; se le aturden a uno los oídos. Y cuando cae el tiro, uno como bola de piedra sale de sus entrañas: va lloviendo fuego, va destilando chispas, y el humo que de él sale es muy pestilente, huele a lodo podrido, penetra hasta el cerebro causando molestia.

Pues si va a dar contra un cerro, como lo hiende, lo resquebraja, y si da contra un árbol, lo destroza hecho astillas, como si fuera algo admirable, cual si alguien le hubiera soplado desde el interior.

Sus aderezos de guerra son todo de hierro: hierro se visten, hierro ponen como capacete a sus cabezas, hierro son sus espadas, hierro sus arcos, hierro sus escudos, hierro sus lanzas.

Los soportan en sus lomos sus "venados." Tan altos están como los techos.

Por todas partes vienen envueltos sus cuerpos, solamente aparecen sus caras. Son blancas, son como si fueran de cal. Tienen el cabello amarillo, aunque algunos lo tienen negro. Larga su barba es, también amarilla; el bigote también tienen amarillo. Son de pelo crespo y fino, un poco encarrujado.[1]

En cuanto a sus alimentos, son como alimentos humanos: grandes, blancos, no pesados, cual si fuera paja. Cual madera de caña de maíz, y como de medula de caña de maíz en su sabor. Un poco dulces, un poco como enmelados: se comen como miel, son comida dulce.

Pues sus perros son enormes, de orejas ondulantes y aplastadas, de grandes lenguas colgantes; tienen ojos que derraman fuego, están echando chispas: sus ojos son amarillos, de color intensamente amarillo.

Sus panzas, ahuecadas, alargadas como angarilla, acanaladas.

Son muy fuertes y robustos, no están quietos, andan jadeando, andan con la lengua colgando. Manchados de color como tigres, con muchas manchas de colores.

Cuando hubo oído todo esto Mocthecuzoma se llenó de grande temor y como que se le amorteció el corazón, se le encogió el corazón, se le abatió con la angustia.

---

[1] rizado

■────Pasos para la comprensión

1. Fijémonos en el uso de la perífrasis:

   □ ¿Cómo describen los indígenas los navíos de los españoles?

   □ ¿Cómo se refieren los indígenas a los barcos que ellos usan para andar por el mar? ¿Cómo se dice esa palabra en inglés? ¿Cuál crees que es la etimología (origen) de esa palabra en inglés?

2. ¿Quién crees que es el señor del navío principal que desean ver los indígenas? ¿Por qué lo llaman "señor Quetzalcóatl"? Consulta el *código mitológico azteca*.

3. Según este informante, ¿cómo reaccionan los españoles a los regalos de joyas que Moctezuma envía?

   □ ¿Por qué reaccionarían los españoles de tal modo?

   □ ¿Qué efecto crees que produciría esta reacción en los indígenas?

4. ¿Por qué es tan importante para los españoles ver a los indígenas luchar?

   □ ¿Qué armas tienen los españoles que más llaman la atención de este informante?

   □ ¿Cómo se visten los españoles para el combate?

5. ¿Cómo describen a los españoles físicamente? ¿Por qué crees que les llama tanto la atención el color de los cabellos?

6. A los indígenas les fascinan los animales de los españoles.

   □ ¿Cómo describen sus caballos?

   □ ¿Por qué les causa tanta sorpresa el tamaño de sus perros?

7. ¿Cómo reacciona Moctezuma al oír estas descripciones de los españoles?

■────Pasos para una lectura más a fondo

1. La voz narrativa en estos fragmentos es muy compleja. Se trata de un informante indígena que, años después de los eventos, le cuenta a Sahagún sus recuerdos de lo que pasó. El padre Sahagún lo escribe en náhuatl y luego lo traduce al castellano. ¿Qué le puede pasar a un mensaje que pasa por estas transformaciones, traducciones y paso del tiempo?

   □ ¿Es completamente valioso y verídico este testimonio?

   □ ¿Qué nos dice este fragmento del proceso de la historiografía en general? Por ejemplo, ¿tiene el documento histórico un punto de vista como una obra literaria? ¿Podemos estar seguros de que ese punto de vista es objetivo y correcto?

2. En general, ¿cómo pinta a los españoles este informante indígena? ¿Podía haber sido más cruel hacia ellos? ¿Por qué?

3. La necesidad de describir cosas jamás vistas anteriormente hace que este informante cree tropos metafóricos y metonímicos. Busca ejemplos de metonimias y metáforas en este fragmento.

4. También, el informante, para describir este nuevo mundo, emplea imágenes muy vívidas. Nota, por ejemplo, las que crea para describir los cañones entre las líneas 29–36. Descríbelas.

5. Ya hemos notado cómo el narrador emplea signos de su realidad para describir los signos desconocidos del mundo europeo. Nosotros no tenemos mucha dificultad en comprender estas asociaciones porque conocemos ambos sistemas de signos, como cuando llama a los barcos "casas de agua." Sin embargo, ¿entiendes lo que dice el narrador de la comida de los españoles en las líneas 44–46? ¿Por qué no se entiende? Recuerda que todo signo, para ser decodificado, necesita un contexto.

6. Todo lo que oye Moctezuma le causa gran miedo, y el informante lo expresa abiertamente. Su temor es lógico, pero desde una perspectiva europea, ¿crees que un narrador español hablaría abiertamente de la cobardía de un jefe o rey, o que ese rey o jefe expresaría miedo o cobardía?

☐ Si tal es el caso, ¿qué implica la confesión del temor de Moctezuma desde un punto de vista de los valores culturales aztecas en comparación a los de los españoles?

El Inca Garcilaso de la Vega

1539–1616

Hijo de un noble español y una princesa inca, Garcilaso de la Vega es el primer gran escritor nacido en América de herencia mestiza. Como hijo de nobles, pudo recibir una educación esmerada, primero con tutores en Lima y luego en España después de la muerte de su padre. Su obra más importante, *Los comentarios reales* (1609), narra la historia del Imperio inca hasta la llegada de los españoles. Escritos con un bello y elegante estilo renacentista, *Los comentarios* representan uno de los documentos más completos que existen de esa historia. Garcilaso, criado dentro del mundo inca, se valió de los testimonios orales de sus parientes, pero teniendo un pie plantado también en el mundo europeo, supo darle una forma literaria a esa historia para que fuera leída y apreciada en el mundo occidental. Interesante también es la nota de orgullo que siente Garcilaso de ser mestizo; su intención de escribir es darle importancia a su herencia indígena y elevarla a la altura de sus raíces españolas. Por eso se pueden interpretar *Los comentarios* como el primer paso hacia una literatura hispanoamericana autóctona.

Los comentarios reales (1609)

Antes de leer

1. ¿Has oído a la gente mayor de tu familia contar historias de sus parientes, quizá de la niñez de tus padres? ¿Crees que algún día tú le contarás a tus hijos estas mismas historias?

2. En muchos textos sagrados, como el Génesis de la Biblia, además de contar la creación de un pueblo, ¿qué otras cosas expresan respecto a la relación entre Dios y su pueblo? ¿Conoces algún otro texto religioso que establece un pacto entre Dios y su pueblo? Comenta.

Códigos para la comprensión

Código geográfico: La capital y centro de la cultura incaica es la ciudad del Cuzco, situada en un valle de los Andes en la parte central del Perú. Una de las montañas que rodea el valle es Huanacauri, donde los primeros Incas lograron hundir la barra de oro, indicando que era el lugar que habían de poblar. El lago Titicaca, desde donde salieron los Incas en la leyenda, es el lago navegable más alto del mundo y forma parte de la frontera entre Perú y Bolivia.

Código histórico: A la muerte del Inca Huayna Cápac en 1525, hubo guerras fratricidas entre Huáscar, el heredero legítimo, y su hermano bastardo Atahualpa. Estos conflictos para consolidar el poder se estaban llevando a cabo precisamente cuando llegaron los españoles en 1532, y facilitaron en gran medida la conquista del Perú por Pizarro y sus soldados. Garcilaso y su familia claramente favorecían a Huáscar, como se podrá observar con los adjetivos peyorativos que emplea Garcilaso al referirse a Atahualpa.

Código biográfico: Al ser el primer escritor mestizo, Garcilaso se ve atrapado entre dos mundos y quiere justificar la grandeza cultural de ambos lados de su parentesco. Así, en esta obra, resalta las grandezas de la civilización incaica.

Código social: Los incas tenían una estructura social semejante a la de los europeos, con sus reyes en la posición más alta. Así como en las familias reales europeas se planeaban matrimonios entre miembros de la misma familia real para proteger o consolidar el poder, los incas tenían la misma costumbre, aunque ellos a veces se casaban entre hermanos.

Capítulo XV: El origen de los incas reyes del Perú

El Origen De Los Incas Reyes Del Perú

Después de haber dado muchas trazas y tomado muchos caminos para entrar a dar cuenta del origen y principio de los Incas Reyes naturales que fueron del Perú, me pareció que la mejor traza y el camino más fácil y llano era contar lo que en mis niñeces oí muchas veces a mi madre y a sus hermanos y tíos y a otros sus mayores acerca de este origen y principio, porque todo lo que por otras vías se dice de él viene a reducirse en lo mismo que nosotros 5 diremos, y será mejor que se sepa por las propias palabras que los Incas lo cuentan que no por las de otros autores extraños. Es así que, residiendo mi madre en el Cuzco, su patria, venían a visitarla casi cada semana los pocos parientes y parientas que de las crueldades y tiranías de Atahualpa (como en su vida contaremos) escaparon, en las cuales visitas siempre sus más ordinarias pláticas eran tratar del origen de sus Reyes, de la majestad de ellos, de la 10 grandeza de su Imperio, de sus conquistas y hazañas, del gobierno que en paz y en guerra tenían, de las leyes que tan en provecho y favor de sus vasallos ordenaban. En suma, no dejaban cosa de las prósperas que entre ellos hubiese acaecido que no la trajesen a cuenta.

De las grandezas y prosperidades pasadas venían a las cosas presentes, lloraban sus Reyes muertos, enajenado su Imperio y acabada su república, etc. Estas y otras semejantes pláticas 15 tenían los Incas y Pallas[1] en sus visitas, y con la memoria del bien perdido siempre acababan su conversación en lágrimas y llanto, diciendo: "Trocósenos el reinar en vasallaje", etc. En estas pláticas yo, como muchacho, entraba y salía muchas veces donde ellos estaban, y me holgaba de las oír, como huelgan los tales de oír fábulas. Pasando pues días, meses y años, siendo ya yo de diez y seis o diez y siete años, acaeció que, estando mis parientes un día en esta su 20 conversación hablando de sus Reyes y antiguallas, al más anciano de ellos, que era el que daba cuenta de ellas, le dije:

—Inca, tío, pues no hay escritura entre vosotros, que es lo que guarda la memoria de las cosas pasadas, ¿qué noticia tenéis del origen y principio de nuestros Reyes? Porque allá los españoles y las otras naciones, sus comarcanas, como tienen historias divinas y humanas, 25 saben por ellas cuándo empezaron a reinar sus Reyes y los ajenos y al trocarse unos imperios en otros, hasta saber cuántos mil años ha que Dios crió el cielo y la tierra, que todo esto y mucho más saben por sus libros. Empero vosotros, que carecéis de ellos, ¿qué memoria tenéis de vuestras antiguallas?, ¿quién fue el primero de nuestros Incas?, ¿cómo se llamó?, ¿qué origen tuvo su linaje?, ¿de qué manera empezó a reinar?, ¿con qué gente y armas conquistó este 30 grande Imperio?, ¿qué origen tuvieron nuestras hazañas?

El Inca, como holgándose de haber oído las preguntas, por el gusto que recibía de dar cuenta de ellas, se volvió a mí (que ya otras muchas veces le había oído, mas ninguna con la atención que entonces) y me dijo:

—Sobrino, yo te las diré de muy buena gana; a ti te conviene oírlas y guardarlas en el 35 corazón (es frase de ellos por decir en la memoria). Sabrás que en los siglos antiguos toda esta región de tierra que ves eran unos grandes montes y breñales,[2] y las gentes en aquellos

---

[1] entre los incas, las mujeres de sangre real
[2] tierra poblada de maleza

tiempos vivían como fieras y animales brutos, sin religión ni policía, sin pueblo ni casa, sin cultivar ni sembrar la tierra, sin vestir ni cubrir sus carnes, porque no sabían labrar algodón ni lana para hacer de vestir; vivían de dos en dos y de tres en tres, como acertaban a juntarse   40 en las cuevas y resquicios de peñas y cavernas de la tierra. Comían, como bestias, yerbas del campo y raíces de árboles y la fruta inculta que ellos daban de suyo y carne humana. Cubrían sus carnes con hojas y cortezas de árboles y pieles de animales; otros andaban en cueros. En suma, vivían como venados y salvajinas, y aun en las mujeres se habían como los brutos, porque no supieron tenerlas propias y conocidas.   45

Adviértase, porque no enfade el repetir tantas veces estas palabras: "Nuestro Padre el Sol," que era lenguaje de los Incas y manera de veneración y acatamiento decirlas siempre que nombraban al Sol, porque se preciaban descender de él, y al que no era Inca no le era lícito tomarlas en la boca, que fuera blasfemia y lo apedrearan. Dijo el Inca: 50

—Nuestro Padre el Sol, viendo los hombres tales como te he dicho, se apiadó y hubo lástima de ellos y envió del cielo a la tierra un hijo y una hija de los suyos para que los doctrinasen en el conocimiento de Nuestro Padre el Sol, para que lo adorasen y tuviesen por su Dios y para que les diesen preceptos y leyes en que viviesen como hombres en   55 razón y urbanidad, para que habitasen en casas y pueblos poblados, supiesen labrar las tierras, cultivar las plantas y mieses, criar los ganados y gozar de ellos y de los frutos de la tierra como hombres racionales y no como bestias. Con esta orden y mandato puso Nuestro Padre el Sol estos dos hijos suyos en la laguna Titicaca, que está ochenta leguas de aquí, y les dijo que fuesen por do quisiesen y, doquiera que parasen a comer o a dormir,   60 procurasen hincar en el suelo una barrilla de oro de media vara en largo y dos dedos en grueso que les dio para señal y muestra, que, donde aquella barra se les hundiese con solo un golpe que con ella diesen en tierra, allí quería el Sol Nuestro Padre que parasen e hiciesen su asiento y corte. A lo último les dijo: "Cuando hayáis reducido esas gentes a nuestro servicio, los mantendréis en razón y justicia, con piedad, clemencia y mansedumbre,   65 haciendo en todo oficio de padre piadoso para con sus hijos tiernos y amados, a imitación y semejanza mía, que a todo el mundo hago bien, que les doy mi luz y claridad para que vean y hagan sus haciendas y les caliento cuando han frío y crío sus pastos y sementeras, hago fructificar sus árboles y multiplico sus ganados, lluevo y sereno a sus tiempos y tengo cuidado de dar una vuelta cada día al mundo por ver las necesidades que en la tierra se   70 ofrecen, para las proveer y socorrer como sustentador y bienhechor de las gentes. Quiero que vosotros imitéis este ejemplo como hijos míos, enviados a la tierra sólo para la doctrina y beneficio de esos hombres, que viven como bestias. Y desde luego os constituyo y nombro por Reyes y señores de todas las gentes que así doctrináredes con vuestras buenas razones, obras y gobierno". Habiendo declarado su voluntad Nuestro Padre el Sol a   75 sus dos hijos, los despidió de sí. Ellos salieron de Titicaca y caminaron al septentrión,[3] y por todo el camino, doquiera que paraban, tentaban hincar la barra de oro y nunca se les hundió. Así entraron en una venta o dormitorio pequeño, que está siete u ocho leguas al mediodía[4] de esta ciudad, que hoy llaman Pacárec Tampu, que quiere decir venta o dormida que amanece. Púsole este nombre el Inca porque salió de aquella dormida al   80

---

[3] norte
[4] sur

tiempo que amanecía. Es uno de los pueblos que este príncipe mandó poblar después, y sus moradores se jactan hoy grandemente del nombre, porque lo impuso nuestro Inca. De allí llegaron él y su mujer, nuestra Reina, a este valle del Cuzco, que entonces todo él estaba hecho montaña brava.

Capítulo XVI: La fundación del Cuzco, ciudad imperial

La fundación del Cuzco, Ciudad Imperial

La primera parada que en este valle hicieron —dijo el Inca— fue en el cerro llamado Huanacauri, al mediodía de esta ciudad. Allí procuró hincar en tierra la barra de oro, la cual con mucha facilidad se les hundió al primer golpe que dieron con ella, que no la vieron más. Entonces dijo nuestro Inca a su hermana y mujer:

"En este valle manda Nuestro Padre el Sol que paremos y hagamos nuestro asiento y 85 morada para cumplir su voluntad. Por tanto, Reina y hermana, conviene que cada uno por su parte vamos a convocar y atraer esta gente, para los doctrinar y hacer el bien que Nuestro Padre el Sol nos manda."

Del cerro Huanacauri salieron nuestros primeros Reyes, cada uno por su parte, aconvocar las gentes, y por ser aquel lugar el primero de que tenemos noticia que hubiesen hollado 90 con sus pies por haber salido de allí a bien hacer a los hombres, teníamos hecho en él, como es notorio, un templo para adorar a Nuestro Padre el Sol, en memoria de esta merced y beneficio que hizo al mundo. El príncipe fue al septentrión y la princesa al mediodía. A todos los hombres y mujeres que hallaban por aquellos breñales les hablaban y decían cómo su Padre el Sol los había enviado del cielo para que fuesen maestros y bienhechores de los 95 moradores de toda aquella tierra, sacándoles de la vida ferina que tenían y mostrándoles a vivir como hombres, y que en cumplimiento de lo que el Sol, su padre, les había mandado, iban a los convocar y sacar de aquellos montes y malezas y reducirlos a morar en pueblos poblados y a darles para comer manjares de hombres y no de bestias. Estas cosas y otras semejantes dijeron nuestros Reyes a los primeros salvajes que por estas tierras y montes hal- 100 laron, los cuales, viendo aquellas dos personas vestidas y adornadas con los ornamentos que Nuestro Padre el Sol les había dado (hábito muy diferente del que ellos traían) y las orejas horadadas y tan abiertas como sus descendientes las traemos, y que en sus palabras y rostro mostraban ser hijos del Sol y que venían a los hombres para darles pueblos en que viviesen y mantenimientos que comiesen, maravillados por una parte de lo que veían y por otra 105 aficionados de las promesas que les hacían, les dieron entero crédito a todo lo que les dijeron y los adoraron y reverenciaron como a hijos del Sol y obedecieron como a Reyes. Y convocándose los mismos salvajes, unos a otros y refiriendo las maravillas que habían visto y oído, se juntaron en gran número hombres y mujeres y salieron con nuestros Reyes para los seguir donde ellos quisiesen llevarlos. 110

"Nuestros príncipes, viendo la mucha gente que se les allegaba, dieron orden que unos se ocupasen en proveer de su comida campestre para todos, porque la hambre no los volviese a

derramar por los montes; mandó que otros trabajasen en hacer chozas y casas, dando el Inca la traza cómo las habían de hacer. De esta manera se principió a poblar esta nuestra imperial ciudad, dividida en dos medios que llamaron Hanan Cozco, que, como sabes, quiere decir 115
Cuzco el alto, y Hurin Cozco, que es Cuzco el bajo. Los que atrajo el Rey quiso que poblasen a Hanan Cozco, y por esto le llaman el alto, y los que convocó la Reina que poblasen a Hurin Cozco, y por eso le llamaron el bajo. Esta división de ciudad no fue para que los de la una mitad se aventajasen de la otra mitad en exenciones y preeminencias, sino que todos fuesen iguales como hermanos, hijos de un padre y de una madre. Sólo quiso el 120
Inca que hubiese esta división de pueblo y diferencia de nombres alto y bajo para que quedase perpetua memoria de que a los unos había convocado el Rey y a los otros la Reina. Y mandó que entre ellos hubiese sola una diferencia y reconocimiento de superioridad: que los del Cuzco alto fuesen respetados y tenidos como primogénitos, hermanos mayores, y los del bajo 125
fuesen como hijos segundos; y en suma, fuesen como el brazo derecho y el izquierdo en cualquiera preeminencia de lugar y oficio, por haber sido los del alto atraídos por el varón y los del bajo por la hembra. A semejanza de esto hubo después esta misma división en todos los pueblos grandes o chicos de nuestro Imperio, que los dividieron por barrios o por linajes, diciendo Hanan aillu y Hurin aillu, que es el linaje alto y el bajo; Hanan suyu y Hurin 130
suyu, que es el distrito alto y bajo.

■——Pasos para la comprensión

1. El joven Garcilaso les recuerda a sus parientes incas que no tienen forma de escritura como los europeos para conservar su historia en libros.

   □ ¿Qué otras maneras hay para conservar y propagar el conocimiento del pasado?

   □ ¿Es válido el proceso historiográfico que emplea Garcilaso para contar el origen de los incas? Explica.

2. A partir de la línea 35, el tío inca describe el salvajismo de los humanos antes de que el Padre Sol mandara a sus hijos a "civilizarlos." ¿Cómo eran estos salvajes?

3. A partir de la línea 50 cuenta el Inca el origen de su gente. ¿Qué tiene en común su historia con la que se cuenta en el Génesis del Viejo Testamento? ¿Qué diferencias hay?

4. Entre las líneas 61 y 72 se cita al Padre Sol directamente. Según sus palabras, ¿qué tipo de dios es el Padre Sol? ¿Qué tiene de semejanza con el Dios hebreo-cristiano-musulmán?

5. ¿Cómo han de saber los incas que han llegado al sitio donde el Padre Sol quiere que establezcan su corte? ¿En qué sitio se establecieron finalmente?

6. ¿Cómo fue que los dos primeros incas convencieron a los salvajes para que creyeran en el Padre Sol? ¿Tiene este procedimiento de persuasión elementos psicológicos modernos?

7. ¿Por qué se dividió Cuzco en dos partes? Garcilaso trata de convencernos de que esta separación no era para crear una división en el mundo inca por la que un grupo se sintiera superior al otro. ¿Crees que tiene éxito su argumento? Explica.

■———Pasos para una lectura más a fondo

1. A través de la voz de Garcilaso se escuchan otras voces: la de su tío, la de los reyes incas y hasta la del dios incaico. Por lo tanto, la voz de Garcilaso funciona como la voz omnisciente de un narrador de la obra de ficción. Sin embargo, el proceso es hasta más complejo, como se puede ver en el siguiente esquema:

Garcilaso→narrador implícito→tío de Garcilaso→dios

Es decir, las citas de la obra, como las del Padre Sol, están dentro del discurso del tío de Garcilaso, que narra un narrador implícito, que escribe el autor implícito (Garcilaso). Explica las implicaciones de un circuito de comunicación tan complejo. ¿Qué ventaja pudiera haber en distanciarse tanto Garcilaso de la voz incaica, o, en el caso específico, de la voz del dios incaico?

2. *Los comentarios reales* se escribieron y se publicaron en Portugal y España, de modo que los destinatarios eran portugueses y españoles de principios del siglo XVII. España, a lo largo de su Siglo de Oro, estuvo involucrada en guerras religiosas en defensa del cristianismo ortodoxo. Teniendo esto en cuenta, ¿cómo se explica lo que se dice en el párrafo que cominza en la línea 46?

   □ ¿Por qué se siente obligado Garcilaso a interrumpir el discurso del tío e insertar su propia voz para disculparse por repetir tantas veces "Nuestro Padre el Sol"? ¿De qué modo podían ser esas palabras heréticas o blasfemas?

3. Toda comunicación va dirigida a un destinatario particular, y ese destinatario determina los códigos con los cuales el emisor expresa su mensaje. Ya hemos dicho que los destinatarios aquí son españoles de principios del siglo XVII, y en el paso 2 arriba hemos visto cómo este hecho afecta el discurso religioso. Trata de explicar cómo los destinatarios afectan lo que se dice respecto a los conquistadores a principios del segundo párrafo.

   □ ¿De qué otros modos influirían los destinatarios en el mensaje del Inca?

4. Cuando el tío de Garcilaso le advierte que recuerde bien la historia que le va a decir, dice:"te conviene oírlas y guardarlas en el corazón (es frase de ellos por decir en la memoria)." Aquí se habla abiertamente de dos mundos distintos. ¿Quiénes son "ellos"?

   □ ¿Qué podemos inferir de las palabras de Garcilaso cuando le dice al tío "no hay escritura entre vosotros." ¿Quiénes son "vosotros"? ¿Se considera aquí Garcilaso parte del grupo?

☐ Trata de explicar las implicaciones de este discurso producido por una persona bilingüe y bicultural.

5. Todo escritor escribe con un propósito fijo que determina el carácter de su mensaje. Basándote en lo que sabes de la herencia cultural de Garcilaso, trata de explicar el propósito de *Los comentarios reales*. Busca ejemplos en el fragmento que apoyen tu teoría.

6. No se puede decir que haya un discurso sobre la mujer en este fragmento, pero sí se puede someter el discurso del narrador a un análisis respecto a la mujer. Ya en el paso 7 de los *Pasos para la comprensión* hemos visto cómo los que siguieron a la Reina habitaron el Cuzco bajo. Hablando de los salvajes, se lee: "aun en las mujeres se habían como los brutos, porque no supieron tenerlas propias y conocidas." ¿Cuál es el referente del verbo *saber*?

☐ ¿Qué implica el verbo *tener* en este discurso?

☐ ¿Hay gran diferencia entre el concepto europeo renacentista de la mujer (por ejemplo, una posesión del hombre) y el concepto inca? Explica.

☐ ¿Es posible que aquí Garcilaso esté expresando una actitud europea inconscientemente respecto a la mujer o a propósito para que sus destinatarios europeos lo entendieran? Comenta sobre este complejo problema de la narratología.

Felipe Guaman Poma de Ayala

◼◻◼

Segunda mitad del siglo XVI

La voz del vencido es apenas audible en el discurso histórico de la conquista por ser los vencedores los que escribieron esa historia. La figura de Guaman Poma es una notable excepción. A diferencia de su compatriota el Inca Garcilaso, quien era mestizo aristócrata y completamente aculturado en la cultura europea, Guaman Poma es mestizo sin las ventajas de la educación esmerada que pudo recibir Garcilaso, aunque fue adoctrinado firmemente en la fe cristiana y aleccionado en la lengua castellana.

Sin embargo, se identifica con los incas y mira con ojo crítico muchas facetas de la conquista y sobre todo de la administración política colonial. Su obra es indispensable para conocer la vida andina durante las primeras décadas de la conquista. Guaman Poma vivió durante aquella época conflictiva que siguió a la conquista. Como persona bilingüe y bicultural, Guaman Poma pudo servir de auxiliar a la corona y la Iglesia, y a causa de esta cercanía al sistema administrativo colonial, estuvo en una posición ideal para describir y criticar ese sistema.

El buen gobierno

[Es imprescindible leer estos textos mirando los dibujos que los acompañan, los cuales aparecen en el portal del Internet de este libro (www.prenhall.com/momentos)]

Antes de leer

1. ¿Conoces algunos mensajes que se expresen con dibujos? ¿Cuáles son?
2. En épocas en que la gran mayoría de las personas no sabía leer, ¿cómo se informaban? ¿Por qué crees que los letreros de las carreteras usan símbolos y no siempre palabras escritas?
3. Si tú le escribieras una larga carta al presidente de los Estados Unidos expresando tus quejas de la situación política, económica y social del país, ¿crees que llegaría a sus manos? Explica.

En contexto

El libro de Guaman Poma contiene en realidad dos libros separados, aunque ambos aparecen en el mismo manuscrito: *Nueva crónica* y *El buen gobierno* (1615–1616). La *Nueva crónica* es la historia de los Incas hasta la conquista por los españoles. *El buen gobierno* es una mezcla de historia, crítica social, ciencia política y moral cristiana. Guaman Poma toma cada aspecto administrativo de la colonia, normalmente señalando sus defectos y sugiriendo modos de mejorarlo. Hay cierta objetividad en la visión de Guaman Poma: no todos los indios son buenos ni todos los españoles corruptos. Hemos seleccionado fragmentos del *Buen gobierno* que puedan dar una idea del espíritu de la obra y de su utilidad como documento histórico y antropológico.

Códigos para la comprensión

Código histórico/administrativo: La administración española de la colonia fue bastante compleja. El virrey era el representante directo del rey en la colonia. Bajo él había gobernadores, comisarios y corregidores; éstos tenían casi poder absoluto. Sus auxiliares eran los fiscales, escribanos, tenientes y jueces. Entre los colonizadores había encomenderos o personas que habían recibido territorios del rey por sus servicios a la corona y que también tenían poder absoluto sobre los territorios suyos, aunque se suponía que debían proteger a los indios en un sistema semejante al vasallaje medieval. La Iglesia también tenía una estructura compleja y burocrática. Es importante distinguir entre las órdenes regulares, que se encargaban de los asuntos administrativos de la Iglesia, y las órdenes mercenarias, cuyos frailes venían a enseñar la doctrina cristiana entre los indígenas.

Código laboral de las minas: Los españoles enseguida establecieron minas y empezaron a explotar los recursos naturales del Perú. La mina más famosa fue la de Potosí. Esta mina rindió tanta plata que en castellano cuando se quiere decir que algo vale mucho dinero, se dice que "vale un Potosí." Estas minas eran trabajadas por los indios en forma de "mita", que era el tributo que ellos les debían a los españoles y que se podía satisfacer trabajando. De este modo los españoles encubrieron en parte la esclavitud de los indios, la cual estaba prohibida por la ley española. La corona, de vez en cuando, mandaba un "visitador" a las colonias para asegurar que las leyes se estaban cumpliendo y para presentar un informe al rey. Según Guaman Poma, estos visitadores no iban a las minas y, por lo tanto, los mineros podían cometer todos los abusos que querían.

Código filológico: Guaman Poma aprendió a hablar y escribir el castellano como segundo idioma. Su idioma original era el quechua, el idioma oficial del Imperio inca. Como consecuencia emplea una sintaxis que a veces nos parece extraña, y que podemos suponer que responde a la interferencia del quechua. En otras palabras, a lo mejor Guaman Poma a veces emplea una sintaxis del quechua, que no es natural o normal en castellano.

El buen gobierno (Fragmentos)

I. En las dichas minas de Guancabilca de azogue es donde tienen tanto castigo los indios pobres y reciben tormentos y mucha muerte de indios, adonde se acaba y pasa tormentos los caciques principales de este reino, asimismo en todas las demás minas de Potosí de plata, y de Chocllococha de plata, y de Carabaya de oro, y minas de otras partes de estos reinos, los dichos mineros y mayordomos españoles mestizos o indios son tan señores absolutos que no temen a Dios ni a la justicia porque no tienen residencia ni visita general de cada tercio y año, y así no hay remedio.

Cuelga de los pies al cacique principal, y a los demás les azotan sobre encima de un carnero, y a los demás les atan desnudos en cueros en el rollo, y los castiga y trasquila, y a los demás les tiene en la cárcel pública presos en el cepo con grillos sin darle de comer ni agua y sin darle licencia para proveerse toda la dicha molestia y afrenta lo hace con color de que faltan algunos indios de la mita, se hace estos castigos a los señores de este reino....

Corregidor de minas • como lo castiga cruelmente a los caciques principales, corregidores y jueces con poco temor de la justicia, con diferentes castigos, sin tener misericordia por Dios a los pobres • en las minas.

II. Que los dichos encomenderos procuran que sus hermanos o sus hijos y parientes, amigos, o sus criados, ganen o se enriquezcan; y mandan que les sirvan los dichos indios sin pagarles, aunque paguen con color de ella los ocupa muy mucho a los pobres, con ello se hacen muy ricos porque con color de ello compran muy mucho ganado vacuno y ganado menudo y sementeras y con ello pasa muy mucho trabajo los dichos pobres indios, y no hay remedio ni favorece la justicia a los dichos pobres indios de ese reino, y así se despueblan los pueblos.

Encomendero • Que el encomendero le hace ahorcar al cacique

III.

Padre • fraile franciscano, santo, que tiene caridad con los pobres de Jesucristo en todo el mundo, mucho más en este reino • cay tantata mucuy uaccha [come este pan, huérfano infeliz] sea por amor de Dios • muy justo que tengan orden y doctrina, iglesia de(...)dian [incompleto] y ordene el hábito de San Juan Bautista, los padres de la Compañía de Jesús, y de su parte los Padres del Bienaventurado San Francisco tengan otra iglesia de la orden del Señor San Pablo primer ermitaño, estos dos conventos, y monjas, si le pueda funde pobres naturales indios para que se sirva Dios y su madre santa, ángeles del cielo, y vaya aumentando servicio de Dios Nuestro Señor, y Su Majestad le ayudara, y Su Santidad.

principal don Juan ayanchire, y por darle contento al encomendero le cuelga el Corregidor • Encomendero.

III. De la orden del señor San Francisco los dichos reverendos padres todos ellos son santos y cristianísimos, gran obediencia y humildad y caridad, amor del prójimo y limosnero, que quiere y ama muy mucho a los pobres de Jesucristo; en todo el mundo son amados y queridos y honrados, en el cielo mucho más. Con su amor y caridad trae a todos los ricos como pobres en el mundo, y mucho más a los indios pobres, jamás se ha oído pleito ni quejas de los bienaventurados frailes, y confesarse con ellos es gloria porque el penitente se arrepiente....

Padre • fraile franciscano, santo, que tiene caridad con los pobres de Jesucristo en todo el mundo, mucho más en este reino • cay tantata mucuy uaccha [come este pan, huérfano infeliz] sea por amor de Dios •

IV. Padre fraile Dominico; los dichos reverendos frailes son tan bravos y soberbiosos de poco temor de Dios y de la justicia, el cual en la doctrina castiga cruelmente y se hace justicia, todo su oficio es ajuntar las doncellas y solteras y viudas para hilar y tejer ropa. . .; y así de tanto daño se ausentan los indios y las indias de sus pueblos y así quedan despoblados sus pueblos y ya no multiplica porque le detiene todas las solteras con color de la doctrina, y no hay remedio como son frailes.

Padre • Fraile dominico, muy colérico y soberbioso, que ajunta solteras y viudas, diciendo que están amancebadas, las ajunta en su casa, y las hace hilar, tejer ropa de cunbe y auasca, en todo el reino, en las doctrinas • doctrina.

V. Como se hacen malos negros y negras y se enseñan famosos ladrones y salteadores y malos cristianos; unos porque no son dados lo que ha menester, y otros porque no son castigados y doctrinados, y otros porque lo causa sus amos que les maltratan sin razón, y les castiga cruelmente, y no les da alimento, y pide mucha plata, y les hace trabajar sin comer desde por la mañana.

Negros • Cómo llevan en tanta paciencia y amor de Jesucristo los buenos negros y negras, y el bellaco de su amo no tiene caridad y amor de prójimo • soberbioso.

VI. Don Juan Capcha, este indio fue otro gran borracho, fingidor, mentiroso, enemigo de los cristianos, amigo de otros borrachos y ladrones, y se hace muy señor apto con sus

FRAILE DOMINICOMVI

Padre • Fraile dominico, muy colérico y soberbioso, que ajunta solteras y viudas, diciendo que están amancebadas, las ajunta en su casa, y las hace hilar, tejer ropa de cunbe y auasca, en todo el reino, en las doctrinas • doctrina.

mentiras y embustes, lo cual en Castilla dijeran que este indio era señor de encomienda; y tiene un pueblo llamado Santa María Magdalena de Uruysa que no tiene cinco tributarios indios, en todo ello cuatro castillas, y todas las indias viudas y mujeres de los indios ausentes tiene por su manceba; estas pobres indias le hacen mita y camarico a todos los españoles sus amigos y al corregidor, encomendero y al padre, y al mayordomo y al teniente, le convida a la costa de los pobres indios....

Principales • don Juan Capcha, indio tributario, gran borracho, tiene cuatro indios en su pueblo • vino añejo • chicha fresca • en este reino.

VII. Los dichos indios en este reino por ausentarse no quieren tener sementera ni ganado, ni criar en su casa gallinas ni conejos, ni quiere tener en su casa barriles ni cántaros, ni ollas, vajilla de pobre, sino a fuerza de castigo; y así se ausentan. Como no le duele nada se van de sus pueblos, y nunca más vuelven a sus tierras y reducciones, ni hay remedio; y se meten dentro de los españoles los indios y las indias, y se meten a los señores adonde se hacen más bellacas y bellacos en este reino los indios, indias, aquellos.

Indios • dormilón, perezoso, punuycamayoc quilla micuypachacama punucunqui quillaspa quitaconayquipac mana chacrayquita llamcasquicho llamayquita riconquicho uanota apanquicho llamtata ychuta auanquicho mana puchacánqui auanquicho causanayque pac quilla • pereza.

■———Pasos para la comprensión

1. ¿Qué abuso destaca Guaman Poma en el fragmento I?
   - ☐ ¿Por qué sufren estos indios este tipo de castigo?
   - ☐ ¿Por qué no temen los corregidores la justicia?
2. ¿Cuál es el mensaje del fragmento II? El dibujo está relacionado con otro en que Guaman Poma explica como los corregidores ayudan a los encomenderos a apoderarse de las tierras, matando a los caciques (los indios jefes).
3. En los fragmentos III y IV Guaman Poma da dos visiones diferentes de los frailes. Explica.
   - ☐ ¿Crees que Guaman Poma es objetivo aquí o está generalizando basado en sus propias experiencias? Explica.
4. El fragmento V empieza diciendo que muchos negros son ladrones, pero pasa a dar explicaciones de por qué. ¿Qué razones da?
5. En el fragmento VI Guaman Poma cuenta otro lado de la moneda: el ejemplo de un indio explotador que adopta los modos de los conquistadores.
   - ☐ ¿Qué hace don Juan Capcha?
   - ☐ ¿Cómo se mantiene Capcha en el poder?
   - ☐ ¿Qué más críticas le hace Guaman Poma a Capcha?
6. La indulgencia de los indígenas es un tema que ha persistido hasta nuestros días. En el fragmento VII Guaman Poma trata de dar algunas razones por ello. ¿Cuáles son?
   - ☐ Los indígenas, al abandonar sus pueblos, van a servir a las casas de los españoles en las ciudades. Según Guaman Poma, ¿qué efecto produce esta servidumbre?

■———Pasos para una lectura más a fondo

1. Fijémonos en los dibujos que aparecen en el Internet (www.prenhall.com/momentos). ¿Por qué crees que Guaman Poma incluyó estos dibujos en su manuscrito, no siendo tan buen dibujante?
   - ☐ En el del fragmento I, ¿sobre qué tipo de animal parece que va el indio a quien le están dando latigazos? ¿Sabes el lugar de origen de ese animal?
   - ☐ En el fragmento II, el comendador y el corregidor se conjuran para matar al cacique. ¿Qué tiene el indio muerto en sus manos? Parece que los españoles le han dado una muerte cristiana. Explica la ironía.
   - ☐ En el fragmento III el fraile franciscano le habla al indio pobre diciéndole "cay tantana mucuy uaccha." ¿Qué quieren decir estas palabras quechuas en

castellano? ¿Crees que es lógico que un fraile español hablara idiomas indígenas? ¿Qué indica este hecho respecto al proceso evangelista de los frailes en el Nuevo Mundo?

☐ El dibujo del fragmento IV es interesante desde un punto de vista etnográfico. El artificio que emplea la indígena para hilar es exactamente igual a los que se siguen usando hoy día para crear sus preciosos textiles. ¿Qué podría indicar este hecho respecto al avance tecnológico de los pueblos indígenas de las Américas desde la conquista hasta hoy día?

☐ En el fragmento V, ¿cómo logra Guaman Poma captar el hecho de que las dos personas son negras?

2. Con mucha frecuencia, cuando Guaman Poma habla de un grupo de indios se refiere a ellos como "indios e indias." Mira, por ejemplo, los fragmentos V y VII. En español, bastaría la forma masculina. ¿Qué indica esta peculiaridad de Guaman Poma respecto al idioma quechua?

3. Parte de la modernidad del pensamiento sociológico de Guaman Poma es que explica las características de las personas como consecuencia de procesos históricos. Explica este procedimiento con ejemplos de los fragmentos V (negros) y VII (indios indulgentes).

☐ ¿Crees que éste es un procedimiento válido y moderno? Explica.

4. Guaman Poma es un indígena adoctrinado en la fe cristiana. ¿Hay algo en su mensaje que indique que su fe cristiana no es fuerte o sincera?

☐ ¿Qué se puede decir de los españoles y el éxito que tuvieron en convertir a los indígenas al cristianismo?

☐ ¿Expresa Guaman Poma ironía en cuanto a la religión de los conquistadores y sus acciones? Explica.

5. En los fragmentos que se han incluido, ¿ve Guaman Poma algún remedio para resolver los problemas de la administración colonial? ¿Qué expresión repite con frecuencia al respecto? En realidad, gran parte del *Buen gobierno* incluye consejos al rey de cambios administrativos necesarios en la colonia.

6. El manuscrito de Guaman Poma, dirigido al rey Felipe II (reinó entre 1556 y 1598), no se conoció hasta principios del siglo XX, cuando se descubrió en la Kongelige Bibliotek de Dinamarca. ¿Crees que Felipe II leyó el manuscrito?

☐ ¿Crees que las recomendaciones de Guaman Poma tuvieron algún impacto en la mejora de la administración colonial?

☐ ¿Por qué crees que el manuscrito salió de España?

7. Considerando la posición social baja del emisor (Guaman Poma) y la posición al-tísima de su destinatario (el rey), ¿cómo podría esta disparidad social afectar el tono del mensaje?

   ☐ ¿Crees que Guaman Poma es atrevido en lo que dice?

   ☐ ¿Qué cosas hace o dice para mitigar o suavizar su crítica?

CAPÍTULO 3

LA POESÍA DEL RENACIMIENTO

 Consulta www.prenhall.com/momentos y lee un ensayo de orientación
a este capítulo.

España siente los impulsos del Renacimiento italiano mucho antes que otros países,
quizá por los vínculos culturales y políticos existentes entre las dos regiones. Hay indicios visibles del Renacimiento en España a lo largo del siglo XV. Sin embargo, es
común emplear la fecha de 1492 para indicar los comienzos de la nueva estética, debido a tres acontecimientos trascendentales correspondientes a ese año: la unificación
del reino cristiano que se logra con la toma de Granada y la subsiguiente expulsión
de musulmanes y judíos; el descubrimiento del hemisferio occidental; y la publicación de la gramática del castellano de Antonio Nebrija, la primera gramática de
una lengua románica.

En su sentido más estricto, el Renacimiento se refiere al "redescubrimiento" o
"reencuentro" con la filosofía, la literatura y el arte de las épocas grecorromanas, pero
el término implica mucho más. Por lo menos cuatro eventos históricos contribuyeron decisivamente a su carácter: la reforma de la Iglesia provocada por Lutero
y los protestantes; la invención de la imprenta; las nuevas potencias políticas unidas
por fuertes monarquías absolutas, de las cuales España es la más pudiente; y los descubrimientos transatlánticos. Quizá sea más útil pensar en el Renacimiento como
una nueva perspectiva ante la vida, por la que el individuo toma las riendas de su
destino en vez de rendirse al poder divino. El "humanismo," término tan ligado al
del Renacimiento, se refiere a esta nueva actitud y tiene que ver con el énfasis que
el Renacimiento otorga a las capacidades humanas, tanto físicas e intelectuales como
espirituales y morales. Como resultado de ello, el hombre renacentista se dedica a
varias actividades —arte, música, poesía, filosofía, ciencia, deporte, etc.— para conseguir esa totalidad humana que era el ideal de la época. El humanismo también se
refiere a las labores eruditas y de investigación que se emprendieron durante la época.
En España, por ejemplo, la *Gramática* (1492) de Nebrija abre el camino de la filología
moderna y la *Biblia políglota complutense* (1520), dirigida por el Cardenal Cisneros en
la recién creada universidad renacentista de Alcalá de Henares, abre el campo de la investigación textual bíblica al imprimir lado a lado las distintas versiones de la Biblia.

Dos corrientes fundamentales caracterizan la poesía castellana del siglo XVI: la conservación y cultivación de las formas tradicionales poéticas medievales, sobre todo la de los romances, y la feliz incorporación de las formas poéticas italianas—como las de Petrarca (1304–1374)—a la lírica castellana. Esta doble variante de lo culto y lo tradicional, de lo importado y lo autóctono, caracterizará la literatura y la cultura hispánica en general. Sólo España entre los países imperialistas europeos ha mostrado tanto interés en sus formas tradicionales de expresión artística.

Aunque el romance es una forma poética medieval, en el Renacimiento, con la invención de la imprenta, los españoles empiezan a coleccionar e imprimir sus canciones medievales que hasta ese momento se conservaban sólo por vía oral. A causa de ello, ningún país europeo tiene un Romancero tan extenso ni tan bien conservado como España. Este ímpetu se debió a la popularidad que gozó el romance en la corte de los Reyes Católicos, lo cual dio licencia a los poetas cultos del Renacimiento para emplear el humilde romance de versos octosílabos en sus composiciones cultas, como se verá en este capítulo en los versos de Santa Teresa (1515–1582) y Lope de Vega (1562–1635).

Aunque Garcilaso de la Vega (¿1501?–1536) no fue el primer poeta español en usar el soneto italiano, fue él, con la impresionante musicalidad y delicadeza de su lírica, quien divulgó la forma hasta convertirla en la expresión predilecta de la poesía culta hispánica. Garcilaso también compuso exquisitas églogas—composiciones bucólicas de pastores—donde se relata, quizá mejor que en ninguna otra forma, la elaborada filosofía amatoria del Renacimiento.

La historiografía literaria ha hecho una división de escuelas de la poesía renacentista que puede ser útil: la sevillana y la salmantina. En Sevilla, ciudad que en el siglo XVI se convirtió en la más grande, brillante y cosmopolita de España debido al comercio con las Indias, se elaboró una poesía aristocrática brillante al estilo italiano, en la que se lució Fernando de Herrera (1534–1597). En Salamanca, sin embargo, se prefirió una poesía más pura, que parecía menos retórica y menos culta; una poesía lírica que expresaba los auténticos sentimientos humanos en vez de reelaborar los temas y tópicos clásicos. Así es la poesía de Fray Luis de León (1527–1591), uno de los poetas más estimados de la lírica hispánica.

La épica representa otra forma popularísima de poesía renacentista. Sus modelos, como se había de esperar, son clásicos (Virgilio) e italianos (Ariosto). Estos poemas largos eran narrativos como las epopeyas medievales, pero se escribían con la retórica del Renacimiento e incorporaban temas y discursos de interés para nuevo público del siglo XVI. De las muchas epopeyas renacentistas que se escribieron en España, *La Araucana* (publicada en 1569, 1578 y 1589) de Alonso de Ercilla (1533–1594) alcanzó la mayor fama por estar fundada en experiencias verídicas. El soldado Ercilla narra en bellos versos de octava real la conquista de los indígenas de Chile por los españoles en la cual él participó. La obra es un ejemplo más de la compatibilidad de la estética renacentista con la temática americana.

Lope de Vega (1562–1635), el creador del teatro nacional español, es también uno de los genios poéticos del Renacimiento. Cultivó todas las formas poéticas: sonetos, églogas, romances, epopeyas, etc. así como todos los temas, incluyendo el religioso, el histórico y el burlesco. Mientras otros poetas de la época buscaron inspiración en los temas clásicos, Lope la encontró en su propia vida romántica y apasionada. Lope convivió con los grandes poetas del Barroco (Góngora y Quevedo), y aunque nadie negaría lo culto de muchas de sus composiciones, nunca se dejó llevar del todo por los excesos del movimiento. Su moderación fue el motivo de una acalorada polémica entre él y Góngora.

Ninguna exposición de la poesía renacentista hispánica podría ignorar a los místicos. Aunque el misticismo—el anhelo y capacidad de unirse espiritualmente con Dios—se expresa principalmente en prosa, las dos figuras cumbres del misticismo castellano lograron expresar su éxtasis en verso: Santa Teresa de Jesús (1515–1582) y San Juan de la Cruz (1542–1591). La poesía de éste—una de las expresiones líricas más universales de las letras hispánicas—sigue siendo el modelo perfecto de la poesía pura hispánica.

El Romancero

Siglos XIV y XV

Aunque los romances tienen su origen en la Época Medieval, fue durante el Renacimiento cuando esta poesía popular y oral se empezó a recoger y publicar en colecciones llamadas romanceros. Así, la humilde balada, quizá la máxima expresión artística del pueblo español, entró en la corte y empezó a ser imitada por poetas cultos. A causa del afán de recoger estos romances, el mundo hispánico tiene el Romancero más extenso y mejor conservado de toda la literatura occidental. Los romances tienen muchos temas, aunque los históricos y legendarios son los más conocidos. Los españoles, al cruzar el mar durante la conquista, llevaron con ellos sus canciones populares, la mayoría de las cuales eran romances. Por esta razón, en todas las partes del mundo donde se habla español existe un Romancero. Aunque muchos de estos romances son variantes de los antiguos romances españoles, muchos son creaciones nuevas que reflejan la realidad del nuevo ambiente en que fueron creados. Los corridos mexicanos son un buen ejemplo de la perdurabilidad del Romancero español.

"Romance del rey moro que perdió Alhama"

Antes de leer

1. ¿Cómo te sentirías si tu país fuera conquistado por otro pueblo o grupo religioso? ¿Lucharías para defenderlo y salvarlo?

2. Cuando se pierde un partido (o una batalla), ¿es normal echarle la culpa a alguien de la pérdida? Explica.

3. ¿Qué sabes de la historia de la España medieval con respecto a los árabes?

Códigos para la comprensión

Código histórico: Los árabes conquistaron la Península Ibérica en 711 y a lo largo de los próximos ocho siglos los cristianos lucharon para reconquistar su territorio. Esta larga lucha se llama la Reconquista. Ya para finales del siglo XIII la mayoría de la Península había sido reconquistada, con la notable excepción del rico reino de Granada en el sur. En las últimas décadas del siglo XV se hizo un nuevo esfuerzo para terminar la Reconquista, tomando el último reino islámico—Granada. Ese esfuerzo lo concluyeron los Reyes Católicos, Fernando e Isabel, en 1492. Pero diez años antes, en 1482, un ejército cristiano logró conquistar Alhama, un pueblo de la región de Granada bajo la protección del rey granadino. Este romance cuenta la pérdida de Alhama y la reacción del pueblo granadino hacia el rey por haber dejado que los cristianos tomaran el pueblo.

Código social: La conquista árabe produjo una convivencia entre musulmanes, cristianos y judíos. Como se había de esperar, mucha gente se convertía de una religión a otra, unos por razones de fe y otros por razones prácticas. A los judíos que se convertían al cristianismo se les llamaba "conversos" y a los cristianos que se convertían al Islam "tornadizos." En este romance el pueblo le echa en cara al rey Aben Hassan haber confiado en los tornadizos de Córdoba, quizá por ser ellos de dudosa lealtad a la fe islámica.

Código legendario: Una de las leyendas más famosas de la España islámica trata de la masacre de la familia de los Abencerraje por el rey Aben Hassan, el rey de este romance. Los Abencerraje eran una familia rival, y el rey, temiendo su amenaza al trono, hizo degollar a 36 miembros de la familia en su propio palacio, la Alhambra. El salón de la Alhambra donde ocurrió la masacre aún se llama el salón de los Abencerraje, y es uno de los salones más magníficos del palacio.

Código arquitectónico: Los reyes nazaríes de Granada se construyeron un palacio espléndido llamado la Alhambra. Es, sin lugar a dudas, el mayor ejemplo de arquitectura civil islámica del mundo y uno de los edificios más bellos que jamás se construyó.

Código literario: Los romances que tratan de las guerras de la Reconquista se llaman "romances fronterizos" o "moriscos"; casi siempre se narran desde el punto de vista de los moros y expresan una gran admiración por la cultura musulmana.

"Romance del rey moro que perdió Alhama"

PASEÁBASE el rey moro   1
por la ciudad de Granada
desde la puerta de Elvira
hasta la de Vivarrambla.
"¡Ay de mi Alhama!"

Cartas le fueran venidas   2
que Alhama era ganada:
las cartas echó en el fuego
y al mensajero matara.
"¡Ay de mi Alhama!"

Descabalga de una mula   3
y en un caballo cabalga;
por el Zacatín[1] arriba
subido se había al Alhambra.
"¡Ay de mi Alhama!"

Como en el Alhambra estuvo,   4
al mismo punto mandaba
que se toquen sus trompetas,
sus añafiles[2] de plata.
"¡Ay de mi Alhama!"

Y que las cajas de guerra   5
apriesa toquen al arma,
porque lo oigan sus moros,
los de la Vega y Granada.
"¡Ay de mi Alhama!"

Los moros que el son oyeron   6
que al sangriento Marte llama,
uno a uno y dos a dos

juntado se ha gran batalla.
"¡Ay de mi Alhama!"

Allí habló un moro viejo,   7
d'esta manera hablara:
"¿Para qué nos llamas, Rey,
para qué es esta llamada?"
"¡Ay de mi Alhama!"

"Habéis de saber, amigos   8
una nueva desdichada:
que cristianos de braveza
ya nos han ganado Alhama."
"¡Ay de mi Alhama!"

Allí habló un Alfaquí[3]   9
de barba crecida y cana:
"¡Bien se te emplea, buen Rey!
¡Buen Rey, bien se te empleara!"
"¡Ay de mi Alhama!"

"Mataste los Abencerrajes,   10
que eran la flor de Granada;
cogiste los tornadizos
de Córdoba la nombrada."
"¡Ay de mi Alhama!"

"Por eso mereces, Rey,   11
una pena muy doblada;
que te pierdas tú y el reino,
y aquí se pierde Granada."
"¡Ay de mi Alhama!"

■———Pasos para la comprensión

1. Los romances suelen ser polifónicos, o sea, se escuchan en ellos varias voces. En este romance hay cuatro voces distintas: un narrador, un lamento colectivo, un viejo y el rey. Identifica las diferentes voces del romance.

2. ¿Cómo se entera el rey de que Alhama fue perdida contra los cristianos? ¿Para qué volvió el rey enseguida a la Alhambra?

---

[1]Calle que une Granada con la Alhambra.
[2]flautas árabes
[3]sabio de las leyes musulmanas

3. La reacción del rey al recibir noticia de la pérdida de Alhama es muy interesante. Describe una por una las cosas que hace el rey y trata de explicar su reacción. Por ejemplo, ¿por qué crees que mata al mensajero?

4. La reacción del viejo alfaquí es muy interesante también. ¿Qué le echa en cara al rey? (Consulta el *código histórico*). ¿Qué pronostica el viejo al final del poema?

5. ¿Cuál es el efecto del estribillo "Ay de mi Alhama?"

■———**Pasos para una lectura más a fondo**

1. Caracteriza la forma métrica del romance. Para contestar las siguientes preguntas, consulta la *Métrica española* en el *Apéndice*.

   □ ¿Cuántas sílabas tiene cada verso?

   □ ¿Cómo es la rima, asonante o consonate?

   □ ¿Cuál es el esquema de la rima? ¿Se mantiene el mismo esquema a lo largo del poema?

2. Hay aquí una serie de características típicas de un romance:

   □ empieza en medias res

   □ suele ser una escena dramática

   □ contiene muchos elementos auditivos

   □ es muy visual

   □ se emplea la repetición

   Ahora, busca un ejemplo de cada una de estas características en este poema.

3. ¿Qué crees tú que representa el viejo alfaquí? Un alfaquí es una persona que se dedica a estudiar el Corán.

4. En las democracias modernas se exige responsabilidad de los gobernantes elegidos. Por lo que se ve en este romance, ¿parece haber existido algo semejante en la España islámica? Explica. ¿Te sorprende la franqueza con que el alfaquí y el pueblo critican al rey?

"Romance del Conde Arnaldos"

Antes de leer

1. ¿Te gusta escuchar música? Explica. ¿Crees que la música puede tener un efecto positivo en el oyente? Explica.

2. ¿Crees que para entender algo hay que conocerlo a fondo? En otras palabras, ¿puedes entender lo que es el amor sin haberte enamorado alguna vez? Explica tu opinión.

Códigos para la comprensión

Código literario: Aunque la mayoría de los romances medievales son históricos y legendarios, hay otra categoría llamada "novelescos" por ser de pura invención imaginativa, y éstos suelen ser los más líricos del Romancero. El "Romance del Conde Arnaldos" es un ejemplo de ello.

Código zoológico: El halcón es un ave rapaz y carnívora muy estimada en la Edad Media como ave de cacería. Sin embargo, la caza con halcón parece haber sido exclusivamente deporte y pasatiempo de la nobleza, puesto que los halcones eran carísimos y su entrenamiento y cuidado también lo eran.

Código legendario: La Noche de San Juan, el 21 de junio, es el día más largo del año y, según las tradiciones populares de muchos pueblos, es una noche en que pasan cosas mágicas y sobrenaturales.

"Romance del Conde Arnaldos"

¡QUIÉN hubiese tal ventura
sobre las aguas del mar,
como hubo el conde Arnaldos
la mañana de San Juan!
Con un falcón en la mano   5
la caza iba a cazar,
vió venir una galera
que a tierra quiere llegar.
Las velas traía de seda,
la jarcia[1] de un cendal,[2]   10
marinero que la manda
diciendo viene un cantar
que la mar facía en calma,
los vientos hace amainar,
las peces que andan n'el hondo   15
arriba los hace andar,
las aves que andan volando
n'el mástil las faz' posar;
allí fabló el conde Arnaldos,
bien oiréis lo que dirá: 20
"Por Dios te ruego, marinero,
dígasme ora ese cantar."
Respondióle el marinero,
tal respuesta le fué a dar:
"Yo no digo esa canción   25
sino a quien conmigo va."

■———Pasos para la comprensión

1. Como el romance de Alhama, éste también es polifónico. Contiene tres voces. ¿Cuáles son?

2. ¿Adónde iba el conde Arnaldos?

3. ¿Qué vio en el mar? ¿Qué le impresionó al conde del marinero?

4. ¿Qué le pide el Conde al marinero?

---

[1]jarcia: conjunto de aparejos y cabos de un velero
[2]tela fina de seda o lino

5. La respuesta del marinero a la solicitud del conde es sumamente significativa: "Yo no digo esa canción / sino a quien conmigo va." ¿Qué significan estas palabras?

■———Pasos para una lectura más a fondo

1. Este romance parece a primera vista muy sencillo, pero no lo es. Está basado en la oposición binaria mar y tierra. ¿Qué elementos en el poema pertenecen a la tierra? ¿Cuáles pertenecen al mar?

2. Hay un contraste también entre el conde y el marinero. El conde, como ya sabemos, va a cazar con su halcón. En una de las versiones del poema recogida por Menéndez Pidal en *Flora nueva de romances viejos* se lee: "Andando a buscar la caza / para su falcón cebar," o sea, para darle de comer al halcón, que es un ave carnívora.

   □ ¿Y qué hace el marinero? ¿Pesca?

   □ Ahora, trata de explicar el contraste entre los dos.

   □ ¿Entiendes mejor ahora la respuesta del marinero a la solicitud del conde al final del poema? Explica.

3. Ya que sabemos que el marinero no "pesca," fijémonos en su nave. ¿Es una nave típica? Explica.

   □ ¿Qué otros elementos de fantasía y misterio se encuentran en el poema?

4. ¿Qué efecto produce la canción del marinero? ¿Qué piensas tú que representa la música en este poema?

Garcilaso de la Vega

■ □ ■

¿1501?–1536

Ningún español ejemplifica mejor el espíritu cosmopolita del Renacimiento que Garcilaso: noble, cortesano, guerrero, diplomático, músico, políglota y poeta. Garcilaso toma las formas y los temas de la poesía italiana del Renacimiento, los adapta al ritmo del castellano, y produce un pequeño corpus de obras que cuentan entre los más bellos y melódicos del idioma. Sin duda, es Garcilaso el que populariza la forma del soneto en España así como un afán por los temas clásicos. Su vocabulario del amor y del paisaje forma una nueva base de expresión cuyos ecos se escuchan hasta nuestros días.

Soneto XXIII

Antes de leer

1. Busca en el diccionario lo que significa en latín *carpe diem*.

2. ¿Crees que los jóvenes deben disfrutar más de la vida que la gente mayor? Explica.

3. El "disfrutar" al que se refiere Garcilaso incluye los placeres carnales. ¿Crees que en el mundo en que vivimos un buen consejo para los jóvenes sería el que gocen libremente de este tipo de placer?

Códigos para la comprensión

Código literario y cultural: El arte y la literatura del Renacimiento popularizaron un tipo de belleza femenina —la mujer alta, rubia, de ojos claros, cuello largo y tez blanca. Este ideal fue captado magníficamente por Botticelli en su cuadro "El nacimiento de Venus," y ésta es la imagen de la mujer que Garcilaso, tanto como Góngora, describen en sus poemas.

Código biográfico: En 1524 Garcilaso conoció a Isabel Freire, una dama noble portuguesa, y se enamoró de ella. Sin embargo, al año siguiente Garcilaso contrajo matrimonio con Elena de Zúñiga. A pesar de ello, Isabel Freire fue la musa de Garcilaso y muchos de sus poemas amorosos van dirigidos a ella.

"En tanto que de rosa y azucena"

EN tanto que de rosa y azucena[1]   1
se muestra la color en vuestro gesto,
y que vuestro mirar ardiente, honesto,
enciende el corazón y lo refrena,

y en tanto el cabello, que en la vena   2
del oro se escogió, con vuelo presto,
por el hermoso cuello blanco, enhiesto,
el viento mueve, esparce y desordena;

coged de vuestra alegre primavera   3
el dulce fruto, antes que el tiempo airado[2]
cubra de nieve la hermosa cumbre.

Marchitará la rosa el viento helado,   4
todo lo mudará la edad ligera,
por no hacer mudanza en su costumbre.

---
[1] flor blanca y muy olorosa
[2] agitar; irritar

■——Pasos para la comprensión

1. El soneto es una forma poética creada en Italia en la Edad Media que fue popularizada por el poeta Petrarca. En España se empezó a emplear desde el siglo XV, pero fue Garcilaso el que aseguró su éxito en las letras hispánicas para la expresión culta y elevada. Para ver las características del soneto español, haz los siguientes ejercicios después de consultar la *Métrica española* en el *Apéndice*.

   □ Cuenta el número de versos. ¿Cuántos hay?

   □ ¿Cuántas estrofas contiene?

   □ ¿Son de la misma extensión? Explica.

   □ ¿Cuántas sílabas hay en cada verso?

   □ ¿Cómo es la rima, asonante o consonante?

   □ ¿Qué esquema rítmico sigue?

   Ahora, explica lo que es un soneto.

2. Descifra los hipérbatos de las primeras dos estrofas. El hipérbaton consiste en la inversión del orden regular de las palabras para conseguir un efecto poético.

3. El poema tiene un narratario, o sea, hay alguien a quien el poema se dirige que no es el lector. ¿Quién crees que es este destinatario a quien el narrador se dirige cuando dice "vuestro gesto" y "coged. . . el dulce fruto?" (Consulta el *código biográfico*.)

4. ¿Cuáles son las diferencias entre una rosa y una azucena? Si no sabes cómo es la azucena, búscalo en un diccionario.

   □ Cuando el narrador dice que se muestra el color de la rosa y la azucena en el gesto de la dama, ¿qué quiere decir metonímicamente?

   □ ¿Qué partes de la cara de una mujer son de esos colores?

5. En el poema Garcilaso menciona explícita o implícitamente varias partes del cuerpo de la mujer. ¿Cuáles son? ¿Cómo describe cada parte?

6. Busca todos los signos, imágenes o conceptos relacionados con el color rojo y el color blanco. Estas ordenaciones de signos o de categorías semánticas se llaman *isotopías* en la crítica estructuralista.

7. Busca todos los signos relacionados con el calor y el frío (primavera/invierno). ¿Qué posible relación tiene esta serie de signos con la del rojo/blanco?

8. Teniendo en cuenta el tema del *carpe diem* y los ejercicios anteriores, ¿qué dice Garcilaso en este poema?

   □ ¿En qué lugar del poema sintetiza mejor el tema?

   □ ¿Cómo logra crear una obra original, bella y estética de un tema tan común?

■——Pasos para una lectura más a fondo

1. En la tercera estrofa se introduce el signo de una montaña (cumbre) cubierta de nieve. El signo lingüístico de *cumbre* puede tener un significante diferente de su sentido de *montaña*. ¿Qué podría ser dentro del sistema de significación de este soneto?

2. Si la cumbre es la cabeza de la mujer, entonces ¿cuál sería el significante del signo de la nieve? ¿Cómo se relacionan estos significantes con la oposición binaria blanco/rojo y frío/calor?

3. Hay muchas comas en la segunda estrofa. Las comas pueden ser signos de comunicación, aunque no tienen un valor lingüístico. Teniendo en cuenta que el referente de esta estrofa es el viento, ¿qué efecto producen las comas al romper la fluidez de la oración?

4. Busca en el diccionario el sentido del adjetivo *airado*.

   □ ¿Qué palabra se nota dentro de "airado" que pudiera tener algo que ver con el tiempo climático que se describe en el poema?

5. El tema del *carpe diem* expresa implícitamente el placer físico del momento. Busca en el diccionario español los sentidos figurativos de los verbos *coger* y *cubrir*.

   □ ¿Qué tienen en común?

   □ Dentro de este subtexto del poema, ¿qué podría significar "el dulce fruto"?

6. El poema concluye con una paradoja —una figura semántica que compara dos cosas opuestas o de relación absurda. Explica el efecto estético de terminar el poema de este modo.

Fernando de Herrera

■ □ ■

1534–1597

Llamado "el Divino" en su época, Herrera pasa toda su vida en Sevilla, ciudad que en el siglo XVI era la más grande y próspera de España por ser el centro del comercio con el Nuevo Mundo. La poesía de Herrera refleja la opulencia y magnificencia del apogeo de la ciudad andaluza. Siempre fiel al clasicismo renacentista, Herrera cultiva una poesía más laborada y, por lo tanto, más afectada que la de sus contemporáneos en Castilla, como fray Luis de León, cuya poesía parece más sincera y menos retórica. Por esta razón, siempre se ha pensado que la poesía de Herrera forma el eslabón que une la poesía de Garcilaso con la expresión barroca de Góngora a finales del siglo.

Soneto XXVI

Antes de leer

1. ¿Has tenido alguna vez un gran pesar u obligación que haya consumido todo tu ser y hasta tus pensamientos? ¿Puedes describir lo que sentías?

2. Hay algunas personas que se empeñan en hacer una cosa y no descansan hasta lograrla. ¿Eres tú así? ¿Conoces a alguien con esta característica? ¿Cómo suelen ser esas personas?

Código para la comprensión

Código mitológico: El castigo de Sísifo por su avaricia fue tener que empujar una inmensa roca a la cima de una montaña. Al llegar, la piedra rodaba al fondo de nuevo, y Sísifo tenía que empezar su labor de nuevo.

"Subo, con tan gran peso quebrantado"

Soneto XXVI

Subo, con tan gran peso quebrantado,   1
por esta alta, empinada, aguda sierra,
que aún no llego a la cumbre, cuando yerra
el pie, y trabuco al fondo despeñado.

Del golpe y de la carga maltratado,   2
me alzo apena,[1] y a mi antigua guerra
vuelvo, mas ¿qué me vale? que la tierra
misma me falta al curso acostumbrado.

---

[1] *ant.* apenas

Pero aunque en el peligro desfallezco,   3
no desamparo el paso, que antes torno
mil veces a cansarme en este engaño.

Crece el temor, y en la porfía crezco,   4
y sin cesar, cual rueda vuelve en torno,
así revuelvo a despeñarme al daño.

■———Pasos para la comprensión

1. ¿Con qué adjetivos se describe la montaña que sube el narrador poético?
2. El signo lingüístico *empinado* es uno de esos adjetivos. ¿Cuál es su significado?
   □ Sin embargo, a causa de la posición del signo dentro del poema, se crea una imagen visual que no tiene nada que ver con su significado. ¿Es posible que esta montaña esté cubierta de pinos? Explica por qué.
3. Herrera emplea el signo *sierra* para referirse a la montaña, pero hay muchas otras palabras en castellano que podría haber usado, entre ellas *peña*. ¿Se emplea peña de alguna forma en el poema? ¿Cómo?
4. Busca en el diccionario español el doble sentido de *despeñar*. ¿Cuál es su sentido figurado?
5. Hay otros adjetivos que describen al narrador; haz una lista de ellos (incluye *quebrantado*, puesto que su posición al final del primer verso bien podría referirse tanto al *peso* como al *yo* de *subo*).
   □ Busca estas palabras en el diccionario español, prestando especial atención a sus sentidos figurados.
   □ ¿Es posible que haya en este poema un subtexto que nos esté describiendo el estado psicológico del narrador?
6. Haz una lista completa de todos los verbos en primera persona que nos indican la actividad del narrador. ¿Notas algún progreso o sistema en estos verbos? ¿Cuál es?
7. Hay una transición en el poema al empezar el primer terceto con "Pero aunque." Ahora el narrador parece empezar a hablar de su "porfía," y determinación de vencer. ¿Con qué signos o técnicas literarias recalca Herrera esta idea?
8. ¿Qué relación hay entre este soneto y el mito de Sísifo? ¿Qué quiere expresar Herrera?

■———Pasos para una lectura más a fondo

1. Los primeros dos cuartetos parecen indicar una ruta vertical—el narrador tratando de subir la sierra. Sin embargo, en la última estrofa se introduce un movimiento cir-

cular ("cual rueda vuelve en torno"). ¿Cuál podría ser el propósito de Herrera al terminar el poema con esta tensión entre un movimiento vertical y uno circular?

2. En los dos tercetos, Herrera describe su meta de llegar a la cumbre como un "engaño" y un "daño"—las dos palabras cuidadosamente insertadas al final de las estrofas para darles mayor énfasis. ¿Cuál podría ser el motivo de ver su esfuerzo en estos términos negativos?

3. En este soneto Herrera logra bellos efectos auditivos. Comenta, por ejemplo, las aliteraciones y sus efectos en las siguientes secciones:

   □ "trabuco al fondo" del verso 4

   □ "no desamparo el paso" del verso 10

   □ "sin cesar" del verso 13 (ten en cuenta que el sonido interdental del castellano moderno no se había impuesto aún en la época de Herrera)

4. El ritmo también puede ser un signo. Comenta el efecto del ritmo, combinado con la aliteración, que se produce en los últimos dos versos ("y sin cesar, cual rueda vuelve en torno, / así revuelvo a despeñarme al daño"). ¿Oyes un movimiento circular?

Fray Luis de León

1527–1591

En Fray Luis de León el Renacimiento español consigue una de sus figuras más completas y auténticas: teólogo, lingüista, humanista, clasicista y poeta. Pasó la mayor parte de su vida como profesor en la Universidad de Salamanca, donde, a causa de sus ideas teológicas, sufrió el encarcelamiento por el Santo Oficio. En Salamanca Fray Luis encabezó un grupo de escritores cuyas obras en poesía se caracterizan por su pureza y sinceridad. Siempre fiel al clasicismo de moda en su época, parece llegarle directamente de sus propios conocimientos de la literatura grecorromana y no por la vía italiana. Por eso, muchos han visto en la figura de Fray Luis el Renacimiento español más auténtico y castizo. Cualquiera que compare su obra poética con la de Garcilaso o Herrera verá fácilmente estas dos vetas de expresión del siglo XVI español.

"La vida retirada"

Antes de leer

1. Se dice que se puede dividir la humanidad entre dos tipos de personas: los que prefieren la vida urbana y los que prefieren el campo y la naturaleza. ¿A qué grupo perteneces tú y por qué?

2. Cuando uno está solo en medio de la naturaleza prestando atención al mundo circundante, ¿qué cosas se sienten y se observan? ¿Encuentras paz y sosiego en la naturaleza?

Códigos para la comprensión

Código biográfico: Como catedrático en Salamanca, Fray Luis se vio involucrado en grandes luchas teológicas fomentadas por las distintas órdenes religiosas. Debido a esto, junto con las rivalidades personales y los celos de sus compañeros, Fray Luis sufrió un proceso inquisitorial que le obligó a pasar cinco años encarcelado. Su amor por la naturaleza y una vida más sencilla se explica en parte por lo que sufrió en su vida ambiciosa académica.

Código filosófico: En las teorías neoclásicas del Renacimiento, la música representa la armonía. Así como las distintas notas de una composición musical tienen que combinarse para producir un efecto armónico, los seres humanos deben estar en acorde con la naturaleza, puesto que ésta es la obra máxima y perfecta de Dios.

Código literario: Uno de los poetas romanos más admirados en el Renacimiento fue Horacio, cuyas odas expresaban una visión personal y de reflexión ante la realidad. De Horacio también viene el afán renacentista por el tema del *beatus ille* que glorifica la vida sencilla del campo y critica la existencia materialista y ambiciosa de la vida urbana. La literatura castellana se refiere con frecuencia a este tema como el de "menosprecio de corte y alabanza de aldea."

"La vida retirada"

¡Qué descansada vida   1
la del que huye el mundanal rüido,
y sigue la escondida
senda, por donde han ido
los pocos sabios que en el mundo han sido!

Que no le enturbia el pecho   2
de los soberbios grandes el estado,
ni del dorado techo
se admira, fabricado
del sabio moro, en jaspes sustentado.

No cura si la fama   3
canta con voz su nombre pregonera,
ni cura si encarama
la lengua lisonjera
lo que condena la verdad sincera.

¿Qué presta a mi contento,   4
si soy del vano dedo señalado?
Si en busca de este viento
ando desalentado
con ansias vivas, con mortal cuidado.

¡Oh, monte! ¡Oh, fuente! ¡Oh, río!   5
¡Oh, secreto seguro deleitoso!
Roto casi el navío,
a vuestro almo[1] reposo
huyo de aqueste mar tempestuoso.

Un no rompido sueño,   6
un día puro, alegre, libre quiero;
no quiero ver el ceño
vanamente severo
de quien la sangre ensalza o el dinero.

Despiértenme las aves   7
con su cantar sabroso, no aprendido;
no los cuidados graves
de que es siempre seguido
quien al ajeno arbitrio está atenido.

Vivir quiero conmigo,   8
gozar quiero del bien que debo al cielo,
a solas sin testigo
libre de amor, de celo,
de odio, de esperanzas, de recelo.

Del monte en la ladera   9
por mi mano plantado tengo un huerto,
que con la primavera,
de bella flor cubierto,
ya muestra en esperanza el fruto cierto.

Y como codiciosa   10
por ver y acrecentar su hermosura,
desde la cumbre airosa
una fontana pura
hasta llegar corriendo se apresura.

Y luego sosegada,   11
el paso entre los árboles torciendo,
el suelo de pasada
de verdura vistiendo,
y con diversas flores va esparciendo.

El aire el huerto orea,   12
y ofrece mil olores al sentido,
los árboles menea
con un manso rüido,
que del oro y del cetro pone olvido.

Téngase su tesoro   13
los que de un leño flaco se confían;
no es mío ver el lloro
de los que desconfían
cuando el cierzo y el ábrego porfían.

La combatida antena   14
cruje, y en ciega noche el claro día
se torna; al cielo suena
confusa vocería,
y la mar enriquecen a porfía.

A mí una pobrecilla   15
mesa, de amable paz bien abastada,
me basta; y la vajilla,
de fino oro labrada,
sea de quien la mar no teme airada.

Y mientras miserable-   16
mente se están los otros abrasando
con sed insaciable
del no durable mando,
tendido yo a la sombra esté cantando.

A la sombra tendido,   17
de yedra y lauro eterno coronado,
puesto el atento oído
al son dulce, acordado,
del plectro sabiamente meneado.

■———Pasos para la comprensión

1. La forma poética que emplea Fray Luis se llama lira, y se usó mucho en el Renacimiento, sobre todo para las odas al estilo de Horacio.

   □ Hay versos de distinto número de sílabas. Explica cómo alternan.

---

[1]*adj. poético*: vivificador

□ ¿Cómo es la rima?

□ ¿Qué esquema tiene?

2. Este poema de Fray Luis carece de un desarrollo lineal que lleve al lector paso a paso hacia una conclusión. El tema o propósito del poema se revela en la primera estrofa al contrastar Fray Luis la "descansada vida" con el "mundanal ruido." ¿Cuál parece ser el tema de este poema?

3. A lo largo del poema se encuentran referentes que aluden a la vida en la ciudad, la corte o cualquier existencia dentro de la sociedad. Fijándote sobre todo en las estrofas 2 a 4 y 7 a 8, ¿a qué características de la sociedad se refiere Fray Luis?

4. Hay una oposición binaria en el poema entre dos tipos de ruido: el "mundanal ruido" de la primera estrofa y el "manso ruido" de la 12. Haz una lista de todos los signos relacionados con cada tipo de ruido en el poema.

5. Casi todos los referentes a sonidos tienen que ver con el viento. Busca en el diccionario español los significados de los signos *cierzo* y *ábrego* de la estrofa 13. ¿Cómo se relacionan estos signos con la oposición binaria central?

6. Los vientos violentos en este poema producen una tempestad. La primera referencia a la tormenta se encuentra en la estrofa 5. ¿Qué efecto tiene el "mar tempestuoso" en el referente *navío*?

□ ¿Qué puede representar este barco dentro del sistema de significación del poema?

□ Busca otros significantes en las estrofas 13 y 14 que pudieran tener como referente un barco.

7. La conclusión de la oposición binaria se encuentra en la última estrofa donde encontramos al poeta tendido y cantando a la sombra de un árbol con su "atento oído / al son. . . acordado." Busca en el diccionario de español el sentido musical del verbo *acordar* y los sentidos del adjetivo *acordado*.

□ Con estos significados y con el *código cultural* respecto a la música, ¿qué implica Fray Luis en esta última estrofa?

■———Pasos para una lectura más a fondo

1. La oposición binaria de los dos ruidos y los dos vientos es aún más compleja. Nota en la estrofa 4: "Si en busca de este viento / ando desalentado." Busca en el diccionario español el sentido de *desalentado*.

□ Esa voz viene de "sin aliento." ¿Qué significa *aliento*?

□ ¿Qué relación hay entre los signos del *viento* y del *aliento*?

□ Considerando los significantes de "desalentado," ¿por qué este adjetivo es perfecto en este contexto?

2. De un modo semejante, Fray Luis contrasta los adjetivos *airoso* de la estrofa 10 con *airado* de la 15. Nota lo que ya se ha dicho del uso de *airado* en el cuarto paso de *Para una lectura más a fondo* en Garcilaso de la Vega.

☐ Busca en el diccionario español el sentido de *airoso*.

☐ Ahora contrasta los dos adjetivos y explica cómo se conforman a la oposición binaria.

3. Aunque el poeta parece alabar la creación de Dios como superior a la de los seres humanos, en la estrofas 9 a 12 habla de un huerto "por mi mano plantado." Claramente, el narrador ordena la naturaleza con su esfuerzo y labor. ¿Qué podría significar la incorporación de este detalle en el poema?

4. Fray Luis sintetiza su propósito en una serie de expresiones bellas. Explica el sentido y el efecto fónico de las siguientes secciones:

☐ "escondida / senda" (estrofa 1)

☐ "secreto seguro" (estrofa 5)

☐ "fruto cierto" (estrofa 9)

Teresa de Cepeda y Ahumada (Santa Teresa de Jesús)

1515–1582

Santa Teresa representa lo universal del discurso religioso español del Renacimiento. La nota predominante de ese discurso no es, como se esperaría, el fanatismo religioso o combatiente de la Contrarreforma, sino su aspecto íntimo, sincero y humanitario. La Santa, además, nos interesa hoy por lo que pudo conseguir una mujer en el siglo XVI: enfrentarse a las autoridades eclesiásticas en cuestiones de la reforma de la Iglesia; reformar la Orden del Carmelo, establecer numerosos conventos y luchar incesantemente por su mantenimiento económico, y finalmente escribir un corpus literario que hoy forma parte de la doctrina de la Iglesia católica. Siempre se ha admirado el estilo familiar, vivo y directo de Teresa así como su capacidad para inventar símbolos sencillos pero potentes para expresarse. Hoy sus símbolos, como el del castillo interior, son emblemas reconocidos de la simbología hispánica. Aunque Teresa cultiva principalmente la prosa, es también, como se podrá observar en el poema que se reproduce aquí, una poeta inspirada cuya obra en verso contiene el mismo estilo popular, sencillo y vivo que el de su prosa.

"Muero porque no muero"

Antes de leer

1. ¿Sabes cuál es el concepto cristiano de la muerte? ¿Qué se supone que le pasa a un buen cristiano después de morir?

2. ¿Crees en la vida eterna? Si crees en ella, ¿cómo te la imaginas?

Códigos para la comprensión

Código bíblico: En el "Cantar de los cantares," el rey Salomón expresa su amor a Dios en términos del amor físico entre el hombre y la mujer. Se debe tener en cuenta, sin embargo, que el amor entre el hombre y la mujer representa en la teología cristiana una unión sagrada, santificada por ser un sacramento de la Iglesia.

Código teológico: En la teología cristiana, el ser humano está compuesto de un cuerpo y un alma. Al perecer, sólo el cuerpo muere; el alma trasciende. Para el buen cristiano, la vida auténtica es la de ultratumba cuando el alma goza de la presencia del Señor. Este concepto teológico explica el deseo de santa Teresa de morirse.

"Muero porque no muero"

Vivo sin vivir en mí,   1
y tan alta vida espero,
que muero porque no muero.

Aquesta divina unión   2
del amor con que yo vivo,
hace a Dios ser mi cautivo
y libre mi corazón.
Mas causa en mí tal pasión
ver a Dios mi prisionero,
que muero porque no muero.

¡Ay! ¡Qué larga es esta vida,   3
que duros estos destierros,
esta cárcel y estos hierros,
en que el alma está metida!
Sólo esperar la salida
me causa un dolor tan fiero,
que muero porque no muero.

¡Ay! ¡Qué vida tan amarga   4
do no se goza el Señor!

Y si es dulce el amor,
no lo es la esperanza larga;
quíteme Dios esta carga,
más pesada que de acero
que muero porque no muero.

Sólo con la confianza   5
vivo de que he de morir;
porque muriendo, el vivir
me asegura mi esperanza;
muerte, do[1] el vivir se alcanza,
no te tardes, que te espero,
que muero porque no muero.

Mira que el amor es fuerte;   6
vida, no me seas molesta,
mira que sólo te resta,
para ganarte, perderte:
venga ya la dulce muerte,
venga el morir muy ligero,
que muero porque no muero.

---

[1]donde

Aquella vida de arriba   7
es la vida verdadera;
hasta que esta vida muera,
no se goza estando viva;
muerte, no seas esquiva;
vivo muriendo primero,
que muero porque no muero.

Vida ¿qué puedo yo darle   8
a mi Dios, que vive en mí,
si no es perderte a ti
para mejor a él gozarle?
Quiero muriendo alcanzarle,
pues a Él sólo es el que quiero,
que muero porque no muero.

Estando ausente de ti   9
¿qué vida puedo tener,
sino muerte padecer
la mayor que nunca vi?
Lástima tengo de mí,
por ser mal tan entero,
que muero porque no muero.

El pez que del agua sale   10
aún de alivio no carece;
a quien la muerte padece,
al fin la muerte le vale.

¿Qué muerte habrá que se iguale   7
a mi vivir lastimero?
Que muero porque no muero.

Cuando me empieza a aliviar   11
viéndote en el sacramento,
me hace más sentimiento
el no poderte gozar;
todo es para más penar
por no verte como quiero,
que muero porque no muero.

Cuando me gozo, Señor,   12
con esperanza de verte,
viendo que puedo perderte,
se me dobla mi dolor;
viviendo en tanto pavor
y esperando como espero,
que muero porque no muero.

Sácame de aquesta muerte,   13
mi Dios, y dame la vida;
no me tengas impedida
en este lazo tan fuerte,
mira que muero por verte,
y vivir sin ti no puedo,
que muero porque no muero.

■——Pasos para la comprensión

1. Hay que entender el estribillo que encabeza el poema y cuyo último verso se repite al final de cada estrofa. Piensa que el referente de la estrofa es el amor de Dios y el deseo de una vida de ultratumba. Consulta el *código teológico*. Lee con cuidado la estrofa 4. Explica ahora el sentido de la paradoja de este estribillo.

2. Las estrofas 2 y 3 presentan una visión desesperada y trágica de la vida. ¿Con qué signos expresa su angustia? ¿Cómo están relacionados estos signos?

3. En la primera estrofa la narradora dice que le causa aflicción "ver a Dios mi prisionero." Trata de explicar esta metáfora leyendo de nuevo la estrofa 7.

4. El signo del *pez* en la estrofa 10 es un ejemplo de los símbolos sencillos que inventa la Santa para expresarse. El pez, al salir del agua, salta como si estuviera en agonía. ¿Crees que el pez desea la muerte?

5. En la estrofa 12, la narradora habla de su gran terror. ¿Con qué signos lo expresa? ¿Cuál sería la razón teológica de ese pavor?

6. La antítesis vida/muerte se aclara en la última estrofa. Explica.

■——**Pasos para una lectura más a fondo**

1. En la primera estrofa la narradora se refiere a la "divina unión del amor." El signo *unión* tiene un doble sentido: uno religioso y otro mundano. Para entender el segundo sentido, busca en el poema las palabras o signos que se refieran al amor carnal o que podrían encontrarse en la poesía amatoria.

   □ El verbo *gozar* es un ejemplo. Es una palabra polisémica (o sea, de más de un significado). Búscala en el diccionario español para encontrar el significado relacionado con el amor.

   □ ¿Por qué crees que la Santa emplearía estos signos para expresar su amor a Dios? Antes de contestar, consulta el *código bíblico*.

2. El verbo *esperar* es polisémico también. ¿Cuáles son sus dos significados? Nota todas las formas sintácticas en que aparece el verbo *esperar*: forma nominativa (esperanza); infinitivo (esperar); participio presente (esperando); verbo conjugado (espero). Explica por qué es un signo muy bien empleado en este poema.

3. En el apóstrofe que empieza en la quinta estrofa, el yo poético se dirige a la *vida* personificándola. ¿Con qué registro o tono se dirige a la vida, formal o familiar?

   □ ¿Es diferente el tono cuando se dirige a Dios, como en las últimas tres estrofas?

   □ ¿Qué efecto produce este tono?

4. Un crítico estructuralista probablemente resaltaría que el poema está organizado a base de la oposición binaria vida/muerte, según la cual los signos de vida y muerte se transforman en su concepto antitético. En otras palabras: el signo muerte tiene un significante negativo, sin embargo en el poema el significante se transforma en positivo. Teniendo en cuenta este aspecto fundamental del poema, trata de explicar cómo otros signos del poema se conforman a la misma transformación: *unión, gozar, esperar*, etc.

Juan de Yepes
(San Juan de la Cruz)

■ □ ■

1542–1591

Amigo, compatriota, discípulo y compañero de Santa Teresa, San Juan de la Cruz junto con la Santa forman el pináculo de la expresión religiosa del siglo XVI: la Santa en prosa y el Santo en poesía. San Juan, con un vasto conocimiento de la literatura clásica y renacentista, expresa sus visiones místicas por medio de la retórica y la forma poética del Renacimiento. La pureza de su poesía nos recuerda mucho más a Fray Luis que a Garcilaso. Escribió poco, pero en sus poemas supo sintetizar magistralmente su intenso espiritualismo, su sentimiento interior y su experiencia mística con un lirismo que aún hoy sigue siendo el modelo de expresión puro en la poesía castellana.

"Canciones del alma que se goza de haber llegado al alto estado de la perfección, que es la unión con Dios, por el camino de la negación espiritual"

Antes de leer

1. ¿Has sentido alguna vez una emoción tan fuerte que no se lo hayas podido explicar con palabras a alguien? Explica.
2. ¿Crees que hay gente que tiene una comunicación directa con Dios? Explica.

Códigos para la comprensión

Código místico: El misticismo es la capacidad del individuo de unirse espiritualmente con el Ser Supremo. Es un fenómeno universal que se ha dado en todas las épocas y en muchas diferentes religiones. Sin embargo, el misticismo cristiano moderno alcanza su mayor expresión literaria en España durante los siglos XVI y XVII—los Siglos de Oro. En general, los místicos pasan por varios estados antes de conseguir la deseada unión. Para San Juan y Santa Teresa, el primer paso es la vía purgativa en que se hace penitencia y se aprende la disciplina de alejarse de todas las cosas mundanales. Esto produce un estado de gracia que permite la entrada en el siguiente estado—la vía iluminativa, donde predomina la intensa concentración y meditación en Dios. La etapa entre este estado y el último—la vía unitiva—donde al fin se logra la deseada unión con Dios se llama comúnmente la "noche oscura del alma." Ésta es la etapa más difícil de atravesar, puesto que se sienten pesadillas, visiones horripilantes y pesadumbre. Sólo los que logran superar esta etapa pueden llegar a la vía unitiva. El poema de San Juan comienza directamente después de atravesar la noche oscura.

Código bíblico: Vuelve a leer el *código bíblico* en Santa Teresa.

"La noche oscura del alma"

En una noche oscura   1
con ansias en amores inflamada,
¡oh dichosa ventura!
salí sin ser notada,
estando ya mi casa sosegada.

A oscuras, y segura   2
por la secreta escala disfrazada,
¡oh dichosa ventura!
a oscuras, y en celada,[1]
estando ya mi casa sosegada.

En la noche dichosa   3
en secreto, que nadie me veía,
ni yo miraba cosa,
sin otra luz y guía,
sino la que en el corazón ardía.

Aquesta me guiaba   4
más cierta que la luz del mediodía,
a donde me esperaba,
quien yo bien me sabía,
en parte donde nadie parecía.

¡Oh noche, que guiaste,   5
oh noche amable más que el alborada:
oh noche que juntaste
Amado con Amada,
Amada en el Amado transformada!

En mi pecho florido,   6
que entero para él sólo se guardaba,
allí quedó dormido,
y yo le regalaba,
y el ventalle de cedros aire daba.

El aire de la almena,   7
cuando yo sus cabellos esparcía,
con su mano serena
en mi cuello hería,
y todos mis sentidos suspendía.

Quedéme, y olvidéme,   8
el rostro recliné sobre el Amado,
cesó todo, y dejéme,
dejando mi cuidado,
entre las azucenas olvidado.

■———Pasos para la comprensión

1. En este texto podemos suponer que el narrador y el autor son la misma persona. Sin embargo, el narrador-autor se desdobla en otra persona. Teniendo en cuenta el género de los adjetivos, ¿en qué se transforma San Juan? ¿Cómo se explica el motivo de esta transformación?

2. Fíjate en la estrofa 1. Busca en el diccionario español el significado de *sosegado*.

   □ ¿Es un adjetivo que normalmente se usa para describir una casa?

   □ El sentido de *sosegado* en este contexto afecta el significante de *casa*. ¿Qué podría representar la casa?

3. ¿En qué estado mental se encuentra el narrador-autor en las estrofas 1 a 4?

4. En el poema se crea una oposición binaria entre la oscuridad y la luz. Haz una lista de todos los signos e imágenes en el poema que se asocian con estos dos conceptos. En el análisis estructuralista, estos signos relacionados entre sí forman una isotopía.

   □ ¿De dónde surge la fuente de luz en este poema?

   □ ¿Por qué dice el narrador que esta luz es "más cierta que la luz del mediodía"?

   □ En la estrofa 5 dice:"¡oh noche amable más que la alborada!" ¿Cómo se explica que San Juan prefiera la noche para llevar a cabo su unión mística?

---
[1]ocultada

☐ Hay una relación paradójica en la oposición binaria. ¿Cuál podría ser el propósito?

5. Busca en el diccionario español el significado sexual de *juntar* de la estrofa 5.

☐ Ahora, describe la acción entre Amado y Amada que se expresa poéticamente en las estrofas 6 a 8.

☐ ¿Con qué signos lingüísticos bastante explícitos se expresan estas acciones?

☐ ¿Cuál podría ser el significante (o simbolismo) de estos signos?

6. Después del éxtasis de la estrofa 7, el tono del poema se vuelve sereno. ¿Con qué signos se expresa y se consigue esta tranquilidad? ¿Hace el narrador-autor algún esfuerzo en la última estrofa? Explica por qué.

■———Pasos para una lectura más a fondo

1. El poema parece estar dividido en dos partes simétricas: estrofas 1 a 4 y estrofas 5 a 8. Hay varias diferencias entre las dos partes. Fijémonos primero en la escena de cada parte. Si se puede decir que en la primera parte hay un trasfondo urbano, con casas y calles ("secreta escala"), entonces, ¿cuál es la escena de la segunda parte?

☐ ¿Qué se podría decir de la razón literaria del movimiento físico de una escena a otra?

2. El narrador-autor parece proceder con un automatismo hacia su cita con el Amado. ¿Con qué signos (verbales y no verbales) expresa San Juan este fenómeno?

3. La segunda parte del poema está llena de imágenes de la naturaleza. Haz una lista completa de ellas. ¿Cuál podría ser el propósito de expresar la unión carnal con imágenes de la naturaleza?

4. ¿Cuál podría ser el propósito de San Juan de expresar su unión mística en términos sensuales?

5. Enfócate en los dos últimos versos de la estrofa 5. Explica cómo se logran los bellos efectos sonoros de estos versos. Nota la íntima relación fónica entre *amado*, *amada* y *transformada*. Explica cómo estos versos sintetizan magníficamente todo el proceso místico de unirse un alma con otra. (Pista: ¿Qué palabra se encuentra dentro de la palabra *transformada*?)

6. "La noche oscura" se cita con frecuencia como el mayor ejemplo de poesía pura en la lengua castellana. Aunque el término de "poesía pura" no tenga una definición precisa, sí se refiere a un tipo de poesía que logra su belleza estética sin demasiados recursos retóricos y con énfasis en el potencial polisémico y fónico de los signos. Ya hemos visto un buen ejemplo de ello en el paso anterior. Veámoslo ahora en otras partes del poema:

☐ Nota los sonidos hondos como los de la *u* en los versos 1 y 3 de la segunda estrofa. ¿Qué efecto producen estos sonidos? ¿Por qué quiere el narrador-autor crear este ambiente? Busca otros ejemplos.

□   San Juan se vale mucho de las aliteraciones. Explica la aliteración y cómo se logra en el verso 2 de la segunda estrofa. Busca otros ejemplos en el poema. ¡Hay muchos!

7. Vuelve a echarle un vistazo a "La vida retirada" de Fray Luis y compara la forma poética de ese poema con la de San Juan. ¿Son iguales? Explica.

Alonso de Ercilla y Zúñiga

■□■

1533–1594

La fama extraordinaria que Ercilla consiguió en Europa con su épica *La Araucana* (1569, 1578 y 1589) fue debida en gran parte a su temática americana. Al público europeo le apetecía recibir noticias de los mundos recientemente descubiertos y le fascinaban los hechos heroicos de las épicas, y Ercilla pudo satisfacer ambos apetitos. Su obra se acerca a la crónica, puesto que Ercilla fue soldado y escribió directamente sobre sus experiencias, pero la forma poética de su obra lo une íntimamente a la literatura de ficción. *La Araucana* contiene muchas descripciones del paisaje chileno y Ercilla expresa con frecuencia su emoción ante la belleza de la naturaleza americana así como su admiración por la valentía de los araucanos. Estos pasajes líricos, junto con la viveza de los episodios de acción, hacen que la obra sea la mayor épica renacentista escrita en castellano.

La Araucana

Antes de leer

1. ¿Conoces alguna obra de la literatura norteamericana que haya nacido de las experiencias de guerra de su autor? Comenta.

2. ¿Crees que cuando uno lucha en una guerra automáticamente odia a todos los adversarios? ¿Bajo qué circunstancias es posible tenerle lástima a un enemigo?

3. ¿Cómo te imaginas que es la vida de los soldados en una guerra?

Códigos para la comprensión

Código histórico: De las muchas guerras contra tribus indígenas que lucharon los españoles para conquistar las Américas, quizá la resistencia más formidable fue la de los araucanos, indígenas de lo que hoy es Chile. La guerra para subordinarlos duró varios años.

Código biográfico: Ercilla, buscando su fortuna en el Nuevo Mundo, salió de España y en 1556 se unió al ejército de García Hurtado de Mendoza en su campaña contra los araucanos. Regresó a España en 1564, y a partir de 1569 se empezaron a publicar los cantos de *La Araucana*.

Código literario: Durante el Renacimiento se cultivó la épica—un género poético, narrativo—que se dirigía a un público culto y selecto, a diferencia a la épica medieval como el *Cantar de Mío Cid* que se dirigía a un público general. Los modelos clásicos de la épica renacentista son Homero y Virgilio, pero el más inmediato es el italiano Ariosto (1474–1533), cuya obra *Orlando furioso* (1532) gozó de una tremenda popularidad en España.

En contexto

La Araucana es un poema larguísimo dividido en tres partes cada una de las cuales apareció separadamente: 1569, 1578 y 1589. Cada parte está dividida en "cantos" de diversas extensiones. El fragmento de "Tegualda" que se reproduce en esta antología pertenece al Canto XX de la Parte II. Aunque es un fragmento narrativo y dramático, se puede vislumbrar momentos líricos. El fragmento empieza después de una descripción de una batalla —hay cadáveres por todas partes y Ercilla está en la guardia. Se empieza con una descripción del estado de ánimo del soldado.

Parte II, Canto XX
(Episodio de Tegualda)

La negra noche a más andar cubriendo   1
la tierra, que la luz desamparaba,
se fue toda la gente recogiendo,
según y en el lugar que le tocaba:
la guardia y centinelas repartiendo,
que el tiempo estrecho a nadie reservaba,
me cupo el cuarto de la prima[1] en suerte
en un bajo recuesto junto al Fuerte.

Donde con el trabajo de aquel día,   2
y no me haber en quince desarmado,
el importuno sueño me afligía,
hallándome molido y quebrantado:
mas con nuevo ejercicio resistía
paseándome de éste y de aquel lado,
sin parar un momento, tal estaba
que de mis propios pies no me fiaba.

[1] *Las centinelas se dividían en cuatro turnos; la prima duraba desde las 8 hasta las 11 de la noche.*

No el manjar de sustancia vaporoso[2],   3
ni vino muchas veces trasegado[3],
ni el hábito y costumbre de reposo
me había el grave sueño acarreado;
que bizcocho magrísimo y mohoso,
por medida de escasa mano dado
y el agua llovediza desabrida
era el mantenimiento de mi vida.

Y a veces la ración se convertía   4
en dos tasados puños de cebada,
que cocida con yerbas nos servía
por la falta de sal, la agua salada;
la regalada cama en que dormía
era la húmeda tierra empantanada,
armado siempre, y siempre en ordenanza,
la pluma ora tomando, ora la lanza.

Andando pues así con el molesto   5
sueño que me aquejaba porfiando,
y en gran silencio el encargado puesto
de un canto[4] al otro canto paseando,
vi que estaba en un lado del recuesto
lleno de cuerpos muertos blanqueando,
que nuestros arcabuces aquel día
habían hecho gran riza[5] y batería.[6]

No mucho después desto, yo que estaba   6
con ojo alerta y con atento oído,
sentí de rato en rato que sonaba
hacia los cuerpos muertos un ruïdo,
que siempre al acabar se remataba
con un triste suspiro sostenido,
y tornaba a sentirse, pareciendo
que iba de cuerpo en cuerpo discurriendo.

La noche era tan lóbrega y oscura   7
que divisar lo cierto no podía;
y así por ver el fin de esta aventura
(aunque más por cumplir lo que debía)
me vine agazapando en la verdura
hacia la parte que el rumor se oía,
donde vi entre los muertos ir oculto
andando a cuatro pies un negro bulto.

Yo de aquella visión mal satisfecho,   8
con un temor que ahora aun no lo niego,
la espada en mano y la rodela en pecho
llamando a Dios, sobre él aguijé luego:
mas el bulto se puso en pie derecho
y con medrosa voz y humilde ruego
dijo: "señor, señor, merced te pido,
que soy mujer y nunca te he ofendido."

"Si mi dolor y desventura extraña   9
a lástima y piedad no te inclinaren,
y tu sangrienta espada y fiera saña
de los términos lícitos pasaren:
¿Qué gloria adquirirás de tal hazaña,
cuando los cielos justos publicaren
que se empleó en una mujer tu espada,
viuda, mísera, triste y desdichada."

"Ruégote, pues, señor, si por ventura,   10
o desventura como fue la mía,
con amor verdadero y con fe pura
amaste tiernamente en algún día,
me dejes dar a un muerto sepultura
que yace entre esta muerta compañía:
mira que aquel que niega lo que es justo,
lo malo aprueba ya, y se hace injusto."

"No quieras impedir obra tan pía,   11
que aun en bárbara guerra se concede,
que es especie y señal de tiranía
usar de todo aquello que se puede:
deja buscar su cuerpo a esta alma mía,
después furioso con rigor procede,
que ya el dolor me ha puesto en tal extremo,
que más la vida que la muerte temo."

"Que no sé mal que ya dañarme pueda,   12
no hay bien mayor que no le haber tenido,
acábese y fenezca lo que queda,
pues que mi dulce amigo ha fenecido:
que aunque el cielo cruel no me conceda
morir mi cuerpo con el suyo unido,
no estorbará, por más que me persiga,
que mi afligido espíritu le siga."

---

[2]delicioso
[3]mudado de cuba a tinaja; *o sea, añejo y rico*
[4]lado extremo
[5]destrozo hecho de una cosa
[6]haber batido o desruido al enemigo

En esto con instancia me rogaba   13
que su dolor de un golpe rematase;
mas yo, que en duda y confusión estaba,
aun teniendo temor que me engañase,
del verdadero indicio no fiaba
hasta que un poco más me asegurase,
sospechando que fuese algún espía
que a saber cómo estábamos venía.

Bien que estuve dudoso; pero luego,   14
aunque la noche el rostro le encubría,
en su poco temor y gran sosiego
vi que verdad en todo me decía,
y que el pérfido amor ingrato y ciego
en busca del martirio la traía,
el cual en la primera arremetida
queriendo señalarse, dio la vida.

Movido pues a compasión de vella   15
firme en su casto y amoroso intento,
de allí salido, me volví con ella
a mi lugar y señalado asiento,
donde yo le rogué que su querella,
con ánimo seguro y sufrimiento,
desde el principio el cabo me contase,
y desfogando la ansia descansase.

Ella dijo: "¡ay de mí! que es imposible   16
tener jamás descanso hasta la muerte,
que es sin remedio mi pasión terrible
y más que todo sufrimiento, fuerte;
mas aunque me será cosa insufrible,
diré el discurso de mi amarga suerte,
quizá que mi dolor, según es grave,
podrá ser que esforzándole me acabe.

Yo soy Tegualda, hija desdichada   17
del Cacique Brancol desventurado;
de muchos por hermosa en vano amada,
libre un tiempo de amor y de cuidado;
pero muy presto la fortuna airada
de ver mi libertad y alegre estado,
turbó de tal manera mi alegría
que al fin muero del mal que no temía.

De muchos fui pedida en casamiento,   18
y a todos igualmente despreciaba,
de lo cual mi buen padre descontento,
que yo aceptase alguno me rogaba;
pero con franco y libre pensamiento
de su importuno ruego me excusaba:
que era pensar mudarme desvarío,
y martillar sin fruto en hierro frío."

. . .

Tegualda sigue despreciando a sus pretendientes hasta que un extranjero, Crepino, después de lucirse brillantemente en unos juegos de estilo olímpico, le roba el corazón, no sólo con su fuerza varonil sino con la elocuencia de su discurso amoroso. Llevaban sólo un mes de casados cuando la guerra dejó viuda a Tegualda, a lo cual ella exclama: "¡oh suerte dura/que cerca está del bien la desventura!"

Aquí acabó su historia, y comenzaba   19
un llanto tal que el monte enternecía,
con un ansia y dolor que me obligaba
a tenerle en el duelo compañía:
que ya el asegurarle no bastaba
de cuanto prometer yo le podía,
sólo pedía la muerte y sacrificio
por último remedio y beneficio.

En gran congoja y confusión me viera   20
si don Simón Pereira, que a otro lado

hacía también la guardia, no viniera
a decirme que el tiempo era acabado:
y espantado también de lo que oyera,
que un poco desde aparte había escuchado,
me ayudó a consolarla, haciendo ciertas
con nuevo ofrecimiento mis ofertas.

Ya el presuroso cielo volteando,   21
en el mar las estrellas trastornaba;
y el crucero[7] las horas señalando,
entre el sur y sudoeste declinaba:

---

[7]constelación Cruz del Sur

en mitad del silencio y noche, cuando
visto cuanto la oferta la obligaba,
reprimiendo Tegualda su lamento
la llevamos a nuestro alojamiento.

Donde en honesta guarda y compañía   22
de mujeres casadas quedó, en tanto

que el esperado ya vecino día
quitase de la noche el negro manto:
entretanto también razón sería,
pues que todos descansan, y yo canto,
dejarla hasta mañana en este estado,
que de reposo estoy necesitado.

■——Pasos para la comprensión

1. ¿En qué estado se encuentra el narrador al comienzo de este fragmento? ¿Con qué signos lingüísticos expresa Ercilla su estado?

2. Explica la ironía de la descripción del sitio donde duerme el narrador en la estrofa 4.

3. En épocas anteriores al siglo XX la guerra normalmente era glorificada por los poetas y los pintores. ¿Crees que Ercilla la glorifica en este fragmento? Cita ejemplos para apoyar tus ideas.

4. ¿Qué argumentos emplea Tegualda para convencer al narrador de que no la mate? (estrofas 8–12).

5. Al principio el narrador se encuentra confuso y asustado ante los ruegos de Tegualda (estrofa 13). ¿Por qué? ¿Es normal su reacción?

6. ¿Qué historia cuenta Tegualda de su vida?

   □ ¿Conmueve la historia de Tegualda a su receptor? Explica.

7. ¿Qué hace el narrador con Tegualda al final del fragmento? ¿Cómo describirías el comportamiento del narrador con la mujer indígena?

■——Pasos para una lectura más a fondo

1. Aunque se puede decir que este fragmento es más narrativo y dramático que lírico, tiene momentos de intenso lirismo. Por ejemplo, el fragmento está enmarcado por descripciones del anochecer (estrofa 1) y el amanecer (las últimas dos estrofas). ¿Cómo describe Ercilla estos fenómenos poéticamente?

2. Los razonamientos, emociones y acciones de Tegualda parecen ser iguales a los de cualquier mujer europea de aquella época. ¿Crees que ello es debido a que Ercilla ve todo desde su prisma europeo o puede haber otras explicaciones?

3. La subversión en la literatura se da cuando las acciones o el modo de expresión van en contra de las normas establecidas de una época. Teniendo en cuenta que (1) el adversario en la guerra es normalmente odiado; (2) es muy frecuente la violación de las mujeres conquistadas después de una batalla; (3) la valentía se muestra normalmente luchando en el campo de batalla; ¿se puede decir que en este pasaje Ercilla subvierte las nociones tradicionales de la guerra en su época?

4. Haz un análisis de la forma métrica de *La Araucana*:

☐ ¿Cuántas sílabas hay en cada verso? ¿Cómo se llama este tipo de verso?

☐ ¿Cómo es la rima, asonante o consonante? ¿Qué esquema tiene?

☐ Las estrofas de este tipo se llaman *octavas reales*. ¿Por qué crees que se llaman así?

Félix Lope de Vega Carpio

1562–1635

Este "monstruo de la naturaleza," como le llamó su rival Cervantes, es uno de los autores más prolíficos y célebres de todos los tiempos. Él mismo confesó haber escrito mil quinientas piezas teatrales, aunque se conservan sólo unas cuatrocientas. La fórmula teatral creada por Lope se convirtió en el teatro nacional de España y todos los grandes dramaturgos de los Siglos de Oro—Tirso de Molina y Calderón de la Barca entre muchos otros—siguieron su modelo. Además de sus comedias cultivó la epopeya renacentista, la novela y casi todas las formas poéticas de su tiempo. No cabe duda de que Lope era un genio de la poesía. Su facilidad para hacer versos explica su abundante producción, pero lo que más asombra no es lo mucho que escribió sino la alta calidad artística de su obra. En su época se empleaba la expresión "Es de Lope" para indicar que algo estaba bien hecho.

La Dorotea (1632)

Antes de leer

1. Cuando estás completamente solo o sola, ¿en qué cosas sueles pensar?

2. ¿Hay algunos tipos de personas o características particulares de ciertas personas que detestas y que no puedes tolerar? ¿Cuáles son? ¿Crees que los sabelotodo en realidad son inteligentes? Explica.

3. Al perecer, dejamos atrás todos nuestros bienes materiales y mundanales. ¿Por qué crees, entonces, que los seres humanos son tan materialistas?

4. ¿Crees que tu vida sería más feliz y tranquila si no fueras ambicioso/a? Por ejemplo, si no te importara conseguir una educación universitaria para salir adelante en la vida.

Códigos para la comprensión

Código bíblico: En el Génesis III:19, se dice que Dios castigó al hombre a tener que trabajar el resto de su vida por haber roto su mandamiento y haber comido la fruta prohibida. Lope hace referencia a ello en las estrofas 17 y 18. Para más información, consulta el *código bíblico* de Góngora en el capítulo 6.

Códigos sociales: En la España del Siglo de Oro había una aversión a la labor manual. Un modo de mostrar la nobleza del linaje de un individuo era llevar una vida ociosa.

El mayor honor social durante el Siglo de Oro era pertenecer a una de las órdenes militares, como las de Calatrava o Santiago. Para ingresar en estas órdenes se tenía que presentar Probanzas de Limpieza de Sangre comprobando que uno era cristiano viejo, o sea, que no tenía sangre judía o árabe. Los caballeros de la Orden de Santiago llevaban una cruz roja en el pecho. Fíjense en el famoso cuadro de Veláquez, "Las Meninas," en el cual Velázquez se retrata a sí mismo con una cruz en el pecho como muestra de nobleza.

Código histórico: La burocracia española del Siglo de Oro era sumamente corrupta. Los altos cargos administrativos se conseguían por favoritismo y nepotismo, y no por la competencia e industria individual. De un modo semejante, con dinero se podía comprar un título de nobleza o una Probanza de Limpieza de Sangre (ver el *código social*) y así conseguir el honor.

"A mis soledades voy"

A mis soledades voy,   1
de mis soledades vengo,
porque para andar conmigo
me bastan mis pensamientos.

No sé qué tiene el aldea   2
donde vivo y donde muero,
que con venir de mí mismo
no puedo venir más lejos.

Ni estoy bien ni mal conmigo,   3
mas dice mi entendimiento
que un hombre que todo es alma
está cautivo en su cuerpo.

Entiendo lo que me basta,   4
y solamente no entiendo
cómo se sufre a sí mismo
un ignorante soberbio.

De cuantas cosas me cansan   5
fácilmente me defiendo,

pero no puedo guardarme
de los peligros de un necio.

Él dirá que yo lo soy,   6
pero con falso argumento;
que humildad y necedad
no caben en un sujeto.

La diferencia conozco,   7
porque en él y en mí contemplo
su locura en su arrogancia,
mi humildad en su desprecio.

O sabe naturaleza   8
más que supo en este tiempo,
o tantos que nacen sabios
es porque lo dicen ellos.

"Sólo sé que no sé nada",   9
dijo un filósofo, haciendo
la cuenta con su humildad,
adonde lo más es menos.

No me precio de entendido,
de desdichado me precio,
que los que no son dichosos
¿cómo pueden ser discretos?

No puede durar el mundo, 11
porque dicen, y lo creo,
que suena a vidrio quebrado
y que ha de romperse presto.

Señales son del jüicio 12
ver que todos le perdemos,
unos por carta de más,
otros por carta de menos.

Dijeron que antiguamente 13
se fue la verdad al cielo;
tal la pusieron los hombres
que desde entonces no ha vuelto.

En dos edades vivimos 14
los propios y los ajenos;
la de plata los extraños
y la de cobre los nuestros.

¿A quién no dará cuidado, 15
si es español verdadero,
ver los hombres a lo antiguo
y el valor a lo moderno?

Todos andan bien vestidos, 16
y quéjanse de los precios,
de medio arriba, romanos,
de medio abajo, romeros.

Dijo Dios que comería 17
su pan el hombre primero
con el sudor de su cara
por quebrar su mandamiento,

y algunos, inobedientes 18
a la vergüenza y al miedo,
con las prendas de su honor
han trocado los efetos.

Virtud y filosofía 19
peregrinan como ciegos;

el uno se lleva al otro, 10
llorando van y pidiendo.

Dos polos tiene la tierra, 20
universal movimiento:
la mejor vida, el favor,
la mejor sangre, el dinero.

Oigo tañer las campanas 21
y no me espanto, aunque puedo,
que en lugar de tantas cruces
haya tantos hombres muertos.

Mirando estoy los sepulcros, 22
cuyos mármoles eternos
están diciendo sin lengua
que no lo fueron sus dueños.

¡Oh, bien haya quien los hizo, 23
porque solamente en ellos
de los poderosos grandes
se vengaron los pequeños!

Fea pintan a la envidia, 24
yo confieso que la tengo
de unos hombres que no saben
quién vive pared en medio.

Sin libros y sin papeles, 25
sin tratos, cuentas ni cuentos
cuando quieren escribir
piden prestado el tintero.

Sin ser pobres ni ser ricos 26
tienen chimenea y huerto;
no los despiertan cuidados,
ni pretensiones, ni pleitos;

ni murmuraron del grande 27
ni ofendieron al pequeño;
nunca, como yo, firmaron
parabién,[1] ni pascua dieron.[2]

Con esta envidia que digo 28
y lo que paso en silencio,
a mis soledades voy,
de mis soledades vengo.

---

[1]felicitación
[2]felicitar a uno las pascuas

■———Pasos para la comprensión

1. El poema empieza y cierra con los mismos dos versos. Estos contienen una anáfora y una oposición. Búscalos.

   □ ¿Qué crees que quiere decir el yo poético, que a lo mejor es el mismo Lope,
   en estos versos?

   □ El cuarteto termina hablando de sus "pensamientos." ¿Qué relación podría
   haber entre sus "soledades" y sus "pensamientos"?

2. Después de hablar de su existencia "interior" habla de su existencia "exterior" al
   referirse a la "aldea" en la estrofa 2. ¿Cuál podría ser el significante del signo
   aldea? (Fíjate en la oposición de la tercera estrofa.)

3. ¿Qué discurso o tema preocupa a Lope en las estrofas 4 a 8? ¿Cómo caracterizarías el tono del poeta en esta sección?

4. En las estrofas 9 y 10, el poeta se pinta con humildad y hasta con ignorancia. Explica. ¿Estás de acuerdo con Lope en lo que dice respecto a este discurso?

5. Lo que sigue es una serie de reflexiones filosóficas sobre la vida. Trata de identificar el tema de las siguientes estrofas: 11, 12, 13, 19, 20, 21, 22 a 23 y 24 a 27.

6. Las estrofas 14–18 son más complejas y requieren mayor análisis. La estrofa 14
   introduce un discurso histórico. Parece indicar que los otros países europeos son
   más prósperos que España —ellos tienen plata y los españoles cobre, que es un
   metal de muy poco valor.

   □ ¿Qué parece estar diciendo Lope respecto al valor de los españoles de su
   época?

   □ ¿Y de la economía del país?

7. El signo del *romero* tiene varios significantes dentro del sistema de significación
   del poema. ¿Qué es un romero?

   □ ¿Cómo suelen vestir los romeros?

   □ ¿Cómo contrastaría su forma de vestir con la de los romanos antiguos, tal
   como los hemos visto en las estatuas de los museos?

   □ ¿Qué podría significar la oposición aliterativa *romano/romero* dentro del referente de la vestimenta en la estrofa 16?

8. Consulta el *código bíblico* y los *códigos sociales* y explica el contexto de la estrofa 17.

   □ Según la estrofa 18, ¿qué dice Lope que han hecho muchos españoles de su
   época respecto al castigo de Dios?

9. Las próximas tres estrofas parecen ser reflexiones independientes. En la 19 se
   personifica la virtud y la filosofía. Explica. ¿Qué crítica se percibe respecto a estos valores en la época de Lope?

10. La estrofa 20 crea una oposición entre favor y dinero. Explica después de con-
    sultar el *código histórico*.

◻ ¿Cómo se puede conseguir una mejor vida? ¿y sangre noble?

◻ ¿Qué crítica parece contener esta estrofa?

11. La estrofa 21 contiene una referencia que cualquier español del Siglo de Oro conocería, pero nosotros no. Para percibirla, consulta los *códigos sociales*. Teniendo esto en cuenta, el signo *cruz* tiene un doble significante. ¿Cuál es? ¿Qué crítica contiene esta estrofa respecto al afán de los españoles de lucir su nobleza y su pureza de sangre?

12. Las estrofas 22 y 23 están relacionadas, aunque claramente siguen el hilo del discurso de la estrofa anterior. Trata de identificar ese discurso.

◻ La estrofa 23, sin embargo, lleva el discurso en otra dirección al contrastar los hombres importantes con los insignificantes (la oposición binaria de "grandes/pequeños"). ¿Qué tema se introduce en esta estrofa?

13. Las últimas cinco estrofas (24–28) tienen una unidad orgánica. Lope confiesa tener envidia. ¿De qué?

◻ ¿Cómo caracteriza a esos hombres de quienes tiene envidia?

◻ ¿Quiénes podrían ser?

◻ ¿De qué modo son gente buena?

14. El poema termina con los mismos versos con los que se inició. ¿Qué efecto produce esta repetición? Al terminar el poema, ¿se entiende mejor lo que quiere decir "A mis soledades voy, / de mis soledades vengo"? Explica.

■———Pasos para una lectura más a fondo

1. ¿Cómo clasificarías este poema: filosófico, crítico, religioso, burlesco, personal? Explica.

2. Claramente, el poema contiene un poco de todo. Lope critica al ser humano. ¿Qué características le molestan?

◻ ¿Cómo se retrata Lope a sí mismo?

◻ En un momento en la estrofa 7 se caracteriza como humilde. ¿Qué ironía o paradoja encierra esta autoreflexión?

3. El poema también contiene un discurso sobre España o, mejor dicho, sobre los españoles de su tiempo. Explica cómo se lleva a cabo este discurso.

4. Respecto al discurso histórico/social, presta especial atención a la estrofa 18. Los españoles, al "trocar los efectos" del mandamiento de Dios, no trabajan para comer; el trabajo para ellos es una afrenta a su honor.

◻ ¿Qué piensas tú de un código de honor de este tipo?

◻ ¿Cuál sería el resultado para el futuro de un país si la gente capacitada se negara a trabajar?

◻ ¿Crees que España sufriría a causa de este código de honor?

5. Ningún discurso de índole nacionalista podría ignorar asuntos religiosos, sobre todo en la España de la Contrarreforma en la cual los propósitos religiosos y políticos estaban íntimamente ligados. Explica cómo se lleva a cabo el discurso religioso.

6. Hacia el final del poema, Lope parece exponer lo que para él sería una existencia ideal. ¿Cómo sería? ¿Crees que Lope llevó ese tipo de vida? Explica.

7. Los verbos *ir* y *venir* de las primera y última estrofas establecen una dualidad u oposición que se repite en muchas otras partes del poema. Identifícalos. ¿Qué función parecen tener estas dualidades en el poema?

8. El poema contiene mucha rima interna, sobre todo aliteraciones. Por ejemplo, nota las aliteraciones de sonidos bilabiales ($p/b/v/m$) y nasales (m/n) en la primera estrofa. Son probablemente estas aliteraciones lo que hace que estos versos sean tan atractivos y sonoros. Busca otros ejemplos auditivos en el poema y trata de explicar su función.

9. Este tipo de poesía en que el poeta expresa su filosofía de la vida se repetirá en poetas más modernos como José Martí ("Yo soy un hombre sincero") y Antonio Machado ("He andado muchos caminos"), quienes usan la misma forma poética de cuartetos octosílabos para expresar sus impresiones y filosofía de la vida. ¿Qué parece indicar esta persistencia respecto a la forma del romance y de la poesía de Lope en general?

CAPÍTULO 4

LA PROSA FICCIÓN DEL SIGLO DE ORO

 Consulta www.prenhall.com/momentos y lee un ensayo de orientación a este capítulo.

El Siglo de Oro es un término muy establecido en la historiografía literaria hispánica para referirse a la producción artística española de los siglos XVI y XVII—tanto en el campo literario como en el del arte, la arquitectura, la música y otras manifestaciones culturales. La hegemonía de España como superpotencia europea probablemente despertó el espíritu creador y artístico entre los españoles, y en estos dos siglos produjeron un corpus literario fecundo, variado, originalísimo y de una calidad artística impresionante. Pero de toda esta producción, lo más trascendente fueron los experimentos que se llevaron a cabo en el campo de la novela. En la Época Medieval la prosa se empleaba principalmente para la historia y la crónica —o sea, para lo que se escribiera que no fuera ficción. Luego, se empezó a emplear para cuentos didácticos, como los de Juan Manuel, y más adelante en obras de ficción con elementos legendarios, mitológicos y fantásticos, como las novelas de caballería que don Quijote leía con tanto afán. Sin embargo, la prosa ficción realista, que borra los límites entre lo que es verdad y lo que es ficticio, es un fenómeno bastante moderno cuyos orígenes se pueden trazar a España.

Hemos empleado el término de *prosa ficción* en vez de *narrativa* o *novela* para poder incluir *La Celestina* (1499), obra escrita en prosa en forma dialogada. Al emplear sólo el diálogo, Fernando de Rojas evitó la necesidad de crear un narrador con su propio punto de vista, lo cual es una característica imprescindible de la narrativa. *La Celestina*, no obstante, se acerca mucho a la novela. En primer lugar, está escrita con un intenso realismo social y revela una sutil penetración psicológica de sus personajes. Además, la obra contiene varios códigos que, una vez descifrados, revelan la conflictiva y compleja realidad histórica española de fines del siglo XV y principios del XVI.

En 1554 en Holanda, que en aquel entonces formaba parte del Imperio español, apareció una obra titulada *Lazarillo de Tormes*, que era una narrativa en primera persona que pretendía pasar por una autobiografía verídica. La obra contenía un destacado trasfondo social que juega un papel decisivo en el desarrollo del héroe, quien, bajo la tutoría de varios amos, pasa de ser un niño ingenuo hasta convertirse en un hombre escéptico. El *Lazarillo* es la primera obra europea de prosa ficción realista, y dio origen a todo un subgénero de novelas llamadas *picarescas* porque el narrador de ellas era un pícaro —un tipo de vagabundo o individuo marginado—que cuenta sus experiencias y aventuras. En el momento del apogeo del Imperio español, el autor anónimo del *Lazarillo* le quita la venda de los ojos de los españoles y les muestra la pobreza, la hipocresía religiosa y los valores falsos de la España ortodoxa. A pesar de los esfuerzos de la Inquisición por prohibir su lectura, esta obrita subversiva gozó de una popularidad estrepitosa en su época y sigue siendo lectura obligatoria de las letras hispánicas.

El próximo paso importante que da la novela europea también se da en España. Cervantes (1547–1616), en *Don Quijote* (1605, 1615), juega con la noción de historia verdadera como base de su obra de ficción, insistiendo a lo largo de la novela en que los eventos que narra son verdaderos, que don Quijote existió, y que sus aventuras aparecieron por primera vez en los anales de la Mancha y en un texto árabe de Cide Hamete Benengeli. De este modo, Cervantes establece el género novelesco como una historia que parece o puede ser verdad y establece el realismo como su nota dominante. Claro que el *Quijote* es mucho más complejo. Basta decir que Cervantes, con este juego de realidad y ficción, crea muchas otras oposiciones binarias en las que los signos de comunicación constantemente se equivocan y se contradicen, y del choque que ocurre entre los dos polos opuestos se aprovecha el narrador para incluir numerosos discursos y emitir su mensaje crítico de la naturaleza humana, así como de la realidad histórica española. Consciente o inconscientemente, Cervantes inventó la primera novela moderna. Pocos escritores han dominado el castellano con la elegancia y refinamiento de Cervantes. Con razón, el idioma de Castilla se ha llamado "la lengua cervantina."

Otro subgénero de prosa del Siglo de Oro fue la novela corta o ejemplar, cultivada por Cervantes entre muchos otros. Estas obras tenían supuestamente un mensaje moral, sin embargo, no es siempre fácil discernir la ejemplaridad. Lo más probable es que en una época de censura inquisitorial, autores como Cervantes o María de Zayas (primera mitad del siglo XVII) se ocultaran detrás del subtítulo de "novela ejemplar" para escribir lo que les diera la gana. Como Juan Ruiz en el siglo XIV, siempre se podría declarar que se estaba enseñando con malos ejemplos. Estas novelitas son de asuntos muy variados y revelan una imaginación fértil y originalísima. En algunos casos, como en la novela de Zayas incluida en esta unidad, la novela ejemplar se convierte en una fuerte crítica o burla social, en este caso particular con respecto a los papeles de los hombres y las mujeres del siglo XVII español.

Fernando de Rojas

■□■

¿1473?–1541

La Celestina, la única obra que conocemos de este autor, es una de las obras maestras de la literatura española. La viveza con que están retratados sus personajes, los sutiles toques psicológicos de sus acciones y el rico lenguaje con que se expresan, han contribuido a que sus personajes se hayan convertido en mitos de la literatura hispánica. Una "Celestina" en castellano es una alcahueta astuta y sagaz, como el personaje de la obra. Fernando de Rojas, un judío converso, vivió durante aquellos tiempos difíciles para la comunidad hispanohebrea cuando se tomó la decisión en 1492 de expulsarlos junto con los musulmanes. Muchos críticos han querido ver vínculos entre el drama de la vida de Rojas y el espíritu existencial y trágico de *La Celestina*. Lo que no se puede negar es que Fernando de Rojas no sigue ninguna de los rumbos de la literatura de su tiempo; busca y consigue una expresión totalmente original. Hemos intercalado *La Celestina* con la prosa ficción del Siglo de Oro aunque está escrita en forma dialogada. Pero no es obra de teatro: es muy larga para serlo y el teatro de aquella época se escribía exclusivamente en verso. He aquí uno de los elementos de su intensa originalidad artística.

La Celestina

Antes de leer

1. En épocas anteriores había un oficio, el de la alcahueta que se encargaba de conseguir una pareja para los chicos o las chicas solteras. Hoy día ese oficio no existe, pero sí hay otros modos de conseguir una pareja. ¿Cuáles serían algunos de los métodos modernos para que un chico o una chica consigan pareja?

2. Shakespeare escribió que "many a truth was said in jest." ¿Qué implican esas palabras? ¿Te recuerdas de alguna ocasión en que hayas dicho la pura verdad, pero con el intento de engañar o de despistar a la persona a quien se la dijeras? ¿Cuál es el efecto psicológico de este proceder?

En contexto

La trama central de *La Celestina* trata de los amores entre Calixto y Melibea. Para llevarlos a cabo, Calixto sigue el consejo de su criado Sempronio y emplea los servicios de la alcahueta Celestina. Sempronio y Celestina conjuran para sacarle todo el dinero posible a Calixto, pero a la misma vez le consiguen los afectos de Melibea. Luego, Sempronio y Celestina pelean sobre la división de los bienes que han ganado, el criado mata a la alcahueta y Sempronio es ahorcado por las autoridades. Mientras tanto, las relaciones amorosas entre Calixto y Melibea toman un mal paso. El amante, saliendo una noche del balcón de la amada, se cae y muere. Melibea, desesperada, se suicida tirándose desde una torre a los pies de su padre, a quien le confiesa, antes de matarse, sus relaciones ilícitas con Calixto. Como en toda gran obra, lo más importante no es lo que pasa, sino las sutilezas de las motivaciones de los personajes, y en esto *La Celestina* es genial. En vez de reproducir un fragmento relacionado con la trama de la obra, hemos elegido un fragmento que tiene muy poco que ver con la acción pero que muestra claramente esas sutilezas psicológicas tan profundas de esta obra. Es un momento del primer acto en que Sempronio va a buscar a Celestina para llevarla a la casa de Calixto. Celestina, además de alcahueta, es proveedora de mujeres y su casa es un tipo de burdel. Una de las chicas es Elicia, quien también es amante de Sempronio. Cuando llega Sempronio a la casa de Celestina, Elicia tiene otro "cliente" en su cuarto, y en esta escena Celestina y Elicia tratan determinadamente de ocultar esta verdad a Sempronio.

Fragmento del Acto I

CELESTINA.—¡Albricias, albricias, Elicia! ¡Sempronio, Sempronio!

ELICIA.—¡Ce, ce, ce![1]

CEL.—¿Por qué?

ELIC.—Porque está aquí Crito.

CEL.—¡Métalo en la camarilla de las escobas, presto; dile que viene tu primo y mi familiar!   5

ELIC.—Crito, ¡retráete ahí, mi primo viene; perdida soy!

CRITO.—Pláceme. No te congojes.

SEMPRONIO.—Madre bendita; ¡qué deseo traigo! Gracias a Dios, que te me dejó ver.

CEL.—¡Hijo mío, rey mío, turbado me has! No te puedo hablar; torna y dame otro abrazo.
¿Y tres días pudiste estar sin vernos? ¡Elicia, Elicia; cátale[2] aquí!   10

ELIC.—¿A quién, madre?

CEL.—A Sempronio.

ELIC.—¡Ay triste, qué saltos me da el corazón! ¿Y qué es de él?

CEL.—Vesle aquí, vesle; yo me le abrazaré; que no tú.

ELIC.—¡Ay, maldito seas, traidor! Postema y landre te mate[3] y a manos de tus enemigos   15
mueras y por crímenes dignos de cruel muerte en poder de rigurosa justicia te veas;
¡ay, ay!

---

[1] *sonido para que Celestina no hable tan alto*

[2] *lat. míralo*

[3] *ant. maldición popular de la época*

SEMP.—¡Hi, hi, hi! ¿Qué has, mi Elicia? ¿De qué te congojas?

ELIC.—Tres días ha que no me ves. ¡Nunca Dios te vea, nunca Dios te consuele ni visite! ¡Guay de[4] la triste, que en ti tiene su esperanza y el fin de todo su bien!   20

SEMP.—Calla, señora mía; ¿tú piensas que la distancia del lugar es poderosa de apartar el entrañable amor, el fuego, que está en mi corazón? Do yo voy, conmigo vas, conmigo estás; no te aflijas ni me atormentes más de lo que yo he padecido. Mas di, ¿qué pasos suenan arriba?

ELIC.—¿Quién? Un mi enamorado.   25

SEMP.—Pues créolo.

ELIC.—¡Alahé[5], verdad es! Sube allá y verlo has.

SEMP.—Voy.

CEL.—¡Anda acá! Deja esa loca, que [ella] es liviana y turbada de tu ausencia, sácasla agora de seso; dirá mil locuras. Ven y hablemos; no dejemos pasar el tiempo en balde.   30

SEMP.—Pues, ¿quién está arriba?

CEL.—¿Quiéreslo saber?

SEMP.—Quiero.

CEL.—Una moza, que me encomendó un fraile.

SEMP.—¿Qué fraile?   35

CEL.—No lo procures.

SEMP.—Por mi vida, madre, ¿qué fraile?

CEL.—¿Porfías? El ministro, el gordo.

SEMP.—¡Oh desaventurada y qué carga espera!

CEL.—Todo lo llevamos. Pocas mataduras[6] has tú visto en la barriga.   40

SEMP.—Mataduras no; mas petreras[7] sí.

CEL.—¡Ay burlador!

SEMP.—Deja, si soy burlador; [y] muéstramela.

ELIC.—¡Ha, don malvado! ¿Verla quieres? ¡Los ojos se te salten, que no basta a ti una ni otra! ¡Anda, vela y deja a mí para siempre!   45

SEMP.—Calla, Dios mío; ¿y enójaste? Que ni la quiero ver a ella ni a mujer nacida. A mi madre quiero hablar y quédate a Dios.

ELIC.—¡Anda, anda; vete, desconocido y está otros tres años que no me vuelvas a ver!

SEMP.—Madre mía, bien ternás confianza y creerás que no te burlo. Toma el manto y vamos, que por el camino sabrás lo que, si aquí me tardase en decir[te], impediría tu   50 provecho y el mío.

CEL.—Vamos. Elicia, quédate a Dios; cierra la puerta. ¡Adiós, paredes!

SEMP.—¡Oh madre mía! Todas cosas dejadas aparte, solamente sé atenta e imagina en lo que te dijere y no derrames tu pensamiento en muchas partes, que quien junto en diversos lugares le pone, en ninguno lo tiene, sino por caso determina lo cierto. [Y]   55 quiero que sepas de mí lo que no has oído y es que jamás pude, después que mi fe contigo puse, desear bien de que no te cupiese parte.

CEL.—Parta Dios, hijo, de lo suyo contigo, que no sin causa lo hará, siquiera porque has piedad de esta pecadora de vieja. Pero di, no te detengas, que la amistad que entre ti y

---

[4] ay; pobre

[5] a la fe

[6] *heridas*

[7] *otra clase de herida*

mí se afirma, no ha menester preámbulos ni correlarios[8] ni aparejos para ganar voluntad.   60
Abrevia y ven al hecho, que vanamente se dice por muchas palabras lo que por pocas se
puede entender.

SEMP.—Así es. Calisto arde en amores de Melibea. De ti y de mí tiene necesidad. Pues
juntos nos ha menester, juntos nos aprovechemos; que conocer el tiempo y usar el
hombre de la oportunidad hace los hombres prósperos.   65

CEL.—Bien has dicho, al cabo estoy; basta para mí mecer el ojo. Digo que me alegro de
estas nuevas, como los cirujanos de los descalabrados. Y como aquellos dañan en los
principios las llagas y encarecen el prometimiento de la salud, así entiendo yo hacer a
Calisto. Alargarle he la certenidad[9] del remedio, porque como dicen, la esperanza luenga
aflige el corazón y cuanto él la perdiere, tanto gela[10] promete. ¡Bien me entiendes!   70

■———Pasos para la comprensión

1. Las acotaciones son anotaciones que incluye un autor en una obra de teatro para
   indicar cómo se ha de adaptar el escenario y cómo se han de comportar los actores. Como *La Celestina* no es propiamente una obra de teatro, Rojas no incluye
   estas anotaciones. Sin embargo, nos da indicaciones en el diálogo para que
   formemos una imagen mental del escenario. Si fueras diseñador de teatro y si ésta
   fuera una obra de teatro, ¿cómo arreglarías el escenario, teniendo en cuenta que
   hay cuatro personajes y que uno está en un piso superior? Nota también los
   movimientos de los personajes. Por ejemplo, ¿en qué momento entra Elicia para
   ser vista por Sempronio?

2. Cuando Celestina y Sempronio se ven, se tratan con mucho cariño. Después del
   primer abrazo, Celestina le pide otro. ¿Habrá algún motivo por encima del cariño
   que le tiene para seguir abrazándole? Explica.

3. Cuando Celestina le dice a Elicia que ha llegado Sempronio, Elicia responde "Ay,
   triste, ¡qué saltos me da el corazón!" ¿Crees que habla con sinceridad? Explica.

   ☐ Luego, cuando le habla por primera vez le insulta. ¿Por qué crees que Elicia
     toma esta postura?

   ☐ Después, cuando Sempronio le pregunta por qué está enojada ("¿De qué te
     congojas?") ¿Qué razón da Elicia? Otra vez, ¿crees que habla con sinceridad?
     ¿Por qué?

4. Sempronio oye un ruido arriba y Elicia le dice que es su "enamorado."

   ☐ ¿Por qué crees que Elicia es tan atrevida?

   ☐ ¿Qué sería el efecto psicológico de decir esta verdad?

5. ¿Qué le dice Celestina a Sempronio para evitar que éste suba para ver quién es?

---

[8] *cult.* corolarios
[9] *ant.* certezas
[10] *ant.* se la

6. Ahora Sempronio quiere subir para ver a la moza. ¿Cómo lo disuade Elicia de hacerlo? Otra vez, ¿cuál es el efecto psicológico de sus palabras?

■────Pasos para una lectura más a fondo

1. Se podría decir que esta escena es metadramática, puesto que es como una escena teatral dentro de un drama. Explica cómo Celestina y Elicia están haciendo papeles dramáticos en esta escena.

2. ¿Quién es la persona burlada, engañada y manipulada de esta escena? Explica.

3. Aunque esta escena no es importante para la acción principal de *La Celestina,* sí da una idea del carácter de la vieja Celestina y del tono de la obra. Basándote en lo poco que has leído, trata de explicar cómo es Celestina y describir el tono de la obra, así como algunos de sus mensajes.

4. El título original de *La Celestina* es *La tragicomedia de Calixto y Melibea.* ¿Tiene esta escena más de tragedia o de comedia? El concepto clásico de la comedia es muy diferente de lo que es hoy. Para Aristóteles, la comedia imita la vida cotidiana de las clases bajas y sus vulgares instintos. La comedia, por lo tanto, contrasta con la tragedia que retrata las pasiones elevadas y heroicas de personajes nobles. Teniendo en cuenta esta descripción de la comedia, ¿qué tiene de cómico esta escena?

5. El fragmento tiene una nota anticlerical. ¿Cuál es? ¿Cómo se integra esta nota escabrosa con los otros mensajes de la escena?

Lazarillo de Tormes

■ □ ■

1554

El *Lazarillo* apareció anónimamente en 1554 en Holanda, que en aquel entonces formaba parte del Imperio español, y pronto apareció en el *Índice* de libros prohibidos de la Inquisición por su carácter heterodoxo y anticlerical. Sin embargo, la prohibición no parece haber afectado la divulgación de la novela, la cual gozó de una popularidad colosal durante el Siglo de Oro dentro y fuera de España, y creó todo un subgénero literario —la novela picaresca— que sirvió de modelo para las primeras novelas francesas e inglesas. Su lectura sigue siendo obligatoria en el mundo hispánico, donde un "lazarillo" es cualquier guía o mozo de ciegos y las travesuras del joven Lazarillo forman parte del folclore literario. Pero aunque son las escenas humorísticas del joven pícaro lo que el pueblo recuerda, para la historiografía literaria hispánica el *Lazarillo* establece las normas de la novela moderna, con su punto de vista cínico y crítico y su intenso realismo social. Es más, el *Lazarillo* nos presenta una visión de España muy diferente de la imagen oficial que la Iglesia y la monarquía quería proyectar, mostrando una vez más la importancia de la literatura como barómetro de confianza de la realidad histórica y social de un pueblo.

Lazarillo de Tormes

Antes de leer

1. Si tuvieras mucha hambre y no tuvieras dinero, ¿qué harías para satisfacer el hambre?
2. ¿Qué tipo de trabajo puede hacer una persona joven, sin preparación escolar, y marginada en la sociedad, o quizá indocumentada?
3. ¿A qué gente en la sociedad más respetas? ¿Cómo te sentirías si descubrieras que esa persona es mezquina, maligna, inmoral o sin honra?
4. Cuando ves a una persona bien vestida y conduciendo un automóvil de lujo, ¿qué piensas del estatus económico de esa persona? ¿Siempre aciertas?
5. ¿Qué harías si descubrieras que tu pareja en matrimonio tiene una aventura amorosa con otra persona? ¿Qué piensas de un individuo que tolera o aguanta una situación semejante?

Códigos para la comprensión

Código económico: Aunque España era el país más rico y pudiente de Europa durante el siglo XVI, la riqueza no parecía beneficiar a todo el mundo. En las calles pululaban mendigos, y los niños, muchos de ellos abandonados, también pedían limosna. A estos niños vagabundos y sin amparo se les llamaba pícaros porque a veces hacían picardías para poder comer y sobrevivir.

Código social: España era el único país pluralista de la Edad Media europea y, aunque los judío y los árabes fueron expulsados en 1492, muchos no se marcharon y permanecieron en el país como cristianos nuevos. Entre los musulmanes hispánicos había muchos moros negros, como el padrastro de Lazarillo.

Código eclesiástico: Una de las mayores quejas de Lutero en su lucha para reformar la Iglesia era la corrupción de los clérigos. España, como líder de la Contrarreforma, veía cualquier referencia anticlerical como un acto de herejía por simpatizar con los luteranos. El *Lazarillo* claramente contiene muchas notas anticlericales, las cuales fueron la principal razón para prohibir su lectura.

Entre los ejemplos de la corrupción clerical se encuentra el de los bulderos, que eran predicadores encargados de vender bulas o indulgencias que servían para recaudar fondos para la Iglesia. Al principio, las bulas se utilizaban para financiar las guerras contra los moros, pero en la época del *Lazarillo* se vendían para redimir a los que no podían cumplir con la obligación de seguir las reglas del ayuno durante la cuaresma así como de otros deberes religiosos. Claramente, las bulas representan la hipocresía de la Iglesia, pero además había mucha corrupción en su venta y existían muchos embusteros que vendían bulas falsas, como el bulero de esta novela.

Código religioso: En la última cena, Cristo compartió el pan y el vino con sus discípulos diciéndoles que eran su cuerpo y su sangre. La misa católica recuerda ese momento sagrado en la comunión, cuando el cura parte el pan y sirve el vino, y se lo reparte a sus feligreses.

Código cultural: En la cultura hispánica, como en muchas otras culturas mediterráneas, la mayor afrenta a la hombría y el honor del hombre es que su mujer tenga relaciones con otro. Hasta existe el término castellano *cornudo* para referirse a tales hombres. El término se refiere a los "cuernos" que le pone la mujer al hombre, y de ahí surge el signo no verbal que se emplea con la mano mostrando solo el dedo meñique y el dedo índice, imitando los cuernos del toro.

Código de honor: La mayor preocupación del hombre del Siglo de Oro era su honra: cómo conseguirla y cómo mantenerla. Las apariencias hacían un papel importante: el hidalgo (hijo de algo) tenía que vestir bien para que se supiera que tenía honra y no podía trabajar. El trabajo manual para un "hidalgo" en esta época era hartamente penoso, lo cual creó un espíritu pernicioso de ocio entre los "hidalgos" españoles. Consulta el *código social* de Lope de Vega en el tercer Capítulo para más información respecto al asunto de trabajo. Todas estas características se notan en el escudero del Tratado tercero de *Lazarillo*.

Código histórico: El emperador Carlos V, quien reinó entre 1516 y 1556, era nieto de Fernando e Isabel. De su madre Juana heredó la corona de España y sus posesiones en Italia y América; de su padre, Felipe de Hasburgo heredó el Sacro Imperio Romano junto con los Países Bajos (lo que es hoy Holanda, Luxemburgo y Bélgica). Carlos V fue uno de los monarcas más pudientes de toda la historia y su reinado coincide con el apogeo del Imperio español. En 1538–1539 Carlos celebró Cortes en Toledo. Toledo seguía siendo la capital de España en esta época, y era costumbre que los monarcas convocaran Cortes (parlamento) de los nobles de vez en cuando para llevar a cabo el negocio legislativo. *Lazarillo* termina en este momento de gloria para España, cuando nadie dudaba de su hegemonía y todo parecía marchar bien para la nación.

Tratado primero

Sinopsis

Lazarillo es hijo de un moro que trabajaba en un molino y a quien descubrieron robando harina de los sacos de los clientes ("achacaron a mi padre ciertas sangrías mal hechas en los costales de los que allí a moler venían") y fue preso y luego murió. Su madre llevó a Lazarillo con ocho años a vivir en la ciudad donde ella se amancebó con un africano, llamado "moreno" en el texto. Éste cuidaba animales y para mantener a su familia, que además de Lazarillo incluía un hijo biológico suyo que había tenido con ella, se dio a robar, por lo cual fueron los dos castigados severamente. La madre se fue a trabajar en un mesón, donde vino a parar un ciego que le pidió que le diera a Lazarillo como ayudante. Así fue cómo Lazarillo empezó a servir y llevar una vida picaresca.

El ciego es sumamente cruel con Lázaro, a pesar de enseñarle muchas cosas que encontraría útiles en años venideros. De las muchas faltas del ciego, la avaricia y mezquindad eran las peores. Por ejemplo, guardaba su pan con candado en un fardel, y Lazarillo fue inventando modos de sacarle comida y bebida al ciego, quien al fin se dio cuenta de las trampas de Lazarillo y lo castigó severamente. Lazarillo, para ajusticiar al ciego, lo llevaba por los peores caminos, y al fin, después de hacerle una mala jugada —aunque bien merecida— lo abandonó.

Cuenta Lázaro su vida y cúyo hijo fue

Pues sepa Vuestra Merced, ante todas cosas, que a mí llaman Lázaro de Tormes, hijo de Tomé González y de Antona Pérez, naturales de Tejares, aldea de Salamanca. Mi nascimiento fue dentro del río Tormes, por la cual causa tomé el sobrenombre, y fue desta manera: mi padre, que Dios perdone, tenía cargo de proveer una molienda de una aceña[1] que está ribera de aquel río, en la cual fue molinero más de quince años; y estando mi madre una noche en la aceña, preñada de mí, tomóle el parto y parióme allí; de manera que con verdad me puedo decir nascido en el río.

Pues siendo yo niño de ocho años, achacaron a mi padre ciertas sangrías mal hechas en los costales de los que allí a moler venían, por lo cual fue preso, y confesó, y no negó, y padesció persecución por justicia. Espero en Dios que está en la Gloria, pues el Evangelio los llama 10 bienaventurados. En este tiempo se hizo cierta armada contra moros, entre los cuales fue mi padre, que a la sazón estaba desterrado por el desastre ya dicho, con cargo de acemilero[2] de un caballero que allá fue. Y con su señor, como leal criado, feneció su vida.

Mi viuda madre, como sin marido y sin abrigo se viese, determinó arrimarse a los buenos, por ser uno dellos, y vínose a vivir a la ciudad, y alquiló una casilla, y metióse a guisar de

---

[1] molino movido por agua
[2] el que se encarga de laborar la tierra con mulas

comer a ciertos estudiantes, y lavaba la ropa a ciertos mozos de caballos del Comendador de la Magdalena; de manera que fue frecuentando las caballerizas.

Ella y un hombre moreno, de aquellos que las bestias curaban, vinieron en conoscimiento. Este algunas veces se venía a nuestra casa, y se iba a la mañana; otras veces de día llegaba a la puerta, en achaque de comprar huevos, y entrábase en casa. Yo, al principio de su entrada, 20 pesábame con él y habíale miedo, viendo el color y mal gesto que tenía; mas de que vi que con su venida mejoraba el comer, fuile queriendo bien, porque siempre traía pan, pedazos de carne, y en el invierno leños, a que nos calentábamos.

De manera que, continuando la posada y conversación, mi madre vino a darme un negrito muy bonito, el cual yo brincaba y ayudaba a calentar. Y acuérdome que, estando el negro de mi padrastro trebejando[3] con el mozuelo, como el niño vía a mi madre y a mí blancos, y a él no, huía dél, con miedo, para mi madre, y señalando con el dedo, decía: "¡Madre, coco!" Respondió él riendo: "¡Hideputa!"

Yo, aunque bien mochacho, noté aquella palabra de mi hermanico, y dije entre mí: "¡Cuántos debe de haber en el mundo que huyen de otros porque no se veen a sí 30 mesmos!"

Quiso nuestra fortuna que la conversación del Zaide, que así se llamaba, llegó a oídos del mayordomo, y hecha pesquisa, hallóse que la mitad por medio de la cebada que para las bestias le daban hurtaba; y salvados, leña, almohadas, mandiles, y las mantas y sábanas de los caballos hacía perdidas; y cuando otra cosa no tenía, las bestias desherraba, y con todo esto acudía a mi madre para criar a mi hermanico. No nos maravillemos de un clérigo ni fraile porque el uno hurta de los pobres, y el otro de casa, para sus devotas y para ayuda de otro tanto, cuando a un pobre esclavo el amor le animaba a esto.

Y probósele cuanto digo y aun más, porque a mí, con amenazas, me preguntaban, y como niño respondía y descubría cuanto sabía con miedo, hasta ciertas herraduras que por man- 40 dado de mi madre a un herrero vendí.

Al triste de mi padrastro azotaron y pringaron,[4] y a mi madre pusieron pena por justicia, sobre el acostumbrado centenario,[5] que en casa del sobredicho Comendador no entrase ni al lastimado Zaide en la suya acogiese.

Por no echar la soga tras el caldero, la triste se esforzó y cumplió la sentencia; y por evitar peligro y quitarse de malas lenguas, se fue a servir a los que al presente vivían en el mesón de la Solana; y allí, padesciendo mil importunidades, se acabó de criar mi hermanico hasta que supo andar, y a mí hasta ser buen mozuelo, que iba a los huéspedes por vino y candelas y por lo demás que me mandaban.

En este tiempo vino a posar al mesón un ciego, el cual, paresciéndole que yo sería para 50 adestralle, me pidió a mi madre, y ella me encomendó a él, diciéndole cómo era hijo de un buen hombre, el cual, por ensalzar la fe, había muerto en la de los Gelves, y que ella confiaba en Dios no saldría peor hombre que mi padre, y que le rogaba me tratase bien y mirase por mí, pues era huérfano. Él respondió que así lo haría y que me recibía no por mozo, sino por hijo. Y así le comencé a servir y adestrar a mi nuevo y viejo amo.

---

[3] jugando
[4] *forma de castigo que consistía en echar manteca caliente sobre las heridas causadas por los azotes*
[5] cien azotes

Como estuvimos en Salamanca algunos días, paresciéndole a mi amo que no era la ganancia a su contento, determinó irse de allí, y cuando nos hubimos de partir yo fui a ver a mi madre, y, ambos llorando, me dio su bendición y dijo:

—Hijo, ya sé que no te veré más. Procura de ser bueno, y Dios te guíe. Criado te he y con buen amo te he puesto, válete por ti.   60

Y así, me fui para mi amo, que esperándome estaba.

Salimos de Salamanca, y, llegando a la puente, está a la entrada della un animal de piedra, que casi tiene forma de toro, y el ciego mandóme que llegase cerca del animal, y allí puesto, me dijo:

—Lázaro, llega el oído a este toro y oirás gran ruido dentro dél.

Yo simplemente llegué, creyendo ser ansí; y como sintió que tenía la cabeza par de la piedra, afirmó recio la mano y diome una gran calabazada en el diablo del toro, que más de tres días me duró el dolor de la cornada, y díjome:

—Necio, aprende, que el mozo del ciego un punto ha de saber más que el diablo.

Y rió mucho la burla.   70

Parescióme que en aquel instante desperté de la simpleza en que, como niño, dormido estaba. Dije entre mí: "Verdad dice éste, que me cumple avivar el ojo y avisar, pues solo soy, y pensar cómo me sepa valer."

Comenzamos nuestro camino, y en muy pocos días me mostró jerigonza; y como me viese de buen ingenio, holgábase mucho y decía:

—Yo oro ni plata no te lo puedo dar; mas avisos para vivir muchos te mostraré.

Y fue ansí, que, después de Dios, éste me dio la vida, y siendo ciego me alumbró y adestró en la carrera de vivir.

Huelgo de contar a Vuestra Merced estas niñerías para mostrar cuánta virtud sea saber los hombres subir siendo bajos, y dejarse bajar siendo altos cuánto vicio.   80

Pues tornando al bueno de mi ciego y contando sus cosas, Vuestra Merced sepa que, desde que Dios crió el mundo, ninguno formó más astuto ni sagaz. En su oficio era un águila: ciento y tantas oraciones sabía de coro; un tono bajo, reposado y muy sonable, que hacía resonar la iglesia donde rezaba; un rostro humilde y devoto, que con muy buen continente ponía cuando rezaba, sin hacer gestos ni visajes con boca ni ojos como otros suelen hacer. Allende[6] desto, tenía otras mil formas y maneras para sacar el dinero. Decía saber oraciones para muchos y diversos efectos: para mujeres que no parían, para las que estaban de parto, para las que eran malcasadas, que sus maridos las quisiesen bien. Echaba pronósticos a las preñadas si traían hijo o hija. Pues en caso de medicina, decía que Galeno no supo la mitad que él para muela, desmayos, males de madre. Finalmente, nadie le decía padecer alguna pasión, que luego no le 90

---

[6] *ant.* además

decía: "Haced esto, haréis estotro, coged tal yerba, tomad tal raíz." Con esto andábase todo el mundo tras él, especialmente mujeres, que cuanto les decía, creían. Déstas sacaba él grandes provechos con las artes que digo, y ganaba más en un mes que cien ciegos en un año.

Mas también quiero que sepa Vuestra Merced que, con todo lo que adquiría y tenía, jamás tan avariento ni mezquino hombre no vi, tanto que me mataba a mí de hambre, y así no me demediaba[7] de lo necesario. Digo verdad: si con mi sotileza y buenas mañas no me supiera remediar, muchas veces me finara de hambre; mas, con todo su saber y aviso, le contaminaba de tal suerte, que siempre, o las más veces, me cabía lo más y mejor. Para esto le hacía burlas endiabladas, de las cuales contaré algunas, aunque no todas a mi salvo.

Él traía el pan y todas las otras cosas en un fardel[8] de lienzo que por la boca se cerraba con   100
una argolla de hierro y su candado y su llave, y al meter de todas las cosas y sacallas, era con tan gran vigilancia y tanto por contadero, que no bastara hombre en todo el mundo hacerle menos una migaja. Mas yo tomaba aquella laceria[9] que él me daba, la cual en menos de dos bocados era despachada. Después que cerraba el candado y se descuidaba, pensando que yo estaba entendiendo en otras cosas, por un poco de costura, que muchas veces del un lado del fardel descosía y tornaba a coser, sangraba el avariento fardel, sacando no por tasa pan, mas buenos pedazos, torreznos y longaniza. Y ansí, buscaba conveniente tiempo para rehacer, no la chaza, sino la endiablada falta que el mal ciego me faltaba.[10]

Todo lo que podía sisar y hurtar traía en medias blancas;[11] y cuando le mandaban rezar y le daban blancas, como él carecía de vista, no había el que se la daba amagado con ella,   110
cuando yo la tenía lanzada en la boca y la media aparejada, que por presto que él echaba la mano, ya iba de mi cambio aniquilada en la mitad del justo precio. Quejábaseme el mal ciego, porque al tiento luego conocía y sentía que no era blanca entera, y decía:

—¿Qué diablo es esto, que después que conmigo estás no me dan sino medias blancas, y de antes una blanca y un maravedí hartas veces me pagaban? En ti debe estar esta desdicha.

También él abreviaba el rezar y la mitad de la oración no acababa, porque me tenía mandado que, en yéndose el que la mandaba rezar, le tirase por cabo del capuz. Yo así lo hacía. Luego él tornaba a dar voces, diciendo: "¿Mandan rezar tal y tal oración?", como suelen decir.

Usaba poner cabe[12] sí un jarrillo de vino cuando comíamos, e yo, muy de presto, le asía y daba un par de besos callados y tornábale a su lugar. Mas duróme poco, que en los tragos   120
conocía la falta, y por reservar su vino a salvo, nunca después desamparaba el jarro, antes lo tenía por el asa asido. Mas no había piedra imán que ansí trajese a sí como yo con una paja larga de centeno, que para aquel menester tenía hecha, la cual, metiéndola en la boca del jarro, chupando el vino, lo dejaba a buenas noches.[13] Mas, como fuese el traidor tan astuto, pienso que me sintió, y dende en adelante mudó propósito, y asentaba su jarro entre las piernas, y atapábale con la mano, y así bebía seguro.

---

[7] no me daba ni la mitad

[8] saco

[9] miseria

[10] *léase:* "buscaba tiempo, no para volver a descoser el fardel, sino para remediar la gran hambre en que el ciego me tenía."

[11] monedas de poco valor

[12] *poet.* al lado de él

[13] vacío; sin nada

Yo, como estaba hecho al vino, moría por él, y viendo que aquel remedio de la paja no me aprovechaba ni valía, acordé en el suelo del jarro hacerle una fuentecilla y agujero sotil, y delicadamente con una muy delgada tortilla de cera taparlo, y al tiempo de comer, fingiendo haber frío, entrábame entre las piernas del triste ciego a calentarme en la pobrecilla   130 lumbre que teníamos, y al calor della luego derretida la cera, por ser muy poca, comenzaba la fuentecilla a destilarme en la boca, la cual yo de tal manera ponía, que maldita la gota se perdía. Cuando el pobreto iba a beber, no hallaba nada. Espantábase, maldecíase, daba al diablo el jarro y el vino, no sabiendo qué podía ser.

—No diréis, tío, que os lo bebo yo —decía—, pues no le quitáis de la mano.

Tantas vueltas y tientos dio al jarro, que halló la fuente, y cayó en la burla; mas así lo disimuló como si no lo hubiera sentido. Y luego otro día, teniendo yo rezumando mi jarro como solía, no pensando el daño que me estaba aparejado ni que el mal ciego me sentía, sentéme como solía. Estando recibiendo aquellos dulces tragos, mi cara puesta hacia el cielo, un poco cerrados los ojos por mejor gustar el sabroso licor, sintió el desesperado ciego que agora   140 tenía tiempo de tomar de mí venganza, y con toda su fuerza, alzando con dos manos aquel dulce y amargo jarro, le dejó caer sobre mi boca, ayudándose, como digo, con todo su poder, de manera que el pobre Lázaro, que de nada desto se guardaba, antes, como otras veces, estaba descuidado y gozoso, verdaderamente me pareció que el cielo, con todo lo que en él hay, me había caído encima.

Fue tal el golpecillo, que me desatinó y sacó de sentido, y el jarrazo tan grande, que los pedazos dél se me metieron por la cara, rompiéndomela por muchas partes, y me quebró los dientes, sin los cuales hasta hoy día me quedé.

Desde aquella hora quise mal al mal ciego, y, aunque me quería y regalaba y me curaba, bien vi que se había holgado del cruel castigo. Lavóme con vino las roturas que con los pedazos del jarro me había hecho, y, sonriéndose, decía: 150

—¿Qué te parece, Lázaro? Lo que te enfermó te sana y da salud.

Y otros donaires, que a mi gusto no lo eran.

Ya que estuve medio bueno de mi negra trepa[14] y cardenales, considerando que a pocos golpes tales el cruel ciego ahorraría de mí, quise yo ahorrar dél; mas no lo hice tan presto por hacello más a mi salvo y provecho. Y aunque yo quisiera asentar mi corazón y perdonalle el jarrazo, no daba lugar el maltratamiento que el mal ciego dende allí adelante me hacía, que sin causa ni razón me hería, dándome coscorrones y repelándome. Y si alguno le decía por qué me trataba tan mal, luego contaba el cuento del jarro, diciendo:

—¿Pensaréis que este mi mozo es algún inocente? Pues oíd si el demonio ensayara otra   160 tal hazaña.

Santiguándose los que lo oían, decían:

—¡Mirá quién pensara de un muchacho tan pequeño tal ruindad!

---

[14] adorno de los vestidos; *o sea, irónicamente, adornos negros compuestos de cardenales*

Y reían mucho el artificio, y decíanle:

—Castigaldo, castigaldo, que de Dios lo habréis.

Y él, con aquello, nunca otra cosa hacía.

Y en esto, yo siempre le llevaba por los peores caminos, y adrede, por le hacer mal y daño; si había piedras, por ellas; si lodo, por lo más alto, que aunque yo no iba por lo más enjuto, holgábame a mí de quebrar un ojo por quebrar dos al que ninguno tenía. Con esto, siempre con el cabo alto del tiento[15] me atentaba el colodrillo,[16] el cual siempre traía lleno de tolon-   170 drones y pelado de sus manos. Y aunque yo juraba no lo hacer con malicia, sino por no ha- llar mejor camino, no me aprovechaba ni me creía más: tal era el sentido y el grandísimo entendimiento del traidor.

Y porque vea Vuestra Merced a cuánto se extendía el ingenio deste astuto ciego, contaré un caso de muchos que con él me acaescieron, en el cual me paresce dio bien a entender su gran astucia. Cuando salimos de Salamanca, su motivo fue venir a tierra de Toledo, porque decía ser la gente más rica, aunque no muy limosnera. Arrimábase a este refrán: "Más da el duro que el desnudo." Y venimos a este camino por los mejores lugares. Donde hallaba buena acogida y ganancia, deteníamonos; donde no, a tercero día hacíamos Sant Juan.[17]

Acaesció que, llegando a un lugar que llaman Almorox al tiempo que cogían las uvas, un   180 vendimiador le dio un racimo dellas en limosna. Y como suelen ir los cestos maltratados, y también porque la uva en aquel tiempo está muy madura, desgranábasele el racimo en la mano; para echarlo en el fardel, tornábase mosto y lo que a él se llegaba. Acordó de hacer un banquete, ansí por no lo poder llevar como por contentarme, que aquel día me había dado muchos rodillazos y golpes. Sentámonos en un valladar, y dijo:

—Agora quiero yo usar contigo de una liberalidad, y es que ambos comamos este racimo de uvas, y que hayas dél tanta parte como yo. Partillo hemos desta manera: tú picarás una vez y yo otra, con tal que me prometas no tomar cada vez más de una uva. Yo haré lo mesmo hasta que lo acabemos, y desta suerte no habrá engaño.

Hecho ansí el concierto, comenzamos; mas luego al segundo lance, el traidor mudó   190 propósito, y comenzó a tomar de dos en dos, considerando que yo debría hacer lo mismo. Como vi que él quebraba la postura, no me contenté ir a la par con él, mas aún pasaba ade- lante: dos a dos, y tres a tres, y como podía, las comía. Acabado el racimo, estuvo un poco con el escobajo en la mano, y, meneando la cabeza, dijo:

—Lázaro, engañado me has; juraré yo a Dios que has tú comido las uvas tres a tres.

—No comí —dije yo—, mas ¿por qué sospecháis eso?

Respondió el sagacísimo ciego:

—¿Sabes en qué veo que las comiste tres a tres? En que comía yo dos a dos y callabas.

---

[15] palo de ciego
[16] parte posterior de la cabeza
[17] *frase que indica abandonar algo*

Reíme entre mí, y aunque mochacho, noté mucho la discreta consideración del ciego.

Mas, por no ser prolijo, dejo de contar muchas cosas, así graciosas como de notar, que con   200
este mi primer amo me acaescieron, y quiero decir el despidiente y, con él, acabar.

Estábamos en Escalona, villa del duque della, en un mesón, y diome un pedazo de longaniza que le asase. Ya que la longaniza había pringado y comídose las pringadas, sacó un maravedí de la bolsa y mandó que fuese por él de vino a la taberna. Púsome el demonio el aparejo delante los ojos, el cual, como suelen decir, hace al ladrón, y fue que había cabe el fuego un nabo pequeño, larguillo y ruinoso y tal, que por no ser para la olla, debió ser echado allí.

Y como al presente nadie estuviese, sino él y yo solos, como me vi con apetito goloso, habiéndome puesto dentro el sabroso olor de la longaniza (del cual solamente sabía que había de gozar), no mirando qué me podría suceder, pospuesto todo el temor por cumplir con el   210
deseo, en tanto que el ciego sacaba de la bolsa el dinero, saqué la longaniza, y, muy presto, metí el sobredicho nabo en el asador, el cual, mi amo, dándome el dinero para el vino, tomó y comenzó a dar vueltas al fuego, queriendo asar al que de ser cocido, por sus deméritos, había escapado.

Yo fui por el vino, con el cual no tardé en despachar la longaniza; y cuando vine, hallé al pecador del ciego que tenía entre dos rebanadas apretado el nabo, al cual aún no había conoscido por no lo haber tentado con la mano. Como tomase las rebanadas y mordiese en ellas, pensando también llevar parte de la longaniza, hallóse en frío con el frío nabo; alteróse y dijo:

—¿Qué es esto, Lazarillo?   220

—¡Lacerado de mí![18] —dije yo—. ¿Si queréis a mí echar algo? ¿Yo no vengo de traer el vino? Alguno estaba ahí, y por burlar haría esto.

—No, no —dijo él—, que yo no he dejado el asador de la mano. No es posible.

Yo torné a jurar y perjurar que estaba libre de aquel trueco y cambio; mas poco me aprovechó, pues a las astucias del maldito ciego nada se le escondía. Levantóse y asióme por la cabeza y llegóse a olerme. Y como debió sentir el huelgo, a uso de buen podenco,[19] por mejor satisfacerse de la verdad y con la gran agonía que llevaba, asiéndome con las manos, abríame la boca más de su derecho y desatentadamente metía la nariz, la cual él tenía luenga y afilada, y a aquella sazón, con el enojo, se había aumentado un palmo, con el pico de la cual me llegó a la gulilla.   230

Y con esto, y con el gran miedo que tenía, y con la brevedad del tiempo, la negra longaniza aún no había hecho asiento en el estómago, y lo más principal, con el destiento de la cumplidísima nariz medio cuasi ahogándome, todas estas cosas se juntaron, y fueron causa que el hecho y golosina se manifestase y lo suyo fuese vuelto a su dueño. De manera que, antes que el mal ciego sacase de mi boca su trompa, tal alteración sintió mi estómago, que le dio con el hurto en ella, de suerte que su nariz y la negra mal maxcada longaniza a un tiempo salieron de mi boca.

---

[18] ¡pobre de mí!
[19] perro de caza con muy buen olfato

¡Oh gran Dios, quién estuviera aquella hora sepultado, que muerto ya lo estaba! Fue tal el coraje del perverso ciego, que, si al ruido no acudieran, pienso no me dejara con la vida. Sacáronme de entre sus manos, dejándoselas llenas de aquellos pocos cabellos que tenía, 240 arañada la cara y rascuñado el pescuezo y la garganta. Y esto bien lo merescía, pues por su maldad me venían tantas persecuciones.

Contaba el mal ciego a todos cuantos allí se allegaban mis desastres, y dábales cuenta una y otra vez, así de la del jarro como de la del racimo, y agora de lo presente. Era la risa de todos tan grande, que toda la gente que por la calle pasaba entraba a ver la fiesta; mas con tanta gracia y donaire recontaba el ciego mis hazañas, que aunque yo estaba tan maltratado y llorando, me parescía que hacía sinjusticia en no se las reír.

Y en cuanto esto pasaba, a la memoria me vino una cobardía y flojedad que hice por que me maldecía, y fue no dejalle sin narices, pues tan buen tiempo tuve para ello, que la meitad del camino estaba andado; que con sólo apretar los dientes se me quedaran en casa, y, con ser 250 de aquel malvado, por ventura lo retuviera mejor mi estómago que retuvo la longaniza, y, no paresciendo ellas, pudiera negar la demanda. Pluguiera a Dios que lo hubiera hecho, que eso fuera así que así.[20]

Hiciéronnos amigos la mesonera y los que allí estaban, y con el vino que para beber le había traído, laváronme la cara y la garganta. Sobre lo cual discantaba el mal ciego donaires, diciendo:

—Por verdad, más vino me gasta este mozo en lavatorios al cabo del año que yo bebo en dos. A lo menos, Lázaro, eres en más cargo al vino que a tu padre, porque él una vez te engendró, mas el vino mil te ha dado la vida.

Y luego contaba cuántas veces me había descalabrado y arpado[21] la cara, y con vino luego 260 sanaba.

—Yo te digo —dijo— que si un hombre en el mundo ha de ser bienaventurado con vino, que serás tú.

Y reían mucho, los que me lavaban, con esto, aunque yo renegaba. Mas el pronóstico del ciego no salió mentiroso, y después acá muchas veces me acuerdo de aquel hombre, que sin duda debía tener espíritu de profecía, y me pesa de los sinsabores que le hice, aunque bien se lo pagué, considerando lo que aquel día me dijo salirme tan verdadero como adelante Vuestra Merced oirá.

Visto esto y las malas burlas que el ciego burlaba de mí, determiné de todo en todo dejalle, y como lo traía pensado y lo tenía en voluntad, con este postrer juego que me hizo, 270 afirmélo más. Y fue ansí, que luego otro día salimos por la villa a pedir limosna y había llovido mucho la noche antes; y porque el día también llovía, y andaba rezando debajo de unos portales que en aquel pueblo había, donde no nos mojamos; mas como la noche se venía, y el llover no cesaba, díjome el ciego:

—Lázaro, esta agua es muy porfiada, y cuanto la noche más cierra, más recia; acojámonos a la posada con tiempo.

<hr>

[20] me hubiera dado igual
[21] arañado

Para ir allá, habíamos de pasar un arroyo que con la mucha agua iba grande. Yo le dije:

—Tío, el arroyo va muy ancho; mas si queréis, yo veo por donde travesemos más aína[22] sin nos mojar, porque se estrecha allí mucho, y saltando pasaremos a pie enjuto.

Parescióle buen consejo, y dijo: 280

—Discreto eres, por esto te quiero bien. Llévame a ese lugar donde el arroyo se ensangosta, que agora es invierno y sabe mal el agua, y más llevar los pies mojados.

Yo, que vi el aparejo a mi deseo, saquéle debajo de los portales, y lleuéle derecho a un pilar o poste de piedra que en la plaza estaba, sobre el cual y sobre otros cargaban saledizos de aquellas casas, y dígole:

—Tío, éste es el paso más angosto que en el arroyo hay.

Como llovía recio y el triste se mojaba, y con la priesa que llevábamos de salir del agua, que encima de nos caía, y, lo más principal, porque Dios le cegó aquella hora el entendimiento (fue por darme dél venganza), creyóse de mí y dijo:

—Ponme bien derecho y salta tú el arroyo.   290

Yo le puse bien derecho enfrente del pilar, y doy un salto y póngome detrás del poste como quien espera tope de toro y díjele:

—¡Sús! Saltá todo lo que podáis, porque deis deste cabo del agua.

Aun apenas lo había acabado de decir, cuando se abalanza el pobre ciego como cabrón, y de toda su fuerza arremete, tomando un paso atrás de la corrida para hacer mayor salto, y da con la cabeza en el poste, que sonó tan recio como si diera con una gran calabaza, y cayó luego para atrás, medio muerto y hendida la cabeza.

—¿Cómo, y olistes la longaniza y no el poste? ¡Olé! ¡Olé! —le dije yo.

Y dejéle en poder de mucha gente que lo había ido a socorrer, y tomé la puerta de la villa en los pies de un trote, y antes que la noche viniese di conmigo en Torrijos. No supe más lo   300
que Dios dél hizo, ni curé[23] de lo saber.

■——Pasos para la comprensión

1. ¿Quién es el emisor o narrador de la novela?
   □ ¿Quién será el "Vuestra Merced" a quien se dirige? Vuestra Merced, que con el tiempo llegaría a ser *usted*, es la forma cortés y hasta ceremoniosa que se

---

[22] *ant.* fácilmente
[23] me preocupé

usaba en el Siglo de Oro español, en contraste con el *vos* que era la forma familiar (lo que hoy es el *tú*).

☐ Por lo tanto, ¿existe una relación social entre el emisor y el destinatario? ¿Qué efectos podría tener este desnivel social en la transmisión de la comunicación?

☐ Busca en el *Diccionario de términos literarios* en al *Apéndice* el término *narratario*. Explica cómo hay un narratario en esta novela y el efecto que produce.

2. Las novelas de caballería siempre empezaban dando la ascendencia de los héroes y explicando cómo llegaron a tener los nombres que tenían. El narrador hace lo mismo aquí, sólo que los caballeros solían ser de linaje noble y este héroe es de linaje muy humilde. ¿Qué sabemos de los orígenes de Lazarillo? ¿Cómo sabemos que es de linaje humilde?

3. Se ha dicho que el hambre y la búsqueda de alimento son motivos unificadores del *Lazarillo*. Ese discurso empieza con el amante negro de la madre que roba para poner pan en la boca de su familia. Al principio el negro no le cae bien a Lazarillo, pero luego lo va aceptando. ¿Por qué?

4. La madre de Lázaro le pare un hijo al negro, y el bebé, al ver al padre negro, siente miedo, por lo cual Lazarillo se da cuenta de que hay muchas personas en el mundo "que huyen de otros porque no se ven a sí mismos." Esta observación de Lazarillo es muy profunda. Explícala, tratando de entenderla dentro del contexto social e histórico del Siglo de Oro español.

5. Lazarillo roba del ciego para comer, así como robaron su padre y el negro. El narrador hace un discurso respecto al robo que va en contra de las normas morales aceptables de su época. ¿Qué dice exactamente (línea 36)? ¿Qué más contiene este discurso que se podría considerar herético (que va en contra de la religión cristiana)?

6. La primera lección que le enseña el ciego a Lazarillo tiene que ver con un toro de piedra. Explica lo que hace el ciego. El ciego luego le dice a Lazarillo lo que tiene que haber aprendido: "Necio, aprende, que el mozo del ciego un punto ha de saber más que el diablo" pero no termina la oración. ¿Cuál crees que sería la lección que Lazarillo tiene que haber aprendido? ¿Cuál sería el propósito de no decirlo explícitamente el ciego?

7. Las "blancas" y "medias blancas" eran monedas del siglo XVI. Explica qué hacía Lazarillo con las monedas que le pagaban sus clientes (línea 109 en adelante).

8. El episodio del jarro de vino es muy famoso.

☐ ¿Qué hace Lazarillo para poder beber el vino?

☐ Cuando el ciego se da cuenta de la burla, ¿qué hace para vengarse?

☐ ¿Qué efecto produce esta venganza en Lazarillo?

9. Explica el aspecto psicológico del episodio de las uvas.

10. Aunque el ciego no puede ver, en el episodio de la longaniza se vale de otro sentido.

☐ Explica cómo el ciego comprueba que Lazarillo se robó la longaniza.

☐ ¿Qué efecto produce el modo con que lo prueba en Lazarillo?

☐ Este episodio es bastante repugnante. ¿Cómo concuerda esta repugnancia con el resto de la novela?

11. El ciego le cuenta a la gente las maldades y travesuras de Lazarillo, con lo cual el público se ríe de sus hazañas. Lazarillo, al oírlas, aunque tiene mucho dolor, se ríe también. ¿Cómo explicarías esta reacción de Lazarillo?

☐ Desde un punto de vista literario, la escena es compleja (a partir de la línea 260). Supuestamente Lázaro es el narrador, pero aquí el ciego toma la palabra y Lazarillo se convierte en el destinatario, reaccionando a la narración del ciego. ¿Cuál podría ser el propósito de hacer de Lazarillo el emisor, el referente y el destinatario a la misma vez?

12. En el párrafo que comienza en la línea 264 se observa la perspectiva temporal desde la que se narra la novela. ¿Se narran los eventos al ocurrir o son recuerdos del pasado? ¿Cómo se sabe?

13. La última jugada que le hace Lazarillo al ciego forma un paralelo con la primera jugada que el ciego le hizo a Lazarillo con el toro de piedra. Explica.

Tratado segundo

Sinopsis

Lázaro pasa a servir a un cura que resulta ser más cruel y avaro que el ciego. El cura prácticamente mata a Lazarillo de hambre. Su avaricia llega a tal extremo que guarda el pan en un arca con candado. Un día un calderero le hace una llave a Lazarillo para abrir el arca y Lázaro empieza a robar pan. El cura, creyendo que es un ratón y luego una culebra, fortifica el arca. Su objetivo de cazar el animal que le come el pan se convierte en una pasión que raya en la demencia.

Una noche, el cura cree oír una culebra en el cuarto de Lazarillo, la cual resultó ser la llave que Lázaro esconde en la boca cuando duerme y que produce un silbido con sus ronquidos. El cura, al descubrir el truco de Lazarillo, le da tantos golpes en la cabeza que el niño tarda dos semanas en recuperarse. Cuando está mejor, el cura lo despide.

Cómo Lázaro se asentó con un clérigo y de las cosas que con él pasó

Otro día, no pareciéndome estar allí seguro, fuime a un lugar que llaman Maqueda, adonde me toparon mis pecados con un clérigo, que llegando a pedir limosna, me preguntó si sabía ayudar a misa. Yo dije que sí, como era verdad, que aunque maltratado, mil cosas buenas me mostró el pecador del ciego, y una dellas fue ésta. Finalmente el clérigo me recibió por suyo.

Escapé del trueno y di en el relámpago, porque era el ciego para con éste un Alejandre Magno, con ser la mesma avaricia, como he contado. No digo más sino que toda la laceria del mundo estaba encerrada en éste (no sé si de su cosecha era o lo había anejado con el hábito de clerecía).

Él tenía un arcaz viejo y cerrado con su llave, la cual traía atada con una agujeta del pale-
toque, y en viniendo el bodigo[1] de la iglesia, por su mano era luego allí lanzado, y tornada
a cerrar el arca. Y en toda la casa no había ninguna cosa de comer, como suele estar en otras: 10
algún tocino colgado al humero, algún queso puesto en alguna tabla o en el armario, algún
canastillo con algunos pedazos de pan que de la mesa sobran, que me paresce a mí que aunque
dello no me aprovechara, con la vista dello me consolara.

Solamente había una horca de cebollas, y tras la llave, en una cámara en lo alto de la casa.
Déstas tenía yo de ración una para cada cuatro días, y cuando le pedía la llave para ir por ella,
si alguno estaba presente, echaba mano al falsopecto,[2] y, con gran continencia, la desataba y
me la daba, diciendo:

—Toma, y vuélvela luego, y no hagáis sino golosinar.

Como si debajo della estuvieran todas las conservas de Valencia, con no haber en la dicha
cámara, como dije, maldita la otra cosa que las cebollas colgadas de un clavo, las cuales él tenía   20
tan bien por cuenta, que si por malos de mis pecados me desmandara a más de mi tasa, me
costara caro. Finalmente, yo me finaba de hambre.

Pues ya que conmigo tenía poca caridad, consigo usaba más. Cinco blancas de carne era
su ordinario para comer y cenar. Verdad es que partía conmigo del caldo, que de la carne ¡tan
blanco el ojo!,[3] sino un poco de pan, y ¡pluguiera a Dios que me demediara!

Los sábados cómense en esta tierra cabezas de carnero, y enviábame por una que costaba
tres maravedís. Aquélla le cocía y comía los ojos, y la lengua, y el cogote y sesos, y la carne
que en las quijadas tenía, y dábame todos los huesos roídos. Y dábamelos en el plato, diciendo:

—Toma, come, triunfa, que para ti es el mundo. Mejor vida tienes que el Papa.

"¡Tal te la dé Dios!", decía yo paso entre mí.   30

A cabo de tres semanas que estuve con él, vine a tanta flaqueza, que no me podía tener
en las piernas de pura hambre. Vime claramente ir a la sepultura, si Dios y mi saber no me
remediaran. Para usar de mis mañas no tenía aparejo, por no tener en qué dalle salto, y aunque
algo hubiera, no podía cegalle, como hacía al que Dios perdone (si de aquella calabazada
feneció), que todavía, aunque astuto, con faltalle aquel preciado sentido, no me sentía, mas
estotro, ninguno hay que tan aguda vista tuviese como él tenía.

Cuando al ofertorio estábamos, ninguna blanca en la concha caía que no era dél registrada: el un ojo tenía en la gente y el otro en mis manos. Bailábanle los ojos en el casco
como si fueran de azogue. Cuantas blancas ofrecían tenía por cuenta, y acabado el ofrecer,
luego me quitaba la concheta y la ponía sobre el altar.   40

No era yo señor de asirle una blanca todo el tiempo que con él viví, o, por mejor decir,
morí. De la taberna nunca le traje una blanca de vino, mas aquel poco que de la ofrenda había
metido en su arcaz, compasaba de tal forma, que le duraba toda la semana. Y por ocultar su
gran mezquindad, decíame:

—Mira, mozo, los sacerdotes han de ser muy templados en su comer y beber, y por esto
yo no me desmando como otros.

---

[1] panecillos pequeños
[2] un bolsillo oculto para guardar cosas con seguridad
[3] *expresión que significa "nada"*

Mas el lacerado mentía falsamente, porque en cofradías y mortuorios que rezamos, a costa ajena comía como lobo, y bebía más que un saludador.

Y porque dije de mortuorios, Dios me perdone que jamás fui enemigo de la naturaleza humana, sino entonces. Y esto era porque comíamos bien y me hartaban. Deseaba y aún ro- 50 gaba a Dios que cada día matase el suyo. Y cuando dábamos sacramento a los enfermos, especialmente la extremaunción, como manda el clérigo rezar a los que están allí, yo cierto no era el postrero de la oración, y con todo mi corazón y buena voluntad rogaba al Señor, no que le echase a la parte que más servido fuese, como se suele decir, mas que le llevase deste mundo. Y cuando alguno de éstos escapaba (Dios me lo perdone), que mil veces le daba al diablo, y el que se moría, otras tantas bendiciones llevaba de mí dichas. Porque en todo el tiempo que allí estuve, que serían cuasi seis meses, solas veinte personas fallescieron, y éstas bien creo que las maté yo, o, por mejor decir, murieron a mi recuesta. Porque viendo el Señor mi rabiosa y continua muerte, pienso que holgaba de matarlos por darme a mí vida. Mas de lo que al presente padecía remedio no hallaba; que si el día que enterrábamos yo vivía, los 60 días que no había muerto, por quedar bien vezado[4] de la hartura, tornando a mi cuotidiana hambre, más lo sentía. De manera que en nada hallaba descanso, salvo en la muerte, que yo también para mí como para los otros, deseaba algunas veces; mas no la veía, aunque estaba siempre en mí.

Pensé muchas veces irme de aquel mezquino amo, mas por dos cosas no lo dejaba: la primera, por no me atrever a mis piernas, por temer de la flaqueza, que de pura hambre me venía; y la otra, consideraba y decía: "Yo he tenido dos amos: el primero traíame muerto de hambre, y dejándole, topé con estotro, que me tiene ya con ella en la sepultura; pues si deste desisto y doy en otro más bajo, ¿qué será sino fenescer?"

Con esto no me osaba menear, porque tenía por fe que todos los grados había de hallar 70 más ruines. Y a abajar otro punto, no sonara Lázaro ni se oyera en el mundo.

Pues estando en tal aflición (cual plega al Señor librar della a todo fiel cristiano), y sin saber darme consejo, viéndome ir de mal en peor, un día que el cuitado, ruin y lacerado de mi amo había ido fuera del lugar, llegóse acaso a mi puerta un calderero,[5] el cual yo creo que fue ángel enviado a mí por la mano de Dios en aquel hábito. Preguntóme si tenía algo que adobar. "En mí teníades bien que hacer, y no haríades poco si me remediásedes", dije paso, que no me oyó.

Mas como no era tiempo de gastarlo en decir gracias, alumbrado por el Espíritu Sancto, le dije:

—Tío, una llave de este arcaz he perdido, y temo mi señor me azote. Por vuestra vida, veáis si en ésas que traéis hay alguna que le haga, que yo os lo pagaré.   80

Comenzó a probar el angélico calderero una y otra de un gran sartal que dellas traía, y yo [a] ayudalle con mis flacas oraciones. Cuando no me cato,[6] veo en figura de panes, como dicen, la cara de Dios dentro del arcaz, y abierto, díjele:

—Yo no tengo dineros que os dar por la llave, mas tomad de ahí el pago.

---

[4] acostumbrado
[5] el que tenía por oficio reparar objetos de metal
[6] de buenas a primeras

Él tomó un bodigo de aquéllos, el que mejor le pareció, y dándome mi llave, se fue muy contento, dejándome más a mí.

Mas no toqué en nada por el presente, porque no fuese la falta sentida, y aun porque me vi de tanto bien señor parescióme que la hambre no se me osaba llegar. Vino el mísero de mi amo, y quiso Dios no miró en la oblada[7] que el ángel había llevado.

Y otro día, en saliendo de casa, abro mi paraíso panal, y tomo entre las manos y dientes un bodigo, y en dos credos le hice invisible, no se me olvidando el arca abierta. Y comienzo a barrer la casa con mucha alegría, paresciéndome con aquel remedio remediar dende en adelante la triste vida.

Y así estuve con ello aquel día y otro gozoso. Mas no estaba en mi dicha que me durase mucho aquel descanso, porque luego, al tercero día, me vino la terciana[8] derecha.

Y fue que veo a deshora al que me mataba de hambre sobre nuestro arcaz, volviendo y revolviendo, contando y tornando a contar los panes. Yo disimulaba, y en mi secreta oración y devociones y plegarias, decía: "¡Sant Juan y ciégale!"

Después que estuvo un gran rato echando la cuenta, por días y dedos contando, dijo:

—Si no tuviera a tan buen recado esta arca, yo dijera que me habían tomado della panes; pero de hoy más, sólo por cerrar la puerta a la sospecha, quiero tener buena cuenta con ellos: nueve quedan y un pedazo.

"¡Nuevas malas te dé Dios!", dije yo entre mí.

Paresцióme con lo que dijo pasarme el corazón con saeta de montero, y comenzóme el estómago a escarbar de hambre, viéndose puesto en la dieta pasada. Fue fuera de casa. Yo, por consolarme, abro el arca y, como vi el pan, comencélo de adorar, no osando rescebillo.

Contélos, si a dicha el lacerado se errara, y hallé su cuenta más verdadera que yo quisiera. Lo más que yo pude hacer fue dar en ellos mil besos, y, lo más delicado que yo pude, del partido partí un poco al pelo que él estaba, y con aquél pasé aquel día, no tan alegre como el pasado.

Mas como la hambre creciese, mayormente que tenía el estómago hecho a más pan aquellos dos o tres días ya dichos, moría mala muerte; tanto, que otra cosa no hacía en viéndome solo, sino abrir y cerrar el arca y contemplar en aquella cara de Dios, que ansí dicen los niños. Mas el mesmo Dios, que socorre a los afligidos, viéndome en tal estrecho, trujo a mi memoria un pequeño remedio, que, considerando entre mí, dije: "Este arquetón es viejo y grande y roto por algunas partes, aunque pequeños agujeros. Puédese pensar que ratones, entrando en él, hacen daño a este pan. Sacarlo entero no es cosa conveniente, porque verá la falta el que en tanta me hace vivir. Esto bien se sufre."

Y comienzo a desmigajar el pan sobre unos no muy costosos manteles que allí estaban, y tomo uno y dejo otro, de manera que en cada cual de tres o cuatro desmigajé su poco. Después, como quien toma gragea,[9] lo comí, y algo me consolé. Mas él, como viniese a comer y abriese el arca, vio el mal pesar, y sin duda creyó ser ratones los que el daño habían hecho, porque estaba muy al propio contrahecho de como ellos lo suelen hacer. Miró todo el arcaz

---

[7] ofrenda de pan que se llevaba a la iglesia
[8] fiebre
[9] un confite muy pequeño

de un cabo a otro y viole ciertos agujeros, por do sospechaba habían entrado. Llamóme diciendo:

—¡Lázaro! ¡Mira, mira qué persecución ha venido aquesta noche por nuestro pan!

Yo híceme muy maravillado, preguntándole qué sería.

—¡Qué ha de ser! —dijo él—. Ratones, que no dejan cosa a vida.

Pusímonos a comer, y quiso Dios que aun en esto me fue bien, que me cupo más pan que la laceria que me solía dar, porque rayó con un cuchillo todo lo que pensó ser ratonado,   130 diciendo:

—Cómete eso, que el ratón cosa limpia es.

Y así, aquel día, añadiendo la ración del trabajo de mis manos (o de mis uñas, por mejor decir), acabamos de comer, aunque yo nunca empezaba.

Y luego me vino otro sobresalto, que fue verle andar solícito quitando clavos de las paredes y buscando tablillas, con las cuales clavó y cerró todos los agujeros de la vieja arca.

—¡Oh Señor mío —dije yo entonces—, a cuánta miseria y fortuna y desastres estamos puestos los nascidos y cuán poco turan los placeres de esta nuestra trabajosa vida! Heme aquí que pensaba con este pobre y triste remedio remediar y pasar mi laceria, y estaba ya cuanto que alegre y de buena ventura. Mas no; quiso mi desdicha, despertando a este lacerado de mi   140 amo y poniéndole más diligencia de la que él de suyo se tenía (pues los míseros por la mayor parte nunca de aquélla carecen), agora, cerrando los agujeros del arca, cerrase la puerta a mi consuelo y la abriese a mis trabajos.

Así lamentaba yo, en tanto que mi solícito carpintero, con muchos clavos y tablillas, dio fin a sus obras, diciendo:

—Agora, donos[10] traidores ratones, conviéneos mudar propósito, que en esta casa mala medra tenéis.

De que salió de su casa, voy a ver la obra, y hallé que no dejó en la triste y vieja arca agujero ni aun por donde le pudiese entrar un moxquito. Abro con mi desaprovechada llave, sin esperanza de sacar provecho, y vi los dos o tres panes comenzados, los que mi amo creyó ser   150 ratonados, y dellos todavía saqué alguna laceria, tocándolos muy ligeramente, a uso de esgremidor diestro. Como la necesidad sea tan gran maestra, viéndome con tanta siempre, noche y día estaba pensando la manera que tendría en substentar el vivir. Y pienso, para hallar estos negros remedios, que me era luz la hambre, pues dicen que el ingenio con ella se avisa y al contrario con la hartura, y así era por cierto en mí.

Pues estando una noche desvelado en este pensamiento, pensando cómo me podría valer y aprovecharme del arcaz, sentí que mi amo dormía, porque lo mostraba con roncar y en unos resoplidos grandes que daba cuando estaba durmiendo. Levantéme muy quedito, y habiendo en el día pensado lo que había de hacer y dejado un cuchillo viejo que por allí andaba en

---

[10] *forma plural y humorística de "don"*

parte do le hallase, voyme al triste arcaz, y, por do había mirado tener menos defensa, le 160
acometí con el cuchillo, que a manera de barreno dél usé. Y como la antiquísima arca, por
ser de tantos años, la hallase sin fuerza y corazón, antes muy blanda y carcomida, luego se me
rindió, y consintió en su costado, por mi remedio, un buen agujero. Esto hecho, abro muy
paso la llagada arca y, al tiento, del pan que hallé partido, hice según de yuso[11] está escrito. Y
con aquello algún tanto consolado, tornando a cerrar, me volví a mis pajas, en las cuales re-
posé y dormí un poco. Lo cual yo hacía mal y echábalo al no comer. Y ansí sería, porque,
cierto, en aquel tiempo no me debían de quitar el sueño los cuidados del rey de Francia.

Otro día fue por el señor mi amo visto el daño, así del pan como del agujero que yo había
hecho, y comenzó a dar a los diablos los ratones y decir:

—¿Qué diremos a esto? ¡Nunca haber sentido ratones en esta casa sino agora!   170

Y sin dubda debía de decir verdad. Porque si casa había de haber en el reino justamente
de ellos privilegiada, aquélla, de razón, había de ser, porque no suelen morar donde no hay
qué comer. Torna a buscar clavos por la casa y por las paredes, y tablillas a atapárselos. Venida
la noche y su reposo, luego era yo puesto en pie con mi aparejo, y cuantos él tapaba de día
destapaba yo de noche.

En tal manera fue y tal priesa nos dimos, que sin dubda por esto se debió decir:
"Donde una puerta se cierra, otra se abre." Finalmente, parescíamos tener a destajo la tela
de Penélope, pues cuanto él tejía de día rompía yo de noche, y en pocos días y noches
pusimos la pobre despensa de tal forma, que quien quisiera propiamente della hablar, más
corazas viejas de otro tiempo que no arcaz la llamara, según la clavazón y tachuelas sobre 180
sí tenía.

De que vio no le aprovechar nada su remedio, dijo:

—Este arcaz está tan maltratado, y es de madera tan vieja y flaca, que no habrá ratón a
quien se defienda. Y va ya tal, que si andamos más con él nos dejará sin guarda. Y aun lo peor,
que, aunque hace poca, todavía hará falta faltando y me pondrá en costa de tres o cuatro
reales. El mejor remedio que hallo, pues el de hasta aquí no aprovecha: armaré por de dentro a estos ratones malditos.

Luego buscó prestada una ratonera, y con cortezas de queso que a los vecinos pedía, contino el gato estaba armado dentro del arca. Lo cual era para mí singular auxilio, porque,
puesto caso que yo no había menester muchas salsas para comer, todavía me holgaba con las 190
cortezas del queso que de la ratonera sacaba, y, sin esto, no perdonaba el ratonar del bodigo.

Como hallase el pan ratonado y el queso comido y no cayese el ratón que lo comía, dábase
al diablo, preguntaba a los vecinos qué podría ser comer el queso y sacarlo de la ratonera y
no caer ni quedar dentro el ratón y hallar caída la trampilla del gato. Acordaron los vecinos
no ser el ratón el que este daño hacía, porque no fuera menos de haber caído alguna vez.
Díjole un vecino:

—En vuestra casa yo me acuerdo que solía andar una culebra, y ésta debe de ser sin dubda.
Y lleva razón, que, como es larga, tiene lugar de tomar el cebo, y aunque la coja la trampilla
encima, como no entre toda dentro, tórnase a salir.

---

[11] *ant.* abajo

Cuadró a todos lo que aquél dijo y alteró mucho a mi amo, y dende en adelante no dor-   200
mía tan a sueño suelto, que cualquier gusano de la madera que de noche sonase pensaba ser
la culebra que le roía el arca. Luego era puesto en pie, y con un garrote que a la cabecera,
desde que aquello le dijeron, ponía, daba en la pecadora del arca grandes garrotazos, pensando espantar la culebra. A los vecinos despertaba con el estruendo que hacía y a mí no dejaba dormir. Íbase a mis pajas y trastornábalas, y a mí con ellas, pensando que se iba para mí
y se envolvía en mis pajas o en mi sayo, porque le decían que de noche acaescía a estos animales, buscando calor, irse a las cunas donde están criaturas y aun mordellas y hacerles
peligrar.

Yo las más veces hacía del dormido, y en la mañana decíame él:

—¿Esta noche, mozo, no sentiste nada? Pues tras la culebra anduve, y aun pienso se ha de   210
ir para ti a la cama, que son muy frías y buscan calor.

—Plega a Dios que no me muerda —decía yo—, que harto miedo le tengo.

Desta manera andaba tan elevado y levantado del sueño, que, mi fe, la culebra (o culebro,
por mejor decir), no osaba roer de noche ni levantarse al arca; mas de día, mientras estaba en
la iglesia o por el lugar, hacía mis saltos. Los cuales daños viendo él, y el poco remedio que
les podía poner, andaba de noche, como digo, hecho trasgo.[12]

Yo hube miedo que con aquellas diligencias no me topase con la llave, que debajo de las
pajas tenía, y parescióme lo más seguro metella de noche en la boca. Porque ya, desde que
viví con el ciego, la tenía tan hecha bolsa, que me acaesció tener en ella doce o quince maravedís, todo en medias blancas, sin que me estorbasen el comer, porque de otra manera no   220
era señor de una blanca, que el maldito ciego no cayese con ella, no dejando costura ni
remiendo que no me buscaba muy a menudo.

Pues, ansí como digo, metía cada noche la llave en la boca y dormía sin recelo que el brujo
de mi amo cayese con ella; mas cuando la desdicha ha de venir, por demás es diligencia.
Quisieron mis hados, o, por mejor decir, mis pecados, que una noche que estaba durmiendo,
la llave se me puso en la boca, que abierta debía tener, de tal manera y postura, que el aire y
resoplo que yo durmiendo echaba salía por lo hueco de la llave, que de cañuto era, y silbaba,
según mi desastre quiso, muy recio, de tal manera, que el sobresaltado de mi amo lo oyó, y
creyó sin duda ser el silbo de la culebra, y cierto lo debía parescer.

Levantóse muy paso con su garrote en la mano, y al tiento y sonido de la culebra se   230
llegó a mí con mucha quietud por no ser sentido de la culebra. Y como cerca se vio, pensó
que allí, en las pajas do yo estaba echado, al calor mío se había venido. Levantando bien
el palo, pensando tenerla debajo y darle tal garrotazo que la matase, con toda su fuerza
me descargó en la cabeza un tan gran golpe, que sin ningún sentido y muy mal descalabrado me dejó. Como sintió que me había dado, según yo debía hacer gran sentimiento
con el fiero golpe, contaba él que se había llegado a mí y, dándome grandes voces, llamán-
dome, procuró recordarme. Mas, como me tocase con las manos, tentó la mucha sangre
que se me iba, y conosció el daño que me había hecho. Y con mucha priesa fue a buscar
lumbre, y llegando con ella, hallóme quejando, todavía con mi llave en la boca, que nunca

---

[12] espíritu

la desamparé, la mitad fuera, bien de aquella manera que debía estar al tiempo que silbaba   240
con ella.

Espantado el matador de culebras qué podría ser aquella llave, miróla, sacándomela del
todo de la boca, y vio lo que era, porque en las guardas nada de la suya diferenciaba. Fue
luego a proballa, y con ella probó el maleficio. Debió de decir el cruel cazador: "El ratón y
culebra que me daban guerra y me comían mi hacienda he hallado."

De lo que sucedió en aquellos tres días siguientes ninguna fe daré, porque los tuve en el
vientre de la ballena, más de cómo esto que he contado oí, después que en mí torné, decir
a mi amo, el cual, a cuantos allí venían lo contaba por extenso.

A cabo de tres días yo torné en mi sentido, y vime echado en mis pajas, la cabeza toda
emplastada y llena de aceites y ungüentos, y espantado dije: 250

—¿Qué es esto?

Respondióme el cruel sacerdote:

—A fe que los ratones y culebras que me destruían ya los he cazado.

Y miré por mí, y vime tan maltratado, que luego sospeché mi mal.

A esta hora entró una vieja que ensalmaba,[13] y los vecinos. Y comiénzanme a quitar trapos de la cabeza y curar el garrotazo. Y como me hallaron vuelto en mi sentido, holgáronse
mucho, y dijeron:

—Pues ha tornado en su acuerdo, placerá a Dios no será nada.

Ahí tornaron de nuevo a contar mis cuitas y a reirlas, y yo, pecador, a llorarlas. Con todo   260
esto, diéronme de comer, que estaba transido de hambre, y apenas me pudieron demediar. Y
ansí, de poco en poco, a los quince días me levanté y estuve sin peligro (mas no sin hambre)
y medio sano.

Luego otro día que fui levantado, el señor mi amo me tomó por la mano y sacóme la
puerta fuera, y puesto en la calle, díjome:

—Lázaro, de hoy más eres tuyo y no mío. Busca amo y vete con Dios, que yo no quiero
en mi compañía tan diligente servidor. No es posible sino que hayas sido mozo de ciego.

Y santiguándose de mí, como si yo estuviera endemoniado, tórnase a meter en casa y
cierra su puerta.

■——Pasos para la comprensión

1. Este tratado es sumamente anticlerical. Esta nota suena temprano en el tratado
   cuando el narrador, al comentar la lacería del cura, dice: "no sé si de su cosecha
   era o lo había anejado con el hábito de clerecía." ¿Cuáles son algunas de las acciones anticristianas del clérigo?

---

[13] curaba con oraciones y hechicerías

2. Con el ciego, Lazarillo pudo robar algunas blancas y algún vino pero con el cura no. ¿Por qué?

   ☐ El cura dice que no come o bebe mucho porque los sacerdotes han de ser moderados, pero Lazarillo dice que miente. ¿Qué anécdotas cuenta el narrador para probar que el cura miente?

3. ¿Qué es un mortuorio? ¿Por qué lo pasa Lazarillo tan bien en ellos?

   ☐ En este episodio Lazarillo pide perdón a Dios por sus deseos en contra de la humanidad. ¿Por qué?

   ☐ Desde una ética "práctica" se le puede perdonar sus deseos, pero no desde una perspectiva "moral" o "religiosa." ¿Qué mensaje se puede deducir de este conflicto entre lo práctico y lo moral?

4. Lazarillo cita dos razones por no abandonar al clérigo. ¿Cuáles son? ¿Se podría añadir otras que él no menciona?

5. Cuando Lazarillo consigue la llave para entrar en el arca donde el clérigo guarda su pan, el narrador empieza a emplear signos con significantes religiosos.

   ☐ ¿Qué simboliza el pan dentro de un contexto religioso? (Consulta el *código religioso*.)

   ☐ ¿Qué podría significar la acción del cura de no compartir el pan con Lazarillo?

   ☐ Busca signos en el episodio que asocien el pan con conceptos religiosos.

   ☐ ¿Por qué crees que el autor hace esta conexión?

6. Hay cierto humor en este episodio, presente tanto en las palabras como en las acciones del cura al descubrir el ladrón del pan. Cita algunos ejemplos. ¿Por qué crees que el autor incluiría humor en una novela con un mensaje tan fuerte y crítico?

7. Lazarillo nos cuenta lo que pasó durante el tiempo que estuvo inconsciente de los golpes que le dio el cura por haberle engañado y robado. ¿Cómo pudo saber Lazarillo lo que pasó si estaba inconsciente?

   ☐ El *Lazarillo* representa el primer paso que da el realismo en la narrativa. Teniendo eso en cuenta, ¿por qué crees que se ve obligado el narrador a explicar sus fuentes de información?

Tratado tercero

Sinopsis

Lazarillo pasa a servir a un escudero que por su buena apariencia le da a entender que tiene dinero. Pero el escudero, aunque bueno con Lazarillo, no tiene ningún dinero y pasa hambre. Ahora, Lazarillo tiene que salir a pedir comida y luego, de su propia voluntad, la comparte con su amo. El escudero le cuenta a Lazarillo la historia de su vida y cómo salió de su tierra por una disputa que tuvo con un caballero sobre un ridículo punto de honor.

Un día vienen a cobrar el alquiler y el escudero sale para conseguir el dinero, pero nunca regresa. Toman a Lazarillo preso por las faltas de su amo, pero luego le dan la libertad.

Cómo Lázaro se asentó con un escudero y de lo que le acaesció con él

Desta manera me fue forzado sacar fuerzas de flaqueza, y poco a poco, con ayuda de las buenas gentes, di conmigo en esta insigne ciudad de Toledo, adonde, con la merced de Dios, dende a quince días se me cerró la herida. Y mientras estaba malo, siempre me daban alguna limosna, mas después que estuve sano, todos me decían:

—Tú, bellaco y gallofero eres. Busca, busca un amo a quien sirvas.

—¿Y dónde se hallará ése—decía yo entre mí—, si Dios agora de nuevo, como crió el mundo, no le criase?

Andando así discurriendo de puerta en puerta, con harto poco remedio (porque ya la caridad se subió al cielo), topóme Dios con un escudero[1] que iba por la calle, con razonable vestido, bien peinado, su paso y compás en orden. Miróme, y yo a él, y díjome: 10

—Mochacho, ¿buscas amo?

Yo le dije:

—Sí, señor.

—Pues vente tras mí—me respondió—, que Dios te ha hecho merced en topar conmigo; alguna buena oración rezaste hoy.

Y seguíle, dando gracias a Dios por lo que le oí, y también que me parescía, según su hábito y continente, ser el que yo había menester.

Era de mañana cuando este mi tercero amo topé; y llevóme tras sí gran parte de la ciudad. Pasábamos por las plazas do se vendía pan y otras provisiones. Yo pensaba (y aun deseaba) que allí me quería cargar de lo que se vendía, porque ésta era propria hora, cuando se suele   20 proveer de lo necesario; mas muy a tendido paso pasaba por estas cosas.

—Por ventura no lo ve aquí a su contento—decía yo—, y querrá que lo compremos en otro cabo.

Desta manera anduvimos hasta que dio las once. Entonces se entró en la iglesia mayor, y yo tras él, y muy devotamente le vi oír misa y los otros oficios divinos, hasta que todo fue acabado y la gente ida. Entonces salimos de la iglesia. A buen paso tendido comenzamos a ir

---

[1] *No se trata de un escudero al estilo medieval, sino de hidalgos que servían de mayordomos a personas de alta categoría social.*

por una calle abajo. Yo iba el más alegre del mundo en ver que no nos habíamos ocupado en buscar de comer. Bien consideré que debía ser hombre, mi nuevo amo, que se proveía en junto,[2] y que ya la comida estaría a punto y tal como yo deseaba y aun la había menester.

En este tiempo dio el reloj la una, después de medio día, y llegamos a una casa ante la cual mi amo se paró, y yo con él, y derribando el cabo de la capa sobre el lado izquierdo, sacó una llave de la manga, y abrió su puerta, y entramos en casa. La cual tenía la entrada obscura y lóbrega de tal manera, que paresce que ponía temor a los que en ella entraban, aunque dentro della estaba un patio pequeño y razonables cámaras.

Desque fuimos entrados, quita de sobre sí su capa, y preguntando si tenía las manos limpias, la sacudimos y doblamos, y muy limpiamente, soplando un poyo que allí estaba, la puso en él. Y hecho esto, sentóse cabo della, preguntándome muy por extenso de dónde era y cómo había venido a aquella ciudad. Y yo le di más larga cuenta que quisiera, porque me parescía más conveniente hora de mandar poner la mesa y escudillar la olla, que de lo que me pedía. Con todo eso, yo le satisface de mi persona lo mejor que mentir supe, diciendo mis bienes y callando lo demás, porque me parescía no ser para en cámara.[3] Esto hecho, estuvo ansí un poco, y yo luego vi mala señal, por ser ya casi las dos y no le ver más aliento de comer que a un muerto.

Después desto, consideraba aquel tener cerrada la puerta con llave, ni sentir arriba ni abajo pasos de viva persona por la casa. Todo lo que yo había visto eran paredes, sin ver en ella silleta, ni tajo, ni banco, ni mesa, ni aun tal arcaz como el de marras. Finalmente, ella parescía casa encantada. Estando así, díjome:

—Tú, mozo, ¿has comido?

—No, señor—dije yo—, que aún no eran dadas las ocho cuando con Vuestra Merced encontré.

—Pues, aunque de mañana, yo había almorzado, y cuando ansí como algo, hágote saber que hasta la noche me estoy ansí. Por eso, pásate como pudieres, que después cenaremos.

Vuestra Merced crea, cuando esto le oí, que estuve en poco de caer de mi estado, no tanto de hambre como por conocer de todo en todo la fortuna serme adversa. Allí se me representaron de nuevo mis fatigas y torné a llorar mis trabajos; allí se me vino a la memoria la consideración que hacía cuando me pensaba ir del clérigo, diciendo que, aunque aquel era desventurado y mísero, por ventura toparía con otro peor; finalmente, allí lloré mi trabajosa vida pasada y mi cercana muerte venidera. Y con todo, disimulando lo mejor que pude, le dije:

—Señor, mozo soy que no me fatigo mucho por comer, bendito Dios; deso me podré yo alabar entre todos mis iguales por de mejor garganta,[4] y ansí fui yo loado della hasta hoy día de los amos que yo he tenido.

---

[2] *ant.* de vez en cuando
[3] la forma correcta
[4] no comer mucho

—Virtud es ésa —dijo él—, y por eso te querré yo más, porque el hartar es de los puercos, y el comer regladamente es de los hombres de bien.

"¡Bien te he entendido!", dije yo entre mí. "¡Maldita tanta medicina y bondad como aquestos mis amos que yo hallo hallan en la hambre!"

Púseme a un cabo del portal, y saqué unos pedazos de pan del seno, que me habían quedado de los de por Dios. Él, que vio esto, díjome:

—Ven acá, mozo. ¿Qué comes?

Yo lleguéme a él y mostréle el pan. Tomóme él un pedazo, de tres que eran, el mejor y   70
más grande, y díjome:

—Por mi vida, que paresce éste buen pan.

—¿Y cómo agora—dije yo—, señor, es bueno?

—Sí, a fe—dijo él—. ¿Adónde lo hubiste? ¿Si es amasado de manos limpias?

—No sé yo eso—le dije—; mas a mí no me pone asco el sabor dello.

—Así plega a Dios—dijo el pobre de mi amo.

Y llevándolo a la boca, comenzó a dar en él tan fieros bocados como yo en lo otro.

—Sabrosísimo pan está—dijo—, por Dios.

Y como le sentí de qué pie coxqueaba,[5] dime priesa, porque le vi en disposición, si acababa antes que yo, se comediría a ayudarme a lo que me quedase. Y con esto acabamos   80
casi a una. Y mi amo comenzó a sacudir con las manos unas pocas de migajas, y bien menudas, que en los pechos se le habían quedado. Y entró en una camareta que allí estaba, y sacó un jarro desbocado y no muy nuevo, y desque hubo bebido, convidóme con él. Yo, por hacer del continente, dije:

—Señor, no bebo vino.

—Agua es —me respondió—; bien puedes beber.

Entonces tomé el jarro y bebí. No mucho, porque de sed no era mi congoja.

Ansí estuvimos hasta la noche, hablando en cosas que me preguntaba, a las cuales yo le respondí lo mejor que supe. En este tiempo metióme en la cámara donde estaba el jarro de que bebimos y díjome: 90

—Mozo, párate allí, y verás cómo hacemos esta cama, para que la sepas hacer de aquí adelante.

---

[5] cojeaba

Púseme de un cabo y él del otro, y hecimos la negra cama, en la cual no había mucho que hacer, porque ella tenía sobre unos bancos un cañizo,[6] sobre el cual estaba tendida la ropa, que por no estar muy continuada a lavarse, no parescía colchón, aunque servía dél, con harta menos lana que era menester. Aquél tendimos, haciendo cuenta de ablandalle; lo cual era imposible, porque de lo duro mal se puede hacer blando. El diablo del enjalma[7] maldita la cosa tenía dentro de sí, que, puesto sobre el cañizo, todas las cañas se señalaban, y parescían a lo proprio entrecuesto de flaquísimo puerco. Y sobre aquel hambriento colchón, un alfamar[8] del mesmo jaez, del cual el color yo no pude alcanzar.

Hecha la cama y la noche venida, díjome: 100

—Lázaro, ya es tarde, y de aquí a la plaza hay gran trecho. También en esta ciudad andan muchos ladrones, que, siendo de noche, capean.[9] Pasemos como podamos y mañana, venido el día, Dios hará merced; porque yo, por estar solo, no estoy proveído, antes, he comido estos días por allá fuera; mas agora hacerlo hemos de otra manera.

—Señor, de mí —dije yo— ninguna pena tenga Vuestra Merced, que bien sé pasar una noche y aun más, si es menester, sin comer.

—Vivirás más y más sano —me respondió—, porque, como decíamos hoy, no hay tal cosa en el mundo para vivir mucho, que comer poco.

"Si por esa vía es —dije entre mí—, nunca yo moriré, que siempre he guardado esa regla por fuerza, y aun espero, en mi desdicha, tenella toda mi vida."   110

Y acostóse en la cama, poniendo por cabecera las calzas y el jubón. Y mandóme echar a sus pies, lo cual yo hice. Mas maldito el sueño que yo dormí, porque las cañas y mis salidos huesos en toda la noche dejaron de rifar y encenderse,[10] que con mis trabajos, males y hambre pienso que en mi cuerpo no había libra de carne, y también como aquel día no había comido casi nada, rabiaba de hambre, la cual con el sueño no tenía amistad. Maldíjeme mil veces (Dios me lo perdone), y a mi ruin fortuna, allí lo más de la noche, y lo peor, no osándome revolver por no despertalle, pedí a Dios muchas veces la muerte.

La mañana venida levantámonos, y comienza a limpiar y sacudir sus calzas y jubón, y sayo y capa. Y yo que le servía de pelillo. Y vísteseme muy a su placer, de espacio. Echéle aguamanos, peinóse, y puso su espada en el talabarte, y al tiempo que la ponía díjome: 120

—¡Oh, si supieses, mozo, qué pieza es ésta! No hay marco de oro en el mundo porque yo la diese; mas ansí, ninguna de cuantas Antonio hizo, no acertó a ponelle los aceros tan prestos como ésta los tiene.

Y sacóla de la vaina y tentóla con los dedos, diciendo:

—Vesla aquí. Yo me obligo con ella a cercenar un copo de lana.

---

[6] tejido de cañas
[7] una especie de silla de montar—"el diablo del enjalma"
[8] una especie de manta
[9] roban
[10] reñir y enojarse

Y yo dije entre mí: "Y yo con mis dientes, aunque no son de acero, un pan de cuatro libras."

Tornóla a meter y ciñósela, y un sartal de cuentas gruesas del talabarte. Y con un paso sosegado y el cuerpo derecho, haciendo con él y con la cabeza muy gentiles meneos, echando el cabo de la capa sobre el hombro y a veces so el brazo, y poniendo la mano derecha en el costado, salió por la puerta, diciendo:

—Lázaro, mira por la casa en tanto que voy a oír misa, y haz la cama, y ve por la vasija de agua al río, que aquí bajo está; y cierra la puerta con llave, no nos hurten algo, y ponla aquí al quicio, porque, si yo viniere en tanto, pueda entrar.

Y súbese por la calle arriba con tal gentil semblante y continente, que quien no le conosciera pensara ser muy cercano pariente al conde de Arcos, o, a lo menos, camarero que le daba de vestir.

"¡Bendito seáis Vos, Señor —quedé yo diciendo— que dais la enfermedad, y ponéis el remedio! ¿Quién encontrará a aquel mi señor que no piense, según el contento de sí lleva, haber anoche bien cenado y dormido en buena cama, y aunque agora es de mañana, no le cuenten por muy bien almorzado? ¡Grandes secretos son, Señor, los que Vos hacéis y las gentes ignoran! ¿A quién no engañará aquella buena disposición y razonable capa y sayo? ¿Y quién pensara que aquel gentil hombre se pasó ayer todo el día sin comer, con aquel mendrugo de pan, que su criado Lázaro trujo un día y una noche en el arca de su seno, do no se le podía pegar mucha limpieza, y hoy, lavándose las manos y cara, a falta de paño de manos se hacía servir de la falda del sayo? Nadie por cierto lo sospechara. ¡Oh, Señor, y cuántos de aquéstos debéis Vos tener por el mundo derramados, que padescen por la negra que llaman honra, lo que por Vos no sufrirán!"

Ansí estaba yo a la puerta, mirando y considerando estas cosas y otras muchas, hasta que el señor mi amo traspuso la larga y angosta calle. Y como lo vi trasponer, tornéme a entrar en casa, y en un credo la anduve toda, alto y bajo, sin hacer represa, ni hallar en qué. Hago la negra dura cama, y tomo el jarro, y doy conmigo en el río, donde en una huerta vi a mi amo en gran recuesta con dos rebozadas[11] mujeres, al parescer de las que en aquel lugar no hacen falta, antes muchas tienen por estilo de irse a las mañanicas del verano a refrescar y almorzar, sin llevar qué, por aquellas frescas riberas, con confianza que no ha de faltar quien se lo dé, según las tienen puestas en esta costumbre aquellos hidalgos del lugar.

Y como digo, él estaba entre ellas hecho un Macías, diciéndoles más dulzuras que Ovidio escribió. Pero, como sintieron dél que estaba bien enternecido, no se les hizo de vergüenza pedirle de almorzar con el acostumbrado pago.

Él, sintiéndose tan frío de bolsa cuanto estaba caliente del estómago, tomóle tal calofrío, que le robó la color del gesto, y comenzó a turbarse en la plática y a poner excusas no válidas.

Ellas, que debían ser bien instituidas, como le sintieron la enfermedad, dejáronle para el que era.[12]

Yo, que estaba comiendo ciertos tronchos de berzas, con los cuales me desayuné, con mucha diligencia, como mozo nuevo, sin ser visto de mi amo, torné a casa, de la cual pensé barrer alguna parte, que era bien menester; mas no hallé con qué. Púseme a pensar qué haría, y

---

[11] con los rostros cubiertos al estilo árabe
[12] *O sea, como se dieron cuenta de que era pobre, no le hicieron mucho caso.*

parescióme esperar a mi amo hasta que el día demediase, y si viniese y por ventura trajese algo que comiésemos; mas en vano fue mi experiencia.

Desque vi ser las dos y no venía y la hambre me aquejaba, cierro mi puerta y pongo la llave do mandó y tórnome a mi menester. Con baja y enferma voz y inclinadas mis manos   170 en los senos, puesto Dios ante mis ojos y la lengua en su nombre, comienzo a pedir pan por las puertas y casas más grandes que me parecía. Mas como yo este oficio le hobiese mamado en la leche (quiero decir que con el gran maestro el ciego lo aprendí), tan suficiente discípulo salí, que aunque en este pueblo no había caridad ni el año fuese muy abundante, tan buena maña me di, que antes que el reloj diese las cuatro ya yo tenía otras tantas libras de pan ensiladas en el cuerpo, y más de otras dos en las mangas y senos. Volvíme a la posada, y al pasar por la Tripería pedí a una de aquellas mujeres, y dióme un pedazo de uña de vaca con otras pocas de tripas cocidas.

Cuando llegué a casa, ya el bueno de mi amo estaba en ella, doblada su capa y puesta en el poyo, y él paseándose por el patio. Como entré, vínose para mí. Pensé que me quería reñir   180 la tardanza, mas mejor lo hizo Dios. Preguntóme dó venía. Yo le dije:

—Señor, hasta que dio las dos estuve aquí, y de que vi que Vuestra Merced no venía, fuime por esa ciudad a encomendarme a las buenas gentes, y hanme dado esto que veis.

Mostréle el pan y las tripas, que en un cabo de la halda traía, a la cual él mostró buen semblante, y dijo:

—Pues esperado te he a comer, y de que vi que no veniste, comí. Mas tú haces como hombre de bien en eso, que más vale pedillo por Dios que no hurtallo. Y ansí Él me ayude como ello me paresce bien, y solamente te encomiendo no sepan que vives conmigo, por lo que toca a mi honra; aunque bien creo que será secreto, según lo poco que en este pueblo soy conoscido. ¡Nunca a él yo hubiera de venir!   190

—De eso pierda, señor, cuidado —le dije yo—, que maldito aquel que ninguno tiene de pedirme esa cuenta, ni yo de dalla.

—Agora, pues, come, pecador, que si a Dios place, presto nos veremos sin necesidad. Aunque te digo que después que en esta casa entré, nunca bien me ha ido. Debe ser de mal suelo, que hay casas desdichadas y de mal pie, que a los que viven en ellas pegan la desdicha. Esta debe de ser, sin dubda, dellas; mas yo te prometo, acabado el mes no quede en ella, aunque me la den por mía.

Sentéme al cabo del poyo, y porque no me tuviese por glotón, callé la merienda. Y comienzo a cenar y morder en mis tripas y pan, y, disimuladamente, miraba al desventurado señor mío, que no partía sus ojos de mis faldas, que aquella sazón servían de plato. Tanta lástima haya Dios de mí como yo había dél, porque sentí lo que sentía, y muchas veces había   200 por ello pasado y pasaba cada día. Pensaba si sería bien comedirme a convidalle; mas, por me haber dicho que había comido, temíame no aceptaría el convite. Finalmente, yo deseaba aquel pecador ayudase a su trabajo del mío, y se desayunase como el día antes hizo, pues había mejor aparejo, por ser mejor la vianda y menos mi hambre.

Quiso Dios cumplir mi deseo, y aun pienso que el suyo, porque, como comencé a comer y él se andaba paseando, llegóse a mí y díjome:

—Dígote, Lázaro, que tienes en comer la mejor gracia que en mi vida vi a hombre, y que nadie te lo verá hacer que no le pongas gana aunque no la tenga.

"La muy buena que tú tienes —dije yo entre mí— te hace parescer la mía hermosa."
Con todo, paresciome ayudarle, pues se ayudaba y me abría camino para ello, y díjele: 210

—Señor, el buen aparejo hace buen artífice. Este pan está sabrosísimo, y esta uña de vaca tan bien cocida y sazonada, que no habrá a quién no convide con su sabor.

—¿Uña de vaca es?

—Sí, señor.

—Dígote que es el mejor bocado del mundo, y que no hay faisán que ansí me sepa.

—Pues pruebe, señor, y verá qué tal está.

Póngole en las uñas la otra y tres o cuatro raciones de pan de lo más blanco, y asentóseme al lado y comienza a comer como aquel que lo había gana, royendo cada huesecillo de aquéllos mejor que un galgo suyo lo hiciera.

—Con almodrote[13] —decía— es este singular manjar.   220

"Con mejor salsa lo comes tú", respondí yo paso.

—Por Dios, que me ha sabido como si hoy no hubiera comido bocado.

"¡Ansí me vengan los buenos años como es ello!", dije yo entre mí.

Pidióme el jarro del agua y díselo como lo había traído. Es señal, que pues no le faltaba el agua, que no le había a mi amo sobrado la comida. Bebimos, y muy contentos nos fuimos a dormir, como la noche pasada.
Y por evitar prolijidad, desta manera estuvimos ocho o diez días, yéndose el pecador en la mañana con aquel contento y paso contado a papar aire por las calles, teniendo en el pobre Lázaro una cabeza de lobo.
Contemplaba yo muchas veces mi desastre, que escapando de los amos ruines que había   230
tenido, y buscando mejoría, viniese a topar con quien no sólo no me mantuviese, mas a quien yo había de mantener. Con todo, le quería bien, con ver que no tenía ni podía más. Y antes le había lástima que enemistad. Y muchas veces, por llevar a la posada con que él lo pasase, yo lo pasaba mal.
Porque una mañana, levantándose el triste en camisa, subió a lo alto de la casa a hacer sus menesteres, y en tanto yo, por salir de sospecha, desenvolvíle el jubón y las calzas, que a la cabecera dejó, y hallé una bolsilla de terciopelo raso, hecha cien dobleces y sin maldita la blanca ni señal que la hubiese tenido mucho tiempo.

---

[13] una salsa de aceite y ajos

"Este—decía yo— es pobre, y nadie da lo que no tiene; mas el avariento ciego y el malaventurado mezquino clérigo, que, con dárselo Dios a ambos al uno de mano besada y 240
al otro de lengua suelta, me mataban de hambre, aquéllos es justo desamar, y aquéste de haber mancilla."[14]

Dios es testigo que hoy día, cuando topo con alguno de su hábito con aquel paso y pompa, le he lástima con pensar si padece lo que aquél le vi sufrir. Al cual, con toda su pobreza, holgaría de servir más que a los otros, por lo que he dicho. Sólo tenía dél un poco de descontento: que quisiera yo que no tuviera tanta presunción, mas que abajara un poco su fantasía con lo mucho que subía su necesidad. Mas, según me parece, es regla ya entre ellos usada y guardada. Aunque no haya cornado[15] de trueco, ha de andar el birrete[16] en su lugar. El Señor lo remedie, que ya con este mal han de morir.

Pues, estando yo en tal estado, pasando la vida que digo, quiso mi mala fortuna, que de 250
perseguirme no era satisfecha, que en aquella trabajada y vergonzosa vivienda no durase. Y fue, como el año en esta tierra fuese estéril de pan, acordaron el Ayuntamiento que todos los pobres estranjeros se fuesen de la ciudad, con pregón que el que de allí adelante topasen fuese punido con azotes. Y así ejecutando la ley, desde a cuatro días que el pregón se dio, vi llevar una procesión de pobres azotando por las Cuatro Calles. Lo cual me puso tan gran espanto, que nunca osé desmandarme a demandar.

Aquí viera, quien vello pudiera, la abstinencia de mi casa y la tristeza y silencio de los moradores, tanto, que nos acaesció estar dos o tres días sin comer bocado ni hablar palabra. A mí diéronme la vida unas mujercillas hilanderas de algodón, que hacían bonetes y vivían par de nosotros, con las cuales yo tuve vecindad y conocimiento. Que de la laceria que les 260
traía me daban alguna cosilla, con la cual muy pasado me pasaba.

Y no tenía tanta lástima de mí como del lastimado de mi amo, que en ocho días maldito el bocado que comió. A lo menos en casa, bien lo estuvimos sin comer. No sé yo cómo o dónde andaba y qué comía. ¡Y velle venir a mediodía la calle abajo, con estirado cuerpo, más largo que galgo de buena casta!

Y por lo que toca a su negra, que dicen, honra, tomaba una paja, de las que aun asaz no había en casa, y salía a la puerta escarbando los dientes que nada entre sí tenían, quejándose todavía de aquel mal solar, diciendo:

—Malo está de ver, que la desdicha desta vivienda lo hace. Como ves, es lóbrega, triste, obscura. Mientras aquí estuviéremos, hemos de padecer. Ya deseo que se acabe este mes por 270
salir della.

Pues, estando en esta afligida y hambrienta persecución, un día, no sé por cuál dicha o ventura, en el pobre poder de mi amo entró un real, con el cual él vino a casa tan ufano como si tuviera el tesoro de Venecia, y con gesto muy alegre y risueño me lo dio, diciendo:

—Toma, Lázaro, que Dios ya va abriendo su mano. Ve a la plaza y merca pan y vino y carne: ¡quebremos el ojo al diablo![17] Y más te hago saber, porque te huelgues: que he

---

[14] lástima

[15] moneda de poquísimo valor

[16] bonete; gorra

[17] *leer.* vamor a cambiar de suerte

alquilado otra casa, y en ésta desastrada no hemos de estar más de en cumpliendo el mes. ¡Maldita sea ella y el que en ella puso la primera teja, que con mal en ella entré! Por Nuestro Señor, cuanto ha que en ella vivo, gota de vino ni bocado de carne no he comido, ni he habido descanso ninguno; mas ¡tal vista tiene y tal obscuridad y tristeza! Ve y ven presto, y comamos hoy como condes.   280

Tomo mi real y jarro, y a los pies dándoles priesa, comienzo a subir mi calle, encaminando mis pasos para la plaza, muy contento y alegre. Mas ¿qué me aprovecha, si está constituido en mi triste fortuna que ningún gozo me venga sin zozobra? Y ansí fue éste. Porque yendo la calle arriba, echando mi cuenta en lo que le empleararía que fuese mejor y más provechosamente gastado, dando infinitas gracias a Dios que a mi amo había hecho con dinero, a deshora me vino al encuentro un muerto, que por la calle abajo muchos clérigos y gente en unas andas traían.

Arriméme a la pared por darles lugar, y desque el cuerpo pasó, venían luego a par del lecho una que debía ser mujer del difunto, cargada de luto, y con ella otras mujeres, la cual iba   290 llorando a grandes voces y diciendo:

—Marido y señor mío: ¿adónde os me llevan? ¡A la casa triste y desdichada, a la casa lóbrega y obscura, a la casa donde nunca comen ni beben!

Yo, que aquello oí, juntóseme el cielo con la tierra y dije: "¡Oh, desdichado de mí! ¡Para mi casa llevan este muerto!"

Dejo el camino que llevaba y hendí por medio de la gente, y vuelvo por la calle abajo, a todo el más correr que pude, para mi casa; y entrado en ella, cierro a grande priesa, invocando el auxilio y favor de mi amo, abrazándome dél, que me venga ayudar y a defender la entrada. El cual, algo alterado, pensando que fuese otra cosa, me dijo:

—¿Qué es eso, mozo? ¿Qué voces das? ¿Qué has? ¿Por qué cierras la puerta con tal   300 furia?

—¡Oh, señor—dije yo—, acuda aquí, que nos traen acá un muerto!

—¿Cómo así?—respondió él.

—Aquí arriba lo encontré, y venía diciendo su mujer: "¡Marido y señor mío! ¿Adónde os llevan? ¡A la casa lóbrega y obscura, a la casa triste y desdichada, a la casa donde nunca comen ni beben!". Acá, señor, nos le traen.

Y, ciertamente, cuando mi amo esto oyó, aunque no tenía por qué estar muy risueño, rió tanto, que muy gran rato estuvo sin poder hablar. En este tiempo tenía ya yo echada la aldaba a la puerta y puesto el hombro en ella por más defensa. Pasó la gente con su muerto, y yo todavía me recelaba que nos le habían de meter en casa. Y desque fue ya más harto de reír   310 que de comer el bueno de mi amo, díjome:

—Verdad es, Lázaro; según la viuda lo va diciendo, tú tuviste razón de pensar lo que pensaste; mas, pues Dios lo ha hecho mejor y pasan adelante, abre, abre y ve por de comer.

—Déjalos, señor, acaben de pasar la calle—dije yo.

Al fin vino mi amo a la puerta de la calle y ábrela esforzándome, que bien era menester, según el miedo y alteración, y me torno a encaminar. Mas, aunque comimos bien aquel día, maldito el gusto yo tomaba en ello. Ni en aquellos tres días torné en mi color. Y mi amo muy risueño todas las veces que se le acordaba aquella mi consideración.

De esta manera estuve con mi tercero y pobre amo, que fue este escudero, algunos días, y en todos deseando saber la intención de su venida y estada en esta tierra, porque, desde el   320
primer día que con él asenté, le conoscí ser estranjero, por el poco conoscimiento y trato que con los naturales della tenía. Al fin se cumplió mi deseo, y supe lo que deseaba, porque un día que habíamos comido razonablemente y estaba algo contento, contóme su hacienda, y díjome ser de Castilla la Vieja y que había dejado su tierra no más de por no quitar el bonete a un caballero su vecino.

—Señor—dije yo—, si él era lo que decís y tenía más que vos, ¿no errábades en no quitárselo primero, pues decís que él también os lo quitaba?

—Sí es, y sí tiene, y también me lo quitaba él a mí; mas, de cuantas veces yo se le quitaba primero, no fuera malo comedirse él alguna y ganarme por la mano.

—Parésceme, señor—le dije yo—, que en eso no mirara, mayormente con mis mayores   330
que yo y que tienen más.

—Eres mochacho—me respondió—y no sientes las cosas de la honra, en que el día de hoy está todo el caudal de los hombres de bien. Pues te hago saber que yo soy, como vees, un escudero; mas, ¡vótote a Dios!, si al conde topo en la calle y no me quita muy bien quitado del todo el bonete, que otra vez que venga me sepa yo entrar en una casa, fingiendo yo en ella algún negocio, o atravesar otra calle, si la hay, antes que llegue a mí, por no quitárselo. Que un hidalgo no debe a otro que a Dios y al rey nada, ni es justo, siendo hombre de bien, se descuide un punto de tener en mucho su persona. Acuérdome que un día deshonré en mi tierra a un oficial, y quise ponerle las manos, porque cada vez que le topaba, me decía: "Mantenga Dios a Vuestra Merced" "Vos, don villano ruin —le dije yo—, ¿por qué no sois bien   340
criado? ¿Manténgaos Dios, me habéis de decir, como si fuese quienquiera?" De allí adelante, de aquí acullá, me quitaba el bonete, y hablaba como debía.

—¿Y no es buena manera de saludar un hombre a otro—dije yo—decirle que le mantenga Dios?

—¡Mira mucho de enhoramala!—dijo él—. A los hombres de poca arte dicen eso; mas a los más altos, como yo, no les han de hablar menos de: "Beso las manos de Vuestra Merced", o por lo menos: "Bésoos, señor, las manos", si el que me habla es caballero. Y ansí, de aquel de mi tierra que me atestaba de mantenimiento nunca más le quise sufrir, ni sufriría, ni sufriré a hombre del mundo, de el rey abajo, que "Manténgaos Dios" me diga.

"Pecador de mí—dije yo—, por eso tiene tan poco cuidado de mantenerte, pues no sufres   350
que nadie se lo ruegue."

—Mayormente—dijo—que no soy tan pobre que no tenga en mi tierra un solar de casas que, a estar ellas en pie y bien labradas, diez y seis leguas de donde nací, en aquella Costanilla de Valladolid, valdrían más de docientas veces mil maravedís, según se podrían hacer grandes y buenas; y tengo un palomar, que a no estar derribado como está, daría cada año más de doscientos palominos; y otras cosas que me callo, que dejé por lo que tocaba a mi honra. Y vine a esta ciudad pensando que hallaría un buen asiento, mas no me ha sucedido como pensé. Canónigos y señores de la iglesia muchos hallo, mas es gente tan limitada, que no los sacarán de su paso todo el mundo. Caballeros de media talla también me ruegan; mas servir con éstos es gran trabajo, porque de hombre os habéis de convertir en malilla,[18] y si no, "Andá con Dios"   360 os dicen. Y las más veces son los pagamentos a largos plazos, y las más y las más ciertas comido por servido. Ya cuando quieren reformar consciencia y satisfaceros vuestros sudores, sois librados, en la recámara, en un sudado jubón, o raída capa o sayo. Ya cuando asienta un hombre con un señor de título, todavía pasa su laceria. ¿Pues, por ventura, no hay en mí habilidad para servir y contentar a éstos? Por Dios, si con él topase, muy gran su privado pienso que fuese, y que mil servicios le hiciese, porque yo sabría mentille tan bien como otro, y agradalle a las mil maravillas; reille ya mucho sus donaires y costumbres, aunque no fuesen las mejores del mundo; nunca decirle cosa con que le pesase, aunque mucho le cumpliese; ser muy diligente en su persona, en dicho y hecho; no me matar por no hacer bien las cosas que él no había de ver; y ponerme a reñir donde lo oyese con la gente de servicio, porque pareciese tener   370 gran cuidado de lo que a él tocaba. Si riñese con algún su criado, dar unos puntillos agudos para le encender la ira, y que pareciesen en favor de el culpado; decirle bien de lo que bien le estuviese, y, por el contrario, ser malicioso mofador, malsinar[19] a los de casa y a los de fuera, pesquisar y procurar de saber vidas ajenas para contárselas, y otras muchas galas desta calidad, que hoy día se usan en palacio y a los señores dél parecen bien. Y no quieren ver en sus casas hombres virtuosos; antes los aborrescen y tienen en poco y llaman nescios, y que no son personas de negocios ni con quien el señor se puede descuidar, y con éstos los astutos usan, como digo, el día de hoy, de lo que yo usaría; mas no quiere mi ventura que le halle.

Desta manera lamentaba también su adversa fortuna mi amo, dándome relación de su persona valerosa.   380

Pues estando en esto, entró por la puerta un hombre y una vieja. El hombre le pide el alquiler de la casa y la vieja el de la cama. Hacen cuenta, y de dos en dos meses le alcanzaron lo que él en un año no alcanzara. Pienso que fueron doce o trece reales. Y él les dio muy buena respuesta: que saldría a la plaza a trocar una pieza de a dos y que a la tarde volviesen; mas su salida fue sin vuelta.

Por manera que a la tarde ellos volvieron; mas fue tarde. Yo les dije que aún no era venido. Venida la noche y él no, yo hube miedo de quedar en casa solo, y fuime a las vecinas y contéles el caso, y allí dormí.

Venida la mañana, los acreedores vuelven y preguntan por el vecino, mas. . . a estotra   390 puerta. Las mujeres le responden:

—Veis aquí su mozo y la llave de la puerta.

---

[18] *fig.* sirviente cualquiera
[19] *ant.* difamar

Ellos me preguntaron por él, y díjeles que no sabía adónde estaba y que tampoco había vuelto a casa desde que salió a trocar la pieza, y que pensaba que de mí y de ellos se había ido con el trueco.

De que esto me oyeron, van por un alguacil y un escribano. Y helos do vuelven luego con ellos, y toman la llave, y llámanme, y llaman testigos, y abren la puerta, y entran a embargar la hacienda de mi amo hasta ser pagados de su deuda. Anduvieron toda la casa, y halláronla desembarazada, como he contado, y dícenme:

—¿Qué es de la hacienda de tu amo: sus arcas y paños de pared y alhajas de casa?   400

—No sé yo eso—le respondí.

—Sin duda—dicen ellos—esta noche lo deben de haber alzado y llevado a alguna parte. Señor alguacil, prended a este mozo, que él sabe dónde está.

En esto vino el alguacil y echóme mano por el collar del jubón, diciendo:

—Mochacho, tú eres preso si no descubres los bienes deste tu amo.

Yo, como en otra tal no me hubiese visto (porque asido del collar sí había sido muchas y infinitas veces, mas era mansamente dél trabado, para que mostrase el camino al que no vía), yo hube mucho miedo, y, llorando, prometíle de decir lo que me preguntaban.

—Bien está—dicen ellos—. Pues di todo lo que sabes y no hayas temor.

Sentóse el escribano en un poyo para escribir el inventario, preguntándome qué tenía.   410

—Señores—dije yo—, lo que éste mi amo tiene, según él me dijo, es un muy buen solar de casas y un palomar derribado.

—Bien está—dicen ellos—; por poco que eso valga, hay para nos entregar de la deuda. ¿Y a qué parte de la ciudad tiene eso?—me preguntaron.

—En su tierra—les respondí.

—Por Dios, que está bueno el negocio—dijeron ellos—, ¿y adónde es su tierra?

—De Castilla la Vieja me dijo él que era—le dije yo.

Riéronse mucho el alguacil y el escribano, diciendo:

—Bastante relación es ésta para cobrar vuestra deuda, aunque mejor fuese.

Las vecinas, que estaban presentes, dijeron: 420

—Señores, éste es un niño inocente y ha pocos días que está con ese escudero, y no sabe dél más que vuestras mercedes, sino cuanto el pecadorcico se llega aquí a nuestra casa, y le damos de comer lo que podemos por amor de Dios, y a las noches se iba a dormir con él.

Vista mi inocencia, dejáronme, dándome por libre. Y el alguacil y el escribano piden al hombre y a la mujer sus derechos. Sobre lo cual tuvieron gran contienda y ruido. Porque ellos alegaron no ser obligados a pagar, pues no había de qué ni se hacía el embargo. Los otros decían que habían dejado de ir a otro negocio que les importaba más por venir a aquél.

Finalmente, después de dadas muchas voces, al cabo carga un porquerón[20] con el viejo alfamar de la vieja, aunque no iba muy cargado. Allá van todos cinco dando voces. No sé en qué paró: creo yo que el pecador alfamar pagara por todos. Y bien se [le] empleaba, pues el tiempo que había de reposar y descansar de los trabajos pasados se andaba alquilando.   430

Así, como he contado, me dejó mi pobre tercero amo, do acabé de conocer mi ruin dicha, pues, señalándose todo lo que podría contra mí, hacía mis negocios tan al revés, que los amos, que suelen ser dejados de los mozos, en mí no fuese ansí, mas que mi amo me dejare y huyese de mí.

■———Pasos para la comprensión

1. Mientras Lazarillo se recupera de los golpes del cura la gente le da limosna, pero cuando ya está curado, dejan de ampararle y le dicen que vaya a trabajar sirviendo a otro amo.

   □ ¿Qué piensa Lazarillo para sí al escuchar estas demandas?

   □ Los pensamientos de Lazarillo forman parte del discurso de la pobreza en la novela. ¿Ves algunos paralelos entre lo que piensa Lázaro y lo que a veces se dice hoy en día de los pobres?

2. Cuando el escudero le pide a Lazarillo que le sirva, ¿por qué se contenta tanto el niño?

   □ ¿Tiene el mensaje de las engañosas apariencias otro paralelo en el texto?

3. En la sección que sigue al encuentro con el escudero, el narrador presta mucha atención al fluir del tiempo, dando las horas precisas.

   □ ¿Qué siente Lazarillo durante este tiempo y qué anticipa?

   □ El uso del tiempo es un elemento esencial de los discursos realistas. Anteriormente a este ejemplo ¿nos había proporcionado el narrador detalles temporales? ¿Recuerdas, por ejemplo, el tiempo que Lazarillo pasó con el clérigo?

4. ¿Cómo es la casa del escudero? ¿Qué muebles hay en ella? ¿Qué signos usa Lazarillo para describirla?

5. El escudero siempre da excusas para no comer.

   □ ¿Por qué lo hace?

   □ ¿Qué excusas da?

---

[20] especie de policía que arrestaba a los delincuentes

- ☐ ¿Qué tiene que hacer Lazarillo para no morirse de hambre?
- ☐ ¿Qué hace Lazarillo con la comida que trae a la casa?
- ☐ Comenta sobre la ironía de esta escena.

6. Comenta el razonamiento de los siguientes pensamientos de Lazarillo: "Allí se me vino a la memoria la consideración que hacía cuando me pensaba ir del clérigo, diciendo que, aunque aquél era desventurado y mísero, por ventura toparía con otro peor."

- ☐ Con el clérigo Lazarillo pedía a Dios que se murieran los enfermos que visitaban para poder comer algo en los mortuorios. Ahora le pide a Dios la muerte de otra persona. ¿De quién?
- ☐ ¿Cómo explicarías este tono desesperante?

7. El escudero nunca pide probar la comida que Lazarillo trae a casa, aunque claramente tiene mucha hambre.

- ☐ ¿Por qué le da lástima a Lazarillo el hambre de su amo?
- ☐ ¿Qué conclusión se puede sacar del carácter de Lazarillo de esta escena?
- ☐ Lazarillo nunca ofende a su amo. ¿Qué hace y dice Lazarillo para que coma el escudero?
- ☐ ¿Qué otra característica de Lazarillo se observa en la táctica que emplea para que coma su amo?

8. A pesar de que Lazarillo ahora tiene que mantener a su amo en vez del amo mantenerlo a él, Lazarillo no odia al escudero como odiaba a sus otros amos. El texto ofrece varias razones y Lazarillo lo expresa directamente. ¿Qué razones se pueden aportar para explicar el cariño que Lazarillo le tiene al escudero?

9. Por haber sequía en la región de Toledo, ¿qué pronuncia el ayuntamiento?

- ☐ ¿Cómo afecta a Lazarillo y a su amo este pronunciamiento?
- ☐ ¿Quiénes son los que tienen que salir de la ciudad?
- ☐ ¿Qué paralelos pudiera haber entre esta ley y ciertas opiniones que existen hoy día en los Estados Unidos respecto a los inmigrantes?

10. Ocurre una escena humorística cuando Lazarillo va al mercado para comprar comida con un real que por casualidad llegó a las manos del escudero. El niño ve una procesión de entierro.

- ☐ Explica lo que pasa en esta escena y el humor que contiene.
- ☐ Otra vez, trata de explicar la inclusión de una escena humorística dentro de un texto de este tipo.

11. Un día el escudero le cuenta a Lazarillo la historia de su vida.

- ☐ ¿Por qué tuvo que salir el escudero de su pueblo e irse a Toledo?
- ☐ ¿Cómo reacciona Lazarillo ante esta historia? ¿Cómo reacciona el escudero ante la reacción de Lázaro?

☐ Esta sección de la novela abre un discurso respecto al honor y la honra, preocupación dominante en esta época en España. ¿Qué parece implicar el narrador de esta preocupación con el cuento del escudero?

13. Cuando vienen a cobrar el alquiler, el escudero huye y toman preso a Lazarillo. Explica la ironía de esta escena.

Tratado cuarto

Sinopsis

Ahora Lazarillo pasa a servir a un fraile de la Merced, quien parece ser poco religioso y a quién le gusta la vida andariega. Sin decirnos por qué, Lazarillo rápidamente abandona al fraile.

Cómo Lázaro se asentó con un fraile de la merced y de lo que le acaesció con él

Hube de buscar el cuarto, y éste fue un fraile de la Merced, que las mujercillas que digo me encaminaron. Al cual ellas le llamaban pariente. Gran enemigo del coro y de comer en el convento, perdido por andar fuera, amicísimo de negocios seglares y visitar. Tanto, que pienso que rompía él más zapatos que todo el convento. Este me dio los primeros zapatos que rompí en mi vida; mas no me duraron ocho días, ni yo pude con su trote[1] durar más. Y por esto, y por otras cosillas que no digo, salí dél.

◼——Pasos para la comprensión

1. Este tratado brevísimo no deja de ser interesante, precisamente por ser tan lacónico. Se han dado muchas razones por su corta extensión así como por sus comentarios crípticos. ¿Qué razones se podrían aportar para explicar estas incoherencias?

2. El narrador usa signos lingüísticos de doble sentido en este tratado al escribir sobre las "mujercillas" que encaminan a Lazarillo a un fraile "pariente" suyo, quien era "perdido" y amigo de "negocios seglares" y de "visitar." Los signos que emplea el narrador, y que se han puesto entre comillas, parecen tener doble sentido. Trata de explicarlos.

3. La referencia a los zapatos es también curiosa. El texto en este caso, como en la razón por dejar al fraile, no es nada claro, y el lector tiene que suplir el texto tratando de inferir lo que el texto no quiere revelar. Trata de explicar el sentido del mensaje de los zapatos. Por ejemplo, ten en cuenta que los pobres normalmente andan descalzos por ser caros los zapatos. Piensa también que, fuera del discurso de la pobreza, andar sin zapatos (descalzo) podría significar cierta libertad, puesto que el zapato restringe a la vez que protege el pie.

---

[1] andanzas apresuradas

4. Aún más oscuro es el silencio del texto al decir que Lazarillo abandonó al fraile "por ciertas cosillas que no digo." El narrador tiene en su poder el dar a su lector toda la información que quiera. Cuando omite algo puede ser porque no es importante o por no querer revelar ciertas cosas. Claramente, éste es el caso aquí, puesto que Lazarillo dice que algo pasó que él no quiere contar.

☐ Aunque nunca se podrá esclarecer con exactitud el silencio del texto, ¿cuáles podrían ser las razones para no revelar al lector lo que ocasionó su partida?

☐ Aunque toda respuesta sería pura especulación, lo importante es dar una explicación que tenga sentido y que se pueda apoyar con otros detalles más concretos del texto.

Tratado quinto

Sinopsis

El quinto amo de Lázaro es un bulero. Estos religiosos iban de pueblo en pueblo vendiendo bulas, que eran documentos religiosos que podían servir para probar la sinceridad de la fe de una persona. En este tratado, el bulero, al ver que los del pueblo no le estaban comprando las bulas, monta una escena dramática fingida para convencer a los parroquianos de que las bulas son auténticas para que las compren. Mientras el bulero da un sermón en la iglesia, su asistente entra diciendo que lo que dice es pura mentira. El bulero ruega a Dios que castigue al alguacil si lo que dice es falso, y el alguacil finge un ataque, con el cual convence a los parroquianos de que las bulas son auténticas.

Cómo Lázaro se asentó con un bulder oy de las cosas que con él pasó

En el quinto por mi ventura di, que fue un buldero,[1] el más desenvuelto y desvergonzado, y el mayor echador dellas que jamás yo vi ni ver espero, ni pienso que nadie vio. Porque tenía y buscaba modos y maneras y muy sotiles invenciones.

En entrando en los lugares do habían de presentar la bula, primero presentaba a los clérigos o curas algunas cosillas, no tampoco de mucho valor ni substancia: una lechuga murciana, si era por el tiempo, un par de limas o naranjas, un melocotón, un par de duraznos, cada sendas peras verdiniales. Ansí procuraba tenerlos propicios, porque favoresciesen su negocio y llamasen sus feligreses a tomar la bula.

Ofreciéndosele a él las gracias, informábase de la suficiencia dellos. Si decían que entendían, no hablaba en latín, por no dar tropezón; mas aprovechábase de un gentil y bien cortado romance y desenvoltísima lengua. Y si sabía que los dichos clérigos eran de los reverendos (digo, que más con dineros que con letras, y con reverendas se ordenan), hacíase entre ellos un sancto Tomás y hablaba dos horas en latín. A lo menos, que lo parescía, aunque no lo era.   10

---

[1] bulero; *consulta el código eclesiástico*

Cuando por bien no le tomaban las bulas, buscaba cómo por mal se las tomasen. Y para aquello hacía molestias al pueblo, e otras veces con mañosos artificios. Y porque todos los que le veía hacer sería largo de contar, diré uno muy sotil y donoso, con el cual probaré bien su suficiencia.

En un lugar de la Sagra de Toledo había predicado dos o tres días, haciendo sus acostumbradas diligencias, y no le habían tomado bula, ni a mi ver tenían intención de se la tomar. 20 Estaba dado al diablo con aquello, y pensando qué hacer, se acordó de convidar al pueblo para otro día de mañana despedir la bula.

Y esa noche, después de cenar, pusiéronse a jugar la colación él y el alguacil. Y sobre el juego vinieron a reñir y a haber malas palabras. El llamó al alguacil ladrón, y el otro a él falsario. Sobre esto, el señor comisario, mi señor, tomó un lanzón que en el portal do jugaban estaba. El alguacil puso mano a su espada, que en la cinta tenía.

Al ruido y voces que todos dimos, acuden los huéspedes y vecinos, y métense en medio. Y ellos, muy enojados, procurándose de desembarazar de los que en medio estaban para se matar. Mas como la gente al gran ruido cargase, y la casa estuviese llena della, viendo que no podían afrentarse con las armas, decíanse palabras injuriosas, entre las cuales el alguacil dijo 30 a mi amo que era falsario y las bulas que predicaba que eran falsas.

Finalmente, que los del pueblo, viendo que no bastaban a ponellos en paz, acordaron de llevar el alguacil de la posada a otra parte. Y así quedó mi amo muy enojado. Y después que los huéspedes y vecinos le hubieron rogado que perdiese el enojo y se fuese a dormir, se fue, y así nos echamos todos.

La mañana venida, mi amo se fue a la iglesia y mandó tañer a misa y al sermón para despedir la bula. Y el pueblo se juntó, el cual andaba murmurando de las bulas, diciendo cómo eran falsas y que el mesmo alguacil, riñendo, lo había descubierto. De manera que, tras que tenían mala gana de tomalla, con aquello del todo la aborrescieron.

El señor comisario se subió al púlpito, y comienza su sermón, y a animar la gente a que 40 no quedasen sin tanto bien y indulgencia como la sancta bula traía.

Estando en lo mejor del sermón, entra por la puerta de la iglesia el alguacil, y desque hizo oración, levantóse, y con voz alta y pausada, cuerdamente comenzó a decir:

—Buenos hombres, oídme una palabra, que después oiréis a quien quisiéredes. Yo vine aquí con este echacuervo[2] que os predica, el cual me engañó, y dijo que le favoresciese en este negocio, y que partiríamos la ganancia. Y agora, visto el daño que haría a mi consciencia y a vuestras haciendas, arrepentido de lo hecho, os declaro claramente que las bulas que predica son falsas y que no le creáis ni las toméis, y que yo, *directe* ni *indirecte*, no soy parte en ellas, y que desde agora dejo la vara y doy con ella en el suelo. Y si en algún tiempo éste fuere castigado por la falsedad, que vosotros me seáis testigos cómo yo no soy con él ni le doy a 50 ello ayuda, antes os desengaño y declaro su maldad.

Y acabó su razonamiento.

Algunos hombres honrados que allí estaban se quisieron levantar y echar al alguacil fuera de la iglesia, por evitar escándalo. Mas mi amo les fue a la mano[3] y mandó a todos que, so pena de excomunión, no le estorbasen, mas que le dejasen decir todo lo que quisiese. Y ansí él también tuvo silencio mientras el alguacil dijo todo lo que he dicho.

---

[2] embaucador
[3] intervino con fuerza

Como calló, mi amo le preguntó si quería decir más, que lo dijese.
El alguacil dijo:

—Harto hay más que decir de vos y de vuestra falsedad, mas por agora basta.

El señor comisario se hincó de rodillas en el púlpito, y, puestas las manos y mirando al   60
cielo, dijo ansí:

—Señor Dios, a quien ninguna cosa es escondida, antes todas manifiestas, y a quien nada
es imposible, antes todo posible: tú sabes la verdad y cuán injustamente yo soy afrentado. En
lo que a mí toca, yo lo perdono, porque tú, Señor, me perdones. No mires a aquel, que no
sabe lo que hace ni dice; mas la injuria a ti hecha te suplico, y por justicia te pido, no disimules.
Porque alguno que está aquí, que por ventura pensó tomar aquesta sancta bula, y dando
crédito a las falsas palabras de aquel hombre lo dejará de hacer, y, pues es tanto perjuicio del
prójimo, te suplico yo, Señor, no lo disimules, mas luego muestra aquí milagro, y sea desta
manera: que si es verdad lo que aquél dice y que yo traigo maldad y falsedad, este púlpito se
hunda conmigo y meta siete estados debajo de tierra, do él ni yo jamás parezcamos; y si es ver-   70
dad lo que yo digo y aquél, persuadido del demonio (por quitar y privar a los que están presentes de tan gran bien), dice maldad, también sea castigado y de todos conoscida su malicia.

Apenas había acabado su oración el devoto señor mío, cuando el negro alguacil cae de su
estado, y da tan gran golpe en el suelo, que la iglesia toda hizo resonar, y comenzó a bramar
y echar espumajos por la boca y torcella y hacer visajes con el gesto, dando de pie y de mano,
revolviéndose por aquel suelo a una parte y a otra.
El estruendo y voces de la gente era tan grande, que no se oían unos a otros. Algunos estaban espantados y temerosos.
Unos decían: "El Señor le socorra y valga." Otros: "Bien se le emplea, pues levantaba tan
falso testimonio."   80
Finalmente, algunos que allí estaban, y a mi parescer no sin harto temor, se llegaron y le
trabaron de los brazos, con los cuales daba fuertes puñadas a los que cerca dél estaban. Otros
le tiraban por las piernas, y tuvieron reciamente, porque no había mula falsa en el mundo
que tan recias coces tirase. Y así le tuvieron un gran rato. Porque más de quince hombres estaban sobre él, y a todos daba las manos llenas, y, si se descuidaban, en los hocicos.
A todo esto, el señor mi amo estaba en el púlpito de rodillas, las manos y los ojos puestos
en el cielo, transportado en la divina esencia, que el planto y ruido y voces que en la iglesia
había no eran parte para apartalle de su divina contemplación.
Aquellos buenos hombres llegaron a él, y dando voces le despertaron, y le suplicaron
quisiese socorrer a aquel pobre, que estaba muriendo, y que no mirase a las cosas pasadas ni   90
a sus dichos malos, pues ya dellos tenía el pago; mas si en algo podría aprovechar para librarle
del peligro y pasión que padescía, por amor de Dios lo hiciese, pues ellos veían clara la culpa
del culpado, y la verdad y bondad suya, pues a su petición y venganza el Señor no alargó el
castigo.
El señor comisario, como quien despierta de un dulce sueño, los miró, y miró al delincuente y a todos los que alderredor estaban, y muy pausadamente les dijo:

—Buenos hombres, vosotros nunca habíades de rogar por un hombre en quien Dios tan
señaladamente se ha señalado; mas, pues Él nos manda que no volvamos mal por mal, y per-

donemos las injurias, con confianza podremos suplicarle que cumpla lo que nos manda y Su
Majestad perdone a éste, que le ofendió poniendo en su sancta fe obstáculo. Vamos todos a   100
suplicalle.

Y así, bajó del púlpito y encomendó a que muy devotamente suplicasen a Nuestro Señor
tuviese por bien de perdonar a aquel pecador y volverle en su salud y sano juicio, y lanzar
dél el demonio, si Su Majestad había permitido que por su gran pecado en él entrase.

Todos se hincaron de rodillas, y delante del altar, con los clérigos, comenzaban a cantar
con voz baja una letanía. Y viniendo él con la cruz y agua bendita, después de haber sobre él
cantado, el señor mi amo, puestas las manos al cielo y los ojos que casi nada se le parescía, sino
un poco de blanco, comienza una oración no menos larga que devota, con la cual hizo llorar
a toda la gente (como suelen hacer en los sermones de Pasión, de predicador y auditorio devoto), suplicando a Nuestro Señor, pues no quería la muerte del pecador, sino su vida y   110
arrepentimiento, que aquel encaminado por el demonio y persuadido de la muerte y pecado,
le quisiese perdonar y dar vida y salud, para que se arrepintiese y confesase sus pecados.

Y esto hecho, mandó traer la bula y púsosela en la cabeza. Y luego el pecador del alguacil
comenzó, poco a poco, a estar mejor y tornar en sí. Y desque fue bien vuelto en su acuerdo,
echóse a los pies del señor comisario y demandóle perdón; y confesó haber dicho aquello por
la boca y mandamiento del demonio, lo uno, por hacer a él daño y vengarse del enojo; lo
otro, y más principal, porque el demonio reciba mucha pena del bien que allí se hiciera en
tomar la bula.

El señor mi amo le perdonó, y fueron hechas las amistades entre ellos. Y a tomar la bula
hubo tanta priesa, que casi ánima viviente en el lugar no quedó sin ella, marido y mujer, y   120
hijos y hijas, mozos y mozas.

Divulgóse la nueva de lo acaescido por los lugares comarcanos, y, cuando a ellos
llegábamos, no era menester sermón ni ir a la iglesia, que a la posada la venían a tomar,
como si fueran peras que se dieran de balde. De manera que, en diez o doce lugares de
aquellos alderredores donde fuimos, echó el señor mi amo otras tantas mil bulas sin
predicar sermón.

Cuando él hizo el ensayo, confieso mi pecado, que también fui dello espantado, y creí que
ansí era, como otros muchos; mas con ver después la risa y burla que mi amo y el alguacil
llevaban y hacían del negocio, conoscí cómo había sido industriado por el industrioso y in-
ventivo de mi amo.   130

Y aunque mochacho, cayóme mucho en gracia y dije entre mí: "¡Cuántas déstas deben
hacer estos burladores entre la inocente gente!"

Finalmente, estuve con este mi quinto amo cerca de cuatro meses, en los cuales pasé también hartas fatigas.

■——Pasos para la comprensión

1. El narrador empieza el tratado expresando admiración y horror ante los artificios
   que emplea el bulero para vender sus bulas. Por ejemplo, ¿qué cosas hacía el bulero
   con los clérigos al llegar a un pueblo?

2. Explica detalladamente todos los planes que conciertan el bulero y su alguacil para
   llevar a cabo con éxito su "drama."

3. Si has leído *Huckleberry Finn* de Mark Twain (1835–1910), ¿recuerdas alguna escena de esa novela que recuerde a ésta del *Lazarillo*? Explica. ¿Crees que hubo una influencia directa?

4. Este tratado es muy diferente porque el narrador no toma parte en la acción, como en los otros tratados. Lazarillo se limita a ser un observador más. ¿Podría haber alguna razón artística o ideológica por la cual el narrador haya adoptado esta nueva postura?

5. Este tratado tiene elemento metaliterario, puesto que observamos una escena dramática dentro de la novela, pero es una escena dramática contada indirectamente por el narrador, quien, al contarla, cree que es una escena verídica; sólo después se da cuenta de que es artificio dramático. Todo esto tiene muchas implicaciones literarias. Trata de precisar algunas consecuencias o propósitos de este juego literario.

6. Finalmente se entera Lazarillo de que la bula es una burla (nota el juego léxico de *bula/burla*). ¿Qué relación de mensaje o discurso se puede observar entre este tratado y los del clérigo y el escudero?

7. El tratado termina de un modo semejante al tratado anterior. Explica.

Tratado Sexto

Sinopsis

Después de asistir a un pintor, Lazarillo consiguió un puesto de vendedor de agua por la ciudad. Le tenía que dar a un capellán, amo del negocio, todo lo que ganaba, pero se podía quedar con las ganancias de los sábados. Después de cuatro años de ahorros, Lazarillo se pudo comprar ropa decente, aunque muy de segunda mano.

Cómo Lázaro se asentó con un capellán y lo que con él pasó

Después desto, asenté con un maestro de pintar panderos, para molelle los colores, y también sufrí mil males.

Siendo ya en este tiempo buen mozuelo, entrando un día en la iglesia mayor, un capellán della me recibió por suyo. Y púsome en poder un asno y cuatro cántaros y un azote, y comencé a echar agua[1] por la ciudad. Este fue el primer escalón que yo subí para venir a alcanzar buena vida, porque mi boca era medida. Daba cada día a mi amo treinta maravedís ganados, y los sábados ganaba para mí, y todo lo demás, entre semana, de treinta maravedís.

Fueme tan bien en el oficio, que al cabo de cuatro años que lo usé, con poner en la ganancia buen recaudo, ahorré para me vestir muy honradamente de la ropa vieja. De la   10

---
[1] vender agua

cual compré un jubón de fustán viejo y un sayo raído, de manga tranzada y puerta, y una capa que había sido frisada, y una espada de las viejas primeras de Cuéllar. Desque me vi en hábito de hombre de bien, dije a mi amo se tomase su asno, que no quería más seguir aquel oficio.

■——Pasos para la comprensión

1. La mención del pintor es sumamente breve, pero no deja de tener alguna relación ideológica con otras figuras de la novela, como el bulero y el escudero. ¿Cuál podría ser la relación entre el oficio del pintor y lo que hacen estos otros personajes?

2. ¿Por qué considera Lazarillo que su puesto como vendedor de agua es un primer paso para "alcanzar buena vida"?

3. Lazarillo no parece sufrir con el capellán el hambre o las injusticias que sufrió con otros amos, pero, ¿habrá cierta crítica en este tratado respecto al trabajo, el salario, la explotación y hasta el monopolio? Explica.

Tratado Séptimo

Sinopsis

Después de trabajar de asistente a un alguacil, dejó el puesto por ser demasiado peligroso. Entonces Lazarillo consiguió un puesto de pregonero, que eran personas que iban por la ciudad pregonando noticias y hasta los precios de los vinos.

Luego, un arzobispo lo casó con una criada suya e hizo que alquilara una casita junto a la suya. La gente empezó a hablar de que la mujer de Lazarillo era la amante del arzobispo y que le había parido tres hijos, pero el arzobispo le asegura a Lazarillo que todo es mentira.

Cómo Lázaro se asentó con un alguacil y de lo que le acaesció con él

Despedido del capellán, asenté por hombre de justicia con un alguacil. Mas muy poco viví con él, por parescerme oficio peligroso. Mayormente, que una noche nos corrieron a mí y a mi amo a pedradas y a palos unos retraídos. Y a mi amo, que esperó, trataron mal, mas a mí no me alcanzaron. Con esto renegué del trato.

Y pensando en qué modo de vivir haría mi asiento, por tener descanso y ganar algo para la vejez, quiso Dios alumbrarme y ponerme en camino y manera provechosa. Y con favor que tuve de amigos y señores, todos mis trabajos y fatigas hasta entonces pasados fueron pagados con alcanzar lo que procuré, que fue un oficio real, viendo que no hay nadie que medre, sino los que le tienen.

En el cual el día de hoy vivo y resido a servicio de Dios y de Vuestra Merced. Y es que 10 tengo cargo de pregonar los vinos que en esta ciudad se venden, y en almonedas y cosas perdidas; acompañar los que padecen persecuciones por justicia y declarar a voces sus delitos: pregonero, hablando en buen romance.

Hame sucedido tan bien, yo le he usado tan fácilmente, que casi todas las cosas al oficio tocantes pasan por mi mano. Tanto, que, en toda la ciudad, el que ha de echar vino a vender, o algo, si Lázaro de Tormes no entiende en ello, hacen cuenta de no sacar provecho.

En este tiempo, viendo mi habilidad y buen vivir, teniendo noticia de mi persona el señor arcipreste de Sant Salvador, mi señor, y servidor y amigo de Vuestra Merced, porque le pregonaba sus vinos, procuró casarme con una criada suya. Y visto por mí que de tal persona no podía venir sino bien y favor, acordé de lo hacer. Y así, me casé con ella, y hasta agora no estoy arrepentido. 20

Porque, allende de ser buena hija y diligente servicial, tengo en mi señor arcipreste todo favor y ayuda. Y siempre en el año le da, en veces, al pie de una carga de trigo; por las Pascuas, su carne; y cuando el par de los bodigos,[1] las calzas viejas que deja. Y hízonos alquilar una casilla par de la suya. Los domingos y fiestas casi todas las comíamos en su casa.

Mas malas lenguas, que nunca faltaron ni faltarán, no nos dejan vivir, diciendo no sé qué y sí sé qué de que veen a mi mujer irle a hacer la cama y guisalle de comer. Y mejor les ayude Dios que ellos dicen la verdad.

Porque, allende de no ser ella mujer que se pague destas burlas, mi señor me ha prometido lo que pienso cumplirá. Que él me habló un día muy largo delante della y me dijo:

—Lázaro de Tormes, quien ha de mirar a dichos de malas lenguas nunca medrará. Digo 30 esto porque no me maravillaría alguno, viendo entrar en mi casa a tu mujer y salir della. Ella entra muy a tu honra y suya, y esto te lo prometo. Por tanto, no mires a lo que puedan decir, sino a lo que te toca, digo, a tu provecho.

—Señor—le dije—, yo determiné de arrimarme a los buenos. Verdad es que algunos de mis amigos me han dicho algo deso, y aun por más de tres veces me han certificado que antes que conmigo casase había parido tres veces, hablando con reverencia de Vuestra Merced, porque está ella delante.

Entonces mi mujer echó juramentos sobre sí, que yo pensé la casa se hundiera con nosotros. Y después tomóse a llorar y a echar maldiciones sobre quien conmigo la había casado, en tal manera, que quisiera ser muerto antes que se me hubiera soltado aquella pa- 40 labra de la boca. Mas yo de un cabo y mi señor de otro, tanto le dijimos y otorgamos, que cesó su llanto, con juramento que le hice de nunca más en mi vida mentalle nada de aquello, y que yo holgaba y había por bien de que ella entrase y saliese, de noche y de día, pues estaba bien seguro de su bondad. Y así quedamos todos tres bien conformes.

Hasta el día de hoy nunca nadie nos oyó sobre el caso; antes, cuando alguno siento que quiere decir algo della, le atajo y le digo:

—Mirá, si sois amigo, no me digáis cosa con que me pese, que no tengo por amigo al que me hace pesar; mayormente, si me quiere meter mal con mi mujer, que es la cosa del mundo que yo más quiero y la amo más que a mí. Y me hace Dios con ella mil mercedes y más bien que yo merezco; que yo juraré sobre la hostia consagrada, que es tan buena mujer como vive 50 dentro de las puertas de Toledo. Quien otra cosa me dijere, yo me mataré con él.

---

[1] fiesta de fin de invierno

Desta manera no me dicen nada y yo tengo paz en mi casa.

Esto fue el mesmo año que nuestro victorioso Emperador[2] en esta insigne ciudad de Toledo entró, y tuvo en ella Cortes, y se hicieron grandes regocijos, como Vuestra Merced habrá oído. Pues en este tiempo estaba en mi prosperidad y en la cumbre de toda buena fortuna.

■———Pasos para la comprensión

1. ¿Desde qué punto en el tiempo se narra este tratado?

2. En este tratado vemos el "aburguesamiento" de Lazarillo, puesto que parece llevar una vida de clase media aunque modesta. ¿Qué elementos se observan y qué actitudes se notan para apoyar esta idea?

3. Cuando las malas lenguas dicen que la esposa de Lazarillo es la amante del arzobispo, Lazarillo le pide explicación al sacerdote. ¿Cómo responde éste a la acusación?

   □ ¿Crees que dice la verdad el arzobispo? ¿Por qué?

   □ Explica lo que significan las últimas palabras del discurso del arzobispo a Lazarillo: "Por tanto, no mires a lo que puedan decir [las malas lenguas], sino a lo que te toca, digo, a tu provecho."

   □ ¿Qué provecho saca Lazarillo de su matrimonio con esta mujer?

   □ ¿Qué hay de escandaloso en estas palabras de un alto representante de la Iglesia?

4. Cuando introduce al arzobispo, el narrador dice que es "amigo de Vuestra Merced," el destinatario de la novela. Quizá anteriormente habíamos pensado que nosotros los lectores éramos Vuestra Merced, pero ahora parece ser una persona más concreta, un amigo del arzobispo.

   □ Ya que sabemos que el arzobispo, como los otros clérigos de la novela, es corrupto, ¿qué podríamos decir de un amigo suyo?

   □ Si "Vuestra Merced" somos nosotros los lectores, ¿qué implica el hecho de que nosotros estemos implicados con un sacerdote corrupto?

   □ ¿Quiénes podrían ser los lectores originales del Lazarillo, gente de clase alta o de clase baja? Teniendo esto en cuenta, ¿qué podría estar diciendo el narrador de la novela (miembro de la clase baja) a sus lectores (miembros de la clase alta)?

---

[2] Carlos V (consulta el *código histórico*)

5. ¿Qué le dice Lazarillo a los amigos que quieren avisarle de que es un cornudo?

   ☐ ¿Crees que Lazarillo cree que su mujer es tan buena y pura como él dice?

   ☐ El honor en el Siglo de Oro era el valor más estimado del hombre. Consulta el *código del honor*. Si Lazarillo cree que su esposa es infiel, ¿qué piensa Lazarillo del concepto vigente del honor?

   ☐ ¿Qué lo ha preparado anteriormente en su vida para esta actitud?

   ☐ ¿Es ésta la primera vez que Lazarillo ha escogido lo práctico por encima de lo moral? Explica.

6. La novela termina con una referencia histórica que da la fecha del momento. Es imprescindible consultar el *código histórico*. Se puede suponer que la novela termina alrededor de 1539, fecha que coincide con el apogeo de España como la gran superpotencia europea. Al hacer esta referencia, Lazarillo compara su "prosperidad" y "buena fortuna" con la de España.

   ☐ ¿Qué gran ironía contiene este paralelismo respecto a España?

   ☐ ¿Qué otros detalles contiene la novela que indican que el país no es tan próspero ni tan ético como aparenta ser?

■———Pasos para una lectura global y más a fondo

1. *Lazarillo de Tormes* es una autobiografía narrada en primera persona a un narratario a quien el narrador llama Vuestra Merced. Por lo tanto, nosotros, los lectores verdaderos, sólo escuchamos algo destinado para otra persona, como cuando escuchamos una conversación entre dos personas, pero no participamos en ella. ¿Cuáles son algunas de las ramificaciones de una comunicación de este tipo?

2. ¿Cuáles son algunas de las peculiaridades de una narración en primera persona?

   ☐ ¿Es una narración objetiva?

   ☐ Cada narrador tiene la oportunidad de contar al público lo que quiera, omitiendo los detalles que desee. ¿Es Lázaro un narrador en quien podemos tener confianza?

   ☐ ¿Pinta la realidad siempre favorablemente para su persona? Explica.

   ☐ El *Lazarillo* también se ha visto como una "confesión" por medio de la cual el héroe trata de justificar el caso escabroso de su estado de cornudo. Explica.

3. Un *bildungsroman* es el término alemán que se emplea para una novela cuyo héroe se ve desarrollarse desde la niñez hasta la madurez.

   ☐ ¿Se ve este desarrollo en el Lazarillo? ¿Cómo?

   ☐ ¿Es este desarrollo un elemento unificador de la novela? Explica.

4. Algunos críticos han pensado que el *Lazarillo* es una novela fragmentada y hasta inacabada, a causa de los capítulos cortos. ¿Qué piensas tú?

   ☐ La crítica moderna, sin embargo, ve una obra acabada con una lógica rigurosa. ¿Qué elementos (motivos, temas, rasgos estilísticos, etc.) se podrían citar para probar la unidad de la novela?

5. Se ha escrito mucho sobre la estructura del *Lazarillo*. Por ejemplo, se ha notado en la novela dos trayectorias opuestas: la del espíritu y la del cuerpo. La trayectoria del espíritu asciende en los primeros tres tratados y desciende en los últimos tres, mientras que la del cuerpo desciende en los primeros tres para ascender en los últimos tratados. En otras palabras, en los primeros tratados Lazarillo sufre hambre pero tiene un sentido de la moral, mientras que en los últimos tratados pierde ese sentido ético pero ya no sufre hambre. Comenta sobre esta teoría de la estructura ideológica de la novela.

6. El *Lazarillo* se ha analizado con frecuencia como obra herética y de protesta, sobre todo si se considera el espíritu religioso de la Contrarreforma y de la Inquisición en la España del siglo XVI. (consulta el *Código eclesiástico*.) Para ahondar en este aspecto importante de la obra, empecemos considerando la anonimia del autor.

   ☐ ¿Qué razones se podrían dar para explicar por qué el autor no se da a conocer?

   ☐ ¿Qué elementos se encuentran en la novela que (1) reflejan una realidad que la España oficial quiere ofuscar; (2) protestan o critican las instituciones españolas; (3) menosprecian los valores más sagrados del pueblo español?

   ☐ Aquí vale también considerar el discurso histórico que se plantea al final de la novela. La mención del emperador Carlos V hace que volvamos a leer la obra y codificarla de nuevo desde una perspectiva histórica. ¿Qué mensaje contiene el *Lazarillo* respecto al (1) mestizaje del pueblo; (2) la abundante pobreza; (3) la corrupción de los clérigos; (4) la superioridad del materialismo sobre el espiritualismo?

7. La crítica marxista, que trata de encontrar una razón materialista en las motivaciones de los personajes, notaría que Lazarillo cada vez se preocupa más por su persona y su bienestar, y que está dispuesto a sacrificar los valores espirituales y morales para conseguir este bienestar físico, que, al fin y al cabo, es lo más importante. Comenta sobre esta teoría. ¿Estás de acuerdo con ella? ¿Por qué?

8. Uno de los grandes aciertos del *Lazarillo* es su intenso realismo. La narrativa anterior al *Lazarillo* contaba únicamente los hechos de los grandes héroes. El hombre pobre no tenía voz alguna. Aquí, el "héroe" no es noble ni heroico, y a causa de ello se le ha llamado un "antihéroe." ¿De qué modo se puede considerar a Lazarillo un héroe y de que modo se le puede considerar antiheroico?

Miguel de Cervantes Saavedra

■□■

1547–1616

Ningún escritor ha manejado el castellano con más soltura y refinamiento que Cervantes, y ningún escritor español ha tenido tanta influencia fuera de España. Cervantes asimila todas las formas narrativas del Siglo de Oro español en *Don Quijote*: las novelas de caballería, las pastoriles, las moriscas, las ejemplares y hasta las picarescas. El resultado es lo que muchos consideran la primera novela moderna. Publicada en dos partes—1605 y 1615—, en el *Quijote* se narran las andanzas de un hombre que, después de leer tantas novelas de caballería, decide resucitar la ley de los caballeros andando por el mundo ayudando a los menesterosos. Sus acciones fluctúan tanto entre actos de cordura y de locura que el lector a veces no sabe distinguir entre los dos. Y he aquí una clave esencial para entender la novela—el estado fluctuante de la realidad. Las cosas cambian de aspecto y concepto de una persona a otra, y todo intento de fijar la realidad es inútil. Este tema, que sin duda tendría mucha significación para los españoles que vivían a caballo entre los siglos XVI y XVII, es también un tema trascendente y universal, y una preocupación filosófica del mundo occidental.

El inqenioso hidalgo don Quijote de la Mancha

Antes de leer

1. ¿Crees que alguien puede volverse loco por mucho leer? Explica. ¿Qué les pasa normalmente a las personas que leen mucho?

2. ¿Crees que el arte (incluyo aquí las formas modernas de comunicación, como la tele, el cine, los juegos de vídeos, etc.) tiene la capacidad de influir en el comportamiento de la gente? Explica. Si estás de acuerdo, ¿puede influir positivamente tanto como negativamente? Da un ejemplo de influencia positiva y uno de negativa.

3. Hay una expresión en inglés que dice: *You can't judge a book by its cover*. Da algunos ejemplos de cómo es verdad este refrán. ¿Se puede decir que en la vida muchas veces las apariencias engañan? Da algunos ejemplos.

4. ¿Qué piensas es más importante, el físico de un individuo o su carácter interior? Explica.

5. ¿Crees que la justicia siempre triunfa? ¿Sabes de alguna ocasión en que un delincuente no haya sido ajusticiado? ¿Cuáles son algunas causas para que un verdadero delincuente no reciba un juicio justo?

Códigos para la comprensión

Código literario: Las novelas de caballería eran largas obras en prosa que relataban las aventuras de los caballeros andantes. Contenían materia fantástica, como la intervención de gigantes y monstruos. Solían escribirse en un estilo florido y altisonante. Fueron muy populares desde mediados del siglo XV hasta mediados del siglo XVI, pero su boga ya había pasado para principios del siglo XVII cuando Cervantes empieza a escribir *Don Quijote*. Las grandes obras del género en España fueron *Amadís de Gaula* (1508, aunque muy probable escrita antes), *Palmerín de Inglaterra* (1547–1548) y *Tirant lo Blanc* (1490)—ésta escrita en catalán—obras a las cuales alude Cervantes en estos primeros capítulos, junto con otras obras menos conocidas. Se hace mención también del gigante Morgante y el encantador Frestón, los cuales son figuras que aparecen en dichas novelas.

Se ha dicho que *Don Quijote* es una parodia de las novelas de caballería, pero es mucho más que una simple parodia. Por ejemplo, *Don Quijote* se puede leer también como una alegoría. El caballero andante sale al mundo para hacer bien y ayudar a los menesterosos, como aconseja la Biblia y otros textos sagrados, sin embargo, cuando don Quijote intenta llevar a cabo su plan altruista, todos se burlan de él.

Código caballeresco: Todos los caballeros tienen en común varias características que el personaje de Cervantes imita al pie de la letra:

☐ tratan a la gente, sobre todo a las damas, con la mayor cortesía

☐ tienen una dama de quien están enamorados y que les sirve de inspiración y a quien encomiendan todas sus hazañas

☐ se dedican por lo general a ayudar a los menesterosos y a luchar contra las fuerzas malignas del mundo, y para ello muchas veces tienen que pelear contra gigantes o encantadores que representan estas fuerzas del mal

☐ llevan un escudero que les asiste en sus labores

☐ su palabra de honor es sagrada

Hay otros "caballeros" históricos que aparecen en las epopeyas medievales, como el Cid (Ruy Díaz de Vivar), gran héroe castellano de la Reconquista contra los árabes, o Roldán, el héroe de la epopeya francesa, que también luchó contra los musulmanes para evitar su entrada a Francia. De la materia de Roldán hay muchas referencias relacionadas en la novela de Cervantes, como Bernardo de Carpio, Reinaldos de Montalbán, el traidor Galalón y los doce Pares de Francia. Don Quijote confunde los caballeros ficticios (como Amadís) con los históricos (como el Cid), haciendo el discurso de las obras de caballería aún más complejo.

Código social: *Don Quijote* contiene un denso mundo social que se puede percibir hasta en estos primeros capítulos.

☐ Don Quijote es un hidalgo ("hijo de algo"). Los hidalgos formaban parte de la baja nobleza. Con mucha frecuencia, los hidalgos sólo tenían el título, pero no el dinero; otros vivían de sus rentas, como don Quijote. Pocos se dedicaban a labores útiles.

☐ Los labradores (o "villanos" como se llamaban en la comedia del Siglo de Oro) se dedicaban a labores agrícolas y se jactaban se ser de pura sangre cristiana ("cristianos viejos," como se les llamaba en la época) ya que los judíos no solían dedicarse a las labores del campo. Sancho Panza, así como Pedro Alonso, es un labrador.

☐ Gran parte de la sociedad española de la época era religiosa, como el cura del lugar, Pero Pérez y los dos frailes de San Benito que acompañan al vizcaíno.

☐ De las clases laborales vemos los arrieros, que por lo común eran moriscos (o sea, musulmanes que supuestamente se habían convertido al cristianismo después de 1492 para permanecer en España), que se dedicaban al transporte de mercancía por los caminos. Por eso la venta que visita don Quijote en su primera salida está llena de arrieros que pernoctaban allí. Es lógico que en estos sitios hubiese rameras, como las dos que se encuentran en la venta que visita don Quijote.

☐ Toledo era un gran centro comercial, y aparecen mercaderes de Toledo camino a Murcia para comprar seda. Éstos a lo mejor eran "cristianos nuevos" (o sea, judíos recién convertidos al cristianismo), puesto que ellos se dedicaban con frecuencia a asuntos mercantiles y Toledo había sido en la Edad Media un importante centro de la cultura hispanohebrea.

☐ Había mucha emigración al Nuevo Mundo. La mujer que viaja en coche va camino a Sevilla para unirse a su marido que iba a las Indias (América) para desempeñar un importante cargo. Desde Sevilla se dirigía todo el comercio y la administración del Nuevo Mundo—así se explica por qué llegó a ser la ciudad más grande de España durante esta época y entre las más pobladas y ricas de Europa; de modo que el *Quijote* hasta llama la atención sobre el proceso de emigración a las Indias que estaba tomando lugar durante su época.

☐ Hasta hay galeotes, que eran prisioneros cuyo castigo era remar en las galeras. Los barcos de la época utilizaban remadores para movilizarse y se empleaban a delincuentes para esa labor.

Código filosófico: Las ideas del filósofo griego Platón (427–347 a.c.) encontraron resonancia en el humanismo del Renacimiento. Esencialmente, Platón explicó cómo las cosas físicas y materiales no son permanentes puesto que están sujetas a las ideas y los conceptos; cuando éstos cambian, las cosas físicas también cambian. Siguiendo estas nociones, las cosas físicas pueden variar de persona en persona respecto a las diferentes ideas que estas personas tienen del objeto físico. Por ejemplo, una silla puede ser un sitio de descanso para un viajante, pero el que se para en ella para alcanzar algo la convierte en una escalera. ¿Es la silla "silla" o "escalera"? Estas ideas filosóficas fueron asimiladas fácilmente por el humanismo renacentista que las interpretó como manifestación del concepto del "cuerpo" y el "alma."

Código lingüístico: Al hablar, don Quijote imita el estilo arcaico y florido de las novelas de caballería. Una característica ostensible de ese estilo es el uso de la *f* latina en palabras que el castellano moderno sustituye con *h*. De ese modo se leen palabras como *fermosa* en lugar de *hermosa, fuir* en vez de *huir, facer* por *hacer*, etc.

Capítulo Primero

Que trata de la condición y ejercicio del famoso hidalgo don Quijote de La Mancha

En un lugar de la Mancha, de cuyo nombre no quiero acordarme, no ha mucho tiempo que vivía un hidalgo de los de lanza en astillero, adarga[1] antigua, rocín flaco y galgo corredor. Una olla de algo más vaca que carnero, salpicón las más noches, duelos y quebrantos[2] los sábados, lantejas los viernes, algún palomino de añadidura los domingos, consumían las tres partes de su hacienda. El resto della concluían sayo de velarte, calzas de velludo para las fiestas, con sus pantuflos de lo mesmo, y los días de entresemana se honraba con su vellorí de lo más fino.[3] Tenía en su casa una ama que pasaba de los cuarenta, y una sobrina que no llegaba a los veinte, y un mozo de campo y plaza, que así ensillaba el rocín como tomaba la podadera. Frisaba la edad de nuestro hidalgo con los cincuenta años; era de complexión recia, seco de carnes, enjuto de rostro, gran madrugador y amigo de la caza. Quieren decir que 10 tenía el sobrenombre de Quijada, o Quesada, que en esto hay alguna diferencia en los autores que deste caso escriben; aunque por conjeturas verosímiles se deja entender que se llamaba Quejana. Pero esto importa poco a nuestro cuento; hasta que en la narración dél no se salga un punto de la verdad.

Es, pues, de saber, que este sobredicho hidalgo, los ratos que estaba ocioso—que eran los más del año—, se daba a leer libros de caballerías con tanta afición y gusto, que olvidó casi de todo punto el ejercicio de la caza, y aun la administración de su hacienda; y llegó a tanto su curiosidad y desatino en esto, que vendió muchas hanegas[4] de tierra de sembradura para comprar libros de caballerías en que leer, y así, llevó a su casa todos cuantos pudo haber dellos; y de todos, ningunos le parecían tan bien como los que compuso el famoso Feliciano de 20 Silva, porque la claridad de su prosa y aquellas entricadas razones suyas le parecían de perlas, y más cuando llegaba a leer aquellos requiebros y cartas de desafíos, donde en muchas partes hallaba escrito: *La razón de la sinrazón que a mi razón se hace, de tal manera mi razón enflaquece, que con razón me quejo de la vuestra fermosura.* Y también cuando leía: . . .*los altos cielos que de vuestra divinidad divinamente con las estrellas os fortifican, y os hacen merecedora del merecimiento que merece la vuestra grandeza.*

---

[1] escudo de cuero
[2] huevos con tocino
[3] percha donde se cuelgan las lanzas; *o sea, un hidalgo que tiene su lanza guardada*
[4] *Se refiere a prendas de vestir y calzar que indican su estado cómodo de hidalguía.*

Con estas razones perdía el pobre caballero el juicio, y desvelábase por entenderlas y desentrañarles el sentido, que no se lo sacara ni las entendiera el mesmo Aristóteles, si resucitara para sólo ello. No estaba muy bien con las heridas que don Belianís daba y recebía, porque se imaginaba que, por grandes maestros que le hubiesen curado, no dejaría de tener el rostro y todo el cuerpo lleno de cicatrices y señales. Pero, con todo, alababa en su autor aquel acabar su libro con la promesa de aquella inacabable aventura, y muchas veces le vino deseo de tomar la pluma y dalle fin al pie de la letra, como allí se promete; y sin duda alguna lo hiciera, y aun saliera con ello, si otros mayores y continuos pensamientos no se lo estorbaran. Tuvo muchas veces competencia con el cura de su lugar—que era hombre docto, graduado en Sigüenza—, sobre cuál había sido mejor caballero: Palmerín de Inglaterra o Amadís de Gaula; mas maese Nicolás, barbero del mismo pueblo, decía que ninguno llegaba al Caballero del Febo, y que si alguno se le podía comparar era don Galaor, hermano de Amadís de Gaula, porque tenía muy acomodada condición para todo; que no era caballero melindroso, ni tan llorón como su hermano, y que en lo de la valentía no le iba en zaga.[5]

En resolución, él se enfrascó tanto en su lectura, que se le pasaban las noches leyendo de claro en claro, y los días de turbio en turbio; y así, del poco dormir y del mucho leer se le secó el celebro,[6] de manera que vino a perder el juicio. Llenósele la fantasía de todo aquello que leía en los libros, así de encantamentos como de pendencias, batallas, desafíos, heridas, requiebros, amores, tormentas y disparates imposibles; y asentósele de tal modo en la imaginación que era verdad toda aquella máquina de aquellas soñadas invenciones que leía, que para él no había otra historia más cierta en el mundo. Decía él que el Cid Ruy Díaz había sido muy buen caballero, pero que no tenía que ver con el Caballero de la Ardiente Espada, que de solo un revés había partido por medio dos fieros y descomunales gigantes. Mejor estaba con Bernardo del Carpio, porque en Roncesvalles había muerto a Roldán el encantado, valiéndose de la industria de Hércules, cuando ahogó a Anteo, el hijo de la Tierra, entre los brazos. Decía mucho bien del gigante Morgante, porque, con ser de aquella generación gigantea, que todos son soberbios y descomedidos, él solo era afable y bien criado. Pero, sobre todos, estaba bien con Reinaldos de Montalbán, y más cuando le veía salir de su castillo y robar cuantos topaba, y cuando en allende[7] robó aquel ídolo de Mahoma que era todo de oro, según dice su historia. Diera él por dar una mano de coces al traidor de Galalón, al ama que tenía y aun a su sobrina de añadidura.

En efeto, rematado ya su juicio, vino a dar en el más estraño pensamiento que jamás dio loco en el mundo, y fue que le pareció convenible y necesario, así para el aumento de su honra como para el servicio de su república, hacerse caballero andante, y irse por todo el mundo con sus armas y caballo a buscar las aventuras y a ejercitarse en todo aquello que él había leído que los caballeros andantes se ejercitaban, deshaciendo todo género de agravio, y poniéndose en ocasiones y peligros donde, acabándolos, cobrase eterno nombre y fama. Imaginábase el pobre ya coronado por el valor de su brazo, por lo menos, del imperio de Trapisonda; y así, con estos tan agradables pensamientos, llevado del estraño gusto que en ellos sentía, se dio priesa a poner en efeto lo que deseaba. Y lo primero

---

[5] atrás

[6] cerebro

[7] *poet.* estaba al otro lado del mar

6. Don Quijote es un lector "activo" que "vive" lo que lee. ¿Se te ocurre algún libro sagrado cuyas palabras debamos aceptar al pie de la letra y cuyas acciones debamos imitar?

7. Don Quijote limpia y repara la armadura de sus bisabuelos. Pero al morrión le falta la celada de encaje (la parte que protege la cara) y don Quijote se construye una propia.

   ☐ ¿Qué hace para probar su eficacia y fuerza?

   ☐ ¿Qué le pasa a la celada?

   ☐ ¿Qué hace don Quijote de nuevo? En este segundo intento, ¿por qué no somete la celada a las mismas pruebas que al primero?

   ☐ Todo esto contiene un mensaje profundo que se puede interpretar desde muchas perspectivas. Trata de explicar lo que significa. No dejes de pensar en lo más obvio y sencillo—la naturaleza humana—ni en lo más rebuscado— ciertos dogmas teológicos.

8. La última parte del primer capítulo se dedica a nombrar las cosas. ¿Qué importancia tiene nombrar? ¿Qué pasa cuando las cosas no se nombran?

9. Explica el juego de palabras que surge de nombrar a su viejo rocín "Rocinante."

10. En nombrarse a sí mismo, el autor implícito sugiere tres apellidos para el héroe y en la línea 13 sugiere que el verdadero era Quejana. Sin embargo, en la línea 104 dice que el héroe se debía de llamar Quijada o Quesada; ya ni se menciona el primer nombre preferido. ¿Cuál crees que es el propósito de Cervantes en este discurso sobre el "nombrar"?

11. ¿Qué nombre le pone a su dama? ¿Quién era esa persona en realidad?

Capítulo II

Que trata de la primera salida que de su tierra hizo el ingenioso don Quijote

Hechas, pues, estas prevenciones, no quiso aguardar más tiempo a poner en efeto su pensamiento, apretándole a ello la falta que él pensaba que hacía en el mundo su tardanza, según eran los agravios que pensaba deshacer, tuertos que enderezar, sinrazones que enmendar, y abusos que mejorar, y deudas que satisfacer. Y así, sin dar parte a persona alguna de su intención, y sin que nadie le viese, una mañana, antes del día, que era uno de los calurosos del mes de julio, se armó de todas sus armas, subió sobre Rocinante, puesta su mal compuesta celada, embrazó su adarga, tomó su lanza, y por la puerta falsa de un corral salió al campo, con grandísimo contento y alborozo de ver con cuánta facilidad había dado principio a su buen deseo. Mas apenas se vio en el campo, cuando le asaltó un pensamiento terrible, y tal, que por poco le hiciera dejar la comenzada empresa; y fue que le vino a la memoria que no era armado caballero,[1] y que, conforme a ley de caballería, no podía ni debía tomar armas con ningún caballero; y puesto que lo fuera, había de llevar armas blancas, como novel caballero, sin empresa en el escudo, hasta que por su esfuerzo la ganase. Estos pensamientos le hicieron titubear en su propósito; mas, pudiendo más su locura que otra razón alguna, propuso de hacerse armar caballero del primero que topase, a imitación de otros muchos que así lo hicieron, según él había leído en los libros que tal le tenían. En lo de las armas blancas, pensaba limpiarlas de manera, en teniendo lugar, que lo fuesen más que un armiño; y con esto se quietó y prosiguió su camino, sin llevar otro que aquel que su caballo quería, creyendo que en aquello consistía la fuerza de las aventuras.

Yendo, pues, caminando nuestro flamante aventurero, iba hablando consigo mesmo y diciendo:

—¿Quién duda sino que en los venideros tiempos, cuando salga a luz la verdadera historia de mis famosos hechos, que el sabio que los escribiere no ponga, cuando llegue a contar esta mi primera salida tan de mañana, desta manera?: "Apenas había el rubicundo Apolo tendido por la faz de la ancha y espaciosa tierra las doradas hebras de sus hermosos cabellos, y apenas los pequeños y pintados pajarillos con sus harpadas lenguas habían saludado con dulce y meliflua armonía la venida de la rosada aurora, que, dejando la blanda cama del celoso marido, por las puertas y balcones del manchego horizonte a los mortales se mostraba, cuando el famoso caballero don Quijote de la Mancha, dejando las ociosas plumas, subió sobre su famoso caballo Rocinante, y comenzó a caminar por el antiguo y conocido campo de Montiel."

Y era la verdad que por él caminaba. Y añadió diciendo:

— Dichosa edad y siglo dichoso aquel adonde saldrán a luz las famosas hazañas mías, dignas de entallarse en bronce, esculpirse en mármoles y pintarse en tablas para memoria en lo futuro. ¡Oh tú, sabio encantador, quienquiera que seas, a quien ha de tocar el ser coronista desta peregrina historia! Ruégote que no te olvides de mi buen Rocinante, compañero eterno mío en todos mis caminos y carreras.

Luego volvía diciendo, como si verdaderamente fuera enamorado:

—¡Oh princesa Dulcinea, señora deste cautivo corazón. Mucho agravio me habedes fecho en despedirme y reprocharme con el riguroso afincamiento[2] de mandarme no parecer ante la vuestra fermosura. Plégaos,[3] señora, de membraros[4] deste vuestro sujeto corazón, que tantas cuitas por vuestro amor padece.

---

[1] *O sea, no había sido oficialmente admitido a las filas de los caballeros andantes según las reglas de la Edad Media.*

[2] *ant.* ahínco; empeño

[3] que os complazca

[4] recordar

Con éstos iba ensartando otros disparates, todos al modo de los que sus libros le habían enseñado, imitando en cuanto podía su lenguaje. Con esto, caminaba tan despacio, y el sol entraba tan apriesa y con tanto ardor, que fuera bastante a derretirle los sesos, si algunos tuviera.

Casi todo aquel día caminó sin acontecerle cosa que de contar fuese, de lo cual se desesperaba, porque quisiera topar luego luego con quien hacer experiencia del valor de su fuerte brazo. Autores hay que dicen que la primera aventura que le avino fue la del Puerto Lápice; otros dicen que la de los molinos de viento; pero lo que yo he podido averiguar en este caso, y lo que he hallado escrito en los anales de la Mancha, es que él anduvo todo   50
aquel día, y, al anochecer, su rocín y él se hallaron cansados y muertos de hambre; y que, mirando a todas partes por ver si descubriría algún castillo o alguna majada de pastores donde recogerse y adonde pudiese remediar su mucha hambre y necesidad, vio, no lejos del camino por donde iba, una venta,[5] que fue como si viera una estrella que, no a los portales, sino a los alcázares de su redención le encaminaba. Diose priesa a caminar, y llegó a ella a tiempo que anochecía.

Estaban acaso a la puerta dos mujeres mozas, destas que llaman del partido,[6] las cuales iban a Sevilla con unos harrieros[7] que en la venta aquella noche acertaron a hacer jornada y como a nuestro aventurero todo cuanto pensaba, veía o imaginaba le parecía ser hecho y pasar al modo de lo que había leído, luego que vio la venta se le representó que era un   60
castillo con sus cuatro torres y chapiteles de luciente plata, sin faltarle su puente levadiza y honda cava, con todos aquellos adherentes que semejantes castillos se pintan. Fuese llegado a la venta que a él le parecía castillo, y a poco trecho della detuvo las riendas a Rocinante, esperando que algún enano se pusiese entre las almenas a dar señal con alguna trompeta de que llegaba caballero al castillo. Pero como vio que se tardaban y que Rocinante se daba priesa por llegar a la caballeriza, se llegó a la puerta de la venta, y vio a las dos destraídas mozas que allí estaban, que a él le parecieron dos hermosas doncellas o dos graciosas damas que delante de la puerta del castillo se estaban solazando. En esto sucedió acaso que un porquero que andaba recogiendo de unos rastrojos una manada de puercos—que, sin perdón, así se llaman—tocó un cuerno, a cuya señal ellos se recogen, y al   70
instante se le representó a don Quijote lo que deseaba, que era que algún enano hacía señal de su venida, y así, con estraño contento llegó a la venta y a las damas, las cuales, como vieron venir un hombre de aquella suerte armado, y con lanza y adarga, llenas de miedo se iban a entrar en la venta; pero don Quijote, coligiendo[8] por su huida su miedo, alzándose la visera de papelón y descubriendo su seco y polvoroso rostro, con gentil talante y voz reposada les dijo:

—No fuyan las vuestras mercedes ni teman desaguisado alguno; ca a la orden de caballería que profeso non toca ni atañe facerle a ninguno, cuanto más a tan altas doncellas como vuestras presencias demuestran.

---

[5] un mesón o albergue
[6] prostitutas
[7] hombres que transportaban cargas sobre bestias (*consulta el codigo Social*)
[8] intuyendo

Mirábanle las mozas, y andaban con los ojos buscándole el rostro, que la mala visera le en-   80
cubría; mas como se oyeron llamar doncellas, cosa tan fuera de su profesión, no pudieron
tener la risa, y fue de manera que don Quijote vino a correrse[9] y a decirles:

—Bien parece la mesura en las fermosas, y es mucha sandez además la risa que de leve
causa procede; pero non vos lo digo porque os acuitedes ni mostredes mal talante; que el mío
non es de ál[10] que de serviros.

El lenguaje, no entendido de las señoras, y el mal talle de nuestro caballero acrecentaba
en ellas la risa y en él el enojo, y pasara muy adelante si a aquel punto no saliera el ventero, hombre que, por ser muy gordo, era muy pacífico, el cual, viendo aquella figura contrahecha, armada de armas tan desiguales como eran la brida, lanza, adarga y coselete, no
estuvo en nada en acompañar a las doncellas en las muestras de su contento. Mas, en   90
efecto, temiendo la máquina de tantos estrechos, determinó de hablarle comedidamente,
y así le dijo:

—Si vuestra merced, señor caballero, busca posada, amén de lecho (porque en esta venta
no hay ninguno), todo lo demás se hallará en ella en mucha abundancia.

Viendo don Quijote la humildad del alcaide de la fortaleza, que tal le pareció a él el ventero y la venta, respondió:

—Para mí, señor castellano, cualquiera cosa basta, porque

    mis arreos son las armas,
    mi descanso el pelear, etc.

Pensó el huésped que el haberle llamado castellano había sido por haberle parecido de los   100
sanos de Castilla, aunque él era andaluz, y de los de la playa de Sanlúcar, no menos ladrón
que Caco, ni menos maleante que estudiantado paje, y así le respondió:

—Según eso, las camas de vuestra merced serán duras peñas, y su dormir, siempre velar; y siendo así, bien se puede apear, con seguridad de hallar en esta choza ocasión y
ocasiones para no dormir en todo un año, cuanto más en una noche.

Y diciendo esto, fue a tener el estribo a don Quijote, el cual se apeó con mucha dificultad y trabajo, como aquel que en todo aquel día no se había desayunado.

Dijo luego al huésped que le tuviese mucho cuidado de su caballo, porque era la mejor
pieza que comía pan en el mundo. Miróle el ventero, y no le pareció tan bueno como don
Quijote decía, ni aun la mitad; y acomodándole en la caballeriza, volvió a ver lo que su   110
huésped mandaba, al cual estaban desarmando las doncellas, que ya se habían reconciliado
con él; las cuales, aunque le habían quitado el peto y el espaldar, jamás supieron ni pudieron

---

[9] sentirse ofendido
[10] otra cosa

desencajarle la gola ni quitalle la contrahecha celada, que traía atada con unas cintas verdes, y era menester cortarlas, por no poderse quitar los ñudos; mas él no lo quiso consentir en ninguna manera, y así, se quedó toda aquella noche con la celada puesta, que era la más graciosa y estraña figura que se pudiera pensar; y al desarmarle, como él se imaginaba que aquellas traídas y llevadas que le desarmaban eran algunas principales señoras y damas de aquel castillo, les dijo con mucho donaire:

> — Nunca fuera caballero
> de damas tan bien servido   120
> como fuera don Quijote
> cuando de su aldea vino:
> doncellas curaban dél;
> princesas, del su rocino,

o Rocinante, que éste es el nombre, señoras mías, de mi caballo, y don Quijote de la Mancha el mío; que, puesto que no quisiera descubrirme fasta que las fazañas fechas en vuestro servicio y pro me descubrieran, la fuerza de acomodar al propósito presente este romance viejo de Lanzarote ha sido causa que sepáis mi nombre antes de toda sazón; pero tiempo vendrá en que las vuestras señorías me manden y yo obedezca, y el valor de mi brazo descubra el deseo que tengo de serviros.   130

Las mozas, que no estaban hechas a oír semejantes retóricas, no respondían palabra; sólo le preguntaron si quería comer alguna cosa.

—Cualquiera yantaría[11] yo—respondió don Quijote —, porque, a lo que entiendo, me haría mucho al caso.

A dicha, acertó a ser viernes aquel día, y no había en toda la venta sino unas raciones de un pescado que en Castilla llaman abadejo, y en Andalucía bacallao, y en otras partes curadillo, y en otros truchuela. Preguntáronle si por ventura comería su merced truchuela, que no había otro pescado que dalle a comer.

—Como haya muchas truchuelas—respondió don Quijote —, podrán servir de una trucha, porque eso se me da[12] que me den ocho reales en sencillos que en una pieza de a   140 ocho. Cuanto más, que podría ser que fuesen estas truchuelas como la ternera, que es mejor que la vaca, y el cabrito que el cabrón. Pero, sea lo que fuere, venga luego; que el trabajo y peso de las armas no se puede llevar sin el gobierno de las tripas.

Pusiéronle la mesa a la puerta de la venta, por el fresco, y trújole el huésped una porción de mal remojado y peor cocido bacallao y un pan tan negro y mugriento como sus armas; pero era materia de grande risa verle comer, porque, como tenía puesta la celada y alzada la visera, no podía poner nada en la boca con sus manos si otro no se lo daba y ponía, y ansí, una de aquellas señoras servía deste menester. Mas al darle de beber, no fue posible, ni lo fuera si el ventero no horadara una caña, y puesto el un cabo en la boca, por el otro le iba echando el

---

[11] cualquier cosa comería
[12] me da lo mismo

vino; y todo esto lo recebía en paciencia, a trueco de no romper las cintas de la celada. Estando   150
en esto, llegó acaso a la venta un castrador de puercos, y así como llegó, sonó su silbato de cañas
cuatro o cinco veces, con lo cual acabó de confirmar don Quijote que estaba en algún famoso
castillo, y que le servían con música, y que el abadejo eran truchas, el pan candeal y las rameras[13]
damas, y el ventero castellano del castillo, y con esto daba por bien empleada su determinación
y salida. Mas lo que más le fatigaba era el no verse armado caballero, por parecerle que no se
podría poner legítimamente en aventura alguna sin recibir la orden de caballería.

▪——Pasos para la comprensión

1. El capítulo comienza con un catálogo de las buenas hazañas que don Quijote espera hacer. ¿Cuáles son? ¿Te parecen ridículas?

2. Pero luego le asalta un pensamiento angustioso. ¿Qué tiene que hacer don Quijote antes de ejercer debidamente su oficio? ¿Por qué, según él, es necesario este proceso?

3. El párrafo termina refiriéndose al camino que don Quijote ha de tomar (líneas 17–20). ¿Es un camino fijo y preestablecido? ¿Qué podría representar filosóficamente su falta de un itinerario preciso?

4. Le sigue un discurso metaliterario y autoreferencial. O sea, don Quijote piensa que algún día se escribirá la historia de sus famosos hechos, pero esa historia ya se escribió, pues nosotros la estamos leyendo. Trata de explicar el propósito del juego literario de este discurso.

   ☐ El discurso metaliterario se complica cuando don Quijote empieza a "escribir" la novela mentalmente, convirtiéndose así en el novelista de su propia historia. Explica.

   ☐ El estilo que emplea don Quijote para su novela imita al pie de la letra el estilo florido de las auténticas novelas de caballería. ¿Cómo se diferencia del estilo del autor implícito?

5. El narrador comenta las acciones de don Quijote en la línea 44. ¿Es un narrador objetivo? Explica.

   ☐ Inmediatamente después, el narrador habla de las investigaciones que ha hecho en los anales de la Mancha para enterarse de lo que le pasó exactamente ese primer día a don Quijote. Aquí volvemos al discurso metaliterario. ¿Cuál parece ser el objeto del narrador? ¿Fue el de escribir una obra de ficción o una historia verídica? Explica.

   ☐ Comenta también el efecto que produce este nuevo giro del discurso metaliterario.

---

[13] prostitutas

6. Don Quijote está en busca de un castillo donde pueda ser armado caballero. Ve, en su lugar, una venta del camino.

   ☐ ¿Qué hace don Quijote con la venta?

   ☐ En un castillo se esperaría encontrar damas, un enano que toca una trompeta para anunciar la llegada del caballero, un alcaide, etc. ¿Encuentra don Quijote a estas personas? ¿Pero quiénes son en realidad?

   ☐ Comenta sobre el choque entre la realidad y la imaginación de don Quijote.

7. El ventero resulta ser un bonachón, aunque algo socarrón, que le sigue la corriente a don Quijote. Las damas, que al principio sólo se reían de don Quijote, ¿qué hacen ahora (líneas 133–134)?

8. Como es viernes, solo hay pescado para comer. Aquí ocurre un discurso metalingüístico. El pescado que tienen se conoce con varios nombres en diferentes partes de España. ¿Cuáles son los diferentes nombres?

   ☐ ¿Qué término usan para ofrecérselo a don Quijote? ¿Entiende éste el término?

   ☐ Todo este discurso es muy importante porque muestra, al nivel de lenguaje, la misma falta de uniformidad que se encuentra en la vida. Una venta es un castillo para don Quijote, así como una truchuela es un abadejo. Comenta sobre estas ideas.

9. El capítulo termina humorísticamente pero con don Quijote muy feliz. Explica.

Capítulo III

Donde se cuenta la graciosa manera que tuvo don Quijote en armarse caballero

Y así, fatigado deste pensamiento, abrevió su venteril[1] y limitada cena; la cual acabada, llamó al ventero y, encerrándose con él en la caballeriza, se hincó de rodillas ante él, diciéndole:

—No me levantaré jamás de donde estoy, valeroso caballero, fasta que la vuestra cortesía me otorgue un don que pedirle quiero, el cual redundará en alabanza vuestra y en pro del género humano.

El ventero, que vio a su huésped a sus pies y oyó semejantes razones, estaba confuso mirándole, sin saber qué hacerse ni decirle, y porfiaba con él que se levantase, y jamás quiso, hasta que le hubo de decir que él le otorgaba el don que le pedía.

—No esperaba yo menos de la gran magnificencia vuestra, señor mío—respondió don Quijote—; y así, os digo que el don que os he pedido y de vuestra liberalidad me ha sido

10

---

[1] (cena) de la venta

otorgado, es que mañana en aquel día me habéis de armar caballero, y esta noche en la capilla deste vuestro castillo velaré las armas;[2] y mañana, como tengo dicho, se cumplirá lo que tanto deseo, para poder, como se debe, ir por todas las cuatro partes del mundo buscando las aventuras, en pro de los menesterosos, como está a cargo de la caballería y de los caballeros andantes, como yo soy, cuyo deseo a semejantes fazañas es inclinado.

El ventero, que como está dicho, era un poco socarrón y ya tenía algunos barruntos[3] de la falta de juicio de su huésped, acabó de creerlo cuando acabó de oírle semejantes razones, y, por tener que reír aquella noche, determinó de seguirle el humor; y así, le dijo que andaba muy acertado en lo que deseaba y pedía, y que tal prosupuesto[4] era propio y natural de los 20 caballeros tan principales como él parecía y como su gallarda presencia mostraba; y que él, ansimesmo, en los años de su mocedad, se había dado a aquel honroso ejercicio, andando por diversas partes del mundo, buscando sus aventuras, sin que hubiese dejado los Percheles de Málaga, Islas de Riarán, Compás de Sevilla, Azoguejo de Segovia, la Olivera de Valencia, Rondilla de Granada, playa de Sanlúcar, Potro de Córdoba y las Ventillas de Toledo y otras diversas partes, donde había ejercitado la ligereza de sus pies, sutileza de sus manos, haciendo muchos tuertos, recuestando muchas viudas, deshaciendo algunas doncellas y engañando a algunos pupilos, y, finalmente, dándose a conocer por cuantas audiencias y tribunales hay casi en toda España; y que, a lo último, se había venido a recoger a aquel castillo, donde vivía con su hacienda y con las ajenas, recogiendo en él a todos los caballeros andantes, de cualquier 30 calidad y condición que fuesen, sólo por la mucha afición que les tenía y porque partiesen con él de sus haberes, en pago de su buen deseo.

Díjole también que en aquel castillo no había capilla alguna donde poder velar las armas, porque estaba derribada para hacerla de nuevo; pero que en caso de necesidad él sabía que se podían velar dondequiera, y que aquella noche las podría velar en un patio del castillo; que a la mañana, siendo Dios servido, se harían las debidas ceremonias, de manera que él quedase armado caballero, y tan caballero, que no pudiese ser más en el mundo.

Preguntóle si traía dineros; respondió don Quijote que no traía blanca, porque él nunca había leído en las historias de los caballeros andantes que ninguno los hubiese traído. A esto dijo el ventero que se engañaba: que, puesto caso que en las historias no se escribía, por haber- 40 les parecido a los autores dellas que no era menester escrebir una cosa tan clara y tan necesaria de traerse como eran dineros y camisas limpias, no por eso se había de creer que no los trujeron; y así, tuviese por cierto y averiguado que todos los caballeros andantes, de que tantos libros están llenos y atestados, llevaban bien herradas[5] las bolsas, por lo que pudiese sucederles; y que asimismo llevaban camisas y una arqueta pequeña llena de ungüentos[6] para curar las heridas que recebían, porque no todas veces en los campos y desiertos donde se combatían y salían heridos había quien los curase, si ya no era que tenían algún sabio encantador por amigo, que luego los socorría, trayendo por el aire, en alguna nube, alguna doncella o enano con alguna redoma de agua de tal virtud, que, en gustando alguna gota della, luego al punto quedaban sanos de sus llagas y heridas, como si mal alguno hubiesen tenido. Mas que en tanto 50

---

[2] *costumbre de las leyes de caballería según la cual los caballeros vigilaban sus armas toda la noche antes de ser armados caballeros*
[3] presentimientos
[4] *ant.* propósito
[5] provistas *(con metales; o sea, con dinero)*
[6] medicamentos

que esto no hubiese, tuvieron los pasados caballeros por cosa acertada que sus escuderos fuesen proveídos de dineros y de otras cosas necesarias, como eran hilas y ungüentos para curarse; y cuando sucedía que los tales caballeros no tenían escuderos—que eran pocas y raras veces—, ellos mesmos lo llevaban todo en unas alforjas muy sutiles, que casi no se parecían, a las ancas del caballo, como que era otra cosa de más importancia; porque, no siendo por ocasión semejante, esto de llevar alforjas[7] no fue muy admitido entre los caballeros andantes; y por esto le daba por consejo, pues aún se lo podía mandar como a su ahijado, que tan presto lo había de ser, que no caminase de allí adelante sin dineros y sin las prevenciones referidas, y que vería cuán bien se hallaba con ellas, cuando menos se pensase.

Prometióle don Quijote de hacer lo que se le aconsejaba, con toda puntualidad, y así, se 60 dio luego orden como velase las armas en un corral grande que a un lado de la venta estaba; y recogiéndolas don Quijote todas, las puso sobre una pila que junto a un pozo estaba y, embrazando su adarga, asió de su lanza, y con gentil continente se comenzó a pasear delante de la pila; y cuando comenzó el paseo comenzaba a cerrar la noche.

Contó el ventero a todos cuantos estaban en la venta la locura de su huésped, la vela de sus armas y la armazón de caballería que esperaba. Admiráronse de tan estraño género de locura y fuéronselo a mirar desde lejos, y vieron que, con sosegado ademán, unas veces se paseaba; otras, arrimado a su lanza, ponía los ojos en las armas, sin quitarlos por un buen espacio dellas. Acabó de cerrar la noche; pero con tanta claridad de la luna, que podía competir con el que se la prestaba; de manera, que cuanto el novel caballero hacía era bien visto de 70 todos. Antojósele en esto a uno de los harrieros que estaban en la venta ir a dar agua a su recua,[8] y fue menester quitar las armas de don Quijote, que estaban sobre la pila; el cual, viéndole llegar, en voz alta le dijo:

—¡Oh tú, quienquiera que seas, atrevido caballero, que llegas a tocar las armas del más valeroso andante que jamás se ciñó espada! Mira lo que haces y no las toques, si no quieres dejar la vida en pago de tu atrevimiento.

No se curó[9] el harriero destas razones—y fuera mejor que se curara, porque fuera curarse en salud—; antes, trabando de las correas, las arrojó gran trecho de sí. Lo cual, visto por don Quijote, alzó los ojos al cielo y, puesto el pensamiento—a lo que pareció—en su señora Dulcinea, dijo: 80

—Acorredme,[10] señora mía, en esta primera afrenta que a este vuestro avasallado pecho se le ofrece; no me desfallezca en este primer trance vuestro favor y amparo.

Y diciendo estas y otras semejantes razones, soltando la adarga, alzó la lanza a dos manos y dio con ella tan gran golpe al harriero en la cabeza, que le derribó en el suelo tan maltrecho, que si segundara con otro, no tuviera necesidad de maestro que le curara. Hecho esto, recogió sus armas y tornó a pasearse con el mismo reposo que primero. Desde allí a poco, sin saberse lo que había pasado—porque aún estaba aturdido el harriero—, llegó otro con la

---

[7] sacos para provisiones para los que van a caballo
[8] manada de animales de carga
[9] No le hizo caso (*pero luego, se juega con su sentido de "curar"*).
[10] socorredme

mesma intención de dar agua a sus mulos y, llegando a quitar las armas para desembarazar[11]
la pila, sin hablar don Quijote palabra y sin pedir favor a nadie, soltó otra vez la adarga y alzó
otra vez la lanza, y, sin hacerla pedazos, hizo más de tres la cabeza del segundo harriero,   90
porque se la abrió por cuatro. Al ruido acudió toda la gente de la venta, y entre ellos el ventero. Viendo esto don Quijote, embrazó su adarga y, puesta mano a su espada, dijo:

—¡Oh señora de la fermosura, esfuerzo y vigor del debilitado corazón mío! Ahora es
tiempo que vuelvas los ojos de tu grandeza a este tu cautivo caballero, que tamaña aventura
está atendiendo.

Con esto cobró, a su parecer, tanto ánimo, que si le acometieran todos los harrieros del
mundo, no volviera el pie atrás. Los compañeros de los heridos, que tales los vieron, comenzaron desde lejos a llover piedras sobre don Quijote, el cual, lo mejor que podía, se reparaba
con su adarga, y no se osaba apartar de la pila por no desamparar las armas. El ventero daba
voces que le dejasen, porque ya les había dicho como era loco, y que por loco se libraría   100
aunque los matase a todos. También don Quijote las daba mayores, llamándolos de alevosos
y traidores, y que el señor del castillo era un follón[12] y mal nacido caballero, pues de tal manera consentía que se tratasen los andantes caballeros, y que si él hubiera recebido la orden
de caballería, que él le diera a entender su alevosía:

—Pero de vosotros, soez y baja canalla, no hago caso alguno; tirad, llegad, venid y ofendedme
en cuanto pudiéredes; que vosotros veréis el pago que lleváis de vuestra sandez y demasía.

Decía esto con tanto brío y denuedo, que infundió un terrible temor en los que le
acometían; y así por esto como por las persuasiones del ventero, le dejaron de tirar, y él dejó
retirar a los heridos y tornó a la vela de sus armas con la misma quietud y sosiego que primero.
No le parecieron bien al ventero las burlas de su huésped, y determinó abreviar y darle   110
la negra orden de caballería luego, antes que otra desgracia sucediese. Y así, llegándose a
él, se disculpó de la insolencia que aquella gente baja con él había usado, sin que él supiese
cosa alguna; pero que bien castigados quedaban de su atrevimiento. Díjole cómo ya le había
dicho que en aquel castillo no había capilla, y para lo que restaba de hacer tampoco era
necesaria; que todo el toque de quedar armado caballero consistía en la pescozada[13] y en
el espaldarazo,[14] según él tenía noticia del ceremonial de la orden, y que aquello en mitad
de un campo se podía hacer, y que ya había cumplido con lo que tocaba al velar de las armas, que con solas dos horas de vela se cumplía, cuanto más que él había estado más de cuatro. Todo se lo creyó don Quijote, y dijo que él estaba allí pronto para obedecerle, y que
concluyese con la mayor brevedad que pudiese; porque si fuese otra vez acometido y se viese   120
armado caballero, no pensaba dejar persona viva en el castillo, eceto aquellas que él le mandase, a quien por su respeto dejaría.
Advertido y medroso desto el castellano, trujo luego un libro donde asentaba la paja y cebada que daba a los harrieros, y con un cabo de vela que le traía un muchacho, y con las dos
ya dichas doncellas, se vino adonde don Quijote estaba, al cual mandó hincar de rodillas; y,

---

[11] dejar libre
[12] ruin
[13] tocar el cuello o cabeza
[14] tocar la espalda

leyendo en su manual—como que decía alguna devota oración—, en mitad de la leyenda alzó la mano y diole sobre el cuello un buen golpe, y tras él, con su mesma espada, un gentil espaldarazo, siempre murmurando entre dientes, como que rezaba. Hecho esto, mandó a una de aquellas damas que le ciñese la espada, la cual lo hizo con mucha desenvoltura y discreción, porque no fue menester poca para no reventar de risa a cada punto de las ceremonias; pero las proezas que ya habían visto del novel caballero les tenía la risa a raya. Al ceñirle la espada dijo la buena señora: 130

—Dios haga a vuestra merced muy venturoso caballero y le dé ventura en lides.

Don Quijote le preguntó cómo se llamaba, porque él supiese de allí adelante a quién quedaba obligado por la merced recebida, porque pensaba darle alguna parte de la honra que alcanzase por el valor de su brazo. Ella respondió con mucha humildad que se llamaba la Tolosa, y que era hija de un remendón[15] natural de Toledo, que vivía a las tendillas de Sancho Bienaya, y que dondequiera que ella estuviese le serviría y le tendría por señor. Don Quijote le replicó que, por su amor, le hiciese merced que de allí adelante se pusiese *don* y se llamase doña Tolosa. Ella se lo prometió, y la otra le calzó la espuela, con la cual le pasó   140 casi el mismo coloquio que con la de la espada. Preguntóle su nombre, y dijo que se llamaba la Molinera, y que era hija de un honrado molinero de Antequera; a la cual también rogó don Quijote que se pusiese *don*, y se llamase doña Molinera, ofreciéndole nuevos servicios y mercedes.

Hechas, pues, de galope y aprisa las hasta allí nunca vistas ceremonias, no vio la hora don Quijote de verse a caballo y salir buscando las aventuras, y, ensillando luego a Rocinante, subió en él, y abrazando a su huésped, le dijo cosas tan estrañas, agradeciéndole la merced de haberle armado caballero, que no es posible acertar a referirlas. El ventero, por verle ya fuera de la venta, con no menos retóricas, aunque con más breves palabras, respondió a las suyas y, sin pedirle la costa de la posada, le dejó ir a la buen hora.   150

■———Pasos para la comprensión

1. Don Quijote vuelve a su propósito principal de ser armado caballero y le ruega al ventero-castellano que lo arme. Éste le sigue la corriente y asiente. Otra vez, vemos el choque entre dos mundos. El ventero, para cualificarse para el honor de armar caballero a don Quijote, le da una lista de los lugares donde ha estado y las cosas que ha hecho. Los lugares son todos sitios famosos de la picaresca española. ¿Qué humor hay en las cosas que dice que ha hecho (líneas 26–29)?

2. Lee el *código caballeresco*. El caballero velaba sus armas en una capilla la noche antes de ser ceñido caballero, pero la venta, naturalmente, no tiene capilla. Pero el ventero se inventa una—el patio de la venta. He aquí un juego interesante. Don Quijote transformó la venta en castillo según sus necesidades. ¿Qué hace aquí el ventero?

   ☐ El discurso es hasta más profundo. El ventero dice que la armas "se podían velar dondequiera," y no necesariamente en una capilla. ¿Crees que se

---

[15] uno que repara zapatos o ropa

puede honrar al Señor en cualquier parte o se tiene que estar en una iglesia? Explica.

☐ Los reformadores protestantes habían hecho hincapié en el lujo de las iglesias católicas y en que no era necesario tener un sitio lujoso para adorar a Dios. Por eso las iglesias protestantes suelen ser más sencillas. ¿Crees que hay alguna crítica oculta en esta parte de la novela? Explica.

3. El ventero le pregunta a don Quijote si trae dinero.

☐ ¿Por qué no lleva dinero don Quijote?

☐ He aquí otro discurso metaliterario. Dice el ventero que hay muchas cosas que no se cuentan en una novela, pero que uno supone que ocurren. La idea parece sencilla, pero desde un punto de vista literario, es muy profunda. Trata de explicar sus ramificaciones.

4. Don Quijote ha puesto sus armas alrededor de una fuente o pila que sirve para dar de beber a los animales, y dos arrieros entran, uno por uno, a utilizar el servicio.

☐ ¿Qué les hace don Quijote al verlos mover sus armas?

☐ ¿Cómo responden los compañeros de los arrieros?

☐ ¿Qué hace el ventero para solucionar la contienda?

5. En la ceremonia en que el ventero-castellano le arma caballero a don Quijote, siguiendo con cuidado todas las normas prescritas, las rameras le asisten. Éstas, que antes se reían de don Quijote, ahora parece que le tratan con mas cariño y respeto. ¿Qué les pide don Quijote a ellas?

☐ ¿Cómo interpretarías este cambio de actitud por parte de las rameras, si es que lo hay?

☐ ¿Por qué no le pide el ventero el costo del hospedaje a don Quijote?

Capítulo IV

De lo que le sucedió a nuestro caballero cuando salió de la venta

La del alba sería cuando don Quijote salió de la venta tan contento, tan gallardo, tan alborozado por verse ya armado caballero, que el gozo le reventaba por las cinchas del caballo. Mas viniéndole a la memoria los consejos de su huésped cerca de las prevenciones tan necesarias que había de llevar consigo, especial la de los dineros y camisas, determinó volver a su casa y acomodarse de todo, y de un escudero, haciendo cuenta de recebir a un labrador vecino suyo, que era pobre y con hijos, pero muy a propósito para el oficio escuderil de la caballería. Con este pensamiento guió a Rocinante hacia su aldea, el cual, casi conociendo la querencia,[1] con tanta gana comenzó a caminar, que parecía que no ponía los pies en el suelo.

---

[1] el lugar adonde debía ir

No había andado mucho, cuando le pareció que a su diestra mano, de la espesura de un bosque que allí estaba, salían unas voces delicadas, como de persona que se quejaba, y apenas las hubo oído, cuando dijo: 10

— Gracias doy al cielo por la merced que me hace, pues tan presto me pone ocasiones delante donde yo pueda cumplir con lo que debo a mi profesión, y donde pueda coger el fruto de mis buenos deseos. Estas voces, sin duda, son de algún menesteroso o menesterosa, que ha menester mi favor y ayuda.

Y, volviendo las riendas, encaminó a Rocinante hacia donde le pareció que las voces salían. Y a pocos pasos que entró por el bosque, vio atada una yegua a una encina, y atado en otra a un muchacho, desnudo de medio cuerpo arriba, hasta de edad de quince años, que era el que las voces daba, y no sin causa, porque le estaba dando con una pretina[2] muchos azotes un labrador de buen talle, y cada azote le acompañaba con una reprehensión y consejo.   20 Porque decía:

— La lengua, queda y los ojos, listos.

Y el muchacho respondía:

— No lo haré otra vez, señor mío; por la pasión de Dios que no lo haré otra vez, y yo prometo de tener de aquí adelante más cuidado con el hato.[3]

Y viendo don Quijote lo que pasaba, con voz airada dijo:

—Descortés caballero, mal parece tomaros con quien defender no se puede; subid sobre vuestro caballo y tomad vuestra lanza—que también tenía una lanza arrimada a la encina adonde estaba arrimada la yegua—, que yo os haré conocer ser de cobardes lo que estás haciendo.

El labrador, que vio sobre sí aquella figura llena de armas blandiendo la lanza sobre su rostro, túvose por muerto, y con buenas palabras respondió: 30

—Señor caballero, este muchacho que estoy castigando es un mi criado, que me sirve de guardar una manada de ovejas que tengo en estos contornos, el cual es tan descuidado, que cada día me falta una; y porque castigo su descuido, o bellaquería, dice que lo hago de miserable, por no pagalle la soldada[4] que le debo, y en Dios y en mí ánima que miente.

—¿"Miente" delante de mí, ruin villano?—dijo don Quijote—. Por el sol que nos alumbra que estoy por pasaros de parte a parte con esta lanza. Pagadle luego sin más réplica; si no, por el Dios que nos rige que os concluya y aniquile en este punto. Desatadlo luego.

El labrador bajó la cabeza y, sin responder palabra, desató a su criado, al cual preguntó don Quijote que cuánto le debía su amo. Él dijo que nueve meses, a siete reales cada mes. Hizo   40

---

[2] cinturón de cuero
[3] manada de animales
[4] sueldo

la cuenta don Quijote y halló que montaban setenta y tres reales, y díjole al labrador que al momento los desembolsase, si no quería morir por ello. Respondió el medroso villano que para el paso en que estaba y juramento que había hecho—y aún no había jurado nada—, que no eran tantos; porque se le habían de descontar y recebir en cuenta tres pares de zapatos que le había dado, y un real de dos sangrías que le habían hecho estando enfermo.

—Bien está todo eso—replicó don Quijote—; pero quédense los zapatos y las sangrías por los azotes que sin culpa le habéis dado; que si él rompió el cuero de los zapatos que vos pagastes, vos le habéis rompido el de su cuerpo; y si le sacó el barbero sangre estando enfermo, vos en sanidad se la habéis sacado: ansí que, por esta parte, no os debe nada.

—El daño está, señor caballero, en que no tengo aquí dineros: véngase Andrés conmigo   50
a mi casa, que yo se los pagaré un real sobre otro.

—¿Irme yo con él—dijo el muchacho—más? ¡Mal año! No, señor, ni por pienso; porque en viéndose solo, me desuelle como a un San Bartolomé.

—No hará tal—replicó don Quijote—: basta que yo se lo mande para que me tenga respeto; y con que él me lo jure por la ley de caballería que ha recebido, le dejaré ir libre y aseguraré la paga.

—Mire vuestra merced, señor, lo que dice—dijo el muchacho—; que este mi amo no es caballero ni ha recebido orden de caballería alguna; que es Juan Haldudo el rico, el vecino del Quintanar.

—Importa poco eso—respondió don Quijote —; que Haldudos puede haber caballeros;   60
cuanto más que cada uno es hijo de sus obras.

—Así es verdad—dijo Andrés —; pero este mi amo, ¿de qué obras es hijo, pues me niega mi soldada y mi sudor y trabajo?

—No niego, hermano Andrés—respondió el labrador —; y hacedme placer de veniros conmigo; que yo juro por todas las órdenes que de caballerías hay en el mundo de pagaros, como tengo dicho, un real sobre otro, y aun sahumados.[5]

—Del sahumerio os hago gracia—dijo don Quijote —; dádselos en reales, que con esos me contento; y mirad que lo cumpláis como lo habéis jurado; si no, por el mismo juramento os juro de volver a buscaros y a castigaros, y que os tengo de hallar, aunque os escondáis más que una lagartija. Y si queréis saber quién os manda esto, para quedar con más veras obligado   70
a cumplirlo, sabed que yo soy el valeroso don Quijote de la Mancha, el desfacedor de agravios y sinrazones, y a Dios quedad, y no se os parta de las mientes lo prometido y jurado, so pena de la pena pronunciada.

---

[5] perfumados (*o sea, quizá un poco más*)

Y en diciendo esto, picó a su Rocinante, y en breve espacio se apartó dellos. Siguióle el labrador con los ojos, y cuando vio que había traspuesto del bosque y que ya no parecía, volvióse a su criado Andrés y díjole:

—Venid acá, hijo mío; que os quiero pagar lo que os debo, como aquel deshacedor de agravios me dejó mandado.

—Eso juro yo—dijo Andrés—; y ¡cómo que andará vuestra merced acertado en cumplir el mandamiento de aquel buen caballero, que mil años viva; que, según es de valeroso y de 80 buen juez, vive Roque, que si no me paga, que vuelva y ejecute lo que dijo!

—También lo juro yo—dijo el labrador —; pero, por lo mucho que os quiero, quiero acrecentar la deuda por acrecentar la paga.

Y asiéndole del brazo le tornó a atar a la encina, donde le dio tantos azotes, que le dejó por muerto.

—Llamad, señor Andrés, ahora—decía el labrador—al desfacedor de agravios; veréis cómo no desface aquéste. Aunque creo que no está acabado de hacer, porque me viene gana de desollaros vivo, como vos temíades.

Pero, al fin, le desató y le dio licencia que fuese a buscar su juez, para que ejecutase la pronunciada sentencia. Andrés se partió algo mohíno,[6] jurando de ir a buscar al valeroso don 90 Quijote de la Mancha y contalle punto por punto lo que había pasado, y que se lo había de pagar con las setenas.[7] Pero con todo esto, él se partió llorando y su amo se quedó riendo.

Y desta manera deshizo el agravio el valeroso don Quijote; el cual, contentísimo de lo sucedido, pareciéndole que había dado felicísimo y alto principio a sus caballerías, con gran satisfacción de sí mismo iba caminando hacia su aldea, diciendo a media voz:

—Bien te puedes llamar dichosa sobre cuantas hoy viven en la tierra, ¡oh sobre las bellas bella Dulcinea del Toboso!, pues te cupo en suerte tener sujeto y rendido a toda tu voluntad e talante a un tan valiente y tan nombrado caballero como lo es y será don Quijote de la Mancha, el cual, como todo el mundo sabe, ayer rescibió la orden de caballería, y hoy ha desfecho el mayor entuerto y agravio que formó la sinrazón y cometió la crueldad: hoy quitó 100 el látigo de la mano a aquel despiadado enemigo que tan sin ocasión vapulaba a aquel delicado infante.

En esto, llegó a un camino que en cuatro se dividía, y luego se le vino a la imaginación las encrucejadas donde los caballeros andantes se ponían a pensar cuál camino de aquéllos tomarían, y, por imitarlos, estuvo un rato quedo; y al cabo de haberlo muy bien pensado, soltó la rienda a Rocinante, dejando a la voluntad del rocín la suya, el cual siguió su primer intento, que fue el irse camino de su caballeriza.

---

[6] disgustado; frustado
[7] multa multiplicada 7 veces

Y habiendo andado como dos millas, descubrió don Quijote un grande tropel de gente, que, como después se supo, eran unos mercaderes toledanos que iban a comprar seda a Murcia. Eran seis, y venían con sus quitasoles, con otros cuatro criados a caballo y tres mo-   110 zos de mulas a pie. Apenas los divisó don Quijote, cuando se imaginó ser cosa de nueva aventura; y, por imitar en todo cuanto a él le parecía posible los pasos que había leído en sus libros, le pareció venir allí de molde uno que pensaba hacer. Y así, con gentil continente y denuedo, se afirmó bien en los estribos, apretó la lanza, llegó la adarga al pecho y, puesto en la mitad del camino, estuvo esperando que aquellos caballeros andantes llegasen, que ya él por tales los tenía y juzgaba; y cuando llegaron a trecho que se pudieron ver y oír, levantó don Quijote la voz, y con ademán arrogante dijo:

— Todo el mundo se tenga, si todo el mundo no confiesa que no hay en el mundo todo doncella más hermosa que la emperatriz de la Mancha, la sin par Dulcinea del Toboso.

Paráronse los mercaderes al son destas razones y a ver la estraña figura del que las decía; y   120 por la figura y por las razones luego echaron de ver la locura de su dueño; mas quisieron ver despacio en qué paraba aquella confesión que se les pedía, y uno dellos, que era un poco burlón y muy mucho discreto, le dijo:

—Señor caballero, nosotros no conocemos quién sea esa buena señora que decís; mostrádnosla: que si ella fuere de tanta hermosura como significáis, de buena gana y sin apremio alguno confesaremos la verdad que por parte vuestra nos es pedida.

—Si os la mostrara—replicó don Quijote—, ¿qué hiciérades vosotros en confesar una verdad tan notoria? La importancia está en que sin verla lo habéis de creer, confesar, afirmar, jurar y defender; donde no, conmigo sois en batalla, gente descomunal[8] y soberbia. Que, ahora vengáis uno a uno, como pide la orden de caballería, ora todos juntos, como es costumbre y   130 mala usanza de los de vuestra ralea,[9] aquí os aguardo y espero, confiado en la razón que de mi parte tengo.

—Señor caballero—replicó el mercader—, suplico a vuestra merced, en nombre de todos estos príncipes que aquí estamos, que, porque no encarguemos nuestras conciencias confesando una cosa por nosotros jamás vista ni oída, y más siendo tan en perjuicio de las emperatrices y reinas del Alcarria y Estremadura, que vuestra merced sea servido de mostrarnos algún retrato de esa señora, aunque sea tamaño como un grano de trigo; que por el hilo se sacará el ovillo, y quedaremos con esto satisfechos y seguros, y vuestra merced quedará contento y pagado; y aun creo que estamos ya tan de su parte que, aunque su retrato nos muestre que es tuerta de un ojo y que del otro le mana bermellón y piedra azufre,[10] con   140 todo eso, por complacer a vuestra merced, diremos en su favor todo lo que quisiere.

—No le mana, canalla infame—respondió don Quijote, encendido en cólera—; no le mana, digo, eso que decís, sino ámbar y algalia entre algodones; y no es tuerta ni corcovada,

---

[8] fuera de lo común
[9] tipo
[10] le salga un líquido rojo y amarillo (como el azufre)

sino mas derecha que un huso de Guadarrama. Pero ¡vosotros pagaréis la grande blasfemia que habéis dicho contra tamaña beldad[11] como es la de mi señora!

Y en diciendo esto, arremetió con la lanza baja contra el que lo había dicho, con tanta furia y enojo, que si la buena suerte no hiciera que en la mitad del camino tropezara y cayera Rocinante, lo pasara mal el atrevido mercader. Cayó Rocinante, y fue rodando su amo una buena pieza por el campo; y queriéndose levantar, jamás pudo: tal embarazo le causaban la lanza, adarga, espuelas y celada, con el peso de las antiguas armas. Y entretanto que pugnaba[12] por le- 150 vantarse y no podía, estaba diciendo:

—Non fuyáis, gente cobarde; gente cautiva, atended; que no por culpa mía, sino de mi caballo, estoy aquí tendido.

Un mozo de mulas de los que allí venían, que no debía de ser muy bien intencionado, oyendo decir al pobre caído tantas arrogancias, no lo pudo sufrir sin darle la respuesta en las costillas. Y llegándose a él, tomó la lanza y, después de haberla hecho pedazos, con uno dellos comenzó a dar a nuestro don Quijote tantos palos, que, a despecho y pesar de sus armas, le molió como cibera.[13] Dábanle voces sus amos que no le diese tanto y que le dejase; pero estaba ya el mozo picado y no quiso dejar el juego hasta envidar[14] todo el resto de su cólera, y acudiendo por los demás trozos de la lanza, los acabó de deshacer sobre el miserable caído, 160 que, con toda aquella tempestad de palos que sobre él vía, no cerraba la boca, amenazando al cielo y a la tierra, y a los malandrines, que tal le parecían.

Cansóse el mozo, y los mercaderes siguieron su camino, llevando que contar en todo él del pobre apaleado. El cual, después que se vio solo, tornó a probar si podía levantarse; pero si no lo pudo hacer cuando sano y bueno, ¿cómo lo haría molido y casi deshecho? Y aún se tenía por dichoso, pareciéndole que aquélla era propia desgracia de caballeros andantes, y toda la atribuía a la falta de su caballo, y no era posible levantarse, según tenía brumado[15] todo el cuerpo.

■ Pasos para la comprensión

1. ¿En qué estado de ánimo está don Quijote a principios del Capítulo IV?

   □ ¿Por qué decide volver a su aldea?

   □ ¿Qué representa esta resolución respecto a su palabra de honor?

2. Aquí nos encontramos con lo que bien pudiera considerarse la primera aventura de don Quijote. Cuenta la contienda entre el mozo Andrés y su rico amo Juan Haldudo. ¿Qué solución busca don Quijote?

   □ ¿Parece que está de acuerdo el amo con la solución de don Quijote? ¿Está Andrés del todo convencido de que su amo cumplirá su palabra?

---

[11] belleza
[12] se esforzaba
[13] grano para cebar a los animales
[14] apostar todo (*término de jugadores de naipes*)
[15] abatido

☐ ¿Duda don Quijote que Haldudo cumpla su palabra? ¿Por qué?

☐ Don Quijote se marcha satisfecho de haber desempeñado uno de sus propósitos caballerescos, el de ayudar a los menesterosos. Pero, ¿sabemos si Haldudo hará lo que ha jurado?

☐ ¿Crees que las palabras de don Quijote en pro de la razón y la justicia afectaron en realidad al amo?

3. Otra vez don Quijote llega a una encrucijada en el camino y deja que Rocinante escoja la ruta. ¿Qué representa este signo con respecto a la vida?

4. Don Quijote da con unos mercaderes de Toledo camino a Murcia para comprar seda.

☐ ¿Qué les pide don Quijote?

☐ ¿Qué demandan los mercaderes antes de hacer lo que les pide don Quijote?

☐ ¿Por qué se niega don Quijote rotundamente a proporcionar pruebas de la belleza de Dulcinea?

☐ ¿Crees que hay aquí un velado discurso religioso? Explica después de volver a leer el párrafo que empieza: en la línea 128.

5. ¿Qué le pasó a don Quijote cuando intentó castigar las burlas de los mercaderes?

☐ ¿Qué le hizo un mozo de mulas que acompañaba a los mercaderes?

☐ ¿Tiene algún significado el hacer pedazos la lanza de don Quijote?

☐ ¿En qué estado de ánimo se encuentra don Quijote al final del Capítulo IV? Este estado de ánimo contrasta con lo que sentía después de ayudar a Andrés a principios del capítulo. ¿Por qué crees que el autor implícito ha querido crear esta oposición en un solo capítulo?

Capítulo V

Donde se prosigue la narración de la desgracia de nuestro caballero

Viendo, pues, que, en efecto, no podía menearse, acordó de acogerse a su ordinario remedio, que era pensar en algún paso de sus libros, y trújole su locura a la memoria aquel de Valdovinos y del marqués de Mantua, cuando Carloto le dejó herido en la montiña, historia sabida de los niños, no ignorada de los mozos, celebrada y aun creída de los viejos, y, con todo esto, no más verdadera que los milagros de Mahoma. Ésta, pues, le pareció a él que le venía de molde para el paso en que se hallaba; y así, con muestras de grande sentimiento, se comenzó a volcar por la tierra, y a decir con debilitado aliento lo mesmo que dicen decía el herido caballero del bosque:

—¿Dónde estás, señora mía,
    que no te duele mi mal?
    O no lo sabes, señora,
    o eres falsa y desleal.

10

Y desta manera fue prosiguiendo el romance, hasta aquellos versos que dicen:

—¡Oh noble marqués de Mantua,
        mi tío y señor carnal!

Y quiso la suerte que, cuando llegó a este verso, acertó a pasar por allí un labrador de su mesmo lugar y vecino suyo, que venía de llevar una carga de trigo al molino; el cual, viendo aquel hombre allí tendido, se llegó a él y le preguntó que quién era y qué mal sentía, que tan tristemente se quejaba. Don Quijote creyó, sin duda, que aquél era el marqués de Mantua, su tío, y así, no le respondió otra cosa si no fue proseguir en su romance, donde le daba cuenta 20 de su desgracia y de los amores del hijo del Emperante con su esposa, todo de la misma manera que el romance lo canta.

El labrador estaba admirado oyendo aquellos disparates; y quitándole la visera, que ya estaba hecha pedazos, de los palos, le limpió el rostro, que le tenía cubierto de polvo, y apenas le hubo limpiado, cuando le conoció y le dijo:

—Señor Quijana—que así se debía de llamar cuando él tenía juicio y no había pasado de hidalgo sosegado a caballero andante—, ¿quién ha puesto a vuestra merced desta suerte?

Pero él seguía con su romance a cuanto le preguntaba. Viendo esto el buen hombre, lo mejor que pudo le quitó el peto y espaldar, para ver si tenía alguna. Procuró levantarle del suelo, y no con poco trabajo le subió sobre su jumento por parecer caballería más sosegada. 30 Recogió las armas, hasta las astillas de la lanza, y lió las sobre Rocinante, al cual tomó de la rienda, y del cabestro al asno, y se encaminó hacia su pueblo, bien pensativo de oír los disparates que don Quijote decía; y no menos iba don Quijote, que, de puro molido y quebrantado, no se podía tener sobre el borrico, y de cuando en cuando daba unos suspiros que los ponía en el cielo; de modo que de nuevo obligó a que el labrador le preguntase le dijese qué mal sentía; y no parece sino que el diablo le traía a la memoria los cuentos acomodados a sus sucesos: porque en aquel punto, olvidándose de Valdovinos, se acordó del moro Abindarráez, cuando el alcaide de Antequera, Rodrigo de Narváez, le prendió y llevó cautivo a su alcaidía. De suerte que, cuando el labrador le volvió a preguntar que cómo estaba y qué sentía, le respondió las mesmas palabras y razones que el cautivo abencerraje respondía a Ro- 40 drigo de Narváez, del mesmo modo que él había leído la historia en *La Diana*, de Jorge de Montemayor, donde se escribe; aprovechándose della tan a propósito, que el labrador se iba dando al diablo de oír tanta máquina de necedades; por donde conoció que su vecino estaba loco, y dábale priesa a llegar al pueblo, por escusar el enfado que don Quijote le causaba con su larga arenga. Al cabo de lo cual dijo:

—Sepa vuestra merced, señor don Rodrigo de Narváez, que esta hermosa Jarifa que he dicho es ahora la linda Dulcinea del Toboso, por quien yo he hecho, hago y haré los más famosos hechos de caballerías que se han visto, vean y verán en el mundo.

A esto respondió el labrador:

—Mire vuestra merced, señor, pecador de mí, que yo no soy don Rodrigo de Narváez, 50 ni el marqués de Mantua, sino Pedro Alonso, su vecino; ni vuestra merced es Valdovinos, ni Abindarráez, sino el honrado hidalgo del señor Quijana.

—Yo sé quién soy—respondió don Quijote—, y sé que puedo ser no sólo los que he dicho, sino todos los doce Pares de Francia, y aun todos los nueve de la Fama, pues a todas las hazañas que ellos todos juntos y cada uno de por sí hicieron se aventajarán las mías.

En estas pláticas y en otras semejantes llegaron al lugar, a la hora que anochecía; pero el labrador aguardó a que fuese algo más noche, porque no viesen al molido hidalgo tan mal caballero. Llegada, pues, la hora que le pareció, entró en el pueblo, y en la casa de don Quijote, la cual halló toda alborotada; y estaban en ella el cura y el barbero del lugar, que eran grandes amigos de don Quijote, que estaba diciéndoles su ama a voces: 60

—¿Qué le parece a vuestra merced, señor licenciado Pero Pérez—que así se llamaba el cura—, de la desgracia de mi señor? Tres días ha que no parecen él, ni el rocín, ni la adarga, ni la lanza, ni las armas. ¡Desventurada de mí!, que me doy a entender, y así es ello la verdad como nací para morir, que estos malditos libros de caballerías que él tiene y suele leer tan de ordinario le han vuelto el juicio; que ahora me acuerdo haberle oído decir muchas veces, hablando entre si, que quería hacerse caballero andante, e irse a buscar las aventuras por esos mundos. Encomendados sean a Satanás y a Barrabás tales libros, que así han echado a perder el más delicado entendimiento que había en toda la Mancha.

La sobrina decía lo mesmo, y aún decía más:

—Sepa, señor maese Nicolás—que éste era el nombre del barbero—, que muchas veces 70
le aconteció a mi señor tío estarse leyendo en estos desalmados libros de aventuras dos días con sus noches, al cabo de los cuales arrojaba el libro de las manos, y ponía mano a la espada, y andaba a cuchilladas con las paredes, y cuando estaba muy cansado decía que había muerto a cuatro gigantes como cuatro torres, y el sudor que sudaba del cansancio decía que era sangre de las feridas que había recibido en la batalla, y bebíase luego un gran jarro de agua fría, y quedaba sano y sosegado, diciendo que aquella agua era una preciosísima bebida que le había traído el sabio Esquife, un grande encantador y amigo suyo. Mas yo me tengo la culpa de todo, que no avisé a vuestras mercedes de los disparates de mi señor tío, para que lo remediaran antes de llegar a lo que ha llegado, y quemaran todos estos descomulgados libros, que tiene muchos, que bien merecen ser abrasados, como si fuesen de herejes.   80

—Esto digo yo también—dijo el cura—, y a fe que no se pase el día de mañana sin que dellos no se haga acto público, y sean condenados al fuego, porque no den ocasión a quien los leyere de hacer lo que mi buen amigo debe de haber hecho.

Todo esto estaban oyendo el labrador y don Quijote, con que acabó de entender el labrador la enfermedad de su vecino, y así, comenzó a decir a voces:

—Abran vuestras mercedes al señor Valdovinos y al señor marqués de Mantua, que viene mal ferido, y al señor moro Abindarráez, que trae cautivo el valeroso Rodrigo de Narváez, alcaide de Antequera.

A estas voces salieron todos, y como conocieron los unos a su amigo, las otras a su amo y tío, que aún no se había apeado del jumento, porque no podía, corrieron a abrazarle. Él dijo: 90

—Ténganse todos, que vengo malferido por la culpa de mi caballo. Llévenme a mi lecho y llámese, si fuere posible, a la sabia Urganda, que cure y cate de mis feridas.

—¡Mirá, en hora maza—dijo a este punto el ama—, si me decía a mí bien mi corazón del pie que cojeaba mi señor! Suba vuestra merced en buen hora, que, sin que venga esa hurgada, le sabremos aquí curar. ¡Malditos, digo, sean otra vez y otras ciento estos libros de caballerías, que tal han parado a vuestra merced!

Lleváronle luego a la cama, y, catándole las feridas, no le hallaron ninguna; y él dijo que todo era molimiento, por haber dado una gran caída con Rocinante, su caballo, combatiéndose con diez jayanes, los más desaforados y atrevidos que se pudieran fallar en gran parte de la tierra.

—¡Ta, ta!—dijo el cura—. ¿Jayanes hay en la danza? Para mi santiguada que yo los queme 100 mañana antes que llegue la noche.

Hiciéronle a don Quijote mil preguntas, y a ninguna quiso responder otra cosa sino que le diesen de comer y le dejasen dormir, que era lo que más le importaba. Hízose así, y el cura se informó muy a la larga del labrador del modo que había hallado a don Quijote. Éste se lo contó todo, con los disparates que al hallarle y al traerle había dicho, que fue poner más deseo en el licenciado de hacer lo que otro día hizo, que fue llamar a su amigo el barbero maese Nicolás, con el cual se vino a casa de don Quijote.

■———Pasos para la comprensión

1. Nota lo que recurre a don Quijote para inspirarse cuando se encuentra molido y afligido. ¿Qué es?

   □ He aquí un ejemplo de intertextualidad. Los referentes son romances que todo lector de la época de Cervantes conocía, pero que nosotros no necesariamente conocemos. El primero es el del marqués de Mantua, pero cuando don Quijote siente otra sensación cambia de papeles y recuerda otro romance, el de Abindarráez. Don Quijote está tan embelesado con las tramas de los romances, que cuando se acerca Pedro Alonso, un vecino suyo, don Quijote se ha proyectado psicológicamente en los mundos poéticos, y es ora Valdovinos, ora Abindarráez, personajes de los romances respectivamente. Comenta sobre esta capacidad de don Quijote. Considera dos aspectos: encontrar inspiración en obras literarias y poder transformarse en otras personas según sus necesidades. Considera si sus actos son ejemplos de su locura o ejemplos de un estado psíquico sano. Elabora.

2. Las palabras de don Quijote, cuando Pedro Alonso le recuerda que es don Alonso Quijana, son significativas. Lee la respuesta de don Quijote: "Yo sé quien soy, y sé que puedo ser no sólo los que he dicho, sino todos los doce Pares de Francia." Coméntalas desde una perspectiva filosófica.

☐ Nota también de paso que Pedro Alonso le llama Quijana; ahora vuelve a leer el primer paso del Capítulo I. ¿Es éste uno de los nombres que el narrador había sugerido? ¿Cuál sería el propósito de este juego de nombres, teniendo en cuenta el referente "saber quién uno es?"

3. Las acciones de Pedro Alonso para con don Quijote se cuentan entre las más dignas y se cuentan humanas de la novela. Haz una lista de todas las cosas que hace este señor para ayudar a su vecino y todo el respeto que le muestra. Nota también por qué espera hasta el anochecer para guiar a don Quijote a su casa en el pueblo. Recuerda que en el capítulo anterior un mozo de mulas maltrató a don Quijote sin ninguna razón y hasta le hizo pedazos su lanza, símbolo de su oficio; ahora otra persona lo trata con respeto y dignidad. ¿Cuál crees que es el propósito del autor implícito al yuxtaponer y contrastar ambos comportamientos?

4. Al llegar a la casa de don Quijote, el autor implícito nos permite escuchar la conversación que en ella está ocurriendo entre la sobrina de don Quijote, la criada (el ama), el cura (Pero Pérez) y el barbero (maese Nicolás).

☐ ¿Qué cree el ama y la sobrina que fue la causa de la desaparición de don Quijote?

☐ ¿Qué sugiere el ama que deben hacer con los libros?

☐ ¿Consiente el cura? Este acto se llevará a cabo en el próximo capítulo.

5. Aunque no reproducimos aquí el capítulo VI, lo que se lleva a cabo es una gran hoguera de libros. En realidad, lo que hacen el cura y el barbero es hacer el papel de censores, salvando algunos libros y quemando otros. Teniendo en cuenta el contexto histórico (la Inquisición y la censura), ¿qué representa simbólicamente esta quema de libros?

Capítulo VII

De la segunda salida de nuestro buen caballero don Quijote de la Mancha

Estando en esto, comenzó a dar voces don Quijote, diciendo:

—¡Aquí, aquí, valerosos caballeros; aquí es menester mostrar la fuerza de vuestros valerosos brazos; que los cortesanos llevan lo mejor del torneo!

Por acudir a este ruido y estruendo, no se pasó adelante con el escrutinio de los demás libros que quedaban; y así, se cree que fueron al fuego, sin ser vistos ni oídos, *La Carolea y León de España*, con *Los Hechos del Emperador*, compuestos por don Luis de Ávila, que, sin duda, debían de estar entre los que quedaban, y quizá si el cura los viera, no pasaran por tan rigurosa sentencia.

Cuando llegaron a don Quijote, ya él estaba levantado de la cama, y proseguía en sus voces y en sus desatinos, dando cuchilladas y reveses a todas partes, estando tan despierto como   10 si nunca hubiera dormido. Abrazáronse con él y por fuerza le volvieron al lecho; y después que hubo sosegado un poco, volviéndose a hablar con el cura, le dijo:

—Por cierto, señor arzobispo Turpín, que es gran mengua de los que nos llamamos doce Pares dejar tan sin más ni más llevar la vitoria deste torneo a los caballeros cortesanos, habiendo nosotros los aventureros ganado el prez[1] en los tres días anteriores.

—Calle vuestra merced, señor compadre—dijo el cura—; que Dios será servido que la suerte se mude y que lo que hoy se pierde se gane mañana, y atienda vuestra merced a su salud por agora; que me parece que debe de estar demasiadamente cansado, si ya no es que está malferido.

—Ferido no—dijo don Quijote—; pero molido y quebrantado, no hay duda en ello; porque aquel bastardo de don Roldán me ha molido a palos con el tronco de una encina, y todo de envidia, porque ve que yo solo soy el opuesto de sus valentías. Mas no me llamaría yo Reinaldo de Montalbán si, en levantándome deste lecho, no me lo pagare, a pesar de todos sus encantamentos; y, por agora, tráiganme de yantar, que sé que es lo que más me hará al caso, y quédese lo del vengarme a mi cargo.

Hiciéronlo ansí: diéronle de comer, y quedóse otra vez dormido, y ellos, admirados de su locura.

Aquella noche quemó y abrasó el ama cuantos libros había en el corral y en toda la casa, y tales debieron de arder que merecían guardarse en perpetuos archivos; mas no lo permitió su suerte y la pereza del escrutiñador, y así, se cumplió el refrán en ellos de que pagan a las veces justos por pecadores.

Uno de los remedios que el cura y el barbero dieron, por entonces, para el mal de su amigo fue que le murasen y tapiasen el aposento de los libros, porque cuando se levantase no los hallase—quizá quitando la causa, cesaría el efeto—, y que dijesen que un encantador se los había llevado, y el aposento y todo; y así fue hecho con mucha presteza. De allí a dos días se levantó don Quijote, y lo primero que hizo fue ir a ver sus libros; y como no hallaba el aposento donde le había dejado, andaba de una en otra parte buscándole. Llegaba adonde solía tener la puerta, y tentábala con las manos, y volvía y revolvía los ojos por todo, sin decir palabra; pero al cabo de una buena pieza,[2] preguntó a su ama que hacia qué parte estaba el aposento de sus libros. El ama, que ya estaba bien advertida de lo que había de responder, le dijo:

—¿Qué aposento, o qué nada, busca vuestra merced? Ya no hay aposento ni libros en esta casa, porque todo se lo llevó el mesmo diablo.

—No era diablo—replicó la sobrina—, sino un encantador que vino sobre una nube una noche, después del día que vuestra merced de aquí se partió, y apeándose de una sierpe en que venía caballero, entró en el aposento, y no sé lo que se hizo dentro, que a cabo de poca pieza salió volando por el tejado, y dejó la casa llena de humo; y cuando acordamos a mirar lo que dejaba hecho, no vimos libro ni aposento alguno; sólo se nos acuerda muy bien a mí y al ama que, al tiempo del partirse aquel mal viejo, dijo en altas voces que por enemistad

---

[1] la gloria; el honor
[2] un buen rato

secreta que tenía al dueño de aquellos libros y aposento, dejaba hecho el daño en aquella casa que después se vería. Dijo también que se llamaba el sabio Muñatón.

—Frestón diría—dijo don Quijote.   50

—No sé—respondió el ama—si se llamaba Frestón o Fritón; sólo sé que acabó en *tón* su nombre.

—Así es—dijo don Quijote—; que ése es un sabio encantador, grande enemigo mío, que me tiene ojeriza, porque sabe por sus artes y letras que tengo de venir, andando los tiempos, a pelear en singular batalla con un caballero a quien él favorece, y le tengo de vencer, sin que él lo pueda estorbar, y por esto procura hacerme todos los sinsabores que puede; y mándole yo que mal podrá él contradecir ni evitar lo que por el cielo está ordenado.

— ¿Quién duda de eso?—dijo la sobrina—. Pero ¿quién le mete a vuestra merced, señor tío, en esas pendencias? ¿No será mejor estarse pacífico en su casa y no irse por el mundo a buscar pan de trastrigo,[3] sin considerar que muchos van por lana y vuelven tresquilados?[4]   60

—¡Oh sobrina mía—respondió don Quijote—, y cuán mal que estás en la cuenta! Primero que a mí me tresquilen tendré peladas y quitadas las barbas a cuantos imaginen tocarme en la punta de un solo cabello.

No quisieron las dos replicarle más, porque vieron que se le encendía la cólera.

Es, pues, el caso que él estuvo quince días en casa muy sosegado, sin dar muestras de querer segundar sus primeros devaneos, en los cuales días pasó graciosísimos cuentos con sus dos compadres el cura y el barbero, sobre que él decía que la cosa de que más necesidad tenía el mundo era de caballeros andantes y de que en él se resucitase la caballería andantesca. El cura algunas veces le contradecía, y otras concedía, porque si no guardaba este artificio no había poder averiguarse con él.   70

En este tiempo solicitó don Quijote a un labrador vecino suyo, hombre de bien—si es que este título se puede dar al que es pobre—, pero de muy poca sal en la mollera.[5] En resolución, tanto le dijo, tanto le persuadió y prometió, que el pobre villano se determinó de salirse con él y servirle de escudero. Decíale, entre otras cosas, don Quijote que se dispusiese a ir con él de buena gana, porque tal vez le podía suceder aventura que ganase, en quítame allá esas pajas, alguna ínsula[6] y le dejase a él por gobernador della. Con estas promesas y otras tales, Sancho Panza, que así se llamaba el labrador, dejó su mujer y hijos y asentó por escudero de su vecino.

Dio luego don Quijote orden en buscar dineros, y, vendiendo una cosa, y empeñando otra, y malbaratándolas todas, llegó una razonable cantidad. Acomodóse asimesmo de una 80 rodela,[7] que pidió prestada a un su amigo, y, pertrechando su rota celada lo mejor que pudo, avisó a su escudero Sancho del día y la hora que pensaba ponerse en camino para que él se

---

[3] pan mejor que el de trigo (*o sea, algo muy difícil o imposible*)
[4] trasquilar: cortar el vellón o lana de un animal (*o sea, rapado o pelado*)
[5] no muy inteligente
[6] *lat.* isla
[7] escudo

acomodase de lo que viese que más el era menester. Sobre todo le encargó que llevase alforjas; e dijo que sí llevaría, y que ansimesmo pensaba llevar un asno que tenía muy bueno, porque él no estaba duecho[8] a andar mucho a pie. En lo del asno reparó un poco don Quijote, imaginando si se le acordaba si algún caballero andante había traído escudero caballero asnalmente; pero nunca le vino alguno a la memoria; mas con todo esto determinó que le llevase, con presupuesto de acomodarle de más honrada caballería en habiendo ocasión para ello, quitándole el caballo al primer descortés caballero que topase. Proveyóse de camisas y de las demás cosas que él pudo, conforme al consejo que el ventero le había dado; todo lo cual hecho y cumplido, sin despedirse Panza de sus hijos y mujer, ni don Quijote de su ama y sobrina, una noche se salieron del lugar sin que persona los viese; en la cual caminaron tanto, que al amanecer se tuvieron por seguros de que no los hallarían aunque los buscasen. 90

Iba Sancho Panza sobre su jumento como un patriarca, con sus alforjas y su bota, y con mucho deseo de verse ya gobernador de la ínsula que su amo le había prometido. Acertó don Quijote a tomar la misma derrota y camino que el que él había tomado en su primer viaje, que fue por el campo de Montiel, por el cual caminaba con menos pesadumbre que la vez pasada, porque, por ser la hora de la mañana y herirles a soslayo, los rayos del sol no les fatigaban. Dijo en esto Sancho Panza a su amo:

—Mire vuestra merced, señor caballero andante, que no se le olvide lo que de la ínsula me tiene prometido; que yo la sabré gobernar, por grande que sea. 100

A lo cual le respondió don Quijote:

—Has de saber, amigo Sancho Panza, que fue costumbre muy usada de los caballeros andantes antiguos hacer gobernadores a sus escuderos de las ínsulas o reinos que ganaban, y yo tengo determinado de que por mí no falte tan agradecida usanza; antes pienso aventajarme en ella: porque ellos algunas veces, y quizá las más, esperaban a que sus escuderos fuesen viejos, y ya después de hartos de servir y de llevar malos días y peores noches, les daban algún título de conde, o, por lo mucho, de marqués, de algún valle o provincia de poco más o menos; pero si tú vives y yo vivo, bien podría ser que antes de seis días ganase yo tal reino, que tuviese otros a él adherentes, que viniesen de molde para coronarte por rey de uno dellos. Y no lo tengas a mucho; que cosas y casos acontecen a los tales caballeros por modos tan nunca vistos ni pensados, que con facilidad te podría dar aún más de lo que te prometo. 110

—De esa manera—respondió Sancho Panza—, si yo fuese rey por algún milagro de los que vuestra merced dice, por lo menos, Juana Gutiérrez, mi oíslo,[9] vendría a ser reina, y mis hijos infantes.

—Pues ¿quién lo duda?—respondió don Quijote.

—Yo lo dudo—replicó Sancho Panza—; porque tengo para mí que, aunque lloviese Dios reinos sobre la tierra, ninguno asentaría bien sobre la cabeza de Mari Gutiérrez. Sepa, señor, que no vale dos maravedís para reina; condesa le caerá mejor, y aún Dios y ayuda.

---

[8] *ant.* ducho; informado
[9] esposa

—Encomiéndalo tú a Dios, Sancho—respondió don Quijote—, que Él dará lo que más   120
le convenga; pero no apoques tu ánimo tanto, que te vengas a contentar con menos que con
ser adelantado.

—No haré, señor mío—respondió Sancho—, y más teniendo tan principal amo en vuestra
merced, que me sabrá dar todo aquello que me esté bien y yo pueda llevar.

■——Pasos para la comprensión

1. ¿Qué remedio se les ocurre al cura y al barbero para que don Quijote no se de
   cuenta de que le han quemado su biblioteca?

   □ ¿Qué hace don Quijote cuando quiere entrar en su biblioteca?

   □ Según el ama, ¿quién se llevó los libros y la biblioteca?

   □ Según la sobrina, ¿quién acabó con los libros? Don Quijote, claro está, acepta
      la explicación de la sobrina porque encuadra con su mundo de caballería.

   □ Explica la ironía de que digan las dos mujeres que ha sido el diablo o malignos
      encantadores los que se han llevado su biblioteca. ¿Quiénes son esos "diablos"
      y "malvados"?

   □ La escena tiene otra dimensión también importante: al tapar el aposento de los
      libros y al fabricar el cuento de los encantadores—cosa que viene directamente
      de los libros de caballería—para explicar la desaparición de la biblioteca, ¿qué
      están haciendo estos personajes? O sea, ¿qué diferencia hay entre las locuras de
      don Quijote y las locuras de los otros personajes? Desarrolla esta idea.

2. La sobrina le sugiere a su tío que sería mejor quedarse en casa y llevar una vida
   tranquila. Lee la respuesta de don Quijote en la línea 60 a este tipo de existencia.
   Aquí se abre el discurso de una vida pacífica en oposición a una tranquila.

   □ ¿Qué tipo de vida lleva don Quijote?

   □ ¿Qué tipo de vida piensas llevar tú?

3. Recuerda que el ventero le había dicho a don Quijote que necesitaba un escudero, dineros, medicamentos y ropa limpia. Y don Quijote cumple su palabra. ¿A
   quién contrata para escudero?

   □ ¿De qué rango social es esta persona (consulta el *código social*)?

   □ ¿Le es difícil a don Quijote convencerle de que le sirva de escudero?

   □ ¿Qué le promete don Quijote al labrador si viene con él?

   □ El narrador dice que Sancho tenía "poca sal en la mollera." ¿Qué crees que significa esta expresión? A lo largo de la novela, esta interpretación del narrador
      se irá desmintiendo.

4. La primera discusión entre amo y escudero trata de la prometida isla ("ínsula" en
   el texto). Sancho le recuerda a don Quijote la promesa que le hizo, y éste responde que quizá le haga rey y no sólo gobernador, porque nunca se sabe lo que

va a pasar en la vida ("cosas y casos acontecen. . . por modos tan nunca vistos ni pensados, que con facilidad te podría dar aún más de lo que te prometo"). Comenta sobre esta reflexión de don Quijote.

5. Con un poco de humor, a Sancho le cae en gracia el hecho de que si él es un rey su esposa será una reina, y él no la puede ver en ese papel. Pero don Quijote le aconseja que piense de otro modo: "no apoques tu ánimo tanto, que te vengas a contentar con menos." Comenta estas palabras.

☐ Don Quijote está repleto de estas máximas y aforismos de inspiración o de la naturaleza humana. Por eso, las sentencias de esta novela andan de boca en boca entre la gente de habla española, así como las sentencias de Shakespeare circulan entre la de habla inglesa.

Capítulo VIII

Del buen suceso que el valeroso don Quijote tuvo en la espantable y jamás imaginada aventura de los molinos de viento, con otros sucesos dignos de felice recordación

En esto, descubrieron treinta o cuarenta molinos de viento que hay en aquel campo, y así como don Quijote los vio, dijo a su escudero:

—La ventura va guiando nuestras cosas mejor de lo que acertáramos a desear; porque ves allí, amigo Sancho Panza, donde se descubren treinta o pocos más desaforados gigantes, con quien pienso hacer batalla y quitarles a todos las vidas, con cuyos despojos comenzaremos a enriquecer; que ésta es buena guerra, y es gran servicio de Dios quitar tan mala simiente de sobre la faz de la tierra.

—¿Qué gigantes?—dijo Sancho Panza.

—Aquellos que allí ves—respondió su amo—de los brazos largos, que los suelen tener algunos de casi dos leguas.

10

—Mire vuestra merced—respondió Sancho—que aquellos que allí se parecen no son gigantes, sino molinos de viento, y lo que en ellos parecen brazos son las aspas,[1] que, volteadas del viento, hacen andar la piedra del molino.

—Bien parece—respondió don Quijote—que no estás cursado en esto de las aventuras: ellos son gigantes; y si tienes miedo, quítate de ahí, y ponte en oración en el espacio que yo voy a entrar con ellos en fiera y desigual batalla.

Y diciendo esto, dio de espuelas a su caballo Rocinante, sin atender a las voces que su escudero Sancho le daba, advirtiéndole que, sin duda alguna, eran molinos de viento, y no

---

[1] palas de un molino de viento

gigantes, aquellos que iba a acometer. Pero él iba tan puesto en que eran gigantes, que ni oía las voces de su escudero Sancho, ni echaba de ver, aunque estaba ya bien cerca, lo que eran; 20 antes iba diciendo en voces altas:

—Non fuyades, cobardes y viles criaturas, que un solo caballero es el que os acomete.

Levantóse en esto un poco de viento, y las grandes aspas comenzaron a moverse, lo cual visto por don Quijote, dijo:

—Pues aunque mováis más brazos que los del gigante Briareo, me lo habéis de pagar.

Y en diciendo esto, y encomendándose de todo corazón a su señora Dulcinea, pidiéndole que en tal trance le socorriese, bien cubierto de su rodela, con la lanza en el ristre, arremetió a todo galope de Rocinante y embistió con el primero molino que estaba delante; y dándole una lanzada en el aspa, la volvió el viento con tanta furia, que hizo la lanza pedazos, llevándose tras sí al caballo y al caballero, que fue rodando muy maltrecho por el campo. Acudió 30 Sancho Panza a socorrerle, a todo el correr de su asno, y cuando llegó halló que no se podía menear: tal fue el golpe que dio con él Rocinante.

—¡Válame Dios!—dijo Sancho—. ¿No le dije yo a vuestra merced que mirase bien lo que hacía, que no eran sino molinos de viento, y no lo podía ignorar sino quien llevase otros tales en la cabeza?

—Calla, amigo Sancho—respondió don Quijote —; que las cosas de la guerra, más que otras, están sujetas a continua mudanza; cuanto más, que yo pienso, y es así verdad, que aquel sabio Frestón que me robó el aposento y los libros ha vuelto estos gigantes en molinos por quitarme la gloria de su vencimiento: tal es la enemistad que me tiene; mas al cabo al cabo, han de poder poco sus malas artes contra la bondad de mi espada.   40

—Dios lo haga como puede—respondió Sancho Panza.

Y, ayudándole a levantar, tornó a subir sobre Rocinante, que medio despaldado[2] estaba. Y, hablando en la pasada aventura, siguieron el camino del Puerto Lápice, porque allí decía don Quijote que no era posible dejar de hallarse muchas y diversas aventuras, por ser lugar muy pasajero; sino que iba muy pesaroso por haberle faltado la lanza; y, diciéndoselo a su escudero, le dijo:

—Yo me acuerdo haber leído que un caballero español llamado Diego Pérez de Vargas, habiéndosele en una batalla roto la espada, desgajó de una encina un pesado ramo o tronco, y con él hizo tales cosas aquel día y machacó tantos moros, que le quedó por sobrenombre Machuca, y así él como sus descendientes se llamaron desde aquel día en adelante Vargas y 50 Machuca. Hete dicho esto, porque de la primera encina o roble que se me depare pienso desgajar otro tronco tal y tan bueno como aquel que me imagino, y pienso hacer con él tales

---

[2] lastimado la espalda

hazañas, que tú te tengas por bien afortunado de haber merecido venir a vellas y a ser testigo de cosas que apenas podrán ser creídas.

—A la mano de Dios—dijo Sancho—; yo lo creo todo así como vuestra merced lo dice; pero enderécese un poco, que parece que va de medio lado, y debe de ser del molimiento de la caída.

—Así es la verdad—respondió don Quijote —; y si no me quejo del dolor es porque no es dado a los caballeros andantes quejarse de herida alguna, aunque se le salgan las tripas por ella.

—Si eso es así, no tengo yo que replicar—respondió Sancho —; pero sabe Dios si yo me   60 holgara que vuestra merced se quejara cuando alguna cosa le doliera. De mí sé decir que me he de quejar del más pequeño dolor que tenga, si ya no se entiende también con los escuderos de los caballeros andantes eso del no quejarse.

No se dejó de reír don Quijote de la simplicidad de su escudero; y así, le declaró que podía muy bien quejarse como y cuando quisiese, sin gana o con ella; que hasta entonces no había leído cosa en contrario en la orden de caballería. Díjole Sancho que mirase que era hora de comer. Respondióle su amo que por entonces no le hacía menester; que comiese él cuando se le antojase. Con esta licencia se acomodó Sancho lo mejor que pudo sobre su jumento, y, sacando de las alforjas lo que en ellas había puesto, iba caminando y comiendo detrás de su amo muy de su espacio, y de cuando en cuando empinaba la bota, con tanto gusto que le pudiera envidiar el   70 más regalado bodegonero de Málaga. Y en tanto que él iba de aquella manera menudeando tragos, no se le acordaba de ninguna promesa que su amo le hubiese hecho, ni tenía por ningún trabajo, sino por mucho descanso, andar buscando las aventuras, por peligrosas que fuesen.

En resolución, aquella noche la pasaron entre unos árboles, y del uno dellos desgajó don Quijote un ramo seco que le podía servir de lanza, y puso en él el hierro que quitó de la que se le había quebrado. Toda aquella noche no durmió don Quijote, pensando en su señora Dulcinea, por acomodarse a lo que había leído en sus libros, cuando los caballeros pasaban sin dormir muchas noches en las florestas y despoblados, entretenidos con las memorias de sus señoras. No la pasó ansí Sancho Panza; que, como tenía el estómago lleno, y no de agua de chicoria,[3] de un sueño se la llevó toda, y no fueran parte para despertarle, si su amo no lo   80 llamara, los rayos del sol, que le daban en el rostro, ni el canto de las aves, que, muchas y muy regocijadamente, la venida del nuevo día saludaban. Al levantarse dio un tiento a la bota, y hallóla algo más flaca que la noche antes; y afligiósele el corazón, por parecerle que no llevaban camino de remediar tan presto su falta. No quiso desayunarse don Quijote, porque, como está dicho, dio en sustentarse de sabrosas memorias. Tornaron a su comenzado camino del Puerto Lápice, y a obra de las tres del día le descubrieron.

—Aquí—dijo en viéndole don Quijote—podemos, hermano Sancho Panza, meter las manos hasta los codos en esto que llaman aventuras. Mas advierte que, aunque me veas en los mayores peligros del mundo, no has de poner mano a tu espada para defenderme, si ya no vieres que los que me ofenden es canalla y gente baja, que en tal caso bien puedes   90

---

[3] una infusión de esa planta

ayudarme; pero si fueren caballeros, en ninguna manera te es lícito ni concedido por las leyes de caballería que me ayudes, hasta que seas armado caballero.

—Por cierto, señor—respondió Sancho—, que vuestra merced sea muy bien obedecido en esto; y más, que yo de mío me soy pacífico y enemigo de meterme en ruidos ni pendencias. Bien es verdad que en lo que tocare a defender mi persona no tendré mucha cuenta con esas leyes, pues las divinas y humanas permiten que cada uno se defienda de quien quisiere agraviarle.

—No digo yo menos—respondió don Quijote—; pero en esto de ayudarme contra caballeros has de tener a raya tus naturales ímpetus.

—Digo que así lo haré—respondió Sancho—, y que guardaré ese preceto tan bien como   100
el día del domingo.

Estando en estas razones, asomaron por el camino dos frailes de la orden de San Benito, caballeros sobre dos dromedarios: que no eran más pequeñas dos mulas en que venían. Traían sus antojos de camino y sus quitasoles. Detrás dellos venía un coche, con cuatro o cinco de a caballo que le acompañaban y dos mozos de mulas a pie. Venía en el coche, como después se supo, una señora vizcaína, que iba a Sevilla, donde estaba su marido, que pasaba a las Indias con un muy honroso cargo. No venían los frailes con ella, aunque iban el mesmo camino; mas apenas los divisó don Quijote, cuando dijo a su escudero:

—O yo me engaño, o ésta ha de ser la más famosa aventura que se haya visto; porque aquellos bultos negros que allí parecen deben de ser, y son, sin duda, algunos encantadores que   110
llevan hurtada alguna princesa en aquel coche, y es menester deshacer este tuerto a todo mi poderío.

—Peor será esto que los molinos de viento—dijo Sancho—. Mire, señor, que aquéllos son frailes de San Benito, y el coche debe de ser de alguna gente pasajera. Mire que digo que mire bien lo que hace, no sea el diablo que le engañe.

—Ya te he dicho, Sancho—respondió don Quijote—, que sabes poco de achaque[4] de aventuras; lo que yo digo es verdad, y ahora lo verás.

Y diciendo esto, se adelantó y se puso en la mitad del camino por donde los frailes venían, y, en llegando tan cerca que a él le pareció que le podrían oír lo que dijese, en alta voz dijo:

—Gente endiablada y descomunal, dejad luego al punto las altas princesas que en ese coche   120
lleváis forzadas; si no, aparejaos a recebir presta muerte, por justo castigo de vuestras malas obras.

Detuvieron los frailes las riendas, y quedaron admirados, así de la figura de don Quijote como de sus razones, a las cuales respondieron:

------

[4] asunto

—Señor caballero, nosotros no somos endiablados ni descomunales, sino dos religiosos de San Benito que vamos nuestro camino, y no sabemos si en este coche vienen, o no, ningunas forzadas princesas.

—Para conmigo no hay palabras blandas; que ya yo os conozco, fementida canalla—dijo don Quijote.

Y sin esperar más respuesta, picó a Rocinante y, la lanza baja, arremetió contra el primero fraile, con tanta furia y denuedo,[5] que si el fraile no se dejara caer de la mula, él le hiciera venir al suelo mal de su grado, y aun mal ferido, si no cayera muerto. El segundo religioso, que vio del modo que trataban a su compañero, puso piernas al castillo de su buena mula, y comenzó a correr por aquella campaña, más ligero que el mesmo viento.

Sancho Panza, que vio en el suelo al fraile, apeándose ligeramente de su asno, arremetió a él y le comenzó a quitar los hábitos. Llegaron en esto dos mozos de los frailes y preguntáronle que por qué le desnudaba. Respondióles Sancho que aquello le tocaba a él ligítimamente, como despojos de la batalla que su señor don Quijote había ganado. Los mozos, que no sabían de burlas, ni entendían aquello de despojos ni batallas, viendo que ya don Quijote estaba desviado de allí, hablando con las que en el coche venían, arremetieron con Sancho y dieron con él en el suelo, y, sin dejarle pelo en las barbas, le molieron a coces y le dejaron tendido en el suelo, sin aliento ni sentido. Y, sin detenerse un punto, tornó a subir el fraile, todo temeroso y acobardado y sin color en el rostro; y cuando se vio a caballo, picó tras su compañero, que un buen espacio de allí le estaba aguardando, y esperando en qué paraba aquel sobresalto, y, sin querer aguardar el fin de todo aquel comenzado suceso, siguieron su camino, haciéndose más cruces que si llevaran al diablo a las espaldas.

Don Quijote estaba, como se ha dicho, hablando con la señora del coche, diciéndole:

—La vuestra fermosura, señora mía, puede facer de su persona lo que más le viniere en talante,[6] porque ya la soberbia de vuestros robadores yace por el suelo, derribada por este mi fuerte brazo; y porque no penéis por saber el nombre de vuestro libertador, sabed que yo me llamo don Quijote de la Mancha, caballero andante y aventurero, y cautivo de la sin par y hermosa doña Dulcinea del Toboso, y en pago del beneficio que de mí habéis recebido, no quiero otra cosa sino que volváis al Toboso, y que de mi parte os presentéis ante esta señora y le digáis lo que por vuestra libertad he fecho.

Todo esto que don Quijote decía escuchaba un escudero de los que el coche acompañaban, que era vizcaíno;[7] el cual, viendo que no quería dejar pasar el coche adelante, sino que decía que luego había de dar la vuelta al Toboso, se fue para don Quijote y, asiéndole de la lanza, le dijo, en mala lengua castellana y peor vizcaína, desta manera:

—Anda, caballero que mal andes; que el Dios que crióme, que, si no dejas coche, así te matas como estás ahí vizcaíno.

---

[5] brío, intrepidez

[6] *ant.* de gusto

[7] vasco

Entendióle muy bien don Quijote, y con mucho sosiego le respondió: 160

—Si fueras caballero, como no lo eres, ya yo hubiera castigado tu sandez y atrevimiento, cautiva[8] criatura.

A lo cual replicó el vizcaíno:

—¿Yo no caballero? Juro a Dios tan mientes como cristiano. Si lanza arrojas y espada sacas, ¡el agua cuán presto verás que al gato llevas![9] Vizcaíno por tierra, hidalgo por mar, hidalgo por el diablo, y mientes que mira si otra dices cosa.

—Ahora lo veredes, dijo Agrajes—respondió don Quijote.

Y arrojando la lanza en el suelo, sacó su espada y embrazó su rodela, y arremetió al vizcaíno, con determinación de quitarle la vida. El vizcaíno, que así le vio venir, aunque quisiera apearse de la mula, que, por ser de las malas de alquiler, no había que fiar en ella, no pudo   170 hacer otra cosa sino sacar su espada; pero avínole bien que se halló junto al coche, de donde pudo tomar una almohada que le sirvió de escudo, y luego se fueron el uno para el otro, como si fueran dos mortales enemigos. La demás gente quisiera ponerlos en paz; mas no pudo, porque decía el vizcaíno en sus mal trabadas razones que si no le dejaban acabar su batalla, que él mismo había de matar a su ama y a toda la gente que se lo estorbase. La señora del coche, admirada y temerosa de lo que veía, hizo al cochero que se desviase de allí algún poco, y desde lejos se puso a mirar la rigurosa contienda, en el discurso de la cual dio el vizcaíno una gran cuchillada a don Quijote encima de un hombro, por encima de la rodela, que, a dársela sin defensa, le abriera hasta la cintura. Don Quijote, que sintió la pesadumbre de aquel desaforado golpe, dio una gran voz, diciendo: 180

—¡Oh señora de mi alma, Dulcinea, flor de la fermosura, socorred a este vuestro caballero, que, por satisfacer a la vuestra mucha bondad, en este riguroso trance se halla!

El decir esto, y el apretar la espada, y el cubrirse bien de su rodela, y el arremeter al vizcaíno, todo fue en un tiempo llevando determinación de aventurarlo todo a la de un golpe solo.

El vizcaíno, que así le vio venir contra él, bien entendió por su denuedo su coraje, y determinó de hacer lo mesmo que don Quijote. Y así, le aguardó bien cubierto de su almohada, sin poder rodear la mula a una ni a otra parte; que ya, de puro cansada y no hecha a semejantes niñerías, no podía dar un paso.

Venía, pues, como se ha dicho, don Quijote contra el cauto vizcaíno, con la espada en alto,   190 con determinación de abrirle por medio, y el vizcaíno le aguardaba ansimesmo levantada la espada y aforrado con su almohada, y todos los circunstantes estaban temerosos y colgados de lo que había de suceder de aquellos tamaños golpes con que se amenazaban; y la señora del coche y las demás criadas suyas estaban haciendo mil votos y ofrecimientos a todas las imágenes y casas de devoción de España, porque Dios librase a su escudero y a ellas de aquel tan grande peligro en que se hallaban.

---

[8] *ant.* desgraciada
[9] *O sea, veremos quien se sale con la suya.*

Pero está el daño de todo esto que en este punto y término deja pendiente el autor desta historia esta batalla, disculpándose que no halló más escrito, destas hazañas de don Quijote, de las que deja referidas. Bien es verdad que el segundo autor desta obra no quiso creer que tan curiosa historia estuviese entregada a las leyes del olvido, ni que hubiesen sido tan poco curiosos los ingenios de la Mancha, que no tuviesen en sus archivos o en sus escritorios algunos papeles que deste famoso caballero tratasen; y así, con esta imaginación, no se desesperó de hallar el fin desta apacible historia, el cual, siéndole el cielo favorable, le halló del modo que se contará en la segunda parte.

200

■———Pasos para la comprensión

1. He aquí la primera aventura que enfrenta don Quijote junto a Sancho. Es famosa la aventura de los molinos de viento y quizá la más representada gráficamente. Es tan famosa, que existe la expresión en inglés *to tilt at windmills* para referirse a la lucha contra un enemigo imaginario. Piensa primero en el momento en que ocurre esta aventura: don Quijote acaba de reiterarle a Sancho su promesa de hacerle gobernador o hasta rey de una isla. Le ha dicho que en la vida caballeresca, cualquier cosa es posible. Ahora, don Quijote tiene necesidad de mostrar su valentía ante su escudero por primera vez. Por lo tanto, ¿qué se inventa don Quijote?

   □ ¿Qué ve Sancho?

   □ ¿Qué le pasa a don Quijote cuando arremete contra los molinos/gigantes?

2. Sancho va a socorrer a su amo y le echa en la cara que ya le había dicho que eran molinos de viento y no gigantes. ¿Qué le responde don Quijote?

   □ Si el encantador Frestón le robó su biblioteca, ¿no es posible que este mismo encantador haya transformado los gigantes en molinos de viento para negarle a don Quijote la gloria de la victoria?

   □ ¿Es razonable la argumentación de don Quijote? Elabora estas ideas.

3. El episodio de los molinos tiene otra dimensión mucho más filosófica y moderna.

   □ Después de consultar el *código filosófico* trata de explicar cómo los molinos de viento pueden ser molinos y gigantes a la vez.

   □ La semiología moderna habla de signos, que están compuestos de significantes (su componente perceptible concreto) y su significado (su componente conceptual). El significado del molino de viento es esa cosa que describe Sancho; el significante puede ser el gigante que se imagina don Quijote. Trata de identificar otros signos en la vida que pueden representar cosas muy diferentes para diferentes personas. Comenta estas ideas, porque en ellas está la clave de entender *Don Quijote*.

4. En las conversaciones entre don Quijote y Sancho que siguen a la aventura de los molinos de viento se destaca la diferencia entre los dos hombres. Explica esta diferencia en cuanto a los siguientes temas: el dolor, el hambre, el dormir, el pelear.

5. La próxima aventura trata de dos frailes y un séquito de personas que llevan a una mujer principal a Sevilla. De nuevo, don Quijote imagina que los frailes son encantadores y gente endiablada. Cuando don Quijote arremete contra uno de ellos y lo tumba en el suelo, ¿qué hace Sancho? ¿Por qué lo hace? Por lo visto, Sancho también está enterado de la vida caballeresca. ¿Qué termina pasándole a Sancho?

6. En su batalla con el vizcaíno que acompaña a la señora, hay varias cosas que comentar. En primer lugar, ¿por qué no habla bien el castellano el vizcaíno? ¿Cómo lo entiende don Quijote?

7. La pelea con el vizcaíno está narrada con detalles escrupulosos. Cita algunos ejemplos. ¿Qué efecto produce tanto detalle?

8. ¿Por qué se interrumpe la acción?

   ☐ ¿Es ésta la primera vez que el autor implícito ha tenido problemas en conseguir fuentes fidedignas?

   ☐ Explica cómo esto es otro ejemplo del discurso metaliterario.

   ☐ ¿Es la primera vez que la acción se suspende?

   ☐ Para saber lo que pasa con el vizcaíno, ¡tendrás que leer el próximo capítulo!

Capítulo XXII

De la libertad que dio don Quijote a muchos desdichados que, mal de su grado, los llevaban donde no quisieran ir

Cuenta Cide Hamete Benengeli, autor arábigo y manchego en esta gravísima, altisonante, mínima,[1] dulce e imaginada historia, que, después que entre el famoso don Quijote de la Mancha y Sancho Panza, su escudero, pasaron aquellas razones que en el fin del capítulo veinte y uno quedan referidas, que don Quijote alzó los ojos y vio que por el camino que llevaba venían hasta doce hombres a pie, ensartados como cuentas en una gran cadena de hierro, por los cuellos, y todos con esposas a las manos. Venían ansimismo con ellos dos hombres de a caballo y dos de a pie; los de a caballo, con escopetas de rueda, y los de a pie, con dardos y espadas: y que así como Sancho Panza los vido, dijo:

—Esta es cadena de galeotes,[2] gente forzada del rey, que va a las galeras.

—¿Cómo gente forzada?—preguntó don Quijote—. ¿Es posible que el rey haga fuerza a ninguna gente?   10

—No digo eso—respondió Sancho—, sino que es gente que por sus delitos va condenada a servir al rey en las galeras, de por fuerza.

---

[1] minuciosa (*o sea, con detalles minuciosos*)
[2] gente condenada a remar galeras, que son naves de vela y remo

—En resolución—replicó don Quijote—, como quiera que ello sea, esta gente, aunque los llevan, van de por fuerza, y no de su voluntad.

—Así es—dijo Sancho.

—Pues desa manera—dijo su amo—, aquí encaja la ejecución de mi oficio: desfacer fuerzas y socorrer y acudir a los miserables.

—Advierta vuestra merced—dijo Sancho—, que la justicia, que es el mesmo rey, no hace fuerza ni agravio a semejante gente, sino que los castiga en pena de sus delitos.   20

Llegó, en esto, la cadena de los galeotes, y don Quijote, con muy corteses razones, pidió a los que iban en su guarda fuesen servidos de informalle y decille la causa o causas por que llevan aquella gente de aquella manera.
Una de las guardas de a caballo respondió que eran galeotes, gente de Su Majestad, que iba a galeras, y que no había más que decir, ni él tenía más que saber.

—Con todo eso—replicó don Quijote—, querría saber de cada uno dellos en particular la causa de su desgracia.

Añadió a éstas otras tales y tan comedidas razones para moverlos a que le dijesen lo que deseaba, que la otra guarda de a caballo le dijo:

—Aunque llevamos aquí el registro y la fe de las sentencias de cada uno destos malaven-   30
turados, no es tiempo éste de detenerles a sacarlas ni a leellas; vuestra merced llegue y se lo pregunte a ellos mesmos, que ellos lo dirán si quisieren, que sí querrán, porque es gente que recibe gusto de hacer y decir bellaquerías.

Con esta licencia, que don Quijote se tomara aunque no se la dieran, se llegó a la cadena, y al primero le preguntó que por qué pecados iba de tan mala guisa. Él le respondió que por enamorado iba de aquella manera.

—¿Por eso no más?—replicó don Quijote—. Pues si por enamorados echan a galeras, días ha que pudiera yo estar bogando en ellas.

—No son los amores como los que vuestra merced piensa—dijo el galeote—; que los míos fueron que quise tanto a una canasta de colar, atestada de ropa blanca, que la abracé conmigo   40
tan fuertemente, que a no quitármela la justicia por la fuerza, aún hasta agora no la hubiera dejado de mi voluntad. Fue en fragante,[3] no hubo lugar de tormento; concluyóse la causa, acomodáronme las espaldas con ciento,[4] y por añadidura tres precisos de gurapas,[5] y acabóse la obra.

---

[3] *in fraganti (termino del latín que indica en el mismo momento de estar cometiendo el delito)*
[4] cien azotes
[5] *germ.* galeras

—¿Qué son gurapas?—preguntó don Quijote.

—Gurapas son galeras—respondió el galeote.

El cual era un mozo de hasta edad de veinte y cuatro años, y dijo que era natural de Piedrahíta. Lo mesmo preguntó don Quijote al segundo, el cual no respondió palabra, según iba de triste y malencónico; mas respondió por él el primero, y dijo:

—Éste, señor, va por canario,[6] digo, por músico y cantor.   50

—Pues ¿cómo?—repitió don Quijote—. ¿Por músicos y cantores van también a galeras?

—Sí, señor—respondió el galeote—; que no hay peor cosa que cantar en el ansia.

—Antes he yo oído decir—dijo don Quijote—que quien canta, sus males espanta.

—Acá es al revés—dijo el galeote—; que quien canta una vez, llora toda la vida.

—No lo entiendo—dijo don Quijote.

Mas una de las guardas le dijo:

—Señor caballero, cantar en el ansia se dice entre esta gente *non santa* confesar en el tormento. A este pecador le dieron tormento y confesó su delito, que era ser cuatrero, que es ser ladrón de bestias, y por haber confesado le condenaron por seis años a galeras, amén de docientos azotes, que ya lleva en las espaldas; y va siempre pensativo y triste, porque los demás 60 ladrones que allá quedan y aquí van le maltratan y aniquilan, y escarnecen, y tienen en poco, porque confesó y no tuvo ánimo de decir nones. Porque dicen ellos que tantas letras tiene un *no* como un *sí*, y que harta ventura tiene un delincuente, que está en su lengua su vida o su muerte, y no en la de los testigos y probanzas; y para mí tengo que no van muy fuera de camino.

—Y yo lo entiendo así—respondió don Quijote.

El cual, pasando al tercero, preguntó lo que a los otros; el cual, de presto y con mucho desenfado, respondió y dijo:

—Yo voy por cinco años a las señoras gurapas por faltarme diez ducados.

—Yo daré veinte de muy buena gana—dijo don Quijote—por libraros desa pesadumbre. 70

—Eso me parece —respondió el galeote—como quien tiene dineros en mitad del golfo[7] y se está muriendo de hambre, sin tener adonde comprar lo que ha menester. Dígolo, porque

---

[6] *germ.* el que confiesa su delito
[7] mar

si a su tiempo tuviera yo esos veinte ducados que vuestra merced ahora me ofrece, hubiera untado con ellos la péndola[8] del escribano y avivado el ingenio del procurador, de manera que hoy me viera en mitad de la plaza de Zocodover, de Toledo, y no en este camino, atraillado[9] como galgo; pero Dios es grande: paciencia, y basta

Pasó don Quijote al cuarto, que era un hombre de venerable rostro, con una barba blanca que le pasaba del pecho; el cual, oyéndose preguntar la causa por qué allí venía, comenzó a llorar y no respondió palabra; mas el quinto condenado le sirvió de lengua, y dijo:

—Este hombre honrado va por cuatro años a galeras, habiendo paseado las acostum- 80
bradas,[10] vestido, en pompa y a caballo.

—Eso es—dijo Sancho Panza—, a lo que a mí me parece, haber salido a la vergüenza.

—Así es—replicó el galeote—; y la culpa porque le dieron esta pena es por haber sido corredor de oreja,[11] y aun de todo el cuerpo. En efecto, quiero decir que este caballero va por alcahuete, y por tener asimesmo sus puntas y collar de hechicero.

—A no haberle añadido esas puntas y collar—dijo don Quijote—, por solamente el al-cahuete limpio no merecía él ir a bogar en las galeras, sino a mandallas y a ser general dellas. Porque no es así como quiera el oficio de alcahuete; que es oficio de discretos y necesarísimo en la república bien ordenada, y que no le debía ejercer sino gente muy bien nacida; y aun había de haber veedor y examinador de los tales, como le hay de los demás oficios, con 90
número deputado y conocido, como corredores de lonja, y desta manera se escusarían mu-chos males que se causan por andar este oficio y ejercicio entre gente idiota y de poco en-tendimiento, como son mujercillas de poco más o menos, pajecillos y truhanes de pocos años y de poca experiencia, que a la más necesaria ocasión, y cuando es menester dar una traza que importe, se les yelan las migas entre la boca y la mano, y no saben cuál es su mano derecha. Quisiera pasar adelante y dar las razones por que convenía hacer elección de los que en la república habían de tener tan necesario oficio; pero no es el lugar acomodado para ello: algún día lo diré a quien pueda proveer y remediar. Sólo digo ahora que la pena que me ha causado ver estas blancas canas y este rostro venerable en tanta fatiga, por alcahuete, me la ha quitado el adjunto de ser hechicero. Aunque bien sé que no hay hechizos en el mundo que 100
puedan mover y forzar la voluntad, como algunos simples piensan; que es libre nuestro albedrío, y no hay yerba ni encanto que le fuerce. Lo que suelen hacer algunas mujercillas simples y algunos embusteros bellacos es algunas misturas y venenos, con que vuelven locos a los hombres, dando a entender que tienen fuerza para hacer querer bien, siendo, como digo cosa imposible forzar la voluntad.

—Así es—dijo el buen viejo—; y, en verdad, señor, que en lo de hechicero que no tuve culpa; en lo de alcahuete, no lo pude negar. Pero nunca pensé que hacía mal en ello: que toda

---

[8] comprado la pluma (*o sea, un soborno*)
[9] atado
[10] las acostumbradas calles (*por donde paseaban a la vergüenza a ciertos delincuentes*)
[11] un agente que busca dinero prestado para otros

mi intención era que todo el mundo se holgase y viviese en paz y quietud, sin pendencias ni penas; pero no me aprovechó nada este buen deseo para dejar de ir adonde no espero volver, según me cargan los años y un mal de orina que llevo, que no me deja reposar un rato.   110

Y aquí tornó a su llanto, como de primero; y túvole Sancho tanta compasión, que sacó un real de a cuatro del seno y se le dio de limosna.

Pasó adelante don Quijote, y preguntó a otro su delito, el cual respondió con no menos, sino con mucha más gallardía que el pasado:

—Yo voy aquí porque me burlé demasiadamente con dos primas hermanas mías, y con otras dos hermanas que no lo eran mías; finalmente, tanto me burlé con todas, que resultó de la burla crecer la parentela tan intrincadamente, que no hay diablo que la declare. Probóseme todo, faltó favor, no tuve dineros, víame a pique de perder los tragaderos,[12] sentenciáronme a galeras por seis años, consentí: castigo es de mi culpa; mozo soy; dure la vida, que con ella todo se alcanza. Si vuestra merced, señor caballero, lleva alguna cosa con que   120 socorrer a estos pobretes, Dios se lo pagará en el cielo, y nosotros tendremos en la tierra cuidado de rogar a Dios en nuestras oraciones por la vida y salud de vuestra merced, que sea tan larga y tan buena como su buena presencia merece.

Este iba en hábito de estudiante, y dijo una de las guardas que era muy grande hablador y muy gentil latino.

Tras todos éstos, venía un hombre de muy buen parecer, de edad de treinta años, sino que al mirar metía el un ojo en el otro un poco. Venía diferentemente atado de los demás, porque traía una cadena al pie, tan grande, que se la liaba por todo el cuerpo, y dos argollas a la garganta, la una en la cadena, y la otra de las que llaman guardaamigo o pie de amigo, de la cual decendían dos hierros que llegaban a la cintura, en los cuales se asían dos esposas, donde   130 llevaba las manos, cerradas con un grueso candado, de manera que ni con las manos podía llegar a la boca, ni podía bajar la cabeza a llegar a las manos. Preguntó don Quijote que cómo iba aquel hombre con tantas prisiones más que los otros. Respondióle la guarda porque tenía aquel solo más delitos que todos los otros juntos, y que era tan atrevido y tan grande bellaco, que, aunque le llevaban de aquella manera, no iban seguros dél, sino que temían que se les había de huir.

—¿Qué delitos puede tener—dijo don Quijote—, si no han merecido más pena que echalle a las galeras?

—Va por diez años—replicó la guarda—, que es como muerte cevil.[13] No se quiera saber más sino que este buen hombre es el famoso Ginés de Pasamonte, que por otro nombre lla-   140 man Ginesillo de Parapilla.

—Señor comisario—dijo entonces el galeote—, váyase poco a poco, y no andemos ahora a deslindar nombres y sobrenombres. Ginés me llamo y no Ginesillo, y Pasamonte es mi alcurnia y no Parapilla, como voacé dice; y cada uno se dé una vuelta a la redonda, y no hará poco.

---

[12] la garganta (*o sea, ser ahorcado*)
[13] muerte civil (*persona que ha perdido todos sus derechos jurídicos*)

—Hable con menos tono—replicó el comisario—, señor ladrón de más de la marca, si no quiere que le haga callar, mal que le pese.

—Bien parece—respondió el galeote—que va el hombre como Dios es servido; pero algún día sabrá alguno si me llamo Ginesillo de Parapilla o no.

—Pues ¿no te llaman ansí, embustero?—dijo la guarda.   150

—Sí llaman—respondió Ginés—; mas yo haré que no me lo llamen, o me las pelaría donde yo digo entre mis dientes. Señor caballero, si tiene algo que darnos, dénoslo ya, y vaya con Dios; que ya enfada con tanto querer saber vidas ajenas; y si la mía quiere saber, sepa que soy Ginés de Pasamonte, cuya vida está escrita por estos pulgares.

—Dice verdad—dijo el comisario—; que él mesmo ha escrito su historia, que no hay más, y deja empeñado el libro en la cárcel, en docientos reales.

—Y le pienso quitar[14] —dijo Ginés—si quedara en docientos ducados.

—¿Tan bueno es?—dijo don Quijote.

—Es tan bueno—respondió Ginés—, que mal año para *Lazarillo de Tormes* y para todos cuantos de aquel género se han escrito o escribieren. Lo que le sé decir a voacé es que trata   160 verdades, y que son verdades tan lindas y tan donosas, que no pueden haber mentiras que se le igualen.

—¿Y cómo se intitula el libro?—preguntó don Quijote.

—*La vida de Ginés de Pasamonte*—respondió él mismo.

—¿Y está acabado?—preguntó don Quijote.

—¿Cómo puede estar acabado—respondió él—, si aún no está acabada mi vida? Lo que está escrito es desde mi nacimiento hasta el punto que esta última vez me han echado en galeras.

—¿Luego otra vez habéis estado en ellas?—dijo don Quijote.

—Para servir a Dios y al rey, otra vez he estado cuatro años, y ya sé a qué sabe el bizco-   170 cho y el corbacho—respondió Ginés—; y no me pesa mucho de ir a ellas, porque allí tendré lugar de acabar mi libro, que me quedan muchas cosas que decir, y en las galeras de España hay más sosiego de aquel que sería menester, aunque no es menester mucho más para lo que yo tengo de escribir, porque me lo sé de coro.

—Hábil pareces—dijo don Quijote.

---

[14] desempeñar

—Y desdichado—respondió Ginés—; porque siempre las desdichas persiguen al buen ingenio.

—Persiguen a los bellacos—dijo el comisario.

—Ya le he dicho, señor comisario—respondió Pasamonte—, que se vaya poco a poco; que aquellos señores no le dieron esa vara para que maltratase a los pobretes que aquí vamos,   180 sino para que nos guiase y llevase adonde Su Majestad manda. Si no, ¡por vida de . . . basta!, que podría ser que saliesen algún día en la colada las manchas que se hicieron en la venta; y todo el mundo calle, y viva bien, y hable mejor, y caminemos; que ya es mucho regodeo[15] éste.

Alzó la vara en alto el comisario para dar a Pasamonte, en respuesta de sus amenazas; mas don Quijote se puso en medio, y le rogó que no le maltratase, pues no era mucho que quien llevaba tan atadas las manos tuviese algún tanto suelta la lengua. Y volviéndose a todos los de la cadena, dijo:

—De todo cuanto me habéis dicho, hermanos carísimos, he sacado en limpio que, aunque os han castigado por vuestras culpas, las penas que vais a padecer no os dan mucho gusto, y   190 que vais a ellas muy de mala gana y muy contra vuestra voluntad; y que podría ser que el poco ánimo que aquél tuvo en el tormento, la falta de dineros déste, el poco favor del otro y, finalmente, el torcido juicio del juez, hubiese sido causa de vuestra perdición, y de no haber salido con la justicia que de vuestra parte teníades. Todo lo cual se me representa a mí ahora en la memoria, de manera que me está diciendo, persuadiendo y aun forzando, que muestre con vosotros el efeto para que el Cielo me arrojó al mundo, y me hizo profesar en él la orden de caballería que profeso, y el voto que en ella hice de favorecer a los menesterosos y opresos de los mayores. Pero, porque sé que una de las partes de la prudencia es que lo que se puede hacer por bien no se haga por mal, quiero rogar a estos señores guardianes y comisario sean servidos de desataros y dejaros ir en paz; que no faltarán otros que sirvan al rey en   200 mejores ocasiones; porque me parece duro caso hacer esclavos a los que Dios y naturaleza hizo libres. Cuanto más, señores guardas—añadió don Quijote—, que estos pobres no han cometido nada contra vosotros. Allá se lo haya cada uno con su pecado; Dios hay en el cielo, que no se descuida de castigar al malo, ni de premiar al bueno, y no es bien que los hombres honrados sean verdugos de los otros hombres, no yéndoles nada en ello. Pido esto con esta mansedumbre y sosiego, porque tenga, si lo cumplís, algo que agradeceros; y cuando de grado no lo hagáis, esta lanza y esta espada, con el valor de mi brazo, harán que lo hagáis por fuerza.

—¡Donosa majadería!—respondió el comisario—. ¡Bueno está el donaire con que ha salido a cabo de rato! ¡Los forzados del rey quiere que le dejemos, como si tuviéramos autoridad para soltarlos, o él la tuviera para mandárnoslo! Váyase vuestra merced, señor, no-   210 rabuena su camino adelante, y ende récese ese bacín que trae en la cabeza, y no ande buscando tres pies al gato.

—¡Vois sois el gato, y el rato, y el bellaco!—respondió don Quijote.

---

[15] alegrarse de las desgracias de los otros

Y, diciendo y haciendo, arremetió con él tan presto, que, sin que tuviese lugar de ponerse en defensa, dio con él en el suelo, malherido de una lanzada; y avínole bien, que éste era el de la escopeta. Las demás guardas quedaron atónitas y suspensas del no esperado acontecimiento; pero, volviendo sobre sí, pusieron mano a sus espadas los de a caballo, y los de a pie a sus dardos, y arremetieron a don Quijote, que con mucho sosiego los aguardaba; y sin duda lo pasara mal, si los galeotes, viendo la ocasión que se les ofrecía de alcanzar libertad, no la procuraran, procurando romper la cadena donde venían ensartados. Fue la revuelta de 220 manera, que las guardas, ya por acudir a los galeotes, que se desataban, ya por acometer a don Quijote, que los acometía, no hicieron cosa que fuese de provecho.

Ayudó Sancho, por su parte, a la soltura de Ginés de Pasamonte, que fue el primero que saltó en la campaña libre y desembarazado,[16] y, arremetiendo al comisario caído, le quitó la espada y la escopeta, con la cual, apuntando al uno y señalando al otro, sin disparalla jamás, no quedó guarda en todo el campo, porque se fueron huyendo, así de la escopeta de Pasamonte como de las muchas pedradas que los ya sueltos galeotes les tiraban.

Entristecióse mucho Sancho deste suceso, porque se le representó que los que iban huyendo habían de dar noticia del caso a la Santa Hermandad, la cual, a campana herida, saldría a buscar los delincuentes, y así se lo dijo a su amo, y le rogó que luego de allí se par- 230 tiesen, y se emboscasen en la sierra, que estaba cerca.

—Bien está eso—dijo don Quijote—; pero yo sé lo que ahora conviene que se haga.

Y llamando a todos los galeotes, que andaban alborotados y habían despojado al comisario hasta dejarle en cueros, se le pusieron todos a la redonda para ver lo que les mandaba y así les dijo:

—De gente bien nacida es agradecer los beneficios que reciben, y uno de los pecados que más a Dios ofende es la ingratitud. Dígolo porque ya habéis visto, señores, con manifiesta experiencia, el que de mí habéis recebido; en pago del cual querría, y es mi voluntad, que, cargados de esa cadena que quité de vuestros cuellos, luego os pongáis en camino y vais a la ciudad del Toboso, y allí os presentéis ante la señora Dulcinea del Toboso, y le digáis que su 240 caballero, el de la Triste Figura, se le envía a encomendar, y le contéis, punto por punto, todos los que ha tenido esta famosa aventura hasta poneros en la deseada libertad; y, hecho esto, podréis ir donde quisiéredes, a la buena ventura.

Respondió por todos Ginés de Pasamonte, y dijo:

—Lo que vuestra merced nos manda, señor y libertador nuestro, es imposible de toda imposibilidad cumplirlo, porque no podemos ir juntos por los caminos, sino solos y divididos, y cada uno por su parte, procurando meterse en las entrañas de la tierra, por no ser hallado de la Santa Hermandad, que, sin duda alguna, ha de salir en nuestra busca. Lo que vuestra merced puede hacer, y es justo que haga, es mudar ese servicio y montazgo[17] de la señora Dulcinea del Toboso en alguna cantidad de avemarías y credos, que nosotros diremos por la 250 intención de vuestra merced, y esta es cosa que se podrá cumplir de noche y de día, huyendo o reposando, en paz o en guerra; pero pensar que hemos de volver ahora a las ollas de Egipto,

---

[16] libre de sus impedimentos (*o sea, sus cadenas*)
[17] contribuciones que se pagaban en esos tiempos

digo, a tomar nuestra cadena, y a ponernos en camino del Toboso, es pensar que es ahora de noche, que aún no son las diez del día, y es pedir a nosotros eso como pedir peras al olmo.

—Pues ¡voto a tal!—dijo don Quijote, ya puesto en cólera—, don hijo de la puta, don Ginesillo de Paropillo, o como os llaméis, que habéis de ir vos solo, rabo entre piernas, con toda la cadena a cuestas.

Pasamonte, que no era nada bien sufrido, estando ya enterado que don Quijote no era muy cuerdo, pues tal disparate había cometido como el de querer darles libertad, viéndose tratar de aquella manera, hizo del ojo a los compañeros, y apartándose aparte, comenzaron a 260 llover tantas piedras sobre don Quijote, que no se daba manos a cubrirse con la rodela; y el pobre de Rocinante no hacía más caso de la espuela que si fuera hecho de bronce. Sancho se puso tras su asno, y con él se defendía de la nube y pedrisco que sobre entrambos llovía. No se pudo escudar tan bien don Quijote, que no le acertasen no sé cuántos guijarros[18] en el cuerpo, con tanta fuerza, que dieron con él en el suelo; y apenas hubo caído, cuando fue sobre él el estudiante y le quitó la bacía de la cabeza, y diole con ella tres o cuatro golpes en las espaldas y otros tantos en la tierra, con que la hizo pedazos. Quitáronle una ropilla que traía sobre las armas, y las medias calzas le querían quitar, si las grebas[19] no le estorbaran. A Sancho le quitaron el gabán, y, dejándole en pelota repartiendo entre sí los demás despojos de la batalla, se fueron cada uno por su parte, con más cuidado de escaparse de la Herman- 270 dad, que temían, que de cargarse de la cadena e ir a presentarse ante la señora Dulcinea del Toboso.

Solos quedaron jumento y Rocinante, Sancho y don Quijote; el jumento, cabizbajo y pensativo, sacudiendo de cuando en cuando las orejas, pensando que aún no había cesado la borrasca de las piedras, que le perseguían los oídos; Rocinante, tendido junto a su amo, que también vino al suelo de otra pedrada; Sancho, en pelota y temeroso de la Santa Herman- dad; don Quijote, mohínísimo de verse tan malparado por los mismos a quien tanto bien había hecho.

■———Pasos para la comprensión

1. Cuando se interrumpe la acción en el capítulo VIII, dice el autor que fue porque ahí termina la crónica que utiliza para sacar información. En el capítulo IX el autor implícito descubre otra fuente, un libro escrito en árabe por Cide Hamete Benengeli, en que él consigue traducir al castellano. Por el resto de la novela in- sistirá el autor en que sigue la fuente de Benengeli. ¿Cuales son algunos de los efectos de hacer al público creer que lo que lee es una verdadera historia escrita por un historiador árabe?

2. Cuando don Quijote ve a los galeotes y le dicen que son gente forzada del rey, responde diciendo "¿Es posible que el rey haga fuerza a ninguna gente?"

   □ ¿Qué tienen de ironía sus palabras?

---

[18] piedras redondas
[19] armadura de las piernas

☐ ¿Cómo crees que habrían de reaccionar los lectores de la época de Cervantes al leer estas palabras?

3. El discurso del capítulo empieza con un discurso de don Quijote sobre fuerza y voluntad.

   ☐ ¿Qué dice en este discurso?

   ☐ ¿Es cuerdo su razonamiento? Explica.

4. Luego se presenta a los cuatro galeotes. ¿Quiénes son y cuáles han sido sus delitos?

   ☐ Nota la diferencia de personalidad de cada galeote y los modos diferentes en que se expresan. ¿Cuál de los galeotes es socarrón?

   ☐ ¿Qué actitud tiene ante la vida?

5. ¿Por qué va un galeote triste y melancólico?

   ☐ ¿Por qué es maltratado por los otros prisioneros?

   ☐ ¿Está don Quijote de acuerdo con la noción expresada por el prisionero que dice que la fortuna de cada delincuente está más en su propia defensa que en los testigos y probanzas? Explica.

6. Un galeote dice que va a las galeras por falta de dinero. ¿Qué quiere decir con eso? ¿Crees que el galeote exagera o que existía mucha corrupción?

7. Don Quijote da un largo discurso en defensa de los alcahuetes, que eran personas que llevaban mensajes de una persona a otra, sobre todo en asuntos amorosos, no muy diferente de Celestina o del Fernán García de Juan Ruiz. Hoy día no existe tal oficio, pero ¿conoces otros modos que existen en nuestra sociedad para que los hombres y las mujeres se comuniquen para asuntos de amor?

   ☐ ¿Qué ideas expresa don Quijote para asegurar que el oficio de alcahuete sea más respetado?

   ☐ ¿Qué piensa don Quijote respecto a la hechicería?

8. Ginés de Pasamonte es una figura histórica conocida por los lectores de Cervantes, de modo que éste no se ve obligado a explicar por qué va a las galeras. O sea, es un código que los lectores tienen en común. Pero Cervantes sí nos da un perfil de su personalidad.

   ☐ ¿Qué se puede decir de Ginés respecto a su inteligencia?

   ☐ ¿Su concepto de sí mismo?

   ☐ ¿Su sentido de la justicia? (Piensa en su respuesta cuando el comisario le llama un bellaco.)

   ☐ ¿Es Ginés lo que se esperaría de un delincuente?

   ☐ ¿Por qué crees que Cervantes incluyó a este personaje entre los galeotes?

9. En el discurso en que don Quijote pide la libertad de los galeotes, aporta varios argumentos para apoyar su posición, tal como lo requería la retórica clásica. Haz

una lista completa de estos argumentos. ¿Son argumentos válidos o las ideas de un loco?

10. ¿Qué favor les pide don Quijote a los galeotes por haberles dado la libertad? ¿Cómo responden ellos a su petición?

11. El episodio termina mal para don Quijote y Sancho. Este fin tiene muchas ramificaciones. ¿Cuáles son algunas de las conclusiones que se pueden sacar de la resolución del episodio de los galeotes?

12. Un propósito de este episodio es provocar en el lector un debate intelectual: ¿tiene razón o no don Quijote en darle la libertad a los galeotes? La respuesta a esa interrogación depende de la perspectiva que se tome. ¿Qué nos quiere decir Cervantes con esto?

■———Pasos para una lectura más a fondo

1. Cuando un discurso en una obra literaria se orienta a ésta misma, se llama un discurso metaliterario. Como hemos visto, el *Quijote* contiene un nutrido y complejo discurso de este tipo. Trata de explicar lo que Cervantes está tratando de decir acerca del género novelesco que él está ensayando.

   ☐ Nota, sobre todo, que el autor implícito insiste en que se entera de los hechos por fuentes de los archivos de la Mancha y el manuscrito de Benengeli. O sea, la historia de don Quijote es verdadera. ¿Qué consecuencias tiene esta actitud respecto al género de la novela, tal y como lo entendemos hoy?

   ☐ El juego literario produce un distanciamiento entre la fuente de emisión del mensaje y el destinatario (el que lo lee). Ese distanciamiento se puede representar de este modo:
   Fuente de información → traducción al castellano → la interpretación del narrador-editor implícito → la incorporación a la novela por el autor implícito → recepción por el destinatario (lector). ¿Qué pasa cuando un mensaje pasa por tantas transformaciones antes de llegar a su destinatario?

2. Siempre se ha dicho que en el *Quijote* se ve un choque entre la fantasía y la realidad. Lo que pasa, realmente, es que los signos se interpretan de diferentes maneras. Sancho no es incapaz de entender los signos más allá de su significado; don Quijote los entiende conceptualmente—a nivel de significante.

   ☐ Es más, don Quijote es capaz de transformar los signos para satisfacer sus necesidades. Pero, ¿es don Quijote el único que transforma los signos? ¿Qué hace el ventero para crearse una capilla? ¿Qué historia inventa la sobrina para explicar la desaparición de la biblioteca?

   ☐ ¿Crees que todo en la vida es lo que parece? Desarrolla estas ideas.

3. Cervantes contrasta la cordura de don Quijote con su locura (la oposición binaria aliterada cordura/locura es un tema capital de la obra).

◻ En los capítulos que has leído, ¿qué hace don Quijote que muestra que es un hombre cuerdo?

◻ ¿Cuándo obra como un loco?

◻ Recuerda las causas de su locura y la ironía que emplea el autor para explicarlo ("se le secaron los sesos de tanto leer"). Desarrolla estas ideas.

4. Cervantes escribe durante una época de censura, lo cual representa una interferencia en el circuito de comunicación, porque Cervantes no puede criticar todo lo que quisiera. Tiene que velar su crítica. ¿Puedes identificar en estos capítulos algunos ejemplos en que parezca que Cervantes esté criticando aspectos de la Política española o la religión católica?

5. El *Quijote* se ha interpretado con frecuencia como una parodia de los libros de caballería. Pero, ¿crees que es una simple parodia? Explica.

◻ ¿Que se propone don Quijote al ejercer el oficio de la caballería andante?

◻ ¿Están estos propósitos en desacuerdo con los de la Iglesia católica o la nación española? Desarrolla estas ideas.

6. Siempre ha habido una controversia en la crítica sobre si el *Quijote* es una novela humorística o una obra seria. ¿Cuál es tú opinión? Justifícala.

◻ Sea lo que sea, Cervantes tiene un gran sentido del humor. Cita algunos ejemplos.

◻ En el capítulo de los galeotes, comenta el humor respecto al hecho de que Ginés no haya terminado su novela porque aún no ha muerto.

7. El *Quijote* contiene un denso mundo social. Haz una lista de todos los tipos y clases sociales que pasan por estos capítulos. ¿Hay en algún momento un discurso social? Explica.

8. Se ha dicho que ningún escritor ha manejado el idioma castellano con la soltura y elegancia de Cervantes, y a causa de ello se le llama al español "la lengua cervantina." Trata de expresar algunas de las características del estilo de Cervantes. Por ejemplo:

◻ ¿Se expresa claro o de un modo desconcertado y embrollado?

◻ ¿Es un estilo directo o de rodeos?

◻ ¿Da muchos detalles concretos o deja mucho a la imaginación del lector?

◻ ¿Es muy visual en sus descripciones o más bien impresionista?

◻ ¿Escribe oraciones cortas y concisas o largas y elaboradas?

◻ ¿Es un estilo familiar o más bien elegante?

◻ Enfócate en su léxico: ¿es rico y variado o limitado y repetitivo?

9. El capítulo de los galeotes contiene un discurso metalingüístico. El metalenguaje ocurre cuando el texto mismo define o explica las palabras que se emplean. Busca ejemplos de metalenguaje en este capítulo. ¿Por qué lo emplea Cervantes?

☐ Existen interferencias en el circuito de comunicación entre lo que dicen los galeotes y lo que entiende don Quijote. ¿Cómo se describiría este fenómeno desde la perspectiva de lo que ya sabes de la metalingüística y de las teorías de la comunicación?

10. Ginés de Pasamonte está escribiendo su autobiografía y la compara con *Lazarillo de Tormes*. La referencia a esta novela representa un código de comunicación que no se ha tenido que explicar en este libro porque supuestamente ya conoces la obra, igual que la conocían los lectores de la época de Cervantes. Al referirse al *Lazarillo*, ¿cómo esperamos que sea *La vida de Ginés de Pasamonte*?

María de Zayas y Sotomayor

¿1590–1661?

Poco se sabe de la vida de esta escritora que fue la primera mujer que escribió novelas en lengua castellana. Cultivó el género de la novela ejemplar como Cervantes, aunque al igual que en las obras éste, a veces es difícil discernir la ejemplaridad de sus obras. Sus primeras novelas aparecieron en 1637 y fueron un éxito editorial hasta finales del siglo XVIII, cuando fueron prohibidas por la Inquisición. En su obra se observa una preocupación por la condición de la mujer del siglo XVII y hasta se puede intuir un grito lanzado a favor de la independencia. Esto, junto a la franqueza con que trata la vida en todos sus aspectos, explica en parte la popularidad que ha gozado su obra en los últimos años. La verdad es, sin embargo, que estilísticamente María de Zayas puede competir con los mejores prosistas españoles del Siglo de Oro, como había notado Emilia de Pardo Bazán, una de las novelistas más importantes del siglo XIX y temprana comentarista de la obra de doña María. También hay que reconocer la fluidez de sus narraciones, la cual hace que sus novelas se lean con avidez y agrado.

Novelas amorosas y ejemplares

Antes de leer

1. ¿Crees que las mujeres deben tener la misma libertad que los hombres en todos los aspectos? Explica.

2. ¿Prefieres casarte con una persona más o menos inteligente que tú? Explica.

3. ¿Crees que el comportamiento moral está ligado a la inteligencia? En otras palabras, ¿crees que la persona educada e inteligente tiene más capacidad de distinguir entre el bien y el mal que la persona bruta y sin educación?

Códigos para la comprensión

Código femenino: La mujer del Siglo de Oro tenía pocas opciones en la vida; se decía que podía ser esposa, monja o prostituta. La mujer soltera tenía que llevar una vida muy confinada para no poner en peligro su honor. La mujer casada tenía menos restricciones. Los matrimonios normalmente se arreglaban entre familiares y la mujer pocas veces tenía voz propia en la elección de un marido. Estos datos respecto a la mujer explican algunas de las motivaciones de los personajes femeninos en *El prevenido engañado.*

En el Siglo de Oro se pensaba que la mujer no tenía la capacidad intelectual del hombre, y por lo tanto no debía tomar decisiones propias sin consultar a su padre, hermano o marido. Además, se les negaba una educación formal; sólo las aleccionaban en labores femeninas, aunque las mujeres de las clases más acomodadas aprendían a leer. En *El prevenido engañado*, sin embargo, hay mujeres muy inteligentes, aunque pícaras, que parecen desmentir las nociones vigentes respecto a su capacidad intelectual.

Código cultural/literario: Aunque no es completamente cierto, se especula que las novelas de María de Zayas iban dirigidas a un público femenino y que por lo tanto abarcan temas y discursos de interés para las mujeres. Es más, es muy probable que estas novelas se leyeran a voz alta en reuniones de mujeres para su entretenimiento, lo cual permitiría comentarios críticos. Es muy posible, entonces, que la autora expusiera asuntos delicados o candentes para provocar la discusión.

El prevenido engañado

Tuvo la ilustre ciudad de Granada—milagroso asombro de las grandezas de Andalucía—por hijo a don Fadrique, cuyo apellido y linaje no será justo que le diga por los nobles deudos[1] que en ella tiene; sólo se dice que su nobleza y riqueza corrían parejas con su talle, siendo en lo uno y en lo otro el de más nombre, no sólo de su tierra, sino en otras muchas en donde era conocido, no dándole otro que el de rico y galán don Fadrique. Murieron sus padres, quedando este caballero muy mozo; mas él se gobernaba con tanto acuerdo, que todos admiraban su entendimiento, porque no parecía de tan pocos años como tenía; y como los mozos sin amor dicen algunos que son jugadores sin dinero o danzantes sin son, empleó su voluntad en una gallarda y hermosa dama, de su misma tierra, cuyo nombre era Serafina y

---

[1] parientes

un serafín de belleza, aunque no tan rica como don Fadrique. Y apasionóse tanto por ella   10
cuanto ella desdeñosa le desfavorecía por tener ocupado el deseo en otro caballero de la ciudad. Lástima, por cierto bien grande, el que llegase un hombre de las partes de don Fadrique
a querer donde otro tenga tomada la posesión. No ignoraba don Fadrique el amor de Serafina; mas parecíale que con su riqueza vencería mayores inconvenientes, y más siendo el galán
que la dama amaba ni de los más ricos ni de los más principales. Seguro estaba don Fadrique
de que apenas pediría Serafina a sus padres cuando la tendría. Mas Serafina no era de ese parecer, porque esto de casarse tras el papel, el desdén hoy y mañana el favor, tiene no sé qué
sainete[2] que enamora y embelesa el alma y hechiza el gusto. A esta misma causa procuró don
Fadrique granjearse[3] primero la voluntad de Serafina que la de sus padres, y más viendo competidor favorecido, si bien no creía de la virtud y honestidad de su dama, que se extendía a   20
más su amor que amar y desear.

Empezó con estas esperanzas a regalar a Serafina y a sus criadas, y ella a favorecerle más
que hasta allí, porque aunque quería a don Vicente, que así se llamaba el querido, no quería
ser aborrecida de don Fadrique, y las criadas a fomentar las esperanzas, por cuanto creía el
amante que era cierto su pensamiento en cuanto a alcanzar más que el otro galán. Y con este
contento, y una noche que las astutas criadas habían prometido tener a la dama en un balcón, cantó al son del laúd este soneto:

Que muera yo, tirana, por tus ojos,
y que gusten tus ojos de matarme,
que quiera en tus ojos consolarme   30
y que me den tus ojos mil enojos.
Que rinda yo a tus ojos por despojos
mis ojos, y ellos, en lugar de amarme,
pudiendo en mis enojos alegrarme,
las flores me conviertan en abrojos.
Que me maten tus ojos con desdenes,
con rigores, con celos, con tibiezas,
cuando mis ojos por tus ojos mueren.
¡Ay, dulce ingrata!, que en los ojos tienes
tan grande ingratitud como belleza,   40
contra unos ojos que a tus ojos quieren.

Agradecieron y engrandecieron a don Fadrique las que escuchaban, la música, la gracia y
la destreza con que había cantado; mas no se diga que Serafina estaba a la ventana, porque
desde aquella noche se negó de fuerte a los ojos de don Fadrique, que por más diligencias
que hizo no la pudo ver en muchos días, ni por papeles que la escribió pudo alcanzar respuesta, y la que le daban sus criadas a sus inoportunas quejas era que Serafina había dado en
una melancolía tan profunda que no tenía una hora de salud. Sospechó don Fadrique de que
sería el mal de Serafina el verse defraudada de las esperanzas que tenía de verse casada con
don Vicente, porque no le veía pasear la calle como solía, y creyó que por su causa se había
retirado. Y pareciéndole que estaba obligado a restaurarle a su dama el gusto que le había   50

---

[2] *fig.* algo que aviva el mérito de una cosa
[3] conseguir

quitado, fiado en que con su talle y su riqueza le granjearía la perdida alegría, la pidió a sus padres por mujer. Ellos, que, como se dice, vieron el cielo abierto, no sólo le dijeron sí, acompañado de infinitos agradecimientos, mas se ofrecieron a ser esclavos suyos. Y tratando con su hija este negocio, ella, que era discreta, dio a entender que se holgaba mucho y que estaba presta para darles gusto si su salud la ayudase, que les pedía que entretuviesen a don Fadrique algunos días hasta que mejorase, que luego se haría cuanto mandaba en aquel caso. Tuvieron los padres de la dama esta respuesta por bastante, y a don Fadrique no le pareció mala, y así pidió a sus suegros que regalasen mucho a su esposa para que cobrase más presto salud, ayudando él de su parte con muchos regalos, paseando su calle aún con más puntua- 60 lidad que antes, tanto por el amor que la tenía cuanto por los recelos con que le hacía vivir don Vicente. Serafina tal vez se ponía a la ventana, dando con su hermosura aliento a las es- peranzas del amante, aunque su color y tristeza daban claros indicios de su mal, y por esto estaba lo más del tiempo en la cama; y las veces que la visitaba su esposo, que con este título lo hacía algunas, le recibía en ella y en presencia de su madre, por quitarle los atrevimientos que ese nombre le podía dar.

Pasáronse algunos meses, al cabo de los cuales don Fadrique, desesperado de tanta enfer- medad y resuelto en casarse con salud o sin ella, una noche en que, como otras muchas, es- taba a una esquina velando sus celos y adorando las paredes de su enferma señora, vio a más de las dos de la noche abrir la puerta de su casa y salir una mujer que, en el aire y hechura del cuerpo, le pareció ser Serafina. Admiróse y, casi muerto de celos, se fue acercando más, 70 donde claro conoció ser la misma, y sospechando que iba a buscar a la causa de su temor, la siguió y vio entrar en una corraliza en la que se solía guardar madera, y que por estar sin puer- tas sólo servía para esconder y guardar a los que por algunas travesuras amorosas entraban den- tro. Aquí, pues, entró Serafina, y don Fadrique, cierto de que dentro estaría don Vicente, irritado a una colérica acción, como a quien le pareció que le tocaba aquella venganza, dio la vuelta por la otra parte y, entrando dentro, vio cómo la dama se había bajado a una parte en que estaba un aposentillo derribado, y que tragándose unos gemidos sordos, paría una criatura, y los gritos desengañaron al amante de lo mismo que estaba dudando.

Cuando Serafina se vio libre de tal embarazo, recogiéndose el faldellín, se volvió a su casa, dejando a aquella inocencia a lo que sucediese. Mas el cielo, que a costa de la opinión de Se- 80 rafina y de la pasión de don Fadrique quiso que no muriese sin bautismo por lo menos, hizo llegarse a éste donde estaba llorando en el suelo, y tomándole le envolvió en su capa, hacién- dose mil cruces de tal caso y coligiendo que el mal de Serafina era éste y que el padre era don Vicente, por cuyo hecho se había retirado. Dando infinitas gracias a Dios, que le había sacado de su desdicha por tal modo, fue con aquella prenda a casa de una comadre y le dijo que pusiese aquella criatura como había de estar y le buscase un ama, que importaba mucho que viviese. Hízolo la comadre, y mirándola con grande atención vio que era una niña tan hermosa que más parecía ángel del cielo que criatura humana. Buscóse el ama, y luego don Fadrique, al siguiente día, habló con una señora deuda suya para que en su propia casa se cria- se Gracia, que aqueste nombre se le puso en el bautismo. 90

Dejémosla criar, que a su tiempo se tratará de ella como de la persona más importante de esta historia, y vamos a Serafina, que ya guarnecida[4] de su mal dentro de quince días, vién- dose restaurada en su primera hermosura, dijo a sus padres que cuando gustasen se podía efec- tuar el casamiento con don Fadrique, el cual, temeroso y escarmentado del suceso, se fue a

---

[4] fortificada

la casa de su parienta, la que tenía en su poder a Gracia, y le dijo que a él le había entrado deseo de ver algunas tierras de España y que en esto quería gastar algunos años, y que le quería dejar poder para que gobernase su hacienda, hiciese y deshiciese en ella, y que sólo suplicaba tuviese grandísimo cuidado con doña Gracia, haciendo cuenta que era su hija, porque en ella había un grandísimo secreto, y que si Dios la guardaba hasta que tuviese tres años, que la pedía encarecidamente que la pusiese en un convento, donde se criase sin llegar a conocer   100
las cosas del mundo, porque llevaba cierto designio que andando el tiempo se sabría. Y hecho esto, haciendo llevar toda su ropa en casa de su tía, tomó grandísima cantidad de dineros y joyas, y escribiendo este soneto se lo envió a Serafina, y con sólo un criado se puso a caballo, guiando su camino a la muy noble y riquísima ciudad de Sevilla. Recibió Serafina el papel, que decía:

> Si cuando hacerme igual a ti podías,
> ingrata, con tibiezas me trataste
> y a fuerza de desdenes procuraste
> mostrarme el poco amor que me tenías.
> Si a vista de ojos, de las glorias mías   110
> el premio con engaño me quitaste,
> y en todas ocasiones me mostraste
> montes de nieve en tus entrañas frías.
> Ahora que no puedes, porque quieres
> buscar el fuego entre cenizas muertas,
> déjale estar, ten lástima a mis años.
> Imposibles me ofreces, falsa eres,
> no avives esas llamas, que no aciertas
> que a tu pesar yo he visto desengaños.

Este papel, si bien tan ciego, dio mucho que temer a Serafina, y más que aunque hizo algunas diligencias por saber qué se había hecho de la criatura que dejó en la corraliza, no le   120
fue posible, y confirmando dos mil sospechas con la repentina partida de don Fadrique, y más sus padres, que decían que en algo se fundaba, viendo que Serafina gustaba de ser monja ayudaron su deseo, y se entró en un monasterio, harto confusa y cuidadosa de lo que había sucedido, y más del deslumbramiento que tuvo en dejar allí aquella criatura, viendo que si había muerto o la habían comido perros, cargaba su conciencia tal delito, motivo más para que procurase con su vida y penitencia, no sólo alcanzar perdón de su pecado, sino nombre de santa. Y así era tenida por tal en Granada.

Llegó don Fadrique a Sevilla, tan escarmentado[5] en Serafina, que por ella ultrajaba todas las demás mujeres, no haciendo excepción de ninguna, cosa tan contraria a entendimiento, pues   130
por una mala hay ciento buenas. Mas, en fin, él decía que no había de fiar de ellas, y menos de las discretas, porque de muy sabias y entendidas daban en traviesas y viciosas, y con sus astucias engañaban a los hombres; pues una mujer no había de saber hacer más que su labor, y rezar, gobernar la casa y criar sus hijos, y lo demás eran bachillerías y sutilezas que no servían sino de perderse más presto. Con esta opinión, digo, entró en Sevilla, y se fue a posar en casa de un deudo, hombre principal y rico, con intento de estarse allí algunos meses, gozando de

---

[5] desconfiado

las grandezas que se cuentan de esta ciudad. Y como algunos días la pasease en compañía de aquel su deudo, vio en una de las más principales calles de ella, a la puerta de una hermosísima casa, bajar de un coche una dama, en hábito de viuda, la más bella que había visto en toda su vida. Era sobre hermosa muy moza y de gallardo talle, y tan rica y principal, según le dijo aquel su deudo, que era de lo mejor y más ilustre de Sevilla. Y aunque don Fadrique iba escarmentado del suceso de Serafina, no por eso rehusó el dejarse vencer por la belleza de doña Beatriz, que éste era el nombre de la bellísima viuda. Paseó don Fadrique la calle, dejando en ella el alma, y como la prenda no era para perder, pidió a su camarada que diesen otra vuelta.

A esta acción—le dijo don Mateo, que así se llamaba—pienso, amigo don Fadrique, que no dejaréis Sevilla tan presto. Tierno sois. A mi fe que os ha puesto bueno la vista de la dama.

Yo siento de mí lo mismo—respondió don Fadrique—y aun gastaría, si pensase ser suyo, los años que el cielo me ha dado de vida.

Conforme fuere vuestra pretensión—dijo don Mateo—porque la hacienda, nobleza y virtud de esta dama no admite sino la del matrimonio, aunque fuera el pretendiente el mismo Rey, porque ella tiene veinte y cuatro años y cuatro estuvo casada con un caballero su igual y dos ha que está viuda; y en este tiempo, no ha merecido ninguno sus paseos doncella, ni su vista casada, ni su voluntad viuda, con haber muchos pretendientes de este bien. Mas si vuestro amor es de la calidad que me significáis y queréis que yo le proponga vuestras partes, pues para ser su marido no os faltan las que ella puede desear, lo haré, y podrá ser que entre los llamados seáis vos el elegido. Ella es deuda de mi mujer, a cuya causa la hago algunas visitas, y ya me prometo buen suceso, porque, veisla, allí se ha puesto, en el balcón, que no es poca dicha haber favorecido vuestros deseos.

Ay amigo—dijo don Fadrique—¿y cómo me atreveré yo a pretender lo que a tantos caballeros de Sevilla ha negado, siendo forastero? Mas si he de morir a manos de mis deseos, sin que ella lo sepa, muera a manos de sus desengaños y desdenes; habladla, amigo, y además de decirle mi nobleza y hacienda, le podréis decir que muero por ella.

Con esto dieron los dos vuelta a la calle, haciéndole al pasar una cortés reverencia, a la cual la bellísima doncella Beatriz, que al bajar del coche vio con el cuidado con que le miró don Fadrique, pareciéndole forastero y viéndole en compañía de don Mateo, con cuidado, luego que dejó el manto, ocupó la ventana, y viéndose ahora saludar con tanta cortesía, habiendo visto que mientras hablaban la miraban, hizo otro tanto no menos cumplida. Dieron con esto la vuelta a su casa muy contentos de haber visto a doña Beatriz tan humana, quedando de acuerdo en que don Mateo la hablase otro día en razón de casamiento; mas don Fadrique estaba tal, que quisiera que luego se tratase. Pasó la noche, y no tan apriesa[6] como el enamorado caballero quisiera; dio priesa a su amigo para que fuese a saber las nuevas de su vida o muerte, y así lo hizo éste. Habló en fin a doña Beatriz, proponiéndole todas las partes del novio, a lo cual le respondió la dama que le agradecía mucho la merced que le hacía y a su amigo el desear honrarla con su persona, mas que ella se había propuesto el día en que enterró a su dueño, no casarse hasta que pasasen tres años, por más guardar el decoro que debía a su amor, y que por esta causa despedía a todos cuantos trataban de esto; mas que si este caballero se atrevía a aguardar el año que faltaba, que ella le daba su palabra de que no fuese otro su marido, porque si había de tratar verdad, le había agradado mucho su talle, sin afectación, y sobre todo las muchas partes que le había propuesto, porque ella deseaba que fuese así el que había de ser su dueño.

---

[6] *ant.* a prisa

Con esta respuesta volvió don Mateo a su amigo, no poco contento, por parecerle que no había negociado muy mal. Y don Fadrique cada hora se enamoraba más, si bien le desconsolaba la imaginación de haber de aguardar tanto tiempo. Se determinó de estarse aquel año en Sevilla, pareciéndole buen premio la hermosa viuda, si llegaba a alcanzarla; y como iba tan bien abastecido de dineros, aderezó un cuarto en la casa de su deudo, recibió criados y empezó a echar galas para despertar el ánimo de su dama, a la cual visitaba tal vez en compañía de don Mateo, que menos que con él no se le hiciera tanto favor. Quiso regalarla, mas no le fue permitido, porque doña Beatriz no quiso recibir un alfiler; el mayor favor que le hacía, a ruegos de sus criadas, que no las tenía el granadino mal dispuestas, porque lo que su ama regateaba[7] recibir ellas lo hicieron costumbre, y así no le desfavorecían en este particular su   190
cuidado, era cuando le decían que estaba en la calle salir al balcón, dando luz al mundo con la belleza de sus ojos; y tal vez acompañarlas de noche, por oír cantar a don Fadrique, que lo hacía diestramente. Y una entre muchas que le dio música, cantó este romance que él mismo había hecho, porque doña Beatriz no había salido aquella noche al balcón, enojada de que le había visto hablar en la iglesia con una dama. En fin, él cantó así:

   [Canción de Fadrique]

El favor que alcanzó don Fadrique esta noche fue oír a doña Beatriz, que dijo a sus criadas que ya era hora de recoger, dando a entender con esto que le había oído, con lo que se fue más contento que si le hubieran hecho señor del mundo. En esta vida pasó nuestro amante más de seis meses, sin que jamás pudiese alcanzar de doña Beatriz licencia para verla a solas,   200
cuyos honestos recatos le tenían tan enamorado que no tenía punto de reposo. Y así, una noche que se halló en la calle de su dama, viendo la puerta abierta, por mirar más de cerca su hermosura, se atrevió con algún recato a entrar en casa, y sucedióle tan bien que, sin ser visto de nadie, llegó al cuarto de doña Beatriz, y desde la puerta de un corredor la vio sentada en un estrado con sus criadas, que estaban velando. Y dando muestras de querer desnudarse para ir a la cama, le pidieron ellas, como si estuvieran cohechadas[8] con don Fadrique, que cantase un poco. A lo que doña Beatriz se excusó con decir que no estaba de humor, que estaba melancólica; mas una de las criadas, que era más desenvuelta que las demás, se levantó y entró en una cuadra, de donde salió con un arpa, diciendo: "A fe, señora, que si hay melancolía, este es el mejor alivio; cante vuesa merced un poco y verá cómo se halla más aliviada."   210
Decir esto y ponerle el arpa en las manos fue todo uno, y ella, por darles gusto, cantó así:

   [Canción de Beatriz]

Dejó con esto el arpa, diciendo que la viniesen a desnudar, dejando a don Fadrique, que le tenía embelesado el donaire, la voz y la dulzura de la música, como en tinieblas, y no tuvo sospecha de la letra, porque como tal vez se hacen para agradar a un músico, pinta el poeta como quiere. Y viendo que doña Beatriz se había entrado a acostarse, se bajó al portal para irse a su casa, mas fue en vano, porque el cochero, que posaba allí en un aposentillo, había cerrado la puerta de la calle, y seguro de que no había nadie que entrase ni saliese, se había acostado. Pesóle mucho a don Fadrique, mas viendo que no había remedio, se sentó en un

---

[7] *fig.* rehusaba
[8] sobornadas

poyo[9] para aguardar la mañana, porque aunque era fácil llamar que le abriesen, no quiso, por   220
no poner en opinión ni en lenguas de criadas la honra de doña Beatriz, pareciéndole que
mientras el cochero abría, siendo de día, se podría esconder en una ventana de la cueva. Dos
horas haría que estaba allí, cuando sintiendo ruido en la puerta del cuarto de su dama, que
desde donde estaba sentado se veía la escalera y el corredor, puso los ojos en donde sintió el
rumor y vio salir a doña Beatriz; nueva admiración para quien creía que estaba durmiendo.
Traía la dama sobre la camisa un faldellín de vuelta de tabí[10] encarnado, cuya plata y guarnición parecían estrellas sin traer sobre sí otra cosa más que un rebocillo[11] del mismo tabí, forrado en felpa azul, y puesto tan al desgaire[12] que dejaba ver en la blancura de la camisa los
bordados de hilo de plata; sus dorados cabellos cogidos en una redecilla de seda azul y plata,
aunque por algunas partes descompuestos, para componer con ellos la belleza de su rostro;   230
en su garganta dos hilos de gruesas perlas, conformes a las que llevaba en sus hermosas muñecas, cuya blancura se veía, sin embargo, por ser la manga de la camisa suelta, a modo de manga
de fraile. De todo pudo el granadino dar muy bastantes señas, porque doña Beatriz traía en
una de sus blanquísimas manos una bujía[13] de cera encendida en un candelero de plata, a la
luz de la cual estuvo contemplando tan angélica figura, juzgándose por dichoso si fuera él el
sujeto que iba a buscar. En la otra mano traía una falúa[14] de plata, y en ella un vidrio de conserva y una limetilla con vino, y sobre el brazo una toalla blanquísima.

   Válgame Dios—decía entre sí don Fadrique, mirándola desde que salió de su aposento
hasta que la vio bajar por la escalera—, ¿quién será el venturoso a quien va a servir tan hermosa menestrala? ¡Ay, si yo fuera, cómo diera en cambio cuanto vale mi hacienda!   240

   Diciendo esto, y como la vio que había acabado de bajar y enderezaba sus pasos hacia
donde estaba, se fue retirando hasta la caballeriza, y en ella, por estar más a cubierto, se entró; mas viendo que doña Beatriz encaminaba sus pasos a la misma parte, se metió detrás de
uno de los caballos del coche. Entró al fin la dama en tan indecente lugar para tanta belleza,
y sin mirar a don Fadrique, que estaba escondido, enderezó hacia un aposentillo que al final
de la caballeriza estaba. Creyó don Fadrique de tal suceso que algún criado enfermo despertaba la caridad y piadosa condición de Beatriz, aunque tal acción era más competente para
alguna de las criadas que tenía que no para tal señora; mas atribuyéndolo todo a cristiandad,
quiso ver el fin de todo, y saliendo de donde estaba caminó tras ella hasta ponerse en la parte
en la que veía todo el aposento, por ser tan pequeño, que apenas cabía una cama. Grande fue   250
el valor de don Fadrique en tal caso, porque así como llegó cerca, descubrió todo lo que en
el aposento se hacía, y vio a su dama en una ocasión tan terrible para él que no sé cómo tuvo
paciencia para sufrirla. Es el caso que, en una cama que estaba en esta parte que he dicho,
estaba echado un negro tan atezado,[15] que parecía hecho su rostro de un bocací.[16] Parecía
en la edad de hasta veinte y ocho años, mas tan feo y abominable, que no sé si fue pasión o
si era la verdad, le pareció que el demonio no podía serlo tanto. Parecía asimismo en su

---

[9] banco de piedra
[10] seda
[11] toca para cubrirse la cabeza y el rostro
[12] descuidadamente
[13] vela
[14] *normalmente un tipo de barco; aquí parece ser una especie de bandeja*
[15] de piel negra
[16] tela de hilo grueso

desflaquecido semblante que le faltaba poco para acabar la vida, con lo que parecía más abominable. Sentóse doña Beatriz en entrando sobre su cama, y poniendo sobre una mesilla la vela y lo demás que llevaba, le empezó a componer la ropa, pareciendo en su hermosura, ella el ángel y él un fiero demonio. Puso tras esto una de sus hermosísimas manos sobre su frente, 260
y con enternecida y lastimada voz le comenzó a decir:

—¿Cómo estás, Antón? ¿No me hablas, mi bien? Oye, abre los ojos, mira que está aquí Beatriz; toma, hijo mío, come un bocado de esta conserva, anímate por amor a mí, si no quieres que yo te acompañe en la muerte, como te he querido en la vida. ¿Oyesme, amores? ¿No quieres responderme ni mirarme?

Diciendo esto, derramando por sus ojos gruesas perlas, juntó su rostro con el del endemoniado negro, dejando a don Fadrique que la miraba más muerto que él, sin saber qué hacerse ni qué decirse; unas veces, determinándose a perderse, y otras considerando que lo más acertado era apartarse de aquella pretensión. Estando en esto, abrió el negro los ojos, y mirando a su ama le dijo con voz debilitada y flaca, apartándole con sus manos el rostro que 270
tenía contra el suyo:

—¿Qué me quieres, señora? Déjame ya, por Dios; ¿qué es esto, que aun estando ya acabando la vida me persigues? ¿No basta que tu viciosa condición me tenga como estoy, sino que quieres que cuando estoy en el fin de la vida acuda a cumplir tus viciosos apetitos? Cásate, señora, cásate, y déjame a mí, que ni te quiero ver, ni comer lo que me das.

Y diciendo esto se volvió del otro lado, sin querer responder más a doña Beatriz aunque más tierna y amorosa le llamaba, o fuése que se murió luego, o que no quisiese hacer caso de sus lágrimas y palabras. Doña Beatriz, cansada ya, volvió a su cuarto, la más llorosa y triste del mundo, y don Fadrique esperó a que abriesen la puerta, y apenas la vio abierta cuando salió huyendo de aquella casa, tan lleno de confusión y aborrecimiento, cuanto primero de 280
gusto y gloria. Acostóse en llegando a su casa, sin decir nada a su amigo, y saliendo a la tarde dio una vuelta por la calle de la viuda, por ver qué rumor había, a tiempo que vio sacar a enterrar al negro. Volvióse a su casa, siempre guardando secreto, y en tres o cuatro días volvió a pasear la calle, ya no por amor, sino por enterarse más de lo que aún no creía, pero nunca vio a Beatriz, tan sentida la tenía la muerte de su negro amante. Al cabo de los cuales, estando de sobremesa hablando con su amigo, entró una criada de doña Beatriz, y en viéndole, con mucha cortesía, le puso en las manos un papel que decía así:

—Donde hay voluntad, poco sirven los terceros; de la vuestra estoy satisfecha, y de vuestras finezas pagada; y así, no quiero aguardar lo que falta de año para daros la merecida posesión de mi persona y hacienda. Cuando quisiéredes se podrá efectuar nuestro casamiento, 290
con las condiciones que fuere deservido, porque mi amor y vuestro merecimiento no me dejan reparar en nada. Dios os guarde.

Doña Beatriz

Tres o cuatro veces leyó don Fadrique este papel, y aun no acababa de creer tal; y así no hacía más que darle vueltas y, en su corazón, admirarse de lo que le sucedía, ya que por dos veces había estado a pique de caer en tanta afrenta y otras tantas le había descubierto el cielo secretos tan importantes. Y como viese claro que la determinada resolución de doña Beatriz nacía de haber faltado su negro amante, en un punto hizo la suya y se determinó a una resolución honrada. Diciendo a la criada que se aguardase, salió a la otra sala, y llamando a su amigo le dijo estas breves razones: 300

—Amigo, a mí me importa la vida y la honra salir dentro de una hora de Sevilla, y no me ha de acompañar más criado que el que traje de Granada. Esa ropa que ahí queda, venderéis después de haberme partido, y pagaréis con el dinero que dieran a los demás criados. El porqué no os puedo decir, porque hay opiniones de por medio. Y ahora, mientras escribo un papel, buscadme dos mulas y no queráis saber más.

Y luego, escribiendo un papel a doña Beatriz y dándosele a la criada que se lo llevase a su ama, y habiéndole traído ya las mulas, se puso en camino, y saliendo de Sevilla tomó el de Madrid con su antiguo tema de abominar de las mujeres discretas, que fiadas en su saber procuran engañar a los hombres.

Dejémosle ir hasta su tiempo y volvamos a Beatriz, que en recibiendo el papel vio que   310 decía así:

—La voluntad que yo he tenido a vuestra merced ha sido sólo con deseo de poseer su belleza; porque he llevado la mira a su honra y opinión, como lo han dicho mis recatos. Yo, señora, soy algo escrupuloso, y haré cargo de conciencia en que vuesa merced, viuda anteayer, se case hoy. Aguarde vuesa merced siquiera otro año a su negro malogrado, que a su tiempo se tratará de lo que vuesa merced dice, cuya vida guarde el cielo.

Pensó doña Beatriz perder con este papel su juicio, mas viendo que ya don Fadrique era ido, dio el sí a un caballero que la habían propuesto, remediando con el marido la falta del amante muerto.

Por sus jornadas contadas, como dicen, llegó don Fadrique a Madrid, y fuése a posar a los   320 barrios del Carmen, en casa de un tío suyo que tenía allí casas propias. Era éste caballero rico, y tenía para heredero de su hacienda un solo hijo, llamado don Juan, gallardo mozo, y demás de su talle, discreto y muy afable. Teníale su padre desposado con una prima suya muy rica, aunque el matrimonio se dilataba hasta que la novia tuviese edad, porque la que en este tiempo alcanzaba era la de diez años. Con este caballero tomó don Fadrique tanta amistad, que pasaba el amor del parentesco y en pocos días se trataron como hermanos. Andaba don Juan muy melancólico, reparando en lo cual don Fadrique, después de haberle obligado con darle cuenta de su vida y sucesos, sin nombrar partes, por parecerle que no es verdadera amistad la que tiene reservado algún secreto a su amigo, le rogó le dijese de qué procedía aquella tristeza. Don Juan, que no deseaba otra cosa por sentir menos su mal comunicándolo, le res-   330 pondió:

—Amigo don Fadrique, yo amo tiernamente a una dama de la corte, a la cual dejaron sus padres mucha hacienda con obligación de que se casase con un primo suyo que está en Indias. No ha llegado nuestro honesto amor a más que una conversación, reservando el premio de él para cuando venga su esposo, porque ahora ni su estado ni el mío dan lugar a más travesuras amorosas; pues aunque no gozo de mi esposa, me sirve de cadena para no disponer de mí. Deciros su hermosura, sería querer cifrar la belleza a breve suma, pues su entendimiento es tal, que en letras humanas no hay quien la aventaje. Finalmente, doña Ana, que este es su nombre, es el milagro de esta edad, porque ella y doña Violante, su prima, son las Sibilas de España, entrambas bellas, discretas, músicas y poetas. En fin, en las dos se halla lo que en razón   340 de belleza y discreción está repartido entre todas las mujeres. Hanle dicho a doña Ana que yo galanteo a una dama cuyo nombre es Nise, porque el domingo pasado me vieron hablar con ella en San Ginés, donde acude. En fin, muy celosa, me dijo ayer que me estuviese en mi casa y no volviese a la suya. Porque sabe que me abraso de celos cuando nombra a su esposo, me dijo enojada que sólo en él adora y que le espera con mucho gusto y cuidado. Escribíla sobre esto un papel, y en respuesta me envió otro, que es éste.

Esto dijo, sacando un papel, el cual tomándole don Fadrique vio que era de versos, a que naturalmente era aficionado, y que decía así:

[Versos de doña Ana]

—No hay mucho que terner a este enemigo—dijo acabando de leer don Fadrique—   350
porque por la muestra, más rendida está que furiosa. La mujer escribe bien, y si como decís es tan hermosa, hacéis mal en no conservar su amor hasta coger el premio de él.

Esto es—respondió don Juan—una tilde, una nada, conforme a lo que hay en belleza y discreción, porque ha sido muchas veces llamada la Sibila española.

Por Dios, primo—replicó don Fadrique—que temo a las mujeres que son tan sabias más que a la muerte, que bien quisiera hallar una que ignorara las cosas del mundo al peso que ésta las comprende, y si la hallara, vive Dios que me había de emplear en servirla y amarla.

¿Lo decís de veras?—dijo don Juan—. Porque no sé qué hombre apetece una mujer ne- cia, no sólo para aficionarse, mas para comunicarla un cuarto de hora. Pues dicen los sabios que en el mundo son más celebrados, que el entendimiento es manjar del alma; pues mien-   360
tras los ojos se ceban en la blancura, en las bellas manos, en los lindos ojos y en la gallardía del cuerpo, y finalmente en todo aquello digno de ser amado en la dama, no es razón que el alma no sólo esté de balde, sino que se mantenga de cosas tan pesadas y enfadosas como las necedades. Pues siendo el alma tan pura criatura, no la hemos de dar manjares groseros.

Dejemos ahora esa disputa—dijo don Fadrique—que en eso hay mucho que decir, que yo sé lo que en este caso me conviene, y respondamos a doña Ana, aunque mejor respuesta sería ir a verla, pues no la hay más tierna y de más sentimientos que la misma persona, y de más que deseo ver si me hace sangre su prima, para entretenerme con ella el tiempo que he de estar en Madrid.

Vamos allá—dijo don Juan—que si os he de confesar la verdad, por Dios que lo deseo;   370
mas advertid que doña Violante no es necia, y si es que por esta parte os desagradan las mu- jeres, no tenéis que ir allá.

Acomodareme con el tiempo—respondió don Fadrique.

Con esto, de conformidad se fueron a ver a las hermosas primas, de las cuales fueron recibidos con mucho gusto, si bien doña Ana estaba como celosa, zahareña,[17] aunque tuvo muy poco que hacer don Juan para quitarle el ceño.[18]

Vio don Fadrique a doña Violante, y parecióle una de las más hermosísimas damas que hasta entonces había visto, aunque entrasen en ellas Serafina y Beatriz. Estábase retratando, curiosidad usada en la corte, y para esta ocasión estaba tan bien aderezada, que parecía que de propósito para rendir a don Fadrique se había vestido con tanta curiosidad y riqueza. Tenía   380
puesta una saya entera negra, cuajada de lentejuelas y botones de oro, cintura y collar de dia-

---

[17] desdeñosa
[18] enojo

mantes y un apretador de rubíes. A cuyo asunto, después de muchas cortesías, tomando don Fadrique una guitarra, cantó este romance:

[Canción de don Fadrique]

Encarecieron doña Ana y su prima la voz y los versos de don Fadrique, y más doña Violante, que como se sintió alabar, empezó a mirar bien al granadino, dejando desde esta tarde comenzado el juego en la mesa de Cupido, y don Fadrique tan aficionado y perdido, que por entonces no siguió la opinión de aborrecer las discretas y temer las astutas, porque otro día, antes de ir con don Juan a casa de las bellas primas, envió a doña Ana este papel:

Por cuerda os tiene amor en su instrumento	390
bella y divina prima; y tanto estima	
vuestro suave son, que ya de prima	
os levanta a tercera, y muda intento.	
Discreto fue de amor el pensamiento,	
y con vuestro valor tanto se anima	
que siendo prima quiere que se imprima	
en vuestro ser tan soberano acento.	
Bajar a prima suele una tercera,	
mas, siendo prima, el ser tercera es cosa	
divina, nueva, milagrosa y rara.	400
Y digo que si Orfeo mereciera	
hacer con vos su música divina,	
a los que adormecía, enamorara.	
Mas, pluma mía, para,	
que desta prima bella	
amor que la posee canta della.	
Lo que yo le suplico	
es que, siendo tercera,	
diga a su bella prima que me quiera.	

La respuesta de doña Ana a don Fadrique fue decirle que en eso tenía ella muy poco que hacer, porque doña Violante estaba muy aficionada a su valor. Con esto quedó tan contento, que ya estaba olvidando de los sucesos de Serafina y Beatriz. Pasáronse muchos días en esta voluntad, sin extenderse a más los atrevimientos amorosos que a sólo aquello que sin riesgo del honor se podía gozar, teniendo estos impedimentos tan enamorado a don Fadrique que casi estaba determinado a casarse, aunque Violante jamás trató nada acerca de esto, porque verdaderamente aborrecía el casarse, temerosa de perder la libertad de que entonces gozaba.

Sucedió, pues, que un día, estando vistiéndose los dos primos para ir a ver a las dos primas, fueron avisados por un recado de sus damas de cómo su esposo de doña Ana era venido tan en secreto, que no habían sido avisadas de su venida, y que esta acción las tenía tan espantadas, creyendo que no sin causa venía así, sino que le había obligado algún temeroso designio, y que fuerza era, hasta asegurarse, vivir con recato. Y les suplicaban que, armándose de paciencia, como ellas hacían, no sólo no las visitasen, mas que excusasen pasear por la calle hasta tener otro aviso. Nueva fue ésta para ellos pesadísima y que recibieron con muestra de mucho sentimiento, y más cuando supieron dentro de cuatro días cómo se había desposado doña Ana, poniendo el dueño tanta clausura y recato en la casa, que ni a la ventana era posible verlas, ni ellas enviaron a decirles más palabra, ni aun a saber de su salud, doña Ana por la ocupación de su esposo, y doña Violante por lo que se dirá a su tiempo. Aguardando nuevo aviso, con impacientes ansias y penosos pensamientos, pasaron don Juan y don Fadrique un mes, bien desesperados; y viendo que no había memoria de su pena, se determinaron a todo riesgo a pasear la calle y procurar ver a sus damas o a alguna criada de 430 la casa. Anduvieron, en fin, un día y otro, en los cuales veían a su marido de doña Ana entrar en su casa, y con él un hermano suyo estudiante, mozo, y muy galán; mas a ellas no fue posible verlas. Ni a ellas ni a una sombra que pareciese mujer. A algunos criados, sí, mas como no eran conocidos, no se atrevían a decirles nada. Con estas ansias madrugaban y trasnochaban, y un domingo muy de mañana fue su ventura tal, que vieron salir a una criada de doña Violante que iba a misa, a la cual don Juan llegó a hablar, y ella, con mil temores, mirando a una parte y a otra, después de haberles contado el recato con que vivían y la celosa condición de su señor, tomando un papel que don Juan llevaba escrito para cuando hallase alguna ocasión, se fue con la mayor prisa del mundo, y sólo les dijo que anduviesen por allí otro día, que ella procuraría la respuesta. Ella le llevó a su señora, y leído, decía así:　440

—Más siento el olvido que los celos, porque ellos son mal sin remedio, y él le pudiera tener si durara la voluntad; la mía pide misericordia, si hay alguna centella del pasado fuego, úsese de ella en caso tan cruel.

Leído el papel por las damas, dieron la respuesta a la misma criada, que como vio a los caballeros, se le arrojó por la ventana, y abierto decía estas palabras:

—El dueño es celoso, y recién casado, tanto, que aun no ha tenido lugar de arrepentirse ni descuidarse. Mas él ha de ir dentro de ocho días a Valladolid a ver a unos deudos suyos, entonces pagaré deudas y daré disculpas.

Con este papel, al que los dos primos dieron mil besos, haciéndole mil devotas recomendaciones, como si fuera oráculo, se entretuvieron algunos días, mas viendo que ni se les avi-　450 saba de lo que en él se prometía, ni había más novedad que hasta allí en casa de sus señoras, porque ni en la calle ni en la ventana era posible verlas, tan desesperados como antes de haberle recibido, empezaron a rondar día y noche. Así, un día que acertó don Juan a entrar en la iglesia del Carmen a oír misa, vio entrar a su querida doña Ana, vista para él harto milagrosa, y como viese que se entró en una capilla a oír misa, fue siguiendo sus pasos, y a pesar de un escudero que la acompañaba, se arrodilló a su mismo lado; y después de pasar entre los dos largas quejas y breves disculpas, conforme lo que daba lugar la parte donde estaban, le respondió doña Ana que su marido, aunque decía que se había de ir a Valladolid, no lo había hecho, mas que ella no hallaba otro remedio para hablarle un rato despacio sino era que aquella noche viniese, que le abriría la puerta, mas que habría de venir con él su primo, don 460 Fadrique, el cual se había de acostar con su esposo, en su lugar, y que para esto hacía mucho al caso el estar ella enojada con él, tanto, que hacía muchos días que no se hablaban; y que demás que el sueño se apoderaba bastante de él, era tanto el enojo, que sabía muy cierto que no echaría de ver la burla, y que aunque su prima pudiera suplir la falta, era imposible, respetando que estaba enferma, y que si no era de esta suerte no hallaba modo de poder satisfacer sus deseos.

Quedó con esto don Juan más confuso que jamás, ya que por una parte veía lo que perdía, y por otra temía que don Fadrique no había de querer venir a tal concierto. Fuese con esto a su casa, y después de largas peticiones y encarecimientos, le contó lo que doña Ana le había dicho, a lo cual don Fadrique le respondió que si estaba loco, porque no podía creer que si tuviera juicio dijera tal disparate. Y en estas demandas y respuestas, suplicando el uno y escudándose el otro, pasaron algunas horas; mas viéndole don Fadrique tan rematado que sacó la espada para matarse, bien contra su voluntad concedió con él en ocupar el lugar de doña Ana al lado de su esposo, y así fueron juntos a su casa, y como llegasen a ella, la dama, que estaba con cuidado, conociendo de su venida que don Fadrique había aceptado el partido, les mandó abrir, y entrando en fin en una sala antes de llegar a la cuadra donde estaba la cama, mandó doña Ana desnudar a don Fadrique, y obedecida de mal talante, descalzo y en camisa, estando todo sin luz, se entró en la cuadra, y poniéndose junto a la cama le dijo bajo que se acostase, y dejándole allí, muy alegre se fue con su amante a otra cuadra.

Dejémosla, y vamos con don Fadrique, que así como se vio acostado al lado de un hombre, cuyo honor estaba ofendiendo él con suplir la falta de su esposa y su primo gozándola, considerando lo que podría suceder, estaba tan temeroso y desvelado que diera cuanto pidieran por no haberse puesto en tal estado. Y más cuando, suspirando entre sueños el ofendido marido, dio vuelta hacia donde creyó estaba su esposa, y echándole un brazo al cuello dio muestras de querer llegarse a ella, si bien que como esta acción la hacía dormido, no prosiguió adelante. Mas don Fadrique, que se vio en tanto peligro, tomó muy paso el brazo del dormido y quitándoselo de sí se retiró a la esquina de la cama, no culpando a otro que a sí mismo de haberse puesto en tal ocasión, por el solo vano antojo de dos amantes locos. Apenas se vio libre de esto, cuando el engañado marido, extendiendo los pies, los fue a juntar con los del temeroso compañero, siendo para él cada acción de éstas la muerte. En fin, el uno procurando llegarse y apartarse el otro, se pasó la noche, hasta que ya la luz empezó a mostrarse por los resquicios de las puertas, poniéndole en cuidado el ver que en vano había de ser lo padecido si acababa de amanecer antes de que doña Ana viniese; pues considerando que no le iba en salir de allí menos que la vida, se levantó lo más paso[19] que pudo, y fue atentamente hasta dar con la puerta, que como llegase a intentar abrirla, encontró con doña Ana que a este punto la abría, y como le vio, en voz alta le dijo:

¿Dónde vais tan aprisa, señor don Fadrique?

Ay, señora—respondió él en voz baja—. ¿Cómo os habéis descuidado tanto sabiendo mi peligro? Dejadme salir, por Dios, que si despierta vuestro dueño no lo libraremos bien.

¿Cómo salir?—replicó la astuta dama—. Por Dios que ha de ver mi marido con quien ha dormido esta noche, para que vea en qué han parado sus celos y cuidados.

Y diciendo esto, sin poder don Fadrique estorbarlo, respecto de su turbación y de ser la cuadra pequeña, se llegó a la cama, y abriendo una ventana tiró de las cortinas, diciendo:

Mirad, señor marido, con quién habéis pasado la noche.

Puso don Fadrique los ojos en el señor de la cama, y en lugar de ver al esposo de doña Ana vio a su hermosísima Violante, porque el marido de doña Ana ya caminaba más hacia de seis días. Parecía la hermosa dama al alba cuando sale alegrando los campos. Quedó con la burla de las hermosas primas tan corrido don Fadrique, que no hablaba palabra ni la hallaba a propósito, viéndolas a ellas celebrar con risa el suceso, contando doña Violante el cuidado con que le había hecho estar. Mas como el granadino se cobrase de su turbación, dándoles

---

[19] tranquilo; quieto

lugar doña Ana, cogió el fruto que había sembrado, gozando con su dama muy regalada vida, no sólo estando ausente el marido de doña Ana, sino después de venido, que por medio de una criada entraba a verse con ella, con harta envidia de don Juan, que como no podía gozar de doña Ana, se pesaba de las dichas de su primo. Pasados algunos meses que don Fadrique gozaba de su dama con las mayores muestras de amor que pensarse puedan, se determinó a hacerla su esposa si viera en ella voluntad de casarse, mas tratándola de mudar de estado, lo atajaba[20] con mil forzosas excusas. Al cabo de este tiempo, cuando con más descuido estaba don Fadrique de tal suceso, empezó Violante a aflojar en su amor, tanto, que excusaba lo más que podía el verle. Y él, celoso, dando la culpa a nuevo empleo, se hacía más enfadoso, y desesperado de verse caído de su dicha cuando más en la cumbre de ella estaba, cohechó[21] con   520 regalos y acarició con promesas a una criada, y supo lo que diera algo por no saberlo, porque la traidora le dijo que se hiciese malo y que diese a entender a su señora que estaba en la cama, porque descuidada de su venida no estuviese apercibida, como otras noches, y que viniese aquella noche, que ella dejaría la puerta abierta. Podía hacerse esto con facilidad, respecto que Violante, desde que casó su prima, posaba en un cuarto apartado, donde estaba sin intervenir con doña Ana ni con su marido, cuya condición llevaba mal doña Violante, que ya enseñada a su libertad, no quería tener a quién guardar decoro, si bien tenía puerta por donde se correspondía con ellos, y comía muchas veces, obligando su agrado, a desear el esposo de doña Ana su conversación. Salióle a peso el fingimiento a don Fadrique, que por Violante lo creyó, y dando lugar a lo que estorbaba el no dar fe a don Fadrique el que siempre   530 había tenido, se recogió más temprano que otras veces. Es el caso que el hermano del marido de doña Ana, como todo lo demás del tiempo asistía con él y su cuñada, se aficionó a doña Violante, pero ella, obligada de la voluntad de don Fadrique, no había dado lugar a su deseo. Mas ya, o cansada de él o satisfecha de las joyas y regalos de su nuevo amante, dio al través con las obligaciones del antiguo, cuyo nuevo entretenimiento fue causa para que le privase de todo punto de su gloria, no dando lugar a los deseos y afectos de don Fadrique.

Así, aquella noche, en que le pareció que por su indisposición estaba segura, avisó a su amante, y él vino al punto a gozar de la ocasión. Como don Fadrique hallase la puerta abierta y no le sufriese el corazón esperar, oyendo hablar, llegó a la de la sala, y entrando halló a la dama ya acostada y al mozo que se estaba descalzando para hacer lo mismo. No pudo en este   540 punto la cólera de don Fadrique ser tan cuerda que no le obligase a entrar con determinación de molerle a palos, por no ensuciar la espada en un mozuelo de tan pocos años. Mas el amante que vio entrar aquel hombre tan determinado y se vio desnudo y sin espada, se bajó al suelo, y tomando un zapato lo encubrió con su mano, como que fuese un pistolete, y diciéndole que si no se tenía fuera le mataría, cobró la puerta, y en poco espacio la calle, dejando a don Fadrique temeroso de su acción. Pero Violante, ya del todo resuelta a perder la amistad de don Fadrique, como le viese quedar como helado mirando a la puerta por donde había salido su competidor, empezó a reír muy de propósito la burla del zapato, y más ofendido de esto el granadino que de lo demás, no pudo la pasión dejar de darle atrevimiento, y llegándose a Violante la dio de bofetadas que la bañó en sangre, y ella, perdida de enojo, le dijo que se   550 fuese con Dios, que llamaría a su cuñado y le haría que le costase caro. Pero él, que no reparaba en amenazas, prosiguió en su determinada cólera, asiéndola de los cabellos y trayéndola a mal traer, tanto que la obligó a dar gritos, a los cuales doña Ana y su esposo se levan-

---

[20] interrumpía
[21] sobornó

taron y vinieron a la puerta que pasaba a su posada. Don Fadrique, temeroso de ser descubierto, se salió de aquella casa, y llegando a la de don Juan, que era también la suya, le contó todo lo que había pasado, y ordenó su partida para el reino de Sicilia, donde supo que iba el duque de Osuna a ser virrey,[22] y acomodándose con él para este pasaje, se partió dentro de los cuatro días, dejando a don Juan muy triste y pesaroso de lo sucedido.

Llegó don Fadrique a Nápoles, y aunque salió de España con ánimo de ir a Sicilia, la belleza de esta ciudad hizo que se quedase en ella algún tiempo, donde le sucedieron varios y muy diversos casos, con los cuales confirmaba la opinión de todas las mujeres que daban en discretas, destruyendo con sus astucias la opinión de los hombres. En Nápoles tuvo una dama que todas las veces que entraba su marido le hacía parecer una artesa[23] arrimada a una pared. De Nápoles pasó a Roma, donde tuvo amistad con otra que por su causa mató a su marido una noche y le llevó a cuestas metido en un costal a echarle al río. Entre estas y otras cosas gastó muchos años, habiendo pasado diez y seis que salió de su tierra, y como se hallase cansado de caminar y falto de dineros, pues apenas si tenía los bastantes para volver a España, lo puso en obra; y como desembarcase en Barcelona, después de haber descansado algunos días y hecho cuentas con su bolsa, compró una mula para llegar a Granada, en que partió solo una mañana, por no haber ya posibles para criado. Poco más habría caminado de cuatro leguas, cuando pasó por un hermoso lugar, de quien era señor un duque catalán, casado con una dama valenciana, el cual, por ahorrar gastos, estaba retirado en su tierra. Al tiempo que don Fadrique pasó por este lugar, llevando el propósito de sestear y comer en otro que estaba más adelante, estaba la duquesa en el balcón, y como viese a aquel caballero caminante pasar algo aprisa y reparase en el airoso talle, llamó a un criado y le mandó que fuese tras él y de su parte le llamase. Como a don Fadrique le diesen este recado y siempre se preciase de cortés, y más con las damas, subió a ver que le mandaba la hermosa duquesa. Ella le hizo sentar y preguntó, con mucho agrado, de dónde era y por qué caminaba tan aprisa, encareciendo el gusto que tendría en saberlo, porque desde que le había visto se había inclinado a amarle, y así, estaba determinada a que fuese su convidado, porque el duque estaba de caza. Don Fadrique, que no era nada corto, después de agradecerle la merced que le hacía, le contó quién era y lo que le había sucedido en Granada, Sevilla, Madrid, Nápoles y Roma, con los demás sucesos de su vida, feneciendo la plática con decir que la falta de dinero y cansado de ver tierras se volvía a la suya con propósito de casarse, si hallase mujer a su gusto. ¿Cómo ha de ser—dijo la duquesa—la que ha de ser a vuestro gusto?

Señora—dijo don Fadrique—tengo más que medianamente lo que he menester para pasar la vida, y así cuando la mujer que hubiese de ser mía no fuere rica, no me dará cuidado con que sea hermosa y bien nacida. Lo que más me agrada en las mujeres es la virtud, esa procuro, que los bienes de fortuna Dios los da y los quita.

Al fin—dijo la duquesa—si hallásedes mujer noble, hermosa, virtuosa y discreta, pronto rindiérades el cuello al amable yugo del matrimonio.

Yo os prometo—señora, dijo don Fadrique—que por lo que he visto y a mí me ha sucedido, vengo tan escarmentado de las astucias de las mujeres discretas, que de mejor gana me dejara vencer de una mujer necia, aunque fea, que no de las demás partes que decís. Si ha de

---

[22] *Por medio de este detalle histórico podemos fechar la acción de la novela en 1610, ya que el duque de Osuna fue virrey entre 1610 y 1616.*

[23] meterse en una especie de arca

ser discreta una mujer, no ha menester saber más que amar a su marido, guardarle su honor y criarle sus hijos, sin meterse en más bachillerías.

¿Y cómo sabrá ser honrada—dijo la duquesa—la que no sabe en qué consiste el serlo? ¿No advertís que el necio peca y no sabe en qué, y que siendo discreta sabrá guardarse de las ocasiones? Mala opinión es la vuestra, que a toda ley, una mujer bien entendida es gusto para no olvidarse jamás, y alguna vez os acordaréis de mí. Mas dejando esto aparte, yo estoy tan aficionada a vuestro talle y entendimiento que he de hacer por vos lo que jamás creí de mí.

Y diciendo esto se entró con él en su cámara, donde por más recato quiso comer con su huésped, de lo cual estaba él tan admirado que ninguno de los sucesos que había tenido le espantaba tanto. Después de haber comido y jugado un rato, convidándoles la soledad y el tiempo caluroso, pasaron con mucho gusto la siesta, tan enamorado don Fadrique de las gracias y hermosuras de la duquesa que ya se quedara de asiento en aquel lugar si fuera cosa que sin escándalo se pudiera hacer. Y empezaba la noche a rendir su manto sobre las gentes cuando llegó una criada vieja y les dijo que el duque era venido. No tuvo la duquesa otro remedio sino abrir un escaparate dorado que estaba en la misma cuadra, en el que se conservaban las aguas de olor, y entrarle dentro, y cerrando después con la llave, ella se acostó sobre la cama. Entró el duque, que era hombre de más de cincuenta años, y como la vio en la cama, le preguntó la causa, a lo cual la hermosa dama respondió que no había otra más que la de haber querido pasar la calurosa siesta con más silencio y reposo. Venía el duque con alientos de cenar, y diciéndoselo a la duquesa, pidieron que les trajesen la vianda allí donde estaban, y después de haber cenado con mucho espacio y gusto, la astuta duquesa, deseosa de hacerle una burla a su encerrado amante, le dijo a el duque si se atrevía a decirle cuantas cosas se hacían del hierro, y respondiendo éste que sí; finalmente, entre la porfía del sí y del no, apostaron entre los dos cien escudos, y tomando el duque la pluma empezó a escribir cuantas cosas se pueden hacer del hierro, y fue la ventura de la duquesa tan buena para lograr su deseo que jamás el duque se acordó de las llaves. La duquesa que vio ese descuido y que el duque, aunque ella le decía mirase si había más, le afirmaba no haber más cosas, logró en ello su esperanza, y poniendo la mano sobre el papel le dijo:

—Ahora, señor, mientras se os acuerda si hay más que decir, os he de contar un cuento, el más donoso que habréis oído en vuestra vida. Estando hoy en esa ventana pasó un caballero forastero, el más galán que mis ojos vieran, el cual iba tan aprisa que me dio deseo de hablarle y saber la causa; llamele, y venido le pregunté quién era; díjome que era granadino y que salió de su tierra por un suceso que es éste . . .

Y contóle cuanto don Fadrique le había dicho y lo que había pasado en las tierras que había estado, finalizando en decir:

—Y feneció la plática con decirme que se iba a casar a su tierra, si hallase una mujer boba, porque venía escarmentado de las discretas. Yo, después de haberle persuadido a dejar tal propósito, y él dándome bastantes causas para disculpar su opinión, ¡pardiez!, señor, que comió conmigo y durmió la siesta, y como entraron a decir que veníades, le metí en ese cajón en que se meten las aguas destiladas.

Alborotóse el duque, empezando a pedir apriesa las llaves, a lo que respondió la duquesa con mucha risa:

Paso,[24] señor, paso, que ésas son las que se os olvidan de decir que se hacen del hierro, que 640
lo demás fuera ignorancia vuestra creer que había de haber hombre al que tales sucesos le hubiesen pasado ni mujer que tal dijese a su marido. El cuento ha sido porque os acordéis, y así pues habéis perdido, dadme luego el dinero, que en verdad que lo he de emplear en una gala de lo que os ha costado tanto susto y a mí tal artificio; juzgad si no es razón.

Hay tal cosa—respondió el duque—demonios sois; miren por qué modo me ha advertido de mi olvido; yo me doy por vencido.

Y volviendo al tesorero que estaba delante le mandó que diese luego a la duquesa los cien escudos. Con esto se salió fuera a recibir a algunos de sus vasallos que venían a verle y saber cómo le había ido la caza. Entonces la duquesa, sacando a don Fadrique de su encerramiento, que estaba temblando por la temeraria locura que había hecho, le dio los cien escudos gana- 650
dos y otros ciento suyos, y una cadena con un retrato suyo, y abrazándole y pidiéndole que le escribiese le mandó sacar por una puerta falsa, y cuando don Fadrique se vio en la calle no acababa de hacerse cruces de aquel suceso. No quiso quedar aquella noche en el lugar, sino pasar a otro dos leguas más adelante, donde había determinado ir a comer si no le hubiera sucedido lo que se ha dicho. Iba por el camino admirando la astucia y temeridad de la duquesa, con la llaneza y buena condición del duque, y decía entre sí:

—Bien digo yo que a las mujeres el saber las daña. Si ésta no se fiara de su entendimiento, no se atreviera a agraviar a su marido, ni a decírselo; yo me libraré de esto, si puedo, o no casándome o buscando una mujer tan inocente que no sepa amar ni aborrecer.

Con estos pensamientos entretuvo el camino hasta Madrid, donde vio a su primo don 660
Juan, ya heredado por muerte de su padre y casado con su prima, de quien supo cómo Violante había casado y doña Ana ídose con su marido a las Indias. De Madrid partió a Granada, en la cual fue recibido como hijo, y no de los menos ilustres de ella. Fuese en casa de su tía, de la cual fue recibido con mil caricias; supo todo lo sucedido en su ausencia, la religión de Serafina, su penitente vida, tanto que todos la tenían por santa; la muerte de don Vicente, de melancolía de verla religiosa, arrepentido del desamor que con ella tuvo, debiéndole la prenda mejor de su honor. Había procurado sacarla del convento y casarse con ella, y visto que Serafina fue determinada a no hacerlo, en cinco días, ayudado de un tabardillo,[25] había pagado con la vida su ingratitud. Y sabiendo que doña Gracia, la niña que dejó en guardia a su tía, estaba en un convento antes que tuviera cuatro años, y que tenía entonces diez y seis, 670
la fue a ver otro día acompañado de su tía, donde en doña Gracia halló la imagen de un ángel, tanta era su hermosura y el peso de su inocencia, que parecía figura hermosa, mas sin alma. Y, en fin, en su plática y descuido conoció don Fadrique haber hallado el mismo sujeto que buscaba, aficionado en extremo a la hermosa doña Gracia, y más aún por parecerse mucho a Serafina, su madre. Dio parte de ello a su tía, la cual, desengañada de que no era su hija, como había pensado, aprobó la elección. Tomó la hermosa Gracia esta ventura como quien no sabía qué era gusto, bien ni mal, porque naturalmente era boba e ignorante, lo cual era agravio de su mucha belleza, siendo esto lo mismo que deseaba su esposo.

Dio orden don Fadrique en su boda, sacando galas y joyas a la novia y acomodando para su vivienda la casa de sus padres, herencia de su mayorazgo, porque no quería que su esposa 680

---

[24] tranquilo
[25] una enfermedad

viviese en la de su tía, sino de por sí, porque no se cultivase su rudo ingenio. Recibió las criadas a propósito, buscando las más ignorantes, siendo éste el tema de su opinión, que el mucho saber hacía caer a las mujeres en mil cosas, y para mí que él no debía ser muy cuerdo, pues tal cosa sustentaba, aunque al principio de mi historia dije diferente, porque no sé qué discreto puede apetecer a su contrario. Pero de esto le puede disculpar el temor de su deshonra, que por sustentarla le obligaba a privarse de este gusto.

Llegó el día de la boda, salió Gracia del convento, admirando los ojos su hermosura y su simplicidad los sentidos. Solemnízose la boda con muy gran banquete y fiesta, hallándose en ella todos los mayores señores de Granada, por merecerlo el dueño. Pasó el día y despidió don Fadrique la gente, no quedando sino su familia, y quedando solo con Gracia, ya aliviada de sus joyas y como dicen en paños menores, sólo con un jubón y un faldellín, y resuelto a hacer prueba de la ignorancia de su esposa, se entró con ella en la cuadra donde estaba la cama y, sentándose sobre ella, le pidió le oyese dos palabras, que fueron éstas: 690

Señora mía, ya sois mi mujer, de lo que doy mil gracias al cielo; para mientras viviéramos conviene que hagáis lo que ahora os diré, y este estilo guardaréis siempre; lo uno porque no ofendáis a Dios, y lo otro, para que no me deis disgusto. A esto respondió Gracia con mucha humildad que lo haría muy de voluntad. ¿Sabéis—replicó don Fadrique—la vida de los casados?

Yo, señor—no la sé—dijo Gracia; decídmela vos, que yo la deprenderé[26] como el Ave María. 700

Muy contento don Fadrique de su simplicidad, sacó luego unas armas doradas y poniéndoselas sobre el jubón, como era peto y espaldar, gola y brazaletes, sin olvidarse de las manoplas,[27] le dio una lanza y le dijo que la vida de los casados era que mientras él dormía, le había ella de velar paseándose por aquella sala. Quedó vestida de esta suerte, tan hermosa y dispuesta que daba gusto verla, porque lo que no había aprovechado en el entendimiento lo había en el gallardo cuerpo, que parecía con el morrión[28] sobre los ricos cabellos y con espada ceñida una imagen de la diosa Palas. Armada como digo la hermosa dama, le mandó velarle mientras dormía, que lo hizo don Fadrique con mucho reposo, acostándose con mucho gusto, y durmió hasta las cinco de la mañana. Y a esta hora se levantó y, después de estar vestido, tomó a doña Gracia en sus brazos y con muchas ternezas la desnudó y acostó, diciéndole que durmiese y reposase, y dando orden a las criadas no la despertasen hasta las once se fue a misa y luego a sus negocios, que no le faltaban respecto que había comprado un oficio de Veinticuatro.[29] 710

En esta vida pasó más de ocho días sin dar a entender a Gracia otra cosa, y ella, como inocente, entendía que todas las casadas hacían lo mismo. Acertó a este tiempo a suceder en el lugar algunas contiendas, para lo cual ordenó el Consejo que don Fadrique se partiese por la posta[30] a hablar al Rey, no guardándole las leyes de recién casado la necesidad del negocio por saber que, como había estado en la corte, tenía en ella muchos amigos. Finalmente, no le dio este suceso lugar para más que para llegar a su casa, vestirse de camino y, subiendo en la posta, decirle a su mujer que mirase de la vida de los casados, que la misma había de tener 720

---

[26] *ant.* aprenderé
[27] pieza de armadura para proteger las manos (*los términos anteriores también se refieren a piezas de armadura*)
[28] parte superior del yelmo
[29] regidor municipal
[30] lo más rápido posible (*con caballos nuevos de trecho en trecho para llegar al destino más rápido*)

en su ausencia, y ella prometió así hacerlo, con lo cual don Fadrique partió contento. Y como a la corte se va por poco y se está por mucho, le sucedió a él de la misma suerte, deteniéndose no sólo días, sino meses, pues duró el negocio más de seis. Prosiguiendo doña Gracia su engaño, vino a Granada un caballero cordobés a tratar un pleito a la Cancillería y andaba por la ciudad los ratos que tenía desocupados, y así vio en el balcón de su casa a doña Gracia, las más de las tardes haciendo su labor, de cuya vista quedó tan pagado que no hay más que encarecer sino que, cautivo de su belleza, la empezó a pasear. Y la dama, como ignoraba de estas cosas, ni salía ni entraba en esta pretensión, como quien no sabía las leyes de la voluntad y correspondencia; de cuyo descuido sentido el cordobés andaba triste, las cuales acciones viendo una vecina de doña Gracia, conoció por ellas el amor que tenía a la recién 730 casada, y así un día le llamó, y sabiendo ser su sospecha verdadera, le prometió solicitarla, que nunca faltan hoyos en los que caiga la virtud. Fue la mujer a ver a doña Gracia, y después de haber encarecido su hermosura con mil alabanzas, le dijo cómo aquel caballero que paseaba su calle la quería mucho y deseaba servirla.

—Yo lo agradezco en verdad—dijo la dama—mas ahora tengo muchos criados y hasta que se vaya alguno no podré cumplir su deseo, aunque si quiere que yo le escriba a mi marido, él, por darme gusto, podrá ser que le reciba.

Que no, señora—dijo la astuta tercera[31]—conociendo su ignorancia; que este caballero es muy noble, tiene mucha hacienda y no quiere le recibáis por criado, sino serviros con ella si es que le queréis mandar que os envíe alguna joya o regalo. 740

Ay, amiga mía—dijo entonces doña Gracia—tengo yo tantas, que muchas veces no sé donde ponerlas.

Pues si así es—dijo la tercera—que no queréis que os envíe nada, dadle por lo menos licencia para que os visite, que lo desea mucho.

Venga en hora buena—dijo la boba señora—¿Quién se lo quita?

Señora, replicó ella, ¿no veis que los criados, si le ven venir de día, públicamente, lo tendrán a mal?

Pues mirad—dijo Gracia—esta llave es de la puerta falsa del jardín, y aun de toda la casa, porque dicen que es maestra; llevadla y entre esta noche, y por una escalera de caracol que hay en él subirá a la propia sala donde duermo. 750

Acabó la mujer de conocer su ignorancia, y así no quiso más batallar con ella, sino que, tomando la llave, se fue a ganar las albricias, que fueron una rica cadena; y aquella noche don Álvaro, que éste era su nombre, entró por el jardín, como le habían dicho, y subiendo por la escalera, así como fue a entrar en la cuadra vio a doña Gracia armada, como dicen de punta en blanco, y con su lanza que parecía una amazona; la luz estaba lejos, y no imaginando lo que podía ser, creyendo que era alguna traición, volvió las espaldas y se fue. A la mañana dio cuenta a la tercera del suceso, y ella fue luego a ver a doña Gracia, que la recibió con preguntarle por aquel caballero, que debía estar muy malo, pues no había venido por donde dijo.

Ay, mi señora—le dijo ella—¡y cómo que vino! Mas dice que halló un hombre armado que con una lanza paseaba por la sala. 760

¡Ay Dios!—dijo doña Gracia, riéndose muy de voluntad—, ¿no vio que era yo que hago la vida de casados? Ese señor no debe ser casado, pues pensó que era hombre. Dígale que no tenga miedo, que, como digo, soy yo.

---

[31] alcahueta

Tornó con esta respuesta a don Álvaro la tercera, el cual la siguiente noche fue a ver a la dama, y como la vio así le preguntó la causa, y ella respondió riéndose:

—¿Pues cómo tengo que andar sino de esta suerte para hacer la vida de casados?

¿Qué vida de casados, señora? —respondió don Alvaro—; mirad que estáis engañada, que la vida de casados no es ésta.

—Pues señor, ésta es la que me enseñó mi marido; mas si vois sabéis otra más fácil, me holgaré de saberla, que ésta que hago es muy cansada. Oyendo el desenvuelto mozo esta sim-   770
pleza, la desnudó él mismo y acostándose con ella gozó lo que el necio marido había dilatado por hacer probanza de la inocencia de su mujer.

Con esta vida pasaron todo el tiempo que estuvo don Fadrique en la Corte, que como hubiese acabado los negocios y escribiese que se venía, don Álvaro acabó el suyo y se volvió a Córdoba. Llegó don Fadrique a su casa y fue recibido de su mujer con mucho gusto porque no tenía sentimiento, como no tenía discreción. Cenaron juntos, y como se acostase don Fadrique por venir cansado, cuando pensó que doña Gracia se estaba armando para hacer el cumplimiento de la orden que le dio la vio salir desnuda y que se entraba en la cama con él, y admirado de esta novedad le dijo:

—¿Pues cómo es que no hacéis la vida de casados?   780

Andad, señor—dijo la dama—; qué vida de casados ni qué nada. Harto mejor me iba a mí con el otro marido, que me acostaba con él y me regalaba más que vos.

¿Pues cómo?—replicó don Fadrique—. ¿Habéis tenido otro marido?

Sí, señor—dijo doña Gracia—; después que os fuisteis vino otro marido tan galán y tan lindo y me dijo que me enseñaría otra vida de casados mejor que la vuestra.

Y finalmente le contó cuanto había pasado con el caballero cordobés, mas que no sabía qué se había hecho, porque así como vio la carta de que él venía, no le había visto más. Preguntóle el desesperado y necio don Fadrique de dónde era y cómo se llamaba, mas a esto respondió doña Gracia que no sabía, porque ella no le llamaba de otro modo que marido. Y viendo don Fadrique esto, que pensando librarse había buscado una ignorante, la cual no sólo   790
le había agraviado, sino que también se lo decía, tuvo por mala su opinión y se acordó de lo que le había dicho la duquesa.

Y todo el tiempo que después vivió alabada a las discretas que son virtuosas, porque no hay comparación ni estimación para ellas; y si no lo son, hacen por lo menos sus cosas con recato y prudencia. Y viendo que ya no había remedio, disimuló su desdicha, pues por su culpa le sucedió, que si en las discretas son malas las pruebas, ¿qué se pensaba sacar de las necias? Y procurando no dejar de la mano a su mujer, porque no tornase a ofenderle, vivió algunos años. Cuando murió, por no quedarle hijos, mandó su hacienda a doña Gracia si fuese monja en el monasterio donde estaba Serafina, a la cual escribió un papel en el que le declaraba cómo era su hija. Y escribiendo a su primo don Juan a Madrid, le envió escrita su his-   800
toria de la manera que aquí va. En fin, don Fadrique, sin poder excusarse por más prevenido que estaba, y sin ser parte las tierras vistas y los sucesos pasados, vino a caer en lo mismo que temía, siendo una boba quien castigó su opinión. Entró doña Gracia monja con su madre, contentas de haberse conocido las dos, porque como era boba, fácil halló el consuelo, gastando la gruesa hacienda que le quedó en labrar un grandioso convento, donde vivió con mucho gusto, y yo le tengo de haber dado fin a esta maravilla.

■———**Pasos para la comprensión**

1. En el primer párrafo se da un perfil del héroe (o antihéroe) de esta novela, don Fadrique. ¿Cómo es, según la opinión popular?

2. La primera amante de don Fadrique es Serafina, aunque él sabe muy bien que ella ya tiene novio. ¿Por qué cree don Fadrique que Serafina puede llegar a amarle?

   □ ¿Es Serafina del mismo parecer?

   □ ¿Cómo reaccionan los padres de Serafina cuando se enteran de que don Fadrique quiere casarse con su hija?

3. Una noche en que Serafina sale de su casa por la noche y don Fadrique la sigue, ¿qué descubre el comprometido?

   □ ¿Crees que estos temas eran comunes en la literatura de esta época?

   □ ¿Cuál ha sido tu reacción al leer lo que hace Serafina?

   □ ¿Qué hizo don Fadrique?

   □ ¿Se arrepiente Serafina de lo que hizo? ¿Cómo lo sabemos?

4. Don Fadrique se marcha de Granada a Sevilla convencido de que no debe confiar en las mujeres discretas. Explica. ¿Qué cree don Fadrique que deben hacer las mujeres (líneas 133–35)?

5. Si don Fadrique desconfía de las mujeres, ¿cómo es que se enamora de Beatriz en Sevilla? ¿Qué nos dice esto del carácter de don Fadrique?

6. ¿Qué descubre don Fadrique una noche que sigue a Beatriz?

   □ ¿Cómo describe el narrador al amante de Beatriz?

   □ ¿Crees que era común en la literatura de esta época escribir sobre este tipo de relaciones?

   □ ¿Cómo reacciona Fadrique al ver el amante de Beatriz (líneas 251–55)?

7. Huyéndo de Sevilla, Fadrique va a Madrid y se hospeda en casa de su primo don Juan, quien está enamorado de doña Ana, una mujer casada. Fadrique se enamora de la prima Violante. ¿Quiere casarse Violante? ¿Por qué?

8. El inesperado regreso del esposo de doña Ana desespera a don Fadrique y a don Juan, puesto que pasan semanas enteras sin ver a sus amantes. Explica todos los detalles del plan de las dos primas para recibir a los dos amantes estando, supuestamente, el marido de doña Ana en casa.

   □ ¿Por qué crees que las dos primas le hacen esta burla a don Fadrique?

   □ ¿Cómo reacciona Fadrique? ¿Sigue queriendo casarse con Violante?

   □ ¿Qué muestra esta escena del carácter de don Fadrique?

9. ¿Qué última burla hace Violante para deshacerse de don Fadrique?

   □ ¿Cómo reacciona éste?

   □ ¿Qué le hace a Violante?

    ☐ ¿Cómo crees que reaccionaría el público del siglo XVII a esta última escena violenta?

10. Fadrique se marcha a Italia y allí tiene dos experiencias más con mujeres que el narrador cuenta sin muchos detalles. Explica lo que pasa en Nápoles y en Roma.

11. Camino de regreso a Granada, después de diez y seis años de estar fuera de su tierra y falta de fondos, desembarca en Barcelona donde conoce a una duquesa y tiene relaciones con ella. Es aquí donde se desarrolla más a fondo el discurso de la mujer inteligente.

    ☐ ¿Qué opina Fadrique sobre la perfecta mujer con quien desea casarse (líneas 580–85)?

    ☐ ¿Qué piensa la duquesa?

    ☐ La duquesa, como Violante, le hace un tipo de burla a don Fadrique. ¿Cuál es? ¿Por qué crees que le hace esta burla?

    ☐ ¿Cómo se relaciona lo que le hace la duquesa con sus ideas sobre la mujer inteligente?

12. ¿Quién es doña Gracia? ¿Cómo fue criada? ¿Por qué decide don Fadrique casarse con ella?

13. ¿Qué le dice Fadrique a su esposa de lo que ha de hacer la mujer para llevar una vida de casados?

    ☐ Explica lo que pasa cuando Fadrique está fuera de Granada y un cordobés se enamora de Gracia.

    ☐ ¿Cómo se entera Fadrique de lo que pasó entre el cordobés y doña Gracia mientras él estaba de viaje?

    ☐ ¿Cómo reacciona don Fadrique al enterarse de lo que hizo su mujer?

    ☐ Explica la ironía de este desenlace de la novela.

■——Pasos para una lectura más a fondo

1. ¿Cómo es la estructura de la novela picaresca?

    ☐ ¿Qué tiene de novela picaresca *El prevenido engañado*?

    ☐ ¿En qué se diferencia?

2. ¿Es el narrador (o narradora) de esta novela omnisciente? Lee las primeras cuatro líneas de la novela antes de contestar esta pregunta.

    ☐ ¿Qué efecto tiene en la narración un narrador como el que cuenta *El prevenido engañado*?

3. El episodio de Serafina es fuerte. ¿Propone el narrador algunos detalles para explicar las acciones de Serafina? O sea, ¿se puede justificar o al menos entender de algún modo lo que hace? Explica después de consultar el *código femenino*.

    ☐ ¿Cómo reacciona Serafina después de reflexionar sobre lo que ha hecho?

    ☐ ¿Cómo pasa el resto de su vida?

    ☐ Desde una perspectiva de nuestra época sería posible sentir lástima por Serafina, pero ¿cómo reaccionaría el público de María de Zayas?

    ☐ ¿Cómo reacciona don Fadrique? ¿Qué harías tú en su lugar?

    ☐ ¿Crees que la autora ha querido despertar la sensibilidad de su público con respecto a la condición de la mujer? Explica.

4. El episodio de Beatriz con su amante negro tiene un propósito semejante al de Serafina. ¿Qué nos dice el amor y caridad que Beatriz muestra por su sirviente negro?

    ☐ ¿Cómo parece reaccionar el narrador ante el personaje negro?

    ☐ ¿Cómo trata Beatriz a Antón? ¿Cómo trata éste a Beatriz?

    ☐ ¿Cómo se puede explicar las palabras de rechazo de Antón?

    ☐ Desde nuestra perspectiva moderna es fácil sentir lástima por Beatriz y Antón, pero ¿cómo reaccionaría el público del siglo XVII? ¿Cómo reacciona Fadrique?

    ☐ ¿Crees que María de Zayas, al abrir un discurso sobre las relaciones entre las razas, quería sensibilizar a su público sobre estas cuestiones? Explica después de consultar el *código cultural/literario*.

    ☐ Desde una perspectiva histórica, ¿se daba en el mundo hispano—sobre todo en sus colonias—estas mezclas raciales? ¿Cómo crees que se veía el mestizaje en España? Explica.

5. Beatriz, después de morirse Antón, acepta el matrimonio con Fadrique. Éste, sin embargo, ya no quiere casarse a causa de lo que ha visto. Entonces, Beatriz se casa con otro pretendiente. Teniendo en cuenta la posición de la mujer en el siglo XVII, ¿cómo se explica la determinación de Beatriz de casarse tan rápidamente?

6. En Madrid Fadrique entabla amistad con su primo Juan. El padre de Juan ha arreglado un matrimonio para su hijo con una prima suya, pero sólo tiene diez años. Juan, quien es ya de edad casadera, debe esperar todavía varios años. ¿Por qué crees que María de Zayas incluiría este detalle que, hasta cierto punto, no tiene nada que ver con la trama? ¿Explicaría esto de algún modo la necesidad de don Juan de tener relaciones sexuales con doña Ana? Explica.

7. ¿Crees que es cómica la escena de don Fadrique en la cama con quien él cree es el esposo de doña Ana? Explica.

    ☐ ¿Y la escena en que Fadrique encuentra a Violante en la cama con otro hombre?

    ☐ A pesar de su posible comicidad, ¿qué tienen de seriedad estas escenas? ¿Crees que la primera escena raya en el tema de la homosexualidad? ¿Por qué?

    ☐ ¿Cuál sería el propósito y el efecto de combinar lo cómico con lo serio?

8. ¿Crees que la liviandad y lascivia de Ana y Violante, y luego de la duquesa, eran elementos típicos de la literatura de esta época? ¿Cómo se podría explicar que María de Zayas, como mujer, se atreviera a pintar mujeres con cierta "liberación" sexual?

9. La escena con la duquesa es el colmo para Fadrique. ¿Cómo se asemeja lo que hace la duquesa con su esposo, con lo que hace Elisia con Sempronio en *La Celestina*?

   ☐ ¿Por qué crees que la duquesa es tan atrevida y le hace esta "burla" a Fadrique?

   ☐ Al marcharse Fadrique, la duquesa le da dinero. ¿Cómo se invierten aquí los papeles del hombre y de la mujer? Trata de explicar el propósito de este detalle subversivo.

10. Teniendo en cuenta el modo en que fue criada Gracia, ¿crees que este detalle contiene alguna crítica de la mala educación que recibían las mujeres en el siglo XVII? Explica.

    ☐ ¿Qué parece probar el comportamiento de Gracia al estar de viaje Fadrique respecto al discurso central de la novela?

11. Piensa en el carácter de Fadrique.

    ☐ ¿Qué cualidades admirables muestra a lo largo de la novela?

    ☐ ¿Qué otras características de su personalidad se podrían mencionar?

    ☐ ¿Qué opinión tiene de las mujeres?

    ☐ ¿Supones que es un hombre "típico" de su época en cuanto a estas actitudes?

    ☐ ¿Notas algún "desarrollo" en su presentación? O sea, ¿qué opinas de él al principio? ¿Cambia tu opinión hacia el final? ¿Crees que Fadrique es una figura bufa? Si lo es, ¿qué mensaje podría contener este signo?

12. ¿Está clara la "ejemplaridad" de esta novela? Explica.

    ☐ ¿Qué quiere decir el título (*El prevenido engañado*)? ¿De qué fue "prevenido" Fadrique? Trata de explicar la ambigüedad del título.

13. Las teorías críticas de la recepción tratan de explicar cómo una obra habría sido entendida por el público al que su autor la dirigía. Teniendo en cuenta lo que sabes de la sociedad española del Siglo de Oro por las obras que has leído anteriormente, ¿cómo piensas que fue entendida esta novela?

    ☐ ¿Qué pensarían los destinatarios (lectores) de las mujeres en esta obra?

    ☐ ¿Cómo reaccionarían al ver que es don Fadrique el que es "castigado" y no las mujeres livianas?

14. *El prevenido engañado* es una obra fértil para la crítica feminista. ¿Qué características positivas muestran los personajes femeninos de la novela?

    ☐ ¿Cómo se desarrolla el discurso de la libertad de la mujer?

    ☐ ¿Qué parece indicar la autora respecto al matrimonio?

□   ¿Cómo se pinta a los hombres en esta obra?

15. A pesar de lo escandalosa que pudiera ser esta novela y de su posible mensaje respecto a la liberación sexual de la mujer, ¿cómo y dónde terminan Gracia y su madre Serafina? ¿Crees que este detalle contiene una crítica o es simplemente una realidad?

□   ¿Qué hizo doña Gracia con la fortuna que heredó después de la muerte de don Fadrique?

□   ¿Por qué crees que termina la novela con este detalle moralmente ortodoxo?

CAPÍTULO 5

LA COMEDIA DEL SIGLO DE ORO

 Consulta www.prenhall.com/momentos y lee un ensayo de orientación a este capítulo.

El término *comedia* en el contexto del Siglo de Oro español, se refiere a un tipo de teatro específico y no a toda la producción dramática de la época. Además de la comedia se escribieron tragedias, églogas, entremeses y autos sacramentales, entre otras formas dramáticas. Pero fue la comedia, concebida por Lope de Vega (1562–1635), la que sirvió de modelo para un teatro nacional llegando a ser la forma predilecta de entretenimiento del pueblo español por casi dos siglos. En *El arte nuevo de escribir comedias en este tiempo* (1609), Lope codificó los preceptos de su teatro, que ya había empleado con éxito desde las últimas décadas del siglo XVI. Forma la base de la teoría dramática de Lope la desobediencia a las reglas dramáticas clásicas, que había esbozado Aristóteles en su *Poética* y que siguieron vigentes a lo largo del Renacimiento. Ante las unidades de tiempo, espacio y acción del teatro clásico, Lope aboga por la libertad: todo el tiempo necesario para el desarrollo de la trama, todos los espacios que hagan falta y varias acciones entrelazadas. El teatro clásico además hacía una distinción entre "comedia" y "tragedia": ésta de tono grave para las clases altas y aquélla de tono ligero para las clases bajas. Lope borra los confines y crea un teatro democrático, donde los nobles e hidalgos alternaban con los de clases humildes (éstos llamados labradores, vulgos o villanos en el Siglo de Oro) y donde cada grupo podía ver sus valores reflejados. Otra innovación es el carácter polimétrico de su poesía. Lope recomienda que una pieza dramática emplee varias formas métricas, cada forma de acuerdo con el rango social de la persona que lo enuncia o la temática del discurso. Así, por ejemplo, el soneto se usa para momentos graves o filosóficos. La polimetría creó un teatro vivo y variado en contraste con la monotonía métrica de la tragedia clásica.

El teatro de Lope gozó de una fama extraordinaria. En el Siglo de Oro, cuando se quería elogiar cualquier cosa, se decía "Es de Lope." Habría que preguntarse por qué la comedia de Lope y la de sus seguidores gozó de tanta popularidad y por tanto tiempo. Claramente, el teatro contenía elementos atractivos para el público, tanto para los nobles como para los labradores. Se ha dicho que al vulgo le fascinaba la trama enredada y la acción de la comedia, mientras que las clases cultas gozaban de sus elementos ideológicos y sutiles expresados en la poesía. Ambos grupos, sin embargo, podían identificarse con los valores tradicionales que estas piezas manifestaban: la fe católica, el espíritu nacionalista, el respeto a la monarquía y un fuerte concepto de honra. Este aspecto "conformista" de la comedia lopesca ha contribuido a que se la considere una expresión de la ortodoxia "oficial" del estado español del Siglo de Oro, sobre todo cuando se contrasta con el carácter subversivo de la prosa ficción de la misma época: *La Celestina,* la picaresca, Cervantes, María de Zayas, etc. Sin embargo, cuando se leen las grandes obras de Lope, es difícil verlas como propagandísticas o tradicionalistas. Su pieza más representada, *Fuenteovejuna* (1619), dramatiza la sublevación de un pueblo que mata a un comendador que ha abusado de su poder. Y como si ello no fuera lo suficientemente subversivo, son las mujeres del pueblo las que llevan a cabo el motín, acusando a los hombres de cobardes. Al mismo tiempo, sería un error creer que la comedia contribuyó a una división ideológica o social entre los españoles. ¡Todo lo contrario! La comedia representa los valores y sentimientos colectivos de todos los españoles, y hasta dramatiza grandes momentos históricos, e incluye poesía, música y danza populares—todo lo cual contribuyó a que fuera un auténtico teatro nacional.

La fecundidad de Lope es legendaria. Se dice que escribió unas 1.500 piezas dramáticas, aunque sólo se conservan unas 400. Su teatro engendró toda una escuela dramática, donde se destacan tres figuras entre muchos seguidores: Tirso de Molina (1584–1648), fraile mercedario que creó el personaje de don Juan, uno de los tipos literarios más discutido y representado en la literatura occidental; Juan Ruiz de Alarcón (1581–1639), dramaturgo mexicano que estrena su reducida obra en España, mostrando una vez más los vínculos culturales entre la metrópoli y sus colonias; y Pedro Calderón de la Barca (1600–1681), dramaturgo de la brillante corte del rey Felipe IV a mediados del siglo XVII, cuya obra, por su carácter cortesano y barroco, es, para muchos, el cenit de la comedia española.

Asombra la variedad temática de la comedia. Hay piezas históricas, religiosas, caballerescas, pastoriles, mitológicas, filosóficas, de "capa y espada," etc. Dentro de cada división puede haber una variedad de tipos. Entre las comedias religiosas, por ejemplo, se encuentran las de temas bíblicos, asuntos teológicos, vidas de santos, etc. No obstante, son las comedias de honor y las llamadas de "capa y espada" les que forman la mayor parte del canon moderno. Mucho se ha especulado respecto a la fascinación del tema del honor en el teatro español del Siglo de Oro. El honor se examina en estas obras desde múltiples perspectivas produciendo un discurso vasto, complejo y profundo. En su forma más elemental, se puede decir que hay un honor interior y otro exterior, ambos importantes de mantener y defender. El exterior tiene que ver con la percepción que la sociedad tiene de la reputación del individuo, mientras que el interior se basa más en valores éticos. Una de las características más originales del discurso del honor en estas piezas es el orgullo y honor del que goza el campesino español. En ningún momento se siente un labrador inferior a un noble en lo que toca a su honra, y es por esto fue, quizá, que la comedia gozó de tanta popularidad entre el pueblo español por tan largo tiempo.

Es importante que los lectores angloparlantes tengan en cuenta que la comedia del Siglo de Oro es contemporánea del teatro isabelino inglés, en el cual se destacó Shakespeare (1564–1616). Las diferencias entre ambas formas dramáticas nos dicen mucho del carácter de la literatura hispánica en general. Aunque el teatro de Shakespeare es democrático y adopta una perspectiva bastante libre frente a las reglas clásicas, no es tan democrático ni tan "romántico" como el teatro español. Se puede decir que el teatro inglés va más bien dirigido a un público culto, por lo tanto, es un teatro de ideas en el que el contenido tiene prioridad sobre el aspecto dramático y el espectáculo. Los personajes de Shakespeare, además, son figuras geniales: psicológicamente complejas y magistralmente delineadas. La comedia española es mucho más "popular" y nacionalista y por ende más ligera y con más espectáculo, con mucha música, danza y acción. Sus personajes, aunque bien delineados, permanecen, por lo general, como figuras típicas y no alcanzan la complejidad psíquica de los héroes de Shakespeare. En cuanto al valor poético de ambos teatros, están a la par.

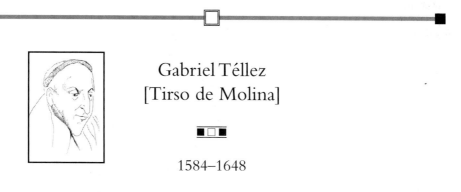

Gabriel Téllez
[Tirso de Molina]

1584–1648

Gabriel Téllez fue fraile de la Orden de la Merced, la orden dedicada a evangelizar en los nuevos territorios conquistados de las Indias, y fue en esta capacidad que Téllez pasó dos años en Santo Domingo. Entre 1604 y 1610 coincidió en Toledo con Lope de Vega, a quien siempre consideró su gran maestro, y empezó a escribir comedias con el seudónimo Tirso de Molina. Escribió unas 400 piezas dramáticas (aunque sólo se conservan unas 60), de las cuales se destacan sus obras religiosas y teológicas como *El burlador de Sevilla* (publicada en 1630) y *El condenado por desconfiado* (publicada en 1635). No alcanza a Lope en su capacidad lírica, pero en sus mejores piezas compite con el maestro en la rapidez y viveza de la acción. Además, de su pluma surgió una de las grandes figuras de la literatura mundial, don Juan Tenorio.

El burlador de Sevilla

Antes de leer

1. Cuándo se le llama a un hombre un "don Juan," ¿cómo te imaginas que es esa persona? ¿Se usa el término de un modo despectivo? Explica. ¿Crees que en realidad hay hombres así? ¿Conoces a alguno?

2. ¿Qué opinas de una persona que manipula y engaña a otra, sólo para satisfacerse a si misma?

3. ¿Crees que hay delitos tan siniestros que jamás se puede perdonar a la persona que los comete? ¿Cuáles son algunos de esos delitos para ti?

4. ¿Cómo reaccionarías si alguien eligiera tu pareja de matrimonio, sin considerar tus propios sentimientos?

5. ¿Cuáles son algunas de las creencias vigentes sobre lo que pasa después de la muerte? Explica.

6. ¿Cuáles son algunas de las creencias vigentes sobre el infierno? Explica.

Códigos para la comprensión

Código teológico: En muchos catálogos, *El burlador de Sevilla* aparece como un drama religioso. En la época de Tirso se debatía la cuestión teológica del acto de contrición, por medio del cuál la persona que se arrepentía de sus pecados antes de morirse, se salvaba automáticamente. Otros pensaban que había pecados y fechorías tan graves que un simple acto de contrición en el momento de la muerte no era suficiente para borrar todo el daño que se había cometido. Las famosas palabras de don Juan, repetidas tantas veces a lo largo de la obra ("Tan largo me lo fiáis") indican dos cosas: que él es aún joven y que la muerte está lejos, y que, por lo tanto, tiene abundante tiempo para arrepentirse. La postura de Tirso respecto a este debate teológico se ve claramente en el desenlace de esta pieza.

Código de honor: El código de honor, tal como se refleja en las obras del Siglo de Oro, es complejísimo. Nos limitaremos a lo que concierne a esta obra. El honor forma la base, de un modo u otro, de casi todas las piezas teatrales del Siglo de Oro, así como de muchas de sus obras en prosa (piensa, por ejemplo, en el *Lazarillo*). Se ha dicho que hay dos tipos de honor: el que se basa en las obras de uno y en su ética personal, y el que se basa en la percepción que otros tienen de uno. Así, una persona puede ser "honrada" por sus buenas obras, pero no tener "honra" en la opinión pública. En el teatro (y muchas veces en la prosa ficción), el honor de una familia reside en la virtud de la mujer. Ésta debe llegar casta al matrimonio; al no ser así, toda la familia sufre la deshonra. Y es el deber de los hombres de la familia restituir su honor perdido, o forzando al hombre que deshonró a la mujer a casarse con ella o matándole. Así se explica el enojo y la reacción violenta del rey Alfonso al saber lo que le ha pasado a la duquesa Isabela al principio del drama, y sus esfuerzos por resolver el problema, casando a Isabela con don Juan, en vez de con el duque Octavio, quien es al que Isabela quiere en realidad.

Otro aspecto del código de honor que se refleja muy bien en esta pieza tiene que ver con la limpieza de sangre. En España el villano tiene tanto honor como el noble; si éste lo tiene a causa de su rango social, aquél lo tiene por su pureza de sangre. En la opinión popular, los nobles españoles se habían mezclado con familias nobles judías, mientras que el campesino (el villano) mantuvo la sangre pura. El orgullo del villano, por lo tanto, reside en su pureza de sangre, cosa que el noble no podía asegurar. Así se explica el fuerte sentido del honor de las dos villanas que goza don Juan, Tisbea y Aminta. Así lo dice sin rodeos Gaseno al final de la obra: "Doña Aminta es muy honrada / cuando se casen los dos, / que cristiana vieja es / hasta los güesos" (vv. 2613–15). Así se explica por qué los de las clases bajas sienten la misma deshonra que los nobles y por qué tienen el derecho de pedir venganza ante el rey.

Código mitológico: De las muchas alusiones mitológicas que aparecen en esta comedia, así como en todas las del Siglo de Oro, se destacan las de la guerra de Troya que todo español letrado del Renacimiento conocía muy bien. Esa guerra, que forma la base de la gran obra de Homero, la *Iliada,* fue la causa de la muerte de múltiples héroes, entre ellos Héctor y Aquilis. La guerra de Troya fue provocada, en parte, por el rapto de Helena—considerada la mujer mortal más bella del mundo—por París y su secuestro en Troya. A lo largo del poema de Homero se ve cómo Helena, después de la muerte de París, no es nada más que un trofeo de guerra, y su mano se concede a cualquier guerrero que el rey Priam quiera honrar. Algo semejante ocurre en *El burlador de Sevilla,* donde el rey Alfonso casa a las mujeres ofendidas a su gusto para establecer el orden social, sin jamás considerar las emociones de las damas. Es quizá por esta coincidencia que Tirso se vale de la materia troyana a lo largo de la obra, dándole así, además, un motivo unificador a su obra.

Código geográfico e histórico: La comedia del Siglo de Oro no obedece a las limitaciones del tiempo y del espacio impuestas por Aristóteles en su *Poética.* A causa de ello, esta obra se mueve libremente entre Italia, España y Portugal. En 1613, el año en que se escribió *El burlador de Sevilla,* el Imperio español comprendía tanto el reino de las Dos Sicilias (que incluía la gran ciudad de Nápoles) como el reino de Portugal, que había pasado a la protección del rey de Castilla debido a una crisis monárquica en Portugal en 1580. Los españoles se jactaban de esta expansión impresionante de su Imperio, y ese orgullo imperialista se nota en el largo discurso sobre el reino de Portugal que hace don Gonzalo Ulloa en la Primera Jornada (vv. 721–857). Hay que tener en cuenta, sin embargo, que todo esto es un anacronismo, puesto que el *Burlador* transcurre durante el reinado de Alfonso XI, quien reinó entre 1312 y 1350, cuando ni el reino de las Dos Sicilias ni el de Portugal pertenecían a la corona de Castilla. Una nota más de interés: Nápoles, Sevilla y Lisboa se contaban, en 1613, entre las ciudades más grandes y ricas de Europa.

Código bíblico: Aunque los Diez Mandamientos que le dio Dios a Moisés en la Biblia aparecen explícitamente en el *Burlador,* don Juan sí los infringe y esta infracción es lo que lo condena. Vale tener en cuenta esos mandamientos: (1) no tener dioses ajenos; (2) no honrar imágenes falsas; (3) no tomar el nombre de Dios en vano; (4) reservar un día de la semana para honrar al Señor; (5) honrar a los padres; (6) no matar; (7) no cometer adulterio; (8) no robar; (9) no mentir o dar falso testimonio; y (10) amar al vecino y no codiciar lo suyo.

Código literario: La comedia del Siglo de Oro no suele contener acotaciones que indiquen los cambios de escenas o escenarios. Se le deja al director intuir e identificar los cambios. Sin embargo, para la lectura moderna de la comedia es útil saber dónde ocurren esos cambios en el drama.

Acto I

☐ El palacio del rey en Nápoles (vv. 1–190)

☐ Casa del duque Octavio (vv. 191–374)

☐ Tarragona, junto al mar (vv. 375–696)

☐ El palacio del rey en Nápoles (vv. 697–877)

☐ Choza de Tisbea—dentro y fuera (vv. 878–1045)

Acto II

☐ El palacio del rey en Sevilla [varios escenarios] (vv. 1046–1490)

☐ Casa de doña Ana—dentro y fuera (vv. 1491–1679)

☐ Escena campestre de una boda de labradores (vv. 1680–1798)

Acto III

☐ Escena campestre de una boda de labradores (vv. 1799–2098)

☐ Tarragona, junto al mar (vv. 2099–2206)

☐ Capilla del sepulcro de Ulloa (vv. 2207–2271)

☐ Aposento y comedor de don Juan (vv. 2272–2484)

☐ El palacio del rey en Sevilla (vv. 2485–2634)

☐ Capilla del sepulcro de Ulloa (vv. 2635–2782)

☐ Palacio del rey en Sevilla (vv. 2783–2868)

Acto I

Argumento breve: Isabela ha dejado entrar a su habitación a don Juan creyendo que era su novio el duque Octavio. Cuando descubre el engaño, grita y llegan el rey de Nápoles y Pedro Tenorio, el embajador de España y tío de don Juan. Don Pedro tiene la responsabilidad de castigar al ofensor, pero cuando descubre que es su sobrino lo perdona y lo deja escapar. Luego le miente al rey diciéndole que el intruso era el duque Octavio, lo cual provoca que el rey mande prender al duque.

Don Juan, al huir de Nápoles, sufre un naufragio. Medio muerto, llega a las costas de España donde se despierta en los brazos de la bella pescadora Tisbea, a quien don Juan seduce prometiendo casarse con ella.

Mientras tanto, en Sevilla, el rey de España desea honrar a su embajador en Portugal, don Gonzalo de Ulloa, casando a la hija de éste, doña Ana, con don Juan Tenorio.

El acto termina con la seducción de Tisbea, quien, al descubrir que don Juan la ha abandonado y engañado, va pregonando por el pueblo su deshonra.

ACTO I

JORNADA PRIMERA

Salen DON JUAN TENORIO *e* ISABELA,
  Duquesa.
ISABELA. Duque Octavio, por aquí
podrás salir más seguro.
D. JUAN. Duquesa, de nuevo os juro
de cumplir el dulce sí.
ISABELA. Mi gloria, ¿serán verdades,   5
promesas y ofrecimientos,
regalos y cumplimientos,
voluntades y amistades?
D. JUAN. Sí, mi bien.
ISABELA. Quiero sacar
una luz.
D. JUAN. Pues ¿para qué?   10
ISABELA. Para que el alma dé fe
del bien que llego a gozar.
D. JUAN. Mataréte la luz yo.
ISABELA. ¡Ah, cielo! ¿Quién eres, hombre?
D. JUAN. ¿Quién soy? Un hombre sin
nombre.   15
ISABELA. ¿Que no eres el Duque?
D. JUAN. No.
ISABELA. ¡Ah, de palacio!
D. JUAN. Detente.

Dame, Duquesa, la mano.
ISABELA. No me detengas, villano.
¡Ah, del Rey: soldados, gente!   20
Sale el REY DE NÁPOLES *con una vela en un
candelero.*
REY. ¿Qué es esto?
ISABELA. ¡El Rey! ¡Ay, triste!
REY. ¿Quién eres?
D. JUAN. ¿Quién ha de ser?
Un hombre y una mujer.
REY. [*Aparte.*] (Esto en prudencia
consiste.)
¡Ah, de mi guarda! Prended   25
a este hombre.
ISABELA. ¡Ah, perdido honor!
Vase ISABELA.
Sale DON PEDRO TENORIO, *Embajador de
España, y guarda.*
D. PED. ¡En tu cuarto, gran señor,
voces! ¿Quién la causa fue?
REY. Don Pedro Tenorio, a vos
esta prisión os encargo.   30
Siendo corto, andad vos largo:[1]
mirad quién son estos dos;

---

[1] Hazlo pronto pero con muchas probanzas.

y con secreto ha de ser,
que algún mal suceso creo;
porque si yo aquí lo veo,   35
no me queda más que ver.
Vase.
D. PED. Prendelde.
D. JUAN. ¿Quién ha de osar? . . .
Bien puedo perder la vida;
mas ha de ir tan bien vendida,
que a alguno le ha de pesar.   40
D. PED. ¡Matalde!
D. JUAN. ¿Quién os engaña?
Resuelto a morir estoy,
porque caballero soy
del embajador de España.
Llegue, que solo ha de ser   45
a quien me rinda.
D. PED. Apartad;
a ese cuarto os retirad
todos con esa mujer.
Vanse.
D. PED. Ya estamos solos los dos;
muestra aquí tu esfuerzo y brío.   50
D. JUAN. Aunque tengo esfuerzo, tío,
no le tengo para vos.
D. PED. ¡Di quién eres!
D. JUAN. Ya lo digo:
tu sobrino.
D. PED. [*Aparte.*] (¡Ay, corazón!)
¡Que temo alguna traición!   55
¿Qué es lo que has hecho, enemigo?
¿Cómo estás de aquesa suerte?
Dime presto lo que ha sido.
¡Desobediente, atrevido! . . .
Estoy por darte la muerte.   60
Acaba.
D. JUAN. Tío y señor,
mozo soy y mozo fuiste;
y pues que de amor supiste,
tenga disculpa mi amor.
Y, pues a decir me obligas   65
la verdad, oye y diréla:
yo engañé y gocé a Isabela
la Duquesa.

D. PED. No prosigas;
tente. ¿Cómo la engañaste?
Habla quedo o cierra el labio.[2]   70
D. JUAN. Fingí ser el Duque Octavio . . .
D. PED. No digas más, calla, baste.
[*Aparte.*] (Perdido soy, si el Rey sabe
este caso. ¿Qué he de hacer?
Industria me ha de valer   75
en un negocio tan grave.)
Di, vil, ¿no bastó emprender,
con ira y con fuerza extraña,
tan gran traición en España
con otra noble mujer,   80
sino en Nápoles también,
y en el Palacio real,
con mujer tan principal?
¡Castíguete el cielo, amén!
Tu padre desde Castilla   85
a Nápoles te envió,
y en sus márgenes te dio
tierra la espumosa orilla
del mar de Italia, atendiendo
que el haberte recebido   90
pagaras agradecido;
¡y estás su honor ofendiendo,
y en tan principal mujer!
Pero en aquesta ocasión
nos daña la dilación.   95
Mira qué quieres hacer.
D. JUAN. No quiero daros disculpa,
que la habré de dar siniestra.[3]
Mi sangre es, señor, la vuestra;
sacalda, y pague la culpa.   100
A esos pies estoy rendido,
y esta es mi espada, señor.
D. PED. Álzate y muestra valor,
que esa humildad me ha vencido.
¿Atreveráste a bajar   105
por ese balcón?
D. JUAN. Sí atrevo,
que alas en tu favor llevo.
D. PED. Pues yo te quiero ayudar.
Vete a Sicilia o Milán,
donde vivas encubierto.   110

---

[2] Dilo en voz baja y no digas mucho.
[3] indebida

D. JUAN. Luego me iré.

D. PED. ¿Cierto?

D. JUAN. Cierto.

D. PED. Mis cartas te avisarán
en qué para este suceso
triste que causado has.

D. JUAN. [*Aparte.*] (Para mí alegre,
dirás.)   115
Que tuve culpa, confieso.

D. PED. Esa mocedad te engaña.
Baja, pues, ese balcón.

D. JUAN. Con tan justa pretensión
gozoso me parto a España.   120
Vase DON JUAN *y entra el* REY.

D. PED. Ya ejecuté, gran señor,
tu justicia justa y recta
en el hombre.

REY. ¿Murió?

D. PED. Escapóse
de las cuchillas soberbias.

REY. ¿De qué forma?

D. PED. Desta forma: 125
aún no lo mandaste apenas,
cuando, sin dar más disculpa,
la espada en la mano aprieta,
revuelve la capa al brazo,
y con gallarda presteza,   130
ofendiendo a los soldados
y buscando su defensa,
viendo vecina la muerte,
por el balcón de la huerta
se arroja desesperado.   135
Siguióle con diligencia
tu gente. Cuando salieron
por esa vecina puerta,
le hallaron agonizando
como enroscada culebra.   140
Levantóse, y al decir
los soldados: ¡*muera, muera*!
Bañado de sangre el rostro,
con tan heroica presteza
se fue, que quedé confuso.   145
La mujer, que es Isabela
—que para admirarte nombro—

retirada en esa pieza,
dice que es el Duque Octavio
que, con engaño y cautela,   150
la gozó.

REY. ¿Qué dices?

D. PED. Digo
lo que ella propia confiesa.

REY. ¡Ah, pobre honor! Si eres alma
del hombre, ¿por qué te dejan
en la mujer inconstante,   155
si es la misma ligereza?
¡Hola![4]

Sale un CRIADO.

CRIADO. ¡Gran señor!

REY. Traed
delante de mi presencia
esa mujer.

D. PED. Ya la guardia
viene, gran señor, con ella.   160

Trae la guarda a ISABELA.

ISABELA. [*Aparte.*] (¿Con qué ojos veré al
Rey?)

REY. Idos, y guardad la puerta
de esa cuadra. Di, mujer:
¿qué rigor, qué airada estrella
te incitó, que en mi palacio,   165
con hermosura y soberbia,
profanases sus umbrales?

ISABELA. Señor . . .

REY. Calla, que la lengua
no podrá dorar el yerro
que has cometido en mi ofensa.   170
¿Aquél era el Duque Octavio?

ISABELA. Señor . . .

REY. No importan fuerzas,
guardas, criados, murallas,
fortalecidas almenas
para amor, que la de un niño   175
hasta los muros penetra.
Don Pedro Tenorio, al punto
a esa mujer llevad presa
a una torre, y con secreto
haced que al Duque le prendan;   180
que quiero hacer que le cumpla

---

[4] Ven aquí.

la palabra o la promesa.

ISABELA. Gran señor, volvedme el rostro.

REY. Ofensa a mi espalda hecha
es justicia y es razón   185
castigalla a espaldas vueltas.

Vase el REY.

D. PED. Vamos, Duquesa.

ISABELA. Mi culpa
no hay disculpa que la venza;
mas no será el yerro tanto
si el Duque Octavio lo enmienda.   190

Vanse y sale el DUQUE OCTAVIO *y*
RIPIO, *su criado.*

RIPIO. ¿Tan de mañana, señor,
te levantas?

OCTAV. No hay sosiego
que pueda apagar el fuego
que enciende en mi alma amor;
porque, como al fin es niño,   195
no apetece cama blanda,
entre regalada holanda,
cubierta de blanco armiño.
Acuéstase, no sosiega:
siempre quiere madrugar   200
por levantarse a jugar;
que, al fin, como niño juega.
Pensamientos de Isabela
me tienen amigo sin calma,
que como vive en el alma   205
anda el cuerpo siempre en vela,
guardando ausente y presente
el castillo del honor.

RIPIO. Perdóname, que tu amor
es amor impertinente.   210

OCTAV. ¿Qué dices, necio?

RIPIO. Esto digo:
impertinencia es amar
como amas; ¿quiés escuchar?

OCTAV. Ea, prosigue.

RIPIO. Ya prosigo.
¿Quiérete Isabela a ti?   215

OCTAV. Eso, necio, ¿has de dudar?

RIPIO. No; más quiero preguntar:
y tú, ¿no la quieres?

OCTAV. Sí.

RIPIO. Pues ¿no seré majadero,
y de solar conocido,   220
si pierdo yo mi sentido
por quien me quiere y la quiero?
Si ella a ti no te quisiera,
fuera bien el porfialla,
regalalla y adoralla   225
y aguardar que se rindiera;
mas si los dos os queréis
con una mesma igualdad,
dime: ¿hay más dificultad
de que luego os desposéis?   230

OCTAV. Eso fuera, necio, a ser
de lacayo o lavandera
la boda.

RIPIO. Pues, ¿es quienquiera
una lavandriz[5] mujer,
lavando y fregatrizando,   235
defendiendo y ofendiendo,
los paños suyos tendiendo,
regalando y remendando?
Dando dije, porque al dar
no hay cosa que se le iguale.   240
Y si no a Isabela dale,
a ver si sabe tomar.

Sale un CRIADO.

CRIADO. El Embajador de España
en este punto se apea
en el zaguán, y desea,   245
con ira y fiereza extraña,
hablarte; y si no entendí
yo mal, entiendo es prisión.

OCTAV. ¡Prisión! Pues ¿por qué ocasión?
Decid que entre.

Entra DON PEDRO TENORIO, *con guardas.*

D. PED. Quien así   250
con tanto descuido duerme,
limpia tiene la conciencia.

OCTAV. Cuando viene vuexcelencia
a honrarme y favorecerme,
no es justo que duerma yo;   255
velaré toda mi vida.
¿A qué y por qué es la venida?

---

[5] *cult.* lavandera

D. PED. Porque aquí el Rey me envió.
OCTAV. Si el Rey, mi señor, se acuerda
de mí en aquesta ocasión,   260
será justicia y razón
que por él la vida pierda.
Decidme, señor, ¿qué dicha
o qué estrella me ha guiado,
que de mí el Rey se ha acordado?   265
D. PED. Fue, Duque, vuestra desdicha.
Embajador del Rey soy;
dél os traigo una embajada.
OCTAV. Marqués, no me inquieta nada;
decid, que aguardando estoy.   270
D. PED. A prenderos me ha enviado
el Rey; no os alborotéis.
OCTAV. ¡Vos por el Rey me prendéis!
Pues ¿en qué he sido culpado?
D. PED. Mejor lo sabéis que yo;   275
mas, por si acaso me engaño,
escuchad el desengaño
y a lo que el Rey me envió.
Cuando los negros gigantes,
plegando funestos toldos   280
ya del crepúsculo huían
tropezando unos con otros;
estando yo con Su Alteza
tratando ciertos negocios
porque antípodas del sol   285
son siempre los poderosos,
voces de mujer oímos,
cuyos ecos menos roncos
por los artesones sacros,
nos repitieron ¡socorro!   290
A las voces y al ruido
acudió, Duque, el Rey propio;
halló a Isabela en los brazos
de algún hombre poderoso . . .
mas quien al cielo se atreve,   295
sin duda es gigante o monstruo.
Mandó el Rey que los prendiera,
quedé con el hombre solo,
llegué y quise desarmalle;
pero pienso que el demonio   300

en él tomó forma humana,
pues que, vuelto en humo y polvo,
se arrojó por los balcones
entre los pies de esos olmos,
que coronan del palacio   305
los chapiteles[6] hermosos.
Hice prender la Duquesa,
y en la presencia de todos
dice que es el Duque Octavio
el que con mano de esposo   310
la gozó.
OCTAV. ¿Qué dices?
D. PED. Digo
lo que al mundo es ya notorio
y que tan claro se sabe:
que Isabela por mil modos . . .
OCTAV. Dejadme, no me digáis   315
tan gran traición de Isabela.
Mas, si fue su amor cautela
mal hacéis si lo calláis.
Mas sí, veneno me dais
que a un firme corazón toca,   320
y así a decir me provoca;
que imita a la comadreja,[7]
que concibe por la oreja
para parir por la boca.
¿Será verdad que Isabela,   325
alma, se olvidó de mí
para darme muerte? Sí,
que el bien sueña y el mal vela
ya el pecho nada recela,
juzgando si son antojos: 330
que, por darme más enojos,
al entendimiento entró,
y por la oreja escuchó
lo que acreditan los ojos.
Señor Marqués, ¿es posible   335
que Isabela me ha engañado
y que mi amor ha burlado?
Parece cosa imposible.
¡Oh mujer! . . . Ley tan terrible
de honor . . . ¿A quién me provoco   340
a emprender?[8] . . . Mas yo ¿no toco

---

[6] los remates de las torres
[7] *Es de creencia antigua el pensar que este animal concebía por la oreja y paría por la boca.*
[8] luchar (*como en un duelo para defender su honor*)

en tu honor esta cautela?
¡Anoche con Isabela
hombre en palacio! ¡Estoy loco!
D. PED. Como es verdad que en los
vientos   345
hay aves, en el mar peces,
que participan a veces
de todos cuatro elementos;
como en la gloria hay contentos,
lealtad en el buen amigo,   350
traición en el enemigo,
en la noche escuridad
y en el día claridad,
así es verdad lo que digo.
OCTAV. Marqués, yo os quiero creer.   355
Ya no hay cosa que me espante
que la mujer más constante
es, en efeto, mujer.
No me queda más que ver,
pues es patente mi agravio.   360
D. PED. Pues que sois prudente y sabio,
elegid el mejor medio.
OCTAV. Ausentarme es mi remedio.
D. PED. Pues sea presto, Duque Octavio.
OCTAV. Embarcarme quiero a España   365
y darle a mis males fin.
D.PED. Por la puerta del jardín,
Duque, esta prisión se engaña.
OCTAV. ¡Ah, veleta! ¡Débil caña!
A más furor me provoco   370
y extrañas[9] provincias toco
huyendo desta cautela.
¡Patria, adiós! ¿Con Isabela
hombre en palacio? ¡Estoy loco!
Vanse y sale TISBEA, *pescadora, con una caña*
de pescar en la mano.
TISBEA. Yo, de cuantas el mar,   375
pies de jazmín y rosa,
en sus riberas besa
con fugitivas olas,
sola de amor exenta,[10]

como en ventura sola,   380
tirana me reservo
de sus prisiones locas.
Aquí donde el sol pisa
soñolientas las ondas,
alegrando zafiros   385
los que espantaban sombras.
Por la menuda arena,
unas veces aljófar,[11]
y átomos otras veces
del sol, que así le dora   390
oyendo de las aves
las quejas amorosas,
y los combates dulces
del agua entre las rocas;
ya con la sutil caña,   395
que al débil peso dobla
del necio pececillo
que el mar salado azota;
o ya con la atarraya,
que en sus moradas hondas   400
prende cuantos habitan
aposentos de conchas:
segura me entretengo,
que en libertad se goza
el alma; que amor áspid[12]   405
no le ofende ponzoña.
En pequeñuelo esquife,[13]
y ya en compañía de otras,
tal vez al mar le peino
la cabeza espumosa;   410
y cuando más perdidas
querellas de amor forman,
como de todos río,
envidia soy de todas.
¡Dichosa yo mil veces,   415
amor, pues me perdonas,
si ya, por ser humilde,
no desprecias mi choza,
obelisco de paja!
Mi edificio coronan   420

---

[9] extranjeras
[10] libre
[11] perlas pequeñas e irregulares
[12] serpiente venenosa (*se emplea aquí como adjetivo*)
[13] barco pequeño

nidos, si no hay cigarras,
o tortolillas locas.
Mi honor conservo en pajas
como fruta sabrosa,
vidrio guardado en ellas   425
para que no se rompa.
De cuantos pescadores
con fuego Tarragona
de piratas defiende
en la argentada costa,   430
desprecio, soy encanto;
a sus suspiros, sorda,
a sus ruegos, terrible,
a sus promesas, roca.
Anfriso, a quien el cielo   435
con mano poderosa,
prodigio en cuerpo y alma
dotó de gracias todas,
medido en las palabras,
liberal en las obras,   440
sufrido en los desdenes,
modesto en las congojas:
mis pajizos umbrales,
que heladas noches ronda,
a pesar de los tiempos,[14]   445
las mañanas remoza.[15]
Pues ya con ramos verdes,
que de los olmos corta,
mis pajas amanecen
ceñidas de lisonjas;   450
ya con vigüelas[16] dulces
y sutiles zampoñas[17]
músicas me consagra,
y todo no me importa
porque en tirano imperio   455
vivo, de amor señora;
que hallo gusto en sus penas
y en sus infiernos gloria.

Todas por él se mueren,
y yo todas las horas   460
le mato con desdenes;
de amor condición propia,
querer donde aborrecen,
despreciar donde adoran;
que si le alegran, muere,   465
y vive si le oprobian.
En tan alegres días
segura de lisonjas,
mis juveniles años
amor no los malogra;   470
que en edad tan florida,
amor, no es suerte poca
no ver tratando enredos
las tuyas amorosas.
Pero, necio discurso,   475
que mi ejercicio estorbas,
en él no me diviertas
en cosa que no importa.
Quiero entregar la caña
al viento, y a la boca   480
del pececillo el cebo.[18]
Pero al agua se arrojan
dos hombres de una nave,
antes que el mar la sorba,
que sobre el agua viene   485
y en un escollo[19] aborda.
Como hermoso pavón,
hacen las velas cola,
adonde los pilotos
todos los ojos pongan.   490
Las olas va escarbando.
Y ya su orgullo y pompa
casi la desvanece . . .
Agua un costado toma.
Hundióse, y dejó al viento   495
la gavia,[20] que la escoja

---

[14] las tormentas

[15] renueva (*o sea, calma la tormenta*)

[16] vihuela: instrumento antigo de cuerda; especie de guitarra

[17] instrumento rústico de viento; especie de flauta

[18] artificios de pescadores para atraer y coger peces

[19] corriente peligrosa

[20] parte alta de los barcos desde donde se vigila el mar; es también una jaula donde se encerraba a los locos (*Tirso juega con ambos sentidos.*)

para morada suya;
Que un loco en gavias mora.
Dentro. ¡Que me ahogo!
Un hombre al otro aguarda,
que dice que se ahoga: 500
¡gallarda cortesía!
En los hombros le toma:
Anquises se hace Eneas,
si el mar está hecho Troya.
Ya, nadando, las aguas   505
con valentía corta,
y en la playa no veo
quien le ampare y socorra,
daré voces: ¡Tirseo,
Anfriso, Alfredo! ¡hola!   510
Pescadores me miran,
¡plega a Dios que me oigan!
Mas milagrosamente
ya tierra los dos toman,
sin aliento el que nada,   515
con vida el que le estorba.
Saca en brazos CATALINÓN *a* DON JUAN,
mojados.
CATAL. ¡Válgame la Cananea,
y qué salado está el mar!
Aquí puede bien nadar
el que salvarse desea,   520
que allá dentro es desatino
donde la muerte se fragua,
donde Dios juntó tanta agua,
no juntara tanto vino.
Agua salada: ¡estremada   525
cosa para quien no pesca!
Si es mala aun el agua fresca,
¿qué será el agua salada?
¡Oh, quién hallara una fragua
de vino, aunque algo encendido!   530
Si del agua que he bebido
escapo hoy, no más agua.
Desde hoy abernuncio[21] della,
que la devoción me quita
tanto, que aun agua bendita   535

no pienso ver, por no vella.
¡Ah, señor! Helado y frío
está. ¿Si estará ya muerto?
Del mar fue este desconcierto
y mío este desvarío.   540
¡Mal haya aquel que primero
pinos en la mar sembró,[22]
y que sus rumbos midió
con quebradizo madero!
¡Maldito sea el vil sastre   545
que cosió el mar que dibuja
con astronómica aguja,[23]
causa de tanto desastre!
¡Maldito sea Jasón,
y Tisis maldito sea!   550
Muerto está, no hay quien lo crea.
¡Mísero Catalinón¡
¿Qué he de hacer?
TISBEA. Hombre, ¿qué tienes
en desventuras iguales?
CATAL. Pescadora, muchos males,   555
y falta de muchos bienes.
Veo, por librarme a mí,
sin vida a mi señor. Mira
si es verdad.
TISBEA. No, que aún respira.
CATAL. ¿Por dónde? ¿Por aquí?
TISBEA. Sí;   560
pues ¿por dónde?
CATAL. Bien podía
respirar por otra parte.
TISBEA. Necio estás.
CATAL. Quiero besarte
las manos de nieve fría.
TISBEA. Ve a llamar los pescadores   565
que en aquella choza están.
CATAL. Y si los llamo, ¿vendrán?
TISBEA. Vendrán presto, no lo ignores,
¿quién es este caballero?
CATAL. Es hijo aqueste señor   570
del Camarero mayor
del Rey, por quien ser espero

---

[21] renuncio

[22] *el que inventó los barcos de madera*

[23] brújula (*pero el juego de palabras consiste en la asociación de aguja y sastre*)

antes de seis días Conde
en Sevilla, donde va,
y adonde Su Alteza está,   575
si a mi amistad corresponde.
TISBEA. ¿Cómo se llama?
CATAL. Don Juan
Tenorio.
TISBEA. Llama mi gente.
CATAL. Ya voy.
Vase y coge en el regazo TISBEA *a* DON JUAN.
TISBEA. Mancebo excelente,
gallardo, noble y galán.   580
Volved en vos, caballero.
D. JUAN. ¿Dónde estoy?
TISBEA. Ya podéis ver:
en brazos de una mujer.
D. JUAN. Vivo en vos, si en el mar muero.
Ya perdí todo el recelo   585
que me pudiera anegar,
pues del infierno del mar
salgo a vuestro claro cielo.
Un espantoso huracán
dio con mi nave al través,   590
para arrojarme a esos pies,
que abrigo y puerto me dan
y en vuestro divino oriente[24]
renazco, y no hay que espantar,
pues veis que hay de amar a mar   595
una letra solamente.
TISBEA. Muy grande aliento tenéis
para venir sin aliento,
y tras de tanto tormento,
mucho tormento ofrecéis.   600
Pero si es tormento el mar,
y son sus ondas crueles,
la fuerza de los cordeles
pienso que así os hace hablar.
Sin duda que habéis bebido   605
del mar la oración pasada,
pues, por ser de agua salada,
con tan grande sal ha sido.
Mucho habláis cuando no habláis;
y cuando muerto venís,   610

mucho al parecer sentís:
¡plega a Dios que no mintáis!
Parecéis caballo griego
que el mar, a mis pies desagua,
pues venis formado de agua   615
y estáis preñado de fuego.
Y si mojado abrasáis,
estando enjuto[25] ¿qué haréis?
Mucho fuego prometéis;
¡Plega a Dios que no mintáis!   620
D. JUAN. A Dios, zagala, pluguiera
que en el agua me anegara
para que cuerdo acabara
y loco en vos no muriera;
que el mar pudiera anegarme   625
entre sus olas de plata
que sus límites desata;
mas no pudiera abrasarme,
gran parte del sol mostráis,
pues que el sol os da licencia,   630
pues sólo con la apariencia,
siendo de nieve abrasáis.
TISBEA. Por más helado que estáis,
tanto fuego en vos tenéis,
que en este mío os ardéis.   635
¡Plega a Dios que no mintáis!
Salen CATALINÓN, CORIDÓN *y* ANFRISO,
pescadores.
CATAL. Ya vienen todos aquí.
TISBEA. Y ya está tu dueño vivo.
D. JUAN. Con tu presencia recibo
el aliento que perdí.   640
CORID. ¿Qué nos mandas?
TISBEA. Coridón,
Anfriso, amigos.
CORID. Todos
buscamos por varios modos
esta dichosa ocasión.
Di, qué nos mandas, Tisbea;   645
que por labios de clavel
no lo habrás mandado a aquel
que idolatrarte desea,
apenas, cuando al momento,

---

[24] la salida del sol (*se refiere a Tisbea como un sol que le da nueva vida*)
[25] seco

sin cesar en llano o sierra, 650
surque el mar, tale la tierra,
pise el fuego, el aire, el viento.
TISBEA [*Aparte.*] (¡Oh, qué mal me
parecían
estas lisonjas ayer,
y hoy echo en ellas de ver 655
que sus labios no mentían!)
Estando, amigos, pescando
sobre este peñasco, vi
hundirse una nave allí,
y entre las olas nadando 660
dos hombres, y compasiva,
di voces que nadie oyó;
y en tanta aflicción, llegó
libre de la furia esquiva
del mar, sin vida a la arena, 665
déste en los hombros cargado,
un hidalgo, ya anegado;
y envuelta en tan triste pena,
a llamaros envié.
ANFRIS. Pues aquí todos estamos, 670
manda que tu gusto hagamos,
lo que pensado no fue.
TISBEA. Que a mi choza los llevemos
quiero, donde, agradecidos,
reparemos sus vestidos, 675
y allí los regalaremos;
que mi padre gusta mucho
desta debida piedad.
CATAL. ¡Extremada es su beldad!
D. JUAN. Escucha aparte.
CATAL. Ya escucho. 680
D. JUAN. Si te pregunta quién soy,
di que no sabes.
CATAL. ¡A mí . . .
quieres advertirme a mí
lo que he de hacer!
D. JUAN. Muerto voy
por la hermosa pescadora. 685
Esta noche he de gozalla.
CATAL. ¿De qué suerte?
D. JUAN. Ven y calla.

CORID. Anfriso: dentro de un hora
los pescadores prevén
que canten y bailen.
ANFRIS. Vamos, 690
y esta noche nos hagamos
rajas y paños también.[26]
D. JUAN. Muerto voy.
TISBEA. ¿Cómo, si andáis?
D. JUAN. Ando en pena como veis.
TISBEA. Mucho habláis.
D. JUAN. Mucho entendéis. 695
TISBEA. ¡Plega a Dios que no mintáis!
Vanse.
Salen DON GONZALO *de* ULLOA *y el* REY
DON ALONSO
de CASTILLA.[27]
REY. ¿Cómo os ha sucedido en la
Embajada,
comendador mayor?
D. GON. Hallé en Lisboa
al Rey Don Juan, tu primo, previniendo
treinta naves de armada.
REY. ¿Y para dónde? 700
D. GON. Para Goa, me dijo, mas yo
entiendo
que a otra empresa más fácil apercibe:
a Ceuta o Tánger pienso que pretende
cercar este verano.
REY. Dios le ayude,
y premie el cielo de aumentar su
gloria. 705
¿Qué es lo que concertasteis?
D. GON. Señor, pide
a Serpa y Mora y Olivencia y Toro,
y por eso te vuelve a Villaverde,
al Almendral, a Mértola y Herrera
entre Castilla y Portugal.
REY. Al punto 710
se firmen los conciertos, Don Gonzalo.
Mas decidme primero cómo ha ido
en el camino, que vendréis cansado
y alcanzado también.
D. GON. Para serviros,

---

[26] *exederse en algo* (*o sea, esta noche disfrutemos a lo máximo la fiesta*)
[27] Consulta el *código geográfico e histórico.*

nunca, señor, me canso.
REY. ¿Es buena tierra   715
Lisboa?
D. GON. La mayor ciudad de España;
y si mandas que diga lo que he visto
de lo exterior y célebre, en un punto
en tu presencia te pondré un retrato.
REY. Yo gustaré de oíllo. Dadme silla.   720
D. GON. Es Lisboa una otava maravilla.
De las entrañas de España,
que son las tierras de Cuenca,
nace el caudaloso Tajo,
que media España atraviesa.   725
Entra en el mar Océano
en las sagradas riberas
de esta ciudad, por la parte
del Sur; mas antes que pierda
su curso y su claro nombre,   730
hace un puerto entre dos sierras,
donde están de todo el orbe
barcas, naves, carabelas.
Hay galeras y saetías[28]
tantas, que desde la tierra   735
parece una gran ciudad
adonde Neptuno reina.
A la parte del Poniente
guardan del puerto dos fuerzas,
de *Cascaes y San Juan,*   740
las más fuertes de la tierra.
Está, desta gran ciudad,
poco más de media legua,
Belén, convento del santo
conocido por la piedra,   745
y por el león de guarda,
donde los reyes y reinas
católicos y cristianos
tienen sus casas perpetuas.
Luego esta máquina insigne,   750
desde Alcántara comienza
una gran legua a tenderse
al convento de Jabregas.
En medio está el valle hermoso
coronado de tres cuestas,   755
que quedara corto Apeles

cuando pintarlas quisiera.
Porque, miradas de lejos,
parecen piñas de perlas
que están pendientes del cielo,   760
en cuya grandeza inmensa
se ven diez Romas cifradas
en conventos y en iglesias,
en edificios y calles,
en solares y encomiendas,   765
en las letras y en las armas,
en la justicia tan recta,
y en una Misericordia
que está honrando su ribera
y pudiera honrar a España   770
y aun enseñar a tenerla.
Y en lo que yo más alabo
desta máquina soberbia,
es, que del mismo castillo,
en distancia de seis leguas,   775
se ven sesenta lugares,
que llega el mar a sus puertas,
uno de los cuales es
el convento de *Olivelas,*
en el cual vi por mis ojos   780
seiscientas y treinta celdas,
y entre monjas y beatas
pasan de mil y doscientas.
Tiene desde allí a Lisboa,
en distancia muy pequeña,   785
mil y ciento y treinta quintas,
que en nuestra provincia Bética
llaman cortijos, y todas
con sus huertos y alamedas.
En medio de la ciudad   790
hay una plaza soberbia,
que se llama del *Rucío,*
grande, hermosa y bien dispuesta,
que habrá cien años, y aun más,
que el mar bañaba su arena,   795
y ahora della a la mar
hay treinta mil casas hechas;
que, perdiendo el mar su curso,
se tendió a partes diversas.
Tiene una calle que llaman   800

---

[28] especie de barcos de vela

rua Nova o calle Nueva,
donde se cifra el Oriente
en grandezas y riquezas,
tanto, que el Rey me contó
que hay un mercader en ella   805
que, por no poder contarlo,
mide el dinero a fanegas.
El terrero, donde tiene
Portugal su casa regia,
tiene infinitos navíos,   810
varados siempre en la tierra
de sólo cebada y trigo
de Francia y Ingalaterra.
Pues el Palacio Real,
que el Tajo sus manos besa,   815
es edificio de Ulises,
que basta para grandeza,
de quien toma la ciudad
nombre en la latina lengua,
llamándose Ulisibona,   820
cuyas armas son la esfera,
por pedestal de las llagas
que en la batalla sangrienta
al rey Don Alfonso Enríquez
dio la Majestad Inmensa.   825
Tiene en su gran tarazana[29]
diversas naves, y entre ellas
las naves de la conquista,
tan grandes, que de la tierra
miradas, juzgan los hombres   830
que tocan en las estrellas.
Y lo que desta ciudad
te cuento por excelencia,
es, que estando sus vecinos
comiendo, desde las mesas   835
ven los copos del pescado
que junto a sus puertas pescan,
que, bullendo entre las redes,
vienen a entrarse por ellas;
y sobre todo, el llegar   840
cada tarde a su ribera
más de mil barcos cargados
de mercancías diversas

y de sustento ordinario:
pan, aceite, vino y leña,   845
frutas de infinita suerte,
nieve de Sierra de Estrella,
que por las calles a gritos,
puestas sobre las cabezas,
la venden; mas ¿qué me canso?   850
Porque es contar las estrellas
querer contar una parte
de la ciudad opulenta.
Ciento y treinta mil vecinos
tiene, gran señor, por cuenta;   855
y por no cansarte más,
un Rey que tus manos besa.
REY. Más estimo, Don Gonzalo,
escuchar de vuestra lengua
esa relación sucinta,[30]   860
que haber visto su grandeza.
¿Tenéis hijos?
D. GON. Gran señor,
una hija hermosa y bella,
en cuyo rostro divino
se esmeró naturaleza.   865
REY. Pues yo os la quiero casar
de mi mano.
D. GON. Como sea
tu gusto, digo, señor,
que yo lo aceto por ella.
Pero ¿quién es el esposo?   870
REY. Aunque no está en esta tierra,
es de Sevilla, y se llama
Don Juan Tenorio.
D. GON. Las nuevas
voy a llevar a Doña Ana   875
REY. Id en buen hora, y volved,
Gonzalo, con la respuesta.
Vanse y sale DON JUAN TENORIO *y*
    CATALINÓN.
D. JUAN. Esas dos yeguas prevén,
pues acomodadas son.
CATAL. Aunque soy Catalinón,   880
soy, señor, hombre de bien,
que no se dijo por mí:

---

[29] astillero (*donde se construyen barcos*)
[30] breve (*dicho claramente con sarcasmo*)

"Catalinón es el hombre;"
que sabes; que aquese nombre
me asienta al revés a mí.   885
D. JUAN. Mientras que los pescadores
van de regocijo y fiesta,
tú las dos yeguas apresta;
que de sus pies voladores
solo nuestro engaño fío.   890
CATAL. Al fin, ¿pretendes gozar
a Tisbea?
D. JUAN. Si burlar
es hábito antiguo mío,
¿qué me preguntas, sabiendo
mi condición?
CATAL. Ya sé que eres   895
castigo de las mujeres.
D. JUAN. Por Tisbea estoy muriendo,
que es buena moza.
CATAL. ¡Buen pago
a su hospedaje deseas!
D. JUAN. Necio, lo mismo hizo Eneas   900
con la reina de Cartago.
CATAL. Los que fingís y engañáis
las mujeres desa suerte
lo pagaréis en la muerte.
D. JUAN. ¡Qué largo me lo fiáis!³¹   905
Catalinón³² con razón
te llaman.
CATAL. Tus pareceres
sigue, que en burlar mujeres
quiero ser Catalinón.
Ya viene la desdichada.   910
D. JUAN. Vete, y las yeguas prevén.
CATAL. ¡Pobre mujer! Harto bien
te pagamos la posada.
Vase CATALINÓN *y sale* TISBEA.
TISBEA. El rato que sin ti estoy
estoy ajena de mí.   915
D. JUAN. Por lo que finges ansí,
ningún crédito te doy.
TISBEA. ¿Por qué?
D. JUAN. Porque, si me amaras,

mi alma favorecieras.
TISBEA. Tuya soy.
D. JUAN. Pues di, ¿qué esperas,   920
o en qué, señora, reparas?
TISBEA. Reparo que fue castigo
de amor, el que he hallado en ti.
D. JUAN. Si vivo, mi bien, en ti,
a cualquier cosa me obligo.   925
Aunque yo sepa perder
en tu servicio la vida,
la diera por bien perdida,
y te prometo de ser
tu esposo.
TISBEA. Soy desigual   930
a tu ser.
D. JUAN. Amor es rey
que iguala con justa ley
la seda con el sayal.³³
TISBEA. Casi te quiero creer. . .
mas sois los hombres traidores.   935
D. JUAN. ¿Posible es, mi bien, que ignores
mi amoroso proceder?
Hoy prendes por tus cabellos
mi alma.
TISBEA. Yo a ti me allano
bajo la palabra y mano   940
de esposo.
D. JUAN. Juro, ojos bellos
que mirando me matáis,
de ser vuestro esposo.
TISBEA. Advierte,
mi bien, que hay Dios y que hay muerte.
D. JUAN. ¡Qué largo me lo fiáis!   945
y mientras Dios me de vida
yo vuestro esclavo seré.
Esta es mi mano y mi fe.
TISBEA. No seré en pagarte esquiva.
D. JUAN. Ya en mí mismo no sosiego.   950
TISBEA. Ven, y será la cabaña
del amor que me acompaña
tálamo³⁴ de nuestro fuego.
Entre estas cañas te esconde

---

³¹ *Expresión que implica que aún le queda tiempo para enmendarse.*
³² *Al parecer, el nombre Catalinón tenía connotaciones negativas que hoy no sabemos por cierto.*
³³ tela tosca de lana
³⁴ lecho conyugal

hasta que tenga lugar.   955
D. JUAN. ¿Por dónde tengo de entrar?
TISBEA. Ven y te diré por dónde.
D. JUAN. Gloria al alma, mi bien, dais.
TISBEA. Esa voluntad te obligue,
y si no, Dios te castigue.   960
D. JUAN. ¡Qué largo me lo fiáis!
Vanse y sale CORIDÓN, ANFRISO, BELISA *y*
     MÚSICOS.
CORID. Ea, llamad a Tisbea,
y los zagales llamad
para que en la soledad
el huésped la corte vea.   965
ANFRIS. ¡Tisbea, Lucinda, Atandra!
No vi cosa más cruel.
¡Triste y mísero de aquel
que su fuego es salamandra![35]
Antes que el baile empecemos   970
a Tisbea prevengamos.
BELISA. Vamos a llamarla.
CORID. Vamos.
BELISA. A su cabaña lleguemos.
CORID. ¿No ves que estará ocupada
con los huéspedes dichosos,   975
de quien hay mil envidiosos?
ANFRIS. Siempre es Tisbea envidiada.
BELISA. Cantad algo, mientras viene,
porque queremos bailar.
ANFRIS. [*Aparte.*] (¿Cómo podrá
descansar   980
cuidado que celos tiene?)
(*Cantan.*)
A pescar salió la niña
tendiendo redes,
y en lugar de peces
las almas prende.   985
Sale TISBEA.
TISBEA. ¡Fuego, fuego! ¡que me quemo!
¡Que mi cabaña se abrasa!
Repicad a fuego, amigos,
que ya dan mis ojos agua.
Mi pobre edificio queda   990
hecho otra Troya en las llamas;
que después que faltan Troyas,

quiere amor quemar cabañas.
Mas si amor abrasa peñas
con gran ira y fuerza extraña,   995
mal podrán de su rigor
reservarse humildes pajas.
¡Fuego, zagales, fuego, agua, agua!
¡Amor, clemencia, que se abrasa el alma!
¡Ay, choza, vil instrumento   1000
de mi deshonra y mi infamia!
¡Cueva de ladrones fiera,
que mis agravios ampara!
Rayos de ardientes estrellas
en tus cabelleras caigan,   1005
porque abrasadas estén,
si del viento mal peinadas.
¡Ah, falso huésped, que dejas
una mujer deshonrada!
Nube que del mar salió   1010
para anegar mis entrañas.
¡Fuego, fuego, zagales, agua, agua!
¡Amor, clemencia, que se abrasa el alma!
Yo soy la que hacía siempre
de los hombres burla tanta,   1015
que siempre las que hacen burla,
vienen a quedar burladas.
Engañóme el caballero
debajo de fe y palabra
de marido, y profanó   1020
mi honestidad y mi cama.
Gozóme al fin, y yo propia
le di a su rigor las alas
en dos yeguas que crié,
con que me burló y se escapa.   1025
Seguilde[36] todos, seguilde.
Mas no importa que se vaya,
que en la presencia del Rey
tengo de pedir venganza.
¡Fuego, fuego, zagales! ¡agua, agua!   1030
¡Amor, clemencia, que se abrasa el alma!
Vase TISBEA.
CORID. Seguid al vil caballero.
ANFRIS. ¡Triste del que pena y calla!
Mas ¡vive el cielo! que en él,
me he de vengar desta ingrata.   1035

---

[35] *Se creía que este animal podía vivir en el fuego.*
[36] seguidle

Vamos tras ella nosotros,
porque va desesperada,
y podrá ser que ella vaya
buscando mayor desgracia.
CORID. Tal fin la soberbia tiene.   1040
Su locura y confianza
paró en esto.

Dice TISBEA *dentro:* ¡Fuego, fuego!
ANFRIS. Al mar se arroja.
CORID. Tisbea, detente y para.
TISBEA. ¡Fuego, fuego, zagales, agua, agua!
¡Amor, clemencia, que se abrasa el
        alma!   1045

■——Pasos para la comprensión

1. El acto empieza *in medias res* con Isabela mostrándole a don Juan el camino para salir de su alcoba. Nota las primeras palabras que enuncia don Juan.

   □ ¿Qué indica el hecho de decir "de nuevo"?

   □ ¿Qué crees que es "el dulce sí" que don Juan promete cumplir?

   □ ¿Qué sabemos de don Juan desde este primer encuentro?

2. Cuando Isabela descubre que el hombre con quien ha estado no es su amante el duque Octavio, da gritos pidiendo socorro y llega el rey Alfonso. Nota las palabras con que don Juan responde a la interrogación del rey en el verso 22. ¿Qué otra característica de don Juan se revela aquí? Considera el hecho que le hable al rey.

3. ¿Por qué se considera Isabela deshonrada? Consulta el *código de honor*.

4. El caballero a quien el rey le encarga la resolución del caso es don Pedro Tenorio, el tío de don Juan.

   □ ¿Cómo responde don Juan a los mandatos del tío de que lo prendan y luego que lo maten?

   □ ¿Cómo se va perfilando más el carácter y la personalidad de don Juan?

5. A partir del verso 51 don Juan empieza a revelar su identidad. Es importante notar cómo lo hace. ¿Dice primero su nombre o su parentesco? ¿Por qué?

6. Lee los versos 61–68. ¿Cómo explica don Juan sus acciones para ser perdonado por su tío?

   □ ¿Le miente a su tío?

   □ ¿Qué nuevos matices de su personalidad descubrimos aquí?

   □ ¿Se muestra dispuesto el tío a ayudar a su sobrino?

   □ ¿Por qué tiene que actuar don Pedro con tanto cuidado en este caso?

7. En el largo diálogo (vv. 72–96) en que don Pedro regaña a don Juan, se revela algo de su historia anterior. ¿Es ésta la primera vez que don Juan ha engañado a una mujer noble? ¿Por qué se encuentra don Juan en Nápoles?

8. ¿Qué lances emplea don Juan para conseguir el perdón de su tío?

   □ ¿Tiene éxito? ¿Qué hace don Pedro para salvarle el pellejo a don Juan?

☐ Lo que hace incluye una mentira al rey. ¿Cuál es?

☐ En el proceso de defender a su sobrino, don Pedro acusa al inocente duque Octavio por el agravio hacia Isabela. ¿Cómo es que don Pedro confía en que Isabela, quien muy bien conoce la identidad del "asaltante," no revele este embuste?

9. ¿Quién sufre al final de esta escena las mayores consecuencias del engaño de don Juan?

☐ Nota primero las palabras del rey respecto a todas las mujeres en los versos 153–156. ¿Qué dice?

☐ ¿Por qué no se defiende Isabela revelando la verdad? Es más, nota las palabras de Isabela en los versos 187–190. ¿Qué solución ve ella a su deshonra?

10. La primera escena termina con el verso 190. Nota todo lo que ha pasado y todo lo que hemos sabido en tan corto espacio de tiempo. Explica. ¿Cómo se ha puesto en marcha la trama de la obra?

11. En la próxima escena conocemos al duque Octavio.

☐ ¿Qué y quién ocupa sus pensamientos?

☐ ¿Cómo reacciona al llegar don Pedro para prenderlo?

☐ ¿Cómo reacciona cuando se entera de que lo prenden por haber gozado a Isabela? ¿Quiere creerlo? Explica.

☐ Finalmente, no tiene más remedio que creerlo. Lee y comenta los versos 355–358.

12. ¿Lleva preso don Pedro a Octavio? Explica.

☐ ¿Por qué crees que le da la misma oportunidad de escaparse que le dio a su sobrino?

13. La escena tercera ocurre junto al mar y conocemos a la pescadora Tisbea, quien en un largo monólogo se da a conocer. Nota primero la yuxtaposición de esta escena de gente humilde y las anteriores con gente noble.

☐ ¿En qué se diferencia su forma poética?

☐ Pero si Tisbea es "villana," ¿en qué se asemeja a los personajes nobles (lee los versos 423–426)? ¿Por qué se considera tan dichosa (lee los versos 455–466)?

☐ ¿Cuál es la ironía dramática de sus palabras?

14. Sería imposible llevar a escena el naufragio de don Juan. ¿Cómo se soluciona este problema escenográfico en la pieza?

15. Catalinón, el criado de don Juan, hace entre otros el papel humorístico del gracioso, que es una figura común en la comedia del Siglo de Oro. Trata de identificar algunas de sus alusiones humorísticas.

16. Al volver en sí, ¿cómo reacciona don Juan al verse en los brazos de Tisbea? El juego de palabras en los versos 595–596 es famoso. Explícalo.

17. La respuesta de Tisbea a los avances de don Juan es también poéticamente ingeniosa (vv. 597–620).

   ☐ Explica la oposición fónica de *aliento/soñoliento*.

   ☐ Explica los significados del signo *tormento*.

   ☐ Comenta otros juegos de palabras de su discurso.

   ☐ Termina notando la oposición binaria de *nieve/fuego* que se desarrolla a partir del verso 629. Trata de explicar por qué es esta oposición tan ajustada a la escena y a lo que inevitablemente va a ocurrir.

18. ¿Qué le ha pasado a Tisbea? ¿Cree que don Juan se ha enamorado de ella? ¿Por qué repite tantas veces "¡Plega a Dios que no mintáis!"?

19. Para entender la próxima escena en el palacio del rey Alfonso en Sevilla y, en particular, el largo discurso sobre Lisboa de don Gonzalo de Ulloa, consulta el *código geográfico e histórico*. En lo que concierne la trama principal, lo importante ocurre al final de la escena (vv. 862–877).

   ☐ ¿De qué modo desea el rey honrar a don Gonzalo por sus servicios a la corona?

   ☐ ¿Qué nos indica esta escena respecto a los matrimonios de nobles en la España del Siglo de Oro?

20. La última escena vuelve al pueblo de pescadores. ¿Por qué le preocupa a don Juan que los caballos (yeguas) estén listos?

21. Aquí Catalinón abandona su papel de gracioso y hace el de confidente de don Juan y vocero de la moral. Lee con cuidado el diálogo entre amo y criado (vv. 891–905).

   ☐ ¿Cómo justifica don Juan la mala jugada que piensa hacerle a Tisbea?

   ☐ Teniendo en cuenta el código cultural respecto a lo sagrado que es darle hospedaje a una persona, explica la fuerza moralizante de las palabras de Catalinón cuando dice "¡Buen pago / a su hospedaje deseas!".

   ☐ Catalinón es hasta más explícito en su condenación del comportamiento de don Juan. ¿Qué dice?

   ☐ La famosa respuesta de don Juan ("¡Qué largo me lo fiáis!") será repetida varias veces más en el drama. Es una expresión que indica que le queda mucho tiempo hasta el juicio final—la muerte. ¿Qué hay de ingenuidad, falta de madurez e inconsciencia en su actitud?

22. En la continuación de la escena cuando sale Tisbea, ésta no confía del todo en la promesa de don Juan de casarse con ella.

   ☐ ¿Qué razón cita?

   ☐ Teniendo en cuenta la época, ¿tiene razón Tisbea?

   ☐ ¿Con qué razones la tranquiliza don Juan?

   ☐ ¿Son convincentes sus palabras? ¿Convencen a Tisbea? Explica.

23. En el verso 953 Tisbea le dice a don Juan que en la cama de su cabaña habrá fuego. ¿Qué significado tiene el signo aquí? Luego, cuando don Juan la abandona, Tisbea usa el mismo signo (v. 986). ¿Cuál es su significado ahora?

□ Nota como un mismo signo, en diferentes contextos, cambia totalmente de sentido. Busca todos los signos de su discurso relacionados con fuego. (En la crítica estructuralista, estas haces de signos relacionados se llaman isotopías.)

24. Tisbea revela a todos su deshonra (vv. 986–1031). Nota la diferencia entre su actitud franca y abierta en contraste con la cautelosa y disimulada de Isabela. Pero, ¿comparte con Isabela la misma intención de recobrar su honor? Explica después de consultar el *código de honor*.

□ Tisbea, además, es mucho más introspectiva que Isabela, y ve claramente la ironía de su situación. Después de leer los versos 1014–1017, explica.

25. Lee las palabras de Anfriso, quien está enamorado de Tisbea a pesar de ser desdeñado por ella (vv. 1033–1039). Nota todas las emociones que Tirso ha condensado en estos siete versos.

□ ¿Por qué siente pena de sí mismo?

□ ¿Por qué tiene que callar?

□ ¿Por qué siente, hasta cierto punto, haberse vengado de Tisbea?

□ ¿Le alegra lo que le ha pasado? ¿Cómo lo sabemos?

□ ¿Sigue queriéndola? ¿Cómo lo sabemos?

26. Reflexiona sobre todo lo que ha pasado en este acto.

□ ¿Ha puesto Tirso en marcha la trama de la comedia? ¿Cómo?

□ ¿Ha perfilado bien a los personajes? Explica.

□ ¿Ha dado algún indicio del futuro desenlace? ¿Cómo?

Acto II

Argumento breve: El padre de don Juan, Diego Tenorio, le cuenta al rey lo que ha hecho en Nápoles su hijo con Isabela, y el rey, para remediar la situación, insiste en que don Juan se case con ella, aunque ya hubiera prometido casarlo con doña Ana. Llega Octavio para quejarse ante el rey del agravio ocurrido en Nápoles, y el rey ve una solución: casar a doña Ana con Octavio en vez de con don Juan. Octavio no se opone.

Don Juan se encuentra en Sevilla con un viejo amigo, el marqués de la Mota, con quien habla de prostitutas y aventuras amorosas. El marqués le confiesa que se ha enamorado de su prima, la bella doña Ana de Ulloa. Cuando don Juan lo oye, enseguida le sobreviene el deseo de gozarla. La oportunidad se le presenta cuando, por casualidad, doña Ana le da a don Juan una carta para que se la entregue al marqués de la Mota en la cual lo cita para que vaya a su habitación a las diez de la noche. Don Juan decide disfrazarse e ir en lugar de su amigo. Sin embargo, le dice al marqués que doña Ana lo quiere ver a la medianoche.

Ya dentro de la casa de doña Ana, su padre, don Gonzalo, oye ruidos y sale a proteger a su hija. En la lucha con don Juan, éste mata a don Gonzalo y huye. Cuando llega el marqués, la policía cree que él ha sido el asesino y lo prenden.

En la última escena, don Juan, en su fuga de Sevilla, se tropieza con una boda de campesinos y le atrae la novia Aminta, y descaradamente empieza a coquetear con ella en la misma boda, muy al desagrado del futuro esposo Batricio.

ACT II

JORNADA SEGUNDA

Sale el REY DON ALONSO *y* DON DIEGO TENORIO, *de barba.*
REY. ¿Qué me dices?
D. DIEG. Señor, la verdad digo.
Por esta carta estoy del caso cierto,
que es de tu embajador y de mi hermano.
Halláronle en la cuadra del Rey mismo
con una hermosa dama de Palacio.   1050
REY. ¿Qué calidad?
D. DIEG. Señor, es la Duquesa
Isabela.
REY. ¿Isabela?
D. DIEG. Por lo menos.
REY. ¡Atrevimiento temerario! ¿Y dónde
ahora está?
D. DIEG. Señor, a Vuestra Alteza
no he de encubrille la verdad.
Anoche   1055
a Sevilla llegó con un criado.
REY. Ya conocéis, Tenorio, que os estimo,
y al Rey informaré del caso luego,
casando a ese rapaz con Isabela,
volviendo a su sosiego al Duque
Octavio,   1060
que inocente padece, y luego al punto
haced que Don Juan salga desterrado.
D. DIEG. ¿Adónde, mi señor?
REY. Mi enojo vea
en el destierro de Sevilla. Salga
a Lebrija[1] esta noche; y agradezca   1065

solo al merecimiento de su padre.
Pero, decid, Don Diego, ¿qué diremos
a Gonzalo de Ulloa, sin que erremos?
Caséle con su hija, y no sé cómo
lo puedo ahora remediar.
D. DIEG. Pues mira,   1070
gran señor, qué mandas que yo haga
que esté bien al honor desta señora,
hija de un padre tal.
REY. Un medio tomo,
con que absolvello del enojo entiendo.
Mayordomo mayor pretendo hacelle.   1075
Sale un CRIADO.
CRIADO. Un caballero llega de camino,
y dice, señor, que es el Duque Octavio.
REY. ¿El Duque Octavio?
CRIADO. Sí, señor.
REY. Sin duda
que supo de Don Juan el desatino,
y que viene, incitado a la venganza,   1080
a pedir que le otorgue desafío.
D. DIEG. Gran señor, en tus heroicas
manos
está mi vida, que mi vida propia
es la vida de un hijo inobediente,
que, aunque mozo, es gallardo y
valeroso   1085
y le llaman los mozos de su tiempo
el Héctor de Sevilla, porque ha hecho
tantas y tan extrañas mocedades.[2]

---

[1] población muy cercana a Sevilla
[2] travesuras de jóvenes

La razón puede mucho; no permitas
el desafío, si es posible.
REY. Basta.   1090
Ya os entiendo, Tenorio; honor de padre.
Entre el Duque.
D. DIEG. Señor, dame esas plantas.[3]
¿Cómo podré pagar mercedes tantas?
Sale el DUQUE OCTAVIO *de camino.*[4]
OCTAV. A esos pies, gran señor, un
peregrino,
mísero y desterrado, ofrece el labio,   1095
juzgando por más fácil el camino
en vuestra gran presencia.
REY. Duque Octavio.
OCTAV. Huyendo vengo el fiero desatino
de una mujer, el no pensado agravio
de un caballero que la causa ha sido   1100
de que así a vuestros pies haya venido.
REY. Ya, Duque Octavio, sé vuestra
inocencia.
Yo al Rey escribiré que os restituya
en vuestro estado, puesto que el ausencia
que hicisteis algún daño os atribuya.   1105
Yo os casaré en Sevilla, con licencia,
y también con perdón y gracia suya;
que puesto que Isabela un ángel sea,
mirando la que os doy, ha de ser fea.
Comendador mayor de Calatrava   1110
es Gonzalo de Ulloa, un caballero
a quien el moro por temor alaba;
Que siempre es el cobarde lisonjero.
Este tiene una hija, en quien bastaba
en dote la virtud, que considero,   1115
después de la beldad,[5] que es maravilla,
y el sol de las estrellas de Sevilla.
Esta quiero que sea vuestra esposa.
OCTAV. Cuando este viaje le emprendiera
a solo esto, mi suerte era dichosa   1120
sabiendo yo que vuestro gusto fuera.
REY. Hospedaréis al Duque, sin que cosa

en su regalo falte.
OCTAV. Quien espera
en vos, señor, saldrá de premios lleno.
Primero Alonso sois, siendo el
onceno.   1125
Vase el REY *y* DON DIEGO *y sale* RIPIO.
RIPIO. ¿Qué ha sucedido?
OCTAV. Que he dado
el trabajo recebido,
conforme me ha sucedido,
desde hoy por bien empleado.
Hablé al Rey, vióme y honróme;   1130
César con el César fui,
pues vi, peleé y vencí.
Y hace que esposa tome
de su mano, y se prefiere
a desenojar al Rey   1135
en la fulminada ley.
RIPIO. Con razón el nombre adquiere
de generoso en Castilla.
Al fin ¿te llegó a ofrecer
mujer?
OCTAV. Sí, amigo, mujer   1140
de Sevilla, que Sevilla
da, si averiguallo quieres,
porque de oíllo te asombres,
si fuertes y airosos hombres,
también gallardas mujeres.   1145
Un manto tapado, un brío,
donde un puro sol se esconde,
si no es en Sevilla, ¿adónde
se admite? El contento mío
es tal, que ya me consuela   1150
en mi mal.
Sale DON JUAN *y* CATALINÓN.
CATAL. Señor: detente,
que aquí está el Duque, inocente
sagitario[6] de Isabela,
aunque mejor le diré
capricornio.[7]

---

[3] Déjeme besar sus pies. (*Expresión de cortesía*)
[4] en ropa de viaje
[5] *poet.* belleza
[6] *Este signo del zodíaco es un arquero que tira flechas (como Cupido).*
[7] *Este signo del zodíaco es portador de cuernos (que representa un hombre cuya mujer le engaña con otro hombre). Éste es uno de los muchos ingeniosos juegos de palabras de Catalinón.*

D. JUAN. Disimula.   1155
CATAL. [*Aparte.*] (Cuando le vende le
adula.)
D. JUAN. Como a Nápoles dejé
por enviarme a llamar
con tanta priesa mi rey,
y como su gusto es ley,   1160
no tuve, Octavio, lugar
de despedirme de vos
de ningún modo.
OCTAV. Por eso,
don Juan, amigo, os confieso:
Que hoy nos juntamos los dos   1165
en Sevilla.
D. JUAN. ¡Quién pensara,
duque, que en Sevilla os viera
para que en ella os sirviera,
como yo lo deseara!
¿Vos Puzol,[8] vos la ribera   1170
dejáis, mas aunque es lugar
Nápoles tan excelente,
por Sevilla solamente
se puede, amigo, dejar.
OCTAV. Si en Nápoles os oyera   1180
y no en la parte que estoy,
del crédito que ahora os doy
sospecho que me riera:
mas llegándola a habitar,
es, por lo mucho que alcanza,
corta cualquiera alabanza
que a Sevilla queráis dar.
¿Quién es el que viene allí?
D. JUAN. El que viene es el Marqués
De la Mota. Descortés   1185
es fuerza ser.[9]
OCTAV. Si de mí
algo hubiereis menester,
aquí espada y brazo está.
CATAL. [*Aparte.*] (Y si importa gozará
en su nombre otra mujer,   1190

que tiene buena opinión.)
D. JUAN. De vos estoy satisfecho.
CATAL. Si fuere de algún provecho,
señores, Catalinón,
vuarcedes[10] continuamente   1195
me hallarán para servillos.
RIPIO. ¿Y dónde?
CATAL. En Los Pajarillos,
tabernáculo excelente.
Vase OCTAVIO *y* RIPIO *y sale el* MARQUÉS
DE LA MOTA.
MOTA. Todo hoy os ando buscando,
y no os he podido hallar.   1200
¿Vos, Don Juan, en el lugar,
y vuestro amigo penando
en vuestra ausencia?
D. JUAN. ¡Por Dios,
amigo, que me debéis
esa merced que me hacéis!   1205
CATAL. [*Aparte.*] (Como no le entreguéis
vos
moza o cosa que lo valga,
bien podéis fiaros dél,
que, cuanto en esto es cruel,
tiene condición hidalga.)   1210
D. JUAN. ¿Qué hay de Sevilla?
MOTA. Está ya
toda esta corte mudada.
D. JUAN. ¿Mujeres?
MOTA. Cosa juzgada.[11]
D. JUAN. ¿Inés?
MOTA. A Vejel[12] se va.
D. JUAN. Buen lugar para vivir   1215
la que tan dama nació.
MOTA. El tiempo la desterró
a Vejel.
D. JUAN. Irá a morir.
¿Constanza?
MOTA. Es lástima vella
lampiña de frente y ceja.   1220

---

[8] el puerto de Nápoles (*o sea, "te marchaste de Nápoles."*)
[9] *O sea, siento dejarte pero tengo que hablar con el marqués.*
[10] vuestras mercedes
[11] lo de siempre.
[12] ciudad en la provincia de Cádiz. *Se juega luego con su semejanza fónica con "vejez."*

Llámale el portugués vieja,
y ella imagina que bella.
D. JUAN. Sí, que *velha* en portugués
suena vieja en castellano.
¿Y Teodora?
MOTA. Este verano   1225
se escapó del mal francés
por un río de sudores,
y está tan tierna y reciente,
que anteayer me arrojó un diente
envuelto entre muchas flores.   1230
D. JUAN. ¿Julia, la del Candilejo?
MOTA. Ya con sus afeites[13] lucha.
D. JUAN. ¿Véndese siempre por trucha?
MOTA. Ya se da por abadejo.[14]
D. JUAN. El barrio de Cantarranas,   1235
¿tiene buena población?
MOTA. Ranas las más dellas son.
D. JUAN. ¿Y viven las dos hermanas?
MOTA. Y la mona de Tolú
de su madre Celestina   1240
que les enseña dotrina.
D. JUAN. ¡Oh, vieja de Bercebú!
¿Cómo la mayor está?
MOTA. Blanca, sin blanca[15] ninguna.
tiene un santo a quien ayuna.[16]   1245
D. JUAN. ¿Agora en vigilias da?
MOTA. Es firme y santa mujer.
D. JUAN. ¿Y esotra?[17]
MOTA. Mejor principio
tiene; no desecha ripio.[18]
D. JUAN. Buen albañir quiere ser.   1250
Marqués, ¿qué hay de perros muertos?[19]
MOTA. Yo y Don Pedro de Esquivel
dimos anoche un cruel,
y esta noche tengo ciertos
otros dos.

D. JUAN. Iré con vos;   1255
que también recorreré
cierto nido que dejé
en güevos para los dos.
¿Qué hay de terrero?[20]
MOTA. No muero
en terrero, que en terrado   1260
me tiene mayor cuidado.
D. JUAN. ¿Cómo?
MOTA. Un imposible quiero.
D. JUAN. Pues ¿no os corresponde?
MOTA. Sí,
me favorece y estima.
D. JUAN. ¿Quién es?
MOTA. Doña Ana, mi prima,   1265
que es recién llegada aquí.
D. JUAN. Pues ¿dónde ha estado?
MOTA. En Lisboa,
con su padre en la embajada.
D. JUAN. ¿Es hermosa?
MOTA. Es estremada,
porque en Doña Ana de Ulloa   1270
se estremó naturaleza.
D. JUAN. ¿Tan bella es esa mujer?
¡Vive Dios que la he de ver!
MOTA. Veréis la mayor belleza
que los ojos del sol ven.   1275
D. JUAN. Casaos, si es tan estremada.
MOTA. El Rey la tiene casada,
y no se sabe con quién.
D. JUAN. ¿No os favoresce?
MOTA. Y me escribe.
CATAL. [*Aparte.*] (No prosigas, que te engaña   1280
el gran Burlador de España.)
D. JUAN. Quien tan satisfecho vive
de su amor, ¿desdichas teme?

---

[13] maquillaje

[14] pescado de menor calidad que la trucha (*o sea, ya no cobra tanto*)

[15] dinero

[16] *O sea, un hombre a quien le da su dinero.*

[17] la otra (su hermana)

[18] *O sea, no desprecia ningún cliente, como el albañil que no desprecia el ripio (cualquier material para rellenar huecos).*

[19] *Alude a las instancias cuando el cliente no paga lo que debe.*

[20] terreno delante de una casa desde donde se puede cortejar damas (*don Juan ahora quiere saber lo que hay de mujeres de clase alta.*)

Sacalda, solicitalda,
escribilda y engañalda,   1285
y el mundo se abrase y queme.
MOTA. Ahora estoy esperando
la postrer[21] resolución.
D. JUAN. Pues no perdáis la ocasión,   1290
que aquí os estoy aguardando.
MOTA. Ya vuelvo.
Vase el MARQUÉS *y el* CRIADO.
CATAL. Señor Cuadrado
o señor Redondo, adiós.
CRIADO. Adiós.
D. JUAN. Pues solos los dos,
amigo, habemos quedado,
síguele el paso al Marqués,   1295
que en el palacio se entró.
Vase CATALINÓN.
Habla por una reja una mujer.
MUJER. Ce, ¿a quién digo?
D. JUAN. ¿Quién llamó?
MUJER. Pues sois prudente y cortés
y su amigo, dalde luego
al Marqués este papel.   1300
Mirad que consiste en él
de una señora el sosiego.
D. JUAN. Digo que se lo daré.
Soy su amigo y caballero.
MUJER. Basta, señor forastero.   1305
Adiós.
Vase.
D. JUAN. Y la voz se fue.
¿No parece encantamento
esto que ahora ha pasado?
A mí el papel ha llegado
por la estafeta del viento.   1310
Sin duda que es de la dama
que el Marqués me ha encarecido:
Venturoso en esto he sido.
Sevilla a voces me llama
El Burlador, y el mayor   1315
gusto que en mí puede haber,
es burlar una mujer
y dejalla sin honor.
¡Vive Dios, que le he de abrir

pues salí de la plazuela!   1320
Mas ¿si hubiese otra cautela?
Gana me da de reír.
Ya está abierto el papel,
y que es suyo es cosa llana,
porque aquí firma Doña Ana.   1325
Dice así: *Mi padre infiel*
en secreto me ha casado,
sin poderme resistir:
no sé si podré vivir,
porque la muerte me ha dado.   1330
Si estimas, como es razón,
mi amor y mi voluntad,
y si tu amor fue verdad,
muéstralo en esta ocasión,
por que veas que te estimo,   1335
ven esta noche a la puerta;
que estará a las once abierta,
donde tu esperanza, primo,
goces, y el fin de tu amor.
Traerás, mi gloria, por señas   1340
de Leonorilla y las dueñas,
una capa de color.
Mi amor todo de ti fío,
y adiós. ¡Desdichado amante!
¿Hay suceso semejante?   1345
Ya de la burla me río.
Gozaréla, ¡vive Dios!
con el engaño y cautela
que en Nápoles a Isabela.
Sale CATALINÓN.
CATAL. Ya el Marqués viene.
D. JUAN. Los dos   1350
aquesta noche tenemos
que hacer.
CATAL. ¿Hay engaño nuevo?
D. JUAN. Estremado.
CATAL. No lo apruebo.
Tú pretendes que escapemos
una vez, señor, burlados,   1355
que el que vive de burlar
burlado habrá de escapar
pagando tantos pecados
de una vez.

---

[21] última

D. JUAN. ¿Predicador
te vuelves, impertinente?   1360
CATAL. La razón hace al valiente.
D. JUAN. Y al cobarde hace el temor.
El que se pone a servir
voluntad no ha de tener,
y todo ha de ser hacer,   1365
y nada ha de ser decir.
Sirviendo, jugando estás,
y si quieres ganar luego,
haz siempre, porque en el juego
quien más hace gana más.   1370
CATAL. Y también quien hace y dice
pierde por la mayor parte.
D. JUAN. Esta vez quiero avisarte,
porque otra vez no te avise.
CATAL. Digo que de aquí adelante   1375
lo que me mandes haré,
y a tu lado forzaré
un tigre y un elefante.
Guárdese de mí un prior,
que si me mandas que calle   1380
y le fuerce, he de forzalle
sin réplica, mi señor.
D. JUAN. Calla, que viene el Marqués.
CATAL. Pues, ¿ha de ser el forzado?
Sale el MARQUÉS DE LA MOTA.
D. JUAN. Para vos, Marqués, me han
dado   1385
un recaudo harto cortés,
por esa reja, sin ver
el que me lo daba allí;
sólo en la voz conocí
que me lo daba mujer.   1390
Dícete al fin, que a las doce
vayas secreto a la puerta,
(que estará a las once abierta)
donde tu esperanza goce
la posesión de tu amor,   1395
y que llevases por señas
de Leonorilla y las dueñas,
una capa de color.
MOTA. ¿Qué dices?
D. JUAN. Que este recaudo

de una ventana me dieron,   1400
sin ver quién.
MOTA. Con él pusieron
sosiego en tanto cuidado.
¡Ay amigo! Sólo en ti
mi esperanza renaciera.
Dame esos pies.
D. JUAN. Considera   1450
que no está tu prima en mí.
Eres tú quien ha de ser
quien la tiene de gozar,
¿y me llegas a abrazar
los pies?
MOTA. Es tal el placer,   1410
que me ha sacado de mí.
¡Oh, sol! Apresura el paso.
D. JUAN. Ya el sol camina al ocaso.
MOTA. Vamos, amigos, de aquí,
y de noche nos pondremos.[22]   1415
¡Loco voy!
D. JUAN [*Aparte.*] Bien se conoce;
mas yo bien sé que a las doce
harás mayores estremos.
MOTA. ¡Ay, prima del alma, prima,
que quieres premiar mi fe!   1420
CATAL. [*Aparte.*] (¡Vive Cristo, que no dé
una blanca por su prima!)
Vase el MARQUÉS *y sale* DON DIEGO.
D. DIEG. ¿Don Juan?
CATAL. Tu padre te llama.
D. JUAN. ¿Qué manda vueseñoría?
D. DIEG. Verte más cuerdo quería,   1425
más bueno y con mejor fama.
¿Es posible que procuras
todas las horas mi muerte?
D. JUAN. ¿Por qué vienes desa suerte?
D. DIEG. Por tu trato y tus locuras.   1430
Al fin, el Rey me ha mandado
que te eche de la ciudad,
porque está de una maldad
con justa causa indignado;
que, aunque me lo has encubierto,   1435
ya en Sevilla el Rey lo sabe,
cuyo delito es tan grave

---

[22] Nos pondremos la ropa de noche (*que era distinta a la que se usaba durante el día*).

que a decírtelo no acierto.
¡En el palacio real
traición, y con un amigo!   1440
Traidor, Dios te dé el castigo
que pide delito igual.
Mira que, aunque al parecer
Dios te consiente y aguarda,
su castigo no se tarda;   1445
y ¡qué castigo ha de haber
para los que profanáis
su nombre!, que es jüez fuerte
Dios en la muerte.
D. JUAN. ¿En la muerte?
¿Tan largo me lo fiáis?   1450
De aquí allá hay gran jornada.
D. DIEG. Breve te ha de parecer.
D. JUAN. Y la que tengo de hacer,
pues a Su Alteza le agrada
agora, ¿es larga también?   1455
D. DIEG. Hasta que el injusto agravio
satisfaga el Duque Octavio
y apaciguados estén
en Nápoles de Isabela
los sucesos que has causado.   1460
En Lebrija retirado
por tu traición y cautela
quiere el Rey que estés agora:
pena a tu maldad ligera.
CATAL. [*Aparte.*] (Si el caso también
supiera   1465
de la pobre pescadora,
más se enojara el buen viejo.)
D. DIEG. Pues no te vence castigo
con cuanto hago y cuanto digo,
a Dios tu castigo dejo.   1470
Vase.
CATAL. Fuese el viejo enternecido.
D. JUAN. Luego las lágrimas copia,
condición de viejo propia.
Vamos, pues ha anochecido,
a buscar al Marqués.
CATAL. Vamos,   1475
y al fin gozarás su dama.

D. JUAN. Ha de ser burla de fama.
CATAL. Ruego al cielo que salgamos
della en paz.
D. JUAN. ¡Catalinón
al fin!
CATAL. Y tu, señor, eres   1480
langosta[23] de las mujeres,
y con público pregón,
porque de ti se guardara,
cuando a noticia viniera,
de la que doncella fuera,   1485
fuera bien se pregonara:
"Guárdense todos de un hombre
que a las mujeres engaña,
y es el Burlador de España."
D. JUAN. Tú me has dado gentil
nombre.   1490
Sale el MARQUÉS, *de noche, con* MÚSICOS, *y
pasea el tablado, y se entran cantando.*
MÚSICOS. *El que un bien gozar espera,
cuanto espera desespera.*
MOTA. ¡Ay, noche espantosa y fría!
Para que yo a mi bien goce,
corre veloz a las doce,   1495
y después no venga el día.
D. JUAN. ¿Qué es esto?
CATAL. Música es.
MOTA. Parece que habla conmigo
el poeta. ¿Quién va?
D. JUAN. Amigo.
MOTA. ¿Es Don Juan?
D. JUAN. ¿Es el Marqués?   1500
MOTA. ¿Quién puede ser sino yo?
D. JUAN. Luego que la capa vi,
que érades vos conocí.
MOTA. Cantad, pues Don Juan llegó.
MÚSIC. (*Cantan.*) *El que un bien gozar
espera, cuanto espera desespera.*   1505
D. JUAN. ¿Qué casa es la que miráis?
MOTA. De Don Gonzalo de Ulloa.
D. JUAN. ¿Dónde iremos?
MOTA. A Lisboa.
D. JUAN. ¿Cómo, si en Sevilla estáis? 1510

---

[23] *fig.* lo que destruye una cosa

MOTA. Pues ¿aqueso os maravilla?
¿No vive con gusto igual
lo peor de Portugal[24]
en lo mejor de Castilla?
D. JUAN. ¿Dónde viven?   1515
MOTA. En la calle
de la Sierpe, donde ves
a Adán vuelto en portugués,
que en aqueste amargo valle
con bocados solicitan   1520
mil Evas: que aunque dorados
en efeto, son bocados,
con que la vida nos quitan.[25]
CATAL. Ir de noche no quisiera
por esa calle cruel,   1525
pues lo que de día es miel
entonces lo dan en cera.[26]
Una noche, por mi mal,
la vi sobre mí vertida,
y hallé que era corrompida   1530
la cera de Portugal.
D. JUAN. Mientras a la calle vais,
yo dar un perro[27] quisiera.
MOTA. Pues cerca de aquí me espera
un bravo.[28]
D. JUAN. Si me dejáis   1535
con él, Marqués, vos veréis
cómo de mí no se escapa.
MOTA. Vamos, y poneos mi capa,
para que mejor lo deis.
D. JUAN. Bien habéis dicho. Venid,   1540
y me eseñaréis la casa.
MOTA. Mientras el suceso pasa,
la voz y el habla fingid.
¿Veis aquella celosía?
D. JUAN. Ya la veo.
MOTA. Pues llegad   1545
y decid: "Beatriz," y entrad.
D. JUAN. ¿Qué mujer?

MOTA. Rosada y fría.
CATAL. Será mujer cantimplora.
MOTA. En Gradas os aguardamos.
D. JUAN. Adiós, Marqués.
CATAL. ¿Dónde vamos?   1550
D. JUAN. Calla, necio, calla agora;
adonde la burla mía
ejecute.
CATAL. No se escapa
nadie de ti.
D. JUAN. El trueque adoro.
CATAL. ¿Echaste la capa al toro?   1555
D. JUAN. No, el toro me echó la capa.
MOTA. La mujer ha de pensar
que soy él.
MÚSIC. ¡Qué gentil perro!
MOTA. Esto es acertar por yerro.
MÚSIC. Todo este mundo es errar.   1560
(Cantan.) El que un bien gozar espera,
cuanto espera desespera.
Vanse, y dice DOÑA ANA *dentro.*
ANA. ¡Falso! no eres el Marqués,
que me has engañado.
D. JUAN. Digo
que lo soy.
ANA. ¡Fiero enemigo,
mientes, mientes!
Sale DON GONZALO *con la espada*
desnuda.   1565
D. GON. La voz es
de Doña Ana la que siento.
ANA. ¿No hay quien mate este traidor,
homicida de mi honor?
D. GON. ¿Hay tan grande
atrevimiento?   1570
Muerto honor dijo, ¡ay de mí!
Y es su lengua tan liviana
que aquí sirve de campana.
ANA. Matalde.

---

[24] *Alude a las prostitutas portuguesas que se habían establecido en Sevilla, aprovechándose de la riqueza de la ciudad en aquella*
época.
[25] *Esto, junto a las alusiones anteriores a Sierpe, Adán, Eva y bocado (manzana), forma parte del simbolismo bíblico del jardín*
del Edén.
[26] excremento
[27] Véase v. 1251
[28] un perro bravo (*o sea, espero llevar a cabo un gran engaño; véase v. 1251*)

Sale DON JUAN *y* CATALINÓN *con las espadas desnudas.*

D. JUAN. ¿Quién está aquí?

D. GON. La barbacana²⁹ caída   1575
de la torre de mi honor
echaste en tierra, traidor,
donde era alcaide la vida.

D. JUAN. Déjame pasar.

D. GON. ¿Pasar?
Por la punta desta espada.

D. JUAN. Morirás.   1580

D. GON. No importa nada.

D. JUAN. Mira que te he de matar.

D. GON. ¡Muere, traidor!

D. JUAN. Desta suerte
muero.

CATAL. Si escapo désta,
no más burlas, no más fiesta.   1585

D. GON. ¡Ay, que me has dado la muerte!

D. JUAN. Tú la vida te quitaste.

D. GON. ¿De qué la vida servía?

D. JUAN. Huyamos.

Vase DON JUAN *y* CATALINÓN.

D. GON. La sangre fría
con el furor aumentaste.   1590
Muerto soy; no hay bien que aguarde.
Seguiráte mi furor,
que eres traidor, y el traidor
es traidor porque es cobarde.

Entran muerto a DON GONZALO *y salen el*
MARQUÉS DE LA MOTA *y* MÚSICOS.

MOTA. Presto las doce darán,   1595
y mucho Don Juan se tarda.
¡Fiera pensión del que aguarda!

Sale DON JUAN *y* CATALINÓN.

D. JUAN. ¿Es el Marqués?

MOTA. ¿Es Don Juan?

D. JUAN. Yo soy; tomad vuestra capa.

MOTA. ¿Y el perro?

D. JUAN. Funesto ha sido.   1600
Al fin, Marqués, muerto ha habido.

CATAL. Señor, del muerto te escapa.

MOTA. ¿Burlásteisla?

D. JUAN. Sí burlé.

CATAL. [*Aparte.*] (Y aún a vos os ha
burlado.)

D. JUAN. Cara la burla ha costado.   1605

MOTA. Yo, Don Juan, lo pagaré,
porque estará la mujer
quejosa de mí.

D. JUAN. Adiós, Marqués.

CATAL. Muy buen lance
el desdichado hallará.

D. JUAN. Huyamos.   1610

CATAL. Señor, no habrá
aguilita que me alcance.

Vanse.

MOTA. Vosotros os podéis ir
todos a casa; que yo
he de ir solo.

CRIADOS. Dios crió   1615
las noches para dormir.

Vanse, queda el MARQUÉS DE LA MOTA.

(*Dentro.*) ¿Vióse desdicha mayor,
y vióse mayor desgracia?

MOTA. ¡Válgame Dios! voces siento
en la plaza del Alcázar.   1620
¿Qué puede ser a estas horas?
Un hielo el pecho me arraiga.
Desde aquí parece todo
una Troya que se abrasa,
porque tantas luces juntas   1625
hacen gigantes de llamas.
Un grande escuadrón de antorchas
se acerca a mí; ¿por qué anda
el fuego emulando estrellas,
dividiéndose en escuadras?   1630
Quiero saber la ocasión.

Sale DON DIEGO TENORIO *y la* GUARDA
con hachas.

D. DIEG. ¿Qué gente?

MOTA. Gente que aguarda
saber de aqueste rüido
el alboroto y la causa.

D. DIEG. Prendeldo.

---

²⁹ fortificación pequeña para defender puertas, puentes, etc.

MOTA. ¿Prenderme a mí?   1635
D. DIEG. Volved la espada a la vaina,
que la mayor valentía
es no tratar de las armas.
MOTA. ¿Cómo al Marqués de la Mota
hablan ansí?
D. DIEG. Dad la espada,   1640
que el Rey os manda prender.
MOTA. ¡Vive Dios!
Sale el REY *y acompañamiento.*
REY. En toda España
no ha de caber, ni tampoco
en Italia, si va a Italia.
D. DIEG. Señor, aquí está el Marqués. 1645
MOTA. ¿Vuestra Alteza a mí me manda
prender?
REY. Llevalde y ponelde
la cabeza en una escarpia.[30]
¿En mi presencia te pones?
MOTA. ¡Ah, glorias de amor tiranas,   1650
siempre en el pasar ligeras,
como en el venir pesadas!
Bien dijo un sabio que había
entre la boca y la taza
peligro; mas el enojo   1655
del Rey me admira y me espanta.
No sé por lo que voy preso.
D. DIEG. ¿Quién mejor sabrá la causa
que vueseñoría?
MOTA. ¿Yo?
D. DIEG. Vamos.
MOTA. ¡Confusión extraña!   1660
REY. Fulmínesele[31] el proceso
al Marqués luego, y mañana
le cortarán la cabeza.
Y al Comendador, con cuanta
solemnidad y grandeza   1665
se da a las personas sacras
y reales, el entierro

se haga: bronce y piedras varias
un sepulcro con un bulto
le ofrezcan, donde en mosaicas   1670
labores, góticas letras
den lenguas a sus venganzas.
Y entierro, bulto y sepulcro
quiero que a mi costa se haga.
¿Dónde Doña Ana se fue?   1675
D. DIEG. Fuese al sagrado, Doña Ana,
de mi señora la Reina.
REY. Ha de sentir esta falta
castilla; tal Capitán
ha de llorar Calatrava.
Sale BATRICIO *desposado con* AMINTA;
GASENO, *viejo,*
BELISA *y* PASTORES *músicos.*
(*Cantan.*)
Lindo sale el sol de abril,   1680
con trébol y toronjil,
y aunque le sirve de estrella,
Aminta sale más bella.
BATRIC. Sobre esta alfombra florida,   1685
a donde en campos de escarcha
el sol sin aliento marcha
con su luz recién nacida,
os sentad, pues nos convida
al tálamo[32] el sitio hermoso . . .   1690
AMINTA. Cantalde a mi dulce esposo
favores de mil en mil.
(*Cantan.*)
Lindo sale el sol de abril
con trébol y toronjil,
y aunque le sirve de estrella,   1695
Aminta sale más bella.
GASENO. Muy bien lo habéis solfeado;[33]
no hay más sones en el kyries.[34]
BATRIC. Cuando con sus labios tiries[35]
vuelve en púrpura los labios   1700
saldrán, aunque vergonzosas,

---

[30] una especie de gancho para colgar cosas
[31] hacerle
[32] lugar donde se celebraban bodas
[33] cantado
[34] Kirieleisón: invocación con que se llama a Dios al principio de la misa
[35] *referencia al color de los labios*

afrentando el sol de abril.
AMINTA. Batricio, yo lo agradezco;
falso y lisonjero estás;
mas si tus rayos me das,   1705
por ti ser luna merezco.
Tú eres el sol por quien crezco
después de salir menguante,[36]
para que el alba te cante
la salva[37] en tono sutil.
(*Cantan.*)   1710
Lindo sale el sol, etc.
Sale CATALINÓN, *de camino.*
CATAL. Señores, el desposorio
huéspedes ha de tener.
GASENO. A todo el mundo ha de ser
este contento notorio.
¿Quién viene?   1715
CATAL. Don Juan Tenorio.
GASENO. ¿El viejo?
CATAL. No ese Don Juan.
BELISA. Será su hijo galán.
BATRIC. [*Aparte.*] (Téngolo por mal
agüero,
que galán y caballero   1720
quitan gusto y celos dan.)
Pues ¿quién noticia le dio
de mis bodas?
CATAL. De camino
pasa a Lebrija.
BATRIC. [*Aparte*]. (Imagino
que el demonio le envió.   1725
Mas ¿de qué me aflijo yo?
Vengan a mis dulces bodas
del mundo las gentes todas.
Mas, con todo, un caballero
en mis bodas! ¡mal agüero!)   1730
GASENO. Venga el coloso de Rodas,
venga el Papa, el Preste Juan
y Don Alonso el Onceno
con su corte, que en Gaseno

animo y valor verán.   1735
Montes en casa hay de pan,
guadalquivires de vino,
babilonias de tocino,
y entre ejércitos cobardes
de aves, para que las lardes[38]   1740
el pollo y el palomino.
Venga tan gran caballero
a ser hoy en Dos Hermanas[39]
honra destas viejas canas.
BELISA. El hijo del Camarero
mayor.   1745
BATRIC. [*Aparte*]. (Todo es mal agüero
para mí, pues le han de dar
junto a mi esposa lugar.
Aún no gozo, y ya los cielos
me están condenando a celos,   1750
amor, sufrir y callar.)
Sale DON JUAN TENORIO.
D. JUAN. Pasando acaso he sabido
que hay bodas en el lugar,
y dellas quise gozar,
pues tan venturoso he sido.   1755
GASENO. Vuestra señoría ha venido
a honrallas y engrandecellas.
BATRIC. [*Aparte*]. (Yo que soy el dueño
dellas,
digo entre mí que vengáis
en hora mala.)
GASENO. ¿No dais   1760
lugar a este caballero?
D. JUAN. Con vuestra licencia quiero
sentarme aquí. (*Siéntase junto a la novia.*)
BATRIC. Si os sentáis
delante de mí, señor,
seréis de aquesa manera
el novio.   1765
D. JUAN. Cuando lo fuera,
no escogiera lo peor.
GASENO. Que es el novio . . .

[36] más pequeña (*o sea, no una luna llena*)
[37] promesa solemne
[38] untes con grasa para asarlas
[39] pueblo cerca de Sevilla

D. JUAN. De mi error
y ignorancia perdón pido.
CATAL. [*Aparte.*] (¡Desventurado marido!)
D. JUAN. [*Aparte a Catalinón.*] (Corrido
está.)   1770
CATAL. [*Aparte.*] (No lo ignoro;
Mas si tiene de ser toro,[40]
¿qué mucho que esté corrido?
No daré por su mujer
ni por su honor un cornado.[41]   1775
¡Desdichado tú, que has dado
en manos de Lucifer!)
D. JUAN. ¿Posible es que vengo a ser,
señora, tan venturoso?
Envidia tengo al esposo.   1780
AMINTA. Parecéisme lisonjero.
BATRIC. [*Aparte.*] (Bien dije que es mal
agüero en bodas un poderoso.)
GASENO. Ea, vamos a almorzar,
por que pueda descansar   1785

un rato su señoría.
Tómale DON JUAN *la mano a la novia.*
D. JUAN. ¿Por qué la escondéis?
AMINTA. No es mía.
GASENO. Vamos.
BELISA. Volved a cantar.
D. JUAN. ¿Qué dices tú?
CATAL. ¿Yo? Que temo
muerte vil destos villanos.   1790
D. JUAN. Buenos ojos, blancas manos,
en ellos me abraso y quemo.
CATAL. ¡Almagrar[42] y echar a extremo!
Con ésta cuatro serán.
D. JUAN. Ven, que mirándome están.   1795
BATRIC. En mis bodas caballero.
¡mal agüero!
GASENO. Cantad.
BATRIC. Muero.
CATAL. Canten, que ellos llorarán.
Vanse todos, con que da fin la segunda jornada.

■———Pasos para la comprensión

1. En la preceptiva dramática de la comedia del Siglo de Oro, la segunda jornada
   ha de complicar la trama, y aquí se ve esa regla claramente. El acto empieza con
   el padre de don Juan, don Diego, contándole al rey de Castilla, Alfonso XI, lo
   que hizo su hijo en Nápoles con la duquesa Isabela, cosa que el público ya sabe.
   ¿Qué solución sugiere el rey al agravio cometido?

   ☐ ¿Cómo complica la nueva decisión del rey el matrimonio que le había propuesto
   anteriormente a don Gonzalo de Ulloa?

   ☐ ¿Qué plan tiene el rey para solucionar este conflicto? Vuelve a considerar la
   pregunta del paso 19 de la primera jornada respecto a los matrimonios y
   cómo se usaban entre los nobles en el Siglo de Oro español.

   ☐ ¿Cómo reacciona el duque Octavio al enterarse del plan del rey? Comenta la
   facilidad con que el duque pasa de amar a Isabela a aceptar otro matrimonio.

---

[40] *Se juega con el concepto de cornudo; véase v. 1154*

[41] moneda de poco valor; *Juega con la semejanza fónica con cornudo.*

[42] marcar los animales para poder identificarlos; *O sea, don Juan toma posesión y luego las echa a extremo (las aparta del rebaño).*

2. Considera ahora el código cultural respecto a los lazos familiares. ¿Por qué hace el rey lo que hace para encubrir las travesuras de don Juan?

   ☐ Nota lo que le pide don Diego en los vv. 1082–1088. Sus palabras son sumamente interesantes. ¿Reconoce don Diego las faltas de su hijo? ¿A qué se lo atribuye?

   ☐ ¿De qué modo se puede decir que también admira la osadía de su hijo? Antes de responder, considera la referencia a Héctor (consulta el *código mitológico*).

3. En el primer encuentro entre don Juan y el duque Octavio (vv. 1157–1187), ¿cómo se comportan los dos caballeros?

   ☐ ¿Qué mentiras se dicen?

   ☐ ¿Por qué no se muestra Octavio enojado con el hombre que lo engañó con su amante?

4. La llegada del marqués de la Mota interrumpe la conversación con Octavio y éste se marcha. ¿Qué tipo de relación parece existir entre Mota y don Juan?

   ☐ ¿De qué hablan casi exclusivamente?

   ☐ ¿Quiénes te imaginas que son estas mujeres?

   ☐ ¿Por qué se burlan los dos amigos de ellas?

   ☐ ¿Qué nuevo aspecto descubrimos aquí de la personalidad de don Juan?

5. La escena con Mota es difícil de entender porque contiene muchos juegos de palabras cuyos referentes no nos son conocidos. Algunos, sin embargo, sí se pueden captar fácilmente. Enfoquémonos en Constanza (vv. 1218–1223). ¿Cómo se encuentra ahora Constanza?

   ☐ Según don Juan (y es cierto), ¿qué significa *velha* en portugués? ¿A qué suena en castellano?

   ☐ ¿Qué se imagina Constanza que le dicen cuando la llaman vieja? Nota la autorreferencia y discurso lingüístico de la escena, puesto que se le tiene que explicar al público esta referencia ya que muchos no entendían portugués.

   ☐ Ahora, trata de explicar otros juegos de palabras de esta escena. Vale la pena, porque son verdaderamente ingeniosos. ¿Cómo crees que reaccionaría el público del siglo XVII ante estos juegos chistosos?

   ☐ ¿Qué paradoja hay entre el tono humorístico de la escena y lo que significa en realidad?

6. ¿Qué detalle importante se revela al final de la conversación con el marqués de la Mota (vv. 1262–1286)?

   ☐ ¿Cómo complica esta revelación el nudo de la trama?

   ☐ En un aparte, Catalinón sospecha el error de Mota en confesar su amor. ¿Qué crees tú que hará don Juan?

7. Al marcharse Mota, una mujer desconocida le da a don Juan una carta para que se la entregue al marqués.

□ ¿Con qué palabras le asegura don Juan a la dama que se la entregará (v. 1304)?

□ ¿Qué ironía tienen sus palabras?

□ ¿Qué es la primera cosa que hace don Juan con la carta?

□ ¿Qué dice la carta? ¿De quién es?

□ ¿Qué treta ingenia don Juan nada más leer la carta?

□ Hasta ahora hemos visto a don Juan burlase de las mujeres, ¿pero quién será esta vez la víctima de sus burlas? Teniendo en cuenta el código cultural de la amistad, que es cosa sagrada, ¿cómo te imaginas que reaccionaría el público de la época ante este nuevo escarnio de don Juan?

8. Enfoquémonos un momento en la figura de doña Ana, que nunca aparecerá en el escenario, pero cuya voz se oye y que es una figura tan importante de la trama. Explica por qué es una figura patética.

9. En la escena con Catalinón que sigue (vv. 1353–1359), éste ya no hace el papel de gracioso.

□ ¿Qué nuevo papel hace?

□ ¿Cómo reacciona su amo a los comentarios de Catalinón?

10. ¿Qué le dice don Juan a Mota respecto a la carta?

□ ¿Cómo miente? ¿En qué consiste el embuste?

□ ¿Por qué adelante la hora a la que ha de llegar Mota a la alcoba de doña Ana?

11. La escena entre don Juan y su padre, don Diego, ayuda a recapitular todo lo que ha pasado. Don Diego introduce un discurso religioso. Explica.

□ ¿De qué regaña a su hijo?

□ ¿Lo regaña por haber gozado a Isabel? Explica.

□ ¿De qué modo resulta ser conmovedora la escena entre padre e hijo?

□ ¿Qué efecto parecen tener las palabras del padre en don Juan?

12. La escena con Mota frente a un prostíbulo (vv. 1494–1560) es complicada pero importante para entender el enredo complejo de la trama. Mota está cortejando a la prostituta Beatriz con unos músicos. (¡Nota cómo Mota y don Juan, aunque van a reunirse luego con sus amantes, todavía andan en busca de mujeres!) Mota concibe una burla que consiste en darle su capa a don Juan para que éste goce a Beatriz en vez de él, y así engañarla. Teniendo esto en cuenta, ¿cuál es la gran ironía del engaño que planea Mota?

□ ¿Cómo facilita Mota, con su acción, que don Juan entre con mayor facilidad en la alcoba de doña Ana?

13. La próxima escena ocurre dentro de la casa de doña Ana, quien a diferencia de Isabela, se da cuenta de que el hombre que ha entrado no es su amante y da voces.

□ ¿Quién sale a defenderla? ¿Qué pasa entre el defensor y don Juan?

□ ¿Cómo termina la escena?

- ☐ Además de "burlador" e "irrespetuoso," ¿qué es ahora don Juan?
- ☐ ¿A quién culpan de la muerte de don Gonzalo?

14. La última escena de la segunda jornada es una boda de villanos con la cual topa don Juan por casualidad en su fuga de Madrid. La escena es ligera, con música y baile, lo cual es típico de la comedia. ¿Por qué crees que Tirso insertó una escena de este tipo después de una tan dramática?

15. ¿Cómo reacciona el novio Batricio ante la llegada de un caballero noble como lo es don Juan?
- ☐ ¿Y cómo reacciona el padre de la novia (Gaseno) ante su presencia?
- ☐ ¿Dónde se sienta don Juan?
- ☐ ¿Qué nueva perfidia comete don Juan aquí?
- ☐ ¿Qué condición le da a don Juan el derecho de hacer lo que le da la gana en las bodas de Batricio y Aminta?
- ☐ ¿Crees que aquí hay un discurso social implícito? Explica.

Acto III

Argumento breve: Don Juan, a través de otro engaño, seduce a Aminta y la abandona. En la fuga se encuentra en un cementerio donde descubre la tumba de don Gonzalo de Ulloa, a quien había matado. Su criado Catalinón tiene mucho miedo, pero don Juan se muestra valiente e invita a don Gonzalo a su casa a cenar la próxima noche. Y resulta que la estatua de don Gonzalo acude a la cita. Después de la cena, don Gonzalo invita a don Juan a su capilla la próxima noche. Aunque don Juan tiene miedo, da su palabra de asistir.

En la capilla, se le recuerda a don Juan todos sus pecados y fechorías. Cuando don Gonzalo le da la mano para llevárselo al otro mundo, don Juan pide la confesión, pero es demasiado tarde, y don Juan se abraza en el infierno.

A la corte han llegado todas las víctimas de don Juan reclamando justicia al rey. Se recibe noticia de que don Juan ha muerto, lo cual facilita la enmienda de las deshonras, y el rey puede casar a las mujeres con sus parejas originales.

ACT III

JORNADA TERCERA

Sale BATRICIO *pensativo.*

BATRIC. Celos, reloj de cuidados
que a todas las horas dais   1800
tormentos con que matáis,
aunque dais desconcertados:
celos, del vivir desprecios,
con que ignorancias hacéis,
pues todo lo que tenéis   1805
de ricos tenéis de necios,
dejadme de atormentar,
pues es cosa tan sabida
que, cuando amor me da vida,

la muerte me queréis dar.   1810
¿Qué me queréis, caballero,
que me atormentáis ansí?
Bien dije, cuando le vi
en mis bodas: "¡Mal agüero!"
¿No es bueno que se sentó   1815
a cenar con mi mujer,
y a mí en el plato meter
la mano no me dejó?
Pues cada vez que quería
metella, la desviaba,   1820
diciendo a cuanto tomaba:
"Grosería, grosería."
Pues llegándome a quejar
a algunos, me respondían
y con risa me decían: 1825
"No tenéis de qué os quejar;
eso no es cosa que importe;
no tenéis de qué temer;
callad, que debe de ser
uso de allá de la Corte."   1830
¡Buen uso, trato estremado!
Mas no se usará en Sodoma
que otro con la novia coma
y que ayune el desposado.
Pues el otro bellacón   1835
a cuanto comer quería,
"¿Esto no come?" decía,
"No tenéis, señor, razón."
Y de delante al momento
me lo quitaba corrido.   1840
Esto sé yo bien que ha sido
culebra,[1] y no casamiento.
Ya no se puede sufrir
ni entre cristianos pasar.
Y acabando de cenar   1845
con los dos . . . ¡mas que a dormir
se ha de ir también, si porfía,
con nosotros, y ha de ser,
el llegar yo a mi mujer,
"grosería, grosería!"   1850
Ya viene, no me resisto.
Aquí me quiero esconder;
pero ya no puede ser,

que imagino que me ha visto.
Sale DON JUAN TENORIO.
D. JUAN. Batricio.
BATRIC. Su señoría
¿Qué manda?   1855
D. JUAN. Haceros saber . . .
BATRIC. [*Aparte.*] (¿Mas que ha de venir a ser
alguna desdicha mía?)
D. JUAN. . . . que ha muchos días, Batricio,
que a Aminta el alma le di
y he gozado . . .
BATRIC. ¿Su honor?   1860
D. JUAN. Sí.
BATRIC. [*Aparte.*] Manifiesto y claro
indicio
de lo que he llegado a ver
que si bien no le quisiera,
nunca a su casa viniera.
Al fin, al fin, es mujer.   1865
D. JUAN. Al fin, Aminta celosa,
o quizá desesperada
de verse de mí olvidada
y de ajeno dueño esposa,   1870
esta carta me escribió
enviándome a llamar;
y yo prometí gozar
lo que el alma prometió.
Esto pasa desta suerte: 1875
dad a vuestra vida un medio;
que le daré sin remedio
a quien lo impida, la muerte.
BATRIC. Si tú en mi elección lo pones,
tu gusto pretendo hacer;   1880
que el honor y la mujer
son malos en opiniones.
La mujer en opinión
siempre más pierde que gana:
que son como la campana,   1885
que se estima por el son.
Y así es cosa averiguada
que opinión viene a perder,
cuando cualquiera mujer
suena a campana quebrada.   1890

---

[1] *fig.* burla o engaño (*por ser culebra un sinónimo de chasco*)

No quiero, pues me reduces
el bien que mi amor ordena,
mujer entre mala y buena,
que es moneda entre dos luces.
Gózala, señor, mil años;   1895
que yo quiero resistir
desengaños, y morir,
y no vivir con engaños.
Vase.
D. JUAN. Con el honor le vencí,
porque siempre los villanos   1900
tienen su honor en las manos,
y siempre miran por sí.
Que por tantas variedades,
es bien que se entienda y crea
que el honor se fue al aldea,   1905
huyendo de las ciudades.
Pero antes de hacer el daño,
le pretendo reparar.
A su padre voy a hablar
para autorizar mi engaño.   1910
Bien lo supe negociar;
gozarla esta noche espero.
La noche camina, y quiero
su viejo padre llamar.
Estrellas que me alumbráis,   1915
dadme en este engaño suerte,
si el galardón en la muerte
tan largo me lo guardáis.
Vase.
Sale AMINTA *y* BELISA.
BELISA. Mira que vendrá tu esposo;
entra a desnudarte, Aminta.   1920
AMINTA. De estas infelices bodas
no sé qué sienta, Belisa.
Todo hoy mi Batricio ha estado
bañado en melancolía;
todo es confusión y celos;   1925
¡mirad qué grande desdicha!
Di, ¿qué caballero es éste
que de mi esposo me priva?
La desvergüenza en España
se ha hecho caballería.   1930
Déjame, que estoy sin seso,

déjame, que estoy corrida.
¡Mal hubiese el caballero
que mis contentos me priva!
BELISA. Calla, que pienso que viene, 1935
que nadie en la casa pisa
de un desposado, tan recio.
AMINTA. Queda adiós, Belisa mía.
BELISA. Desenójale en los brazos.
AMINTA. Plega a los cielos que sirvan
mis suspiros de requiebros,   1940
mis lágrimas de caricias.
Vanse.
Sale DON JUAN, CATALINÓN *y* GASENO.
D. JUAN. Gaseno, quedad con Dios.
GASENO. Acompañaros querría,
por dalle de esta ventura   1945
el parabién a mi hija.
D. JUAN. Tiempo mañana nos queda.
GASENO. Bien decís. El alma mía
en la muchacha os ofrezco.
Vase.
D. JUAN. Mi esposa decid. Ensilla,[2]
Catalinón.   1950
CATAL. ¿Para cuándo?
D. JUAN. Para el alba, que de risa
muerta, ha de salir mañana,
deste engaño.
CATAL. Allá, en Lebrija,
señor, nos está aguardando   1955
otra boda. Por tu vida,
que despaches presto en ésta.
D. JUAN. La burla más escogida
de todas ha de ser ésta.
CATAL. Que saliésemos querría
de todas bien.   1960
D. JUAN. Si es mi padre
el dueño de la justicia,
y es la privanza del Rey,
¿Qué temes?
CATAL. De los que privan
suele Dios tomar venganza   1965
si delitos no castigan,
y se suelen en el juego
perder también los que miran.

---

[2] Prepara los caballos (*para la huida*)

Yo he sido mirón del tuyo,
y por mirón no querría 1970
que me cogiese algún rayo
y me trocase en ceniza.
D. JUAN. Vete, ensilla, que mañana
he de dormir en Sevilla.
CATAL. ¿En Sevilla?
D. JUAN. Sí.
CATAL. ¿Qué dices? 1975
Mira lo que has hecho, y mira
que hasta la muerte, señor,
es corta la mayor vida
y que hay tras la muerte infierno.
D. JUAN. Si tan largo me lo fiáis,
vengan engaños. 1980
CATAL. Señor . . .
D. JUAN. Vete, que ya me amohinas[3]
con tus temores extraños.
CATAL. Fuerza al turco, fuerza al scita,
al persa y al garamante, 1985
al gallego, al troglodita,
al alemán y al Japón,
al sastre con la agujita
de oro en la mano, imitando
contino a la blanca niña.
Vase.
D. JUAN. La noche en negro silencio 1990
se estiende, y ya las Cabrillas[4]
entre racimos de estrellas
el polo más alto pisan.
Yo quiero poner mi engaño 1995
por obra. El amor me guía
a mi inclinación, de quien
no hay hombre que se resista.
Quiero llegar a la cama.
¡Aminta!
Sale AMINTA *como que está acostada.*
AMINTA. ¿Quién llama a Aminta?
¿Es mi Batricio? 2000
D. JUAN. No soy
tu Batricio.
AMINTA. Pues ¿quién?

D. JUAN. Mira
de espacio,[5] Aminta, quién soy.
AMINTA. ¡Ay de mí! ¡yo soy perdida!
¿En mi aposento a estas horas? 2005
D. JUAN. Estas son las horas mías.
AMINTA. Volveos, que daré voces:
no excedáis la cortesía
que a mi Batricio se debe.
Ved que hay romanas Emilias 2010
en Dos Hermanas también,
y hay Lucrecias vengativas.
D. JUAN. Escúchame dos palabras,
y esconde de las mejillas
en el corazón la grana, 2015
por ti más preciosa y rica.
AMINTA. Vete, que vendrá mi esposo.
D. JUAN. Yo lo soy; ¿de qué te admiras?
AMINTA. ¿Desde cuándo?
D. JUAN. Desde agora.
AMINTA. ¿Quién lo ha tratado?
D. JUAN. Mi dicha.
AMINTA. ¿Y quién nos casó? 2020
D. JUAN. Tus ojos.
AMINTA. ¿Con qué poder?
D. JUAN. Con la vista.
AMINTA. ¿Sábelo Batricio?
D. JUAN. Sí,
que te olvida.
AMINTA. ¿Que me olvida?
D. JUAN. Sí, que yo te adoro.
AMINTA. ¿Cómo?
D. JUAN. Con mis dos brazos. 2025
AMINTA. Desvía.
D. JUAN. ¿Cómo puedo, si es verdad
que muero?
AMINTA. ¡Qué gran mentira!
D. JUAN. Aminta, escucha y sabrás,
si quieres que te lo diga, 2030
la verdad; que las mujeres
sois de verdades amigas.
Yo soy noble caballero,
cabeza de la familia

---

[3] enfadas
[4] estrellas de la constalación de Tauro
[5] despacio; detenidamente

de los Tenorios antiguos,   2035
ganadores de Sevilla.
Mi padre, después del Rey,
se reverencia y estima,
y en la corte, de sus labios
pende la muerte o la vida.   2040
Corriendo el camino acaso,
llegué a verte; que amor guía
tal vez las cosas de suerte,
que él mismo dellas se olvida.
Vite, adoréte, abraséme   2045
tanto, que tu amor me anima
a que contigo me case.
Mira qué acción tan precisa.
Y aunque lo mormure el Rey
y aunque el Rey lo contradiga   2050
y aunque mi padre enojado
con amenazas lo impida,
tu esposo tengo de ser.
¿Qué dices?
AMINTA. No sé qué diga,
que se encubren tus verdades   2055
con retóricas mentiras;
porque si estoy desposada,
como es cosa conocida,
con Batricio, el matrimonio
no se absuelve, aunque él desista.   2060
D. JUAN. En no siendo consumado,
por engaño o por malicia
puede anularse.
AMINTA. En Batricio
toda fue verdad sencilla.
D. JUAN. Ahora bien: dame esa
mano,   2065
y esta voluntad confirma
con ella.
AMINTA. ¿Que no me engañas?
D. JUAN. Mío el engaño sería.
AMINTA. Pues jura que cumplirás
la palabra prometida.   2070
D. JUAN. Juro a esta mano, señora,
infierno de nieve fría,
de cumplirte la palabra.
AMINTA. Jura a Dios que te maldiga

si no la cumples.
D. JUAN. Si acaso   2075
la palabra y la fe mía
te faltare, ruego a Dios
que a traición y alevosía
me dé muerte un hombre . . . [*Aparte.*]
(Muerto,
que, vivo, ¡Dios no permita!)   2080
AMINTA. Pues con ese juramento
soy tu esposa.
D. JUAN. El alma mía.
Entre los brazos te ofrezco.
AMINTA. Tuya es el alma y la vida.
D. JUAN. ¡Ay, Aminta de mis ojos!   2085
Mañana, sobre virillas[6]
de tersa plata, estrellada
con clavos de oro de Tíbar,
pondrás los hermosos pies,
y en prisión de gargantillas   2090
la alabastrina garganta,
y los dedos en sortijas,
en cuyo engaste parezcan
trasparentes perlas finas.
AMINTA. A tu voluntad, esposo,   2095
la mía desde hoy se inclina:
tuya soy.
D. JUAN [*Aparte*]. (¡Qué mal conoces
al Burlador de Sevilla!)
Vanse.
Sale ISABELA *y* FABIO, *de camino.*
ISABELA. ¡Que me robase una traición el
dueño,
la prenda que estimaba y más quería! 2100
¡Oh rigoroso empeño
de la verdad, oh máscara del día,
noche, al fin, tenebrosa,
antípoda del sol, del sueño esposa!
FABIO. ¿De qué sirve, Isabela,   2105
la tristeza en el alma y en los ojos,
si amor todo es cautela,
y siempre da tristeza por despojos;
si el que se ríe agora
en breve espacio desventuras llora? 2110
El mar está alterado

---

[6] adornos en los zapatos

y en grave temporal, riesgo se corre.
El abrigo han tomado
las galeras, Duquesa, de la torre
que esta playa corona.
ISABELA. ¿Dónde estamos ahora?   2115
FABIO. En Tarragona.
De aquí a poco espacio
daremos en Valencia, ciudad bella,
del mismo sol palacio.
Divertiráste algunos días en ella,   2120
y después a Sevilla,
irás a ver la octava maravilla.
Que si a Octavio perdiste,
más galán es Don Juan, y de notorio
solar. ¿De qué estás triste?   2125
Conde dicen que es ya Don Juan Tenorio:
el Rey con él te casa,
y el padre es la privanza de su casa.
ISABELA. No nace mi tristeza
de ser esposa de Don Juan, que el
mundo   2130
conoce su nobleza:
en la esparcida voz mi agravio fundo;
que esta opinión perdida,
es de llorar mientras tuviere vida.
FABIO. Allí una pescadora   2135
tiernamente suspira y se lamenta;
y dulcemente llora.
Acá viene, sin duda, y verte intenta.
Mientras llamo tu gente,
lamentaréis las dos más dulcemente.
Vase FABIO *y sale* TISBEA.
TISBEA. Robusto mar de España,   2140
ondas de fuego, fugitivas ondas,
Troya de mi cabaña;
que ya el fuego en el mar es y por hondas
en sus abismos fragua,   2145
y el mar vomita por las llamas agua . . .
¡Maldito el leño[7] sea
que a tu amargo cristal halló camino,
antojo de Medea,
y el cáñamo primero, o primer lino,[8]   2150

aspado de los vientos
para telas, de engaños instrumentos!
ISABELA. ¿Por qué del mar te quejas
tan tiernamente, hermosa pescadora?
TISBEA. Al mar formo mil quejas.
¡Dichosa vos que sin cuidado agora
dél os estáis riendo!   2155
ISABELA. También quejas del mar estoy
haciendo.
¿De dónde sois?
TISBEA. De aquellas cabañas
que miráis del viento heridas   2160
tan vitorioso entre ellas,
cuyas pobres paredes desparcidas
van en pedazos graves
dando en mil grietas nidos a las aves.
En sus pajas me dieron   2165
corazón de fortísimo diamante;
mas las obras me hicieron,
deste monstruo que ves tan arrogante,
ablandarme de suerte,
que al sol la cera es más robusta y
fuerte.   2170
¿Sois vos la Europa hermosa
que esos toros os llevan?
ISABELA. A Sevilla
llévanme a ser esposa
contra mi voluntad.
TISBEA. Si mi mancilla
a lástima os provoca,   2175
y si injurias del mar os tienen loca,
en vuestra compañía,
para serviros como humilde esclava,
me llevad; que querría,
si el dolor o la afrenta no me acaba,   2180
pedir al Rey justicia
de un engaño crüel, de una malicia.
Del agua derrotado,
a esta tierra llegó Don Juan Tenorio,
difunto y anegado;   2185
amparéle, hospedéle en tan notorio
peligro, y el vil güésped[9]

---

[7] *Referencia al barco que trajo a don Juan a su aldea.*
[8] *Se refiere a las cuerdas y telas de los veleros.*
[9] huésped

víbora fue a mi planta en tierno césped
con palabra de esposo,
la que de esta costa burla hacía   2190
se rindió al engañoso:
¡mal haya la mujer que en hombres fía!
Fuése al fin y dejóme:
mira si es justo que venganza tome.
ISABELA. Calla, mujer maldita.   2195
Vete de mi presencia, que me has muerto.
Mas si el dolor te incita,
no tienes culpa tú, prosigue, ¿es cierto?
TISBEA. La dicha fuera mía . . .
ISABELA. ¡Mal haya la mujer que en
hombre fía!   2200
¿Quién tiene de ir contigo?
TISBEA. Un pescador, Anfriso; un pobre
padre
de mis males testigo.
ISABELA. [*Aparte.*] (No hay venganza que a
mí tanto me cuadre.)
Ven en mi compañía.   2205
TISBEA. ¡Mal haya la mujer que en
hombres fía!
Vanse.
Sale DON JUAN *y* CATALINÓN.
CATAL. Todo en mal estado está.
D. JUAN. ¿Cómo?
CATAL. Que Octavio ha sabido
la traición de Italia ya,
y el de la Mota ofendido   2210
de ti justas quejas da,
y dice que fue el recaudo
que de su prima le diste
fingido y disimulado,
y con su capa emprendiste   2215
la traición que le ha infamado.
Dicen que viene Isabela
a que seas su marido,
y dicen . . .
D. JUAN. ¡Calla!
CATAL. Una muela
en la boca me has rompido.   2220
D. JUAN. Hablador, ¿quién te revela
tanto disparate junto?
CATAL. ¡Disparate, disparate!
Verdades son.
D. JUAN. No pregunto

si lo son. Cuando me mate   2225
Otavio: ¿estoy yo difunto?
¿No tengo manos también?
¿Dónde me tienes posada?
CATAL. En la calle, oculta.
D. JUAN. Bien.
CATAL. La iglesia es tierra sagrada.   2230
D. JUAN. Di que de día me den
en ella la muerte. ¿Viste
al novio de Dos Hermanas?
CATAL. También le vi ansiado y triste.
D. JUAN. Aminta, estas dos semanas   2235
no ha de caer en el chiste.
CATAL. Tan bien engañada está,
que se llama Doña Aminta.
D. JUAN. ¡Graciosa burla será!
CATAL. Graciosa burla y sucinta,   2240
mas siempre la llorará.
D. JUAN. ¿Qué sepulcro es éste?
CATAL. Aquí
Don Gonzalo está enterrado.
D. JUAN. Este es a quien muerte di.
¡Gran sepulcro le han labrado!   2245
CATAL. Ordenólo el Rey así.
¿Cómo dice este letrero?
D. JUAN. *Aquí aguarda del Señor*
el más leal caballero
la venganza de un traidor.   2250
Del mote reirme quiero.
¿Y habéisos vos de vengar,
buen viejo, barbas de piedra?
CATAL. No se las podrás pelar;
que en barbas muy fuertes medra.   2255
D. JUAN. Aquesta noche a cenar
os aguardo en mi posada,
allí el desafío haremos,
si la venganza os agrada;
aunque mal reñir podremos,   2260
si es de piedra vuestra espada.
CATAL. Ya, señor, ha anochecido;
vámonos a recoger.
D. JUAN. Larga esta venganza ha sido,
si es que vos la habéis de hacer,   2265
importa no estar dormido;
que si a la muerte aguardáis
la venganza, la esperanza
ahora es bien que perdáis;

pues vuestro enojo y venganza   2270
tan largo me lo fiáis.
Vanse y ponen la mesa dos CRIADOS.
CRIADO 1° Quiero apercebir la cena,
que vendrá a cenar Don Juan.
CRIADO 2° Puestas las mesas están.
¡Qué flema[10] tiene, si empieza!   2275
Ya tarda, como solía,
mi señor: no me contenta;
la bebida se calienta
y la comida se enfría.
Mas ¿quién a Don Juan ordena
esta desorden?
Entra DON JUAN *y* CATALINÓN.
D. JUAN. ¿Cerraste?   2280
CATAL. Ya cerré como mandaste.
D. JUAN. ¡Hola! Tráiganme la cena.
CRIADO 2° Ya está aquí.
D. JUAN. Catalinón,
siéntate.
CATAL. Yo soy amigo
de cenar de espacio.   2285
D. JUAN. Digo
que te sientes.
CATAL. La razón
haré.
CRIADO 1° También es camino
éste, si come con él.
D. JUAN. Siéntate. (*Un golpe dentro.*)
CATAL. Golpe es aquél.   2290
D. JUAN. Que llamaron imagino.
Mira quién es.
CRIADO 1° Voy volando.
CATAL. ¿Si es la justicia, señor?
D. JUAN. Sea, no tengas temor.
Vuelve el CRIADO *huyendo.*
¿Quién es? ¿De qué estás temblando? 2295
CATAL. De algún mal da testimonio.
D. JUAN. Mal mi cólera resisto.
Habla, responde, ¿qué has visto?
¿Asombróte algún demonio?
Ve tú, y mira aquella puerta:
¡Presto, acaba!
CATAL. ¿Yo?   2300

D. JUAN. Tú, pues.
Acaba, menea los pies.
CATAL. A mi agüela hallaron muerta
como racimo colgada,
y desde entonces se suena   2305
que anda siempre su alma en pena.
Tanto golpe no me agrada.
D. JUAN. Acaba.
CATAL. Señor, si sabes
que soy un Catalinón . . .
D. JUAN. Acaba.
CATAL. ¡Fuerte ocasión!   2310
D. JUAN. ¿No vas?
CATAL. ¿Quién tiene las llaves
de la puerta?
CRIADO 2° Con la aldaba
está cerrada no más.
D. JUAN. ¿Qué tienes? ¿Por qué no vas?
CATAL. Hoy Catalinón acaba.   2315
¿Mas si las forzadas vienen
a vengarse de los dos?
(*Llega* CATALINÓN *a la puerta y viene
corriendo; cae y levántase.*)
D. JUAN. ¿Qué es eso?
CATAL. ¡Válgame Dios!
¡Que me matan, que me tienen!
D. JUAN. ¿Quién te tiene, quién te mata?
¿Qué has visto?   2320
CATAL. Señor, yo allí . . .
vide . . . cuando luego fui . . .
¿Quién me ase? ¿Quién me arrebata?
Llegué, cuando . . . después, ciego . . .
cuando vile, juro a Dios . . .   2325
Habló y dijo: ¿quién sois vos?
respondió, respondí luego . . .
topé y vide . . .
D. JUAN. ¿A quién?
CATAL. No sé.
D. JUAN. ¡Cómo el vino desatina!
Dame la vela, gallina,   2330
y yo a quien llama veré.
Toma DON JUAN *la vela y llega a la puerta;
sale al encuentro* DON GONZALO, *en la forma
que estaba en el sepulcro, y* DON JUAN *se retira*

———
[10] pereza

atrás turbado, empuñando la espada, y en la otra
la vela y DON GONZALO *hacia él con pasos*
menudos, y al compás DON JUAN *retirándose*
hasta estar en medio del teatro.

D. JUAN. ¿Quién va?
D. GON. Yo soy.
D. JUAN. ¿Quién sois vos?
D. GON. Soy el caballero honrado
que a cenar has convidado.
D. JUAN. Cena habrá para los dos,   2335
y si vienen más contigo,
para todos cena habrá.
Ya puesta la mesa está.
Siéntate.
CATAL. ¡Dios sea conmigo!
¡San Panuncio, San Antón!   2340
Pues ¿los muertos comen, di?
Por señas dice que sí.
D. JUAN. Siéntate, Catalinón.
CATAL. No, señor, yo lo recibo
por cenado.[11]
D. JUAN. Es desconcierto.   2345
¡Qué temor tienes a un muerto!
¿Qué hicieras estando vivo?
Necio y villano temor.
CATAL. Cena con tu convidado,
que yo, señor, ya he cenado.
D. JUAN. ¿He de enojarme?   2350
CATAL. Señor,
¡vive Dios que güelo[12] mal!
D. JUAN. Llega, que aguardando estoy.
CATAL. Yo pienso que muerto soy
y está muerto mi arrabal.
(*Tiemblan los* CRIADOS.)   2355
D. JUAN. Y vosotros, ¿qué decís?
¿Qué hacéis? ¡Necio temblar!
CATAL. Nunca quisiera cenar
con gente de otro país.
¿Yo, señor, con convidado
de piedra?   2360
D. JUAN. ¡Necio temer!
Si es piedra, ¿qué te ha de hacer?

CATAL. Dejarme descalabrado.
D. JUAN. Háblale con cortesía.
CATAL. ¿Está bueno? ¿Es buena
tierra   2365
la otra vida? ¿Es llano o sierra?
¿Prémiase allá la poesía?
CRIADO 1° A todo dice que sí
con la cabeza.
CATAL. ¿Hay allá
muchas tabernas? Sí habrá,   2370
si Noé reside allí.
D. JUAN. ¡Hola! Dadnos de cenar.
CATAL. Señor muerto, ¿allá se bebe
con nieve?
Así, que hay nieve:
buen país.
D. JUAN. Si oír cantar
queréis, cantarán.   2375
CRIADO 2° Sí, dijo.
D. JUAN. Cantad.
CATAL. Tiene el seor[13] muerto
buen gusto.
CRIADO 1° Es noble, por cierto,
y amigo de regocijo.
(*Cantan dentro:*)
Si de mi amor aguardáis,   2380
señora, de aquesta suerte
el galardón en la muerte,
¡qué largo me lo fiáis!
CATAL. O es sin duda veraniego
el seor muerto, o debe ser   2385
hombre de poco comer:
Temblando al plato me llego.
Poco beben por allá;
Yo beberé por los dos. (*Bebe.*)
Brindis de piedra, por Dios,   2390
menos temor tengo ya.
(*Cantan.*)
Si ese plazo me convida
para que gozaros pueda,
pues larga vida me queda,
dejad que pase la vida.   2395

---

[11] yo ya me doy por cenado
[12] huelo
[13] *vulg.* señor

Si de mi amor aguardáis,
señora, de aquesta suerte
el galardón en la muerte,
¡Qué largo me lo fiáis!
CATAL. ¿Con cuál de tantas mujeres   2400
como has burlado, señor,
hablan?
D. JUAN. De todas me río,
amigo, en esta ocasión
en Nápoles a Isabela . . .
CATAL. Esa, señor, ya no es hoy   2405
burlada, porque se casa
contigo, como es razón.
Burlaste a la pescadora
que del mar te redimió
pagándole el hospedaje   2410
en moneda de rigor.
Burlaste a Doña Ana.
D. JUAN. Calla,
que hay parte aquí que lastó[14]
por ella, y vengarse aguarda.
CATAL. Hombre es de mucho valor,   2415
que él es piedra, tú eres carne:
no es buena resolución.
(*Hace señas que se quite la mesa, y queden*
solos.)
D. JUAN. ¡Hola! Quitad esa mesa,
que hace señas que los dos
nos quedemos, y se vayan
los demás.   2420
CATAL. ¡Malo, por Dios!
No te quedes, porque hay muerto
que mata de un mojicón[15]
a un gigante.
D. JUAN. Salíos todos,
¡a ser yo Catalinón . . .!
Vete, que viene.
Vanse, y quedan los dos solos, y hace señas
que cierre la puerta.   2425
La puerta
ya está cerrada; ya estoy
aguardando; di, ¿qué quieres,

sombra, fantasma o visión?
Si andas en pena, o si aguardas   2430
alguna satisfacción
para tu remedio, dilo;
que mi palabra te doy
de hacer lo que me ordenares.
¿Estás gozando de Dios?   2435
¿Dite la muerte en pecado?
Habla, que suspenso estoy.
(*Habla paso*[16] *como cosa del otro mundo.*)
D. GON. ¿Cumplirásme una palabra
como caballero?
D. JUAN. Honor
tengo, y las palabras cumplo,   2440
porque caballero soy.
D. GON. Dame esa mano; no temas.
D. JUAN. ¿Eso dices? ¿Yo temor?
Si fueras el mismo infierno,
la mano te diera yo. (*Dale la mano.*)   2445
D. GON. Bajo esta palabra y mano,
mañana a las diez te estoy
para cenar aguardando.
¿Irás?
D. JUAN. Empresa mayor
entendí que me pedías.   2450
Mañana tu güésped soy.
¿Dónde he de ir?
D. GON. A mi capilla.
D. JUAN. ¿Iré solo?
D. GON. No, id los dos;
y cúmpleme la palabra
como la he cumplido yo.   2455
D. JUAN. Digo que la cumpliré;
que soy Tenorio.
D. GON. Yo soy
Ulloa.
D. JUAN. Yo iré sin falta.
D. GON. Yo lo creo. Adiós. (*Va a la puerta.*)
D. JUAN. Adiós.
Aguarda, iréte alumbrando.   2460
D. GON. No alumbres, que en gracia
estoy.[17]

---

[14] pagó
[15] puñetazo
[16] despacio; en voz baja
[17] en estado de gracia (*o sea, en la gloria, no en el infierno*)

Vase muy poco a poco, mirando a DON JUAN,
y DON JUAN *a él, hasta que desaparece y
queda* DON JUAN *con pavor.*

D. JUAN. ¡Válgame Dios! Todo el cuerpo
se ha bañado de un sudor,
y dentro de las entrañas
se me hiela el corazón.   2465
Cuando me tomó la mano,
de suerte me la apretó,
que un infierno parecía
jamás vide tal calor.
Un aliento respiraba,   2475
organizando la voz,
tan frío, que parecía
infernal respiración.
Pero todas son ideas
que da la imaginación:
el temor y temer muertos
es más villano temor:
que si un cuerpo noble, vivo,
con potencias y razón
y con alma, no se teme,   2480
¿quién cuerpos muertos temió?
Mañana iré a la capilla
donde convidado soy,
porque se admire y espante
sevilla de mi valor.

Vase.

Sale el REY *y* DON DIEGO TENORIO *y
acompañamiento.*

REY. ¿Llegó al fin Isabela?   2485
D. DIEG. Y disgustada.
REY. Pues ¿no ha tomado bien el
casamiento?
D. DIEG. Siente, señor, el nombre de
infamada.
REY. De otra causa procede su tormento.
¿Dónde está?
D. DIEG. En el convento está alojada
de las Descalzas.   2490
REY. Salga del convento
luego al punto, que quiero que en palacio
asista con la reina más de espacio.

D. DIEG. Si ha de ser con Don Juan el
desposorio,
manda, señor, que tu presencia vea.   2495
REY. Véame, y galán salga, que notorio
quiero que este placer al mundo sea.
Conde será desde hoy Don Juan Tenorio
de Lebrija; él la mande y la posea,
que si Isabela a un Duque
corresponde,   2500
ya que ha perdido un Duque, gane un
Conde.
D. DIEG. Y por esta merced tus pies
besamos.
REY. Merecéis mi favor más dignamente.
Que si aquí los servicios ponderamos,
me quedo atrás con el favor presente. 2505
Paréceme, Don Diego, que hoy hagamos
las bodas de Doña Ana juntamente.
D. DIEG. ¿Con Octavio?
REY. No es bien que el Duque Octavio
sea el restaurador de aqueste agravio.
Doña Ana con la Reina me ha
pedido   2510
que perdone al Marqués, porque Doña
Ana,
ya que el padre murió, quiere marido,
porque si le perdió, con él le gana.
Iréis con poca gente y sin rüido
luego a hablalle a la fuerza de Triana: 2515
por su satisfacción y por abono
de su agraviada prima le perdono.
D. DIEG. Ya he visto lo que tanto deseaba.
REY. Que esta noche han de ser, podéis
decille,
los desposorios.
D. DIEG. Todo en bien se acaba.   2520
Fácil será al Marqués el persuadille;
que de su prima amartelado[18] estaba.
REY. También podéis a Octavio prevenille.
Desdichado es el Duque con mujeres:
son todas opinión y pareceres.   2525
Hánme dicho que está muy enojado
con Don Juan.

---

[18] enamorado en exceso

D. Dieg. No me espanto, si ha sabido
de Don Juan el delito averiguado,
que la causa de tanto daño ha sido.
El Duque viene.
Rey. No dejéis mi lado,   2530
que en el delito sois comprehendido.[19]
Sale el Duque Octavio.
Octav. Los pies, invicto Rey, me dé tu
alteza.
Rey. Alzad, Duque, y cubrid vuestra
cabeza.
¿Qué pedís?
Octav. Vengo a pediros,
postrado ante vuestras plantas,   2535
una merced, cosa justa,
digna de serme otorgada.
Rey. Duque, como justa sea,
digo que os doy mi palabra
de otorgárosla. Pedid.   2540
Octav. Ya sabes, señor, por cartas
de tu embajador, y el mundo
por la lengua de la fama
sabe, que Don Juan Tenorio,
con española arrogancia,   2545
en Nápoles una noche,
para mí noche tan mala,
con mi nombre profanó
el sagrado de una dama.
Rey. No pases más adelante.   2550
Ya supe vuestra desgracia.
En efeto: ¿qué pedís?
Octav. Licencia que en la campaña
defienda como es traidor.
D. Dieg. Eso no. Su sangre clara
es tan honrada . . .   2555
Rey. ¡Don Diego!
D. Dieg. Señor.
Octav. ¿Quién eres que hablas
en la presencia del Rey
de esa suerte?
D. Dieg. Soy quien calla,

porque me lo manda el Rey;   2560
que si no, con esta espada
te respondiera.
Octav. Eres viejo.
D. Dieg. Ya he sido mozo en Italia,
a vuestro pesar, un tiempo:
ya conocieron mi espada
en Nápoles y en Milan.   2565
Octav. Tienes ya la sangre helada:
no vale fui, sino soy.
D. Dieg. Pues fui y soy. (*Empuña.*)
Rey. Tened, basta;
bueno está; callad, Don Diego;   2570
que a mi persona se guarda
poco respeto: y vos, Duque,
después que las bodas se hagan,
más despacio hablaréis.
Gentilhombre de mi cámara   2575
es Don Juan y hechura mía,[20]
y de aqueste tronco rama:[21]
mirad por él.
Octav. Yo lo haré,
gran señor, como lo mandas.
Rey. Venid conmigo, Don Diego.   2580
D. Dieg. [*Aparte.*] (¡Ay hijo! ¡Qué mal me pagas
el amor que te he tenido!)
Rey. Duque . . .
Octav. Gran señor . . .
Rey. Mañana
vuestras bodas se han de hacer.
Octav. Háganse, pues tú lo mandas.   2585
Vase el Rey *y* Don Diego *y sale* Gaseno *y* Aminta.
Gaseno. Este señor nos dirá
dónde está Don Juan Tenorio.
Señor, ¿si está por acá
un Don Juan a quien notorio
ya su apellido será?   2590
Octav. Don Juan Tenorio, diréis.
Aminta. Sí, señor; ese Don Juan.

---

[19] *por ser don Juan su hijo*
[20] *bajo mi protección*
[21] *Debe estar apuntando a don Diego.*

OCTAV. Aquí está; ¿qué le queréis?

AMINTA. Es mi esposo ese galán.

OCTAV. ¿Cómo?

AMINTA. Pues, ¿no lo sabéis   2595
siendo del alcázar vos?

OCTAV. No me ha dicho Don Juan nada.

GASENO. ¿Es posible?

OCTAV. Sí, por Dios.

GASENO. Doña Aminta es muy honrada.

Cuando se casen los dos,   2600
que cristiana vieja[22] es
hasta los güesos,[23] y tiene
de la hacienda el interés
que en Dos Hermanas mantiene
más bien que un Conde un Marqués.   2605
Casóse Don Juan con ella
y quitósela a Batricio.

AMINTA. Decid como fue doncella
a su poder.

GASENO. No es jüicio
esto, ni aquesta querella.   2610

OCTAV. [*Aparte.*] (Esta es burla de Don
Juan,
y para venganza mía
estos diciéndola están.)
¿Qué pedís al fin?

GASENO. Querría,
porque los días se van,   2615
que se hiciese el casamiento
o querellarme ante el Rey.

OCTAV. Digo que es justo ese intento.

GASENO. Y razón y justa ley.

OCTAV. [*Aparte.*] (Medida a mi
pensamiento   2620
ha venido la ocasión.)
En el alcázar tenemos
bodas.

AMINTA. ¡Si las mías son!

OCTAV. [*Aparte.*] Quiero, para que
acertemos,
valerme de una invención.   2625
Venid donde os vestiréis,

señora, a lo cortesano,
y a un cuarto del Rey saldréis
conmigo . . .

AMINTA. Vos de la mano
a Don Juan me llevaréis.   2630

OCTAV. Que desta suerte es cautela.

GASENO. El arbitrio me consuela.

OCTAV. [*Aparte.*] (Éstos venganza me dan
de aqueste traidor Don Juan
y el agravio de Isabela.)

Vanse.

Sale DON JUAN *y* CATALINÓN.

CATAL. ¿Cómo el Rey te recibió?   2635

D. JUAN. Con más amor que mi padre.

CATAL. ¿Viste a Isabela?

D. JUAN. También.

CATAL. ¿Cómo viene?

D. JUAN. Como un ángel.

CATAL. ¿Recibióte bien?

D. JUAN. El rostro   2640
bañado de leche y sangre,
como la rosa que al alba
revienta la verde cárcel.

CATAL. Al fin, ¿esta noche son
las bodas?

D. JUAN. Sin falta.

CATAL. Si antes   2645
hubieran sido, no hubieras,
señor, engañado a tantas;
pero tú tomas esposa,
señor, con cargas muy grandes.

D. JUAN. Di: ¿comienzas a ser necio?   2650

CATAL. Y podrás muy bien casarte
mañana, que hoy es mal día.

D. JUAN. Pues ¿qué día es hoy?

CATAL. Es martes.[24]

D. JUAN. Mil embusteros y locos
dan en esos disparates.   2655
Solo aquél llamo mal día,
acïago y detestable
en que no tengo dineros;
que lo demás es donaire.[25]

---

[22] *no mezclada con judíos o moros*

[23] *huesos*

[24] *día de mala suerte* ("*Los martes, ni te cases, ni embarques.*")

[25] *broma*

CATAL. Vamos, si te has de vestir;　2660
que te aguardan, y ya es tarde.
D. JUAN. Otro negocio tenemos
que hacer, aunque nos aguarden.
CATAL. ¿Cuál es?
D. JUAN. Cenar con el muerto.
CATAL. Necedad de necedades.　2665
D. JUAN. ¿No ves que di mi palabra?
CATAL. Y cuando se la quebrantes,
¿que importará? ¿Ha de pedirte
una figura de jaspe
la palabra?
D. JUAN. Podrá el muerto　2670
llamarme a voces infame.
CATAL. Ya está cerrada la iglesia.
D. JUAN. Llama.
CATAL. ¿Qué importa que llame?
¿Quién tiene de abrir? Que están
durmiendo los sacristanes.
D. JUAN. Llama a este postigo.　2675
CATAL. ¡Abierto
está!
D. JUAN. Pues entra.
CATAL. Entre un fraile
con su hisopo y estola.
D. JUAN. Sígueme y calla.
CATAL. ¿Que calle?
D. JUAN. Sí.
CATAL. Ya callo. Dios en paz　2680
destos convites me saque.
¡Qué escura que está la iglesia!
(*Entran por una puerta y salen por otra.*)
Señor, para ser tan grande . . .
¡Ay de mí! Tenme, señor,
porque de la capa me asen.
Sale DON GONZALO *como de antes, y
encuéntrase con ellos.*
D. JUAN. ¿Quién va?
D. GON. Yo soy.　2685
CATAL. ¡Muerto estoy!
D. GON. El muerto soy, no te espantes.
No entendí que me cumplieras
la palabra, según haces
de todos burla.
D. JUAN. ¿Me tienes　2690
en opinión de cobarde?
D. GON. Sí, que aquella noche huiste

de mí cuando me mataste.
D. JUAN. Huí de ser conocido;
mas ya me tienes delante.　2695
Di presto lo que me quieres.
D. GON. Quiero a cenar convidarte.
CATAL. Aquí escusamos la cena,
que toda ha de ser fiambre,
pues no parece cocina.　2700
. . . . . .
D. JUAN. Cenemos.
D. GON. Para cenar,
es menester que levantes
esa tumba.
D. JUAN. Y si te importa,
levantaré estos pilares.
D. GON. Valiente estás.　2705
D. JUAN. Tengo brío
y corazón en las carnes.
CATAL. Mesa de Guinea es ésta.
Pues ¿no hay por allá quien lave?
D. GON. Siéntate.
D. JUAN. ¿Adónde?
CATAL. Con sillas　2710
vienen ya dos negros pajes.
Entran dos enlutados con dos sillas.
¿También acá se usan lutos
y bayeticas de Flandes?
D. GON. Siéntate tú.
CATAL. Yo, señor,
he merendado esta tarde.
D. GON. No repliques.　2715
CATAL. No replico.
[*Aparte.*] (Dios en paz desto me saque.)
¿Qué plato es éste, señor?
D. GON. Este plato es de alacranes
y víboras.
CATAL. ¡Gentil plato!　2720
D. GON. Estos son nuestros manjares.
¿No comes tú?
D. JUAN. Comeré
si me dieses áspid y áspides
cuantos el infierno tiene.
D. GON. También quiero que te　2725
canten.
CATAL. ¿Qué vino beben acá?
D. GON. Pruébalo.
CATAL. Hiel y vinagre

es este vino.

D. GON. Este vino
esprimen nuestros lagares.
(*Cantan.*)

Adviertan los que de Dios   2730
juzgan los castigos grandes,
que no hay plazo que no llegue
ni deuda que no se pague.

CATAL. ¡Malo es esto, vive Cristo!
Que he entendido este romance,   2735
y que con nosotros habla.

D. JUAN. Un hielo el pecho me parte.
(*Cantan.*)

Mientras en el mundo viva,
no es justo que diga nadie:
¡qué largo me lo fiáis!   2740
siendo tan breve el cobrarse.

CATAL. ¿De qué es este guisadillo?

D. GON. De uñas.

CATAL. De uñas de sastre²⁶
Será, si es guisado de uñas.

D. JUAN. Ya he cenado; haz que levanten
la mesa.   2745

D. GON. Dame esa mano;
no temas la mano darme.

D. JUAN. ¿Eso dices? ¿Yo, temor?
¡Que me abraso! ¡No me abrases
con tu fuego!

D. GON. Este es poco   2750
para el fuego que buscaste.
Las maravillas de Dios
son, Don Juan, investigables,
y así quiere que tus culpas
a manos de muerto pagues.   2755
Y si pagas desta suerte,
esta es justicia de Dios:
quien tal hace que tal pague.

D. JUAN. ¡Que me abraso! No me aprietes.
Con la daga he de matarte.   2760
Mas ¡ay, que me canso en vano
de tirar golpes al aire!
A tu hija no ofendí;
que vio mis engaños antes.

D. GON. No importa, que ya pusiste
tu intento.   2765

D. JUAN. Deja que llame
quien me confiese y absuelva.

D. GON. No hay lugar, ya acuerdas tarde.

D. JUAN. ¡Que me quemo! ¡Que me
abraso!
Muerto soy. (*Cae muerto.*)

CATAL. No hay quien se escape;   2770
que aquí tengo de morir
también por acompañarte.

D. GON. Esta es justicia de Dios:
quien tal hace, que tal pague.

Húndese el sepulcro con DON JUAN *y* DON
GONZALO, *con mucho ruído, y sale*
CATALINÓN *arrastrando.*

CATAL. ¡Válgame Dios! ¿Qué es
aquesto?   2775
Toda la capilla se arde,
y con el muerto he quedado
para que le vele y guarde.
Arrastrando como pueda
iré a avisar a su padre.   2780
¡San Jorge, San *Agnus Dei,*
sacadme en paz a la calle!
Vase.
Sale el REY, DON DIEGO *y acompañamiento.*

D. DIEG. Ya el Marqués, señor, espera
besar vuestros pies reales.

REY. Entre luego, y avisad   2785
al Conde, por que no aguarde.
Sale BATRICIO *y* GASENO.

BATRIC. ¿Dónde, señor, se permiten,
desenvolturas tan grandes,
que tus criados afrenten
a los hombres miserables?

REY. ¿Qué dices?   2790

BATRIC. Don Juan Tenorio,
alevoso y detestable,
la noche del casamiento,
antes que le consumase,
a mi mujer me quitó.   2795
Testigos tengo delante.

---

²⁶ *Los sastres tenían mala fama de ser ladrones. Catalinón se imagina que el infierno estaría lleno de sastres.*

Salen TISBEA *y* ISABELA *y acompañamiento.*
TISBEA. Si vuestra Alteza, señor,
de Don Juan Tenorio no hace
justicia, a Dios y a los hombres,
mientras viva, he de quejarme.   2800
Derrotado le echó el mar,
dile vida y hospedaje,
y pagóme esta amistad
con mentirme y engañarme
con nombre de mi marido.
REY. ¿Qué dices?   2805
ISABELA. Dice verdades.
Sale AMINTA *y el* DUQUE OCTAVIO.
AMINTA. ¿Adónde mi esposo está?
REY. ¿Quién es?
AMINTA. Pues ¿aún no lo sabe?
El señor Don Juan Tenorio,
con quien vengo a desposarme   2810
porque me debe el honor,
y es noble y no ha de negarme.
Manda que nos desposemos.
Sale el MARQUÉS DE LA MOTA.
MOTA. Pues es tiempo, gran señor,
que a luz verdades se saquen.   2815
sabrás que Don Juan Tenorio
la culpa que me imputaste
tuvo él, pues como amigo,
pudo el crüel engañarme;
de que tengo dos testigos.   2820
REY. ¿Hay desvergüenza más grande?
Prendelde y matalde luego.
D. DIEG. En premio de mis servicios
haz que le prendan y pague
sus culpas, porque del cielo   2825
rayos contra mí no bajen,
si es mi hijo tan malo.
REY. ¡Esto mis privados hacen!
Sale CATALINÓN.
CATAL. Escuchad, oíd, señores,
el suceso más notable   2830
que en el mundo ha sucedido,
y en oyéndome, matadme.

Don Juan, del Comendador
haciendo burla, una tarde,
después de haberle quitado   2835
las dos prendas que más valen,
tirando al bulto de piedra
la barba, por ultrajarle,
a cenar le convidó:
¡nunca fuera a convidarle!   2840
Fue el bulto, y convidóle;
y agora (porque no os canse)
acabando de cenar,
entre mil presagios graves,
de la mano le tomó,   2845
y le aprieta hasta quitalle
la vida, diciendo: "Dios
me manda que así te mate,
castigando tus delitos:
quien tal hace, que tal pague."   2850
REY. ¿Qué dices?
CATAL. Lo que es verdad,
diciendo antes que acabase,
que a Doña Ana no debía
honor, que lo oyeron antes
del engaño.
MOTA. Por las nuevas[27]   2855
mil albricias pienso darte.
REY. ¡Justo castigo del cielo!
Y agora es bien que se casen
todos, pues la causa es muerta,
vida de tantos desastres.   2860
OCTAVIO. Pues ha enviudado Isabela,
quiero con ella casarme.
MOTA. Yo con mi prima.
BATRIC. Y nosotros
con las nuestras, porque acabe
el *Convidado de piedra*.   2865
REY. Y el sepulcro se traslade
en San Francisco en Madrid,
para memoria más grande.

FIN DE "EL BURLADOR DE SEVILLA"

---

[27] las nuevas noticias

■———Pasos para la comprensión

1. Comienza el acto con un monólogo de Batricio.

   □ ¿De qué se queja? ¿Tiene justificación?

   □ En su monólogo, el "comer" va cobrando otro significante. ¿Qué podría ser?

2. En el diálogo que sigue con don Juan:

   □ ¿Qué mentira le dice don Juan a Batricio?

   □ ¿Cómo trata don Juan al campesino?

   □ ¿Qué opción le da a Batricio? ¿Cuál escoge? ¿Qué razones da por su elección?

   □ Nota en todo este discurso como el honor reside en el comportamiento de la mujer.

3. Lee los versos 1899–1906. Nota como don Juan confiaba en que Batricio escogería su propio honor.

   □ ¿Le sorprende que un villano tenga tanta preocupación por su honor? Consulta el *código de honor.*

   □ Cuando don Juan dice que "el honor se fue a la aldea / huyendo de las ciudades," ¿está admitiendo que los campesinos tienen un sentido más fuerte del honor que los nobles? Explica.

4. Cuando Catalinón vuelve a mencionar el riesgo que corre don Juan con su comportamiento, éste recurre a su parentesco y privilegios (vv. 1960–1963). ¿Crees que estos versos contienen una crítica de la corrupción y favoritismo español? Explica.

5. Cuando don Juan entra en la alcoba de Aminta para seducirla, tiene que luchar bastante para conquistarla. Explica.

   □ ¿Qué razones aporta para convencerla de su amor?

   □ ¿Son convincentes sus palabras?

   □ Finalmente, Aminta le hace prometer ante Dios que guardará su palabra de casarse con ella (vv. 2069–2070). ¿Lo hace don Juan?

   □ ¿Qué mandamiento desobedece con esta mentira? Consulta el *código bíblico.*

   □ ¿Qué otros mandamientos ha transgredido don Juan anteriormente?

6. En la próxima escena nos encontramos de nuevo con Isabela. ¿Por qué se encuentra camino de Sevilla? ¿Va contenta? (Lee los versos 2099–2104).

   □ ¿Qué le da congoja a Isabel?

   □ ¿Con quién se encuentra en el camino? ¿Por qué va Tisbea a Sevilla?

   □ El discurso feminista, si es que lo pudiera haber en una obra del Siglo de Oro tal como lo entendemos hoy, se cuaja en el verso, tres veces repetido, de "¡Mal haya la mujer que en hombres fía!" Comenta este verso.

7. A partir de la próxima escena se puede decir que comienza el desenlace de la obra, y su tono cambia. *El burlador de Sevilla* lleva un segundo título: *El convidado de piedra,* y a partir de aquí se desarrolla esa "segunda" parte del drama. Parece que don Juan y Catalinón están huyendo o refugiándose, y se encuentran en el cementerio de una iglesia. Lo primero que se ha de notar es un cambio en don Juan. Cuando Catalinón, al principio de la escena, le recuerda que ya todo el mundo se ha enterado de sus burlas, incluso el marqués de la Mota, y que lo andan buscando para vengarse, don Juan reacciona de un modo muy diferente al de antes.

☐ Lee los versos 2219–2220. En la comedia del Siglo de Oro apenas aparecen acotaciones, de modo que el director o lector se tiene que imaginar la acción o los movimientos que el autor pretendía. A veces, el mismo diálogo los contiene. Por ejemplo, cuando Catalinón le dice a don Juan, "una muela / en la boca me has rompido," ¿qué parece que le ha hecho don Juan a Catalinón?

☐ ¿Por qué se ha enojado tanto don Juan? ¿Crees que podría tener miedo?

☐ ¿Lo hemos visto actuar de este modo anteriormente? Explica.

8. En el cementerio topan con el sepulcro de don Gonzalo de Ulloa, el padre de doña Ana a quien don Juan mató.

☐ ¿Siente don Juan algún remordimiento al ver la tumba? Lee los versos 2248–2261.

☐ ¿Cómo desafía don Juan a don Gonzalo?

☐ ¿Qué contienen sus palabras de herejía?

☐ ¿Ha llegado don Juan al colmo de su perfidia? Explica.

☐ ¿A qué le invita don Juan a don Gonzalo?

9. Sigue la escena en la posada de don Juan cuando don Gonzalo, "el convidado de piedra," aparece para aceptar el convite de don Juan.

☐ ¿Cómo reacciona Catalinón a lo largo de esta escena?

☐ ¿Por qué crees que Tirso incluyó tanto humor en una escena tan grave?

10. Don Juan mantiene su compostura y bravío a lo largo de la escena, pero en el monólogo al final, después de marcharse don Gonzalo, confiesa otra actitud (vv. 2462–2485).

☐ ¿Qué sintió don Juan ante el espectro de don Gonzalo?

☐ ¿Por qué crees que no manifestó sus emociones en la escena?

☐ ¿Qué parece indicar este hecho con respecto a la personalidad de don Juan?

☐ Por último, cuando don Gonzalo le invita a su capilla a cenar, don Juan le da su palabra de que acudirá. Nota como don Juan responde cuando don Gonzalo pone en tela de juicio su palabra como caballero (vv. 2438–2439). ¿Qué ironía hay en la respuesta de don Juan? ¿Crees que don Juan cumplirá su palabra?

11. La escena en palacio que sigue vale, sobre todo, para recalcar los privilegios de la nobleza, los favores que resultan de los servicios a la corona y la importancia de los lazos familiares.

   □ A pesar de todo lo que ha hecho don Juan, ¿qué hace el rey para honrarle?

   □ ¿Cómo reacciona el rey cuando el duque Octavio quiere vengarse de don Juan?

   □ Nota como el rey usa a las mujeres a su gusto para resolver los agravios. ¿En alguna ocasión les pregunta a las damas si los matrimonios que arregla él son de su agrado?

   □ ¿Qué indica este hecho respecto a la situación de la mujer en el Siglo de Oro y respecto al poder del rey? Nota las palabras de Octavio con que termina la escena (v. 2585).

12. Aminta y su padre Gaseno han venido a Sevilla en busca de don Juan y topan con Octavio, a quien revelan la burla de don Juan. La escena es humorística y patética a la vez. Explica.

   □ Aquí se introduce un discurso social importante. Aunque Aminta es claramente campesina, ¿en qué se basa su derecho a un estatus social más alto? Para contestar, lee los versos 2600–2605 y consulta el *código de honor*.

   □ A pesar de su sangre pura, ¿crees que un noble se casaría con una villana en el siglo XVII español?

13. En el diálogo entre don Juan y Catalinón que sigue, hay que resaltar dos versos. ¿Cómo responde don Juan cuando su criado le dice que su boda inminente con Isabela le trae grandes obligaciones como esposo? (Lee el verso 2650.)

   □ ¿Crees que don Juan piensa cambiar su manera de ser al casarse? Explica.

   □ Nota también la insistencia de don Juan de acudir a la cita con don Gonzalo. ¿Qué razón da para cumplirla? (Lee el verso 2666.)

   □ Explica la ironía de sus palabras. ¿Crees que don Juan tiene una norma de comportamiento en cuanto a su palabra de honor para con los hombres y otra para con las mujeres? Explica.

14. El desenlace del discurso religioso y teológico ocurre en la famosa escena con el espectro de don Gonzalo. Don Juan llega muy valiente.

   □ ¿Cómo responde cuando don Gonzalo expresa sus dudas en cuanto a que don Juan acudiera a la cita? Lee los versos 2690.

   □ Busca otros ejemplos en que don Juan se jacte de su valentía.

   □ ¿Cómo reacciona Catalinón a lo largo de esta escena?

15. La canción (romance) que se oye durante la cena resume el tema religioso. Sintetiza el mensaje después de leer las dos partes del romance.

16. ¿Qué siente don Juan cuando le da la mano a don Gonzalo? ¿Por qué crees que don Juan siente esa sensación?

□ Por sus palabras en los versos 2760–2762, ¿qué intenta hacer don Juan?

□ ¿Por qué no tiene éxito? Los versos que siguen son patéticos (vv. 2763–2764). Coméntalos.

□ ¿Crees que dice la verdad? ¿Por qué?

□ Y lo más importante: Cuando don Juan se da cuenta de que va a morir, ¿qué pide? ¿Por qué se le niega?

□ ¿Crees que don Juan tenía derecho a la absolución? Explica.

17. La última escena es bastante típica de la comedia del Siglo de Oro: se restablece el orden según la moral vigente. Las mujeres y los hombres ofendidos acuden al rey para recobrar su honor, haciendo una demanda contra don Juan.

□ ¿Cómo reacciona el rey al enterarse de la perfidia de don Juan?

□ ¿Cómo reacciona don Diego, el padre de don Juan, al juicio del rey?

□ ¿Por qué crees que el padre no sigue interviniendo en defensa de su hijo?

□ ¿Cómo termina el drama?

■———Pasos para una lectura global y más a fondo

1. El personaje de don Juan es quizá el más reconocido de la literatura. ¿Qué aspectos de su personalidad lo han hecho una figura tan célebre?

□ Como toda buena creación, don Juan es complejo y hasta contradictorio. ¿Qué tiene don Juan de encantador y de humano? ¿Qué tiene de canalla y de anormal?

□ Hoy día es difícil encontrarlo simpático, pero, ¿cómo crees que lo interpretaría el público masculino del siglo XVII? Explica.

2. Haz una lista de las abominaciones que comete y de los mandatos sagrados que infringe. ¿Tiene don Juan alguna virtud?

3. *El burlador de Sevilla* es considerado por muchos críticos como un drama religioso y claramente contiene un discurso teológico. Explica el mensaje de la obra desde esta perspectiva.

□ ¿Es don Juan condenado por sus pecados o por su actitud de que tiene tiempo para arrepentirse? Defiende tu respuesta.

4. Explica cómo se armoniza la trama (las acciones y burlas de don Juan) y el desarrollo del discurso teológico (la parte "sobrenatural" con don Gonzalo). Considera lo siguiente:

□ Recuerda que la obra tiene dos títulos.

□ Piensa en las advertencias y amonestaciones que se lanzan contra don Juan a lo largo de la obra.

□ ¿Crees que, si estuviera en el poder de los hombres del drama, don Juan sería castigado?

5. La obra contiene una crítica social que, aunque no aparece en el diálogo, sí aparece implícita en las acciones. Considera el favoritismo, los lazos familiares y cómo funcionan en la obra. Haz una lista de todas las relaciones de don Juan que le ayuden a encubrir sus alevosías.

6. Considera el discurso social de la obra:

   ☐ la actitud de los nobles hacia los campesinos

   ☐ el deseo de las villanas de enaltecer su estatus social casándose con don Juan

   ☐ ¿Crees que este discurso es importante en la obra? Explica.

7. El *Burlador* ofrece un cuadro magnífico para entender la posición de la mujer en el Siglo de Oro español. En general, ¿cómo se les trata a las mujeres?

   ☐ ¿Tienen voz propia?

   ☐ ¿Qué opinión tienen de ellas los personajes masculinos (por ejemplo, el rey de Nápoles, Batricio, etc.)?

   ☐ ¿Cómo se pinta a las dos campesinas?

   ☐ ¿Crees que se podría decir que la obra contiene un discurso feminista? Explica.

8. Entre las mujeres, doña Ana de Ulloa tiene un papel singular: destaca por su ausencia. Sólo la oímos.

   ☐ ¿Por qué es la figura más virtuosa entre las mujeres?

   ☐ ¿Por qué es la más patética?

   ☐ Sin embargo, parece estar enamorada del canalla y burlador el marqués de la Mota. ¿Qué futuro le espera?

9. El tema del honor no es tan patente en el *Burlador* como en muchas otras comedias del Siglo de Oro, sin embargo se revela de muchos modos. Es común distinguir entre el honor social (el que se proyecta exteriormente) y el honor personal (que se proyecta interiormente). El primero tiene que ver con la percepción que el mundo tiene de uno y el segundo con sus acciones éticas. Teniendo esto en cuenta, discute cómo funciona el honor en la obra. Por ejemplo, ¿qué es lo que les más preocupa a las mujeres en la obra—la pérdida de su virginidad o la pérdida de su honor? Explica también el tipo de honor que tienen los villanos.

CAPÍTULO 6

EL BARROCO

Consulta www.prenhall.com/momentos y lee un ensayo de orientación
a este capítulo.

Aplicado primero a la arquitectura y las artes plásticas, el término *barroco* se emplea
hoy felizmente para describir gran parte de la producción literaria del siglo XVII. El
barroco corresponde al ocaso del poder político y económico español en Europa así
como a la desintegración de la unidad hispánica dentro de la Península. En Europa,
la Paz de Westfalia (1648), que siguió a la Guerra de los Treinta Años, le concedió la
independencia a Holanda, poniendo fin a los intereses españoles en los países protestantes. Al perder su *raison d'être* como defensora del cristianismo ortodoxo, España
adopta una posición de aislamiento con respecto a sus vecinos europeos cerrando sus
puertas a la nueva ciencia de Newton (1643–1727) o a las nuevas ideas de Spinoza
(1632–1677)—éste, irónicamente, de descendencia hispanohebrea exiliado en
Holanda. Para colmo, los ingleses empezaron a competir con España en el dominio
del Nuevo Mundo y sus piratas interrumpieron con éxito el tráfico comercial entre
España y sus colonias. Dentro de la Península hubo sublevaciones independentistas
en Portugal y Cataluña que resultaron en el restablecimiento del estado portugués,
que en 1580 había pasado a la corona española.

Claramente, la expresión artística del barroco corresponde al ocaso del poderío
español, y quizás a causa de ello es un arte decadente en el sentido de que la forma
a veces cobra mayor importancia que el contenido. El barroco llama atención sobre
su propio carácter artístico: poetas como Góngora (1561–1627) lucían su habilidad
de emplear signos polisémicos y crear imágenes y metáforas rebuscadas e ingeniosas; dramaturgos como Calderón (1600–1681) montaban espectáculos extrava-
gantes que incluían, entre otras cosas, batallas navales en el estanque de los jardines
del rey; y arquitectos como Churriguera (1665–1725) diseñaban edificaciones
lujosas recargadas de elementos decorativos vislumbrantes. Sin embargo, sería un
error pensar que la literatura barroca está vacía de mensajes candentes. En el mundo
hispánico, el espíritu decadente de la brillantez exterior sirvió más bien para disfrazar
la crisis política e ideológica de la época, pero sus grandes exponentes—Quevedo

(1580–1645) sobre todo—supieron emplear las fórmulas del barroco para penetrar en las causas de la crisis nacional.

Un *topos* característico del barroco expresado en múltiples formas y maneras es el ilusionismo—las cosas no son lo que parecen. Si uno se acerca a un cuadro de Velázquez (1599–1660), sólo ve pinceladas que parecen de brocha gorda, pero cuando uno se aleja del lienzo las pinceladas cobran un realismo minuciosamente detallado. Algo semejante ocurre con las obras arquitectónicas. Al pararse delante de un altar barroco de Hispanoamérica—como el de la iglesia de la Compañía en Quito— la primera impresión es de confusión a causa de la riqueza decorativa y su movimiento dinámico. Pero luego uno va viendo un orden lógico que apacigua la confusión inicial. Con razón el barroco se ha calificado como un arte de orden desordenado. La ilusión también se expresa en el discurso literario sobre la realidad. No debe sorprender que don Quijote constantemente vea las cosas de forma distinta de lo que son, y Segismundo en *La vida es sueño* (1636) de Calderón no sepa distinguir entre lo que es la realidad y lo que es un sueño. Y finalmente, la ilusión forma un tema predominante en las obras literarias barrocas. En uno de los sonetos de Góngora reproducido en esta antología, los dulces y rojos labios de la mujer, que parecen rosas por su belleza y que incitan al hombre al amor, resultan ser manzanas —fruta que incita al hombre y lo conduce al pecado.

Un resultado lógico del ilusionismo barroco es la desilusión y el desengaño. La realidad engaña, y el truco engañoso—manzanas en vez de rosas—resulta en amargura y desilusión. A ello se debe el que la sátira sea una de las formas más típicas de la literatura barroca, y Quevedo es su mayor exponente en España, aunque la sátira alcanza altos niveles en Hispanoamérica también, como en la obra de Valle y Caviedes (¿1645–1697?). El espíritu barroco es cínico y pesimista, pero este espíritu nunca conduce al escepticismo religioso. Todo lo contrario: la redención del cristianismo les ofrece a los escritores la salvación a la amargura de la vida mundanal.

La historiografía literaria hispánica emplea los términos *conceptismo, culteranismo* y *gongorismo* para referirse a las muchas formas ingeniosas que el escritor barroco emplea para llevar a cabo su arte: juegos de palabras sutiles, imágenes y metáforas complejas y rebuscadas, conceptos antitéticos que conducen al lector en direcciones opuestas, lenguaje culto y sensorial, subtextos elaborados, etc. El conceptismo se refiere más al plano de las ideas, mientras el culteranismo se réfiere al del estilo, aunque en realidad no vale la pena insistir en una división exacta entre los dos, puesto que van unidos en una misma obra literaria. El gongorismo se refiere al uso de estos elementos barrocos en la poesía y es un término que se emplea también en inglés, lo que de prueba de la importancia de este poeta cordobés y su influencia fuera del mundo hispánico.

Se ha especulado mucho sobre si el barroco literario es origen hispánico. Lo que no se puede dudar son las hondas raíces que el barroco echó en tierras hispánicas y lo mucho que allí perduró. Los poetas hispanoamericanos imitan la obra de Góngora y Quevedo, como Sor Juana Inés de la Cruz (1651–1695), dominando con perfección el agudo y sutil arte de la poesía barroca. El estilo barroco no termina al empezar un nuevo siglo. Por ejemplo, muchas de las grandes iglesias y catedrales construidas en Hispanoamérica en el siglo XVIII siguieron el estilo dinámico del barroco. En 1927, se reunieron en Madrid los grandes poetas españoles del momento—entre ellos García Lorca, Cernuda, Salinas, Aleixandre y Guillén—para rendir homenaje a Góngora en el tercer centenario de su muerte. Picasso creó obras gráficas para la ocasión, y el momento fue de tanta resonancia, que ese grupo de poetas llegó a denominarse "la generación de 1927," dando prueba definitiva de la trascendencia del barroco hispánico y de la estima que siempre ha gozado entre la gente de habla española.

Luis de Góngora y Argote

1561–1627

La poesía de Góngora puso de moda por toda España y sus colonias el afán por una expresión poética rebuscada pero sumamente ingeniosa y pulida. Hoy día, es imposible pensar en el barroco sin considerar a este gran poeta cordobés, cuya obra fue conocidísima y muy imitada en su día. Los siglos posteriores no le prestaron a su poesía la atención que merecía, pero en el siglo XX, cuando los vanguardistas comenzaron a experimentar con la poesía, descubrieron de nuevo a este gran innovador del pasado y le restituyeron su lugar merecido en el Parnaso. Pocos poetas han sabido explotar la capacidad polisémica del idioma castellano como Góngora. Además de su poesía barroca, Góngora también cultivó una poesía de corte popular cuya sencillez y frescura choca violentamente con su expresión barroca.

Soneto LXXXII

Antes de leer

1. A veces las cosas que parecen buenas resultan malas, o vice versa. El amor, por ejemplo, puede dar mucha felicidad y también puede causar mucho dolor. ¿Se te ocurre otro ejemplo de esta ironía del vivir?

2. ¿Has sido incitado o incitada alguna vez por una "dulce boca"? Explica.

Códigos para la comprensión

Códigos mitológicos: (1) El garzón de Ida era como un paje de Júpiter, el dios más poderoso del orbe, y parte de su obligación consistía en servirle vino y otros "licores sagrados" a su amo; (2) Cupido es el dios del amor, y siempre está representado como un angelito con flechas, con las cuales hiere a los amantes; (3) El castigo de Tántalo fue el tener que estar de pie en un río; cuando tenía sed y bajaba para beber agua, el río bajaba, y cuando tenía hambre y alzaba la mano para coger una manzana de una rama que se extendía sobre el río, la rama subía. Así, Tántalo no podía ni beber ni comer, aunque estaba rodeado de agua y comida. El verbo inglés *to tantalize* viene de este mito.

Código científico: La destilación es el proceso por el cual se calienta un líquido y luego se somete al frío con el propósito de condensarlo y también purificarlo.

Código bíblico: Una historia bíblica bien conocida es la que se cuenta en el Génesis de Adán y Eva en el jardín del Edén, donde Dios los puso permitiéndoles comer libremente de todos los árboles menos del de la sabiduría. Una serpiente, sin embargo, tentó a Eva a comer de la fruta del árbol prohibido; ésta lo hizo y luego se la dio a probar a Adán. Al desobedecer el mandato de Dios, el hombre y la mujer perdieron su inocencia e inmortalidad y fueron destinados a tener que laborar la tierra para poder comer. Aunque en la Biblia no se la menciona, desde la Edad Media se representó la fruta como una manzana.

"La dulce boca"

La dulce boca que a gustar convida   1
un humor[1] entre perlas distilado
y a no envidiar aquel licor sagrado
que a Júpiter ministra el garzón de Ida,

amantes, no toquéis, si queréis vida;   2
porque entre un labio y otro colorado
Amor está, de su veneno armado,
cual entre flor y flor sierpe escondida.

No os engañen las rosas que a la Aurora   3
diréis que aljofaradas[2] y olorosas
se le cayeron del purpúreo seno;

manzanas son de Tántalo, y no rosas,   4
que después huyen del que incitan ahora
y sólo del Amor queda el veneno.

---

[1] los líquidos del cuerpo
[2] *adj.* neologismo creado de aljófar, una perla pequeña y de poco valor

■———Pasos para la comprensión

1. Descifra los hipérbatos (recuerda que el hipérbaton consiste en alterar el orden regular de las palabras para conseguir un efecto poético), sobre todo los de la primera estrofa.

2. Descifra las metonimias (éstas están relacionadas con las metáforas, pero no se hace una comparación directa; la metonimia simplemente substituye un signo por otro, como cuando se dice *plata* en vez de *dinero*). Por ejemplo, el referente de las primeras dos estrofas es claramente una boca. Teniendo eso en cuenta, ¿qué son las perlas? ¿Qué es el humor?

   □ La próxima metonimia es aún más compleja: en la segunda estrofa se introduce el signo de los labios, que luego se comparan metafóricamente a una flor. ¿Qué se esconde entre las flores? Si el referente de estas estrofas es una boca, ¿qué representa metonímicamente la sierpe?

   □ Lo que está escondido entre los labios/pétalos es Amor. ¿A qué se refiere el signo *Amor* metonímicamente? (Consulta el *código mitológico*.) ¿A qué se refiere Góngora cuando dice que esta figura está armada con veneno?

3. ¿Cuáles son los tres signos del poema relacionados con líquidos? ¿Cuál es el referente de estos signos? Por lo tanto, ¿qué representan metonímicamente estos líquidos?

4. En el primer verso del segundo cuarteto se revelan los destinatarios del narrador. ¿Quiénes son?

   □ ¿Qué consejos les da el narrador a sus destinatarios?

   □ De aquí se puede sacar el mensaje de los dos cuartetos. ¿Cuál es?

5. Considera el proceso de la destilación consultando el *código científico*. Trata de explicar cómo los elementos del proceso (calor/frío, transformación, purificación) se relacionan con el mensaje de estas dos estrofas.

6. Los dos tercetos del soneto se introducen con "No os engañen las rosas." ¿Cuál es la vinculación de los signos del engaño y de las rosas con los dos cuartetos?

7. El signo de los aljófares es un buenísimo ejemplo del sistema polisémico del barroco. La polisemia es la capacidad del signo lingüístico de poseer varios significados.

   □ Busca la palabra *aljófar* en un diccionario de español. Ahora, veamos el valor metonímico del signo. Ya que el referente es una rosa, ¿qué es una rosa aljofarada?

   □ ¿Cuál es la diferencia entre una perla y un aljófar? ¿Cuál tiene más valor?

   □ ¿Se podría decir que el aljófar es un tipo de engaño? ¿Por qué?

   □ Ahora, explica la forma más completa posible el carácter polisémico del signo *aljófar,* y cómo su polisemia se relaciona con el mensaje del poema.

8. Explica por qué la figura mitológica de Tántalo está tan bien integrada en este poema. Considera, entre otras cosas, los signos relacionados con los líquidos, el signo del engaño y el mensaje del poema.

■——Pasos para una lectura más a fondo

1. El soneto contiene un código cultural respecto al hombre y la mujer. ¿Qué, por ejemplo, "convida" a los amantes a "gustar" —es la boca de un hombre o de una mujer? ¿Cómo se sabe?

   □ Si es la boca de la mujer, entonces, ¿a qué sexo de amantes se dirige el narrador?

   □ Explica el código cultural desde una perspectiva feminista, o sea, desde una perspectiva que trata de vislumbrar el papel de la mujer con respecto al del hombre en un texto literario.

2. A primera vista el signo de la manzana que se introduce en la última estrofa no parece estar relacionado con los otros del poema. Pero, después de un análisis más a fondo se empiezan a descubrir los vínculos.

   □ ¿Qué relación cromática existe entre la manzana y la rosa, los labios, y el "purpúreo" seno?

   □ ¿Qué asociación bíblica hay con la manzana y la sierpe? Consulta el *código bíblico*.

   □ De ese código bíblico tan enterrado en el poema, ¿se puede sacar una relación con el código cultural feminista del paso anterior?

3. El crítico estructuralista notaría dos isotopías (busca en el *Diccionario de términos literarios* del *Apéndice* el significado de esta palabra) en el poema que se entrecruzan formando una oposición binaria. Podríamos decir que estas isotopías en oposición se relacionan con la "atracción" y la "repulsión." Construye la isotopía completa de cada categoría y trata de explicar cómo se relaciona cada elemento con los connotadores (o sea, con la atracción y la repulsión).

   □ ¿Cómo se podría relacionar el proceso de la destilación con esta oposición binaria?

   □ ¿Y la figura metonímica de Cupido?

   □ ¿Y los aljófares?

   □ Ahora, explica cómo el mensaje del soneto adquiere su especial carácter a causa de esta oposición binaria de isotopías.

4. Un *topos* (el *topos* es un motivo usado con frecuencia en una época o por un escritor) recurrente del barroco es el del "engaño/desengaño." Explica cómo este soneto de Góngora se conforma al topo barroco.

5. En la crítica literaria hispánica se emplea el término *gongorismo* para referirse a la complejidad de la expresión poética barroca. Basándote en lo que has aprendido del sistema de comunicación barroco de Góngora, trata de definir con más detalle el término *gongorismo*.

Soneto CLXVI

Antes de leer

1. ¿Recuerdas lo que es el tema del *carpe diem?* ¿En qué obra del Capítulo 3 se vio este tema clásico? ¿Por qué crees que Góngora—un poeta tan original—emplearía un tema tan manoseado por los poetas del Siglo de Oro?

2. ¿Has visto envejecer a alguien en tu familia? ¿Qué cambios se perciben en su aspecto físico?

Código para la comprensión

Código literario y cultural: El arte y la literatura del Renacimiento popularizaron un tipo de belleza femenina de la mujer alta, rubia, de ojos claros, cuello largo y tez blanca. Este ideal fue captado magistralmente por Botticelli en su cuadro "El nacimiento de Venus," y ésta es la imagen de la mujer que Garcilaso, tanto como Góngora, describen en sus poemas.

"Mientras por competir con tu cabello"

Mientras por competir con tu cabello   1
oro bruñido al sol relumbra en vano,
mientras con menosprecio en medio el llano
mira tu blanca frente el lilio bello;

mientras a cada labio, por cogello,   2
siguen más ojos que al clavel temprano,
y mientras triunfa con desdén lozano,
del luciente cristal tu gentil cuello;

goza cuello, cabello, labio y frente,   3
antes que lo que fue en tu edad dorada
oro, lilio, clavel, cristal luciente,

no sólo en plata o vïola troncada[1]   4
se vuelva, mas tú y ello juntamente
en tierra, en humo, en polvo, en sombra, en nada.

■———Pasos para la comprensión

1. La poesía barroca trata de desorientar al lector, sobre todo al principio, y esto se consigue con los hipérbatos. El primer paso es descifrarlos. Vuelve a escribir cada estrofa en prosa siguiendo un orden sintáctico normal. Por ejemplo, la primera parte de la primera estrofa podría ser: "Por competir con tu cabello, el oro bruñido relumbra en vano al sol." O sea, la belleza y brillantez del oro alumbrado por el sol no puede competir con la belleza del cabello rubio de la mujer. Ahora, rescribe las demás y explícalas.

2. En este soneto Góngora compara partes del cuerpo de la mujer a elementos naturales.

   □ ¿A qué partes del cuerpo se refiere en los dos cuartetos?

   □ ¿A qué elementos de la naturaleza se compara cada parte del cuerpo?

   □ Entre estos elementos se encuentra una metonimia, o sea una referencia a algo que no se menciona explícitamente. ¿Qué crees que es el "luciente cristal"?

   □ Cada comparación está asociada con un color. ¿Cuáles son?

3. Hay una "competición" entre las partes del cuerpo de la mujer y los elementos naturales. ¿Cómo expresa Góngora esta rivalidad?

   □ Nota especialmente como el cuello "triunfa con desdén lozano." ¿Qué significa la lozanía? Explica esta maravillosa descripción.

4. Si el poema nos confunde en los cuartetos, todo se va aclarando en los tercetos. Nota cómo se acumulan los signos del cuerpo y sus colores en el primer terceto. Aquí se revelan las respuestas a las preguntas del paso 2. ¿Acertaste?

5. Hay una metonimia fundamental en el primer terceto: ¿a qué época de la vida se refiere la "edad dorada"?

6. En el último terceto se expresan las transformaciones que experimentará a la belleza de la mujer.

   □ ¿Qué dos verbos (uno en forma de participio pasado) usa Góngora para expresar esta transformación y cambio?

   □ ¿En qué dos colores se convertirán el oro, el blanco y el rojo?

   □ ¿Con qué asocias estos dos colores?

7. El soneto termina con una magnífica y famosa graduación descendiente. Explica el efecto que produce esta graduación.

---

[1] *lat.* color violeta truncada: aquí *fig.* no completa (o sea, color violeta débil)

8. ¿Cuál es el tema de este poema? Si no lo sabes, consulta el paso primero del soneto de Garcilaso de la Vega en el Capítulo 3.

■———Pasos para una lectura más a fondo

1. Los poemas de *carpe diem* de la tradición latina solían ser obras que exhortaban a la mujer a que disfrutara del amor mientras que fuera joven. El erotismo, por lo tanto, siempre forma parte de la poesía de este tipo. Veamos cómo un maestro como Góngora lo expresa implícitamente en el subtexto.

   ☐ Para captarlo tienes que buscar en el diccionario español los sentidos físicos de los verbos *coger* y *gozar*.

   ☐ Hay otros signos en el poema que pudieran relacionarse con el hombre exhortando a la mujer a disfrutar del amor. Busca en el diccionario español *lozanía* y *triunfar*. Explica cómo estos signos pudieran relacionarse con el tema amoroso.

2. El soneto es rico en matices cromáticos.

   ☐ Muchas veces estos signos se expresan metonímicamente, como el color rojo, que nunca se expresa explícitamente en el soneto. ¿Cómo se expresa?

   ☐ ¿Con qué signos se expresa a lo largo del poema el color amarillo implícita o explícitamente?

3. El poema termina en una graduación descendiente, pero hay otras graduaciones en el poema más escondidas y rebuscadas, típicas del barroco.

   ☐ El cabello se compara metafóricamente con el oro. ¿En qué se transforma el oro al final del poema? Por lo tanto, ¿qué podría representar el color plata con el referente de cabello?

Francisco de Quevedo y Villegas

■□■

1580–1645

Quevedo es una figura gigantesca y casi legendaria del barroco español, y es una de sus figuras más representativas. Escribe en prosa y poesía y se destaca en ambos géneros. En sus sonetos supo manejar el culteranismo barroco con agilidad; sus *Sueños* (1627), obra satírica-moral en prosa, son una de las críticas más despiadadas que existen de la sociedad española del siglo XVII; y su novela picaresca *La vida del Buscón* (de fecha incierta, pero escrita antes de 1625) representa el apogeo de ese subgénero en el siglo XVII. Es, no obstante, su obra cómica-satírica la que le ha dado tanto reconocimiento entre la gente de habla española. Pero Quevedo tiene aún otra cara; sus escritos religiosos, morales y políticos revelan una pasión seria y una profundidad de entendimiento alcanzada por pocos escritores de su época.

Sueños

Antes de leer

1. ¿Qué es más fácil y divertido, seguir el camino del bien y de la virtud, o el camino del placer? Explica. ¿Es posible andar por ambos caminos a la vez?
2. Si tú tuvieras que escribir una sátira de la sociedad norteamericana de nuestro tiempo, ¿qué tipos de personas y qué profesiones incluirías? ¿Por qué?

Código para la comprensión

Código de indumentaria: Los hidalgos españoles del Siglo de Oro vestían de un modo extravagante y afectado, con valones, que eran inmensos cuellos circulares con pliegues. También llevaban puños lujosos. Calzaban unas botas que llegaban hasta las rodillas y que se unían a la cintura por unas argollas.

En contexto

"Las zahúrdas de Plutón" es el tercer sueño de los *Sueños* de Quevedo. El segundo, al cual se refiere al principio de este sueño es el "Alguacil Alguacilado." En cada sueño Quevedo critica algún aspecto de la sociedad de su época. El sueño que se reproduce aquí es conocido también como "El sueño del infierno." Una zahúrda es un corral de cerdos y Plutón es el dios pagano del mundo subterráneo.

"Las zahúrdas de Plutón"

Discurso

Yo, que en el *Sueño* vi tantas cosas y en el *Alguacil Alguacilado* oí parte de las que no había visto, como sé que los sueños, las más veces, son burla de la fantasía y ocio del alma, y que el malo nunca dijo verdad, por no tener cierta noticia de las cosas que justamente se nos esconden, vi, guiado de mi ingenio, lo que se sigue, por particular providencia, que fue para traerme en el miedo la verdadera paz.   5

Halléme en un lugar favorecido de naturaleza por el sosiego amable, donde, sin malicia, la hermosura entretenía la vista, muda recreación y sin respuesta humana, platicaban las fuentes entre las guijas y los árboles por las hojas, tal vez cantaba el pájaro ni sé determinadamente si en competencia suya o agradeciéndoles su armonía. Ved cuál es de peregrino nuestro deseo, que no hallo paz en nada desto. Tendí los ojos, codicioso de ver algún camino por buscar compañía, y veo, cosa digna de admiración, dos sendas: que nacían de un mismo lugar, y una se iba apartando de la otra, como que huyesen de acompañarse.

Era la de mano derecha tan angosta,[1] que no admite encarecimiento,[2] y estaba, de la poca gente que por ella iba, llena de abrojos y asperezas y malos pasos. Con todo, vi algunos que trabajaban en pasarla; pero, por ir descalzos y desnudos, se iban dejando en el camino, unos, el pellejo; otros, los brazos; otros, las cabezas; otros, los pies, y todos iban amarillos y flacos. Pero noté que ninguno de los que iban por aquí miraba atrás, sino todos adelante. Decir que puede ir alguno a caballo es cosa de risa. Uno de los que allí estaban, preguntándole si podría yo caminar aquel desierto a caballo, me dijo:

—Déjese de caballerías y caiga de su asno.[3]

Y miré con todo eso, y no vi huella de bestia ninguna. Y es cosa de admirar que no había señal de rueda de coche ni memoria apenas de que hubiese nadie caminando en él por allí jamás. Pregunté, espantado desto a un mendigo, que estaba descansando y tomando aliento, si acaso había ventas en aquel camino o mesones en los paraderos. Respondióme:

—Venta aquí, señor, ni mesón, ¿cómo queréis que le haya en este camino, si es el de la virtud? En el camino de la vida—dijo—, el partir es nacer, el vivir es caminar, la venta es el mundo, y, en saliendo della, es una jornada sola y breve desde él a la pena o la gloria.

Diciendo esto, se levantó y dijo:

—Quedaos con Dios, que en el camino de la virtud es perder tiempo el pararse uno y peligroso responder a quien pregunta por curiosidad y no por provecho.

Comenzó a andar dando tropezones y zancadillas y suspirando. Parecía que los ojos, con lágrimas, osaban ablandar los peñascos a los pies y hacer tratables los abrojos.

—¡Pesia tal![4]—dije yo entre mí—; pues tras ser el camino tan trabajoso, ¿es la gente que en él anda tan seca y poco entretenida? ¡Para mi humor es bueno!

Di un paso atrás y salíme del camino del bien. Que jamás quise retirarme de la virtud que tuviese mucho que desandar ni que descansar. Volvíme a la mano izquierda y vi un acompañamiento tan reverendo, tanto coche, tanta carroza cargada de competencias al sol en humanas hermosuras y gran cantidad de galas y libreas,[5] lindos caballos, mucha gente de

---

[1] estrecha; *ant.* triste; penoso
[2] alabanza
[3] *Léase: "Déjese de ilusiones, que la senda de la virtud es difícil."*
[4] *interjección de enfado*
[5] uniformes de caballeros en festejos públicos

capa negra y muchos caballeros. Yo, que siempre oí decir: "Dime con quién andas y te diré quién eres," por ir con buena compañía puse el pie en el umbral del camino, y, sin sentirlo, 40 me hallé resbalado en medio de él, como el que se desliza por el hielo, y topé con lo que había menester; porque aquí todos eran bailes y fiestas, juegos y saraos; y no el otro camino, que, por falta de sastres, iban en él desnudos y rotos, y aquí nos sobraban mercaderes, joyeros y todos oficios. Pues ventas, a cada paso, y bodegones sin número. No podré encarecer qué contento me hallé en ir en compañía de gente tan honrada, aunque el camino estaba algo 45 embarazado,[6] no tanto con las mulas de los médicos como con las barbas de los letrados, que era terrible la escuadra dellos que iba delante de unos jueces. No digo esto porque fuese menos el batallón de los doctores, a quien nueva elocuencia llama ponzoñas[7] graduadas, pues se sabe que en las universidades estudian para tósigos.[8] Animóme para proseguir mi camino el ver, no sólo que iban muchos por él, sino la alegría que llevaban y que del otro 50 se pasaban algunos al nuestro y del nuestro al otro, por sendas secretas.

Otros caían que no se podían tener, y entre ellos fue de ver el cruel resbalón que una lechigada[9] de taberneros dio en las lágrimas que otros habían derramado en el camino, que, por ser agua, se les fueron los pies y dieron en nuestra senda unos sobre otros. Íbamos dando vaya[10] a los que veíamos por el camino de la virtud más trabajados. 55 Hacíamos burla dellos, llamábamosles heces del mundo y desecho de la tierra. Algunos se tapaban los oídos y pasaban adelante. Otros, que se paraban a escucharnos, dellos desvanecidos de las muchas voces y dellos persuadidos de las razones y corridos de las vayas caían y se bajaban.

Vi una senda por donde iban muchos hombres de la misma suerte que los buenos, y desde 60 lejos parecía que iban con ellos mismos, y, llegado que hube, vi que iban entre nosotros. Éstos me dijeron que eran los hipócritas, gente en quien la penitencia, el ayuno, que en otros son mercancía del cielo, es noviciado del infierno. Éstos hacen oficio la humildad y pretenden honra, yendo de estrado en estrado y de mesa en mesa. Al fin conocí que iban arrebozados[11] para nosotros; mas para los ojos eternos, que abiertos sobre todos juzgan el secreto más 65 oscuro de los retiramientos[12] del alma, no tienen máscara. Bien que hay muchos buenos; mas son diferentes déstos, a quien antes se les ve la disimulación que la cara y alimentan su ambiciosa felicidad de aplauso de los pueblos, y, diciendo que son unos indignos y grandísimos pecadores y los más malos de la tierra, llamándose jumentos,[13] engañan con la verdad, pues siendo hipócritas, lo son al fin. Iban éstos solos aparte, y reputados por más necios que los 70 moros, más zafios que los bárbaros y sin ley, pues aquéllos, ya que no conocieron la vida eterna ni la van a gozar, conocieron la presente y holgáronse en[14] ella; pero los hipócritas, ni la una ni la otra conocen, pues en ésta se atormentan y en la otra son atormentados. Y, en conclusión, déstos se dice con toda verdad que ganan el infierno con trabajos. 75

---

[6] con obstáculos que impedían el paso
[7] venenos
[8] administrar veneno
[9] cuadrilla de persones del mismo oficio
[10] broma
[11] ocultos, encubiertos
[12] las cosas ocultas
[13] asnos
[14] se aprovecharon de

Todos íbamos diciendo mal unos de otros: los ricos tras la riqueza, los pobres pidiendo a los ricos lo que Dios les quitó. Van por un camino los discretos, por no dejarse gobernar de otros; y los necios, por no entender a quien los gobierna, aguijan a todo andar. Las justicias llevan tras sí los negociantes; la pasión, a las malgobernadas justicias, y los reyes, desvanecidos y ambiciosos, todas las repúblicas.   80

Fuime allá por ver risa en el infierno, cosa tan nueva.

—¿Qué es esto?—dije.

Cuando veo dos hombres dando voces en un alto, muy bien vestidos con calzas atacadas.[15] El uno con capa y gorra, puños como cuellos y cuellos como calzas. El otro traía valones[16] y un pergamino[17] en las manos. Y a cada palabra que hablaban, se hundían siete u ocho mil   85 diablos de risa y ellos se enojaban más. Lleguéme más cerca para oírlos, y oí al del pergamino, que, a la cuenta, era hidalgo, que decía:

—Pues si mi padre se decía tal cual y soy nieto de Esteban tales y cuales, y ha habido en mi linaje trece capitanes valerosísimos y de parte de mi madre doña Rodriga desciendo de cinco catedráticos, los más doctos del mundo, ¿cómo me puedo haber condenado? Y tengo   90 mi ejecutoria[18] y soy libre de todo y no debo pagar pecho.[19]

—Pues pagad espalda—dijo un diablo.

Y diole luego cuatro palos en ellas, que le derribó de la cuesta. Y luego le dijo:

—Acabaos de desengañar, que el que desciende del Cid, de Bernardo y de Godofredo, y no es como ellos, sino vicioso como vos, ese tal más destruye el linaje que lo hereda. Toda la   95 sangre, hidalguillo, es colorada. Parecedlo en las costumbres y entonces creeré que descendáis del docto, cuando lo fuéredes o procuráredes serlo, y si no, vuestra nobleza será mentira breve en cuanto durare la vida. Que en la chancillería del infierno arrúgase el pergamino y consúmense las letras, y, el que en el mundo es virtuoso, ése es el hidalgo, y la virtud es la ejecutoria que acá respetamos, pues aunque descienda de hombres viles y bajos, como el con   100 divinas costumbres se haga digno de imitación, se hace noble a sí y hace linaje para otros. Reímonos acá de ver lo que ultrajáis a los villanos, moros y judíos, como si en éstos no cupieran las virtudes, que vosotros despreciáis.

Tres cosas son las que hacen ridículos a los hombres: la primera, la nobleza; la segunda, la honra; la tercera, la valentía. Pues es cierto que os contentáis con que hayan tenido vuestros   105 padres virtud y nobleza para decir que la tenéis vosotros, siendo inútil parto del mundo. Acierta a tener muchas letras el hijo del labrador, es arzobispo el villano que se aplica a honestos estudios, y los caballeros que descienden de buenos padres, como si hubieran ellos de

---

[15] calzada antigua que cubría las piernas y muslos
[16] calzones anchos con plieques al estilo de la época
[17] piel estirada que se empleaba para escribir privilegios y antecedentes nobiliarios
[18] probanza de nobleza
[19] tributo que se pagaba al rey (*los nobles estaban libres de pagar estas contribuciones*)

gobernar el cargo que les dan, quieren, ¡ved qué ciegos!, que les valga a ellos, viciosos, la virtud ajena de trescientos mil años, ya casi olvidada, y no quieren que el pobre se honre con   110
la propia.

Carcomióse el hidalgo de oír estas cosas, y el caballero que estaba a su lado se afligía, pe-
gando los abanillos[20] del cuello y volviendo las cuchilladas[21] de las calzas.

—Pues ¿qué diré de la honra mundana? Que más tiranías hace en el mundo y más daños
y la que más gustos estorba. Muere de hambre un caballero pobre, no tiene con qué vestirse,   115
ándase roto y remendado, o da en ladrón, y no lo pide, porque dice que tiene honra; ni quiere
servir, porque dice que es deshonra. Todo cuanto se busca y afana dicen los hombres que es
por sustentar honra. ¡Oh, lo que gasta la honra! Y llegado a ver lo que es la honra mundana,
no es nada. Por la honra no come el que tiene gana donde le sabría bien. Por la honra se
muere la viuda entre dos paredes. Por la honra, sin saber qué es hombre ni qué es gusto, se   120
pasa la doncella treinta años casada consigo misma. Por la honra, la casada se quita a su deseo cuanto pide. Por la honra, pasan los hombres el mar. Por la honra, mata un hombre a
otro. Por la honra, gastan todos más de lo que tienen. Y es la honra mundana, según esto, una
necedad del cuerpo y alma, pues al uno quita los gustos y al otro el descanso. Y porque veáis
cuáles sois los hombres desgraciados y cuán a peligro tenéis lo que más estimáis, hace de ad-   125
vertir que las cosas de más valor en vosotros son la honra, la vida y la hacienda. La honra está
en arbitrio de las mujeres; la vida, en manos de los doctores, y la hacienda, en las plumas de
los escribanos.

—Desvaneceos, pues, bien, mortales—dije yo entre mí—. ¡Y cómo se echa de ver que
esto es el infierno, donde, por atormentar a los hombres con amarguras, les dicen las   130
verdades!

Tornó en esto a proseguir y dijo:

—¡La valentía! ¿Hay cosa tan digna de burla? Pues no habiendo ninguna en el mundo sino
la caridad, con que se vence la fiereza de otros y la de sí mismo y la de los mártires, todo el
mundo es de valientes; siendo verdad que todo cuanto hacen los hombres, cuanto han   135
hecho tantos capitanes valerosos como ha habido en la guerra, no lo han hecho de valentía,
sino de miedo. Pues el que pelea en la tierra por defenderla, pelea de miedo de mayor mal,
que es ser cautivo y verse muerto, y el que sale a conquistar los que están en sus casas, a
veces lo hace de miedo de que el otro no le acometa y los que no llevan este intento, van
vencidos de la codicia.   140

—¡Ved qué valientes! ¡A robar oro y a inquietar los pueblos apartados, a quien Dios puso
como defensa a nuestra ambición mares en medio y montañas ásperas! Mata uno a otro,
primero vencido de la ira, pasión ciega, y otras veces de miedo de que le mate a él. Así,
hombres que todo lo entendéis al revés, bobo llamáis al que no es sedicioso,[22] alborotador y

---

[20] pliegues (*o sea, los cuellos anchos adornados de pliegues que se usaban en esa época*)
[21] aperturas en la ropa por las que se veía otra tela por debajo de distinto color o textura
[22] violento contra la autoridad

maldiciente; sabio llamáis al mal acondicionado, perturbador y escandaloso; valiente, al que   145
perturba el sosiego; y cobarde, al que con bien compuestas costumbres, escondido de las ocasiones, no da lugar a que le pierdan el respeto. Estos tales son en quien ningún vicio tiene
licencia.

—¡Oh, pesia tal!—dije yo—. Más estimo haber oído este diablo que cuanto tengo.

Dijo en esto el de las calzas atacadas[23] muy mohino:[24]   150

—Todo eso se entiende con ese escudero; pero no conmigo, a fe de caballero—y tornó a
decir caballero tres cuartos de hora—. Que es ruin término y descortesía. ¡Deben de pensar
que todos somos unos!

■——Pasos para la comprensión

1. En este "sueño" el narrador ve una senda que se bifurca en dos caminos distintos. ¿Qué son estos dos caminos opuestos?

2. ¿Por qué no le agrada al narrador el camino de la virtud?
   - ¿Por qué le atrae el otro camino?
   - ¿Qué significación tiene en este contexto el refrán que cita el narrador que dice "Dime con quién andas y te diré quién eres"?
   - Explica la ironía de emplear este refrán para justificar su abandono del camino de la virtud.

3. Hay un grupo de personas que andan por ambos caminos. ¿Quiénes son?
   - El narrador da un largo discurso sobre esta gente. Haz una lista de sus características.

4. El narrador oye una discusión entre dos hidalgos muy bien vestidos. ¿Qué dice uno de ellos respecto a su linaje? Un diablo le responde, criticando su concepto del honor basado en su sangre y herencia. Con este referente, explica lo que quiere decir el diablo con las siguientes sentencias:
   - "toda la sangre. . . es colorada"
   - "en la chancillería del infierno arrúgase el pergamino y consúmense las letras"
   - "el que en el mundo es virtuoso, ése es el hidalgo"
   - "aunque [se] descienda de hombres viles y bajos. . . con divinas costumbres. . . se hace noble a sí y hace linaje para otros"

5. El diablo da un largo discurso sobre la ridiculez de la honra. Con este referente, explica lo que quiere decir el autor con las siguientes sentencias:

---

[23] muy apretadas
[24] disgustado

☐ "Muere de hambre un caballero pobre. . . o da en ladrón, y no lo pide, porque dice que tiene honra"

☐ "Por la honra se muere la viuda entre dos paredes"

☐ "Por la honra, sin saber qué es hombre ni qué es gusto, se pasa la doncella treinta años casada consigo misma"

☐ "Por la honra, mata un hombre a otro"

☐ Por la honra, gastan todos más de lo que tienen"

6. El diablo intenta probar a partir de la línea 141 que la valentía es, en realidad, cobardía. ¿Qué ejemplos da? ¿Crees que tiene razón esta paradoja? Explica.

7. Al hablar de la valentía, el diablo hace una crítica severa de la conquista española de los pueblos del Nuevo Mundo. ¿Qué es lo que dice?

☐ ¿Crees que era común en esta época ver la cara negativa de la conquista? Explica.

8. El "sueño" termina con uno de los caballeros diciéndole al diablo que lo que ha dicho es verdad en cuanto a su adversario, pero no con respecto a él.

☐ ¿Qué nos dice este detalle sobre la naturaleza humana?

☐ ¿Por qué es este fin tan adecuado para el tipo de sátira que hace Quevedo?

■────**Pasos para una lectura más a fondo**

1. En el primer párrafo de este "sueño," Quevedo define el sueño como "burla de la fantasía" y "ocio del alma." ¿Qué pensamos hoy de los sueños?

☐ ¿Creemos que son "fantasía" y "ocio" o algo más serio?

☐ ¿Sabes lo que ha hecho que nuestro concepto de los sueños hayan cambiado? Explica.

2. En la segunda estrofa el narrador pinta una escena apacible y armoniosa de la naturaleza y confiesa que no le agrada—que busca otra cosa. Hay dos asuntos que comentar aquí.

☐ Primero, ¿qué representa la naturaleza, sobre todo cuando se contrasta con la vida urbana? (Piensa en lo que dice Fray Luis en "La vida retirada" en el Capítulo 3.)

☐ El narrador, al confesar que la belleza y armonía de la naturaleza no le satisfacen hace un tipo de autocrítica de sí mismo. Explica.

3. El mendigo de la senda de la virtud en las líneas 26 y 27 describe la vida de un modo fatalista. ¿Qué dice? ¿Están sus ideas de acuerdo con la doctrina de la Iglesia?

4. Al pasar al otro camino, el narrador siente que se resbala, "como el que se desliza por el hielo."

☐ ¿Qué implica el narrador con esta metáfora respecto al mundo en que ha entrado?

- ☐ Más adelante habla de otro resbalón que dio un grupo ("lechigada") de taberneros a causa de unas lágrimas que otros habían derramado. ¿Qué crítica podría encerrar este comentario?

- ☐ ¿Crees que los problemas del alcoholismo son algo nuevo de nuestra sociedad?

5. El narrador habla de dos grupos de personas que andan por ambas sendas. Un grupo son los hipócritas de quienes hemos ya hablado. Hay otros que pasan de un camino a otro por "sendas secretas."

   - ☐ Primero, describe el efecto fónico del signo *senda secreta*. El mismo narrador pasa de un lado a otro. ¿Y tú? En el camino de la vida, ¿sigues siempre la misma senda, o pasas del camino de la virtud al "otro" camino? Explica.

   - ☐ Desde un punto de vista artístico, ¿qué efecto produce el hecho de que el mismo narrador sea caminante de los dos caminos? Ten en cuenta que un narrador tiene mucho poder: es nuestro guía y lo que sabemos lo sabemos por su propia boca o escritos. Es un "pequeño dios." Cuando un narrador revela ser "humano" como nosotros, o un "pecador," ¿qué efecto produce en el lector?

6. En un momento descubrimos que andan diablos por este camino. ¿Por qué?

   - ☐ ¿En qué se diferencían estos diablos de lo que normalmente se piensa de los diablos? (Piensa en los discursos que hacen respecto a la nobleza, la honra y la valentía—los tres temas más sagrados de la sociedad española.)

   - ☐ ¿Cuál podría ser la razón de que los diablos sean sabios y discretos?

   - ☐ En las líneas 143-144, un diablo, dirigiéndose a la humanidad, empieza su discurso con estas palabras: "Así, hombres que todo lo entendéis al revés." Estas palabras podrían servir de código para decodificar el sentido de esta obra. Todo pasa al revés de lo que normalmente se esperaría. Trata de explicar cómo mucho de lo que pasa y lo que se dice en la obra se conforma a este motivo. Otro modo de abarcar este tema es pensar en las oposiciones binarias (por ejemplo, los valientes que actúan por su cobardía) y explicarlas dentro del *topos* de "todo pasa al revés."

7. Este "sueño" es un buen ejemplo del sistema cómico-satírico de Quevedo. Trata de caracterizar (y concretar) los valores fundamentales de este sistema. (Piensa, por ejemplo, en lo que dice el narrador: "¡Y cómo se echa de ver que esto es el infierno, donde, por atormentar a los hombres con amarguras, les dicen las verdades!")

"Enseña cómo todas las cosas avisan de la muerte"

Antes de leer

1. ¿Qué indicios se pueden percibir en un país o en una sociedad que indican que está en decadencia? ¿Crees que los Estados Unidos o su sociedad muestra algunos de esos indicios?

2. ¿Crees que el lujo exterior puede ser un disfraz de alguna deficiencia interior? Explica.

Código para la comprensión

Código histórico: A mediados del siglo XVII, cuando escribe Quevedo, el gran Imperio español estaba en plena decadencia. Las guerras de la Contrarreforma así como las de la conquista del Nuevo Mundo habían agotado el país. Quevedo, que pasó gran parte de su vida en la corte y era gran conocedor de la realidad española, sabría mejor que nadie la situación desesperada en que se encontraba su país.

"Miré los muros de la patria mía"

Miré los muros de la patria mía,	1
si un tiempo fuertes, ya desmoronados,	
de la carrera de la edad cansados,	
por quien caduca ya su valentía.	
Salíme al campo, vi que el Sol bebía	2
los arroyos del hielo desatados,	
y del monte quejosos los ganados,	
que con sombras hurtó su luz al día.	
Entré en mi casa; vi que, amancillada,[1]	3
de anciana habitación era despojos;	
mi báculo, más corvo y menos fuerte.	
Vencida de la edad sentí mi espada,	4
y no hallé cosa en que poner los ojos	
que no fuese recuerdo de la muerte.	

■———Pasos para la comprensión

1. Típico de la poesía barroca, este soneto está repleto de hipérbatos que se tienen que descifrar. Vuelve a escribir cada estrofa en prosa siguiendo un orden sintáctico normal. ¡Este paso no es fácil! Por ejemplo, la primera estrofa podría ser: "Miré los muros de la patria mía. Si en un tiempo eran fuertes, ahora están desmoronados y cansados de la carrera de la edad, y ya su valentía caduca." Ahora intenta hacerlo con la segunda estrofa. Nota que después del verbo *vi* la oración se bifurca en dos objetos paralelos: (1) el sol y (2) los ganados.

2. Este poema contiene un fuerte discurso histórico que se revela magistralmente en el subtexto.

---

[1] manchada; deslucida

□ Busca todos los signos del poema que pudieran tener algo que ver con la historia o con la guerra.

□ Trata de explicar estos signos teniendo en cuenta lo que sabes de la realidad histórica de España.

3. Un crítico estructuralista notaría el movimiento del narrador dentro del poema.

   □ ¿Dónde está en la primera estrofa?

   □ ¿En la segunda?

   □ ¿En la tercera?

   □ ¿Qué crees que significa este movimiento?

4. El poema también tiene que ver con la vejez (la vejez del poeta así como la pérdida de vigor del país). ¿Con qué signos expresa Quevedo este tema del soneto?

5. El tono pesimista del barroco se luce por todas partes de este soneto. Cita algunos ejemplos.

■——Pasos para una lectura más a fondo

1. La segunda estrofa es difícil de entender, pero sí se puede reaccionar al sentido de las acciones devastadoras.

   □ ¿Qué hace el sol a los arroyos?

   □ ¿Qué causa que no haya luz?

   □ ¿Cómo andan los ganados?

   □ ¿Qué ruido hacen los ganados?

   □ ¿Qué es el impacto cumulativo de estas acciones (arroyos secos, falta de luz, ganados sueltos y bramando, etc.)? Presta especial atención a los signos de "sol" y "luz."

   □ ¿Qué significantes pudieran tener dentro del discurso histórico del poema?

2. El subtexto histórico es mucho más sofisticado de lo que parece a primera vista.

   □ El signo del "báculo" introduce metonímicamente un discurso religioso. Trata de explicarlo después de considerar que a Cristo se le conoce como el "buen pastor." ¿Qué lleva en la mano un pastor? ¿Qué animales cuida?

   □ Nota también el adjetivo "desmoronado." ¿Encuentras dentro de este adjetivo el nombre de un grupo invasor del siglo VIII que tuvo un impacto formidable en la historia de España?

3. No se debe pasar por alto los efectos fónicos del soneto.

   □ ¿Qué semejanza fonética tiene la *m* y la *p*? Ahora describe el efecto de las aliteraciones del primer verso.

   □ ¿En qué vocal caen los acentos tónicos del último verso? ¿Qué ambiente crea el sonido de ese vocal? Explica ahora la aliteración del último verso.

Baltasar Gracián

◼ ☐ ◼

1601–1658

La prosa barroca adquiere su mayor soltura en la obra de este sacerdote jesuita. Es en su estilo conceptista y barroco, y su explotación de las posibilidades polisémicas del léxico castellano, que Gracián se alza por encima de sus contemporáneos. Leer un fragmento de la obra de Gracián es como leer un poema, porque emplea los mismos tropos y figuras retóricas, y, para captarla y apreciarla en toda su profundidad, hay que someterla al mismo análisis detenido de un poema. Hoy día, se encuentra tal estilo pesado, pero en el siglo XVII los lectores se deleitaban leyendo la prosa rebuscada, repulida y críptica. El lector actual que tenga la paciencia también puede sacar gran provecho de la prosa de Gracián, tanto en lo que dice como en cómo lo expresa.

El héroe

Antes de leer

1. ¿Has tenido miedo de algo (quizá una materia académica) pero luego de acostumbrarte a ello, has dejado de temerlo? Explica.

2. En las relaciones humanas, ¿crees que es buena idea no dejar que la gente sepa todo lo que estás pensando o todo lo que sabes? ¿Qué ventajas hay en ocultar parte de lo que sabes? ¿Qué problemas puede haber?

Código para la comprensión

Código biográfico: Fernando de Aragón (1452–1516), esposo de Isabel I de Castilla, reinó como rey de Aragón y, después de la muerte de su esposa, como regente de Castilla. Juntos, como los Reyes Católicos, forjaron la unidad de España tal como la conocemos hoy. Como eran copartícipes en su política, es difícil discernir el papel particular de Fernando, pero los historiadores suelen decir que se destacó en la política exterior por sus habilidades diplomáticas. No cabe duda que sus contemporáneos lo admiraban por esa destreza. Fernando es el príncipe perfecto renacentista para Machiavelli, y Gracián le rinde el mismo respeto.

En contexto

El héroe (1637) es un libro de consejos de cómo el hombre ha de comportarse para tener éxito en la vida. Cada consejo (llamado primor) constituye una lección. La filosofía de la vida de Gracián refleja el cinismo de una época de decadencia en España así como el desengaño del barroco.

Primor I

Que el Héroe Practique Incomprensibilidades de Caudal

Sea ésta la primera destreza en el arte de entendidos: medir el lugar con su artificio. Gran treta es ostentarse al conocimiento, pero no a la comprensión; cebar[1] la expectación, pero nunca desengañarla del todo; prometa más lo mucho, y la mejor acción deje siempre esperanzas de mayores.

Excuse a todos el varón culto sondarle el fondo a su caudal, si quiere que le veneren to- 5 dos. Formidable fue un río hasta que se le halló vado, y venerado un varón hasta que se le encontró término a la capacidad; porque ignorada y presumida profundidad, siempre mantuvo con el recelo[2] el crédito.

Culta propiedad fue llamar señorear[3] al descubrir, alternando luego la victoria sujetos; si el que comprende señorea, el que se recata nunca cede. 10

Compita la destreza del advertido en templarse con la curiosidad del atento en conocerle, que suele ésta doblarse a los principios de una tentativa.

Nunca el diestro en desterrar una barra[4] remató al primer lance; vase empeñando con uno para otro, y siempre adelantándolos.

Ventajas son de Ente Infinito[5] envidar[6] mucho con resto de infinidad. Esta primera regla 15 de grandeza advierte, si no el ser infinitos, a parecerlo, que no es sutileza común.

En este entender, ninguno escrupuleará aplausos a la cruda paradoja del sabio de Mitilene. Más es la mitad que el todo, porque una mitad en alarde[7] y otra en empeño, más es que un todo declarado.

Fue jubilado[8] en ésta como en todas las demás destrezas, aquel gran rey primero del Nuevo 20 Mundo, último de Aragón, si no el *non plus ultra*[9] de sus heroicos reyes.

Entretenía este católico monarca, atentos siempre, a todos sus conreyes, más con las prendas de su ánimo, que cada día de nuevo brillaba, que con las nuevas coronas que ceñía.

---

[1] *fig.* fomentar; alimentar
[2] la sospecha, la duda
[3] mandar, dominar
[4] referencia a un juego
[5] Ser Supremo
[6] apostar
[7] con ostentación (*o sea, lucir lo que se tiene*)
[8] Ver el paso 4 de *Pasos para una lectura más a fondo.*
[9] *lat.* el mayor

Pero a quien deslumbró este centro de los rayos de la prudencia, gran restaurador de la
monarquía goda, fue, cuando más, a su heroica consorte, después a los tahures[10] del palacio,   25
sutiles a brujulear el nuevo rey, desvelados a sondarle el fondo, atentos a medirle el valor.

Pero ¡qué advertido se les permitía y detenía Fernando, qué cauto se les concedía y se les
negaba!, y al fin ganóles.

¡Oh varón cándido de la fama! Tú, que aspiras a la grandeza, alerta al primor. Todos te
conozcan, ninguno te abarque; que con esta treta, lo moderado parecerá mucho, y lo mucho   30
infinito, y lo infinito más.

■────Pasos para la comprensión

1. Hay que entender el carácter polisémico del léxico de Gracián. En este primor
   emplea signos cuyos significantes tienen que ver con la terminología marítima y
   la del juego (naipes o esgrima).

   ☐ Busca en el diccionario los siguientes signos lingüísticos relacionados con la
   marina, notando sobre todo su sentido polisémico: *caudal, sondar, vado, templar,
   brujulear.*

   ☐ Busca también los siguientes referentes al juego: *destreza, treta, barra, rematar, envidar, resto, tahúr.*

2. Los primeros siete párrafos desarrollan la idea de que el héroe nunca debe dejarse conocer del todo a su adversario, ni dejar que nadie sepa totalmente de lo
   que uno es capaz. Teniendo eso en cuenta, explica el sentido de las siguientes
   oraciones:

   ☐ "Formidable fue un río hasta que se le halló vado, y venerado un varón hasta
   que se le encontró término a la capacidad"

   ☐ "Culta propiedad fue llamar señorear al descubrir" (*señorear* es dominar una
   cosa o mandar como dueño)

   ☐ "Ventajas son de Ente Infinito envidar mucho con resto de infinidad" (hay que
   saber el significado de *envidar* y *resto*)

   ☐ "Más es la mitad que el todo, porque una mitad en alarde y otra en empeño,
   más es que un todo declarado" (*alarde* es un desfile militar para mostrar la fuerza
   de un ejército; busca en el diccionario el sentido de *empeñar* y el doble sentido
   de *empeño*)

3. A partir de la línea 20 Gracián da un ejemplo concreto de un héroe que supo
   practicar esta destreza. Aunque menciona el nombre del rey Fernando el Católico
   en la línea 27 anteriormente se refiere a él sólo metonímicamente. ¿Cuáles son
   algunas de las frases que emplea Gracián para referirse al rey Fernando?

─────────
[10] expertos en el juego

4. El último párrafo contiene la lección sucintamente expresada. Explícala. Termina el párrafo con una gradación (recuerda la gradación con la cual Góngora termina su soneto "Mientras por competir con tu cabello"). Trata de explicar el sentido y el efecto de esta gradación ascendente.

■———Pasos para una lectura más a fondo

1. Gracián crea muchas isotopías de signos (en su forma más sencilla, las isotopías son agrupaciones de signos interrelacionados).

   ☐ En el primer párrafo, explica la isotopía compuesta de "destreza / arte / artificio / treta."

   ☐ Aunque ya lo has hecho, quizá sin saberlo, explica la isotopía del segundo párrafo compuesto de "sondar / caudal / río / vado / término / profundidad."

2. La prosa de Gracián contiene muchos valores auditivos y fónicos. Busca ejemplos de los siguientes efectos:

   ☐ aliteración

   ☐ ritmo

   ☐ eufonía

3. La ordenación sintáctica de sus oraciones es extraordinaria. Emplea mucho el hipérbaton y los paralelismos. Para estudiar este aspecto de su estilo, fijémonos en el segundo párrafo.

   ☐ Descifra los hipérbatos. Nota que cuando las oraciones se leen sin los hipérbatos, pierden mucha de su fuerza poética.

   ☐ Nota el paralelismo de la construcción de la segunda oración. Explícalo.

   ☐ Nota las aliteraciones del párrafo. ¿Qué efecto producen?

4. Gracián también emplea palabras de un modo muy original. Toma licencia poética, pero a la misma vez ensancha las posibilidades del castellano. Para ver esta característica, fijémonos en el adjetivo *jubilado* de la línea 20. El referente es el rey Fernando I que "fue jubilado en [esta destreza]."

   ☐ ¿Qué quiere decir normalmente *jubilarse* y *jubilado* en castellano?

   ☐ ¿Qué se puede decir de los conocimientos y la habilidad de una persona que ha trabajado cincuenta años en ello y al fin se jubila?

   ☐ Ahora, ¿puedes adivinar lo que quiere decir Gracián con este adjetivo?

   ☐ Pero hay otra connotación. Piensa en la palabra *jubileo*. ¿Cómo se sentiría Fernando al dominar esa destreza?

   ☐ Finalmente, ¿sabes lo que significa un *golden jubilee* en inglés? ¿Crees que tiene una relación etimológica con las palabras del latín?

Pedro Calderón
de la Barca

■□■

1600–1681

Aunque Lope de Vega (1562-1635) es el creador de la comedia española del Siglo de Oro, su máximo representante en la segunda mitad del siglo XVII es Calderón. Mientras el teatro de Lope contiene muchos elementos populares, Calderón se dirige a un público más selecto. Fue dramaturgo de la corte del rey Felipe IV (reinó entre 1621 y 1665), quien tenía como pintor de cámara a Velázquez (1599-1660), y cuya corte fue una de las más brillantes de la historia europea. El teatro de Calderón tiene en cuenta ese público culto y aristocrático, de modo que sus obras contienen más ideología filosófica que las de Lope y, como dramaturgo del barroco, tramas más complicadas. Mientras que Lope sigue siendo, dentro del mundo español, la figura cumbre de la comedia del Siglo de Oro, fuera de España siempre se ha estimado más la obra de Calderón, quizás por su contenido más profundo, el cual se acerca más al teatro de Shakespeare que el de Lope.

La vida es sueño

Antes de leer

1. ¿Has tenido alguna vez un sueño que te ha parecido completamente verdad? ¿Cómo reaccionaste?

2. Si estuvieras en prisión por muchos años, ¿cuáles serían algunas de las cosas que harías en cuanto salieras?

3. Los gobernantes tienen la obligación de servir los intereses de sus súbditos y no los propios. ¿Siguen esta regla todos los políticos? ¿Puedes citar algún ejemplo de tu propia vida cuando esta regla haya infringido?

En contexto

Al nacerle un hijo al rey Basilio, las estrellas pronostican que será un gobernante desalmado e inepto, de modo que el padre lo aleja de la corte para ser criado sin conciencia de ser príncipe, pero con un tutor que lo instruya. En el primer monólogo el príncipe Segismundo se queja de su condición de hombre encadenado y sin libertad. Cuando Segismundo llega a mayoría de edad, el rey Basilio se arrepiente de su decisión y decide traer a Segismundo a la corte para ver como se porta al ejercer su cargo. El plan consiste en drogar al príncipe, traerlo a la corte para que cuando se despierte crea que es el rey. Cuando Segismundo vuelve en sí, y ve que todos están dispuestos a hacer cualquier cosa que pida, abusa de su poder y hasta intenta violar a una mujer, Rosaura. Estas acciones confirman la profecía, así que Basilio lo droga de nuevo y lo devuelve a su prisión. El segundo monólogo se da cuando Segismundo vuelve en sí y se pregunta si lo que sintió fue realidad o un sueño. Luego hay una sublevación en el reino, y el pueblo demanda el retorno del príncipe, y liberan a Segismundo. De nuevo en la corte, Segismundo se da cuenta de su obligación de comportarse debidamente. En su cargo, se le presenta un gran dilema. Rosaura, la mujer que intentó violar y de quien se había enamorado, le pide al príncipe que le restituya su honor casándola con el hombre que la deshonró. El último monólogo de Segismundo trata de este dilema: gestionar como monarca justiciero o como hombre enamorado.

Primer soliloquio (Acto I)

¡Ay, mísero de mí! ¡Ay, infelice!

1

Apurar,[1] cielos, pretendo,
ya que me tratáis así,
qué delito cometí
contra vosotros naciendo;
aunque si nací, ya entiendo
qué delito he cometido.
Bastante causa ha tenido
vuestra justicia y rigor,
pues el delito mayor
del hombre es haber nacido.[2]

2

Sólo quisiera saber,
para apurar mis desvelos,
(dejando a una parte, cielos,
el delito de nacer)
qué más os pude ofender,
para castigarme más.
¿No nacieron los demás?
Pues si los demás nacieron,
¿qué privilegios tuvieron
que yo no gocé jamás?

3

Nace el ave, y con las galas
que le dan belleza suma,
apenas es flor de pluma,
o ramillete con alas,
cuando las etéreas salas[3]
corta con velocidad,
negándose a la piedad
del nido que deja en calma:
¿y teniendo yo más alma,
tengo menos libertad?

4

Nace el bruto, y con la piel
que dibujan manchas bellas,
apenas signo es de estrellas
gracias al docto pincel,[4]
cuando, atrevido y cruel,
la humana necesidad
le enseña a tener crueldad,
monstruo de su laberinto:[5]
¿y yo con mejor instinto
tengo menos libertad?

---

[1] averiguar
[2] *referencia al concepto teológico del pecado original*
[3] *metoninia por espacios celestes*
[4] *las brochas del creador que pinta las "manchas bellas" en el "bruto" (que será un tigre o leopardo)*
[5] *referencia mitológica al minotauro que el rey Minos encerró en un laberinto*

Nace el pez que no respira,
aborto[6] de ovas[7] y lamas,[8]
y apenas bajel de escamas
sobre las ondas se mira,
cuando a todas partes gira,
midiendo la inmensidad
de tanta capacidad
como le da el centro frío:[9]
¿y yo con más albedrío
tengo menos libertad?

Nace el arroyo, culebra   6
que entre flores se desata,
y apenas, sierpe de plata,
entre las flores se quiebra,
cuando músico celebra

5   de las flores la piedad
que le da la majestad
del campo abierto a su huída:
¿y teniendo yo más vida
tengo menos libertad?

En llegando a esta pasión,   7
un volcán, un Etna hecho,
quisiera arrancar del pecho
pedazos del corazón:
¿qué ley, justicia o razón
negar a los hombres sabe
privilegio tan süave,
excepción tan principal,
que Dios le ha dado a un cristal,
a un pez, a un bruto y a un ave?

■———Pasos para la comprensión

1. El discurso del soliloquio está construido a base de las leyes de la retórica clásica, que tenían como fin persuadir al público por la fuerza de su argumentación apoyada en pruebas. Haz un esquema de la estructura de este soliloquio y explica su estructura clásica, es decir: planteamiento, pruebas, conclusión.

2. En el planteamiento (primeros 21 versos) Segismundo se queja al cielo. ¿De qué?

3. Las pruebas contienen cuatro ejemplos. ¿Cuáles son? Explica el paralelismo entre los cuatro ejemplos (por ejemplo, ¿cómo termina cada prueba?).

   □ ¿Por qué elige estos cuatro ejemplos?

   □ ¿Qué tienen en común y en qué se diferencian?

4. El propósito de cada prueba (signo) es mostrar cómo logran su libertad. Explica cómo cada uno tiene libertad.

5. Cada signo está descrito poéticamente con diferentes tropos (por ejemplo, metáforas, metonimias, personificaciones, etc.).

   □ Explica con qué tropos describe Calderón el ave, el pez y el arroyo.

   □ ¿Qué crees que quiere decir Calderón cuando dice del bruto (un animal, una fiera) que "la humana necesidad / le enseña a tener crueldad"?

6. El soliloquio termina con una acumulación. Explica cómo este fin trae el discurso a una armoniosa conclusión.

---

[6] libre de

[7] algas

[8] lodo pegajoso y oscuro que se halla en mares, ríos o lagos

[9] las honduras del mar (*donde el agua es muy fría*)

Segundo soliloquio (Acto II)

Es verdad; pues reprimamos 1
esta fiera condición,
esta furia, esta ambición
por si alguna vez soñamos;
y sí haremos, pues estamos
en mundo tan singular,
que el vivir sólo es soñar;
y la experiencia me enseña
que el hombre que vive sueña
lo que es hasta despertar.

Sueña el rey que es rey, y vive 2
con este engaño mandando,
disponiendo y gobernando;
y este aplauso que recibe
prestado, en el viento escribe,
y en cenizas le convierte
la muerte (¡desdicha fuerte!).
¡Que hay quien intente reinar,
viendo que ha de despertar
en el sueño de la muerte!

Sueña el rico en su riqueza 3
que más cuidados le ofrece;
sueña el pobre que padece
su miseria y su pobreza;
sueña el que a medrar[1] empieza,
sueña el que afana y pretende,
sueña el que agravia y ofende,
y en el mundo, en conclusión,
todos sueñan lo que son,
aunque ninguno lo entiende.

Yo sueño que estoy aquí 4
destas prisiones cargado,
y soñé que en otro estado
más lisonjero me vi.
¿Qué es la vida? Un frenesí.
¿Qué es la vida? Una ilusión,
una sombra, una ficción,
y el mayor bien es pequeño;
que toda la vida es sueño,
y los sueños, sueños son.

■———Pasos para la comprensión

1. Las primeras palabras del discurso son una contestación a Clotaldo, su tutor, que le regaña por haberse comportado como una fiera en la corte. Claro, Segismundo creía que era un sueño, de modo que no importaba lo que hacía, a lo cual Clotaldo le dice que "aun en sueños / no se pierde en hacer bien." El soliloquio, por lo tanto, refleja la confusión de Segismundo entre la vida y el sueño. Explica cómo esa confusión se expresa en los versos 8–10 ("la experiencia me enseña / que el hombre que vive sueña / lo que es hasta despertar").

2. Para probar su teoría, Segismundo da varios ejemplos. Haz una lista de ellos.

3. En el discurso del príncipe se expresa una idea muy cristiana respecto a la vida mundanal. ¿Cuál es?

4. El discurso termina tratando de contestar la pregunta más profunda que la filosofía puede plantear: ¿Qué es la vida? La respuesta de Segismundo constituye uno de los discursos más famosos de la literatura española, semejante al discurso *To be or not to be* de Hamlet entre la gente de habla inglesa. Trata de explicar la fuerza de estos últimos versos, sin dejar de notar sus efectos fónicos.

---

[1] crecer; *fig.* mejorar su fortuna

Tercer soliloquio (Acto III)

Cielos, si es verdad que sueño,
suspendedme la memoria,
que no es posible que quepan
en un sueño tantas cosas.
¡Válgame Dios, quién supiera,   5
o saber salir de todas,
o no pensar en ninguna!
¿Quién vio penas tan dudosas?
Si soñé aquella grandeza
n que me vi, ¿cómo ahora   10
esta mujer me refiere
unas señas tan notorias?
Luego fue verdad, no sueño;
y si fue verdad—que es otra
confusión y no menor—   15
¿cómo mi vida le nombra
sueño? Pues ¿tan parecidas
a los sueños son las glorias,
que las verdaderas son
tenidas por mentirosas,   20
y las fingidas por ciertas?
¿Tan poco hay de unas a otras
que hay cuestión sobre saber
si lo que se ve y se goza
es mentira o es verdad?   25
¿Tan semejante es la copia
al original, que hay duda
en saber si es ella propia?
Pues si es así, y ha de verse
desvanecida entre sombras   30
la grandeza, y el poder,
la majestad, y la pompa,
sepamos aprovechar
este rato que nos toca,
pues solo se goza en ella   35
lo que entre sueños se goza.

Rosaura está en mi poder;
su hermosura el alma adora;
gocemos, pues, la ocasión;
el amor las leyes rompa   40
del valor y confïanza
con que a mis plantas se postra.
Esto es sueño; y pues lo es,
soñemos dichas ahora,
que después serán pesares.   45
Mas ¡con mis razones propias
vuelvo a convencerme a mí!
Si es sueño, si es vanagloria,
¿quién por vanagloria humana
pierde una divina gloria?   50
¿Qué pasado bien no es sueño?
¿Quién tuvo dichas heroicas
que entre sí no diga, cuando
las revuelve en su memoria:
"sin duda que fue soñando   55
cuánto vi?" Pues si esto toca
mi desengaño, si sé
que es el gusto llama hermosa,
que le convierte en cenizas
cualquier viento que sopla,   60
acudamos a lo eterno;
que es la fama vividora
donde ni duermen las dichas,
ni las grandezas reposan;
Rosaura está sin honor;   65
más a un Prícipe le toca
el dar honor que quitarle.
¡Vive Dios! que de su honra
he de ser conquistador,
antes que de mi corona.   70
Huyamos de la ocasión
que es muy fuerte.

■——Pasos para la comprensión

1. Al ver a Rosaura, la mujer de quien Segismundo se había enamorado, se confunde de nuevo. Segismundo expresa su confusión dando varios ejemplos. ¿Cuáles son?

2. Ya que Segismundo no encuentra límites entre la vida y el sueño, llega a una conclusión importante que expresa entre los versos 29 y 36. ¿Cuál es?

3. Comenta lo que significa el verso 51: "¿Qué pasado bien no es sueño?" ¿Estás de acuerdo?

   ☐ ¿Qué diferencia puede haber entre un momento de placer que tuviste y que ya pasó y algo que soñaste, puesto que ambos ya solamente existen en el pasado?

4. El soliloquio empieza a tomar un tono religioso entre los versos 61 y 64. ¿Qué es "lo eterno"? ¿Qué pasa en "lo eterno"?

5. Segismundo termina el soliloquio con una nueva conciencia de su deber como hombre y como príncipe. Explica. Al restaurar el honor de Rosaura, Segismundo se niega el placer de tenerla para él mismo. De este modo aprende una importante lección. ¿Cuál es?

■——Pasos para una lectura más a fondo

1. Por lo que sabes de los *topos* barrocos, ¿cómo son los discursos planteados por Segismundo en estos tres soliloquios, que claramente reflejan preocupaciones de la época?

2. Se ha dicho que todo el dilema existencial de *La vida es sueño* está contenido en estos tres soliloquios. ¿Qué dilema se plantea en cada soliloquio y cómo están relacionados?

Juan del Valle y Caviedes

■□■

¿1645–1697?

La veta satírica del barroco encuentra su mayor expresión americana en la obra de Caviedes. No hay elemento de la sociedad virreinal del Perú—desde los gobernantes y nobles hasta los esclavos y prostitutas—que se salven de la crítica acerba de este escritor, aunque son los médicos los que reciben los mayores latigazos. Como su obra es un vasto repertorio de tipos y costumbres de la sociedad colonial limeña, puede ser del interés tanto del historiador y sociólogo como del crítico literario. La abundancia y calidad de su producción satírica ha oscurecido su otra producción poética de temática amorosa, moral, elegíaca, religiosa y filosófica donde Caviedes se luce como un poeta versátil, profundo y original. Aunque se escuchan notas del gongorismo español, lo que más se destaca es el conceptismo de sus versos. Caviedes juega con las palabras con ingeniosidad, facilidad y naturalidad, aunque no es fácil para los lectores de hoy captar todo el sentido del mensaje de Caviedes por la complejidad de sus conceptos, los giros y voces limeños, y sus rebuscados juegos lingüísticos.

El diente del parnaso

Antes de leer

1. Si fueras madre o padre, ¿qué consejos le darías a tus hijos respecto a las relaciones amorosas?
2. Respecto a estas relaciones ¿Cuáles son algunas de las actitudes más comunes en nuestra sociedad?
3. ¿Cuál de estas actitudes te parece la más sensata? Explica.

Códigos para la comprensión

Código sociológico: La conquista española produjo un mestizaje racial entre europeos e indígenas y luego entre europeos y africanos. Los de raza mixta no gozaban de los mismos beneficios que los de linaje puro y, por lo general, eran de clase social inferior a los europeos.

Código histórico: El Consejo de Indias era el mayor ente administrativo de España para sus colonias. En el Consejo se llevaban a cabo los proyectos de la corona para las colonias así como el nombramiento de candidatos para los diversos puestos administrativos.

"A una vieja del Cuzco, grande alcahueta y revendedora de dos hijas mestizas como ella, le escribió este romance"

Una mestiza consejos 1
estaba dando a sus hijas,
que hay de mestizas consejos
como hay el Consejo de Indias.[1]

Al diablo se estaban dando 2
todas en cosas distintas:
la vieja se da por tercios,[2]
por cuartos[3] se dan las niñas.

"Cuando era dama, muchachas," 3
dijo la vieja maldita,
"cualquier galán me soplaba,[4]
aunque con todos comía."

Nunca tengáis fe con uno, 4
que las damas unitivas
ayunan luego al instante
que llega la primer riña.

---

[1]Véase *código histórico.*
[2]*Se refiere a la cantidad de dinero; el valor de la mitad de una carga que se lleva a lomo.*
[3]monedas de poco valor
[4]*ant. soplar a la oreja era dar aviso secreto (en este caso sería una propuesta amorosa)*

Tened siete[5] que otros tantos   5
tiene la semana días,
y al que no da, sea el suyo
de viernes o de vigilia.[6]

Caballeros no queráis   6
tan sólo por hidalguía,
que en vuestro trato tenéis
sobra de caballería.[7]

A nadie admitáis por versos,   7
porque es todo chilindrina,[8]
pues más vale un real en prosa
que en versos todas las Indias.

Por valiente a ningún jaque[9]   8
habéis de dar ni un mi vida,
que es de poco acuchilladas
el querer por valentías.

Dame y daréte ha de ser   9
el juego de vuestra esgrima
y a los que heridas os dieren,
les daréis vuestras heridas.

Nunca os fiéis de palabras   10
ni de esperanzas marchitas,
porque nunca dio alcanzada
el que no dio pretendida.[10]

Sabed que Cupido es ya   11
el eco de su voz misma,
y el que no admitiere el eco
ni aun la C ni B consiga.

A la dádiva primera   12
no os mostréis agradecida,
que el Amor se juega como
la veintiuna[11] en que envidan.[12]

Al primer favor que quieran,   13
envidad una mantilla;
si la dan y piden otro,
envidad manto y basquiñas.[13]

Si se consigue al tercero,   14
envidad joya y sortija;
al cuarto envidad el resto
del caudal de la rapiña.[14]

Y si dijere no quiero,   15
no os tendáis,[15] porque no obliga
el juego enseñar el punto
al que no quiere al que envida.

No tengáis gusto en amantes   16
porque os hallaréis perdidas,
que amor deja de ser trato[16]
haciéndolo golosina.[17]

Con los más ricos y feos,   17
haréis vuestra mercancía,
que los lindos quieren siempre
que les ferien las caricias.

Estos dan su amor en cambio   18
del amor de las más lindas,
y los otros desairados
dan el suyo y algo encima.

---

[5] *aquí, siete amantes*

[6] abstinencia de carne por precepto de la Iglesia (*o sea, si uno de los amantes no da clinero, no recibe carne*)

[7] *Se juega con caballeros y caballería; está relacionado con el acto sexual.*

[8] *ant.* cosa de poca importancia

[9] *fig.* bravucón, valentón (*o sea, un hombre que presume de valiente sin serlo*)

[10] instar a la mujer para que sea su novia y casarse con ella

[11] juego de naipes

[12] se apuesta contra alguien en el juego

[13] sayas

[14] saqueo (*lo que se roban los soldados después de ganar una batalla*)

[15] tenderse: enseñar todas las cartas para mostrar victoria o pérdida

[16] negocio

[17] cosa que se come con gusto

Nunca desprecies los viejos,
que estos son famosa mina,
pues nadie os ha de pagar
más caras las niñerías.

No desechéis los capones,[18]   20
porque mejor que la risa

19   de las delicias de amor
paga un capón las cosquillas.

Peje o rana a la capacha[19]   21
sin elección, hijas mías,
que a más moros, más ganancia
y a más amantes, más ricas

■———Pasos para la comprensión

1. Hay que decodificar los muchos juegos de palabras, que con frecuencia se agrupan en pares. Estos aparecen casi en cada estrofa pero vamos a enfocarnos en los siguientes; explica el juego en cada uno:
   □ consejos de mestizas / Consejo de Indias (estrofa 1)
   □ darse por tercios / darse por cuartos (estrofa 2)
   □ soplaba / comía (estrofa 3)
   □ caballeros / caballería (estrofa 6)

   Para entender el primero consulta el *código histórico,* teniendo en cuenta que los españoles llamaban sus colonias americanas "las Indias," y por extensión, *indios* a los habitantes. Por lo tanto, se juega con mestizas e indias.

2. Este romance satírico se compone de una serie de consejos que da una mujer a sus hijas respecto a las relaciones amorosas. Da un ejemplo de uno de estos consejos.

3. Varios de los consejos contienen sátiras o críticas de algún fenómeno social. Trata de explicar la crítica en las siguientes estrofas:
   □ sobre las clases sociales de la estrofa 6
   □ la literatura de la estrofa 7
   □ la valentía de la 8
   □ los hombres en la 10

4. Otras estrofas tratan humorísticamente la naturaleza humana. Trata de explicar esta característica en las siguientes estrofas: 12; 15; 17–18; 20.

5. En realidad, ¿qué está aconsejando la madre? El consejo se hace patente a partir de la estrofa 16, que es quizá la mejor del poema. Explica el sentido de dicha estrofa. ¿Qué opinas de este consejo?

6. ¿Por qué es este poema típico del barroco en cuanto a forma, tono y contenido?

---

[18] hombres castrados (¿aquí, impotentes?)

[19] *ant.* capazo; recipiente donde se ponen las provisiones para traerlas a casa (*aquí la idea es que se deje meter cualquier cosa en el capazo*)

■———Pasos para una lectura más a fondo

1. La forma "narrativa" del romance es mucho más compleja de lo que parece. Las teorías de la narratología entran en juego aquí, puesto que hay un complejo circuito de comunicación. Hay un narrador, que suponemos es el autor implícito, que crea una narradora, la madre mestiza, que tiene unas narratarias, sus hijas. Por lo tanto, el mensaje de la madre se halla dentro de un marco cuyo narrador es el autor implícito.

   □ ¿Quiénes son los destinatarios del mensaje del autor implícito? ¿Y de la madre mestiza?

   □ ¿Es objetivo o subjetivo el autor implícito? (Antes de contestar, lee la segunda estrofa.)

2. La narradora dentro del marco es mestiza, así como sus hijas narratarias. ¿Qué te comunica esto acerca de las actitudes sociales patente en el siglo 17?

3. La narradora aconseja con la ventaja de la experiencia, pues empieza sus consejos con "Cuando era dama." Parece que esas experiencias la han amargado de la vida, y sobre todo de los hombres y las relaciones lícitas. Explica el cinismo del mensaje, sobre todo en las estrofas 4–5; 9; 10; 16.

4. Hay dos sistemas de signos que resaltan en el poema: el de los juegos y el del dinero. Haz la isotopía de cada una:

   □ La de los juegos empieza en la estrofa 9 y tiene ejemplos hasta la 15.

   □ La del dinero comienza en la estrofa 16 y continúa hasta el final.

   □ Explica por qué estos dos sistemas de signos son apropiados para el mensaje de la narradora.

5. Como se sabe, nosotros no somos los lectores a quienes fue dirigida esta obra, y por lo tanto hay referencias en el poema que no son fáciles de entender. Esto se complica con el conceptismo y carácter rebuscado de la poesía barroca. Un ejemplo sería la estrofa 11. ¿Por qué es Cupido el eco de su propio nombre? ¿Qué será conseguir la C o la B? No se espera que sepas contestar estas preguntas, aunque es posible que alguien las entienda, y valdría la pena intentar explicarlas dentro del sistema de significación de la obra. Son los filólogos los que se dedican a desentrañar el sentido de estas referencias oscuras, así como a establecer el texto correcto y fidedigno de obras antiguas que nos llegan por vía de manuscritos, como ésta de Caviedes.

6. La crítica feminista notaría ciertas características de este poema respecto a los usos amorosos y la realidad social de la colonia en el siglo XVII. Por ejemplo, ¿qué se puede decir de la disparidad entre el punto de vista del narrador masculino del marco y la narradora dentro del marco?

☐ ¿Cómo se percibe la amargura o decepción respecto a las relaciones amorosas? Fíjate en las estrofas 9, 10 y 11. En ellas se refiere la narradora a una "equitación" entre el hombre y la mujer. Explica.

7. Un lector o lectora opuesta al feminismo se quejaría del modo en que se pinta a los hombres en este poema. ¿Qué características negativas o burlescas respecto a los hombres se perciben en el poema, sobre todo a partir de la estrofa 17?

Sor Juana Inés de la Cruz

■☐■

1651–1695

Heredera digna de la tradición barroca de Góngora y Quevedo en el Nuevo Mundo, Sor Juana representa el cenit de la expresión culta de la época colonial. Insatisfecha en la corte virreinal de México, Sor Juana se metió a monja para dedicarse mejor al estudio y la escritura. Se dice que su claustro en el convento jerónimo de la capital era una auténtica academia de sabiduría, con una inmensa biblioteca y visitas de los genios más destacados del virreinato. Cultivó casi todas las formas poéticas populares de su época, incluso el teatro. Si en sus sonetos sigue el modelo del conceptismo barroco de Góngora y los otros maestros españoles, su obra no carece de originalidad, sobre todo en su contenido humano. Aunque el movimiento feminista ha avanzado mucho el estudio de la obra de Sor Juana, mucho antes de que existiera un interés por las letras femeninas se le consideraba a la monja mexicana la figura cumbre de las letras coloniales. Su elocuente prosa y poesía en defensa de las mujeres—sobre todo su capacidad intelectual—ofrece una nota de modernidad a su expresión barroca.

Redondillas

Antes de leer

1. Hoy día se habla mucho de la falta de respeto que sufren algunas mujeres por parte de los hombres en el ámbito del trabajo. ¿Crees que es algo nuevo o que siempre ha existido? Explica.

2. ¿Crees que hoy en día existe un *double standard* en cuanto a los hombres y mujeres? Explica.

Códigos para la comprensión

Código femenino: La mujer en la época del Siglo de Oro llevaba una vida sumamente limitada. Se ha dicho que sus opciones eran la de ser o esposa o la de meterse a monja; la mujer honrada que no seguía una de estas vías se quedaba soltera, para "vesitr santos." Toda la honra de una mujer se basaba en la opinión pública. Los hombres, como se había de esperar, constantemente trataban de seducir a la mujer, pero sólo se casaban con las mujeres de buena reputación.

Código clásico: Thais era cortesana griega con fama de ser liviana. Lucrecia, por otra parte, era romana, y se suicidó al ser violada por un hombre que no era su esposo. Por esto, Lucrecia representa la fidelidad conyugal.

"Arguye de inconsecuencia el gusto y la censura de los hombres, que en las mujeres acusan lo que causan"

Hombres necios que acusáis
a la mujer sin razón,
sin ver que sois la ocasión
de lo mismo que culpáis: 1

si con ansia sin igual
solicitáis su desdén,
¿por qué queréis que obren bien
si las incitáis al mal?   2

Combatís su resistencia
y luego, con gravedad,
decís que fue liviandad
lo que hizo la diligencia.   3

Parecer quiere el denuedo[1]
de vuestro parecer loco,
al niño que pone el coco[2]
y luego le tiene miedo.   4

Queréis, con presunción necia,
hallar a la que buscáis,
para pretendida, Thais,
y en la posesión, Lucrecia.   5

¿Qué humor puede ser más raro
que el que, falto de consejo,
él mismo empaña el espejo
y siente que no esté claro?   6

Con el favor y el desdén
tenéis condición igual,
quejándoos, si os tratan mal,
burlándoos, si os quieren bien.   7

Opinión, ninguna gana;
pues la que más se recata,
si no os admite, es ingrata,
y si os admite, es liviana.   8

Siempre tan necios andáis
que, con desigual nivel,
a una culpáis por crüel
y a otra por fácil culpáis.   9

¿Pues cómo ha de estar templada[3]
la que vuestro amor pretende,
si la que es ingrata, ofende,
y la que es fácil, enfada?   10

---

[1] *poet.* valor y brío al acometer una empresa

[2] un ser endemoniado de la fantasía con el cual se asusta a los niños para que obedezcan

[3] *fig.* perfecta (*ni muy fría ni muy caliente*)

Mas entre el enfado y pena   11
que vuestro gusto refiere,
bien haya la que no os quiere,
y quejaos en hora buena.

Dan vuestras amantes penas   12
a sus libertades alas,
y después de hacerlas malas
las queréis hallar muy buenas.

¿Cuál mayor culpa ha tenido,   13
en una pasión errada:
la que cae de rogada,
o el que ruega de caído?

¿O cuál es más de culpar,   14
aunque cualquiera mal haga:

la que peca por la paga,
o el que paga por pecar?

¿Pues para qué os espantáis   15
de la culpa que tenéis?
Queredlas cual las hacéis
o hacedlas cual las buscáis.

Dejad de solicitar,   16
y después, con más razón,
acusaréis la afición
de la que os fuere a rogar.

Bien con muchas armas fundo   17
que lidia vuestra arrogancia,
pues en promesa e instancia
juntáis diablo, carne[4] y mundo.[5]

■———Pasos para la comprensión

1. ¿Quién es el narrador (o narradora) de este poema?
   □ ¿En algún momento se revela que es una mujer?
   □ ¿Qué indicios tenemos que de a lo mejor lo es?
2. La primera estrofa es una introducción al poema en que la narradora revela explícitamente su mensaje y sus destinatarios. ¿Cuál es su mensaje? ¿Quiénes son sus destinatarios?
3. A pesar de lo explícito del mensaje, el referente de ese mensaje no es tan claro, pero cuando se aclara, todo el poema tiene más sentido.
   □ Cuando el narrador dice en la primera estrofa que los hombres acusan a la mujer, ¿de qué las acusan?
   □ En la segunda estrofa cuando dice que son los hombres los que incitan a la mujer al mal, ¿a qué la incitan? y ¿qué es el *mal?*
4. En cada estrofa del poema la poeta da ejemplos para apoyar su tesis.
   □ ¿Se nota un desarrollo de una idea a otra o es cada estrofa una idea independiente?
   □ ¿Qué une las estrofas?

---
[4] lo físico
[5] lo material, lo no espiritual

5. La oposición binaria aparece en muchas estrofas para expresar el mensaje. Esa oposición se establece desde la primera estrofa con *hombres / mujeres*. Identifica la oposición binaria explícita en las siguientes estrofas: 2, 5 (consulta el *código clásico*), 7, 8, 12.

6. En muchas estrofas la poeta emplea una frase adverbial para dar mayor énfasis a las acciones de los hombres. Esa característica estilística también aparece desde la primera estrofa con "sin razón." Busca otros ejemplos de este fenómeno en el poema.

7. El narrador pinta un cuadro bastante negativo del hombre.

   ☐ Identifica algunas de estas características perjudiciales.

   ☐ ¿A qué compara al hombre metafóricamente en la estrofa 4?

8. Al mismo tiempo, la mujer es siempre la víctima. Explica.

   ☐ ¿Qué serie de ultrajes y ofensas sufre la mujer a mano de los hombres?

   ☐ ¿Tienen las mujeres ardides para defenderse?

   ☐ ¿Quién es su defensora? Fíjate en la última estrofa.

   ☐ ¿Qué implica todo esto en cuanto a la situación de la mujer en las colonias españolas en el siglo XVII?

■——Pasos para una lectura más a fondo

1. Caracteriza la forma poética que emplea Sor Juana.

   ☐ ¿Cuántas sílabas contiene cada verso?

   ☐ ¿Cómo es la rima? ¿Qué esquema sigue?

   ☐ Esta forma métrica se llama redondilla y es una forma más popular que culta. ¿Por qué crees que Sor Juana utilizaría una forma poética popular para este tipo de mensaje?

2. La estrofa más barroca es la 13.

   ☐ Las expresiones adverbiales *de rogada* y *de caído* pintan un cuadro visual. Cuando un hombre le ruega a una mujer, ¿en qué posición suele estar?

   ☐ Las expresiones adverbiales tienen formas adjetivas (*derogada* y *decaído*) que también tienen sentido en el poema. Busca en el diccionario español sus sentidos. Ahora explica cómo esas formas adjetivas funcionan perfectamente bien en el mensaje de la estrofa. O sea, ¿cómo tiene tanto sentido la mujer que "cae de rogada" como la que "cae derogada"?

3. En la estrofa 14, ¿cuál es el referente de pecar y pagar? Otra vez, el referente no es tan claro, pero podemos identificarlo fácilmente pensando en lo que paga un hombre para pecar.

   ☐ La oposición *pecar/pagar* también contiene una forma semántica entre sustantivo y verbo: *el que peca/pecar; la paga/pagar*. Trata de explicar aún más a fondo este juego semántico de oposiciones, sin dejar de considerar su efecto fónico.

☐ Hoy día pensamos que el hombre tiene tanta responsibilidad moral como la mujer, pero en la época de Sor Juana, ¿crees que la gente pensaba de ese modo? Explica.

4. Vale la pena explorar el signo del espejo de la estrofa 6.

☐ Explica lo que quiere decir el narrador en los últimos dos versos de la estrofa.

☐ ¿Qué hace un espejo?

☐ ¿Qué representa el espejo metonímicamente en este poema?

☐ Si el hombre se refleja en el espejo, y si el espejo está empañado, ¿qué ironía contiene este signo?

5. En la última estrofa el narrador resume su crítica de los hombres diciendo que representan la combinación de "diablo, carne y mundo." Trata de explicar lo que significa cada uno de estos signos. Podrás entender mejor el siglo de *mundo* después de leer y analizar el soneto a continuación.

Soneto

Antes de leer

1. Hoy en día, una mujer muy preparada, capaz e inteligente, ¿puede, en tu opinión, incomodar a su jefe masculino a causa de estar tan bien cualificada? Explica.

2. ¿Conoces a alguna mujer en tu familia que sea muy inteligente, pero que por ser mujer no haya podido educarse adecuadamente para llegar a ser una profesional? ¿Quién es? Explica su historia.

3. ¿Crees que una monja puede tener preocupaciones intelectuales y mundanales o se debe dedicar exclusivamente a la contemplación, obediencia y labor comunitaria? Explica.

Código para la comprensión

Código biográfico: Sor Juana tuvo muchos problemas con las autoridades eclesiásticas durante su vida, precisamente por su inteligencia y sabiduría. Su dedicación al estudio y a la escritura, y no a los cumplimientos de la orden, que eran la contemplación y la ejecución de obras comunitarias y de caridad, no encuadraba con la imagen de una monja de aquella época. Los asuntos de sus escritos tampoco agradaban a las autoridades, puesto que no escribía sobre temas religiosos, sino mundanales. En los últimos años de su vida la forzaron a vender su biblioteca e instrumentos científicos y dedicarse exclusivamente a las labores de la orden. En el soneto "En perseguirme, Mundo" parece defenderse de sus detractores.

"Quéjase de la suerte: Insinúa su aversión a los vicios, y justifica su divertimiento a las musas"

¿En perseguirme, Mundo, qué interesas?   1
¿En qué te ofendo, cuando sólo intento
poner bellezas en mi entendimiento
y no mi entendimiento en las bellezas?

Yo no estimo tesoros ni riquezas;   2
y así, siempre me causa más contento
poner riquezas en mi pensamiento
que no mi pensamiento en las riquezas.

Y no estimo hermosura que, vencida,[1]   3
es despojo civil[2] de las edades,
ni riqueza me agrada fementida;[3]

teniendo por mejor, en mis verdades,   4
consumir vanidades de la vida
que consumir la vida en vanidades.

■——Pasos para la comprensión

1. Explica lo que es una apología. ¿Por qué es este soneto un ejemplo?

2. ¿De qué parece que se defiende Sor Juana en este poema? O sea, ¿de qué la han criticado?

3. En el primer verso se encuentra un apóstrofe. ¿A quién se dirige el narrador (y vamos a suponer que es Sor Juana) en este soneto?

4. ¿Qué pudiera significar *Mundo*? Consulta el *código biográfico:* Sor Juana es una monja que se supone que lleva una vida contemplativa y enclaustrada separada del "Mundo."

5. Los dos cuartetos y el último terceto contienen una antítesis: *belleza/entendimiento, riqueza/pensamiento* y *vanidad/vida.* Explica el sentido de cada una. Por ejemplo, ¿Cuál es la diferencia entre "poner riquezas en mi pensamiento" y "poner mi pensamiento en las riquezas"?

6. En el primer terceto (el que no contiene una antítesis) da razones más concretas para explicar por qué ella rechaza la hermosura y la riqueza. ¿Qué razones da la poeta?

---

[1] anulada; ya pasada
[2] *ant.* mezquino; vil
[3] *ant.* (si es) falsa; engañosa

☐ Para poder contestar hay que descifrar el hipérbaton: "hermosura vencida" y "riqueza fementida." Finalmente, tienes que entender lo que significan los adjetivos *vencido* y *fementido.*

7. ¿Crees que Sor Juana hace una buena apología a sus detractores? Explica.

■———Pasos para una lectura más a fondo

1. El soneto empieza con "En perseguirme." ¿Cuál es la diferencia entre *seguir* y *perseguir*? Explica por qué el verbo *perseguir* funciona mucho mejor dentro del sistema de significación de este poema.

2. La última estrofa termina en un *tour de force* de aliteración. Para apreciarlo hay que entender algo de fonología castellana.

   ☐ Los sonidos de las letras *m, p, b* y *v* son bilabiales porque para pronunciarlas hay que juntar el labio superior con el inferior. Pronuncia estos sonidos para comprobar este hecho.

   ☐ Los sonidos alveolares requieren que la punta de la lengua toque el cielo de la boca, como en los sonidos *t, d, n, r* y *l*. Pronuncia estas letras para comprobar este fenómeno. Es por eso que cuando se habla por teléfono y se deletrea una palabra, es difícil distinguir entre la *t* y la *d,* porque tienen prácticamente el mismo sonido.

   ☐ Ahora, nota cómo casi todas las consonantes de la estrofa son bilabiales o alveolares.

   ☐ Y fíjate también cómo Sor Juana alterna armónicamente entre ambos sonidos. Lee en voz alta esta última estrofa para apreciar su belleza auditiva.

3. Si has leído los sonetos de Góngora y Quevedo de este capítulo, podrás notar algunas diferencias en las formas de expresión de cada poeta.

   ☐ ¿Cuál es más barroco y culteranista en su expresión?

   ☐ ¿Cuál es más intelectual y conceptista?

   ☐ ¿Cuál es más fácil de entender?

   ☐ ¿Cuál contiene un mensaje más personal y humano?

CAPÍTULO 7

EL ROMANTICISMO

■■■

 Consulta www.prenhall.com/momentos y lee un ensayo de orientación a este capítulo.

A lo largo del siglo XVIII se fueron derrumbando, uno por uno, los conceptos y valores que habían servido de cemento al régimen político, económico y social de los siglos XVI y XVII en Europa. En el campo de la filosofía John Locke (1638–1704) y David Hume (1711–1776) pusieron en tela de juicio la razón como único proceso para guiar la vida o de distinguir entre el bien y el mal, mostrando que los sentimientos también tenían la capacidad de dirigir al hombre a tomar decisiones justas y buenas. En Francia, Jean-Jacques Rousseau (1712–1778) escribió sobre la obligación del estado de asegurar el bienestar de sus súbditos; a raíz de estas ideas se fomentaron revoluciones como la norteamericana (1776) y la francesa (1789), que pusieron fin a los regímenes coloniales y monárquicos y divulgaron constituciones democráticas que concedían libertades y derechos a sus ciudadanos. Adam Smith (1723–1790) propuso nuevas teorías económicas que explicaron cómo el libre intercambio comercial podía crear prosperidad económica para las multitudes. Estas ideas, junto con los avances científicos y tecnológicos de la época, produjeron una revolución industrial que alteró por completo la sociedad europea, creando nuevas clases sociales de trabajadores y burgueses. El romanticismo—ese gran movimiento cultural que inicia la época moderna—fue en gran parte la reacción ante ese complejo y perplejo período de transición entre el antiguo régimen y el mundo moderno.

Tradicionalmente, el romanticismo como movimiento cultural—literario, artístico, musical, etc.—se ha explicado como una reacción al clasicismo grecorromano que había dominado y guiado la cultura europea hasta ese momento, y que se había intensificado a lo largo del siglo XVIII. El clasicismo se expresa con normas y reglas fijas preestablecidas (como las unidades del tiempo, el espacio y la acción en el teatro), pero el romanticismo se libra de todo lo proscrito y sigue los instintos de la imaginación y el gusto particular. Frente al orden, la serenidad, la simetría y la objetividad del clasicismo, al temperamento romántico no le estorba la turbación, lo violento y lo apasionado; el subjetivismo y la libertad artística son sus guías. El artista clásico imita e intenta perfeccionar lo que se ha hecho antes; el romántico destruye las fórmulas del pasado y abre sus propios caminos.

España había sufrido un descenso político y económico durante el siglo XVII. En 1700, al morirse sin heredero el último rey Habsburgo, las casas monárquicas europeas lucharon para tomar el control de la corona española, que a pesar de su ocaso seguía teniendo el imperio más extenso de Europa. Los Borbones franceses salieron victoriosos de la Guerra de la Sucesión española, y dominaron la historia española del siglo XVIII. El cambio monárquico trajo ideas frescas a un país agotado por la tradición y, poco a poco, España se fue recuperando y renovando. El rey Carlos III (quien reinó entre 1759 y 1788) construyó un Madrid moderno—aún visible hoy—para competir con París, mejoró los servicios públicos y la educación, promovió el comercio, y hasta declaró leyes para borrar los estigmas sociales anticuados que consideraban las labores manuales una deshonra para la familia. Para finales del siglo XVIII, España y sus colonias estaban en una buena posición para retomar un sitio de importancia en los asuntos europeos y participar en la emergente "revolución" romántica.

El mejor ejemplo de que las ideas de libertad, progreso e igualdad empezaban a echar raíces en España se encuentra en la figura imponente de Francisco de Goya (1746–1828). Su obra expresa, mejor que la de ningún otro pintor europeo de su época, el espíritu innovador del romanticismo así como los principios del arte moderno con su estilo libre y subjetivo, su explícito comentario político, moral y social, su visión escéptica de la vida y su portentosa imaginación. Pero el espíritu de renovación no duró en España. La Revolución francesa de 1789, que puso fin a la monarquía, la nobleza y el papel de la iglesia en asuntos civiles, inquietó a esas mismas instituciones en España y, temiendo que se exportara el espíritu revolucionario a la Península, los Borbones cerraron las puertas que habían abierto un siglo antes a la modernidad. De un día a otro, la monarquía española abandonó su agenda progresista y abrazó los valores tradicionales del pueblo, la Iglesia y la nobleza. La invasión de España por Napoleón en 1808 trajo esperanzas a los españoles progresistas y a la nueva generación romántica. El país se dividió en dos bandos: los "afrancesados," que abrazaban los nuevos cambios, y los "tradicionalistas," que se oponían a ellos. Esta división, que la historiografía hispánica ha denominado "las dos Españas," tomaría muchas formas a lo largo de la historia y culminaría en la brutal Guerra Civil entre 1936 y 1939.

El rey Fernando VII (quien reinó entre 1813 y 1833), al terminar la lucha contra Napoleón, se negó a aceptar una monarquía constitucional que los afrancesados demandaban, y empezó una nueva Inquisición para perseguir a sus enemigos políticos. La joven generación romántica, para evitar la persecución, tuvo que marcharse al exilio. Cuando regresaron a España después de la muerte de Fernando VII en 1833, las grandes figuras del movimiento romántico europeo—Lord Byron, Victor Hugo, Schiller—ya habían producido sus grandes obras. Los españoles no tuvieron más remedio que imitarlos. Sin embargo, el espíritu más abierto que surgió a partir de 1833 creó un brío cultural que España no había sentido desde el siglo XVII.

En Hispanoamérica, cuyos países se habían aprovechado de la situación tumultuosa en España para independizarse, también sintieron el nuevo espíritu romántico y respondieron con sus plumas. El sueño de Simón Bolívar (1783–1830) de formar unos "Estados Unidos del Sur" semejante a los de Norteamérica, pronto se desvaneció al surgir en casi todas las nuevas repúblicas fuertes caudillos que querían tomar el poder por su propia cuenta. Hispanoamérica, desgraciadamente, pasó de la opresión de España a la "barbarie" (como lo llamaría Sarmiento) de los dictadores. Pero la lucha contra las dictaduras también encuadraba con la agenda y la estética románticas. En Argentina este fenómeno produjo sus mayores frutos en la reacción a la dictadura de Juan Manuel Rosas (quien gobernó entre 1835 y 1852), sobre todo en escritos como "El matadero" de Esteban Echeverría, la novela *Amalia* (1852) de José Mármol y los ensayos de Domingo F. Sarmiento (1811–1888). Esta producción literaria formó la base de una literatura nacional argentina sobre la cual se pudo levantar una segunda generación de escritores románticos que pintaron magistralmente ese tipo real y mítico de la identidad argentina—el gaucho. De los muchos autores "gauchescos" se destaca la figura de José Hernández (1834–1886), cuyo largo poema, *Martín Fierro* (1872 y 1879), puede considerarse la epopeya nacional de los argentinos.

El romanticismo se expresó en todos los géneros. El periodismo floreció, y se produjo un nuevo subgénero narrativo llamado el "cuadro de costumbres" en que se lució Mariano José de Larra (1809–1837), quien pintó magistralmente la España romántica con una prosa satírica y aguda. Si Larra se preocupaba en tomar el pulso de su propia época, Ricardo Palma (1833–1919) en Perú se dedicó a recoger las antiguas tradiciones peruanas, las cuales veía desaparecer ante la modernidad, cultivando otro nuevo y original subgénero—la "tradición." Pero frente al compromiso político y social de Larra, Palma se deja llevar por la fantasía y la imaginación, que es otra típica manifestación de la literatura romántica.

En el campo del teatro, España produce uno de los teatros románticos más ricos e influyentes de Europa, como lo prueban las muchas piezas españolas que luego sirvieron para los libretos de grandes óperas románticas italianas (por ejemplo, *Il trovatore* y *La forza del destino*). Uno de los poetas y dramaturgos románticos más duraderos es José Zorrilla (1817–1893), cuya versión de don Juan—*Don Juan Tenorio* (1844)—sigue viva en el repertorio dramático español.

No debe sorprender que el romanticismo produjera poetas por doquier. La figura prototípica del movimiento es José de Espronceda (1808–1842), tanto por su vida estrafalaria y sus actitudes libertinas como por su obra, que bien podría servir como un catálogo de los temas predilectos del romanticismo más exaltado. En la obra de Gertrudis Gómez de Avellaneda (1814–1873), cubana criada en España, se ve la fase más subjetiva del romanticismo, en que el poeta romántico se vale de sus propias experiencias y sentimientos para su creación literaria, confundiendo así la vida y el arte.

Al pasar el tiempo, los elementos exagerados del romanticismo se fueron apaciguando, quedando sólo su fuerte subjetivismo y afán por la belleza lírica. De esta etapa posromántica surge una de las voces líricas más pulidas, exquisitas y duraderas de la poesía castellana—la de Gustavo Adolfo Bécquer (1836–1870). Durante la misma época, la poeta gallega Rosalía de Castro (1837–1885) se expresaba con una poesía más pura y menos retórica. Si la poesía de Bécquer fue admirada por la generación de poetas modernistas de Hispanoamérica por su belleza y musicalidad, la obra de Rosalía de Castro forma un eslabón con las expresiones más puras y menos artificiosas del siglo XX, como la de Antonio Machado.

José María Heredia

1803–1839

Heredia escribe a caballo entre el neoclasicismo del siglo XVIII y el romanticismo. Su formación en Cuba fue nutrida por la lectura de los neoclásicos españoles, pero su temperamento rebelde e inquieto era totalmente romántico. Su obra contiene elementos de ambas perspectivas artísticas, convirtiéndolo en la figura ideal de transición para comenzar el estudio de la época romántica. Su lucha por la emancipación de su tierra hizo que fuera desterrado de ella gran parte de su vida, viviendo en los Estados Unidos, Venezuela y México, pero a pesar de dónde estuviera nunca dejó de recordar en su obra la patria y sus paisajes tropicales.

Silva

Antes de leer

1. Cuando piensas en un huracán, ¿qué cosas asocias con él? Incluye tanto sus acciones como sus efectos.
2. ¿Crees que un huracán puede significar algo positivo? Explica.

Códigos para la comprensión

Código biográfico: Heredia luchó por la liberación de Cuba y a causa de sus actividades revolucionarias tuvo que pasar la mayor parte de su vida en el exilio. En este poema el huracán toma, metonímicamente, matices de una revolución de liberación.

Código ideológico: Parte del pensamiento neoclásico del siglo XVIII era la noción de que el mundo, como creación del Señor, era una obra perfecta. Por lo tanto, todas las manifestaciones de la naturaleza, por violentas que fueran, eran parte de esa perfecta obra de Dios.

En Una Tempestad

Huracán, huracán, venir te siento,
y en tu soplo abrasado
respiro entusiasmado
del señor de los aires el aliento.
En las alas del viento suspendido   5
vedle rodar por el espacio inmenso,
silencioso, tremendo, irresistible,
en su curso veloz. La tierra en calma,
siniestra, misteriosa,
contempla con pavor su faz terrible.   10
¿Al toro no miráis? El suelo escarban
de insoportable ardor sus pies heridos:
la frente poderosa levantando,
y en la hinchada nariz fuego aspirando,
llama la tempestad con sus bramidos.   15
¡Qué nubes! ¡qué furor! El sol temblando
vela en triste vapor su faz gloriosa,
y su disco nublado sólo vierte
luz fúnebre y sombría,
que no es noche ni día . . .   20
¡Pavoroso color, velo de muerte!
Los pajarillos tiemblan y se esconden
al acercarse el huracán bramando,
y en los lejanos montes retumbando
le oyen los bosques, y a su voz responden. 25
Llega ya . . . ¿No lo veis? ¡Cuál[1] desenvuelve
su manto aterrador y majestuoso! . . .
¡Gigante de los aires, te saludo! . . .
En fiera confusión el viento agita
las orlas de su parda vestidura . . .   30
¡Ved! . . . ¡en el horizonte
los brazos rapidísimos enarca,

y con ellos abarca
cuanto alcanzo a mirar de monte a monte!
¡Oscuridad universal! . . . ¡Su soplo   35
levanta en torbellinos
el polvo de los campos agitado! . . .
En las nubes retumba despeñado
el carro del Señor, y de sus ruedas
brota el rayo veloz, se precipita,   40
hiere y aterra[2] el suelo,
y su lívida luz inunda el cielo.
¿Qué rumor? ¿Es la lluvia? . . . Desatada
cae a torrentes, oscurece al mundo,
y todo es confusión, horror profundo.   45
Cielo, nubes, colinas, caro bosque,
¿Dó[3] estáis? . . . Os busco en vano:
desaparecisteis . . . La tormenta umbría
en los aires revuelve un océano
que todo lo sepulta . . .   50
Al fin, mundo fatal, nos separamos:
el huracán y yo solos estamos.
¡Sublime tempestad! ¡Cómo en tu seno,
de tu solemne inspiración henchido,[4]
al mundo vil y miserable olvido   55
y alzo la frente, de delicia lleno!
¿Dó está el alma cobarde
que teme tu rugir? . . . Yo en ti me elevo
al trono del Señor; oigo en las nubes
el eco de su voz; siento a la tierra   60
escucharle y temblar. Ferviente lloro
desciende por mis pálidas mejillas,
y su alta majestad trémulo adoro.

---

[1] *poet.* cómo
[2] *doble sentido*: causa terror y cubre con tierra
[3] *poet.* dónde
[4] henchir: llenar una cosa hasta que abulte

■——Pasos para la comprensión

1. La primera oración revela el signo central explícitamente: es el huracán.

   □ ¿Cómo se sitúa el yo poético ante el huracán?

   □ El poeta se dirige a dos destinatarios muy distintos. ¿A qué se refiere es el "te" del primer verso? ¿Quiénes son los destinatarios implícitos en el mandato en segunda persona plural del verso 6?

   □ Busca en el *Diccionario de términos literarios* en el *Apéndice* la figura *apóstrofe*. ¿Encuentras algún ejemplo al principio del poema? Explica.

2. ¿Qué siente el narrador ante el viento de la tempestad? El poeta termina la primera oración con una metonimia, que se entiende después de aclarar el hipérbaton: "respiro de los aires el aliento del Señor." ¿A qué compara metonímicamente los vientos del huracán?

3. Teniendo en cuenta el referente "viento," ¿qué efectos producen las comas de los versos 8 y 10, y luego el encabalgamiento del verso 9?

4. A partir del verso 11, el poeta compara la tempestad a un toro. ¿Qué signos e imágenes emplea que tienen que ver con un toro bravo? ¿Es una comparación acertada?

5. A partir del verso 16, describe el colorido del día.

   □ ¿Por qué no se sabe si es de noche o de día?

   □ ¿Cómo describe el sol?

   □ Haz una lista de todos los signos relacionados con la muerte.

6. De los versos 26 al 34 la tempestad toma se personifica, pero en forma de una metonimia.

   □ ¿Qué características parecen indicar los signos de manto, vestidura y brazos?

   □ Nota el movimiento de los brazos. ¿Qué hacen?

   □ ¿Qué impresión se crea en estos versos con el movimiento de los brazos y el ropaje?

7. Con el verso 38 se introduce otra manifestación del huracán. ¿Cuál es? ¿Cómo lo introduce el poeta metonímicamente? ¿Qué recursos poéticos emplea para crear el sonido?

8. ¿Por qué no puede ver el poeta las colinas o el bosque? ¿Qué signos e imágenes ha empleado para hacerlos desaparecer?

9. En el verso 53 la tempestad empieza a tomar otro significado. Lo que antes era terror, ahora es "sublime."

   □ ¿Por qué puede decir el poeta que ya no teme el rugir de la tempestad?

   □ Para el poeta, ¿qué representa ahora la tempestad?

■———Pasos para una lectura más a fondo

1. Haz un inventario de todas las manifestaciones de la tempestad y los recursos poéticos que emplea Heredia para captar los efectos de esas manifestaciones.

2. El poema tiene un aspecto de inmediatez y visualidad extraordinario. ¿Qué recursos emplea Heredia para conseguir estos efectos?

3. Cuando piensas en un huracán, ¿con qué lo asocias?

   □ ¿Lo asociarías jamás con lo divino?

   □ ¿Por qué crees que Heredia lo interpreta de esa forma?

4. Luego de leer el *código biográfico,* ¿qué podría simbolizar el huracán?

5. La forma poética que emplea Heredia parece ser libre, pero no lo es. Nota cómo los versos alternan entre endecasílabos y versos menores de siete sílabas (heptasílabos), pero sin orden fijo. ¿Cómo es la versificación?

   □ ¿Ves un orden fijo?

   □ Este tipo de versificación no es ni libre ni blanco, sino suelto. O sea, puede haber rima dondequiera, pero sin formar una rima esquemática. Esta forma poética, llamada "silva," se remonta a la literatura latina y fue empleada por poetas renacentistas españoles. Pensando que Heredia escribe a caballo entre una época de clasicismo y los albores del romanticismo, ¿por qué es ideal esta forma poética?

Mariano José de Larra

■□■

1809–1837

Hombre de intenso espíritu romántico, Larra vivió los años difíciles e inciertos de la época posnapoleónica en España, y hasta tuvo que pasar varios años de exilio en Francia. Al regresar, se convirtió en el líder ideológico de la incipiente generación romántica. Aunque escribió novelas y teatro, por razones económicas tuvo que dedicarse principalmente al periodismo. Sus artículos políticos, por ejemplo, representan una de las interpretaciones más claras y sensatas de la España de Fernando VII

(1814–1833) y su crítica literaria sigue siendo valiosa para entender la recepción del movimiento romántico en la Península. Pero son sus "artículos de costumbres," donde satiriza, ora con humor ora con un cinismo acerbo, las contrariedades del carácter español que le han conseguido la admiración universal de escritores y críticos, desde su época hasta la nuestra.

El pobrecito hablador

Antes de leer

1. ¿Crees que cada nacionalidad o grupo étnico tiene ciertas características que lo distinguen de otros pueblos o grupos? Si estás de acuerdo, ¿qué cualidades les concederías a los hispanos? En comparación con los europeos del norte, ¿en qué se caracterizan los pueblos del Mediterráneo?

2. ¿Eres una persona que sueles aplazar las cosas que tienes que hacer? ¿Es una característica mala? ¿Es una característica humana? Explica.

3. ¿Qué opinión tienes de las inversiones financieras de extranjeros en los Estados Unidos? (Por ejemplo, de las posesiones de los japoneses de territorio e industria.) ¿Crees que es malo para el país? Explica.

4. ¿Has tenido alguna mala experiencia burocrática en que un trámite sencillo se convirtió en un caso complicadísimo y largísimo sin necesidad? Explica.

Códigos para la comprensión

Código burocrático: Se ha dicho que Felipe II, en el siglo VI, creó la primera red burocrática moderna para gobernar eficazmente su vasto imperio. Desde entonces, el gobierno español ha tenido fama notoria por su burocracia excesiva. En el artículo de Larra vemos cómo funciona esa burocracia. Una vez que se presenta un proyecto, proposición o demanda al ministerio correspondiente, todo el papeleo que se va acumulando con respecto a la propuesta va formando un expediente. El oficial de la mesa que Larra menciona es como el director de ese departamento. El expediente va a la rama de informe, donde hacen una investigación a fondo sobre la petición. De ahí vuelve a la ministerio correspondiente, donde aprueban o niegan la petición.

Código histórico: A finales del siglo XVIII y principios del XIX, España, que había representado para los países progresistas de Europa una nación retrógrada y atrasada, empieza ahora a tener un encanto especial precisamente por no haber pasado por los cambios de modernización que habían transformado los otros países. Estas actitudes las comparte el héroe de esta narración.

"Vuelva usted mañana"

Gran persona debió de ser el primero que llamó pecado mortal a la pereza; nosotros, que ya en uno de nuestros artículos anteriores estuvimos más serios de la que nunca nos habíamos propuesto, no entraremos ahora en largas y profundas investigaciones acerca de la historia de este pecado, por más que conozcamos que hay pecados que pican[1] en historia, y que la historia de los pecados sería un tanto cuanto divertida. Convengamos solamente en que esta institución ha cerrado y cerrará las puertas del cielo a más de un cristiano.

Estas reflexiones hacía yo casualmente no hace muchos días, cuando se presentó en mi casa un extranjero de éstos que, en buena o en mala parte han de tener siempre de nuestro país una idea exagerada e hiperbólica, de éstos que, o creen que los hombres aquí son todavía los espléndidos, francos, generosos y caballerescos seres de hace dos siglos, o que son aún las tribus nómadas del otro lado del Atlante;[2] en el primer caso vienen imaginando que nuestro carácter se conserva tan intacto como nuestras ruinas; en el segundo vienen temblando por esos caminos, y preguntan si son los ladrones que los han de despojar los individuos de algún cuerpo de guardia establecido precisamente para defenderlos de los azares de un camino, comunes a todos los países.

Verdad es que nuestro país no es de aquéllos que se conocen a primera ni segunda vista, y si no temiéramos que nos llamasen atrevidos, lo comparáramos de buena gana a esos juegos de manos[3] sorprendentes e inescrutables para el que ignora su artificio, que estribando[4] en una grandísima bagatela,[5] suelen después de sabidos dejar asombrado de su poca perspicacia al mismo que se devanó los sesos por buscarles causas extrañas. Muchas veces la falta de una causa determinante en las cosas nos hace creer que debe de haberlas profundas para mantenerlas al abrigo de[6] nuestra penetración. Tal es el orgullo del hombre que más quiere declarar en alta voz que las cosas son incomprensibles cuando no las comprende él, que confesar que el ignorarlas puede depender de su torpeza.

Esto no obstante, como quiera que entre nosotros mismos se hallen muchos en esta ignorancia de los verdaderos resortes que nos mueven, no tendremos derecho para extrañar que los extranjeros no los puedan tan fácilmente penetrar.

Un extranjero de éstos fue el que se presentó en mi casa, provisto de competentes cartas de recomendación para mi persona. Asuntos intrincados de familia, reclamaciones futuras, y aun proyectos vastos concebidos en París de invertir aquí sus cuantiosos caudales[7] en tal cual especulación industrial o mercantil, eran los motivos que a nuestra patria le conducían.

---

[1] están en el borde de (*o sea, pecados muy conocidos y documentados*)
[2] del Monte Atlas en Marruecos (*referencia a la presencia de moros en la historia de España*)
[3] juegos mágicos que se hacen con la destreza de las manos
[4] *fig.* apoyado
[5] cosa muy insignificante
[6] protegida de
[7] dineros; fortuna

Acostumbrado a la actividad en que viven nuestros vecinos, me aseguró formalmente que pensaba permanecer aquí muy poco tiempo, sobre todo si no encontraba pronto objeto seguro en que invertir su capital. Me pareció el extranjero digno de alguna consideración, trabé presto amistad con él, y lleno de lástima traté de persuadirle a que se volviese a su casa cuanto antes, siempre que seriamente trajese otro fin que no fuese el de pasearse. Le admiró la proposición, y fue preciso explicarme más claro.

—Mirad—le dije—, M. Sans-Délai (que así se llamaba); vos venís decidido a pasar quince días y a solventar en ellos vuestros asuntos.

—Ciertamente—me contestó—. Quince días, y es mucho. Mañana por la mañana bus-   40
camos un genealogista para mis asuntos de familia; por la tarde revuelve sus libros, busca mis ascendientes, y por la noche ya sé quién soy. En cuanto a mis reclamaciones, pasado mañana las presento fundadas en los datos que aquél me dé, legalizados en debida forma: y como será una cosa clara y de justicia innegable (pues sólo en este caso haré valer mis derechos), al tercer día se juzga el caso y soy dueño de lo mío. En cuanto a mis especulaciones, en que pienso invertir mis caudales, al cuarto día ya habré presentado, mis proposiciones. Serán buenas o malas, y admitidas o desechadas en el acto, y son cinco días; en el sexto, séptimo y octavo veo lo que hay que ver en Madrid; descanso el noveno; el décimo tomo mi asiento en la diligencia,[8] si no me conviene estar más tiempo aquí, y me vuelvo a mi casa; aun me sobran, de los quince, cinco días.   50

Al llegar aquí M. Sans-Délai, traté de reprimir una carcajada que me andaba retozando ya hacía rato en el cuerpo, y si mi educación logró sofocar mi inoportuna jovialidad, no fue bastante a impedir que se asomase a mis labios una suave sonrisa de asombro y de lástima que sus planes ejecutivos me sacaban al rostro, mal de mi grado.[9]

—Permitidme, M. Sans-Délai—le dije entre socarrón y formal—, permitidme que os convide a comer para el día en que llevéis quince meses de estancia en Madrid.

—¿Cómo?

—Dentro de quince meses estáis aquí todavía.

—¿Os burláis?

—No por cierto.   60

—¿No me podré marchar cuando quiera? ¡Cierto que la idea es graciosa!

—Sabed que no estáis en vuestro país, activo y trabajador.

---

[8] carruaje para viajar
[9] contra mi voluntad

—¡Oh!, los españoles que han viajado por el extranjero han adquirido la costumbre de hablar siempre mal de su país por hacerse superiores a sus compatriotas.

—Os aseguro que en los quince días con que contáis no habréis podido hablar siquiera a una sola de las personas cuya cooperación necesitáis.

—¡Hipérboles! Yo les comunicaré a todos mi actividad.

—Todos os comunicarán su inercia.

Conocí que no estaba el señor de Sans-Délai muy dispuesto a dejarse convencer sino por la experiencia, y callé por entonces, bien seguro de que no tardarían mucho los hechos en hablar por mí.

Amaneció el día siguiente, y salimos entrambos a buscar a un genealogista, lo cual sólo se pudo hacer preguntando de amigo en amigo y de conocido en conocido; encontrámosle por fin, y el buen señor, aturdido de ver nuestra precipitación declaró francamente que necesitaba tomarse algún tiempo; se le instó, y por mucho favor nos dijo definitivamente que nos diéramos una vuelta por allí dentro de unos días. Me sonreí y nos marchamos. Pasaron tres días; fuimos. "Vuelva usted mañana—nos respondió la criada—, porque el señor no se ha levantado todavía." "Vuelva usted mañana—nos dijo al siguiente día—, porque el amo acaba de salir." "Vuelva usted mañana—nos respondió el otro—, porque el amo está durmiendo la siesta." "Vuelva usted mañana—nos respondió el lunes siguiente—, porque hoy ha ido a los toros." ¿Qué día, a qué hora se ve a un español? Le vimos por fin, y "Vuelva usted mañana—nos dijo—, porque se me ha olvidado. Vuelva usted mañana, porque no está en limpio."[10] A los quince días ya estuvo; pero mi amigo le había pedido una noticia del apellido Díez, y él había entendido Díaz, y la noticia no servía. Esperando nuevas pruebas, nada dije a mi amigo, desesperado ya de dar jamás con sus abuelos.

Es claro que faltando este principio no tuvieron lugar las reclamaciones.

Para las proposiciones que acerca de varios establecimientos y empresas ultilísimas pensaba hacer había sido preciso buscar un traductor; por los mismos pasos que el genealogista nos hizo pasar el traductor; de mañana en mañana nos llevó hasta el fin del mes. Averiguamos que necesitaba dinero diariamente para comer, con la mayor urgencia; sin embargo, nunca encontraba momento oportuno para trabajar. El escribiente hizo después otro tanto[11] con las copias, sobre llenarlas de mentiras, porque un escribiente que sepa escribir no lo hay en este país.

No paró aquí; un sastre tardó veinte días en hacerle un frac, que le había mandado llevarle en veinticuatro horas; el zapatero le obligó con su tardanza a comprar botas hechas, la planchadora necesitó quince días para plancharle una camisola, y el sombrerero a quien le había enviado su sombrero a variar el ala, le tuvo dos días con la cabeza al aire y sin salir de casa.

Sus conocidos y amigos no le asistían a una sola cita, ni avisaban cuando faltaban, ni respondían a sus esquelas.[12] ¡Qué formalidad y qué exactitud!

---

[10] los datos no están claros

[11] la misma cosa

[12] notas o cartas, como de invitaciones

—¿Qué os parece de esta tierra, M. Sans-Délai?—le dije al llegar a estas pruebas.   100

—Me parece que son hombres singulares . . .

—Pues así son todos. No comerán por no llevar la comida a la boca.

Se presentó con todo, yendo y viniendo días, una proposición de mejoras para un ramo[13] que no citaré, quedando recomendada eficacísimamente.

A los cuatro días volvimos a saber el éxito de nuestra pretensión.

—Vuelva usted mañana—nos dijo el portero—, el oficial de la mesa no ha venido hoy.

"Grande causa le habrá detenido," dije yo entre mí. Nos fuimos a dar un paseo, y nos encontramos, ¡qué casualidad! al oficial de la mesa en el Retiro, ocupadísimo en dar una vuelta con su señora al hermoso sol de los inviernos claros de Madrid.

Martes era el día siguiente, y nos dijo el portero: 110

—Vuelva usted mañana, porque el señor oficial de la mesa no da audiencia hoy.

"Grandes negocios habrán cargado sobre él" dije yo. Como soy el diablo y aun he sido duende,[14] busqué ocasión de echar una ojeada por el agujero de una cerradura. Su señoría estaba echando un cigarrillo al brasero, y con una charada[15] del *Correo* entre manos, que le debía de costar trabajo el acertar.

—Es imposible verle hoy—le dije a mi compañero—: su señoría está, en efecto, ocupadísimo.

Nos dio audiencia el miércoles inmediato, y ¡qué fatalidad!, el expediente[16] había pasado a informe: por desgracia, a la única persona enemiga indispensable de monsieur y su plan, porque era quien debía salir en él perjudicado. Vivió el expediente dos meses en informe, y   120 vino tan informado como era de esperar. Verdad es que nosotros no habíamos podido encontrar empeño para una persona muy amiga del informante. Esta persona tenía unos ojos muy hermosos, los cuales sin duda alguna le hubieran convencido en sus ratos perdidos de la justicia de nuestra causa.

Vuelto el informe, se cayó en la cuenta en la sección de nuestra bendita oficina de que el tal expediente no correspondía a aquel ramo; era preciso rectificar este pequeño error; se pasó al ramo, establecimiento y mesa correspondientes, y hétenos[17] caminando después de tres meses a la cola siempre de nuestro expediente, como hurón que busca el conejo, y sin poderlo sacar muerto ni vivo de la huronera. Fue el caso al llegar aquí que el expediente salió del primer establecimiento y nunca llegó al otro.   130

---

[13] departamento de algún ministerio

[14] *Larra había usado el nombre de pluma "Duende satírico" para firmar algunos de sus artículos.*

[15] adivinanzas que aparecen en la prensa (*como los crucigramas de hoy*)

[16] Véase el *código burocrátio.*

[17] aquí nos tienes

—De aquí se remitió con fecha tantos—decían en uno.

—Aquí no ha llegado nada—decían en otro.

—¡Voto va!—dije yo a M. Sans-Délai—, ¿sabéis que nuestro expediente se ha quedado en el aire, como el alma de Garibay,[18] y que debe de estar ahora posado como una paloma sobre algún tejado de esta activa población?

Hubo que hacer otro. ¡Vuelta a los empeños!, ¡vuelta a la prisa!, ¡qué delirio!

—Es indispensable—dijo el oficial con voz campanuda—que esas cosas vayan por sus trámites regulares.

Es decir, que el toque estaba, como el toque del ejercicio militar, en llevar nuestro expediente tantos o cuantos años de servicio.   140

Por último, después de cerca de medio año de subir y bajar, y estar a la firma, o al informe, o a la aprobación, o al despacho, o debajo de la mesa, y de volver siempre mañana, salió con una notita al margen que decía: "A pesar de la justicia y utilidad del plan del exponente, negado."

—¡Ah, ah, M. Sans-Délai!—exclamé riéndome, a carcajadas—. Este es nuestro negocio.

Pero M. Sans-Délai se daba a todos los oficinistas, que es como si dijéramos a todos los diablos.

—¿Para esto he echado yo mi viaje tan largo? ¿Después de seis meses no habré conseguido sino que me digan en todas partes diariamente: *Vuelva usted mañana*, y cuando este dichoso *mañana* llega en fin, nos dicen redondamente que no? ¿Y vengo a darles dinero? ¿Y vengo a   150 hacerles favor? Preciso es que la intriga más enredada se haya fraguado para oponerse a nuestras miras.

—¿Intriga, M. Sans-Délai? No hay hombre capaz de seguir dos horas una intriga. La pereza es la verdadera intriga; os juro que no hay otra: esa es la gran causa oculta. Es más fácil negar las cosas que enterarse de ellas.

Al llegar aquí no quiero pasar en silencio algunas razones de las que me dieron para la anterior negativa, aunque sea una pequeña digresión.

—Ese hombre se va a perder—me decía un personaje muy grave y muy patriótico.

—Esa no es una razón—le repuse—; si él se arruina, nada se habrá perdido en concederle lo que pide; él llevará el castigo de su osadía o de su ignorancia.   160

---

[18] *expresión popular: se dice que el alma de Garibay ni fue al cielo ni al infierno, por eso se quedó en el aire entre los dos polos.*

—¿Cómo ha de salir con su intención?

—Y suponga usted que quiere tirar su dinero y perderse; ¿no puede uno aquí morirse siquiera, sin tener un empeño para el oficial de la mesa?

—Puede perjudicar a los que hasta ahora han hecho de otra manera eso mismo que ese señor extranjero quiere hacer.

—¿A los que lo han hecho de otra manera, es decir, peor?

—Si, pero lo han hecho.

—Sería lástima que se acabara el modo de hacer mal las cosas. ¿Conque, porque siempre se han hecho las cosas del modo peor posible, será preciso tener consideraciones con los per- petuadores del mal? Antes se debiera mirar si podrían perjudicar los antiguos al moderno.   170

—Así está establecido; así se ha hecho hasta aquí; así lo seguiremos haciendo.

—Por esa razón deberían darle a usted papilla[19] todavía como cuando nació.

—En fin, señor Bachiller, es un extranjero.

—¿Y por qué no lo hacen los naturales del país?

—Con esas socaliñas[20] vienen a sacarnos la sangre.

—Señor mío—exclamé, sin llevar más adelante mi paciencia—, está usted en un error harto general. Usted es como muchos que tienen la diabólica manía de empezar siempre por poner obstáculos a todo lo bueno, y el que pueda, que los venza. Aquí tenemos el loco orgullo de no saber nada, de quererlo adivinar todo y no reconocer maestros. Las naciones que han tenido, ya que no el saber, deseos de él, no han encontrado otro remedio que el recurrir a los   180 que sabían más que ellas. Un extranjero—seguí—que corre a un país que le es desconocido, para arriesgar en él sus caudales, pone en circulación un capital nuevo, contribuye a la so- ciedad, a quien hace un inmenso beneficio con su talento y su dinero. Si pierde, es un héroe; si gana, es muy justo que logre el premio de su trabajo, pues nos proporciona ventajas que no podíamos acarrearnos[21] solos. Este extranjero que se establece en este país no viene a sacar de él el dinero, como usted supone; necesariamente se establece y se arraiga en él, y a la vuelta de media docena de años, ni es extranjero ya, ni puede serlo; sus más caros intereses y su fa- milia le ligan al nuevo país que ha adoptado; toma cariño al suelo donde ha hecho su fortuna, al pueblo donde ha escogido una compañera; sus hijos son españoles, y sus nietos lo serán; en vez de extraer el dinero, ha venido a dejar un capital suyo que traía, invirtiéndolo y hacién-   190 dolo producir; ha dejado otro capital de talento, que vale por lo menos tanto como el del

---

[19] comida suave que se le da a los bebés

[20] trucos

[21] *fig.* ocasionarnos

dinero; ha dado de comer a los pocos o muchos naturales de quien ha tenido necesariamente que valerse; ha hecho una mejora, y hasta ha contribuido al aumento de la población con su nueva familia. Convencidos de estas importantes verdades, todos los Gobiernos sabios y prudentes han llamado a sí a los extranjeros: a su grande hospitalidad ha debido siempre la Francia su alto grado de esplendor; a los extranjeros de todo el mundo que ha llamado la Rusia ha debido llegar a ser una de las primeras naciones en muchísimo menos tiempo que el que han tardado otras en llegar a ser las últimas; a los extranjeros han debido los Estados Unidos . . . Pero veo por sus gestos de usted—concluí interrumpiéndome oportunamente a mí mismo—que es muy difícil convencer al que está persuadido de que no se debe convencer. 200 ¡Por cierto, si usted mandara, podríamos fundar en usted grandes esperanzas! La fortuna es que hay hombres que mandan más ilustrados que usted, que desean el bien de su país, y dicen: "Hágase el milagro, y hágalo el diablo."[22] Con el Gobierno que en el día tenemos, no estamos ya en el caso de sucumbir a los ignorantes o a los malintencionados, y quizá ahora se logre que las cosas vayan mejor, aunque despacio, mal que les pese a los batuecos.[23]

Concluída esta filípica,[24] me fui en busca de mi Sans-Délai.

—Me marcho, señor Bachiller—me dijo—; en este país no hay tiempo para hacer nada; sólo me limitaré a ver lo que haya en la capital de más notable.

—¡Ay!, mi amigo—le dije—, idos en paz y no queráis acabar con vuestra poca paciencia; mirad que la mayor parte de nuestras cosas no se ven. 210

—¿Es posible?

—¿Nunca me habéis de creer? Acordaos de los quince días . . .

Un gesto de M. Sans-Délai me indicó que no le había gustado el recuerdo.
"*Vuelva usted mañana*—nos decían en todas partes—, porque hoy no se ve. Ponga usted un memorialito para que le den a usted un permiso especial." Era cosa de ver la cara de mi amigo al oír lo del memorialito: se le representaba en la imaginación el informe, y el empeño, y los seis meses, y . . .se contentó con decir: *Soy un extranjero.* ¡Buena recomendación entre los amables compatriotas míos! Se aturdía mi amigo cada vez más, y cada vez nos comprendía menos. Días y días tardamos en ver las pocas rarezas que tenemos guardadas. Finalmente, después de 220 medio año largo, si es que puede haber un medio año más largo que otro, se restituyó mi recomendado a su patria maldiciendo de esta tierra, y dándome la razón que yo ya antes me tenía, y llevando al extranjero noticias excelentes de nuestros batuecos, diciendo, sobre todo, que en seis meses no había podido hacer otra cosa sino volver siempre mañana, y a que a la vuelta de tanto mañana, eternamente futuro, lo mejor o más bien lo único que había podido hacer bueno había sido marcharse.

---

[22] *Expresión que indica que la obra que beneficia a todos, no importa quien la hizo.*
[23] tontos; ignorantes
[24] discurso acalorado

¿Tendrá razón, perezoso lector (si es que has llegado ya a esto que estoy escribiendo), tendrá razón el buen M. Sans-Délai en hablar mal de nosotros y de nuestra pereza? ¿Será cosa de que vuelva el día de mañana con gusto a visitar nuestros hogares? Dejemos esta cuestión para mañana, 230 porque ya estarás cansado de leer hoy; si mañana u otro día no tienes, como sueles, pereza de volver a la librería, pereza de sacar tu bolsillo y pereza de abrir los ojos para ojear los pocos folletos que tengo que darte ya, te contaré cómo a mí mismo, que todo esto veo y conozco y callo mucho más, me ha sucedido muchas veces, llevado de esta influencia, hija del clima y de otras causas, perder de pereza más de una conquista amorosa; abandonar más de una pretensión empezada y las esperanzas de más de un empleo, que me hubiera sido acaso, con más actividad, poco menos que asequible; renunciar, en fin, por pereza de hacer una visita justa o necesaria, a relaciones sociales que hubieran podido valerme de mucho en el transcurso de mi vida; te confesaré que no hay negocio que no pueda hacer hoy que no deje para mañana; te referiré que me levanto a las once, y duermo siesta; que paso haciendo quinto pie de la mesa de un café hablando o ron- 240 cando, como buen español, las siete y las ocho horas seguidas; te añadiré que cuando cierran el café, me arrastro lentamente a mi tertulia diaria (porque de pereza no tengo más que una), y un cigarrito tras otro me alcanzan clavado en un sitial,[25] y bostezando sin cesar, las doce o la una de la madrugada; que muchas noches no ceno de pereza, y de pereza no me acuesto; en fin, lector de mi alma, te declararé que de tantas veces como estuve en esta vida desesperado ninguna me ahorqué y siempre fue de pereza. Y concluyo por hoy confesándote que ha más de tres meses que tengo, como la primera entre mis apuntaciones, el título de este artículo, que llamé *Vuelva usted mañana;* que todas las noches y muchas tardes he querido durante este tiempo escribir algo en él, y todas las noches apagaba mi luz diciéndome a mí mismo con la más pueril credulidad en mis propias resoluciones: *¡Eh, mañana lo escribiré!* Da gracias a que llegó por fin este mañana, 250 que no es del todo malo; pero ¡ay de aquel mañana que no ha de llegar jamás!

■———Pasos para la comprensión

1. El artículo de costumbres de Larra cuenta la anécdota de lo que le pasó a un amigo suyo, M. Sans-Délai. Pero esa anécdota está enmarcada por una introducción y una conclusión. Enfoquémonos primero en la introducción. En el primer párrafo Larra revela el discurso que le preocupará en este artículo. ¿Cuál es?

2. En los próximos tres párrafos cambia de tema y escribe sobre España y la impresión que suelen tener los extranjeros del país. Según Larra, ¿cómo creen los extranjeros que son los españoles? ¿Son los españoles fáciles de entender o penetrar? ¿Por qué?

3. En el quinto párrafo comienza la historia propia. Nota la claridad con que se cuenta el propósito de Sans-Délai en Madrid.

   □ ¿Cuáles son sus planes?

   □ En el próximo párrafo, al narrador le da lástima y trata de persuadirle de que vuelva a París. ¿Por qué?

4. *Sans* quiere decir *sin* en español. La palabra inglesa *delay* viene del francés *délai.* ¿Qué crees que quiere decir Sans-Délai?

---

[25] asiento

□ A partir de la línea 40 M. Sans-Délai expone el horario exacto de su agenda. ¿Tiene este señor un nombre apropiado?

5. ¿Cómo reacciona el narrador al plan firme de Sans-Délai?

□ ¿Cuánto tiempo cree que le tomará llevar a cabo sus planes?

□ Sans-Délai no cree a Larra. ¿De qué lo acusa?

□ ¿Por qué no sigue Larra tratando de convencer al francés de la locura de sus planes y su ingenuidad acerca del carácter español?

6. Su primera labor es encontrar a un genealogista.

□ ¿Qué es un genealogista?

□ ¿Cómo lo consiguen?

□ ¿Qué pasa cuando vuelven al genealogista para recoger la información solicitada?

□ Al fin, cuando está listo el informe, ¿qué había pasado?

□ En toda esta sección hay una serie de códigos culturales de las costumbres españolas. Haz una lista de ellos.

7. El próximo paso es conseguir un escribiente. ¿Qué critica Larra en esta sección?

8. Explica lo que pasa con el sastre, el zapatero, la planchadora y el sombrerero.

□ ¿Hay humor en estas críticas? Explica.

□ Otro ejemplo más claro del humor de Larra se ve cuando dice que los españoles no comen. ¿Por qué es?

9. Finalmente, Sans-Délai presenta su propuesta de un proyecto de invertir su dinero a un oficial del gobierno. Aquí le vuelve a pasar lo ocurrido con el genealogista.

□ ¿Qué excusas le dan cuando intenta entrevistarse con el oficial?

□ De nuevo, tenemos unos códigos culturales respecto a los españoles. ¿Cuáles son?

10. Aquí se empieza una trayectoria por la burocracia española. Trata de explicar lo que le pasa al expediente y todos los trámites y departamentos por los cuales pasa.

□ Cuando después de seis meses volvió el expediente, ¿qué decisión se había tomado?

11. Haz la lista de las razones que se exponen para negarle a Sans-Délai su petición para invertir su dinero en España.

12. Larra da una larga refutación a la ideología tradicionalista opuesta a la inmigración y las inversiones de extranjeros. ¿Qué ideas expone? ¿Estás de acuerdo con su postura?

13. Explica lo que confiesa Larra en el último párrafo. ¿Qué ironía contiene?

■———Pasos para una lectura más a fondo

1. El romanticismo suele asociarse con la política progresista y liberal opuesta al tradicionalismo. ¿Cómo representan las ideas en este artículo un ataque a las ideas tradicionalistas?

2. "Vuelva usted mañana" se escribió como un artículo periodístico. Pocas veces pasa el periodismo al canon literario. ¿Qué contiene este artículo que lo hace una obra literaria?

3. ¿Qué es una *hipérbole?*

   ☐ ¿Hay ejemplos en esta obra? Da algunos.

   ☐ ¿Crees que Larra exagera?

   ☐ ¿Cuál sería su propósito al exagerar?

4. Un gran acierto de este cuento es su humor. Por ejemplo, Larra confiesa que él es, como todo español, "el quinto pie de la mesa" de los cafés. Considera cuántas patas tiene una mesa; si una persona forma la quinta pata, ¿qué crees que quiere decir?

   ☐ Busca otros ejemplos de humor.

5. A lo largo del artículo, Larra parece estar criticando a los españoles perezosos, pero ¿qué dice al final para aplacar su crítica y no parecer petulante?

6. El juego literario del último párrafo es ingenioso. Cuando el emisor orienta su mensaje (en este caso sobre la "pereza") hacia sí mismo (o sea, se incluye como uno de los "perezosos"), se dice que su mensaje es metalingüístico y autorreferencial. Trata de explicar estos conceptos y su función en la obra. Por ejemplo, ¿por qué incluirse a sí mismo entre el grupo que ha estado criticando?

José de Espronceda

■ ☐ ■

1808–1842

Estrambótico bohemio, rebelde político, amante sentimental, viajante infatigable y escritor apasionado, Espronceda representa los ideales del movimiento romántico mejor que ningún otro escritor. Pero Espronceda no es simplemente el *enfant terrible* del movimiento en España; es también el mayor poeta lírico de su generación. Su repertorio va de versos tiernos y amorosos a temas de misterio y de fantasmas, pero siempre fieles a un ideal estético. En su afán de buscar formas originales de expresión poética, cultivó un gran número de nuevas u olvidadas métricas, lo cual le consiguió la admiración de los poetas modernistas hispanoamericanos de finales de siglo que, por otra parte, se oponían a la estética romántica.

Poesía

Antes de leer

1. Hay muchas formas de libertad—por ejemplo, la libertad que el adolescente desea conseguir de sus padres, la libertad política, la libertad de una relación o condición opresiva, etc. Para ti, ¿qué constituye el estado de ser libre?

2. Cuando piensas en un pirata, ¿con qué características lo imaginas? Como todo signo lingüístico, el de pirata contiene un significado y un significado y está condicionado por una serie de códigos culturales. En su significado histórico, ¿cómo es el pirata? Y en su significado idealizado, ¿cómo es? ¿Qué relación hay entre los dos?

Códigos para la comprensión

Código marítimo: Espronceda emplea varias palabras marítimas. Un velero es un barco (o bajel, o navío) con velas de lona y antenas (o mástiles). La popa es la parte posterior del barco desde donde se conduce y donde está el capitán. Estos veleros llevaban pendones, que son banderas que identifican su nacionalidad. Los barcos capturados en batalla marítima se llaman "presas."

Código geográfico: Estanbul ("Stambul" en el poema) está en Turquía en el extremo occidente del mar Mediterráneo. Por lo tanto, se encuentra en el punto divisorio ente Europa y Asia. Los piratas musulmanes estorbaban el comercio del mar Mediterráneo.

"Canción del pirata"

Con diez cañones por banda,[1]   1
viento en popa[2] a toda vela
no corta el mar, sino vuela
un velero bergantín;[3]

bajel pirata que llaman   2
por su bravura el *Temido,*
en todo mar conocido
del uno al otro confín.

---
[1] costado de un barco
[2] parte posterior de la nave
[3] velero mayor de dos palos

La luna en el mar rïela,[4]   3
en la lona gime el viento,
y alza en blando movimiento
olas de plata y azul;

y ve el capitán pirata,   4
cantando alegre en la popa,
Asia a un lado, al otro Europa
y allá a su frente Stambul.

Navega, velero mío,   5
sin temor,
que ni enemigo navío,
ni tormenta, ni bonanza
tu rumbo a torcer alcanza,
ni a sujetar tu valor.

veinte presas[5]   6
hemos hecho
a despecho
del inglés,
y han rendido
sus pendones
cien naciones
a mis pies.

Que es mi barco mi tesoro,   7
que es mi Dios la libertad,
mi ley la fuerza y el viento,
mi única patria la mar.

Allá muevan feroz guerra   8
ciegos reyes
por un palmo[6]más de tierra:
que yo tengo aquí por mío
cuanto abarca el mar bravío,
a quien nadie impuso leyes.

Y no hay playa,   9
sea cual quiera,
ni bandera

de esplendor,
que no sienta
mi derecho
y dé pecho
a mi valor.

Que es mi barco mi tesoro . . .   10

A la voz de "¡barco viene!"   11
es de ver
cómo vira y se previene
a todo trapo[7] escapar:
que yo soy el rey del mar,
y mi furia es de temer.

En las presas   12
yo divido
lo cogido
por igual:
sólo quiero
por riqueza
la belleza
sin rival.

Que es mi barco mi tesoro . . .   13

"¡Sentenciado estoy a muerte!   14
Yo me río:
no me abandone la suerte,
y al mismo que me condena,
colgaré de alguna entena,[8]
quizá en su propio navío.

"Y si caigo,   15
¿qué es la vida?
Por perdida
ya la di
cuando el yugo
del esclavo,
como un bravo,
sacudí.

---

[4] *poet.* brilla
[5] cosas que se consiguen con lucha (*en este caso, barcos*)
[6] la poca distancia que hay de un extremo al otro de la palma de la mano
[7] con todas las velas abiertas (*para moverse con mayor rapidez*)
[8] antena: palo alto de las naves

"*Que es mi barco mi tesoro . . .*   16

"Son mi música mejor
aquilones;[9]
el estrépito y temblor
de los cables sacudidos,
del negro mar los bramidos
y el rugir de mis cañones.

"Y del trueno   18
al son violento,

y del viento
al rebramar,
yo me duermo   17
sosegado,
arrullado
por el mar.

"*Que es mi barco mi tesoro,*   19
que es mi Dios la libertad,
mi ley la fuerza y el viento,
mi única patria la mar."

◼——Pasos para la comprensión

1. La poesía romántica desobedece las leyes tradicionales de la versificación, en las cuales un poema se escribe empleando una sola métrica, como el poema de Heredia. ¿En qué se diferencia este poema? Trata de describir la forma métrica y estrófica de este poema.

2. Hay dos voces en el poema. ¿Cuáles son?

3. Un estribillo es un verso o una estrofa que se repite a lo largo del poema, y es un aspecto de la poesía castellana más antigua.
   □ Identifica el estribillo de este poema.
   □ ¿Qué efecto produce esta repetición?
   □ El estribillo aquí es como un compendio de la filosofía de la vida del pirata. Explica.

4. Fijándote en la canción que canta el pirata, haz una lista de sus características personales y de su filosofía de la vida. El pirata es claramente una figura de bravura y machismo, pero, ¿tiene un lado tierno el pirata? Explica.

5. La estrofa 18 contiene una oposición binaria respecto al mar. ¿Cómo es esta oposición? Busca en el diccionario el significado de *arrullar* y explica su uso dentro del poema.

6. El poema contiene un discurso sobre la libertad. Haz una lista de todos los signos que tengan que ver con este discurso.
   □ ¿A qué tipo de libertad aspira el pirata?
   □ Desde una perspectiva "social," ¿es su aspiración algo positivo o negativo? Explica.

---

[9] vientos del norte

■———**Pasos para una lectura más a fondo**

1. La "Canción del pirata" contiene muchos efectos auditivos, sobre todo sonidos onomatopéyicos que reproducen los sonidos del mar. Haz una lista de estos signos y explica en qué son onomatopéyicos y el efecto que producen.

   ☐ La aliteración también contribuye al efecto. Busca ejemplos en el poema, teniendo en cuenta que la aliteración no es simplemente la repetición de la misma consonante o vocal, sino del mismo tipo de sonido fónico. Ten en cuenta, por ejemplo, que la *b,* la *v,* la *m* y la *p* son todos sonidos bilabiales, o sea, se pronuncian juntando los labios, lo cual produce un mismo sonido fónico.

2. Siempre que hay una narración en primera persona, como en la "Canción del pirata," se suscita un interés psicológico, puesto que la imagen que el narrador quiere proyectar de sí mismo y su verdadero ser pueden ser diferentes. Muchas veces, este tipo de investigación psicoanalítica requiere el análisis de símbolos y de la materia psíquica suprimida. Por ejemplo, trata de identificar qué característica le falta al pirata para completar su autoimagen machista.

3. Explica cómo este poema expresa en su mensaje y en su forma las características del romanticismo.

■━━━━━━━━━━━━━━□━━━━━━━━━━━━━━■

José Zorrilla y Moral

■□■

1817–1893

En 1837, en el entierro de Larra, un joven poeta se lanzó desde la procesión para recitar una elegía que había escrito. Desde ese momento, Zorrilla, el atrevido joven, ha sido uno de los poetas predilectos del romanticismo español. En su prolífica obra, Zorrilla cultiva todas las formas y todos los temas que comúnmente se asocian con el romanticismo. Tiene una gran facilidad para el verso y una extraordinaria capacidad de crear ambiente y conmover a su público, y estas cualidades explican la popularidad que gozó en su tiempo, tanto en España como en Hispanoamérica. Hoy día, lo que más se recuerda de su obra es el drama *Don Juan Tenorio* (1840), que está sólidamente implantado en el canon dramático español, y se representa todos los años el 2 de noviembre para conmemorar el Día de Todos los Santos.

Don Juan Tenorio

Antes de leer

1. ¿Crees en una vida después de la muerte? Si crees en una, ¿cómo te la imaginas?

2. Algunas personas creen que una persona que confiesa sinceramente sus delitos es perdonada. ¿Estás de acuerdo? Explica. ¿Crees que hay delitos tan grandes que no merecen perdón? ¿Cuáles?

3. ¿Crees que el amor puede salvar al individuo? Explica.

4. ¿Crees que las personas pueden controlar su propio destino, o que hay fuerzas que se lo impiden? Explica.

Código para la comprensión

Código literario e intertextual: *Don Juan Tenorio* se basa en la comedia del siglo XVII de Tirso de Molina, *El burlador de Sevilla,* donde apareció por primera vez la figura de don Juan. En esa pieza, a pesar de las advertencias de su criado que debe reformarse y pensar en su salvación, don Juan piensa que le queda bastante tiempo para enmendarse. Sin embargo, la muerte le llega inesperadamente, y don Juan, aunque pide la confesión al final para salvarse, sus delitos fueron tan graves que se lo traga el infierno. Zorrilla interpreta el juicio final de otro modo.

En contexto

Don Juan Tenorio está dividido en dos partes, cada cual con tres actos. En la primera parte don Juan ha hecho una apuesta con otro burlador, don Luis, para averiguar cuál de los dos ha cometido el mayor número de calamidades. Don Juan, para ganar definitivamente la apuesta, insulta a don Luis diciéndole que gozará a doña Ana, la mujer con quien don Luis ha de casarse. Y, como de costumbre, don Juan logra su intento. Mientras tanto descubrimos que don Juan se ha enamorado de la hija de don Gonzalo de Ulloa, doña Inés, quien se encuentra en un convento internada allí por su padre para protegerla de don Juan. Doña Inés también se ha enamorado de don Juan. Se nota aquí una gran diferencia con el don Juan de Tirso, quien nunca siente amor por ninguna mujer. Don Juan rapta a Inés del convento y se la lleva a su quinta, donde acude don Gonzalo para defender su honor. Don Juan trata de convencer al padre de que sus intenciones son nobles:

Comendador,
yo idolatro a doña Inés,
nos la quiso conceder
para enderezar mis pasos
por el sendero del bien.

Pero don Gonzalo no lo cree, y en la escaramuza que sigue don Juan mata a don Gonzalo.

La segunda parte del drama tiene lugar en el panteón de la familia Tenorio, que don Diego, padre de don Juan, mandó construir para enterrar a las víctimas de su hijo, entre ellos don Gonzalo y doña Inés, quien falleció de pena. Ésta es la parte del drama con fantasmas y espíritus, en que don Juan habla con los espíritus de doña Ana y don Gonzalo, e invita a éste a cenar con él. Sólo don Juan puede ver los fantasmas, no los amigos que lo acompañan. Cuando éstos desmienten lo que les dice don Juan de los fantasmas y la cena, se provoca una riña entre un capitán y don Juan, y el acto II termina con don Juan y el capitán sacando sus espadas para luchar. Este detalle es importante, porque se alude a él en el último acto reproducido aquí, en que don Gonzalo le devuelve la cortesía a su asesino, invitándolo a comer con él.

Segunda Parte, Acto III.
Misericordia de Dios y apoteosis del amor

ESCENA I
Personajes: DON JUAN, LA ESTATUA
  DE DON GONZALO *y* DOÑA INÉS
Sombras, estatuas. . . espectros, ángeles
Panteón de la familia Tenorio. Como estaba en
  el acto primero de la segunda parte, menos
  las estatuas de doña Inés y de don Gonzalo,
  que no están en su lugar.
DON JUAN, *embozado y distraído, entra en*
  la escena lentamente.
D. JUAN. Culpa mía no fue; delirio insano
me enajenó la mente acalorada.
Necesitaba víctimas mi mano
que inmolar a mi fe desesperada,
y al verlos en mitad de mi camino,
presa los hice allí de mi locura.
¡No fui yo, vive Dios! ¡Fue su destino!
Sabían mi destreza y mi ventura.
¡Oh! Arrebatado el corazón me siento   10
por vértigo infernal. . . Mi alma perdida
va cruzando el desierto de la vida cual
hoja seca que arrastrara el viento.
Dudo . . . , temo . . . , vacilo . . . En mi
cabeza siento arder un volcán. . . Muevo
la planta[1] sin voluntad, y humilla mi
grandeza un no se qué de grande que me

espanta. *(Un momento de pausa.)* ¡Jamás mi
orgullo concibió que hubiere nada más
que el valor!. . . Que me aniquila   20
el alma con el cuerpo cuando muere
creí . . . , mas hoy mi corazón vacila.
¡Jamás creí en fantasmas! . . . ¡Desvaríos!
Mas del fantasma aquel, pese a mi aliento,
los pies de piedra caminando siento,
por doquiera que voy tras de los míos.
¡Oh! Y me trae a este sitio irresistible,
misterioso poder. . .
(Levanta la cabeza y ve que no está en
  supedestal la estatua de don Gonzalo.)
Pero ¡qué veo!   30
¡Falta allí su estatua! . . . Sueño horrible,
déjame de una vez . . . ¡No, no te creo!
Sal; huye de mi mente fascinada,
fatídica ilusión . . . Están en vano
con pueriles asombros empeñada
en agotar mi aliento sobrehumano.
Si todo es ilusión, mentido sueño,
nadie me ha de aterrar con trampantojos;
si es realidad, querer es necio empeño
aplacar de los cielos los enojos.   40
No; sueño o realidad, del todo anhelo
vencerle o que me venza; y si piadoso,

---

[1] *metonimia por los pies*

busca tal vez mi corazón el cielo,
que lo busque más franco y generoso.
La efigie[2] de esa tumba me ha invitado
a venir a buscar prueba más cierta
de que la verdad en que dudé obstinado. . .
Heme aquí, pues, Comendador, despierta.
(Llama al sepulcro del comendador. Este sepulcro
    se cambia en una mesa que   50
    parodia horriblemente la mesa en que
    comieron en el acto anterior don Juan,
    Centellas y Avellaneda. En vez de las
    guirnaldas que cogían en pabellones sus
    manteles, de sus flores y lujoso servicio,
    culebras, huesos y fuego, etc. (A gusto del
    pintor.) Encima de esta mesa aparece un
    plato de ceniza, una copa de fuego y un reloj
    de arena. Al cambiarse este sepulcro, todos los
    demás se abren y dejan paso a las
    osamentas[3] de las personas que se suponen
    enterradas en ellos, envueltas en sus
    sudarios.[4] Sombras, espectros y espíritus
    pueblan el fondo de la escena. La tumba de
    doña Inés permanece.)

ESCENA II
Personajes: DON JUAN, LA ESTATUA DE
    DON GONZALO y LAS SOMBRAS
ESTATUA. Aquí me tienes, don Juan,
y he aquí que vienen conmigo   60
los que tu eterno castigo
de Dios reclamando están.
D. JUAN. ¡Jesús!
ESTATUA. ¿Y de qué te alteras
si nada hay que a ti te asombre,
y para hacerte eres hombre
platos con sus calaveras?
D. JUAN. ¡Ay de mí!
ESTATUA. ¿Qué? ¿El corazón
te desmaya?   70
D. JUAN. No lo sé;
concibo que me engañé;
¡no son sueños . . . , ellos son!
(Mirando a los espectros.)

Pavor jamás conocido
el alma fiera me asalta,
y aunque el valor no me falta,
me va faltando el sentido.
ESTATUA. Eso es, don Juan, que se va
concluyendo tu existencia,   80
y el plazo de tu sentencia
fatal ha llegado ya.
D. JUAN. ¡Qué dices!
ESTATUA. Lo que hace poco
que doña Inés te avisó,
lo que te he avisado yo,
y lo que olvidaste loco.
Mas el festín que me has dado
debo volverte; y así,
llega don Juan, que yo aquí   90
cubierto te he preparado.
D. JUAN. ¿Y qué es lo que ahí me das?
ESTATUA. Aquí fuego, allí ceniza.
D. JUAN. El cabello se me eriza
ESTATUA. Te doy lo que tú serás.
D. JUAN. ¡Fuego y ceniza he de ser!
ESTATUA. Cual los que ves en redor;
en eso para el valor,
la juventud y el poder.
D. JUAN. Ceniza, bien; pero   100
¡fuego . . . !
ESTATUA. El de la ira omnipotente,
do arderás eternamente
por tu desenfreno ciego.
D. JUAN. ¿Conque hay otra vida más
y otro mundo que el de aquí?
¿Conque es verdad, ¡ay de mí!,
lo que no creí jamás?
¡Fatal verdad que me hiela
la sangre del corazón!
¡Verdad que mi perdición   110
solamente me revela!
¿Y ese reloj?
ESTATUA. Es la medida
de tu tiempo.
D. JUAN. ¿Expira ya?
ESTATUA. Sí; en cada grano se va

---

[2] imagen
[3] esqueletos
[4] lienzo con que se envuelve el cadáver de los muertos

un instante de tu vida.

D. JUAN. ¿Y ésos me quedan no más?   120

ESTATUA. Sí.

D. JUAN. ¡Injusto Dios! Tu poder
me hace ahora conocer,
cuando tiempo no me das
de arrepentirme.

ESTATUA. Don Juan,
un punto de contrición[5]
da a un alma la salvación,
y ese punto aún te lo dan.

D. JUAN. ¡Imposible! ¡En un momento
borrar treinta años malditos
de crímenes y delitos!   130

ESTATUA. Aprovéchale con tiento,

(Tocan a muerto.)

porque el plazo va a expirar,
y las campanas doblando
por ti están, y están cavando
la fosa en que te han de echar.

(Se oye a lo lejos el oficio de difuntos. Se ve
    pasar por la izquierda luz de difuntos.)

D. JUAN. ¿Conque por mí doblan?

ESTATUA. Sí.

D. JUAN. ¿Y esos cantos funerales?   140

ESTATUA. Los salmos penitenciales
que están cantando por ti.

(Se ve pasar por la izquierda luz de hachones, y
    rezan dentro.)

D. JUAN. ¿Y aquel entierro que pasa?

ESTATUA. Es el tuyo.

D. JUAN. ¡Muerto yo!

ESTATUA. El Capitán te mató
a la puerta de tu casa.

D. JUAN. Tarde la luz de la fe
penetra en mi corazón,   150
pues crímenes mi razón
a su luz tan sólo ve.
Los ve. . . y con horrible afán,
porque al ver su multitud,
ve a Dios en su plenitud
de su ira contra don Juan.

¡Ah! Por doquiera que fui
la razón atropellé,
la virtud escarnecí
y a la justicia burlé.   160
Y emponzoñé[6] cuanto vi,
y a las cabañas bajé,
y a los palacios subí,
y los claustros escalé;
y pues tal mi vida fue,
no, no hay perdón para mí.
¡Mas ahí estáis todavía

(A los fantasmas.)

con quietud tan pertinaz!
Dejadme morir en paz,   170
a solas con mi agonía.
Mas con esa horrenda calma,
¿qué me auguráis,[7] sombras fieras?
¿Qué esperáis de mí?

ESTATUA. Que mueras
para llevarse tu alma.
Y adiós, don Juan, ya tu vida
toca a su fin; y pues vano
todo fue, dame la mano
en señal de despedida.   180

D. JUAN. ¿Muéstrasme ahora amistad?

ESTATUA. Sí, que injusto fui contigo,
y Dios me manda tu amigo
volver a la eternidad.

D. JUAN. Toma, pues.

ESTATUA. Ahora, don Juan,
pues desperdicias también
el momento que te dan,
conmigo al infierno ven.

D. JUAN. ¡Aparta, piedra fingida!   190
Suelta, suéltame esa mano,
que aún queda el último grano
en el reloj de mi vida.
Suéltala, que si es verdad
que un punto de contrición
da a un alma la salvación
de toda una eternidad,
yo, Santo Dios, creo en Ti;

---

[5] arrepentimiento por haber ofendido a Dios pecando
[6] *fig.* corrompí, dañé
[7] *léase:* queréis decir, avisar

si es mi maldad inaudita,
tu piedad es infinita. . .   200
¡Señor, ten piedad de mí!
ESTATUA. Ya es tarde.
(Don Juan se hinca de rodillas,[8] tendiendo al
   cielo la mano que le deja libre la estatua. Las
   sombras, esqueletos, etc., van a abalanzarse
   sobre él, en cuyo momento se abre la tumba
   de doña Inés y aparece ésta. Doña Inés toma
   la mano que don Juan tiende al cielo.)

ESCENA III
Personajes: DON JUAN, LA ESTATUA DE
   DON GONZALO, DOÑA INÉS,
   SOMBRAS, etc.
Dª. INÉS. No; heme ya aquí,
don Juan; mi mano asegura
esta mano que a la altura
tendió tu contrito afán,
y Dios perdona, don Juan   210
al pie de mi sepultura.
D. JUAN. ¡Dios clemente! ¡Doña Inés!
Dª. INÉS. Fantasmas, desvaneceos;
su fe nos salva. . .; volveos
a vuestros sepulcros, pues.
La voluntad de Dios es;
de mi alma con la amargura
purifiqué un alma impura,
y Dios concedió a mi afán
la salvación de don Juan   220
al pie de la sepultura.
D. JUAN. ¡Inés de mi corazón!
Dª. INÉS. Yo mi alma he dado por ti,
y Dios te otorga por mí
tu dudosa salvación.
Misterio que es comprensión
no cabe de criatura,
y sólo en vida más pura
los justos comprenderán
que el amor salvó a don Juan   230
al pie de la sepultura.

Cesad, cantos funerales;
(Cesa la música y salmodia.)
callad, mortuorias campanas;
(Dejan de tocar a muerto.)
ocupad, sombras livianas,
vuestras urnas sepulcrales;
(Vuelven los esqueletos a sus tumbas, que se
   cierran.)
volved a los pedestales,
animadas esculturas;   240
(Vuelven las estatuas a sus lugares.)
y las celestes venturas
en que los justos están
empiecen para don Juan
en las mismas sepulturas.
(Las flores se abren y dan paso a varios angelitos,
   que rodean a doña Inés y a don Juan,
   derramando sobre ellos flores y perfumes, y al
   son de una música dulce y lejana se ilumina el
   teatro con luz de aurora. Doña Inés cae sobre
   un lecho de flores, que quedará a la vista, en
   lugar de su tumba, que desaparece.)
ESCENA ÚLTIMA
Personajes: DOÑA INÉS, DON JUAN y
   LOS ÁNGELES
D. JUAN. ¡Clemente Dios, gloria a Ti!   250
Mañana a los sevillanos
aterrará el creer que a manos
de mis víctimas caí.
Mas es justo; quede aquí
al universo notorio
que, pues me abre el purgatorio
un punto de penitencia,
es el Dios de la clemencia
el Dios de don Juan Tenorio.
(Cae don Juan a los pies de doña Inés, y
   mueren ambos. De sus bocas salen sus almas,
   representadas en dos brillantes llamas, que se
   pierden en el espacio al son de la música.
   Cae el telón.)
     Fin de Don Juan Tenorio

---

[8] se pone de rodillas

■———Pasos para la compensión

1. En este último y breve acto del drama nos encontramos con un don Juan muy distinto al que conocimos o largo de la obra, y muy distinto al don Juan de Tirso. El referente de "la culpa" de la cual habla en los primeros versos es el asesino de don Gonzalo, padre de Inés. Lee con cuidado este monólogo y encuentra ejemplos que muestren un don Juan que:

   □ busca excusas para justificar y explicar su delito

   □ se siente que no puede controlar su destino

   □ vacila y duda

   □ siente temor

   □ admite sus características negativas

   □ intenta reformarse

2. Cuando habla el espíritu de don Gonzalo (la estatua), dice explícitamente por qué está allí.

   □ ¿Qué vienen a reclamar él y los otros espíritus (sombras) que lo acompañan?

   □ Don Gonzalo emplea el sarcasmo con don Juan. ¿Cómo lo hace?

   □ ¿Qué características muestra don Juan en esta escena?

3. Don Juan había convidado a la estatua de don Gonzalo a un banquete en el acto anterior donde le festejó con lujosos manjares. Aquí don Gonzalo le corresponde la cortesía.

   □ ¿Qué le sirve de comer? ¿Por qué?

   □ ¿Cómo responde don Juan a la comida que se le ofrece?

   □ ¿Por qué muestra más temor del fuego que de la comida?

4. En su conversación con don Gonzalo, don Juan se da cuenta por primera vez de que hay una vida después de la muerte, y es después de ese reconocimiento que don Juan empieza a hablar de arrepentirse.

   □ ¿Cree don Gonzalo que don Juan, en el acto de contrición, puede salvarse?

   □ ¿Cree don Juan que con el acto de contrición puede absolver todos sus delitos?

5. Las campanas y cantos que se oyen son los del entierro de don Juan. Aquí Zorrilla juega ingeniosamente con el tiempo. Explica.

6. Don Juan sigue dudando de la posibilidad de su salvación. En los famosos versos 156–174, don Juan hace un catálogo de sus delitos. ¿Qué menciona? Él nota que los fantasmas siguen aguardándolo. ¿Qué explicación le da don Gonzalo?

7. ¿Por qué parece que don Gonzalo le ofrecer la salvación a don Juan y luego quiere conducirlo al infierno?

   □ ¿Qué no ha hecho don Juan aún para merecer la salvación?

   □ Comenta las palabras que emplea en los versos 190–201.

8. Don Gonzalo dice que ya es tarde para la contrición, pero cuando que parece que los fantasmas van a conducirlo al infierno, se abre la tumba de doña Inés. ¿Por qué intercede doña Inés?

9. ¿Qué ha hecho doña Inés para salvar a don Juan?

   ☐ ¿Según doña Inés qué hizo don Juan que pudo salvarlo?

■———Pasos para una lectura más a fondo

1. El discurso del libre albedrío se introduce en el primer monólogo de don Juan con signos negativos como el desierto, las hojas secas y el viento.

   ☐ ¿Con qué compara metonímicamente la trayectoria de su vida?

   ☐ ¿Con qué compara metafóricamente su "alma perdida"?

   ☐ Si su alma es una "hoja seca," entonces ¿cuál será el significado del "viento" en este contexto?

   ☐ Pero, a pesar de sentirse incapaz de controlar su destino, ¿qué hace don Juan al final del drama que muestra que sí está en su poder la salvación? Comenta sobre este discurso.

2. El tema de sueño y realidad que se introduce en el monólogo al principio del acto se complica luego cuando don Juan y el público descubren que ya don Juan ha muerto—que el capitán con quien había luchado en el acto anterior lo había matado—y lo que presenciamos es su espíritu. Ahora don Juan presencia su propio entierro.

   ☐ ¿Qué efecto produce este reconocimiento en don Juan?

   ☐ ¿Y en el público que lo presencia?

3. Las palabras de don Juan, "¿Conque hay otra vida más / y otro mundo que el de aquí?" indican que don Juan era un escéptico. Explica.

   ☐ ¿Es éste un tema moderno?

   ☐ ¿Se ha visto antes en la literatura?

   ☐ Sin embargo, la obra contiene un discurso religioso muy ortodoxo. Explica.

4. El mismo don Juan no cree que su salvación sea posible. ¿Qué razones se podrían aducir, explícita o implícitamente, para explicar su creencia?

5. La intercesión de doña Inés constituye un elemento sumamente romántico.

   ☐ ¿Cómo expresa ella que ha podido salvar a don Juan?

   ☐ Ella dice que fue con su "amargura" como purificó el "alma impura" de don Juan. ¿Cuál podría ser la amargura a la cual se refiere?

   ☐ Nota también que Inés se refiere a la salvación de don Juan como "dudosa." Explica.

6. Cualquier obra sobre don Juan tiene que tener en cuenta la obra original de Tirso, y Zorrilla claramente cuenta con que el público conozca el antecedente. Cuando

esto ocurre en una obra literaria se llama *intertextualidad*. ¿En qué se diferencia el final de esta obra al de Tirso? ¿En qué detalle radica la diferencia fundamental entre ambas obras?

7. *Don Juan Tenorio* es un drama romántico. ¿Qué elementos románticos se pueden identificar en él?

Gertrudis Gómez de Avellaneda

1814–1873

Nacida en Cuba pero arraigada en España la mayor parte de su vida, La Avellaneda es una de las figuras más versátiles del romanticismo hispánico. Escribió novelas, teatro y poesía, y se destacó en cada género. Sus primeras obras en prosa son atrevidas—típicas del romanticismo liberal—y en ellas aboga por causas como la abolición de la esclavitud y una mayor tolerancia a las transgresiones sexuales. Pero con el paso del tiempo, y obedeciendo a la crítica negativa que la acusaba de escribir sobre temas impropios para una mujer, La Avellaneda fue moderando sus ideas liberales y terminó escribiendo poesía religiosa. Los temas de su poesía, sin embargo, son muy variados, destacándose las composiciones en que expresa sus propios sentimientos amorosos.

Poesía

Antes de leer

1. ¿Has estado alguna vez en una relación romántica en que te sentías dominado o dominada? ¿Qué sentiste?

2. ¿Crees que el hombre es más fuerte que la mujer, o es solamente un estereotipo? Explica.

"A él"

Era la edad lisonjera   1
en que es un sueño la vida,
era la aurora hechicera
de mi juventud florida
en su sonrisa primera,

cuando contenta vagaba   2
por el campo, silenciosa,
y en escuchar me gozaba
la tórtola que entonaba
su querella lastimosa.

Melancólico fulgor   3
blanca luna repartía,
y el aura leve mecía
con soplo murmurador
la tierna flor que se abría.

¡Y yo gozaba! El rocío,   4
nocturno llanto del cielo,
el bosque espeso y umbrío,
la dulce quietud del suelo,
el manso correr del río,

y de la luna el albor,   5
y el aura que murmuraba
acariciando a la flor,
y el pájaro que
      cantaba . . .
todo me hablaba de amor.

Y trémula y palpitante,   6
en mi delirio extasiada,
miré una visión brillante,
como el aire perfumada,
como las nubes flotante.

Ante mí resplandecía   7
como un astro brillador,
y mi loca fantasía
al fantasma seductor
tributaba idolatría.

Escuchar pensé su acento   8
en el canto de las aves;
eran las auras su aliento
cargadas de aromas suaves,
y su estancia el firmamento.

¿Qué ser divino era aquél?   9
¿Era un ángel o era un hombre?
¿Era un dios o era Luzbel?
¿Mi visión no tiene nombre?

¡Ah! nombre tiene . . . ¡Era Él!
El alma guardaba su imagen divina   10
y en ella reinabas, ignoto señor,
que instinto secreto tal vez ilumina
la vida futura que espera el amor.

Al sol que en el cielo de Cuba destella,   11
del trópico ardiente brillante fanal,[1]
tus ojos eclipsan, tu frente descuella[2]
cual se alza en la selva la palma real.

Del genio la aureola radiante, sublime,   12
ciñendo contemplo tu pálida sien,
y al verte mi pecho palpita y se oprime
dudando si formas mi mal o mi bien.

Que tú eres, no hay duda, mi sueño   13
      adorado,
el ser que vagando mi mente buscó;
mas ¡ay! que mil veces el hombre arrastrado
por fuerza enemiga, su mal anheló.

Así vi a la mariposa   14
inocente, fascinada,
en torno a la luz amada
revolotear con placer.

Insensata se aproxima   15
y la acaricia insensata,
hasta que la luz ingrata
devora su frágil ser.

Y es fama que allá en los bosques   16
que adornan mi patria ardiente,
nace y crece una serpiente
de prodigioso poder,

que exhala en torno su aliento   17
y la ardilla palpitante,
fascinada, delirante,
corre . . . ¡y corre a perecer!

---

[1] farol de los puertos
[2] se destaca

¿Hay una mano de bronce,   18
fuerza, poder o destino,
que nos impele al camino
que a nuestra tumba trazó? . . .

¿Dónde van, dónde, esas nubes   19
por el viento compelidas? . . .
¿Dónde esas hojas perdidas
que del árbol arrancó? . . .

Vuelan, vuelan resignadas,   20
y no saben dónde van,

pero siguen el camino
que les traza el huracán.

Vuelan, vuelan en sus alas   21
nubes y hojas a la par,
ya a los cielos las levante,
ya las sumerja en el mar.

¡Pobres nubes! ¡pobres hojas   22
que no saben dónde van! . . .
Pero siguen el camino
que les traza el huracán.

■———Pasos para la comprensión

1. Nota la forma poética de las primeras estrofas. ¿Muestra este poema en su forma el espíritu romántico de rebeldía?

2. ¿Quién es el emisor del mensaje? ¿Cómo se sabe?

    □ ¿Cuál es el referente del mensaje? ¿Cómo se sabe?

    □ ¿Quién es el destinatario? (Nota la estrofa 13.)

3. En el primer verso se refiere a "la edad lisonjera."

    □ ¿Qué es metonímicamente ese período de su vida?

    □ ¿Con qué signos expresa la poeta esta etapa?

4. Varios de los signos de la primera sección (estrofas 1 a 9) tienen significantes simbólicos. Por ejemplo, trata de explicar el simbolismo de los siguientes signos, teniendo en cuenta el referente del amor:

    □ "la tierna flor que se abría"

    □ "el bosque espeso y umbrío"

    □ "el aura que murmuraba / acariciando a la flor"

5. En la séptima estrofa le sucede una aparición a la poeta.

    □ ¿Qué es? ¿Con qué signos lo describe?

    □ ¿Son positivas o negativas las connotaciones de esos signos?

    □ En las últimas palabras de la estrofa novena se revela lo que representa esa aparición. ¿Qué es?

6. El poema toma un nuevo rumbo con la estrofa 10 y que sigue hasta la 13.

    □ Nota primero el cambio de métrica. Descríbelo.

    □ ¿Qué signos emplea el autor para describir a "él"?

    □ Forma la isotopía completa (la isotopía es conjunto de signos relacionados entre sí) de la visión brillante que aparece en la sexta estrofa. Podrás encontrar dichos signos en las estrofas que le siguen.

- ☐ Forma la isotopía de lo divino.
- ☐ Hay en esta parte del poema una oposición binaria respecto al hombre. Explícala. ¿Por qué es ésta una oposición bien integrada en el poema?

7. A partir de la estrofa 14 el yo poético se va identificando con otros signos. ¿Cuáles son?

- ☐ Para cada signo con que se identifica la narradora, hay un signo correspondiente respecto a "él". ¿Cuáles son?
- ☐ ¿Qué relación hay entre cada grupo de signos? (Por ejemplo, ¿qué relación hay entre el huracán, las nubes y las hojas?)

8. La última estrofa del poema resume bastante bien lo que siente la narradora. Teniendo en cuenta las metonimias establecidas previamente, ¿cúal es el mensaje de esta estrofa?

■——Pasos para una lectura más a fondo

1. A lo largo del poema, las metonimias se transforman. Por ejemplo, el hombre o "visión brillante," que en la estrofa sexta parece como el "aire perfumada" y en la octava su aliento son "auras. . . cargadas de aromas suaves," ¿en qué se convierte a partir de la estrofa 19?

- ☐ ¿Cómo se puede explicar esta transformación de signos?

2. La crítica feminista puede sacarle mucho jugo a este poema.

- ☐ Desde una perspectiva feminista, ¿Cómo se percibe a la mujer con respecto al hombre? (Este discurso se sintetiza muy bien en las estrofas 14 y 15.)
- ☐ ¿Muestra La Avellaneda algo de rebeldía romántica en este poema? Explica.

3. Aunque La Avellaneda pasó gran parte de su vida en España, nunca olvidó su patria. ¿Cómo evoca a Cuba en este poema?

Esteban Echeverría

■ ☐ ☐

1805–1851

Se ha dicho que el romanticismo hispanoamericano arranca de este escritor argentino quien supo adaptar los preceptos artísticos y filosóficos del romanticismo europeo que había aprendido durante su estancia en París, a la realidad americana. Aunque es un fino poeta y perspicaz ensayista, es en el campo de la prosa donde Echeverría produce su obra maestra. Al regresar de París a Buenos Aires, se encontró con un país aterrorizado por la dictadura de Juan Manuel Rosas y "El matadero" (escrito alrededor de 1839 pero publicado póstumamente en 1871) es su reacción artística al salvajismo que había impuesto el caudillo. Esta obra es posiblemente el primer relato corto en castellano, y por lo tanto establece el nuevo género como uno de compromiso social y político, así como de alto nivel artístico—ideales que todo escritor posterior del género se ha sentido obligado a seguir.

El matadero

Antes de leer

1. ¿Has visto alguna vez un matadero de reses? ¿Cómo es? Si no lo has visto, ¿cómo te imaginas que es?
2. En cualquier sociedad hay grupos políticos o sectas religiosas cuyos partidarios no aceptan las ideas de los otros. ¿Qué grupos, partidos o sectas de este tipo existen en nuestra sociedad?

Códigos para la comprensión

Código histórico: La lucha política en Hispanoamérica después de la independencia de España tomó la forma de un choque entre grupos que apoyaban el liberalismo democrático como el de la Revolución norteamericana, y otros que abogaban por un sistema autocrático y católico. En Argentina, estos dos bandos se conocían como los "unitarios" (los liberales) y los "federales" (los tradicionalistas). El caudillo de éstos, Juan Manuel Rosas, quien gobernó entre 1835 y 1852, impuso un reino de terror para imponer el orden en Argentina que incluyó el intento de extinguir a cualquiera que se oponía a los principios de su régimen. Entre ellos, Juan Ramón Balcarce (1773-1836), gobernador de Buenos Aires, a quien Rosas echó de su puesto en una revolución. Rosas estableció una policía secreta llamada "la mazorca" (*más horca*) para buscar y erradicar la oposición.

Código carnívoro: Cuando los españoles primeramente establecieron la ciudad de Buenos Aires en el siglo XVI, llevaron, como de costumbre, ganado y otros animales. Unos años después, Buenos Aires fue saqueada por piratas ingleses y el poblado fue abandonado. Cuando los españoles volvieron años después, encontraron que los ganados habían huido a las llanuras del norte de Argentina, y allí en las pampas se habían multiplicado. Así se encontraron con una industria hecha por casualidad. Desde entonces, la economía argentina se ha aprovechado de esa riqueza natural y su gente se ha alimentado de ella.

Código étnico: Argentina, desde sus comienzos, ha sido un país pluralista con mucha inmigración europea. Al principio, la inmigración (aparte de la española) era principalmente inglesa, aunque luego fue italiana. A estos inmigrantes se les llamaban "gringos," término de origen incierto que se emplea hoy en castellano para referirse a los norteamericanos.

"El matadero"

A pesar de que la mía es historia, no la empezaré por el arca de Noé y la genealogía de sus ascendientes como acostumbraban hacerlo los antiguos historiadores españoles de América que deben ser nuestros prototipos. Tengo muchas razones para no seguir ese ejemplo, las que callo por no ser difuso. Diré solamente que los sucesos de mi narración pasaban por los años de Cristo de 183. . . Estábamos, a más, en cuaresma, época en que escasea la carne en Buenos Aires, porque la iglesia, adoptando el precepto de Epicteto,[1] *sustine abstine* (sufre, abstente), ordena vigilia y abstinencia a los estómagos de los fieles, a causa de que la carne es pecaminosa y, como dice el proverbio, busca a la carne. Y como la Iglesia tiene *ab initio*[2] y por delegación directa de Dios el imperio inmaterial sobre las conciencias y estómagos, que en manera alguna pertenecen al individuo, nada más justo y racional que vede[3] 10 lo malo.

Los abastecedores, por otra parte, buenos federales,[4] y por lo mismo buenos católicos, sabiendo que el pueblo de Buenos Aires atesora una docilidad singular para someterse a toda especie de mandamientos, sólo traen en días cuaresmales al matadero los novillos necesarios para el sustento de los niños y de los enfermos dispensados de la abstinencia por la Bula[5] . . . y no con el ánimo de que se harten algunos herejotes, que no faltan, dispuestos siempre a violar los mandamientos carnificinos de la Iglesia, y a contaminar la sociedad con el mal ejemplo.

Sucedió, pues, en aquel tiempo, una lluvia muy copiosa. Los caminos se anegaron; los pantanos se pusieron a nado y las calles de entrada y salida a la ciudad rebosaban en acuoso 20 barro. Una tremenda avenida se precipitó de repente por el Riachuelo de Barracas, y extendió majestuosamente sus turbias aguas hasta el pie de las barrancas del Alto.[6] El Plata,[7] creciendo embravecido, empujó esas aguas que venían buscando su cauce y las hizo correr hinchadas por sobre campos, terraplenes, arboledas, caseríos, y extenderse como un lago inmenso por todas las bajas tierras. La ciudad, circunvalada del Norte al Este por una cintura de agua y barro, y al Sur por un piélago blanquecino en cuya superficie flotaban a la ventura algunos barquichuelos y negreaban las chimeneas y las copas de los árboles, echaba desde sus torres y barrancas atónitas miradas al horizonte, como implorando misericordia al Altísimo. Parecía el amago[8] de un nuevo diluvio. Los beatos y beatas gimoteaban haciendo novenarios y continuas plegarias. Los predicadores atronaban el templo y hacían crujir el púlpito a 30 puñetazos. Es el día del juicio—decían—, el fin del mundo está por venir. La cólera divina, rebosando, se derrama en inundación. ¡Ay de vosotros, pecadores! ¡Ay de vosotros, unitarios[9] impíos que os mofáis de la Iglesia, de los santos, y no escucháis con veneración la palabra de los ungidos del Señor! ¡Ah de vosotros si no imploráis misericordia al pie de los altares! Llegará la hora tremenda del vano crujir de dientes de las frenéticas imprecaciones. Vuestra impiedad, vuestras herejías, vuestras blasfemias, vuestros crímenes horrendos, han

[1] filósofo griego de tendencia estoica que practicaba la abstinencia
[2] *latín:* desde el principio
[3] prohíba
[4] Consultar el *código histórico.*
[5] indulgencia oficial del Papa
[6] barrio de Buenos Aires
[7] el río Plata
[8] señal
[9] Consultar el *código histórico.*

traído sobre nuestra tierra las plagas del Señor. La justicia y el Dios de la Federación os declararán malditos.

Las pobres mujeres salían sin aliento, anonadadas del templo, echando, como era natural, la culpa de aquella calamidad a los unitarios.   40

Continuaba, sin embargo, lloviendo a cántaros y la inundación crecía acreditando el pronóstico de los predicadores. Las campanas comenzaron a tocar rogativas por orden del muy católico Restaurador,[10] quien parece no las tenía todas consigo. Los libertinos, los incrédulos, es decir, los unitarios, empezaron a amedrentarse[11] al ver tanta cara compungida, oír tanta batahola[12] de imprecaciones. Se hablaba ya, como de cosa resuelta, de una procesión en que debía ir toda la población descalza y a cráneo descubierto, acompañando al Altísimo, llevado bajo palio por el obispo, hasta la barranca de Balcarce,[13] donde millares de voces conjurando al demonio unitario debían implorar la misericordia divina.

Feliz, o mejor, desgraciadamente, pues la cosa habría sido de verse, no tuvo efecto la ceremonia, porque bajando el Plata, la inundación se fue poco a poco escurriendo en su inmenso lecho sin necesidad de conjuro ni plegarias.   50

Lo que hace principalmente a mi historia es que por causa de la inundación estuvo quince días el matadero de la Convalecencia sin ver una sola cabeza vacuna, y que en uno o dos, todos los bueyes de quinteros[14] y *aguateros*[15] se consumieron en el abasto de la ciudad. Los pobres niños y enfermos se alimentaban con huevos y gallinas, y los gringos[16] y herejotes bramaban por el *beef-steak* y el asado. La abstinencia de carne era general en el pueblo, que nunca se hizo más digno de la bendición de la Iglesia, y así fue que llovieron sobre él millones y millones de indulgencias plenarias. Las gallinas se pusieron a seis pesos y los huevos a cuatro reales y el pescado carísimo. No hubo en aquellos días cuaresmales promiscuidades ni excesos de gula; pero en cambio se fueron derechas al cielo innumerables ánimas y acontecieron cosas que parecen soñadas.   60

No quedó en el matadero ni un solo ratón de muchos millares que allí tenían albergue. Todos murieron o de hambre o ahogados en sus cuevas por la incesante lluvia. Multitud de negras rebuscadoras de *achuras,*[17] como los caranchos[18] de presa, se desbandaron por la ciudad como otras tantas harpías[19] prontas a devorar cuanto hallaran comible. Las gaviotas y los perros, inseparables rivales suyos en el matadero, emigraban en busca de alimento animal. Porción de viejos achacosos[20] cayeron en consunción por falta de nutritivo caldo; pero lo más notable que sucedió fue el fallecimiento casi repentino de unos cuantos gringos herejes que cometieron el desacato de darse un hartazgo de chorizos de Extremadura, jamón y bacalao y se fueron al otro mundo a pagar el pecado cometido por tan abominable promiscuación.   70

---

[10] *metonimia por el dictador Rosas, a quien le llamaban el "Restaurador de las leyes"*

[11] asustarse

[12] *fam.* bulla

[13] barrio de Buenos Aires

[14] los campesinos que traen sus productos para vender en la ciudad

[15] vendedores de agua

[16] inmigrantes

[17] entrañas y desperdicios de las reses

[18] especie de ave de rapiña

[19] aves fantásticas con cabeza de mujer

[20] enfermos; indispuestos

Algunos médicos opinaron que si la carencia de carne continuaba, medio pueblo caería en síncope por estar los estómagos acostumbrados a su corroborante jugo; y era de notar el contraste entre estos tristes pronósticos de la ciencia y los anatemas lanzados desde el púlpito por los reverendos padres contra toda clase de nutrición animal y de promiscuación en aquellos días destinados por la Iglesia al ayuno y la penitencia. Se originó de aquí una especie de guerra intestina entre los estómagos y las conciencias, atizada[21] por el inexorable apetito y las no menos inexorables vociferaciones de los ministros de la Iglesia, quienes, como es su deber, no transigen con vicio alguno que tienda a relajar las costumbres católicas: a los que se agregaba el estado de flatulencia intestinal de los habitantes, producido por el pescado y los porotos[22] y otros alimentos algo indigestos. 80

Esta guerra se manifestaba por sollozos y gritos descompasados[23] en la peroración de los sermones y por rumores y estruendos subitáneos en las casas y las calles de la ciudad o dondequiera concurría gente. Alarmóse un tanto el Gobierno, tan paternal como previsor, del Restaurador, creyendo aquellos tumultos de origen revolucionario y atribuyéndolos a los mismos salvajes unitarios, cuyas impiedades, según los predicadores federales, habían traído sobre el país la inundación de la cólera divina; tomó activas providencias, desparramó sus esbirros[24] por la población y por último, bien informado, promulgó un decreto tranquilizador de las conciencias y de los estómagos, encabezado por un considerando muy sabio y piadoso para que a todo trance y arremetiendo por agua y lodo se trajera ganado a los corrales.

En efecto, al decimosexto día de la carestía, víspera del día de Dolores, entró a nado, por 90 el matadero del Alto, una tropa de cincuenta novillos gordos; cosa poca, por cierto, para una población acostumbrada a consumir diariamente de 250 a 300, y cuya tercera parte, al menos, gozaría del fuero eclesiástico de alimentarse con carne. ¡Cosa extraña que haya estómagos privilegiados y estómagos sujetos a las leyes inviolables y que la Iglesia tenga la llave de los estómagos!

Pero no es extraño, supuesto que el diablo con la carne suele meterse en el cuerpo y que la Iglesia tiene el poder de conjurarlo: el caso es reducir al hombre a una máquina cuyo móvil principal no sea su voluntad, sino la de la Iglesia y el Gobierno. Quizá llegue el día en que sea prohibido respirar aire libre, pasearse y hasta conversar con un amigo sin permiso de autoridad competente. Así era, poco más o menos, en los felices tiempos de nuestros beatos 100 abuelos que, por desgracia, vino a turbar la revolución de Mayo.[25]

Sea como fuera, a la noticia de la providencia gubernativa, los corrales del Alto se llenaron, a pesar del barro, de carniceros, achuradores y curiosos, quienes recibieron con grandes vociferaciones y palmoteos los cincuenta novillos destinados al matadero.

—Chica, pero gorda—exclamaban—. ¡Viva la Federación! ¡Viva el Restaurador! Porque han de saber los lectores que en aquel tiempo la Federación estaba en todas partes, hasta entre las inmundicias del matadero y no había fiesta sin Restaurador, como no hay sermón sin San Agustín. Cuentan que al oír tan desaforados gritos las últimas ratas que agonizaban de hambre en sus cuevas, se reanimaron y echaron a correr desatentadas conociendo que volvían a aquellos lugares la acostumbrada alegría y la algazara precursora de abundancia. 110

---

[21] *fig.* avivada

[22] *argentinismo:* frijoles; judías

[23] excesivos

[24] *Un término algo despectivo aplicado a personas pagadas para ejercer violencia; aquí pudiera tener el sentido de espías.*

[25] los comienzos de la independencia de Argentina de España en 1810

El primer novillo que se mató fue todo entero de regalo al Restaurador, hombre muy amigo del asado. Una comisión de carniceros marchó a ofrecérselo a nombre de los federales del matadero, manifestándole *in voce*[26] su agradecimiento por la acertada providencia del Gobierno, su adhesión ilimitada al Restaurador y su odio entrañable a los salvajes unitarios, enemigos de Dios y de los hombres. El Restaurador contestó a la arenga *rinforzando*[27] sobre el mismo tema y concluyó la ceremonia con los correspondientes vivas y vociferaciones de los espectadores y actores. Es de creer que el Restaurador tuviese permiso especial de Su Ilustrísima para no abstenerse de carne, porque siendo tan buen observador de las leyes, tan buen católico y tan acérrimo[28] protector de la religión, no hubiera dado mal ejemplo aceptando semejante regalo en día santo.

Siguió la matanza y en un cuarto de hora cuarenta y nueve novillos se hallaban tendidos en la playa del matadero, desollados unos, los otros por desollar. El espectáculo que ofrecía entonces era animoso y pintoresco aunque reunía todo lo horriblemente feo, inmundo y deforme de una pequeña clase proletaria peculiar del Río de la Plata. Pero para que el lector pueda percibirlo a un golpe de ojos, preciso es hacer un croquis[29] de la localidad.

El matadero de la Convalecencia o Alto, sito en las quintas del sur de la ciudad, es una gran playa en forma rectangular, colocada al extremo de dos calles, una de las cuales allí se termina y la otra se prolonga hacia el Este.

Esta playa, con declive al Sur, está cortada por un zanjón labrado por la corriente de las aguas fluviales, en cuyos bordes laterales se muestran innumerables cuevas de ratones y cuyo cauce recoge, en tiempo de lluvia, toda la sangraza seca o reciente del matadero. En la junción del ángulo recto, hacia el Oeste, está lo que llaman la casilla, edificio bajo, de tres piezas de media agua, con corredor al frente que da a la calle y palenque para atar caballos, a cuya espalda se notan varios corrales de palo a pique, de ñandubay,[30] con sus fornidas puertas para encerrar el ganado.

Estos corrales son en tiempo de invierno un verdadero lodazal en el cual los animales apeñuscados se hunden hasta el encuentro y quedan como pegados y casi sin movimiento. En la casilla se hace la recaudación del impuesto de corrales, se cobran las multas por violación de reglamentos y se sienta el juez del matadero, personaje importante, caudillo de los carniceros y que ejerce la suma del poder en aquella pequeña República por delegación del Restaurador. Fácil es calcular qué clase de hombre se requiere para el desempeño de semejante cargo. La casilla, por otra parte, es un edificio tan ruin y pequeño que nadie lo notaría en los corrales a no estar asociado su nombre al del terrible juez y a no resaltar sobre su blanca cintura los siguientes letreros rojos: "Viva la Federación," "Viva el Restaurador y la heroína doña Encarnación Ezcurra," "Mueran los salvajes unitarios." Letreros muy significativos, símbolos de la fe política y religiosa de la gente del matadero. Pero algunos lectores no sabrán que la tal heroína es la difunta esposa del Restaurador, patrona muy querida de los carniceros, quienes ya muerta la veneraban como viva por sus virtudes cristianas y su federal heroísmo en la revolución contra Balcarce.[31] Es el caso que en un aniversario de aquella memorable hazaña de la mazorca,[32] los carniceros festejaron con un espléndido banquete en la casilla a

---

[26] *lat:* en voz alta
[27] reforzando (*o sea, repitiendo para recalcar*)
[28] *un adjetivo superlativo que intensifica el sustantivo* "protector"
[29] bosquejo
[30] una especie de árbol de madera
[31] Consulta el *código histórico.*
[32] Consulta el *código histórico.*

la heroína, banquete a que concurrió con su hija y otras señoras federales, y que allí, en presencia de un gran concurso, ofreció a los señores carniceros en un solemne brindis su federal patrocinio, por cuyo motivo ellos la proclamaron entusiastamente patrona del matadero, estampando su nombre en las paredes de la casilla donde se estará hasta que lo borre la mano del tiempo.

La perspectiva del matadero a la distancia era grotesca, llena de animación. Cuarenta y nueve reses estaban tendidas sobre sus cueros y cerca de doscientas personas hollaban aquel suelo de lodo regado con la sangre de sus arterias. En torno de cada res resaltaba un grupo de figuras humanas de tez y raza distinta. La figura más prominente de cada grupo era el car- 160 nicero con el cuchillo en mano, brazo y pecho desnudos, cabello largo y revuelto, camisa, chiripá[33] y rostro embadurnados de sangre. A sus espaldas se rebullían, caracoleando y siguiendo los movimientos, una comparsa de muchachos, de negras y mulatas achuradoras, cuya fealdad trasuntaba las harpías de la fábula, y entremezclados con ellas, algunos enormes mastines olfateaban, gruñían o se daban de tarascones[34] por la presa. Cuarenta y tantas carretas toldadas con negruzco y pelado cuero se escalonaban irregularmente a lo largo de la playa y algunos jinetes, con el poncho calado y el lazo prendido al tiento, cruzaban por entre ellas al tranco o reclinados sobre el pescuezo de los caballos echaban ojo indolente sobre uno de aquellos animados grupos, al paso que más arriba, en el aire, un enjambre de gaviotas blanquiazules que habían vuelto de la emigración al olor de la carne, revoloteaban cubriendo con su diso- 170 nante graznido todos los ruidos y voces del matadero y proyectando una sombra clara sobre aquel campo de horrible carnicería. Esto se notaba al principio de la matanza.

Pero a medida que adelantaba, la perspectiva variaba; los grupos se deshacían, venían a formarse tomando diversas actitudes y se desparramaban corriendo como si en medio de ellos cayese alguna bala perdida o asomase la quijada de algún encolerizado mastín. Esto era, que ínterin el carnicero en un grupo descuartizaba a golpe de hacha, colgaba en otro los cuartos en los ganchos a su carreta, despellejaba en éste, sacaba el sebo[35] en aquél, de entre la chusma que ojeaba y aguardaba la presa de achura salía de cuando en cuando una mugrienta mano a dar un tarascón con el cuchillo al sebo o a los cuartos de la res, lo que originaba gritos y explosión de cólera del carnicero y el continuo hervidero de los grupos—dichos y gritería des- 180 compasada de los muchachos.

—Ahí se mete el sebo en las tetas, la tía—gritaba uno.

—Aquél lo escondió en el alzapón[36]—replicaba la negra.

—¡Che!, negra bruja, salí de aquí antes que te pegue un tajo[37]—exclamaba el carnicero.

—¿Qué le hago, ño Juan? ¡No sea malo! Yo no quiero sino la panza y las tripas.

—Son para esa bruja: a la m. . .

---

[33] *artículo de vestir de campesinos argentinos; un paño que sirve de calzón, semejante a un pañal*
[34] *americanismo:* mordeduras
[35] gordura; grasa
[36] pieza que tapa la parte delantera de los pantalones
[37] cuchillazo

—¡A la bruja, ¡a la bruja!, repitieron los muchachos, ¡se lleva la riñonada y el tongorí![38] Y cayeron sobre su cabeza sendos cuajos de sangre[39] y tremendas pelotas de barro.

Hacia otra parte, entre tanto, dos africanas llevaban arrastrando las entrañas de un animal; allá una mulata se alejaba con un ovillo de tripas y resbalando de repente sobre un charco de sangre, caía a plomo, cubriendo con su cuerpo la codiciada presa. Acullá se veían acurrucadas en hilera 400 negras destejiendo sobre las faldas el ovillo y arrancando uno a uno los sebitos que el avaro cuchillo del carnicero había dejado en la tripa como rezagados, al paso que otras vaciaban panzas y vejigas y las henchían de aire de sus pulmones para depositar en ellas, luego de secas, la achura.

Varios muchachos, gambeteando a pie y a caballo, se daban de vejigazos[40] o se tiraban bolas de carne, desparramando con ellas y su algazara la nube de gaviotas que columpiándose en el aire celebraban chillando la matanza. Oíanse a menudo, a pesar del veto del Restaurador y de la santidad del día, palabras inmundas y obscenas, vociferaciones preñadas de todo el cinismo bestial que caracterizaban a la chusma de nuestros mataderos, con las cuales no quiero regalar a los lectores.

De repente caía un bofe[41] sangriento sobre la cabeza de alguno, que de allí pasaba a la de otro, hasta que algún deforme mastín lo hacía buena presa, y una cuadrilla de otros, por si estrujo o no estrujo, armaba una tremenda[42] de gruñidos y mordiscones. Alguna tía vieja salía furiosa en persecución de un muchacho que le había embadurnado el rostro con sangre, y acudiendo a sus gritos y puteadas[43] los compañeros del rapaz la rodeaban y azuzaban como los perros al toro y llovían sobre ella zoquetes[44] de carne, bolas de estiércol, con groseras carcajadas y gritos frecuentes, hasta que el juez mandaba restablecer el orden y despejar el campo.

Por un lado dos muchachos se adiestraban en el manejo del cuchillo tirándose horrendos tajos y reveses; por otro, cuatro, ya adolescentes, ventilaban a cuchilladas el derecho a una tripa gorda y un mondongo[45] que habían robado a un carnicero, y no de ellos distante, porción de perros, flacos ya de la forzosa abstinencia, empleaban el mismo medio para saber quién se llevaría un hígado envuelto en barro. Simulacro en pequeño era éste del modo bárbaro con que se ventilan en nuestro país las cuestiones y los derechos individuales y sociales. En fin, la escena que se representaba en el matadero era para vista, no para escrita.

Un animal había quedado en los corrales de corta y ancha cerviz, de mirar fiero, sobre cuyos órganos genitales no estaban conformes los pareceres porque tenía apariencias de toro y de novillo. Llególe su hora. Dos enlazadores a caballo penetraron al corral en cuyo contorno hervía la chusma a pie, a caballo y horquetada[46] sobre sus nudosos palos. Formaban en la puerta el más grotesco y sobresaliente grupo varios pialadores[47] y enlazadores de a pie, con el brazo desnudo

---

[38] parte de los intestinos
[39] sangre cuajada
[40] golpes con vejigas
[41] pulmón
[42] *adjetivo usado como sustantivo como para decir "una tremenda escena"*
[43] *neologismo o regionalismo:* insultos
[44] desperdicios; trozos
[45] panza de la res
[46] *neologismo o regionalismo:* a horcajadas con las piernas a cada lado *(aquí, gente encaramada encima de la cerca del corral)*
[47] el que piala *(o sea, el que echa un lazo a los animales para capturarlos)*

y armados del certero lazo, la cabeza cubierta con un pañuelo punzó[48] y chaleco y chiripá colorados, teniendo a sus espaldas varios jinetes y espectadores de ojo escrutador y anhelante.

El animal prendido ya al lazo por las astas, bramaba echando espuma, furibundo, y no había demonio que lo hiciera salir del pegajoso barro donde estaba como clavado y era imposible pialarlo. Gritábanlo, lo azuzaban en vano con las mantas y pañuelos los muchachos prendidos sobre las horquetas del corral, y era de oír la disonante batahola de silbidos, palmadas y voces tiples y roncas que se desprendían de aquella singular orquesta.

Los dicharachos, las exclamaciones chistosas y obscenas rodaban de boca en boca y cada cual hacía alarde espontáneamente de su ingenio y de su agudeza, excitado por el espectáculo   230 o picado por el aguijón[49] de alguna lengua locuaz.

—Hi. . . de p. . . en el toro.

—Al diablo los torunos[50] del Azul.[51]

—Mal haya el tropero[52] que nos da gato por liebre.

—Si es novillo.

—¿No está viendo que es toro viejo?

—Como toro le ha de quedar. Muéstreme los c. . . [53]si les parece, ¡c. . .o!

—Ahí los tiene entre las piernas. ¿No los ve, amigo, más grandes que la cabeza de un castaño? ¿O se ha quedado ciego en el camino?

—Su madre sería la ciega, pues que tal hijo ha parido. ¿No ve que todo ese bulto es barro?   240

—Es emperrado[54] y arisco como un unitario.

Y al oír esta mágica palabra, todos a una vez exclamaron: ¡mueran los salvajes unitarios!

—Para el tuerto los h. . .

—Sí, para el tuerto, que es hombre de c. . . para pelear con los unitarios.

—El matahambre[55] a Matasiete, degollador de unitarios. ¡Viva Matasiete!

---

[48] de color rojo vivo

[49] punta de una vara larga; aquí *fig.* incitación

[50] toros

[51] localidad de la provincia de Buenos Aires (*obviamente, de donde procede el toro*)

[52] *argentinismo:* conductor de ganado

[53] *Cuando Echeverra emplea voces o expresiones groseras, usa puntos suspensivos y lo deja a la imaginación del lector. Aquí es importante saber que la palabra es "cojones," voz vulgar para testículos. El tamaño de los testículos del animal prueba que es toro y no novillo.*

[54] *fam.* obstinado

[55] *americanismo:* carne (aquí, el toro)

—¡A Matasiete el matahambre!

—¡Allá va!—gritó una voz ronca interrumpiendo aquellos desahogos de la cobardía feroz—. ¡Allá va el toro!

—¡Alerta! Guarda los de la puerta. ¡Allá va furioso como un demonio!

Y en efecto, el animal acosado por los gritos y sobre todo por dos picanas agudas que le   250
espoleaban la cola, sintiendo flojo el lazo, arremetió bufando a la puerta, lanzando a entrambos lados una rojiza y fosfórica mirada. Diole el tirón el enlazador sentando su caballo,
desprendió el lazo de la asta, crujió por el aire un áspero zumbido y al mismo tiempo se vio
rodar desde lo alto de una horqueta del corral como si un golpe de hacha la hubiese dividido
a cercén,[56] una cabeza de niño cuyo tronco permaneció inmóvil sobre su caballo de palo,
lanzando por cada arteria un largo chorro de sangre.

—Se cortó el lazo, gritaron unos: allá va el toro. Pero otros, deslumbrados y atónitos,
guardaron silencio porque todo fue como un relámpago. Desparramóse un tanto el grupo de
la puerta. Una parte se agolpó sobre la cabeza y el cadáver palpitante del muchacho degollado por el lazo, manifestando horror en su atónito semblante, y la otra parte, compuesta de   260
jinetes que no vieron la catástrofe, se escurrió en distintas direcciones en pos del toro, vo-
ciferando y gritando. ¡Allá va el toro! ¡Atajen! ¡Guarda!—Enlaza, Sietepelos.—¡Que te
agarra, Botija!—Va furioso: no se le pongan delante.—¡Ataja, ataja, morado!—Déle espuela
al mancarrón.[57] —Ya se metió en la calle sola.—¡Que lo ataje el diablo!

El tropel y vocerío era infernal. Unas cuantas negras achuradoras, sentadas en hilera al
borde del zanjón, oyendo el tumulto, se acogieron y agazaparon entre las panzas y tripas que
desentedaban y devanaban con la paciencia de Penélope, lo que sin duda las salvó, porque el
animal lanzó al mirarlas un bufido aterrador, dio un brinco sesgado y siguió adelante
perseguido por los jinetes. Cuentan que una de ellas se fue de cámaras,[58] otra rezó salves en
dos minutos, y dos prometieron a San Benito no volver jamás a aquellos malditos corrales y   270
abandonar el oficio de achuradoras. No se sabe si cumplieron las promesas.

El toro, entre tanto, tomó hacia la ciudad por una larga y angosta calle que parte de la
punta más aguda del rectángulo anteriormente descrito, calle encerrada por una zanja y un
cerco de tunas,[59] que llaman *sola* por no tener más de dos casas laterales y en cuyo aposado
centro había un profundo pantano que tomaba de zanja a zanja. Cierto inglés, de vuelta de
su saladero, vadeaba este pantano a la sazón, paso a paso en un caballo algo arisco, y sin duda
iba tan absorto en sus cálculos que no oyó el tropel de jinetes ni la gritería, sino cuando el
toro arremetía al pantano. Azoróse de repente su caballo dando un brinco al sesgo y echó a
correr dejando al pobre hombre hundido media vara en el fango. Este accidente, sin embargo, no detuvo ni refrenó la carrera de los perseguidores del toro, antes al contrario,   280
soltando carcajadas sarcásticas—¡se amoló el gringo! ¡levántate, gringo!—exclamaron y

---

[56] *adv.* completamente (cortado)
[57] matalón: caballo flaco y desgarbado
[58] *eufemismo: para evitar el témino vulgar "cagarse"*
[59] planta cactácea con espinas

cruzaron el pantano amasando con barro bajo las patas de sus caballos, su miserable cuerpo. Salió el gringo como pudo después a la orilla, más con la apariencia de un demonio tostado por las llamas del infierno que de un hombre blanco pelirrubio. Más adelante, al grito de ¡al toro!, ¡al toro! cuatro negras achuradoras que se retiraban con su presa se zambulleron en la zanja llena de agua, único refugio que les quedaba.

El animal, entre tanto, después de haber corrido unas veinte cuadras en distintas direcciones, azorando con su presencia a todo viviente, se metió por la tranquera[60] de una quinta donde halló su perdición. Aunque cansado, manifestaba bríos y colérico ceño; pero rodeábalo una zanja profunda y un tupido cerco de pitas, y no había escape. Juntáronse luego sus   290 perseguidores que se hallaban desbandados y resolvieron llevarlo en un señuelo[61] de bueyes para que expiase su atentado en el lugar mismo donde lo había cometido.

Una hora después de su fuga el toro estaba otra vez en el Matadero, donde la poca chusma que había quedado no hablaba sino de sus fechorías. La aventura del gringo en el pantano excitaba principalmente la risa y el sarcasmo. Del niño degollado por el lazo no quedaba sino un charco de sangre; su cadáver estaba en el cementerio.

Enlazaron muy luego por las astas al animal que brincaba haciendo hincapié y lanzando roncos bramidos. Echáronle uno, dos, tres piales; pero infructuosos; al cuarto quedó prendido de una pata: su brío y su furia redoblaron; su lengua, estirándose convulsiva, arrojaba espuma, su nariz humo, sus ojos miradas encendidas.—¡Desjarreten[62] ese animal!, exclamó una voz   300 imperiosa. Matasiete se tiró al punto del caballo, cortóle el garrón[63] de una cuchillada y gambeteando en torno de él con su enorme daga en mano, se la hundió al cabo hasta el puño en la garganta, mostrándola en seguida humeante y roja a los espectadores. Brotó un torrente de la herida, exhaló algunos bramidos roncos, vaciló y cayó el soberbio animal entre los gritos de la chusma que proclamaba a Matasiete vencedor y le adjudicaba en premio el matahambre. Matasiete extendió, como orgulloso, por segunda vez el brazo y el cuchillo ensangrentado y se agachó a desollarle con otros compañeros.

Faltaba que resolver la duda sobre los órganos genitales del muerto clasificado provisionalmente de toro por su indomable fiereza; pero estaban todos tan fatigados de la larga tarea que la echaron por lo pronto en olvido. Mas de repente una voz ruda exclamó: aquí están los   310 huevos, sacando de la verija del animal y mostrando a los espectadores dos enormes testículos, signo inequívoco de su dignidad de toro. La risa y la charla fue grande; todos los incidentes desgraciados pudieron fácilmente explicarse. Un toro en el Matadero era cosa muy rara y aun vedada. Aquél, según reglas de buena policía, debió arrojarse a los perros; pero había tanta escasez de carne y tantos hambrientos en la población, que el señor juez tuvo a bien hacer ojo lerdo.[64]

En dos por tres estuvo desollado, descuartizado y colgado en la carreta el maldito toro. Matasiete colocó el matahambre bajo el pellón de su recado[65] y se preparaba a partir. La matanza estaba concluida a las doce, y la poca chusma que había presenciado hasta el fin, se retiraba en grupos de a pie y de a caballo, o tirando a la cincha algunas carretas cargadas de carne.   320

---

[60] *americanismo:* verja, puerta

[61] *argentinismo:* convoy

[62] desjarretar: cortar las piernas

[63] *argentinismo:* parte del hueso de la pierna que se junta al tronco del cuerpo

[64] *Léase:* ignorar las reglas

[65] *americanismo:* manta de lana que se pone sobre la silla de montar

Mas de repente la ronca voz de un carnicero gritó: ¡Allí viene un unitario!, y al oír tan significativa palabra toda aquella chusma se detuvo como herida de una impresión súbita.

—¿No le ven la patilla en forma de U? No trae divisa en el fraque ni luto en el sombrero.

—Perro unitario.

—Es un cajetilla.[66]

—Monta en silla como los gringos.

—La mazorca con él.

—¡La tijera!

—Es preciso sobarlo.[67]

—Trae pistoleras por pintar.[68]   330

—Todos estos cajetillas unitarios son pintores[69] como el diablo.

—¿A que no te animas, Matasiete?

—¿A que no?

—A que sí.

Matasiete era un hombre de pocas palabras y de mucha acción. Tratándose de violencias, de agilidad, de destreza en el hacha, el cuchillo o el caballo, no hablaba y obraba. Lo habían picado: prendió la espuela a su caballo y se lanzó a brida suelta al encuentro del unitario.

Era éste un joven como de veinticinco años, de gallarda y bien apuesta persona, que mientras salían en borbotón de aquellas desaforadas bocas las anteriores exclamaciones, trotaba hacia Barracas, muy ajeno de temer peligro alguno. Notando, empero, las significativas miradas 340 de aquel grupo de dogos[70] de matadero, echa maquinalmente la diestra sobre las pistolas de su silla inglesa, cuando una pechada[71] al sesgo del caballo de Matasiete lo arroja de los lomos del suyo tendiéndolo a la distancia boca arriba y sin movimiento alguno.

—¡Viva Matasiete!—exclamó toda aquella chusma cayendo en tropel sobre la víctima, como los caranchos[72] rapaces sobre la osamenta[73] de un buey devorado por el tigre.

------

[66] *argentinismo:* hombre muy elegante, quizá afeminado
[67] darle una paliza
[68] *fam.* para presumir
[69] *fam.* gente presunciosa
[70] perros de presa, grandes y bravos (*aquí metonimia por los carniceros*)
[71] *argentinismo:* golpe que da el jinete con el pecho del caballo
[72] *americanismo:* ave
[73] esqueleto

Atolondrado todavía el joven, fue lanzando una mirada de fuego sobre aquellos hombres feroces, hacia su caballo, que permanecía inmóvil, no muy distante a buscar en sus pistolas el desagravio y la venganza. Matasiete, dando un salto, le salió al encuentro y con fornido brazo, asiéndolo de la corbata, lo tendió en el suelo, tirando al mismo tiempo la daga de la cintura y llevándola a su garganta.   350

Una tremenda carcajada y un nuevo viva estentóreo volvió a vitoriarlo.

¡Qué nobleza de alma! ¡Qué bravura en los federales! Siempre en pandilla cayendo como buitres sobre la víctima inerte.

—Degüéllalo, Matasiete—quiso sacar las pistolas—. Degüéllalo como al toro.

—Pícaro unitario. Es preciso tusarlo.[74]

—Tiene buen pescuezo para el violín.[75]

—Tócale el violín.

—Mejor es la resbalosa.[76]

—Probemos—dijo Matasiete, y empezó sonriendo a pasar el filo de su daga por la garganta del caído, mientras con la rodilla izquierda le comprimía el pecho y con la siniestra   360
mano le sujetaba los cabellos.

—No, no lo degüellen—exclamó de lejos la voz imponente del Juez del Matadero que se acercaba a caballo.

—A la casilla con él, a la casilla. Preparen la mazorca y las tijeras. ¡Mueran los salvajes unitarios! ¡Viva el Restaurador de las leyes!

—Viva Matasiete.

¡Mueran! ¡Vivan!, repitieron en coro los espectadores, y atándole codo con codo, entre moquetes y tirones, entre vociferaciones e injurias, arrastraron al infeliz joven al banco del tormento como los sayones al Cristo.

La sala de la casilla tenía en su centro una grande y fornida mesa de la cual no salían los   370
vasos de bebida y los naipes sino para dar lugar a las ejecuciones y torturas de los sayones federales del Matadero. Notábase, además, en un rincón otra mesa chica con recado de escribir y un cuaderno de apuntes y porción de sillas entre las que resaltaba un sillón de brazos destinado para el Juez. Un hombre, soldado en apariencia, sentado en una de ellas cantaba al son de la guitarra *La Resbalosa*, tonada de inmensa popularidad entre los federales, cuando la

---

[74] *americanismo:* cortarle el pelo

[75] *o sea, para ser degollado*

[76] *o sea, al cuchilloz*

chusma, llegando en tropel al corredor de la casilla, lanzó a empellones al joven unitario hacia el centro de la sala.

—A ti te toca la resbalosa—gritó uno.

—Encomienda tu alma al diablo.

—Está furioso como toro montaraz.   380

—Ya le amansará el palo.

—Es preciso sobarlo.

—Por ahora, verga[77] y tijera.

—Si no, la vela.[78]

—Mejor será la mazorca.

—Silencio y sentarse—exclamó el Juez, dejándose caer sobre su sillón. Todos obedecieron, mientras el joven de pie, encarando al Juez, exclamó con voz preñada de indignación:

—Infames sayones,[79] ¿qué intentan hacer de mí?

—¡Calma!—dijo sonriendo el Juez—; no hay que encolerizarse. Ya lo verás. El joven, en   390
efecto, estaba fuera de sí de cólera. Todo su cuerpo parecía estar en convulsión: su pálido y amoratado rostro, su voz, su labio trémulo, mostraban el movimiento convulsivo de su corazón, la agitación de sus nervios. Sus ojos de fuego parecían salirse de las órbitas, su negro y lacio cabello se levantaba erizado. Su cuello desnudo y la pechera de su camisa dejaban entrever el latido violento de sus arterias y la respiración anhelante de sus pulmones.

—¿Tiemblas?—le dijo el Juez.

—De rabia, porque no puedo sofocarte entre mis brazos.

—¿Tendrías fuerzas y valor para eso?

—Tengo de sobra voluntad y coraje para ti, infame.

—A ver las tijeras de tusar mi caballo; túsenlo a la federala.   400

---

[77] *ant. ¿vara, palo?*
[78] *regionalismo: ¿cuchillo?*
[79] verdugos

Dos hombres le asieron, uno de la ligadura del brazo, otro de la cabeza y en un minuto cortáronle la patilla que poblaba toda su barba por bajo, con risa estrepitosa de sus espectadores.

—A ver—dijo el Juez—, un vaso de agua para que se refresque.

—Uno de hiel te haría yo beber, infame.

Un negro petiso[80] púsosele al punto delante con un vaso de agua en la mano. Diole el joven un puntapié en el brazo y el vaso fue a estrellarse en el techo, salpicando el asombrado rostro de los espectadores.

—Este es incorregible.

—Ya lo domaremos.   410

—Silencio—dijo el Juez—, ya está afeitado a la federala, sólo le falta el bigote. Cuidado con olvidarlo. Ahora vamos a cuentas.

—¿Por qué no traes divisa?

—Porque no quiero.

—No sabes que lo manda el Restaurador.

—La librea es para vosotros, esclavos, no para los hombres libres.

—A los libres se les hace llevar a la fuerza.

—Sí, la fuerza y la violencia bestial. Esas son vuestras armas: infames. El lobo, el tigre, la pantera también son fuertes como vosotros. Deberíais andar como ellos en cuatro patas.

—¿No temes que el tigre te despedace?   420

—Lo prefiero a que, maniatado, me arranquen como el cuervo, una a una las entrañas.

—¿Por qué no llevas luto en el sombrero por la heroína?

—Porque lo llevo en el corazón por la Patria, la Patria que vosotros habéis asesinado, ¡infames!

—No sabes que así lo dispuso el Restaurador.

---

[80] *americanismo:* pequeño y bajo

—Lo dispusisteis vosotros, esclavos, para lisonjear el orgullo de vuestro señor y tributarle vasallaje infame.

—¡Insolente!, te has embravecido mucho. Te haré cortar la lengua si chistas.

—Abajo los calzones a ese cajetilla y a nalga pelada denle verga, bien atado sobre la mesa.

Apenas articuló esto el Juez, cuatro sayones salpicados de sangre suspendieron al joven y   430
lo tendieron largo a largo sobre la mesa comprimiéndole todos sus miembros.

—Primero degollarme que desnudarme, infame canalla.

Atáronle un pañuelo por la boca y empezaron a tironear[81] sus vestidos. Encogíase el joven, pateaba, hacía rechinar los dientes. Tomaban ora sus miembros la flexibilidad del junco, ora la dureza del fierro y su espina dorsal era el eje de un movimiento parecido al de la serpiente. Gotas de sudor fluían por su rostro, grandes como perlas; echaban fuego sus pupilas, su boca espuma, y las venas de su cuello y frente negreaban en relieve sobre su blanco cutis como si estuvieran repletas de sangre.

—Átenlo primero—exclamó el juez.

—Está rugiendo de rabia—articuló un sayón.   440

En un momento liaron sus piernas en ángulo a los cuatro pies de la mesa, volcando su cuerpo boca abajo. Era preciso hacer igual operación con las manos, para lo cual soltaron las ataduras que las comprimían en la espalda. Sintiéndolas libres el joven, por un movimiento brusco en el cual pareció agotarse toda su fuerza y vitalidad, se incorporó primero sobre sus brazos, después sobre sus rodillas y se desplomó al momento murmurando:

—Primero degollarme que desnudarme, infame canalla.

Sus fuerzas se habían agotado.
Inmediatamente quedó atado en cruz y empezaron la obra de desnudarlo. Entonces un torrente de sangre brotó borbolloneando de la boca y las narices del joven, y extendiéndose empezó a caer a chorros por entrambos lados de la mesa. Los sayones quedaron inmóviles y   450
los espectadores estupefactos.

—Reventó de rabia el salvaje unitario—dijo uno.

—Tenía un río de sangre en las venas—articuló otro.

—Pobre diablo, queríamos únicamente divertirnos con él y tomó la cosa demasiado a lo serio—exclamó el juez frunciendo el ceño de tigre. Es preciso dar parte; desátenlo y vamos.

---

[81] *americanismo:* quitar a tirones

Verificaron la orden; echaron llave a la puerta y en un momento se escurrió la chusma en pos del caballo del juez cabizbajo y taciturno.

Los federales habían dado fin a una de sus innumerables proezas.

En aquel tiempo los carniceros degolladores del matadero, eran los apóstoles que propagaban a verga y puñal la federación rosina,[82] y no es difícil imaginarse qué federación saldría de 460 sus cabezas y cuchillas. Llamaban ellos salvaje unitario, conforme a la jerga inventada por el Restaurador, patrón de la cofradía, a todo el que no era degollador, carnicero, ni salvaje, ni ladrón; a todo hombre decente y de corazón bien puesto, a todo patriota ilustrado amigo de las luces y de la libertad; y por el suceso anterior puede verse a las claras que el foco de la federación estaba en el matadero.

■——Pasos para la comprensión

1. En las primeras palabras de la narración, Echeverría une su narración a la literatura que lo precede y a la misma vez se independiza de ella. Explica.

   □ Llama a su narración una "historia." ¿Cuál es la diferencia en castellano entre una historia y un cuento? ¿Cuál de los dos es "El matadero"?

2. ¿Cómo se podría describir el punto de vista del narrador, sobre todo cuando el discurso trata temas de la Iglesia? Da ejemplos para justificar tu respuesta.

   □ ¿Por qué crees que los federales (partidarios de Rosas) eran "buenos católicos"?

   □ Explica la ironía de esta yuxtaposición de términos (federales/ buenos católicos).

3. La narración empieza con una referencia al diluvio bíblico (Noé) y luego se describe un tremendo aguacero en Buenos Aires en la época de Rosas. Trata de explicar la relación entre el diluvio bíblico y lo que Echevarría llama el "nuevo diluvio."

   □ ¿A quiénes echan la culpa por el aguacero los federales? ¿Por qué?

4. En la línea 55 el autor yuxtapone "gringos" con "herejes."

   □ Aunque la asociación es sarcástica, ¿por qué crees que el autor asocia estos dos grupos?

   □ ¿Qué nos dice este detalle del régimen de Rosas?

5. En la línea 75 comienza un discurso entre el dogma religioso y la ciencia.

   □ ¿Cómo se lleva a cabo este discurso?

   □ ¿Cómo reacciona el gobierno ortodoxo ante el clamor del pueblo?

   □ ¿Puedes dar otros ejemplos de nuestra época en que las enseñanzas de la Iglesia y de la ciencia no coincidan?

   □ ¿Puedes dar ejemplos de gobernantes de hoy que adopten una postura política, quizá inmoral, para satisfacer a la gran mayoría?

---

[82] de Juan Manuel Rosas

6. Así como el autor hace una comparación entre la Iglesia y la ciencia, también hace una relación entre el gobierno y la Iglesia.

   ☐ Explica cómo lo hace Echeverría.

   ☐ En las líneas 145-147 se hace la misma comparación al mencionar el letrero del matadero. Explica.

7. En las líneas 157-172 se describe el descuartizamiento de cada res. El centro de acción es el carnicero, rodeado por una multitud de gente. Por encima, vuelan aves que "habían vuelto de la emigración al olor de la carne," etc. ¿Cuál podría ser el simbolismo de estos signos?

8. Una parte del relato (líneas 173-216) se dedica a la descripción de las actividades de las muchas personas que acuden al matadero para ver la matanza de los novillos. Las descripciones de Echeverría son sumamente realistas y hasta repugnantes y grotescas.

   ☐ ¿Crees que era común en la literatura pintar cuadros tan naturalistas?

   ☐ Describe lo que hacen las negras achureras (o sea, las que vienen en busca de las achuras, que son las entrañas y desperdicios de las reses).

   ☐ ¿Qué travesuras hacen los muchachos que juegan en el matadero?

   ☐ ¿Qué tipo de lenguaje emplean estos muchachos?

   ☐ En general, ¿cómo describirías esta escena? ¿Cuál sería su propósito dentro del relato?

9. A partir de la línea 217 se describe la fuga de un toro. Todos los presentes parecen respetar la valentía del toro. El toro es un signo complejo. Trata de explicarlo desde varias perspectivas: sexual, político, social, etc.

10. En el intento de capturar el toro, degollan a un niño. La descripción de este acto violento ocupa sólo una oración. A continuación, el narrador vuelve al acoso del toro. Unos párrafos más adelante se lee: "Del niño degollado por el lazo no quedaba sino un charco de sangre: su cadáver estaba en el cementerio." Trata de explicar este incidente dentro del sistema simbólico y alegórico del relato.

11. ¿Cómo se describe al unitario que aparece en la línea 323?

   ☐ ¿Cómo contrasta su aspecto físico con el de los trabajadores del matadero?

   ☐ ¿Cómo se puede describir su valentía?

   ☐ ¿Hay alguna relación entre él y el toro?

   ☐ ¿Cómo reacciona el pobre hombre ante las amenazas y la brutalidad de los federales del matadero? ¿Qué le pasa al final?

■———Pasos para una lectura más a fondo

1. La literatura romántica es sumamente subjetiva. Por lo tanto, la voz narrativa suele ser la del autor.

☐ ¿Cómo sabemos que el narrador de este relato critica a los federales y el régimen de Rosas? Busca ejemplos para comprobarlo.

☐ Desde este análisis, ¿cúal parece ser la agenda política y social de los unitarios?

2. En una alegoría los signos asumen significantes diferentes y entran en juego entre sí. Explica en qué consiste la alegoría del régimen de Rosas en este relato. Para ello, toma en cuenta el comentario del narrador en la línea 214 cuando escribe: "Simulacro en pequeño era éste del modo bárbaro con que se ventilan en nuestro país las cuestiones y los derechos individuales y sociales."

3. "El matadero" es, entre otras cosas, un acertado cuadro social de la Argentina de la primera mitad del siglo XIX. ¿Cómo lleva a cabo Echeverría el discurso social?

4. Los motivos son signos recurrentes en un texto literario que con frecuencia forman paralelismos. Por ejemplo, en la línea 169 se lee: "un enjambre de gaviotas blanquiazules. . . revoloteaban, cubriendo con su disonante graznido todos los ruidos y voces del matadero." Y en la línea 354 se lee que los federales que atormentan al unitario se asemejan a "pandillas cayendo como buitres sobre la víctima inerte." Esta última metáfora nos hace interpretar el primer referente de un modo simbólico. Tomando en cuenta este ejemplo, busca en el texto los siguientes signos recurrentes y trata de explicar su sentido:

☐ la sangre

☐ el degollamiento

☐ los testículos del toro

☐ el cuchillo

☐ y cualquier otro ejemplo que hayas notado

José Hernández

■☐■

1834–1886

El romanticismo en Argentina tomó la figura del gaucho que estaba a punto de desaparecer, y lo convirtió en un símbolo del movimiento así como del nacionalismo argentino. Hubo varios cultivadores del llamado "mester de gauchería," pero la voz más auténtica y duradera es la de José Hernández en su obra *Martín Fierro* (publicada en dos partes, 1872 y 1879, respectivamente). Este largo poema narrativo se ha catalogado como la epopeya del pueblo argentino. Es narrado en primera persona por un gaucho juglar que revela las costumbres, los valores, los sentimientos y las peripecias de su mundo, todo con un auténtico dialecto gauchesco. Además, el gaucho, quien lleva una vida solitaria y libre al margen de la sociedad, es un justo símbolo del ser romántico.

Martín Fierro

Antes de leer

1. ¿Has escrito poesía alguna vez? ¿Por qué o para qué la has escrito?
2. ¿Cómo es el *cowboy* norteamericano? ¿Qué semejanza tiene con el gaucho argentino? ¿Existen *cowboys* actualmente? ¿Qué simboliza el *cowboy* en la cultura norteamericana?

▪——Código para la comprensión

Código lingüístico: El habla gauchesco que Hernández reproduce fielmente muestra ciertas características peculiares:

- ☐ Omisión de consonantes: *otenidas* por *obtenidas* (estrofa 4); sobre todo la *d* entre vocales al final de palabras, fenómeno común en todo el habla coloquial español: *letrao* por *letrado* (estrofa 9), *lao* por *lado* (estrofa 12) y el apócope, la pérdida de un sonido al final de una palabra: *necesidá* por *necesidad; alversidá* por *adversidad* (estrofa 18).
- ☐ Confusión de sonidos semejantes: *alquiridas* por *adquiridas* (estrofa 4); *güeno* por *bueno* (estrofa 11); *truje* por *traje* (estrofa 15); *remuento* por *remonto* (estrofa 16); *alversidá* por *adversidad* (estrofa 18).
- ☐ Arcaísmos o vulgarismos: *ande* por *donde; dende* por *desde* (estrofa 5); *naides* por *nadie* (estrofas 10, 13 y 15).
- ☐ Desplazamiento del acento: *poniéndomé* por *poniéndome* (estrofa 7); *entiéndaló* por *entiéndanlo* (estrofa 14).
- ☐ Errores gramaticales en general: *la ave* por *el ave* (estrofa 1).

Fragmento de la primera parte

I

Aquí me pongo a cantar	1	Pido a los santos del cielo	2
al compás de la vigüela,[1]		que ayuden mi pensamiento,
que el hombre que lo desvela		les pido en este momento
una pena estrordinaria,		que voy a cantar mi historia
como la ave solitaria		me refresquen la memoria
con el cantar se consuela.		y aclaren mi entendimiento.

---

[1] vihuela: instrumento de cuerda como la guitarra

Vengan santos milagrosos,   3
vengan todos en mi ayuda,
que la lengua se me añuda
y se me turba la vista;
pido a mi Dios que me asista
en una ocasión tan ruda.

Yo he visto muchos cantores,   4
con famas bien otenidas,
y que despés de alquiridas
no las quieren sustentar:
parece que sin largar
se cansaron en partidas.[2]

Mas ande otro criollo pasa   5
Martín Fierro ha de pasar;
nada lo hace recular
ni las fantasmas lo espantan,
y dende que todos cantan
yo también quiero cantar.

Cantando me he de morir,   6
cantando me han de enterrar,
y cantando he de llegar
al pie del Eterno Padre:
dende el vientre de mi madre
vine a este mundo a cantar.

Que no se trabe mi lengua   7
ni me falte la palabra;
el cantar mi gloria labra
y, poniéndomé a cantar,
cantando me han de encontrar
aunque la tierra se abra.

Me siento en el plan de un bajo[3]   8
a cantar un argumento;
como si soplara el viento

hago tiritar los pastos.
Con oros, copas y bastos[4]
juega allí mi pensamiento.

Yo no soy cantor letrao,   9
mas si me pongo a cantar
no tengo cuándo acabar
y me envejezco cantando:
las coplas me van brotando
como agua de manantial.

Con la guitarra en la mano   10
ni las moscas se me arriman;
naides me pone el pie encima,
y, cuando el pecho se entona,
hago gemir a la prima[5]
y llorar a la bordona.[6]

Yo soy toro en mi rodeo   11
y torazo en rodeo ajeno;
siempre me tuve por güeno
y si me quieren probar
salgan otros a cantar
y veremos quién es menos.

No me hago al lao de la güeya[7]   12
aunque vengan degollando;
con los blandos yo soy blando
y soy duro con los duros,
y ninguno en un apuro
me ha visto andar tutubiando.

En el peligro ¡qué Cristo!   13
el corazón se me enancha,[8]
pues toda la tierra es cancha,
y de esto naides se asombre:
el que se tiene por hombre
donde quiera hace pata ancha.[9]

---

[2] carreras previas a la carrera de caballos en que se intenta cansar el caballo del competidor
[3] una hondonada, terreno hondo
[4] nombres de los distintos palos de la baraja española
[5] cuerda más delgada de la guitarra, por lo tanto la que hace los sonidos agudos
[6] cuerda gruesa de la guitarra que crea los sonidos graves
[7] huella (camino, sendero)
[8] ensancha
[9] se enfrenta con el peligro sin temor

Soy gaucho, y entiéndanló   14
como mi lengua lo esplica:
para mí la tierra es chica
y pudiera ser mayor;
ni la víbora me pica
ni quema mi frente el sol.

Nací como nace el peje   15
en el fondo de la mar;
naides me puede quitar
aquello que Dios me dió:
lo que al mundo truje yo
del mundo lo he de llevar.

Mi gloria es vivir tan libre   16
como el pájaro del cielo;
no hago nido en este suelo
ande hay tanto que sufrir,
y naides me ha de seguir
cuando yo remuento el vuelo.

Yo no tengo en el amor   17
quien me venga con querellas,
como esas aves tan bellas
que saltan de rama en rama;
yo hago en el trébol mi cama
y me cubren las estrellas.

Y sepan cuantos escuchan   18
de mis penas el relato
que nunca peleo ni mato
sino por necesidá,
y que a tanta alversidá
sólo me arrojó el mal trato.

Y atiendan la relación   19
que hace un gaucho perseguido,
que padre y marido ha sido
empeñoso y diligente,
y sin embargo la gente
lo tiene por un bandido.

■——Pasos para la comprensión

1. En este fragmento de la introducción al largo poema, el héroe se da a conocer. Haz una lista de sus características personales.

2. Las primeras diez estrofas contienen un discurso metapoético (o sea, la poesía es el referente del poema).

   □ Según este discurso, ¿cuáles son algunos de los problemas de hacer poesía?

   □ ¿Cuáles son algunos de los valores positivos de hacer poesía?

   □ ¿Para quién compone versos Martín Fierro?

   □ ¿Por qué motivo lo hace?

3. Martín Fierro se expresa directamente, pero con muchas metáforas. Trata de explicar el uso y el carácter de las metáforas en este pasaje, fijándote en las estrofas 1; 8; 9; 11; 12; 15; 16; 17.

4. En las últimas dos estrofas del fragmento, el gaucho abre un discurso social y autorreferencial.

   □ ¿Qué piensa la sociedad de los gauchos?

   □ ¿Es justo este juicio de la sociedad, según Martín Fierro? ¿Por qué?

5. En su soliloquio, ¿qué características de la vida gauchesca cita el narrador que le hacen una típica figura romántica?

6. ¿Son todas las peculiaridades del habla gauchesco típicas del gaucho, o hay algunas que son características del habla coloquial español en general? ¿Cuáles?

7. Trata de caracterizar la versificación de esta obra:

- □ ¿Cuántas sílabas tiene cada verso?
- □ ¿Cuántas tenía por lo general la epopeya castellana *El Cid?*
- □ ¿Cómo es la rima, asonante o consonante? ¿Cómo era en *El Cid* y en el Romancero?
- □ ¿Por qué crees que Hernández emplea estas formas?

■——Pasos para una lectura más a fondo

1. Además de relatar su vida, Martín Fierro también expresa su filosofía de la vida.

- □ ¿Desarrolla Martín Fierro un sistema filosófico? ¿Cómo describirías las ideas que va perfilando?
- □ ¿Expresa Martín Fierro un fuerte sentido religioso? ¿Lo considerarías un hombre espiritual? Explica.
- □ Explica su filosofía con respecto a los siguientes temas: la libertad, la justicia, la venganza y el libre albedrío.

2. El gaucho, como se ha de esperar, es muy macho.

- □ ¿Qué características de macho expresa Martín Fierro?
- □ ¿Tiene Martín Fierro un lado tierno? ¿Cómo lo sabes?

3. En las metáforas que crea Martín Fierro para describirse predominan las del mundo natural. Trata de decodificar los significados de los siguientes signos metafóricos:

- □ toro (estrofa 11)
- □ pez (estrofa 15)
- □ pájaro (estrofa 17)

Ricardo Palma

■□■

1833–1919

Aunque escribió mucho, el peruano Ricardo Palma será recordado para siempre por inaugurar una nueva forma narrativa llamada la "tradición." Estas piezas cortas, escritas en un estilo castizo con expresiones populares regionalistas, recrean estupendamente las costumbres peruanas del pasado, que Palma temía que se perdieran para siempre ante la modernidad que invadía el país ante sus ojos. Su deseo de evocar el pasado exótico histórico es un afán de los románticos, quienes a veces se enfrentaban con la realidad y otras veces la evadían. La originalidad de su labor y la gracia y pureza de su estilo lo fijan sólidamente en el canon literario romántico.

Tradiciones peruanas

Antes de leer

1. ¿Crees en los milagros? Explica.
2. ¿Conoces algún dicho o refrán en inglés que todo el mundo use que se base en algún hecho? Por ejemplo, ¿de dónde viene la expresión *honest Abe?* ¿Crees que todas estas expresiones tienen un origen específico?
3. ¿Cumples siempre tu palabra de honor? ¿Qué opinión tienes de las personas que no la cumplen?

Código para la comprensión

Código histórico: A San Francisco Solano (1549–1610) se le conoce como el apóstol de América. Pasó a Perú en 1590 para asistir en la evangelización de la zona, y recorrió gran parte del continente llevando a cabo esa labor misional.

"El alacrán de fray Gómez"

(A Casimiro Prieto Valdéz)

> *Principio principiando;*
> *principiar quiero,*
> *por ver si principiando*
> *por principiar puedo.*

In diebus illis,[1] digo, cuando yo era muchacho, oía con frecuencia a las viejas exclamar, ponderando el mérito y precio de una alhaja: "¡Esto vale tanto como el alacrán de fray Gómez!"

Tengo una chica, remate de lo bueno, flor de gracia y espumita de la sal, con unos ojos más pícaros y trapisondistas[2] que un par de escribanos:

> *chica que se parece*   10
> *al lucero del alba*
> *cuando amanece,*

---

[1] *lat.:* en aquellos tiempos
[2] que te embrollan y agitan

al cual pimpollo he bautizado, en mi paternal chochera, con el mote de *alacranito de fray Gómez*. Y explicar el dicho de las viejas y el sentido del piropo con que agasajo a mi Angélica es lo que me propongo, amigo y camarada Prieto, con esta tradición.

El sastre paga deudas con puntadas, y yo no tengo otra manera de satisfacer la literaria que con usted he contraído que dedicándole estos cuatro palotes.[3]

I

Este era un lego[4] contemporáneo de don Juan de la Pirindica, el de la valiente pica, y de San Francisco Solano; el cual lego desempeñaba en Lima, en el convento de los padres seráficos, las funciones de refitolero en la enfermería u hospital de los devotos frailes. El pueblo lo lla- 20
maba fray Gómez, y fray Gómez lo llaman las crónicas conventuales, y la tradición lo conoce por fray Gómez. Creo que hasta en el expediente que para su beatificación y canonización existe en Roma no se le da otro nombre.

Fray Gómez hizo en mi tierra milagros a mantas,[5] sin darse cuenta de ellos y como quien no quiere la cosa. Era de suyo milagrero, como aquel que hablaba en prosa sin sospecharlo.

Sucedió que un día iba el lego por el puente cuando un caballo desbocado arrojó sobre las losas al jinete. El infeliz quedó patitieso, con la cabeza hecha una criba y arrojando sangre por boca y narices.

—¡Se descalabró, se descalabró!—gritaba la gente—. ¡Que vayan a San Lorenzo por el 30
santo óleo!

Y todo era bullicio y alharaca.[6]

Fray Gómez acercóse pausadamente al que yacía en tierra, púsole sobre la boca el cordón de su hábito, echóle tres bendiciones, y sin más médico ni más botica el descalabrado se levantó tan fresco, como si golpe no hubiera recibido.

—¡Milagro, milagro! ¡Viva fray Gómez!—exclamaron los infinitos espectadores.

Y en su entusiasmo intentaron llevar en triunfo al lego. Éste, para substraerse a la popular ovación, echó a correr camino de su convento y se encerró en su celda.

La crónica franciscana cuenta esto último de manera distinta. Dice que fray Gómez, para escapar de sus aplaudidores, se elevó en los aires y voló desde el puente hasta la torre de su 40
convento. Yo ni lo niego ni lo afirmo. Puede que sí y puede que no. Tratándose de maravillas, no gasto tinta en defenderlas ni en refutarlas.

Aquel día estaba fray Gómez en vena de hacer milagros, pues cuando salió de su celda se encaminó a la enfermería, donde encontró a San Francisco Solano acostado sobre una tarima,[7] víctima de una furiosa jaqueca. Pulsólo el lego y le dijo:

—Su paternidad está muy débil, y haría bien en tomar algún alimento.

---

[3] trazos que hacen los que empiezan a aprender a escribir
[4] religioso que no ha recibido órdenes clericales *(o sea, no es sacerdote)*.
[5] numerosos
[6] demostración excesiva, por ligero motivo
[7] plataforma de madera

—Hermano—contestó el santo—, no tengo apetito.

—Haga un esfuerzo, reverendo padre, y pase siquiera un bocado.

Y tanto insistió el refitolero que el enfermo, por librarse de exigencias que picaban ya en majadería, ideó pedirle lo que hasta para el virrey habría sido imposible conseguir, por no ser 50 la estación propicia para satisfacer el antojo.

—Pues mire, hermanito, sólo comería con gusto un par de pejerreyes.[8]

Fray Gómez metió la mano derecha dentro de la manga izquierda, y sacó un par de pejerreyes tan fresquitos que parecían acabados de salir del mar.

—Aquí los tiene su paternidad, y que en salud se le conviertan. Voy a guisarlos.

Y ello es que con los benditos pejerreyes quedó San Francisco curado como por ensalmo.

Me parece que estos dos milagritos de que incidentalmente me he ocupado no son paja picada.[9] Dejo en mi tintero otros muchos de nuestro lego, porque no me he propuesto relatar su vida y milagros.

Sin embargo, apuntaré para satisfacer curiosidades exigentes que sobre la puerta de la 60 primera celda del pequeño claustro, que hasta hoy sirve de enfermería, hay un lienzo pintado al óleo representando estos dos milagros, con la siguiente inscripción:

"El Venerable Fray Gómez.—Nació en Extremadura en 1560. Vistió el hábito en Chuquisaca en 1580. Vino a Lima en 1587.—Enfermero fue cuarenta años, ejercitando todas las virtudes, dotado de favores y dones celestiales. Fue su vida un continuado milagro. Falleció el 2 de mayo de 1631, con fama de santidad. En el año siguiente se colocó el cadáver en la capilla de Aranzazú, y el 13 de octubre de 1810 se pasó debajo del altar mayor, a la bóveda donde son sepultados los padres del convento. Presenció la traslación de los restos el señor doctor don Bartolomé María de las Heras. Se restauró este venerable retrato el 30 de noviembre de 1882, por M. Zamudio." 70

II

Estaba una mañana fray Gómez en su celda entregado a la meditación, cuando dieron a la puerta unos discretos golpecitos, y una voz de quejumbroso timbre dijo:

—*Deo gratias.* . . ¡Alabado sea el Señor!

—Por siempre jamás, amén. Entre, hermanito—contestó fray Gómez.

Y penetró en la humildísima celda un individuo algo desharrapado, *vera efigies*[10] del hombre a quien acongojan pobrezas, pero en cuyo rostro se dejaba adivinar la proverbial honradez del castellano viejo.

---

[8] pescado muy fino
[9] insignificantes
[10] *lat.:* verdadera imagen

Todo el mobiliario de la celda se componía de cuatro sillones de vaqueta,[11] una mesa mugrienta y una tarima sin colchón, sábanas ni abrigo, y con una piedra por cabezal o almohada.

—Tome asiento, hermano, y dígame sin rodeos lo que por acá le trae—dijo fray Gómez.   80

—Es el caso, padre, que yo soy hombre de bien a carta cabal. . .

—Se le conoce y que persevere deseo, que así merecerá en esta vida terrena la paz de conciencia, y en la otra la bienaventuranza.

—Y es el caso que soy buhonero,[12] que vivo cargado de familia y que mi comercio no cunde por falta de medios, que no por holgazanería y escasez de industria en mí.

—Me alegro, hermano, que a quien honradamente trabaja, Dios le acude.
—Pero es el caso, padre, que hasta ahora Dios se me hace el sordo, y en acorrerme tarda. . .

—No desespere, hermano, no desespere.

—Pues es el caso que a muchas puertas he llegado en demanda de habilitación por quinientos duros, y todas las he encontrado con cerrojo y cerrojillo. Y es el caso que anoche,   90
en mis cavilaciones, yo mismo me dije a mí mismo: —¡Ea!, Jeromo, buen ánimo, y vete a pedirle el dinero a fray Gómez, que si él lo quiere, mendicante y pobre como es, medio encontrará para sacarte del apuro. Y es el caso que aquí estoy porque he venido, y a su paternidad le pido y ruego que me preste esa puchuela[13] por seis meses, seguro que no será por mí por quien se diga:

> En el mundo hay devotos
> de ciertos santos:
> la gratitud les dura
> lo que el milagro;
> que es un beneficio   100
> dar siempre vida a ingratos
> desconocidos.

—¿Cómo ha podido imaginarse, hijo, que en esta triste celda encontraría ese caudal?

—Es el caso, padre, que no acertaría a responderle; pero tengo fe en que no me dejará ir desconsolado.

—La fe lo salvará, hermano. Espere un momento.

Y paseando los ojos por las desnudas y blanqueadas paredes de su celda, vio un alacrán que caminaba tranquilamente sobre el marco de la ventana. Fray Gómez arrancó una página de

---

[11] cuero
[12] vendedor ambulante
[13] *peruanismo:* pequeña cantidad de dinero

un libro viejo, dirigióse a la ventana, cogió con delicadeza a la sabandija, la envolvió en el
papel y tornándose hacia el castellano viejo le dijo: 110

—Tome, buen hombre, y empeñe esta alhajita; no olvide, sí, devolvérmela dentro de
seis meses.

El buhonero se deshizo en frases de agradecimiento, se despidió de fray Gómez y más que
de prisa se encaminó a la tienda de un usurero.

La joya era espléndida, verdadera alhaja de reina morisca, por decir lo menos. Era un
prendedor figurando un alacrán. El cuerpo lo formaba una magnífica esmeralda engarzada
sobre oro, y la cabeza, un grueso brillante con dos rubíes por ojos.

El usurero, que era un hombre conocedor, vio la alhaja con codicia, y ofreció al necesitado
adelantarle dos mil duros por ella; pero nuestro español se empeñó en no aceptar otro préstamo
que el de quinientos duros por seis meses, y con un interés judaico,[14] se entiende. Extendiéronse   120
y firmáronse los documentos o papeletas de estilo, acariciando el agiotista la esperanza de que
a la postre[15] el dueño de la prenda acudiría por más dinero que con el recargo de intereses lo
convertiría en propietario de joya tan valiosa por su mérito intrínseco y artístico.

Y con este capitalito fuele tan prósperamente en su comercio que, a la terminación del
plazo, pudo desempeñar la prenda, y, envuelta en el mismo papel que la recibiera, se la devolvió a fray Gómez.

Éste tomó el alacrán, lo puso sobre el alféizar de la ventana, le echó una bendición y dijo:

—Animalito de Dios, sigue tu camino.

—Y el alacrán echó a andar libremente por las paredes de la celda.

> *Y vieja, pelleja,*   130
> *aquí dio fin la conseja.*

■———Pasos para la comprensión

1. El cuento o "tradición" tiene un marco o introducción en que el autor dirige
   su mensaje a un amigo suyo, Casimiro Prieto Valdéz. ¿Por qué le dedica el
   cuento?

2. ¿Qué dicho ha oído Palma en boca de viejas limeñas que le ha causado curiosidad?

   □ ¿Para qué emplean este dicho?

   □ Varias de las "tradiciones" de Palma tienen esta estructura: la investigación de
     un refrán o dicho para ver cómo surgió. Pero, ¿crees que las historias que
     cuenta Palma sobre el origen de los refranes son verídicas o frutos de su ima-
     ginación?

---

[14] *adj. racista: los judíos tenían mala fama de ser usureros que cobraban interés excesivo*
[15] al fin

3. Enfoquémonos en el primer párrafo del cuento. Palma ubica a fray Gómez en un momento histórico de la época de Juan de la Pirindica y San Francisco Solano. Consulta el *código histórico*. ¿Quiénes son estos personajes? Uno es ficticio y el otro es real.

   □ ¿Cuándo vivió San Francisco Solano?

   □ ¿Qué otro detalle da Palma más adelante para ubicar a fray Gómez en la historia? Haz un poco de investigación histórica. ¿Cuándo fueron los Incas conquistados por los españoles? ¿Se encontraba fray Gómez entre los primeros colonizadores del Perú?

   □ ¿Qué efecto produce la mezcla de detalles reales con otros de su imaginación?

4. En el primer párrafo Palma cita fuentes históricas respecto al nombre de fray Gómez.

   □ ¿Crees que estas fuentes son verídicas? Explica.

   □ ¿Por qué emplea Palma esta técnica?

   □ ¿Recuerdas algún autor famoso de prosa ficción del Siglo de Oro que empleara este mismo juego?

5. Resulta que fray Gómez es milagrero, y Palma pasa a citar dos ejemplos de sus milagros. Cuéntalos.

6. Después del milagro del caballero que se cae de su caballo, ¿qué hace fray Gómez ante el aplauso general del público?

   □ ¿Qué indica esta acción?

   □ Sin embargo, las crónicas franciscanas cuentan otra historia, ¿cuál es?

   □ Palma tendría varios propósitos para incluir en su narración esta inconsistencia en la historia. Trata de explicarlo, sin pasar por alto su humor.

7. En la segunda parte del cuento se llega al propósito principal. ¿Quién llega a la celda de fray Gómez?

   □ ¿Qué profesión tiene?

   □ ¿En qué aprieto se encuentra?

   □ ¿Por qué ha venido a la celda de fray Gómez?

8. ¿Tiene dinero que prestarle fray Gómez? ¿Qué le da en lugar de dinero?

   □ ¿Duda por un momento el señor que lo que le da fray Gómez tenga el valor que dice?

   □ ¿Qué indica esto respecto a la fe del señor?

9. ¿En qué se convirtió el alacrán cuando lo miró el joyero? El joyero ofrece dos mil duros por la prenda; ¿por qué sólo acepta quinientos duros el español?

10. ¿Cumple su palabra el español para con fray Gómez? ¿Qué pasó cuando el español le devolvió el alacrán a fray Gómez?

■———Pasos para una lectura más a fondo

1. Hay ocasiones en que el valor de una obra literaria reside más en su estilo y lenguaje que en su mensaje. Claramente el cuento de Palma es delicioso, pero más exquisito es su modo de contarlo. Lo primero que resalta es su gran sentido del humor. Trata de caracterizar el tipo de humor que emplea Palma. Por ejemplo, ¿se basa en acciones o en expresiones? ¿Es un humor burlesco o más bien sutil?

   □ ¿Qué humor hay en el nombre de Pirindica y su lema? (Una pica es como una lanza.)

   □ Busca unos ejemplos de humor que te llamaron la atención.

2. La prosa de Palma está salpicada de expresiones idiomáticas. A veces estas expresiones son muy castizas; otras veces son muy limeñas. Trata de explicar lo que significan las siguientes expresiones en bastardilla, notando siempre la gracia y donaire de la expresión:

   □ Fray Gómez hizo en mi tierra *milagros a manta*.

   □ (Hablando del caballero que se cayó del caballo): El infeliz quedó *patitieso*.

   □ Fray Gómez. . . púsole sobre la boca el cordón de su hábito, echóle tres bendiciones, y *sin más médico ni más botica* el descalabrado se levantó *tan fresco*, como si golpe no hubiera recibido.

   □ Aquel día estaba fray Gómez *en vena de hacer milagros*.

   □ Me parece que estos dos milagritos de que incidentalmente me he ocupado *no son paja picada*.

   □ Menciona otra que te haya llamado la atención.

3. ¿Existe en esta narración un trasfondo social complejo? ¿Se reflejan los problemas sociales y políticos de Perú?

   □ Compara esta evasión de la realidad con la obra de Larra y Echeverría—otros prosistas románticos.

   □ ¿Cuál parece ser el propósito de Palma?

4. La intención de preservar las antiguas tradiciones presupone una actitud "tradicionalista." ¿Qué elementos hay en el cuento que reflejan una ideología tradicionalista?

5. Entre esos elementos merece mención especial el tema religioso. ¿Es fray Gómez un cura? ¿Cuáles son sus virtudes? ¿Es un hombre ejemplar?

   □ ¿Cuáles son las virtudes del señor español? ¿Cómo caracterizarías la fe del señor?

   □ Y los milagros: ¿Qué piensa el narrador de ellos? ¿Crees que hay en el cuento un vínculo entre "tener fe en Dios" y "creer en los milagros"?

   □ Comenta sobre estas ideas e intenta discernir si estos detalles podrían considerarse formar parte de un discurso religioso.

Gustavo Adolfo Bécquer

■□□

1836–1870

La voz lírica más melódica y exquisita del siglo XIX en España pertenece a Bécquer. Su manojo de poemas, agrupades en un solo poemario titulado *Rimas* (publicado póstumamente en 1871), constituye uno de los corpus poéticos más conocido, recitado y admirado de la lengua castellana. Pocos poetas le superan en la capacidad cromática y musical del idioma, y pocos han sabido expresar la complejidad del discurso amoroso con mayor acierto y delicadeza. Bécquer es un romántico tardío, y por lo tanto no sufre de los excesos del movimiento. Por esta razón, su lírica fue muy apreciada por los poetas modernistas hispanoamericanos y así representa el eslabón entre la riquísima lírica del Siglo de Oro y las innovaciones del modernismo.

Rimas

Antes de leer

1. Para ti, ¿qué es la poesía?
2. ¿Crees que hay cosas en el mundo que son "poéticas" sin que están necesariamente escritas en forma de un poema? Explica y da algunos ejemplos.

Rima IV

No digáis que agotado su tesoro,   1
de asuntos falta, enmudeció la lira.
Podrá no haber poetas, pero siempre
¡habrá poesía!

Mientras las ondas de la luz al beso   2
palpiten encendidas;
mientras el sol las desgarradas nubes
de fuego y oro vista;

mientras el aire en su regazo[1] lleve   3
perfumes y armonías;
mientras haya en el mundo primavera,
¡habrá poesía!

---

[1] aquí, ropaje, *fig.* cosa acoge a otra, dándole amparo o consuelo

Mientras la ciencia a descubrir no alcance   4
las fuentes de la vida,
y en el mar o en el cielo haya un abismo
que al cálculo resista:

mientras la Humanidad, siempre avanzando,   5
no sepa a dó[2] camina;
mientras haya un misterio para el hombre,
¡habrá poesía!

Mientras sintamos que se alegra el alma   6
sin que los labios rían;
mientras se llore sin que el llanto acuda
a nublar la pupila;

mientras el corazón y la cabeza   7
batallando prosigan;
mientras haya esperanzas y recuerdos,
¡habrá poesía!

Mientras haya unos ojos que reflejen   8
los ojos que los miran;
mientras responda el labio suspirando
al labio que suspira;

mientras sentirse puedan en un beso   9
dos almas confundidas;
mientras exista una mujer hermosa,
¡habrá poesía!

■———Pasos para la comprensión

1. Para entender la primera estrofa hay que entender la metonimia y descifrar los hipérbatos.

   □ ¿Qué es la "lira" metonímicamente?

   □ En prosa, la primera estrofa sería: No digáis que la lira enmudeció (porque se había) agotado su tesoro (por) falta de asuntos.

   □ ¿Qué dos razones se podría dar para explicar por qué "enmudeció" la poesía?

   □ ¿Cuál crees que es el significado del signo *tesoro?*

2. Nota la estructura rígida del poema. Después de la primera estrofa, la cual es diferente, las próximas ocho estrofas siguen un patrón fijo. Explica las características de ese esquema.

3. Cada dos estrofas parecen tener un mensaje distinto (2–3, 4–5, 6–7). Identifica estos mensajes. ¿Qué relaciones y oposiciones hay entre ellos?

---
[2] *poét.* donde

4. Las imágenes de la primera sección (estrofas 2 y 3) son de la naturaleza. Trata de identificar las tres manifestaciones de la naturaleza que señala el poeta. Para hacer la tarea más manejable, ¿a qué cosa más general se refiere con los signos siguientes: *ondas, sol, nubes* y *aire?* Este proceso poético se llama sinécdoque, y es una forma específica de la metonimia, en que se transfiere el significado de una palabra a otra con la cual tiene una estrecha relación: ola por mar, por ejemplo.

5. Aclaremos los hipérbatos. Después de hacerlo, trata de describir cada una de las siguientes imágenes—las primeras dos son visuales mientras que la tercera es sensorial. Nota, entre otras cosas, los recursos poéticos de la personificación y la sinestesia.

   ☐ mientras las ondas al beso de la luz palpiten encendidas

   ☐ mientras el sol vista las desgarradas nubes de fuego y oro

   ☐ mientras el aire lleve en su regazo perfumes y armonías

6. Las referencias del segundo par de estrofas (4–5) tratan del mundo científico. Haz aquí los mismos pasos que hiciste para las dos estrofas anteriores. A saber: aclara los hipérbatos y explica el sentido de cada par de versos.

   ☐ Ha pasado un siglo y medio desde que Bécquer escribió estos versos. Con todos los avances científicos que han ocurrido desde entonces, ¿se ha podido contestar las cuestiones que plantea Bécquer?

7. ¿A qué características humanas se refiere Bécquer en la próxima sección (estrofas 6–7)? Presta especial atención a "mientras el corazón y la cabeza / batallando prosigan."

   ☐ Aquí tenemos otro ejemplo metonímico: ¿a qué se refieren los signos *corazón* y *cabeza?*

8. El último par de estrofas (8–9) se refiere a algo mucho más identificable. ¿De qué tema general tratan?

   ☐ Son versos como éstos los que han hecho que Bécquer sea el poeta del amor más reconocido en lengua castellana. Trata de explicar lo emotivo y lo bello de estos versos. Nota que hay una pareja de amantes en estas estrofas, aunque no se diga explícitamente hasta el verso que dice "dos almas." ¿Con qué verbos se da a conocer que se habla de dos personas?

■———Pasos para una lectura más a fondo

1. Después de buscar en el *Diccionario de términos literarios* en el *Apéndice* el significado de "metapoema," explica cómo este poema es un buen ejemplo.

2. Aunque el tema del amor no se revela explícitamente hasta las últimas dos estrofas, está implícito en otras partes, especialmente en las estrofas 2–3. Por ejemplo, el beso que se manifiesta físicamente en las últimas dos estrofas está ya presente como una imagen abstracta y poética en la segunda. Pero hay mucho más. Nota los significantes erótico-amorosos de las siguientes palabras: *palpitar, encender, fuego,*

armonía. Busca ahora en el diccionario de español los significados del adjetivo *desgarrado* y del sustantivo *regazo.* ¿Contienen estas palabras sentidos que se puedan asociar con el subtexto amoroso de estas estrofas?

3. Aunque las estrofas 4 y 5 parecen referirse al mundo natural y científico, ¿es posible interpretar en los signos como "fuentes de la vida," "abismo" o la alusión al "camino" condiciones del ser humano también? Explica.

4. En este poema Bécquer parece proponer una teoría de la poesía como manifestación natural de la vida y de la naturaleza, y no necesariamente un arte trabajado—idea sintetizada en los versos "podrá no haber poetas; pero siempre / ¡habrá poesía!" Comenta sobre esta teoría.

☐ ¿Estás de acuerdo? Considera lo siguiente: ¿Por qué es esta bella composición de Bécquer una refutación irónica de su propio mensaje? Busca en el *Diccionario de términos literarios* el significado de *deconstrucción.* ¿Es posible que en esta obra se dé un proceso deconstructivo?

Rima XI

Antes de leer

1. Qué tipo de chicos o chicas te atraen más, ¿los(las) morenos(as) o los(las) rubios(as)? ¿Por qué?

2. Dicen que es una característica de la naturaleza humana querer lo que no se puede tener. ¿Estás de acuerdo? Explica.

"Yo soy ardiente, yo soy morena"

—Yo soy ardiente, yo soy morena,   1
yo soy el símbolo de la pasión;
de ansia de goces mi alma está llena.
—¿A mí me buscas?—No es a ti, no.

—Mi frente es pálida; mis trenzas, de oro;   2
puedo brindarte dichas sin fin;
yo de ternura guardo un tesoro.
—¿A mí me llamas?—No; no es a ti.

—Yo soy un sueño, un imposible,   3
vano fantasma de niebla y luz;
soy incorpórea, soy intangible;
no puedo amarte.—¡Oh, ven; ven tú!

■——Pasos para la comprensión

1. Otra vez nos encontramos ante una estructura poética rigurosa. Si consideramos que los últimos dos versos de cada estrofa forman, en realidad, un solo verso, explica el carácter estrófico y prosódico de este poema.

2. ¿Cuáles son los otros elementos (sintaxis, signos, etc.) que reinciden en cada estrofa?

3. En cada estrofa parece haber alguien que le habla a un receptor.

   □ ¿Quiénes son los que emiten el mensaje?

   □ ¿Quién parece ser el receptor que contesta al final de cada estrofa?

4. ¿Qué cualidades tiene cada mujer?

5. ¿Cuál atrae al yo poético? ¿Por qué?

■——Pasos para una lectura más a fondo

1. La primera mujer morena se describe explícitamente. La segunda, sin embargo, se expresa con metonimias. ¿Cómo es físicamente?

2. Ambas mujeres "tienen" algo que quieren "brindarle" al receptor. ¿Cómo expresan estas "cosas" que le ofrecen al receptor? ¿Qué crees que implican estas "cosas" metonímicamente, teniendo en cuenta que el referente del poema que es "el amor"?

3. La resolución del poema—el poeta sólo quiere lo que no puede poseer—es un mensaje apropiado para el tema amoroso del poema. Pero, ¿es posible que ese mensaje tenga otra interpretación? Por ejemplo, las dos primeras mujeres ofrecen cosas específicas (goces, ternuras, etc.), pero la última no ofrece nada y confiesa ser "incorpórea" e "intangible." ¿Es el amor algo tangible o intangible? Desarrolla esta idea.

4. Una vuelta más: ¿Es posible que ese mensaje tenga una interpretación más amplia que la de una referencia al amor? Explica.

Rima LIII

Antes de leer

1. ¿Has notado alguna vez, cuando has andado por un jardín de rosas, unas en particular que te han llamado la atención? ¿Por qué pasa esto, habiendo tantas rosas bonitas?

2. ¿Crees que sólo hay un gran amor en la vida para cada persona? Explica.

"Volverán las oscuras golondrinas"

Volverán las oscuras golondrinas
en tu balcón sus nidos a colgar,
y otra vez con el ala a sus cristales
jugando llamarán;

pero aquellas que el vuelo refrenaban,   2
tu hermosura y mi dicha al contemplar;
aquellas que aprendieron nuestros nombres,
esas. . . ¡no volverán!

Volverán las tupidas[1] madreselvas   3
de tu jardín las tapias a escalar,
y otra vez a la tarde, aun más hermosas,
sus flores se abrirán;

pero aquellas cuajadas de rocío,   4
cuyas gotas mirábamos temblar
y caer, como lágrimas del día. . .
esas. . . ¡no volverán!

Volverán del amor en tus oídos   5
las palabras ardientes a sonar;
tu corazón, de su profundo sueño
tal vez despertará;

pero mudo y absorto y de rodillas,   6
como se adora a Dios ante su altar,
como yo te he querido. . ., desengáñate:
¡así no te querrán!

■———Pasos para la comprensión

1. ¿Quién es el narrador (emisor) del poema? ¿Quién es el destinatario? ¿Cuál es el mensaje?

2. Este poema tiene una organización rigurosa: se divide en tres partes de dos estrofas cada una. ¿Con qué palabra empieza la primera estrofa de cada sección? ¿Y con qué palabra empieza la segunda?

3. Hay otros elementos estructurales. Haz una lista de los siguientes signos de cada sección:

   □ lo que volverá

   □ lo que no volverá

   □ lo que hacen las golondrinas, las madreselvas y las palabras amorosas

   □ las barreras que separan

4. En cada sección, la primera estrofa se refiere a un grupo general mientras que la segunda se enfoca lo particular. Haz la lista de los elementos que van de lo general a lo particular y explica su propósito en el poema.

5. ¿Qué tienen en común las golondrinas y las madreselvas? Piensa, por ejemplo, en la época del año en que aparecen.

   □ ¿Qué posible relación hay entre estos dos signos y el amor del narrador?

---
[1] espesas

■———**Pasos para una lectura más a fondo**

1. Uno de los grandes aciertos poéticos de Bécquer son los bellos efectos musicales y fónicos que logra. Veamos cómo se consiguen.

   ☐ Primero se deben notar todas las formas de aliteración, teniendo en cuenta que la aliteración se logra mediante la repetición de sonidos, no sólo con la de letras. Por ejemplo: *b, v, p* y *m* son todos sonidos bilabiales; *m* y *n* son sonidos nasales; *n, l* y *r* son alveolares (o sea, la lengua toca el cielo de la boca). Pronuncia estas letras para comprobar su semejanza fónica.

   ☐ Ahora, busca ejemplos de aliteración en el poema.

   ☐ En los primeros dos versos, subraya las sílabas tónicas, o sea, donde caen los golpes (acentos). Ahora, nota cómo cada sílaba tónica va acompañada por un sonido alveolar.

   ☐ Trata de explicar cómo crea musicalidad esta fórmula compleja de aliteración.

2. Nota cómo todo el escenario del poema tiene lugar en el mundo de la amada: "tu balcón," "tu jardín," "tus oídos." Claramente, es el emisor (el yo poético) el que quiere formar parte del mundo de la amada. En las primeras dos secciones, el emisor y el destinatario (narrador y amada) comparten el mismo mundo a través de las golondrinas y las madreselvas, y se emplea la forma de la primera persona plural (nosotros). En la última sección ya no emplea *nosotros.* ¿Qué conclusiones se puede sacar de estos detalles?

3. ¿Cómo es la amada, según el narrador?

   ☐ ¿Tenemos otra visión de ella en el poema, o es la del narrador la única?

   ☐ ¿Qué indica este detalle respecto al punto de vista poético?

Rosalía de Castro

■☐☐

1837–1885

El siglo XIX vio el resurgimiento del espíritu regionalista en España, el cual fue acompañado por el renacimiento de idiomas regionales, como el gallego y el catalán, que hacía siglos no se empleaban en la expresión literaria. En Galicia, el nombre de Rosalía de Castro es el que más se asocia con ese movimiento. Aunque Rosalía, como se le conoce cariñosamente en la literatura española, escribe poesía en castellano también, parece haberse expresado con mayor hondura en su lengua materna, el gallego. Llevó, al parecer, una vida normal y feliz, y sin embargo en su lírica se oye el quejido de una mujer inquieta y atormentada. A diferencia de Bécquer, cuya poesía contiene muchos elementos artificiosos, la lírica rosaliana es más directa y sincera—análoga a lo que se llamaría luego la poesía pura. Si Bécquer une la poesía de poetas como Garcilaso y Góngora al modernismo de finales del siglo XIX, Rosalía une a los poetas como San Juan de la Cruz y Fray Luis de León con la expresión más pura de poetas del siglo XX como Antonio Machado y Juan Ramón Jiménez. A causa de ello, la poesía de Rosalía nos parece mucho más moderna que la de otros poetas del romanticismo.

Follas novas

Antes de leer

1. ¿Has tenido alguna vez un dolor o una pena tan grande que te ha consumido todo tu ser, sin poder pensar en otra cosa? Si puedes, explica lo que fue.

2. Hay una expresión en castellano que dice: "No hay mal que por bien no venga." ¿Qué quiere decir esta expresión? ¿Estás de acuerdo con ella? Explica.

"Negra sombra"

En Castellano (trad. de Juan Ramón Jiménez)

Cando penso que te fuches,
negra sombra que m'asombras,
ô pe d'os meus cabezales
tornas facéndome mofa.

Cuando pienso que te huyes,   1
negra sombra que me asombras,
al pie de mis cabezales,[1]
Vuelves haciéndome mofa.

Cando maxino qu'ês ida
n'ó mesmo sol te m'amostras,
y eres á estrela que brila,
y eres ó vento que zoa.

Cuando imagino que te has ido,   2
en el mismo sol te asomas
y eres la estrella que brilla
y eres el viento que sopla.

Si cantan, ês ti que cantas;
si choran, ês ti que choras,
y ês ó marmurio d'o río,
y-ês á noite y ês á aurora.

Si cantan, tú eres quien cantas;   3
si lloran, tú eres quien lloras;
y eres el marmurio del río
y eres la noche y la aurora.

En todo estás e ti ês todo,
pra min y en min mesma moras,
nin m'abandonarás nunca,
sombra que sempre m'asombras.

En todo estás y eres todo,   4
para mí en mi misma moras,[2]
nunca me abandonarás,
sombra que siempre me ensombras.[3]

---

[1] aquí, cama

[2] *poet.* vives

[3] *neologismo:* ensombrecer (cubrir con sombra; dar sombra)

■——Ejercicios lingüísticos

1. El gallego mantiene varias palabras del latín que ya no se usan en castellano, aunque algunas existen en el diccionario. Por ejemplo, ¿qué significan *tornar* y *morar*?

2. El gallego, como el portugués, mantiene el sonido puro de las palabras latinas cuando el castellano, en ciertos entornos fonéticos, los transforma, como en los verbos que cambian de raíz. Explica este fenómeno con las siguientes palabras de la versión original: *penso, pe, [ʃ]acéndome, cando, [a]mostras.*

■——Pasos para la comprensión

1. El título del poema, "Negra sombra," funciona también como referente de todo el poema. Es un signo ambiguo, aunque los efectos que produce en la narradora no lo son. Haz una lista de estos efectos.

2. El poema tiene una estructura rígida y un desarrollo claro. Analiza la estructura del poema (su versificación, sus estrofas, su rima).

   ☐ Trata de explicar el desarrollo ideológico del poema.

3. En la segunda estrofa, la narradora siente la "negra sombra" en una serie de signos cósmicos. Trata de explicar el efecto y el sentido del *sol,* la *estrella* y el *viento.*

   ☐ Algo semejante ocurre con los signos de la tercera estrofa; trata de explicar el sentido de *río, noche* y *aurora.*

4. Se da también una serie de oposiciones binarias en estos signos cósmicos y universales. Búscalos y trata de explicarlos.

5. En la última estrofa, la poeta contrasta los verbos *ser* y *estar.* ¿Cuál es la diferencia entre estos dos verbos?

   ☐ ¿Cómo se relacionan estos dos verbos con las otras oposiciones binarias del poema y con los signos cósmicos?

6. Al principio del poema, la "negra sombra" parece ser un signo negativo, pero al desarrollarse el poema, el signo va adquiriendo aspectos positivos. Busca el significado de *asombrar* en el diccionario.

   ☐ ¿Cómo traduce Juan Ramón Jiménez el verbo gallego en la primera estrofa y en la última estrofa? Explica esta transformación.

   ☐ ¿Cómo se relaciona este verbo con las otras oposiciones binarias del poema?

■——Pasos para una lectura más a fondo

1. Sem Tob, en la Época Medieval, desarrolló la noción de que hay algo malo en lo bueno y algo bueno en lo malo. ¿Cómo ayuda esta noción filosófica a explicar la oposición binaria del signo lingüístico de la "negra sombra"?

2. Busca el significado de *sombra* en el diccionario. No se puede lanzar una sombra sin un cuerpo o masa física. ¿Cómo se relaciona esta realidad científica con la idea expresada en el poema de que la sombra siempre está con la narradora ("nin m' abandonarás nunca")?

3. El signo "sombra" está contenido en el signo "asombrar." Explica cómo este juego lingüístico se relaciona con el verso "pra min y en min mesma moras."

   ☐ Nota cómo San Juan de la Cruz usa esta misma técnica en "Noche oscura del alma" cuando escribe "Oh noche que juntaste / Amado con Amada / Amada en el Amado transformada." Explica.

4. Estudia los efectos auditivos del poema y trata de explicar cómo se logran. Para ello, ten en cuenta que las vocales *a, e, e i* son "altas" mientras que *o* y *u* son "hondas" desde un punto de vista fónico. ¿Qué efecto producen estos sonidos en los dos primeros versos?

   ☐ Las consonantes *m* y *n* son nasales. Comenta el efecto de las aliteraciones nasales en el penúltimo verso.

   ☐ En gallego la *z* tiene el mismo sonido que en inglés, a diferencia del castellano. Explica el valor auditivo del "vento que zoa."

CAPÍTULO 8

EL REALISMO Y EL NATURALISMO Y SU DURACIÓN

■ ■ ■

 Consulta www.prenhall.com/momentos y lee un ensayo de orientación a este capítulo.

La revolución industrial alteró por completo la sociedad europea y americana. Antes de la revolución, la gran mayoría de la gente vivía en el campo y cultivaba su propia comida y producía sus propios artículos de consumo personal. Pero con los avances científicos y tecnológicos de los siglos XVIII y XIX, esos artículos se podían manufacturar económicamente. La gente empezó a emigrar a las grandes ciudades en busca de trabajo en las fábricas, y así se fueron creando nuevas clases sociales. Antes, la riqueza sólo se heredaba; ahora algunos individuos emprendedores podían acaudalar grandes fortunas con sus ideas innovadoras y su propia industria. También se crea una burguesía profesional que se gana la vida atendiendo a las necesidades de las masas de trabajadores: médicos, abogados, maestros, escribanos, escritores, así como comerciantes, tenderos y banqueros.

La nueva estructura social produjo una nueva ciencia de investigación—la sociología. Pensadores como Auguste Comte (1798–1857) y Karl Marx (1818–1883) se dedicaron a estudiar la evolución social, como Charles Darwin (1809–1882) estaba haciendo para la especie humana, e Hippolite Taine (1828–1893) estudió el efecto del momento histórico y del medio ambiente en los seres sociales.

La novela y el teatro del realismo, por lo tanto, son productos creados para satisfacer el entretenimiento de las emergentes clases medias, que requerían lectura y espectáculos para sus ratos de ocio, y a quienes les encantaba leer y ver obras que reflejaran su propia realidad. Los grandes novelistas del realismo, como Honoré de Balzac (1799–1850) en Francia, Charles Dickens (1812–1870) en Inglaterra, Leo Tolstoy (1828–1910) en Rusia, Benito Pérez Galdós (1843–1920) en España y Henry James (1843–1916) en los Estados Unidos, crearon novelas con un denso y detallado trasfondo físico, político, histórico, económico y social dentro del cual pusieron a sus personajes y observaron sus reacciones, motivaciones y relaciones hasta conseguir un retrato exacto y convincente de su persona. Por lo general, al novelista realista le interesa la moral, por lo que suelen enfrentar a sus personajes con complejos dilemas éticos y estudiarlos mientras se enmarañan en esos problemas y luchan por solucionarlos.

Una característica predilecta de los escritores realistas es la atención que prestan a la voz narrativa. El realismo busca la objetividad, la cual se alcanza por medio de la voz narrativa a la que los escritores realistas prestan una gran atención. Así, el narrador de tipo omnisciente suele ser el portavoz predilecto de la voz narrativa que a veces se torna polifónica al surgir del relato otras "voces" que apoyan o contradicen la principal. Estos juegos narrativos contribuyen al realismo que se desea crear, puesto que en la realidad la verdad varía de persona en persona, dependiendo de sus propias experiencias y conocimientos.

Aunque las novelas realistas suelen ser urbanas—el París de Balzac, el Londres de Dickens, el Madrid de Galdós, o el Santiago de Chile de Alberto Blest Gana (1830–1929)—se da también una novela regionalista que intenta recrear el ambiente de las distintas regiones repleta con sus modismos de expresión y tipos particulares. En España, este fenómeno se ve claramente en las obras de la gallega Emilia Pardo Bazán (1852–1921) y el asturiano Leopoldo Alas, "Clarín" (1852–1901), quienes ambientan sus obras en sus patrias chicas. En Hispanoamérica, este fenómeno del realismo se denominó el *criollismo,* de mismos fines que el regionalismo español, representado en este libro con un relato del uruguayo Javier de Viana (1868–1926), ambientado en el mundo gauchesco.

El movimiento literario del realismo carece de preceptos—se expresa sólo en la práctica. No es así con el naturalismo. Esta escuela literaria, hija del realismo, difiere de ella en que el realismo estudia los seres como producto de su medio ambiente mientras que el naturalismo presta mayor atención a la herencia y los genes. Además, el naturalismo intensifica el objetivismo narrativo y pone mayor énfasis en los elementos sórdidos y la decadencia social y moral de sus personajes. Las teorías del naturalismo vienen de Francia a través de los escritos de Émile Zola (1840–1902) y son propagados en España por Emilia Pardo Bazán. "Las medias rojas," con su puro objetivismo narrativo, su lenguaje natural, sus escenas sórdidas y su determinismo pesimista, es un ejemplo del movimiento, que nunca encontró una forma "pura" en el mundo hispanohablante.

El realismo y el naturalismo nunca se expresaron en la poesía, pero sí encontraron expresión en el teatro. En España ese teatro sufrió de un exceso de melodrama, pero en la región rioplatense encontró terreno fructífero en las obras del uruguayo Florencio Sánchez (1875–1910). Sánchez es el primer dramaturgo importante de Hispanoamérica y el primero en llevar el realismo y el naturalismo a escena.

El realismo no termina con los albores del siglo XX—perdura a lo largo del siglo aunque muy modificado. La Revolución mexicana de 1910 produjo una generación de grandes narradores, como Mariano Azuela (1873–1952), que captaron, con una estética muy cercana a la del realismo, la Revoluición en todos sus pormenores. En otros países, la fascinación naturalista con el determinismo del medio ambiente natural produjo una serie de novelas llamadas "de la tierra" en las cuales se destacan el venezolano Rómulo Gallegos (1884–1969) y el colombiano Eustasio Rivera (1888–1928).

Los experimentos con lo fantástico dentro del realismo se encuentran en la obra de Horacio Quiroga (1878–1937). Sus cuentos son tan innovadores y de tan alta calidad artística que Quiroga es elogiado con frecuencia como uno de los precursores del "Boom" de la narrativa hispanoamericana. Finalmente, muchos escritores del siglo XX han trabajado, de una forma u otra, dentro de la estética del realismo social. Gran parte de la producción narrativa de España después de la Guerra Civil cabe dentro de esta categoría, así como varios de los narradores hispanoamericanos, aunque siempre se introducen nuevas fórmulas y técnicas modernas. En esta antología se ha incluido una obra del polifacético dominicano Juan Bosch (1909–2001) como muestra de este fenómeno de la continuación en el siglo XX del realismo decimonónico.

Benito Pérez Galdós

1843–1920

La vida española del siglo XIX, con todos sus pormenores, se recrea con maestría en las setenta y seis novelas de este prolífico escritor canario. Los conflictos morales, religiosos, filosóficos y sociales de su época están todos reflejados de un modo u otro en la rica textura de su mundo novelístico. Pero éste no es su único acierto. En los últimos años la crítica ha descubierto en él un innovador formidable que ensaya muchas de las técnicas de la novela moderna, y sus experimentos sutiles con el punto de vista narrativo son verdaderamente impresionantes. Sería injusto, además, no mencionar que Galdós es uno de los creadores de tramas y personajes literarios más portentosos de la lengua castellana, lo cual explica su popularidad en todo el mundo hispano a lo largo del tiempo.

Fortunata y Jacinta (1887)

Antes de leer

1. Aunque pocos estarían de acuerdo hoy día con este sistema de matrimonio, trata de justificar las razones que hay para dejar que los padres escojan el esposo o esposa para sus hijos.

2. ¿Estás de acuerdo con lo que comúnmente se llama en inglés el *double standard* respecto al comportamiento del hombre y de la mujer? Explica.

3. ¿A ti te gustaría saber todos los detalles de la historia de tu pareja antes de casarse? Explica.

4. ¿Crees que uno debe casarse con alguien muy parecido desde el punto de vista cultural? Explica.

Código para la comprensión

Código geográfico: En su viaje de novios, Juanito y Jacinta visitan gran parte de España. De Madrid, en el centro, viajan primero hacia el norte. En Castilla van a Burgos, ciudad con una de las mayores catedrales góticas de Europa, y luego van a Zaragoza en Aragón, antes de ir a la costa del Mediterráneo, donde visitan las ciudades de Valencia y Barcelona. En cada ciudad se destaca la base económica: la agricultura en Valencia y las industrias textiles de Barcelona. En vez de regresar a Madrid, deciden viajar hacia el sur, a Andalucía, donde visitan Córdoba, con su famosa mezquita, y Sevilla, donde cenan en una taberna del barrio de Triana, un famoso barrio popular de la ciudad andaluza.

En contexto

Fortunata y Jacinta (1886–1887) es una larga novela de más de mil páginas que narra las vicisitudes del matrimonio de Juanito Santa Cruz, el heredero de una rica familia comerciante, y su prima Jacinta. La relación matrimonial se complica con la presencia de la amante de Juanito, Fortunata. El capítulo que aquí se reproduce ocurre bastante temprano en la primera parte de la novela (pues salió en cuatro volúmenes entre 1886 y 1887) y trata de la luna de miel de la pareja. Antes de este capítulo, la madre de Juanito, doña Barbarita, se había dado cuenta de que su hijo adoptaba modales del pueblo, o sea, de las clases bajas, lo cual le indicaba que su hijo andaba con mujeres de esa clase. Esto la incitó a casar a su hijo rápidamente con una sobrina suya a quien doña Barbarita quería mucho—Jacinta. Juanito no se negó al trato. En este capítulo de su viaje de novios, su esposa intenta averiguar algo de las aventuras que su esposo tuvo antes de casarse.

"Viaje de novios" (I, v)

La boda se verificó en mayo del 71. Dijo D. Baldomero con muy buen juicio pues era costumbre que se largaran los novios, acabadita de recibir la bendición, a correrla por esos mundos, no comprendía fuese de rigor el paseo por Francia o por Italia, habiendo en España tantos lugares dignos de ser vistos. Él y Barbarita no habían ido ni siquiera a Chamberí, porque en su tiempo los novios se quedaban donde estaban, y el único español que se permitía viajar era el duque de Osuna, D. Pedro. ¡Qué diferencia de tiempos! . . . Y ahora hasta Periquillo Redondo, el que tiene el bazar de corbatas al aire libre en la esquina de la casa de Correos, había hecho su viajecito a París . . . Juanito se manifestó enteramente conforme con su papá, y recibida la bendición nupcial, verificado el almuerzo en familia [. . .] y besuqueos

correspondientes, marido y mujer se fueron a la estación. La primera etapa de su viaje fue   10
Burgos, adonde llegaron a las tres de la mañana, felices y locuaces, riéndose de todo, del frío
y de la oscuridad. En el alma de Jacinta, no obstante, las alegrías no excluían un cierto miedo,
que a veces era terror. El ruido del ómnibus sobre el desigual piso de las calles; la subida a la
fonda por angosta escalera; el aposento y sus muebles de mal gusto, mezcla de desecho de
ciudad y de lujos de aldea, aumentaron aquel frío invencible y aquella pavorosa expectación   15
que la hacían estremecer. ¡Y tantísimo como quería a su marido! . . . ¿Cómo compaginar dos
deseos tan diferentes: que su marido se apartase de ella y que estuviese cerca? Porque la idea
de que se pudiera ir, dejándola sola, era como la muerte, y la de que se acercaba y la cogía
en brazos con apasionado atrevimiento, también la ponía temblorosa y asustada. Habría deseado que no se apartara de ella, pero que se estuviera quietecito.   20

   Al día siguiente, cuando fueron a la catedral, ya bastante tarde, sabía Jacinta una porción
de expresiones cariñosas y de íntima confianza de amor que hasta entonces no había pronunciado nunca, como no fuera en la vaguedad del pensamiento que recela descubrirse a sí
mismo. No le causaba vergüenza el decirle al otro que le idolatraba, así, así, clarito . . . , al
pan, pan, y al vino, vino[1] . . . , ni preguntarle a cada momento si era verdad que él también   25
estaba hecho un idólatra y que lo estaría hasta el día del Juicio Final. Y a la tal preguntita, que
había venido a ser frecuente como el pestañear, el que estaba de turno contestaba: *Chi,* dando
a esta sílaba un tonillo de pronunciación infantil. El *chi* se lo había enseñado Juanito aquella
noche, lo mismo que el decir, también en estilo mimoso, *¿Me quieles?,* y otras tonterías y
chiquilladas empalagosas,[2] dichas de la manera más grave del mundo. En la misma catedral,   30
cuando les quitaba la vista de encima el sacristán que les enseñaba alguna capilla o preciosidad reservada, los esposos aprovechaban aquel momento para darse besos a escape y a hur-
tadillas, frente a la santidad de los altares consagrados o detrás de la estatua yacente de un
sepulcro. Es que Juanito era un pillín, y un goloso, y un atrevido. A Jacinta le causaban miedo
aquellas profanaciones; pero las consentía y toleraba, poniendo su pensamiento en Dios y   35
confiando en que Éste, al verlas, volvería la cabeza con aquella indulgencia propia del que es
fuente de todo amor.[. . .]

   Fuerte en la conciencia de su triunfo presente, Jacinta empezó a sentir el desconsuelo de
no someter también el pasado de su marido, haciéndose dueña de cuanto éste había sentido
y pensado antes de casarse. Como de aquella acción pretérita sólo tenía leves indicios, des-   40
pertáronse en ella curiosidades que la inquietaban. Con los mutuos cariños crecía la confianza, que empieza por ser inocente y va adquiriendo poco a poco la libertad de indagar y
el valor de las revelaciones. Santa Cruz no estaba en el caso de que le mortificara la curiosidad, porque Jacinta era la pureza misma. Ni siquiera había tenido un novio de estos que no
hacen más que mirar y poner la cara afligida. Ella sí que tenía campo vastísimo en que ejercer   45
su espíritu crítico. Manos a la obra. No debe haber secretos entre los esposos. Esta es la
primera ley que promulga la curiosidad antes de ponerse a oficiar de inquisidora.

   Porque Jacinta hiciese la primera pregunta llamando a su marido *Nene* (como él le había
enseñado), no dejó éste de sentirse un tanto molesto. Iban por las alamedas de chopos que
hay en Burgos, rectas e incansables, como senderos de pesadilla. La respuesta fue cariñosa,   50
pero evasiva. ¡Si lo que la *nena* anhelaba saber era un devaneo, una tontería! . . . Cosas de

---

[1] *expresión que se refiere a decir las cosas claras y sin rodeos*
[2] molestas (por ser excesivamente amaneradas)

muchachos. La educación del hombre de nuestros días no puede ser completa si éste no trata con toda clase de gente, si no echa un vistazo a todas las situaciones posibles de la vida, si no toma el tiento a las pasiones todas. Puro estudio y educación pura . . . No se trataba de amor, porque lo que es amor, bien podía decirlo, él no lo había sentido nunca hasta que le hizo tilín 55 la que ya era su mujer.

Jacinta creía esto; pero la fe es una cosa y la curiosidad otra. No dudaba ni tanto así del amor de su marido, pero quería saber, sí, señor, quería enterarse de ciertas aventurillas. Entre esposos debe haber siempre la mayor confianza. ¿No es eso? En cuanto hay secretos, adiós paz del matrimonio. Pues bueno; ella quería leer de cabo a rabo ciertas paginitas de la vida 60 de su esposo antes de casarse. ¡Como que estas historias ayudan bastante a la educación matrimonial! Sabiéndolas de memoria, las mujeres viven más avisadas, y a poquito que los maridos se deslicen . . . ¡tras!, ya están cogidos.

—Que me lo tienes que contar todito . . . Si no, no te dejo vivir.

Esto fue dicho en el tren, que corría y silbaba por las angosturas de Pancorvo. En el paisaje 65 veía Juanito una imagen de su conciencia. La vía que lo traspasaba descubriendo las sombrías revueltas era la indagación inteligente de Jacinta. El muy tuno[3] se reía, prometiendo, eso sí, contar luego; pero la verdad era que no contaba nada de sustancia.

—¡Sí, porque me engañas tú a mí! . . . A buena parte vienes . . . Sé más de lo que te crees. Yo me acuerdo bien de algunas cosas que vi y oí. Tu mamá estaba muy disgustada, porque te 70 nos habías hecho muy chu . . . la . . . pito; eso es.

El marido continuaba encerrado en su prudencia; mas no por eso se enfadaba Jacinta. Bien le decía su sagacidad femenil que la obstinación impertinente produce efectos contrarios a los que pretende. Otra habría puesto en aquel caso unos morritos[4] muy serios; ella no, porque fundaba su éxito en la perseverancia combinada con el cariño capcioso y diplomático. En- 75 trando en un túnel de la Rioja, dijo así:

—¿Apostamos a que sin decirme tú una palabra lo averiguo todo?

Y a la salida del túnel, el enamorado esposo, después de estrujarla con un abrazo algo teatral y de haber mezclado el restallido de sus besos al mugir de la máquina humeante, gritaba:

80

—¿Qué puedo yo ocultar a esta mona golosa? . . . Te como; mira que te como. ¡Curiosona, fisgona, feúcha! ¿Tú quieres saber? Pues te lo voy a contar, para que me quieras más. [. . .]
—Pues bueno, allá voy . . . Como te iba diciendo, conocí a una mujer . . . Cosas de muchachos. Pero déjame que empiece por el principio. Érase una vez . . . un caballero anciano muy parecido a una cotorra y llamado Estupiñá, el cual cayó enfermo y . . . cosa na- 85 tural, sus amigos fueron a verle . . . , y uno de estos amigos, al subir la escalera de piedra, encontró a una mujer que se estaba comiendo un huevo crudo . . . ¿Qué tal?

---

[3] pícaro
[4] gesto de enfado con los labios

—Un huevo crudo . . . ¡Qué asco!—exclamó Jacinta escupiendo una salivita—. ¿Qué se puede esperar de quien se enamora de una mujer que come huevos crudos? . . .

—Hablando aquí con imparcialidad, te diré que era guapa. ¿Te enfadas?

—¡Qué me voy a enfadar, hombre! Sigue . . . Se comía el huevo, y te ofrecía, y tú participaste . . .

—No; aquel día no hubo nada. Volví al siguiente y me la encontré otra vez.

—Vamos, que le caíste en gracia y te estaba esperando.

No quería el Delfín ser muy explícito, y contaba a grandes rasgos, suavizando asperezas y pasando como sobre ascuas por los pasajes de peligro. Pero Jacinta tenía un arte instintivo para el manejo del gancho, y sacaba siempre algo de lo que quería saber. Allí salió a relucir parte de lo que Barbarita inútilmente intentó averiguar . . . ¿Quién era la del huevo? . . . Pues una chica huérfana que vivía con su tía, la cual era huevera y pollera en la Cava de San Miguel. ¡Ah! ¡Segunda Izquierdo! . . . Por otro nombre la *Melaera*. ¡Qué basilisco![5] . . . ¡Qué lengua! . . . ¡Qué rapacidad! . . . Era viuda, y estaba liada, así se dice, con un picador.[6]

—Pero basta de digresiones. La segunda vez que entré en la casa me la encontré sentada en uno de aquellos peldaños de granito, llorando.

—¿A la tía?

—No, mujer, a la sobrina. La tía le acababa de echar los tiempos, y aún se oían abajo los resoplidos[7] de la fiera . . . Consolé a la pobre chica con cuatro palabrillas y me senté a su lado en el escalón.

—¡Qué poca vergüenza!

—Empezamos a hablar. No subía ni bajaba nadie. La chica era confianzuda, inocentona, de estas que dicen todo lo que sienten, así lo bueno como malo. Sigamos. Pues, señor . . . Al tercer día me la encontré en la calle. Desde lejos noté que me sonreía al verme. Hablamos cuatro palabras nada más; y volví y me colé en la casa; y me hice amigo de la tía y hablamos; y una tarde salió el picador de entre un montón de banastas donde estaba durmiendo la siesta, todo lleno de plumas, y llegándose a mí me echó la zarpa,[8] quiero decir que me dio la manaza[9], y yo se la tomé, y me convidó a unas copas, y acepté y bebimos. No tardamos Villalonga y yo en hacernos amigos de los amigos de aquella gente . . . No te rías . . . Te aseguro que Villalonga me arrastraba a aquella vida porque se encaprichó por otra chica del barrio, como yo por la sobrina de Segunda.

—¿Y cuál era más guapa?

—¡La mía!—replicó prontamente el Delfín, dejando entrever la fuerza de su amor propio—. La mía . . . , un animalito muy mono, una salvaje que no sabía leer ni escribir. Figúrate, ¡qué educación! ¡Pobre pueblo! Y luego hablamos de sus pasiones brutales, cuando nosotros tenemos la culpa . . . Estas cosas hay que verlas de cerca . . . Sí, hija mía, hay que poner la mano sobre el corazón del pueblo, que es sano . . . , sí; pero a veces sus latidos no son latidos, sino patadas . . . ¡Aquella infeliz chica! . . . Como te digo, un animal; pero buen corazón, buen corazón . . . ¡Pobre *nena*!

[5] *fig.* persona dañina
[6] torero de a caballo que pica al toro con su lanza
[7] sonidos fuertes y malhumorados
[8] *fig.* me atrapó (*pero zarpa es también la mano de ciertos animales, lo cual tiene sentido aquí*)
[9] mano grande

Al oír esta exclamación de cariño, dicha por el Delfín tan espontáneamente, Jacinta, arrugó el ceño. Ella había heredado la aplicación de la palabreja, que ya le disgustaba por ser como desecho de una pasión anterior, y un vestido o alhaja ensuciados por el uso; y expresó su disgusto dándole al pícaro de Juanito una bofetada, que para ser de mujer y en broma resonó bastante.   130

—¿Ves? Ya estás enfadada. Y sin motivo. Te cuento las cosas como pasaron . . . Basta ya, basta de cuentos.

— [. . .] No soy impertinente. No exijo imposibles. Bien conozco que los hombres la han de correr antes de casarse. Te prevengo que seré muy celosa si me das motivo para serlo; pero celos retrospectivos no tendré nunca. [. . .] ¿Qué creías tú, que me iba a enfadar? . . . ¡Ay,   135
qué bobito! . . . No, es que me hacen gracias tus calaveradas.[10] Tienen un *chic* . . . Anoche pensé en ellas, y aun soñé un poquito con la del huevo crudo, y la tía, y el mamarracho del tío. No, si no me enojaba; me reía, créelo; me divertía viéndote entre esa aristocracia, hecho un caballero, una persona decente, vamos, con el pelito sobre la oreja. Ahora te voy a anticipar la continuación de la historia. Pues, señor . . . Le hiciste el amor por lo fino, y ella lo   140
admitió por lo basto.[11] La sacaste de la casa de su tía y os fuisteis los dos a otro nido, en la Concepción Jerónima.

Juanito miró fijamente a su mujer, y después se echó a reír. Aquello no era adivinación de Jacinta. Algo había oído sin duda, por lo menos el nombre de la calle. Pensando que convenía seguir el tono festivo, dijo así: 145

—Tú sabías el nombre de la calle; no vengas echándotelas de zahorí[12] . . . Es que Estupiñá me espiaba y le llevaba cuentos a mamá. [. . .]
Jacinta miraba al suelo más que a su marido.

—Y a renglón seguido, la consabida palabrita de casamiento—dijo mirándole de lleno y observándole indeciso en la respuesta.   150
Aunque Jacinta no conocía personalmente a ninguna víctima de las palabras de casamiento, tenía una clara idea de estos pactos diabólicos por lo que de ellos había visto en los dramas, en las piezas cortas y aun en las óperas, presentados como recurso teatral, unas veces para hacer llorar al público y otras para hacerle reír. Volvió a mirar a su marido, y notando en él una como sonrisilla de hombre de mundo, le dio un pellizco acompañado de es-   155
tos conceptos un tanto airados:

—Sí, la palabra de casamiento con reserva mental de no cumplirla; una burla, una estafa, una villanía. ¡Qué hombres! . . . Luego dicen . . . ¿Y esa tonta no te sacó los ojos cuando se vio chasqueada?[13] . . . Si hubiera sido yo . . .
—Si hubieras sido tú, tampoco me habrías sacado los ojos.   160
—Que sí . . . , pillo . . . , granujita. Vaya, no quiero saber más, no me cuentes más.

---

[10] *fig.* acciones insensatas
[11] de calidad baja; tosco
[12] persona capaz de descubrir lo oculto
[13] engañada; *fig.* decepcionada

—¿Para qué preguntas tú? Si te digo que no la quería te enfadas conmigo y tomas partido por ella . . . ¿Y si te dijera que la quería, que al poco tiempo de sacarla de su casa se me ocurría la simpleza de cumplir la palabra de casamiento que le di?

—¡Ah, tuno!—exclamó Jacinta con ira cómica, aunque no enteramente cómica—. 165
Agradece que estamos en la calle, que si no, ahora mismo te daba un par de repelones, y de cada manotada me traía un mechón de pelo . . . Conque casarte . . . ¡Y me lo dices a mí! . . . ¡A mí! . . . [. . .]

—Mira—dijo ella cuando llegaron a un sitio menos desierto—, no me cuentes más historias. No quiero saber más. Punto final. 170

Rompió a reír, a reír, y el Delfín tuvo que preguntarle muchas veces la causa de su hilaridad para obtener esta respuesta:

—¿Sabes de qué me río? De pensar en la cara que habría puesto tu mamá si le entras por la puerta una nuera de mantón, sortijillas y pañuelo a la cabeza, una nuera que dice *diquiá luego* y no sabe leer. 175

—Quedamos en que no hay más cuentos.

—No más . . . Bastante me he reído ya de tu tontería. Francamente, yo creí que eras más avisado. . . Además, todo lo que me puedas contar me lo figuro. Que te aburriste pronto. Es natural . . . El hombre bien criado y la mujer ordinaria no emparejan bien. Pasa la ilusión, y después, ¿qué resulta? Que ella huele a cebolla y dice palabras feas . . . A él . . . , como si lo 180
viera . . . , se le revuelve el estómago, y empiezan las cuestiones. El pueblo es sucio; la mujer de clase baja, por más que se lave el palmito, siempre es pueblo. No hay más que ver las casas por dentro. Pues lo mismo están los benditos cuerpos. [. . .]

El tiempo se les puso muy malo, y en todo el trayecto hasta Barcelona no cesó de llover. Arrimados marido y mujer a la ventanilla miraban la lluvia, aquella cortina de menudas líneas 185
oblicuas que descendían del cielo sin acabar de descender. [. . .]

Jacinta estaba contenta, y su marido también, a pesar de la melancolía llorona del paisaje; pero como había otros viajeros en el vagón, los recién casados no podían entretener el tiempo con sus besuqueos y tonterías de amor. Al llegar los dos se reían de la formalidad con que habían hecho aquel viaje, pues la presencia de personas extrañas no les dejó ponerse babosos. 190
En Barcelona estuvo Jacinta muy distraída con la animación y el fecundo bullicio de aquella gran colmena de hombres. Pasaron ratos muy dichosos visitando las soberbias fábricas de Batlló y de Sert, y admirando sin cesar, de taller en taller, las maravillosas armas que ha discurrido el hombre para someter a la Naturaleza. Durante tres días, la historia aquella del huevo crudo, la mujer seducida y la familia de insensatos que se amansaban con orgías quedó 195
completamente olvidada o perdida en un laberinto de máquinas ruidosas y ahumadas, o en el triquitraque de los telares. Los de Jacquard, con sus incomprensibles juegos de cartones agujereados, tenían ocupada y suspensa la imaginación de Jacinta, que veía aquel prodigio y no lo quería creer. ¡Cosa estupenda! "Está una viendo las cosas todos los días, y no piensa en cómo se hacen ni se le ocurre averiguarlo. Somos tan torpes, que al ver una oveja no pen- 200
samos que en ella están nuestros gabanes. ¿Y quién ha de decir que las chambras y enaguas han salido de un árbol? ¡Toma, el algodón! ¿Pues y los tintes? El carmín ha sido un bichito, y el negro una naranja agria, y los verdes y azules carbón de piedra. Pero lo más raro de todo es que cuando vemos un burro, lo que menos pensamos es que de él salen los tambores. ¿Pues y eso de que las cerillas se saquen de los huesos, y que el sonido del violín lo produzca la cola 205
del caballo pasando por las tripas de la cabra?"

Y no paraba aquí la observadora. En aquella excursión por el campo instructivo de la industria, su generoso corazón se desbordaba en sentimientos filantrópicos, y su claro juicio sabía mirar cara a cara los problemas sociales.

—No puedes figurarte—decía a su marido al salir de un taller—cuánta lástima me dan   210
esas infelices muchachas que están aquí ganando un triste jornal, con el cual no sacan ni para
vestirse. No tienen educación; son como máquinas y se vuelven tan tontas . . .; más que tontería debe de ser aburrimiento . . . ; se vuelven tan tontas, digo, que en cuanto se les presenta
un pillo cualquiera se dejan seducir . . . Y no es maldad; es que llega un momento en que dicen: "Vale más ser mujer mala que máquina buena."   215
—Filosófica está mi mujercita.
—Vaya . . . , di que no me he lucido . . . En fin, no se hable más de eso. Di si me quieres,
sí o no . . . , pero, pronto, pronto. [. . .]
—Me vas a satisfacer una curiosidad . . . , la última.

Y en el momento que tal habló arrepintióse de ello, porque lo que deseaba saber, si pi-   220
caba mucho en curiosidad, también le picaba algo el pudor. ¡Si encontrara una manera delicada de hacer la pregunta! [. . .]

"¿Cuánto tiempo duró el enredo de mi marido con esa mujer? No lo sé. Pero durase más
o durase menos, bien podría suceder que . . . hubiera nacido algún chiquillo . . .[. . .] A su
tiempo maduran las uvas. Vendrán días de mayor confianza, y hablaremos . . . , y sabré si hay   225
o no algún *hueverito* por ahí."
Jacinta no tenía ninguna especie de erudición. Había leído muy pocos libros. Era completamente ignorante en cuestiones de geografía artística, y, sin embargo, apreciaba la poesía
de aquella región costera mediterránea que se desarrolló ante sus ojos al ir de Barcelona a Valencia. Los pueblecitos marinos desfilaban a la izquierda de la vía, colocados entre el mar azul   230
y una vegetación espléndida. A trozos, el paisaje azuleaba con la plateada hoja de los olivos;
más allá las viñas lo alegraban con la verde gala del pámpano. La vela triangular de las embarcaciones, las casitas bajas y blancas, la ausencia de tejados puntiagudos y el predominio de
la línea horizontal en las construcciones; traían al pensamiento de Santa Cruz ideas de arte y
naturaleza helénica. Siguiendo las rutinas a que se dan los que han leído algunos libros, habló   235
también de Constantino, de Grecia, de las barras de Aragón y de los pececillos que las tenían
pintadas en el lomo. Era de cajón[14] sacar a relucir las colonias fenicias, cosa de que Jacinta no
entendía palotada,[15] ni le hacía falta. Después vinieron Prócida y las Vísperas Sicilianas, D.
Jaime de Aragón, Roger de Flor y el Imperio de Oriente, el duque de Osuna y Nápoles,
Venecia y el marqués de Bedmar, Massaniello, los Borgias, Lepanto, don Juan de Austria, las   240
galeras y los piratas, Cervantes y los padres de la Merced.
Entretenida Jacinta con los comentarios que el otro iba poniendo a la rápida visión de la costa
mediterránea, condensaba su ciencia en estas o parecidas expresiones: "¿Y la gente que vive aquí,

---

[14] expresión que significa que uno hace lo que está acostumbrado (*o sea, implica que a Juanito le gusta jactarse de su sabiduría*)
[15] nada

será feliz o será tan desgraciada como los aldeanos de tierra adentro, que nunca han tenido que ver con el Gran Turco ni con la capitana de D. Juan de Austria? Porque los de aquí no apreciarán que viven en un paraíso, y el pobre, tan pobre es en Grecia como en Getafe." [. . .]   245

Iban solos. ¡Qué dicha, siempre solitos! Juan se sentó junto a la ventana y Jacinta sobre sus rodillas. Él la rodeaba la cintura con el brazo. A ratos charlaban, haciendo ella observaciones cándidas sobre todo lo que veía. Pero después transcurrían algunos ratos sin que ninguno dijera una palabra. De repente volvióse Jacinta hacia su marido, y echándole un brazo alrededor del cuello, le soltó ésta: 250

—No me has dicho cómo se llamaba.

—¿Quién?—preguntó Santa Cruz algo atontado.

—Tu adorado tormento, tu . . . Cómo se llamaba o cómo se llama . . . , porque supongo que vivirá.   255

—No lo sé . . . ni me importa. Vaya con lo que sales ahora. [. . .]

—El nombre.

—Déjame a mí de nombres.

—¡Qué poco amable es este señor!—dijo, abrazándole—. Bueno, guarda el secretito, hombre, y dispensa. Ten cuidado no te roben esa preciosidad. Eso, eso es, o somos reservados o no. Yo me quedo lo mismo que estaba, no creas que tengo gran interés en saberlo. ¿Qué me meto yo en el bolsillo con saber un nombre más?   260

—Es un nombre muy feo . . . No me hagas pensar en lo que quiero olvidar—replicó Santa Cruz con hastío. . . No te digo una palabra, ¿sabes?

—Gracias, amado pueblo . . . Pues mira, si te figuras que voy a tener celos, te llevas chasco.[16] Eso quisieras tú para darte tono. No los tengo, ni hay para qué. . . [. . .]   265

A medianoche, cuando se retiraron fatigados a su domicilio, después de haber paseado por las calles y oído media *Africana*[17] en el teatro de la Princesa, Jacinta sintió que de repente, sin saber cómo ni por qué, la picaba en el cerebro el gusanillo aquél, la idea perseguidora, la penita disfrazada de curiosidad. Juan se resistió a satisfacerla, alegando razones diversas.   270

—No me marees, hija . . . Ya te he dicho que quiero olvidar eso . . .

—Pero el nombre, *nene,* el nombre nada más. ¿Qué te cuesta abrir la boca un segundo? . . . No creas que te voy a reñir, tontín.

Hablando así se quitaba el sombrero, luego el abrigo, después el cuerpo, la falda, el *polisón,*[18] y lo iba poniendo todo con orden en las butacas y sillas del aposento. Estaba rendida y no veía las santas horas de dar con sus fatigadas carnes en la cama. El esposo también iba soltando ropa. Aparentaba buen humor; pero la curiosidad de Jacinta le desagradaba ya. Por fin, no pudiendo resistir a las monerías de su mujer, no tuvo más remedio que decidirse. Ya estaban las cabezas sobre las almohadas, cuando Santa Cruz echó perezoso de su boca estas palabras: 275

   280

---

[16] decepción

[17] nombre de una zarzulela (género musical operístico)

[18] armazón que usaban las mujeres de la época para ahuecar la falda por detrás

—Pues te lo voy a decir, pero con la condición de que en tu vida más . . . , en tu vida más me has de mentar ese nombre, ni has de hacer la menor alusión . . . , ¿entiendes? Pues se llama . . .

—Gracias a Dios, hombre.

Le costaba mucho trabajo decirlo. La otra le ayudaba.   285

—Se llama *For . . .*
—*For . . . narina.*
—No. *For . . . tuna . . .*
—*Fortunata.*
—Eso . . . Vamos, ya estás satisfecha.   290
—Nada más. Te has portado, has sido amable. Así es como te quiero yo.
Pasado un ratito, dormía como un ángel . . . , dormían los dos.

—¿Sabes lo que se me ha ocurrido?—dijo Santa Cruz a su mujer dos días después en la estación de Valencia—. Me parece una tontería que vayamos tan pronto a Madrid. Nos plantaremos en Sevilla. Pondré un parte[19] a casa.   295

Al pronto Jacinta se entristeció. Ya tenía deseos de ver a sus hermanas, a su papá y a sus tíos y suegros. Pero la idea de prolongar un poco aquel viaje tan divertido conquistó en breve su alma. ¡Andar así, llevados en las alas del tren, que algo tiene siempre para las almas jóvenes de dragón de fábula, era tan dulce, tan entretenido . . . ! [. . .]

Ardían en deseos de verse en la sin par Sevilla . . . Otra vez al tren. Serían las nueve de la 300 noche cuando se encontraron dentro de la romántica y alegre ciudad, en medio de aquel idioma ceceoso[20] y de los donaires y chuscadas[21] de la gente andaluza. Pasaron allí creo que ocho o diez días, encantados, sin aburrirse ni un solo momento, viendo los portentos de la arquitectura y de la Naturaleza, participando del buen humor que allí se respira con el aire y se recoge de las miradas de los transeúntes. Una de las cosas que más cautivaban a Jacinta era 305 aquella costumbre de los patios amueblados y ajardinados, en los cuales se ve que las ramas de una azalea bajan hasta acariciar las teclas del piano, como si quisieran tocar. También le gustaba a Jacinta ver que todas las mujeres, aun las viejas que piden limosna, llevan su flor en la cabeza. La que no tiene flor se pone entre los pelos cualquier hoja verde, y va por aquellas calles vendiendo vidas.   310

Una tarde fueron a comer a un bodegón de Triana, porque decía Juanito que era preciso conocer todo de cerca y codearse con aquel originalísimo pueblo, artista nato, poeta que parece pintar lo que habla, y que recibió del Cielo el don de una filosofía muy socorrida, que consiste en tomar todas las cosas por el lado humorístico, y así la vida, una vez convertida en broma, se hace más llevadera. Bebió el Delfín muchas cañas, porque opinaba con gran sentido 315 práctico que para asimilarse a Andalucía y sentirla bien en sí, es preciso introducir en el

---

[19] una carta (aquí, probablemente, un telegrama)
[20] que cecea *(o sea, usan la forma interdental, incluso cuando no hace falta)*
[21] dichos con gracia y picardía

cuerpo toda la manzanilla[22] que éste pueda contener. Jacinta no hacía más que probarla y la encontraba áspera y acídula, sin conseguir apreciar el olorcillo a *pero de Ronda* que dicen tiene aquella bebida.

Retiráronse de muy buen humor a la fonda, y al llegar a ella vieron que en el comedor había mucha gente. Era un banquete de boda. Los novios eran españoles anglicanizados de Gibraltar. Los esposos Santa Cruz fueron invitados a tomar algo, pero lo rehusaron; únicamente bebieron un poco de champagne, porque no dijeran. Después un inglés muy pesado, que chapurreaba el castellano con la boca fruncida y los dientes apretados como si quisiera mordiscar las palabras, se empeñó en que habían de tomar unas cañas.

—De ninguna manera . . . ; muchas gracias.

—¡Ooooh, sí!

El comedor era un hervidero de alegría y de chistes, entre los cuales empezaban a sonar algunos de gusto dudoso. No tuvo Santa Cruz más remedio que ceder a la exigencia de aquel maldito inglés, y tomando de sus manos la copa, decía a media voz: "Valiente *curdela*[23] tienes tú." Pero el inglés no entendía . . . Jacinta vio que aquello se iba poniendo malo. El inglés llamaba al orden, diciendo a los más jóvenes con su boquita cerrada que tuvieran *fundamenta*. Nadie necesitaba tanto como él que se le llamase al orden, y, sobre todo, lo que más falta le hacía era que le recortaran la bebida, porque aquello no era ya boca, era un embudo. Jacinta presintió la jarana, y tomando una resolución súbita, tiró del brazo a su marido y se lo llevó a punto que éste empezaba a tomarle el pelo al inglés.

—Me alegro—dijo el Delfín cuando su mujer le conducía por las escaleras arriba—; me alegro de que me hubieras sacado de allí, porque no puedes figurarte lo que me iba cargando el tal inglés, con sus dientes blancos y apretados, con su amabilidad y su zapatito bajo . . . Si sigo un minuto más, le pego un par de trompadas . . . Ya se me subía la sangre a la cabeza . . .

Entraron en su cuarto, y sentados uno frente a otro, pasaron un rato recordando los graciosos tipos que en el comedor estaban y los equívocos que allí se decían. Juan hablaba poco y parecía algo inquieto. De repente le entraron ganas de volver abajo. Su mujer se oponía. Disputaron. Por fin Jacinta tuvo que echar la llave a la puerta. [. . .]

—Mi mayor gusto es estar al lado de mi adorada *nena*—decía sin mirarla—. *Te amo con delirio,* como se dice en los dramas. Bendita sea mi madrecita . . . que me casó contigo.

Hincósele delante y le besó las manos. Jacinta le observaba con atención recelosa, sin pestañear, queriendo reírse y sin poderlo conseguir. Santa Cruz tomó un tono muy plañidero para decirle:

—¡Y yo tan estúpido que no conocí tu mérito! ¡Yo que te estaba mirando todos los días como mira el burro la flor sin atreverse a comérsela! ¡Y me comí el cardo! . . . ¡Oh! Perdón,

---

[22] vino blanco, aromático, muy seco, que se hace en Andalucía

[23] *fam.* borrachera

320

325

330

335

340

345

350

perdón . . . Estaba ciego, encanallado; era yo muy *cañí* . . . , esto quiere decir *gitano,* vida mía. El vicio y la grosería habían puesto una costra en mi corazón . . . llamémosle *garlochín* . . . Jacintilla, no me mires así. Esto que te digo es la pura verdad. Si te miento, que me quede muerto ahora mismo. Todas mis faltas las veo claras esta noche. No sé lo que me pasa; estoy   355
como inspirado . . . ; tengo más espíritu, créetelo . . . ; te quiero más, cielito, paloma, y te voya hacer un altar de oro para adorarte.

—¡Jesús, qué fino está el tiempo!—exclamó la esposa, y que ya no podía ocultar su disgusto—. ¿Por qué no te acuestas?

—¡Acostarme yo, yo . . . , cuando tengo que contarte tantas cosas, *chavala!*—añadió Santa   360
Cruz, que, cansado ya de estar de rodillas, había cogido una banqueta para sentarse a los pies de su mujer—. Perdona que no haya sido franco contigo. Me daba vergüenza revelarte ciertas cosas. Pero ya no puedo más: mi conciencia se vuelca como una urna llena que se cae . . . así, así, y afuera todo . . . Tú me absolverás cuando me oigas, ¿verdad? Di que sí . . . Hay momentos en la vida de los pueblos, quiero decir, en la vida del hombre, momentos terribles,   365
alma mía. Tú lo comprendes . . . Yo no te conocía entonces. Estaba como la Humanidad antes de la venida del Mesías, a oscuras, apagado el gas . . . , sí. No me condenes, no, no; no me condenes sin oírme . . .

Jacinta no sabía qué hacer. Uno y otro se estuvieron mirando breve rato, los ojos clavados en los ojos, hasta que Juan dijo en voz queda: 370

—¡Si la hubieras visto! . . . Fortunata tenía los ojos como dos estrellas, muy semejantes a los de la Virgen del Carmen que antes estaba en Santo Tomás y ahora en San Ginés. Pregúntaselo a Estupiñá; pregúntaselo si lo dudas . . . , a ver . . . Fortunata tenía las manos bastas de tanto trabajar; el corazón lleno de inocencia . . . Fortunata no tenía educación; aquella boca tan linda se comía muchas letras y otras las equivocaba. Decía *indilugencias, golver, asín.* Pasó su   375
niñez cuidando el *ganado.* ¿Sabes lo que es el ganado? Las gallinas. Después criaba los palomos a sus pechos. Como los palomos no comen sino del pico de la madre, Fortunata se los metía en el seno. ¡Y si vieras tú qué seno tan bonito! Sólo que tenía muchos rasguños que le hacían los palomos con los garfios de sus patas. Después cogía en la boca un buche de agua y algunos granos de algarroba, y metiéndose el pico en la boca . . . les daba de comer . . . Era   380
la paloma madre de los tiernos pichoncitos . . . Luego les daba su calor natural . . . , los arrullaba, les hacía *rorrooó* . . . , les cantaba canciones de nodriza . . . ¡Pobre Fortunata, pobre *Pitusa!* . . . ¿Te he dicho que la llamaban la *Pitusa?* ¿No? . . . Pues te lo digo ahora. Que conste . . . Yo la perdí[24] . . . , sí . . . , que conste también; es preciso que cada cual cargue con su responsabilidad . . . Yo la perdí; la engañé, le dije mil mentiras, le hice creer que me iba a casar   385
con ella. ¿Has visto? ¡Si seré pillín! . . . Déjame que me ría un poco . . . Sí, todas las papas[25] que yo le decía se las tragaba . . . El pueblo es muy inocente, es tonto de remate; todo se lo cree con tal que se lo digan con palabras finas . . . La engañé, le *garfiñé*[26] su honor, y tan tranquilo. Los hombres, digo, los señoritos, somos unos miserables; creemos que el honor de las

---

[24] *léase:* Yo la desperdicié, la arruiné
[25] *fam.* mentiras
[26] *caló (habla gitana).* robé

hijas del pueblo es cosa de juego . . . No me pongas esa cara, vida mía. Comprendo que tienes 　390
razón; soy un infame, merezco tu desprecio. Porque . . . lo que tú dirás: una mujer es siempre una criatura de Dios, ¿verdad? . . . Y yo, después que me divertí con ella, la dejé abandonada en medio de las calles . . . ; justo . . . , su destino es el destino de las perras . . . Di
que sí.

　　Jacinta estaba alarmadísima, medio muerta de miedo y de dolor. No sabía qué hacer ni 　395
qué decir.

　　—Hijo mío—exclamó limpiando el sudor de la frente de su marido—, ¡cómo estás! . . .
Cálmate, por María Santísima. Estás delirando.
　　—No, no; esto no es delirio, es arrepentimiento—añadió Santa Cruz, quien al moverse
por poco se cae y tuvo que apoyar las manos en el suelo—. ¿Crees acaso que el vino? . . . 　400
¡Oh! No, hija mía, no me hagas ese disfavor. Es que la conciencia se me ha subido aquí, al
cuello, a la cabeza, y me pesa tanto, que no puedo guardar bien el equilibrio . . . Déjame que
me prosterne ante ti y ponga a tus pies todas mis culpas para que las perdones . . . No te
muevas, no me dejes solo, por Dios . . . ¿Adónde vas? ¿No ves mi aflicción?
　　—Lo que veo . . . ¡Oh, Dios mío! Juan, por amor de Dios, sosiégate; no digas más dis- 　405
parates. Acuéstate. Yo te haré una taza de té.
　　—¡Y para qué quiero yo té, desventurada! . . .—dijo el otro en un tono tan descompuesto
que a Jacinta se le saltaron las lágrimas—. ¡Té! . . . Lo que quiero es tu perdón, el perdón de
la humanidad, a quien he ofendido, a quien he ultrajado y pisoteado. Di que sí . . . Hay momentos en la vida de los pueblos, digo, en la vida de los hombres, en que uno debiera tener 　410
mil bocas para con todas ellas a la vez . . . expresar la, la, la . . . Sería uno un coro . . . Eso,
eso . . . Porque yo he sido malo; no me digas que no, no me lo digas . . .

　　Jacinta advirtió que su marido sollozaba. ¿Pero de veras sollozaba o era broma?

　　—Juan, ¡por Dios! Me estás atormentando.
　　—No, niña de mi alma—replicó él sentado en el suelo sin descubrir el rostro, que tenía 　415
entre las manos—. ¿No ves que lloro? Compadécete de este infeliz . . . He sido un perverso
. . . Porque la *Pitusa* me idolatraba . . . Seamos francos.

　　Alzó entonces la cabeza, y tomó un aire más tranquilo.

　　—Seamos francos; la verdad ante todo . . . Me idolatraba. Creía que yo no era como los
demás, que era la caballerosidad, la hidalguía, la decencia, la nobleza en persona, el acabóse
de los hombres . . . ¡Nobleza! ¡Qué sarcasmo! Nobleza en la mentira; digo que no puede ser 　420
. . ., y que no, y que no. ¡Decencia porque se lleva una ropa que llaman levita! . . . ¡Qué Humanidad tan farsante! El pobre siempre debajo; el rico hace lo que le da la gana. Yo soy rico
. . . Di que soy inconstante . . . La ilusión de lo pintoresco se iba pasando. La grosería con
gracia seduce algún tiempo, después marea . . . Cada día me pesaba más la carga que me había 　425
echado encima. El picor del ajo me repugnaba. Deseé, puedes creerlo, que la *Pitusa* fuera
mala para darle una puntera . . . Pero, quiá . . .; ni por ésas . . . ¿Mala ella? A buena parte . . .
Si le mando echarse al fuego por mí, ¡al fuego de cabeza! Todos los días jarana en la casa. Hoy
acababa en bien, mañana no. Cantos, guitarreo . . . José Izquierdo, a quien llaman *Platón*

porque comía en un plato como un barreño, arrojaba chinitas[27] al picador . . . Villalonga y
yo los echábamos a pelear o los reconciliábamos cuando nos convenía . . . La *Pitusa* temblaba   430
de verlos alegres y de verlos enfurruñados[28] . . . ¿Sabes lo que se me ocurría? No volver a
aportar más por aquella maldita casa . . . Por fin resolvimos Villalonga y yo largarnos con
viento fresco y no volver más. Una noche se armó tal gresca,[29] que hasta las navajas salieron,
y por poco nadamos todos en un lago de sangre . . . Me parece que oigo aquellas finuras:
"¡Indecente, cabrón, *najabao, randa, murcia*! . . ." No era posible semejante vida. Di que no. El   435
hastío era ya irresistible. La misma *Pitusa* me era odiosa, como las palabras inmundas . . . Un
día dije *vuelvo*, y no volví más . . . Lo que decía Villalonga: cortar por lo sano . . . Yo tenía
algo en mi conciencia, un hilito que me tiraba hacia allá . . . Lo corté . . . Fortunata me persiguió: tuve que jugar al escondite. Ella por aquí, yo por allá . . . Yo me escurría como una
anguila. No me cogía, no. El último a quien vi fue a Izquierdo; le encontré un día subiendo   440
la escalera de mi casa. Me amenazó; díjome que la *Pitusa* estaba *cambrí*[30] de cinco meses . . .
¡*Cambrí de cino meses*! . . . Alcé los hombros . . . Dos palabras él, dos palabras yo . . . ; alargué
este brazo, y plaf . . . Izquierdo bajó de golpe un tramo entero . . . Otro estirón, y plaf . . . ,
de un brinco el segundo tramo . . . y con la cabeza para abajo . . .

Esto último lo dijo enteramente descompuesto. Continuaba sentado en el suelo, las pier-   445
nas extendidas, apoyado un brazo en el asiento de la silla. Jacinta temblaba. Le había entrado
mortal frío y daba diente con diente. Permanecía en pie en medio de la habitación, como
una estatua, contemplando la figura lastimosísima de su marido, sin atreverse a preguntarle
nada ni a pedirle una aclaración sobre las extrañas cosas que revelaba.

—¡Por Dios y por tu madre!—dijo al fin, movida del cariño y del miedo—. No me   450
cuentes más. Es preciso que te acuestes y procures dormir. Cállate ya.

—¡Que me calle! . . . ¡Que me calle! ¡Ah! Esposa mía, esposa adorada, ángel de mi salvación . . . Mesías mío . . . ¿Verdad que me perdonas? . . . Di que sí.

Se levantó de un salto y trató de andar . . . No podía. Dando una rápida vuelta fue a des-
plomarse sobre el sofá, poniéndose la mano sobre los ojos y diciendo con voz cavernosa: 455
"¡Qué horrible pesadilla!" Jacinta fue hacia él, le echó los brazos al cuello y le arrulló como
se arrulla a los niños cuando se los quiere dormir.
Vencido al cabo de su propia excitación, el cerebro del Delfín caía en estúpido em-
brutecimiento. Y sus nervios, que habían empezado a calmarse, luchaban con la sedación. De   460
repente se movía, como si saltara algo en él y pronunciaba algunas sílabas. Pero la sedación
vencía, y al fin se quedó profundamente dormido. A medianoche pudo Jacinta con no poco
trabajo llevarle hasta la cama y acostarle. Cayó en el sueño como en un pozo, y su mujer pasó
muy mala noche, atormentada por el desagradable recuerdo de lo que había visto y oído.
Al día siguiente Santa Cruz estaba como avergonzado. Tenía conciencia vaga de los disparates que había hecho la noche anterior, y su amor propio padecía horriblemente con la   465

---

[27]problemas; insultos
[28]no seriamente enfadados
[29]riña, bronca
[30]*germ.* embarazada

idea de haber estado ridículo. No se atrevía a hablar a su mujer de lo ocurrido, y ésta, que era la misma prudencia, además de no decir una palabra, mostrábase tan afable y cariñosa como de costumbre. Por último, no pudo mi hombre resistir el afán de explicarse, y preparando el terreno con un sinfín de zalamerías,[31] le dijo:

—Chiquilla, es preciso que me perdones el mal rato que te di anoche . . . Debí ponerme   470
muy pesadito . . . ¡Qué malo estaba! En mi vida me ha pasado otra igual. Cuéntame los disparates que te dije, porque yo no me acuerdo.

—¡Ay! Fueron muchos; pero muchos . . . Gracias que no había más público que yo.

—Vamos, con franqueza . . .: estuve inaguantable.

—Tú lo has dicho.   475

—Es que no sé . . . En mi vida, puedes creerlo, he cogido una turca[32] como la que cogí
anoche. El maldito inglés tuvo la culpa, y me la ha de pagar. ¡Dios mío, cómo me puse! . . .
¿Y qué dije, qué dije? . . . No hagas caso, vida mía, porque seguramente dije mil cosas que
no son verdad. ¡Qué bochorno! ¿Estás enfadada? No; si no hay para qué . . .

—Cierto. Como estabas . . .   480

Jacinta no se atrevió a decir "borracho." La palabra horrible negábase a salir de su boca.

—Dilo, hija. Di *ajumao,*[33] que es más bonito y atenúa un poco la gravedad de la falta.

—Pues como estabas *ajumaíto,* no eras responsable de lo que decías.

—Pero qué, ¿se me escapó alguna palabra que te pudiera ofender?

—No; sólo una media docena de voces elegantes, de las que usa la alta sociedad. No las   485
entendí bien. Lo demás bien clarito estaba, demasiado clarito. Lloraste por tu *Pitusa* de tu
alma, y te llamabas miserable por haberla abandonado. Créelo, te pusiste que no había por
dónde cogerte.[. . .]

Santa Cruz tardó algún tiempo en dar la debida respuesta. Hacía rayas en el suelo con el
bastón. Por fin se expresó así: 490

—Supe que en efecto había . . .

Jacinta tuvo la piedad de evitarle las últimas palabras de la oración, diciéndolas ella. Al
Delfín se le quitó un peso re encima.

—Traté de verla . . .; la busqué por aquí y por allá . . . y nada . . . Pero qué, ¿no lo crees?
Después no pude ocuparme de nada. Sobrevino la muerte de tu mamá. Transcurrió algún   495
tiempo sin que yo pensara en semejante cosa, y no debo ocultarte que sentía cierto escozor-
cillo[34] aquí, en la conciencia . . . Por enero de este año, cuando me preparaba a hacer diligencias, una amiga de Segunda me dijo que la *Pitusa* se había marchado de Madrid. ¿Adónde?
¿Con quién? Ni entonces lo supe ni lo he sabido después. Y ahora te juro que no la he vuelto
a ver más ni he tenido noticias de ella.   500

---

[31] caricias afectadas y empalagosas
[32] *fam.* borrachera
[33] *regionalismo:* borracho
[34] *fig.* sentimiento penoso

La esposa dio un gran suspiro. No sabía por qué; pero tenía sobre su alma cierta pesadumbre, y en su rectitud tomaba para sí parte de la responsabilidad de su marido en aquella falta; porque falta había, sin duda. Jacinta no podía considerar de otro modo el hecho del abandono, aunque éste significara el triunfo del amor legítimo sobre el criminal, y del matrimonio sobre el amancebamiento . . . No podían entretenerse más en ociosas habladurías, porque pensaban irse a Cádiz aquella tarde y era preciso disponer el equipaje y comprar algunas chucherías. De cada población se habían de llevar a Madrid regalitos para todos. Con la actividad propia de un día de viaje, las compras y algunas despedidas, se distrajeron tan bien ambos de aquellos desagradables pensamientos, que por la tarde ya éstos se habían devanecido. 505

Hasta tres días después no volvió a rebullir en la mente de Jacinta el gusanillo aquél. Fue cosa repentina, provocada por no sé qué, por esas misteriosas iniciativas de la memoria que no sabemos de dónde salen. Se acuerda uno de las cosas contra toda lógica, y a veces el encadenamiento de las ideas es una extravagancia y hasta una ridiculez. ¿Quién creería que Jacinta se acordó de Fortunata al oír pregonar las *bocas de la Isla*? Porque dirá el curioso, y con razón, que qué tienen que ver las bocas con aquella mujer. Nada, absolutamente nada. 510 / 515

Volvían los esposos de Cádiz en el tren correo. No pensaban detenerse ya en ninguna parte, y llegarían a Madrid de un tirón. Iban muy gozosos, deseando ver a la familia y darle a cada uno su regalo. Jacinta, aunque picada del gusanillo aquél, había resuelto no volver a hablar de tal asunto, dejándolo sepultado en la memoria, hasta que el tiempo lo borrara para siempre. Pero al llegar a la estación de Jerez ocurrió algo que hizo revivir inesperadamente lo que ambos querían olvidar. Pues, señor . . . De la cantina de la estación vieron salir al condenado inglés de la noche de marras, el cual los conoció al punto y fue a saludarlos muy fino y galante, y a ofrecerles unas cañas. Cuando se vieron libres de él, Santa Cruz le echó mil pestes y dijo que algún día había de tener ocasión de darle el *par de galletas*[35] que se tenía ganadas. "Este danzante tuvo la culpa de que yo me pusiera aquella noche como me puse y de que te contara aquellos horrores . . ." 520 / 525

Por aquí empezó a enredarse la conversación hasta recaer otra vez en el *punto negro*. Jacinta no quería que se le quedara en el alma una idea que tenía, y a la primera ocasión la echó fuera de sí:

—¡Pobres mujeres!—exclamó—. Siempre la peor parte para ellas. 530

—Hija mía, hay que juzgar las cosas con detenimiento, examinar las circunstancias . . . , ver el medio ambiente . . . —dijo Santa Cruz preparando todos los chirimbolos[36] de esa dialéctica convencional con la cual se prueba todo lo que se quiere.

Jacinta se dejó hacer caricias. No estaba enfadada. Pero en su espiritu ocurría un fenómeno muy nuevo para ella. Dos sentimientos diversos se barajaban en su alma, sobreponiéndose el uno al otro alternativamente. Como adoraba a su marido, sentíase orgullosa de que éste hubiese despreciado a otra para tomarla a ella. Este orgullo es primordial, y existirá siempre aun en los seres más perfectos. El otro sentimiento procedía del fondo de rectitud que lastraba aquella noble alma y le inspiraba una protesta contra el ultraje y despiadado abandono de la desconocida. Por más que el Delfín lo atenuase, había ultrajado a la Humanidad. Jacinta no podía ocultárselo a sí misma. Los triunfos de su amor propio no le impedían ver 535 / 540

---

[35] bofetadas

[36] *fam.* utensilios, vasijas

que debajo del trofeo de su victoria había una victima aplastada. Quizás la victima merecía serlo; pero la vencedora, no tenía nada que ver con que lo mereciera o no, y en el altar de su alma le ponía a la tal víctima una lucecita de compasión.

Santa Cruz, en su perspicacia, lo comprendió, y trataba de librar a su esposa de la molestia de compadecer a quien sin duda no lo merecía. Para esto ponía en funciones toda la maquinaria, más brillante que sólida, de su raciocinio, aprendido en el comercio de las liviandades humanas y en someras lecturas. "Hija de mi alma, hay que ponerse en la realidad. Hay dos mundos, el que se ve y el que no se ve. La sociedad no se gobierna con las ideas puras. Buenos andaríamos . . . No soy tan culpable como parece a primera vista; fíjate bien. Las diferencias de educación y de clase establecen siempre una gran diferencia de procederes en las relaciones humanas. Esto no lo dice el Decálogo; lo dice la realidad. La conducta social tiene sus leyes que en ninguna parte están escritas; pero que se sienten y no se pueden conculcar. Faltas cometí, ¿quién lo duda?; pero imagínate que hubiera seguido entre aquella gente, que *hubiera cumplido mis compromisos* con la *Pitusa* . . . No te quiero decir más. Veo que te ríes. Eso me prueba que hubiera sido un absurdo, una locura recorrer lo que, visto de allá, parecía el camino derecho. Visto de acá, ya es otro distinto. En cosas de moral, lo recto y lo torcido son según de donde se mire. No había, pues, más remedio que hacer lo que hice, y salvarme . . . Caiga el que caiga. El mundo es así. Debía yo salvarme; ¿sí o no? Pues debiendo salvarme, no había mas remedio que lanzarme fuera del barco que se sumergía. En los naufragios siempre hay alguien que se ahoga . . . Y en el caso concreto del abandono, hay también mucho que hablar. Ciertas palabras no significan nada por sí. Hay que ver los hechos . . . Yo la busqué para socorrerla; ella no quiso parecer. Cada cual tiene su destino. El de ella era ése: no parecer cuando yo la buscaba."

Nadie diría que el hombre que de este modo razonaba, con arte tan sutil y paradójico, era el mismo que noches antes, bajo la influencia de una bebida espirituosa, había vaciado toda su alma con esa sinceridad brutal y disparada que sólo puede compararse al vómito físico, producido por un emético muy fuerte. Y después, cuando el despejo de su cerebro le hacía dueño de todas sus triquiñuelas[37] de hombre leído y mundano, no volvió a salir de sus labios ni un solo vocablo soez ni una sola espontaneidad de aquellas que existían dentro de él, como existen los trapos de colorines en algún rincón de la casa del que ha sido cómico, aunque sólo lo haya sido de afición. Todo era convencionalismo y frase ingeniosa en aquel hombre que se había emperejilado[38] intelectualmente, cortándose una levita para las ideas y planchándole los cuellos al lenguaje.

Jacinta, que aún tenía poco mundo, se dejaba alucinar por las dotes seductoras de su marido. Y le quería tanto, quizá por aquellas mismas dotes y por otras, que no necesitaba hacer ningún esfuerzo para creer cuanto le decía, si bien creía por fe, que es sentimiento, más que por convicción. Largo rato charlaron, mezclando las discusiones con los cariños discretos (porque en Sevilla entró gente en el coche y no había que pensar en la *besadera*), y cuando vino la noche sobre España, cuyo radio iban recorriendo, se durmieron allá por Despeñaperros, soñaron con lo mucho que se querían y despertaron al fin en Alcázar con la idea placentera de llegar pronto a Madrid, de ver a la familia, de contar todas las peripecias del viaje (menos la escenita de la noche aquélla) y de repartir los regalos. [. . .]

---

[37] ardides, trucos
[38] vestido (con profusión y esmero)

545

550

555

560

565

570

575

580

■———Pasos para la comprensión

1. La madre de Juanito lo casa con Jacinta para distraerlo de sus relaciones con Fortunata, por lo cual Juanito expresa su agradecimiento en la línea 346. Al principio del texto el narrador nos revela de quién es la idea del itinerario de la luna de miel. ¿De quién es? ¿Qué nos sugieren estos dos detalles respecto al carácter de Juanito?

2. ¿Cómo reacciona Jacinta ante la idea de tener relaciones carnales con su marido en las líneas 15–20? ¿Es normal esta reacción? ¿Por qué?

3. Durante la luna de miel, Juanito le enseña a Jacinta ciertos términos amorosos como *chi* en vez de *sí* y a llamarle a él *nene* en vez de Juanito.

   □ ¿Es esta práctica típica entre los enamorados—o sea, es éste otro elemento realista de la novela?

   □ Luego nos enteramos del origen de estos términos. ¿De dónde vienen?

   □ ¿Cómo reacciona Jacinta en las líneas 126–30 al saber el origen?

4. ¿Qué quiere saber Jacinta de su esposo? ¿Por qué?

   □ ¿Cuál es el tema principal de las conversaciones entre los esposos durante su luna de miel? Explica la ironía de ello.

   □ Comenta sobre las tácticas que emplea Jacinta para que Juanito revele más información de su vida privada antes de casarse.

5. Juanito va, poco a poco, revelando su relación con Fortunata.

   □ ¿Cómo la conoció por primera vez (línea 85 en adelante)?

   □ ¿Cómo logró convencerla de que se fuera Fortunata a vivir con él (líneas 162–164)?

   □ ¿Cómo era la familia de Fortunata y cómo vivían?

   □ ¿Cómo es Fortunata?

   □ ¿Por qué la abandonó Juanito (línea 435 en adelante)?

6. Cuando Juanito vio a Fortunata por primera vez, ésta se estaba comiendo un huevo crudo. ¿Cómo reacciona Jacinta ante este hecho?

   □ ¿Qué indica su reacción respecto a su clase social y su actitud hacia el pueblo?

   □ ¿Qué simbolismo le ve Jacinta al huevo en la línea 90? Explícalo.

   □ ¿Crees que el huevo podría tener otro simbolismo en la novela? Explica cuál podría ser dentro del sistema de significación de la obra.

7. Hay una diferencia entre la educación de los esposos (línea 227 en adelante) y sus formas de conocimiento. Por ejemplo, Juanito visita las fábricas de textiles de Barcelona con que su padre mantiene relaciones comerciales para enterarse de las técnicas de producción. Pero Jacinta ve otra realidad: las mujeres que trabajan en las fábricas (líneas 210–215).

☐ ¿Qué dice Jacinta al respecto?

☐ ¿Qué significación tienen sus palabras?

☐ En las fábricas Jacinta ve cómo las cosas se convierten en otras—que por detrás de lo que se ve hay un largo y complejo proceso que por lo general ignoramos. Comenta sobre la profundidad de los pensamientos de Jacinta. ¿Podrían sus ideas tener algún significado respecto a su marido? Explica.

☐ Juanito le va contando a Jacinta toda la historia que ha transcurrido en la España levantina por la cual viajan (líneas 235–241), pero a Jacinta le interesan otros temas, los cuales expresa en las líneas 242–246. ¿Cuáles son?

☐ ¿Por qué yuxtapone el autor estas dos formas de conocimiento?

☐ ¿Es menos válida la preocupación de Jacinta, que claramente no es de índole intelectual?

8. En la línea 491 se produce una elipsis al no poder acabar la frase Juanito, y Jacinta se la tiene que terminar. Sin embargo, el texto no la reproduce y el lector tiene que inferir. ¿Cuál es la palabra que no puede pronunciar Juanito?

☐ Explica por qué esta palabra es tan vergonzosa para Juanito.

☐ ¿Crees que la existencia de un heredero de Juanito pueda jugar un papel importante en el desenlace de la novela? Explica cómo.

9. Cuando está embriagado, Juanito le cuenta a su mujer detalles indiscretos sobre su relación con Fortunata. Claramente, le duele su conciencia y expresa auténtica emoción y cariño hacia Fortunata (línea 371 en adelante).

☐ ¿Cómo reacciona Jacinta ante estos comentarios sinceros de su esposo?

☐ Al día siguiente, Juanito hace el papel de que no recuerda lo que dijo, pero Jacinta se lo recuerda. ¿Cómo sintetiza Jacinta el discurso de Juanito en las líneas 485–488?

10. ¿Cómo reacciona Jacinta hacia Fortunata? (Nota lo que piensa en las líneas 541–544.) ¿Qué significa esta reacción?

11. ¿Cómo justifica Juanito su comportamiento moral en las líneas 558–563? ¿Estás de acuerdo con su filosofía de los náufragos? Explica.

■———Pasos para una lectura más a fondo

1. ¿Qué se puede decir del punto de vista narrativo de este fragmento? ¿Qué tiene de objetivo y de subjetivo?

☐ ¿Es el narrador completamente omnisciente? Explica.

☐ Después de leer las líneas 512–515 en que interviene la voz del narrador, ¿qué se puede decir de su punto de vista y de la confianza que el lector puede tener en él?

2. Hay varios niveles de narración en este fragmento: narración directa, diálogo y estilo indirecto libre.

□ El autor implícito emplea el estilo indirecto libre muy acertadamente. Después de leer el párrafo que empieza en la línea 48 explica esta técnica narrativa. ¿Cuáles son las ventajas de esta técnica? ¿Qué efecto produce?

□ Hay otro nivel: Fortunata no aparece físicamente en este fragmento, pero sí se oye su voz. Explica cómo ocurre esto. ¿Qué significación pudiera tener que el que se oiga un personaje por medio de otros?

3. La metaliteratura ocurre cuando la obra literaria se refiere a su propio carácter literario, como cuando Jacinta dice que "quería leer de cabo a rabo ciertas paginitas de la vida de su esposo antes de casarse." ¿De qué modo se puede decir que Jacinta, al leer esas paginitas, es la creadora (autora) de "Fortunata?"

4. Hay, además, un nutrido discurso metalingüístico, cuando el narrador escribe sobre las palabras. Esto se ve en muchas palabras populares o del habla gitana que emplea Juanito y que se las explica a su mujer, como en la línea 352. Busca otros ejemplos de este discurso y trata de explicar su propósito.

5. Se ha notado en este capítulo un fuerte discurso feminista. Explica cómo se lleva a cabo.

□ Se expresan opiniones respecto al hombre con las cuales Jacinta no está en desacuerdo, como en lo que dice Jacinta en las líneas 133–134 respecto a las cosas que han de hacer los hombres antes de casarse. ¿A qué se refiere? ¿Podría Jacinta hacer la misma cosa? ¿Qué nos dice este discurso respecto a la mujer española del siglo XIX?

6. Jacinta y Fortunata pertenecen a distintas clases sociales y los prejuicios de la clase alta hacia los de abajo se disciernen muy bien en este capítulo.

□ Comenta sobre este aspecto de la obra, después de leer las líneas 120–125 y las 179–183.

7. La novela del realismo suele contener discursos morales y éticos. Explica cómo ese discurso se lleva a cabo en este fragmento.

8. Jacinta y Fortunata son de distintas clases sociales. ¿Crees que Juanito se casaría con alguien del pueblo?

□ ¿Se podría enamorar de ella?

□ Por lo que has leído, ¿crees que Juanito está enamorado de Fortunata? Justifica tu opinión.

□ ¿Crees que ama a Jacinta de verdad? ¿Por qué?

□ Este fragmento pertenece al primer volumen; quedan tres (véase en contexto) para terminar la novela. ¿Qué presientes que pasará en los siguientes volúmenes?

9. La novela realista es muy densa, contiene mucha información y muchos detalles del mundo físico así como del espiritual y moral. Para entender este aspecto del realismo, busca en este texto información sobre los siguientes temas:

☐ la vestimenta

☐ la comida

☐ las costumbres

☐ la geografía

☐ la historia

☐ la dialectología

☐ el amor, la educación, la moral, la tecnología, las clases sociales, etc.

☐ ¿Se da esta información a propósito a modo de añadido o está integrada de forma lógica en el texto?

Emilia Pardo Bazán

1852–1921

Las teorías del naturalismo literario fueron propagadas en el mundo de habla española por esta aristócrata gallega en *La cuestión palpitante* (1882), y su obra en prosa es, posiblemente, el mejor ejemplo que tenemos de su práctica en España. Autora fecunda de crítica literaria, periodismo, novelas y narraciones cortas, Pardo Bazán fue una de los autores más informados de su época y dio a conocer a los españoles las últimas corrientes de la literatura europea y americana. El valor de su obra ha venido creciendo hasta considerarse hoy día el corpus de novelas más importante del siglo XIX después del de Galdós, con quien doña Emilia mantuvo una relación estrecha, tanto profesionales como personales.

Cuentos de la tierra (1922, obra póstuma)

Antes de leer

1. ¿Conoces a alguien que haya inmigrado a este país? ¿Por qué motivos lo ha hecho? ¿Qué dificultades ha sufrido? ¿Ha tenido que dejar a seres queridos?

2. ¿Dejarías a tu madre o a tu padre para irte a otro estado o país? Explica.

3. ¿Conoces a alguien que haya sufrido el abuso físico de sus padres? ¿Crees que los padres tienen derecho de pegarles a los hijos?

Códigos para la comprensión

Código geográfico: Una característica del realismo así como el naturalismo es el deseo de ambientar las obras en la "patria chica" de los autores. Pardo Bazán, como gallega, ambienta muchas de sus obras en Galicia, una región española en el extremo noroeste del país, al norte de Portugal. En Galicia está Santiago de Compostela, el santuario del santo patrón de España, destino de uno de los peregrinajes más importantes de la Europa medieval.

Código lingüístico: En Galicia se habla su propio idioma, el gallego, que algunos lingüistas consideran un dialecto del portugués. En la Época Medieval, el gallego se consideraba el idioma más apropiado para la expresión poética, y así, el famoso rey Alfonso X, el Sabio, escribió sus *Cantigas a Santa María* en ese dialecto. En el siglo XIX hubo un renacimiento del interés de recuperar y elevar las lenguas regionales a su antiguo esplendor. De ese afán surgió una de las expresiones poéticas más exquisitas del siglo, la poesía de Rosalía de Castro, quien escribió sus mejores obras en gallego. Pardo Bazán emplea voces del gallego en el diálogo de "Las medias rojas," más que nada para ambientar la narración en el mundo gallego. El término *tío,* que emplea Pardo Bazán para referirse a Clodio, el padre de Ildara, es en gallego algo semejante al *don* del castellano. No se ha de pensar que el tío Clodio es el tío de Ildara, sino su padre.

Código histórico-social: La España progresista consideraba el problema agrario como su mayor preocupación. Ese "problema" consistía en que mucha de la tierra cultivable estaba en posesión de la Iglesia y de unas cuantas familias ricas que habían heredado esas tierras como un tipo de encomienda en la Época Medieval por sus servicios a la monarquía. Estas herencias se llamaban "bienes de señorío." Muchos campesinos españoles, por lo tanto, no eran los dueños de la tierra que laboraban, sino sus inquilinos. Esta grave situación se complicaba en Galicia por el hecho de que existían minifundios, o sea, la tierra que se arrendaba era muy pequeña y los campesinos no podían cultivar lo suficiente para vivir. Esto contribuyó a que muchos gallegos emigraran al Nuevo Mundo en el siglo XIX, lo cual es el caso de Ildara. Tantos gallegos emigraron a países como Cuba, Argentina y México, que en algunos de esos países se les llamaba a todos los españoles "gallegos," porque la mayoría de ellos lo eran.

Código cultural: En la cultura tradicional española, sobre todo en el ambiente rural como es el caso de "Las medias rojas," los hijos tenían la obligación de cuidar a los padres. El tío Clodio es viejo y viudo, y sólo tiene una hija. Ildara, sin embargo, decide emigrar, abandonando a su viejo padre.

"Las medias rojas"

Cuando la rapaza[1] entró, cargada con el haz[2] de leña que acababa de merodear[3] en el monte del señor amo, el tío[4] Clodio no levantó la cabeza, entregado a la ocupación de picar un cigarro, sirviéndose, en vez de navaja, de una uña córnea color de ámbar oscuro, porque la había tostado el fuego de las apuradas colillas.[5]

Ildara soltó el peso en tierra y se atusó el cabello, peinado a la moda "de las señoritas" y   5
revuelto por los enganchones de las ramillas que se agarraban a él. Después, con la lentitud de las faenas aldeanas, preparó el fuego, lo prendió, desgarró las berzas,[6] las echó en el pote negro, en compañía de unas patatas mal troceadas y de unas judías asaz[7] secas, de la cosecha anterior, sin remojar. Al cabo de estas operaciones, tenía el tío Clodio liado su cigarrillo, y lo chupaba desgarbadamente, haciendo en los carrillos dos hoyos como sumideros,[8] grises,   10
entre lo azuloso de la descuidada barba.

Sin duda la leña estaba húmeda de tanto llover la semana entera, y ardía mal, soltando una humareda acre; pero el labriego no reparaba: al humo, ¡bah!, estaba él bien hecho desde niño. Como Ildara se inclinase para soplar y activar la llama, observó el viejo cosa más insólita: algo de color vivo, que emergía de las remendadas y encharcadas[9] sayas de la moza . . . Una pierna   15
robusta, aprisionada en una media roja, de algodón . . .

—¡Ey! ¡Ildara!
—¡Señor padre!
—¿Qué novidá[10] es ésa?
—¿Cuál novidá?   20
—¿Ahora me gastas medias, como la hirmán[11] del abade?

Incorporóse la muchacha, y la llama, que empezaba a alzarse, dorada, lamedora de la negra panza del pote, alumbró su cara redonda, bonita de facciones pequeñas, de boca apetecible, de pupilas claras, golosas de vivir.

—Gasto medias, gasto medias—repitió, sin amilanarse—.[12] Y si las gasto, no se las debo a   25
ninguén.[13]
—Luego nacen los cuartos en el monte—insitió el tío Clodio con amenazadora sorna.[14]

---

[1] *regionalismo:* muchacha
[2] conjunto atado
[3] coger sin permiso
[4] *regionalismo: Título como "don" que se emplea en Galicia. Clodio es el padre y no el tío de Ildara.*
[5] los cabos pequeños del cigarillo que tiene que tirar el que los fuma
[6] col
[7] *poét.* muy
[8] *regionalismo:* pozos
[9] mojadas
[10] *gallego:* novedad
[11] *gallego:* hermana
[12] *fig.* miedo
[13] *gallego:* nadie
[14] *fig.* sarcasmo

—¡No nacen! . . . Vendí al abade unos huevos, que no dirá menos él . . . Y con eso merqué[15] las medias.

Una luz de ira cruzó por los ojos pequeños, engarzados[16] en duros párpados, bajo cejas   30
hirsutas, del labrador . . . Saltó del banco donde estaba escarranchado,[17] y agarrando a su hija
por los hombros, la zarandeó[18] brutalmente, arrojándola contra la pared, mientras barbotaba:

—¡Engañosa! ¡Engañosa! ¡Cluecas[19] andan las gallinas que no ponen!

Ildara, apretando los dientes por no gritar de dolor, se defendía la cara con las manos. Era
siempre su temor de mociña[20] guapa y requebrada,[21] que el padre la mancase, como le había   35
sucedido a la Mariola, su prima, señalada por su propia madre en la frente con el aro de la
criba,[22] que le desgarró los tejidos. Y tanto más defendía su belleza, hoy que se acercaba el
momento de fundar en ella un sueño de porvenir. Cumplida la mayoría edad, libre de la autoridad paterna, la esperaba el barco, en cuyas entrañas tantos de su parroquia y de las parroquias circunvecinas se habían ido hacia la suerte, hacia lo desconocido de los lejanos países   40
donde el oro rueda por las calles y no hay sino bajarse para cogerlo. El padre no quería emigrar, cansado de una vida de labor, indiferente a la esperanza tardía: pues que se quedase él
. . . Ella iría sin falta; ya estaba de acuerdo con el gancho,[23] que le adelantaba los pesos para
el viaje, y hasta le había dado cinco de señal, de los cuales habían salido las famosas medias
. . . Y el tío Clodio, ladino,[24] sagaz, adivinador o sabedor, sin dejar de tener acorralada y   45
acosada a la moza, repetía:

—Ya te cansaste de andar descalza de pie y pierna, como las mujeres de bien, ¿eh, condenada? ¿Llevó medias alguna vez tu madre? ¿Peinóse como tú, que siempre estás dale que
tienes con el cacho de espejo? Toma, para que te acuerdes . . .

Y con el cerrado puño hirió primero la cabeza, luego el rostro, apartando las medrosas   50
manecitas, de forma no alteradas aún por el trabajo, con que se escudaba[25] Ildara, trémula.
El cachete más violento cayó sobre un ojo, y la rapaza vio, como un cielo estrellado, miles
de puntos brillantes envueltos en una radiación de intensos coloridos sobre un negro ter-
ciopeloso. Luego, el labrador aporreó la nariz, los carrillos. Fue un instante de furor, en que
sin escrúpulo la hubiese matado, antes que verla marchar, dejándole a él solo, viudo, casi im-   55
posibilitado de cultivar la tierra que llevaba en arriendo,[26] que fecundó con sudores tantos

---

[15] *rúst:* compre

[16] insertados

[17] con las piernas separadas

[18] sacudió

[19] sin poner huevos

[20] *regionalismo:* moza, joven

[21] *fig.* lisonjeada por sus atractivos

[22] instumento de cocina con tela metálica para colar

[23] persona que se encarga de hacer los arreglos del viaje. *fig.* y *fam* rufián *(lo cual indica que en el oficio se hacía mucha trampa, como los llamados coyotes de hoy que se dedican a transportar personas ilegalmente a otros países)*

[24] taimado, pícaro

[25] *fig.* defendía

[26] alquilada; Ver el *código histórico.*

años, a la cual profesaba un cariño maquinal, absurdo. Cesó al fin de pegar; Ildara, aturdida de espanto, ya no chillaba siquiera.

Salió fuera, silenciosa, y en el regato[27] próximo se lavó la sangre. Un diente bonito, juvenil, le quedó en la mano. Del ojo lastimado, no veía.   60

Como que el médico, consultado tarde y de mala gana, según es uso de labriegos, habló de un desprendimiento de la retina, cosa que no entendió la muchacha, pero que consistía . . . en quedarse tuerta.

Y nunca más el barco la recibió en sus concavidades para llevarla hacia nuevos horizontes de holganza[28] y lujo. Los que allá vayan, han de ir sanos, válidos, y las mujeres, con sus ojos   65 alumbrando y su dentadura completa . . .

■———Pasos para la comprensión

1. En el primer párrafo hay un código importante: Ildara vuelve del "monte del señor amo." ¿Quién es este "señor amo?" ¿Qué nos indica este código? (Consulta el *código histórico-social*.)

2. En la línea 38 en adelante nos enteramos de los planes de Ildara.

    □ ¿Cuáles son?

    □ ¿Por qué se marcha?

    □ ¿Por qué no la sigue el padre?

    □ ¿Qué sugiere esta actitud del padre respecto a la realidad económica y social en que viven?

3. ¿Por qué lleva medias rojas Ildara?

    □ ¿Cómo las compró?

    □ ¿Por qué le miente a su padre?

    □ ¿Por qué se enoja tanto su padre?

4. Nota la descripción del párrafo que empieza en la línea 50.

    □ ¿Qué se describe?

    □ ¿Cómo lo describe el narrador?

5. Como resultado de los golpes que le da el padre, ¿qué le pasa a Ildara?

6. Lee la última oración del cuento. ¿Qué impacto tienen estas palabras?

    □ El signo de los "ojos alumbrados" tiene un doble significante. Para entenderlo, tienes que ver cómo se relaciona con lo que sintió Ildara cuando el padre le pegó ("vio, como un cielo estrellado, miles de puntos brillantes envueltos en una radiación de intensos coloridos sobre un negro terciopeloso"). ¿Qué relación hay entre "ojos alumbrados," "cielo estrellado" y "puntos brillantes?"

---

[27]pequeño arroyo
[28]ocio, placer

■——Pasos para una lectura más a fondo

1. El cuento es muy triste, pero la tristeza que sentimos ¿surge de los hechos o del punto de vista del narrador?

   □ ¿Quién narra el cuento?

   □ ¿Es un narrador objetivo o subjetivo?

2. El color rojo y sus matices dorados, amarillos, naranjas, etc., como los que se dan en una lumbre, forman una isotopía en este cuento. Haz la isotopía de la gama roja.

   □ ¿Es una isotopía lineal o tiene muchas variantes? O sea, ¿los signos de *rojo* todos tienen el mismo significante o varían? Explica.

3. En los primeros dos párrafos tenemos una escena costumbrista de padre e hija.

   □ ¿Qué hace cada uno?

   □ ¿Qué nos dice este detalle de las costumbres españolas de esa época?

   □ ¿Y del papel de la mujer?

4. Ildara le prepara la cena al padre. Esta cena será la última que comerán juntos.

   □ ¿Se la prepara con mucho cariño o esmero? ¿Cómo lo sabemos?

   □ ¿Qué pasa cuando se emplea leña que no está seca para hacer un fuego?

   □ ¿Qué pasa cuando se cocinan frijoles sin ponerlos en remojo primero?

   □ ¿Cómo corta Ildara las patatas?

   □ ¿Qué nos indican estos códigos?

5. Ya que la voz narrativa no nos conduce a tomar una postura ante los hechos que ocurren, el lector no tiene más remedio que hacerse algunas preguntas y llegar a su propia conclusión.

   □ ¿Es Ildara una joven presuntuosa, como sugiere su padre? ¿Cuida mucho su aspecto físico para ser una sencilla campesina?

   □ ¿Qué se puede decir del idealismo ignorante de Ildara, quien cree que en América "el oro rueda por las calles?"

   □ ¿Crees que Ildara hace bien en abandonar a su viejo padre e irse a América? ¿Se puede justificar de algún modo el acto violento del padre?

6. La crítica de la recepción intenta entender un texto literario tal como habría sido entendido por sus destinatarios originales. ¿Cómo crees que reaccionarían los destinatarios del siglo XIX ante la decisión de Ildara de abandonar a su padre? ¿Y al acto violento del padre?

7. ¿Qué diría un crítico feminista de este relato? ¿Cómo se pinta la realidad de la mujer?

sobre su amiga; besos, abrazos: hubo de todo. No podían separarse de ella. Antón, agotada de pronto la excitación del vino, cayó como en un marasmo[30] cruzó los brazos, y en   180
tró en el *corral* oscuro. Los hijos siguieron un buen trecho por la calleja, de altos setos, el
triste grupo del indiferente comisionado y la *Cordera,* que iba de mala gana con un desconocido y a tales horas. Por fin, hubo que separarse. Antón, malhumorado, clamaba
desde casa:

—¡Bah, bah, *neños,* acá vos digo; basta de *pamemes!*[31]—gritaba de lejos el padre con voz   185
de lágrimas.

Caía la noche; por la calleja oscura que hacían casi negra los altos setos, formando casi
bóveda, se perdió el bulto de la *Cordera,* que parecía negra de lejos. Después no quedó de
ella más que el tintán pausado de la esquila, desvanecido con la distancia, entre los chirridos
melancólicos de cigarras infinitas.   190

—¡Adiós, *Cordera!* —gritaba Rosa deshecha en llanto—. ¡Adiós, *Cordera de mío* alma!
—¡Adiós, *Cordera!* —repetía Pinín, no más sereno.
—Adiós—contestó por último, a su modo, la esquila, perdiéndose su lamento triste, resignado, entre los demás sonidos de la noche de julio en la aldea . . .

Al día siguiente, muy temprano, a la hora de siempre, Pinín y Rosa fueron al *prao*   195
Somonte. Aquella soledad no lo había sido nunca para ellos, triste; aquel día, el Somonte sin
la *Cordera* parecía el desierto.
De repente silbó la máquina, apareció el humo, luego el tren. En un furgón cerrado, en
unas estrechas ventanas altas o respiraderos, vislumbraron los hermanos gemelos cabezas de
vacas que, pasmadas, miraban por aquellos tragaluces.   200

—¡Adiós, *Cordera!*—gritó Rosa, adivinando allí a su amiga, a la vaca abuela.
—¡Adiós, *Cordera!*—vociferó Pinín con la misma fe, enseñando los puños al tren, que
volaba camino de Castilla.

Y, llorando, repetía el rapaz, más enterado que su hermana de las picardías del mundo:

—La llevan al matadero . . . Carne de vaca, para comer los señores, los curas . . . los   205
indianos.
—¡Adiós, *Cordera!*
—¡Adiós, *Cordera!*

Y Rosa y Pinín miraban con rencor la vía, el telégrafo, los símbolos de aquel mundo enemigo, que les arrebataba, que les devoraba a su compañera de tantas soledades, de tantas ter   210
nuras silenciosas, para sus apetitos, para convertirla en manjares de ricos glotones . . .

—¡Adiós, *Cordera!* . . .
—¡Adiós, *Cordera!* . . .

---

[30] estado paralítico
[31] pamemas; tonterías

Pasaron muchos años. Pinín se hizo mozo y se lo llevó el rey. Ardía la guerra carlista.[32]
Antón de Chinta era casero de un cacique de los vencidos; no hubo influencia para declarar   215
inútil a Pinín, que, por ser, era como un roble.[33]

Y una tarde triste de octubre, Rosa, en el *prao* Somonte sola, esperaba el paso del tren
correo de Gijón, que le llevaba a sus únicos amores, su hermano. Silbó a lo lejos la máquina,
apareció el tren en la trinchera, pasó como un relámpago. Rosa, casi metida por las ruedas,
pudo ver un instante en un coche de tercera multitud de cabezas de pobres quintos que gri-   220
taban, gesticulaban, saludando a los árboles, al suelo, a los campos, a toda la patria familiar, a
la pequeña, que dejaban para ir a morir en las luchas fratricidas de la patria grande, al servicio de un rey y de unas ideas que no conocían.

Pinín, con medio cuerpo fuera de una ventanilla, tendió los brazos a su hermana; casi se
tocaron. Y Rosa pudo oír entre el estrépito de las ruedas y la gritería de los reclutas la voz   225
distinta de su hermano, que sollozaba exclamando, como inspirado por un recuerdo de dolor lejano:

—¡Adiós, Rosa! . . . ¡Adiós, *Cordera*!
—¡Adiós, Pinín! ¡Pinín de *mío* alma! . . .

Allá iba, como la otra, como la vaca abuela. Se lo llevaba el mundo. Carne de vaca para   230
los glotones, para los indianos; carne de su alma, carne de cañón para las locuras del mundo,
para las ambiciones ajenas.

Entre confusiones de dolor y de ideas, pensaba así la pobre hermana viendo al tren
perderse a lo lejos, silbando triste, con silbido que repercutían los castaños, las vegas y los
peñascos . . .

¡Qué sola se quedaba! Ahora sí, ahora sí que era un desierto el *prao* Somonte.

—¡Adiós, Pinín! ¡Adiós, *Cordera*!

Con qué odio miraba Rosa la vía manchada de carbones apagados; con qué ira los alambres del telégrafo. ¡Oh! Bien hacía la *Cordera* en no acercarse. Aquello era el mundo, lo desconocido, que se lo llevaba todo. Y sin pensarlo, Rosa apoyó la cabeza sobre el palo clavado   240
como un pendón en la punta del Somonte. El viento cantaba en las entrañas del pino seco
su canción metálica. Ahora ya lo comprendía Rosa. Era canción de lágrimas, de abandono,
de soledad, de muerte.

En las vibraciones rápidas, como quejidos, creía oír, muy lejana, la voz que sollozaba por
la vía adelante: 245

—¡Adiós, Rosa! ¡Adiós, *Cordera*!

■——Pasos para la comprensión

1. El primer párrafo consta de una oración que revela los nombres de los tres personajes principales: los dos hermanos gemelos, Rosa y Pinín, y su vaca, la Cordera.
   En este primer párrafo, ¿podemos saber que la Cordera es una vaca? No es hasta

---

[32] Ver el *código histórico.*

[33] *expresión que se emplea para indicar la fuerza física del individuo*

el cuarto párrafo que se revela su identidad. ¿Por qué crees que Clarín incluye a la Cordera junto a los nombres de los hermanos sin revelar que es un animal?

2. En el prado donde viven (el *prao* Somonte), lejos de las ciudades, hay dos signos "extraños." ¿Qué son? ¿Qué representan?

   □ El autor se refiere al ferrocarril metonímicamente en el segundo párrafo. ¿Qué lo llama?

   □ ¿Qué fascinación tiene para Pinín el palo del telégrafo? ¿Y para Rosa? ¿Y para la Cordera?

3. Más adelante, a partir de la línea 49, se escribe sobre su fascinación con el tren.

   □ ¿Cómo reaccionó la Cordera la primera vez que sintió pasar el ferrocarril?

   □ En contraste, ¿qué fascinación tiene el tren para los dos hermanos?

4. El párrafo que empieza en la línea 68 se pinta un cuadro admirable de la vida campestre en el prado.

   □ ¿Cómo es?

   □ ¿Con qué signos y recursos estilísticos lo pinta Clarín?

5. A partir de la línea 77 se revela con mayor fuerza el amor entrañable entre los hermanos y la Cordera.

   □ ¿Cómo muestra la Cordera el cariño hacia los gemelos?

   □ ¿Y ellos hacia la vaca?

6. El mundo idílico del cuento empieza a cambiar a partir de la línea 104 cuando el padre, Antón de Chinta, se ve obligado a vender la Cordera. ¿Por qué lo hace? ¿Qué nos revela este párrafo de la realidad social española del siglo XIX?

7. ¿Qué hace el padre para que sus hijos no se enteren de que va a vender la Cordera? ¿Por qué no logra vender la vaca en ese primer intento?

8. ¿Qué provoca el segundo intento de vender la vaca?

   □ ¿Quién compra la Cordera?

   □ ¿Cómo cambia la vida de los hermanos al saber que se van a llevar la Cordera?

   □ ¿A qué le echan la culpa por la venta de la vaca?

9. En el párrafo que empieza "Pasaron muchos años" se introduce una referencia histórica. Consulta el *código histórico* para entender lo que eran las guerras carlistas.

   □ ¿Qué paralelismos hay entre la partida de Pinín y la de la Cordera años antes?

   □ ¿Cómo los compara en su mente Rosa en el párrafo que empieza "Allá iba, como la otra"?

■ ——**Pasos para una lectura más a fondo**

1. ¿Cómo describirías el tono del narrador en la primera mitad de este cuento? ¿Cómo cambia después de la venta de la Cordera?

2. La narración capta estupendamente la vida idílica del campo. En la línea 29 hay una referencia literaria a Horacio. Consulta el *código literario* de Fray Luis de León en el Capítulo 3 para saber de qué se trata. ¿Cómo se capta la vida tranquila y sencilla del campo asturiano?

3. Clarín utiliza un estilo poético a lo largo de la narración. Para comprobarlo, busca ejemplos de lo siguiente:

   ☐ metáforas en los párrafos 2–3

   ☐ metonimia en los párrafos 8–9

   ☐ aliteraciones, como en el párrafo 18

   ☐ el ritmo lento del párrafo 6, y el más alterado del 8

   ☐ ¿Qué otros ejemplos poéticos podrías citar?

4. Una característica de la literatura decimonónica española es el regionalismo. Clarín era asturiano, y esta narración tiene lugar en Asturias. ¿Qué hace Clarín para ambientar su narración en su patria chica?

5. A pesar de su tono poético y su cuadro idílico, "¡Adiós, Cordera!" contiene un fuerte discurso histórico-social, el cual lo une definitivamente a las narraciones realistas. Antón se ve obligado a vender la vaca para pagar a los que le arriendan la tierra.

   ☐ ¿Por qué no es el dueño de su propio prado? Fíjate en el *código histórico-social* de Pardo Bazán más arriba.

   ☐ ¿Qué nos indican estos signos respecto a la situación agraria española?

   ☐ ¿Se produce un choque entre la vida idílica del campo y la realidad histórica que se pintan en este relato? Explica.

6. Rosa parece echarle la culpa a la modernidad (trenes y telégrafos) y a la nueva sociedad (indianos, curas y señores) por la pérdida de la Cordera y luego por la de su hermano.

   ☐ Pero, ¿cuál es la causa de que se llevaran a Pinín?

   ☐ ¿Forma la guerra parte de la "modernidad?" Explica.

7. La narración, además, contiene una fuerte crítica de las guerras.

   ☐ ¿Cómo expresa esa crítica el narrador en el párrafo que empieza en la línea 217?

   ☐ ¿Y cómo lo expresa Rosa, en su mente, en las líneas 230–232?

8. ¿Cómo se transforma la vida de Rosa después de marcharse Pinín? ¿Cómo se expresa este cambio en el signo de los palos de telégrafos?

9. ¿Es ésta una narración sobre el amor de unos niños y su vaca, o una obra crítica de la guerra? Dicho de otro modo, ¿es una obra tierna y cariñosa o una obra fuerte y acerba? Explica si esta oposición se armoniza de algún modo en el cuento.

Javier de Viana

■□■

1868–1926

Viana es el naturalista hispanoamericano más consciente de las metas del movimiento y de su elaboración artística. Como su compatriota uruguayo Horacio Quiroga, Viana se dedicó casi exclusivamente al relato corto, que él escribió para la prensa y luego coleccionó en libros. Se crió en una estancia de la pampa, de modo que sus escenas de la vida rural del gaucho son convincentes. Fiel a los preceptos naturalistas, Viana nunca idealiza la vida campestre ni al gaucho, y narra con un objetivismo absoluto. Se le ha criticado por escribir demasiado y rápidamente, pero en sus mejores narraciones se luce como uno de los grandes prosistas de su época.

Campo (1896)

Antes de leer

1. Cuando cuentas una historia a unos amigos de algo que te pasó, ¿sueles exagerar o cuentas los detalles exactamente cómo ocurrieron?

2. ¿De qué temas suelen hablar los hombres cuando están charlando entre sí?

3. Cuando se comete un crimen, ¿crees que la persona que sabe que se va a cometer o quién lo cometió es tan culpable como el que lo comete?

■——Código para la comprensión

Código gauchesco: El relato está ambientado en el mundo gauchesco. Sagrera es un ranchero rico, pero es un gaucho. Vive en una amplia estancia, que es el nombre que se da los ranchos de esta zona, bebe mate, un té típico que se bebe en Argentina y Uruguay, y emplea el habla gauchesca. Además, el relato pinta un mundo bárbaro típico del mundo de los gauchos.

Para el habla gauchesca, consulta el *código lingüístico* de Miguel Hernández en el Capítulo 7. En este relato se observan muchas de las mismas características: confusión de consonantes semejantes (*yober* por *llover*), sobre todo la confusión entre *c*, *s* y *z* (*moso* por *mozo*); la apócope, sobre todo en la supresión de la *s* final (*habíamo* por *habíamos*), pero en otras formas también (*contá* por *contar*, *pa* por *para*); la aféresis, que es la supresión de la consonante o sílaba al principio de la palabra (*onde* por *donde*); la elipsis en la supresión de algún sonido (*bía* por *veía*), pero sobre todo la *d* intervocálica al final de una palabra (*andao* por *andado*) o en el interior (*tuitos* por *toditos*); el uso de formas antiguas (*vide* por *vi*, *mesmo* por *mismo*); la añadidura de prefijos incorrectos (*emprestar* por *prestar*), etc.

"Los amores de Bentos Sagrera"

Cuando Bentos Sagrera oyó ladrar los perros, dejó el mate en el suelo, apoyando la bombilla en el asa de la caldera, se puso de pie y salió del comedor apurando el paso para ver quién se acercaba y tomar prontamente providencia.

Era la tarde, estaba oscureciendo y un gran viento soplaba del Este arrastrando grandes nubes negras y pesadas, que amenazaban tormenta. Quien a esas horas y con ese tiempo llegara a la estancia, indudablemente llevaría ánimo de pernoctar,[1] cosa que Bentos Sagrera no permitía sino a determinadas personas de su íntima relación. Por eso se apuraba, a fin de llegar a los galpones[2] antes de que el forastero hubiera aflojado la cincha a su caballo, disponiéndose a desensillar. Su estancia no era posada, ¡canejo![3]—lo había dicho muchas veces; y el que llegase, que se fuera y buscase fonda, o durmiera en el campo, ¡que al fin y al cabo dormían en el campo animales suyos de más valor que la mayoría de los desocupados harapientos que solían caer por allí demandando albergue!

En muchas ocasiones habíase visto en apuros, porque sus peones, más bondadosos—¡claro, como no era de sus cueros que habían de salir los maneadores![4]—, permitían a algunos desensillar; y luego era ya mucho más difícil hacerles seguir la marcha.

La estancia de Sagrera era uno de esos viejos establecimientos de origen brasileño, que abundan en la frontera y que semejan cárceles o fortalezas. Un largo edificio de paredes de piedras y techo de azotea; unos galpones, también de piedra, enfrente, y a los lados un alto muro con sólo una puerta pequeña dando al campo. La cocina, la despensa, el horno, los cuartos de los peones, todo estaba encerrado dentro de la muralla.

El patrón, que era un hombre bajo y grueso, casi cuadrado, cruzó el patio haciendo crujir el balasto bajo sus gruesos pies, calzados con pesadas botas de becerro colorado. Abrió con precaución la puertecilla y asomó su cabeza melenuda para observar al recién llegado, que se debatía entre una majada de perros, los cuales, ladrando enfurecidos, le saltaban al estribo y a las narices y la cola del caballo, haciendo que éste, encabritado,[5] bufara[6] y retrocediera.

—¡Fuera, cachorros!—repitió varias veces el amo, hasta conseguir que los perros se fueran alejando, uno a uno, y ganaran el galpón gruñendo algunos, mientras otros olfateaban aún con desconfianza al caballero que, no del todo tranquilo, titubeaba en desmontar.

---

[1] pasar la noche

[2] *amer:* cobertizo grande (*aquí, una especie de establo para encerrar caballos*)

[3] *amer:* ¡caramba!

[4] *amer:* tiras largas (de cuero) para atar caballos (*o sea, como el costo no lo tenían que pagar ellos*)

[5] empinado (*o sea, levantar la delantera*)

[6] resoplara con ira

—Tiene bien guardada la casa, amigo don Bentos—dijo el recién llegado.

—Unos cachorros criados por divertimiento—contestó el dueño de casa con marcado   30
acento portugués.

Los dos hombres se estrecharon la mano como viejos camaradas; y mientras Sagrera daba
órdenes a los peones para que desensillaran y llevaran el caballo al potrero[7] chico, éstos se admiraban de la extraña y poco frecuente amabilidad de su amo.

Una vez en la espaciosa pieza que servía de comedor, el ganadero llamó a un peón y le   35
ordenó que llevara una nueva caldera de agua; y el interrumpido mate amargo continuó.

El forastero, don Brígido Sosa, era un antiguo camarada de Sagrera y, como éste, rico hacendado. Uníalos, más que la amistad, la mutua conveniencia, los negocios y la recíproca
consideración que se merecen hombres de alta significación en una comarca.

El primero poseía cinco suertes de estancia en Mangrullo, y el segundo era dueño de sie-   40
te en Guasunambí, y pasaban ambos por personalidades importantes y eran respetados, ya que
no queridos, en todo el departamento y en muchas leguas más allá de sus fronteras. Sosa era
alto y delgado, de fisonomía vulgar, sin expresión, sin movimiento: uno de esos tipos rurales
que han nacido para cuidar vacas, amontonar cóndores y comer carne con "fariña".[8]

Sagrera era más bien bajo, grueso, casi cuadrado, con jamones de cerdo, cuello de toro,   45
brazos cortos, gordos y duros como troncos de coronilla;[9] las manos anchas y velludas, los
pies como dos planchas, dos grandes trozos de madera. La cabeza pequeña poblada de abundante cabello negro, con algunas, muy pocas, canas; la frente baja y deprimida, los ojos
grandes, muy separados uno de otro, dándole un aspecto de bestia; la nariz larga en forma de
pico de águila; la boca grande, con el labio superior pulposo y sensual apareciendo por el   50
montón de barba enmarañada.

Era orgulloso y altanero,[10] avaro y egoísta, y vivía como la mayor parte de sus congéneres,
encerrado en su estancia, sin placeres y sin afecciones. Más de cinco años hacía de la muerte
de su mujer, y desde entonces él solo llenaba el caserón, en cuyas toscas paredes retumbaban
a todas horas sus gritos y sus juramentos. Cuando alguien le insinuaba que debía casarse, son-   55
reía y contestaba que para mujeres le sobraban con las que había en su campo, y que todavía
no se olvidaba de los malos ratos que le hizo pasar el "diablo de su compañera."

Algún peón que lo oía, meneaba la cabeza y se iba murmurando que aquel "diablo de
compañera" había sido una santa y que había muerto cansada de recibir puñetazos de su
marido, a quien había aportado casi toda la fortuna de que era dueño.   60

Pero como estas cosas no eran del dominio público y quizás no pasaran de murmuraciones de
cocina, el ganadero seguía siendo un respetable señor, muy digno de aprecio, muy rico, y aunque
muy bruto y más egoísta, capaz de servir, al ciento por ciento, a algún desgraciado vecino.

Sosa iba a verlo por un negocio, y proponiéndose grandes ganancias, el hacendado de
Guasunambí lo agasajaba de todas maneras.   65

Ofrecióle en la cena puchero con "pirón"[11], guiso de menudos con "fariña" y un cordero,
gordo como un pavo cebado, asado al asador y acompañado de galleta y fariña seca; porque
allí la fariña se comía con todo y era el complemento obligado de todos los platos. Y como

---

[7] *amer:* establo
[8] especie de harina gruesa, a veces de yuca
[9] especie de árbol
[10] *fig.* soberbio
[11] *amer:* pasta hecha con cazabe que se come en lugar de pan

extraordinario, en honor del huésped, se sirvió una "canjica con leite," que, según la expresión brasileña, "si é fejon con toucinho é muito bom; ella borra tudo." 70

Afuera el viento que venía desde lejos, saltando libre sobre las cuchillas[12] peladas, arremetió con furia contra las macizas poblaciones, y emprendiéndola con los árboles de la huerta inmediata, los cimbró,[13] los zamarreó[14] hasta arrancarles las pocas hojas que les quedaban, y pasó de largo, empujado por nuevas bocanadas que venían del Este, corriendo a todo correr.

Arriba, las nubes se rompían con estruendo y la lluvia latigueaba las paredes del caserón y 75 repiqueteaba furiosamente sobre los techos de cinc de los galpones.

En el comedor, Sagrera, Sosa y Pancho Castro—este último, capataz del primero—estaban de sobremesa, charlando, tomando mate amargo y apurando las copas de caña[15] que el capataz escanciaba[16] sin descanso.

Pancho Castro era un indio viejo, de rostro anguloso y lampiño, y de pequeños ojos turbios semiescondidos entre los arrugados párpados. Era charlatán y amigo de cuentos, de los cuales tenía un repertorio escaso, pero que repetía siempre con distintos detalles. 80

—¡Qué modo de yober!—dijo—. Esto me hace acordar una ocasión, en la estancia del finao[17] don Felisberto Martínez, en la costa el Tacuarí . . .

—¡Ya tenemos cuento!—exlamó Sagrera; y el viejo, sin ofenderse por el tono despreciativo del estanciero, continuó muy serio: 85

—¡Había yobido! ¡Birgen santísima! El campo estaba blanquiando; tuitos los bañaos yenos, tuitos los arroyos campo ajuera, y el Tacuarí hecho un mar. . .

Se interrumpió para cebar un mate y beber un trago de caña; luego prosiguió:

—Era una noche como ésta; pero entonces mucho más fría y mucho más escura, escurasa: 90 no se bía ni lo que se combersaba. Habíamo andao tuita la nochesita recolutando la majada que se nos augaba por puntas enteras, y así mesmo había quedao el tendal. Estábamo empapaos cuando ganamo la cosina, onde había un juego que era una bendisión 'e Dios. Después que comimo "los" pusimo a amarguiar y a contá cuentos. El biejo Tiburcio. . . ¡Usté se ha de acordá del biejo Tiburcio, aquel indio de Tumpambá, grandote como un rancho y fiero 95 como un susto a tiempo. . .! ¡Pucha hombre aquel que domaba laindo! Sólo una ocasión lo bide asentar el lomo contra el suelo, y eso jue con un bagual[18] picaso[19] del finao Manduca, que se le antojó galopiar una mañanita que había yobido a lo loco, y jue al ñudo que. . .

—Bueno, viejo—interrumpió Sosa con marcada impaciencia—, deje corcobiando[20] al bagual picaso y siga su cuento. 100

—Dejuro nos va a salir con alguno más sabido que el bendito—agregó don Bentos.

—Güeno, si se están riyendo dende ya, no cuento nada—dijo el viejo, atufado.

---

[12] *amer:* meseta, llanura
[13] dobló
[14] sacudió
[15] especie de bebida alcohólica
[16] servía
[17] finado: fallecido
[18] *amer:* caballo bravo o indómito
[19] haciendo corcovos (saltos que dan los caballos)
[20] caballo de color blanco y negro mezclados en grandes manchas

—¡Pucha[21] con el basilisco![22]—exclamó el patrón; y luego, sorbiendo media copa de caña, se repatingó[23] en la silla y agregó:

—Puesto que el hombre se ha empacao, yo voy a contar otra historia.   105

—Vamos a ver esa historia—contestó Sosa; y don Pancho murmuró al mismo tiempo que volvía a llenar las copas:

—¡Bamo a bé![24]

El ganadero tosió, apoyó sobre la mesa la mano ancha y velluda como pata de mono, y comenzó así: 110

—Es un suseso que me ha susedido. Hase de esto lo menos unos catorce o quince años. Me había casao con la finada,[25] y me vine del Chuy a poblar acá, porque estos campos eran de la finada cuasi todos. Durante el primer año yo iba siempre al Chuy pa vigilar mi establecimiento y también pa. . .

Don Bentos se interrumpió, bebió un poco de caña, y después de sorber el mate que le   115
alcanzaba el capataz, continuó:

—Pa visitar una mujersita que tenía en un rancho de la costa.

—Ya he oído hablar de eso—dijo Sosa—. Era una rubia, una brasilera.

—Justamente. Era la hija de un quintero de Yaguarón.[26] Yo la andube pastoriando[26] mucho tiempo; pero el viejo don Juca, su padre, la cuidaba como caballo parejero y no me daba alse pa   120
nada. Pero la muchacha se había encariñao de adeberas, y tenía motivos, porque yo era un moso que las mandaba arriba y con rollos, y en la cancha que yo pisaba no dilataba en quedar solo.

"El viejo quería casarla con un estopor empleao de la polesía, y como colegí que a pesar de todas las ventajas la carrera se me iba haciendo peluda,[27] y no quería emplear la fuerza— no por nada, sino por no comprometerme—, me puse a cabilar. ¡Qué diablo! Yo tenía fama   125
de artero y ésa era la ocasión de probarlo. Un día que me había ido de visita a casa de mi amigo Monteiro Cardoso, se me ocurrió la jugada. Monteiro estaba bravo porque le habían carniao[28] una vaca."

"—¡Éste no es otro que el viejo Juca!—me dijo.

"El viejo Juca estaba de quintero en la estancia del coronel Fortunato, que lindaba con la   130
de Monteiro, y a éste se le había metido en el mate que el viejo lo robaba. Yo me dije: '¡ésta es la mía!' y contesté en seguida:

---

[21] *exclamación, como !Al diablo!*

[22] animal fabulosó que mataba sólo con la mirada

[23] *regionalismo: ¿se cambió de posición?*

[24] *Véase el código gauchesco. Aquí se juntan varias características. Léase "Vamos a ver."*

[25] *Se refiere a su mujer difunta.*

[26] pastorear, cuidar el ganado (*aquí, "anduve tras ella"*)

[27] peludo: con mucho pelo (aquí, *fig* difícil)

[28] carnear; *amer:* matar

"—Mire, amigo, yo creo que ese viejo es muy ladino, y sería bueno hacer un escarmiento."

"Monteiro no deseaba otra cosa, y se quedó loco de contento cuando le prometí yo   135
mismo espiar al quintero y agarrarlo con las manos en el barro."
"Así fue: una noche, acompañado del pardo Anselmo, le matamos una oveja a Monteiro Cardoso y la enterramos entre el maizal del viejo Juca. Al otro día avisé a la polesía: fueron a la güerta y descubrieron el pastel. El viejo gritaba, negaba y amenazaba; pero no hubo tu tía:[29] lo maniaron[30] no más y se lo llevaron a la sombra después de haberle sobao un poco el   140
lomo con los corbos."[31]

Sonrió Bentos Sagrera, cruzó la pierna derecha, sosteniendo el pie con ambas manos; tosió fuerte y siguió:

—Pocos días dispués fui a casa de Juca y encontré a la pobre Nemensia hecha un mar de lágrimas, brava contra el *bandido* de Monteiro Cardoso, que había hecho *aquello* por embro-   145
mar a su pobre padre.

"Le dije que había ido para consolarla y garantirle que iba a sacarlo en libertad. . . siempre que ella se portara bien conmigo. Como a la rubia le gustaba la pierna. . ."

—Mesmamente como en la historia que yo iba a contá, cuando el finao Tiburcio, el do-
madó. . .—dijo el capataz.   150
—No tardó mucho en abrir la boca pa decir que sí—continuó don Bentos, interrumpiendo al indio—. La llevé al rancho que tenía preparao en la costa, y conversamos, y. . .

El ganadero cortó su narración para beber de nuevo, y en seguida, guiñando los ojos, ar-
queando las cejas, continuó contando, con la prolijidad comunicativa del borracho, todos los detalles de aquella noche de placer comprada con infamias de perdulario. Después rió con   155
su risa gruesa y sonora y continua como mugido de toro montaraz.
Una inmensa bocanada de viento entró en el patio, azotó los muros de granito, corrió por toda la muralla alzando a su paso cuanta hoja seca, trozo de papel o chala vieja encontró sobre el pedregullo, y luego de remolinear en giros frenéticos y dando aullidos furiosos, bus-
cando una salida, golpeó varias veces, con rabia, con profundo encono—cual si quisiera   160
protestar contra el lúbrico cinismo del ganadero—la sólida puerta del comedor, detrás de la cual los tres ebrios escuchaban con indiferencia el fragor de la borrasca. Tras unos minutos de descanso, el patrón continuó diciendo:

—Por tres meses la cosa marchó bien, aunque la rubia se enojaba y me acusaba de dilatar la libertad del viejo; pero dispués, cuando lo largaron a éste y se encontró con el nido vacío,   165
se propuso cazar su pájara de cualquier modo y vengarse de mi jugada. Yo lo supe; llevé a Ne-
mensia a otra jaula y esperé. Una noche me agarró de sopetón,[32] cayendo a la estancia cuando

---

[29] *fig.* remedio
[30] ataron
[31] *amer:* machete curvo golpeado
[32] de improviso

menos lo esperaba. El viejo era diablo y asujetador, y como yo, naturalmente, no quería comprometerme, lo hice entretener con un pión y me hice trair un parejero que tenía a galpón, un tubiano. . .[33]   170

—Yo lo conocí—interrumpió el capataz—; era una maula.[34]

—¿Qué?—preguntó el ganadero, ofendido.

—Una maula; yo lo bide cuando dentró en una penca en el Cerro; corrió con cuatro estopores. . . y comió cola las tresientas baras.   175

—Por el estado, que era malo.

—Porque era una maula—continuó con insistencia el capataz—; no puede negá el pelo. . . ¡tubiano!. . .

—Siga, amigo, el comento, que está lindo—dijo Sosa, para cortar la disputa.

Y don Bentos, mirando con desprecio al indio viejo, prosiguió diciendo:

—Pues ensillé el tubiano, monté, le bajé la bandera y fui a dar al Cerro-Largo, dejando al   180
viejo Juca en la estancia, bravo como toro que se viene sobre el lazo. Dispués me fui pa Montevideo, donde me entretuve unos meses, y di'ay que yo no supe cómo fue que lo achuraron[35] al pobre diablo. Por allá charlaban que habían sido mis muchachos, mandaos por mí; pero esto no es verdá. . .

Hizo don Bentos una mueca cínica, como para dar a entender que realmente era el asesino del quintero, y siguió, tranquilo, su relato.   185

—Dispués que pasaron las cosas, todo quedó otra vez tranquilo. Nemensia se olvidó del viejo; yo le hice creer que había mandao decir unos funerales por el ánima del finao, y ella se convensió de que yo no era cumple de nada. Pero, amigo, ¡usté sabe que petiso sin mañas y mujer sin tachas[36] no ha visto nadies tuavía!. . . La rubia me resultó celosa como tigra re-   190
sién parida y me traía una vida de perros, jeringando[37] hoy por esto y mañana por aquello.

—Punto por punto como la ñata Gabriela en la rilasión que yo iba a haser—ensartó el indio, dejando caer la cabeza sobre el brazo que apoyaba en la mesa.

Don Bentos aprovechó la interrupción para apurar[38] el vaso de alcohol, y después de limpiarse la boca, continuó, mirando a su amigo: 195

—¡Pucha si era celosa! Y como dejuro yo le había aflojao manija al prinsipio, estaba consentida a más no poder y de puro quererme empesó a fastidiarme lo mismo que fastidia una bota nueva. Yo tenía, naturalmente, otros gallineros donde cacarear—en el campo no más, aquella hija de don Gumersindo Rivero, y la hija del puestero Soria, el canario Soria, y Rumualda, la mujer del pardo Medina. . .   200

---

[33] *amer:* caballo de dos colores

[34] *argentinismo:* cobarde; tramposo *(pero aquí parece que el capataz le da otro sentido)*

[35] *argentinismo:* mataron a cuchilladas

[36] expresión; léase: "hombre sin vicio y mujer sin defecto"

[37] *fig.* fastidiando

[38] beberse de un trago

—¡Una manadita flor!—exclamó zalameramente el visitante; a lo que Sagrera contestó con un

—¡Eh!—de profunda satisfacción.

Y reanudó el hilo de su cuento.

—Cuasi no podía ir al rancho: se volvía puro llorar y puro echarme en cara lo que había   205
hecho y lo que no había hecho, y patatrís y patatrás, ¡como si no estuviera mejor conmigo
que lo que hubiera estado con el polesía que se iba a acollarar[39] con ella, y como si no estuviera bien paga con haberle dao población y con mandarle la carne de las casas todos los días,
y con las lecheras que le había emprestao y los caballos que le había regalao!. . . ¡No, señor;   210
nada! Que "cualquier día me voy a alsar con el primero que llegue. . ." Que "el día menos
pensao me encontrás augada en la laguna. . ." Y esta música todas las veces que llegaba y hasta
que ponía el pie en el estribo al día siguiente, pa irme. Lo pior era que aquella condenada
mujer me había ganao el lao de las casas, y cuando, muy aburrido, le calentaba el lomo,[40] en
lugar de enojarse, lloraba y se arrastraba y me abrasaba las rodillas y me acariciaba, lo mismo   215
que mi perro overo *Itacuaitiá* cuando le doy unos rebencasos.[41] Más le pegaba y más humilde
se hasía ella; hasta que al fin me entraba lástima y la alsaba y la acarisiaba, con lo que ella se
ponía loca de contenta. ¡Lo mismo, esatamente lo mismo que *Itacuaitiá*!. . . Así las cosas, la
mujer tuvo un hijo, y dispués otro, y más dispués otro, como pa aquerensiarme[42] pa toda la
vida. Y como ya se me iban poniendo duros los caracuses,[43] me dije: "lo mejor del caso es   220
buscar mujer y casarse, que de ese modo se arregla todo y se acaban las historias." Cuando
Nemensia supo mi intensión, ¡fue cosa bárbara! No había modo de consolarla, y sólo pude
conseguir que se sosegase un poco prometiéndole pasar con ella la mayor parte del tiempo.
Poco dispués me casé con la finada y nos vinimos a poblar en este campo. Al prinsipio todo
iba bien y yo estaba muy contento con la nueva vida. Ocupao en la costrusión de esta casa—   225
que al prinsipio era unos ranchos no más—; entusiasmao con la mujersita nueva, y en fin,
olvidado de todo con el siempre estar en las casas, hiso que no me acordara pa nada de la rubia Nemensia, que había tenido cuidao de no mandarme desir nada. Pero al poco tiempo la
muy oveja no pudo resistir y me mandó desir con un pión de la estansia que fuera a cumplir
mi palabra. Me hise el sonso:[44] no contesté; y a los cuatro días, ya medio me había olvidao   230
de la rubia, cuando resibí una esquela amenasándome con venir y meter un escándalo si no
iba a verla. Comprendí que era capás de haserlo, y que si venía y la patrona se enteraba, iba
a ser un *viva la patria*. No tuve más remedio que agachar el lomo y largarme pa el Chuy,
donde estuve unos cuantos días. Desde entonces seguí viviendo un poco aquí y un poco allá,
hasta que—yo no sé si porque se lo contó algún lengua larga, que nunca falta, o porque mis   235
viajes repetidos le dieron que desconfiar—la patrona se enteró de mis enredos con Nemensia y me armó una que fue como disparada de novillos chúcaros[45] a media noche y sin luna.

---

[39] poner collar, atar (aquí, *amer:* casar)

[40] metonimia por pegaba

[41] rebencazos golpes con látigo

[42] acarenciar: coger cariño a un lugar (*aquí, con uso raro, como diciendo "para que la quisiera y volviera a su lado"*)

[43] *argentinismo:* caracú (parte blanda y comestible de los huesos vacunos); *Aquí parece ser una expresión que indica que se ponía difícil (duro) lo que era fácil (blando).*

[44] *fig.* tonto

[45] *amer:* ganado arisco bravío

Si Nemensia era selosa, la otra, ¡Dios nos asista!. . . Sermón aquí, responso allá, me tenía más lleno que bañao en invierno y más desasosegao que animal con bichera.[46] Era al ñudo que yo le hisiera comprender que, si no era Nemensia, sería otra cualesquiera, y que no tenía más   240
remedio que seguir sinchando[47] y avenirse con la suerte, porque yo era hombre así y así había de ser. ¡No, señor!. . . La brasilera había sido de mal andar, y cuando me le iba al humo cor- cobiaba y me sacudía con lo que encontraba. Una vez cuasi me sume un cuchillo en la pansa porque le di una cachetada. ¡Gracias a la *cuerpiada* a tiempo, que si no me churrasquea la indina! Felismente esto duró poco tiempo, porque la finada no era como Nemensia, que se   245
contentaba con llorar y amenasarme con tirarse a la laguna: la patrona era mujer de desir y haser las cosas sin pedir opinión a nadies. Si derecho, derecho; si torsido, torsido: ella en- deresaba no más y había que darle cancha como a novillo risién capao. Pasó un tiempo sin desirme nada; andubo cabilosa, seria, pero entonces mucho más buena que antes pa conmigo, y como no me chupo el dedo y maliseo[48] las cosas siempre bien, me dije: "la patrona anda   250
por echarme un pial;[49] pero como a matrero y arisco no me ganan ni los baguales que crían cola en los espinillales del Rincón de Ramírez, se va a quedar con la armada en la mano y los rollos en el pescueso." Encomensé a bicharla,[50] siempre hasiéndome el sorro muerto y como si no desconfiara nada de los preparos que andaba hasiendo. No tardé mucho en cole- girle el juego, y. . . ¡fíjese, amigo Sosa, lo que es el diablo!. . . ¡me quedé más contento que   255
si hubiera ganao una carrera grande!. . . ¡Figúrese que la tramoya consistía en haser desa- pareser a la rubia Nemensia!. . .

—¿Desapareser, o *esconder?*—preguntó Sosa, guiñando un ojo y contrayendo la boca con una sonrisa aviesa.   260

Y Bentos Sagrera, empleando una mueca muy semejante, respondió en seguida:

—Desapareser o esconder; ya verá.

Despues prosiguió:

—Yo, que, como le dije, ya estaba hasta los pelos de la hija de don Juca, vi el modo de que me dejaran el campo libre al mismo tiempo que mi mujer hasía las pases; y la idea me   265
gustó como ternero orejano. Es verdá que sentía un poco, porque era feo haser así esa asión con la pobre rubia; pero, amigo, ¡qué íbamos a haser! A caballo regalao no se le mira el pelo, y como al fin y al cabo yo no era quien pisaba el barro, no era cumple siquiera, me lavé las manos y esperé tranquilamente el resultado. La patrona andaba de conversaciones y más con- versaciones con el negro *Caracú,* un pobre negro muy bruto que había sido esclavo de mi   270
suegro y que le obedesía a la finada lo mismo que un perro. "Bueno—me dije yo—, lo mejor será que me vaya pa Montevideo, así les dejo campo libre, y además, que si acaso resulta algo

---

[46] *uruguayismo:* llagas en la piel del ganado
[47] *uruguayismo:* trabajando mucho
[48] *regionalismo:* pienso
[49] *amer:* lazo
[50] espiar

jediondo[51] no me agarren en la voltiada."[52] Y así lo hise en seguida. La patrona y *Caracú* no esperaban otra cosa—continuó el ganadero, después de una pausa que había aprovechado para llenar los vasos y apurar el contenido del suyo—. La misma noche en que bajé a la ca-   275
pital, el negro enderesó pa la estansia del Chuy con la cartilla bien aprendida y dispuesto a cumplirla al pie de la letra porque estos negros son como cusco,[53] y brutasos que no hay que hablar. *Caracú* no tenía más de veinte años, pero acostumbrao a los lasasos del finao mi suegro, nunca se dio cuenta de lo que era ser libre, y así fue que siguió siendo esclavo y obe-
desiendo a mi mujer en todo lo que le mandase haser, sin pensar si era malo o si era bueno,   280
ni si le había de perjudicar o le había de favoreser; vamos: que era como mancarrón[54] viejo, que se amolda a todo y no patea nunca. Él tenía la idea, sin duda, de que no era responsable de nada, o de que puesto que la patrona le mandaba haser una cosa, esa cosa debía ser buena y permitida por la autoridá. ¡Era tan bruto el pobre negro *Caracú*. . .! ¡La verdá que se pre-
sisaba ser más que bárbaro pa practicar lo que practicó el negro! ¡Palabra de honor!, yo no lo   285
creí capás de una barbaridá de esa laya[55]. . . porque, caramba, ¡aquello fue demasiao, amigo Sosa, fue demasiao!. . .

El ganadero, que hacía un rato titubeaba, como si un escrúpulo lo invadiera impidiéndole revelar de un golpe el secreto de una infamia muy grande, se detuvo, bruscamente interrumpido por un trueno que reventó formidable, largo, horrendo, como la descarga de una   290
batería poderosa.
El caserón tembló como si hubiera volado una santabárbara en el amplísimo patio; el in-
dio Pancho Castro despertó sobresaltado; el forastero, que de seguro no tenía la conciencia muy limpia, tornóse intensamente pálido; Bentos Sagrera quedóse pensativo, marcado un cierto temor en la faz hirsuta; y, durante varios minutos, los tres hombres permanecieron   295
quietos y callados, con los ojos muy abiertos y el oído muy atento, siguiendo el retumbo de-
creciente del trueno. El capataz fue el primero en romper el silencio:

—¡Amigo!—dijo—, ¡vaya un rejusilo machaso! ¡Éste, a la fija que ha caído! ¡Quién sabe si mañana no encuentro dijuntiao mi blanco porselana! ¡Porque, amigo, estos animales blancos son perseguido po lo rayo como la gallina po el sorro!. . .   300

Y como notara que los dos estancieros continuaban ensimismados, el indio viejo agregó socarronamente:—¡Nu 'ay como la caña pa dar coraje a un hombre!
Y con trabajo, porque tenía la cabeza insegura y los brazos sin fuerzas, llenó el vaso y pasó la botella al patrón, quien no desdeñó servirse y servir al huésped. Para la mayoría de los hombres del campo, la caña es un licor maravilloso: además de servir de remedio para todo mal,   305
tiene la cualidad de devolver la alegría siempre y cada vez que se tome.
Así fue que los tertulianos aquellos quedaron contentos: luchando el indio por conservar abiertos los párpados; ansioso Sosa por conocer el desenlace de la comenzada historia, e indeciso Bentos Sagrera entre abordar y no abordar la parte más escabrosa de su relato.

---

[51] hediondo, cosa que huele mal; aquí, *fig.* sucio
[52] *argentinismo:* volteada, acción del jinete de entrar en un rebaño para separar alguna res (*aquí será una metonimia por acorralar a los culpables*)
[53] perrito
[54] *amer:* caballo
[55] especie

Al fin, cediendo a las instancias de los amigos y a la influencia comunicativa del alcohol, que hace vomitar los secretos más íntimos hasta a los hombres más reservados—las acciones malas como castigo misterioso, y las buenas acciones como si éstas se asfixiaran en la terrible combustión celular—, se resolvió a proseguir, no sin antes haber preguntado a manera de disculpa: 310

—¿No es verdá que yo no tenía la culpa, que yo no soy responsable del susedido?   315

Sosa había dicho:

—¡Qué culpa va a tener, amigo!

Y el capataz había agregado, entre varios cabeceos:

—¡Dejuro que no!. . . ¡dejuro que no!. . . ¡que no!. . . ¡que no!. . . ¡no!. . . ¡no!. . .

Con tales aseveraciones, Sagrera se consideró libre de todo remordimiento de conciencia y siguió contando: 320

—El negro *Caracú,* como dije, y a quien yo no creía capás de la judiada que hiso, se fue al Chuy dispuesto a llevar a cabo la artería que le había ordenado mi mujer. . . ¡Qué barbaridá!. . . ¡Si da frío contarlo!. . . ¡Yo no sé en lo que estaba pensando la pobresita de la finada!. . . En fin, que el negro llegó a la estansia y allí se quedó unos días esperando el momento oportuno pa dar el golpe. Hay que desir que era un invierno de lo más frío y de lo más lluvioso que se ha visto. Temporal ahora, y temporal mañana, y deje llover, y cada noche más oscura que cueva de ñacurutú. No se podía cuasi salir al campo y había que dejar augarse las majadas o morirse de frío, porque los hombres andaban entumidos y como baldaos del perra de tiempo aquel. ¡Amigo, ni qué comer había! Carne flaca, pulpa espumosa, carne de perro, de los animales que cueriábamos porque se morían de necesidá. La suerte que yo estaba en Montevideo y allí siempre hay buena comida misturada con yuyos.[56] Bueno: *Caracú* siguió aguaitando, y cuando le cuadró una noche bien negra, ensilló, disiendo que rumbiaba pacá, y salió. En la estansia todos creyeron que el retinto tenía cueva serca y lo dejaron ir sin malisear[57] nada. ¡Qué iban a malisear del pobre *Caracú*, que era bueno como el pan y manso como vaca tambera! Lo embromaron un poco disiéndole que *churrasqueara* a gusto y que no tuviera miedo de las *perdises,* porque como la noche estaba de su mismo color, ellos se entenderían. Sin embargo, uno hiso notar que el moso era prevenido y campero, porque había puesto un maniador en el pescueso del caballo y otro debajo de los cojinillos, como pa atar a soga, bien seguro, en caso de tener que dormir a campo. Dispués lo dejaron marchar sin haber lograo que el retinto[58] cantara nada. *Caracú* era como bicho pa rumbiar, y así fue que tomó la diresión del rancho de la rubia Nemensia, y al trote y al tranco, fue a dar allá, derechito no más. Un par de cuadras antes de llegar, en un bajito, se apió y manió el caballo. Allí—el negro mismo contó dispués todos, pero   325 330 335 340

---

[56] *amer:* hierbas finas, buenos condimentos
[57] *regionalismo:* pensar
[58] color muy oscuro (*aquí,* el negro)

todos los detalles—, picó tabaco, sacó fuego en el yesquero,[59] ensendió el sigarro y se puso   345
a pitar tan tranquilo como si en seguida fuese a entrar a bailar a una sala, o pedir la magi-
naria pa pialar de volcao en la puerta de una manguera.[60] ¡Tenía el alma atravesada aquel
pícaro!. . . Luego dispués, al rato de estar pitando en cuclillas, apagó el pucho,[61] lo puso
detrás de la oreja, desprendió el maniador del pescueso del caballo, sacó el que llevaba debajo de los cojinillos y se fue caminando a pie, despasito, hasta los ranchos. En las casas no   350
había más perros que un cachorro barsino[62] que el mismo negro se lo había regalao; así fue
que cuando éste se asercó, el perro no hiso más que ladrar un poquito y en seguida se
sosegó reconosiendo a su amo antiguo. *Caracú* buscó a tientas la puerta del rancho, la sola
puerta que tenía y que miraba pal patio. Cuando la encontró se puso a escuchar; no salía
ningún ruido de adentro: las gentes pobres se acuestan temprano, y Nemensia seguro que   355
roncaba a aquellas horas. Dispués con un maniador ató bien fuerte, pero bien fuerte, la
puerta contra el horcón,[63] de modo que nadie pudiera abrir de adentro. Yo no sé cómo la
ató, pero él mismo cuenta que estaba como pa aguantar la pechada de un novillo. En
seguida rodió el rancho, se fue a una ventanita que había del otro lao y hiso la misma operasión. Mientras tanto, adentro, la pobre rubia y sus tres cachorros[64] dormían a pierna   360
suelta, seguramente, y en la confiansa de que a rancho de pobre no se allegan matreros.[65]
¡Y Nemensia, que era dormilona como lagarto y de un sueño más pesao qu'el fierro. . . !
Dispués de toda esta operasión y bien seguro de que no podían salir de adentro, el desalmao
del moreno. . .—¡Parese mentira que haiga hombres capaces de hacer una barbaridá de esa
laya. . . !—Pues el desalmao del moreno, como se lo cuento, amigo Sosa, le prendió fuego   365
al rancho por los cuatro costaos. En seguida que vio que todo estaba prendido y que con
la ayuda de un viento fuerte que soplaba, aquello iba a ser como quemasón de campo en
verano, sacó el pucho de atrás de la oreja, lo ensendió con un pedaso de paja y se marchó
despasito pal bajo, donde había dejao su caballo. Al poquito rato empesó a sentir los gritos
tremendos de los desgrasiaos que se estaban achicharrando allá adentro; pero así y todo el   370
negro tuvo alma pa quedarse clavao allí mismo sin tratar de juir! ¡Qué fiera, amigo, qué
fiera. . . ! ¡En fin, hay hombres pa todo! Vamos a tomar un trago. . . ¡Eh! ¡Don Pancho! . . .
¡Pucha hombre flojo pa chupar! . . . Pues, como desía, el negro se quedó plantao hasta que
vio todo quemao y todo hecho chicharrones. Al otro día mi compá Manuel Felipe salió
de mañanita a recorrer el campo, campiando un caballo que se le había estraviao, se allegó   375
por la costa y se quedó pasmao cuando vio el rancho convertido en escombros. Curiosió,
se apió, removió los tisones y halló un muchacho hecho carbón, y después a Nemensia lo
mismo, y no pudo más y se largó a la oficina pa dar cuenta del susedido. El comisario fue
a la estansia pa ver si le endilgaban algo, y en cuanto abrió la boca, el negro *Caracú* dijo:

—¡Jui yo!   380

No lo querían creer de ninguna manera.

---

[59] esquero: bolsa de cuero que el gaucho lleva asida a la cintura
[60] *léase:* "Pedir la soga para enlazar una res a la puerta del corral."
[61] *argentinismo:* colilla del cigarrillo
[62] barcino, animal de pelo blanco y pardo
[63] *amer:* madero vertical como columna para sostener las vigas
[64] *fig.* jóvenes; hijos
[65] *amer:* bandidos

—¡Cómo que fuistes vos!—le contestó el comisario—; ¿te estás riendo de la autoridá, retinto?

—No, señó, ¡jui yo!

—¿Por qué?   385

—Porque me mandó la patrona.

—¿Que quemaras el rancho?

—Sí.

—¿Con la gente adentro?

—¡Dejuro! . . . ¡y pues!   390

—¿Y no comprendes que es una barbaridá?

—La patrona mandó.

Y no hubo quien lo sacara de ahí.

—¡La patrona mandó!—desía a toda reflexión del comisario o de los piones—. Así fue que lo maniaron y lo llevaron. Cuando supe la cosa me pasó frío, ¡amigo Sosa! . . . Pero   395 dispués me quedé contento, porque al fin y al cabo me vi libre de Nemensia y de los resongos[66] de la finada, sin haber intervenido pa nada. ¡Porque yo no intervine pa nada, la verdá, pa nada!

Así concluyó Bentos Sagrera el relato de sus amores; y luego, golpeándose los muslos con las palmas de las manos: 400

—¡Eh! ¿Qué tal?. . .—preguntó.

Don Brígido Sosa permaneció un rato en silencio, mirando al capataz, que roncaba con la cabeza sobre la mesa. Después, de pronto:

—Y el negro—dijo—, ¿qué suerte tuvo?

—Al negro lo afusilaron en Montevideo—contestó tranquilamente el ganadero.   405

—¿Y la patrona?. . .

—La patrona anduvo en el enredo, pero se arreglaron las cosas.

—¡Fue suerte!

—Fue. Pero también me costó una ponchada[67] de pesos.

Don Brígido sonrió y dijo zalameramente: 410

—Lo cual es sacarle un pelo a un conejo.[68]

—¡No tanto, no tanto!—contestó Bentos Sagrera, fingiendo modestia.

Y tornó a golpearse los muslos y a reír con tal estrépito, que dominó los ronquidos de Castro, el silbido del viento y el continuo golpear de la lluvia sobre el techo de cinc del gran galpón de los peones.   415

---

[66] rezongos, refunfuños; gritos de enojos
[67] cantidad grande (*lo que cabe en un poncho*)
[68] expresión que indica algo fácil (*aquí, indica que no le habría costado mucho, puesto que era rico*)

■────Pasos para la comprensión

1. En los primeros párrafos se revelan ciertas características del personaje central, Bentos Sagrera. ¿Cuáles son?

2. Busca signos en el cuento que pinten la realidad social del mundo de Bentos Sagrera.

3. ¿Qué tiempo hace durante toda la narración? ¿Qué efecto produce este clima?

4. En la sobremesa, el indio Pancho Castro empieza a contar un cuento, pero no lo dejan seguir. ¿Por qué?

   ☐ Estos detalles indican un discurso metaliterario, puesto que se habla aquí de cómo se debe contar un cuento. ¿Cuáles son las características de un buen cuento?

5. ¿Qué cuenta Bentos de su amante Nemensia? ¿Qué le hizo al padre de la amante?

6. Dos detalles: A partir de la línea 144 Bentos da detalles de su relación sexual con la rubia, y entre las líneas 180–186 da a entender que fue él quien mató al padre de Nemensia. ¿Lo debemos creer? Para contestar inteligentemente, piensa en las interferencias que ocurren en el circuito de la comunicación de Bentos.

   ☐ ¿En qué condición está?

   ☐ ¿Quiénes son sus destinatarios?

   ☐ ¿Qué imagen quiere proyectar de sí mismo?

7. En el cuento que Bentos relata, describe los problemas que se le crean cuando se casa y abandona a Nemensia.

   ☐ ¿Da Bentos razones por no haberse casado con Nemensia?

   ☐ ¿Qué hace Bentos para deshacerse del problema de Nemensia?

   ☐ ¿Cómo reacciona su esposa cuando se entera de que tiene amante?

   ☐ ¿Qué plan ingenia la patrona y a quién le pide que lleve a cabo el plan?

   ☐ ¿Por qué crees que elige a esta persona?

   ☐ ¿Cómo participa la mujer de Bentos en este plan?

   ☐ Explica cómo se descubre que ella fue la maquinadora y por qué no fue castigada.

8. ¿Se considera Sagrera culpable por lo ocurrido?

   ☐ ¿Crees que lo fue? Explica.

■────Pasos para una lectura más a fondo

1. Estamos ante una narración sumamente compleja, porque tenemos un cuento dentro de una narración, y hasta cuentos dentro de otros cuentos. El marco

general se narra por un narrador objetivo, pero ¿qué se puede decir del cuento de Bentos?

- □ ¿Podemos confiar en lo que dice? Explica.
- □ ¿Qué motivos podría haber para que Bentos mintiera?
- □ Bentos narra historias que le contaron a él. Por ejemplo, cuando habla de la confesión del negro Caracú, cita lo que dijo el comisario. ¿Qué puede pasar en el circuito de comunicación cuando se cuenta algo que le contaron a uno?

2. Una característica de Bentos es su machismo. Dentro de su concepto torcido de la hombría, ¿qué características muestra Bentos?

- □ ¿Qué se puede decir de su actitud hacia las mujeres?
- □ ¿Cómo podría afectar su machismo el relato que cuenta?

3. ¿Qué se puede decir del discurso moral y ético de esta narración? Explica la ironía de la reacción de Bentos a lo que hizo Caracú.

4. Hay notas racistas en la descripción del negro. ¿Cuáles son?

5. El escritor naturalista procura pintar los elementos más sórdidos posibles de la realidad.

- □ Explica cómo Viana lleva a cabo este intento en este relato.
- □ Un aspecto del naturalismo aquí es la "animalización" de los personajes. Busca ejemplos donde se describa a los personajes con metáforas o metonimias de animales. ¿Qué efecto producen estas asociaciones?

6. Además, muchas de las expresiones que se emplean tienen que ver con animales, sobre todo los que son propios del mundo del gaucho como caballerías y reses. Trata de explicar el sentido de algunas de estas expresiones:

- □ "Yo la andube pastoreando mucho tiempo" (línea 119)
- □ "Yo tenía, naturalmente, otros gallineros donde cacarear" (línea 198)
- □ "fue como disparada de novillos chúcaros a media noche y sin luna" (línea 237)
- □ "más desasogao que animal con bichera" (línea 239)
- □ "si acaso resulta algo hediondo no me agarren en la voltiada" (línea 273)
- □ Explica la fuerza expresiva de estas expresiones y cómo contribuyen al efecto que el autor quiere crear.

7. El relato termina con la risa estrepitosa de Bentos.

- □ ¿De qué se ríe?
- □ Su risa ahoga el ruido de la tempestad. ¿Qué podría indicar o simbolizar este detalle?
- □ Explica por qué esa risa es un signo estupendo para poner fin al mensaje del autor.

Florencio Sánchez

■□■

1875–1910

De los principales géneros literarios—poesía, ensayo, teatro y prosa ficción—el teatro es el que se ha desarrollado con menos energía en Hispanoamérica. Pero a pesar de ello, el mayor dramaturgo de lengua castellana del realismo fue este modesto uruguayo. Sus obras presentan los conflictos sociales y los problemas económicos de la incipiente burguesía rioplatense, así como la vida de los campesinos. Supo evitar el melodrama exagerado que arrasó a tantos dramaturgos de la época, tanto en España como en Hispanoamérica. Florencio Sánchez mantiene el objetivismo del realismo, aunque sus piezas tienen un propósito social bien obvio. Suele enfrentar a su público con dilemas éticos y morales que no son siempre fáciles de resolver.

El desalojo

Antes de leer

1. ¿Crees que una pareja debe tener sólo el número de hijos que pueda mantener económicamente o que debe tener todos los hijos que quiera?

2. ¿Estás de acuerdo con la subvención o asistencia pública (lo que en los Estados Unidos se llama *welfare*)? Explica tu opinión.

3. ¿Cuáles suelen ser los motivos de la pobreza? Divide tus ideas en dos categorías: razones políticas y sociales y razones de índole individual.

4. ¿Bajo qué circunstancias se le debe quitar los hijos a una madre? ¿Crees que la incapacidad de mantenerlos económicamente debe ser suficiente motivo para separar a una madre de sus hijos?

Códigos para la comprensión

Código social: En las últimas décadas del siglo XIX, Argentina, al igual que los Estados Unidos, recibió a muchos inmigrantes italianos (y de otras nacionalidades) que venían al Nuevo Mundo en busca de oportunidades. A estos inmigrantes se les llamaba "gringos" en Argentina.

Código histórico: La guerra de Paraguay (1865–1870) fue un conflicto que empezó con la agresión de Paraguay, que tenía un ejército muy bien entrenado y equipado, contra Brasil. Para detener las ambiciones expansionistas de Paraguay, se aliaron contra él sus vecinos Uruguay, Argentina y Brasil. El resultado fue desastroso, porque aplastaron a Paraguay y se dice que terminaron matando a la mitad de su población.

Código lingüístico: La obra contiene muchas voces italianas. Varios personajes hablan una mezcla de los dos idiomas, típico de inmigrantes recientes. Por ejemplo, emplean *mangiare* por *comer, ragazzi* por *muchachos,* etc., así como las elisiones típicas del italiano pero no del castellano (*l'arquiler* por el *alquiler*).

Se emplea también el voseo argentino, una forma arcaica que persiste en muchas partes de Hispanoamérica en lugar del *tú.* Así como en el español medieval y del Siglo de Oro, el *vos,* con la forma actual del vosotros, era una forma singular, el vos moderno lo es también. La forma verbal se asemeja mucho al vosotros, pero sin el diptongo. En los mandatos, se suprime la *d* final del mandato en vosotros, terminando el mandato en una vocal acentuada. Comprueba estas características con los siguientes ejemplos de la pieza:

	Forma del *vos*	Forma del *vosotros*	Forma del *tú*
Mandatos:	dispará	disparad	dispara
Presente Indicativo:	recibís	recibís	recibes
	querés	queréis	quieres
	sabés	sabéis	sabes
	acerqués	acerquéis	acerques
	te oponés	os oponéis	te opones
	sos	sois	eres
Mandato:	tomá	tomad	toma

Además, el habla el padre de Idalecia, por ser de la clase baja, muestra muchas de las características del habla gauchesca. Consulta el *código gauchesco* de Javier de Viana en este capítulo.

El desalojo

Personajes
Encargada—Es la *super* de la casa de apartamentos. Es inmigrante italiana, y muy empedernida.
Vecinas 1 y 2—Las dos tienen opiniones muy diferentes respecto a la realidad social.

Idalecia—Inquilina pobre a quien le falta dinero para pagar el alquiler y mantener a sus hijos puesto que su esposo está gravemente herido en un hospital por un accidente que sufrió en el trabajo.

Jenaro—Vecino, también italiano, que siente lástima por los apuros de Indalecia.

Inválido—El padre de Indalecia, quien fue herido en la guerra de Paraguay. Aparece por la casa de Indalecia después de una ausencia muy larga porque ha leído en el periódico que hacen una colecta para ayudarla.

Comisario—Policía que aparece para llevarse a los hijos de Indalecia.

Periodista—Reportero de *La Nación,* periódico importante de Buenos Aires, quien viene a escribir un artículo sobre el incidente.

Fotógrafo—Viene a sacar fotos para la prensa.

Un chico, una nena—Los hijos de Indalecia.

ESCENA I

ENCARGADA, VECINAS 1 y 2, INDALECIA y JUAN

ENCARGADA (*Saliendo de una de las habitaciones.*) Ya sabe, ¿eh? Bueno, que no se le olvide. Estoy cansada de esperar que hoy e mañana e que de aquí un rato. . .

VECINA 1 ¡Qué le hemos de hacer! Cuando no se puede, no se puede.

ENCARGADA Entonces no se arquilan los cuartos ¿sabe? ¿Se ha pensao que estamos en   5
una república aquí?. . . L'arquiler es lo primero.

VECINA 1 ¡Bueno, bueno; basta! ¡No precisa hablar tanto!

ENCARGADA Eso digo yo. Non precisa hablar tanto. Al fin de mes se paga e nos quedamos todos callao la boca. (*Alejándose.*) Sí, señor. E non precisa tanto orgullo. . . Si quieren vivir de arriba, se compra el palacio del Congreso, ¿sabe?, en la calle Entrerío.   10
(*Tropieza con un mueble.*) ¡Ay, Dío!

VECINA 1 ¡No haberte roto algo! . . .

ENCARGADA ¡Ay, Madona Santísima! . . . Uiii. . . (*Golpea el mueble con rabia y volviéndose a* INDALECIA.) ¿Y osté también se ya pensao tener todo el año este cachivache[1] ner patio? Non tiene vergüenza.   15

INDALECIA Pero señora, si yo. . .

ENCARGADA Un corno.[2] Si le hubiesen tirao esta porquería de mueble a la calle, no estaría tanto tiempo sin buscar pieza. ¡Parece mentira! (*Quejándose.*) ¡Ay! ¡Ay!

VECINA 2 (*Aproximándose.*) ¿Se lastimó mucho, señora?

ENCARGADA ¡Qué sé yo! . . . Un golpe tremendo.   20

VECINA 2 ¡A ver! Esos golpes suelen ser malos. . .

VECINA 1 (*Burlona*) ¡Ah! Se le puede formar un cáncer. Llamen a la Asistencia. . .

ENCARGADA Mire, doña Francisca. Venga.

(*Se vuelve detrás del mueble a enseñar la pierna lastimada. Dos* INQUILINOS *que salen con rumbo a la calle se detienen a mirar.*)   25

VECINA 1 ¡Ay, qué temeridad!

ENCARGADA Ner mismo güeso, vea. (*Viendo a los* VECINOS.) ¿Y ostedes qué quieren? ¿No tienen nada más que hacer? . . .

VECINA 2 ¡Ave María! ¡Tanta curiosidad!

---

[1] *fam.* trasto

[2] *italiano:* cuerno (*la expresión viene de "no me importa un cuerno," o sea, no me importa nada*)

(*Los dos* VECINOS *se alejan riendo.*)   30
VECINA 1 (*Deteniéndolos.*) Diga, Juan; ¿no sabe si dan baile este sábado "Los adulones del Sur?"
JUAN Creo que sí. (*Mutis.*)[3]
VECINA 2 Lo que es usted no faltará.
VECINA 1 No estoy invitada. La fiesta es pa ustedes las socias no más. . . ¡Ja, ja! . . .   35
(*Mutis.*)
VECINA 2 ¡Dispará no más, comadre!
ENCARGADA ¡Déjela! Non vale la pena. . .
VECINA 2 Tiene razón. Venga a mi cuarto. Le daré una frotación de aguardiente. . .
Venga. . . También, la verdad es que ni se puede caminar en este patio.   40
ENCARGADA Naturalmente. Con toda esta porquería de cachivaches adentro. . .
VECINA 2 ¡Un día, pase; dos también, pero más es demasiada pachorra![4]
INDALECIA (*Tristemente.*) ¡Ay, señora! ¡Ruégole a Dios que no se vea en nuestro caso!
VECINA 2 ¡Pierda cuidado! Mientras Él me dé salud para trabajar, puedo estar tranquila.
No ha de ser esta persona quien se quede brazos cruzaos esperando que las cosas caigan del   45
cielo.
ENCARGADA Eso digo yo. Mire, doña Indalecia. Crea que no lo hago de gusto, porque
el buen corazón lo tengo, ¿sabe? Ma non se puede estar estorbando la gente todo el
tiempo.
INDALECIA ¿Qué debo hacer? ¿Quieren que me tire al río con todos mis hijos?   50
VECINA 2 No decimos tanto. Pero . . . moverse, caminar, buscar trabajo . . . En este
Buenos Aires no falta con qué ganarse la vida.
INDALECIA Pero, señora, si no he hecho otra cosa que buscar ocupación . . . Ustedes
bien lo saben. Costuras no le dan en el registro a una mujer vieja como yo; ir a la fábrica
no puedo, ni conchavarme,[5] pues tengo que cuidar a mis hijos. . .   55
ENCARGADA Ma dígame. ¿Qué le precisa tener tantos hijos? Si no hay con qué
mantenerlos, se agarran y se dan.
VECINA 2 ¿Y los asilos?
INDALECIA ¡Oh! Eso es muy fácil decirlo. . .
¡Pobrecitos!   60
ENCARGADA Pobrecitos, pobrecitos, e mientras tanto andan muertos de hambre como
los gatos, robando la comida en casa de los vecinos.

ESCENA II

JENARO, VECINA 2, INDALECIA *y* ENCARGADA
JENARO (*Que ha aparecido momentos antes con un paquete en la mano.*) Y hacen bien, cuando
los vecinos son tan agarrados.[6] ¡Mándense mudar de aquí! No tienen vergüenza. Estar   65
embromando a la pobre mujer. . . ¡Bruta gente! . . .
VECINA 2 El terremoto de la Calabria.[7] Vámonos señora. . .
ENCARGADA (*A* JENARO) Ma diga. ¿Qué se ha pensao osté? Ma diga. . .

---

[3] se retira (*terminología teatral*)
[4] *argentinismo:* flojera
[5] *amer:* trabajar de sirviente
[6] tacaños
[7] zona del suroeste de Italia donde ocurren muchos terremotos

JENARO (*Rezongando sin hacerle caso.*) ¡Bruta gente! . . . ¡Bruta gente! . . . (*A
INDALECIA*) ¿No vino ninguno?   70
INDALECIA Nadie.
(JENARO *se encamina hacia el cuarto de la izquierda.*)
ENCARGADA (*Deteniéndolo.*) ¡A lei,[8] sí, a lei. . . , a lei, sí!. . .
(JENARO *la mira fijo un instante y le hace una mueca característica de los napolitanos. Se va a su
cuarto, dando un portazo al entrar.*)   75
ENCARGADA (*Furibunda*) Furbo. . . Mascalzone.[9]
VECINA 2 Está borracho el botellero. No le haga caso, venga.
ENCARGADA Canaglia . . .
VECINA 2 Venga a curarse esa pierna. Déjelo.
ENCARGADA ¡Mascalzones! (*Volviéndose a INDALECIA.*) E osté también, que está   80
compadriando ahí. . . Mañana mismo le hago tirar ese cachivache a la calle. . . Tanto
incomodar también.
(*Se va rezongando, conducida por la VECINA.*)

ESCENA III

INDALECIA, JENARO *y* UN CHICO
INDALECIA (*Deja la costura y se aproxima a la cuna.*) ¡Vamos, nena, arriba! ¡No se va a   85
pasar durmiendo todo el día! ¿Está enfermita? ¿Le duele algo? . . . ¿No? . . . Entonces
upa. . . (*La levanta.*) ¿Quiere pancito? (*Saca un mendrugo del bolsillo y se lo da.*) Esta noche
nos traerán centavos, bastante plata y vamos a comer mucho. . . , mucho. . . ¿Tiene
hambrecita?. . .
JENARO (*Reapareciendo con queso, pan y una naranja en las manos. Se acerca a INDALECIA y*   90
corta una porción.) Toma. . . , mangia. . .
INDALECIA ¡Oh! ¿Para qué se ha incomodado?
JENARO ¡Mangia, te digo! (*Saca un bolso del bolsillo y se lo da a la NENA.*) Mangia, vos.
¿Dove sonno i ragazzi?[10]
INDALECIA No sé; en la calle. . . tal vez.   95
JENARO (*Se aproxima a la puerta del foro y llama a voces.*) ¡Eh. . . tú! . . . Ven. . . aquí, tú. . .
(*Aparecen tres CHICOS. JENARO da un trozo de pan a cada uno.*) Toma. . . Mangia. . . Tú,
mangia. . . Mangia. . .
(*Los MUCHACHOS reciben el pan con alborozo y se ponen a comer.*)
INDALECIA Mal agradecidos. ¿Cómo se dice?   100
CHICO (*A boca llena*) Muchas gracias.
JENARO (*Indicándoles la puerta.*) Vía. Indalecia, no hacen falta cumplimientos. Hay hambre,
se mangia y se acabó. (*Los CHICOS mutis. JENARO se sienta en cualquier parte; saca salame del
bolsillo y se pone a comer. Pausa.*) Estuve en el hospital. Le han hecho la operación a tu marido.
INDALECIA ¡Cómo! ¿Otra?   105
JENARO Naturalmente. (*Levantándose.*) Toma, mangia un poco de salame.
INDALECIA ¡Oh! ¡Me lo van a matar! . . . (*Toma el salame y se lo da a la NENA.*)
JENARO (*Volviendo a sentarse.*) Sería mejor; se ha de quedar paralítico. . .
INDALECIA ¡Pobre Daniel! ¿Habló con él?

---

[8] *italiano:* ella
[9] *insultos italianos*
[10] *italiano:* ¿Dónde están los muchachos?

JENARO No lo dejan ver. No hace falta tampoco. (*Pausa.*) ¿Qué decía la encargada?   110

INDALECIA ¡Oh! Lo de siempre. . . , rezongar[11]. . . , insultarme.

JENARO ¡Bruta gente! . . .

INDALECIA ¡Son tan malos!. . . Vea; a ella la disculpo, porque al fin y al cabo es patrona; pero a las otras, a las demás vecinas. . . Gente desalmada. . . Si fueran más felices o mejores que una, no diría nada. ¡Qué diablos! . . . Tendrían derecho, pero no. Son pobres como yo;   115 tienen hijos como yo y maridos que trabajan, expuestos a que los destroce una máquina o a caerse de un andamio; y en vez de pensar un poco en que podrían verse en mi caso mañana o pasado, se ponen a la par de las otras para mortificarme. ¡Y todo por adularla, nada más! . . . ¿Usted cree que ha habido uno solo en esta casa capaz de ofrecerme un   120 poco de caldo para la nena? No, señor; prefieren tirar las sobras por el caño.

JENARO ¡Bruta gente! . . .

INDALECIA ¡Es lo que más me desconsuela! . . . (*Afligida*) Me dan tantas ganas de llorar. . . ver que una no es nadie. . . , que de repente queda sola en el mundo, aislada. . . , abandonada de todos, peor que un perro. (*Llora.*)

JENARO Malo. . . Malo. . . ¿Qué se gana con afligirse? . . . Cállate la boca. . . Déjate de   125 llorar, ¿sabes? . . . (*Se oye tumulto y gritos afuera.*) "Viejo loco. . . , viejo loco. . . , viejo borracho. . . , viejo loco. . . ,"

(*Aparece un grupo de* PILLUELOS, *entre ellos los* HIJOS *de* INDALECIA, *acosando a un* VIEJO SOLDADO INVÁLIDO *de la guerra del Paraguay.*)

ESCENA IV

INVÁLIDO, INDALECIA y JENARO   130

INVÁLIDO (*Persiguiendo a los* MUCHACHOS *con el bastón enarbolado.*) Mal enseñados, con eso van a hacer patria.

INDALECIA ¡Tata! . . .

JENARO (*A los* CHICOS) Viá. . . Caramba. . . Caramba. . . Fuori[12]. . . ¡Sinvergüenza!   135

INVÁLIDO Muchas gracias, don. . . Parece mentira.

JENARO Son cosas de ragazzi.

INVÁLIDO ¿No ve, hombre? ¡A qué extremo hemos llegado! Los gringos tienen que defender a los servidores de la patria. Vea, amigo. Aquí, ande usted me ve, yo soy el cabo Morante, y pregúntele a cualquiera de los que estuvieron en la guerra, si llevo al cuete[13]   140 esta cintita y esta otra. . .

JENARO ¡Eh! Bueno, qué le vamos a hacer. . .

INVÁLIDO ¿Cómo qué le vamos a hacer? Que lo respeten, canejo.[14] (*A* INDALECIA) ¿Cómo te va diendo, m'hija?

INDALECIA Aquí estamos. . . Y usted, ¿qué hace por acá?

INVÁLIDO A verte, pues. . . ¿Y así no más me recibís? No digo. . . Hasta los hijos son   145 unos ingratos. . .

JENARO ¿Éste es su padre?

INVÁLIDO ¿Y cómo le va? . . . Y legítimo, ¿sabe, che, gringo? . . . Lo que hay es que ya no me va reconociendo. . .

---

[11] *amer:* regañar

[12] *italiano:* fuera

[13] *regionalismo:* en vano

[14] *argentinismo:* interjección similar a ¡carajo!

INDALECIA ¿Y cómo ha venido a dar conmigo?

INVÁLIDO Por tu desgracia. . . ; estaba esta mañana en el boliche del tuerto Ramos, allá   150
en Palermo,[15] ¿sabes?, y que un mocito leía en el diario que te habían desalojao y que
levantaban una suscripción pa vos. ¡Pucha!,[16] digo. ¡Si es m'hija! ¡Pobre mujer! ¿Ande vive?
"Calle tal," me dijo el mozo. ¡Vamos a ver a Indalecia en la mishadura![17] Y agarré pa acá. . .
Si en algo puedo servirte, ¿sabes?, aunque soy manco, no me olvido que sos m'hija. . .   155

INDALECIA Podía haberse acordado antes. . .

INVÁLIDO ¡Quenquerés![7] Te retobaste;[18] te empeñaste en juir con ese zonzo[19] de tu
marido. . .

INDALECIA Bueno; no hablemos de él, ¿eh?

INVÁLIDO No hablemos de él, si querés; pero yo te dije que ibas a ser desgraciada con él,   160
y ya ves cómo salió cierto. Se cayó de un andamio, ¿no?

INDALECIA Sí, señor.

INVÁLIDO ¿No ves, pues? Cuando yo te lo decía. . . ¿Esa nena es tuya?. . . Venga pa acá
mocita, con su agüelo . . . (*La* CHICA, *asustada, se acerca a su madre.*) ¿No ve, pues?. . .
Pucha, cómo está el país, amigo gringo. . . Los nietos no las van con los agüelos. Ya no se   165
respeta la familia ni nada. . . En nuestro tiempo había e ver. . . Y estos otros mocosos, ¿son
tuyos también? Conque ustedes eran los que venían insultando a su agüelo, ¿eh? Ahora van
a ver, mocosos. . . (*Va hacia ellos.*)

INDALECIA ¡Tata! . . .

JENARO (*Deteniéndolo.*) A ver. Déjese de embromar.   170

INVÁLIDO ¡Oh! ¿Y a vos quién te da vela?[20] Che, Indalecia. ¿Éste es otro yerno? Amigo,
¡podía pasarle el cuarto cuando menos!

JENARO Décase[21] de embromar. (*Se va a su cuarto.*) Bruta gente. . . Bruta gente. . .

INVÁLIDO Míralo al gringo. . . Hinchao como un zorrino. . . (*A voces*) ¡Che, che! . . .

INDALECIA Déjelo, tata. Si ha venido para fastidiar gente, podía haberse quedado. . .   175

INVÁLIDO Bueno me viá sentar, ya que no me invitás (*Se sienta. Pausa.*) ¿Te trajeron la
plata e suscripción ya? . . .

INDALECIA No, señor.

INVÁLIDO ¿Ya sabés? No te puedo ayudar con nada porque ando muy pobre, pero si
querés te puedo buscar pieza pa mudarte. Hoy he visto una en la calle Solé.   180

INDALECIA No se incomode. . .

INVÁLIDO ¿Y qué pensás hacer?

INDALECIA No sé; nada.

INVÁLIDO Esperate un poco. Hay un asilo de güérfanos militares, ¿sabés? Allí. . . pucha,
madre. Si yo no estuviera tan desacreditado con el coronel. . . le podría pedir una   185
recomendación.

(*Sale la* ENCARGADA.)

---

[15] barrio de Buenos Aires

[16] *amer:* interjección (*eufemismo por "puta"*)

[17] *argentinismo:* pobreza

[18] *argentinismo:* enojaste

[19] *argentinismo:* tonto, estúpido

[20] *principio de la expresion "¿Quién te da vela en este entierro?" que significa "no es asunto tuyo"*

[21] déjese

INDALECIA ¿Para qué?

INVÁLIDO Para que te metas todos esos muchachos. . . ¿Qué vas a hacer con ellos?

ESCENA V

ENCARGADA, INDALECIA e INVÁLIDO

ENCARGADA Eso es lo que digo yo. Que los meta en el asilo. . . No sirven más que pa   190
trabajo. . .

INVÁLIDO Salú, doña. . .

INDALECIA No, señor. . . No me separo de mis hijos. Si ustedes no tienen corazón, yo
lo tengo, y bien puesto.

ENCARGADA Ma dígame un poco. ¿No es peor que se mueran de hambre de no tener   195
qué comer? . . .

INVÁLIDO Ha dicho la verdad. Choque esos cinco.[22] (*A* INDALECIA) ¿Quién es ésta,
che?

ENCARGADA Soy la encargada de la casa. . .

INVÁLIDO Che, che, che, y nos la pusiste de patitas en la calle, ¿no?   200

ENCARGADA E. . . naturalmente, si no pagaba l'arquiler. . .

INVÁLIDO Y todavía te metés a dar consejos. . . Ya podés ir tocando, gringa, de acá.

ENCARGADA ¿E osté qué se ha pensao? Yo soy la dueña de acá, ¿sabe?

INVÁLIDO ¡Qué vas a ser dueña, desgraciada!

ENCARGADA Bueno, déjese de embromar. . . (*A* INDALECIA) ¿E éste se ha creído que   205
esto es una sala pa recibir las visitas? Haga el favor de sacar de aquí a ese vieco borracho. . .

INVÁLIDO Gringa el diablo. . .

ESCENA VI

Los mismos y JENARO

JENARO Madona del Carmen, dejen en paz a esa pobre mujer. . . (*Enérgico, tomando por*   210
un brazo a la ENCARGADA.) Haga el favor, mándese mudar de aquí. . . ¡Ya! . . . ¡Ya! . . .
Váyase, porque le rompo la facha. . . Caramba. . .

ENCARGADA (*Volviéndose furiosa.*) ¡Dío Santo! Porco, canaglia. . .

JENARO (*La empuja con violencia.*) Fuori. . . (*Volviéndose al* INVÁLIDO.) Usted también,
mándese mudar. . . Bruta, bruta gente. . .   215

INVÁLIDO No me toqués. No te acerqués, gringo. . . Porque. . .

(*Tumulto. Salen* VECINOS; *la* ENCARGADA *vocifera.*)

INDALECIA Sosiéguese, don Jenaro.

JENARO (*Dándole un sopapo*[23] *a la* ENCARGADA.) ¡Bruta gente! . . .

INVÁLIDO Ladiate,[24] Indalecia, que entoavía puedo con un gringo. . .   220

ESCENA VII

Los mismos, COMISARIO, PERIODISTA *y la* NENA

(*Aparecen el* COMISARIO *y un* PERIODISTA, *seguidos de un grupo de* CHICOS.)

COMISARIO ¿Qué desorden es éste? . . . A ver, sosiéguense. . . Comisario de la
sección. . .

---

[22] *expresión que indica "dame la mano" (o sea, estoy de acuerdo)*

[23] *fam.* bofetón

[24] Apártate

ENCARGADA Vea, señor comisario. . . , este canaglia de un botellero, me ha pegao una   225
trompada tremenda. . .

INVÁLIDO (*Cuadrándose.*) ¡A la orden, mi jefe! . . .

JENARO (*Yéndose a su pieza.*) ¡Bruta gente, per Dío! . . .

ENCARGADA No le deje dir, señor comisario; me ha pegao, ¡e un sinvergüenza!

COMISARIO (*A* JENARO) ¡A ver, deténgase! . . . ¿Qué ha pasado? . . .

ENCARGADA Mire, señor comisario, lléveselo preso.   230

COMISARIO Cállese la boca.

INVÁLIDO Yo soy testigo, mi comisario. No ha pasao nada, mi comisario. Todo ha sido
de boca no más. ¿Basta la palabra?

COMISARIO Bajá la mano no más. A ver, despeje[25] un poco.

ENCARGADA Ma, señor comisario. . .   235

COMISARIO ¡Despeje, le he dicho!

(ENCARGADA *se va refunfuñando, y antes de desaparecer mira con odio a* JENARO *y besa la*
cruz,[2] *jurándosela.*)

COMISARIO (*A* INDALECIA, *que está rodeada de sus* HIJOS.) ¿Quién es la dueña de
estos muebles?

INVÁLIDO (*Indicando a* INDALECIA) Es una servidora. . . m'hija . . .   240

COMISARIO Bien, señora. Yo soy el comisario de la sección y el señor es un repórter de
La Nación. Hemos sabido que usted se encontraba en esa situación y. . .

PERIODISTA Nuestro diario ha sido el primero en dar la noticia.

INVÁLIDO Me consta. ¿No te dije, m'hija, que lo había leído?   245

PERIODISTA Usted ya sabrá que iniciamos una suscripción en su favor. Vengo a traerle lo
que se ha recibido hasta hoy. No es mucha cosa, pero le permitirá alquilar una pieza y
atender a las primeras necesidades. . .

INVÁLIDO Da las gracias, pues, mujer.

PERIODISTA Aquí tiene estos sesenta pesos y la lista de las personas que los han mandado   250
al diario. . . Sírvase.

(INDALECIA *se echa a llorar, estrechando a la* NENA. *Pausa. Emoción.* JENARO *se seca los*
ojos con la manga.)

PERIODISTA No se aflija, señora. Ya ve usted. . . las cosas se remedian. . . cálmese. Tome
su dinerito. . .   255

INVÁLIDO ¿Sabe que está lindo esto? Cuando te traen la salvación, te ponés a llorar. ¡Lo
hubiese hecho antes! (*Toma el dinero y se lo ofrece.*) Agarrá y da las gracias, pues. . .

NENA ¡Mamita! . . . ¡Mamita! . . .

INVÁLIDO (*Serenándose.*) Está bien, muchas gracias; no llore, mi nena, no llore. . . ¿Ve? . . .
Mamita ya no llora tampoco. . . A ver, séquense esos ojitos. (*Le limpia la cara y le suena los*   260
mocos con el delantal.) Sea buenita. . . ¡Esos hombres son muy buenos! Muchas gracias,
señores, muchas gracias. . .

PERIODISTA El comisario, por su parte, ha hecho algunas diligencias en su favor. El le dirá.

COMISARIO Es cierto; he conseguido colocarle a sus hijos. ¿Son éstos? ¿Éste es el
mayor? Bueno; a éste lo mandaremos a la correccional de menores. . .   265

JENARO ¿Cómo dice, señor comisario?

COMISARIO (*Prosiguiendo sin contestarle.*) Allí aprenderá un oficio y se hará un hombre
útil. . . Para los demás he conseguido que el asilo. . .

INDALECIA ¿Cómo? ¿Mis hijos?

COMISARIO Sí, señora. Ya está todo dispuesto. La Sociedad de Beneficencia los tomará a   270
su cargo.

INDALECIA Mis hijos. . . ¡No, no, no señor! . . . De ninguna manera. ¡Pobrecitos! . . .
Son míos. . . Son muy buenos. . .

COMISARIO Señora, comprenda usted que en su caso. . .

INDALECIA ¡Mis hijos! ¡Qué esperanza! . . . No, ni lo sueñen.   275

JENARO Natural. Y tiene razón.

COMISARIO Retírese usted. Nada tiene que ver aquí. . .

JENARO No tengo que ver, pero digo la verdad, ¿sabe?

COMISARIO ¡Que despeje le he dicho!

JENARO ¡Eh! Bueno. . . Está bien. . . Ma es una injusticia. Bruta gente. . .   280

PERIODISTA Tiene que resignarse, señora. Es natural que le duela separarse de ellos, pero es
preferible que se los mantenga la sociedad a que mañana tengan que andar robando por ahí. . .

INDALECIA Tendrá mucha razón, señor. Pero yo no puedo separarme de ellos.

INVÁLIDO ¿Pero han visto? ¡Qué rica cosa! Es la primera vez que la patria se ocupa de
proteger a este viejo servidor manteniéndole a los nietos, y vos te oponés. No seas mal   285
agradecida, mujer. . . Mire, amigo; este brazo lo perdí en Estero Bellaco,[26] y aquí en esta
pierna tengo otra bala más, ¿sabe? Bueno, y ya ve lo que he ganao. . . Que mis hijos y que
mis nietos se vean en este estao. ¿Ahora se acuerdan? . . . Está bien. . . Hay que agarrar no
más. . . Vale más tarde que nunca, ¿no le parece?

COMISARIO Es natural. Bien, señora. Tiene usted que resolverse y. . .   290

INDALECIA No, señor. Estoy bien resuelta. No me separo de mis pobres hijos. . . , no
puedo. . . , no puedo. . . , nunca podría. . .

INVÁLIDO Pucha, mujer zonza. No pareces hija mía. . .

COMISARIO ¿Prefiere usted verlos morir de hambre o convertidos en unos perdularios?

INDALECIA No, no. . . Ya me han ayudado a tomar pieza. Ahora denme trabajo si   295
quieren, que a mí no me faltan fuerzas, y yo me encargaré de mantenerlos y educarlos.

JENARO Eso está bien dicho.

COMISARIO Le he dicho que no se meta usted.

INDALECIA Y después, no son míos solamente. ¿Qué cuentas le voy a dar al pobre padre
que tanto los quiere, que se ha desvivido por ellos? ¿Qué cuentas le voy a dar cuando salga   300
del hospital? ¡No. . . , no. . . , no es posible! ¡Mis hijitos! . . .

COMISARIO ¡Oh! A ese respecto debe estar tranquila. Su marido está muy mal y
difícilmente saldrá del hospital. En todo caso, quedará paralítico.

JENARO ¡Oh! ¡Bruta gente!

(INDALECIA *se echa a llorar.*)   305

ESCENA VIII

Los mismos y el FOTÓGRAFO

FOTÓGRAFO (*El* FOTÓGRAFO *de* Caras y Caretas, *al* PERIODISTA) ¡Hola amigo!

PERIODISTA ¿Viene a hacer una nota?

FOTÓGRAFO Precisamente. Una linda nota, por lo que veo. ¿Ésta es la víctima?

---

[25] serénese
[26] batalla de la guerra del Paraguay

PERIODISTA ¿Usted conoce al señor? (*Presentando.*) El comisario de la sección. Un   310
repórter de *Caras y Caretas.* (*Saludos.*)

FOTÓGRAFO Llego en un lindo momento. (*Al* MENSAJERO *que lleva los aparatos.*) A
ver, saca pronto eso.

COMISARIO Esto se ve a cada momento. . . es una cosa bárbara la miseria que hay. . .

(*El* FOTÓGRAFO, *rodeado de* PILLUELOS *y* VECINOS, *acomoda la máquina sobre el*   315
trípode, buscando la luz conveniente.)

FOTÓGRAFO Aquí queda bien. Así. . . (*Los* VECINOS *toman colocación frente al foco,*
tratando de salir a la vista.) Le tomaremos una así, llorando; es un momento espléndido.
(*Enfoca.*) Ustedes tendrán la bondad de retirarse. . . más, más lejos. (*Al* INVÁLIDO) Usted
también, retírese. . .   320

INVÁLIDO Yo soy el padre de ella, pues. . . ¿por qué viá salir?

FOTÓGRAFO Está bien, disculpe. . . (*Cuando se vuelve, todos se acomodan de nuevo.*) He
dicho que se retiren.

COMISARIO A ver. ¡Despejen!

FOTÓGRAFO Ya les ha de llegar su turno. Pierdan cuidado. . . Bien. . . no se muevan. . . ,   325
un momento. . . , ya está.

INVÁLIDO ¿He salido bien yo?

FOTÓGRAFO Macanudo[27]. . . (*Al* COMISARIO) Ahora podrían ponerse ustedes. . . Y
si la señorita quisiera levantar la cabeza. . . ¡Señora! . . . ¡Señora!

JENARO Métame preso y hagan lo que quieran. . . Ma esto es una barbaridad. . .   330
¡Mándese mudar, per Dío! ¡Qué bruta gente! Dejen tranquila a esa pobre muquer. . .
Caramba. . . Caramba. . .

PERIODISTA (*Al* COMISARIO, *que quiere intervenir.*) La verdad es que no le falta razón;
sería mejor.

FOTÓGRAFO Por mí. . . La nota importante ya la tengo. . . (*Se pone a empaqutar su aparato.*)   335

INVÁLIDO ¿Pero han visto este gringo que se ha creído de la familia también? No faltaba
más, hombre. . .

COMISARIO (*A* INDALECIA) Bueno, señora; no se aflija más y resuélvase.

INVÁLIDO Déjela. . . Si ya está resuelta. . .

INDALECIA Mis pobres hijitos. . . No esposible. . . No puedo; me moriría.   340

PERIODISTA Piense que es un egoísmo suyo. Por el momento, podrá mantenerlos si
trabaja. Pero puede ocurrirle que mañana no tenga que darles de comer. . . enfermarse. . . ,
morirse. . . ¿Qué va a ser de ellos? . . . Usted no los pierde dándolos al asilo. . . los podría
visitar a menudo; allí se formarán, aprenderán un oficio.

COMISARIO Y mañana serán hombres útiles para usted y para todos. . .   345

INVÁLIDO Claro está. . . ¿Preferís verlos en la cárcel por bandidos?

INDALECIA Bueno, basta. . . Sí. . . , hagan de mí lo que quieran. . . ¡Sí! . . . ¡Sí! . . .
¡Pobres hijitos míos!

COMISARIO Eso es entrar en razón. . . Bueno; con ese dinero alquílese una pieza y
mañana venga con los chicos por la comisaría, que iremos a colocarlos ¿eh?   350

PERIODISTA ¿Nos vamos? Bien. . . Adiós, señora. . . Tranquilícese usted. . . Sea
razonable. . .

INVÁLIDO Da las gracias pues, y saluda. . .

---

[27] *argentinismo:* estupendo

PERIODISTA Déjela. . . Le mandaremos con el comisario la plata que se reciba. . . (*Al* FOTÓGRAFO) ¿Salimos?   355

FOTÓGRAFO Sí. ¿Cómo no? Buenas tardes, señores.

COMISARIO (*A* JENARO) Y a ver vos, si te dejás de andar con zonceras.[28]

(JENARO *le vuelve la espalda.*)

INVÁLIDO (*Al* COMISARIO) Diga, mi jefe. ¿No habría unos níqueles[29] pa el milico viejo? . . .   360

COMISARIO Para mamarte,[30] ¿no?

INVÁLIDO ¿Qué quiere, pues? Es lo único que me ha dado la patria. . . Un vicio. . .

COMISARIO (*Riéndose*) Tenés razón, tomá. . .

(*Mutis, los* MUCHACHOS. *Los* VECINOS *salen también detrás.*)

INVÁLIDO (*Volviéndose a* INDALECIA) ¡Che, m'hija! Hoy no he sacado nada, ¿sabés?   365
Dame algunos níqueles de ésos que te dieron. . .

INDALECIA Tome. . . Tómelos todos. . . ¿Yo para qué los quiero ahora? (*Se abraza sollozando a sus* HIJOS.)

FIN

■———Pasos para la comprensión

Escena I

1. La pieza empieza en medias res con la Encargada tratando de cobrar el alquiler. El alquiler, por lo tanto, es el referente de las primeras palabras de la pieza. ¿Qué pasa cuando no se sabe cuál es el referente del diálogo?

2. ¿Qué percance sufre la Encargada en el patio? ¿Qué ocurre?

   ☐ ¿Quién puso el trasto en el patio?

   ☐ ¿Qué vecina parece la más preocupada por el accidente de la Encargada?

   ☐ En este momento no se puede saber la causa de esta preocupación, pero ¿por qué se imaginas?

3. Parece haber rencillas entre las Vecinas 1 y la 2. ¿En qué se nota?

4. Al final de la escena se exponen muchos de los discursos del drama. ¿Cuál es el dilema de Indalecia?

   ☐ ¿Qué opinión tienen la Vecina 2 y la Encargada de su situación?

   ☐ ¿Qué razones da Indalecia para defenderse?

Escenas II y III

5. ¿Cómo se porta Jenaro con Indalecia?

6. En la escena III, Jenaro habla de Daniel, el marido de Indalecia. ¿Dónde está? ¿Qué le ha pasado?

---

[28] *argentinismo:* estupideces

[29] *regionalismo:* monedas

[30] *argentinismo:* emborracharte

Escena IV

7. Llega a esta escena un inválido, que resulta ser el padre de Indalecia.

   □ ¿Parece haber una buena relación entre el padre y la hija? Explica.

   □ ¿Por qué ha venido a ver a su hija?

8. ¿Cómo parece ser el padre? ¿Cómo trata a Jenaro?

Escenas V y VI

9. El padre de Indalecia tiene conflictos con todo el mundo.

   □ ¿Cuál parece ser la causa de su carácter conflictivo?

   □ Tiene problemas especiales con los "gringos." ¿Crees que hay una nota de racismo o antiinmigrante en su actitud? Explica.

Escena VII

10. Llegan dos personajes más: el Comisario y un Periodista. ¿Por qué ha venido el Periodista? ¿Qué es una suscripción?

11. ¿Cómo reacciona Indalecia al recibir la noticia?

    □ ¿Qué papel hace el padre de Indalecia en toda esta escena?

    □ ¿Cuál es la ironía de sus acciones?

12. ¿Qué noticias trae el comisario?

    □ ¿Qué van a hacer con el hijo mayor?

    □ ¿Qué van a hacer con los menores?

    □ ¿Qué crees que es un asilo?

13. Hay que examinar las reacciones de los distintos personajes ante la intención de quitarle los hijos a Indalecia y mandarlos a sitios de beneficencia para criarlos.

    □ ¿Qué piensan el comisario y los que le han conseguido el asilo a los hijos?

    □ ¿Qué piensa el padre de Indalecia?

    □ ¿Qué piensa Jenaro?

14. La reacción de Indalecia es la más importante. ¿Qué piensa ella? Su reacción incluye su esposo y el trabajo. Explica.

Escena VIII

15. Ahora llega un fotógrafo. ¿Qué ha venido a hacer? ¿Por qué se enoja tanto Jenaro?

16. ¿Qué nuevas razones se proporcionan para justificar que le quiten los hijos a Indalecia? ¿Hay alguna razón lógica en estas posturas?

17. Hay una escena algo humorística entre el padre de Indalecia y el Comisario. ¿Qué le pide el padre al comisario cuando éste está a punto de marcharse?

    ☐ ¿Se da cuenta el comisario por qué quiere el inválido dinero?

    ☐ ¿Qué respuesta humorística da el inválido?

    ☐ ¿Por qué crees que se insertaría esta escena algo humorística al final de una historia tan triste?

18. ¿Qué le pide el padre a su hija? ¿Cómo responde ésta? ¿Por qué crees que hace lo que hace?

■——Pasos para una lectura más a fondo

1. La pieza parece incluir tres asuntos: las relaciones y tensiones entre los inquilinos; la aparición inesperada del padre de Indalecia; y la situación de Indalecia y su resolución. Haz una lista de cada asunto y los discursos que provoca.

2. Los detalles de la situación de Indalecia se presentan en diferentes momentos a lo largo de la obra, y el espectador tiene que luego juntar los detalles para tener una idea clara de lo que le ha pasado.

    ☐ ¿Qué le pasó a su esposo?

    ☐ ¿Qué le pasa a Indalecia a causa del accidente de su esposo?

    ☐ ¿Es un esposo bueno y cariñoso con sus hijos?

    ☐ ¿Por qué no consigue trabajo Indalecia para solucionar sus problemas económicos?

3. ¿Hay objetividad en el modo en que se presenta el discurso de la beneficencia? Por ejemplo, ¿tienen buenas intenciones el Comisario y el Periodista?

    ☐ ¿Tienen razón en lo que dicen respecto a la futura situación de Indalecia y sus hijos? ¿Qué ignoran?

4. Incluso en la figura ridícula y egoísta del padre hay ecos de verdad. ¿Es él una victima? Explica.

5. Como buen ejemplo de teatro realista, "El desalojo" presenta una serie de problemas sociales y conflictos morales. Haz una lista de ellos. ¿Parece el autor proponer una solución a estos problemas? Explica.

6. ¿Encuentras algún discurso feminista? ¿Tiene Indalecia una voz propia en esta pieza?

    ☐ ¿Le hace caso la gente a lo que dice?

    ☐ ¿Qué nos indican estos detalles respecto a la situación de la mujer?

Mariano Azuela

■□■

1873–1952

La Revolución mexicana de 1910—la primera revolución de índole social de Hispanoamérica—captó la imaginación creativa del pueblo mexicano; los ecos de esa lucha turbulenta se siguen escuchando en la literatura mexicana contemporánea. Entre los escritores que participaron y vivieron la época belicosa de la Revolución se destaca Mariano Azuela, cuya novela *Los de abajo* (1915) capta con su estilo nervioso, escenas rápidas, y su forma narrativa episódica el caos. Aunque hoy la fama de Azuela se basa en esta novela, la verdad es que escribió muchas otras antes y después de *Los de abajo,* y su arte novelístico muestra una constante evolución desde un puro naturalismo decimonónico a unos experimentos con el género que lo radican definitivamente en la vanguardia de la narrativa mexicana del siglo pasado.

"De cómo al fin lloró Juan Pablo" (1918)

Antes de leer

1. ¿Quiénes empiezan las guerras y las revoluciones, los gobernantes o la gente común?
2. Si los EE.UU. se metiera en una guerra y te llamaran a luchar, ¿qué harías?
3. ¿Por qué medios de comunicación se va enterando la gente de la historia? ¿Cómo se le va formando a la gente una conciencia social o política, por medio de sus experiencias o por medio de lo que escucha y lo que lee? Explica.

Código para la comprensión

Código histórico: En 1910, Francisco Madero (1873–1913) logró quitar el poder al dictador Porfirio Díaz (1830–1915), y la lucha que siguió entre los partidarios de Porfirio Díaz y los de Madero se convirtió en una revolución que intentaría cambiar radicalmente la estructura política, económica y social de México. La revolución tuvo muchas fases y complejidades. Una tuvo lugar en 1913 cuando los contrarrevolucionarios, en este caso los ricos industrialistas—tanto mexicanos como extranjeros con intereses comerciales en México—apoyaron a Victoriano Huerta, quien logró una insurrección contra el gobierno de Madero, quien fue asesinado en la lucha. Pero el gobierno de Huerta solo duró un año debido a que los revolucionarios se organizaron de nuevo bajo el liderazgo de Carranza. El relato de Azuela hace mención a los partidarios de Huerta, lo cual indica que toma lugar entre 1913 y 1914. Dos grandes figuras revolucionarias—Pancho Villa (1878–1923) en el norte y Emiliano Zapata (1879–1919) en el sur—adquirieron estatus casi legendario en esta lucha. En "De cómo al fin lloró Juan Pablo" (1918) se refiere a los conservadores y contrarrevolucionarios (los que apoyaban a Porfirio Díaz y luego a Huerta) como "civilistas."

"De cómo al fin lloró Juan Pablo"

A la memoria del general Leocadio Parra, asesinado por el carrancisco.

Juan Pablo está encapillado;[1] mañana, al rayar el alba, será conducido de su celda, entre clangor de clarines y batir de tambores al fondo de las cuadras del cuartel, y allí, de espaldas a un angosto muro de adobes, ante todo el regimiento, se le formará el cuadro y será pasado por las armas.[2]   5

Así paga con su vida el feo delito de traición.

¡Traición! ¡Traición!

La palabreja pronunciada en el Consejo Extraordinario de Guerra de ayer se ha clavado en mitad del corazón de Juan Pablo como un dardo de alacrán.

"Traición." Así dijo un oficialito, buen mozo, que guiñaba los ojos y movía las manos   10
como esas gentes de las comedias. Así dijo un oficialito encorseletado,[3] relamido, oloroso como las mujeres de la calle; un oficialito de tres galones[4] muy brillantes. . . galones vírgenes.[5]

Y la palabreja da vueltas en el cerebro de Juan Pablo como la idea fija en la rueda sin fin del cerebro de un tifoso.

"¡Traición!, ¡traición! ¿Pero traición a quién?"   15

Juan Pablo ruge, sin alzar la cabeza, removiendo la silla y haciendo rechinar sus ferradas botas en las baldosas.

La guardia despierta:

"¡Centinela aaalerta! . . ."

"¡Centinela aaalerta! . . ."   20

Las voces se repiten alejándose, perdiéndose de patio en patio, hasta esfumarse pavorosas y escalofriantes en un gemido del viento. Después ladra un perro en la calle. Ladrido agudo, largo, plañidero, de una melancolía desgarradora, casi humana.

El día que llegó a Hostotipaquillo el periódico de México con la relación mentirosa de las hazañas del beodo Huerta y su cafrería,[6] Pascual Bailón, hábil peluquero, acertado boticario y pulsador a las veces de la séptima, convocó a sus íntimos: 25

---

[1] *mexicanismo:* puesto en capilla (a un reo de muerte)

[2] fusilado

[3] como si llevara un corsé a la cintura

[4] cintas que representan distintivos que llevan los soldados (*aquí, medallas*)

[5] *o sea, ganados sin haber luchado*

[6] Véase el *código histórico*

"Pos[7] será bueno acabar ya con los tiranos," respondió Juan Pablo que nunca hablaba.

Entonces Pascual Bailón, personaje de ascendiente, empapado en las lecturas de don Juan A. Mateos, y de don Ireneo Paz y de otros afamados escritores, con gesto épico y alcanzando con su verbo las alturas del cóndor, dijo así:

"Compañeros, es de cobardes hablar en lenguas, cuando ya nuestros hermanos del Norte   30 están hablando en pólvora."

Juan Pablo fue el primero en salir a la calle.

Los conjurados, en número de siete, no hablaron en pólvora porque no tenían ni pistolas de chispa; tan bien hablaron en hierro, que dejaron mudos para siempre a los tiranos del pueblo, al alcaide y los jenízaros[8] de la cárcel municipal, amén de ponerle fuego a *La Sim-*   35 *patía (abarrotes y misceláneas)* de don Telésforo, el cacique principal.

Pascual Bailón y los suyos remontaron a las barrancas de Tequila. Luego de su primera es-caramuza con los federales,[9] verificóse un movimiento jerárquico radical; Pascual Bailón, que procuraba ponerse siempre a respetable distancia de la línea de fuego, dijo que a eso él lo lla-maba, con la historia, prudencia; pero los demás, que ni leer sabían, en su caló un tanto rudo,   40 mas no desprovisto de color, dijeron que eso se llamaba simplemente "argolla."[10] Entonces, por unanimidad de pareceres, tomó la jefatura de la facción Juan Pablo, que en el pueblo sólo se había distinguido por su retraimiento hosco y por su habilidad muy relativa para calzar una reja,[11] aguzar un barretón[12] o sacarle filo a un machete. Valor temerario y serenidad fueron para Juan Pablo como para el aguilucho[13] desplegar las alas y hender los aires.   45

Al triunfo de la Revolución podía ostentar, sin mengua de la vergüenza y del pudor, sus insignias de general.

Las parejas de enamorados que gustan de ver el follaje del jardín Santiago Tlaltelolco tinto en el oro vaporoso del sol naciente tropezaron a menudo con un recio mocetón, tendido a la bartola en una banca, en mangas de camisa, desnudo el velloso pecho; a veces contem-   50 plando embebecido un costado mohoso y carcomido de la iglesia; sus vetustas[14] torrecillas desiguales que recortan claros zafirinos, débilmente rosados por la hora; otras veces con un número de *El Pueblo,* a deletrea que deletrea.[15]

Juan Pablo, de guarnición en la capital, poco sabe de periódicos, desde que Pascual Bailón, nuevo Cincinato, después de salvar a la patria, se ha retirado a la vida privada a cuidar sus in-   55 tereses (una hacienda en Michoacán y un ferrocarrilito muy regularmente equipado); pero cuando el título del periódico viene en letras rojas y con la enésima noticia de que "Doro-teo Arango ha sido muerto" o que "el Gobierno ha rehusado el ofrecimiento de quinientos millones de dólares que le ofrecen los banqueros norteamericanos," o bien como ahora que "ya el pueblo está sintiendo los inmensos beneficios de la Revolución," entonces compra el   60 diario. Excusado decir que Juan Pablo prohija[16] la opinión de *El Pueblo* de hoy: su chaleco está desabrochado porque no le cierra más; la punta de su nariz se empurpura y comienzan

---

[7] *mexicanismo:* pues

[8] guardias

[9] soldados del gobierno federal bajo Huerta

[10] *mexicanismo:* un anillo de matrimonio *(en el argot de la frase podría ser miedo)*

[11] poner una nueva reja (pieza redonda de hierro) *(aquí, en alguna herramienta)*

[12] sacarle punta a la piqueta (herramienta de albañiles y mineros)

[13] especie de aguila

[14] *poét.* viejas

[15] *o sea, leyéndolo con dificultad*

[16] recibe como hijo *(o sea, respeta mucho)*

a culebrear por ella venillas muy erectas, y a su lado juguetea una linda adolescente vestida de tul blanco floreado, con un listón muy encendido en la nuca, otro más grande y abierto como mariposa de fuego al extremo de la trenza que cae pesada en medio de unas caderas que comienzan apenas a ensanchar.

Juan Pablo acaba rendido la lectura de los "Inmensos Beneficios que la Revolución le ha traído al Pueblo" a la sazón que sus ojos reparan en el centenar de mugrientos, piojosos y cadavéricos que están haciendo cola a lo largo de la duodécima calle del Factor, en espera de que abra sus puertas un molino de nixtamal.[17] Juan Pablo frunce el ala izquierda de su nariz y se inclina a rascarse un tobillo. No es que Juan Pablo, herido por la coincidencia, haya reflexionado. No. Juan Pablo ordinariamente no piensa. Lo que ocurre en las reconditeces de su subconciencia suele exteriorizarse así: un fruncir de nariz, un sordo escozor, algo así como si se le paseara una pulga por las pantorrillas. Eso es todo.

Y bien, es ésta la tercera vez que Juan Pablo está encapillado. Una por haberle desbaratado la cara a un barbilindo de la Secretaría de Guerra; otra por haber alojado en la cabeza de un pagador una bala de revólver. Todo por nada, por minucias de servicio. Porque en la lógica de mezquite[18] de Juan Pablo no cabrá jamás eso de que después del triunfo de la revolución del pueblo sigan como siempre unos esclavizados a los otros. En su regimiento, en efecto, jamás se observó más línea de conducta que ésta: "No volverle jamás la espalda al enemigo." El resto avéngaselo cada cual como mejor le cuadre. Se comprende qué hombres llevaría consigo Juan Pablo. Se comprende cómo lo adoraría su gente. Y se comprende también que por justos resquemores[19] de esa gente el Gobierno haya puesto dos veces en libertad a Juan Pablo.

Sólo que la segunda salió de la prisión a encontrarse con una novedad: su regimiento disuelto, sus soldados incorporados a cuerpos remotísimos: unos en Sonora, otros en Chihuahua, otros en Tampico y unos cuantos en Morelos.

Juan Pablo, general en depósito sin más capital que su magnífica *Colt* izquierda, sintió entonces la nostalgia del terruño lejano, de sus camaradas de pelea, de su libertad más mermada[20] hoy que cuando majaba[21] el hierro, sin más tiranos en la cabeza que el pobre diablo de la *Simpatía (abarrotes y misceláneas)* y los tres o cuatro "gatos" que fingían de gendarmes municipales, excelentes personas por lo demás, si uno no se mete con ellos. Juan Pablo así lo reconoce ahora, suspirando y vueltas las narices al occidente.

Una noche, cierto individuo que de días atrás viene ocupando el sitio frontero a Juan Pablo en el restaurante se rasca la cabeza, suspira y rumora: "Los civilistas nos roban."

Juan Pablo, cejijunto, mira a su interlocutor, come y calla.

Al día siguiente: "Los civilistas se han apoderado de nuestra cosecha; nosotros sembramos la tierra, nosotros la regamos con nuestra propia sangre."

Juan Pablo deja el platillo un instante, pliega el ala izquierda de la nariz, se inclina y se rasca un tobillo. Luego come y calla.

Otro día: "Los civilistas ya no son las moscas, ahora se han sentado a la mesa y a nosotros nos arrojan, como al perro, las sobras del banquete."

Juan Pablo, impaciente al fin, pregunta: "¿Por eso, pues, quiénes hijos de un. . . son esos tales civilistas?"

---

[17] maíz molido con cal con que se hacen las tortillas
[18] una planta (*o sea, lógica ridícula*)
[19] resentimientos
[20] disminuida
[21] machacaba

"Los que nos han echado de nuestro campo. . . los catrines[22]. . ."

La luz se hace en el cerebro de Juan Pablo.   105

Al día siguiente es él quien habla: "Sería bueno acabar con los tiranos."

Su amigo lo lleva por la noche a una junta secreta por un arrabal siniestro. Allí están reunidos ya los conjurados. Uno, el más respetable, diserta con sombrío acento sobre el tema: "ya es tiempo de que al pueblo le demos patria."

Alelado,[23] Juan Pablo no siente cuando las puertas y ventanas contiguas se cuajan de bri-   110
llantes cañones de fusil.

Un vozarrón: "¡Arriba las manos!"

Todo el mundo las levanta. Juan Pablo también las levanta; mejor dicho alza la derecha empuñando vigorosamente la *Colt* izquierda.

"¡Ríndase o hago fuego!", ruge una voz tan cerca de él que le hace dar un salto de fiera   115
hacia atrás. Y Juan Pablo responde vaciando la carga de su revólver.

En medio de la blanca humareda, entre el vivo fulgor de los fogonazos, bajo la turbia penumbra de un farol grasiento, Juan Pablo, crispada la melena, blancos los dientes, sonríe en su apoteosis.

Cuando los tiros se agotan y no queda figura humana en los oscuros huecos de puertas y   120
ventanas, caen sobre él como un rayo los mismos conjurados.

Agarrotado de pies y manos, Juan Pablo sigue sonriendo.

No hay jactancia alguna, pues, en que Juan Pablo diga que tantas veces se ha encontrado frente a frente con la muerte que ya aprendió a verla de cara sin que le tiemblen las corvas.[24]   125

Si hoy lleva seis horas enclavado en una silla de tule, la vigorosa cabeza hundida entre sus manos nervudas y requemadas, es porque algo más cruel que la muerte lo destroza. Juan Pablo oye todavía: "¡Traición. . . traición. . .!", cuando una a una caen lentas y pausadas las campanadas del alba.

"¿Pero traición a quién, Madre mía del Refugio?"   130

Sin abrir los ojos está mirando el altarcito en uno de los muros del cuartucho; una estampa de Nuestra Señora del Refugio, dos manojos de flores ya marchitas y una lamparita de aceite que derrama su luz amarillenta y funeraria. Entonces dos lagrimones se precipitan a sus ojos.

"¡Imposible!—Juan Pablo da un salto de león herido—. . . ¡Imposible! . . ."   135

Clarividencias de moribundo le traen viva la escena de su infancia, ruidoso covachón,[25] negro de hollín, gran fuego en el hogar, y un niño de manos inseguras que no saben tener la tenaza y escapar el hierro candente. . . Luego un grito y los ojos que se llenan de lágrimas. . . Al extremo de la fragua[26] se yergue un viejo semidesnudo, reseco, como corteza de roble, barbado en grandes madejas como ixtle chamuscado: 140

"¿Qué es eso, Juan Pablo? . . . Los hombres no lloran!"

---

[22] *expresión despectiva para referirse a las clases altas*

[23] pasmado, como tonto

[24] parte de detrás de la rodilla

[25] habitación estrecha y pobre

[26] sitio donde se funde el hierro

En huecas frases revestidas de hipocresía reporteril, la prensa dice que el ajusticiado murió con gran serenidad. Agregan los reporteros que las últimas palabras del reo fueron éstas: "No me tiren a la cara," y que con tal acento las pronunció, que más parecía dictar una orden que implorar una gracia.

Parece que la escolta estuvo irreprochable. Juan Pablo dio un salto adelante, resbaló y cayó tendido de cara a las estrellas, sin contraer más una sola de sus líneas.

Eso fue todo lo que vieron los reporteros.

Yo vi más. Vi cómo en los ojos vitrificados de Juan Pablo asomaron tímidamente dos gotitas de diamantes que crecían, crecían, que se dilataban, que parecían querer desprenderse, que parecían querer subir al cielo. . . sí, dos estrellas. . .

1918

■———Pasos para la comprensión

1. Empecemos estudiando la estructura de la narración.
   - ☐ ¿Qué pasa a partir de la línea 24?
   - ☐ Y luego, ¿qué pasa a partir de la línea 126?
   - ☐ Un modo de describir esta estructura es decir que tiene un marco, y que dentro de este marco hay una historia (líneas 26–147). ¿Cuál es el marco general? ¿Qué contiene?

2. El punto de vista narrativo es también complejo. Para estudiarlo, vuelve a leer los dos últimos párrafos del cuento. ¿Qué revelan?

3. ¿Cómo se entera el peluquero Bailón de la lucha revolucionaria?
   - ☐ Luego, ¿cómo se entera Juan Pablo?
   - ☐ ¿Qué hacen los contertulios de Bailón?
   - ☐ ¿Qué le pasó a Bailón—provocador de la lucha—con el tiempo?
   - ☐ ¿Cómo ascendió Juan Pablo a ser general?

4. Después del "triunfo de la Revolución" ¿cree Juan Pablo lo que lee en la prensa respeto a todos los beneficios que el pueblo ha sacado de la Revolución? (Para contestar, lee las líneas 54–66.)
   - ☐ ¿Cómo reacciona Juan Pablo cuando ve alguna injusticia?

5. ¿Cómo se va enterando Juan Pablo de la existencia de los civilistas?
   - ☐ ¿Sabe Juan Pablo lo que son?
   - ☐ ¿Qué hace cuando se entera de lo que son?

6. Cuando Juan Pablo es llevado a la reunión secreta de conjurados, ¿se sabe exactamente quiénes son y en qué creen? Explica.
   - ☐ ¿Por qué caen los conjurados sobre Juan Pablo, después de que éste los hubiera defendido matando a los que venían a prenderlos?
   - ☐ ¿Se sabe quién está en cada banda? ¿Qué parece indicar este detalle respecto a la época revolucionaria?

☐ Juan Pablo es acusado de traidor. ¿Por qué le molesta tanto esta acusación al antiguo general?

7. El personaje de Juan Pablo es complejo. Para aclarlo, trata de contestar las siguientes preguntas:

☐ ¿Es machista? Explica.

☐ ¿Es una persona bien informada? Explica.

☐ ¿Es un hombre de acción o de meditación? Explica.

☐ ¿Tiene una conciencia social? Explica.

☐ ¿Es un hombre que reflexiona o actúa instintivamente? Explica.

☐ ¿Qué nos estará diciendo el autor implícito de la Revolución mexicana con el ejemplo de Juan Pablo?

■———Pasos para una lectura más a fondo

1. El título del cuento se refiere al discurso del machismo mexicano de la narración. Ya sabemos que Juan Pablo actúa por sus instintos, por su conciencia de la injusticia social y por las afrentas a su hombría. En la cárcel, pensando en su vida, Juan Pablo llora, lo cual le hace recordar. ¿Qué le dijo el viejo semidesnudo una escena de su niñez cuando se quemó? (líneas 128–136)

☐ ¿Qué implica esta nueva dimensión del carácter de Juan Pablo?

☐ ¿Cómo se relaciona con el discurso del machismo?

☐ El narrador transforma el signo de las lágrimas en las últimas palabras del relato.

2. ¿Cómo se lleva a cabo el discurso histórico de la Revolución mexicana? O sea, ¿qué detalles se van acumulando a lo largo de la narración que, al decodificarse, revelan algún aspecto de esa lucha?

☐ Por ejemplo, ¿se pinta la Revolución como una guerra organizada? Explica.

☐ ¿Cómo se llega a ser general? Explica.

☐ Busca otros ejemplos.

3. El relato es polifónico, o sea, a lo largo de la narración se oyen voces diferentes. Además de la voz narrativa, que es la más significativa, ¿qué otras voces se escuchan? Haz una lista completa, sin dejar de incluir la voz periodística.

4. A veces, el narrador emplea un tono irónico o sarcástico. Lee las líneas 54–61 y 87–92. Explica.

5. El lenguaje de la narración está lleno de mexicanismos. Búscalos. ¿Qué efecto produce el uso de estas expresiones coloquiales?

Horacio Quiroga

■ □ ■

1878–1937

Quiroga sólo trabajó el relato corto, pero la altísima calidad de su obra contribuyó decisivamente para conferirle a ese género narrativo un prestigio artístico que antes no tenía. A partir de la obra de Quiroga, prácticamente todos los grandes narradores hispanoamericanos han cultivado el relato corto seriamente, y algunos, como Jorge Luis Borges, han creado una firme reputación internacional exclusivamente a base de él. La variedad de los cuentos de Quiroga es impresionante, y van desde lo irreal hasta un intenso realismo. Gran parte de su obra se ambienta en la región selvática y aislada de Misiones al nordeste de Argentina, donde pasó largas etapas de su vida. No obstante, su obra va mucho más allá del regionalismo y el costumbrismo y consigue una dimensión universal.

Más allá (1935)

Antes de leer

1. ¿Irías a vivir solo/a o con tu pareja e hijos a un lugar desconocido, solitario y salvaje? Explica.
2. Si un muchacho va de caza, ¿qué precauciones deben tomar los padres?
3. Para muchos, la caza es un deporte y para otros, un modo de subsistencia. ¿Qué piensas tú al respecto?

Códigos para la comprensión

Código biográfico: Quiroga vivió en la provincia selvática de Misiones, una región muy aislada e indomable en el nordeste de Argentina. Llevó una vida trágica, marcada por una serie de muertes y suicidios que le afectaron profundamente. Presenció el suicidio de su padrastro, y luego el de su esposa. Quiroga mató accidentalmente a un amigo suyo, y él mismo, al enterarse de que tenía un cáncer, se suicidó. Un amigo de Quiroga, Julio Payró, cuenta la siguiente anécdota sobre su vida que nos ayuda a vislumbrar el contexto vital de "El hijo:"

"Para mí no hay cuento superior a 'El hijo.' Yo creo que al escribirlo Quiroga libera toda su angustia, que no era poca por cierto. La cosa ocurrió así: Darío, [el hijo de Quiroga] de chico, se internaba frecuentemente en el monte, que conocía bien. Un día Darío salió de su casa y se ausentó durante treinta o cuarenta minutos. Y el padre, que lo había educado para el peligro y la aventura, comienza a inquietarse. No le dice ni se lo dice porque teme a su propio miedo, a encontrar a su hijo muerto en el monte."

Código geográfico: La fauna y flora de Misiones son subtropicales, su tierra es de un color rojo intenso, profundo, y las aguas de los arroyos y ríos se entintan de rojo por las constantes lluvias que ayudan a la selva a llenarse de una espesa vegetación exuberante. El río Paraná, uno de los ríos más largos y anchos del mundo, atraviesa la región. Quiroga adquirió 180 hectáreas de tierra a la vera del Paraná, en una meseta que convertía el espacio en una gran barranca. Su casa estaba rodeada de selva virgen y por ende, de animales salvajes.

Código lingüístico: Los habitantes originales de Misiones eran los indios guaraníes, quienes fueron sometidos por los colonizadores españoles en el siglo XVI. El idioma guaraní penetró en el vocabulario español usado en la región misionera. En "El hijo" aparecen aves con nombres en guaraní: *yacutoro,* que es pava de monte, de copete oscuro y plumaje negruzco o gris que anida en el suelo o en los árboles; *surucuá,* que se refiere a ciertas aves cuyo plumaje bronce púrpura, azul, negro y gris es brillante y con reflejos metálicos en los machos y de tonos apagados en las hembras y que se caracterizan por ser pesadas y perezosas.

"El hijo"

Es un poderoso día de verano en Misiones con todo el sol, el calor y la calma que puede deparar la estación. La naturaleza, plenamente abierta, se siente satisfecha de sí.

Como el sol, el calor y la calma del ambiente, el padre abre también su corazón a la naturaleza.

—Ten cuidado, chiquito—dice a su hijo abreviando en esa frase todas las observaciones   5
del caso y que su hijo comprende perfectamente.

—Sí, papá—responde la criatura, mientras coge la escopeta y carga de cartuchos[1] los bolsillos de su camisa, que cierra con cuidado.

—Vuelve a la hora de almorzar—observa aún el padre.

—Sí, papá—repite el chico.   10

Equilibra la escopeta en la mano, sonríe a su padre, lo besa en la cabeza y parte.

Su padre lo sigue un rato con los ojos y vuelve a su quehacer de ese día, feliz con la alegría de su pequeño.

Sabe que su hijo, educado desde su más tierna infancia en el hábito y la precaución del peligro, puede manejar un fusil y cazar no importa qué. Aunque es muy alto para su edad,   15

---

[1] municiones

no tiene sino trece años. Y parecería tener menos, a juzgar por la pureza de sus ojos azules, frescos aún de sorpresa infantil.

No necesita el padre levantar los ojos de su quehacer para seguir con la mente la marcha de su hijo: Ha cruzado la picada[2] roja y se encamina rectamente al monte a través del abra[3] de espartillo.

Para cazar en el monte—caza de pelo—se requiere más paciencia de la que su cachorro puede rendir. Después de atravesar esa isla de monte, su hijo costeará la linde de cactus hasta el bañado, en procura de palomas, tucanes o tal cual casal de garzas, como las que su amigo Juan ha descubierto días anteriores.

Solo ahora, el padre esboza una sonrisa al recuerdo de la pasión cinegética[4] de las dos criaturas. Cazan sólo a veces un yacútoro, un surucuá—menos aún—y regresan triunfales, Juan a su rancho con el fusil de nueve milímetros que él le ha regalado, y su hijo a la meseta, con la gran escopeta Saint-Etienne calibre 16, cuádruple cierre y pólvora blanca.

Él fue lo mismo. A los trece años hubiera dado la vida por poseer una escopeta. Su hijo, de aquella edad, la posee ahora;—y el padre sonríe.

No es fácil, sin embargo, para un padre viudo, sin otra fe ni esperanza que la vida de su hijo, educarlo como lo ha hecho él, libre en su corto radio de acción, seguro de sus pequeños pies y manos desde que tenía cuatro años, consciente de la inmensidad de ciertos peligros y de la escasez de sus propias fuerzas.

Ese padre ha debido luchar fuertemente contra lo que él considera su egoísmo. ¡Tan fácilmente una criatura calcula mal, sienta un pie en el vacío, y se pierde un hijo!

El peligro subsiste siempre para el hombre en cualquier edad; pero su amenaza amengua si desde pequeño se acostumbra a no contar sino con sus propias fuerzas.

De este modo ha educado el padre a su hijo. Y para conseguirlo ha debido resistir no sólo a su corazón, sino a sus tormentos morales; porque ese padre, de estómago y vista débiles, sufre desde hace un tiempo de alucinaciones.

Ha visto, concretados en dolorosísima ilusión, recuerdos de una felicidad que no debía surgir más de la nada en que se recluyó.[5] La imagen de su propio hijo no ha escapado a este tormento. Lo ha visto una vez rodar envuelto en sangre cuando el chico percutía[6] en la morsa[7] del taller una bala de parabellum, siendo así que lo que hacía era limar la hebilla[8] de su cinturón de caza.

Horribles cosas... Pero hoy, con el ardiente y vital día de verano, cuyo amor su hijo parece haber heredado, el padre se siente feliz, tranquilo y seguro del porvenir.

En ese instante, no muy lejos, suena un estampido.

—La Saint-Etienne...—piensa el padre al reconocer la detonación.—Dos palomas de menos en el monte...

---

[2] *amer:* camino estrecho

[3] un claro en el bosque (o *sea, donde no hay árboles, en este caso espartillos*)

[4] *adj.* perteneciente a la caza

[5] encerró

[6] *poét.* golpeaba

[7] tornillo de banco (para sujetar algo)

[8] pieza al extremo del cinturón para ajustarlo

Sin prestar más atención al nimio[9] acontecimiento, el hombre se abstrae de nuevo en su tarea.

El sol, ya muy alto, continúa ascendiendo. Adonde quiera que se mire—piedras, tierra, árboles—el aire, enrarecido como un horno, vibra con el calor. Un profundo zumbido[10] que   55
llena el ser entero e impregna el ámbito hasta donde la vista alcanza, concentra a esa hora toda la vida tropical.

El padre echa una ojeada a su muñeca: las doce. Y levanta los ojos al monte.

Su hijo debía estar ya de vuelta. En la mutua confianza que depositan el uno en el otro—el padre de sienes plateadas y la criatura de trece años—no se engañan jamás. Cuando su hijo   60
responde:—Sí, papá, haré lo que dice. Dijo que volvería antes de las doce, y el padre ha sonreído al verlo partir.

Y no ha vuelto.

El hombre torna a su quehacer, esforzándose en concentrar la atención en su tarea. ¡Es tan fácil, tan fácil perder la noción de la hora dentro del monte, y sentarse un rato en el suelo   65
mientras se descansa inmóvil. . .

Bruscamente, la luz meridiana, el zumbido tropical y el corazón del padre se detienen a compás de lo que acaba de pensar: su hijo descansa inmóvil. . .

El tiempo ha pasado; son las doce y media. El padre sale de su taller, y al apoyar la mano en el banco de mecánica sube del fondo de su memoria el estallido de una bala de parabe-   70
llum, e instantáneamente, por primera vez en las tres horas transcurridas, piensa que tras el estampido de la Saint-Etienne no ha oído nada más. No ha oído rodar el pedregullo bajo un paso conocido. Su hijo no ha vuelto, y la naturaleza se halla detenida a la vera[11] del bosque, esperándolo. . .

¡Oh! No son suficientes un carácter templado y una ciega confianza en la educación de   75
un hijo para ahuyentar[12] el espectro de la fatalidad que un padre de vista enferma ve alzarse desde la línea del monte. Distracción, olvido, demora fortuita: ninguno de estos nimios motivos que pueden retardar la llegada de su hijo, hallan cabida en aquel corazón.

Un tiro, un solo tiro ha sonado, y hace ya mucho. Tras él el padre no ha oído un ruido, no ha visto un pájaro, no ha cruzado el abra una sola persona a anunciarle que al cruzar un   80
alambrado, una gran desgracia. . .

La cabeza al aire y sin machete, el padre va. Corta el abra de espartillo, entra en el monte, costea la línea de cactus sin hallar el menor rastro de su hijo.

Pero la naturaleza prosigue detenida. Y cuando el padre ha recorrido las sendas de caza conocidas y ha explorado el bañado en vano, adquiere la seguridad de que cada paso que da   85
en adelante lo lleva, fatal e inexorablemente, al cadáver de su hijo.

Ni un reproche que hacerse, es lamentable. Sólo la realidad fría, terrible y consumada: Ha muerto su hijo al cruzar un . . .

¡Pero dónde, en qué parte! ¡Hay tantos alambrados allí, y es tan tan sucio el monte! . . . ¡Oh, muy sucio! . . . Por poco que no se tenga cuidado al cruzar los hilos con la escopeta en   90
la mano. . .

El padre sofoca un grito. Ha visto levantarse en el aire. . . ¡Oh, no es su hijo, no! . . . Y vuelve a otro lado, y a otro y a otro . . .

---

[9]insignificante
[10]sonido sordo
[11]orilla
[12]hacer huir, apartar de su mente

Nada se ganaría con ver el color de su tez y la angustia de sus ojos. Ese hombre aún no ha llamado a su hijo. Aunque su corazón clama por él a gritos, su boca continúa muda. Sabe   95
bien que el solo acto de pronunciar su nombre, de llamarlo en voz alta, será la confesión de su muerte. . .

—¡Chiquito!—se le escapa de pronto. Y si la voz de un hombre de carácter es capaz de llorar, tapémonos de misericordia los oídos ante la angustia que clama en aquella voz.

Nadie ni nada ha respondido. Por las picadas rojas de sol, envejecido en diez años, va el   100
padre buscando a su hijo que acaba de morir.

—¡Hijito mío! . . . ¡Chiquito mío! . . .—clama en un diminutivo que se alza del fondo de sus entrañas.

Ya antes, en plena dicha y paz, ese padre ha sufrido la alucinación de su hijo rodando con la frente abierta por una bala al cromo níquel. Ahora, en cada rincón sombrío del bosque ve   105
centelleos de alambre; y al pie de un poste, con la escopeta descargada al lado, ve a su . . .

—¡Chiquito! . . . ¡Mi hijo! . . .

Las fuerzas que permiten entregar un pobre padre alucinado a la más atroz pesadilla tienen también un límite. Y el nuestro siente que las suyas se le escapan, cuando ve bruscamente desembocar de un pique[13] lateral a su hijo.   110

A un chico de trece años bástale ver desde cincuenta metros la expresión de su padre sin machete dentro del monte, para apresurar el paso con los ojos húmedos.

—Chiquito . . .—murmura el hombre. Y, exhausto, se deja caer sentado en la arena albeante,[14] rodeando con los brazos las piernas de su hijo.

La criatura, así ceñida, queda de pie; y como comprende el dolor de su padre, le acaricia   115
despacio la cabeza:

—Pobre papá. . .

En fin, el tiempo ha pasado. Ya van a ser las tres. Juntos, ahora, padre e hijo emprenden el regreso a la casa.

—¿Cómo no te fijaste en el sol para saber la hora? . . .—murmura aún el primero.   120
—Me fijé, papá. . . Pero cuando iba a volver vi las garzas de Juan y las seguí. . .
—¡Lo que me has hecho pasar, chiquito! . . .
—Piapiá. . .—murmura también el chico

---

[13] *amer:* camino pequeño
[14] blanca

Después de un largo silencio:

—Y las garzas, ¿las mataste?—pregunta el padre.   125
—No. . .

Nimio detalle, después de todo. Bajo el cielo y el aire candentes, a la descubierta por el abra de espartillo, el hombre vuelve a casa con su hijo, sobre cuyos hombros, casi del alto de los suyos, lleva pasado su feliz brazo de padre. Regresa empapado de sudor, y aunque quebrantado de cuerpo y alma, sonríe de felicidad. . .   130
Sonríe de alucinada felicidad. . . Pues ese padre va solo. A nadie ha encontrado, y su brazo se apoya en el vacío. Porque tras él, al pie de un poste y con las piernas en alto, enredadas en el alambre de púa, su hijo bien amado yace al sol, muerto desde las diez de la mañana.

■———Pasos para la comprensión

1. Nota primero el estilo sobrio y documental del narrador. El hijo va a la caza. ¿Se explica por qué?

2. ¿Cómo reacciona el padre al enterarse de que su hijo va de caza?

    ☐ ¿Por qué no se siente demasiado preocupado el padre?

    ☐ ¿Qué relación parece haber entre el padre y el hijo?

    ☐ ¿Cómo ha educado a su hijo?

3. En el párrafo que empieza "Horribles cosas. . ." se yuxtaponen la seguridad del padre por una parte y el sonido de un tiro por la otra. Explica la ironía de esta contraposición y su importancia en el desenlace del cuento.

4. Nota el paso del tiempo en el relato.

    ☐ ¿Qué pasa a las doce?

    ☐ ¿Qué pasa por la mente del padre?

    ☐ ¿Cómo trata de justificar la tardanza del hijo?

    ☐ ¿Qué pasa a las doce y media?

    ☐ ¿Por qué empieza a ponerse nervioso el padre?

5. Cuando el padre sale en busca del hijo, parece que va con la certeza de que su hijo ha muerto. Anota los momentos del texto en que se expresa esta idea.

6. ¿Cómo indica Quiroga el estado psíquico de desesperación del padre mientras busca a su hijo?

7. ¿Cómo murió el hijo?

8. ¿Cómo explicarías el final del relato, en que el padre, después de hallar a su hijo muerto, regresa a su casa charlando con él?

■———**Pasos para una lectura más a fondo**

1. Luego de leer el *código geográfico,* busca en el texto las imágenes correspondientes al espacio físico descritas por el narrador.

2. Horacio Quiroga era un defensor y admirador de la naturaleza. Identifica en este relato los momentos en que el narrador se expresa sobre la naturaleza y cómo se desarrolla el discurso en el relato.

3. El cuento está lleno de signos que anuncian el peligro. Encuéntralos y coméntalos.

4. Si definiéramos el punto de vista del narrador como el lugar desde donde éste ve la acción, ¿qué tipo de punto de vista tiene el narrador en este cuento? ¿Es un narrador-protagonista, un narrador-testigo (primera persona), o se trata de un narrador omnisciente? Explica.

5. La trama de un relato es lo que conecta los sucesos de la acción según la relación causa-efecto. En la trama de "El hijo" el autor implícito utiliza la técnica de la "prefiguración," para insinuar lo que va a suceder. Localiza estos momentos en el texto y coméntalos.

6. Si consideráramos el tema de este cuento desde el punto de vista de la realidad extraliteraria, o sea, desde la psicología de Quiroga y su vida trágica, ¿cuál sería el tema de este cuento?

7. ¿Cómo tipificarías este cuento: realista, fantástico, naturalista o impresionista? Explica tu respuesta.

Rómulo Gallegos

■ □ ■

1884–1969

El conflicto entre el hombre y su medio ambiente—tema predilecto de la literatura naturalista—fascinó a los novelistas hispanoamericanos, entre los que se produjo toda una serie de novelas regionalistas y "de la tierra." La más famosa de éstas es *Doña Bárbara* (1929) del venezolano Rómulo Gallegos. En ella se nota cómo los personajes son productos del medio ambiente salvaje en que viven, el cual ellos no pueden domar o controlar. La persistencia del realismo y el naturalismo en su obra, escrita muy entrado el siglo XX, muestra lo perdurable de esas corrientes literarias en el mundo hispano. Se debe destacar, además de la labor literaria de Gallegos, su actividad política que lo llevó hasta la presidencia de Venezuela.

Pobre negro (1937)

Antes de leer

1. ¿Cuáles son algunas razones por las cuales muchos jóvenes se alistan en el ejército?
2. Antes del siglo XIX, la guerra era siempre gloriosa, y morirse en una batalla era símbolo de honra y valentía. ¿Por qué han cambiado las actitudes hacia la guerra? Explica.

Códigos para la comprensión

Código histórico: Las luchas entre los liberales (federales) y tradicionalistas (los godos) fue la causa de muchas guerras civiles por toda Hispanoamérica después de su independencia de España. Juan Antonio Sotillo (1790–1874) y Ezequiel Zamora (1817–1860) fueron caudillos federales venezolanos en el siglo XIX.

Código geográfico: La llanura venezolana que se describe en este fragmento es una región árida de sabanas.

Código lingüístico: Consulta el *código dialéctico* de Juan Bosch más adelante. La forma de habla de esta zona venezolana es muy semejante a la del Caribe.

Código familiar: En muchas partes del mundo hispano los padrinos de los hijos son parientes o amigos muy íntimos de la familia. El padrino del niño y los padres pasan a ser compadres y de esta forma quedan emparentados.

"Fascinación"

Un rancho llanero, en las sabanas de la entrada del Guárico, cerca de un palmar. Reina la sequía y en el horizonte vibran los espejismos. Una nube de polvo que avanza a lo lejos.

—Aguaite,[1] mama—dice en la puerta del rancho[2] un muchacho como de trece años—. Ahí como que viene la gente.

La madre se asoma a la puerta. Es una mujer todavía joven, pero sarmentosa y renegrida 5 por el sol de la llanura. Mira hacia la nube de polvo y murmura:

—Sí. Es gente de tropa.
—¿Será el gobierno?—se pregunta el hijo.

Y ella, después de observar un rato:

---

[1] *dialecto:* aguanta, espera
[2] *en esta zona, el rancho es una choza humilde de peones*

—No. Son federales. Y si no me equivoco, es la gente de mi compae[3] Ramón Nolasco.   10
—Menos mal—murmura el muchacho.

Y la madre agrega:

—Aunque pa lo que nos queda que perdé, bien pudieran sé enemigos. La cochina flaca
y el burro espaletao.[4]
—Y las cuatro maticas de yuca que se están secando—completa el hijo.   15

Y ambos permanecen en la puerta del rancho esperando lo que les traiga aquella nube de
polvo. El sol abrasa la llanura, en el palmar estridulan las chicharras.

Llegaron los federales a quienes, en efecto, capitaneaba aquel Ramón Nolasco aludido.

—Salud, comadre—dijo, ya apeándose.
—Salú, compae—respondió ella.   20

Mientras el muchacho salía al encuentro de aquél y arrodillándosele por delante, decíale:

—Su bendición mi padrino.
—Dios te bendiga, ahijado.

Y a la mujer:

—¿Qué nos tiene por aquí, comadre?   25
—Una poca de agua. ¡Y gracias, compae! Porque ya el pozo se está secando.
—¿Oyeron, muchachos?—preguntó Ramón Nolasco, dirigiéndose a su tropa—. Apláquense
la sed, que para lo demás Dios proverá más adelante. Ándense al pozo, mientras yo echo aquí
una conversadita con la comadre Justa.

Y ya tomando el rústico asiento que la mujer le ofrecía: 30

—Venimos a marcha forzada, para incorporarnos con la gente que está abriendo opera-
ciones sobre Calabozo.
—¿Y de dónde la trae?
—De por los lados de Valle de la Pascua.
—¿No se topó por allá con la gente del General Sotillo?   35
—No. Él anda ahora por los llanos de Chamariapa abriendo operaciones sobre Aragua de
Barcelona, donde se han hecho fuertes los godos.
—Con él andan mis dos muchachos mayores. Digo, si ya no me los han matao.
—No se preocupe, comadre. Dios está con nosotros, los servidores de la causa del pueblo.
—Eso dicen, pero por aquí no lo he visto pasá a preguntame cómo me hallo.   40
—Mal, seguramente.

---

[3] compadre (ver *código familiar*)
[4] despaletado; *amer:* con la paleta dislocada

—¡Imagínese, compae! El marío muerto en la guerra, los dos hijos mayores corriendo la misma suerte y yo aquí con éste, su ahijado y con la nietecita huérfana de mi difunta Asunción, que en paz descanse. Por ahí anda la pobrecita, buscando jobos[5] pa aplacase el hambre.

El guerrillero se volvió hacia el muchacho—que estaba contemplando el sable dejado por   45
él sobre un taburete—y dijo:

—Pero ya el ahijado está crecidito, comadre, y en algo puede ayudarla.
—Voluntá no le falta, pero mientras esta guerra dure. . . ¿Cuándo se acabará esto, compae?
—Esto va para largo. No hay que hacerse muchas ilusiones de momento. El triunfo será
nuestro, al fin y al cabo, porque la buena causa tiene que imponerse; pero los godos todavía   50
resisten. Si no nos hubieran matado al General Zamora, hace tiempo que estaríamos en Caracas; pero a falta de él, a Dios rogando y con el mazo dando.

Entre tanto el muchacho contemplaba el sable, que había sacado de su vaina de cuero.
Le palpaba el filo y se deleitaba en el brillo de la hoja, buscando las señales de la sangre goda
que hubiese derramado. Pero no era propiamente un sentimiento rencoroso que allí bus-   55
case complacencia, sino una fascinación ejercida sobre su alma por el acero desnudo que
simbolizaba la guerra. A ésta se lanzaban los hombres valientes y ella los convertía en algo
más que hombres: los guerrilleros que recorrían la llanura envueltos en un aura de leyenda,
los caudillos que arrastraban en pos de sí a las muchedumbres armadas. . . La guerra era una
cosa hermosa, con sus clarines y sus tambores, sus banderas y sus espadas brillantes. ¡Una cosa   60
de hombres!
La mujer renegrida y sarmentosa había interrumpido el inacabable cuento de sus miserias
y tribulaciones y como advirtiese la contemplación a que se entregaba el hijo, hízole a su
compadre una seña para que volviese la cabeza, a tiempo que se dibujaba en su rostro una
sonrisa amarga, de resignación ante una fatalidad.   65
Ramón Nolasco se quedó mirando al muchacho y luego le preguntó:

—¿Te gusta, ahijado? ¿No querrías verte con uno tuyo que fuera un espejo de hombre,
como ése donde te estás mirando?
—Sí—respondió el muchacho, volviendo hacia el guerrillero sus ojos fascinados—. Sí mi
gustaría, padrino. Yo también quiero ser como usté, un militar valiente.   70
—¡Jm!—hizo la mujer—. ¿Lo está escuchando, compae? Ésa es la ayuda que puedo es-
perá de él.

Y Ramón Nolasco, sin hacer caso de las palabras de la madre:

—¿Te gustaría irte conmigo de una vez?
—Si mi mamá me dejara. . .   75
—Démelo, comadre. Lo que va a suceder más tarde, que suceda más temprano. Deme ese
muchacho para sacarle de él un hombre de provecho para la causa del pueblo. Yo se lo cuido.

Y la mujer fatalista:

---
[5] *amer:* árbol de fruto parecido a la ciruela

—Llévaselo, compae. Usté lo ha dicho: lo que va a sucedé de tos modos, que suceda de una vez. Ya los otros cogieron su camino y sólo me quedaba éste pa dáselo también a la guerra. Otros hubieran venío a lleváselo por la fuerza. Los del gobierno el día menos pensao. Mejor es que se lo lleve usté. 80

Y horas después, ya el hijo alejándose por la sabana atardecida, a la grupa del caballo del guerrillero y ella en la puerta del rancho junto con la nietecita llorosa:

—Bueno, mijita. Ya nos quedamos solas. Mañana arriaremos por delante el burrito es-paletao y la cochinita flaca y nos iremos a pedí limosnas por los pueblos. Dice el compae que Dios anda con ellos. ¡Que asina sea, pa que me proteja al muchacho! 85

■———Pasos para la comprensión

1. El fragmento comienza abruptamente con una descripción. Trata de explicar la técnica que emplea Gallegos aquí.
   - □ ¿Cómo caracterizarías el punto de vista narrativo?
   - □ Explica cómo crea el tono y el ambiente de este pequeño fragmento.
2. ¿Con qué signos nos da a conocer la pobreza de esta mujer, su hijo y su nieta?
3. En el diálogo entre los compadres, se revela la tragedia de esta mujer. ¿Qué le ha pasado a su familia? ¿Cómo reacciona ella ante las cosas terribles que le han pasado?
4. Explica el signo complejo del sable de Ramón Nolasco. Trata de explicar todos sus posibles significados:
   - □ ¿Qué es el sable para el soldado?
   - □ ¿Qué representa para el niño?
   - □ ¿Qué representa para la madre?
5. ¿Qué excusa usa Nolasco para llevarse al ahijado a la guerra?
   - □ ¿Convence esta razón a la madre?
   - □ ¿Por qué crees que le deja la madre llevarse a su hijo?
   - □ ¿Opera aquí alguna fuerza fatalista? Explica.
6. Al niño le fascina la guerra, "con sus clarines y sus tambores, sus banderas y sus espadas brillantes."
   - □ ¿Estaría de acuerdo la madre con esta imagen de la guerra? ¿Por qué?
   - □ ¿Lo expresa de algún modo? Explica.

■———Pasos para una lectura más a fondo

1. En el naturalismo opera la predestinación.
   - □ ¿De qué modo les afecta y determina el medio ambiente a estos campesinos?

☐ Y la fuerza de la guerra, ¿es ésto algo que los personajes pueden controlar?

☐ Explica la fuerza de las palabras: "lo que va a sucedé de tos modos, que suceda de una vez." ¿Qué va a suceder de todos modos?

2. El discurso histórico es significativo. Aunque se refiere a un conflicto particular en la historia de Venezuela, fíjate cómo responde Nolasco a la pregunta de su comadre sobre la duración del conflicto. ¿Cuándo acabará? ¿Es irónico que en un relato tan naturalista la actitud de Nolasco sea la de pensar que el bien siempre triunfa sobre el mal? Explica.

3. El estilo de este fragmento es parco. Explica.

☐ Explica cómo ese estilo literario respalda e intensifica el mensaje de este fragmento.

☐ Trata de explicar cómo todos los elementos del relato (estilo, diálogo, descripción, punto de vista, discursos, etc.) se entretejen para crear un mensaje coherente y enérgico.

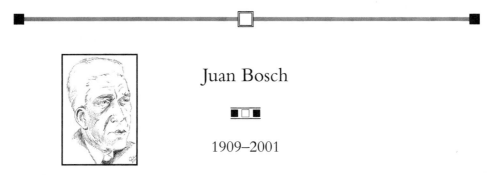

Juan Bosch

■☐■

1909–2001

La obra y la vida pública de Juan Bosch están íntimamente ligadas a su patria la República Dominicana, aunque pasó gran parte de su vida en el exilio luchando ferozmente contra la dictadura de Rafael Trujillo (1891–1961; dictador desde 1930). Cuando al fin volvió Bosch a su país después de la muerte de Trujillo, fue elegido presidente de la República en 1962, pero su mandato progresista duró menos de un año debido a otro golpe militar. Se le conoce tanto por su labor como historiador como por la del narrador. Su producción de relatos cortos es extensa y de variada temática y estilística, pero suele girar alrededor de asuntos dominicanos. Aunque lo incluimos aquí entre los seguidores del realismo, hay que tener en cuenta que cultiva otras formas de expresión más contemporáneas, incluyendo el género fantástico.

Camino real (1933)

Antes de leer

1. ¿Crees que hay explotación de los trabajadores en los Estados Unidos? Explica.

2. ¿Qué sabes de la distribución de la riqueza en los países pobres de Hispanoamérica? Expresa lo que sabes.

Códigos para la comprensión

Código dialéctico: En el Caribe hispano, así como en otras zonas costeñas de Hispanoamérica, ocurre el fenómeno lingüístico de la elipsis de consonantes y hasta de sílabas enteras en ciertas combinaciones fonéticas. Se debe tener en cuenta que este fenómeno no ocurre exclusivamente de Hispanoamérica, sino también en las comunidades españolas de Andalucía y las Islas Canarias. La elipsis más común es la apócope— la supresión de la *s* final (ej. *mucha gracia* por *muchas gracias*)—aunque la *s* no desaparece del todo, sino que se aspira (ej. *muchah graciah*). Este fenómeno también ocurre con la *d* final (ej. *usté* por *usted*). El antónimo de la apócope es la aféresis, que se refiere a la pérdida de un fonema o sílaba al principio de la palabra, como en *ta bien* en vez de *está bien*. Otra forma de elipsis que se da incluso en el habla coloquial peninsular es la supresión de la *d* entre vocales al final de la palabra (ej. *acabao* en vez de *acabado*). Todos estos fenómenos dialectales se encuentran en el habla del campesino en "Los amos," aunque se debe tener en cuenta que en el Caribe hasta las clases altas emplean formas de la elipsis en su forma de hablar.

Código social: La estratificación social en Hispanoamérica entre ricos y pobres, sobre todo en los países más subdesarrollados, es una vergonzosa realidad. Las clases ricas aumentan su riqueza explotando a los campesinos e indígenas que trabajan en sus fincas y a veces protegen su riqueza eliminando cualquier forma de resistencia o levantamiento de los trabajadores que buscan una mejor distribución de la riqueza. Muchos de los movimientos de "guerrillas" de Hispanoamérica son el resultado de este desequilibrio económico.

"Los amos"

Cuando ya cristino no servía ni para ordeñar una vaca, don Pío lo llamó y le dijo que iba a hacerle un regalo.

—Le voy a dar medio peso para el camino. Usté está muy mal y no puede seguir trabajando. Si se mejora, vuelva.

Cristino extendió una mano amarilla, que le temblaba.   5

—Mucha gracia, don. Quisiera coger el camino ya, pero tengo calentura.

—Puede quedarse aquí esta noche, si quiere, y hasta hacerse una tisana de cabrita. Eso es bueno.

Cristino se había quitado el sombrero, y el pelo abundante, largo y negro, le caía sobre el
pescuezo. La barba escasa parecía ensuciarle el rostro, de pómulos[1] salientes.   10

—Ta bien, don Pío—dijo—; que Dió se lo pague.

Bajó lentamente los escalones, mientras se cubría de nuevo la cabeza con el viejo sombrero de fieltro negro. Al llegar al último escalón se detuvo un rato y se puso a mirar las vacas y los críos.

—Qué animao ta el becerrito—comentó en voz baja.   15

Se trataba de uno que él había curado días antes. Había tenido gusanos en el ombligo y
ahora correteaba y saltaba alegremente.
Don Pío salió a la galería y también se detuvo a ver las reses. Don Pío era bajo, rechon-
cho, de ojos pequeños y rápidos. Cristino tenía tres años trabajando con él. Le pagaba un
peso semanal por el ordeño, que se hacía de madrugada, las atenciones de la casa y el cuidado   20
de los terneros. Le había salido trabajador y tranquilo aquel hombre, pero había enfermado
y don Pío no quería mantener gente enferma en su casa.
Don Pío tendió la vista. A la distancia estaban los matorrales que cubrían el paso del arroyo, y sobre los matorrales, las nubes de mosquitos. Don Pío había mandado poner tela
metálica en todas las puertas y ventanas de la casa, pero el rancho de los peones no tenía puer-   25
tas ni ventanas; no tenía ni siquiera setos. Cristino se movió allá abajo, en el primer escalón,
y don Pío quiso hacerle una última recomendación.

—Cuando llegue a su casa póngase en cura, Cristino.
—Ah, sí, cómo no, don. Mucha gracia—oyó responder.

El sol hervía en cada diminuta hoja de la sabana. Desde las lomas de Terrero hasta las de   30
San Francisco, perdidas hacia el norte, todo fulgía bajo el sol. Al borde de los potreros, bien
lejos, había dos vacas. Apenas se las distinguía, pero Cristino conocía una por una todas las
reses.

—Vea, don—dijo—, aquella pinta que se aguaita[2] allá debe haber parío anoche o por la
mañana, porque no le veo barriga.   35

Don Pío caminó arriba.

—¿Usté cree, Cristino? Yo no la veo bien.
—Arrímese pa aquel lao y la verá.

Cristino tenía frío y la cabeza empezaba a dolerle, pero siguió con la vista al animal.

—Dése una caminadita y me la arrea, Cristino—oyó decir a don Pío.   40

---

[1] huesos de la mejilla
[2] *regionalismo:* ve

—Yo fuera a buscarla, pero me toy sintiendo mal.

—¿La calentura?

—Unjú. Me ta subiendo.

—Eso no hace. Ya usté está acostumbrado, Cristino. Vaya y trígamela.

Cristino se sujetaba el pecho con los dos brazos descarnados. Sentía que el frío iba do-   45
minándolo. Levantaba la frente. Todo aquel sol, el becerrito . . .

—¿Va a traérmela?—insistió la voz.

Con todo ese sol y las piernas temblándole, y los pies descalzos llenos de polvo.

—¿Va a buscármela, Cristino?

Tenía que responder, pero la lengua le pesaba. Se apretaba más los brazos sobre el pecho.   50
Vestía una camisa de listado sucia y de tela tan delgada que no le abrigaba.

Resonaron pisadas arriba y Cristino pensó que don Pío iba a bajar. Eso asustó a
Cristino.

—Ello sí, don—dijo—; voy a dir. Deje que se me pase el frío.

—Con el sol se le quita. Hágame el favor, Cristino. Mire que esa vaca se me va y puedo
perder el becerro.   55

Cristino seguía temblando, pero comenzó a ponerse de pie.

—Sí; ya voy, don—dijo.

—Cogió ahora por la vuelta del arroyo—explicó desde la galería don Pío.

Paso a paso, con los brazos sobre el pecho, encorvado para no perder calor, el peón empezó a cruzar la sabana. Don Pío le veía de espaldas. Una mujer se deslizó por la galería y se   60
puso junto a don Pío.

—¡Qué día tan bonito, Pío!—comentó con voz cantarina.

El hombre no contestó. Señaló hacia Cristino, que se alejaba con paso torpe como si fuera
tropezando.

—No quería ir a buscarme la vaca pinta, que parió anoche. Y ahorita mismo le di medio   65
peso para el camino.

Calló medio minuto y miró a la mujer, que parecía demandar una explicación.

—Malagradecidos que son, Herminia—dijo—. De nada vale tratarlos bien.

Ella asintió con la mirada.

—Te lo he dicho mil veces, Pío—comentó.   70

Y ambos se quedaron mirando a Cristino, que ya era apenas una mancha sobre el verde de la sabana.

■——Pasos para la comprensión

1. La narración empieza con Cristino, un peón de la finca de don Pío, enfermo. ¿Qué siente?

   □ ¿Por qué le da medio peso don Pío?

   □ ¿Es un acto de generosidad o crueldad? ¿Cómo lo interpreta Cristino?

2. ¿Cuáles son las responsabilidades de trabajo de Cristino en la finca? Se mencionan por lo menos tres.

3. Volviendo a su cama, Cristino observa dos cosas entre las reses que cuida. ¿Cuáles son?

4. Don Pío insiste en que Cristino vaya a traerle una vaca que había parido. Cristino le explica lo mal que se siente, pero don Pío sigue insistiendo. ¿Qué fue lo que motivó a Cristino a ir al fin? ¿Cuál sería la razón del miedo que siente Cristino?

5. Hacia el final de la narración aparece Herminia, la esposa de don Pío. ¿De qué habla el matrimonio?

   □ ¿Están de acuerdo los esposos sobre el trato de los peones? Explica.

6. Explica el discurso social y económico que se presenta en este relato.

■——Pasos para una lectura más a fondo

1. Aunque no se menciona, ¿qué enfermedad podría tener Cristino? Nota los códigos de "mosquitos" y "tela metálica" en la narración. ¿Hay tela metálica donde duermen los peones? ¿Qué enfermedad se transmite por la picadura de ciertos mosquitos?

2. ¿Cuál crees que es la etimología del nombre *Cristino*?

   □ ¿Qué características comparten Cristino y Cristo? Antes de contestar, recuerda que Cristo es el pastor que cuida de su rebaño.

   □ Si Cristino es una figura de Cristo, ¿qué papel hace don Pío?

3. Normalmente pensamos que las mujeres son más compasivas que los hombres, pero ¿es así en este relato? Explica.

   □ ¿Qué nos comunica la postura de Herminia respecto a las clases pudientes hispanoamericanas?

4. Cuando Herminia sale a la galería, sus primeras palabras son "¡Qué día tan bonito!" Comenta la ironía de sus palabras. ¿Es un día bonito para todo el mundo?

5. Nota cómo termina el relato. ¿Qué le pasa a Cristino? ¿Qué podría significar la metáfora con que acaba la narración?

6. Enfoquémonos en el sencillo título del relato. ¿Qué implica la palabra *amo*?

   □ ¿Si don Pío es un "amo," ¿qué es Cristino por asociación?

   □ ¿Por qué es plural el título?

7. La narración es casi toda dialogada, como una pieza de teatro. ¿Cómo caracterizarías la voz del narrador en las pocas partes donde se oye—subjetiva u objetiva?

8. Relatos como éste, que se narran objetivamente pero que expresan una clara postura ideológica, son cautivadores. Despiertan la conciencia social a los que ven la injusticia, pero irritan a los que quieren mantener el estatus quo. ¿Cómo reaccionas tú al mensaje de este relato?

CAPÍTULO 9

EL MODERNISMO Y SU INFLUENCIA

■ ■ ■

 Consulta www.prenhall.com/momentos y lee un ensayo de orientación a este capítulo.

El modernismo es un término que se aplica exclusivamente a las literaturas hispánicas para referirse a las innovaciones literarias, particularmente en la poesía, que ocurrieron en Hispanoamérica en los últimos años del siglo XIX. Los orígenes del movimiento, así como una definición concreta de su estética, no son fáciles de precisar. Lo que sí es cierto es que el modernismo representó un afán general de cambio y modernidad; los poetas de la época emprendieron una renovación total de la lírica hispánica, adaptando las nuevas corrientes poéticas francesas (el simbolismo, el parnasianismo, el impresionismo) al castellano y rescatando formas autóctonas olvidadas. Además, se produjo una explosión de creatividad que llegó a todos los rincones de la América hispana, y hasta cruzó el Atlántico e influyó en la generación de jóvenes escritores españoles de principios de siglo. Fue, por lo tanto, el primer gran movimiento literario de Hispanoamérica que transformó la literatura de la madre patria. La importancia de este movimiento, así como la cantidad y calidad de su producción, hizo que ningún poeta que escribiera en castellano en el siglo XX, tanto en España como en Hispanoamérica, pudiera escapar su impacto.

Una de las inspiraciones más profundas del modernismo vino de Francia y de los poetas simbolistas que, como los pintores impresionistas, buscaban una belleza orgánica, una paleta de brillantes colores y un mensaje que apelara tanto a los sentidos y las emociones como a la inteligencia. En verso, este arte impresionista se expresó con musicalidad, metáforas provocadoras y sinestesia—correspondencias entre palabras y sentidos como lo llamaría el poeta francés Charles Baudelaire (1821–1867). Era, por lo general, un arte por el arte que prefería ignorar los temas de compromiso social o la realidad circundante y buscar inspiración en lo exótico de épocas pasadas o en la belleza de la vida aristocrática y descuidada.

Pero aunque todos los poetas hispanoamericanos experimentaron con el simbolismo francés, forjaron su propia estética. La poesía modernista nunca es tan fría o impersonal como la francesa, y aunque en sus primeros pasos abogó por un arte por el arte, pronto abandonó ese ideal y empezó a tratar temas americanos y hasta políticos, como se verá claramente en "Dos patrias" de José Martí (1853–1895) y "A Roosevelt" de Rubén Darío (1867–1916).

La figura cumbre del modernismo es Rubén Darío, y con él se asociará para siempre el movimiento, no sólo por su genio poético y versatilidad, sino por su personalidad carismática y su energía exuberante que le llevó a todas las capitales culturales del mundo hispánico para propagar la nueva estética. Pero antes de 1888, cuando Darío publica *Azul,* su primer libro modernista, otros poetas habían empezado a trazar un nuevo rumbo, desviándose considerablemente de la poesía romántica en boga. Aquí claramente se tendría que incluir al cubano José Martí y al peruano González Prada (1844–1918). Después de imponerse la nueva estética, no hubo un país de Hispanoamérica que no produjera un poeta de renombre ligado a ésta: Silva (1865–1896) en Colombia, Casal (1863–1893) y Martí en Cuba, Gutiérrez Nájera (1859–1895) y Amado Nervo (1870–1919) en México, Blanco Fombona (1874–1944) en Venezuela, González Prada y Santos Chocano (1875–1934) en Perú, Jaimes Freyre (1868–1933) en Bolivia, Herrera y Reissig (1875–1910) en Uruguay, y Leopoldo Lugones (1874–1938) en Argentina.

En 1898 Darío fue a Madrid como corresponsal del diario *La Nación* de Buenos Aires, y presenció allí el desastre de la guerra con los Estados Unidos y la reacción de los jóvenes intelectuales españoles que pronto se denominarían "La generación del 98." Entabló amistad con muchos de ellos, y sus ecos se pueden percibir en el primer Machado (1875–1939) y definitivamente en la prosa juvenil de Valle Inclán (1866–1936) y Baroja (1872–1956). Pero el poeta que más absorbió la estética modernista fue el joven Juan Ramón Jiménez (1881–1959).

En Hispanoamérica, una segunda generación de modernistas, éstos llamados posmodernistas para distinguirlos de los primeros, sintieron también el impulso del modernismo, y produjeron una obra no de menor calidad artística. Esta generación quizá presta menos atención a la perfección formal de la composición, pero lo que pierde en formalismo gana en intensidad expresiva. Un fenómeno que caracteriza a esta generación es la aparición de varias poetas. El modernismo no produjo ninguna escritora de renombre, pero en el posmodernismo se destacan por encima de los hombres: Gabriela Mistral (1889–1957) de Chile, Alfonsina Storni (1892–1938) de Argentina, Delmira Agustini (1886–1914) y Juana de Ibarbourou (1895–1979) de Uruguay, y Julia de Burgos (1917–1953) de Puerto Rico. Como se había de esperar, estas poetas inician el discurso feminista moderno en Hispanoamérica—un discurso que sigue vigente hoy día.

José Martí

■□■

1853–1895

Pocos escritores hispanoamericanos gozan del amor y respeto que ha alcanzado este cubano universal, y pocos han conseguido igualar tan brillante carrera como escritor y como patriota al servicio de la libertad de su país. Sus ensayos revelan una visión profunda y cósmica de América, y sus poemas, muchos de los cuales brotan de sus experiencias personales, revelan un alma sincera y apasionada. Como poeta es sumamente versátil: cultiva "versos sencillos" así como deslumbrantes composiciones modernistas. Y toda su producción es pulida y resuena en ella el timbre de la verdad.

Versos sencillos (1891)

Antes de leer

1. ¿Conoces la canción "Guantanamera"? ¿Sabes los primeros versos? Vienen de la poesía de Martí.

2. Practica hablar con rodeos. Por ejemplo, en vez de decir de dónde eres, sustituye el lugar con algo reconocido de ese lugar (en vez de "soy de Texas" di "soy de donde está el Alamo"). Haz la misma cosa para expresar lo siguiente: que eres educado; que has sufrido; que tienes o no tienes fe; que conoces lo malo en la vida; que conoces lo bello; etc.

3. ¿Sabes lo que es un aforismo? Hay varios en este poema de Martí, por ejemplo: "Si dicen que del joyero / tome la joya mejor, / tomo un amigo sincero / y pongo a un lado el amor." Trata de escribir tu propio aforismo (no tiene que tener forma poética).

"Yo soy un hombre sincero"

Yo soy un hombre sincero   1
De donde crece la palma,
Y antes de morirme quiero
Echar mis versos del alma.

Yo vengo de todas partes,   2
Y hacia todas partes voy.

Arte soy entre las artes,
En los montes, monte soy.

Yo sé los nombres extraños   3
De las yerbas y las flores,
Y de mortales engaños,
Y de sublimes dolores.

Yo he visto en la noche oscura   4
Llover sobre mi cabeza
Los rayos de lumbre pura
De la divina belleza.

Alas nacer vi en los hombros   5
De las mujeres hermosas,
Y salir de los escombros,
Volando las mariposas.

He visto vivir a un hombre   6
Con el puñal al costado,
Sin decir jamás el nombre
De aquella que lo ha matado.

Rápida como un reflejo,   7
Dos veces vi el alma, dos:
Cuando murió el pobre viejo,
Cuando ella me dijo adiós.

Temblé una vez—en la reja,   8
A la entrada de la viña,—
Cuando la bárbara abeja
Picó en la frente a mi niña.

Gocé una vez, de tal suerte   9
Que gocé cual nunca:—cuando
La sentencia de mi muerte
Leyó el alcaide llorando.

Oigo un suspiro a través   10
De las tierras y la mar,
Y no es un suspiro,—es
Que mi hijo va a despertar.

Si dicen que del joyero   11
Tome la joya mejor,

Tomo a un amigo sincero
Y pongo a un lado el amor.

Yo he visto al águila herida   12
Volar al azul sereno,
Y morir en su guarida
La víbora del veneno.

Yo sé bien que cuando el mundo   13
Cede, lívido,[1] al descanso,
Sobre el silencio profundo
Murmura el arroyo manso.

Yo he puesto la mano osada,   14
De horror y júbilo yerta,
Sobre la estrella apagada
Que cayó frente a mi puerta.

Oculto en mi pecho bravo   15
La pena que me lo hiere:
El hijo de un pueblo esclavo
Vive por él, calla y muere.

Todo es hermoso y constante,   16
Todo es música y razón,
Y todo, como el diamante,
Antes que luz es carbón.

Yo sé que el necio se entierra   17
Con gran lujo y con gran llanto,
Y que no hay fruta en la tierra
Como la del camposanto.

Callo, y entiendo, y me quito   18
La pompa del rimador:
Cuelgo de un árbol marchito
Mi muceta[2] de doctor.

---

[1] amoratado; pálido
[2] capa que llevan los profesores universitarios en actos solemnes

■———Pasos para la comprensión

1. Las cuartetas de este famoso poema no tienen un desarrollo coherente. Algunas estrofas seguidas sí muestran cierta unidad, pero por lo general se trata de versos en los que el poeta revela su personalidad, expresa su filosofía de la vida y recuerda algunos momentos biográficos notables. En la primera estrofa el poeta se identifica de dos modos: por su carácter y su nacionalidad. ¿En qué regiones de Hispanoamérica crecen palmas? ¿De dónde es Martí?

2. Después de identificarse regionalmente, se identifica de un modo más universal. Trata de explicar ese concepto en los versos "Yo vengo de todas partes, / y hacia todas partes voy."

3. En la segunda estrofa se identifica de otro modo. ¿Cuál es la diferencia entre el "arte" y el "monte"? Por ejemplo, ¿quién crea el arte? ¿y quién crea el monte? ¿Qué implica Martí con estos versos?

4. En la tercera estrofa sigue caracterizándose; aquí explica su "educación."

    □ ¿Dónde se aprenden los nombres latinos botánicos?

    □ ¿Y dónde se aprende sobre los engaños y dolores de la vida?

    □ Martí está hablando de dos tipos de conocimiento, ¿cuáles son?

5. En la cuarta estrofa quizá se refiere a otro tipo de conocimiento. ¿Cuál es? Explica cómo lo expresa mediante una oposición binaria.

6. Con la quinta estrofa empieza a contar una serie de experiencias que, al mismo tiempo expresan su filosofía de la vida. Hay dos signos relacionados con volar. ¿Cuáles son?

    □ Empecemos analizando la segunda parte. ¿Es bella la mariposa? ¿Son bellos los escombros? ¿Qué indica el poeta al decir que ha visto algo bello salir de algo feo?

    □ Ahora, vamos a suponer que esta idea forma una oposición con la imagen de la primera parte de la estrofa. Si "los escombros" fueran el punto de contraste, ¿qué podrían ser las "mujeres hermosas"? ¿Qué indica que estas mujeres tienen alas?

7. ¿Qué valor humano se describe en la sexta estrofa que el poeta parece admirar? Para contestar, considera el sexo de la persona que le ha dado la puñalada al hombre. La puñalada es una metonimia. ¿Qué podría representar?

8. Las próximas tres estrofas (7–9) recuerdan momentos de su vida. Como no sabemos cuáles son los referentes, no podemos entender fácilmente su mensaje. La novena se entiende mejor. ¿Por qué le conmueve tanto al poeta que el alcalde llore por su vida? ¿En qué actividades estaba involucrado Martí para que fuera sentenciado a muerte?

9. La estrofa 15 expresa su misión revolucionaria. ¿Qué le causa dolor al poeta?

   □ ¿Crees que la décima estrofa podría también contener un mensaje sobre la libertad de Cuba? Explica.

10. El mensaje de la estrofa 12 contiene una oposición binaria formada por los signos del águila y la serpiente. Después de explicar diche oposición, trata de expresar cuál es el mensaje de la estrofa.

11. La estrofa 16 es una de las más bellas del poema. Empieza con un comentario sobre el mundo: "Todo es hermoso y constante." Para entender los signos de la música y la razón, considera lo siguiente:

    □ ¿Cómo tienen que ser las notas de una composición musical para que suenen bien?

    □ ¿Es importante seguir las leyes de la razón en la vida?

    □ ¿Son la música y la razón signos positivos?

    □ Martí claramente pinta un cuadro de perfección y belleza. Pero en los dos últimos versos introduce otra idea. ¿Cómo se forma el diamante del carbón? ¿Cuánto tiempo toma el proceso?

    □ Trata de explicar la relación entre las dos partes de la estrofa. O sea, para lograr la primera parte, ¿es fácil o tomará mucho esfuerzo y tiempo?

12. El poema termina con el poeta desvistiéndose de sus signos de autoridad: papel de poeta y título de doctor en leyes. ¿Por qué se desprende de estas cosas?

    □ ¿Crees que para sentir la vida, conocerla, obrar con dignidad, luchar por la libertad, etc. se necesitan títulos universitarios o puestos importantes? Explica.

■———Pasos para una lectura más a fondo

1. Martí empieza el poema identificándose como un hombre cualquiera y termina quitándole valor a su autoridad como poeta y hombre instruido. En la tercera estrofa expresa sus dos tipos de conocimiento. ¿Qué discurso se puede inferir de estas estrofas? ¿Crees tú que una persona educada tiene más capacidad para entender la vida que una persona sin educación? Explica.

2. Varias estrofas contienen oposiciones binarias (como de la segunda a la sexta, 12 y 16). ¿Es posible que el mensaje del poema también se conforme a una oposición binaria? Explica.

3. Hay estrofas con signos cuyos significantes son cósmicos y universales. Trata de explicar la estrofa 13. El mundo que cede parece ser la muerte, pero ¿qué se seguirá oyendo desde el silencio de la muerte? ¿Cuál podrá ser el significado de un arroyo manso?

4. Las aliteraciones del último verso de la estrofa 13 ("murmura el arroyo manso") se repiten en otras estrofas. Busca otros efectos auditivos en el poema y trata de explicar el efecto que producen.

5. En la tercera estrofa se habla de su conocimiento de los "mortales engaños" y "sublimes dolores" de la vida. Busca en el poema algunos ejemplos de estos sufrimientos vitales.

☐ Uno de ellos se encuentra en la sexta estrofa.

☐ Otro en la séptima cuando "ella me dijo adiós".

☐ En la estrofa 11 dice que prefiere un amigo sincero al amor.

☐ Parece que son las mujeres la causa del dolor de los hombres. Comenta.

Versos libres (1913, publicación póstuma)

Antes de leer

1. ¿En qué sentido es Vd. un revolucionario? ¿Crees que es fácil rebelarse contra las estructuras establecidas o luchar en una guerra armada para conseguir la libertad?

2. ¿Crees que las guerras son lógicas y que tienen sentido? Explica.

3. ¿Crees que hay ocasiones en que tu corazón y tus sentimientos te pueden guiar mejor que tu lógica y entendimiento intelectual? Explica.

Código para la comprensión

Código biográfico: Martí luchó por la independencia de Cuba primero, escribiendo artículos para despertar la conciencia del pueblo, luego, recaudando fondos para financiar la revolución y, finalmente, en una lucha armada. Murió en el campo de batalla.

"Dos patrias"

Dos patrias tengo yo: Cuba y la noche.
¿O son una las dos? No bien retira
su majestad el sol, con largos velos
y un clavel en la mano, silenciosa
Cuba cual[1] viuda triste me aparece.
¡Yo sé cuál es ese clavel sangriento
que en la mano le tiembla! Está vacío
mi pecho, destrozado está y vacío
en donde estaba el corazón. Ya es hora
de empezar a morir. La noche es buena   10

---
[1] *poét.* como

para decir adiós. La luz estorba
y la palabra humana. El universo
habla mejor que el hombre.
Cual bandera
que invita a batallar, la llama roja
de la vela flamea. Las ventanas
abro, ya estrecho en mí. Muda, rompiendo
las hojas del clavel, como una nube
que enturbia[2] el cielo, Cuba, viuda, pasa. . .

■——Pasos para la comprensión

1. Cuando no se conoce el referente de un mensaje es dificilísimo comprenderlo, lo cual ocurre en este poema. Lee el *código biográfico* e identifica el referente con el que muchos de los símbolos e imágenes del poema se aclaran. El poema comienza con un comentario concreto: las dos patrias del poeta son Cuba y la noche. Luego se pregunta si no son la misma cosa. El lector no tiene más remedio que intentar entender el significante del signo *noche*.

    □ ¿Qué cualidades se le asignan a la noche?

    □ Si una de esas cualidades es, metonímicamente, la patria del poeta, entonces ¿qué se puede decir de esa patria?

2. En los versos 2–5 aparece una imagen visual basada en la metáfora de Cuba personificada como una viuda. Si Cuba es una viuda, ¿qué le ha pasado a su esposo? Describe en detalle cómo y cuándo aparece esta viuda.

3. El signo *clavel* empieza a adquirir mayor significancia en los versos 6–7.

    □ ¿Qué impresión se crea al describir el clavel como "sangriento"?

    □ ¿Por qué le tiembla en la mano a la viuda?

    □ Para ver la evolución del signo *clavel,* hay que saber lo que hace la viuda con él en los versos 18–19. ¿Qué hace?

4. En los versos 7–11 el poeta empieza a describir su propio estado mental.

    □ ¿Por qué se siente "vacío"?

    □ ¿Cuál sería la causa de su desesperación?

5. La llegada de la noche parece complacer al poeta; por eso dice que "la luz estorba." Trata de explicar por qué.

    □ La "palabra humana" estorba también. ¿Qué habla mejor que el hombre? ¿Qué significa todo esto?

    □ Ten en cuenta que la luz representa la razón. ¿Crees que la guerra que se requiere para independizar a Cuba es "razonable"? ¿Es posible convencer con palabras a

---
[2] *fig.* oscurece

alguien de que es bueno luchar? Teniendo estos conceptos en cuenta, trata de explicar los versos 9–13.

6. En la segunda estrofa se introduce otro signo—la vela.

☐ ¿Con qué se compara la vela metafóricamente?

☐ ¿Qué le impulsa a hacer la vela al poeta?

7. De buenas a primeras nos damos cuenta de que el poeta ha estado encerrado en una habitación.

☐ ¿Cómo lo sabemos?

☐ ¿Qué hace el poeta para "liberarse"?

8. ¿Quién es la que se escapa ("pasa") por la ventana? ¿Qué hace al escaparse?

■———Pasos para una lectura más a fondo

1. Caracteriza la forma poética de "Dos patrias."

☐ ¿Tiene rima?

☐ ¿Tiene un número fijo de sílabas?

☐ ¿Es verso libre o verso suelto?

☐ ¿Es esta forma apropiada para un poema sobre la "libertad" de Cuba?

2. Busca en el *Diccionario de términos literarios* en el *Apéndice* el significado de *encabalgamiento.*

☐ Búsca ejemplos en este poema.

☐ ¿Qué efecto producen?

3. Analiza el uso de la puntuación en el último verso. ¿Qué efecto producen las pausas entre las últimas tres palabras? Ten en cuenta lo que hace "Cuba."

4. La última imagen de Cuba (vv. 17–19) recoge muchas de las alusiones anteriores. Por ejemplo, ¿qué se ha expresado anteriormente en el cuarto verso para explicar que Cuba se escapa "muda"?

☐ ¿Por qué destroza el clavel?

☐ ¿Cómo nos ha preparado el poeta anteriormente para la metáfora de Cuba "como una nube / que enturbia el cielo"? O sea, ¿qué pasa cuando se enturbia el cielo?

5. La poesía modernista muchas veces crea símbolos vagos y abstractos que producen sentimientos en vez de expresar cosas concretas. El clavel que lleva Cuba es un ejemplo. ¿Qué crees que representa este signo? Justifica tu opinión, teniendo en cuenta la trayectoria del clavel dentro del poema.

6. Trata de resumir el discurso revolucionario de este poema.

José Asunción Silva

■□■

1865–1896

La melancolía, la muerte y la desesperación existencial son las notas distintivas de este poeta colombiano de fina y original inspiración lírica. Al llevar una vida amarga, escribió para desahogarse sin dejar su obra ordenada y publicada en poemarios como otros poetas. Su producción, recogida varios años después de su suicidio, constituye un corpus reducido pero brillante e innovador.

Poesías (1908)

Antes de leer

1. ¿Se te ha muerto algún ser querido? ¿Puedes recordar algunas de tus sensaciones o reacciones?
2. ¿Qué imágenes del mundo natural asocias con la muerte? Por ejemplo, el paso del otoño al invierno vendría a propósito. Piensa en otros ejemplos.

Código para la comprensión

Código biográfico: Aunque Silva procedía de una familia acomodada, llevó una existencia trágica. Sus padres perdieron su fortuna y luego murieron, dejándolo huérfano. Pero fue la muerte de su hermana Elvira, en 1891, lo que más le afectó. "Nocturno III," dedicado a ella, recuerda momentos que pasaron juntos en su casa de campo así como el día de su muerte.

"Nocturno III"

Una noche,
una noche toda llena de murmullos, de perfumes y de músicas de alas;
una noche
en que ardían en la sombra nupcial y húmeda las luciérnagas
fantásticas,

a mi lado lentamente, contra mí ceñida toda, muda y pálida,
como si un presentimiento de amarguras infinitas
hasta el más secreto fondo de las fibras te agitara,
por la senda florecida que atraviesa la llanura
caminabas;   10
y la luna llena
por los cielos azulosos, infinitos y profundos esparcía su luz blanca;
y tu sombra
fina y lánguida,
y mi sombra,
por los rayos de la luna proyectadas,
sobre las arenas tristes
de la senda se juntaban;
y eran una,
y eran una,   20
y eran una sola sombra larga,
y eran una sola sombra larga,
y eran una sola sombra larga . . . .
Esta noche
solo; el alma
llena de las infinitas amarguras y agonías de tu muerte,
separado de ti misma por el tiempo, por la tumba y la distancia,
por el infinito negro
donde nuestra voz no alcanza,
mudo y solo   30
por la senda caminaba. . .
Y se oían los ladridos de los perros a la luna,
a la luna pálida,
y el chirrido
de las ranas. . .
Sentí frío. Era el frío que tenían en tu alcoba
tus mejillas y tus sienes y tus manos adoradas,
entre las blancuras níveas[1]
de las mortuorias sábanas.
Era el frío del sepulcro, era el hielo de la muerte,   40
era el frío de la nada.
Y mi sombra,
por los rayos de la luna proyectada,
iba sola,
iba sola,
iba sola por la estepa[2] solitaria;
y tu sombra esbelta y ágil,
fina y lánguida,
como en esa noche tibia de la muerta primavera,

---

[1] *poét.* de nieve o semejante a ello
[2] llanura extensa

como en esa noche llena de murmullos, de perfumes y de músicas de alas,   50
se acercó y marchó con ella,
se acercó y marchó con ella,
se acercó y marchó con ella . . . ¡Oh las sombras enlazadas!
¡Oh las sombras de los cuerpos que se juntan con las sombras de las almas!
¡Oh las sombras que se buscan en las noches de tristezas y de lágrimas!

■——Pasos para la comprensión

1. Lo primero que destaca en esta composición es su forma. No tiene rima ni número fijo de sílabas, pero sí tiene un ritmo distinguible. ¿Cómo se llama este tipo de versificación? Ahora, lee el poema en voz alta y trata de explicar o caracterizar ese patrón rítmico.

2. ¿Quién es el emisor del poema? ¿Quién es el receptor a quien dirige su mensaje y a quien se dirige en segunda persona? Consulta el *código biográfico*.

3. El título del poema sirve de pista para entender el signo central del poema. Explica.

   □ Hay dos noches en el poema: "una noche" de los primeros versos y "esta noche" del verso 24. ¿En qué se diferencian las dos noches?

   □ ¿Qué ha provocado la transformación? El referente necesario para contestar se expresa explícitamente en los versos 25 y 26.

4. Muy típico de la poesía modernista, "Nocturno III" está lleno se sensaciones sensoriales. Haz una lista de ellas dividiéndola en (1) visuales, (2) auditivas y (3) olfativas. ¿Qué efecto crea la acumulación de tantas sensaciones?

5. El narrador anda por una senda. ¿Cómo describe el sendero?

   □ ¿Qué atraviesa el camino?

   □ ¿Cuál podría ser el significado de este signo?

6. El otro signo central del poema es el de la sombra. Explica primero cómo éste se relaciona con los otros dos signos importantes del poema: *luna* y *sendero*.

   □ La sombra (las sombras) pasa (pasan) por varias transformaciones a lo largo del poema; traza esas transformaciones.

7. Explica la imagen final del poema en que las dos sombras se unen de nuevo. ¿Cómo es posible? ¿Qué significa este toque sobrenatural y misterioso?

■——Pasos para una lectura más a fondo

1. ¿Cómo describirías el tono de este poema? ¿Crees que es un tono consistente o que cambia según las diferentes secciones?

2. Los efectos auditivos merecen especial atención. Primero, nota que muchas referencias a sonidos se hacen mediante signos onomatopéyicos. Explica cómo funciona esta técnica en los significantes de los siguientes signos: murmullo, ladridos de los perros, chirrido de las ranas.

3. Ahora, busca otros efectos auditivos del poema que no sean onomatopéyicos. Por ejemplo, explica el efecto de las distintas anáforas. También el efecto de las aliteraciones, como en "eran una sola sombra larga." Busca otros ejemplos.

4. Aunque la mayoría de los signos y referencias son concretos o explícitos, algunos son metonímicos. Por ejemplo, ¿qué es la "música de alas"?

5. ¿En qué época del año tienen lugar los primeros 23 versos? ¿Con qué signos se revela?

   □ ¿Y a partir del verso 24?

   □ Explica la oposición binaria de calor y frío que se da en el poema.

6. El poema también contiene varias isotopías de signos relacionados entre sí. Por ejemplo, forma la isotopía de la muerte a partir del verso 24.

7. ¿Percibes un tono religioso en el poema? Comenta, por ejemplo, el verso "el frío de la nada." Pero comenta también "las sombras de las almas." ¿Están estas dos ideas en oposición?

Rubén Darío

■□■

1867–1916

Pocos poetas de la lengua castellana han sido tan admirados o han sido tan influyentes como este poeta nicaragüense. Y pocos han tenido tanto talento poético. No se puede decir que Darío "inventa" el modernismo, puesto que otros poetas ensayan con él el nuevo estilo, pero sí se puede afirmar que Darío lo propagó por todas partes del mundo hispánico y que, a causa de ello, se produjo una renovación completa de la lírica hispánica. Pero la importancia de Darío va mucho más allá de la diseminación del modernismo; su capacidad de explotar los valores auditivos y sensoriales de la lengua así como de acomodarla a nuevas e inusitadas métricas es verdaderamente asombrosa. No hay poeta del siglo XX que no haya sentido su inspiración.

Cantos de vida y esperanza (1905)

Antes de leer

1. ¿Hay sentimientos que no puedes controlar? Explica.

2. ¿Cómo le afecta a una persona el hacerse mayor? Explica.

Código para la comprensión

Código bíblico: En Mateo 14: vi-x se cuenta cómo Salomé, para sustentar el apetito de venganza de su madre Herodías, consiguió que la cortaran la cabeza a Juan Bautista y se la presentaran en una bandeja. El cuento bíblico se ha empleado mucho en el arte y la literatura para demostrar la fuerza vengativa de las mujeres.

"Canción de otoño en primavera"

Juventud, divino tesoro,
¡ya te vas para no volver!
Cuando quiero llorar, no lloro,
y a veces lloro sin querer . . .   1

Plural ha sido la celeste
historia de mi corazón.
Era una dulce niña, en este
mundo de duelo y aflicción.   2

Miraba como el alba pura;
sonreía como una flor.
Era su cabellera oscura
hecha de noche y de dolor.   3

Yo era tímido como un niño.
Ella, naturalmente, fue,
para mi amor hecho de armiño,[1]
Herodías y Salomé . . .   4

Juventud, divino tesoro,
¡ya te vas para no volver!
Cuando quiero llorar, no lloro,
y a veces lloro sin querer . . .   5

La otra fue más sensitiva
y más consoladora y más
halagadora[2] y expresiva,
cual no pensé encontrar jamás.   6

Pues a su continua ternura
una pasión violenta unía.
En un peplo[3] de gasa[4] pura
una bacante[5] se envolvía . . .   7

En brazos tomó mi ensueño
y lo arrulló como a un bebé . . .
y lo mató, triste y pequeño,
falto de luz, falto de fe . . .   8

Juventud, divino tesoro,
¡te fuiste para no volver!
Cuando quiero llorar, no lloro,
y a veces lloro sin querer . . .   9

Otra juzgó que era mi boca
el estuche[6] de su pasión;
y que me roería, loca,
con sus dientes el corazón,   10

poniendo en un amor de exceso
la mira de su voluntad,
mientras eran abrazo y beso
síntesis de la eternidad;   11

y de nuestra carne ligera
imaginar siempre un Edén,
sin pensar que la Primavera
y la carne acaban también . . .   12

---

[1] mamífero cuya piel blanca es muy apreciada
[2] afectuosa, aduladora
[3] túnica sin mangas usada por las antiguas griegas
[4] tela transparente
[5] persona que tomaba parte en las bacanales (fiestas celebrando a Baco, dios del vino)
[6] caja para guardar algo

Juventud, divino tesoro,   13
¡ya te vas para no volver!
Cuando quiero llorar, no lloro,
y a veces lloro sin querer.

¡Y las demás! En tantos climas,   14
en tantas tierras siempre son,
si no pretextos de mis rimas
fantasmas de mi corazón.

En vano busqué a la princesa   15
que estaba triste de esperar.
La vida es dura. Amarga y pesa.
¡Ya no hay princesa que cantar!

Mas a pesar del tiempo terco,[7]   16
mi sed de amor no tiene fin;
con el cabello gris, me acerco
a los rosales del jardín . . .

Juventud, divino tesoro,   17
¡ya te vas para no volver!
Cuando quiero llorar, no lloro,
y a veces lloro sin querer . . .

¡Mas es mía el Alba de oro!   18

■———Pasos para la comprensión

1. Lo primero que se debe entender es el sentido de la primera estrofa, que sirve de estribillo al poema.

   □ ¿Por qué no puede volver la juventud?

   □ ¿Cual es el tema implícito en este proceso?

   □ Y el proceso de llorar, ¿es algo, según el yo poético, que se puede controlar?

   □ ¿Qué relación existe, pues, entre el paso del tiempo y la acción involuntaria de llorar?

2. El tema del poema, sin embargo, trata del amor. ¿Qué nos está diciendo el yo poético respecto al amor, teniendo en cuenta el mensaje del estribillo?

3. El poeta habla de tres relaciones amorosas que ha tenido. ¿Cómo era físicamente la primera?

   □ ¿Qué significado puede tener el hecho de que sus cabellos negros se describen como "oscuros," "de noche" y "de dolor"?

   □ El poeta dice que su amor es de "armiño," un animal cuya piel es muy estimada en la peletería. Para entender el carácter de su amor, sin embargo, hay que entender el sentido figurativo de "armiño." Búscalo en un diccionario de español. ¿Cómo era el amor del poeta?

   □ Para entender cómo lo trató la mujer, hay que entender el cuento bíblico de Herodías y Salomé (consulta el *código bíblico*). ¿Qué parece que le hizo la mujer al poeta?

---

[7] obstinado (*o sea, que nunca se detiene*)

4. ¿Cómo era la segunda amante emocionalmente?

☐ ¿Cómo aparece vestida? Para contestar, tendrás que buscar en el diccionario los significados de *peplo* y *gasa*.

☐ Al llamarla una "bacante," ¿qué implica Darío? Para contestar, ten en cuenta que la palabra se relaciona con Baco, el dios del vino, aunque tiene un sentido figurativo más apropiado. Búscalo en el diccionario de español y explica sentido que tiene en el poema.

5. La mujer arrulló el ensueño del poeta como a un bebé. Para entender la imagen, busca en un diccionario de español el significado de *arrullar*. Nota que su primera definición tiene que ver con palomas, pero ¿con qué en particular?

☐ Por extensión, ¿qué significa cuando se aplica a un bebé?

☐ ¿Qué hizo esta mujer al "arrullar" al poeta?

6. Con la tercera mujer no se nos proporciona ninguna imagen física ni sentimental. Sólo se nos habla de sus manías y acciones.

☐ ¿Qué hizo con el corazón del poeta?

☐ ¿Cómo sabemos que era una mujer apasionada?

☐ ¿Cómo se sabe que el amor terminó?

7. En la última estrofa, el poeta menciona sus otros múltiples amores. Recuerda que en la segunda estrofa había dicho que sus amoríos eran "plural." ¿Ha podido encontrar el poeta la mujer perfecta? ¿Nos explica por qué?

☐ ¿Tiene planes el poeta de abandonar su búsqueda?

☐ Comenta los últimos versos de la estrofa. La metonimia de "cabello gris" es fácil de intuir, pero ¿qué son "los rosales del jardín"?

■——Pasos para una lectura más a fondo

1. Éste es uno de los poemas más famosos de Darío y su estribillo anda de boca en boca entre la gente hispana. Sin embargo, es dudoso que el público se de cuenta del subtexto de este poema. Darío se queja de las mujeres, de lo mal que lo han tratado y de que ya no quedan princesas (mujeres buenas). Haz una lista de todas las características negativas que Darío asigna a las mujeres que ha amado.

☐ ¿Nos dice el narrador en algún momento lo que él les hizo a las mujeres?

☐ Se puede decir que el punto de vista es completamente machista. ¿Qué piensa seguir haciendo el poeta, aún en su vejez?

2. El poema contiene muchas de las características del modernismo. Nota la experimentación con la versificación. ¿Cuántas sílabas tiene cada verso?

☐ ¿Cuál es el número de sílabas más frecuente que tiene el verso en la poesía castellana? ¿Crees que es difícil escribir versos eneasílabos?

☐ El léxico es también muy emotivo e impresionista. Por ejemplo, ¿cómo se describe el cabello de la primera mujer? Busca en el *Diccionario de términos literarios* en el *Apéndice* el significado de *sinestesia*. ¿Se usa esta figura retórica en la descripción del cabello? Explica.

3. Además de lo emotivo, la poesía modernista trata de conseguir expresiones bellas y elegantes. ¿Cómo se consigue, por ejemplo, en el estribillo? Considera la anáfora y las aliteraciones. Busca otros ejemplos de este modo de expresión y explica cómo y con qué figuras retóricas se consigue.

4. ¿Cómo clasificarías el tono de este poema?

☐ Comenta el verso 17 "La vida es dura. Amarga y pesa."

☐ Fíjate en el verso con que el poeta termina su poema. ¿Qué parece indicar ese verso?

☐ ¿Hay una oposición entre el mensaje del cuerpo del poema y el del último verso? ¿Cómo se podría explicar esta paradoja?

5. Comentemos el título del poema cuyo referente es la edad del poeta. ¿Qué significa el otoño de la vida? ¿y la primavera?

☐ Darío escribió este poema en su juventud, sin embargo ya estaba pensando en el futuro cuando fuera mayor. ¿En qué parte del poema se sintetiza mejor la idea de que el poeta seguirá haciendo el amor, incluso en su vejez?

Prosas Profanas (1896)

Antes de leer

1. ¿Has estado alguna vez junto al mar en un día tranquilo pero nublado? ¿Puedes describir cómo era y lo que sentiste?

2. Cuando una persona llega a la tercera edad empieza a recordar momentos de su juventud. ¿Por qué será? ¿Has notado este fenómeno en miembros ancianos de tu familia? Explica.

3. ¿Has visto alguna vez un cuadro impresionista de Monet? ¿Cómo es?

Códigos para la comprensión

Código pictórico: La gama de los colores está compuesta por la graduación de los diferentes tonos de un mismo color. El esfumino es la técnica que consiste en frotar con un rollito de papel estoposo o de piel suave un dibujo para suavizar los contornos. Esta técnica se emplea, por ejemplo, en el arte impresionista, donde todo aparece difuminado.

Código musical: Una sinfonía es una composición musical en tres o más movimientos, unidos por ciertos motivos recurrentes.

"Sinfonía en Gris Mayor"

El mar como un vasto cristal azogado[1]   1
refleja la lámina de un cielo de zinc;
lejanas bandadas de pájaros manchan
el fondo bruñido de pálido gris.

El sol como un vidrio redondo y opaco   2
con paso de enfermo camina al cenit;
el viento marino descansa en la sombra
teniendo de almohada su negro clarín.

Las ondas que mueven su vientre de plomo   3
debajo del muelle parecen gemir.
Sentado en un cable,[2] fumando su pipa,
está un marinero pensando en las playas
de un vago, lejano, brumoso país.

Es viejo ese lobo.[3] Tostaron su cara   4
los rayos de fuego del sol del Brasil;
los recios tifones del mar de la China
le han visto bebiendo su frasco de gin.[4]

La espuma impregnada de yodo y salitre   5
ha tiempo conoce su roja nariz,
sus crespos cabellos, sus biceps de atleta,
su gorra de lona, su blusa de dril.

En medio del humo que forma el tabaco   6
ve el viejo el lejano, brumoso país,
adonde una tarde caliente y dorada
tendidas las velas partió el bergantín . . .

---

[1] del color gris del azogue (mercurio). *Aquí, como un espejo.*
[2] *aquí, un poste del muelle*
[3] *metonimia por marinero (por ser viejo y experimentado)*
[4] ginebra

La siesta del trópico. El lobo se duerme.   7
Ya todo lo envuelve la gama[5] del gris.
Parece que un suave y enorme esfumino[6]
del curvo horizonte borrara el confín.

La siesta del trópico. La vieja cigarra   8
ensaya su ronca guitarra senil,
y el grillo preludia un solo monótono
en la única cuerda que está en su violín.

■——Pasos para la comprensión

1. En este poema claramente se asocia y se confunde la música y el arte con la poesía. Sin embargo, ¿están unidas estas tres formas de expresión artística? ¿De qué modo?

2. Empecemos con el arte. Haz la isotopía completa de la gama de gris, buscando todos los signos del poema que puedan asociarse con ese color.
   □ Consulta el *código pictórico* y explica lo que es el "esfumino." ¿Por qué es el mar azul? ¿Cuándo no es azul?
   □ Explica cómo es posible, según el décimo verso, que se borrara el confín entre el cielo y el mar.

3. La cromática del poema cambia sólo en las estrofas 4, 5 y 6. ¿Qué nuevos colores se introducen? ¿Por qué?

4. Pasemos al aspecto musical. La sinfonía se compone de tres movimientos. ¿Cuántos "movimientos" notas en este poema? Explica.
   □ Haz la isotopía de los signos musicales. Como cualquier forma de comunicación puede constituir un signo, considera los valores auditivos (aliteración, cacofonía, ritmo, etc.) como partes de esta isotopía.

5. El poema contiene una pequeña narrativa asociada con el marinero.
   □ ¿Qué hace este marinero?
   □ ¿En qué piensa?
   □ ¿Cómo fue su vida?
   □ ¿Cómo es su vida ahora?
   □ Tomando esto en cuenta, ¿cuáles podrían ser los significados de la "tarde caliente y dorada" y los del "bergantín" que tiende las velas y parte?

---

[5] escala musical; *fig.* gradación de colores
[6] utensilio que usa el pintor para esfuminar (*que es suavizar las líneas para desvanecer los contornos de las figuras*)

■———Pasos para una lectura más a fondo

1. Caracteriza la forma estrófica del poema.

   □ ¿Cuántos versos hay en cada estrofa?

   □ ¿Cuántas sílabas hay en cada verso? El verso alejandrino castellano es de catorce sílabas, pero el francés es de doce. ¿Qué tipo de alejandrino emplea Darío aquí? Este uso del ver es un ejemplo de cómo Darío revoluciona la métrica castellana, introduciendo formas de otros idiomas y adaptándolas al español.

2. La rima del poema es compleja y refleja las innovaciones de Darío. Al leer el poema en voz alta, se oye cierta rima, pero ¿cuál es? ¿Es consonante o asonante?

   □ En la rima asonante normalmente se repiten dos vocales en cada verso o en versos pares. ¿Ocurre esto aquí?

   □ Nota el último sonido vocálico de los versos pares (2, 4, 6, etc.). ¿Cuál es? ¿Crees que esta forma de rima es fácil o difícil de conseguir?

3. ¿Cuántas vocales tónicas hay en cada verso? O sea, al leerse, ¿cuántas sílabas acentuadas se oyen?

   □ ¿Es constante a lo largo del poema?

   □ ¿Qué efecto produce esta consistencia y repetición?

   □ Teniendo en cuenta que tenemos aquí un cuadro de un marinero junto al mar, ¿a qué se pueden asociar los golpes regulares que se escuchan?

   □ Lee en voz alta los primeros versos de la tercera estrofa. ¿Qué oyes?

   □ El ritmo, según, cambia los movimientos de la composición "sinfónica." Por ejemplo, ¿en qué se diferencia el paso rítmico de la cuarta estrofa en comparación a las tres primeras?

4. El poema está lleno de metáforas y metonimias. Por ejemplo, los siguientes versos contienen ejemplos de cada técnica: "El sol como un vidrio redondo y opaco / con paso de enfermo camina al cenit." Explica ambas técnicas.

   □ Mucho más compleja es la metonimia en los dos próximos versos: "el viento marino descansa en la sombra / teniendo de almohada su negro clarín." ¿Cómo se puede explicar el signo de "negro clarín" desde un punto de vista metonímico? Para ello, ten en cuenta que el viento descansa bajo la sombra de algo y que el viento crea un sonido.

5. La última estrofa es magistral pero complejísima. Por una parte, contiene signos de la isotopía musical: signos visuales como "guitarra" y "violín;" y signos auditivos como la cacofonía y aliteración de la "cigarra [que] ensaya su ronca guitarra" y el "grillo [que] preludia su solo monótono / en la única cuerda que está en su violín." Explica cómo funcionan estos efectos auditivos.

    ☐ Pero hay otra fase. Es la hora de la siesta y el marinero se ha dormido. ¿Qué se oye con mucha frecuencia cuando alguien duerme? ¿Cómo son los ronquidos? ¿Cómo se asemejan a los ronquidos los sonidos que describe Darío?

6. El poema contiene un cuadro pictórico y una composición musical, pero también contiene un mensaje. ¿Cuál es? ¿Cómo se relacionan la imagen plástica del cuadro y el mensaje del poema?

"Lo fatal"

Antes de leer

1. ¿Hay algo respecto a tu futuro que te aterrorice? Explica.
2. ¿Sabes lo que te pasará después de morirte? Explica.

"Lo fatal"

Dichoso el árbol que es apenas sensitivo,
y más la piedra dura porque ésa ya no siente,
pues no hay dolor más grande que el dolor de ser vivo,
ni mayor pesadumbre que la vida consciente.
Ser, y no saber nada, y ser sin rumbo cierto,
y el temor de haber sido y un futuro terror . . .
Y el espanto seguro de estar mañana muerto,
y sufrir por la vida y por la sombra y por
lo que no conocemos y apenas sospechamos,
y la carne que tienta con sus frescos racimos,   10
y la tumba que aguarda con sus fúnebres ramos,
¡y no saber adónde vamos,
ni de dónde venimos! . . .

■———Pasos para la comprensión

1. El poema empieza revelando claramente su mensaje fatal en los primeros cuatro versos. ¿Por qué son dichosos el árbol y la piedra?
2. Nota que es una serie de cosas, y no sólo el estar vivo, lo que le causa desazón al poeta. Ordena estos elementos en una lista. ¿Tienen algo en común?
3. ¿Qué puede querer decir "el temor de haber sido"?
    ☐ ¿A qué crees que se refiere el poeta con "un futuro terror"? (Parece ser la muerte, pero el poeta incluye la muerte en el próximo verso, dando a entender que el "futuro terror" es otra cosa.)

4. Aunque los signos del poema son bastante concretos, la "sombra" del verso octavo no lo es. ¿A qué crees que se refiere el poeta cuando habla de "sufrir . . . por la sombra"?

5. El poema contiene sólo una imagen positiva. ¿Cuál es?

    □ ¿En qué se convierte esa imagen en el verso que sigue?

    □ Explica el impacto poético de la yuxtaposición.

■———Pasos para una lectura más a fondo

1. Aunque estos versos son, por su número de sílabas, fluctuantes, la rima no lo es. ¿Qué tipo de rima tiene este poema?

2. A pesar de la presencia de la rima, el poema de la impresión de estar escrito en prosa. ¿Cómo ha logrado Darío atenuar el efecto rítmico del poema?

3. El poema contiene mucha aliteración y rima interna. Busca algunos ejemplos.

4. Nota el uso poético de los verbos *ser* y *estar.* En el tercer verso escribe "ser vivo" y en el séptimo "estar muerto." ¿Por qué crees que Darío ha creado ese contraste entre los dos verbos?

    □ Explica también el uso del infinitivo *ser* en el quinto verso.

5. ¿Crees que el título es apropiado? ¿Por qué?

"A Roosevelt"

Antes de leer

1. ¿Crees que los Estados Unidos es un país imperialista? Explica.

2. ¿Crees que la gente de Hispanoamérica es más creyente que la de los Estados Unidos? Explica.

3. ¿Cómo te sientes cuando oyes a alguien criticar los Estados Unidos? ¿Crees que hay aspectos negativos de los Estados Unidos que se deben criticar? Explica.

Códigos para la comprensión

Código histórico norteamericano: Después de la guerra entre España y los Estados Unidos en 1898, en que el país norteamericano tomó posesión de Cuba y Puerto Rico, los latinoamericanos vieron a los Estados Unidos como un invasor que quería apoderarse de todo el continente americano. De ese temor al imperialismo norteamericano surgió un espíritu antiyanqui. Theodore Roosevelt (1858–1919), quien había luchado en la guerra, fue elegido presidente del país en 1901. Roosevelt era un hombre de acción a quien le encantaba participar en los safaris para cazar bestias, y así lo pinta Darío en este poema.

Código histórico indígena: Moctezuma era el emperador de los aztecas cuando Cortés conquistó México en 1520. Al morirse, lo siguió su sobrino Cuauhtémoc. Cuenta una leyenda que fue torturado por los españoles para que revelara el escondite de su tesoro. Lo hicieron caminar sobre carbón encendido consiguiendo que el emperador tan sólo dijera: "Yo no estoy en un lecho de rosas." Su respuesta poética ante la barbaridad de los españoles siempre se ha visto en la cultura hispanoamericana como un acto de supremo heroísmo. Darío también recuerda el nombre de uno de los grandes poetas y filósofos aztecas, Nezahualcóyotl.

"Inca" es el título dado a los emperadores del Imperio inca, siendo Atahualpa a la llegada de los españoles el emperador del Perú.

Código histórico antiguo: Platón, el gran filósofo griego, menciona en su obra la existencia de una tierra llamada Atlántida que supuestamente existía entre los hemisferios occidental y oriental en donde hoy se halla el océano Atlántico, el cual toma su nombre de esta tierra. Atlántida se hundió en el océano, pero su existencia, si es que existiera, hubiera permitido contacto en una remota edad entre los pueblos de Europa y los de América.

También se menciona a Alejandro el Grande, quien conquistó gran parte del mundo helénico en el siglo IV a.c. Nabucodonosor era rey de Babilonia y conquistó Jerusalén.

Código mitológico: Darío compara los Estados Unidos a dos figuras mitológicas: Hércules por sus actos de fuerza y Mammón, dios del dinero y la riqueza.

Código bíblico: Nemrod, en Génesis 10: viii-x, biznieto de Noah, era un gran cazador.

Código geográfico: Existe una cordillera que corre a lo largo de la costa oeste del hemisferio occidental: las montañas Rocosas canadienses y norteamericanas, la Sierra Madre de México y Centroamérica, y los Andes de Sudamérica. Darío implica que los efectos de un terremoto en las Rocosas se dejan sentir en los Andes.

Código literario: Walt Whitman (1819–1892), poeta norteamericano muy admirado por los poetas modernistas, fue contemporáneo de Darío, aunque bastante mayor, y fue el primero en emplear el verso libre, la forma poética que Darío estrena en este poema.

Código heráldico: El escudo de España reproducido en su bandera, contiene un león y un castillo, los cuales simbolizan la unión de los reinos de León y Castilla en la Edad Media. Los cachorros sueltos de que se habla en el poema se refieren a los descendientes de los españoles en Hispanoamérica.

"A Roosevelt"

¡Es con voz de la Biblia, o verso de Walt Whitman,
que habría que llegar hasta ti, Cazador!

¡Primitivo y moderno, sencillo y complicado,
con un algo de Washington y cuatro de Nemrod!
Eres los Estados Unidos,
eres el futuro invasor
de la América ingenua que tiene sangre indígena,
que aún reza a Jesucristo y aún habla en español.
Eres soberbio y fuerte ejemplar de tu raza;
eres culto, eres hábil; te opones a Tolstoy.   10
Y domando caballos, o asesinando tigres,
eres un Alejandro-Nabucodonosor.
(Eres un profesor de energía,
como dicen los locos de hoy.)

Crees que la vida es incendio,
que el progreso es erupción;
en donde pones la bala
el porvenir pones.

No.

Los Estados Unidos son potentes y grandes.   20
Cuando ellos se estremecen hay un hondo temblor
que pasa por las vértebras enormes de los Andes.
Si clamáis, se oye como el rugir del león.
Ya Hugo a Grant le dijo: "Las estrellas son vuestras."

(Apenas brilla, alzándose, el argentino sol
y la estrella chilena se levanta . . .) Sois ricos.
Juntáis al culto de Hércules el culto de Mammón;
y alumbrando el camino de la fácil conquista,
la Libertad levanta su antorcha en Nueva York.

Mas la América nuestra, que tenía poetas   30
desde los viejos tiempos de Netzahualcoyotl,
que ha guardado las huellas de los pies del gran Baco,
que el alfabeto pánico en un tiempo aprendió;

que consultó los astros, que conoció la Atlántida,
cuyo nombre nos llega resonando en Platón,
que desde los remotos momentos de su vida
vive de luz, de fuego, de perfume, de amor,
la América del gran Moctezuma, del Inca,
la América fragante de Cristóbal Colón,
la América católica, la América española,   40
la América en que dijo el noble Guatemoc:
"Yo no estoy en un lecho de rosas;" esa América
que tiembla de huracanes y que vive de Amor;

hombres de ojos sajones[1] y alma bárbara, vive.
Y sueña. Y ama, y vibra; y es la hija del Sol.
Tened cuidado. ¡Vive la América española!
Hay mil cachorros sueltos del León Español.
Se necesitaría, Roosevelt, ser por Dios mismo,
el Riflero terrible y el fuerte Cazador,
para poder tenernos en vuestras férreas[2] garras.   50

Y, pues contáis con todo, falta una cosa: ¡Dios!

■——Pasos para la comprensión

1. ¿Quién es el destinatario del poema? O sea, ¿a quién se dirige Darío cuando dice "hasta ti" en el segundo verso, o cuando repite "eres" a lo largo de las dos primeras estrofas?

   ☐ En el quinto verso asocia el personaje con los Estados Unidos. Es decir, el destinatario se convierte en símbolo del país. Explica.

2. Sólo al final alude a Roosevelt con su propio apellido. En las otras ocasiones usa la antonomasia, que es una forma específica de metonimia. ¿Por qué se refiere a Roosevelt como el "Cazador"? (Consulta los *Códigos históricos norteamericanos.*)

   ☐ ¿Por qué resulta ser perfecta esta denominación para referirse a los dos aspectos de Roosevelt—persona y país?

3. Explica la referencia a Walt Whitman en el primer verso. ¿Es un homenaje o una crítica? Explica.

   ☐ Luego de leer el *código literario,* explica qué forma de versificación introdujo Walt Whitman.

   ☐ ¿En qué forma poética está compuesto "A Roosevelt"?

   ☐ ¿Cuáles son las características de ese tipo de versificación?

4. En las dos primeras estrofas Darío intenta perfilar un cuadro de la complejidad psíquica de Roosevelt; en el proceso menciona algunas cualidades positivas de Roosevelt–Estados Unidos. ¿Cuáles son?

5. Por lo general, las referencias a los Estados Unidos, a partir de la mención al "futuro invasor" del sexto verso, son negativas. Busca otras instancias en las que el poeta critique dicho país.

---

[1] *metonimia por claros (ya que los anglosajones eran gente rubia)*
[2] *fig.* duro, tenaz

6. Vale la pena analizar la imagen de los versos 20 a 22. Para apreciarla, lee de nuevo el *código geográfico*. La cordillera de los Rockies norteamericanos y los Andes su-damericanos pertenecen en realidad a una cordillera contigua que se estrecha a lo largo de la costa occidental del hemisferio. Por lo tanto "las vértebras enormes" son, metonímicamente, las montañas de los Andes. ¿Qué pasa cuando se estremecen las montañas de los Estados Unidos?

   □ ¿Qué implica esta magistral imagen respecto a la relación entre los dos mundos—el anglosajón y el hispano?

7. La cuarta imagen de los versos 28-29 es una muy reconocible para los norteam-ericanos. ¿Cuál es?

   □ ¿Cómo transforma Darío la imagen positiva de la antorcha de la estatua en una crítica hacia los Estados Unidos?

8. A partir del verso 30 Darío traza los orígenes de Latinoamérica valiéndose de dos fuentes: la clásica griega y la indígena. La clásica se basa en una leyenda muy divulgada pero de poca credibilidad. Lee los *Códigos mitológicos*. ¿Crees que los dioses griegos pudieron haber llevado su cultura a las Américas?

   □ Las referencias a la cultura indígena son válidas. ¿Quiénes son Nezahualcóy-otl, Moctezuma, Guatemoc y el Inca?

   □ Lee los *Códigos históricos indígenas* para asegurarte de que entiendes la bella cita de Guatemoc. Explica los valores y cualidades positivos que expresan sus palabras.

9. En los años que siguieron a las guerras de independencia de España, se encuen-tra una nota antiespañola en gran parte de la literatura hispanoamericana. Sin embargo, después de la agresión norteamericana de 1898, Latinoamérica em-pieza a ver a los Estados Unidos como el gran enemigo y se empieza a glorificar España. ¿Cómo se refleja este fenómeno en el poema?

10. ¿Qué altos valores le concede Darío a la cultura hispana?

   □ Según el último verso, ¿qué valor tienen los hispanos que les falta a los norteamericanos? ¿Crees que Darío tiene razón?

■———Pasos para una lectura más a fondo

1. Por lo general, la poesía de carácter político y propagandístico como ésta no suele ser de alto valor estético. ¿Crees que Darío ha logrado crear una obra de arte o un objeto de pro-paganda antiyanqui? Explica tu opinión con ejemplos.

2. Explica el efecto de la anáfora de los versos 37–40, y las pausas creadas con los puntos en el verso 44.

3. Para ver algo de las ingeniosas asociaciones de signos que se encuentran en el po-ema, trata de entender la isotopía de los siguientes signos: cazador, el rugir del león, mil cachorros del león español, y las férreas garras.

4. Trata de explicar cuál es el propósito y el efecto del verso 19 que consta de sólo una palabra.

5. El poema está basado en la oposición de dos sistemas de valores: el de los latinos y el de los norteamericanos. ¿Con qué signos expresa el narrador esta oposición binaria de las dos culturas? Haz la isotopía de cada grupo de signos.

Juan Ramón Jiménez

■□■

1881–1958

Ningún poeta español del siglo XX se ha dedicado más a la labor poética que Juan Ramón. Como consecuencia de ello, su obra es extensísima y de una altísima calidad estética. Aunque su temática no varía mucho—es principalmente un poeta filosófico y paisajista—lo sorprendente es la variedad con la cual supo expresar las mismas preocupaciones. Su obra, que se desarrolla a lo largo de la primera mitad del siglo XX, siempre siguió evolucionando, depurándose de elementos superfluos y hasta poéticos, para llegar a una poesía completamente pura, como se verá en "Este inmenso Atlántico" incluido aquí. El Premio Nobel que se le concedió en 1956 es uno de los más merecidos de la literatura española.

Arias tristes (1903)

Antes de leer

1. ¿Crees que un día gris y nublado puede ser bello? Explica.
2. ¿Qué es el platonismo? ¿Crees que algo puede ser bello en su espíritu y feo físicamente? Explica.

"Mi alma es hermana del cielo gris"

Mi alma es hermana del cielo
gris y de las hojas secas.
¡Sol interno del otoño,

pásame con tu tristeza!
—Los árboles del jardín
están cargados de niebla.

Mi corazón ve por ellos
esa novia que no encuentra;
y en el suelo húmedo me abren
sus manos las hojas secas.   10
¡Si mi alma fuera una hoja
y se perdiera entre ellas!—
El sol ha mandado un rayo
de oro estraño, a la arboleda,
un rayo flotante, dulce
luz a las cosas secretas.
—¡Qué ternura tiene el último

sol para las hojas secas!
Una armonía sin fin
vaga por todas las sendas,   20
lenta, eterna sinfonía
de músicas y de esencias,
que dora el jardín de una
más divina primavera.—
Y esa luz de bruma y oro,
que pasa las hojas secas,
irisa[1] en mi corazón
no sé qué ocultas bellezas.

■——Pasos para la comprensión

1. El poema empieza con una metáfora que asocia el alma del poeta con el paisaje. ¿En qué tipo de día se describe y en qué época del año tiene lugar?

   □ ¿Por medio de qué signos lo sabemos?

   □ ¿Suelen ser tales días bonitos y agradables?

2. El poeta se siente identificado con el paisaje lo cual expresa metafóricamente en los dos primeros versos y elabora en los versos 7–10. Explica.

   □ Claramente, el poeta quiere ser "parte" del paisaje para sentirlo en toda su profundidad. Con esa noción presente, explica los versos 11 y 12.

3. Explica el apóstrofe de los versos 3 y 4.

   □ ¿Qué pide el poeta?

   □ ¿Por qué lo pide?

   □ En el verso 13 y adelante, se cumple el deseo del poeta. Explica.

   □ ¿Qué hace este rayo de sol "estraño"? ¿Qué le permite ver al poeta?

4. ¿Qué representa la música normalmente en la poesía? (Por ejemplo, ¿es armonía o discordia?)

   □ ¿Qué representa aquí?

   □ ¿En qué momento específico se oye la "sinfonía" en el poema?

5. Busca el verbo *irisar* en el diccionario. Explica lo que es científicamente. En el poema, el rayo de luz pasa por las hojas secas, y ¿dónde se proyecta?

   □ ¿Qué le revela al poeta este rayo "estraño"?

   □ ¿Puede expresar el poeta con palabras lo que siente?

---

[1] pasar un rayo de luz por un prisma para separar todos sus colores, proyectándolo en algún lugar (*como los colores del arco iris*)

■———Pasos para una lectura más a fondo

1. ¿Sabes lo que es el misticismo? Consulta el *código místico* de San Juan de la Cruz en el capítulo 3.
   - ☐ ¿Puede haber un misticismo en que el alma de uno se una con las cosas de la naturaleza en vez de con un Ser supremo?
   - ☐ Busca en el diccionario el sentido de *panteísmo*. Explica cómo este poema es un ejemplo de ello.

2. En el poema se ve una serie de transformaciones de signos. Por ejemplo, trata de explicar la transformación de "otoño," "cielo gris" y "cosas secretas".
   - ☐ Los signos en que se convierten forman oposiciones con los signos originales. Explica.
   - ☐ ¿Qué ha inducido estas transformaciones?

3. En el apóstrofe, el poeta se dirige al "sol interno." ¿Qué es un sol "interno" en comparación al sol que se ve normalmente? Forma la isotopía completa del rayo de sol, sin olvidar su aspecto cromático.

4. El poema está lleno de bellas imágenes. Enfoquémonos en una de los versos 9 y 10. ¿Existen algunas hojas que se parezcan a una mano? ¿Cuáles?
   - ☐ ¿Qué le pasa a una hoja de este tipo cuando se desprende del árbol y se seca?
   - ☐ ¿Qué efecto tiene la humedad en una hoja seca y encogida?
   - ☐ Ahora, explica la imagen.

5. Bellos también son los efectos auditivos que se producen. Fijémonos en los versos 19–24 donde se introduce el signo de la música y de la sinfonía. Cita las técnicas que emplea el poeta para crear efectos musicales.

Ríos que se van (poemas escritos entre 1951 y 1954)

Antes de leer

1. ¿Crees que para sentir algo en toda su profundidad hay que vivirlo primero? Explica.

2. Describe lo que sientes cuando te paras delante de un mar vasto e inmenso. ¿Parece que tiene fin?

"Este inmenso Atlántico"

La soledad está sola.
Y sólo el solo la encuentra
que encuentra la sola ola
al mar solo en que se adentra.[1]

---

[1] ir a la parte más interna u oculta de algo

■———Pasos para la comprensión

1. La primera vez que se lee este poema suena como un trabalenguas, pero no lo es. El poema empieza con un acierto: sólo la persona que se ha sentido sola puede saber lo que es la soledad. ¿Estás de acuerdo? Explica.

2. Pero en los dos últimos versos se introduce una imagen—la única del poema. ¿Qué es? ¿En qué dirección viaja este signo?

3. ¿Quién, por lo tanto, es capaz de entender o captar el vasto mar? (Nota el título revelador del poema.)

4. ¿Cuál parece ser el mensaje del poema? ¿De qué modo es semejante al mensaje de "Mi alma es hermana del cielo gris"?

■———Pasos para una lectura más a fondo

1. Nota todas las formas léxicas referentes a la soledad que se emplean en la composición. Busca una forma sustantiva, una forma adjetival y una forma adverbial. Nota también que el poema contiene solamente un adjetivo. ¿Cuál es?

2. Explica por qué el verbo *adentrarse* es ideal para el mensaje de este poema.

3. Nota la imagen de la "sola ola." Fíjate cómo una palabra contiene a la otra. Trata de explicar cómo este juego léxico capta magistralmente el mensaje del poema.

   Trata de explicar cómo este verso se relaciona con otro muy famoso de la literatura española—el verso místico de San Juan de la Cruz que dice "Amada en el Amado transformada."

4. El poema tiene muchos valores fónicos y auditivos. ¿Qué técnicas se emplean para conseguir estos efectos?

5. Este es un ejemplo muy claro de poesía pura. La composición ha sido depurada de todo adorno innecesario para llegar a su pura esencia. Explica cómo Juan Ramón consigue este efecto.

Gabriela Mistral

■□□

1889–1957

Nacida en un pequeño pueblo del norte de Chile, Lucila Godoy Alcayaga, como se llamaba antes de adoptar el seudónimo, llegó a ser una figura admiradísima en todo el continente americano por su labor como educadora, humanitaria, profesora, diplomática y portavoz de los desafortunados del mundo. Su obra poética, después de una primera etapa en la que expresa sus propios sentimientos trágicos y sentimentales, pasa a preocuparse por temas más universales. Entre éstos se destaca su interés en el paisaje americano así como en su gente. La suya es una auténtica voz americana. Es quizá por ello que se le concedió el Premio Nobel en 1945, siendo el primer escritor hispanoamericano en recibirlo.

Tala (1938)

Antes de leer

1. ¿Has bebido agua de una fuente muy fuerte, como de un chorro que tiene mucha presión? ¿Duele? Explica.

2. Piensa en lo siguiente: Si te acercas a un pozo para beber agua con las manos, ¿en qué forma tienes que ponerlas? Si estás doblado sobre el pozo, ¿qué ves reflejado en el agua? Y si hay una persona contigo, el agua reflejaría su cara también. Al tomar el agua con las manos, ¿qué estarías tomando, poéticamente?

3. ¿Has visto alguna vez un coco? Explica cómo es y lo que hay que hacer para sacar su fruta. ¿Qué tiene por dentro el coco? ¿Qué sabor tiene?

4. Piensa en la acción de beber un vaso de agua. ¿Qué movimiento hace la cabeza al llegar a los últimos sorbos?

Código para la comprensión

Código geográfico: En este poema Mistral se refiere a tres sitios de América: el Aconcagua, el campo de Mitla y Puerto Rico. El Aconcagua es el mayor de los ríos que atraviesa el valle central de Chile. El campo de Mitla está en el estado de Oaxaca, en el sur de México. Es, junto con Chiapas, una de las regiones mexicanas con mayor población indígena. Puerto Rico es una isla del Caribe. De cierto modo, estos tres sitios representan tres regiones muy diferentes del mundo hispanoamericano: el cono sur, las naciones con alta población indígena y el Caribe.

"Beber"

Recuerdo gestos de criaturas
y eran gestos de darme el agua.

En el valle de Río Blanco   1
en donde nace el Aconcagua,

llegué a beber, salté a beber
en el fuete[1] de una cascada,
que caía crinada[2] y dura
y se rompía yerta y blanca.
Pegué mi boca al hervidero[3]

---

[1] *amer.* látigo (aquí, referencia a la fuerza con que cae el agua del despeñadero)
[2] *poét.* como pelo largo (*como la crin del caballo*)
[3] manantial en que se produce agitación y burbujas a caer el agua fuertemente

y me quemaba el agua santa,
y tres días sangró mi boca
de aquel sorbo del Aconcagua.

En el campo de Mitla, un día   2
de cigarras, de sol, de marcha,
me doblé a un pozo y vino un indio
a sostenerme sobre el agua,
y mi cabeza, como un fruto,
estaba dentro de sus palmas.
Bebía yo lo que bebía,
que era su cara con mi cara,
y en un relámpago yo supe
carne de Mitla ser mi casta.

En la Isla de Puerto Rico,   3
a la siesta de azul colmada,
mi cuerpo quieto, las olas locas,
y como cien madres las palmas,
rompió una niña por donaire[4]

junto a mi boca un coco de agua,
y yo bebí, como una hija,
agua de madre, agua de palma.
Y más dulzura no he bebido
con el cuerpo ni con el alma.

A la casa de mis niñeces   4
mi madre me traía el agua.
Entre un sorbo[5] y el otro sorbo
la veía sobre la jarra.
La cabeza más se subía
y la jarra más se abajaba.[6]
Todavía yo tengo el valle,
tengo mi sed y su mirada.

Será esto la eternidad   5
que aun estamos como estábamos.

Recuerdo gestos de criaturas
y eran gestos de darme el agua.

■——Pasos para la comprensión

1. Fijémonos en la estructura del poema. Tiene un estribillo que enmarca la parte central que se compone de cinco estrofas de extensión variable. El signo central del estribillo es el agua. Ahora nota la rima del poema, fijándote en los versos pares. ¿Qué relación hay entre el signo y la rima?

2. Cada estrofa contiene fuertes y muy acertadas imágenes plásticas y acciones bien definidas. ¿Cuál es la imagen plástica de la primera estrofa?

   □ ¿Qué es lo que pasa?

   □ ¿Cómo se relacionan los signos *hervidero, quemar* y *sangre*? Estos signos pueden tener significantes negativos, pero ¿es ése el caso en esta estrofa?

   □ ¿Qué significan?

3. Para entender la plasticidad y la acción de la segunda estrofa, vuelve a la pregunta 2 de *Antes de leer*. Explica ahora cómo la cara del narrador está dentro de las palmas del indio.

   □ Explica cómo lo que bebían eran sus caras.

---

[4] por broma
[5] *fig.* una pequeña cantidad de líquido
[6] *regionalismo.* bajaba

- ☐ Al darse cuenta de lo que simboliza esta acción, el narrador exclama: "en un relámpago yo supe / carne de Mitla ser mi casta." ¿Qué significan estos versos dentro de una temática panamericana?

- ☐ Teniendo en cuenta los conflictos sociales y raciales del mundo hispanoamericano, ¿qué significación tiene los versos?

4. La tercera estrofa es igualmente bella. La estrofa empieza con una oposición entre la quietud de la hora de la siesta y el movimiento de las olas y las palmas. ¿Cómo sabemos que estos dos últimos signos se encuentran en un estado de agitación?

    - ☐ Explica la imagen plástica de la metáfora de las palmas "como cien madres."

    - ☐ ¿Quién le ofrece agua al narrador? ¿Qué tipo de agua es?

    - ☐ ¿Por qué considera la narradora que jamás ha bebido agua más dulce?

    - ☐ ¿Por qué es el agua de "madre" y de "palma"?

5. La última estrofa es más íntima y personal; es también menos plástica. ¿Qué escena se describe aquí?

    - ☐ Mira la pregunta 4 de *Antes de leer*. La oposición aquí se da con "La cabeza más se subía / y la jarra más se abajaba." ¿Cuál podría ser el sentido de esta oposición entre subir y bajar?

6. La última estrofa de dos versos es interesante porque rompe totalmente con la estructura rígida del poema. Explica, después de contar las sílabas y notar la rima.

    - ☐ ¿Cuál será el referente de "esto"?

    - ☐ ¿Qué podría significar esta estrofa?

■——Pasos para una lectura más a fondo

1. El poema tiene varias facetas. Exploremos primero el tono religioso. Busca en el poema todos los signos que pudieran tener un significado religioso.

    - ☐ ¿Crees que estos signos forman un discurso o son simplemente una aspecto del acto de beber? (Recuerda que el discurso consiste en una agrupación de signos intencionales para elaborar un mensaje.)

2. Exploremos ahora el discurso panamericano. ¿De qué modo expresa Mistral la unidad entre todas las gentes latinas?

    - ☐ Dentro de este discurso, ¿qué significación especial podría tener la "madre"?

    - ☐ ¿Qué relación podría tener el tono religioso con este discurso?

3. Busca en el diccionario el significado de la palabra *sed*. ¿Cuál es su sentido figurado?

    - ☐ Aunque en el poema la "sed" se satisface con agua, ¿qué otros anhelos podría representar la "sed" que siente la narradora? Explica.

Alfonsina Storni

■□■

1892–1938

Aunque Alfonsina se cría y pasa su adolescencia en las provincias de Argentina, en 1911 se traslada a la capital donde, en poco espacio de tiempo, su obra llama la atención de grandes escritores del momento. Su amistad con el modernista mexicano Amado Nervo y el prosista uruguayo Horacio Quiroga está bien documentada. Víctima de la moral estricta de su época y de la misoginia, Storni se rebela contra ellos por medio de la poesía. Su voz es directa y convincente—la de una mujer que ha sufrido y que siente profundamente lo que escribe. Su poética representa una de las expresiones feministas más completas de la literatura hispanoamericana y ha contribuido decisivamente a la concienciación del estado marginado de la mujer. Por otra parte, la última poesía de Storni revela otra cara más universal de la poeta.

El dulce daño (1918)

Antes de leer

1. ¿Crees que hay una desigualdad entre los machos y las hembras en el reino animal? Da ejemplos.

2. Para ti, ¿qué representa la naturaleza? Compara la naturaleza con el mundo creado por los hombres y las mujeres. ¿Cuál es más indemne y puro? Explica.

"Tú me quieres blanca"

Tú me quieres alba;
me quieres de espumas;
me quieres de nácar,[1]
que sea azucena,
sobre todas, casta.

De perfume tenue.
Corola[2] cerrada.

Ni un rayo de luna
filtrado me haya,

---
[1] sustancia blanca que se forma en el interior de las conchas
[2] los pétalos que rodean el pistilo

ni una margarita   10
se diga mi hermana.
Tú me quieres nívea;
tú me quieres blanca;[3]
tú me quieres alba.

Tú, que hubiste todas
las copas a mano,
de frutos y mieles
los labios morados.
Tú, que en el banquete
cubierto de pámpanos,[4]   20
dejaste las carnes
festejando a Baco.
Tú, que en los jardines
negros del Engaño,
vestido de rojo
corriste al Estrago.

Tú, que el esqueleto
conservas intacto,
no sé todavía
por cuáles milagros   30
(Dios te lo perdone),
me pretendes casta
(Dios te lo perdone),
me pretendes alba.

Huye hacia los bosques;
vete a la montaña;
límpiate la boca;
vive en las cabañas;
toca con las manos
la tierra mojada;   40
alimenta el cuerpo
con raíz amarga;
bebe de las rocas;
duerme sobre la escarcha;[5]
renueva tejidos
con salitre y agua;
habla con los pájaros
y lévate[6] al alba.
Y cuando las carnes
te sean tornadas,   50
y cuando hayas puesto
en ellas el alma,
que por las alcobas
se quedó enredada,
entonces, buen hombre,
preténdeme blanca,
preténdeme nívea,
preténdeme casta.

■———Pasos para la comprensión

1. ¿Quién es el yo poético (emisor) del mensaje? ¿Cómo se sabe que es una mujer?

   ☐ Teniendo ese referente en cuenta, ¿a quién dirige su mensaje? (Mira el verso 55.)

2. El signo *blanco* se bifurca en muchos otros signos de blancura. Haz una lista de los que se hallan en los primeros 14 versos.

   ☐ En este poema, ¿qué puede representar el color blanco?

---

[3] *poét.* relacionado con la nieve (*fig.* blanca)
[4] tallo de las ojas de la vid (planta que produce uvas)
[5] rocío congelado
[6] *ant.* levántate

☐ ¿Por qué quiere el receptor que la emisora sea "blanca"?

3. La idea de la mujer ideal y perfecta se refuerza en las imágenes de los primeros versos. Escoge y explica una de estas imágenes.

4. A partir del verso 19 la poeta reprende al hombre. ¿Por qué?

☐ ¿Qué ha hecho él que ella no ha podido hacer?

☐ Las imágenes y los signos de esta estrofa se ordenan alrededor de un banquete. Explica. Trata de explicar el significado de tener en la mano todas las copas y tener los labios morados por haber comido frutos y mieles.

5. En la última estrofa sigue reprendiendo al hombre. ¿Por qué se queja la poeta de que el hombre se crea con derecho a pretenderla casta?

☐ Al protestar, ¿crees que la poeta está abogando por la igualdad entre el hombre y la mujer? Explica.

6. Empezando con el verso 35, la poeta, con una serie de imperativos, le dice al hombre que haga una serie de acciones. ¿Qué tienen en común estas acciones?

☐ ¿Por qué debe el hombre hacerlas? Para contestar, interpreta los versos 50–55.

■——Pasos para una lectura más a fondo

1. Nota la forma métrica. ¿Cuántas sílabas hay en cada verso? ¿Recuerdas haber visto esta forma métrica en otros poemas? Es bastante rara en la prosodia castellana.

☐ Ahora, fíjate en el esquema de la rima. ¿Es asonante o consonante? ¿Qué rima predomina? ¿Qué efecto produce una rima de este tipo?

2. El color blanco forma parte de una oposición cromática con otros colores de la segunda estrofa asociados con el hombre. Explica.

3. ¿Cuál podría ser el sentido de los versos 10–11 ("ni una margarita / se diga mi hermana")? ¿Es la margarita completamente blanca? Explica.

4. En la última estrofa, ¿por qué crees que manda al hombre que experimente el mundo natural en toda su profundidad? Explica.

5. El poema empieza con "Tú me quieres alba," pero termina con "preténdeme blanca." ¿Cuál es la diferencia entre *querer* y *pretender*? ¿Por qué termina el poema de este modo?

6. ¿Es fuerte el discurso feminista de este poema? Explica.

Irremediablemente (1919)

Antes de leer

1. ¿Crees que el hombre que llora es cobarde o poco masculino? Explica.

2. ¿Crees que las mujeres sufren más que los hombres en la vida? Explica.

3. ¿Quién crees que es más sensible, la mujer o el hombre? ¿Por qué?

"Peso ancestral"

Tú me dijiste: no lloró mi padre;   1
tú me dijiste: no lloró mi abuelo;
no han llorado los hombres de mi raza,
eran de acero.

Así diciendo te brotó una lágrima   2
y me cayó en la boca. . . ; más veneno
yo no he bebido nunca en otro vaso
así pequeño.

Débil mujer, pobre que entiende,   3
dolor de siglos conocí al beberlo.
Oh, el alma mía soportar no puede
todo su peso.

■——Pasos para la comprensión

1. El destinatario del poema (el "tú" a quien se dirige la emisora), ¿parece ser mujer u hombre? Esta pregunta no es fácil de contestar y su respuesta no es fija.

   □ Teniendo en cuenta el referente del título ("ancestral"), ¿se puede suponer que el destinatario es el padre o la madre de la poeta? Explica.

2. Hay un discurso machista en la primera estrofa. Explica. ¿Qué característica del "macho" destaca la poeta?

3. El signo de la lágrima se transforma en veneno en el siguiente verso. ¿Por qué? Explica teniendo en cuenta la última estrofa.

4. Hay un discurso feminista en la última estrofa.

   □ ¿Con qué adjetivos describe a la mujer?

   □ ¿Por qué sufre la mujer?

▐──── Pasos para una lectura más a fondo

1. Nota la forma métrica del poema.

   □ ¿Cuántas sílabas hay en los versos mayores? ¿Cuántas en los menores?

   □ ¿Cómo es la rima? La forma métrica de este poema es muy interesante. Contiene un fenómeno que en la versificación castellana se llama "pie quebrado," que consiste en la combinación de un verso más corto con otros más largos. Es una forma muy antigua que se daba con frecuencia en la poesía prerrenacentista. Trata de explicar el "humor" de este término poético.

2. El poema contiene una oposición binaria de pesos: el acero y la lágrima.

   □ ¿Qué diferencia hay entre el peso de los dos signos?

   □ A pesar de lo ligero que es el peso de una lágrima, ¿por qué resulta ser un peso tan grande para la poeta? Para contestar, ten en cuenta el significado del signo *lágrima*.

3. El poema es muy impresionista en el sentido de que no es explícito en cuanto al significado del "peso ancestral." Cuando un poema se abre a muchas posibilidades, el poeta invita a su lector a proyectar sus propias experiencias en la obra.

   □ ¿Qué podría ser la "mujer que entiende" de la última estrofa? O sea, ¿qué es lo que entiende?

   □ ¿Qué crees que es el "dolor de siglos" enteros que siente la poeta?

   □ ¿A qué podría referirse ese "peso ancestral"?

Julia de Burgos

■□■

1917–1953

En parte por haber sido eclipsada por los grandes poetas puertorriqueños del siglo XX como Luis Lloréns Torres, Luis Palés Matos y Evaristo Rivera Chevremont, o por haber pasado gran parte de su vida en Nueva York fuera de la patria, o hasta por su vida escandalosa, la poesía de Julia de Burgos no ha logrado el reconocimiento que merecía hasta hace poco. La verdad es que sus versos plantean su problemática vital y su condición femenina como las otras grandes poetas del posmodernismo como Alfonsina Storni, Juana de Ibarbourou o Delmira Agustini. Su verso es cristalino y apasionado, lo cual ha contribuido a la fama que ha gozado en los últimos años. Pero Julia de Burgos es también una gran poeta del paisaje, y su poema "Río grande de Loíza" se encuentra bien establecido en el canon puertorriqueño.

Canción de la verdad sencilla (1939)

Antes de leer

1. ¿Crees que el "yo" que tú proyectas en la sociedad es tu ser verdadero o te escondes detrás de alguna máscara? Explica.

2. ¿Qué cosas haces para poder vivir y coexistir en la sociedad—cosas que quizá no te guste hacer?

3. ¿Crees que eres dos personas: un ser social y un ser hermético y privado que nadie menos tú conoce? Explica.

Código para la comprensión

Código teológico: La religión cristiana identifica siete pecados capitales y siete virtudes para vencerlos. Los pecados son la soberbia, la avaricia, la lujuria, la ira, la gula, la envidia y la pereza. Las virtudes correspondientes son la humildad, la generosidad, la castidad, la paciencia, la templanza, la caridad y la diligencia.

"A Julia de Burgos"

Ya las gentes murmuran que yo soy tu enemiga
porque dicen que en verso doy al mundo tu yo.

Mienten, Julia de Burgos. Mienten, Julia de Burgos.
La que se alza en mis versos no es tu voz: es mi voz;
porque tú eres ropaje y la esencia soy yo;
y el más profundo abismo se tiende entre las dos.

Tú eres fría muñeca de mentira social,
y yo, viril destello[1] de la humana verdad.

Tú, miel de cortesanas hipocresías; yo no;
que en todos mis poemas desnudo el corazón.   10

---
[1] resplandor intenso

Tú eres como tu mundo, egoísta; yo no;
que todo me lo juego a ser lo que soy yo.

Tú eres sólo la grave señora señorona;[2]
yo no, yo soy la vida, la fuerza, la mujer.

Tú eres de tu marido, de tu amo; yo no;
yo de nadie, o de todos, porque a todos, a todos,
en mi limpio sentir y en mi pensar me doy.

Tú te rizas el pelo y te pintas; yo no;
a mí me riza el viento; a mí me pinta el sol.

Tú eres dama casera, resignada, sumisa,   20
atada a los prejuicios de los hombres; yo no;
que yo soy Rocinante corriendo desbocado
olfateando horizontes de justicia de Dios.

Tú en ti misma no mandas; a ti todos te mandan;
en ti mandan tu esposo, tus padres, tus parientes,
el cura, la modista, el teatro, el casino,
el auto, las alhajas, el banquete, el champán,
el cielo y el infierno, y el qué dirán social.

En mí no, que en mí manda mi solo corazón,
mi solo pensamiento; quien manda en mí soy yo.   30

Tú, flor de aristocracia; y yo la flor del pueblo.
Tú en ti lo tienes todo y a todos se lo debes,
mientras que yo, mi nada a nadie se la debo.

Tú, clavada al estático dividendo ancestral,
y yo, un uno en la cifra del divisor social,
somos el duelo a muerte que se acerca fatal.

Cuando las multitudes corran alborotadas
dejando atrás cenizas de injusticias quemadas,
y cuando con la tea[3] de las siete virtudes,
tras los siete pecados, corran las multitudes,   40
contra ti, y contra todo lo injusto y lo inhumano,
yo iré en medio de ellas con la tea en la mano.

_____

[2] señora de importancia
[3] antorcha

■———Pasos para la comprensión

1. Lo primero que se tiene que aclarar para entender este poema es el "yo" y el "tú." La relación emisor–receptor se complica aquí pues ambos son la misma persona. Explica, con tus propias palabras, este juego del poema.

2. ¿Qué relación parece existir entre las dos mujeres?

3. ¿Es la poesía de Julia de Burgos poeta un reflejo del verdadero carácter de Julia de Burgos mujer? Explica, después de notar lo que dice en el cuarto verso.

4. A partir del quinto verso se empieza a formar una oposición entre ambas facetas de la mujer. ¿De qué critica sobre todo la poeta a la mujer?

5. ¿En qué versos resalta el discurso feminista? ¿Qué destaca principalmente Burgos poeta respecto a la condición de la mujer en general?

6. El poema termina con un tono moralista y profético. Explica. ¿Por qué crees que Julia de Burgos poeta es tan acerba con su álter ego?

■———Pasos para una lectura más a fondo

1. Considera la forma del poema. ¿Está compuesto en verso libre o verso suelto?
   - □ ¿Tiene un patrón rítmico regular?
   - □ Nota la última estrofa. ¿En qué se diferencia?
   - □ ¿Cómo caracterizarías la forma poética de esta pieza?

2. La poeta se vale mucho de repeticiones. Por ejemplo, en el cuarto verso dice "no es tu voz: es mi voz." Busca otros ejemplos de estas repeticiones. ¿Qué efecto producen?
   - □ ¿Se da la figura de la anáfora en este poema? ¿Cómo y dónde?

3. En el séptimo verso se emplea el verbo *ser*, pero en el octavo no se emplea ningún verbo. Busca en el *Diccionario de términos literarios* la figura *asíndeton*. Después, busca ejemplos en este poema y trata de explicar el efecto expresivo que producen.

4. Explica hasta que punto es este poema un metapoema.
   - □ ¿Tiene Julia de Burgos un concepto enaltecido y exaltado del género? Explica.

5. Explica cómo se lleva a cabo el discurso feminista. Enumera todas las características que la poeta parece criticar del papel tradicional de la mujer que detecta en su álter ego.

6. El contraste "yo / tú" forma una oposición binaria que se repite en otras partes del poema. Por ejemplo, en la segunda estrofa se contrasta el verbo *alzar* con el sustantivo *abismo*. Luego en la siguiente estrofa la oposición toma la forma de

"verdad / mentira." Busca otros ejemplos y explica por qué esta estructura se ajusta bien al mensaje del poema.

7. En la última estrofa se habla de los siete pecados capitales. Identifícalos después de consultar el *código teológico*.

   ☐ ¿Julia de Burgos mujer comete estos pecados según Julia de Burgos poeta? Da ejemplos.

   ☐ La poeta se considera entre las siete virtudes. ¿Cuáles de estas virtudes ejemplifica la poeta?

8. El poema parece implicar que la poesía no necesariamente refleja la realidad o la vida de la persona que lo escribe, que puede haber un "profundo abismo . . . entre los dos." ¿Crees que esto es cierto la mayoría de las veces? Justifica tu respuesta.

CAPÍTULO 10

LA GENERACIÓN DEL 98 EN ESPAÑA

∎∎∎

 Consulta www.prenhall.com/momentos y lee un ensayo de orientación a este capítulo.

La designación "Generación del 98" no resulta útil para caracterizar a un grupo de escritores tan dispares, con ideas tan disconformes entre sí y con estilos tan diversos. Sin embargo, es un apelativo muy establecido en la historiografía literaria hispánica. El término fue empleado primero por José Martínez Ruiz "Azorín" (1873–1967) para referirse a un grupo de escritores—Ángel Ganivet (1865–1898), Miguel de Unamuno (1864–1936), Pío Baroja (1872–1956), Ramón María de Valle-Inclán (1866–1936), Ramiro de Maeztu (1875–1936), Jacinto Benavente (1866–1954), Antonio Machado (1875–1939) y el mismo Azorín entre otros de menos renombre—que fueron afectados emocional e intelectualmente por un hecho histórico de gran trascendencia: la guerra con los Estados Unidos en 1898. Como resultado de la derrota, España perdió sus últimas colonias ultramarinas—Cuba, Puerto Rico y las Islas Filipinas. Además de la crisis económica y social causada por la guerra, se produjo una crisis intelectual. Los jóvenes pensadores y escritores del momento comenzaron a evaluar de nuevo la historia de España y a buscar modos de regenerar el país, aunque la renovación que buscaban no se trataba necesariamente de una reforma política, sino de una de índole estética, filosófica e intelectual.

Si hay algo que une a esta generación tan dispar es su preocupación por España. Unamuno inicia su carrera con *En torno al casticismo* (1902), donde diagnostica los males del país y busca lo esencial y eterno del espíritu español. Su noción de "la tradición eterna" del pueblo, que vive independiente de los grandes hechos históricos, es una idea que abrazaría Azorín al describir líricamente el paisaje castellano, así como sus pueblecitos dormidos y sus monumentos en ruinas. Baroja, menos filosófico, capta en sus novelas la crisis intelectual de la España de su momento, y Valle-Inclán opta por la novela histórica. En el ciclo de novelas del *Ruedo ibérico,* Valle pinta con una sátira penetrante la realidad histórica del siglo XIX, sobre todo el depravado reinado de Isabel II (1833–1868). Y finalmente, Machado canta a España no con un tono pomposo y patriótico, sino con un estilo sobrio y espiritual como el mismo paisaje castellano que tan bellamente pinta en sus poemas.

A pesar del afecto por España, los miembros de la generación no representan una escuela o movimiento literario. De hecho, algunos de sus miembros no mantuvieron estrechas amistades y otros hasta se negaron a pertenecer al grupo. Pero cada uno, a su manera, rompió con la tradición literaria del pasado y abrió nuevos caminos que los pusieron en la vanguardia de la literatura europea del momento. Unamuno rechaza el realismo decimonónico y cultiva una novela filosófica que él denominó "nivolas" para distinguirlas de las novelas del pasado. Baroja también escribe novelas de ideas, pero con un nuevo estilo subjetivo e impresionista, y en cuyo mundo no se encuentra un plan novelesco ordenado nítidamente sino confuso y fragmentario como las ideas de sus personajes. Valle-Inclán empieza escribiendo dentro de la refinada estética modernista, pero luego abandona ese estilo lírico y sensual para cultivar otro, creado por él mismo, el esperpento—que es un arte expresionista que deforma la realidad con el propósito de indagar más profundamente en ella. Y Machado, el gran poeta de la generación, aprende del modernismo de Darío, pero lo humaniza y lo hace más profundo, produciendo una poesía que es a la vez íntima y filosófica.

Junto con la renovación de los géneros literarios se rejuvenece el idioma y el lenguaje poético. En esto el papel de Valle-Inclán es clave. Así como el esperpento deforma las cosas, también deforma el lenguaje tradicional creando neologismos ingeniosos. Valle-Inclán viaja a México y regresa con un léxico enriquecido con mexicanismos y americanismos, convirtiéndose en el primer autor importante en mezclar las hablas castellanas de ambos lados del Atlántico. En el lenguaje poético se pierde algo de la retórica tradicional, con sus topos preestablecidos, y se adquiere una expresión poética subjetiva, personal y, por lo tanto, original.

Si la originalidad en la forma, la lengua y las ideas es una característica de estos escritores, ello no implica que no admitieran influencias extranjeras. En realidad, la Generación del 98 es quizá la primera desde el Siglo de Oro en estar al tanto de las últimas corrientes ideológicas europeas. Unamuno lee a Schopenhauer (1788–1860), Kierkegaard (1813–1855) y Nietzsche (1844–1900), y es uno de los primeros europeos en llevar las ideas existencialistas a la novela. Machado absorbe las ideas de Henri Bergson (1859–1941) sobre el tiempo y la intuición. Valle-Inclán es gran admirador de Gabriele D'Annunzio (1863–1938), quien influye en su prosa impresionista. Y por medio del nicaragüense Rubén Darío, con quien todos alternan, llegan a conocer a Paul Verlaine (1844–1896) y los simbolistas franceses.

Son, además, autores multifacéticos que cultivan varios géneros. El más versátil es Unamuno, que se destaca como filósofo, novelista, poeta y dramaturgo, aunque Valle-Inclán también cultiva todos los géneros. Todos escriben ensayos. Machado, Baroja y Azorín escriben libros autobiográficos de ideas.

Los escritores del 98 así como sus compañeros modernistas en Hispanoamérica establecieron normas literarias de originalidad y alta calidad estética que todo escritor en castellano a partir de ellos ha tenido que seguir. La siguiente generación de escritores en lengua castellana, la del vanguardismo, siguió los pasos de los maestros del 98 y produjo otro corpus literario de altísimo valor, como lo prueba la obra de autores como García Lorca y Pablo Neruda.

Miguel de Unamuno y Jugo

1864–1936

Miguel de Unamuno es la figura eje de la Generación del 98, tanto por su papel como filósofo y escritor, como por su papel público como rector de la Universidad de Salamanca y diputado en las Cortes. Como escritor, cultivó y se destacó en todos los géneros. Lo que más resalta en Unamuno es su espíritu inquieto. Todo para él es un enigma intelectual, y su obra literaria no es nada más que un medio para explorar sus inquietudes. Rechaza el realismo social de la narrativa del siglo XIX y el neorromanticismo del modernismo, prefiriendo una literatura de ideas. La preocupación que más le atormentó y que más elaboró en sus escrituras fue la de su inseguridad de la existencia de una vida después de la muerte—lo que él llamó "el sentimiento trágico de la vida". Su preocupación por "el problema de España" es lo que más lo une a los otros miembros de la Generación. Como todos los españoles de su época, abogaba por una regeneración y una "europeización" del país. Pero terminó creyendo que España tenía dentro de su propia "alma" el espíritu, los valores y las ideas para regenerarse por sí misma.

San Manuel Bueno, mártir (1931)

Antes de leer

1. ¿Practicas una religión en particular? ¿Has tenido alguna vez dudas sobre algún aspecto de tu religión? ¿Quieres dar algún ejemplo?

2. ¿Crees que hay una diferencia entre la teología y la religión? ¿Qué es más importante para ti: las creencias o las buenas obras? ¿Has conocido a gente muy creyente que, en tu opinión, no fuera gente buena o admirable? Cuenta.

3. ¿Has mentido alguna vez? ¿Crees que es necesario hacerlo de vez en cuando? Explica.

Códigos para la comprensión

Códigos teológicos y religiosos:

☐ La confesión es un sacramento esencial del catolicismo. Se entiende que el creyente le pide perdón a Dios a través del cura que actúa como intermediario. Después de la confesión, el cura lo absuelve.

☐ El credo es una oración conocida de memoria por los creyentes que afirma los principios importantes de la fe católica, sobre todo la resurrección de la carne y la vida eterna.

☐ Según el Nuevo Testamento, en el momento de su muerte, Cristo, en un momento de debilidad humana, exclamó: "Dios mío, Dios mío, ¿por qué me has abandonado?" Esta muerte se conmemora cada año durante el Viernes Santo al celebrar la Pascua.

☐ La beatificación es el proceso por el cual se nombra santo a un miembro de la Iglesia, generalmente por sus buenas obras o buen ejemplo de vida. Para beatificar a un individuo, los oficiales de la Iglesia hacen una investigación de su vida después de su muerte para ver si merece el título de santo.

☐ Las nociones del infierno y el cielo también son importantes. Se entiende que el cielo es el paraíso donde se goza de la vida eterna con Dios. El infierno es el lugar donde se sufre eternamente como castigo por una vida inmoral.

☐ El pecado original es la noción de que los seres humanos llevan la carga del pecado que Adán y Eva cometieron en el paraíso del Edén al desobedecer al Señor. Consulta el *código bíblico* de Lope de Vega en el capítulo 3 y el mismo código en Góngora, capítulo 6.

Código filosófico: El existencialismo es la corriente filosófica de la desesperación del hombre ante la falta de fe y la incertidumbre de una vida eterna después de la muerte. La existencia terrenal y biológica es la única existencia, y de esa noción surge el tono pesimista que se asocia con esta corriente filosófica. El pensamiento existencialista adquiere gran aceptación en Europa entre las catastróficas guerras mundiales, pero Unamuno es claramente uno de los precursores de esta corriente.

Código literario: En su novela *Niebla,* Unamuno creó el personaje de Augusto Pérez quien, en un momento de la narración, se rebela contra el autor diciéndole que él como personaje literario es más real que Unamuno, su creador. Unamuno recuerda a su creación en el Epílogo de *San Manuel.* Esta noción de que lo creado tiene una vida más perdurable que la del creador es una idea muy unamuniana. Ya que Unamuno no cree en la vida eterna, las "obras" de uno y sus "creaciones" conllevan la posibilidad de la inmortalidad. Unamuno da el ejemplo de don Quijote —personaje ficticio pero muy vivo, ¡mucho más que Cervantes, su creador!

San Manuel Bueno, mártir

Ahora que el obispo de la diócesis de Renada, a la que pertenece esta mi querida aldea de Valverde de Lucerna, anda, a lo que se dice, promoviendo el proceso para la beatificación de nuestro Don Manuel, o mejor San Manuel Bueno, que fue en ésta párroco, quiero dejar aquí consignado, a modo de confesión y sólo Dios sabe, que no yo, con qué destino, todo lo que sé y recuerdo de aquel varón matriarcal que llenó toda la más entrañada vida de mi alma, que fue mi verdadero padre espiritual, el padre de mi espíritu, del mío, el de Ángela Carballino.

Al otro, a mi padre carnal y temporal, apenas si le conocí, pues se me murió siendo yo muy niña. Sé que había llegado de forastero a nuestra Valverde de Lucerna, que aquí arraigó al casarse aquí con mi madre. Trajo consigo unos cuantos libros, el *Quijote,* obras de teatro 10 clásico, algunas novelas, historias, el *Bertoldo,* todo revuelto, y de esos libros, los únicos casi que había en toda la aldea, devoré yo ensueños siendo niña. Mi buena madre apenas si me contaba hechos o dichos de mi padre. Los de Don Manuel, a quien, como todo el pueblo, adoraba, de quien estaba enamorada—claro que castísimamente—, le habían borrado el recuerdo de los de su marido. A quien encomendaba a Dios, y fervorosamente, cada día al rezar el rosario.

De nuestro Don Manuel me acuerdo como si fuese de cosa de ayer, siendo yo niña, a mis diez años, antes de que me llevaran al Colegio de Religiosas de la ciudad catedralicia de Renada. Tendría él, nuestro santo, entonces unos treinta y siete años. Era alto, delgado, erguido, llevaba la cabeza como nuestra Peña del Buitre lleva su cresta, y había en sus ojos toda 20 la hondura azul de nuestro lago. Se llevaba las miradas de todos y tras ellas, los corazones, y él, al mirarnos, parecía, traspasando la carne como un cristal, mirarnos al corazón. Todos le queríamos, pero sobre todo los niños. ¡Qué cosas nos decía! Eran cosas, no palabras. Empezaba el pueblo a olerle la santidad; se sentía lleno y embriagado de su aroma.

Entonces fue cuando mi hermano Lázaro, que estaba en América, de donde nos mandaba regularmente dinero con que vivíamos en decorosa holgura,[1] hizo que mi madre me mandase al Colegio de Religiosas, a que se completara fuera de la aldea mi educación, y esto aunque a él, a Lázaro, no le hiciesen mucha gracia las monjas. "Pero como ahí—nos escribía—hay hasta ahora, que yo sepa, colegios laicos[2] y progresivos, y menos para señoritas, hay que atenerse a lo que haya. Lo importante es que Angelita se pula[3] y que no siga en- 30 tre esas zafias[4] aldeanas." Y entré en el colegio, pensando en un principio hacerme en él maestra, pero luego se me atragantó[5] la pedagogía.

En el colegio conocí a niñas de la ciudad e intimé con algunas de ellas. Pero seguía atenta a las cosas y la gente de nuestra aldea, de la que recibía frecuentes noticias y tal vez alguna visita. Y hasta al colegio llegaba la fama de nuestro párroco, de quien empezaba a hablarse en la ciudad episcopal. Las monjas no hacían sino interrogarme respecto a él.

Desde muy niña alimenté, no sé bien cómo, curiosidades, preocupaciones e inquietudes, debidas, en parte al menos, a aquel revoltijo de libros de mi padre, y todo ello se me medró[6] en el colegio, en el trato, sobre todo, con una compañera que se me aficionó desmedidamente y que unas veces me proponía que entrásemos juntas a la vez en un mismo convento, 40 jurándonos, y hasta firmando el juramento con nuestra sangre, hermandad perpetua, y otras veces me hablaba, con los ojos semicerrados, de novios y de aventuras matrimoniales. Por cierto que no he vuelto a saber de ella ni de su suerte. Y eso que cuando se hablaba de nuestro Don Manuel, o cuando mi madre me decía algo de él en sus cartas—y era en casi todas—, que yo leía a mi amiga, ésta exclamaba como en arrobo:[7] "¡Qué suerte, chica, la de

---

[1] vida sin estrechez económica

[2] seglares

[3] pulir: dar lustre (*o sea, educarse*)

[4] *neologismo:* groseros (*zafio es un adjetivo, no un sustantivo*)

[5] *fig.* causó fastidio

[6] se aumentó

[7] éxtasis

poder vivir cerca de un santo así, de un santo vivo, de carne y hueso, y poder besarle la mano! Cuando vuelvas a tu pueblo escríbeme mucho, mucho y cuéntame de él."

Pasé en el colegio unos cinco años, que ahora se me pierden como un sueño de madrugada en la lejanía del recuerdo, y a los quince volví a mi Valverde de Lucerna. Ya toda ella era Don Manuel; Don Manuel con el lago y con la montaña. Llegué ansiosa de conocerle, de 50 ponerme bajo su protección, de que él me marcara el sendero de mi vida.

Decíase que había entrado en el Seminario para hacerse cura, con el fin de atender a los hijos de una su hermana recién viuda, de servirles de padre; que en el Seminario se había distinguido por su agudeza mental y su talento y que había rechazado ofertas de brillante carrera eclesiástica porque él no quería ser sino de su Valverde de Lucerna, de su aldea prendida[8] como un broche entre el lago y la montaña que se mira en él.

¡Y cómo quería a los suyos! Su vida era arreglar matrimonios desavenidos,[9] reducir[10] a sus padres hijos indómitos o reducir los padres a sus hijos, y, sobre todo, consolar a los amargados y atediados[11] y ayudar a todos a bien morir.

Me acuerdo, entre otras cosas, de que al volver de la ciudad la desgraciada hija de la tía 60 Rabona, que se había perdido y volvió, soltera y desahuciada,[12] trayendo un hijito consigo, Don Manuel no paró hasta que hizo que se casase con ella su antiguo novio Perote y reconociese como suya a la criaturita, diciéndole:

—Mira, da padre a este pobre crío que no le tiene más que en el cielo.

—¡Pero, Don Manuel, si no es mía la culpa. . . !

—¡Quién lo sabe, hijo, quién lo sabe. . . !, y sobre todo, no se trata de culpa.

Y hoy el pobre Perote, inválido, paralítico, tiene como báculo y consuelo de su vida al hijo aquel que, contagiado por la santidad de Don Manuel, reconoció por suyo no siéndolo.

En la noche de San Juan, la más breve del año, solían y suelen acudir a nuestro lago todas las pobres mujerucas, y no pocos hombrecillos, que se creen poseídos, endemoniados, y que 70 parece no son sino histéricos y a las veces epilépticos, y Don Manuel emprendió la tarea de hacer él de lago, de piscina probática,[13] y de tratar de aliviarles y si era posible de curarles. Y era tal la acción de su presencia, de sus miradas, y tal sobre todo la dulcísima autoridad de sus palabras y sobre todo de su voz—¡qué milagro de voz!—, que consiguió curaciones sorprendentes. Con lo que creció su fama, que atraía a nuestro lago y a él a todos los enfermos del contorno. Y alguna vez llegó una madre pidiéndole que hiciese un milagro en su hijo, a lo que contestó sonriendo tristemente:

—No tengo licencia del señor obispo para hacer milagros.

---

[8] sujetada (con un alfiler)
[9] en discordia
[10] convencer con argumentos que se cambie de opinión
[11] los que sienten tedio (*o sea, que han perdido interés en la vida*)
[12] sin esperanza
[13] donde se lavaban los enfermos para curarse

Le preocupaba, sobre todo, que anduviesen todos limpios. Si alguno llevaba un roto[14] en
su vestidura, le decía: "Anda a ver al sacristán, y que te remiende eso." El sacristán era sastre.   80
Y cuando el día primero de año iban a felicitarle por ser el de su santo—su santo patrono era
el mismo Jesús Nuestro Señor—, quería Don Manuel que todos se le presentasen con camisa
nueva, y al que no la tenía se la regalaba él mismo.

Por todos mostraba el mismo afecto, y si algunos distinguía más con él era a los más desgraciados y a los que aparecían como más díscolos.[15] Y como hubiera en el pueblo un pobre
idiota de nacimiento, Blasillo el bobo, a éste es a quien más acariciaba y hasta llegó a enseñarle cosas que parecía milagro que las hubiese podido aprender. Y es que el pequeño
rescoldo[16] de inteligencia que aún quedaba en el bobo se le encendía en imitar, como un pobre mono, a su Don Manuel.

Su maravilla era la voz, una voz divina que hacía llorar. Cuando al oficiar en misa mayor   90
o solemne entonaba el prefacio, estremecíase la iglesia y todos los que le oían sentíanse con-
movidos en sus entrañas. Su canto, saliendo del templo, iba a quedarse dormido sobre el lago
y al pie de la montaña. Y cuando en el sermón de Viernes Santo clamaba aquello de: "¡Dios
mío, Dios mío!, ¡por qué me has abandonado?" pasaba por el pueblo todo un temblor hondo
como por sobre las aguas del lago en días de cierzo de hostigo.[17] Y era como si oyesen a
Nuestro Señor Jesucristo mismo, como si la voz brotara de aquel viejo crucifijo a cuyos pies
tantas generaciones de madres habían depositado sus congojas. Como que una vez, al oírlo
su madre, la de Don Manuel, no pudo contenerse, y desde el suelo del templo, en que se
sentaba, gritó: "¡Hijo mío!" Y fue un chaparrón[18] de lágrimas entre todos. Creeríase que el
grito maternal había brotado de la boca entreabierta de aquella Dolorosa—el corazón   100
traspasado por siete espadas—que había en una de las capillas del templo. Luego Blasillo el
tonto iba repitiendo en tono patético por las callejas, y como un eco el "¡Dios mío, Dios
mío!, ¿por qué me has abandonado?", y de tal manera que al oírselo se les saltaban a todos
las lágrimas, con gran regocijo del bobo por su triunfo imitativo.

Su acción sobre las gentes era tal, que nadie se atrevía a mentir ante él, y todos, sin tener
que ir al confesionario, se le confesaban. A tal punto que como hubiese una vez ocurrido un
repugnante crimen en una aldea próxima, el juez, un insensato que conocía mal a Don
Manuel, le llamó y le dijo:

—A ver si usted, Don Manuel, consigue que este bandido declare la verdad.

—¿Para que luego pueda castigársele?—replicó el santo varón—. No, señor juez, no; yo   110
no saco a nadie una verdad que le lleve acaso a la muerte. Allá entre él y Dios. . .La justicia
humana no me concierne. "No juzguéis para no ser juzgados," dijo Nuestro Señor. . .

—Pero es que yo, señor cura. . .

---

[14] *neologismo:* desgarrón (*roto es un participio pasado usado como adjetivo no sustantivo*)
[15] rebeldes
[16] leña o carbón extinguido, pero todavía caliente
[17] viento fuerte y frío del norte
[18] lluvia

—Comprendido; dé usted, señor juez, al César lo que es del César, que yo daré a Dios lo que es de Dios.

Y al salir, mirando fijamente al presunto reo, le dijo:

—Mira bien si Dios te ha perdonado, que es lo único que importa.

En el pueblo todos acudían a misa, aunque sólo fuese por oírle y por verle en el altar, donde parecía transfigurarse, encendiéndosele el rostro. Había un santo ejercicio que introdujo en el culto popular y es que, reuniendo en el templo a todo el pueblo, hombres y mujeres, viejos y niños, unas mil personas, recitábamos al unísono, en una sola voz, el Credo: "Creo en Dios Padre Todopoderoso, Creador del Cielo y de la Tierra. . ." y lo que sigue. Y no era un coro, sino una sola voz, una voz simple y unida, fundidas todas en una y haciendo como una montaña, cuya cumbre, perdida a las veces en nubes, era Don Manuel. Y al llegar a lo de "creo en la resurrección de la carne y la vida perdurable," la voz de Don Manuel se zambullía,[19] como en un lago, en la del pueblo todo, y era que él se callaba. Y yo oía las campanadas de la villa que se dice aquí está sumergida en el lecho del lago—campanadas que se dice también se oyen la noche de San Juan—y eran las de la villa sumergida en el lago espiritual de nuestro pueblo; oía la voz de nuestros muertos que en nosotros resucitaban en la comunión de los santos. Después, al llegar a conocer el secreto de nuestro santo, he comprendido que era como si una caravana en marcha por el desierto, desfallecido el caudillo al acercarse al término de su carrera, le tomaran en hombros los suyos para meter su cuerpo sin vida en la tierra de promisión.

Los más no querían morirse sino cogidos de su mano como de un ancla.

Jamás en sus sermones se ponía a declamar contra impíos, masones,[20] liberales o herejes. ¿Para qué, si no los había en la aldea? Ni menos contra la mala prensa. En cambio, uno de los más frecuentes temas de sus sermones era contra la mala lengua. Porque él lo disculpaba todo y a todos disculpaba. No quería creer en la mala intención de nadie.

—La envidia—gustaba repetir—la mantienen los que se empeñan en creerse envidiados, y las más de las persecuciones son efecto más de la manía persecutoria que no de la perseguidora.

—Pero fíjese, Don Manuel, en lo que me ha querido decir. . . Y él:

—No debe importarnos tanto lo que uno quiera decir como lo que diga sin querer. . .

Su vida era activa y no contemplativa, huyendo cuanto podía de no tener nada que hacer. Cuando oía eso de que la ociosidad es la madre de todos los vicios, contestaba: "Y del peor de todos, que es el pensar ocioso." Y como yo le preguntara una vez qué es lo que con eso quería decir, me contestó: "Pensar ocioso es pensar para no hacer nada o pensar demasiado en lo que se ha hecho y no en lo que hay que hacer. A lo hecho pecho,[21] y a otra cosa, que no hay peor

---

[19] *fig.* escondía
[20] sociedad secreta anticatólica
[21] *refrán que indica que no se ha de gastar tiempo lamentando los errores ya cometidos*

que remordimiento sin enmienda". ¡Hacer!, ¡hacer! Bien comprendí yo ya desde entonces que
Don Manuel huía de pensar ocioso y a solas, que algún pensamiento le perseguía.   150

Así es que estaba siempre ocupado, y no pocas veces en inventar ocupaciones. Escribía
muy poco para sí, de tal modo que apenas nos ha dejado escritos o notas; mas, en cambio,
hacía de memorialista para los demás, y a las madres, sobre todo, les redactaba las cartas para
sus hijos ausentes.

Trabajaba también manualmente, ayudando con sus brazos a ciertas labores del pueblo. En
la temporada de trilla[22] íbase a la era a trillar y aventar, y en tanto les aleccionaba o les distraía. Sustituía a las veces a algún enfermo en su tarea. Un día del más crudo invierno se encontró con un niño, muertito de frío, a quien su padre le enviaba a recoger una res a larga
distancia, en el monte.

—Mira—le dijo al niño—, vuélvete a casa, a calentarte, y dile a tu padre que yo voy a   160
hacer el encargo.

Y al volver con la res se encontró con el padre, todo confuso, que iba a su encuentro. En
invierno partía leña para los pobres. Cuando se secó aquel magnífico nogal— "un nogal matriarcal" le llamaba—, a cuya sombra había jugado de niño y con cuyas nueces se había durante tantos años regalado, pidió el tronco, se lo llevó a su casa y después de labrar en él seis
tablas, que guardaba al pie de su lecho, hizo del resto leña para calentar a los pobres. Solía
hacer también las pelotas para que jugaran los mozos y no pocos juguetes para los niños.

Solía acompañar al médico en su visita, y recalcaba las prescripciones de éste. Se interesaba
sobre todo en los embarazos y en la crianza de los niños, y estimaba como una de las mayores blasfemias aquello de: "¡teta y gloria!",[23] y lo otro de: "angelitos al cielo." Le conmovía
profundamente la muerte de los niños.   170

—Un niño que nace muerto o que se muere recién nacido y un suicidio—me dijo una
vez—son para mí de los más terribles misterios: ¡un niño en cruz!

Y como una vez, por haberse quitado uno la vida le preguntara el padre del suicida, un
forastero, si le daría tierra sagrada, le contestó:

—Seguramente, pues en el último momento, en el segundo de la agonía, se arrepintió sin
duda alguna.

Iba también a menudo a la escuela a ayudar al maestro, a enseñar con él, y no sólo el catecismo. Y es que huía de la ociosidad y de la soledad. De tal modo que por estar con el pueblo,
y sobre todo con el mocerío y la chiquillería, solía ir al baile. Y más de una vez se puso en él
a tocar el tamboril para que los mozos y las mozas bailasen, y esto, que en otro hubiera pare-   180
cido grotesca profanación del sacerdocio, en él tomaba un sagrado carácter y como de rito
religioso. Sonaba el Angelus, dejaba el tamboril y el palillo, se descubría, y todos con él, y
rezaba: "El ángel del Señor anunció a María: Ave María. . ." Y luego:

---

[22] separación del grano de la paja
[23] *expresión popular, como "angelitos al cielo," que indica que los bebés, si mueren, van directamente al cielo*

—Y ahora, a descansar para mañana.

—Lo primero—decía—es que el pueblo esté contento, que estén todos contentos de vivir. El contentamiento de vivir es lo primero de todo. Nadie debe querer morirse hasta que Dios quiera.

—Pues yo sí—le dijo una vez una recién viuda—, yo quiero seguir a mi marido. . .

—¿Y para qué?—le respondió—. Quédate aquí para encomendar su alma a Dios.   190

En una boda dijo una vez: "¡Ay, si pudiese cambiar el agua toda de nuestro lago en vino, en un vinillo que por mucho que de él se bebiera alegrara sin emborrachar nunca. . . o por lo menos con una borrachera alegre!"

Una vez pasó por el pueblo una banda de pobres titiriteros. El jefe de ella, que llegó con la mujer gravemente enferma y embarazada, y con tres hijos que le ayudaban, hacía de payaso. Mientras él estaba, en la plaza del pueblo, haciendo reír a los niños y aun a los grandes, ella, sintiéndose de pronto gravemente indispuesta, se tuvo que retirar y se retiró escoltada por una mirada de congoja del payaso y una risotada de los niños. Y escoltada por Don Manuel, que luego, en un rincón de la cuadra[24] de la posada, le ayudó a bien morir. Y cuando, acabada la fiesta, supo el pueblo y supo el payaso la tragedia, fuéronse todos a la posada y el pobre   200 hombre, diciendo con llanto en la voz: "Bien se dice, señor cura, que es usted todo un santo", se acercó a éste queriendo tomarle la mano para besársela, pero Don Manuel se adelantó y tomándosela al payaso pronunció ante todos:

—El santo eres tú, honrado payaso; te vi trabajar y comprendí que no sólo lo haces para dar pan a tus hijos, sino también para dar alegría a los de los otros, y yo te digo que tu mujer, la madre de tus hijos, a quien he despedido a Dios mientras trabajabas y alegrabas, descansa en el Señor, y que tú irás a juntarte con ella y a que te paguen riendo los ángeles a los que haces reír en el cielo de contento.

Y todos, niños y grandes, lloraban y lloraban tanto de pena como de un misterioso contento en que la pena se ahogaba. Y más tarde, recordando aquel solemne rato, he comprendí-   210 do que la alegría imperturbable de Don Manuel era la forma temporal y terrena de una infinita tristeza que con heroica santidad recataba a los ojos y los oídos de los demás. Con aquella su constante actividad, con aquel mezclarse en las tareas y las diversiones de todos, parecía querer huir de sí mismo, querer huir de su soledad. "Le temo a la soledad," repetía. Mas, aun así, de vez en cuando se iba solo, orilla del lago, a las ruinas de aquella vieja abadía donde aún parecen reposar las almas de los piadosos cistercienses a quienes ha sepultado en el olvido la Historia. Allí está la celda del llamado Padre Capitán, y en sus paredes se dice que aún quedan señales de las gotas de sangre con que las salpicó al mortificarse. ¿Qué pensaría allí nuestro Don Manuel? Lo que sí recuerdo es que como una vez, hablando de la abadía, le preguntase yo cómo era que no se le había ocurrido ir   220 al claustro, me contestó:

---

[24] salón espacioso

—No es sobre todo porque tenga, como tengo, mi hermana viuda y mis sobrinos a quienes sostener, que Dios ayuda a sus pobres, sino porque yo no nací para ermitaño, para anacoreta;[25] la soledad me mataría el alma, y en cuanto a un monasterio, mi monasterio es Valverde de Lucerna. Yo no debo vivir solo; yo no debo morir solo. Debo vivir para mi pueblo, morir para mi pueblo. ¿Cómo voy a salvar mi alma si no salvo la de mi pueblo?

—Pero es que ha habido santos ermitaños, solitarios. . . —le dije.

—Sí, a ellos les dio el Señor la gracia de soledad que a mí me ha negado, y tengo que resignarme. Yo no puedo perder a mi pueblo para ganarme el alma. Así me ha hecho Dios. Yo no podría soportar las tentaciones del desierto. Yo no podría llevar solo la cruz del nacimiento.   230

He querido con estos recuerdos, de los que vive mi fe, retratar a nuestro Don Manuel tal como era cuando yo, mocita de cerca de dieciséis años, volví del colegio de religiosas de Renada a nuestro monasterio de Valverde de Lucerna. Y volví a ponerme a los pies de su abad.

—¡Hola, la hija de la Simona—me dijo en cuanto me vio—, y hecha ya toda una moza, y sabiendo francés y bordar y tocar el piano y qué sé yo qué más! Ahora a prepararte para darnos otra familia. Y tu hermano Lázaro, ¿cuándo vuelve? Sigue en el Nuevo Mundo, ¿no es así?

—Sí, señor, sigue en América. . .

—¡El Nuevo Mundo! Y nosotros en el Viejo. Pues bueno, cuando le escribas, dile de mi parte, de parte del cura, que estoy deseando saber cuándo vuelve del Nuevo Mundo a este   240 Viejo, trayéndonos las novedades de por allá. Y dile que encontrará al lago y a la montaña como les dejó.

Cuando me fui a confesar con él, mi turbación era tanta que no acertaba a articular palabra. Recé el "yo pecadora" balbuciendo casi sollozando. Y él, que lo observó, me dijo:

—Pero ¿qué te pasa, corderilla? ¿De qué o de quién tienes miedo? Porque tú no tiemblas ahora al peso de tus pecados ni por temor de Dios, no; tú tiemblas de mí, ¿no es eso?

Me eché a llorar.

—Pero ¿qué es lo que te han dicho de mí? ¿Qué leyendas son ésas? ¿Acaso tu madre? Vamos, vamos, cálmate y haz cuenta que estás hablando con tu hermano. . .

Me animé y empecé a confiarle mis inquietudes, mis dudas, mis tristezas.   250

—¡Bah, bah, bah! ¿Y dónde has leído eso, marisabidilla?[26] Todo eso es literatura. No te des demasiado a ella, ni siquiera a Santa Teresa. Y si quieres distraerte, lee al *Bertoldo,* que leía tu padre.

---

[25] religioso que vive apartado de la sociedad para dedicarse a la contemplación

[26] mujer que presume de sabia (*término despectivo, pero no aquí*)

Salí de aquella mi primera confesión con el santo hombre profundamente consolada. Y aquel mi temor primero, aquel más que respeto miedo, con que me acerqué a él trocóse en una lástima profunda. Era yo entonces una mocita, una niña casi; pero empezaba a ser mujer, sentía en mis entrañas el jugo de la maternidad, y al encontrarme en el confesionario junto al santo varón, sentí como una callada confesión suya en el susurro sumiso de su voz y recordé cómo cuando, al clamar él en la iglesia las palabras de Jesucristo: "¡Dios mío, Dios mío!, ¿por qué me has abandonado?", su madre, la de Don Manuel, respondió desde el suelo: 260 "¡Hijo mío!", y oí este grito que desgarraba la quietud del templo. Y volví a confesarme con él para consolarle.

Una vez que en el confesionario le expuse una de aquellas dudas, me contestó:

—A eso, ya sabes, lo del Catecismo: "eso no me lo preguntéis a mí, que soy ignorante; doctores tiene la Santa Madre Iglesia que os sabrán responder."

—¡Pero si el doctor aquí es usted, Don Manuel. . . !

—¿Yo, yo doctor?, ¿doctor yo? ¡Ni por pienso! Yo, doctorcilla, no soy más que un pobre cura de aldea. Y esas preguntas, ¿sabes quién te las insinúa, quién te las dirige? Pues. . . ¡el Demonio!

Y entonces, envalentonándome, le espeté[27] a boca de jarro[28]:   270

—¿Y si se las dirigiese a usted, Don Manuel?

—¿A quién? ¿A mí? ¿Y el Demonio? No nos conocemos, hija, no nos conocemos.

—¿Y si se las dirigiera?

—No le haría caso. Y basta, ¿eh?, despachemos,[29] que me están esperando unos enfermos de verdad.

Me retiré, pensando, no sé por qué que nuestro Don Manuel, tan afamado curandero de endemoniados, no creía en el Demonio. Y al irme hacia mi casa topé con Blasillo el bobo, que acaso rondaba el templo, y al verme, para agasajarme con sus habilidades, repitió:—¡y de qué modo!—lo de "¡Dios mío, Dios mío!, ¿por qué me has abandonado?" Llegué a casa acongojadísima y me encerré en mi cuarto para llorar, hasta que llegó mi madre.   280

—Me parece, Angelita, con tantas confesiones, que tú te me vas a ir monja.

—No lo tema, madre—le contesté—, pues tengo harto[30] que hacer aquí, en el pueblo, que es mi convento.

---

[27] *fig.* decir algo que causa sorpresa
[28] bruscamente
[29] concluyamos
[30] bastante (*uso no frecuente*)

—Hasta que te cases.

—No pienso en ello—le repliqué.

Y otra vez que me encontré con Don Manuel, le pregunté, mirándole derechamente a los ojos:

—¿Es que hay Infierno, Don Manuel?

Y él, sin inmutarse:

—¿Para ti, hija? No.   290

—¿Y para los otros, le hay?

—¿Y a ti qué te importa, si no has de ir a él?

—Me importa por los otros. ¿Le hay?

—Cree en el cielo, en el cielo que vemos. Míralo—y me lo mostraba sobre la montaña y abajo, reflejado en el lago.

—Pero hay que creer en el Infierno, como en el cielo—le repliqué.

—Sí, hay que creer todo lo que cree y enseña a creer la Santa Madre Iglesia Católica, Apostólica, Romana. ¡Y basta!

Leí no sé qué honda tristeza en sus ojos, azules como las aguas del lago.

Aquellos años pasaron como un sueño. La imagen de Don Manuel iba creciendo en mí 300
sin que yo de ello me diese cuenta, pues era un varón tan cotidiano, tan de cada día como el pan que a diario pedimos en el padrenuestro. Yo le ayudaba cuanto podía en sus menesteres, visitaba a sus enfermos, a nuestros enfermos, a las niñas de la escuela, arreglaba el ropero de la iglesia, le hacía, como me llamaba él, de diaconisa.[31] Fui unos días invitada por una compañera de colegio a la ciudad, y tuve que volverme, pues en la ciudad me ahogaba, me faltaba algo, sentía sed de la vista de las aguas del lago, hambre de la vista de las peñas de la montaña; sentía, sobre todo, la falta de mi Don Manuel y como si su ausencia me llamara, como si corriese un peligro lejos de mí, como si me necesitara. Empezaba yo a sentir una especie de afecto maternal hacia mi padre espiritual; quería aliviarle del peso de su cruz del nacimiento.

Así fui llegando a mis veinticuatro años, que es cuando volvió de América, con un cau- 310
dalillo[32] ahorrado, mi hermano Lázaro. Llegó acá, a Valverde de Lucerna, con el propósito de llevarnos a mí y a nuestra madre a vivir a la ciudad, acaso a Madrid.

—En la aldea—decía— se entontece, se embrutece y se empobrece uno.

---

[31] mujeres que en los primeros siglos del cristianismo se dedicaban a servir a la Iglesia
[32] caudal: dinero

Y añadía:

—Civilización es lo contrario de ruralización; ¡aldeanerías, no!, que no hice que fueras al colegio para que te pudras luego aquí, entre estos zafios patanes.[33]

Yo callaba, aun dispuesta a resistir la emigración; pero nuestra madre, que pasaba ya de la sesentena, se opuso desde un principio. "¡A mi edad, cambiar de aguas!", dijo primero; mas luego dio a conocer claramente que ella no podría vivir fuera de la vista de su lago, de su montaña y sobre todo de su Don Manuel.   320

—¡Sois como las gatas, que os apegáis a la casa!—repetía mi hermano.

Cuando se percató de todo el imperio que sobre el pueblo todo y en especial sobre nosotras, sobre mi madre y sobre mí, ejercía el santo varón evangélico, se irritó contra éste. Le pareció un ejemplo de la oscura teocracia en que él suponía hundida a España. Y empezó a barbotar[34] sin descanso todos los viejos lugares comunes anticlericales y hasta antirreligiosos y progresistas que había traído renovados del Nuevo Mundo.

—En esta España de calzonazos[35]—decía— los curas manejan a las mujeres y las mujeres a los hombres. . . ¡y luego el campo!, ¡el campo!, este campo feudal. . .

Para él feudal era un término pavoroso; feudal y medieval eran los dos calificativos que prodigaba cuando quería condenar algo.   330
Le desconcertaba el ningún efecto que sobre nosotras hacían sus diatribas y el casi ningún efecto que hacían en el pueblo, donde se le oía con respetuosa indiferencia. "A estos patanes no hay quien les conmueva." Pero como era bueno por ser inteligente, pronto se dio cuenta de la clase de imperio que Don Manuel ejercía sobre el pueblo, pronto se enteró de la obra del cura de su aldea.

—¡No, no es como los otros—decía—, es un santo!

—¿Pero tú sabes cómo son los otros curas?—le decía yo, y él:

—Me lo figuro.

Mas aun así ni entraba en la iglesia ni dejaba de hacer alarde[36] en todas partes de su incredulidad, aunque procurando siempre dejar a salvo a Don Manuel. Y ya en el pueblo se fue 340 formando, no sé cómo, una expectativa, la de una especie de duelo entre mi hermano Lázaro y Don Manuel, o más bien se esperaba la conversión de aquél por éste. Nadie dudaba de que al cabo el párroco le llevaría a su parroquia. Lázaro, por su parte, ardía en deseos—me lo dijo luego—de oír a Don Manuel, de verle y oírle en la iglesia, de acercarse a él y con él con-

---

[33] asticos; groseros
[34] hablar entre dientes
[35] hombres que se dejan dominar, normalmente por la mujer
[36] ostentar (aquí, *fig.* decirle a todo el mundo)

versar, de conocer el secreto de aquel su imperio espiritual sobre las almas. Y se hacía rogar para ello hasta que al fin, por curiosidad—decía—, fue a oírle.

—Sí, esto es otra cosa—me dijo luego de haberle oído—; no es como los otros, pero a mí no me la da; es demasiado inteligente para creer todo lo que tiene que enseñar.

—¿Pero es que le crees un hipócrita?—le dije.

—¡Hipócrita. . . no!, pero es el oficio del que tiene que vivir.   350
En cuanto a mí, mi hermano se empeñaba en que yo leyese de libros que él trajo y de otros que me incitaba a comprar.

—Conque, ¿tu hermano Lázaro—me decía Don Manuel—se empeña en que leas? Pues lee, hija mía, lee y dale así gusto. Sé que no has de leer sino cosa buena; lee aunque sea novelas. No son mejores las historias que llaman verdaderas. Vale más que leas que no el que te alimentes de chismes y comadrerías[37] del pueblo. Pero lee sobre todo libros de piedad que te den contento de vivir, un contento apacible y silencioso.

¿Le tenía él?
Por entonces enfermó de muerte y se nos murió nuestra madre, y en sus últimos días todo su hipo[38] era que Don Manuel convirtiese a Lázaro, a quien esperaba volver a ver un día en 360
el cielo, en un rincón de las estrellas desde donde se viese el lago y la montaña de Valverde de Lucerna. Ella se iba ya, a ver a Dios.

—Usted no se va—le decía Don Manuel—, usted se queda. Su cuerpo aquí, en esta tierra, y su alma también aquí, en esta casa viendo y oyendo a sus hijos, aunque éstos ni le vean ni le oigan.

—Pero yo, padre—dijo—, voy a ver a Dios.

—Dios, hija mía, está aquí como en todas partes, y le verá usted desde aquí, desde aquí. Y a todos nosotros en Él, y a Él en nosotros.

—Dios se lo pague—le dije.

—El contento con que tu madre se muera—me dijo—será su eterna vida.   370

Y volviéndose a mi hermano Lázaro:

—Su cielo es seguir viéndote, y ahora es cuando hay que salvarla. Dile que rezarás por ella.

—Pero. . .

---

[37] *fam.* chismes (un comadrero es una persona holgazana y chismosa)
[38] *fig.* deseo vehemente

—¿Pero. . .? Dile que rezarás por ella, a quien debes la vida, y sé que una vez que se lo prometas rezarás y sé que luego que reces. . .

Mi hermano, acercándose, arrasados[39] sus ojos en lágrimas, a nuestra madre agonizante, le prometió solemnemente rezar por ella.

—Y yo en el cielo por ti, por vosotros—respondió mi madre, y besando el crucifijo y puestos sus ojos en los de Don Manuel, entregó su alma a Dios.   380

—"¡En tus manos encomiendo mi espíritu!"—rezó el santo varón.

Quedamos mi hermano y yo solos en la casa. Lo que pasó en la muerte de nuestra madre puso a Lázaro en relación con Don Manuel, que pareció descuidar algo a sus demás pacientes, a sus demás menesterosos, para atender a mi hermano. Íbanse por las tardes de paseo, orilla del lago, o hacia las ruinas, vestidas de hiedra, de la vieja abadía de cistercienses.

—Es un hombre maravilloso—me decía Lázaro—. Ya sabes que dicen que en el fondo de este lago hay una villa sumergida y que en la noche de San Juan, a las doce, se oyen las campanadas de su iglesia.

—Sí—le contestaba yo—, una villa feudal y medieval. . .

—Y creo—añadía él—que en el fondo del alma de nuestro Don Manuel hay también 390 sumergida, ahogada, una villa y que alguna vez se oyen sus campanadas.

—Sí—le dije—, esa villa sumergida en el alma de Don Manuel, ¿y por qué no también en la tuya?, es el cementerio de las almas de nuestros abuelos, los de esta nuestra Valverde de Lucerna. . . ¡feudal y medieval!

Acabó mi hermano por ir a misa siempre, a oír a Don Manuel, y cuando se dijo que cumpliría con la parroquia, que comulgaría cuando los demás comulgasen, recorrió un íntimo regocijo al pueblo todo, que creyó haberle recobrado. Pero fue un regocijo tal, tan limpio, que Lázaro no se sintió ni vencido ni disminuido.

Y llegó el día de su comunión, ante el pueblo todo, con el pueblo todo. Cuando llegó la vez[40] a mi hermano pude ver que Don Manuel, tan blanco como la nieve de enero en la 400 montaña y temblando como tiembla el lago cuando le hostiga el cierzo, se le acercó con la sagrada forma en la mano, y de tal modo le temblaba ésta al arrimarla a la boca de Lázaro, que se le cayó la forma a tiempo que le daba un vahído.[41] Y fue mi hermano mismo quien recogió la hostia y se la llevó a la boca. Y el pueblo al ver llorar a Don Manuel, lloró diciéndose: "¡Cómo le quiere!" Y entonces, pues era la madrugada, cantó un gallo.

Al volver a casa y encerrarme en ella con mi hermano, le eché los brazos al cuello y besándole, le dije:

---

[39] llenos

[40] el turno

[41] turbación breve del sentido

—Ay, Lázaro, Lázaro, qué alegría nos has dado a todos, a todos, a todo el pueblo, a todo, a los vivos y a los muertos, y sobre todo a mamá, a nuestra madre. ¿Viste? El pobre Don Manuel lloraba de alegría. ¡Qué alegría nos has dado a todos!   410

—Por eso lo he hecho—me contestó.

—¿Por eso? ¿Por darnos alegría? Lo habrás hecho ante todo por ti mismo, por conversión.

Y entonces Lázaro, mi hermano, tan pálido y tan tembloroso como Don Manuel cuando le dio la comunión, me hizo sentarme, en el sillón mismo donde solía sentarse nuestra madre, tomó huelgo,[42] y luego, como en íntima confesión doméstica y familiar, me dijo:

—Mira, Angelita, ha llegado la hora de decirte la verdad, toda la verdad, y te la voy a decir, porque debo decírtela, porque a ti no puedo, no debo callártela y porque además habrías de adivinarla y a medias, que es lo peor, más tarde o más temprano.

Y entonces, serena y tranquilamente, a media voz, me contó una historia que me sumergió en un lago de tristeza. Cómo Don Manuel le había venido trabajando, sobre todo   420 en aquellos paseos a las ruinas de la vieja abadía cisterciense, para que no escandalizase, para que diese buen ejemplo, para que se incorporase a la vida religiosa del pueblo, para que fingiese creer si no creía, para que ocultase sus ideas al respecto, mas sin intentar siquiera catequizarle, convertirle de otra manera.

—¿Pero es eso posible?—exclamé, consternada.

—¡Y tan posible, hermana, y tan posible! Y cuando yo le decía: "¿Pero es usted, usted, el sacerdote el que me aconseja que finja?", él, balbuciente: "¿Fingir?, ¡fingir no!, ¡eso no es fingir! Toma agua bendita, que dijo alguien, y acabarás creyendo." Y como yo, mirándole a los ojos, le dijese: "¿Y usted celebrando misa ha acabado por creer?", él bajó la mirada al lago y se le llenaron los ojos de lágrimas. Y así es cómo le arranqué su secreto.   430

—¡Lázaro!—gemí.

Y en aquel momento pasó por la calle Blasillo el bobo, clamando su: "¡Dios mío, Dios mío!, ¿por qué me has abandonado?" Y Lázaro se estremeció creyendo oír la voz de Don Manuel, acaso la de Nuestro Señor Jesucristo.

—Entonces—prosiguió mi hermano—comprendí sus móviles y con esto comprendí su santidad; porque es un santo, hermana, todo un santo. No trataba al emprender ganarme para su santa causa—porque es una causa—porque es una causa santa, santísima—, arrogarse un triunfo, sino que lo hacía por la paz, por la felicidad, por la ilusión si quieres, de los que le están encomendados; comprendí que si les engaña así—si es que esto es engaño—no es por medrar.[43] Me rendí a sus razones, y he aquí mi conversión. Y no me olvidaré jamás del día   440

---

[42] aliento

[43] *fig.* mejorar su propia fortuna

en que diciéndole yo: "Pero, Don Manuel, la verdad, la verdad ante todo," él, temblando, me susurró al oído—y eso que estábamos solos en medio del campo—: "¿La verdad? La verdad, Lázaro, es acaso algo terrible, algo intolerable, algo mortal; la gente sencilla no podría vivir con ella." "¿Y por qué me la deja entrever ahora aquí, como en confesión?", le dije. Y él: "Porque si no, me atormentaría tanto, tanto, que acabaría gritándola en medio de la plaza, y eso jamás, jamás, jamás. Yo estoy para hacer vivir a las almas de mis feligreses, para hacerles felices, para hacerles que se sueñen inmortales y no para matarles. Lo que aquí hace falta es que vivan sanamente, que vivan en unanimidad de sentido, y con la verdad, con mi verdad, no vivirían. Que vivan. Y esto hace la Iglesia, hacerles vivir. ¿Religión verdadera? Todas las religiones son verdaderas, en cuanto hacen vivir espiritualmente a los pueblos que las profe-   450
san, en cuanto les consuelan de haber tenido que nacer para morir, y para cada pueblo la re-ligión más verdadera es la suya, la que le ha hecho. ¿Y la mía? La mía es consolarme en consolar a los demás, aunque el consuelo que les doy no sea el mío." Jamás olvidaré estas sus palabras.

—¡Pero esa comunión tuya ha sido un sacrilegio!—me atreví a insinuar, arrepintiéndome al punto de haberlo insinuado.

—¿Sacrilegio? ¿Y él que me la dio? ¿Y sus misas?

—¡Qué martirio!—exclamé.

—Y ahora—añadió mi hermano— hay otro más para consolar al pueblo.

—¿Para engañarle?—dije.

—Para engañarle, no—me replicó—, sino para corrobararle en su fe.   460

—Y él, el pueblo—dije—, ¿cree de veras?

—¡Qué sé yo. . . ! Cree sin querer, por hábito, por tradición. Y lo que hace falta es no despertarle. Y que viva en su pobreza de sentimientos para que no adquiera torturas de lujo. ¡Bienaventurados los pobres de espíritu!

—Eso, hermano, lo has aprendido de Don Manuel. Y ahora, dime, ¿has cumplido aque-llo que le prometiste a nuestra madre cuando ella se nos iba a morir, aquello de que rezarías por ella?

—¡Pues no se lo había de cumplir! Pero, ¿por quién me has tomado, hermana? ¿Me crees capaz de faltar a mi palabra, a una promesa solemne, y a una promesa hecha, y en el lecho de muerte, a una madre?   470

—¡Qué sé yo. . . ! Pudiste querer engañarla para que muriese consolada.

—Es que si yo no hubiese cumplido la promesa viviría sin consuelo.

—¿Entonces?

—Cumplí la promesa y no he dejado de rezar ni un solo día por ella.

—¿Sólo por ella?

—Pues, ¿por quién más?

—¡Por ti mismo! Y de ahora en adelante, por Don Manuel.

Nos separamos para irnos cada uno a su cuarto, yo a llorar toda la noche, a pedir por la conversión de mi hermano y de Don Manuel, y él, Lázaro, no sé bien a qué.   480

Después de aquel día temblaba yo de encontrarme a solas con Don Manuel, a quien seguía asistiendo en sus piadosos menesteres. Y él pareció percatarse de mi estado íntimo y adivinar su causa. Y cuando al fin me acerqué a él en el tribunal de la penitencia—¿quién era el juez y quién el reo?—, los dos, él y yo, doblamos en silencio la cabeza y nos pusimos a llorar. Y fue él, Don Manuel, quien rompió el tremendo silencio para decirme con voz que parecía salir de una huesa:[44]

—Pero tú, Angelina, tú crees como a los diez años, ¿no es así? ¿Tú crees?

—Sí creo, padre.

—Pues sigue creyendo. Y si se te ocurren dudas, cállatelas a ti misma. Hay que vivir.

Me atreví, y toda temblorosa le dije: 490

—Pero usted, padre, ¿cree usted?

Vaciló un momento y reponiéndose me dijo:

—¡Creo!

—¿Pero en qué, padre, en qué? ¿Cree usted en la otra vida?, ¿cree usted que al morir no nos morimos del todo?, ¿cree que volveremos a vernos, a querernos en otro mundo venidero?, ¿cree en la otra vida?

El pobre santo sollozaba.

—¡Mira, hija, dejemos eso!

Y ahora, al escribir esta memoria, me digo: ¿Por qué no me engañó?, ¿por qué no me engañó entonces como engañaba a los demás? ¿Por qué se acongojó?, ¿porque no podía engañarse a sí mismo, o porque no podía engañarme? Y quiero creer que se acongojaba porque no podía engañarse para engañarme.   500

---

[44] tumba

—Y ahora—añadió—, reza por mí, por tu hermano, por ti misma, por todos. Hay que vivir. Y hay que dar vida.

Y después de una pausa:

—¿Y por qué no te casas, Angelina?

—Ya sabe usted, padre mío, por qué.

—Pero no, no; tienes que casarte. Entre Lázaro y yo te buscaremos un novio. Porque a ti te conviene casarte para que se te curen esas preocupaciones.

—¿Preocupaciones, Don Manuel?   510

—Yo sé bien lo que me digo. Y no te acongojes demasiado por los demás, que harto tiene cada cual con tener que responder de sí mismo.

—¡Y que sea usted, Don Manuel, el que me diga eso!, ¡que sea usted el que me aconseje que me case para responder de mí y no acuitarme[45] por los demás!, ¡que sea usted!

—Tienes razón, Angelina, no sé ya lo que me digo; no sé ya lo que me digo desde que estoy confesándome contigo. Y sí, sí hay que vivir, hay que vivir.

Y cuando yo iba a levantarme para salir del templo, me dijo:

—Y ahora, Angelina, en nombre del pueblo, ¿me absuelves?

Me sentí como penetrada de un misterioso sacerdocio y le dije:

—En nombre de Dios Padre, Hijo y Espíritu Santo, le absuelvo, padre.   520

Y salimos de la iglesia, y al salir se me estremecían las entrañas maternales.

Mi hermano, puesto ya del todo al servicio de la obra de Don Manuel, era su más asiduo colaborador y compañero. Les anudaba, además, el común secreto. Le acompañaba en sus visitas a los enfermos, a las escuelas, y ponía su dinero a disposición del santo varón. Y poco faltó para que no aprendiera a ayudarle a misa. E iba entrando cada vez más en el alma insondable de Don Manuel.

—¡Qué hombre!—me decía—. Mira, ayer, paseando a orillas del lago, me dijo: "He aquí mi tentación mayor." Y como yo le interrogase con la mirada, añadió: "Mi pobre padre, que murió de cerca de noventa años, se pasó la vida, según me lo confesó él mismo, torturado

---

[45] afligirme

por la tentación del suicidio, que le venía no recordaba desde cuándo, de nación,[46] decía, y   530
defendiéndose de ella. Y esa defensa fue su vida. Para no sucumbir a tal tentación extremaba
los cuidados por conservar la vida. Me contó escenas terribles. Me parecía como una locura.
Y yo la he heredado. ¡Y cómo me llama esa agua que con su aparente quietud—la corriente
va por dentro—espeja al cielo! ¡Mi vida, Lázaro, es una especie de suicidio continuo, un
combate contra el suicidio, que es igual; pero que vivan ellos, que vivan los nuestros!" Y luego
añadió: "Aquí se remansa el río en lago, para luego, bajando a la meseta, precipitarse en cascadas, saltos y torrenteras por las hoces[47] y encañadas,[48] junto a la ciudad, y así se remansa la
vida, aquí, en la aldea. Pero la tentación del suicidio es mayor aquí, junto al remanso que espeja de noche las estrellas, que no junto a las cascadas que dan miedo. Mira, Lázaro, he asis-   540
tido a bien morir a pobres aldeanos, ignorantes, analfabetos, que apenas si habían salido de
la aldea, y he podido saber de sus labios, y cuando no adivinarlo, la verdadera causa de su enfermedad de muerte, y he podido mirar, allí, a la cabecera de su lecho de muerte, toda la ne-
grura de la sima del tedio de vivir. ¡Mil veces peor que el hambre! Sigamos, pues, Lázaro,
suicidándonos en nuestra obra y en nuestro pueblo, y que sueñe éste su vida como el lago
sueña el cielo."

—Otra vez—me decía también mi hermano—, cuando volvíamos acá vimos a una zagala,[49] una cabrera, que enhiesta sobre un picacho[50] de la falda de la montaña, a la vista del
lago, estaba cantando con una voz más fresca que las aguas de éste. Don Manuel me detuvo, y señalándomela, dijo: "Mira, parece como si se hubiera acabado el tiempo, como si
esa zagala hubiese estado ahí siempre, y como está, y cantando como está, y como si hu-   550
biera de seguir estando así siempre, como estuvo cuando no empezó mi conciencia, como
estará cuando se me acabe. Esa zagala forma parte, con las rocas, las nubes, los árboles, las
aguas, de la naturaleza y no de la historia." ¡Cómo siente, cómo anima Don Manuel a la
naturaleza! Nunca olvidaré el día de la nevada en que me dijo: "¿Has visto, Lázaro, misterio mayor que el de la nieve cayendo en el lago y muriendo en él mientras cubre con su
toca a la montaña?"

Don Manuel tenía que contener a mi hermano en su celo[51] y en su inexperiencia de neó-
fito. Y como supiese que éste andaba predicando contra ciertas supersticiones populares,
hubo de decirle:

—¡Déjalos! ¡Es tan difícil hacerles comprender dónde acaba la creencia ortodoxa y dónde   560
empieza la superstición! Y más para nosotros. Déjalos, pues, mientras se consuelen. Vale más
que lo crean todo, aun cosas contradictorias entre sí, a no que no crean nada. Eso de que el
que cree demasiado acaba por no creer nada, es cosa de protestantes. No protestemos. La
protesta mata el contento.

---

[46] de nacimiento
[47] angusturas de un valle
[48] pasos entre dos montañas
[49] moza (*aquí, pastora de cabras*)
[50] punta aguda de la sima de una montaña
[51] interés ardiente

Una noche de plenilunio—me contaba también mi hermano—volvían a la aldea por la orilla del lago, a cuyo sobrehaz[52] rizaba[53] entonces la brisa montañesa y en el rizo cabrillea- ban[54] las razas[55] de la luna llena, y Don Manuel le dijo a Lázaro:

—¡Mira, el agua está rezando la letanía y ahora dice: *ianua caeli, ora pro nobis,* "puerta del cielo, ruega por nosotros!"

Y cayeron temblando de sus pestañas a la yerba del suelo dos huideras lágrimas en que   570 también, como en rocío, se bañó temblorosa la lumbre de la luna llena.

E iba corriendo el tiempo y observábamos mi hermano y yo que las fuerzas de Don Manuel empezaban a decaer, que ya no lograba contener del todo la insondable tristeza que le consumía, que acaso una enfermedad traidora le iba minando[56] el cuerpo y el alma. Y Lázaro, acaso para distraerle más, le propuso si no estaría bien que fundasen en la iglesia algo así como un sindicato católico agrario.

—¿Sindicato?—respondió tristemente Don Manuel—. ¿Sindicato? ¿Y qué es eso? Yo no conozco más sindicato que la Iglesia, y ya sabes aquello de "mi reino no es de este mundo." Nuestro reino, Lázaro, no es de este mundo. . .

—¿Y del otro?   580

Don Manuel bajó la cabeza:

—El otro, Lázaro, está aquí también, porque hay dos reinos en este mundo. O mejor, el otro mundo. . .vamos, que no sé lo que me digo. Y en cuanto a eso del sindicato es en ti un resabio[57] de tu época de progresismo. No, Lázaro, no; la religión no es para resolver los con- flictos económicos o políticos de este mundo que Dios entregó a las disputas de los hombres. Piensen los hombres y obren los hombres como pensaren y como obraren, que se consue- len de haber nacido, que vivan lo más contentos que puedan en la ilusión de que todo esto tiene una finalidad. Yo no he venido a someter los pobres a los ricos, ni a predicar a éstos que se sometan a aquéllos. Resignación y caridad en todos y para todos. Porque también el rico tiene que resignarse a su riqueza, y a la vida, y también el pobre tiene que tener caridad para   590 con el rico. ¿Cuestión social? Deja eso, eso no nos concierne. Que traen una nueva sociedad, en que no haya ya ricos ni pobres, en que esté justamente repartida la riqueza, en que todo sea de todos, ¿y qué? ¿Y no crees que del bienestar general surgirá más fuerte el tedio a la vida? Sí, ya sé que uno de esos caudillos de la que llaman la revolución social ha dicho que la religión es el opio del pueblo. Opio. . . Opio. . . Opio, sí. Démosle opio, y que duerma y que sueñe. Yo mismo con esta mi loca actividad me estoy administrando opio. Y no logro dormir bien y menos soñar bien. . . ¡Esta terrible pesadilla! Y yo también puedo decir con el

---

[52] superficie
[53] movía el viento formando olas
[54] se formaban olitas blancas y espumosas
[55] rayos de luz
[56] *fig.* consumiendo
[57] mala costumbre

Divino Maestro: "Mi alma está triste hasta la muerte." No, Lázaro, no; nada de sindicatos por nuestra parte. Si lo forman ellos me parecerá bien, pues que así se distraen. Que jueguen al sindicato, si eso les contenta.

El pueblo todo observó que a Don Manuel le menguaban las fuerzas, que se fatigaba.   600 Su voz misma, aquella voz que era un milagro, adquirió un cierto temblor íntimo. Se le asomaban las lágrimas con cualquier motivo. Y sobre todo cuando hablaba al pueblo del otro mundo, de la otra vida, tenía que detenerse a ratos cerrando los ojos. "Es que lo está viendo," decían. Y en aquellos momentos era Blasillo el bobo el que con más cuajo[58] lloraba. Porque ya Blasillo lloraba más que reía, y hasta sus risas sonaban a lloros.

Al llegar la última Semana de Pasión que con nosotros, en nuestro mundo, en nuestra aldea, celebró Don Manuel, el pueblo todo presintió el fin de la tragedia. ¡Y cómo sonó entonces aquel "¡Dios mío, Dios mío!, ¿por qué me has abandonado?", el último que en público sollozó Don Manuel! Y cuando dijo lo del Divino Maestro al buen bandolero[59] —"todos los bandoleros son buenos," solía decir nuestro Don Manuel—, aquello de: 610 "mañana estarás conmigo en el paraíso". ¡Y la última comunión general que repartió nuestro santo! Cuando llegó a dársela a mi hermano, esta vez con mano segura, después del litúrgico: ". . .*in vitam aeternam*," se le inclinó al oído y le dijo: "No hay más vida eterna que ésta. . . que la sueñen eterna. . . eterna de unos pocos años. . ." Y cuando me la dio a mí me dijo: "Reza, hija mía, reza por nosotros." Y luego, algo tan extraordinario que lo llevo en el corazón como el más grande misterio, y fue que me dijo con voz que parecía de otro mundo: "y reza también por Nuestro Señor Jesucristo. . ."

Me levanté sin fuerzas y como sonámbula. Y todo en torno me pareció un sueño. Y pensé: "Habré de rezar también por el lago y por la montaña." Y luego: "¿Es que estaré endemoniada?" Y en casa ya, cogí el crucifijo con el cual en las manos había entregado a Dios   620 su alma mi madre, y mirándolo a través de mis lágrimas y recordando el "¡Dios mío, Dios mío!, ¿por qué me has abandonado?" de nuestros dos Cristos, el de esta tierra y el de esta aldea, recé: "hágase tu voluntad así en la tierra como en el cielo," primero, y después: "y no nos dejes caer en la tentación, amén." Luego me volví a aquella imagen de la Dolorosa, con su corazón traspasado por siete espadas, que había sido el más doloroso consuelo de mi pobre madre, y recé: "Santa María, madre de Dios, ruega por nosotros pecadores, ahora y en la hora de nuestra muerte, amén." Y apenas lo había rezado cuando me dije: "¿pecadores?, ¿nosotros pecadores?, ¿y cuál es nuestro pecado, cuál?" Y anduve todo el día acongojada por esta pregunta.

Al día siguiente acudí a Don Manuel, que iba adquiriendo una solemnidad de religioso   630 ocaso, y le dije:

—¿Recuerda, padre mío, cuando hace ya años, al dirigirle yo una pregunta me contestó: "Eso no me lo preguntéis a mí, que soy ignorante; doctores tiene la Santa Madre Iglesia que os sabrán responder"?

—¡Que si me acuerdo!. . .y me acuerdo que te dije que ésas eran preguntas que te dictaba el Demonio.

---

[58] calma
[59] uno de los dos hombres que fue crucificado con Cristo (*San Lucas*, *24: xiii*)

—Pues bien, padre, hoy vuelvo yo, la endemoniada, a dirigirle otra pregunta que me dicta mi demonio de la guarda.

—Pregunta.

—Ayer, al darme de comulgar, me pidió que rezara por todos nosotros y hasta por. . .   640

—Bien, cállalo y sigue.

—Llegué a casa y me puse a rezar, y al llegar a aquello de "ruega por nosotros, pecadores, ahora y en la hora de nuestra muerte," una voz íntima me dijo: "¿pecadores nosotros?, ¿y cuál es nuestro pecado?" ¿Cuál es nuestro pecado, padre?

—¿Cuál?—me respondió—. Ya lo dijo un gran doctor de la Iglesia Católica Apostólica Española, ya lo dijo el gran doctor de *La vida es sueño,* ya dijo que "el delito mayor del hombre es haber nacido." Ese es, hija, nuestro pecado: el de haber nacido.

—¿Y se cura, padre?

—¡Vete y vuelve a rezar! Vuelve a rezar por nosotros, pecadores, ahora y en la hora de nuestra muerte. . . Sí, al fin se cura el sueño. . . al fin se cura la vida. . . al fin se acaba la cruz   650 del nacimiento. . . Y como dijo Calderón, el hacer bien, y el engañar bien, ni aun en sueños se pierde. . .

Y la hora de su muerte llegó por fin. Todo el pueblo la veía llegar. Y fue su más grande lección. No quiso morirse ni solo ni ocioso. Se murió predicando al pueblo, en el templo. Primero, antes de mandar que le llevasen a él, pues no podía ya moverse por la perlesía,[60] nos llamó a su casa a Lázaro y a mí. Y allí, los tres a solas, nos dijo:

—Oíd: cuidad de estas pobres ovejas, que se consuelen de vivir, que crean lo que yo no he podido creer. Y tú, Lázaro, cuando hayas de morir, muere como yo, como morirá nuestra Ángela, en el seno de la Santa Madre Católica Apostólica Romana, de la Santa Madre Iglesia de Valverde de Lucerna, bien entendido. Y hasta nunca más ver, pues se acaba este   660 sueño de la vida. . .

—¡Padre, padre!—gemí yo.

—No te aflijas, Ángela, y sigue rezando por todos los pecadores, por todos los nacidos. Y que sueñen, que sueñen. ¡Qué ganas tengo de dormir, dormir, dormir sin fin, dormir por toda una eternidad y sin soñar!, ¡olvidando el sueño! Cuando me entierren, que sea en una caja hecha con aquellas seis tablas que tallé del viejo nogal, ¡pobrecito!, a cuya sombra jugué de niño, cuando empezaba a soñar. . . ¡Y entonces sí que creía en la vida perdurable! Es decir, me figuro ahora que creía entonces. Para un niño creer no es más que soñar. Y para un pueblo. Esas seis tablas que tallé con mis propias manos, las encontraréis al pie de mi cama.

---

[60] parálisis

Le dio un ahogo y, repuesto de él, prosiguió: 670

—Recordaréis que cuando rezábamos todos en uno, en unanimidad de sentido, hechos pueblo, el Credo, al llegar al final yo me callaba. Cuando los israelitas iban llegando al fin de su peregrinación por el desierto, el Señor les dijo a Aarón y a Moisés que por no haberle creído no meterían a su pueblo en la tierra prometida, y les hizo subir al monte de Hor, donde Moisés hizo desnudar a Aarón, que allí murió, y luego subió Moisés desde las llanuras de Moab al monte Nebo, a la cumbre del Fasga, enfrente de Jericó, y el Señor le mostró toda la tierra prometida a su pueblo, pero diciéndole a él: "¡No pasarás allá!," y allí murió Moisés y nadie supo su sepultura. Y dejó por caudillo a Josué. Sé, tú, Lázaro, mi Josué, y si puedes detener al sol detenle y no te importe del progreso. Como Moisés, he conocido al Señor, nuestro supremo ensueño, cara a cara y ya sabes que dice la Escritura que el que le ve la cara   680 a Dios, que el que le ve al sueño los ojos de la cara con que nos mira, se muere sin remedio y para siempre. Que no le vea, pues, la cara a Dios este nuestro pueblo mientras viva, que después de muerto ya no hay cuidado, pues no verá nada. . .

—¡Padre, padre, padre!—volví a gemir.

Y él:

—Tú, Ángela, reza siempre, sigue rezando para que los pecadores todos sueñen hasta morir la resurrección de la carne y la vida perdurable. . .

Yo esperaba un "¿y quién sabe. . .?" cuando le dio otro ahogo a Don Manuel.

—Y ahora—añadió—, ahora, en la hora de mi muerte, es hora de que hagáis que se me lleve, en este mismo sillón, a la iglesia, para despedirme allí de mi pueblo, que me espera.   690

Se le llevó a la iglesia y se le puso, en el sillón, en el presbiterio, al pie del altar. Tenía entre sus manos un crucifijo. Mi hermano y yo nos pusimos junto a él, pero fue Blasillo el bobo quien más se arrimó. Quería coger de la mano a Don Manuel, besársela. Y como algunos trataran de impedírselo, Don Manuel les reprendió diciéndoles:

—Dejadle que se me acerque. Ven, Blasillo, dame la mano. El bobo lloraba de alegría. Y luego Don Manuel dijo:

—Muy pocas palabras, hijos míos, pues apenas me siento con fuerzas sino para morir. Y nada nuevo tengo que deciros. Ya os lo dije todo. Vivid en paz y contentos y esperando que todos nos veamos un día, en la Valverde de Lucerna que hay allí, entre las estrellas de la noche que se reflejan en el lago, sobre la montaña. Y rezad, rezad a María Santísima, rezad a Nues-   700 tro Señor. Sed buenos, que esto basta. Perdonadme el mal que haya podido haceros sin quererlo y sin saberlo. Y ahora, después de que os dé mi bendición, rezad todos a una el Padrenuestro, el Avemaría, la Salve y por último el Credo.

Luego, con el crucifijo que tenía en la mano dio la bendición al pueblo, llorando las mujeres y los niños y no pocos hombres, y en seguida empezaron las oraciones, que Don

Manuel oía en silencio y cogido de la mano por Blasillo, que al son del ruego se iba durmiendo. Primero el Padrenuestro con su "hágase tu voluntad así en la tierra como en el cielo," luego el Santa María con su "ruega por nosotros, pecadores, ahora y en la hora de nuestra muerte," a seguida la Salve con su "gimiendo y llorando en este valle de lágrimas," y por último el Credo. Y al llegar a la "resurrección de la carne y la vida perdurable," todo el pueblo 710 sintió que su santo había entregado su alma a Dios. Y no hubo que cerrarle los ojos, porque se murió con ellos cerrados. Y al ir a despertar a Blasillo nos encontramos con que se había dormido en el Señor para siempre. Así que hubo luego que enterrar dos cuerpos.

El pueblo todo se fue en seguida a la casa del santo a recoger reliquias, a repartirse retazos de sus vestiduras, a llevarse lo que pudieran como reliquia y recuerdo del bendito mártir. Mi hermano guardó su breviario, entre cuyas hojas encontró, desecada y como en un herbario, una clavellina pegada a un papel y en éste una cruz con una fecha.

Nadie en el pueblo quiso creer en la muerte de Don Manuel; todos esperaban verle a diario, y acaso le veían, pasar a lo largo del lago y espejado en él o teniendo por fondo la montaña; todos seguían oyendo su voz, y todos acudían a su sepultura, en torno a la cual surgió 720 todo un culto. Las endemoniadas venían ahora a tocar la cruz de nogal, hecha también por sus manos y sacada del mismo árbol de donde sacó las seis tablas en que fue enterrado. Y los que menos queríamos creer que se hubiese muerto éramos mi hermano y yo.

Él, Lázaro, continuaba la tradición del santo y empezó a redactar lo que le había oído, notas de que me he servido para esta mi memoria.

—Él me hizo un hombre nuevo, un verdadero Lázaro, un resucitado—me decía—. Él me dio fe.

—¿Fe? —le interrumpía yo.

—Sí, fe, fe en el consuelo de la vida, fe en el contento de la vida. Él me curó de mi progresismo. Porque hay, Ángela, dos clases de hombres peligrosos y nocivos: los que convenci- 730 dos de la vida de ultratumba, de la resurrección de la carne, atormentan, como inquisidores que son, a los demás para que, despreciando esta vida como transitoria, se ganen la otra, y los que no creyendo más que en este. . .

—Como acaso tú. . .—le decía yo.

—Y sí, y como Don Manuel. Pero no creyendo más que en este mundo esperan no sé qué sociedad futura y se esfuerzan en negarle al pueblo el consuelo de creer en otro. . .

—De modo que. . .

—De modo que hay que hacer que vivan de la ilusión.

El pobre cura que llegó a sustituir a Don Manuel en el curato entró en Valverde de Lucerna abrumado por el recuerdo del santo y se entregó a mi hermano y a mí para que le guiáse- 740 mos. No quería sino seguir las huellas del santo. Y mi hermano le decía: "Poca teología, ¿eh?, poca teología; religión, religión." Y yo al oírselo me sonreía pensando si es que no era también teología lo nuestro.

Yo empecé entonces a temer por mi pobre hermano. Desde que se nos murió Don Manuel no cabía decir que viviese. Visitaba a diario su tumba y se pasaba horas muertas contemplando el lago. Sentía morriña[61] de la paz verdadera.

—No mires tanto al lago—le decía yo.

—No, hermana, no temas. Es otro el lago que me llama; es otra la montaña. No puedo vivir sin él.

—¿Y el contento de vivir, Lázaro, el contento de vivir?   750

—Eso para otros pecadores, no para nosotros, que le hemos visto la cara a Dios, a quienes nos ha mirado con sus ojos el sueño de la vida.

—Qué, ¿te preparas a ir a ver a Don Manuel?

—No, hermana, no; ahora y aquí en casa, entre nosotros solos, toda la verdad, por amarga que sea, amarga como el mar a que van a parar las aguas de este dulce lago, toda la verdad para ti, que estás abroquelada[62] contra ella. . .

—¡No, no, Lázaro; ésa no es la verdad!

—La mía, sí.

—La tuya, ¿pero y la de. . . ?

—También la de él.   760

—¡Ahora, no, Lázaro; ahora, no! Ahora cree otra cosa, ahora cree. . .

—Mira, Ángela, una de las veces en que al decirme Don Manuel que hay cosas que aunque se las diga uno a sí mismo debe callárselas a los demás, le repliqué que me decía eso por decírselas a él, esas mismas, a sí mismo, acabó confesándome que creía que más de uno de los más grandes santos, acaso el mayor, había muerto sin creer en la otra vida.

—¿Es posible?

—¡Y tan posible! Y ahora, hermana, cuida que no sospechen siquiera aquí en el pueblo, nuestro secreto. . .

—¿Sospecharlo? —le dije—. Si intentase, por locura, explicárselo, no lo entenderían. El pueblo no entiende de palabras; el pueblo no ha entendido más que vuestras obras. Querer   770 exponerles eso sería como leer a unos niños de ocho años unas páginas de Santo Tomás de Aquino. . . en latín.

---

[61] *gallego:* tristeza, melancolía
[62] *fig.* firme; en postura de defensa

—Bueno, pues cuando yo me vaya, reza por mí y por él y por todos.

Y por fin le llegó también su hora. Una enfermedad que iba minando su robusta naturaleza pareció exacerbársele con la muerte de Don Manuel.

—No siento tanto tener que morir—me decía en sus últimos días—, como que conmigo se muere otro pedazo del alma de Don Manuel. Pero lo demás de él vivirá contigo. Hasta que un día hasta los muertos nos moriremos del todo.

Cuando se hallaba agonizando entraron, como se acostumbra en nuestras aldeas, los del pueblo a verle agonizar, y encomendaban su alma a Don Manuel, a San Manuel Bueno, el   780
mártir. Mi hermano no les dijo nada, no tenía ya nada que decirles; les dejaba dicho todo, todo lo que queda dicho. Era otra laña[63] más entre las dos Valverdes de Lucerna, la del fondo del lago y la que en su sobrehaz se mira; era ya uno de nuestros muertos de vida, uno también, a su modo, de nuestros santos.

Quedé más que desolada, pero en mi pueblo, y con mi pueblo. Y ahora, al haber perdido a mi San Manuel, al padre de mi alma, y a mi Lázaro, mi hermano aún más que carnal, espiritual, ahora es cuando me doy cuenta de que he envejecido y de cómo he envejecido. Pero ¿es que los he perdido?, ¿es que he envejecido?, ¿es que me acerco a mi muerte?

¡Hay que vivir! Y él me enseñó a vivir, él nos enseñó a vivir, a sentir la vida, a sentir el sentido de la vida, a sumergirnos en el alma de la montaña, en el alma del lago, en el alma   790
del pueblo de la aldea, a perdernos en ellas para quedar en ellas. El me enseñó con su vida a perderme en la vida del pueblo de mi aldea, y no sentía yo más pasar las horas, y los días y los años, que no sentía pasar el agua del lago. Me parecía como si mi vida hubiese de ser siempre igual. No me sentía envejecer. No vivía yo ya en mí, sino que vivía en mi pueblo y mi pueblo vivía en mí. Yo quería decir lo que ellos, los míos, me decían sin querer. Salía a la calle, que era la carretera, y como conocía a todos, vivía en ellos y me olvidaba de mí, mientras que en Madrid, donde estuve alguna vez con mi hermano, como a nadie conocía, sentíame en terrible soledad y torturada por tantos desconocidos.

Y ahora, al escribir esta memoria, esta confesión íntima de mi experiencia de la santidad ajena, creo que Don Manuel Bueno, que mi San Manuel, y que mi hermano Lázaro se   800
murieron creyendo no creer lo que más nos interesa, pero sin creer creerlo, creyéndolo en una desolación activa y resignada.

Pero ¿por qué —me he preguntado muchas veces—no trató Don Manuel de convertir a mi hermano también con un engaño, con una mentira, fingiéndose creyente sin serlo? Y he comprendido que fue porque comprendió que no le engañaría, que para con él no le serviría el engaño, que sólo con la verdad, con su verdad, le convertiría; que no habría conseguido nada si hubiese pretendido representar para con él una comedia—tragedia más bien—, la que representaba para salvar al pueblo. Y así le ganó, en efecto, para su piadoso fraude; así le ganó con la verdad de muerte a la razón de vida. Y así me ganó a mí, que nunca dejé trasparentar a los otros su divino, su santísimo juego. Y es que creía y creo que Dios Nuestro Señor, por   810
no sé qué sagrados y no escudriñaderos designios, les hizo creerse incrédulos. Y que acaso en el acabamiento de su tránsito se les cayó la venda. ¿Y yo, creo?

---

[63] *fig.* lazo

Y al escribir esto ahora, aquí, en mi vieja casa materna, a mis más que cincuenta años, cuando empiezan a blanquear con mi cabeza mis recuerdos, está nevando, nevando sobre el lago, nevando sobre la montaña, nevando sobre las memorias de mi padre, el forastero; de mi madre, de mi hermano Lázaro, de mi pueblo, de mi San Manuel, y también sobre la memoria del pobre Blasillo, de mi San Blasillo, y que él me ampare desde el cielo. Y esta nieve borra esquinas y borra sombras, pues hasta de noche la nieve alumbra. Y yo no sé lo que es verdad y lo que es mentira, ni lo que vi y lo que soñé—o mejor lo que soñé y lo que sólo vi—, ni lo que supe ni lo que creí. Ni sé si estoy traspasando a este papel, tan blanco como la nieve, mi conciencia que en él se ha de quedar, quedándome yo sin ella. ¿Para qué tenerla ya. . .?   820

¿Es que sé algo?, ¿es que creo algo? ¿Es que esto que estoy aquí contando ha pasado y ha pasado tal y como lo cuento? ¿Es que pueden pasar estas cosas? ¿Es que todo esto es más que un sueño soñado dentro de otro sueño? ¿Seré yo, Ángela Carballino, hoy cincuentona, la única persona que en esta aldea se ve acometida de estos pensamientos extraños para los demás? ¿Y éstos, los otros, los que me rodean, creen? ¿Qué es eso de creer? Por lo menos, viven. Y ahora creen en San Manuel Bueno, mártir, que sin esperar inmortalidad les mantuvo en la esperanza de ella.

Parece que el ilustrísimo señor obispo, el que ha promovido el proceso de beatificación de nuestro santo de Valverde de Lucerna, se propone escribir su vida, una especie de manual 830 del perfecto párroco, y recoge para ello toda clase de noticias. A mí me las ha pedido con insistencia, ha tenido entrevistas conmigo, le he dado toda clase de datos, pero me he callado siempre el secreto trágico de Don Manuel y de mi hermano. Y es curioso que él no lo haya sospechado. Y confío en que no llegue a su conocimiento todo lo que en esta memoria dejo consignado. Les temo a las autoridades de la tierra, a las autoridades temporales aunque sean las de la Iglesia.

Pero aquí queda esto, y sea de su suerte lo que fuere.

¿Cómo vino a parar a mis manos este documento, esta memoria de Ángela Carballino? He aquí algo, lector, algo que debo guardar en secreto. Te la doy tal y como a mí ha llegado, sin más que corregir pocas, muy pocas particularidades de redacción. ¿Que se parece mucho 840 a otras cosas que yo he escrito? Esto nada prueba contra su objetividad, su originalidad. ¿Y sé yo, además, si no he creado fuera de mí seres reales y efectivos, de *alma*[64] inmortalidad? ¿Sé yo si aquel Augusto Pérez, el de mi novela *Niebla*, no tenía razón al pretender ser más real, más objetivo que yo mismo, que creía haberle inventado? De la realidad de este San Manuel Bueno, mártir, tal como me le ha revelado su discípula e hija espiritual Ángela Carballino, de esta realidad no se me ocurre dudar. Creo en ella más que creía el mismo santo; creo en ella más que creo en mi propia realidad.

Y ahora, antes de cerrar este epílogo, quiero recordarte, lector paciente, el versillo noveno de la Epístola del olvidado apóstol San Judas—¡lo que hace un nombre!—, donde se nos dice cómo mi celestial patrono, San Miguel Arcángel—Miguel quiere decir "¿Quién como 850 Dios?", y arcángel archimensajero—, disputó con el Diablo—Diablo quiere decir acusador, fiscal[65]—, por el cuerpo de Moisés y no toleró que se lo llevase en juicio de maldición, sino que le dijo al Diablo: "El Señor te reprenda". Y el que quiera entender, que entienda.

Quiero también, ya que Ángela Carballino mezcló a su relato sus propios sentimientos, ni sé qué otra cosa quepa, comentar yo aquí lo que ella dejó dicho de que si Don Manuel y

---

[64] *adj. poét.* vivificadora

[65] juez

su discípulo Lázaro hubiesen confesado al pueblo su estado de creencia, éste, el pueblo, no les habría entendido. Ni les habría creído, añado yo. Habrían creído a sus obras y no a sus palabras, porque las palabras no sirven para apoyar las obras, sino que las obras se bastan. Y para un pueblo como el de Valverde de Lucerna no hay más confesión que la conducta. Ni sabe el pueblo qué cosa es fe, ni acaso le importa mucho.   860

Bien sé que en lo que se cuenta en este relato, si se quiere novelesco—y la novela es la más íntima historia, la más verdadera, por lo que no me explico que haya quien se indigne de que se llame novela al Evangelio, lo que es elevarle, en realidad, sobre un cronicón cualquiera—, bien sé que en lo que se cuenta en este relato no pasa nada; mas espero que sea porque en ello todo se queda, como se quedan los lagos y las montañas, y las santas almas sencillas asentadas más allá de la fe y de la desesperación, que en ellos, en los lagos y las montañas, fuera de la historia, en divina novela, se cobijaron.[66]

■———Pasos para la comprensión

1. Lo primero que se debe notar es que se trata de una narración en primera persona. ¿Quién es la narradora? ¿Cuáles son las características de una narración de este tipo? ¿Puede estar el lector seguro de todo lo que cuenta la narradora? Explica.

   ☐ La segunda cosa de importancia es el elemento temporal. La narradora va a contar cosas del pasado, de modo que gran parte de su relato será en forma de recuerdos y *flashbacks*. Ángela dice que escribe "a modo de confesión." ¿Qué sugiere la palabra *confesión*?

2. La figura central del mensaje de Ángela es don Manuel, el cura de su pueblo, a quien se introduce desde el principio. ¿Qué es lo primero que se menciona de él? ¿Qué significa el hecho de que el pueblo empezara a "olerle la santidad"?

3. Ángela tiene un hermano, Lázaro. ¿Qué sabemos de él y de sus actitudes respecto a España?

4. A partir de la línea 32 tenemos un cuadro de Ángela en el colegio. ¿Qué detalles se nos dan a conocer de su vida durante este tiempo?

5. En la línea 52 empieza una pequeña biografía de don Manuel.

   ☐ ¿Por qué entró en el seminario?

   ☐ ¿Por qué crees que se menciona este detalle "práctico" y no el hecho de que entrara porque tenía una verdadera vocación?

6. ¿Qué papel hace don Manuel en el pueblo?

   ☐ ¿Quién es Perote? Cuenta su historia. ¿Qué efecto tienen las acciones de don Manuel en la vida de Perote?

   ☐ ¿Crees que lo que ha hecho don Manuel con Perote es del todo ortodoxo dentro de las enseñanzas de la Iglesia católica de aquel momento?

   ☐ ¿Qué nos indica sobre don Manuel este hecho?

---

[66] *fig.* abrigaron; cubrieron; unieron

☐ Comenzando en la línea 69 vemos otro ejemplo de su heterodoxia como cura. ¿Por qué acude la gente al lago del pueblo en la noche de San Juan? ¿Aprueba y fomenta estas supersticiones don Manuel?

☐ En la línea 110 vemos a don Manuel negándose al juez de hacer que un reo confiese su delito. ¿Por qué se niega Manuel a "sacarle" la confesión al prisionero? ¿Qué le pide al prisionero antes de marcharse?

☐ El referente de las líneas 168–171 es la muerte infantil y los suicidios. ¿Por qué imaginas que le conmovían tanto a don Manuel la muerte de los niños recién nacidos y los suicidios?

☐ ¿Por qué crees que no sigue don Manuel las leyes de la Iglesia que prohíben la tierra sagrada a los que se suicidan? ¿Qué les dice a los familiares del suicidado? ¿Crees que don Manuel hace bien, aunque la Iglesia católica considera que el suicidio es un gran pecado?

7. Ángela escribe que la vida de don Manuel "era activa y no contemplativa." Y luego da una larga lista de las cosas "activas" que hace don Manuel en el pueblo. Da algunos ejemplos. ¿Por qué crees que don Manuel prefiere este tipo de vida a una de tipo meditativo?

8. Para don Manuel, "el contentamiento de vivir" es lo más importante. ¿Por qué le gustaría poder convertir el lago en vino?

☐ ¿Por qué crees que esto es tan importante para él?

☐ ¿Estás tú de acuerdo? Explica.

9. Con la línea 230 termina la presentación de don Manuel a través de los recuerdos de Ángela. Vale la pena en este momento de la novela hacer una lista de sus características. Luego en la narración se revelará el gran secreto de don Manuel, pero ya está implícito en el texto. ¿Qué crees que pudiera ser?

10. A partir de la línea 231 el relato llega al momento en que Ángela regresa al pueblo. Ahora es cuando, por primera vez, tiene una relación directa con don Manuel y hace una serie de descubrimientos. ¿Cómo reacciona don Manuel ante las dudas de Ángela en el confesionario?

☐ ¿Qué te imaginas que son esas dudas?

☐ ¿Qué le recomienda que haga don Manuel a Ángela?

☐ Cuando Ángela le interroga al cura sobre el infierno, ¿qué ideas expresa don Manuel al respecto?

11. En las líneas 308–309 Ángela se describe como la "madre espiritual" de don Manuel, cuando antes había sido su "hija espiritual." ¿Por qué crees que ella siente este afecto maternal hacia el cura?

☐ ¿Qué podría representar el signo del "peso de su cruz de nacimiento"? Consulta los *códigos teológicos y religiosos* sobre el pecado original.

12. En la línea 310 vuelve Lázaro de América. ¿Qué opinión tiene Lázaro de la vida en el campo? ¿de la Iglesia y los curas? ¿Tiene la misma opinión de don Manuel?

   □ Cuando muere la madre de Ángela y Lázaro, don Manuel insiste en que Lázaro le diga a la madre que rezará por ella para complacerla. Lázaro, el escéptico, ¿lo hace? A partir de ese momento, ¿qué cambios se notan en el comportamiento de Lázaro en cuanto a su relación con don Manuel y con la Iglesia católica?

13. En las líneas 416-418, Lázaro le cuenta a su hermana el "secreto" de don Manuel. ¿Cuál es?

   □ ¿Por qué cree don Manuel que no debe compartir sus inquietudes y dudas con sus feligreses?

   □ ¿Cuál, según él, es la religión verdadera?

14. Empezando en la línea 441, Ángela interroga al cura sobre sus creencias. ¿Le niega don Manuel a Ángela el que no crea en la vida después de la muerte? ¿Con qué palabras desecha las interrogaciones de Ángela?

15. Ver a la zagala en la línea 448 le da a Unamuno la oportunidad de expresar, por la boca de don Manuel, sus ideas sobre la "intrahistoria." Lee el *código historiográfico* en la sección sobre Azorín y explica cómo se lleva a cabo este discurso en esta sección de la novela.

16. Los signos del lago y la montaña se repiten mucho en la novela. Aquí sus significantes se aclaran un poco al introducir otro signo, el de la nieve. ¿Qué hace la nieve cuando cae sobre el lago?

   □ ¿Y cuando cae sobre la montaña?

   □ ¿Qué podrían representar estos dos signos que se repetiten en la novela?

17. ¿Cómo reacciona don Manuel en la línea 579 cuando Lázaro le propone la idea de un sindicato?

   □ ¿Cree don Manuel que la Iglesia debe meterse en asuntos políticos o económicos?

   □ ¿Cuál es el papel de la Iglesia para él?

18. Don Manuel cita a Karl Marx (1818–1883), quien dijo que la religión es el opio del pueblo.

   □ Explica lo que intentaba decir Marx con estas palabras.

   □ ¿Qué piensa don Manuel de esta idea marxista?

19. En la última Semana de Pasión que don Manuel celebró en el pueblo, ¿qué le dice a Lázaro al darle la comunión?

   □ Lo que le dice a Ángela es aún más asombroso. ¿Por qué le pide que rece por Jesucristo?

   □ Cristo al morir dijo: "Dios mío, Dios mío, ¿por qué me has abandonado?" ¿Cuáles son las semejanzas y las diferencias aquí entre Cristo y don Manuel?

☐ Ante la pregunta de Ángela: "¿Cuál es nuestro pecado?", don Manuel parece no saber cómo responder, y se le ocurre mencionar el pecado original (consulta el *código teológico*). ¿Crees que don Manuel en realidad cree en el pecado original?

20. En las líneas 711–713 se habla del fallecimiento de Don Manuel. En sus últimas palabras a Lázaro y Ángela, don Manuel se compara con Moisés. ¿Qué fue Moisés para su pueblo?

☐ ¿Qué semejanza pudiera haber entre los dos?

21. Don Manuel pide morirse en la iglesia, delante de su pueblo. ¿Por qué crees que desea una muerte tan pública?

22. Blasillo muere poco después de don Manuel. ¿Qué podría significar esta muerte doble?

23. ¿Qué hace el pueblo después de enterrar a don Manuel? ¿Por qué?

24. Nota que Ángela (en las líneas 727-728), para escribir la historia de don Manuel, se vale de las notas que ha escrito su hermano sobre el cura, además de sus propias experiencias y conversaciones con don Manuel. Explica el discurso que aquí se introduce. ¿Cómo contribuye al "realismo" de la obra?

25. Los dos hermanos hablan de la responsabilidad que tienen de ocultarle al pueblo su secreto, o sea, el secreto de don Manuel. ¿Por qué no quieren que el pueblo se entere? ¿Es para proteger la imagen de don Manuel, o es por otros motivos? Explica.

26. Lázaro muere. ¿Teme morirse? ¿Qué es lo que teme?

27. Ángela concluye que don Manuel y Lázaro se murieron "creyendo no creer lo que más nos interesa, pero sin creer creerlo, creyéndolo en una desolación activa y resignada."

☐ ¿Qué crees que significa esta cita?

☐ Comenta sobre su estilo poético y el empleo de la epífora.

28. A partir de la línea 825, Ángela empieza a dudar de su propia fe. Si es verdad que ella ha perdido su fe, ¿qué ha contribuido a ello?

29. La línea 802 comienza con la palabra "ahora," trayendo así la narración al presente. ¿Pero, en qué presente estamos? ¿Tiene la historia un marco temporal? O sea, ¿hay referencias históricas o temporales que la vinculen a un período histórico preciso?

☐ De no ser así, ¿por qué crees que el autor omitiría el marco histórico o temporal?

30. Ángela ahora expone su confusión sobre lo que recuerda de don Manuel: "Yo no sé lo que es verdad y lo que es mentira, ni lo que vi y lo que soñé."

☐ ¿Qué efecto produce en el lector un narrador inseguro? ¿Podemos estar seguros de lo que acabamos de leer es del todo cierto?

☐ Ángela hasta termina dudando de su propia existencia, creyendo que quizá su vida es un sueño dentro de otro sueño.

☐ ¿Puedes estar completamente seguro de que esta vida que estás viviendo es una vida y no un sueño? ¿Conoces una obra famosa del Siglo de Oro español que planteara este mismo discurso existencial?

☐ ¿Qué añade este discurso sobrenatural al mensaje principal de la obra?

31. La narración de Ángela termina con una nota paradójica. Revela que el obispo está escribiendo una biografía sobre don Manuel, por lo que le ha pedido a Ángela unos datos. Ella, sin embargo, nos dice que ha callado el "secreto trágico" de don Manuel, cuando al mismo tiempo lo está escribiendo. Entonces, ¿qué motivo tendría Ángela para escribir estas memorias?

32. La última sección tiene otro narrador—el autor explícito. ¿Qué nos dice de este manuscrito que por casualidad vino a parar a sus manos?

☐ ¿Cree que es verdad lo que en él se cuenta? Explica.

☐ Dice Unamuno que cree en Ángela más que en él mismo (Ver el *código literario*). ¿Qué piensa Unamuno de los personajes ficticios y su inmortalidad?

☐ ¿Conoces alguna obra famosa del Siglo de Oro español cuyo narrador insista en que basa su obra en un manuscrito hallado por casualidad?

■───Pasos para una lectura más a fondo

1. Unamuno ha expresado en *San Manuel* todo su "sentimiento trágico de la vida." Explica ese sentimiento trágico concisamente. ¿Cuál es tu reacción personal frente a esta preocupación de Unamuno?

2. Los nombres de los personajes de esta novela parecen tener algún simbolismo. ¿Qué podrían simbolizar "Ángela," "Lázaro" y "Manuel (Emmanuel)?"

3. Los signos del lago y de la montaña se repiten mucho en la narración. ¿Qué podrían significar en esta novela? ¿Crees que son símbolos estáticos, o que cambian de significante en diferentes partes de la novela? Explica.

4. La obra contiene muchos elementos metaliterarios, ya que trata abiertamente de la escritura. Ángela cuenta sus recuerdos en primera persona; en un momento duda si es verdad lo que escribe; su manuscrito llega a las manos de Unamuno, quien confiesa corregir algunas cosillas, etc.

☐ ¿Qué efecto produce en el lector este distanciamiento de la realidad?

☐ ¿Qué parece decirnos este discurso respecto a la realidad que descubrimos en esta novela y sobre nuestra propia realidad?

5. Don Manuel miente a su pueblo, en parte porque cree que el pueblo es incapaz de entender sus preocupaciones. ¿Crees que don Manuel es elitista? O sea, ¿se considera a sí mismo superior intelectualmente a sus feligreses? Explica.

6. ¿Existe en esta novela una marcada preocupación económica o social? Si es que no la hay, ¿en qué se basa su mensaje?

7. Ángela está escribiendo estas memorias en las que revela el "secreto" de don Manuel en el momento que comienza el proceso de la beatificación del cura. ¿Qué pasaría si sus memorias llegaran a conocerse?

☐ ¿Es posible que Ángela se oponga a la beatificación del cura? Explica.

8. Don Manuel es claramente un cura heterodoxo. Explica las cosas que hace que van en contra de lo que enseña la Iglesia católica. ¿Crees que don Manuel es un buen cura?

☐ ¿Qué crees que es más importante para ser un buen cristiano: las buenas obras o la fe? Explica.

☐ Muchas veces las buenas obras surgen de la fe. El caso de don Manuel es diferente. ¿Por qué crees que don Manuel dedica su vida a las buenas obras?

☐ ¿Crees que debe ser beatificado? Justifica tu opinión.

9. En varias ocasiones se pone de relieve en el texto la relación entre la vida de don Manuel y Cristo. ¿Por qué crees que el autor hace esta relación implícita?

10. Don Manuel mantiene relaciones más íntimas con Blasillo y Lázaro, a pesar de ser figuras tan dispares.

☐ ¿En qué se diferencia su fe? Describe qué tipo de fe tiene cada uno.

☐ ¿Crees que los dos personajes forman una oposición binaria dentro de la obra? Explica.

Ramón María del Valle-Inclán

■□■

1866–1936

A veces es difícil distinguir entre la "persona" de este gran escritor gallego y el mito que él mismo creó de sí mismo. Estrafalario, extravagante y bohemio, Valle-Inclán fue un escándalo en el Madrid de principios del siglo XX. Empieza escribiendo, como tantos escritores del siglo pasado, bajo la insignia del modernismo, y su prosa sensual, erótica, recargada de elementos ornamentales y poéticos representa la cumbre de ese estilo en España. En los años veinte, Valle-Inclán se renueva por completo. Bajo la influencia del vanguardismo forja una nueva forma de expresión que él designó como "esperpento," que consistía en una deformación expresionista de la realidad, un tipo de caricatura donde se resaltan los elementos más destacados y grotescos. Este estilo se acompañaba por un léxico sugestivo y singular que incluía neologismos y americanismos, y por nuevas formas narrativas y dramáticas. En éste último género, Valle-Inclán se acerca y quizá ensaya el teatro de lo absurdo. Por último se debe mencionar el interés de Valle-Inclán por España—preocupación que lo liga estrechamente a los otros miembros de su generación. En su etapa modernista captó magníficamente el espíritu decadente y gótico de Galicia, y en la etapa del esperpento echó sus miras al pasado histórico, sobre todo a la época depravada del reinado de Isabel II en el siglo XIX. A pesar de haber escrito durante el primer tercio del siglo XX, Valle-Inclán es quizá el autor español más original de ese siglo.

Jardín umbrío (1903)

Antes de leer

1. ¿A qué edad aproximadamente empiezan las jóvenes a interesarse por los varones?

2. ¿Crees que dos personas de edades muy diferentes pueden amarse? Explica.

3. ¿Crees que algunas personas pueden seguir siendo atractivos aún en la avanzada edad? Da algún ejemplo.

Códigos para la comprensión

Código literario: Aunque el modernismo se expresó principalmente en el campo de la poesía, también lo hizo en la prosa. Darío, por ejemplo, escribió cuentos en su famosa colección *Azul* de 1888, obra que inicia el movimiento modernista. Como en poesía, el modernismo en prosa busca un estilo pulido, refinado, sensual, musical e impresionista; prefiere describir un mundo elegante en vez de los detalles escabrosos y mundanos de la realidad. Valle-Inclán es quizá el mayor exponente en España de este estilo en prosa. Sus obras más famosas en ese estilo son las *Sonatas,* escritas entre 1902 y 1905, que cuentan las aventuras amatorias del Marqués de Bradomín en cuatro etapas de su vida: la adolescencia, la juventud, mediana edad y vejez. El personaje de Juan Manuel de Montenegro, que aparece en el relato "Rosarito," es pariente de Bradomín, y comparte con éste su altivez, libertinaje y sensualidad.

España produjo una rica literatura romántica (ver el Capítulo 7 de este libro) que se recuerda en este relato, como los dramas románticos *El trovador* de García Gutiérrez (1813–1884), *Don Juan Tenorio* de Zorrilla, así como la poesía de Espronceda.

Código histórico: En 1814, cuando terminó la guerra de Independencia contra Napoleón y volvió al trono el rey Fernando VII, los liberales españoles intentaron hacerle aceptar una monarquía constitucional que limitaba bastante su poder y concedía muchas libertades a los españoles. Fernando se negó a aceptar estas condiciones y empezó a perseguir a sus enemigos políticos. Muchos españoles liberales tuvieron que marcharse al exilio para salvarse de la ira del rey. Don Miguel de Montenegro pertenece a este grupo de románticos liberales españoles. Por lo tanto, la obra tiene lugar alrededor del año 1824, porque la emigración empezó en 1814 y don Benicio dice en la narración que Montenegro lleva unos diez años en el exilio.

Código regionalista: De las regiones españolas, la de Galicia, en el extremo noroeste peninsular, fue la que más conservó las tradiciones antiguas e incluso feudales hasta el siglo XX. Entre estas tradiciones se tendría que incluir el concepto del mayorazgo, que era un sistema de herencia por el cual sólo el hijo mayor de una familia recibía la herencia de los padres. Ese hijo luego tenía la obligación de cuidar y mantener al resto de la familia. Además, la nobleza gallega mantenía el orgullo de la vieja hidalguía española. En Galicia, los grandes caserones o palacetes de los nobles se llaman "pazos."

Rosarito

Capítulo I

Sentada ante uno de esos arcaicos veladores[1] con tablero de damas, que tanta boga conquistaron en los comienzos del siglo, cabecea el sueño[2] la anciana Condesa de Cela. Los mechones plateados de sus cabellos, escapándose de la toca de encajes, rozan con intermitencias los naipes alineados para un solitario. En el otro extremo del canapé,[3] está su nieta Rosarito. Aunque muy piadosas entrambas damas, es lo cierto que ninguna presta atención a la vida del santo del día, que el capellán del Pazo lee en alta voz, encorvado sobre el velador, y calados los espejuelos de recia armazón dorada. De pronto Rosarito levanta la cabeza, y se queda como abstraída, fijos los ojos en la puerta del jardín que se abre sobre un fondo de ramajes oscuros y misteriosos. ¡No más misteriosos, en verdad, que la mirada de aquella niña pensativa y blanca! Vista a la tenue claridad de la lámpara, con la rubia cabeza en divino escorzo,[4] la sombra de las pestañas temblando en el marfil de la mejilla y el busto delicado y gentil destacándose en penumbra incierta sobre la dorada talla, y el damasco azul celeste del canapé, Rosarito recordaba[5] esas ingenuas madonas pintadas sobre fondo de estrellas y luceros.

10

---

[1] mesa redonda de un solo pie
[2] dormida
[3] sofá
[4] posición de la cabeza
[5] se parecía

Capítulo II

La niña entorna los ojos, palidece, y sus labios agitados por temblor extraño, dejan escapar un grito:

—¡Jesús!. . . ¡Qué miedo! . . .

Interrumpe su lectura el clérigo, y mirándola por encima de los espejuelos, carraspea:

—¿Alguna araña, eh, señorita?. . .

Rosarito mueve la cabeza: 20

—¡No, señor, no!

Rosarito estaba muy pálida. Su voz, un poco velada, tenía esa inseguridad delatora del miedo y de la angustia. En vano por aparecer serena quiso continuar la labor[6] que yacía en su regazo.[7] Temblaba demasiado entre aquellas manos pálidas, transparentes como las de una santa; manos místicas y ardientes, que parecían adelgazadas en la oración, por el suave roce de las cuentas del rosario. Profundamente abstraída clavó las agujas en el brazo del canapé. Después con voz baja e íntima, cual si hablase consigo misma, balbuceó:

—¡Jesús! . . . ¡Qué cosa tan extraña!

Al mismo tiempo entornó los párpados, y cruzó las manos sobre el seno de cándidas y gloriosas líneas. Parecía soñar. El capellán la miró con extrañeza: 30

—¿Qué le pasa, señorita Rosario?

La niña entreabrió los ojos y lanzó un suspiro:

—¿Diga, Don Benicio, será algún aviso del otro mundo?. . .

—¡Un aviso del otro mundo!. . . ¿Qué quiere usted decir?

Antes de contestar, Rosarito dirigió una nueva mirada al misterioso y dormido jardín a través de cuyos ramajes se filtraba la blanca luz de la luna. Luego, con voz débil y temblorosa, murmuró:

—Hace un momento juraría haber visto entrar por esa puerta a Don Miguel Montenegro. . .

—¿Don Miguel, señorita?. . . ¿Está usted segura?

---

[6] *aquí, de aguja*
[7] las piernas

—Sí; era él, y me saludaba sonriendo. . .   40

—¿Pero usted recuerda a Don Miguel Montenegro? Si lo menos hace diez años que está en la emigración.

—Me acuerdo, Don Benicio, como si le hubiese visto ayer. Era yo muy niña, y fui con el abuelo a visitarle en la cárcel de Santiago, donde le tenían preso por liberal. El abuelo le llamaba primo. Don Miguel era muy alto, con el bigote muy retorcido y el pelo blanco y rizoso.

El capellán asintió:

—Justamente, justamente. A los treinta años tenía la cabeza más blanca que yo ahora. Sin duda, usted habrá oído referir la historia. . .

Rosarito juntó las manos:

—¡Oh! ¡Cuántas veces! El abuelo la contaba siempre.   50

Se interrumpió viendo enderezarse a la Condesa. La anciana señora miró a su nieta con severidad, y todavía mal despierta murmuró:

—¿Qué tanto tienes que hablar, niña? Deja leer a Don Benicio.

Rosarito inclinó la cabeza y se puso a mover las agujas de su labor. Pero Don Benicio, que no estaba en ánimo de seguir leyendo, cerró el libro y bajó los anteojos hasta la punta de la nariz.

—Hablábamos del famoso Don Miguel, Señora Condesa. Don Miguel Montenegro, emparentado, si no me engaño, con la ilustre casa de los Condes de Cela. . .

La anciana le interrumpió:

—¿Y adónde han ido ustedes a buscar esa conversación? ¿También usted ha tenido noti- 60
cia del hereje de mi primo? Yo sé que está en el país, y que conspira. El cura de Cela, que le conoció mucho en Portugal, le ha visto en la feria de Barbanzón, disfrazado de chalán.[8]

Don Benicio se quitó los anteojos vivamente:

—¡Hum! He ahí una noticia, y una noticia de las más extraordinarias. ¿Pero no se equivocaría el cura de Cela?. . .

La Condesa se encogió de hombros:

—¡Qué! ¿Lo duda usted? Pues yo no. ¡Conozco harto bien a mi señor primo!

---

[8] un negociante de caballos

—Los años quebrantan las peñas, Señora Condesa. Cuatro anduve yo por las montañas de Navarra con el fusil al hombro, y hoy, mientras otros baten el cobre, tengo que contentarme con pedir a Dios en la misa el triunfo de la santa Causa.   70

Una sonrisa desdeñosa asomó en la desdentada boca de la linajuda[9] señora:

—¿Pero quiere usted compararse, Don Benicio? . . . Ciertamente que en el caso de mi primo, cualquiera se miraría antes de atravesar la frontera; pero esa rama de los Montenegros es de locos. Loco era mi tío Don José, loco es el hijo y locos serán los nietos. Usted habrá oído mil veces en casa de los curas hablar de Don Miguel; pues bien, todo lo que se cuenta no es nada comparado con lo que ese hombre ha hecho.

El clérigo repitió a media voz:

—Ya sé, ya sé. . . Tengo oído mucho. ¡Es un hombre terrible, un libertino, un masón![10]

La Condesa alzó los ojos al cielo y suspiró:

—¿Vendrá a nuestra casa? ¿Qué le parece a usted?   80

—¿Quién sabe? Conoce el buen corazón de la Señora Condesa.

El capellán sacó del pecho de su levitón un gran pañuelo a cuadros azules, y lo sacudió en el aire con suma parsimonia. Después se limpió la calva:

—¡Sería una verdadera desgracia! Si la Señora atendiese mi consejo, le cerraría la puerta.

Rosarito lanzó un suspiro. Su abuela la miró severamente y se puso a repiquetear con los dedos en el brazo del canapé:

—Eso se dice pronto, Don Benicio. Está visto que usted no le conoce. Yo le cerraría la puerta y él la echaría abajo. Por lo demás, tampoco debo olvidar que es mi primo.

Rosarito alzó la cabeza. En su boca de niña temblaba la sonrisa pálida de los corazones tristes, y en el fondo misterioso de sus pupilas brillaba una lágrima rota. De pronto lanzó un   90 grito. Parado en el umbral de la puerta del jardín estaba un hombre de cabellos blancos, estatura gentil y talle todavía arrogante y erguido.

Capítulo III

Don Miguel de Montenegro podría frisar en los sesenta años. Tenía ese hermoso y varonil tipo suevo[11] tan frecuente en los hidalgos de la montaña gallega. Era el mayorazgo[12] de una

---

[9] de linaje noble
[10] sociedad secreta anticatólica
[11] de carácter germánico
[12] primogénito que hereda todos los bienes de la familia

familia antigua y linajuda, cuyo blasón lucía dieciséis cuarteles de nobleza, y una corona real en el jefe. Don Miguel, con gran escándalo de sus deudos y allegados,[13] al volver de su primera emigración hizo picar las armas que campeaban sobre la puerta de su Pazo[14] solariego, un caserón antiguo y ruinoso, mandado edificar por el Mariscal Montenegro, que figuró en las guerras de Felipe V y fue el más notable de los de su linaje. Todavía se conserva en el país memoria de aquel señorón excéntrico, déspota y cazador, beodo y hospitalario. Don Miguel a los treinta años había malbaratado[15] su patrimonio. Solamente conservó las rentas y tierras de vínculo, el Pazo y una capellanía, todo lo cual apenas le daba para comer. Entonces empezó su vida de conspirador y aventurero, vida tan llena de riesgos y azares como la de aquellos segundones[16] hidalgos que se enganchaban en los tercios de Italia por buscar lances de amor, de espada y de fortuna. Liberal aforrado en masón, fingía gran menosprecio por toda suerte de timbres nobiliarios, lo que no impedía que fuese altivo y cruel como un árabe noble. Interiormente sentíase orgulloso de su abolengo, y pese a su despreocupación dantoniana,[17] placíale referir la leyenda heráldica que hace descender a los Montenegros de una emperatriz alemana. Creíase emparentado con las más nobles casas de Galicia, y desde el Conde de Cela al de Altamira, con todos se igualaba y a todos llamaba primos, como se llaman entre sí los reyes. En cambio, despreciaba a los hidalgos sus vecinos y se burlaba de ellos sentándolos a su mesa y haciendo sentar a sus criados. Era cosa de ver a Don Miguel erguirse cuan alto era, con el vaso desbordante, gritando con aquella engolada[18] voz de gran señor que ponía asombro en sus huéspedes:

—En mi casa, señores, todos los hombres son iguales. Aquí es ley la doctrina del filósofo de Judea.

Don Miguel era uno de esos locos de buena vena, con maneras de gran señor, ingenio de coplero y alientos de pirata. Bullía de continuo en él una desesperación sin causa ni objeto, tan pronto arrebatada como burlona, ruidosa como sombría. Atribuíansele cosas verdaderamente extraordinarias. Cuando volvió de su primera emigración encontróse hecha la leyenda. Los viejos liberales partidarios de Riego contaban que le había blanqueado el cabello desde que una sentencia de muerte tuviérale tres días en capilla, de la cual consiguiera fugarse por un milagro de audacia. Pero las damiselas de su provincia, abuelas hoy que todas suspiran cuando recitan a sus nietas los versos de *El Trovador,* referían algo mucho más hermoso. . . Pasaba esto en los buenos tiempos del romanticismo, y fue preciso suponerle víctima de trágicos amores. ¡Cuántas veces oyera Rosarito en la tertulia de sus abuelos la historia de aquellos cabellos blancos! Contábala siempre su tía la de Camarasa—una señorita cincuentona que leía novelas con el ardor de una colegiala, y todavía cantaba en los estrados aristocráticos de Compostela melancólicas tonadas del año treinta—. Amada de Camarasa

100

110

120

---

[13] parientes
[14] véase el *código regionalista.*
[15] disipado
[16] segundo hijo (que no hereda)
[17] referencia al revolucionario Danton (1759–1794), quien fue descabezado
[18] *fig.* grave y enfática

conoció a Don Miguel en Lisboa, cuando las bodas del Infante Don Miguel. Era ella una   130
niña, y habíale quedado muy presente la sombría figura de aquel emigrado español de erguido talle y ademán altivo, que todas las mañanas se paseaba con el poeta Espronceda en el
atrio de la catedral, y no daba un paso sin golpear fieramente el suelo con la contera[19] de su
caña de Indias. Amada de Camarasa no podía menos de suspirar siempre que hacía memoria
de los alegres años pasados en Lisboa. ¡Quizá volvía a ver con los ojos de la imaginación la
figura de cierto hidalgo lusitano de moreno rostro y amante labia, que había sido la única
pasión de su juventud!. . . Pero ésta es otra historia que nada tiene que ver con la de Don
Miguel de Montenegro.

Capítulo IV

El mayorazgo se había detenido en medio de la espaciosa sala, y saludaba encorvando su aven-
tajado talle, aprisionado en largo levitón.   140

—Buenas noches, Condesa de Cela. ¡He aquí a tu primo Montenegro que viene de
Portugal!

Su voz, al sonar en medio del silencio de la anchurosa y oscura sala del Pazo, parecía más
poderosa y más hueca. La Condesa, sin manifestar extrañeza, repuso con desabrimiento:

—Buenas noches, señor mío.

Don Miguel se atusó[20] el bigote, y sonrió, como hombre acostumbrado a tales desvíos y
que los tiene en poco. De antiguo recibíasele de igual modo en casa de todos sus deudos y
allegados, sin que nunca se la antojara tomarlo a pecho.[21] Contentábase con hacerse obedecer de los criados, y manifestar hacia los amos cierto desdén de gran señor. Era de ver cómo
aquellos hidalgos campesinos que nunca habían salido de sus madrigueras concluían por hu-   150
millarse ante la apostura caballeresca y la engolada voz del viejo libertino, cuya vida de conspirador, llena de azares desconocidos, ejercía sobre ellos el poder sugestivo de lo tenebroso. Don
Miguel acercóse rápido a la Condesa y tomóle la mano con aire a un tiempo cortés y familiar:

—Espero, prima, que me darás hospitalidad por una noche.

Así diciendo, con empaque de viejo gentilhombre, arrastró un pesado sillón de moscovia
y tomó asiento al lado del canapé. En seguida, y sin esperar respuesta, volvióse a Rosarito.
¡Acaso había sentido el peso magnético de aquella mirada que tenía la curiosidad de la virgen y la pasión de la mujer! Puso el emigrado una mano sobre la rubia cabeza de la niña,
obligándola a levantar los ojos, y con esa cortesanía exquisita y simpática de los viejos que
han amado y galanteado mucho en su juventud, pronunció a media voz—¡la voz honda y   160
triste con que se recuerda el pasado!—:

---

[19] pieza de metal que se pone al extremo del bastón
[20] tocó con el propósito de alisarlo
[21] ofenderse

—¿Tú no me reconoces, verdad, hija mía? Pero yo sí, te reconocería en cualquier parte. . . ¡Te pareces tanto a una tía tuya, hermana de tu abuelo, a la cual ya no has podido conocer!. . . ¿Tú te llamas Rosarito, verdad?

—Sí, señor.

Don Miguel se volvió a la Condesa:

—¿Sabes, prima, que es muy linda la pequeña?

Y moviendo la plateada y varonil cabeza continuó cual si hablase consigo mismo:

—¡Demasiado linda para que pueda ser feliz!

La Condesa, halagada en su vanidad de abuela, repuso con benignidad, sonriendo a su   170
nieta:

—No me la trastornes, primo. ¡Sea ella buena, que el que sea linda es cosa de bien poco!. . .

El emigrado asintió con un gesto sombrío y teatral y quedó contemplando a la niña, que con los ojos bajos, movía las agujas de su labor, temblorosa y torpe. ¿Adivinó el viejo libertino lo que pasaba en aquella alma tan pura? ¿Tenía él, como todos los grandes seductores, esa intuición misteriosa que lee en lo íntimo de los corazones y conoce las horas propicias al amor? Ello es que una sonrisa de increíble audacia tembló un momento bajo el mostacho blanco del hidalgo y que sus ojos verdes—soberbios y desdeñosos como los de un tirano o de un pirata—se posaron con gallardía donjuanesca sobre aquella cabeza melancóli-   180
camente inclinada que, con su crencha de oro, partida por estrecha raya, tenía cierta castidad prerrafaélica. Pero la sonrisa y la mirada del emigrado fueron relámpagos por lo siniestras y por lo fugaces. Recobrada incontinenti su actitud de gran señor, Don Miguel se inclinó ante la Condesa:

—Perdona, prima, que todavía no te haya preguntado por mi primo el Conde de Cela.

La anciana suspiró, levantando los ojos al cielo:

—¡Ay! ¡El Conde de Cela, lo es desde hace mucho tiempo mi hijo Pedro! . . .

El mayorazgo se enderezó en el sillón, dando con la contera de su caña en el suelo:

—¡Vive Dios! En la emigración nunca se sabe nada. Apenas llega una noticia. . . ¡Pobre amigo! ¡Pobre amigo! . . . ¡No somos más que polvo! . . .   190

Frunció las cejas, y apoyado a dos manos en el puño de oro de su bastón, añadió con fanfarronería:

—Si antes lo hubiese sabido, créeme que no tendría el honor de hospedarme en tu palacio.

—¿Por qué?

—Porque tú nunca me has querido bien. ¡En eso eres de la familia!

La noble señora sonrió tristemente:

—Tú eres el que has renegado de todos. ¿Pero a qué viene recordar ahora eso? Cuenta has de dar a Dios de tu vida, y entonces. . .

Don Miguel se inclinó con sarcasmo: 200

—Te juro, prima, que, como tenga tiempo, he de arrepentirme.

El capellán, que no había desplegado los labios, repuso afablemente—afabilidad que le imponía el miedo a la cólera del hidalgo—:

—Volterianismos, Don Miguel. . . Volterianismos que después, en la hora de la muerte. . .

Don Miguel no contestó. En los ojos de Rosarito acababa de leer un ruego tímido y ardiente a la vez. El viejo libertino miró al clérigo de alto abajo, y volviéndose a la niña, que temblaba, contestó sonriendo:

—¡No temas, hija mía! Si no creo en Dios, amo a los ángeles. . .

El clérigo, en el mismo tono conciliador y francote, volvió a repetir: 210

—¡Volterianismos,[22] Don Miguel! ¡Volterianismos de la Francia! . . .

Intervino con alguna brusquedad la Condesa, a quien lo mismo las impiedades que las galanterías del emigrado inspiraban vago terror:

—¡Dejémosle, Don Benicio! Ni él ha de convencernos ni nosotros a él. . .

Don Miguel sonrió con exquisita ironía:

—¡Gracias, prima, por la ejecutoria[23] de firmeza que das a mis ideas, pues ya he visto cuánta es la elocuencia de tu capellán!

---

[22] referencia a Voltaire (1694–1778), cuyas ideas escépticas se asociaban con el liberalismo

[23] papeles que conceden algo a uno (*aquí con sarcasmo*)

La Condesa sonrió fríamente con el borde de los labios, y dirigió una mirada autoritaria al clérigo para imponerle silencio. Después, adoptando esa actitud seria y un tanto melancólica con que las damas del año treinta se retrataban, y recibían en el estrado a los ca- 220 balleros, murmuró:

—¡Cuando pienso en el tiempo que hace que no nos hemos visto!. . . ¿De dónde sales ahora? ¿Qué nueva locura te trae? ¡Los emigrados no descansáis nunca!. . .

—Pasaron ya mis años de pelea. . . Ya no soy aquel que tú has conocido. Si he atravesado la frontera, ha sido únicamente para traer socorros a la huérfana de un pobre emigrado, a quien asesinaron los estudiantes de Coimbra. Cumplido este deber, me vuelvo a Portugal.

—¡Si es así, que Dios te acompañe!. . .

Capítulo V

Un antiguo reloj de sobremesa dio las diez. Era de plata dorada y de gusto pesado y barroco, como obra del siglo XVIII. Representaba a Baco coronado de pámpanos y dormido sobre un tonel. La Condesa contó las horas en voz alta, y volvió al asunto de su conversación: 230

—Yo sabía que habías pasado por Santiago, y que después estuviste en la feria de Barbanzón disfrazado de chalán. Mis noticias eran de que conspirabas.

—Ya sé que eso se ha dicho.

—A ti se te juzga capaz de todo, menos de ejercer la caridad como un apóstol . . .

Y la noble señora sonreía con alguna incredulidad. Después de un momento añadió, bajando insensiblemente la voz:

—¡Es el caso que no debes tener la cabeza muy segura sobre los hombros!

Y tras la máscara de frialdad con que quiso revestir sus palabras, asomaban el interés y el afecto. Don Miguel repuso en el mismo tono confidencial, paseando la mirada por la sala:

—¡Ya habrás comprendido que vengo huyendo! Necesito un caballo para repasar mañana 240 mismo la frontera.

—¿Mañana?

—Mañana.

La Condesa reflexionó un momento:

—¡Es el caso que no tenemos en el Pazo ni una mala montura!. . .

Y como observase que el emigrado fruncía el ceño, añadió:

—Haces mal en dudarlo. Tú mismo puedes bajar a las cuadras y verlo. Hará cosa de un mes pasó por aquí haciendo una requisa[24] la partida de *El Manco,* y se llevó las dos yeguas que teníamos. No he querido volver a comprar, porque me exponía a que se repitiese el caso el mejor día.   250

Don Miguel de Montenegro la interrumpió:

—¿Y no hay en la aldea quien preste un caballo a la Condesa de Cela?

A la pregunta del mayorazgo siguió un momento de silencio. Todas las cabezas se inclinaban, y parecían meditar. Rosarito, que con las manos en cruz y la labor caída en el regazo estaba sentada en el canapé al lado de la anciana, suspiró tímidamente:

—Abuelita, el Sumiller tiene un caballo que no se atreve a montar.

Y con el rostro cubierto de rubor, entreabierta la boca de madona, y el fondo de los ojos misteriosos y cambiantes, Rosarito se estrechaba a su abuela cual si buscase amparo en un peligro. Don Miguel la infundía miedo, pero un miedo sugestivo y fascinador. Quisiera no haberle conocido, y el pensar en que pudiera irse la entristecía. Aparecíasele como el héroe   260 de un cuento medroso y bello cuyo relato se escucha temblando y, sin embargo, cautiva el ánimo hasta el final, con la fuerza de un sortilegio. Oyendo a la niña, el emigrado sonrió con caballeresco desdén, y aun hubo de atusarse el bigote suelto y bizarramente levantado sobre el labio. Su actitud era ligeramente burlona:

—¡Vive Dios! Un caballo que el Sumiller no se atreve a montar casi debe ser un Bucéfalo.[25] ¡He ahí, queridas mías, el corcel que me conviene!

La Condesa movió distraídamente algunos naipes del solitario, y al cabo de un momento, como si el pensamiento y la palabra le viniesen de muy lejos, se dirigió al capellán:

—Don Benicio, será preciso que vaya usted a la rectoral y hable con el Sumiller.

Don Benicio repuso, volviendo las hojas de *El Año Cristiano:*   270

—Yo haré lo que disponga la señora Condesa; pero, salvo su mejor parecer, el mío es que más atendida había de ser una carta de vuecencia.

Aquí levantó el clérigo la tonsurada cabeza, y al observar el gesto de contrariedad con que la dama le escuchaba, se apresuró a decir:

---

[24] recuento de caballos y otras cosas para el servicio militar (*o sea, le han quitado los caballos para la guerra*)
[25] nombre del caballo de Alejandro Magno

—Permítame, señora Condesa, que me explique. El día de San Cidrán fuimos juntos de caza. Entre el Sumiller y el abad de Cela, que se nos reunió en el monte, hiciéronme una jugarreta del demonio. Todo el día estuviéronse riendo. ¡Con sus sesenta años a cuestas, los dos tienen el humor de unos rapaces! Si me presento ahora en la rectoral pidiendo el caballo, por seguro que lo toman a burla. ¡Es un raposo muy viejo el señor Sumiller!

Rosarito murmuró con anhelo al oído de la anciana: 280

—Abuelita, escríbale usted. . .

La mano trémula de la Condesa acarició la rubia cabeza de su nieta:

—¡Ya, hija mía!. . .

Y la Condesa de Cela, que hacía tantos años estaba amagada de parálisis, irguióse sin ayuda, y, precedida del capellán, atravesó la sala, noblemente inclinada sobre su muleta, una de esas muletas como se ven en los santuarios, con cojín de terciopelo carmesí guarnecido por clavos de plata.

Capítulo VI

Del fondo oscuro del jardín, donde los grillos daban serenata, llegaban murmullos y aromas. El vientecillo gentil que los traía estremecía los arbustos, sin despertar los pájaros que dormían en ellos. A veces, el follaje se abría susurrando y penetraba el blanco rayo de la luna,   290 que se quebraba en algún asiento de piedra, oculto hasta entonces en sombra clandestina. El jardín cargado de aromas, y aquellas notas de la noche, impregnadas de voluptuosidad y de pereza, y aquel rayo de luna, y aquella soledad, y aquel misterio, traían como una evocación romántica de citas de amor, en siglos de trovadores. Don Miguel se levantó del sillón, y, vencido por una distracción extraña, comenzó a pasearse entenebrecido[26] y taciturno. Temblaba el piso bajo su andar marcial, y temblaban las arcaicas consolas,[27] que parecían altares con su carga rococó de efigies, fanales y floreros. Los ojos de la niña seguían miedosos e inconscientes el ir y venir de aquella sombría figura. Si el emigrado se acercaba a la luz, no se atrevían a mirarle; si se desvanecía en la penumbra, le buscaban con ansia. Don Miguel se detuvo en medio de la estancia. Rosarito bajó los párpados presurosa. Sonrióse el mayorazgo   300 contemplando aquella rubia y delicada cabeza, que se inclinaba como lirio de oro, y después de un momento llegó a decir:

—¡Mírame, hija mía! ¡Tus ojos me recuerdan otros ojos que han llorado mucho por mí!

Tenía Don Miguel los gestos trágicos y las frases siniestras y dolientes de los seductores románticos. En su juventud había conocido a lord Byron y la influencia del poeta inglés fuera en él decisiva. Las pestañas de Rosarito rozaron la mejilla con tímido aleteo y permanecieron inclinadas como las de una novicia. El emigrado sacudió la blanca cabellera, aquella cabellera cuya novelesca historia tantas veces recordara la niña durante la velada, y fue a sentarse en el canapé:

---

[26] como en tiniebla; *fig.* triste; con malos presagios
[27] mesas sobre las cuales se colocan objetos de decoración

—Si viniesen a prenderme, ¿tú qué harías? ¿Te atreverías a ocultarme en tu alcoba? ¡Una abadesa de San Payo salvó así la vida a tu abuelo!. . .   310

Rosarito no contestó. Ella, tan inocente, sentía el fuego del rubor en toda su carne. El viejo libertino la miraba intensamente, cual si sólo buscase el turbarla más. La presión de aquellos ojos verdes era a un tiempo sombría y fascinadora, inquietante y audaz. Dijérase que infiltraban el amor como un veneno, que violaban las almas y que robaban los besos a las bocas más puras. Después de un momento, añadió con amarga sonrisa:

—Escucha lo que voy a decirte. Si viniesen a prenderme, yo me haría matar. ¡Mi vida ya no puede ser ni larga ni feliz, y aquí tus manos piadosas me amortajarían!. . .

Cual si quisiera alejar sombríos pensamientos agitó la cabeza con movimiento varonil y hermoso, y echó hacia atrás los cabellos que oscurecían su frente, una frente altanera y desguarnida,[28] que parecía encerrar todas las exageraciones y todas las demencias, lo mismo 320 las del amor que las del odio, las celestes que las diabólicas. . . Rosarito murmuró casi sin voz:

—¡Yo haré una novena a la Virgen para que le saque a usted con bien de tantos peligros!. . .

Una onda de indecible compasión la ahogaba con ahogo dulcísimo. Sentíase presa de confusión extraña, pronta a llorar, no sabía si de ansiedad, si de pena, si de ternura; conmovida hasta lo más hondo de su ser, por conmoción oscura, hasta entonces ni gustada ni presentida. El fuego del rubor quemábale las mejillas; el corazón quería saltársele del pecho; un nudo de divina angustia oprimía su garganta; escalofríos misteriosos recorrían su carne. Temblorosa, con el temblor que la proximidad del hombre infunde en las vírgenes, quiso huir de aque- 330 llos ojos dominadores que la miraban siempre, pero el sortilegio[29] resistió. El emigrado la retuvo con un extraño gesto, tiránico y amante, y ella llorosa, vencida, cubrióse el rostro con las manos, las hermosas manos de novicia, pálidas, místicas, ardientes.

Capítulo VII

La Condesa apareció en la puerta de la estancia, donde se detuvo jadeante y sin fuerzas:

—¡Rosarito, hija mía, ven a darme el brazo!. . .

Con la muleta apartaba el blasonado *portier*. Rosarito se limpió los ojos y acudió velozmente. La noble señora apoyó la diestra blanca y temblona en el hombro de su nieta, y cobró aliento en un suspiro.

—¡Allá va camino de la rectoral ese bienaventurado de Don Benicio!. . .

---

[28] *fig.* ¿plana? (¿sin arrugas?)
[29] *doble sentido:* encantamiento y *fig.* atractivo irresistible que ejerce una persona

Después sus ojos buscaron al emigrado: 340

—¿Tú, supongo que hasta mañana no te pondrás en camino? Aquí estás seguro como no lo estarías en parte ninguna.

En los labios de Don Miguel asomó una sonrisa de hermoso desdén. La boca de aquel hidalgo aventurero reproducía el gesto con que los grandes señores de otros tiempos desafiaban la muerte. Don Rodrigo Calderón debió de sonreír así sobre el cadalso. La Condesa, dejándose caer en el canapé, añadió con suave ironía:

—He mandado disponer la habitación en que, según las crónicas, vivió Fray Diego de Cádiz cuando estuvo en el Pazo. Paréceme que la habitación de un Santo es la que mejor conviene a vuesa mercé. . .

Y terminó la frase con una sonrisa. El mayorazgo se inclinó mostrando asentimiento 350 burlón.

—Santos hubo que comenzaron siendo grandes pecadores.

—¡Si Fray Diego quisiese hacer contigo un milagro!

—Esperémoslo, prima.

—¡Yo lo espero!

El viejo conspirador, cambiando repentinamente de talante, exclamó con cierta violencia:

—¡Diez leguas he andado por cuetos[30] y vericuetos,[31] y estoy más que molido, prima!

Don Miguel se había puesto en pie. La Condesa le interrumpió murmurando:

—¡Válgate Dios con la vida que traes! Pues es menester recogerse y cobrar fuerzas para mañana.   360

Después, volviéndose a su nieta, añadió:

—Tú le alumbrarás y enseñarás el camino, pequeña.

Rosarito asintió con la cabeza, como hacen los niños tímidos, y fue a encender uno de los candelabros que había sobre la gran consola situada enfrente del estrado.[32] Trémula como una desposada se adelantó hasta la puerta donde hubo de esperar a que terminase el coloquio que el mayorazgo y la Condesa sostenían en voz baja. Rosarito apenas percibía un vago

---

[30] colinas peñascosas
[31] lugares altos por donde se anda con dificultad; *fig.* asuntos complicados y difíciles
[32] sala donde se recibía a las visitas

murmullo. Suspirando apoyó la cabeza en la pared y entornó los párpados. Sentíase presa de una turbación llena de palpitaciones tumultuosas y confusas. En aquella actitud de cariátide[33] parecía figura ideal detenida en el lindar de la otra vida. Estaba tan pálida y tan triste que no era posible contemplarla un instante sin sentir anegado el corazón por la idea de la muerte. . . 370
Su abuela la llamó:

—¿Qué te pasa, pequeña?

Rosarito por toda respuesta abrió los ojos, sonriendo tristemente. La anciana movió la cabeza con muestra de disgusto, y se volvió a Don Miguel:

—A ti aún espero verte mañana. El capellán nos dirá la misa de alba en la capilla, y quiero que la oigas. . .

El mayorazgo se inclinó, como pudiera hacerlo ante una reina. Después, con aquel andar altivo y soberano, que tan en consonancia estaba con la índole de su alma, atravesó la sala. Cuando el portier[34] cayó tras él, la Condesa de Cela tuvo que enjugarse algunas lágrimas.

—¡Qué vida, Dios mío! ¡Qué vida! 380

Capítulo VIII

La sala del Pazo—aquella gran sala adornada con cornucopias y retratos de generales, de damas y obispos—yace sumida en trémula penumbra. La anciana Condesa dormita en el canapé. Encima del velador parecen hacer otro tanto el bastón del mayorazgo y la labor de Rosarito. Tropel de fantasmas se agita entre los cortinajes espesos. ¡Todo duerme! Mas he aquí que de pronto la Condesa abre los ojos y los fija con sobresalto en la puerta del jardín. Imagínase haber oído un grito en sueños, uno de esos gritos de la noche, inarticulados y por demás medrosos. Con la cabeza echada hacia delante y el ánimo acobardado y suspenso, permanece breves instantes en escucha. . . ¡Nada! El silencio es profundo. Solamente turba la quietud de la estancia el latir acompasado y menudo de un reloj que brilla en el fondo apenas esclarecido. . . 390
La Condesa ha vuelto a dormirse.

Un ratón sale de su escondite y atraviesa la sala con gentil y vivaz trotecillo. Las cornucopias le contemplan desde lo alto. Parecen pupilas de monstruos ocultos en los rincones oscuros. El reflejo de la luna penetra hasta el centro del salón. Los daguerrotipos centellean sobre las consolas, apoyados en los jarrones llenos de rosas. Por intervalos se escucha la voz aflautada y doliente de un sapo que canta en el jardín. Es la medianoche, y la luz de la lámpara agoniza.

La Condesa se despierta, y hace la señal de la cruz.

De nuevo ha oído un grito, pero esta vez tan claro, tan distinto, que ya no duda. Requiere la muleta, y en actitud de incorporarse escucha. Un gatazo negro, encaramado en el respaldo 400
de una silla, acéchala con ojos lucientes. La Condesa siente el escalofrío del miedo. Por es-

---

[33] columna que tiene forma de mujer
[34] cortina puesta delante de una puerta

capar a esta obsesión de sus sentidos, se levanta y sale de la estancia. El gatazo negro la sigue maullando lastimeramente. Su cola fosca, su lomo enarcado, sus ojos fosforescentes, le dan todo el aspecto de un animal embrujado. El corredor es oscuro. El golpe de la muleta resuena como en la desierta nave de una iglesia. Allá al final, una puerta entornada deja escapar un rayo de luz. . .

La Condesa de Cela llega temblando.

La cámara está desierta, parece abandonada. Por una ventana abierta que cae al jardín alcánzase a ver en esbozo fantástico masas de árboles que se recortan sobre el cielo negro y estrellado. La brisa nocturna estremece las bujías de un candelabro de plata que lloran sin   410
consuelo en las doradas arandelas. Aquella ventana abierta sobre el jardín misterioso y oscuro tiene algo de evocador y sugestivo. ¡Parece que alguno acaba de huir por ella!. . .

La Condesa se detiene paralizada de terror.

En el fondo de la estancia el lecho de palo santo donde había dormido Fray Diego de Cádiz, dibuja sus líneas rígidas y severas a través de luengos cortinajes de antiguo damasco carmesí que parece tener algo de litúrgico. A veces una mancha negra pasa corriendo sobre el muro. Tomaríasela por la sombra de un pájaro gigantesco. Se la ve posarse en el techo y deformarse en los ángulos, arrastrarse por el suelo y esconderse bajo las sillas. De improviso, presa de un vértigo funambulesco,[35] otra vez salta al muro, y galopa por él como una araña. . .

La Condesa cree morir.   420

En aquella hora, en medio de aquel silencio, el rumor más leve acrecienta su alucinación. Un mueble que cruje, un gusano que carcome en la madera, el viento que se retuerce en el mainel[36] de las ventanas, todo tiene para ella entonaciones trágicas o pavorosas. Encorvada sobre la muleta, tiembla con todos sus miembros. Se acerca al lecho, separa las cortinas, y mira. . . ¡Rosarito está allí inanimada, yerta, blanca! Dos lágrimas humedecen sus mejillas. Los ojos tienen la mirada fija y aterradora de los muertos. ¡Por su corpiño blanco corre un hilo de sangre!. . . El alfilerón de oro que momentos antes aún sujetaba la trenza de la niña, está bárbaramente clavado en su pecho, sobre el corazón. La rubia cabellera extiéndese por la almohada, trágica, magdalénica[37]. . .

■———Pasos para la comprensión

1. En el capítulo I se pinta el escenario con un estilo muy típico del modernismo. Estamos en un gran salón de un pazo gallego.

   □ ¿Quiénes son los tres personajes en la escena?

   □ ¿Qué hace cada uno?

   □ De los tres, la que mayor atención recibe es Rosarito. Explica cómo la describe físicamente el narrador.

   □ Nota el estilo. ¿Es realista o poético; directo o emotivo; parco o elaborado? ¿En qué sentido es típico del modernismo?

---

[35] como los funámbulos, que son los que caminan sobre cuerdas en el circo

[36] *témino arquitectónico que se refiere a un sostén delgado que divide un hueco (en este caso una ventana) en dos partes verticalmente*

[37] *neologismo:* como María Magdalena

2. En el capítulo II, Rosarito se agita por lo que ha visto en el jardín. ¿A quién cree haber visto? ¿Cómo recuerda Rosarito a don Miguel de Montenegro?

3. El cuento capta magistralmente los estados de ánimo de la adolescente Rosarito.

   □ ¿Qué se revela a principios del capítulo II? ¿Y al final de ese capítulo? ¿Cúal sería la causa del miedo que parece sentir la niña?

   □ Entre las líneas 256-263 del capítulo V, ¿qué empieza a sentir Rosarito por Montenegro? ¿Sigue teniendo miedo? Explica esta oposición de sentimientos.

   □ Sus sentimientos se complican aún más en el último párrafo del capítulo VI. ¿Qué nuevo sentimiento experimenta ahora? ¿Cómo se relaciona este nuevo sentimiento con su profunda religiosidad?

   □ ¿Qué efecto produce en ella la mirada de Montenegro?

   □ A finales del capítulo VII, cuando tiene que llevar a Montenegro a su habitación, el narrador la describe como si estuviera cerca de la muerte. ¿Está enferma Rosarito? ¿Qué podría ser?

4. La conquista de Rosarito por Montenegro se lleva a cabo también lentamente. Trata de explicar las siguientes acciones de Montenegro:

   □ Montenegro conoce el nombre de Rosarito, y dice que le recuerda a su tía, con quien tuvo Montenegro relaciones en Lisboa.

   □ Le dice a la Condesa: "es muy linda la pequeña. . . ¡Demasiado linda para que pueda ser feliz!"

   □ En una discusión con el capellán en que Montenegro expresa su escepticismo, le dice a Rosarito: "¡No temas, hija mía! Si no creo en Dios, amo a los ángeles. . ."

   □ Mientras Rosarito hace su labor de agujas, Montenegro la contempla, y el narrador dice: "¿Tenía él, como todos los grandes seductores, esa intuición misteriosa que lee en lo íntimo de los corazones y conoce las horas propicias al amor?"

   □ En el capítulo VI le pregunta Montenegro si ella lo ocultaría en su alcoba si lo vinieran a prender. Rosarito no responde.

5. El narrador describe a don Manuel de Montenegro como un hombre de "gallardía donjuanesca." He aquí un ejemplo de intertextualidad. Valle-Inclán espera que el lector sepa quién es don Juan. Si has leído *El burlador de Sevilla* (Capítulo 5 de este libro), o el fragmento de *Don Juan Tenorio* de Zorrilla (Capítulo 7), sabrás de ciertas características de don Juan que automáticamente se transfieren a este personaje. ¿Qué, en particular, esperaríamos de un don Juan?

   □ ¿Se verifican estas características en esta narración?

   □ Otra característica del prototipo de Tirso es que se trata de un personaje atractivo y gallardo. ¿Es Montenegro así también?

   □ El discurso donjuanesco se repite en otro momento cumbre de la narración. La Condesa le dice a Montenegro que algún día tendrá que darle cuentas a

Dios por sus pecados, a lo cual Montenegro responde: "Te juro, prima, que, como tenga tiempo, he de arrepentirme." ¿Cómo se relacionan estas palabras con las famosas de don Juan "Tan largo me lo fiáis"?

6. La Condesa conoce muy bien la reputación de Montenegro y, cuando éste halaga a Rosarito diciéndole lo bonita que es, responde: "No me la trastornes, primo!" Sin embargo, al final del cuento, le pide a Rosarito que lleve a Montenegro a su habitación con estas palabras: "Tú le alumbrarás y enseñarás el camino, pequeña." Comenta esta cita—su ironía y su doble sentido.

7. Después de las palabras de la abuela en el paso anterior, y mientras Rosarito espera a Montenegro para acompañarlo a su cuarto, el narrador describe a Rosarito metafóricamente como una "desposada." ¿Qué significa esa palabra?

   □ ¿Cómo tiene los ojos?

   □ ¿Por qué crees que sufre "palpitaciones"?

8. En el capítulo VIII un grito despierta a la Condesa, por lo que se levanta para ir al cuarto de Rosarito. El ambiente está lleno de signos de premoniciones trágicas. ¿Qué la persigue al salir del cuarto? ¿En qué estado está el animal?

   □ ¿Cómo se personifican las velas del candelabro de plata en el cuarto de Rosarito?

   □ El narrador describe una mancha negra que pasa sobre el muro. ¿Qué formas animales toma esa mancha implícita y explícitamente?

   □ ¿Qué sonidos tienen para la Condesa murmuraciones trágicas?

9. Finalmente ve a Rosarito. Describe el estado en que la encuentra.

■——Pasos para una lectura más a fondo

1. El relato está repleto de premoniciones. En el capítulo II Rosarito cree ver a alguien (Montenegro) en el jardín. Se interpreta lo que vio de distintas maneras.

   □ ¿Qué cree el capellán que vio?

   □ ¿Cómo lo interpreta Rosarito?

   □ Explica cómo su interpretación prepara al lector para lo que pasa al final.

   □ Busca otros ejemplos de premoniciones en el relato.

2. Muchas veces las premoniciones se dan por medio de símbolos o del uso de metonimias. Por ejemplo, en el último capítulo, mientras duerme la Condesa, el narrador cuenta que "encima del velador parecen hacer otro tanto el bastón del mayorazgo y la labor de Rosarito." ¿Qué representan simbólicamente el bastón y la labor durmiendo?

   □ Luego un ratón "atraviesa la sala con gentil y vivaz trotecillo." ¿Qué podría representar simbólicamente el ratón que huye?

3. El simbolismo, elemento empleado con frecuencia en la prosa modernista, no es nada más que un signo cuyo significante conlleva un mensaje muy diferente de su significado, pero que se entiende dentro del sistema de significación de la obra. Hay muchos ejemplos en este relato, pero enfoquémonos en sólo uno. Al final, ¿cómo "murió" Rosarito?

☐ ¿Qué podrían representar los signos del alfiler clavado en el pecho y el hilo de sangre?

☐ Visto de este modo, ¿crees que la muerte de Rosarito es también simbólica? ¿Qué podría representar?

4. El lector que lea la prosa de Valle-Inclán sólo por la trama y la acción que contiene perderá lo más importante de su obra: el exquisito estilo modernista. Enfoquémonos en sólo un aspecto sobresaliente: el sensualismo. ¿Cómo se describe el jardín en el primer capítulo?

☐ Explica qué tiene de sensual esta descripción.

☐ ¿Por qué crees que sus ramajes son misteriosos?

☐ El jardín se vuelve a describir en el capítulo VI. Allí se notan sonidos y aromas. ¿Qué crea el sonido?

☐ Busca palabras onomatopéyicas.

☐ Trata de identificar otros aspectos sensuales en la prosa de Valle.

Retablo de la avaricia, la lujuria y la muerte (1924)

Antes de leer

1. ¿Has conocido a alguna persona avara? ¿Qué opinión tienes de la avaricia?

2. La lujuria es el vicio de la lascivia. ¿Conoces a alguien de esa condición?

3. Para colmo, ¿cómo sería una persona que peca de ambos vicios? Esta pieza de Valle viene de la colección titulada *Retablo de la avaricia, la lujuria y la muerte*.

Códigos para la comprensión

Código lingüístico: A los españoles que iban a América para hacerse ricos se les llamaba *indianos* al regresar a España. A esos mismos españoles en México se les denominaba *gachupines*. "La cabeza del Bautista" también está llena de "americanismos," que son voces que se emplean en el español de las Américas, y no en España. Por ejemplo, "flux" se emplea en partes de Hispanoamérica en vez de traje de caballero.

Código geográfico: Igi ha vivido en México, precisamente en el estado de Toluca. Alberto Saco ha venido de Argentina, pero dice que ha recorrido de cabo a rabo el hemisferio occidental, desde el Cabo de Hornos (que está en el extremo sur de Sudamérica), hasta los Estrechos de Bering (que es la línea divisoria entre Alaska y Siberia en Rusia).

Código histórico: En 1910 estalló la Revolución mexicana que puso fin a la dictadura de Porfirio Díaz (gobernó entre 1876 y 1911). Los españoles en México prosperaron bajo el porfirismo; Igi huye de México precisamente cuando la revolución le quita el poder a Porfirio Díaz.

Código literario: El expresionismo es una forma de expresión artística y literaria de las primeras décadas del siglo XX en que los pintores y escritores buscan crear un ambiente y una expresión de sus sentimientos sin valerse de la representación realista. Valle-Inclán creó su propio estilo de expresionismo que él denominó el "esperpento."

"La cabeza del Bautista"

DRAMATIS PERSONÆ

DON IGI EL INDIANO
LA PEPONA
EL JÁNDALO
VALERIO EL PAJARITO
EL BARBERO
EL SASTRE
EL ENANO DE SALNÉS
RONDALLA DE MOZOS

[*La Bandera Roja y Gualda,*[1] *Café y Billares del Indiano. Don Igi el Gachupín, le decían en las tierras remotas por donde anduvo. Don Igi hace cuentas tras el mostrador, tiene un rictus*[2] *de fantoche*[3] *triste y hepático. En la acera de los billares hay rueda de mozos, se conciertan para salir de parranda, y deshacer el baile de Pepiño el Peinado. Una mujerona con rizos negros, ojeras y colorete, en el fondo del café, juega con el gato. A su espalda brilla la puerta de cristales, y el claro de luna en el huerto de limoneros. Noche de estrellas con guitarras y cantares, disputas y naipes en las tabernas, a la luz melodramática del acetileno.*[4] *En la puerta de los billares, los mozos están templando.*[5] *Valerio el Pajarito alarga el cuello sobre la guitarra.*]

VALERIO.—Primero a la casa del cura. Hay que cantarle alguna pulla[6] que le encienda el pelo.
EL BARBERO.—El cura con nadie se mete.

---

[1] una hierba que produce un color amarillo (*la bandera española es roja y amarilla*)
[2] gesto facial de dolor y de espasmos nerviosos
[3] títere; figurón
[4] *neologismo:* lámpara de aceite
[5] afinando las guitarras
[6] obscenidad

VALERIO.—Pues alguno se duele de sus pláticas. ¿Qué le va ni le viene al cura, con que haya amancebamientos?

EL SASTRE.—Don Igi te paga, Valerio.

VALERIO.—Don Igi es libre pensador, y se ríe de pamemas.[7]

EL ENANO DE SALNÉS.—Pepona, como mujer, es quien se consume viéndose señalada por la Iglesia.

EL SASTRE.—¡No es para menos!   10

VALERIO.—El cura, y todos los curas, predican el oscurantismo, y ninguno cumple su misión, que es de paz. Aquí están haciendo mucha falta los ingleses.

EL BARBERO.—¿Has templado, Valerio?

VALERIO.—Por mí no se espera.

EL BARBERO.—Primero debiera ser un recorrido general.

EL DE SALNÉS.—¡Lo apruebo! Viene a ser como un cumplido a la población.

EL BARBERO.—Justamente.

VALERIO.—¿Cuántos son los Pepes?

EL DE SALNÉS.—Pues el secretario, el teniente, el fiscal, Don Pepe Dueñas, Don Pepito el presidente del Orfeón, Doña Pepita Puente, Pepitiña Rúa. En todas las calles tenemos   20
Pepe. ¡En alguna tres!

VALERIO.—¡Todo lo cotillas,[8] Merengue![9]

　　[*Sobre un caballo tordillo,[10] con jaeces[11] gauchos, viene por la carretera un jinete. Poncho, jarano,[12] altas botas con sonoras espuelas. Se apea con fantasía de valentón.*][13]

EL JÁNDALO.[14]—¡Salud, amigos! ¿A lo que parece, hay buen humor en este pueblo? No se extrañe la pregunta, que soy forastero.

VALERIO.—Pues sí, amigo, nos divertimos.

EL JÁNDALO.—Alberto Saco reclama su puesto.

VALERIO.—¿Qué puesto quiere Alberto Saco?

EL JÁNDALO.—Alberto Saco, donde entró, fue primero.

VALERIO.—En pocas villas habrás entrado, poco corrido los mundos.

EL JÁNDALO.—He rodado por todos los cabos del planeta. De América vengo.   30

　　[*Valerio el Pajarito, parodiando al gaucho pampero, le alarga la mano en compadre, y el otro, en mismo talante, choca la suya.*]

VALERIO.—¡Ché! ¿Venite vos[15] de la América? ¿Conocé, vos, la Pampa Argentina?

EL JÁNDALO.—¡Desde el Cabo de Hornos al Estrecho de Bering, nada me queda por conocer!

VALERIO.—Buena tierra toda ella para ganar plata. Se gana y se bota[16] juntamente, pero el ahorrativo se enriquece. Hable Don Igi.

---

[7] tonterías; cosas insignificantes

[8] *neologismo por cotillear,* chismear, hablar sobre los defectos de otros

[9] *apodo burlón*

[10] que tiene pelo mezclado de blanco y negro

[11] adornos

[12] sombrero de ala ancha y bajo de copa

[13] *fam.* arrogante; persona que se jacta de guapo y valiente

[14] persona que ha estado en Andalucía y regresa a su lugar con pronunciación y costumbres andaluzas (*Aquí, se refiere a alguien que ha estado en Hispanoamérica.*)

[15] *Contesta con el voseo argentino; consulta el código lingüístico de Florencio Sánchez del Capítulo 8.*

[16] *amer:* gasta

[*El Jándalo entra por el ámbito de los billares, azotándose las botas con el rebenque,*[17] *y haciendo el gallo*[18] *se acerca a la mujer de los rizos.*]

EL JÁNDALO.—Niña, ¿se puede platicar[19] al patrón?

LA PEPONA.—¿Tienen ustedes algún negocio?

EL JÁNDALO.—Una cuenta traspapelada.[20]

LA PEPONA.—¿Usted no es de estos reinos?

EL JÁNDALO.—Yo soy un poco de todas partes.   40

[*Don Igi, curioso, viene al mostrador y se reclina a placer, cruzando los brazos, la pluma en la oreja y los espejuelos*[21] *sobre la calva. El gato se escurre de los brazos de la mujerona: Taciturno y elástico trepa al mostrador, y se coloca al lado del tendero como para inspirarle.*]

DON IGI.—Honradez y trabajo ha sido mi lema durante veintisiete años que radiqué en Toluca. ¡Lo que es el sino de los hombres! Merito[22] acababa de traspasar el negocio y retirarme, estalló la revolución. ¡Son batallas campales todos los días y tiroteos a los trenes! El español, tan situado con el porfirismo se ha visto más que fregado.[23]

VALERIO.—Eso, patrón, ocurre por todo el extranjero. Usted lo habrá visto.

DON IGI.—Yo en todas partes fanaticé por mi patria. ¡España sobre todas las naciones!

[*El Jándalo, tirada la mangana*[24] *a la hembra de los rizos, camina al mostrador, y la morocha*[25] *amusga*[26] *la oreja para entender lo que trata con el patrón. Sólo percibe el murmullo de las voces en sordina,*[27] *y el guiño verdoso de las caras bajo el mechero de la luz. Don Igi tiene una actitud de fantoche asustado. Con los pelos de punta, huraño y verdoso, se lleva un dedo a los labios.*]

EL JÁNDALO.—Pensé no me reconocería usted, Don Igi.

DON IGI.—No estás tan cambiado.

EL JÁNDALO.—No ha sido, con todo, al primer pronto.

DON IGI.—¿Dejaste tu nombre?   50

EL JÁNDALO.—Me pesaba.

DON IGI.—Siempre rodando.

EL JÁNDALO.—Siempre. ¿Usted, aquí radicado?

DON IGI.—Trabajando sin ver fruto. Arruinándome por dotar a este pueblo de café y billares. Un progreso que no saben estimar.

EL JÁNDALO.—¿Se ve usted incomprendido?

DON IGI.—Y arruinado.

EL JÁNDALO.—¿Con que tan carente de plata?

DON IGI.—Quebrado.

---

[17] *amer:* látigo

[18] muy macho, presuntuoso

[19] *amer:* hablar

[20] perdida; desaparecida

[21] *amer:* lentes

[22] *mexicanismo:* en el momento preciso

[23] *amer: fig* fastidiado

[24] lazo (*aquí, una mirada coqueta*)

[25] *argentinismo:* morena

[26] echa hacia atrás (*las orejas de un animal con ademán de morder o embestir*)

[27] sordina: pieza que se introduce en ciertos instrumentos para disminuir el sonido (*aquí, silencioso*)

EL JÁNDALO.—¿Tendrá usted crédito?   60

DON IGI.—Tampoco.

EL JÁNDALO.—Pues yo vengo por numerario.[28]

DON IGI.—¡Estaba esperando esa puñalada!

EL JÁNDALO.—¡Soñación,[29] Don Igi, que me vaya sin plata! A todo vengo dispuesto.

DON IGI.—¡Prudencia!

EL JÁNDALO.—Decidido a publicar nuestro conocimiento.

DON IGI.—¡Espera!

EL JÁNDALO.—Estoy rematado de condena, y la denuncia que haga hasta puede valerme una recompensa.

DON IGI.—¡Ten juicio!   70

[*El Jándalo se volvió para mirar al fondo de los billares: Había sentido el magnetismo de los ojos de la mujerona, fosforecidos bajo el junto entrecejo. La Pepa le sonreía, pasándose la lengua por los labios, y le respondió con un guiño obsceno. En la acera de los billares, la ronda de mozos templaba las guitarras.*]

EL JÁNDALO.—¡Don Igi, tiene usted una buena hembra por compañera!

DON IGI.—¡Muy honesta!

EL JÁNDALO.—¿Va usted a pasaportarla[30] como a la difunta?

DON IGI.—¡Calla, malvado!

VALERIO.—¡Ché! ¿El amigo, que pedía una guitarra, y no la quiere?

EL JÁNDALO.—Alberto Saco no más se raja.[31] Don Igi, nos vemos.

DON IGI.—Así tendrá que ser. Horita,[32] diviértete.

EL JÁNDALO.—¡Venga la guitarra! Patrón, despida usted a estos amigos con una copa. Va por mi cuenta.

EL DE SALNÉS.—Mira si tienes la guitarra bien templada, Alberto Saco. Me parece que   80
no ha de faltarte gracia para puntearla.

VALERIO.—¡Alberto Saco, tú entodavía[33] no conoces a Merengue!

[*Babel de burlas. Los mozos entonan y rasguean en la acera de los billares, y de allí parten con una mazurca de aldea. La mujerona se ata una liga, enseñando las medias listadas, a los ojos del gato y del gachupín.*]

DON IGI.—Ese pendejo[34] que has visto, me pondrá el revólver en la mano.

LA PEPONA.—¡Ay, qué célebre!

DON IGI.—No es modo de respuesta a un compromiso tan urgente.

LA PEPONA.—Te llevo el aire.

DON IGI.—¿Y ni preguntas quién sea el tal sujeto?

LA PEPONA.—Un conocimiento que tienes de la América.

DON IGI.—¡El propio Satanás!

LA PEPONA.—¿Y qué le trae?   90

---

[28] dinero

[29] *fig. fam.* ni soñarlo

[30] despedirla; *fig.* matarla

[31] rajarse: desdecirse de lo prometido

[32] *amer:* ahorita, ahora

[33] *fam.* todavía

[34] persona despreciable; *amer:* tonto

DON IGI.—¡Perderme!

LA PEPONA.—¿Te pide el alma?

DON IGI.—¡Me pide dinero!

LA PEPONA.—¡Pues, sí, que no sabes hacerte el guaja![35]

DON IGI.—Ese sujeto es mi más mortal enemigo. ¡Y todo ello porque no quiero entregarle el fruto de mi sudor! ¡Que trabaje! ¡Que se sujete! ¡Que aprenda en la escuela del mundo lo que cuesta el dinero! ¡Ese malvado quiere dejarme pobre!

LA PEPONA.—¡Condenado pensamiento!

DON IGI.—¡Arruinarme!

LA PEPONA.—¡No te dejes!   100

DON IGI.—¡Me cuesta ya muchos miles!

LA PEPONA.—¡Ladrón!

DON IGI.—Esta noche volverá.

LA PEPONA.—¿Y si encontrase cerrado el establecimiento?

DON IGI.—Volvería mañana.

LA PEPONA.—¿Y si encontrase aún más cerrada tu bolsa?

DON IGI.—¡Me deshonrará, me calumniará con algún falso testimonio, y hará que me prendan.

LA PEPONA.—¡Mucho le temes!

DON IGI.—¡Cómo no! Ese malvado me ha hecho liquidar con un quebranto de algunos   110
miles el negocio de Toluca.

LA PEPONA.—¡Espanto me das! ¿Qué oculto poder tiene sobre ti ese sujeto?

DON IGI.—¡Será mi ruina!

LA PEPONA.—¡Higinio Pérez, tú has cometido alguna gran culpa! ¿Qué secreto es el tuyo? ¡No pierdas la cabeza! ¡Declárate con una mujer que te ha dado cuanto tenía, que no reparó en su decoro para quererte!

DON IGI.—¡Ya está llamando!

LA PEPONA.—¡Asosiega! El gato, que saltó del mostrador al suelo, ha dado ese golpe.

DON IGI.—¡Vendrá! ¡Acabará por dejarme en cueros!

LA PEPONA.—¿Pero qué nudo de horca te aprieta ese Alberto Saco?   120

DON IGI.—Trae el nombre mudado.

LA PEPONA.—¡Higinio Pérez, desahoga tu pecho en mi pecho! ¿De qué estás culpado? ¿Acaso una muerte?

DON IGI.—¡Por tan vil calumnia liquidé el negocio de Toluca! ¡Ese trueno es hijo de mi difunta Baldomerita! ¡Mató a su mamá por heredarla, y me complicó en el crimen! ¡Lo creyeron, con el odio que allí hay para todos los españoles prominentes! ¡Por apasionamiento se indujeron en mi contra los jueces!

LA PEPONA.—¿Te condenaron?

DON IGI.—Era la tema rabiosa de los jueces, condenar a un gachupín. ¡Parcialidades! Todo motivado por la calumnia de ese Satanás.   130

LA PEPONA.—¡Acaba! ¿Te condenaron?

DON IGI.—Sin fundamento. Inducidos, no más, por una hipoteca que pesaba sobre los bienes de la difuntita. Ahí radica la mala voluntad del hijo desnaturalizado. Quería heredar

---

[35] pillo, granuja (*para no pagar*)

a su víctima, y encontró que no había tal herencia. Pensó que, a las escondidas, era yo el heredero.

LA PEPONA.—¡Y aunque lo fueses!

DON IGI.—Su pobrecita mamá le aborrecía más que yo le aborrezco. Desde chamaco[36] mostró las más malas inclinaciones. ¡Un disoluto incontinente! ¡Pobrecita la difunta, tan contenta de saber que yo acrecentaría su dinerito, que siempre estaría redituando[37] y creciendo! ¡Este saqueo, esta estafa, este latrocinio,[38] no puede continuar! ¡Lo dicho, me   140
pone el revólver en la mano, y a pique de perder la cabeza! ¡Mudó de nombre, mudó de cara, solamente su ruin condición no muda!

LA PEPONA.—Pues no parece que le hayas desconocido.

DON IGI.—¡Me hizo la mueca de la difunta!

LA PEPONA.—¡Jesús, qué escarnio!

DON IGI.—¡Despavorí[39] con ella!

LA PEPONA.—Bebe una copa, que ahora lo que tú tienes es fiebre.

DON IGI.—¡Sudores de muerte!

LA PEPONA.—Voy a cerrar el establecimiento.

DON IGI.—¡Publicará mi deshonra! ¡Rebajará mi crédito en la plaza! ¡Es preciso ver de   150
transigirlo, y darle uno, si pide ciento!

LA PEPONA.—¿Y rematar de una vez, no te hace más cuenta?

DON IGI.—¡Solamente la muerte liquida este saqueo!

LA PEPONA.—Todo hay que mirarlo. ¡Tú, Higinio Pérez, comienza por no aflojar la mosca![40]

DON IGI.—¿Y entonces? ¿Dejar a ese tuno que me difame?

LA PEPONA.—Según el mal que te venga.

DON IGI.—Tendré pecho. Si desentierran la causa, cegaré[41] a los funcionarios del Consulado, me quedaré pobre, pero no verá un níquel ese matraco.[42]

LA PEPONA.—No juegues con la cárcel, ni te expongas a perder lo que tienes. Del   160
hombre arruinado el mundo se ríe.

DON IGI.—¡Me das buen consuelo!

LA PEPONA.—Cerraré el pico. Mejor sabes tú lo que más te conviene.

DON IGI.—¡Ahorcarme!

LA PEPONA.—¡No es el caso tan extremoso!

DON IGI.—Me toma muy viejo.

LA PEPONA.—Viejo y pendejo. Consientes que te roben, y te miras para hacerle un obsequio a quien te ha sacrificado su decoro. ¡Algunas mujeres estamos ciegas! ¿Qué plata te pide ese hombre?

DON IGI.—Aún no se manifestó.   170

LA PEPONA.—¿Qué hablabas antes de ponerle fin con el revólver?

---

[36] *mexicanismo:* niño

[37] produciendo interés

[38] robo

[39] despavorir: llenar de temor (*uso raro*)

[40] pagar el dinero

[41] *aquí, fig.* sobornaré

[42] pesado

DON IGI.—¡Habla! . . . Me tiene en sus manos, y solamente la muerte liquida este negocio.

LA PEPONA.—¡Tampoco te digo menos! ¿Pero por qué has de ser tú el señalado?

DON IGI.—¡Me toma muy viejo!

LA PEPONA.—A ese hombre, por estos lugares, nadie le conoce. Hoy pasó, mañana desapareció.

DON IGI.—Tiene los ojos de la difunta. ¡Me gana con ellos!

LA PEPONA.—Ese Alberto Saco me miró, y volverá a mirarme. Pues estando en ello, vería de sujetarle con alguna seña.   180

DON IGI.—¡Como no me haga la carantoña[43] de la viejita!

LA PEPONA.—Bebe, para quitarte el sobresalto. Busca ánimo en el copeo. El ron con ginebra, a estilo de navegante, es muy confortador.

DON IGI.—Para un caso como el que propones, conviene tener despejada la cabeza.

LA PEPONA.—Casi seguro que podrías clavarle por la espalda. ¡Bebe!

DON IGI.—Me descubres mi propio pensamiento.

LA PEPONA.—Cuando me mirase, yo le sujetaría con una seña.

DON IGI.—¡Casual, que el facón[44] está afilado de recién!

LA PEPONA.—Si diste el pasaporte a la vieja, te cumple no ser pendejo y rematar tu obra.

DON IGI.—Se le podría enterrar bajo los limoneros, sin dejar rastro.   190

LA PEPONA.—¿Te reconoces salvado?

DON IGI.—¡Pepita, ésto nos une para siempre!

LA PEPONA.—¿Y esto te pesa? ¿Te pido algo? Soy tu esclava sin esperar ninguna recompensa, y el día que de mí te canses, con ponerme el baúl en la acera, me pagas.

DON IGI.—Pronto me tendrás sujeto.

LA PEPONA.—¿De mí desconfías, cuando por amor tuyo me echo encima una cadena? El presidio se abre para los dos.

DON IGI.—¡Justamente! El presidio se abre para los dos. ¡Justamente! No podrías tenerme en las uñas.[45] ¡Eres un ángel!

LA PEPONA.—Te doy mi ayuda sin prendas. El día que de mí te canses, me pones en   200
la acera.

DON IGI.—Higinio Pérez tendrá contigo la correspondencia de un caballero.

LA PEPONA.—Nada pido.

DON IGI.—Cumpliré con mi conciencia llevándote a la iglesia.

LA PEPONA.—No te ates por ese escrúpulo.

DON IGI.—Dame un besito.

LA PEPONA.—No quiero.

DON IGI.—¡Eres muy rica!

LA PEPONA.—De ilusiones.

DON IGI.—Ilusiones y salud valen más que riqueza. Ándale, un besito. No sea   210
renuente,[46] niña.

---

[43] careta fea de cartón (*aquí, el gesto de su madre*)

[44] *argentinismo:* cuchillo grande del gaucho

[45] *aquí,* en tu poder

[46] desobediente

LA PEPONA.—Luego.

DON IGI.—Luego tendremos la fiesta.

LA PEPONA.—¡No estás poco gallo![47]

DON IGI.—Palomita, hay que cavar una cueva bajo los limoneros.

LA PEPONA.—Muy honda tendrá que ser.

DON IGI.—Para un cuerpo. No hay que perder la cabeza.

LA PEPONA.—A ti te lo digo.

DON IGI.—Negra, no te vayas sin darme un besito.

LA PEPONA.—Cuando lo merezcas.   220

[*Con un remangue,*[48] *se sale al huerto lunero, y el indiano gachupín requiere sus libros, para ajustar la cuenta de debes y haberes. Llega de lejos el final de una copla. Por la calle desciende el rasgueo de un pasodoble, y en el mismo trocaico compás rueda un tropel de pisadas. Jaleo de mozos en parranda. Se presiente el grupo de rondadores, concertándose en voz baja para la copla alusiva, delante de la puerta. Y salta la copla, punteada por Alberto Saco.*]

EL JÁNDALO.—Patrón, descorra la llave,

        por hacer gasto venimos,

        y a darle las buenas noches

        la lengua mojada en vino.

[*Aplausos y voces la celebran por bien cantada. Luego recae un silencio, y se presiente al grupo de rondadores recaído en el métrico problema de concertar otra copla. Don Igi saca del cajón dos taleguillos con dinero, y los esconde bajo una tabla del piso. Pálido, con los pelos como un gato espantado, sale a la puerta del ejido.*[49] *Se oye el golpe del azadón bajo los nocturnos limoneros.*]

DON IGI.—¡Paloma! ¡Palomita! ¡Venga, niña! No más te dilates, Pepita.

LA PEPONA.—¡Arde la casa!

[*Aparece, levantando el azadón, que brilla a la luna, y queda en el umbral con gesto de dura interrogación. Don Igi se pone un dedo en los labios. La ronda de mozos canta el repertorio de la musa barroca y plebeya.*]

PARRANDISTAS.—Asómate a la ventana,

        que a cantarte hemos venido

        rosa la más soberana en

        el pensil de Cupido.   230

DON IGI.—¡Prudencia! Se oye el golpe de cavar la tierra.

LA PEPONA.—Está dura como un peñasco.

DON IGI.—Pues recién ha llovido.

LA PEPONA.—Empálmate[50] el facón.

DON IGI.—Me impone la maldita carantoña.

LA PEPONA.—¡Ábreles! Y, si no, espera.

[*Retocándose el peinado y jaleando*[51] *las caderas, se acerca a una ventana y entorna la falleba.*[52] *Entra la luna. La Pepona cobra un prestigio popular y romántico, con el rasgueo de las guitarras, inclinada sobre la noche de estrellas, para oír la copla.*]

---

[47] *amer:* valiente

[48] con las mangas arremangadas (*listo para trabajar*)

[49] tierras comunes de un pueblo

[50] agarra (con la mano)

[51] jalear: animar con palmadas a los que bailan o cantan. Aquí, ¿meneando?

[52] *léase:* abre la ventana

EL JÁNDALO.—Niña, abra usted la puerta.

LA PEPONA.—¿Y no le parece a usted, amigo, que son horas de recogerse?

EL JÁNDALO.—¿Es la opinión de su esposo?

LA PEPONA.—No tengo ese tirano.   240

EL JÁNDALO.—De su protector.

LA PEPONA.—Diga usted del patrón, y acabemos.

EL JÁNDALO.—Pues dicho. Interróguele usted, primorosa.

LA PEPONA.—¿A santo de qué?

EL JÁNDALO.—A santo de Alberto Saco.

LA PEPONA.—¿De verdad es esa su gracia?[53] ¿Y qué saca usted? ¿Las mantecas?[54]

EL JÁNDALO.—A usted un cachito de lengua. ¡Debe ser muy apetitosa!

LA PEPONA.—¡Juicio!

EL JÁNDALO.—¡No me fleche usted esos ojos, morena!

LA PEPONA.—¡Ya sabe usted lo suyo para camelar[55] mujeres!   250

EL JÁNDALO.—Hasta hoy he vivido indiferente.

LA PEPONA.—Amigo, no pasa esa bola.[56]

EL JÁNDALO.—¿Quiere usted darme la miel?[57]

LA PEPONA.—¡Que nos está mirando el público!

EL JÁNDALO.—Abra usted la puerta.

LA PEPONA.—Vuelva usted solo.

[*Se retira de la ventana y cierra. Con las manos en las caderas cruza el ámbito oscuro de los billares. Don Igi avizora,[58] de codos sobre el mostrador, los pelos de punta, los anteojos en la frente; y el gato soplándole a la oreja.*]

DON IGI.—¿Alejaste a ese hombre?

LA PEPONA.—Ahora se va, para volver solo. Cazado lo tienes.

DON IGI.—¿Qué te habló?

LA PEPONA.—Pues me ha camelado.   260

DON IGI.—Tú le darías pie.

LA PEPONA.—No me traigas cargos de celoso en una hora como ésta.

DON IGI.—Tampoco le temo. Ese hombre no puede darte ni agua. ¿Qué sacarías de irte con él, corriendo los mundos? ¡Trabajos! El hombre sin plata nunca puede hacer la felicidad de una mujer.

LA PEPONA.—¡Qué hablar por no callar, Higinio Pérez!

DON IGI.—Como otras veces, te digo: Pepita, considera lo que te juegas.

LA PEPONA.—Porque lo considero, me opongo al ladronicio de ese Alberto Saco. Deja que me camele, sé sordo y ciego. Le verías llegar hasta mis brazos, y no habías de moverte hasta el seguro momento de clavarle el facón. Esta noche acaba de sacarte más la plata ese   270
aparecido de América.

DON IGI.—Vamos a pensar bien lo que se hace.

---

[53] nombre

[54] entrañas (sacamantecas: *fam.* criminal que destripa a sus víctimas)

[55] seducir; engañar adulando

[56] *fam.* mentira

[57] *fig.* dulzura, afecto (*aquí,* ¿un beso?)

[58] observa cautelosamente

LA PEPONA.—El cuchillo debes tenerlo en la manga. Cuando entre, le ofreces una copa, y bebemos los tres. Tú no reparas si hacemos cambio,[59] ni tampoco si me chulea.[60] Piensa que entregártelo indefenso es mi juego. Ya está en la puerta.

DON IGI.—¿Quién abre?

LA PEPONA.—Yo abro. No olvides convidarle.

DON IGI.—¡Otra vez mi perdición ese pendejo!

[*La Pepona abre la puerta, y aparece en el umbral Alberto Saco. El puño del rebenque—un brillo de metal—levanta el extremo del poncho. Entra con reto de amigazo y compadre.*]

EL JÁNDALO.—Chulita, vengo a que usted me fleche.[61]

LA PEPONA.—¡Que nos está mirando el abuelo!   280

EL JÁNDALO.—Don Igi, salud y plata.

DON IGI.—Entra. Deja a la niña que cierre. Beberás una copa.

EL JÁNDALO.—¿No será un veneno?

LA PEPONA.—Beberemos los tres para celebrar el conocimiento.

EL JÁNDALO.—El de usted y el mío. Con el patrón no es de ahora. ¡Don Igi, no se ponga tétrico!

LA PEPONA.—¿Qué bebida es la suya, amigo?

EL JÁNDALO.—La más de su gusto.

LA PEPONA.—La que usted diga.

EL JÁNDALO.—Para decirlo déjeme usted sentirle el aliento.   290

LA PEPONA.—¡Ay, qué gracia!

EL JÁNDALO.—Don Igi, esta mujer no es para un viejo.

DON IGI.—Hablas sin comedimiento.

LA PEPONA.—Ya ve usted cómo el patrón le reconviene.

EL JÁNDALO.—Don Igi, me parece usted algo tétrico, y con esta mucama[62] a su lado, es un mal gusto.

LA PEPONA.—A callar, y a tomar una copa. ¿Conoce usted esta botella?

EL JÁNDALO.—¡Cómo no!

DON IGI.—Hoy es de lo más caro en el comercio, no admite adulteraciones.

EL JÁNDALO.—Esta marca no vale un níquel.   300

DON IGI.—Pues no lo entiendes.

EL JÁNDALO.—¡Don Igi, mucho roba usted si es así todo el género!

DON IGI.—No mereces respuesta.

LA PEPONA.—Diga usted qué bebida le agrada, y no ponga tachas.

EL JÁNDALO.—Hay que perdonar una chunga.[63] La bebida es de mérito.

LA PEPONA.—Pues bebamos.

EL JÁNDALO.—¡Y alegrémonos! Don Igi, pronto dejará usted de verme.

DON IGI.—En sueños te veo.

EL JÁNDALO.—¿Tiene usted enterada a la niña?

DON IGI.—Sabe quién eres.   310

---

[59] *aquí, fig.* ¿coqueteamos?

[60] *mexicanismo:* galantea

[61] *fig.* enamore

[62] *amer:* sirvienta

[63] *fam.* broma

LA PEPONA.—A dejar el pleito para mañana, que las sábanas nos esperan. Usted, amigo, excusa de buscar hospedaje. ¡Y ahora a cumplir y a verle el fondo al caneco![64]

EL JÁNDALO.—Es usted una mujer dispuesta.

LA PEPONA.—No se lleve usted mi copa, que será saber mis secretos.

EL JÁNDALO.—Ya sus ojos me los han contado.

LA PEPONA.—¡Es usted atrevido!

DON IGI.—¡Tú le das pie!

LA PEPONA.—¡Cuernos!

EL JÁNDALO.—Don Igi, vaya usted contando tres mil pesos.

DON IGI.—¡Estás demente!   320

EL JÁNDALO.—Pensaba pedirle a usted mucho más, pero en vista de que me llevo a esta niña, lo dejo en ese pico.

DON IGI.—¡A quién te llevas?

EL JÁNDALO.—A esta morena.

DON IGI.—Dale tú la respuesta que merece, Pepita.

LA PEPONA.—Siempre se desagera.[65]

EL JÁNDALO.—Don Igi, ándele por la plata, y no más se preocupe por esta chinita.[66] Es el trato que yo me la lleve. Una mujer como ésta a usted no le conviene.

DON IGI.—¡Insolente!

LA PEPONA.—Amigo, deje las chanzas, y a beber formales. El pleito con el patrón lo   330
transigirá mañana.

EL JÁNDALO.—¡Esta mujer me torea![67] Don Igi, vaya usted contando ese pico, que tengo el overo con la silla puesta.

DON IGI.—Te daré un cheque. ¡Pero no por esa cantidad!

LA PEPONA.—Que se acabó, por esta noche el pleito.

EL JÁNDALO.—Niña, esto ya no es de su incumbencia. Don Igi, ándele por el talonario, que rabia usted de verme lejos.

[*Remata guiñando un ojo y sacando la lengua:—La mueca de la difunta.—Don Igi, con pasos vacilantes, llega al pie de la escalera. Inesperado estrépito de cristales le hace girar como un fantoche. El compadrito estrecha el talle de la coima[68] y le pide los labios. Arden los ojos de la bribona. Por entre los pliegues del poncho saca una mano, y con el índice apuñala en el aire la espalda del Jándalo. El dedo, con luces de un anillo, se aguza rabioso. Don Igi se advierte el facón oculto en la manga. La punta, lenta y furtiva, asoma sobre los rancios dedos del fantoche. Parece cambiada la ley de las cosas y el ritmo de las acciones. Como en los sueños y en las muertes, parece mudada la ley del tiempo. La coima suspira rendida. Toda la mano blanca se posa sobre el cuello quemado de soles y mares. Sus ojos turbados, se aprietan, al resplandor del facón que levanta el espectro amarillo de Don Igi. La Pepona, desvanecida, siente enfriarse sobre su boca la boca del Jándalo.*]

LA PEPONA.—¡Flor de mozo!

DON IGI.—¡Horita tenemos que ahondarle la cueva bajo los limoneros, negra!

LA PEPONA.—¡Roja estoy de tu sangre!   340

---

[64] jarra

[65] *fam.* exagera

[66] *amer:* mujer (*témino de cariño*)

[67] *fig.* me engaña

[68] concubina

DON IGI.—El flux[69] hay que quemarlo.

LA PEPONA.—¡Bésame otra vez, boca de piedra!

DON IGI.—No le platiques al cadáver.

LA PEPONA.—¡Flor de mozo! ¡Yo te maté cuando la vida me dabas!

DON IGI.—¿Niña, qué hace? ¿La boca le besa, después de ultimarle?

LA PEPONA.—¡La muerdo!

DON IGI.—¡Supera el escarnio![70]

LA PEPONA.—¡La muerdo y la beso! ¡Valía más que tú, viejo malvado!

DON IGI.—¡Vil ramera,[71] me das espanto!

LA PEPONA.—¡Anda a cavar bajo los limoneros, malvado! ¡Quiero bajar a la tierra con   350
este cuerpo abrazada! ¡Bésame otra vez, flor galana! ¡Vuélveme los besos que te doy, cabeza
yerta! ¡Abrazada contigo quiero ir a la tierra! ¡Tan desconocido, tan desconocido! . . .
¡Venir a morir en mis brazos, de tan lejos! . . . ¿Eres engaño? ¡Te muerdo la boca! ¡Vida,
sácame de este sueño!

DON IGI.—¡Mejor me fuera haberlo transigido con plata!

■——Pasos para la comprensión

1. Lo primero que los lectores tienen que entender es que no están ante un arte
   realista, sino un arte expresionista en que la realidad se deforma para crear un
   ambiente. Nota en la primera acotación la descripción de los dos personajes—
   Igi y la Pepona ("la mujerona" en la acotación). ¿Cómo se describen?

   □ ¿Tienes una visión gráfica de Igi? ¿Y de la Pepona?

   □ Nota el escenario: debe incluir el café, el salón de billares adjunto, la acera de
     afuera y un huerto de limoneros en el fondo. Trata de dibujar el escenario.
     Valle-Inclán incluye también efectos de iluminación y de sonido. ¿Cuáles son?

2. La pieza comienza con unos mozos que se preparan para ir de parranda y de serenata. Valerio quiere ir a cantarle al cura del pueblo, y ello da lugar a un discurso
   sobre la iglesia. ¿Qué ideas se generan?

   □ ¿Por qué crees que dice Valerio que hacen falta ingleses?

3. Con la llegada de Alberto Saco (El Jándalo) empieza la trama de la pieza. Lee la
   acotación en las líneas 23-24. ¿De dónde viene? ¿Por qué ha venido?

4. En el primer diálogo entre Saco e Igi es obvio que los dos hombres se conocen,
   pero su diálogo es enigmático, porque no se conoce el referente. Las cosas se
   aclaran un poco cuando Saco dice, refiriéndose a la Pepona, "¿Va usted a pasaportarla como a la difunta?" Aquí el público se da cuenta que ha habido "una
   difunta," pero aún no se sabe quién es. Eso sólo se descubre en la línea 124
   cuando la Pepona le pide que se desahogue contándole lo que pasó. Cuenta todos sus pormenores de lo que pasó, según don Igi.

---

[69] *amer:* traje

[70] burla humillante

[71] prostituta

5. Alberto ha venido para chantajear. Ahora se puede entender por qué en las líneas 54-61 a don Igi pinta un cuadro tan desesperante respecto a su situación económica.

□ ¿Crees que don Igi está a punto de hundirse? Pero a Igi le preocupa otra cosa además de entregarle dinero a Saco: ¿qué es?

6. ¿Qué solución al problema sugiere por primera vez la Pepona? Y a partir de la línea 176 ella misma va diseñando el asesinato de Saco. Explica el plan.

7. Desde la primera vez que la Pepona y Saco se ven, coquetean, e Igi expresa sus celos. Busca en toda la pieza los momentos en que los dos coquetean. Explica lo que hacen y los términos que usan. ¿Es la Pepona mucho menor que Igi? ¿Cómo se sabe?

8. ¿A qué acuerdo de dinero llegan Saco e Igi? ¿Quién forma parte del acuerdo?

9. Nota la poética y expresionista descripción del asesinato de Saco. Explica como se consigue el efecto poético.

10. ¿Cómo reacciona Pepona ante el cadáver de Saco? ¿Qué ha pasado?

■——Pasos para una lectura más a fondo

1. Es Igi el que cuenta la historia de Saco y de cómo mató a su madre. ¿Es cierto lo que dice Igi?

□ ¿Qué motivo tendría Igi para mentir?

□ ¿Es posible que Igi fuera el asesino de su propia esposa?

□ ¿Qué indicios hay en la pieza que justificarían esa teoría?

□ ¿Hay evidencia en la pieza de que Igi haya mentido?

□ Nota las últimas palabras de don Igi (línea 355), porque ponen en tela de juicio mucho de lo que había dicho anteriormente. Indican que hubiera sido mejor darle a Saco el dinero que pedía. Por lo tanto, aquí tenemos pruebas de que era un hombre rico, no el hombre arruinado económicamente que le dijo a Saco. Pero más importante aún, ¿crees que si Igi fuera inocente del asesinato de su mujer como él dice, que le daría el dinero del chantaje que Saco le pide?

2. La Pepona es un personaje complejo. ¿Qué relación hay entre ella e Igi?

□ ¿Crees que ella está enamorada de él? Lee las líneas 193-194. ¿Qué indica su reacción?

□ ¿Es una feminista moderna? Nota cómo la Pepona manipula a los hombres. Explica.

□ ¿Qué indica este hecho respecto al carácter de la Pepona?

□ ¿En qué se basa el amor repentino que siente por Alberto Saco?

3. "La cabeza del Bautista" forma parte de la colección *Retablo de la avaricia, la lujuria y la muerte*. Explica cómo funcionan la avaricia, la lujuria y la muerte en esta pieza.

□ ¿Cómo se lleva a cabo el discurso de la avaricia?

□ ¿Hasta que extremos llegan los hombres para conseguir dinero y no compartirlo?

□ ¿Quién es el único personaje de los tres centrales que no es avaro? ¿Es esa persona mejor que los personajes que lo son? Explica.

4. Don Igi es un indiano (ver el *código lingüístico*). Esto en sí lo hace ser un "figurón" y abre un discurso histórico-social. ¿Qué te imaginas que hacían los españoles que emigraban a América? ¿Era para hacerse ciudadanos o para ganar dinero para volver a España?

□ ¿Qué bandera tiene Igi en su café?

□ ¿Qué dice Igi de España en la línea 46?

□ ¿Qué opinión tienen los mexicanos de los "gachupines" según Igi, en la línea 129?

□ Si en este caso Igi tiene razón, ¿cúal sería la causa del odio hacia los españoles?

□ Las acciones de Igi en esta pieza, ¿confirman los prejuicios de los mexicanos?

5. Notemos la riqueza léxica de Valle-Inclán, que contiene regionalismos, americanismos, neologismos y palabras inusitadas. Trata de identificar de qué tipo son las siguientes palabras y expresiones, y trata de explicar lo que significan:

□ alargar la mano en compadre

□ ¡Ché! ¿Venite vos de la América?

□ sentirse fregado

□ "fanatizar" por la patria

□ tirar la mangana

□ rajarse

□ horita

□ entodavía

□ pendejo

□ su gracia

6. La obra es un "esperpento," de modo que su representación ha de ser exagerada y expresionista. Por ejemplo, don Igi siempre se describe como un fantoche.

□ ¿Cómo se representaría la siguiente acotación? "Don Igi tiene una actitud de fantoche asustado. Con los pelos de punta, huraño y verdoso, se lleva un dedo a los labios."

     ☐ ¿Cómo representarías la última escena con Pepona llorando la muerte de Saco? ¿Lo harías a lo ridículo o con patetismo dramático? Explica.

7. El teatro de Valle se representa poco porque es escenográficamente difícil. Trata de anotar ciertos aspectos de la pieza que la harían difícil de montar. Piensa, por ejemplo, en el gato. ¿Es fácil entrenar a un gato? Menciona otras cosas.

8. Otro discurso de la pieza que sí tiene resonancia en la cultura hispánica, y sobre todo en el teatro, es la honra. En la línea 107 Igi expresa por primera vez su pre-ocupación de que Saco le hablará a todo el mundo de sus crímenes en México. Trata de explicar este fuerte sentido del honor.

9. La pieza tiene un trasfondo panhispánico, puesto que se mencionan muchos lu-gares del mundo hispánico (Igi ha vivido en México; Saco en Argentina). Es más, Valle-Inclán incluye elementos culturales de ambos mundos. Por ejemplo, la obra contiene muchos americanismos; Saco viene vestido de gaucho y habla con el voseo; los ronderos cantan romances españoles, etc. ¿Cúal sería el propósito de combinar el mundo español con el americano?

Pío Baroja y Nessi

■□■

1872–1956

La extensa obra en prosa de este gran escritor vasco capta, quizá mejor que ningún otro escritor de su época, la moral social de la España de principios del siglo XX, con su incertidumbre, confusión, inercia y profundo pesimismo. Para ello crea su propio estilo lacónico y directo con toques impresionistas. Esto, junto con el subje-tivismo de su obra, lo aleja de la novelística realista de Galdós. Su persona—abúlico, anarquista, existencialista y escéptico—se refleja de un modo u otro en los persona-jes de sus novelas. Típico de su persona, rechazó pertenecer a la Generación del 98, y sin embargo su filosofía escéptica, su estilo renovador y su interés en el paisaje y en España encajan perfectamente bien en el perfil de esa generación amorfa.

Vidas sombrías (1900)

Antes de leer

1. ¿Has ido alguna vez de vacaciones, quizá con tus propios padres, y te has aburrido en vez de divertirte? Cuenta la experiencia.

2. ¿Has estado alguna vez en una relación, sea amorosa o amigable, de la que querías salir pero te era difícil? Cuenta la experiencia.

Código para la comprensión

Código sociocultural: La burguesía española solía pasar, y sigue pasando, sus vacaciones en las zonas del mar Cantábrico, que está en la costa norte del país, donde hace fresco durante los meses de verano. Las vacaciones duran un mes, pero muchas veces se extienden el verano entero.

"Lo desconocido"

Se instalaron, marido y mujer, en el vagón; él, después de colocar las carteras de viaje, se puso un guardapolvo[1] gris, se caló una gorrilla, encendió un cigarro y se quedó mirando al techo con indiferencia; ella se asomó a la ventanilla a contemplar aquel anochecer de otoño.

Desde el vagón se veía el pueblecillo de la costa, con sus casas negruzcas, reunidas para defenderse del viento del mar. El sol iba retirándose poco a poco del pueblo; relucía entonces con destellos metálicos en los cristales de las casas, escalaba los tejados, ennegrecidos por la humedad, y subía por la oscura torre de la iglesia hasta iluminar solamente la cruz de hierro del campanario, que se destacaba triunfante con su tono rojizo en el fondo gris del crepúsculo.

Pues no esperamos poco—dijo él, con un ceceo de gomoso[2] madrileño, echando una bocanada de humo al aire.

Ella se volvió con rapidez a mirarle, contempló a su marido, que lucía sus manos blancas y bien cuidadas llenas de sortijas, y, volviéndole la espalda, se asomó de nuevo a la ventanilla.

La campana de la estación dio la señal de marcha; comenzó a moverse el tren lentamente; hubo esa especie de suspiro que producen las cadenas y los hierros al abandonar su inercia: pasaron las ruedas con estrépito infernal, con torpe traqueteo, por las placas giratorias colocadas a la salida de la estación; silbó la locomotora con salvaje energía; luego el movimiento se fue suavizando, y comenzó el desfile, y pasaron ante la vista caseríos, huertas, fábricas de cemento, molinos, y después, con una rapidez vertiginosa, montes y árboles, y casetas de guardavías, y carreteras solitarias, y pueblecillos oscuros apenas vislumbrados a la vaga claridad del crepúsculo.

Y, a medida que avanzaba la noche, iba cambiando el paisaje; el tren se detenía de cuando en cuando en apeaderos aislados, en medio de eras,[3] en las cuales ardían montones de rastrojos.[4]

Dentro del vagón seguían, solos, marido y mujer; no había entrado ningún otro viajero; él había cerrado los ojos y dormía. Ella hubiera querido hacer lo mismo; pero su cerebro parecía empeñarse en sugerirle recuerdos que la molestaban y no la dejaban dormir.

¡Y qué recuerdos! Todos fríos, sin encanto.

De los tres meses pasados en aquel pueblo de la costa, no le quedaban más que imágenes descarnadas en la retina, ningún recuerdo intenso en el corazón.

10

20

---

[1] un sobretodo para proteger el traje que uno lleva

[2] persona muy afectada; petimetre

[3] tierras donde se cultivan granos (sobre todo trigo)

[4] paja que queda después de segar los granos

Veía la aldea en un anochecer de verano, junto a la ancha ría,[5] cuyas aguas se deslizaban indolentes[6] entre verdes maizales; veía la playa, una playa solitaria, frente al mar verdoso, que la acariciaba con olas lánguidas; recordaba crepúsculos de agosto, con el cielo lleno de nubes rojas y el mar teñido de escarlata; recordaba los altos montes escalados por árboles de amarillo follaje, y veía en su imaginación auroras alegres, mañanas de cielo azul, nieblas que suben de la marisma para desvanecerse en el aire, pueblos con gallardas torres, puentes reflejados en los ríos, chozas, casas abandonadas, cementerios perdidos en las faldas de los montes.   30

Y en su cerebro resonaban el son del tamboril; las voces tristes de los campesinos aguijoneando[7] al ganado; los mugidos poderosos de los bueyes; el rechinamiento de las carretas, y el sonar triste y pausado de las campanas del ángelus.

Y, mezclándose con sus recuerdos, llegaban del país de los sueños otras imágenes, reverberaciones de la infancia, reflejos de lo inconsciente, sombras formadas en el espíritu por las ilusiones desvanecidas y los entusiasmos muertos.

Como las estrellas que en aquel momento iluminaban el campo con sus resplandores pálidos, así sus recuerdos brillaban en su existencia, imágenes frías que impresionaron su retina, sin dejar huella en el alma.

Sólo un recuerdo bajaba de su cerebro al corazón a conmoverlo dulcemente. Era aquel   40 anochecer que había cruzado sola, de un lado a otro de la ría, en un bote. Dos marineros jóvenes, altos, robustos, con la mirada inexpresiva del vascongado, movían los remos. Para llevar el compás, cantaban con monotonía un canto extraño, de una dulzura grande. Ella, al oírlo, con el corazón aplanado[8] por una languidez sin causa, les pidió que cantaran alto y que se internaran mar adentro.

Los dos remaron para separarse de tierra, y cantaron sus zortzicos,[9] canciones serenas que echaban su amargura en un crepúsculo esplendoroso. El agua, teñida de rojo por el sol moribundo, se estremecía y palpitaba con resplandores sangrientos, mientras las notas reposadas caían en el silencio del mar tranquilo y de redondeadas olas.

Y, al comparar este recuerdo con otros de su vida de sensaciones siempre iguales, al pensar   50 en el porvenir plano que le esperaba, penetró en su espíritu un gran deseo de huir de la monotonía de su existencia, de bajar del tren en cualquier estación de aquéllas y marchar en busca de lo desconocido.

De repente se decidió, y esperó a que parara el tren. Como nacida de la noche, vio avanzar una estación hasta detenerse frente a ella, con su andén solitario, iluminado por un farol.

La viajera bajó el cristal de la ventanilla, y sacó el brazo para abrir la portezuela.

Al abrirla y al asomarse a ella, sintió un escalofrío que recorrió su espalda. Allá estaba la sombra, la sombra que la acechaba.[10] Se detuvo. Y, bruscamente, sin transición alguna, el aire de la noche le llevó a la realidad, y sueños, recuerdos, anhelos, desaparecieron.

Se oyó la señal, y el tren tornó a su loca carrera por el campo oscuro, lleno de sombras, y   60 las grandes chispas de la locomotora pasaron por delante de las ventanillas como brillantes pupilas sostenidas en el aire. . .

---

[5] el ensanchamiento del río al desembocar al mar
[6] perezosas
[7] avivando con la voz
[8] *fig.* abatido; abrumado
[9] danza vasca, exclusivamente de hombre, de ritmo vivo
[10] aguardaba; espiaba

■───Pasos para la comprensión

1. La narración trata de una pareja que vuelve a su casa en tren después de veranear en un pueblo del norte. Desde el primer párrafo, y luego en el tercero y cuarto, Baroja establece sutilmente la relación entre marido y mujer.

   □ ¿Cómo parece ser esa relación?

   □ ¿Qué detalles se disciernen respecto a la manera de ser del marido?

2. Empezando con la línea 27, ¿qué recuerdos tiene la mujer de sus tres meses en la costa?

   □ ¿Son sus recuerdos visuales o emocionales? Según tus propias experiencias, ¿qué tipos de recuerdos perduran más en el individuo?

3. Después de una bellísima descripción del paisaje del pueblo junto al mar, le sigue otra en (líneas 40-42) con otras imágenes no tan alegres. ¿Cuáles son?

   □ ¿Crees que hay aquí un discurso sobre España? Explica.

4. Pero sí mantiene un recuerdo que la emociona. Fue cuando atravesó la ría sola en un barco con dos marineros.

   □ ¿Cómo eran los marineros?

   □ ¿Qué hacían mientras remaban?

   □ ¿Cómo era su canción?

   □ ¿Cómo se distinguen los marineros del marido?

5. ¿Qué efecto produce en el espíritu de la mujer el recuerdo de los marineros?

   □ ¿Cómo ve su vida?

   □ ¿Qué tiene ganas de hacer?

6. Cuando llega a una estación, ¿qué hace?

   □ ¿Por qué no salió del vagón como hubiera querido?

   □ ¿Qué crees que representa la "sombra" que ve y que la detiene?

■───Pasos para una lectura más a fondo

1. En el segundo párrafo podemos apreciar la capacidad paisajista de Baroja. Nota primero lo visual. ¿Pinta el pueblo como cosa bella?

   □ ¿Qué color predomina?

   □ El párrafo termina simbólicamente con un signo de la realidad histórica de España. Explica.

2. El párrafo que comienza en la línea 13 es también descriptivo del tren arrancando del andén y alejándose del pueblo. Nota cómo el párrafo consta de una sola oración. Enumera qué técnicas usa Baroja para alargar la oración.

- ☐ Busca también las técnicas poéticas que emplea para crear el movimiento y el sonido del tren.
- ☐ Busca en el resto de la narración otros ejemplos de la capacidad descriptiva de Baroja.
- ☐ ¿Cómo clasificarías su estilo descriptivo: realista/naturalista o más bien impresionista? Explica.

3. Se podría decir que éste es un relato psicológico. Haz un perfil del estado psíquico de la viajera.

- ☐ ¿Qué crees que hay en el fondo de este estado mental?
- ☐ ¿Se menciona explícitamente en la narración? Explica.

4. ¿Es posible que este relato contenga un discurso feminista? Explica.

- ☐ Si es cierto, ¿qué futuro ve Baroja para la mujer española? Explica.

5. Baroja era un hombre escéptico; tenía poca esperanza en la especie humana pero sí tenía fe en la ciencia y la tecnología. ¿De qué modo se reflejan estas ideas en este relato?

Antonio Machado

■□□

1875–1939

Pocos poetas gozan de la estimación de su pueblo como Antonio Machado. Su verso es cristalino y tiene la capacidad de comunicarse directa y sencillamente, pero al mismo tiempo es profundo y contiene un subtexto filosófico y trascendente. Sus imágenes y signos poéticos suelen ser corrientes—el camino, el río, la arboleda—pero Machado los convierte en símbolos universales y profundos. Andaluz de nacimiento, pasó gran parte de su vida en Castilla, lo cual despertó en él un vivo interés por el pueblo y el paisaje castellano, sin que ningún poeta haya captado el sentido histórico y espiritual de Castilla como él. Sus versos también cantan bella y emocionadamente los detalles de su triste vida. A veces el tono melancólico de sus versos nos recuerdan al del modernismo (Machado y Rubén Darío se estimaban mutuamente), pero los versos de Machado son más puros y menos afectados. Su obra en verso es reducida, pero ha lanzado una sobra larga en la poesía en lengua castellana.

Soledades (1903)

Antes de leer

1. ¿Crees que la gente sencilla y sin educación son mejores personas que los más sofisticados y educados? Explica.

2. ¿Crees que la gente sencilla sabe gozar más de la vida que la gente más sofisticada y rica? Explica.

"He andado muchos caminos"

II

He andado muchos caminos,   1
he abierto muchas veredas;
he navegado en cien mares,
y atracado[1] en cien riberas.

En todas partes he visto   2
caravanas de tristeza,
soberbios y melancólicos
borrachos de sombra negra,

y pedantones[2] al paño[3]   3
que miran, callan, y piensan
que saben, porque no beben
el vino de las tabernas.

Mala gente que camina   4
y va apestando la tierra . . .

Y en todas partes he visto   5
gentes que danzan o juegan,

cuando pueden, y laboran
sus cuatro palmos de tierra.

Nunca, si llegan a un sitio,   6
preguntan adónde llegan.
Cuando caminan, cabalgan
a lomos de mula vieja,

y no conocen la prisa   7
ni aun en los días de fiesta.
Donde hay vino, beben vino;
donde no hay vino, agua fresca.

Son buenas gentes que viven,   8
laboran, pasan y sueñan.
Y en un día como tantos,
descansan bajo la tierra.

---

[1] atracar: arrimarse un baro a la tierra
[2] gente pedante (presuntuosa)
[3] término de teatro que describe al actor que interviene en la presentación, pero oculto, sin que el público lo vea

■——Pasos para la comprensión

1. El poema comienza con un fuerte yo poético: "(Yo) he andado / he abierto / he navegado / (he) atracado." ¿Crees que el que habla es Machado? ¿El punto de vista es subjetivo u objetivo? Explica.

2. En la primera estrofa, el poeta habla de andar por la tierra y el mar. ¿Por medio de qué signos sabemos que esto es cierto? ¿Por qué crees que emplea Machado esta dicotomía de "tierra/mar"?

3. El poeta describe dos grupos de personas a quienes se ha encontrado por los caminos que ha andado. El primer grupo se describe en las estrofas 2 a 4 y el segundo grupo en las estrofas 5 a 8. ¿Con qué signos describe a cada grupo?

4. Aunque no los menciona directamente, ¿quiénes podrían ser los del primer grupo?

    ☐ Los del segundo grupo son más identificables: ¿quiénes son?

5. ¿Qué razones se podrían dar para explicar la antipatía del poeta hacia el primer grupo y su admiración por el segundo?

6. ¿Cómo calificarías el mensaje de la última estrofa, en que los labradores se mueren y "descansan bajo la tierra"? ¿Crees que representa una visión escéptica o pesimista de la vida, o lo opuesto? Explica.

■——Pasos para una lectura más a fondo

1. Así como el poema empieza con la dicotomía "tierra/mar," el resto del poema se estructura con oposiciones binarias. Busca otros ejemplos.

2. En varios lugares del poema se observa el signo de "beber." Tanto los miembros del primer grupo como los del segundo beben.

    ☐ Trata de explicar por qué los del primer grupo son "borrachos" pero "no beben / el vino de las tabernas." ¿Qué son tabernas? ¿Quiénes beben en las tabernas?

    ☐ ¿Por qué no bebe esa gente vino allí?

    ☐ ¿Qué se puede decir de lo que beben los del segundo grupo?

3. Machado pinta al pueblo español con unos signos muy positivos, sin embargo revela en ellos su triste realidad. Menciona los signos que revelan la pobreza y la vida difícil del pueblo.

4. Mientras que la mayoría de los signos que emplea Machado son fácilmente reconocibles, otros son más abstractos. Por ejemplo, trata de explicar lo que significa el signo "sombra negra" de la segunda estrofa.

5. En la comparación que hace Machado entre los dos grupos, se nota que el segundo, a pesar de sus pocos recursos, sabe disfrutar de la vida. Explica.

La primavera besaba

Antes de leer

1. ¿Cómo es un día típico de primavera?

2. ¿Crees que es triste no conocer el amor o enamorarse cuando uno es joven? Explica.

"La primavera besaba"

La primavera besaba   1
suavemente la arboleda,
y el verde nuevo brotaba
como una verde humareda.[1]

Las nubes iban pasando   2
sobre el campo juvenil . . .
Yo vi en las hojas temblando
las frescas lluvias de abril.

Bajo ese almendro florido,   3
todo cargado de flor
—recordé—, yo he maldecido
mi juventud sin amor.

Hoy, en mitad de la vida,   4
me he parado a meditar . . .
¡Juventud nunca vivida,
quién te volviera a soñar!

■——Pasos para la comprensión

1. ¿A qué estación se refiere este poema? Hay cuatro adjetivos con los cuales Machado acentúa el aspecto "joven" de esta estación. ¿Cuáles son?

2. Las dos primeras estrofas crean una atmósfera y pintan un cuadro. Algunos aspectos gráficos del cuadro son fáciles de identificar. Otros no. Empecemos con lo fácil.

   □ ¿Dónde tiene lugar la escena?

   □ ¿De qué color son los árboles?

   □ ¿Cómo sabemos que ha estado lloviendo?

   □ Ahora pasemos a lo menos fácil. ¿Qué tiempo hace?

   □ ¿Cómo expresa el poeta metonímicamente que hay un vientecillo y que hay neblina?

   □ ¿Por qué están temblando las hojas?

3. En las tercera y cuarta estrofas se va de la arboleda en general a un árbol específico. ¿Cuál es?

4. Aunque el poema empieza como una composición descriptiva, en el tercer verso de la segunda estrofa se introduce el yo poético que se seguirá usando en el resto

---

[1] masa densa de humo

de la composición. ¿Crees que hay una relación entre el "yo" y la naturaleza que se describe? ¿Cómo describirías esa relación?

5. Nota cómo funciona el tiempo en este poema. Desde un momento en el presente ("hoy") el poeta recuerda ("recordé") un momento del pasado. ¿Qué elemento de la naturaleza forma el puente que lleva al poeta pueda al pasado?

6. ¿Qué recuerda el poeta de su pasado? ¿Por qué son tristes sus recuerdos?

7. El poema termina en un apóstrofe. ¿A qué se dirige el poeta? ¿Qué desearía hacer el poeta?

■———Pasos para una lectura más a fondo

1. El uso del tiempo es aún más complejo. Nota el tiempo verbal de las primeras dos estrofas. ¿Cuál es?

   □ El verbo *ver*, sin embargo, indica otro tiempo. El poema trata de la mediana edad y de la juventud. ¿Cómo sabemos que el poeta está en su mediana edad?

   □ Pero el poeta, en el último verso, paradójicamente parece pensar en un futuro (volver a + infinitivo), mientras piensa en el pasado (uso del imperfecto del subjuntivo). Explica. ¿Qué podría indicar este concepto complejo del tiempo?

2. ¿Con qué adjetivos describirías la escena que pinta Machado?

   □ ¿Qué tiene de belleza?

   □ ¿Qué tiene de tristeza?

   □ ¿Cúal sería el propósito de contrastar estas dos isotopías opuestas?

3. ¿Es éste un poema de amor? ¿de la juventud? ¿del paso del tiempo? ¿de la primavera? Explica. ¿Cómo entreteje artísticamente el poeta todos estos temas?

4. ¿Cuál es la forma poética de esta obra? ¿Recuerdas otros poemas que empleaen esta misma forma?

Soledades, galerías y otros poemas (1907)

Antes de leer

1. ¿Cómo te sientes en la primavera después de un largo invierno? ¿Qué simboliza para ti la primavera?

2. ¿Te gusta observar la belleza de la naturaleza? Hazlo ahora, y contémplala.

Códigos para la comprensión

Código geográfico: El río Duero comienza en Oporto en Portugal y atraviesa el norte de Castilla, pasando junto a Soria, la ciudad donde Machado vivió muchos años. Fue en Soria donde se enamoró de Leonor, la musa de muchos de sus poemas.

Código literario: La Generación del 98 se preocupó mucho por una reinterpretación de la historia de España así como por su regeneración espiritual.

"Orillas del Duero"

Se ha asomado una cigüeña a lo alto del campanario.
Girando en torno a la torre y al caserón solitario,
ya las golondrinas chillan. Pasaron del blanco invierno,
de nevascas y ventiscas[1] los crudos soplos de infierno.

En una tibia mañana.   5
El sol calienta un poquito la pobre tierra soriana.[2]

Pasados los verdes pinos,
casi azules, primavera
se ve brotar en los finos
chopos[3] de la carretera   10
y del río. El Duero corre, terso y mudo, mansamente.
El campo parece, más que joven, adolescente.

Entre las hierbas alguna humilde flor ha nacido,
azul o blanca. ¡Belleza del campo apenas florido,
y mística primavera!   15

¡Chopos del camino blanco, álamos[4] de la ribera,
espuma[5] de la montaña
ante la azul lejanía,
sol del día, claro día!
¡Hermosa tierra de España!   20

■──── Pasos para la comprensión

1. El poema tiene un escenario fijo—casi plástico—que se revela a lo largo del poema. Describe el cuadro que se ve en el poema. Para ello, haz una lista de todos los signos físicos de la obra.

2. ¿Qué época del año se describe?
   - ☐ ¿Con qué signos lo comunica el poeta?
   - ☐ ¿Cuándo regresan a sus nidos las cigüeñas y las golondrinas?

---

[1] vientos fuertes
[2] de Soria (provincia del norte de Castilla)
[3] especie de árbol
[4] especie de árbol propio de lugares húmedos
[5] *metonimia por nieve de los picos*

    □ ¿Con qué se asocia esta época del año?

    □ ¿Por qué la llamará el poeta una "mística primavera"?

3. ¿Qué diferencia hay entre un pino y un chopo? ¿Por qué los contrasta el poeta?

4. ¿Qué representa comúnmente el signo del río en la lírica castellana? ¿Cómo se contrasta el río con los elementos naturales que lo circulan?

5. El carácter cromático del poema es notable. Explica.

6. Los signos de los últimos cinco versos están ordenados en un plan ascendente: camino, río, montaña, cielo, sol. Y se termina con España. ¿Qué efecto produce esta escala ascendente, marcada por signos de exclamación?

■———Pasos para una lectura más a fondo

1. El último verso nos hace volver y leer este poema dentro de un marco histórico y nacional. La Generación del 98 se preocupó intensamente por un nuevo análisis de la historia de España y por su regeneración como país. Dentro de este sistema de significación, ¿qué podría significar "Pasaron. . . los crudos soplos de infierno" así como el renacimiento que ocurre en la primavera?

2. Siguiendo esta línea de análisis, ¿cuál podría ser el motivo de contrastar signos de permanencia con los de mudanza? Mira los pasos 3 y 4 de los *Pasos para la comprensión*.

3. A Machado le interesa mucho el paso del tiempo. Teniendo en cuenta los signos de la primavera, ¿qué se puede decir del tiempo en este poema?

4. El narrador omnisciente, que al principio del poema es objectivo y se dedica a observar el paisaje, cambia a partir del verso 14. ¿En qué consiste este cambio?

    □ ¿Qué ha provocado este cambio en el poeta?

    □ ¿Qué efecto produce este cambio?

5. Machado es un maestro de los efectos auditivos y de la creación de ambiente. Notemos algunos ejemplos:

    □ Las cigüeñas vuelan alrededor del campanario de la iglesia. Explica cómo el gerundio del segundo verso y las aliteraciones con sonidos dentales (*d* y *t*) y nasales (*n*) así como el ritmo, crean un movimiento circular.

    □ Explica cómo se capta el movimiento del río en el verso 11.

6. La forma poética es también genial. A primera vista el poema parece estar escrito en verso libre. Pero, cuenta el número de sílabas de los versos cortos. ¿Cuántas tienen? ¿Cómo se llaman en castellano los versos de este número de sílabas? Ahora, cuenta el número de los versos largos. ¿Cuántos hay? (Consulta *Métrica española* en el *Apéndice*.)

    □ Escucha el poema en el CD. ¿Oyes alguna rima? Casi suena como verso blanco. Pero nota la rima de los versos. ¿Es rima asonante o consonante? Nota cómo los dos cuartetos de versos octosílabos tienen otra configuración de rima, y hasta son diferentes entre sí. Explica.

☐ El encabalgamiento es una técnica poética que hace que el sentido lógico semántico no termine al final del verso, sino que continúe en el próximo verso y termine a mediados de él. Busca los ejemplos que haya de esta técnica en el poema. ¿Qué efecto produce?

☐ Trata de explicar por qué Machado trata de "ocultar" o "encubrir" el carácter poético de su obra.

Campos de Castilla (1912)

Antes de leer

1. ¿Crees que cada persona debe hacer su propio camino en la vida o que es una buena idea seguir los pasos de otros?

2. Si tomas un mal paso por el camino de la vida, ¿crees que es posible "volver" y corregirlo, cambiando tu vida en el futuro para no volver a cometer ese fallo?

3. ¿Crees que en la vida se puede seguir un camino concebido de antemano, o que el destino le impone a uno un plan absurdo, haciendo imposible llevar a cabo un plan fijo?

"Proverbios y Cantares"

XXIX

Caminante, son tus huellas
el camino, y nada más;
caminante, no hay camino,
se hace camino al andar.
Al andar se hace camino,   5
y al volver la vista atrás
se ve la senda que nunca
se ha de volver a pisar.
Caminante, no hay camino,
sino estelas[1] en la mar.   10

■——Pasos para la comprensión

1. El poema tiene un narratario, o sea, una persona a quien se dirige el autor que no es necesariamente el lector.

☐ ¿Quién es esa persona?

☐ ¿Crees que los lectores se pueden identificar con esa persona? Explica.

---

[1] rastros que deja una embarcación al pasar sobre el agua

2. En el primer y último versos se comparan dos signos cuyos sentidos son muy cercanos, pero que también son muy diferentes. Busca en el diccionario español los significados de *huella* y *estela* y explica sus semejanzas y sus diferencias.

3. ¿Cúal crees que es el significado del "camino" en este poema?

4. El corto poema tiene tres oraciones, y en cada una el poeta expresa una idea filosófica diferente.

   □ ¿Qué idea expresa en la primera?

   □ ¿en la segunda?

   □ ¿y en la última?

5. El poema toma un rumbo diferente desde las primeras dos oraciones a la tercera. ¿Qué signos se presentan en la última oración que no encuadran con los signos de las primeras dos?

   □ Trata de explicar la dicotomía u oposición entre tierra/mar y huella/estela.

■———Pasos para una lectura más a fondo

1. A Machado le encanta escribir poemas que no suenan como poesía, o sea, que tienen las características de la prosa natural. Sin embargo, Machado no suele cultivar el verso libre. Este poema tiene una estructura y una rima asonante rígida. Explica cómo es.

   □ Nota el encabalgamiento en los dos primeros versos. ¿Qué efecto produce?

   □ Nota también la repetición de palabras. ¿Cuántas veces se emplea "camino"? ¿y "caminante"? ¿Qué efecto auditivo producen estas repeticiones (epífora)?

2. El poema parece sencillo, pero en realidad es un poema filosófico bastante complejo que provoca muchas impresiones. La primera idea, expresada en la primera oración en los primeros cuatro versos, es una idea bastante corriente con la cual casi todos estaríamos de acuerdo: cada persona hace su propio camino en la vida. Pero con la segunda idea, expresada en los próximos cuatro versos, las cosas se complican.

   □ ¿Implica el poeta que los errores que hacemos en la vida no se podrán corregir?

   □ ¿Implica que nadie podrá seguir nuestras huellas, o sea, nuestro ejemplo, si seguimos un buen camino por la vida?

   □ ¿Implica que nunca se puede recrear los buenos tiempos pasados del mismo modo?

3. La última idea, expresada en los dos últimos versos, introduce una radical y escéptica. Ahora el camino desaparece por completo como las estelas. Explica por qué esta noción es escéptica y pesimista.

4. A Machado le preocupa mucho el paso del tiempo. Explica cómo funciona el tiempo en este poema. Nota sobre todo la segunda oración.

CAPÍTULO 11

EL VANGUARDISMO Y SUS TRANSFORMACIONES

 Consulta www.prenhall.com/momentos y lee un ensayo de orientación a este capítulo.

Durante las primeras décadas del siglo XX, el mundo político, económico y social europeo y americano parecía estar al borde de un cataclismo total. El anarquismo había echado hondas raíces entre los trabajadores en España, provocando una de las primeras huelgas obreras mundiales que resultó en la sangrienta semana trágica de Barcelona (1909); en México el pueblo se sublevó contra la dictadura de Porfirio Díaz, produciendo la primera revolución social de Hispanoamérica (1910); los rusos pusieron en práctica las teorías socialistas y comunistas de Karl Marx y lanzaron una revolución contra la monarquía (1917); la Primera Guerra Mundial alteró por completo el mapa de Europa, dividiendo antiguas regiones culturales y creando nuevos países (1914–1918); el fascismo triunfó en Italia (1914) y el nazismo en Alemania (en los años 20). Y para colmo, en 1929 la gran depresión económica en los Estados Unidos tuvo repercusiones mundiales. Pocas veces en la historia europea había coincidido tanta inquietud social, conflictos políticos, crisis económicas y malestar general como en estos años, y los artistas y escritores respondieron con asombro.

Ante un mundo que no parecía tener sentido y ante conflictos que no parecían tener resolución, el arte abandonó las estructuras clásicas, la representación fiel de la realidad y la comunicación directa para seguir un arte abstracto y experimental que José Ortega y Gasset (1883–1955), uno de sus mayores apologistas, caracterizó como un arte "deshumanizado." Para Ortega, los sentimientos humanos o formas visuales reconocibles que normalmente servían de vínculos para unir arte y espectador, se cortaron, y el resultado fue un arte hermético, abstracto, intelectual e inasequible a las masas.

Estas tendencias de vanguardia se adaptaron felizmente a las artes plásticas. Pablo Picasso (1881–1973) y Georges Braque (1882–1963) experimentaron con el cubismo, consistente en la superposición de perspectivas diferentes de un mismo objeto o realidad hasta crear un cuadro que parecía distorsionar completamente el objeto. Otros "ismos" no tardaron en aparecer—futurismo, dadaísmo, ultraísmo, creacionismo, etc., cada uno con sus propios manifiestos y revistas dedicadas a propagar su particular y original visión experimental del arte.

De todos los movimientos vanguardistas, los dos que mayor éxito tuvieron en adaptarse a la literatura fueron el surrealismo y la negritud. El surrealismo, que también se llama superrealismo en castellano, busca el sentido de la vida en cosas más allá de la vida racional, como los sueños, las alucinaciones y los impulsos sexuales. Fueron muy influenciados por las teorías de la subconsciencia de Sigmund Freud (1856–1939). Así como en los sueños aparecen imágenes incongruentes e inexplicables, también en el arte y la literatura surrealista aparecen signos que no tienen un significado racional, pero que quizá tengan un valor simbólico en la subconsciencia. Como en los sueños, todo cabe dentro de la obra surrealista, desde las angustias y los deseos más personales a los asuntos sociales y políticos más candentes. Estas nociones atrajeron sobremanera a los intelectuales hispanos, quienes produjeron muchas de las grandes obras del surrealismo, como los magníficos cuadros de Salvador Dalí (1904–1989), el cine de Luis Buñuel (1900–1983), y la poesía de Pablo Neruda (1904–1973) y Federico García Lorca (1898–1936), para mencionar sólo los nombres más reconocidos.

Si el surrealismo tenía la capacidad de abarcar una gran cantidad de preocupaciones y temas y expresarse tanto en la literatura como en el arte plástico, la "jitanjáfora" fue un movimiento exclusivamente literario que explotaba el carácter auditivo del signo. Estos experimentos con el valor fónico de la palabra no habrían conseguido crear grandes obras literarias de no haberse unido en el Caribe con un interés en la cultura afroantillana. Los esclavos del Caribe habían mantenido vivas sus antiguas costumbres y cultura y, de un modo sincrónico, las habían asimilado a la cultura hispánica en campos como la música, la comida, el habla y la religión. El gran antropólogo cubano, Fernando Ortiz (1881–1969), en los primeros años del siglo XX, estudió la religión, la música, los ritos y otras manifestaciones culturales de los afrocubanos. De estas dos fuentes—la jitanjáfora literaria y los estudios antropológicos—surgió la poesía negra, que intentaba captar en verso los ritmos y vocales del habla de los africanos así como recoger elementos de su cultura. Sus dos grandes practicantes son el cubano Nicolás Guillén (1902–1989) y el puertorriqueño Luis Palés Matos (1898–1959).

El vanguardismo coincide con el apogeo de la filosofía existencialista, que expresa un "sentimiento trágico de la vida," como lo describiría Miguel de Unamuno. El existencialismo no ve una solución clara a los dilemas que afectan al hombre ni esperanza en un futuro mejor. Se basa en la premisa de que la existencia del individuo está por encima de su esencia, o sea, la existencia que vivimos es la única vida. Los seres humanos no tienen alma, u otra esencia. y no existe una vida después de la muerte. Estas ideas crean un sentido de angustia en que la vida no tiene sentido. Si no se acepta esta condición humana, el único remedio es alistarse a alguna ideología o institución (la religión, el fascismo, etc.) que prescriba cierto modo de comportamiento y engañe con una moral y unas ideas falsas que puedan dar un sentido a la vida, aunque ese sentido siempre será falso e hipócrita. Estas ideas desesperantes y nihilistas se reflejan en muchas obras vanguardistas, como se podrá ver en la poesía del peruano César Vallejo (1892–1938) y el español exiliado en México, Luis Cernuda (1902–1963). Y sin embargo, no todos los poetas vanguardistas sintieron tan intensamente la angustia existencial; poetas como el ecuatoriano Jorge Carrera Andrade (1903–1978) y Luis Palés Matos de Puerto Rico no se dejaron hundir en la desesperación.

Una tardía manifestación del vanguardismo y del existencialismo fue el teatro de lo absurdo. Aunque se da primero en los años cincuenta del siglo XX con dramaturgos como Samuel Beckett (1906–1989) y Eugène Ionesco (1912–1994), se debe notar que en el teatro expresionista y esperpéntico del español Valle-Inclán, escrito mucho antes, se ensayan varias de las técnicas de esa forma dramática. Es, en esencia, un teatro que se acerca a la farsa para representar, con escenas ridículas, la imposibilidad del ser humano de conseguir sus metas o de poder transformar el mundo. El mayor representante de este tipo de teatro en el mundo hispánico es Fernando Arrabal (n. 1932), quien se exilió en Francia, huyendo de la represión de la España de Franco, y terminó escribiendo en francés para ese público. Pero muchos de los dramaturgos españoles e hispanoamericanos de la segunda mitad del siglo XX incorporaron elementos absurdos en sus piezas, sin necesariamente subscribirse del todo al movimiento—característica que se verá claramente en este libro con la obra del chileno Sergio Vodanovic (1926–2001).

El vanguardismo exagerado no duró mucho, pero dejó huellas hondas en la poesía hispánica. Impuso el verso libre como su predilecta forma de expresión; purificó el lenguaje poético, depurándolo de sus expresiones insípidas, ordinarias y deslucidas y admitiendo un vocabulario vivo y cotidiano; dio nueva vida a la metáfora y las imágenes, exaltando la originalidad; y, por lo general, no cerró ninguna puerta a las posibilidades de experimentación poética. Después de la Guerra Civil española (1936–1939) y la Segunda Guerra Mundial (1939–1945), el vanguardismo perdió mucho de su carácter experimental, que, al fin y al cabo, era una literatura de evasión, y se dedicó a temas más universales y candentes, con una clara preocupación por la condición del ser humano y su explotación.

El vanguardismo fue quizá la primera vez que los escritores españoles e hispanoamericanos colaboraron a la par. Si el modernismo fue importado a España por Darío, el vanguardismo fue un movimiento de colaboración desde el principio entre autores de ambos lados del Atlántico. En Madrid y París se reunieron figuras como Picasso, Huidobro (1893–1948), Vallejo y Borges (1899–1986), quienes mantuvieron relaciones y polémicas con sus contemporáneos franceses. De ese modo, el vanguardismo se puede ver como un auténtico movimiento cultural de colaboración, aunque fuera un movimiento cosmopolita e intelectual ajeno a las preocupaciones de las masas.

Son pocos los poetas que se podrían denominar exclusivamente vanguardistas. Esto se puede observar en los escritores de la Generación del 27 en España, donde los poetas que se asocian con ella, que incluyen muchos de los grandes poetas españoles del siglo XX, pasan vertiginosamente por las muchas corrientes poéticas del siglo. Se inician bajo la fuerza irresistible del modernismo, pasan a experimentar con el vanguardismo—sobre todo el surrealismo—emergen con una voz poética transformada y comprometida, y, los que llegan hasta el final del siglo, terminan creando sus propias poéticas.

Esta trayectoria se ve también en los poetas hispanoamericanos como Pablo Neruda, quien es, posiblemente, la voz poética más completa, original y universal de la lengua castellana del siglo XX. Empieza su carrera escribiendo poesía posmodernista (como en "Me gustas cuando callas"), pasa a cultivar el surrealismo en los dos volúmenes de su poemario *Residencia en la tierra* (1933 y 1935), donde aparece "Walking around;" abandona el surrealismo para escribir una poesía de índole político-social como el "United Fruit Co." de *Canto general* (1950); y termina creando una forma poética completamente original con las *Odas elementales* (1954) donde aparece la "Oda a la alcachofa."

En conclusión, el vanguardismo fue una etapa por la cual pasaron la mayor parte de los poetas hispanos del siglo XX, siendo pocos los que se dedicaron exclusivamente a su expresión—Huidobro sería, quizá, la mayor excepción. Sin embargo, el vanguardismo transformó para siempre la poesía del siglo XX.

Vicente Huidobro

■□■

1893–1948

Este poeta chileno fue una de las figuras más vocingleras del vanguardismo, así como uno de sus discípulos más fieles. Después de pasar por una etapa modernista en Santiago, Huidobro fue a París en 1916 cuando se urdían los movimientos vanguardistas, y no tardó en colaborar en ellos, formando sus propias ideas sobre la creación poética que él denominó el "creacionismo." Su "Arte poético," que contiene su credo, es uno de los metapoemas más conocidos del idioma, y su monumental y ambicioso poema *Altazor* (1931) es una de las obras claves y más representativas del vanguardismo hispánico. Cuando otros poetas abandonaron el vanguardismo en busca de una expresión más clara, Huidobro siguió fiel a la capacidad del vanguardismo de transformar y vivificar el arte poético.

Últimos poemas (1948)

Antes de leer

1. Para ti, ¿cuáles son algunos de los intentos de la poesía lírica? O sea, ¿qué debe hacer un poeta para escribir un buen poema?

2. ¿Crees que para escribir sobre algo hay que haberlo conocido o experimentado primero? Explica.

Código para la comprensión

Código mitológico: Ovidio cuenta en sus *Metamorfosis* cómo Cupido, para castigar a Apolo, le lanzó a su amante Daphne una flecha que le prohibiría amar a Apolo. Éste la persiguió de todos modos, y ella, para librarse de sus avances, se convirtió en un árbol. El mito de Daphne y Apolo fue uno de los temas más populares de los poetas españoles del Siglo de Oro.

"La poesía es un atentado celeste"

Yo estoy ausente, pero en el fondo de esta ausencia
Hay la espera de mí mismo.
Y esta espera es otro modo de presencia
La espera de mi retorno
Yo estoy en otros objetos   5
Ando en viaje dando un poco de mi vida
A ciertos árboles y a ciertas piedras
Que me han esperado muchos años.

Se cansaron de esperarme y se sentaron.

Yo no estoy y estoy   10

Estoy ausente y estoy presente en estado de espera
Ellos querrían mi lenguaje para expresarse
Y yo querría el de ellos para expresarlos
He aquí el equívoco, el atroz equívoco.

Angustioso lamentable   15
Me voy adentrando en estas plantas
Voy dejando mis ropas
Se me van cayendo las carnes
Y mi esqueleto se va revistiendo de cortezas.

Me estoy haciendo árbol

Cuántas veces me he ido convirtiendo en otras cosas   20
Es doloroso y lleno de ternura.

Podría dar un grito pero se espantaría la transubstanciación[1]
Hay que guardar silencio
Esperar en silencio.

■———Pasos para la comprensión

1. Busca en el *Diccionario de términos literarios* en el *Apéndice* el significado de un *metapoema* y explica por qué esta composición es un ejemplo de ello.

2. Para entender por qué el poeta empieza diciendo que está ausente de sí mismo, hay que leer el verso quinto, donde dice "Yo estoy en otros objetos," y lo que sigue. ¿Por qué anda el poeta buscando otros objetos?

3. El narrador hace específica mención de sólo dos "objetos:" árbol y piedra. ¿Por qué crees que escogería estos dos signos específicos? ¿En qué se diferencian?

4. Parece que hay una relación recíproca entre el narrador y estos objetos, la cual se expresa explícitamente en los versos 11-13. ¿Qué necesitan estos objetos del poeta, y qué necesita el poeta de estos objetos?

5. Busca en un diccionario español el significado de *equívoco*. ¿Por qué se refiere a la relación recíproca como un "equívoco"? ¿Y por qué puede ser que ese equívoco sea "atroz"?

6. ¿En qué se convierte el narrador en la cuarta estrofa?
   □ ¿Por qué ocurre esta metamorfosis?
   □ Aunque el narrador no lo dice explícitamente aquí, ¿qué podrá hacer el poeta ahora que se ha transformado en otro objeto?

7. ¿Qué explicación se podría dar para explicar por qué el narrador describe su metamorfosis con la oposición binaria de "doloroso" y "tierno"?

8. Los dos últimos versos recogen la oposición binaria en forma de "grito" y "silencio." Teniendo en cuenta el carácter metapoético de la composición y la relación de esta nueva oposición binaria con "doloroso" y "ternura," ¿qué podría significar "dar un grito" pero también "guardar silencio"?

■———Pasos para una lectura más a fondo

1. Nota las características vanguardistas de este poema. ¿Cuál es su forma poética?
   □ ¿Se usa puntuación?
   □ ¿Se emplea un léxico poético o cotidiano?

2. La figura poética que más se emplea en el poema es la repetición o la iteración, y se hace de varias formas. Busca en el *Diccionario de términos literarios* del *Apéndice*

---

[1] conversión total de una substancia en otra (*se aplica especialmente a la del pan y el vino en cuerpo y sangre de Jesucristo*)

las siguientes figuras retóricas para ver cómo se emplean en este poema y los efectos que producen tantas figuras de iteración:

☐ anadiplosis

☐ anáfora

☐ antimetátesis

☐ epanadiplosis

☐ epífora

3. Ya hemos visto cómo funciona la oposición binaria en este poema, pero busquemos otras oposiciones. Empecemos con "ausente"/"presente" de la primera estrofa. Busca otras.

☐ ¿Cuál podría ser el referente implícito que pudiera unir estas oposiciones binarias?

4. El narrador parece indicar que para ser poeta hay que "ser" la cosa misma que uno quiere expresar. A la vez, expresa ese proceso como laborioso y difícil. ¿En qué momentos y con qué signos expresa esta noción sobre la creación poética?

5. Los versos 15-19 contienen un intertexto mitológico. Lee el *código mitológico* para entenderlo. En la poesía renacentista, esta transformación de Daphne en árbol tenía el referente del amor no deseado. ¿Qué significación tiene aquí en este metapoema? ¿Qué podrá hacer el poeta cuando se haya convertido en árbol?

6. Enfoquémonos en el título del poema. Busca en un diccionario de español el significado de la combinación *atentado*.

☐ Explica la paradoja de "atentado celeste."

☐ En el poema, ¿por qué se puede decir que el narrador comete un atentado?

☐ Según el título, ¿es bueno el atentado que hace el poeta?

7. La última estrofa emplea el término *transubstanciación* en vez de otros términos que pudiera haber empleado, como *transformación* o *metamorfosis*. Busca *transubstanciación* en un diccionario español. ¿Qué sentido específico tiene?

☐ ¿Crees que el narrador quiere indicar que su labor es milagrosa y religiosa?

☐ ¿Crees que el silencio del cual habla al final tiene que ver con ese aspecto milagroso de la poesía?

8. Huidobro escribió otro metapoema que se cita con más frecuencia que éste. He aquí sus últimas estrofas:

Por qué cantáis la rosa, ¡oh Poetas!
Hacedla florecer en el poema;
Sólo para nosotros
Viven todas las cosas bajo el Sol.

El Poeta es un pequeño Dios.

☐ ¿Ves alguna relación de ideas entre los dos poemas? ¿Por qué crees que el narrador considera al poeta un Dios?

César Vallejo

■□■

1892–1938

Tal vez por su origen humilde de ascendencia mestiza, o quizá por las experiencias trágicas de su vida, este poeta peruano se identificó siempre con las masas en pena y reflejó el sufrimiento en una obra reducida pero intensa. Empieza escribiendo bajo la influencia del modernismo, como casi todos los poetas hispanos del siglo XX, pero incluso dentro de esa tendencia busca una expresión original que se acercaba a los experimentos vanguardistas que él luego abrazaría. En París, donde vivió a partir de 1923, participó activamente en las revoluciones artísticas de los movimientos vanguardistas, una forma de expresión adecuada para el mensaje existencialista que deseaba comunicar. La compasión hacia el prójimo que reverbera en sus versos hace que su poética sea una de las más estimadas de la poesía hispánica del siglo XX.

Los heraldos negros (1918)

Antes de leer

1. Todo el mundo ha recibido "golpes" en la vida. ¿Quieres describir alguno que tú hayas recibido? ¿Crees que los golpes que has recibido son de los más fuertes, o que hay personas que han recibido golpes hasta más fuertes que los tuyos? Explica.

2. ¿Eres una persona de fe intensa? Explica. Si tu respuesta es sí, ¿ha habido momentos en que tu fe se haya debilitado? Explica.

3. Si hay un Dios protector, ¿cómo explicas las tragedias que sufren los seres humanos en la vida?

Código para la comprensión

Código teológico: Según el cristianismo, la crucifixión de Cristo tiene lugar para perdonar a la humanidad de sus pecados y para asegurar la salvación de cada individuo. En la comunión que celebran los católicos y otras religiones cristianas, se conmemora a Cristo en la última cena con sus discípulos diciéndoles que tomen su cuerpo y su sangre en forma de pan y vino, para que se les perdonen sus pecados y así puedan salvarse.

"Los heraldos negros"

Hay golpes en la vida, tan fuertes. . .¡Yo no sé!   1
Golpes como del odio de Dios, como si ante ellos,
la resaca de todo lo sufrido
se empozara en el alma. . .¡Yo no sé!

Son pocos; pero son. . . Abren zanjas oscuras   2
en el rostro más fiero y en el lomo más fuerte.
Serán tal vez los potros de bárbaros atilas;
o los heraldos negros que nos manda la Muerte.

Son las caídas hondas de los Cristos del alma,   3
de alguna fe adorable que el Destino blasfema.
Esos golpes sangrientos son las crepitaciones[1]
de algún pan que en la puerta del horno se nos quema.

Y el hombre. . . ¡Pobre. . . pobre! Vuelve los ojos, como   4
cuando por sobre el hombro nos llama una palmada;
vuelve los ojos locos, y todo lo vivido
se empoza como charco de culpa en la mirada.

Hay golpes en la vida, tan fuertes. . . ¡Yo no sé!   5

■———Pasos para la comprensión

1. Los golpes de la vida, ¿los puede el yo poético identificar con precisión? ¿Cómo sabemos que el mismo narrador es incapaz de entenderlos?

2. De todos modos, el yo poético intenta darnos una serie de metáforas e imágenes sumamente intensas y conmovedoras para explicar el resultado de esos golpes. La primera metáfora se da en el segundo verso.

   □ ¿A qué compara los golpes aquí?

   □ ¿Qué esperamos normalmente de Dios?

   □ ¿En qué se transforma el signo de Dios en este verso?

3. En los próximos dos versos la metáfora es igualmente fuerte.

   □ ¿De qué sufre una resaca el narrador?

   □ ¿Qué se siente cuando se sufre una resaca?

   □ ¿Dónde siente el poeta la resaca?

4. En la segunda estrofa se pasa a los efectos físicos de los golpes de la vida.

   □ ¿Dónde se abren las zanjas normalmente?

---

[1] sonidos semejantes a los chasquidos de la leña cuando arde

□ ¿Con qué se abren?

□ ¿Qué podrían ser metonímicamente las "zanjas oscuras / en el rostro" que dejan los golpes?

5. La estrofa termina con dos más metáforas: una tangible y otra más abstracta. ¿Quién fue Atila? ¿Qué podrían ser los "heraldos negros"?

6. La tercera estrofa contiene signos metafóricos con significantes religiosos.

□ ¿Cómo se visualiza a Cristo en la cruz?

□ Según la teología cristiana, ¿por qué fue crucificado?

□ ¿Cuál podría ser el significado de un Cristo caído?

7. En el segundo verso de la tercera estrofa, ¿qué blasfema la fe del yo poético? Trata de explicar el significado desesperante de esta metáfora.

8. ¿Qué representa el pan en la teología cristiana?

□ ¿Qué otro significado tiene el signo del pan fuera de lo religioso?

□ ¿Qué significado podría tener un pan que se quema, tanto en su significado religioso como en el humano?

9. La última estrofa es sumamente gráfica. El hombre siente una palmada y al volver la vista, ¿qué ve?

□ ¿En qué se convierte, metafóricamente, todo el pasado ("lo vivido")?

□ Trata de explicar, dentro del sistema de significación del poema, el significado del signo "charco de culpa."

10. El poema termina con el mismo verso con el que empezó. ¿Qué efecto produce esta estructura circular?

11. ¿Cómo caracterizarías el tono de este poema?

■——Pasos para una lectura más a fondo

1. Caracteriza la estructura poética de la composición. ¿Tiene una estructura estrófica rígida?

□ ¿Tiene un esquema rítmico?

□ ¿Es verso libre? Explica.

2. Hay varios signos en el poema que se refieren a las huellas hondas que dejan los golpes de la vida. Forma la lista (isotopía) de esas huellas. Nota en particular el verbo *empozar.*

3. Como hemos visto, el poema contiene un pronunciado discurso religioso que se introduce en la primera estrofa. Caracteriza el mensaje de este discurso. Para el yo poético, ¿parecen Dios o la religión ofrecer salvación o alivio a los golpes de la vida? Explica.

4. Además de los signos religiosos, el poema contiene varios adjetivos de desesperanza. En el mismo título hay un ejemplo. Busca otros a lo largo del poema. Varios de estos signos forman una isotopía de lo oscuro. Explica.

5. A partir de la tercera estrofa el narrador empieza a emplear la primera persona plural. ¿Qué efecto se produce al incluir a sus destinatarios en el grupo que sufre la ira de Dios?

6. El poema contiene unas imágenes sumamente gráficas y patéticas y otras sensoriales. Trata de explicar el valor gráfico o sensorial de las siguientes imágenes:

☐ abrir zanjas oscuras en el rostro

☐ las caídas de los Cristos

☐ golpes sangrientos

☐ las crepitaciones del pan que se quema

☐ volver los ojos locos

7. Finalmente, el poema contiene unas rimas internas, repeticiones y aliteraciones que resultan conmovedoras. Cita algunos ejemplos.

☐ A pesar de estos recursos retóricos, ¿crees que el poema emplea un vocabulario poético o se expresa con signos cotidianos y hasta prosaicos? Explica.

Federico García Lorca

■☐■

1898–1936

Lorca es uno de los mitos de las letras hispánicas. Conocía a todo el mundo del ambiente artístico y literario de España (el pintor Dalí, el cineasta Buñuel, toreros, cantantes, bailarines, y a todos los escritores de su generación—la llamada Generación del 27). Cuando pasaban escritores hispanoamericanos por Madrid, la visita a Lorca era obligatoria, y así conoce a César Vallejo, Jorge Luis Borges y Pablo Neruda, para mencionar sólo unos cuantos. En Cuba, donde paró de regreso a España después de una estancia en Nueva York, entabló amistad con Nicolás Guillén. Cuando Lorca fue asesinado por los fascistas en 1936 al empezar la Guerra Civil española, sus muchos amigos le dedicaron odas poéticas, y ese grito colectivo se oyó alrededor del mundo. La obra poética y dramática que dejó, mucha de ella ambientada en el mundo andaluz que conocía tan bien, es variada y original estilísticamente; en ella combina sus talentos artísticos, como el de pintor, músico, director de teatro y, claro está, el de poeta y dramaturgo. Como resultado, gran parte de su poesía contiene elementos dramáticos, y su teatro elementos poéticos.

Romancero gitano (1928)

Antes de leer

1. ¿Qué experiencias de la vida suelen marcar la transformación de un niño en un hombre?
2. ¿Por qué es triste el hecho de que un niño deje de creer en Santa Claus, las brujas de Halloween, o hasta en los conejitos que traen caramelos en las Pascuas?

Código para la comprensión

Código literario: El poemario *Romancero gitano* donde aparecieron los dos romances reproducidos aquí, imita muchos de los aspectos del Romancero medieval: sus versos octosilábicos, su polifonía, sus repeticiones, sus elementos dramáticos y, claro está, su carácter narrativo.

Código etnográfico: A lo largo del siglo XVI empezaron a llegar tribus de gitanos a la Península ibérica desde su lugar de origen en la India. El pueblo gitano vivió al margen de la sociedad española, conservando hasta nuestros días sus costumbres particulares, pero no sin asimilar otras corrientes culturales, como la de los moros y españoles. En muchos elementos de su cultura sincrética, como el baile y la música del flamenco, se reflejan todas estas corrientes diversas. Los gitanos, sin embargo, se encuentran marginados y segregados por la sociedad española y son víctimas de abusos, burlas e injusticias. Lorca fue gran admirador de los gitanos y su cultura, así como portavoz de su lucha por la igualdad.

Código psicológico: El surrealismo artístico fue muy influido por las ideas de la subconsciencia del psicólogo austríaco Sigmund Freud. Freud había especulado sobre la existencia de una realidad humana de material suprimida y enterrada en la subconsciencia del individuo, la cual se revelaba por medio de los símbolos irracionales que aparecen en los sueños. En las teorías freudianas, la formación sexual del individuo es significante, y se empieza a desarrollar desde el nacimiento.

"Romance de la luna, luna"

A CONCHITA GARCÍA LORCA

La luna vino a la fragua[1]   1
con su polisón[2] de nardos.[3]
El niño la mira mira.
El niño la está mirando.

En el aire conmovido   2
mueve la luna sus brazos
y enseña, lúbrica y pura,
sus senos de duro estaño.[4]

Huye luna, luna, luna.   3
Si vinieran los gitanos,
harían con tu corazón
collares y anillos blancos.

Niño, déjame que baile.   4
Cuando vengan los gitanos,
te encontrarán sobre el yunque[5]
con los ojillos cerrados.

Huye luna, luna, luna,   5
que ya siento sus caballos.

Niño, déjame, no pises
mi blancor almidonado.

El jinete se acercaba   6
tocando el tambor del llano.
Dentro de la fragua el niño,
tiene los ojos cerrados.

Por el olivar venían,   7
bronce y sueño, los gitanos.
Las cabezas levantadas
y los ojos entornados.[6]

¡Cómo canta la zumaya,[7]   8
ay cómo canta en el árbol!
Por el cielo va la luna
con un niño de la mano.

Dentro de la fragua lloran,   9
dando gritos, los gitanos.
El aire la vela, vela.
El aire la está velando.

■——Pasos para la comprensión

1. Consulta el *código literario.* ¿Qué tipo de poesía es un romance?

    □ ¿Cuáles son las características del romance?

    □ ¿Se encuentran esas características en este romance moderno de Lorca? Da ejemplos.

2. Lorca ambienta su poema en el mundo gitano andaluz. ¿Qué signos del poema lo arraigan definitivamente a ese mundo?

3. La escena tiene lugar en una fragua. ¿Puedes explicar lo que es?

    □ Busca en el diccionario español el significado de *polisón, estaño* y *yunque.*

---

[1] taller del herrero, con fogón para forjar metales
[2] armazón de metal que las mujeres ataban a la cintura para elevar el vestido por detrás
[3] flores blancas y muy olorosas
[4] metal plateado maleable
[5] bloque de hierro sobre el cual el herrero trabaja el metal caliente a martillazos
[6] medio abiertos
[7] ave rapaz nocturna parecida al búho

    ☐ ¿Cómo se asocian estos signos con la fragua? (Otro modo de preguntarlo usando la terminología de la semiótica sería: ¿Cómo forman estos signos parte de la isotopía de la fragua?)

    ☐ ¿Qué se hace en una fragua? (Piensa en todo el proceso de la transformación del hierro.)

4. Para empezar a entender este poema, nota que contiene tres voces: la del narrador, la que avisa al niño ("Huye luna, luna, luna") y la de la luna. Decide cuáles son las distintas voces del poema. Luego, con dos compañeros, lee el romance en grupo haciendo un papel distinto cada uno.

5. Nota el diálogo de la luna. ¿Qué papel hace la luna? ¿Cómo se la personifica?

    ☐ ¿Qué características demuestra?

    ☐ Describe la isotopía completa de la blancura de la luna.

    ☐ ¿Qué "hace" y "dice" la luna?

    ☐ ¿Cómo reacciona el niño a ella al principio?

6. El niño está embelesado mirando a la luna al principio, pero luego toma un papel más activo con la luna. Lee los versos 19 y 20.

    ☐ ¿Qué se infiere de estos versos con respecto a las acciones del niño?

    ☐ ¿Cómo ha cambiado la actitud de la luna?

7. ¿Qué podrían representar los signos de la estrofa 6 y qué podría estar ocurriendo dentro del sistema de significación simbólico y sugestivo del poema?

    ☐ Piensa en lo que podría representar un caballo (y montar a caballo)

    ☐ tocar un tambor (el movimiento seguido)

    ☐ lo que pasa en la fragua y sobre un yunque (otra vez, los martillazos dados rítmicamente para transformar el hierro)

8. ¿Por qué crees que tiene el niño los ojos cerrados?

9. ¿Cómo termina el poema?

    ☐ ¿Por qué crees que lloran los gitanos al volver a la fragua?

    ☐ ¿Qué podría significar el que la luna se lleve el niño de la mano?

■——Pasos para una lectura más a fondo

1. No se puede apreciar en toda su profundidad la poesía de Lorca sin sentir los efectos rítmicos y auditivos de su obra. Busca en el poema estos elementos y explica el ambiente que crean.

2. El surrealismo literario y artístico se basa en gran parte de las teorías de los sueños de Sigmund Freud. Consulta el *código psicológico*. Explica lo que sabes de las teorías de Freud.

☐ Freud también escribió mucho sobre la vida sexual y su importancia en los adolescentes. ¿Cómo se podrían aplicar estas teorías aquí?

3. Los versos 3 y 4 crean una atmósfera de ensueño y fascinación. Explica cómo se consigue.

☐ El mismo proceso se repite al final del poema, pero con la luna y el verbo *velar*. Explica lo que podría significar.

4. La pregunta que siempre surge de esta interpretación del poema es si el niño ha muerto en realidad o si se ha transformado. Después de considerar lo que hace el herrero con el hierro sobre el yunque, trata de contestar esta pregunta.

Romance sonámbulo

Antes de leer

1. ¿Qué asocias con el color verde? ¿Has visto alguna vez un cuadro abstracto en que predominara dicho color o sus matices?

2. ¿Qué es un sonámbulo? ¿Has conocido a alguien que haya sufrido de esa condición? Explica. ¿Crees que los sonámbulos saben o recuerdan lo que han hecho?

3. ¿Qué emoción fuerte puede llevar a un individuo a suicidarse? ¿Crees que el amor podría ser una causa? Explica.

Código para la comprensión

Código de vivienda: En algunas casas del sur de España se construían albercas o aljibes en la terraza o techo de la casa para recoger el agua en tiempos de lluvia. Estas terrazas en el piso superior de la casa tenían barandas alrededor para formar una división protectora. Éste parece ser el tipo de vivienda que se describe en este poema.

"Romance sonámbulo"

*A Gloria Giner
y Fernando De Los Ríos*

Verde que te quiero verde.
Verde viento. Verdes ramas.
El barco sobre la mar
y el caballo en la montaña.
Con la sombra en la cintura   5
ella sueña en su baranda,
verde carne, pelo verde,
con ojos de fría plata.
Verde que te quiero verde.

Bajo la luna gitana,   10
las cosas la están mirando
y ella no puede mirarlas.

Verde que te quiero verde.
Grandes estrellas de escarcha,[1]
vienen con el pez de sombra   15
que abre el camino del alba.
La higuera frota su viento

---
[1] rocío congelado por el frío de la noche

con la lija[2] de sus ramas,
y el monte, gato garduño,[3]
eriza sus pitas[4] agrias.   20
¿Pero quién vendrá? ¿Y por dónde. . .?
Ella sigue en su baranda,
verde carne, pelo verde,
soñando en la mar amarga.

Compadre, quiero cambiar   25
mi caballo por su casa,
mi montura por su espejo,
mi cuchillo por su manta.
Compadre, vengo sangrando,
desde los puertos de Cabra.[5]   30
Si yo pudiera, mocito,
ese trato se cerraba.
Pero yo ya no soy yo,
ni mi casa es ya mi casa.
Compadre, quiero morir   35
decentemente en mi cama.
De acero, si puede ser,
con las sábanas de holanda.
¿No ves la herida que tengo
desde el pecho a la garganta?   40
Trescientas rosas morenas
lleva tu pechera[6] blanca.
Tu sangre rezuma[7] y huele
alrededor de tu faja.
Pero yo ya no soy yo,   45
ni mi casa es ya mi casa.
Dejadme subir al menos
hasta las altas barandas,
¡dejadme subir!, dejadme
hasta las verdes barandas.   50
Barandales de la luna
por donde retumba[8] el agua.

Ya suben los dos compadres
hacia las altas barandas.
Dejando un rastro de sangre.   55
Dejando un rastro de lágrimas.
Temblaban en los tejados
farolillos de hojalata.
Mil panderos de cristal,
herían la madrugada.   60

Verde que te quiero verde,
verde viento, verdes ramas.
Los dos compadres subieron.
El largo viento, dejaba
en la boca un raro gusto   65
de hiel, de menta y de albahaca.
¡Compadre! ¿Dónde está, dime?
¿Dónde está tu niña amarga?
¡Cuántas veces te esperó!
¡Cuantas veces te esperara,   70
cara fresca, negro pelo,
en esta verde baranda!

Sobre el rostro del aljibe
se mecía la gitana.
Verde carne, pelo verde,   75
con ojos de fría plata.
Un carámbano de luna
la sostiene sobre el agua.
La noche se puso íntima
como una pequeña plaza.   80
Guardias civiles borrachos
en la puerta golpeaban.
Verde que te quiero verde.
Verde viento. Verdes ramas.
El barco sobre la mar.   85
Y el caballo en la montaña.

---

[2] papel áspero que se emplea para pulir una superficie
[3] ladrón astuto (¿gato montés?)
[4] espinas (*como el aguijón en que terminan las hojas de esta planta*)
[5] ciudad del sur de España conocida anteriormente como centro de contrabando
[6] parte de la camisa que cubre el pecho
[7] rezumar: transpirar un líquido por los poros de un recipiente
[8] resuena fuertemente

■────Pasos para la comprensión

1. El romance, al ser un poema narrativo, debe contener una acción. Empieza descifrando los elementos narrativos que contiene el poema. El primer detalle inconfundible aparece en verso 21 cuando el narrador pregunta: "¿Pero quién vendrá? ¿Y por dónde?" Los versos 25-52 contienen un diálogo entre un muchacho herido y el padre de una chica. Identifica el orden de esta conversación.

2. El chico gitano viene herido. ¿Qué evidencia se puede encontrar para comprobar este hecho?

3. En el verso 68 se revela explícitamente a quién está buscando el gitano. ¿Quién es?

4. En el verso 69 el padre explica implícitamente lo que le pasó a la gitana, y el narrador dice explícitamente, en los versos 73 y 74, lo que le ha pasado. ¿Qué le ha pasado a la gitana?

   □ ¿Por qué ha muerto?

   □ ¿Crees que se suicidó? Explica.

5. Uno de los versos más oscuros del poema es el que repite el padre varias veces: "yo ya no soy yo, / ni mi casa es ya mi casa." Al pensar en ello, considera el dolor que siente el padre, la posible deshonra, etc.

6. Si la gitana se ahogó en el aljibe, como indican los signos del poema, trata de decodificar algunas de las imágenes en los versos 5-12.

7. ¿Qué códigos o signos parecen indicar que el gitano es perseguido por las autoridades civiles? ¿Cuál podría ser su delito?

8. Parece que el gitano ha venido en busca de la gitana para enmendar su vida. Esto se dice explícitamente los versos 25-28. Trata de ordenar los signos de estas estrofas en los masculinos y los femeninos, y luego trata de explicar el significante de cada uno.

9. Ya que has decodificado los elementos narrativos del poema, cuenta lo que ha pasado.

10. Hay que prestar atención a los aspectos más líricos y descriptivos del poema. Empecemos con los elementos visuales, como los de los dos últimos versos del estribillo: "El barco sobre la mar. / Y el caballo en la montaña." La imagen es gráfica y fácil de visualizar (quizá algún compañero de la clase que sepa dibujar podría pintar esta escena), pero desde un punto de vista literario, vale la pena enfocarnos en los signos de las estrofas, los cuales forman oposiciones: barco y caballo/mar y montaña. ¿Cómo se relacionan (sus semejanzas y diferencias) estas parejas de signos?

    □ ¿Qué podrían significar estos signos?

11. Otros signos e imágenes son menos visuales, pero contribuyen a crear la atmósfera del poema. Aquí se tendría que destacar los primeros versos—tan famosos y conmovedores—del estribillo: "Verde que te quiero verde. / Verde viento. Verdes ramas." Enfoquémonos primero en los signos tangibles del estribillo: *viento* y *ramas*. ¿Qué relación natural se da entre ellos?

☐ Esos dos signos se repiten, algo transformados, en los versos 17-18:"La higuera frota su viento / con la lija de sus ramas." Quizá ayude entender el significado simbólico del viento, como se ha visto en los poemas de Garcilaso y San Juan de la Cruz en el Capítulo 3 (poesía del Renacimiento). Trata de explicar el significado del viento y el valor sensorial y atmosférico que produce.

☐ Nota, finalmente, que el viento aparece de nuevo en el verso 64, cuando deja un gusto raro "de hiel, de menta y de albahaca." Trata de explicar estos significantes dentro del sistema de significación del poema.

■────Pasos para una lectura más a fondo

1. No se puede ignorar que el título del poema es "Romance sonámbulo." ¿Qué implica ese título? Toma en cuenta lo que se dice en los códigos respecto al surrealismo. ¿Qué contiene el poema que pudiera tener de los sueños y de la subconsciencia?

2. El poema está completamente ambientado en el mundo gitano-andaluz. ¿Qué signos se emplean para crear este ambiente?

   ☐ Haz una lista de los efectos auditivos (aliteraciones, anáforas, repeticiones, etc.) y sensoriales que contribuyen a crear este ambiente.

3. El color verde se repite mucho. Nota todas las veces que aparece, pero nota en particular los signos que se emplean que forman parte de la isotopía del color verde (por ejemplo, hiel, menta, albahaca, etc.). ¿Cuál podría ser el significado de este color dentro del sistema de significación del poema?

   ☐ El color verde tiene una simbología compleja y contradictoria, puesto que se asocia con elementos de la naturaleza así como con la muerte (la "verde carne" y los "ojos verdes" de la gitana muerta). Trata de explicar esta oposición del signo.

4. El poema hace mucha referencia también a signos celestiales (estrella, luna, etc.), que contrastan con los muchos signos terrenales (mar, montaña, etc.). Esta oposición parece cobrar mayor significado al tener en cuenta que el gitano varias veces pide "subir" a las altas barandas. O sea, desde su posición en la tierra desea elevarse a un plano más alto. ¿Qué pudiera significar estructuralmente este proceso de ascender y elevarse?

5. Ya se ha mencionado que hay isotopías de signos masculinos y femeninos en el poema. Forma las isotopías completas de estas oposiciones binarias y trata de explicar lo que significan dentro del poema.

6. La poesía de vanguardia y surrealista no es fácil de entender. A veces nos tenemos que contentar sencillamente con una serie de impresiones o sensaciones. Quizá no sea posible llegar a una conclusión concreta e irrefutable de lo que significa este poema. Sin embargo, sus imágenes son tan impactantes y conmovedoras que sería difícil no reaccionar emocionalmente a ellas. Trata de explicar lo que produce esta atracción fascinante y cautivadora del poema.

Poeta en Nueva York (1940)

Antes de leer

1. ¿Crees que la religión organizada, como por ejemplo la católica, siempre está a favor de políticas que intentan ayudar a la gente menesterosa? Explica lo que sabes o piensas al respecto.

2. ¿Crees que la Iglesia tiene demasiado dinero? ¿Crees que la mayoría de ese dinero se debe emplear en ayudar a los pobres menesterosos del mundo? Explica. ¿Puedes identificar algunos de esos grupos menesterosos?

Códigos para la comprensión

Código biográfico: Entre 1929 y 1930 Lorca visitó Nueva York, ciudad que contrastaba profundamente con el mundo andaluz que conocía. De sus experiencias salió un poemario formidable: *Poeta en Nueva York* (publicano póstumamente en 1940). Una de las experiencias que le estorbó y sorprendió fue el maltrato de los negros que vio en Harlem, donde vivía. Las figuras de los negros marginados y segregados, como los gitanos de su país, aparecen con frecuencia en *Poeta en Nueva York*.

Código arquitectónico: El Chrysler Building en Nueva York, de los rascacielos más famosos del mundo, se terminó de construir en 1930 en el estilo de *art deco*. Su característica más distintiva es la cúpula modernista con una aguja delgada que parece rascar las nubes. Fue, por un tiempo breve, el edificio más alto del mundo, hasta que en el próximo año lo superó con creces el Empire State Building. Como Lorca estaba en Nueva York en estos años, conoció el edificio y presenció el entusiasmo público al ver levantarse estos tremendos rascacielos que, aún hoy, siguen siendo de los más altos del mundo.

La otra "cúpula" a la que se refiere el poema es la de la Basílica de San Pedro en el Vaticano. Esta basílica se cuenta entre las más sagradas del cristianismo por ser la del Vaticano y, por lo tanto, del Papa. Tomó 176 años construirla (1450–1626) y un sin fin de arquitectos tomó parte en su diseño, incluyendo a Miguel Ángel. Su característica distintiva es también una gran cúpula, una de las más grandes del mundo y, ciertamente, una de las más bellas.

"Grito hacia Roma"

(Desde la Torre del Chrysler Building)

Manzanas levemente heridas
por los finos espadines[1] de plata,
nubes rasgadas por una mano de coral

---

[1] espadas de hojas muy estrechas

que lleva en el dorso una almendra de fuego,
peces de arsénico como tiburones,   5
tiburones como gotas de llanto para cegar una multitud,
rosas que hieren
y agujas instaladas en los caños[2] de la sangre,
mundos enemigos y amores cubiertos de gusanos
caerán sobre ti. Caerán sobre la gran cúpula   10
que untan de aceite las lenguas militares
donde un hombre se orina en una deslumbrante paloma
y escupe carbón machacado
rodeado de miles de campanillas.

Porque ya no hay quien reparta el pan ni el vino,   15
ni quien cultive hierbas en la boca del muerto,
ni quien abra los linos del reposo,
ni quien llore por las heridas de los elefantes.
No hay más que un millón de herreros
forjando cadenas para los niños que han de venir.   20
No hay más que un millón de carpinteros
que hacen ataúdes sin cruz.
No hay más que un gentío de lamentos
que se abren las ropas en espera de la bala.
El hombre que desprecia la paloma debía hablar,   25
debía gritar desnudo entre las columnas,
y ponerse una inyección para adquirir la lepra
y llorar un llanto tan terrible
que disolviera sus anillos y sus teléfonos de diamante.
Pero el hombre vestido de blanco   30
ignora el misterio de la espiga,
ignora el gemido de la parturienta,[3]
ignora que Cristo puede dar agua todavía,
ignora que la moneda quema el beso de prodigio
y da la sangre del cordero al pico idiota del faisán.   35

Los maestros enseñan a los niños
una luz maravillosa que viene del monte;
pero lo que llega es una reunión de cloacas[4]
donde gritan las oscuras ninfas del cólera.
Los maestros señalan con devoción las enormes cúpulas sahumadas;[5]   40
pero debajo de las estatuas no hay amor,
no hay amor bajo los ojos de cristal definitivo.
El amor está en las carnes desgarradas por la sed,

---

[2] tubos (aquí, ¿venas?)
[3] mujer que está pariendo
[4] conductos subterráneos por donde van los residuos de los pueblos
[5] *fig.* cosa hecha más estimable de lo que es en realidad

en la choza diminuta que lucha con la inundación;
el amor está en los fosos donde luchan las sierpes del hambre,   45
en el triste mar que mece los cadáveres de las gaviotas
y en el oscurísimo beso punzante debajo de las almohadas.

Pero el viejo de las manos traslúcidas
dirá: Amor, amor, amor,
aclamado por millones de moribundos;   50
dirá: amor, amor, amor,
entre el tisú[6] estremecido de ternura;
dirá: paz, paz, paz,
entre el tirite de cuchillos y melones de dinamita;
dirá: amor, amor, amor,   55
hasta que se le pongan de plata los labios.

Mientras tanto, mientras tanto, ¡ay!, mientras tanto,
los negros que sacan las escupideras,
los muchachos que tiemblan bajo el terror pálido de los directores,
las mujeres ahogadas en aceites minerales,   60
la muchedumbre de martillo, de violín o de nube,
ha de gritar aunque le estrellen los sesos en el muro,
ha de gritar frente a las cúpulas,
ha de gritar loca de fuego,
ha de gritar loca de nieve,   65
ha de gritar con la cabeza llena de excremento,
ha de gritar como todas las noches juntas,
ha de gritar con voz tan desgarrada
hasta que las ciudades tiemblen como niñas
y rompan las prisiones del aceite y la música,   70
porque queremos el pan nuestro de cada día,
flor de aliso y perenne ternura desgranada,
porque queremos que se cumpla la voluntad de la Tierra
que da sus frutos para todos.

■——Pasos para la comprensión

1. Nota el título y el subtítulo del poema. Al yuxtaponer Roma y Nueva York, Lorca está comparando dos "centros" importantes del mundo. ¿De qué es Roma el centro? ¿y Nueva York?

2. Es posible que haya en los primeros versos una imagen de la aguja del Chrysler Building. ¿Qué signos podrían referirse al edificio?

3. Luego una lista de cosas "caerá" sobre la gran cúpula (la de San Pedro en Roma). Aunque los signos son vagos, trata de captar su espíritu en general:

---

[6] tela de seda entretejida con hilos de oro y plata

- ☐ peces de arsénico como tiburones
- ☐ gotas de llanto para cegar una multitud
- ☐ rosas que hieren
- ☐ agujas instaladas en los caños de la sangre
- ☐ mundos enemigos

4. En Roma aparece un hombre orinando sobre una paloma.

   - ☐ ¿Qué representa simbólicamente una paloma?
   - ☐ ¿Quién es el hombre que "vive" en Roma?
   - ☐ ¿Qué significa orinar sobre la paloma dentro del sistema simbólico establecido en el poema?

5. Además de orinar, "escupe carbón machacado / rodeado de miles de campanillas." ¿De dónde suele salir el carbón machacado?

   - ☐ ¿Qué suelen anunciar las campanillas?
   - ☐ ¿Qué parece expresar esta idea respecto al Papa?

6. Los versos 15–18 expresan explícitamente cómo el Papa ignora sus responsabilidades. En la Iglesia cristiana, ¿qué representan el pan y el vino? Explica lo que significan las siguientes imágenes:

   - ☐ no repartir el pan y el vino
   - ☐ cultivar hierbas en la boca del muerto
   - ☐ abrir los linos del reposo
   - ☐ llorar por las heridas de los elefantes

7. Siguen seis versos introducidos por una anáfora: "No hay más que. . ."

   - ☐ ¿Qué hacen los herreros?
   - ☐ ¿los carpinteros?
   - ☐ ¿el gentío de lamentos?

8. Según el narrador, ¿qué debe hacer el Papa ante las cosas horrendas que están pasando?

   - ☐ ¿Por qué debe adquirir la lepra? ¿Crees que para sentir el sufrimiento uno también tiene que haber sufrido?
   - ☐ ¿Por qué debe disolver sus anillos y otros objetos de lujo?

9. El Papa ignora una serie de cosas. Trata de explicar lo que podría significar metonímicamente el ignorar las siguientes cosas:

   - ☐ el misterio de la espiga
   - ☐ el gemido de la parturienta (la mujer dando a luz)
   - ☐ que Cristo puede dar agua todavía

10. En la tercera estrofa el narrador contrasta lo que enseña la Iglesia y la verdadera realidad. En vez de las cosas bellas y maravillosas que enseña la Iglesia, ¿qué ve el narrador en el mundo?

11. En la cuarta estrofa, ¿cómo se le describe al Papa? ¿Qué repite el Papa?

   ☐ Pero, ¿lo dice con sinceridad?

   ☐ ¿Se logra alcanzar el amor y la paz que predica?

12. En la última estrofa, el narrador pinta una serie de atrocidades e injusticias que siguen ocurriendo. No todas las referencias son explícitas o fáciles de explicar. Después de leer el *código biográfico,* trata de explicar la referencia a "los negros que sacan las escupideras."

   ☐ ¿Qué podrían ser los "muchachos que tiemblan bajo el terror. . . de los directores"?

   ☐ ¿Qué deben hacer toda esta gente junta? ¿Para qué?

13. Al usar la primera persona plural en los últimos versos, ¿a quiénes incluye el narrador entre los que quieren "el pan nuestro de cada día"?

   ☐ ¿Conoces alguna oración muy importante del rito cristiano que contenga esta frase? Explica.

14. ¿Cuál parece ser el mensaje del poema, tal como se expresa en sus últimos versos?

■——Pasos para una lectura más a fondo

1. El poema contiene una serie de signos asociados con (1) la guerra, (2) la Iglesia, (3) las clases menesterosas y (4) el pan. Haz las isotopías completas de estos signos.

2. Enfoquémonos en los signos del pan.

   ☐ ¿Se podría incluir en su isotopía "el misterio de la espiga" y la "flor de aliso y perenne ternura desgranada"? Explica.

   ☐ Como signo, tiene dos significados diferentes: lo que representa espiritualmente dentro del rito de la comunión en la misa católica, y lo que representa como elemento básico de nutrición. Se podría decir que estos dos significados forman una oposición binaria entre lo espiritual y lo práctico. Teniendo esto en cuenta, trata de explicar por qué esta oposición es importante dentro del sistema de significación del poema.

   ☐ En la Biblia, Juan 6:xxxv, se dice que Cristo es el pan de la vida, lo cual indica que la fe también nutre. Según el mensaje de este poema, ¿crees que Lorca está de acuerdo con esta noción cristiana?

3. El poema contiene una crítica de los curas y los maestros que enseñan la doctrina de los curas. ¿Cómo se lleva a cabo este discurso anticlerical?

4. Trata de explicar las anáforas del poema y el efecto que producen, junto con otras técnicas de repetición.

5. Como poema con elementos surrealistas, hay muchos signos e imágenes cuyos significados son muy subjetivos o demasiado implícitos como para poder identificarlos con certeza. Cuando hay signos vagos de ese modo, el autor invita a sus lectores a reaccionar a ellos intuitivamente. Suelen ser signos "abiertos," de modo que no tienen significados fijos. Teniendo esta noción en cuenta, trata de reaccionar a uno de esta serie de signos, como el de la "muchedumbre de martillo, de violín o de nube." Escoge otro que te haya llamado la atención y explícalo.

La Casa de Bernarda Alba (1936)

Drama de Mujeres en los Pueblos de España

Antes de leer

1. ¿Qué harías tú si tu madre o padre te prohibiera salir a la calle con tus amigos por varios meses?

2. ¿Conoces a alguna persona que quiera controlar la vida de todo el mundo? Explica.

3. Si tienes hermanos o hermanas, ¿te llevas bien con ellos? ¿Conoces a otras familias en que los hermanos no se lleven bien? ¿Cuáles podrían ser las causas de los conflictos y las tensiones entre los hermanos de una familia?

4. ¿Has estado en una situación en que tú y un amigo o amiga hayan estado enamorados de la misma persona? Cuenta lo que pasó.

Códigos para la comprensión

Códigos culturales: Lorca refleja con exactitud las costumbres tradicionales que se siguen observando hasta hoy día en los pequeños pueblos de España e Hispanoamérica.

☐ Las familias guardan luto por siete años después de la muerte de un familiar. Durante este período la familia se viste de negro.

☐ Es una vieja tradición el que la hija mayor se case antes de que se lo hagan las hermanas menores.

☐ Los novios cortejan a las novias desde sus balcones, que están protegidos por rejas que permiten a los novios hablar pero poco más.

☐ Las mujeres de la familia preparan el ajuar de la novia haciendo ropa de cama y mantelería que bordan a mano.

Acto I

PERSONAJES

BERNARDA (60 años)	ADELA (hija de Bernarda, 20 años)
MARIA JOSEFA (madre de Bernarda, 80 años)	LA PONCIA (criada, 60 años).
CRIADA (50 años)	
ANGUSTIAS (hija de Bernarda, 39 años)	PRUDENCIA (50 años)
	MENDIGA.
MAGDALENA (hija de Bernarda, 30 años)	MUJER 1.ª
	MUJER 2.ª
AMELIA (hija de Bernarda, 27 años)	MUJER 3.ª
MARTIRIO (hija de Bernarda, 24 años)	MUJER 4.ª
	MUCHACHA

MUJERES DE LUTO.

El poeta advierte que estos tres actos tienen la intención de un documental fotográfico.

Habitación blanquísima del interior de la casa de BERNARDA. Muros gruesos. Puertas en arco con cortinas de yute rematadas con madroños y volantes. Sillas de anea.[1] *Cuadros con paisajes inverosímiles de ninfas o reyes de leyenda. Es verano. Un gran silencio umbroso se extiende por la escena. Al levantarse el telón está la escena sola. Se oyen doblar las campanas. Sale la CRIADA.*

CRIADA. Ya tengo el doble de esas campanas metido entre las sienes.

LA PONCIA. *(Sale comiendo chorizo y pan.)* Llevan ya más de dos horas de gori-gori.[2] Han venido curas de todos los pueblos. La iglesia está hermosa. En el primer responso se desmayó la Magdalena.

CRIADA. Es la que se queda más sola.

LA PONCIA. Era la única que quería al padre. ¡Ay! ¡Gracias a Dios que estamos solas un poquito! Yo he venido a comer.

CRIADA. ¡Si te viera Bernarda!. . .

LA PONCIA. ¡Quisiera que ahora, como no come ella, que todas nos muriéramos de   10
hambre! ¡Mandona! ¡Dominanta! ¡Pero se fastidia! Le he abierto la orza[3] de chorizos.

CRIADA. *(Con tristeza, ansiosa.)* ¿Por qué no me das para mi niña, Poncia?

LA PONCIA. Entra y llévate también un puñado de garbanzos. ¡Hoy no se dará cuenta!

VOZ. *(Dentro.)* ¡Bernarda!

LA PONCIA. La vieja. ¿Está bien cerrada?

CRIADA. Con dos vueltas de llave.

---

[1] planta cuyas hojas fuertes se emplean para hacer asientos de silla
[2] *fam.* cantos lúgubres de misas solemnes
[3] vasija de barro

LA PONCIA. Pero debes poner también la tranca. Tiene unos dedos como cinco ganzúas.[4]

VOZ. ¡Bernarda!

LA PONCIA. *(A voces.)* ¡Ya viene! *(A la* CRIADA.) Limpia bien todo. Si Bernarda no 20
ve relucientes las cosas me arrancará los pocos pelos que me quedan.

CRIADA. ¡Qué mujer!

LA PONCIA. Tirana de todos los que la rodean. Es capaz de sentarse encima de tu corazón y ver cómo te mueres durante un año sin que se le cierre esa sonrisa fría que lleva en su maldita cara. ¡Limpia, limpia ese vidriado!

CRIADA. Sangre en las manos tengo de fregarlo todo.

LA PONCIA. Ella, la más aseada; ella, la más decente; ella, la más alta. ¡Buen descanso ganó su pobre marido!

(Cesan las campanas.)

CRIADA. ¿Han venido todos sus parientes?

LA PONCIA. Los de ella. La gente de él la odia. Vinieron a verlo muerto y le hicieron 30
la cruz.

CRIADA. ¿Hay bastantes sillas?

LA PONCIA. Sobran. Que se sienten en el suelo. Desde que murió el padre de Bernarda no han vuelto a entrar las gentes bajo estos techos. Ella no quiere que la vean en su dominio. ¡Maldita sea!

CRIADA. Contigo se portó bien.

LA PONCIA. Treinta años lavando sus sábanas; treinta años comiendo sus sobras; noches en vela cuando tose; días enteros mirando por la rendija para espiar a los vecinos y llevarle el cuento; vida sin secretos una con otra, y sin embargo, ¡maldita sea! ¡Mal 40
dolor de clavo le pinche en los ojos!

CRIADA. ¡Mujer!

LA PONCIA. Pero yo soy buena perra; ladro cuando me lo dicen y muerdo los talones de los que piden limosna cuando ella me azuza;[5] mis hijos trabajan en sus tierras y ya están los dos casados, pero un día me hartaré.

CRIADA. Y ese día. . .

LA PONCIA. Ese día me encerraré con ella en un cuarto y le estaré escupiendo un año entero. "Bernarda, por esto, por aquello, por lo otro", hasta ponerla como un lagarto machacado por los niños, que es lo que es ella y toda su parentela. Claro es que no le envidio la vida. La quedan cinco mujeres, cinco hijas feas, que quitando Angustias, la mayor, que es la hija del primer marido y tiene dineros, las demás, mucha 50
puntilla bordada, muchas camisas de hilo, pero pan y uvas por toda herencia.

CRIADA. ¡Ya quisiera tener yo lo que ellas!

LA PONCIA. Nosotras tenemos nuestras manos y un hoyo en la tierra de la verdad.

CRIADA. Esa es la única tierra que nos dejan a las que no tenemos nada.

LA PONCIA. *(En la alacena.)* Este cristal tiene unas motas.

---

[4] herramientas para abrir cerraduras cuando faltan llaves
[5] incita

CRIADA. Ni con jabón ni con bayeta[6] se le quitan.

(Suenan las campanas.)

LA PONCIA. El último responso. Me voy a oírlo. A mí me gusta mucho como canta el párroco. En el "Pater Noster" subió, subió la voz que parecía un cántaro de agua llenándose poco a poco; claro es que al final dio un gallo[7] pero da gloria oírlo. Ahora que nadie como el antiguo sacristán Tronchapinos. En la misa de mi madre, que esté en gloria, cantó. Retumbaban las paredes, y cuando decía Amén era como si un lobo hubiese entrado en la iglesia. *(Imitándolo.)* ¡Amééén! *(Se echa a toser.)*

CRIADA. Te vas a hacer el gaznate[8] polvo.

LA PONCIA. ¡Otra cosa hacía polvo yo! *(Sale riendo.)*

(La CRIADA *limpia. Suenan las campanas.)*

CRIADA. *(Llevando el canto.)*

Tin, tin, tan. Tin, tin, tan. ¡Dios lo haya perdonado!

MENDIGA. *(Con una niña.)* ¡Alabado sea Dios!

CRIADA. Tin, tin, tan. ¡Que nos espere muchos años! Tin, tin, tan.

MENDIGA. *(Fuerte y con cierta irritación.)* ¡Alabado sea Dios!

CRIADA. *(Irritada.)* ¡Por siempre!

MENDIGA. Vengo por las sobras.

(Cesan las campanas.)

CRIADA. Por la puerta se va a la calle. Las sobras de hoy son para mí.

MENDIGA. Mujer, tú tienes quien te gane. ¡Mi niña y yo estamos solas!

CRIADA. También están solos los perros y viven.

MENDIGA. Siempre me las dan.

CRIADA. Fuera de aquí. ¿Quién os dijo que entraseis? Ya me habéis dejado los pies señalados. *(Se van. Limpia.)* Suelos barnizados con aceite, alacenas, pedestales, camas de acero, para que traguemos quina las que vivimos en las chozas de tierra con un plato y una cuchara. Ojalá que un día no quedáramos ni uno para contarlo. *(Vuelven a sonar las campanas.)* Sí, sí, ¡vengan clamores! ¡Venga caja con filos dorados y toalla para llevarla! ¡Que lo mismo estarás tú que estaré yo! Fastídiate, Antonio María Benavides, tieso con tu traje de paño y tus botas enterizas.[9] ¡Fastídiate! ¡Ya no volverás a levantarme las enaguas detrás de la puerta de tu corral! *(Por el fondo, de dos en dos, empiezan a entrar* MUJERES DE LUTO, *con pañuelos grandes, faldas y abanicos negros. Entran lentamente hasta llenar la escena. La* CRIADA, *rompiendo a gritar.)* ¡Ay Antonio María Benavides, que ya no verás estas paredes ni comerás el pan de esta casa! Yo fui la que más te quiso de las que te sirvieron. *(Tirándose del cabello.)* ¿Y he de vivir yo después de haberte marchado? ¿Y he de vivir?

(Terminan de entrar las doscientas MUJERES *y aparece* BERNARDA *y sus cinco* HIJAS.)

BERNARDA. *(A la* CRIADA.)* ¡Silencio!

CRIADA. *(Llorando.)* ¡Bernarda!

---

[6]trapo para la limpieza
[7]nota chillona que a veces sale sin querer al cantar
[8]*fam.* parte de la garganta donde están las cuerdas vocales
[9] altas

BERNARDA. Menos gritos y más obras. Debías haber procurado que todo esto estuviera más limpio para recibir al duelo. Vete. No es este tu lugar. *(La* CRIADA *se va llorando.)* Los pobres son como los animales; parece como si estuvieran hechos de otras sustancias.

MUJER 1.ª Los pobres sienten también sus penas.

BERNARDA. Pero las olvidan delante de un plato de garbanzos.

MUCHACHA. *(Con timidez.)* Comer es necesario para vivir.

BERNARDA. A tu edad no se habla delante de las personas mayores.

MUJER 1.ª Niña, cállate.

BERNARDA. No he dejado que nadie me dé lecciones. Sentarse. *(Se sientan. Pausa.*   100
Fuerte.) Magdalena, no llores; si quieres llorar te metes debajo de la cama. ¿Me has oído?

MUJER 2.ª *(A* BERNARDA.*)* ¿Habéis empezado los trabajos en la era?

BERNARDA. Ayer.

MUJER 3.ª Cae el sol como plomo.

MUJER 1.ª Hace años no he conocido calor igual.

(Pausa. Se abanican todas.)

BERNARDA. ¿Está hecha la limonada?

LA PONCIA. Sí, Bernarda. *(Sale con una gran bandeja llena de jarritas blancas, que distribuye.)*

BERNARDA. Dale a los hombres.   110

LA PONCIA. Ya están tomando en el patio.

BERNARDA. Que salgan por donde han entrado. No quiero que pasen por aquí.

MUCHACHA. *(A* ANGUSTIAS.*)* Pepe el Romano estaba con los hombres del duelo.

ANGUSTIAS. Allí estaba.

BERNARDA. Estaba su madre. Ella ha visto a su madre. A Pepe no lo ha visto ella ni yo.

MUCHACHA. Me pareció. . .

BERNARDA. Quien sí estaba era el viudo de Darajalí. Muy cerca de tu tía. A ese lo vimos todas.

MUJER 2.ª *(Aparte, en voz baja.)* ¡Mala, más que mala!

MUJER 3.ª *(Lo mismo.)* ¡Lengua de cuchillo!   120

BERNARDA. Las mujeres en la iglesia no deben de mirar más hombre que al oficiante, y ese porque tiene faldas. Volver la cabeza es buscar el calor de la pana.

MUJER 1.ª *(En voz baja.)* ¡Vieja lagarta recocida![10]

LA PONCIA. *(Entre dientes.)* ¡Sarmentosa[11] por calentura de varón!

BERNARDA. ¡Alabado sea Dios!

TODAS. *(Santiguándose.)* Sea por siempre bendito y alabado.

BERNARDA. ¡Descansa en paz con la santa
compaña de cabecera!

---

[10] *fig.* con mucha experiencia

[11] *vituperio popular sin sentido claro*

TODAS. ¡Descansa en paz!

BERNARDA. Con el ángel San Miguel 130

y su espada justiciera.

TODAS. ¡Descansa en paz!

BERNARDA. Con la llave que todo lo abre

y la mano que todo lo cierra.

TODAS. ¡Descansa en paz!

BERNARDA. Con los bienaventurados

y las lucecitas del campo.

TODAS. ¡Descansa en paz!

BERNARDA. Con nuestra santa caridad

y las almas de tierra y mar. 140

TODAS. ¡Descansa en paz!

BERNARDA. Concede el reposo a tu siervo Antonio María Benavides y dale la corona

de tu santa gloria.

TODAS. Amén.

BERNARDA. *(Se pone en pie y canta.)* "Requiem aeternam donat eis Domine."[12]

TODAS. *(De pie y cantando al modo gregoriano.)* "Et lux perpetua luceat eis."[13] *(Se*

santiguan.)

MUJER 1.ª Salud para rogar por su alma. *(Van desfilando.)*

MUJER 3.ª No te faltará la hogaza de pan caliente.

MUJER 2.ª Ni el techo para tus hijas. *(Van desfilando todas por delante de* BERNARDA 150

y saliendo.)

(Sale ANGUSTIAS *por otra puerta que da al patio.)*

MUJER 4.ª El mismo trigo de tu casamiento lo sigas disfrutando.

LA PONCIA. *(Entrando con una bolsa.)* De parte de los hombres esta bolsa de dineros

para responsos.

BERNARDA. Dales las gracias y échales una copa de aguardiente.

MUCHACHA. *(A* MAGDALENA.*)* Magdalena . . .

BERNARDA. *(A* MAGDALENA, *que inicia el llanto.)* Chiss. *(Salen todas. A las que se*

han ido.) ¡Andar a vuestras casas a criticar todo lo que habéis visto! ¡Ojalá tardéis

muchos años en pasar el arco de mi puerta!

LA PONCIA. No tendrás queja ninguna. Ha venido todo el pueblo. 160

BERNARDA. Sí; para llenar mi casa con el sudor de sus refajos y el veneno de sus

lenguas.

AMELIA. ¡Madre, no hable usted así!

BERNARDA. Es así como se tiene que hablar en este maldito pueblo sin río, pueblo

de pozos, donde siempre se bebe el agua con el miedo de que esté envenenada.

---

[12] *lat.* "Dale, Señor, el descanso eterno."

[13] *lat.* "Y la luz perpetua les brille"

LA PONCIA. ¡Cómo han puesto la solería![14]

BERNARDA. Igual que si hubiese pasado por ella una manada de cabras. (*La*
PONCIA *limpia el suelo.*) Niña, dame el abanico.

ADELA. Tome usted. (*Le da un abanico redondo con flores rojas y verdes.*)

BERNARDA. (*Arrojando el abanico al suelo.*) ¿Es éste el abanico que se da a una viuda?   170
Dame uno negro y aprende a respetar el luto de tu padre.

MARTIRIO. Tome usted el mío.

BERNARDA. ¿Y tú?

MARTIRIO. Yo no tengo calor.

BERNARDA. Pues busca otro, que te hará falta. En ocho años que dure el luto no ha
de entrar en esta casa el viento de la calle. Hacemos cuenta que hemos tapiado con
ladrillos puertas y ventanas. Así pasó en casa de mi padre y en casa de mi abuelo.
Mientras, podéis empezar a bordar el ajuar.[15] En el arca tengo veinte piezas de hilo con
el que podréis cortar sábanas y embozos. Magdalena puede bordarlas.

MAGDALENA. Lo mismo me da.   180

ADELA. (*Agria.*) Si no quieres bordarlas, irán sin bordados. Así las tuyas lucirán más.

MAGDALENA. Ni las mías ni las vuestras. Sé que yo no me voy a casar. Prefiero llevar
sacos al molino. Todo menos estar sentada días y días dentro de esta sala oscura.

BERNARDA. Eso tiene ser mujer.

MAGDALENA. Malditas sean las mujeres.

BERNARDA. Aquí se hace lo que yo mando. Ya no puedes ir con el cuento a tu
padre. Hilo y aguja para las hembras. Látigo y mula para el varón. Eso tiene la gente
que nace con posibles.

(*Sale* ADELA.)

VOZ. ¡Bernarda! ¡Déjame salir!

BERNARDA. (*En voz alta.*) ¡Dejadla ya!   190

(*Sale la* CRIADA.)

CRIADA. Me ha costado mucho sujetarla. A pesar de sus ochenta años, tu madre es
fuerte como un roble.

BERNARDA. Tiene a quién parecerse. Mi abuelo fue igual.

CRIADA. Tuve durante el duelo que taparle varias veces la boca con un costal[16] vacío
porque quería llamarte para que le dieras agua de fregar siquiera para beber, y carne de
perro, que es lo que ella dice que tú le das.

MARTIRIO. ¡Tiene mala intención!

BERNARDA. (*A la* CRIADA.) Dejadla que se desahogue en el patio.

CRIADA. Ha sacado del cofre sus anillos y los pendientes de amatista; se los ha puesto,
y me ha dicho que se quiere casar.   200

(*Las* HIJAS *ríen.*)

BERNARDA. Ve con ella y ten cuidado que no se acerque al pozo.

CRIADA. No tengas miedo que se tire.

---

[14] suelo de baldosas

[15] conjunto de alhajas y prendas que aporta la mujer al matrimonio (*incluye ropa de cama y manteles bordados*)

[16] Saco de tela

BERNARDA. No es por eso . . . Pero desde aquel sitio las vecinas pueden verla desde su ventana.

(Sale la CRIADA*)*

MARTIRIO. Nos vamos a cambiar de ropa.

BERNARDA. Sí, pero no el pañuelo de la cabeza. *(Entra ADELA.)* ¿Y Angustias?

ADELA. *(Con intención.)* La he visto asomada a las rendijas del portón. Los hombres se acaban de ir.

BERNARDA. ¿Y tú a qué fuiste también al portón?

ADELA. Me llegué a ver si habían puesto las gallinas.   210

BERNARDA. ¡Pero el duelo de los hombres habría salido ya!

ADELA. *(Con intención.)* Todavía estaba un grupo parado por fuera.

BERNARDA. *(Furiosa.)* ¡Angustias! ¡Angustias!

ANGUSTIAS. *(Entrando.)* ¿Qué manda usted?

BERNARDA. ¿Qué mirabas y a quién?

ANGUSTIAS. A nadie.

BERNARDA. ¿Es decente que una mujer de tu clase vaya con el anzuelo detrás de un hombre el día de la misa de su padre? ¡Contesta! ¿A quién mirabas?

(Pausa.)

ANGUSTIAS. Yo . . .

BERNARDA. ¡Tú!   220

ANGUSTIAS. ¡A nadie!

BERNARDA. *(Avanzando y golpeándola.)* ¡Suave! ¡Dulzarrona![17]

LA PONCIA. *(Corriendo.)* ¡Bernarda, cálmate! *(La sujeta.)*

*(*ANGUSTIAS *llora.)*

BERNARDA. ¡Fuera de aquí todas! *(Salen.)*

LA PONCIA. Ella lo ha hecho sin dar alcance a lo que hacía, que está francamente mal. Ya me chocó a mí verla escabullirse hacia el patio. Luego estuvo detrás de una ventana oyendo la conversación que traían los hombres, que, como siempre, no se puede oír.

BERNARDA. A eso vienen a los duelos. *(Con curiosidad.)* ¿De qué hablaban?

LA PONCIA. Hablaban de Paca la Roseta. Anoche ataron a su marido a un pesebre[18] y   230 a ella se la llevaron en la grupa[19] del caballo hasta lo alto del olivar.

BERNARDA. ¿Y ella?

LA PONCIA. Ella, tan conforme. Dicen que iba con los pechos fuera y Maximiliano la llevaba cogida como si tocara la guitarra. ¡Un horror!

BERNARDA. ¿Y qué pasó?

LA PONCIA. Lo que tenía que pasar. Volvieron casi de día. Paca la Roseta traía el pelo suelto y una corona de flores en la cabeza.

BERNARDA. Es la única mujer mala que tenemos en el pueblo.

---

[17] *apelativo claramente despectivo*

[18] cajón de madera donde comen los animales

[19] parte trasera del lomo

LA PONCIA. Porque no es de aquí. Es de muy lejos. Y los que fueron con ella son también hijos de forasteros. Los hombres de aquí no son capaces de eso.   240

BERNARDA. No; pero les gusta verlo y comentarlo y se chupan los dedos de que esto ocurra.

LA PONCIA. Contaban muchas cosas más.

BERNARDA. *(Mirando a un lado y otro con cierto temor.)* ¿Cuáles?

LA PONCIA. Me da vergüenza referirlas.

BERNARDA. ¿Y mi hija las oyó?

LA PONCIA. ¡Claro!

BERNARDA. Esa sale a sus tías; blancas y untuosas[20] y que ponían los ojos de carnero al piropo de cualquier barberillo. ¡Cuánto hay que sufrir y luchar para hacer que las personas sean decentes y no tiren al monte[21] demasiado!   250

LA PONCIA. ¡Es que tus hijas están ya en edad de merecer![22] Demasiado poca guerra te dan. Angustias ya debe tener mucho más de los treinta.

BERNARDA. Treinta y nueve justos.

LA PONCIA. Figúrate. Y no ha tenido nunca novio. . .

BERNARDA. *(Furiosa.)* ¡No ha tenido novio ninguna ni les hace falta! Pueden pasarse muy bien.

LA PONCIA. No he querido ofenderte.

BERNARDA. No hay en cien leguas a la redonda quien se pueda acercar a ellas. Los hombres de aquí no son de su clase. ¿Es que quieres que las entregue a cualquier gañán?[23]   260

LA PONCIA. Debías haberte ido a otro pueblo.

BERNARDA. Eso. ¡A venderlas!

LA PONCIA. No, Bernarda, a cambiar . . . Claro que en otros sitios ellas resultan las pobres.

BERNARDA. ¡Calla esa lengua atormentadora!

LA PONCIA. Contigo no se puede hablar. ¿Tenemos o no tenemos confianza?

BERNARDA. No tenemos. Me sirves y te pago. ¡Nada más!

CRIADA. *(Entrando.)* Ahí está don Arturo, que viene a arreglar las particiones.

BERNARDA. Vamos. *(A la CRIADA.)* Tú empieza a blanquear el patio. *(A LA PONCIA.)* Y tú ve guardando en el arca grande toda la ropa del muerto.   270

LA PONCIA. Algunas cosas las podíamos dar.

BERNARDA. Nada, ¡ni un botón! Ni el pañuelo con que le hemos tapado la cara.

(Sale lentamente y al salir vuelve la cabeza y mira a sus CRIADAS.)

(Las CRIADAS salen después. Entran AMELIA y MARTIRIO.)

AMELIA. ¿Has tomado la medicina?

MARTIRIO. ¡Para lo que me va a servir!

---

[20] con interés a los hombres
[21] dejarse llevar por instintos salvajes
[22] *elipsis* de merecer marido
[23] campesino fuerte y tosco

AMELIA. Pero la has tomado.

MARTIRIO. Yo hago las cosas sin fe, pero como un reloj.

AMELIA. Desde que vino el médico nuevo estás más animada.

MARTIRIO. Yo me siento lo mismo.

AMELIA. ¿Te fijaste? Adelaida no estuvo en el duelo.

MARTIRIO. Ya lo sabía. Su novio no la deja salir ni al tranco de la calle. Antes era   280
alegre: ahora ni polvos se echa en la cara.

AMELIA. Ya no sabe una si es mejor tener novio o no.

MARTIRIO. Es lo mismo.

AMELIA. De todo tiene la culpa esta crítica que no nos deja vivir. Adelaida habrá
pasado mal rato.

MARTIRIO. Le tiene miedo a nuestra madre. Es la única que conoce la historia de su
padre y el origen de sus tierras. Siempre que viene le tira puñaladas en el asunto. Su
padre mató en Cuba al marido de su primera mujer para casarse con ella, luego aquí la
abandonó y se fue con otra que tenía una hija y luego tuvo relaciones con esta
muchacha, la madre de Adelaida, y se casó con ella después de haber muerto loca la   290
segunda mujer.

AMELIA. Y ese infame, ¿por qué no está en la cárcel?

MARTIRIO. Porque los hombres se tapan unos a otros las cosas de esta índole y nadie
es capaz de delatar.[24]

AMELIA. Pero Adelaida no tiene culpa de esto.

MARTIRIO. No. Pero las cosas se repiten. Y veo que todo es una terrible repetición. Y
ella tiene el mismo sino de su madre y de su abuela, mujeres las dos del que la
engendró.

AMELIA. ¡Qué cosa más grande!

MARTIRIO. Es preferible no ver a un hombre nunca. Desde niña les tuve miedo. Los   300
veía en el corral uncir[25] los bueyes y levantar los costales de trigo entre voces y
zapatazos y siempre tuve miedo de crecer por temor de encontrarme de pronto
abrazada por ellos. Dios me ha hecho débil y fea y los ha apartado definitivamente de mí.

AMELIA. ¡Eso no digas! Enrique Humanes estuvo detrás de ti y le gustabas.

MARTIRIO. ¡Invenciones de la gente! Una vez estuve en camisa detrás de la ventana
hasta que fue de día porque me avisó con la hija de su gañán que iba a venir y no vino.
Fue todo cosa de lenguas. Luego se casó con otra que tenía más que yo.

AMELIA. ¡Y fea como un demonio!

MARTIRIO. ¡Qué les importa a ellos la fealdad! A ellos les importa la tierra, las yuntas,
y una perra sumisa que les dé de comer.   310

AMELIA. ¡Ay! *(Entra MAGDALENA.)*

MAGDALENA. ¿Qué hacéis?

MARTIRIO. Aquí.

AMELIA. ¿Y tú?

---

[24] denunciar a uno a las autoridades

[25] atar

MAGDALENA. Vengo de correr las cámaras.[26] Por andar un poco. De ver los cuadros bordados de cañamazo[27] de nuestra abuela, el perrito de lanas y el negro luchando con el león, que tanto nos gustaba de niñas. Aquella era una época más alegre. Una boda duraba diez días y no se usaban las malas lenguas. Hoy hay más finura, las novias se ponen de velo blanco como en las poblaciones y se bebe vino de botella, pero nos pudrimos por el qué dirán.   320

MARTIRIO. ¡Sabe Dios lo que entonces pasaría!

AMELIA. *(A MAGDALENA.)* Llevas desabrochados los cordones de un zapato.

MAGDALENA. ¡Qué más da![28]

AMELIA. Te los vas a pisar y te vas a caer.

MAGDALENA. ¡Una menos!

MARTIRIO. ¿Y Adela?

MAGDALENA. ¡Ah! Se ha puesto el traje verde que se hizo para estrenar el día de su cumpleaños, se ha ido al corral, y ha comenzado a voces: "¡Gallinas! ¡Gallinas, miradme!" ¡Me he tenido que reír!

AMELIA. ¡Si la hubiera visto madre!   330

MAGDALENA. ¡Pobrecilla! Es la más joven de nosotras y tiene ilusión. Daría algo por verla feliz.

(Pausa. ANGUSTIAS cruza la escena con unas toallas en la mano.)

ANGUSTIAS. ¿Qué hora es?

MAGDALENA. Ya deben ser las doce.

ANGUSTIAS. ¿Tanto?

AMELIA. Estarán al caer.[29]

(Sale ANGUSTIAS.)

MAGDALENA. *(Con intención.)* ¿Sabéis ya la cosa? *(Señalando a ANGUSTIAS.)*

AMELIA. No.

MAGDALENA. ¡Vamos!   340

MARTIRIO. No sé a qué cosa te refieres. . .

MAGDALENA. Mejor que yo lo sabéis las dos. Siempre cabeza con cabeza como dos ovejitas, pero sin desahogarse con nadie. ¡Lo de Pepe el Romano!

MARTIRIO. ¡Ah!

MAGDALENA. *(Remedándola.)* ¡Ah! Ya se comenta por el pueblo. Pepe el Romano viene a casarse con Angustias. Anoche estuvo rondando la casa y creo que pronto va a mandar un emisario.[30]

MARTIRIO. Yo me alegro. Es buen mozo.

AMELIA. Yo también. Angustias tiene buenas condiciones.

MAGDALENA. Ninguna de las dos os alegráis.

MARTIRIO. ¡Magdalena! ¡Mujer!   350

---

[26] cuartos (*aquí, andar por la casa*)
[27] tela propicia para bordar
[28] *expresión que significa:* "No importa"
[29] *léase:* Casi lo serán (las doce)
[30] *Según las costumbres de la época, alguien que declare sus intenciones de casarse.*

MAGDALENA. Si viniera por el tipo de Angustias, por Angustias como mujer, yo me alegraría; pero viene por el dinero. Aunque Angustias es nuestra hermana, aquí estamos en familia y reconocemos que está vieja, enfermiza, y que siempre ha sido la que ha tenido menos méritos de todas nosotras. Porque si con veinte años parecía un palo vestido, ¡qué será ahora que tiene cuarenta!

MARTIRIO. No hables así. La suerte viene a quien menos la aguarda.

AMELIA. ¡Después de todo dice la verdad! ¡Angustias tiene todo el dinero de su padre, es la única rica de la casa y por eso ahora que nuestro padre ha muerto y ya se harán particiones viene por ella!

MAGDALENA. Pepe el Romano tiene veinticinco años y es el mejor tipo de todos   360
estos contornos. Lo natural sería que te pretendiera a ti, Amelia, o a nuestra Adela, que tiene veinte años, pero no que venga a buscar lo más oscuro de esta casa, a una mujer que, como su padre, habla con las narices.

MARTIRIO. ¡Puede que a él le guste!

MAGDALENA. ¡Nunca he podido resistir tu hipocresía!

MARTIRIO. ¡Dios me valga!

(Entra ADELA.)

MAGDALENA. ¿Te han visto ya las gallinas?

ADELA. ¿Y qué queríais que hiciera?

AMELIA. ¡Si te ve nuestra madre te arrastra del pelo!

ADELA. Tenía mucha ilusión con el vestido. Pensaba ponérmelo el día que vamos a   370
comer sandías a la noria. No hubiera habido otro igual.

MARTIRIO. Es un vestido precioso.

ADELA. Y que me está muy bien. Es lo mejor que ha cortado Magdalena.

MAGDALENA. ¿Y las gallinas qué te han dicho?

ADELA. Regalarme unas cuantas pulgas que me han acribillado las piernas. *(Ríen.)*

MARTIRIO. Lo que puedes hacer es teñirlo de negro.

MAGDALENA. Lo mejor que puedes hacer es regalárselo a Angustias para la boda con Pepe el Romano.

ADELA. *(Con emoción contenida.)* Pero Pepe el Romano. . .   380

AMELIA. ¿No lo has oído decir?

ADELA. No.

MAGDALENA. ¡Pues ya lo sabes!

ADELA. ¡Pero si no puede ser!

MAGDALENA. ¡El dinero lo puede todo!

ADELA. ¿Por eso ha salido detrás del duelo y estuvo mirando por el portón? *(Pausa.)* Y ese hombre es capaz de. . .

MAGDALENA. Es capaz de todo.

(Pausa.)

MARTIRIO. ¿Qué piensas, Adela?

ADELA. Pienso que este luto me ha cogido en la peor época de mi vida para pasarlo.

MAGDALENA. Ya te acostumbrarás.   390

ADELA. *(Rompiendo a llorar con ira.)* No me acostumbraré. Yo no puedo estar encerrada. No quiero que se me pongan las carnes como a vosotras; no quiero perder mi blancura en estas habitaciones; mañana me pondré mi vestido verde y me echaré a pasear por la calle. ¡Yo quiero salir!

(Entra la CRIADA.)

MAGDALENA. *(Autoritaria.)* ¡Adela!

CRIADA. ¡La pobre! Cuánto ha sentido a su padre. . . *(Sale.)*

MARTIRIO. ¡Calla!

AMELIA. Lo que sea de una será de todas.

(ADELA se calma.)

MAGDALENA. Ha estado a punto de oírte la criada.

(Aparece la CRIADA.)

CRIADA. Pepe el Romano viene por lo alto de la calle.   400

(AMELIA, MARTIRIO y MAGDALENA corren presurosas.)

MAGDALENA. ¡Vamos a verlo! *(Salen rápidas.)*

CRIADA. *(A ADELA.)* ¿Tú no vas?

ADELA. No me importa.

CRIADA. Como dará la vuelta a la esquina, desde la ventana de tu cuarto se verá mejor. *(Sale.)*

(ADELA queda en escena dudando; después de un instante se va también rápida hasta su habitación. Salen BERNARDA y LA PONCIA.)

BERNARDA. ¡Malditas particiones!³¹

LA PONCIA. ¡Cuánto dinero le queda a Angustias!

BERNARDA. Sí.

LA PONCIA. Y a las otras, bastante menos.

BERNARDA. Ya me lo has dicho tres veces y no te he querido replicar. Bastante   410
menos, mucho menos. No me lo recuerdes más.

*(Sale ANGUSTIAS muy compuesta de cara.)*³²

BERNARDA. ¡Angustias!

ANGUSTIAS. Madre.

BERNARDA. ¿Pero has tenido valor de echarte polvos en la cara? ¿Has tenido valor de lavarte la cara el día de la muerte de tu padre?

ANGUSTIAS. No era mi padre. El mío murió hace tiempo. ¿Es que ya no lo recuerda usted?

BERNARDA. Más debes a este hombre, padre de tus hermanas, que al tuyo. Gracias a este hombre tienes colmada tu fortuna.

ANGUSTIAS. ¡Eso lo teníamos que ver!

BERNARDA. Aunque fuera por decencia. ¡Por respeto!   420

ANGUSTIAS. Madre, déjeme usted salir.

BERNARDA. ¿Salir? Después de que te hayas quitado esos polvos de la cara. ¡Suavona! ¡Yeyo!³³ ¡Espejo de tus tías! *(Le quita violentamente con un pañuelo los polvos.)* ¡Ahora, vete!

LA PONCIA. ¡Bernarda, no seas tan inquisitiva!

---

³¹ reparto de una herencia
³² maquillada
³³ *insultos sin claro sentido*

BERNARDA. Aunque mi madre esté loca, yo estoy en mis cinco sentidos y sé perfectamente lo que hago.

(Entran todas.)

MAGDALENA. ¿Qué pasa?

BERNARDA. No pasa nada.

MAGDALENA. *(A ANGUSTIAS.)* Si es que discuten por las particiones, tú que eres la más rica te puedes quedar con todo.   430

ANGUSTIAS. Guárdate la lengua en la madriguera.[34]

BERNARDA. *(Golpeando en el suelo.)* No os hagáis ilusiones de que vais a poder conmigo. ¡Hasta que salga de esta casa con los pies adelante mandaré en lo mío y en lo vuestro!

(Se oyen unas voces y entra en escena MARÍA JOSEFA. *La madre de* BERNARDA, *viejísima, ataviada con flores en la cabeza y en el pecho.)*

MARÍA JOSEFA. Bernarda, ¿dónde está mi mantilla? Nada de lo que tengo quiero que sea para vosotras. Ni mis anillos ni mi traje negro de moaré.[35] Porque ninguna de vosotras se va a casar. ¡Ninguna! Bernarda, dame mi gargantilla de perlas.

BERNARDA. *(A la* CRIADA.) ¿Por qué la habéis dejado entrar?

CRIADA. *(Temblando.)* ¡Se me escapó!

MARÍA JOSEFA. Me escapé porque me quiero casar, porque quiero casarme con un   440
varón hermoso de la orilla del mar, ya que aquí los hombres huyen de las mujeres.

BERNARDA. ¡Calle usted, madre!

MARÍA JOSEFA. No, no me callo. No quiero ver a estas mujeres solteras rabiando por la boda, haciéndose polvo[36] el corazón, y yo me quiero ir a mi pueblo. Bernarda, yo quiero un varón para casarme y para tener alegría.

BERNARDA. ¡Encerradla!

MARÍA JOSEFA. ¡Déjame salir, Bernarda!

(La CRIADA *coge a* MARÍA JOSEFA.)

BERNARDA. ¡Ayudarla vosotras! *(Todas arrastran a la vieja.)*

MARÍA JOSEFA. ¡Quiero irme de aquí! ¡Bernarda! ¡A casarme a la orilla del mar, a la   450
orilla del mar!

Telón rápido.

■———Pasos para la comprensión

1. El drama empieza con el entierro del esposo de Bernarda Alba. Las campanas que suenan son las de la misa. Los personajes que salen en escena primero son los criados, quienes preparan la casa para las visitas que vendrán después de la misa. Lorca se vale de una técnica teatral muy antigua: los criados que introducen y dan su interpretación de los personajes y de los hechos, antes de que ellos mismos se revelen. Poncia habla con la criada. ¿Qué dice Poncia de Bernarda respecto a su generosidad? ¿y a su personalidad?

---

[34] cueva estrecha de animales; aquí, *fig.* boca

[35] tela de seda

[36] destruyéndose

2. Según Poncia, ¿por qué no han venido los miembros de la familia del difunto al entierro?

□ ¿Cómo describe Poncia sus treinta años de sevicio a Bernarda?

□ ¿Qué dice que hará el día que no aguante más a Bernarda?

3. Durante esta conversación se oye una voz que grita "¡Bernarda!" En ese momento el espectador no ha de saber quién es, se tiene que preguntar quién será. Es María Josefa, la madre de Bernarda, quien es un poco demente y Bernarda la mantiene encerrada en su habitación. Desde una perspectiva dramática, ¿cuál sería el propósito que incluir en esta primera escena de la obra los gritos de María Josefa?

4. Cuando entra la mendiga pidiendo las sobras, y la criada se las niega, se establece claramente una jerarquía de pobreza. ¿Cómo se comparan Poncia, la criada y la mendiga en cuanto a esta jerarquía?

5. Cuando está sola, la criada menciona lo que le hacía Antonio María, el esposo de Bernarda. ¿Qué hacía con la criada? ¿Por qué crees que se incluye este detalle?

6. Se debe notar la teatralidad de la escena que introduce a Bernarda. Dice Lorca en la acotación que entran doscientos mujeres todas vestidas de negro y con abanicos.

□ ¿Qué efecto produciría para el espectador un escenario tan lleno de gente, toda vestida de negro, toda abanicándose, y el negro contrastando con la blancura de las paredes?

□ Luego, las mujeres hacen el papel de un coro, repitiendo "¡Descansa en paz!" a los comentarios de Bernarda. Si tú fueras el director de esta escena, ¿cómo la montarías (con realismo, poéticamente, con movimientos expresionistas, etc.)? Explica.

7. Finalmente aparece Bernarda.

□ ¿Cómo entra Bernarda en la escena?

□ ¿Cuál es su primera palabra?

□ ¿Qué le exige a la criada? ¿Por qué la echa de la habitación?

□ Luego, ¿qué dice respecto a los pobres?

□ ¿Cómo trata Bernarda a una muchacha que hace un comentario inofensivo?

□ ¿Por qué regaña a su hija Magdalena?

□ ¿Qué indican todos estos detalles respecto al carácter de Bernarda?

8. En la línea 113, una muchacha le menciona el nombre de Pepe el Romano a Angustias, la hija mayor de Bernarda, que en realidad era hija del esposo de otro matrimonio. ¿Por qué crees que se mencionaría a esta persona?

□ ¿Qué dice Bernarda respecto a su presencia?

□ Y luego, nota sus palabras en las líneas 121–122. (La pana aquí se refiere al material de los pantalones de los hombres.) Teniendo eso en cuenta, interpreta las palabras de Bernarda.

9. Durante el duelo, algunas mujeres en un aparte le echan vituperios a Bernarda, quien las critica cuando ellas se marchan. Sin embargo, se habían tratado cortésmente durante el duelo. ¿Qué indica este comportamiento?

10. En las líneas 175–179, Bernarda describe el luto que se ha de llevar.
   □ ¿Cuántos años ha de durar?
   □ ¿Cómo han de vivir las mujeres de la casa durante ese período de tiempo?
   □ ¿Qué razón da Bernarda para observar un luto tan estricto?
   □ ¿Qué han de hacer las mujeres encerradas durante tanto tiempo?
   □ ¿Cómo reacciona Magdalena ante la vida que le espera?
   □ ¿Qué le dice la madre? Aquí claramente se entabla un discurso feminista. Bernarda tiene una idea muy clara de las diferencias entre los sexos, y lo expresa en la línea 187. Trata de explicar los significados de los signos que emplea Bernarda para distinguir entre los hombres y las mujeres.

11. ¿Por qué le pega Bernarda a Angustias en la línea 222?
   □ ¿Cómo encuadra su violencia en el ambiente de esta pieza?
   □ ¿Hay otras formas de violencia psicológica en la obra? Explica.

12. Nota que Bernarda, aunque se queja de que los del pueblo son chismosos, quiere saber las noticias del pueblo. Nota el cuento escabroso que le relata Poncia a Bernarda.
   □ ¿Se lo cuenta de un modo realista o poético? Explica.
   □ ¿Es raro que estas cosas eróticas ocurran en los pueblos? Explica.
   □ ¿Cómo lo explican Bernarda y Poncia?

13. En la conversación que sigue al relato de Paca la Roseta, la Poncia comenta que las hijas de Bernarda ya merecen tener marido. ¿Está de acuerdo Bernarda?
   □ ¿Qué razones da Bernarda por no haber casado a las hijas?
   □ ¿Por qué se enoja Bernarda con la Poncia?

14. Sigue una conversación íntima entre Amelia y Martirio, dos hijas que hasta ahora no han hecho un papel muy importante. Comentan la ausencia de su amiga Adelaida en el duelo. ¿Por qué no fue?
   □ Luego Martirio confiesa su temor a los hombres. ¿Qué dice?
   □ Según Martirio, ¿qué buscan los hombres en una mujer?
   □ ¿Cómo contribuyen estos detalles al discurso feminista?

15. Magdalena trae nuevas noticias. Pepe el Romano va a casarse con Angustias.
   □ ¿Qué piensa Magdalena del desposorio?
   □ ¿Qué aprendemos de Angustias por lo que dicen las hermanas?
   □ ¿Cómo reacciona Adela cuando se entera? ¿Por qué sospechas que reacciona de ese modo?

16. Adela además lanza en las líneas 345–391 un grito por su libertad. Luego sale Angustias con la cara pintada y deseos de salir. Finalmente, conocemos a la abuela María Josefa.

   □ ¿Qué quiere hacer la señora?

   □ ¿Cómo se compara el deseo de la abuela con los de Adela y Angustias anteriormente?

   □ ¿Cuál de las tres habla más explícitamente sobre su deseo? ¿Por qué?

   □ Adela tiene 20 años, Angustias 40 y la abuela 80. ¿Qué parece indicar el hecho de que todas las tres mujeres tengan el mismo deseo?

   □ ¿Cuál es la fuerza dentro de la casa que prohíbe que se realicen los anhelos de estas mujeres?

Acto II

Habitación blanca del interior de la casa de BERNARDA. *Las puertas de la izquierda dan a los dormitorios. Las* HIJAS *de* BERNARDA *están sentadas en sillas bajas cosiendo.* MAGDALENA *borda. Con ellas está* LA PONCIA.

ANGUSTIAS. Ya he cortado la tercera sábana.

MARTIRIO. Le corresponde a Amelia.

MAGDALENA. Angustias. ¿Pongo también las iniciales de Pepe?

ANGUSTIAS. *(Seca.)* No.

MAGDALENA. *(A voces.)* Adela, ¿no vienes?

AMELIA. Estará echada en la cama.

LA PONCIA. Esta tiene algo. La encuentro sin sosiego, temblona, asustada, como si tuviese una lagartija entre los pechos.

MARTIRIO. No tiene ni más ni menos que lo que tenemos todas.

MAGDALENA. Todas, menos Angustias.   460

ANGUSTIAS. Yo me encuentro bien, y al que le duela, que reviente.

MAGDALENA. Desde luego hay que reconocer que lo mejor que has tenido siempre es el talle y la delicadeza.

ANGUSTIAS. Afortunadamente, pronto voy a salir de este infierno.

MAGDALENA. ¡A lo mejor no sales!

MARTIRIO. Dejar esa conversación.

ANGUSTIAS. Y, además, ¡más vale onza en el arca que ojos negros en la cara!

MAGDALENA. Por un oído me entra y por otro me sale.

AMELIA. *(A LA PONCIA.)* Abre la puerta del patio a ver si nos entra un poco de fresco. *(La* CRIADA *lo hace.)*   470

MARTIRIO. Esta noche pasada no me podía quedar dormida por el calor.

AMELIA. Yo tampoco.

MAGDALENA. Yo me levanté a refrescarme. Había un nublo negro de tormenta y hasta cayeron algunas gotas.

LA PONCIA. Era la una de la madrugada y subía fuego de la tierra. También me levanté yo. Todavía estaba Angustias con Pepe en la ventana.

MAGDALENA. *(Con ironía.)* ¿Tan tarde? ¿A qué hora se fue?

ANGUSTIAS. Magdalena, ¿a qué preguntas, si lo viste?

AMELIA. Se iría a eso de la una y media.   480

ANGUSTIAS. ¿Sí? ¿Tú por qué lo sabes?

AMELIA. Lo sentí toser y oí los pasos de su jaca.

LA PONCIA. Pero si yo lo sentí marchar a eso de las cuatro.

ANGUSTIAS. No sería él.

LA PONCIA. Estoy segura.

AMELIA. A mí también me pareció.

MAGDALENA. ¡Qué cosa más rara!

(Pausa.)

LA PONCIA. Oye, Angustias: ¿qué fue lo que te dijo la primera vez que se acercó a tu ventana?

ANGUSTIAS. Nada. ¡Qué me iba a decir! Cosas de conversación.

MARTIRIO. Verdaderamente es raro que dos personas que no se conocen se vean de   490
pronto en una reja y ya novios.

ANGUSTIAS. Pues a mí no me chocó.

AMELIA. A mí me daría no sé qué.

ANGUSTIAS. No, porque cuando un hombre se acerca a una reja ya sabe por los que van y vienen, llevan y traen, que se le va a decir que sí.

MARTIRIO. Bueno; pero él te lo tendría que decir.

ANGUSTIAS. ¡Claro!

AMELIA. *(Curiosa.)* ¿Y cómo te lo dijo?

ANGUSTIAS. Pues nada: "Ya sabes que ando detrás de ti, necesito una mujer buena, modosa,[37] y esa eres tú si me das la conformidad."

AMELIA. ¡A mí me da vergüenza de estas cosas!   500

ANGUSTIAS. Y a mí, pero hay que pasarlas.

LA PONCIA. ¿Y habló más?

ANGUSTIAS. Sí, siempre habló él.

MARTIRIO. ¿Y tú?

ANGUSTIAS. Yo no hubiera podido. Casi se me salió el corazón por la boca. Era la primera vez que estaba sola de noche con un hombre.

MAGDALENA. Y un hombre tan guapo.

ANGUSTIAS. No tiene mal tipo.

LA PONCIA. Esas cosas pasan entre personas ya un poco instruidas que hablan y dicen y mueven la mano. . . La primera vez que mi marido Evaristo el Colín vino a mi   510
ventana. . . Ja, ja, ja.

AMELIA. ¿Qué pasó?

LA PONCIA. Era muy oscuro. Lo vi acercarse y al llegar me dijo: "Buenas noches."
"Buenas noches," le dije yo, y nos quedamos callados más de media hora. Me corría el

---

[37] de buenos modales

sudor por todo el cuerpo. Entonces Evaristo se acercó, se acercó que se quería meter
por los hierros, y dijo con voz muy baja: "¡Ven que te tiente!" *(Ríen todas.)*
(AMELIA se levanta corriendo y espía por una puerta.)
AMELIA. ¡Ay!, creí que llegaba nuestra madre.
MAGDALENA. ¡Buenas nos hubiera puesto! *(Siguen riendo.)*
AMELIA. Chissss. . . ¡Que nos van a oír!   520
LA PONCIA. Luego se portó bien. En vez de darle por otra cosa le dio por criar
colorines[38] hasta que se murió. A vosotras que sois solteras, os conviene saber de todos
modos que el hombre, a los quince días de boda, deja la cama por la mesa y luego la
mesa por la tabernilla, y la que no se conforma se pudre llorando en un rincón.
AMELIA. Tú te conformaste.
LA PONCIA. ¡Yo pude con él!
MARTIRIO. ¿Es verdad que le pegaste algunas veces?
LA PONCIA. Sí, y por poco si le dejo tuerto.
MAGDALENA. ¡Así debían ser todas las mujeres!
LA PONCIA. Yo tengo la escuela de tu madre. Un día me dijo no sé qué cosa y le   530
maté todos los colorines con la mano del almirez.[39] *(Ríen.)*
MAGDALENA. Adela, niña, no te pierdas esto.
AMELIA. Adela.
(Pausa.)
MAGDALENA. Voy a ver. *(Entra.)*
LA PONCIA. Esa niña está mala.
MARTIRIO. Claro, no duerme apenas.
LA PONCIA. ¿Pues qué hace?
MARTIRIO. ¡Yo qué sé lo que hace!   540
LA PONCIA. Mejor lo sabrás tú que yo, que duermes pared por medio.
ANGUSTIAS. La envidia la come.
AMELIA. No exageres.
ANGUSTIAS. Se lo noto en los ojos. Se le está poniendo mirar de loca.
MARTIRIO. No habléis de locos. Aquí es el único sitio donde no se puede pronunciar
esta palabra.
(Sale MAGDALENA con ADELA.)
MAGDALENA. Pues ¿no estabas dormida?
ADELA. Tengo mal cuerpo.[40]
MARTIRIO. *(Con intención.)* ¡Es que no has dormido bien esta noche?   550
ADELA. Sí.
MARTIRIO. ¿Entonces?
ADELA. *(Fuerte.)* ¡Déjame ya! ¡Durmiendo o velando, no tienes por qué meterte en lo
mío! ¡Yo hago con mi cuerpo lo que me parece!

---

[38] jilgueros (especie de pájaros)
[39] mortero de metal
[40] *léase:* No me siento bien.

MARTIRIO. ¡Solo es interés por ti!

ADELA. Interés o inquisición. ¿No estabais cosiendo? Pues seguir. ¡Quisiera ser invisible, pasar por las habitaciones sin que me preguntarais dónde voy!

CRIADA. *(Entra.)* Bernarda os llama. Está el hombre de los encajes. *(Salen.)*

(Al salir, MARTIRIO mira fijamente a ADELA.)

ADELA. ¡No me mires más! Si quieres te daré mis ojos, que son frescos, y mis espaldas para que te compongas la joroba que tienes, pero vuelve la cabeza cuando yo paso.

(Se va MARTIRIO.)   560

LA PONCIA. Adela, ¡que es tu hermana y además la que más te quiere!

ADELA. Me sigue a todos lados. A veces se asoma a mi cuarto para ver si duermo. No me deja respirar. Y siempre: "¡Qué lástima de cara!", "¡Qué lástima de cuerpo que no vaya a ser para nadie!" ¡Y eso no! Mi cuerpo será de quien yo quiera.

LA PONCIA. *(Con intención y en voz baja.)* De Pepe el Romano. ¿No es eso?

ADELA. *(Sobrecogida.)* ¿Qué dices?

LA PONCIA. Lo que digo, Adela.

ADELA. ¡Calla!

LA PONCIA. *(Alto.)* ¿Crees que no me he fijado?

ADELA. ¡Baja la voz!   570

LA PONCIA. ¡Mata esos pensamientos!

ADELA. ¿Qué sabes tú?

LA PONCIA. Las viejas vemos a través de las paredes. ¿Dónde vas de noche cuando te levantas?

ADELA. ¡Ciega debías estar!

LA PONCIA. Con la cabeza y las manos llenas de ojos cuando se trata de lo que se trata. Por mucho que pienso no sé lo que te propones. ¿Por qué te pusiste casi desnuda con la luz encendida y la ventana abierta al pasar Pepe el segundo día que vino a hablar con tu hermana?

ADELA. ¡Eso no es verdad!   580

LA PONCIA. No seas como los niños chicos. ¡Deja en paz a tu hermana, y si Pepe el Romano te gusta, te aguantas! (ADELA *llora.*) Además, ¿quién dice que no te puedes casar con él? Tu hermana Angustias es una enferma. Esa no resiste el primer parto. Es estrecha de cintura, vieja, y con mi conocimiento te digo que se morirá. Entonces Pepe hará lo que hacen todos los viudos de esta tierra: se casará con la más joven, la más hermosa, y esa serás tú. Alimenta esa esperanza, olvídalo, lo que quieras, pero no vayas contra la ley de Dios.

ADELA. ¡Calla!

LA PONCIA. ¡No callo!

ADELA. Métete en tus cosas, ¡oledora!,[41] ¡pérfida!   590

LA PONCIA. Sombra tuya he de ser.

ADELA. En vez de limpiar la casa y acostarte para rezar a tus muertos, buscas como una vieja marrana asuntos de hombres y mujeres para babosear en ellos.

LA PONCIA. ¡Velo! Para que las gentes no escupan al pasar por esta puerta.

---

[41] la que huele (*o sea, la que mete las narices donde no debe*)

ADELA. ¡Qué cariño tan grande te ha entrado de pronto por mi hermana!

LA PONCIA. No os tengo ley a ninguna, pero quiero vivir en casa decente. ¡No quiero mancharme de vieja!

ADELA. Es inútil tu consejo. Ya es tarde. No por encima de ti, que eres una criada; por encima de mi madre saltaría para apagarme este fuego que tengo levantado por piernas y boca. ¿Qué puedes decir de mí? ¿Que me encierro en mi cuarto y no abro la puerta?   600
¿Que no duermo? ¡Soy más lista que tú! Mira a ver si puedes agarrar la liebre con tus manos.

LA PONCIA. No me desafíes, Adela, no me desafíes. Porque yo puedo dar voces, encender luces y hacer que toquen las campanas.

ADELA. Trae cuatro mil bengalas[42] amarillas y ponlas en las bardas[43] del corral. Nadie podrá evitar que suceda lo que tiene que suceder.

LA PONCIA. ¡Tanto te gusta ese hombre!

ADELA. ¡Tanto! Mirando sus ojos me parece que bebo su sangre lentamente.

LA PONCIA. Yo no te puedo oír.

ADELA. ¡Pues me oirás! Te he tenido miedo. ¡Pero ya soy más fuerte que tú!

(Entra ANGUSTIAS.)   610

ANGUSTIAS. ¡Siempre discutiendo!

LA PONCIA. Claro. Se empeña que con el calor que hace vaya a traerle no sé qué de la tienda.

ANGUSTIAS. ¿Me compraste el bote de esencia?

LA PONCIA. El más caro. Y los polvos. En la mesa de tu cuarto los he puesto.

(Sale ANGUSTIAS.)

ADELA. ¡Y chitón!

LA PONCIA. ¡Lo veremos!

(Entran MARTIRIO, AMELIA y MAGDALENA.)

MAGDALENA. *(A ADELA.)* ¿Has visto los encajes?

AMELIA. Los de Angustias para sus sábanas de novia son preciosos.

ADELA. *(A MARTIRIO que trae unos encajes.)* ¿Y éstos?

MARTIRIO. Son para mí. Para una camisa.

ADELA. *(Con sarcasmo.)* Se necesita buen humor.   620

MARTIRIO. *(Con intención.)* Para verlo yo. No necesito lucirme ante nadie.

LA PONCIA. Nadie le ve a una en camisa.

MARTIRIO. *(Con intención y mirando a ADELA.)* ¡A veces! Pero me encanta la ropa interior. Si fuera rica la tendría de holanda. Es uno de los pocos gustos que me quedan.

LA PONCIA. Estos encajes son preciosos para las gorras de niños, para mantehuelos de cristianar. Yo nunca pude usarlos en los míos. A ver si ahora Angustias los usa en los suyos. Como le dé por tener crías, vais a estar cosiendo mañana y tarde.

MAGDALENA. Yo no pienso dar una puntada.

AMELIA. Y mucho menos criar niños ajenos. Mira tú cómo están las vecinas del callejón, sacrificadas por cuatro monigotes.[44]   630

---

[42] fuegos artificiales

[43] cubiertas de paja

[44] *fam.* muñecos

LA PONCIA. Esas están mejor que vosotras. ¡Siquiera allí se ríe y se oyen porrazos!

MARTIRIO. Pues vete a servir con ellas.

LA PONCIA. No. Ya me ha tocado en suerte este convento.

(Se oyen unos campanillos lejanos como a través de varios muros.)

MAGDALENA. Son los hombres que vuelven del trabajo.

LA PONCIA. Hace un minuto dieron las tres.

MARTIRIO. ¡Con este sol!

ADELA. *(Sentándose.)* ¡Ay, quién pudiera salir también a los campos!

MAGDALENA. *(Sentándose.)* ¡Cada clase tiene que hacer lo suyo!

MARTIRIO. *(Sentándose.)* ¡Así es!

AMELIA. *(Sentándose.)* ¡Ay!   640

LA PONCIA. No hay alegría como la de los campos en esta época. Ayer de mañana llegaron los segadores.[45] Cuarenta o cincuenta buenos mozos.

MAGDALENA. ¿De dónde son este año?

LA PONCIA. De muy lejos. Vinieron de los montes. ¡Alegres! ¡Como árboles quemados! ¡Dando voces y arrojando piedras! Anoche llegó al pueblo una mujer vestida de lentejuelas y que bailaba con un acordeón, y quince de ellos la contrataron para llevársela al olivar. Yo los vi de lejos. El que la contrataba era un muchacho de ojos verdes, apretado como una gavilla de trigo.

AMELIA. ¿Es eso cierto?

ADELA. ¡Pero es posible!   650

LA PONCIA. Hace años vino otra de estas y yo misma di dinero a mi hijo mayor para que fuera. Los hombres necesitan estas cosas.

ADELA. Se les perdona todo.

AMELIA. Nacer mujer es el mayor castigo.

MAGDALENA. Y ni nuestros ojos siquiera nos pertenecen.

(Se oye un cantar lejano que se va acercando.)

LA PONCIA. Son ellos. Traen unos cantos preciosos.

AMELIA. Ahora salen a segar.

Coro.

Ya salen los segadores
en busca de las espigas;   660
se llevan los corazones
de las muchachas que miran.

(Se oyen panderos y carrañacas. Pausa. Todas oyen en un silencio traspasado por el sol.)

AMELIA. ¡Y no les importa el calor!

MARTIRIO. Siegan entre llamaradas.

ADELA. Me gustaría segar para ir y venir. Así se olvida lo que nos muerde.

MARTIRIO. ¿Qué tienes tú que olvidar?

ADELA. Cada una sabe sus cosas.

---

[45] gente, normalmente migratoria, que va de finca en finca en la época de la cosecha, para cortar las mieses

MARTIRIO. *(Profunda.)* ¡Cada una!

LA PONCIA. ¡Callar! ¡Callar!

Coro. *(Muy lejano.)*   670

Abrir puertas y ventanas

las que vivís en el pueblo,

el segador pide rosas

para adornar su sombrero.

LA PONCIA. ¡Qué canto!

MARTIRIO. *(Con nostalgia.)* Abrir puertas y ventanas

las que vivís en el pueblo. . .

ADELA. *(Con pasión.)* . . . el segador pide rosas

para adornar su sombrero.

(Se va alejando el cantar.)

LA PONCIA. Ahora dan vuelta a la esquina.   680

ADELA. Vamos a verlos por la ventana de mi cuarto.

LA PONCIA. Tened cuidado con no entreabrirla mucho, porque son capaces de dar un empujón para ver quién mira.

(Se van las tres. MARTIRIO queda sentada en la silla baja con la cabeza entre las manos.)

AMELIA. *(Acercándose.)* ¿Qué te pasa?

MARTIRIO. Me sienta mal el calor.

AMELIA. ¿No es más que eso?

MARTIRIO. Estoy deseando que llegue noviembre, los días de lluvias, la escarcha, todo lo que no sea este verano interminable.

AMELIA. Ya pasará y volverá otra vez.

MARTIRIO. ¡Claro! *(Pausa.)* ¿A qué hora te dormiste anoche?   690

AMELIA. No sé. Yo duermo como un tronco. ¿Por qué?

MARTIRIO. Por nada, pero me pareció oír gente en el corral.

AMELIA. ¿Sí?

MARTIRIO. Muy tarde.

AMELIA. ¿Y no tuviste miedo?

MARTIRIO. No. Ya lo he oído otras noches.

AMELIA. Debiéramos tener cuidado. ¿No serían los gañanes?

MARTIRIO. Los gañanes llegan a las seis.

AMELIA. Quizá una mulilla sin desbravar.

MARTIRIO. *(Entre dientes y llena de segunda intención.)*   700

Eso, ¡eso!, una mulilla sin desbravar.

AMELIA. ¡Hay que prevenir!

MARTIRIO. No. No. No digas nada, puede ser un barrunto mío.

AMELIA. Quizá. *(Pausa. AMELIA inicia el mutis.)*

MARTIRIO. Amelia.

AMELIA. *(En la puerta.)* ¿Qué?

(Pausa.)

MARTIRIO. Nada.

(Pausa.)

AMELIA. ¿Por qué me llamaste?

(Pausa.)

MARTIRIO. Se me escapó. Fue sin darme cuenta.

(Pausa.)

AMELIA. Acuéstate un poco.   710

ANGUSTIAS. *(Entrando furiosa en escena, de modo que haya un gran contraste con los silencios anteriores.)* ¿Dónde está el retrato de Pepe que tenía yo debajo de mi almohada? ¿Quién de vosotras lo tiene?

MARTIRIO. Ninguna.

AMELIA. Ni que Pepe fuera un San Bartolomé de plata.

ANGUSTIAS. ¿Dónde está el retrato?

(Entran LA PONCIA, MAGDALENA y ADELA.)

ADELA. ¿Qué retrato?

ANGUSTIAS. Una de vosotras me lo ha escondido.

MAGDALENA. ¿Tienes la desvergüenza de decir esto?

ANGUSTIAS. Estaba en mi cuarto y ya no está.   720

MARTIRIO. ¿Y no se habrá escapado a medianoche al corral? A Pepe le gusta andar con la luna.

ANGUSTIAS. ¡No me gastes bromas! Cuando venga se lo contaré.

LA PONCIA. ¡Eso no, porque aparecerá! *(Mirando a* ADELA.)

ANGUSTIAS. ¡Me gustaría saber cuál de vosotras lo tiene!

ADELA. *(Mirando a* MARTIRIO.) ¡Alguna! ¡Todas menos yo!

MARTIRIO. *(Con intención.)* ¡Desde luego!

BERNARDA. (Entrando) ¡Qué escándalo es este en mi casa y en el silencio del peso del calor! Estarán las vecinas con el oído pegado a los tabiques.

ANGUSTIAS. Me han quitado el retrato de mi novio.   730

BERNARDA. *(Fiera.)* ¿Quién? ¿Quién?

ANGUSTIAS. ¡Éstas!

BERNARDA. ¿Cuál de vosotras? *(Silencio.)* ¡Contestarme! *(Silencio. A* LA PONCIA.) Registra los cuartos, mira por las camas. ¡Esto tiene no ataros más cortas! ¡Pero me vais a soñar! *(A* ANGUSTIAS.) ¿Estás segura?

ANGUSTIAS. Sí.

BERNARDA. ¿Lo has buscado bien?

ANGUSTIAS. Sí, madre.

(Todas están de pie en medio de un embarazoso silencio.)

BERNARDA. Me hacéis al final de mi vida beber el veneno más amargo que una madre puede resistir. *(A* LA PONCIA.) ¿No lo encuentras?   740

LA PONCIA. *(Saliendo.)* Aquí está.

BERNARDA. ¿Dónde lo has encontrado?

LA PONCIA. Estaba. . .

BERNARDA. Dilo sin temor.

LA PONCIA. *(Extrañada.)* Entre las sábanas de la cama de Martirio.

BERNARDA. (*A* MARTIRIO.) ¿Es verdad?

MARTIRIO. ¡Es verdad!

BERNARDA. *(Avanzando y golpeándola.)* Mala puñalada te den, ¡mosca muerta![46]
¡Sembradura de vidrios!

MARTIRIO. *(Fiera.)* ¡No me pegue usted, madre!   750

BERNARDA. ¡Todo lo que quiera!

MARTIRIO. ¡Si yo la dejo! ¿Lo oye? ¡Retírese usted!

LA PONCIA. No faltes a tu madre.

ANGUSTIAS. (*Cogiendo a* BERNARDA.) Déjala. ¡Por favor!

BERNARDA. Ni lágrimas te quedan en esos ojos.

MARTIRIO. No voy a llorar para darle gusto.

BERNARDA. ¿Por qué has cogido el retrato?

MARTIRIO. ¿Es que yo no puedo gastar una broma a mi hermana? ¿Para qué lo iba a
querer?

ADELA. *(Saltando llena de celos.)* No ha sido broma, que tú nunca has gustado jamás de   760
juegos. Ha sido otra cosa que te reventaba en el pecho por querer salir. Dilo ya
claramente.

MARTIRIO. ¡Calla y no me hagas hablar, que si hablo se van a juntar las paredes unas
con otras de vergüenza!

ADELA. ¡La mala lengua no tiene fin para inventar!

BERNARDA. ¡Adela!

MAGDALENA. Estáis locas.

AMELIA. Y nos apedreáis con malos pensamientos.

MARTIRIO. Otras hacen cosas más malas.

ADELA. Hasta que se pongan en cueros de una vez y se las lleve el río.

BERNARDA. ¡Perversa!

ANGUSTIAS. Yo no tengo la culpa de que Pepe el Romano se haya fijado en mí.

ADELA. ¡Por tus dineros!

ANGUSTIAS. ¡Madre!

BERNARDA. ¡Silencio!

MARTIRIO. Por tus marjales[47] y tus arboledas.

MAGDALENA. ¡Eso es lo justo!

BERNARDA. ¡Silencio digo! Yo veía la tormenta venir, pero no creía que estallara tan
pronto. ¡Ay, qué pedrisco de odio habéis echado sobre mi corazón! Pero todavía no soy
anciana y tengo cinco cadenas para vosotras y esta casa levantada por mi padre para que ni las   780
hierbas se enteren de mi desolación. ¡Fuera de aquí! (*Salen.* BERNARDA *se sienta desolada.*
LA PONCIA *está de pie arrimada a los muros.* BERNARDA *reacciona, da un golpe en el suelo y
dice:)* ¡Tendré que sentarles la mano! Bernarda: acuérdate que ésta es tu obligación.

---

[46] engañadora; hipócrita
[47] tierras bajas, bien irrigadas

LA PONCIA. ¿Puedo hablar?

BERNARDA. Habla. Siento que hayas oído. Nunca está bien una extraña en el centro de la familia.

LA PONCIA. Lo visto, visto está.

BERNARDA. Angustias tiene que casarse en seguida.

LA PONCIA. Claro; hay que retirarla de aquí.   790

BERNARDA. No a ella. ¡A él!

LA PONCIA. Claro. A él hay que alejarlo de aquí. Piensas bien.

BERNARDA. No pienso. Hay cosas que no se pueden ni se deben pensar. Yo ordeno.

LA PONCIA. ¿Y tú crees que él querrá marcharse?

BERNARDA. *(Levantándose.)* ¿Qué imagina tu cabeza?

LA PONCIA. Él, ¡claro!, se casará con Angustias.

BERNARDA. Habla, te conozco demasiado para saber que ya me tienes preparada la cuchilla.

LA PONCIA. Nunca pensé que se llamara asesinato al aviso.

BERNARDA. ¿Me tienes que prevenir algo?   800

LA PONCIA. Yo no acuso, Bernarda. Yo solo te digo: abre los ojos y verás.

BERNARDA. ¿Y verás qué?

LA PONCIA. Siempre has sido lista. Has visto lo malo de las gentes a cien leguas; muchas veces creí que adivinabas los pensamientos. Pero los hijos son los hijos. Ahora estás ciega.

BERNARDA. ¿Te refieres a Martirio?

LA PONCIA. Bueno, a Martirio. . . *(Con curiosidad.)* ¿Por qué habrá escondido el retrato?

BERNARDA. *(Queriendo ocultar a su hija.)* Después de todo, ella dice que ha sido una broma. ¿Qué otra cosa puede ser?   810

LA PONCIA. *(Con sorna.)* ¿Tú lo crees así?

BERNARDA. *(Enérgica.)* No lo creo. ¡Es así!

LA PONCIA. Basta. Se trata de lo tuyo. Pero si fuera la vecina de enfrente, ¿qué sería?

BERNARDA. Ya empiezas a sacar la punta del cuchillo.

LA PONCIA. *(Siempre con crueldad.)* Bernarda, aquí pasa una cosa muy grande. Yo no te quiero echar la culpa, pero tú no has dejado a tus hijas libres. Martirio es enamoradiza, digas lo que tú quieras. ¿Por qué no la dejaste casar con Enrique Humanes? ¿Por qué el mismo día que iba a venir a la ventana le mandaste recado que no viniera?

BERNARDA. ¡Y lo haría mil veces! ¡Mi sangre no se junta con la de los Humanes mientras yo viva! Su padre fue gañán.   820

LA PONCIA. ¡Y así te va a ti con esos humos!

BERNARDA. Los tengo porque puedo tenerlos. Y tú no los tienes porque sabes muy bien cuál es tu origen.

LA PONCIA. *(Con odio.)* No me lo recuerdes. Estoy ya vieja. Siempre agradecí tu protección.

BERNARDA. *(Crecida.)* ¡No lo parece!

LA PONCIA. *(Con odio envuelto en suavidad.)* A Martirio se le olvidará esto.

BERNARDA. Y si no lo olvida peor para ella. No creo que esta sea la "cosa muy grande" que aquí pasa. Aquí no pasa nada. ¡Eso quisieras tú! Y si pasa algún día, estate segura que no traspasará las paredes.   830

LA PONCIA. Eso no lo sé yo. En el pueblo hay gentes que leen también de lejos los pensamientos escondidos.

BERNARDA. ¡Cómo gozarías de vernos a mí y a mis hijas camino del lupanar![48]

LA PONCIA. ¡Nadie puede conocer su fin!

BERNARDA. ¡Yo sí sé mi fin! ¡Y el de mis hijas! El lupanar se queda para alguna mujer ya difunta.

LA PONCIA. ¡Bernarda, respeta la memoria de mi madre!

BERNARDA. ¡No me persigas tú con tus malos pensamientos!

(Pausa.)

LA PONCIA. Mejor será que no me meta en nada.

BERNARDA. Eso es lo que debías hacer. Obrar y callar a todo. Es la obligación de los   840 que viven a sueldo.

LA PONCIA. Pero no se puede. ¿A ti no te parece que Pepe estaría mejor casado con Martirio o. . ., ¡sí!, con Adela?

BERNARDA. No me parece.

LA PONCIA. Adela. ¡Esa es la verdadera novia del Romano!

BERNARDA. Las cosas no son nunca a gusto nuestro.

LA PONCIA. Pero les cuesta mucho trabajo desviarse de la verdadera inclinación. A mí me parece mal que Pepe esté con Angustias, y a las gentes, y hasta al aire. ¡Quién sabe si saldrán con la suya!

BERNARDA. ¡Ya estamos otra vez!. . . Te deslizas[49] para llenarme de malos sueños. Y   850 no quiero entenderte, porque si llegara al alcance de todo lo que dices te tendría que arañar.

LA PONCIA. ¡No llegará la sangre al río!

BERNARDA. Afortunadamente mis hijas me respetan y jamás torcieron mi voluntad.

LA PONCIA. ¡Eso sí! Pero en cuanto las dejes sueltas se te subirán al tejado.[50]

BERNARDA. ¡Ya las bajaré tirándoles cantos![51]

LA PONCIA. ¡Desde luego eres la más valiente!

BERNARDA. ¡Siempre gasté sabrosa pimienta![52]

LA PONCIA. ¡Pero lo que son las cosas! A su edad. ¡Hay que ver el entusiasmo de Angustias con su novio! ¡Y él también parece muy picado! Ayer me contó mi hijo   860 mayor que a las cuatro y media de la madrugada, que pasó por la calle con la yunta, estaban hablando todavía.

BERNARDA. ¡A las cuatro y media!

ANGUSTIAS *(Saliendo.)* ¡Mentira!

LA PONCIA. Eso me contaron.

---

[48] prostíbulo
[49] evades
[50] se rebelarán
[51] piedras
[52] *léase:* Siempre fui de carácter fuerte.

BERNARDA. (*A* ANGUSTIAS.) ¡Habla!

ANGUSTIAS. Pepe lleva más de una semana marchándose a la una. Que Dios me mate si miento.

MARTIRIO. *(Saliendo.)* Yo también lo sentí marcharse a las cuatro.

BERNARDA. Pero ¿lo viste con tus ojos?   870

MARTIRIO. No quise asomarme. ¿No habláis ahora por la ventana del callejón?

ANGUSTIAS. Yo hablo por la ventana de mi dormitorio.

(Aparece Adela *en la puerta.)*

MARTIRIO. Entonces. . .

BERNARDA. ¿Qué es lo que pasa aquí?

LA PONCIA. ¡Cuida de enterarte! Pero, desde luego, Pepe estaba a las cuatro de la madrugada en una reja de tu casa.

BERNARDA. ¿Lo sabes seguro?

LA PONCIA. Seguro no se sabe nada en esta vida.

ADELA. Madre, no oiga usted a quien nos quiere perder a todas.

BERNARDA. ¡Yo sabré enterarme! Si las gentes del pueblo quieren levantar falsos   880
testimonios, se encontrarán con mi pedernal.[53] No se hable de este asunto. Hay a veces una ola de fango que levantan los demás para perdernos.

MARTIRIO. A mí no me gusta mentir.

LA PONCIA. Y algo habrá.

BERNARDA. No habrá nada. Nací para tener los ojos abiertos. Ahora vigilaré sin cerrarlos ya hasta que me muera.

ANGUSTIAS. Yo tengo derecho de enterarme.

BERNARDA. Tú no tienes derecho más que a obedecer. Nadie me traiga ni me lleve. (*A* LA PONCIA.) Y tú te metes en los asuntos de tu casa. ¡Aquí no se vuelve a dar un paso sin que yo lo sienta!   890

CRIADA. *(Entrando.)* En lo alto de la calle hay un gran gentío y todos los vecinos están en sus puertas.

BERNARDA. (*A* LA PONCIA.) ¡Corre a enterarte de lo que pasa! *(Las* MUJERES *corren para salir.)* ¿Dónde vais? Siempre os supe mujeres ventaneras y rompedoras de su luto. ¡Vosotras, al patio!

(Salen y sale BERNARDA. *Se oyen rumores lejanos. Entran* MARTIRIO *y* ADELA, *que se quedan escuchando y sin atreverse a dar un paso más de la puerta de salida.)*

MARTIRIO. Agradece a la casualidad que no desaté mi lengua.

ADELA. También hubiera hablado yo.

MARTIRIO. ¿Y qué ibas a decir? ¡Querer no es hacer!

ADELA. Hace la que puede y la que se adelanta. Tú querías, pero no has podido.

MARTIRIO. No seguirás mucho tiempo.   900

ADELA. ¡Lo tendré todo!

MARTIRIO. Yo romperé tus abrazos.

ADELA. *(Suplicante.)* ¡Martirio, déjame!

---

[53] dureza; mal genio

MARTIRIO. ¡De ninguna!

ADELA. ¡Él me quiere para su casa!

MARTIRIO. ¡He visto cómo te abrazaba!

ADELA. Yo no quería. He sido como arrastrada por una maroma.[54]

MARTIRIO. ¡Primero muerta!

(Se asoman MAGDALENA *y* ANGUSTIAS. *Se siente crecer el tumulto.)*

LA PONCIA. *(Entrando con* BERNARDA.) ¡Bernarda!

BERNARDA. ¿Qué ocurre?   910

LA PONCIA. La hija de la Librada, la soltera, tuvo un hijo no se sabe con quién.

ADELA. ¿Un hijo?

LA PONCIA. Y para ocultar su vergüenza lo mató y lo metió debajo de unas piedras, pero unos perros con más corazón que muchas criaturas lo sacaron, y como llevados por la mano de Dios lo han puesto en el tranco de su puerta. Ahora la quieren matar. La traen arrastrando por la calle abajo, y por las trochas[55] y los terrenos del olivar vienen los hombres corriendo, dando unas voces que estremecen los campos.

BERNARDA. Sí, que vengan todos con varas de olivo y mangos[56] de azadones,[57] que vengan todos para matarla.

ADELA. No, no. Para matarla, no.   920

MARTIRIO. Sí, y vamos a salir también nosotras.

BERNARDA. Y que pague la que pisotea la decencia.

(Fuera se oye un grito de mujer y un gran rumor.)

ADELA. ¡Que la dejen escapar! ¡No salgáis vosotras!

MARTIRIO. *(Mirando a* ADELA.) ¡Que pague lo que debe!

BERNARDA. *(Bajo el arco.)* ¡Acabad con ella antes que lleguen los guardias! ¡Carbón ardiendo en el sitio de su pecado!

ADELA. *(Cogiéndose el vientre.)* ¡No! ¡No!

BERNARDA. ¡Matadla! ¡Matadla!

Telón.

■——Pasos para la comprensión

1. El acto empieza con las hermanas cosiendo el ajuar de novia para Angustias. La conversación entre los personajes revela las tensiones que existen entre ellas.

   □ ¿Cómo expresa la Poncia lo que siente Adela?

   □ Angustias es bastante grosera con sus hermanas. ¿De qué se alegra ella?

   □ Amelia siente calor y pide que se abra la puerta para que entre aire. Interpreta estos signos dentro del sistema de significación de la obra.

---

[54] cuerda gruesa

[55] caminos, senderos

[56] parte larga de las herramientas por donde se agarran

[57] herramienta de hierro para remover la tierra

2. En la conversación, Angustias dice que Pepe se marchó de la reja a eso de la una y media, pero la Poncia dice que lo oyó salir a las cuatro, y Amelia lo confirma. ¿Qué crees que podría indicar esta falta de congruencia?

   ☐ A partir de la línea 562, cuando la Poncia y Adela hablan a solas, ¿qué descubrimos?

   ☐ ¿Qué escenario pinta la Poncia respecto al futuro del matrimonio de Angustias y Pepe?

   ☐ ¿Qué consejos le da Poncia a Adela? ¿Adela piensa seguir sus consejos? Explica.

3. Las hermanas quieren saber cómo Pepe pidió casarse con Angustias. Y luego Poncia dice lo que pasó la primera vez que su esposo vino a su reja.

   ☐ ¿En qué se diferencian las reacciones de los dos hombres?

   ☐ ¿Cómo podría explicarse la diferencia entre los dos comportamientos?

4. La llegada de los segadores al pueblo emociona bastante a las mujeres de la casa. Éstos son jornaleros que vienen para ayudar con la cosecha.

   ☐ ¿Por qué apareció también una mujer "vestida de lentejuelas"?

   ☐ ¿Cree Poncia que es bueno el comportamiento de los hombres? Explica.

   ☐ ¿Cómo responden Adela y Amelia al comentario de Poncia?

   ☐ Lee el romance que cantan los segadores. ¿Puedes interpretar los signos de su canción?

5. En la línea 711 entra Angustias furiosa porque alguien le ha quitado el retrato de Pepe que guardaba debajo de su almohada. ¿Por qué no quiere Bernarda que las hijas riñan?

   ☐ ¿Quién fue la ladrona?

   ☐ ¿Qué razón da por haberlo hecho?

   ☐ ¿La crees tú? Explica.

   ☐ ¿Qué consejos le da la Poncia a Bernarda a raíz del incidente del retrato?

   ☐ ¿Qué cosas le dice a Bernarda respecto a lo que está pasando en la casa?

   ☐ ¿Cómo reacciona Bernarda? ¿Por qué crees que Bernarda no quiere creer a la Poncia?

6. Se vuelve a repetir la discrepancia entre la hora que dice Angustias que Pepe se marcha (la una) y la hora que otras de la casa lo oyen irse (las cuatro).

   ☐ ¿Quiere investigar Bernarda la discrepancia? ¿Por qué?

   ☐ ¿Qué indica su insistencia de cerrar los ojos a lo que está pasando en su propia casa?

   ☐ A partir de la línea 899, en una conversación privada entre Martirio y Adela, se soluciona el misterio. ¿A quién ve Pepe después de dejar a Angustias?

7. El acto termina con el anuncio de que hay un disturbio en el pueblo.

□ ¿Qué ha hecho la hija de Librada?

□ ¿Qué castigo pide Bernarda?

□ Compara la reacción de Martirio y Adela. Trata de explicar la diferencia.

□ ¿Por qué crees que Lorca terminaría el acto con un hecho tan sórdido?

Acto III

Cuatro paredes blancas ligeramente azuladas del patio interior de la casa de BERNARDA. *Es de noche. El decorado ha de ser de una perfecta simplicidad. Las puertas iluminadas por la luz de los interiores dan un tenue fulgor a la escena.*

En el centro, una mesa con un quinqué,[58] donde están comiendo BERNARDA *y sus* HIJAS. LA PONCIA *las sirve.* PRUDENCIA *está sentada aparte.*

Al levantarse el telón hay un gran silencio, interrumpido por el ruido de platos y cubiertos.

PRUDENCIA. Ya me voy. Os he hecho una visita larga. *(Se levanta.)*

BERNARDA. Espérate, mujer. No nos vemos nunca.   930

PRUDENCIA. ¿Han dado el último toque para el rosario?

LA PONCIA. Todavía no. (PRUDENCIA *se sienta.)*

BERNARDA. ¿Y tu marido cómo sigue?

PRUDENCIA. Igual.

BERNARDA. Tampoco lo vemos.

PRUDENCIA. Ya sabes sus costumbres. Desde que se peleó con sus hermanos por la herencia no ha salido por la puerta de la calle. Pone una escalera y salta las tapias y el corral.

BERNARDA. Es un verdadero hombre. ¿Y con tu hija?   940

PRUDENCIA. No la ha perdonado.

BERNARDA. Hace bien.

PRUDENCIA. No sé qué te diga. Yo sufro por esto.

BERNARDA. Una hija que desobedece deja de ser hija para convertirse en una enemiga.

PRUDENCIA. Yo dejo que el agua corra.[59] No me queda más consuelo que refugiarme en la iglesia, pero como me estoy quedando sin vista tendré que dejar de venir para que no jueguen con una los chiquillos. *(Se oye un gran golpe dado en los muros.)* ¿Qué es eso?

BERNARDA. El caballo garañón,[60] que está encerrado y da coces[61] contra el muro. *(A voces.)* ¡Trabadlo y que salga al corral! *(En voz baja.)* Debe tener calor.   950

PRUDENCIA. ¿Vais a echarle las potras nuevas?

BERNARDA. Al amanecer.

---

[58] lámpara de petróleo
[59] que las cosas sigan su curso normal
[60] macho para la procreación
[61] patadas

PRUDENCIA. Has sabido acrecentar tu ganado.

BERNARDA. A fuerza de dinero y sinsabores.

LA PONCIA. *(Interrumpiendo.)* Pero tiene la mejor manada de estos contornos. Es una lástima que esté bajo de precio.

BERNARDA. ¿Quieres un poco de queso y miel?

PRUDENCIA. Estoy desganada.

(Se oye otra vez el golpe.)

LA PONCIA. ¡Por Dios!

PRUDENCIA. Me ha retemblado dentro del pecho.   960

BERNARDA. *(Levantándose furiosa.)* ¿Hay que decir las cosas dos veces? ¡Echadlo que se revuelque en los montones de paja! *(Pausa, y como hablando con los gañanes.)* Pues encerrad las potras en la cuadra, pero dejadlo libre, no sea que nos eche abajo las paredes. *(Se dirige a la mesa y se sienta otra vez.)* ¡Ay, qué vida!

PRUDENCIA. Bregando como un hombre.

BERNARDA. Así es. (ADELA *se levanta de la mesa.)* ¿Dónde vas?

ADELA. A beber agua.

BERNARDA. *(En voz alta.)* Trae un jarro de agua fresca. *(A* ADELA.) Puedes sentarte.

(ADELA *se sienta.)*

PRUDENCIA. Y Angustias, ¿cuándo se casa?

BERNARDA. Vienen a pedirla dentro de tres días.   970

PRUDENCIA. ¡Estarás contenta!

ANGUSTIAS. ¡Claro!

AMELIA. *(A* MAGDALENA.) Ya has derramado la sal.

MAGDALENA. Peor suerte que tienes no vas a tener.

AMELIA. Siempre trae mala sombra.

BERNARDA. ¡Vamos!

PRUDENCIA. *(A* ANGUSTIAS.) ¿Te ha regalado ya el anillo?

ANGUSTIAS. Mírelo usted. *(Se lo alarga.)*

PRUDENCIA. Es precioso. Tres perlas. En mi tiempo las perlas significaban lágrimas.

ANGUSTIAS. Pero ya las cosas han cambiado.   980

ADELA. Yo creo que no. Las cosas significan siempre lo mismo. Los anillos de pedida deben ser de diamantes.

PRUDENCIA. Es más propio.

BERNARDA. Con perlas o sin ellas, las cosas son como uno se las propone.

MARTIRIO. O como Dios dispone.

PRUDENCIA. Los muebles me han dicho que son preciosos.

BERNARDA. Dieciséis mil reales he gastado.

LA PONCIA *(Interviniendo.)* Lo mejor es el armario de luna.[62]

PRUDENCIA. Nunca vi un mueble de estos.

BERNARDA. Nosotras tuvimos arca.   990

PRUDENCIA. Lo preciso es que todo sea para bien.

---

[62] armario con espejos en las puertas

ADELA. Que nunca se sabe.

BERNARDA. No hay motivo para que no lo sea.

(Se oyen lejanísimas unas campanas.)

PRUDENCIA. El último toque. *(A* ANGUSTIAS.*)* Ya vendré a que me enseñes la ropa.

ANGUSTIAS. Cuando usted quiera.

PRUDENCIA. Buenas noches nos dé Dios.

BERNARDA. Adiós, Prudencia.

LAS CINCO A LA VEZ. Vaya usted con Dios.

(Pausa. Sale PRUDENCIA.*)*

BERNARDA. Ya hemos comido. *(Se levantan.)*

ADELA. Voy a llegarme hasta el portón para estirar las piernas y tomar un poco de fresco.   1000

*(*MAGDALENA *se sienta en una silla baja retrepada*[63] *contra la pared.)*

AMELIA. Yo voy contigo.

MARTIRIO. Y yo.

ADELA. *(Con odio contenido.)* No me voy a perder.

AMELIA. La noche quiere compaña.[64] *(Salen.)*

*(*BERNARDA *se sienta y* ANGUSTIAS *está arreglando la mesa.)*

BERNARDA. Ya te he dicho que quiero que hables con tu hermana Martirio. Lo que pasó del retrato fue una broma y lo debes olvidar.

ANGUSTIAS. Usted sabe que ella no me quiere.

BERNARDA. Cada uno sabe lo que piensa por dentro. Yo no me meto en los corazones, pero quiero buena fachada y armonía familiar. ¿Lo entiendes?

ANGUSTIAS. Sí.   1010

BERNARDA. Pues ya está.

MAGDALENA. *(Casi dormida.)* Además, ¡si te vas a ir antes de nada! *(Se duerme.)*

ANGUSTIAS. Tarde me parece.

BERNARDA. ¿A qué hora terminaste anoche de hablar?

ANGUSTIAS. A las doce y media.

BERNARDA. ¿Qué cuenta Pepe?

ANGUSTIAS. Yo lo encuentro distraído. Me habla siempre como pensando en otra cosa. Si le pregunto qué le pasa, me contesta: "Los hombres tenemos nuestras preocupaciones."

BERNARDA. No le debes preguntar. Y cuando te cases, menos. Habla si él habla y míralo cuando te mire. Así no tendrás disgustos.   1020

ANGUSTIAS. Yo creo, madre, que él me oculta muchas cosas.

BERNARDA. No procures descubrirlas, no le preguntes y, desde luego, que no te vea llorar jamás.

ANGUSTIAS. Debía estar contenta y no lo estoy.

BERNARDA. Eso es lo mismo.

ANGUSTIAS. Muchas veces miro a Pepe con mucha fijeza y se me borra a través de los hierros, como si lo tapara una nube de polvo de las que levantan los rebaños.

BERNARDA. Eso son cosas de debilidad.

---

[63] inclinada

[64] *fam.* compañía

ANGUSTIAS. ¡Ojalá!

BERNARDA. ¿Viene esta noche?   1030

ANGUSTIAS. No. Fue con su madre a la capital.

BERNARDA. Así nos acostaremos antes. ¡Magdalena!

ANGUSTIAS. Está dormida.

(*Entran* ADELA, MARTIRIO *y* AMELIA.)

AMELIA. ¡Qué noche más oscura!

ADELA. No se ve a dos pasos de distancia.

MARTIRIO. Una buena noche para ladrones, para el que necesita escondrijo.

ADELA. El caballo garañón estaba en el centro del corral. ¡Blanco! Doble de grande, llenando todo lo oscuro.

AMELIA. Es verdad. Daba miedo. Parecía una aparición.

ADELA. Tiene el cielo unas estrellas como puños.   1040

MARTIRIO. Esta se puso a mirarlas de modo que se iba a tronchar[65] el cuello.

ADELA. ¿Es que no te gustan a ti?

MARTIRIO. A mí las cosas de tejas arriba[66] no me importan nada. Con lo que pasa dentro de las habitaciones tengo bastante.

ADELA. Así te va a ti.

BERNARDA. A ella le va en lo suyo como a ti en lo tuyo.

ANGUSTIAS. Buenas noches.

ADELA. ¿Ya te acuestas?

ANGUSTIAS. Sí. Esta noche no viene Pepe. (*Sale.*)

ADELA. Madre, ¿por qué cuando se corre una estrella o luce un relámpago se dice: 1050
Santa Bárbara bendita,

que en el cielo estás escrita

con papel y agua bendita?

BERNARDA. Los antiguos sabían muchas cosas que hemos olvidado.

AMELIA. Yo cierro los ojos para no verlas.

ADELA. Yo, no. A mí me gusta ver correr lleno de lumbre lo que está quieto y quieto años enteros.

MARTIRIO. Pero estas cosas nada tienen que ver con nosotros.

BERNARDA. Y es mejor no pensar en ellas.

ADELA. ¡Qué noche más hermosa! Me gustaría quedarme hasta muy tarde para disfrutar   1060
el fresco del campo.

BERNARDA. Pero hay que acostarse. ¡Magdalena!

AMELIA. Está en el primer sueño.

BERNARDA. ¡Magdalena!

MAGDALENA. (*Disgustada.*) ¡Déjame en paz!

BERNARDA. ¡A la cama!

---

[65] partir sin herramienta

[66] del cielo; sobrenaturales

MAGDALENA. *(Levantándose malhumorada.)* ¡No la dejáis a una tranquila! *(Se va refunfuñando.)*

AMELIA. Buenas noches. *(Se va.)*

BERNARDA. Andar vosotras también.   1070

MARTIRIO. ¿Cómo es que esta noche no viene el novio de Angustias?

BERNARDA. Fue de viaje.

MARTIRIO. *(Mirando a* ADELA.*)* ¡Ah!

ADELA. Hasta mañana. *(Sale.)*

(MARTIRIO *bebe agua y sale lentamente, mirando hacia la puerta del corral.)*

LA PONCIA. *(Saliendo.)* ¿Estás todavía aquí?

BERNARDA. Disfrutando este silencio y sin lograr ver por parte alguna "la cosa tan grande" que aquí pasa, según tú.

LA PONCIA. Bernarda, dejemos esa conversación.

BERNARDA. En esta casa no hay ni un sí ni un no. Mi vigilancia lo puede todo.

LA PONCIA. No pasa nada por fuera. Eso es verdad. Tus hijas están y viven como metidas   1080
en alacenas.[67] Pero ni tú ni nadie puede vigilar por el interior de los pechos.

BERNARDA. Mis hijas tienen la respiración tranquila.

LA PONCIA. Eso te importa a ti, que eres su madre. A mí, con servir tu casa tengo bastante.

BERNARDA. Ahora te has vuelto callada.

LA PONCIA. Me estoy en mi sitio, y en paz.

BERNARDA. Lo que pasa es que no tienes nada que decir. Si en esta casa hubiera hierbas ya te encargarías de traer a pastar las ovejas del vecindario.

LA PONCIA. Yo tapo más de lo que te figuras.

BERNARDA. ¿Sigue tu hijo viendo a Pepe a las cuatro de la mañana? ¿Siguen   1090
diciendo todavía la mala letanía[68] de esta casa?

LA PONCIA. No dicen nada.

BERNARDA. Porque no pueden. Porque no hay carne donde morder. A la vigilancia de mis ojos se debe esto.

LA PONCIA. Bernarda, yo no quiero hablar porque temo tus intenciones. Pero no estés segura.

BERNARDA. ¡Segurísima!

LA PONCIA. A lo mejor, de pronto, cae un rayo. A lo mejor, de pronto, un golpe te para el corazón.

BERNARDA. Aquí no pasa nada. Ya estoy alerta contra tus suposiciones.   1100

LA PONCIA. Pues mejor para ti.

BERNARDA. ¡No faltaba más!

CRIADA. *(Entrando.)* Ya terminé de fregar los platos. ¿Manda usted algo, Bernarda?

BERNARDA. *(Levantándose.)* Nada. Voy a descansar.

LA PONCIA. ¿A qué hora quieres que te llame?

BERNARDA. A ninguna. Esta noche voy a dormir bien. *(Se va.)*

---

[67] pequeños armarios empotrados en la pared, normalmente para guardar comida

[68] aquí, *fig.* chismes

LA PONCIA. Cuando una no puede con el mar lo más fácil es volver las espaldas para no verlo.

CRIADA. Es tan orgullosa que ella misma se pone una venda en los ojos.

LA PONCIA. Yo no puedo hacer nada. Quise atajar[69] las cosas, pero ya me asustan demasiado. ¿Tú ves este silencio? Pues hay una tormenta en cada cuarto. El día que estallen nos barrerán a todos. Yo he dicho lo que tenía que decir.   1110

CRIADA. Bernarda cree que nadie puede con ella y no sabe la fuerza que tiene un hombre entre mujeres solas.

LA PONCIA. No es toda la culpa de Pepe el Romano. Es verdad que el año pasado anduvo detrás de Adela y esta estaba loca por él, pero ella debió estarse en su sitio y no provocarlo. Un hombre es un hombre.

CRIADA. Hay quien cree que habló muchas veces con Adela.

LA PONCIA. Es verdad. *(En voz baja.)* Y otras cosas.

CRIADA. No sé lo que va a pasar aquí.   1120

LA PONCIA. A mí me gustaría cruzar el mar y dejar esta casa de guerra.

CRIADA. Bernarda está aligerando[70] la boda y es posible que nada pase.

LA PONCIA. Las cosas se han puesto ya demasiado maduras. Adela está decidida a lo que sea y las demás vigilan sin descanso.

CRIADA. ¿Y Martirio también?

LA PONCIA. Esa es la peor. Es un pozo de veneno. Ve que el Romano no es para ella y hundiría el mundo si estuviera en su mano.

CRIADA. ¡Es que son malas!

LA PONCIA. Son mujeres sin hombre, nada más. En estas cuestiones se olvida hasta la sangre. ¡Chisss! *(Escucha.)*   1130

CRIADA. ¿Qué pasa?

LA PONCIA. *(Se levanta.)* Están ladrando los perros.

CRIADA. Debe haber pasado alguien por el portón.

(Sale ADELA *en enaguas blancas y corpiño.)*

LA PONCIA. ¿No te habías acostado?

ADELA. Voy a beber agua. *(Bebe en un vaso de la mesa.)*

LA PONCIA. Yo te suponía dormida.

ADELA. Me despertó la sed. Y vosotras, ¿no descansáis?

CRIADA. Ahora.

(Sale ADELA.*)*

LA PONCIA. Vámonos.

CRIADA. Ganado tenemos el sueño. Bernarda no me deja descansar en todo el día.   1140

LA PONCIA. Llévate la luz.

CRIADA. Los perros están como locos.

LA PONCIA. No nos van a dejar dormir. *(Salen.)*

(La escena queda casi a oscuras. Sale MARÍA JOSEFA *con una oveja en los brazos.)*

MARÍA JOSEFA. Ovejita, niño mío,

---

[69] detener algo malo

[70] aquí, acelerando

vámonos a la orilla del mar.
La hormiguita estará en su puerta,
yo te daré la teta y el pan.
Bernarda,
cara de leoparda.   1150
Magdalena,
cara de hiena.
¡Ovejita!
Meee, meeee.
Vamos a los ramos del portal de Belén.
Ni tú ni yo queremos dormir;
la puerta sola se abrirá
y en la playa nos meteremos
en una choza de coral.
Bernarda,
cara de leoparda.   1160
Magdalena,
cara de hiena.
¡Ovejita!
Meee, meeee.
Vamos a los ramos del portal de Belén. *(Se va cantando.)*
(Entra ADELA. *Mira a un lado y otro con sigilo[71] y desaparece por la puerta del corral. Sale*
MARTIRIO *por otra puerta y queda en angustioso acecho[72] en el centro de la escena. También*
va en enaguas. Se cubre con un pequeño mantón negro de talle. Sale por enfrente de ella MARÍA
JOSEFA.)
MARTIRIO. Abuela, ¿dónde va usted?
MARÍA JOSEFA. ¿Vas a abrirme la puerta? ¿Quién eres tú?
MARTIRIO. ¿Cómo está aquí?
MARÍA JOSEFA. Me escapé. ¿Tú quién eres?
MARTIRIO. Vaya a acostarse.   1170
MARÍA JOSEFA. Tú eres Martirio, ya te veo. Martirio, cara de Martirio. ¿Y cuándo
vas a tener un niño? Yo he tenido este.
MARTIRIO. ¿Dónde cogió esa oveja?
MARÍA JOSEFA. Ya sé que es una oveja. Pero ¿por qué una oveja no va a ser un niño?
Mejor es tener una oveja que no tener nada. Bernarda, cara de leoparda. Magdalena,
cara de hiena.
MARTIRIO. No dé voces.
MARÍA JOSEFA. Es verdad. Está todo muy oscuro. Como tengo el pelo blanco crees
que no puedo tener crías, y sí, crías y crías y crías. Este niño tendrá el pelo blanco y
tendrá otro niño y éste otro, y todos con el pelo de nieve, seremos como las olas, una y   1180

---

[71] disimulo
[72] espera *(como para espiar)*

otra y otra. Luego nos sentaremos todos y todos tendremos el cabello blanco y seremos espuma. ¿Por qué aquí no hay espumas? Aquí no hay más que mantos de luto.

MARTIRIO. Calle, calle.

MARÍA JOSEFA. Cuando mi vecina tenía un niño yo le llevaba chocolate y luego ella me lo traía a mí y así siempre, siempre, siempre. Tú tendrás el pelo blanco, pero no vendrán las vecinas. Yo tengo que marcharme, pero tengo miedo que los perros me muerdan. ¿Me acompañarás tú a salir al campo? Yo quiero campo. Yo quiero casas, pero casas abiertas y las vecinas acostadas en sus camas con sus niños chiquitos y los hombres fuera sentados en sus sillas. Pepe el Romano es un gigante. Todas lo queréis. Pero él os va a devorar porque vosotras sois granos de trigo. No granos de trigo. ¡Ranas sin lengua!   1190

MARTIRIO. Vamos. Váyase a la cama. *(La empuja.)*

MARÍA JOSEFA. Sí, pero luego tú me abrirás, ¿verdad?

MARTIRIO. De seguro.

MARÍA JOSEFA. *(Llorando.)* Ovejita, niño mío,

vámonos a la orilla del mar.

La hormiguita estará en su puerta,

yo te daré la teta y el pan.

(MARTIRIO cierra la puerta por donde ha salido MARÍA JOSEFA *y se dirige a la puerta del corral. Allí vacila, pero avanza dos pasos más.)*

MARTIRIO. *(En voz baja.)* Adela. *(Pausa. Avanza hasta la misma puerta. En voz alta.)* ¡Adela! *(Aparece* ADELA. *Viene un poco despeinada.)*   1200

ADELA. ¿Por qué me buscas?

MARTIRIO. ¡Deja a ese hombre!

ADELA. ¿Quién eres tú para decírmelo?

MARTIRIO. No es ese el sitio de una mujer honrada.

ADELA. ¡Con qué ganas te has quedado de ocuparlo!

MARTIRIO. *(En voz alta.)* Ha llegado el momento de que yo hable. Esto no puede seguir así.

ADELA. Esto no es más que el comienzo. He tenido fuerza para adelantarme. El brío y el mérito que tú no tienes. He visto la muerte debajo de estos techos y he salido a   1210 buscar lo que era mío, lo que me pertenecía.

MARTIRIO. Ese hombre sin alma vino por otra. Tú te has atravesado.

ADELA. Vino por el dinero, pero sus ojos los puso siempre en mí.

MARTIRIO. Yo no permitiré que lo arrebates. Él se casará con Angustias.

ADELA. Sabes mejor que yo que no la quiere.

MARTIRIO. Lo sé.

ADELA. Sabes, porque lo has visto, que me quiere a mí.

MARTIRIO. *(Despechada.)* Sí.

ADELA. *(Acercándose.)* Me quiere a mí. Me quiere a mí.

MARTIRIO. Clávame un cuchillo si es tu gusto, pero no me lo digas más.   1220

ADELA. Por eso procuras que no vaya con él. No te importa que abrace a la que no quiere; a mí, tampoco. Ya puede estar cien años con Angustias, pero que me abrace a mí se te hace terrible, porque tú lo quieres también, lo quieres.

MARTIRIO. *(Dramática.)* ¡Sí! Déjame decirlo con la cabeza fuera de los embozos.[73] ¡Sí! Déjame que el pecho se me rompa como una granada de amargura. ¡Le quiero!

ADELA. *(En un arranque y abrazándola.)* Martirio, Martirio, yo no tengo la culpa.

MARTIRIO. ¡No me abraces! No quieras ablandar mis ojos. Mi sangre ya no es la tuya. Aunque quisiera verte como hermana, no te miro ya más que como mujer. *(La rechaza.)*

ADELA. Aquí no hay ningún remedio. La que tenga que ahogarse que se ahogue. Pepe   1230
el Romano es mío. Él me lleva a los juncos[74] de la orilla.

MARTIRIO. ¡No será!

ADELA. Ya no aguanto el horror de estos techos después de haber probado el sabor de su boca. Seré lo que él quiera que sea. Todo el pueblo contra mí, quemándome con sus dedos de lumbre, perseguida por los que dicen que son decentes, y me pondré la corona de espinas que tienen las que son queridas de algún hombre casado.

MARTIRIO. ¡Calla!

ADELA. Sí. Sí. *(En voz baja.)* Vamos a dormir, vamos a dejar que se case con Angustias, ya no me importa, pero yo me iré a una casita sola donde él me verá cuando quiera, cuando le venga en gana.   1240

MARTIRIO. Eso no pasará mientras yo tenga una gota de sangre en el cuerpo.

ADELA. No a ti, que eres débil; a un caballo encabritado[75] soy capaz de poner de rodillas con la fuerza de mi dedo meñique.

MARTIRIO. No levantes esa voz que me irrita. Tengo el corazón lleno de una fuerza tan mala, que, sin quererlo yo, a mí misma me ahoga.

ADELA. Nos enseñan a querer a las hermanas. Dios me ha debido dejar sola en medio de la oscuridad, porque te veo como si no te hubiera visto nunca.

(Se oye un silbido y ADELA *corre a la puerta, pero* MARTIRIO *se le pone delante.)*

MARTIRIO. ¿Dónde vas?

ADELA. ¡Quítate de la puerta!

MARTIRIO. ¡Pasa si puedes!   1250

ADELA. ¡Aparta! *(Lucha.)*

MARTIRIO. *(A voces.)* ¡Madre, madre!

(Aparece BERNARDA. *Sale en enaguas, con un mantón negro.)*

BERNARDA. Quietas, quietas. ¡Qué pobreza la mía, no poder tener un rayo entre los dedos!

MARTIRIO. *(Señalando a* ADELA.*)* ¡Estaba con él! ¡Mira esas enaguas llenas de paja de trigo!

BERNARDA. *(Se dirige furiosa hacia* ADELA.*)* ¡Esa es la cama de las mal nacidas!

ADELA. *(Haciéndole frente.)* ¡Aquí se acabaron las voces de presidio! *(ADELA arrebata un bastón a su madre y lo parte en dos.)* Esto hago yo con la vara de la dominadora. No dé usted un paso más. En mí no manda nadie más que Pepe.   1260

---

[73] falsedades

[74] plantas de tallos altos que crecen a las orillas del río

[75] empinado por rebeldía o temor

MAGDALENA. *(Saliendo.)* ¡Adela!

(Salen LA PONCIA *y* ANGUSTIAS.*)*

ADELA. Yo soy su mujer. *(A* ANGUSTIAS.*)* Entérate tú y ve al corral a decírselo. El dominará toda esta casa. Ahí fuera está, respirando como si fuera un león.

ANGUSTIAS. ¡Dios mío!

BERNARDA. ¡La escopeta! ¿Dónde está la escopeta? *(Sale corriendo.)*

(Sale detrás MARTIRIO. *Aparece* AMELIA *por el fondo, que mira aterrada con la cabeza sobre la pared.)*

ADELA. ¡Nadie podrá conmigo! *(Va a salir.)*

ANGUSTIAS. *(Sujetándola.)* De aquí no sales tú con tu cuerpo en triunfo. ¡Ladrona! ¡Deshonra de nuestra casa!

MAGDALENA. ¡Déjala que se vaya donde no la veamos nunca más!

(Suena un disparo.)

BERNARDA. *(Entrando.)* Atrévete a buscarlo ahora.   1270

MARTIRIO. *(Entrando.)* Se acabó Pepe el Romano.

ADELA. ¡Pepe! ¡Dios mío! ¡Pepe! *(Sale corriendo.)*

LA PONCIA. ¿Pero lo habéis matado?

MARTIRIO. No. Salió corriendo en su jaca.

BERNARDA. No fue culpa mía. Una mujer no sabe apuntar.

MAGDALENA. ¿Por qué lo has dicho entonces?

MARTIRIO. ¡Por ella! Hubiera volcado un río de sangre sobre su cabeza.

LA PONCIA. Maldita.

MAGDALENA. ¡Endemoniada!

BERNARDA. Aunque es mejor así. *(Suena un golpe.)* ¡Adela, Adela!   1280

LA PONCIA. *(En la puerta.)* ¡Abre!

BERNARDA. Abre. No creas que los muros defienden de la vergüenza.

CRIADA. *(Entrando.)* ¡Se han levantado los vecinos!

BERNARDA. *(En voz baja como un rugido.)* ¡Abre, porque echaré abajo la puerta! *(Pausa. Todo queda en silencio.)* ¡Adela! *(Se retira de la puerta.)* ¡Trae un martillo! *(*LA PONCIA *da un empujón y entra. Al entrar da un grito y sale.)* ¿Qué?

LA PONCIA. *(Se lleva las manos al cuello.)* ¡Nunca tengamos ese fin!

(Las HERMANAS *se echan hacia atrás. La* CRIADA *se santigua.* BERNARDA *da un grito y avanza.)*

LA PONCIA. ¡No entres!

BERNARDA. No. ¡Yo no! Pepe, tú irás corriendo vivo por lo oscuro de las alamedas, pero otro día caerás. ¡Descolgarla! ¡Mi hija ha muerto virgen! Llevadla a su cuarto y vestirla   1290 como una doncella. ¡Nadie diga nada! Ella ha muerto virgen. Avisad que al amanecer den dos clamores las campanas.

MARTIRIO. Dichosa ella mil veces que lo pudo tener.

BERNARDA. Y no quiero llantos. La muerte hay que mirarla cara a cara. ¡Silencio! *(A otra* HIJA.*)* ¡A callar he dicho! *(A otra* HIJA.*)* ¡Las lágrimas cuando estés sola! Nos hundiremos todas en un mar de luto. Ella, la hija menor de Bernarda Alba, ha muerto virgen. ¿Me habéis oído? ¡Silencio, silencio he dicho! ¡Silencio!

Telón.

■————Pasos para la comprensión

1. A lo largo de esta escena se oye un golpe contra el muro. Es un caballo encerrado en el corral. Trata de interpretar el significado de este signo dentro del sistema de significación de la obra. ¿Qué sugiere Bernarda que se haga con el caballo? Explica la ironía de sus palabras.

2. En una conversación íntima entre Bernarda y Angustias, ésta confiesa la indiferencia del trato de Pepe con ella y lo poco que le dice. ¿Qué consejos le da Bernarda?

   □ ¿Qué piensas tú respecto a su concepto del matrimonio?

3. En la conversación entre la Poncia y Bernarda, ¿qué insiste Bernarda en que haga para mantener su casa en orden? ¿Cuál es la ironía de sus palabras?

4. Enfoquémonos en la conversación entre la Poncia y la criada. Interpreta las siguientes citas:

   □ [Bernarda] es tan orgullosa que ella misma se pone una venda en los ojos.

   □ Hay una tormenta en cada cuarto.

   □ [Bernarda] no sabe la fuerza que tiene un hombre entre mujeres solas.

   □ Un hombre es un hombre.

   □ Son mujeres sin hombre, nada más.

5. María Josefa ha vuelto a escaparse. ¿Qué trae entre los brazos?

   □ ¿Qué significa este signo?

   □ ¿Está la abuela enterada de lo que está pasando dentro de la casa?

6. En la conversación entre Martirio y Adela, lee las acotaciones. ¿De dónde entra en la casa Adela? ¿Cómo tiene el pelo?

   □ Luego, le dice a la madre que tiene paja en las enaguas. ¿Qué sospechas que ha hecho Adela?

7. En esa misma conversación Adela revela su pasión por Pepe. Explica el carácter de su pasión.

   □ Y Martirio, ¿quiere poner fin a las relaciones entre Pepe y Adela para salvar la honra de la familia, o tiene otras intenciones? Explica.

   □ Cuando sale Bernarda, despertada por los gritos de las dos hermanas, ¿qué hace Adela con su bastón? Explica el simbolismo de su acto.

   □ Sabiendo cómo termina el drama, ¿tuvo éxito Adela en quitarle la autoridad a Bernarda?

8. Cuando Adela le confiesa a la madre que Pepe está en el corral esperándola, Bernarda saca una escopeta y dispara. Nota lo que dice Bernarda ("Atrévete a buscarlo ahora") y lo que dice Martirio ("Se acabó Pepe el Romano"). Como el referente es el disparo de Bernarda, ¿qué es lógico sospechar que ha pasado?

   □ ¿Cómo interpreta Adela esas palabras?

□ Después de salir Adela, la conversación sigue. Nota lo que dicen Martirio ("Salió corriendo en su jaca") y Bernarda ("Una mujer no sabe apuntar"). ¿Qué pasó en realidad?

9. Adela, creyendo que Pepe había muerto, se ahorca.

□ ¿Cómo reacciona Bernarda ante la muerte de su hija?

□ ¿Cómo reacciona Martirio?

□ ¿Qué ordena Bernarda que se haga con Adela? ¿Por qué?

□ ¿Cuál es su última palabra?

□ Recuerdas la primera palabra de Bernarda en el drama? Explica.

■——Pasos para una lectura global y más a fondo

1. La escenografía y los decorados son importantes en esta obra. Lee las acotaciones a principios de cada acto. Aunque el lugar cambia, la acción siempre tiene lugar en el interior de la casa.

□ ¿De qué color son los muros?

□ ¿Cuál es uno de los significados de "Alba"?

□ ¿Cómo funciona el simbolismo de ese color en la pieza?

□ Cada acto tiene lugar en una hora distinta del día. ¿Cuáles son?

□ ¿Qué tiempo hace en cada acto? Describe la atmósfera de cada uno.

2. Notemos el paso del tiempo. Claramente hay un paso de tiempo, pero ¿es muy perceptible? Explica (nota las líneas 687 a 689). ¿Por qué crees que el tiempo funcione de este modo en el drama?

3. Consideremos *La casa de Bernarda Alba* como tragedia.

□ La tragedia clásica tiene unidades de tiempo, espacio y acción. ¿Se dan estas unidades en esta pieza?

□ Una tragedia normalmente ha de tener un protagonista (héroe) y un antagonista. ¿Quiénes podrían ser estos personajes en *La casa de Bernarda Alba*?

□ Busca en el *Diccionario de términos literarios* del *Apéndice* el significado de los siguientes términos: *hamartia, catarsis, hybris* y *pathos*. Busca también la definición de *tragedia*. ¿Cómo funcionan estos conceptos de la tragedia en *La casa de Bernarda Alba*?

□ En la tragedia a veces vemos una fuerza que domina al héroe y que éste no tiene el poder de controlar y que termina destruyéndolo. ¿Vemos una fuerza de este tipo en esta pieza? Explica (nota la línea 907 de Adela).

□ ¿Sigue *La casa de Bernarda Alba* las normas exactas de una tragedia o se toma libertades? Explica.

4. A pesar del intenso realismo de la pieza, *La casa de Bernarda Alba* es un drama poético que contiene muchos signos que necesitan ser aclarados.

☐ Las mujeres de la casa se pasan el tiempo cosiendo y bordando. ¿Ves algún significado en este acto? Explica.

☐ En el corral hay una mulilla sin desbravar y luego un caballo que da patadas contra el muro. ¿Qué sexo tiene un caballo, macho o hembra? ¿Qué podría simbolizar?

☐ En la línea 164, Bernarda se refiere al "maldito pueblo sin río, pueblo de pozos" en que vive. ¿Qué diferencia hay entre el agua de un río y el de un pozo? La vida de Bernarda y sus hijas, ¿se asemeja más a un río o a un pozo? Explica.

☐ Hay mucho calor y las mujeres tienen sed. Adela toma agua varias veces. Explica los significados de los signos *calor, sed* y *agua* dentro del sistema de significación del drama.

5. El discurso feminista de la obra es patente y tiene muchas facetas. Amelia, en un momento dado, dice: "Nacer mujer es el mayor castigo."

☐ ¿Qué libertades gozan los hombres en esta pieza que no gozan las mujeres?

☐ ¿Qué les hace sufrir a las mujeres? Considera no sólo las de la casa, sino a otras, como la hija de Librada.

☐ Considera la importancia del matrimonio. ¿Qué valor tiene una mujer sin esposo en esta sociedad?

☐ Se lanzan en *La casa de Bernarda Alba* varios gritos en pro de la libertad e independencia femenina. ¿Quiénes lo hacen?

☐ Finalmente, Bernarda es una mujer fuerte y dominante, características que normalmente asociaríamos con una mujer libre. Sin embargo, no es una figura positiva dentro del discurso feminista de la obra. Comenta.

6. Hay varios hombres en el drama, pero ninguno sale en escena. Haz una lista de ellos.

☐ ¿Se puede decir que Pepe el Romano es el antagonista de la obra? Explica.

☐ ¿Es Pepe el único antagonista? Explica cuál es la razón de no dejar a los hombres salir al escenario.

7. Dos temas predominantes de *La casa de Bernarda Alba* son el honor y el qué dirán. En la línea 320 Magdalena dice: "nos pudrimos por el que dirán." Encuentra ejemplos de estas preocupaciones en la pieza (hay muchas).

☐ Se puede decir que estos temas son la causa de la desgracia de las hijas de Bernarda. Explica.

☐ ¿Es posible que estos temas tengan repercusiones nacionales? Explica.

8. En el espacio exterior de la pieza ocurre una serie de eventos y hechos que se comentan en el espacio interior: el cuento de Paca la Roseta, los segadores y la mujer que contratan, y el incidente de la hija de Librada. ¿Qué tienen en común todas estas acciones?

☐ ¿Cómo son las tres mujeres?

☐ ¿Son culpables los hombres? Explica.

9. La ironía trágica ocurre cuando un personaje no sabe o no entiende lo que le está pasando, pero el público u otros personajes de la obra se dan plena cuenta. En un momento, se dice que Bernarda "tiene una venda en los ojos."

   ☐ ¿Qué es lo que no ve Bernarda?

   ☐ ¿Crees que no ve o no quiere ver?

   ☐ ¿Cuál sería su motivo por no poder ver?

   ☐ Explica la ironía.

10. La pieza no tiene referencias geográficas concretas. Lorca normalmente ambienta sus obras en Andalucía. Trata de especular por qué no lo hace aquí. Sin embargo, hay muchos elementos en la pieza que la arraigan a la realidad española. Haz una lista de escenas costumbristas españolas.

    ☐ ¿Qué forma de canción cantan los segadores?

    ☐ ¿Qué tiene esta forma de castiza?

    ☐ Una característica del teatro es que no tiene un narrador y, por lo tanto, carece de un punto de vista. ¿Es posible que Lorca esté criticando ciertas características de la vida española? Explica.

11. *La casa de Bernarda Alba* contiene mucha violencia que ocurre dentro del espacio interior del drama así como en el exterior. Además, no parece haber ningún amor ni cariño familiar. ¿Qué podría explicar la violencia física en la familia así como su odio?

    ☐ Se ha comentado mucho sobre las intenciones de las acciones que operan al final del drama. Bernarda y Martirio dan la impresión de que ha muerto Pepe, y eso es lo que conduce a Adela al suicidio. ¿Crees que lo hacen con mala intención o fue por casualidad?

    ☐ *La casa de Bernarda Alba* contiene varias escenas de gran teatralidad. Menciona algunas de las escenas que más te conmovieron. Una de tales escenas es la última. Si tu fueras el director de la escenografía de esta obra, ¿cómo representarías a Adela ahorcada?

Luis Palés Matos

1898–1959

Aunque Palés Matos fue el primer escritor en cultivar la poesía negra en el Caribe, y sus composiciones más conocidas se escribieron dentro de esa corriente vanguardista, aquí lo conoceremos por medio de otro tipo de poesía—la denominada humorísticamente "blanca" para distinguirla de la otra. Esta otra poesía, escrita a lo largo de su vida y a la misma vez que experimentaba con la negritud, es una lírica personal e íntima, casi siempre ambientada con paisajes de Puerto Rico, en que refleja sus goces e inquietudes, o los dos a la vez, como en "El llamado."

Poesía, 1915–1956 (1957)

Antes de leer

1. En un poema ambientado junto al mar, ¿qué signos descriptivos del paisaje esperarías encontrar en él?
2. Cuando se llega a la vejez y se está cercano a la muerte, ¿qué cosas, en tu opinión, hacen que el individuo abrace la vida?

"El llamado"

Me llaman desde allá. . .   1
larga voz de hoja seca,
mano fugaz de nube
que en el aire de otoño se dispersa.
Por arriba el llamado
tira de mí con tenue hilo de estrella,
abajo, el agua en tránsito,
con sollozo de espuma entre la niebla.
Ha tiempo oigo las voces
y descubro las señas.

Hoy recuerdo: es un día venturoso   2
de cielo despejado y clara tierra;
golondrinas erráticas
el calmo azul puntean.[1]
Estoy frente a la mar y en lontananza
se va perdiendo el ala de una vela;[2]
va yéndose, esfumándose,
y yo también me voy borrando en ella.
Y cuando al fin retorno

por un leve resquicio[3] de conciencia
¡cuán lejos ya me encuentro de mí mismo!
¡qué mundo más extraño me rodea!

Ahora, dormida junto a mí, reposa   3
mi amor sobre la hierba.
El seno palpitante
sube y baja tranquilo en la marea
del ímpetu calmado que diluye
espectrales añiles[4] en su ojera.
Miro esa dulce fábrica[5] rendida,
cuerpo de trampa y presa
cuyo ritmo esencial como jugando
manufactura la caricia aérea,
el arrullo narcótico y el beso
—víspera ardiente de gozosa queja—
y me digo: Ya todo ha terminado. . .
Mas de pronto, despierta,
y allá en el negro hondón de sus pupilas
que son un despedirse y una ausencia,

---

[1] vuelan de forma que puedan aprovechar el poco viento
[2] barco de vela
[3] *fig.* pretexto que se aprovecha
[4] azules
[5] aquí, creación

algo me invita a su remota margen
y dulcemente, sin querer, me lleva.

Me llaman desde allá. . .   4
Mi nave aparejada[6] está dispuesta
a su redor, en grumos de silencio,
sordamente coagula la tiniebla.
Un mar hueco, sin peces,
agua vacía y negra
sin vena de fulgor que la penetre
ni pisada de brisa que la mueva.
Fondo inmóvil de sombra,
límite gris de piedra. . .

¡Oh soledad, que a fuerza de andar sola
se siente de sí misma compañera!

Emisario solícito que vienes   5
con oculto mensaje hasta mi puerta,
sé lo que te propones
y no me engaña tu misión secreta;
me llaman desde allá,
pero el amor dormido aquí en la hierba
es bello todavía
y un júbilo de sol baña la tierra.
¡Déjeme tu implacable poderío
una hora, un minuto más con ella!

■——Pasos para la comprensión

1. El título de este poema nos ofrece la primera pista para entenderlo: "El llamado." Claramente, el poema tendrá que ver con algo que "llama" al yo poético, y, efectivamente, el primer verso dice "Me llaman desde allá." ¿Qué será lo que llama al yo poético?

2. El yo poético se sitúa cósmicamente en la tierra, bajo las estrellas y junto al mar. Explica cómo se puede confirmar esto en la primera estrofa.

3. ¿En qué época del año se sitúa el poema? ¿Qué suele representar esa estación con relación a las etapas de la vida? ¿Qué otros signos de la primera estrofa se relacionan con esa estación?

4. La primera estrofa, además, crea una oposición binaria entre "arriba" y "abajo."
   □ ¿Qué "tira" del poeta desde arriba?
   □ ¿Qué hay abajo?
   □ ¿Qué podría representar la imagen de un mar "en tránsito"?

5. La estrofa termina bellamente. Los versos contienen algo de metacrítica porque así como el poeta descubre las señas, nosotros los lectores también tenemos que decodificar esas mismas "señas." Explica.

6. ¿Cómo describe el día y el mar en la segunda estrofa?
   □ ¿Cómo sabemos que el poeta se deja llevar por la escena que presencia?
   □ ¿Cómo se siente el poeta al regresar al "mundo"?
   □ ¿Por qué crees que encuentra extrañas las cosas?

7. En la tercera estrofa describe a una mujer que reposa junto a él.
   □ ¿Con qué signos describe a la mujer?

---

[6] preparada

    ☐ ¿Qué relación hay entre estos signos y los del mar y el cielo que el poeta había empleado antes?

    ☐ ¿Qué efecto produce en el poeta la mujer/mar?

8. En la cuarta estrofa, el poeta está listo para embarcarse, obedeciendo "el llamado." La imagen del mar aquí es muy diferente a la de la segunda estrofa. ¿Con qué signos describe ahora el mar? ¿Por qué crees que es una imagen tan diferente de la otra?

9. En la última estrofa el mensajero llega.

    ☐ ¿Sabe el poeta lo que quiere?

    ☐ ¿Qué significa su "implacable poderío"?

    ☐ ¿Quiere irse el poeta?

    ☐ ¿Qué hay en la tierra que todavía atrae al poeta?

10. ¿Puedes adivinar ahora lo que "llama" al poeta?

■——Pasos para una lectura más a fondo

1. Nota todos los signos que se emplean para identificar "la llamada." Hay al menos tres en la primera estrofa. ¿Cuáles son?

    ☐ En la última estrofa los signos que "llaman" al poeta se personifican. ¿Qué es ahora?

2. Nota que el emisario viene con un "oculto mensaje" y con una "misión secreta." Nota también que en la primera estrofa había dicho el poeta: "Ha tiempo oigo las voces / y descubro las señas." ¿Cuál parece ser ese "mensaje" y "misión" del emisario?

3. Los signos e imágenes de la cuarta estrofa son desesperantes y angustiosos. Haz una lista de ellos.

    ☐ ¿Cómo forman una oposición con el mar descrito anteriormente en la segunda estrofa?

    ☐ ¿Qué crees que representan estos signos?

    ☐ Las imágenes de "grumos de silencio" y la nave que "sordamente coagula la tiniebla" son muy originales, pero no fáciles de captar. Después de buscar el significado de *grumo* en el diccionario de español y ver su relación con la coagulación, trata de explicar las imágenes y cómo están relacionadas.

    ☐ La estrofa termina con una bella paradoja. Explícala.

4. En la segunda estrofa el poeta se dejó llevar por la belleza del mar. ¿Qué lleva al poeta en la tercera estrofa?

5. En la primera estrofa se describe el mar con signos auditivos. Búscalos.

    ☐ En la tercera estrofa se incluyen también signos auditivos respecto al mar. Búscalos.

☐ Teniendo en cuenta todos los signos que emplea el poeta para describir el mar, ¿qué podría representar el mar en este poema?

6. La mujer que reposa junto al poeta en la tercera estrofa comparte signos con el mar y las estrellas, como hemos visto. Pero también es descrita con signos sensuales y hasta eróticos. Búscalos y explícalos.

☐ ¿Qué hay en la mujer que aún atrae al poeta?

☐ Se describe a la mujer como una "fábrica." ¿Qué "manufactura" la fábrica-mujer? Comenta la fuerza y originalidad de estos versos.

☐ En la tercera estrofa se describe el cuerpo de la mujer como uno de "trampa y presa." Busca en el diccionario de español los significados de estos signos y explica como se relacionan. ¿Qué indican respecto al carácter de la mujer?

☐ ¿Crees que el poeta se refiere a una mujer concreta o que la mujer del poema representa otra cosa? Explica.

7. Explica cómo el verso "un júbilo de sol baña la tierra" de la última estrofa une todos los elementos cósmicos al que se refiere el poema.

Nicolás Guillén

■☐☐

1902–1989

Nicolás Guillén, el poeta cubano más estimado del siglo XX, es a la vez la figura eje de la poesía afroantillana. Guillén se enfrenta con el discurso de la raza, no sólo como un folclorista que capta el habla rítmico, la música o las costumbres, sino como un sociólogo que desea explicar la realidad de la raza negra, sus contribuciones a la cultura y su porvenir. Es precisamente este "mestizaje" de lo folclórico y lo social lo que hace que su obra sea la expresión más completa en castellano de la negritud. Pero los versos de Guillén no se limitan a la realidad del Caribe; después de la Revolución cubana lanza un grito en defensa de toda la gente oprimida del mundo, incluyendo los afroamericanos de los Estados Unidos.

West Indies, Ltd. (1934)

Antes de leer

1. Cuando escuchas música sin letra, ¿qué valores o características aprecias?

2. ¿Sabes algo de las religiones sincréticas del Caribe, como el vudú de Haití o la santería de Cuba o Puerto Rico? Explica lo que sabes.

Códigos para la comprensión

Código religioso: Palo mayombe (o palo monte) es una de las religiones afrocubanas con orígenes en la gente bantú del Congo, que eran los esclavos importados al Caribe. Palo mayombe practica el sacrificio de animales, que se matan y que se ponen en un gran caldero, llamado la *nganga*, junto con palos y otros elementos naturales. Cada elemento en el caldero tiene una energía espiritual particular. En general, palo mayombe es un modo de comunicarse con los espíritus. En este poema de Guillén, parece que se busca una culebra para sacrificar y poner en el caldero. Sensemayá (o Sensamaya) es una diosa de otra religión africana, no de la religión de palo mayombe, representada por una culebra. Guillén aprovecha esta relación, así como el valor fónico de la diosa, para crear su obra.

Código literario: Uno de los experimentos vanguardistas consistía en la creación de palabras sin sentido pero con valor fónico. En el Caribe, esta práctica se llamó jitanjáfora, y se juntó con el movimiento de "poesía negra," la cual intentaba captar en verso los ritmos, sonidos y signos de las culturas africanas. Además de Guillén, Luis Palés Matos de Puerto Rico y Maniano Brull de Santo Domingo cultivaron esta poesía "negra." Este poema de Guillén toma la palabra *mayombe*, que es una religión afrocubana, y la transforma en otras dos palabras: "bombe" y "mayombé," aprovechando sus valores fónicos y rítmicos.

"Sensemayá"

Canto para matar a una culebra

¡Mayombe—bombe—mayombé!   1
¡Mayombe—bombe—mayombé!
¡Mayombe—bombe—mayombé!

La culebra tiene los ojos de vidrio;   2
La culebra viene y se enreda en un palo;
con sus ojos de vidrio, en un palo,
con sus ojos de vidrio.
La culebra camina sin patas;
la culebra se esconde en la yerba;
caminando se esconde en la yerba,
caminando sin patas.

¡Mayombe—bombe—mayombé!   3
¡Mayombe—bombe—mayombé!
¡Mayombe—bombe—mayombé!

Tú le das con el hacha y se muere: 4
¡dale ya!
¡No le des con el pie, que te muerde,
no le des con el pie, que se va!

Sensemayá, la culebra,   5
sensemayá.
Sensemayá, con sus ojos,
sensemayá.

Sensemayá, con su lengua,
sensemayá.
Sensemayá, con su boca,
sensemayá.

La culebra muerta no puede comer,   6
la culebra muerta no puede silbar,
no puede caminar,
no puede correr.
La culebra muerta no puede mirar,
la culebra muerta no puede beber,

no puede respirar
no puede morder.

¡Mayombe—bombe—mayombé!   7
Sensemayá, la culebra. . .
¡Mayombe—bombe—mayombé!
Sensemayá, no se mueve. . .
¡Mayombe—bombe—mayombé!
Sensemayá, la culebra. . .
¡Mayombe—bombe—mayombé!
Sensemayá, se murió.

■———Pasos para la comprensión

1. Para apreciar un poema de este tipo, hay que entender que su propósito principal no radica en lo que se dice, sino en cómo se dice; o sea, hay que apreciar los valores fónicos y rítmicos del poema. Pero, antes de pasar a esa etapa, enfoquémonos primero en lo que dice. Nota el subtítulo del poema, porque nos proporciona una clave para entenderlo mejor. ¿Cuál es ese subtítulo? Trata de un grupo de personas cazando una culebra, supuestamente para un rito religioso de palo mayombe.

2. Ya que la caza de la culebra es un rito de la religión palo mayombe, ¿qué elementos rituales se perciben en el poema? ¿Consideras las repeticiones parte de un rito? Explica.

3. Busca en el *Diccionario de términos literarios* del *Apéndice* las definiciones de las siguientes técnicas y figuras retóricas, pues te ayudarán a analizar mejor los valores auditivos del poema:

   □ aliteración

   □ anadiplosis

   □ anáfora

   □ onomatopeya

4. El primer verso del poema sirve como una forma de estribillo (verso que se repite). Pero sólo la primera palabra tiene sentido (mayombe es una religión). Las otras palabras son inventadas (neologismos). Explica cómo funcionan en esta primera estrofa las técnicas mencionadas en el paso tercero.

5. La anáfora se usa mucho a lo largo del poema. Busca algunos ejemplos.

   □ Nota también cómo la anáfora se invierte; o sea, las palabras también se repiten al final de los versos. Busca algunos ejemplos.

   □ ¿Qué efecto producen la anáfora y su inversión?

6. Nota ahora los ritmos del poema. Enfoquémonos en la estrofa 6. Nota como sólo la vocal 'e' es tónica: "La culebra muerta no puede comer." Nota como ese patrón rítmico se repite a lo largo de la estrofa. Ahora, lee esa estrofa en voz alta, poniendo énfasis en las vocales tónicas y trata de encontrarle el ritmo a la estrofa.

7. El poema es polifónico. Parece que hay un coro—el grupo que repite el estribillo; un narrador—el que narra las dos estrofas narrativas (2 y 6); un palero (figura que lleva a cabo el rito religioso)—el que parece dar las instrucciones y los consejos en la estrofa 4; y posiblemente otro grupo—los que cazan la culebra y dicen "Sensemayá". Nota ahora cómo el grupo del coro y el de los cazadores se alternan en la última estrofa, pero con ritmos completamente diferentes. ¿Cuál sería el propósito y el efecto de combinar estas dos voces distintas en esta estrofa?

8. En realidad, cada estrofa tiene un patrón rítmico diferente, con la excepción del estribillo. Lee cada estrofa en voz alta, trata de encontrarle su ritmo y explica cómo se consigue.

■———Pasos para una lectura más a fondo

1. ¿Contiene este poema un discurso cultural o histórico? Explica.

2. Ya que el valor principal del poema es auditivo, practica la declamación del poema. Hasta se puede asignar papeles a diferentes compañeros para apreciar el valor polifónico del poema.

Balada de los dos abuelos

Antes de leer

1. ¿Crees que la mezcla de razas es algo positivo o negativo para una sociedad? Explica.

2. ¿La mayoría de las naciones del mundo son homogéneas racialmente? ¿En qué partes del mundo se encuentran mezclas raciales?

3. ¿Crees que algún día en los Estados Unidos la mayoría de la gente será mestiza, o sea, de razas mezcladas?

Códigos para la comprensión

Código histórico: El Caribe fue la primera región que los españoles descubrieron en el Nuevo Mundo, y la población indígena fue arrasada rápidamente por guerras, enfermedades, trabajos forzados y la superioridad tecnológica de los españoles. Para sustituir la mano de obra, se empezó a importar esclavos africanos. Después de asegurarse de que no había mucho oro o plata en el Caribe, los españoles dedicaron las islas al cultivo de la caña de azúcar, cuya labor de cosecha es muy difícil, y emplearon a los esclavos en esta tarea.

La historia ha acusado a los españoles de conquistar el Nuevo Mundo sólo para explotar su manantial de oro. Muchos españoles buscaban la ciudad mítica de oro que llamaban "El dorado." Para ser justos con la historia y el mensaje de este poema, se debe tener en cuenta que aunque el impulso inicial de la conquista fue materialista, con el tiempo tomó otras dimensiones más positivas.

Código sociológico: Hispanoamérica es la región del mundo con la mayor mezcla de razas. Hay varias teorías que explican este mestizaje (o mezcla racial): el mestizaje es producto de la violación de las mujeres indígenas por los españoles; es el resultado de no importar suficientes mujeres españolas a las colonias; ocurre porque los españoles venían de una sociedad pluralista en que, a lo largo de varios siglos, habían convivido con gente de diversas religiones y diversas razas, y esto contribuyó a que no se sintieran "incómodos" con gente diferente. Fuera lo que fuera, el hecho es que se produjo un mestizaje racial.

"Balada de los dos abuelos"

Sombras que sólo yo veo,
me escoltan mis dos abuelos.

Lanza con punta de hueso,
tambor de cuero y madera:
mi abuelo negro.   5
Gorguera[1] en el cuello ancho,
gris armadura guerrera:
mi abuelo blanco.

Pie desnudo, torso pétreo[2]
los de mi negro;   10
pupilas de vidrio antártico
las de mi blanco!

África de selvas húmedas

y de gordos gongos[3] sordos. . .
—¡Me muero!   15
(Dice mi abuelo negro.)
Aguaprieta de caimanes,[4]
verdes mañanas de cocos. . .
—¡Me canso!
(Dice mi abuelo blanco.)   20
Oh velas de amargo viento,
galeón ardiendo en oro. . .
—¡Me muero!
(Dice mi abuelo negro.)
¡Oh costas de cuello virgen   25
engañadas de abalorios. . .![5]
—¡Me canso!
(Dice mi abuelo blanco.)

---

[1] parte de la armadura que protege el cuello
[2] de piedra; *fig.* fuerte
[3] disco de metal suspendido que, al tocarlo, produce un sonido como el de una campana
[4] cocodrilo oriundo de las Américas
[5] bolitas de vidrio para hacer collares y otros adornos (*normalmente de poco valor*)

¡Oh puro sol repujado,[6]
preso en el aro del trópico;   30
oh luna redonda y limpia
sobre el sueño de los monos!

¡Qué de barcos, qué de barcos!
¡Qué de negros, qué de negros!
¡Qué largo fulgor de cañas!   35
¡Qué látigo el del negrero!
Piedra de llanto y de sangre,
venas y ojos entreabiertos,
y madrugadas vacías,
y atardeceres de ingenio,   40
y una gran voz, fuerte voz,
despedazando el silencio.
¡Qué de barcos, qué de barcos,
qué de negros!

Sombras que sólo yo veo,   45
me escoltan mis dos abuelos.

Don Federico me grita
y Taita Facundo calla;
los dos en la noche sueñan
y andan, andan.   50
Yo los junto.

—¡Federico!
¡Facundo! Los dos se abrazan.
Los dos suspiran. Los dos
las fuertes cabezas alzan;   55
los dos del mismo tamaño,
bajo las estrellas altas;
los dos del mismo tamaño,
ansia negra y ansia blanca,
los dos del mismo tamaño,   60
gritan, sueñan, lloran, cantan.
Sueñan, lloran, cantan.
Lloran, cantan.
¡Cantan!

■———Pasos para la comprensión

1. El narrador poético se refiere a dos abuelos de razas distintas: uno blanco y otro negro. ¿Cómo aparecen metafóricamente en el primer verso?

   ☐ Al escoger el verbo *escoltar*, ¿crees que el narrador considera la presencia de estos dos abuelos como algo positivo o negativo?

2. En los versos 3–8, el narrador acumula una serie de signos referentes a las dos culturas. Explica los signos del abuelo negro y los del blanco.

   ☐ Los signos del blanco son más complejos. Las gorgueras tienen dos significados: los cuellos enormes elegantes de pliegues que llevaba la gente de clase alta en los siglos XVI y XVII, y también se refiere al cuello de las armaduras. El signo de la armadura pudiera tener un referente histórico. Explica, teniendo en cuenta el papel de la España imperial.

3. Entre los versos 9 y 12 el yo poético pasa a comparar las diferencias físicas entre los dos. ¿Qué elementos se destacan?

4. A partir del verso 13 se encuentran signos de los dos mundos y sus realidades históricas. ¿Cómo recuerda el abuelo negro África? ¿Cómo recuerda el abuelo blanco América?

---

[6] repujar: trabajar una chapa de metal con martillo para crear figuras en relieve

5. Contrasta el lamento del abuelo negro ("Me muero") y el del blanco ("Me canso"). ¿Es una oposición fuerte? ¿Crees que los dos hombres sufren y están igualmente desilusionados?

6. Entre los versos 33 y 44 se trata sólo de la realidad del abuelo negro. Para entenderla, lee los *códigos históricos.*

   □ ¿Cómo llegaron los africanos a las Américas?

   □ ¿Qué tipo de trabajo hacían?

   □ Con ese referente, explica los siguientes signos: *barcos, caña, látigo, negrero, venas entreabiertas* y *fuerte voz.*

   □ Explica cómo estos signos forman una imagen completa de la esclavitud.

   □ Otros signos son más poéticos: "piedra de llanto y de sangre" y "madrugadas vacías." Trata de explicar los significados de estos signos.

7. En los versos 47–48 los dos abuelos cobran nombres: Federico y Facundo. Nota el contraste de los verbos *gritar* y *callar.* Explica.

   □ A pesar de esa diferencia, ¿qué tienen en común los dos abuelos?

8. Esas características que tienen en común se intensifican hacia el final del poema. ¿Qué nuevos signos comparten los dos abuelos y cuáles son sus significados?

   □ ¿Qué indicaría el hecho de que los dos hombres sean del mismo tamaño?

   □ ¿Crees que el poema termina con una nota optimista o pesimista? Explica.

■——Pasos para una lectura más a fondo

1. El discurso principal del poema es el mestizaje de Hispanoamérica. Explica cómo ese discurso se lleva a cabo. ¿Ofrece el narrador una interpretación positiva o negativa del mestizaje? Explica.

2. En los versos 3–8 donde se contrastan los mundos de los dos abuelos, los dos grupos de signos tienen algo en común. ¿Puedes identificar el tema que los une?

3. Enfócate en los signos marítimos que emplea el abuelo negro a partir del verso 21: "amargo viento" y "galeón ardiendo en oro." Trata de entender los significados de estos signos dentro del sistema de significación histórica del poema. Por ejemplo, ¿qué se llevaban los españoles en sus barcos? (Consulta los *códigos históricos*).

   □ Los signos que emplea el abuelo blanco conquistador son muy reveladores: las costas vírgenes que les atraen al Nuevo Mundo son un engaño. Busca en un diccionario español el significado de *abalorio.* Trata de entender la oposición entre *oro* y *abalorio,* teniendo en cuenta que muchos españoles vinieron en busca de "El dorado"—una ciudad mítica de oro.

4. El poema contiene imágenes exóticas de América. Trata de explicar la impresión que surgieren estas imágenes:

   ☐ el "aguaprieta de caimanes"

   ☐ las "verdes mañanas de cocos"

   ☐ el "sol repujado, / preso en el aro del trópico"

   ☐ el "sueño de los monos"

5. Los efectos auditivos del poema contribuyen también a su aspecto exótico. El ejemplo más obvio se encuentra en el verso 14. Explica cómo se consiguen sus valores auditivos. Busca otros ejemplos.

6. El poema contiene varias referencias al día y a la noche. Búscalas.

   ☐ Trata de explicar cómo esta oposición binaria se relaciona con la otra oposición del poema: blanco y negro.

   ☐ Nota también que los dos abuelos, cuando se juntan en el verso 49, lo hacen por la noche y "bajo las estrellas." ¿Qué posible significación pudiera tener este detalle cósmico?

7. Nota el título del poema. Una balada es un romance. ¿Cuál es la forma silábica del romance? ¿Se conforma este poema exactamente a la forma del romance?

   ☐ Nota las pocas excepciones en que los versos no contienen el número necesario de sílabas.

   ☐ Nota, además, como los versos van disminuyendo en número de sílabas. ¿Qué efecto se produce al final del poema?

   ☐ Un romance es normalmente un poema narrativo. ¿Hay aquí alguna narración o se trata de un poema lírico? Explica.

8. Para terminar, trata de sintetizar el complejo discurso histórico y social que contiene este poema.

Luis Cernuda

■☐■

1902–1963

La angustia de la vida que se siente en la poesía de Cernuda no es simplemente un tema, es más bien parte de su filosofía vital. Existe en su obra una incompatibilidad entre la realidad y el deseo del poeta. Su afán de ser su propia persona en un mundo enemigo e insensible le causa zozobra, y gran parte de su poesía gira en torno a su sueño de armonizar la antítesis entre su ser y el mundo. Toda su obra fue coleccionada en un solo volumen con el título revelador de *La realidad y el deseo* (1963). Pocos poetas han dejado una obra poética tan coherente y autobiográfica. Aunque otros poetas de la Generación del 27 a la que pertenece fueron reconocidos pronto en sus carreras, la fama de Cernuda fue póstuma. Hoy la sinceridad de su voz poética lo ha convertido en uno de los poetas más estimados de esa generación de grandes poetas.

Los placeres prohibidos (1931)

Antes de leer

1. ¿Te has sentido marginado alguna vez? Explica.
2. ¿Has sufrido algún horrible desengaño en la vida? Explica. ¿Qué hiciste para seguir adelante con tu vida?

Código para la comprensión

Código biográfico: Cernuda era homosexual y los críticos literarios han identificado ese aspecto de su vida como el motivo de la marginación y angustia que expresa en su obra. Pero también se debe mencionar que su exilio de España después de la Guerra Civil, que lo llevó a vivir en varios países—Inglaterra, Estados Unidos y México—también contribuyó a su sentimiento de aislamiento.

"Telarañas cuelgan de la razón"

Telarañas cuelgan de la razón   1
en un paisaje de ceniza absorta;
Ha pasado el huracán de amor,
ya ningún pájaro queda.

Tampoco ninguna hoja,   2
todas van lejos, como gotas de agua
de un mar cuando se seca,
cuando no hay ya lágrimas bastantes,
porque alguien, cruel como un día de sol en primavera,
con su sola presencia ha dividido en dos un cuerpo.

Ahora hace falta recoger los trozos de prudencia,   3
aunque siempre nos falte alguno;
recoger la vida vacía
y caminar esperando que lentamente se llene,
si es posible, otra vez, como antes,
de sueños desconocidos y deseos invisibles.

Tú nada sabes de ello,   4
tú estás allá, cruel como el día,

el día, esa luz que abraza estrechamente un triste muro,
un muro, ¿no comprendes?,
un muro frente al cual estoy solo.

■——Pasos para la comprensión

1. Los signos e imágenes del primer verso parecen abstractos y difíciles de descifrar, pero siguen una lógica. ¿Qué son las telarañas? ¿Cuándo y dónde se suelen producir —en cosas nuevas o viejas?

   ☐ Si la razón tiene telarañas, ¿qué nos estará comunicando el narrador respecto a la razón?

2. Sigue una serie de imágenes existencialistas. ¿Qué significados tendría el signo "huracán de amor"?

   ☐ ¿Qué deja un huracán al pasar? O mejor dicho, ¿qué se lleva en su paso?

   ☐ ¿Cuáles podrían ser los significados de los signos de "pájaros" y "hojas"?

3. El mar seco de la segunda estrofa es otro signo desesperante. Explícalo.

4. Para entender la metáfora de "cruel como un día de sol en primavera," primero se tienen que entender los signos de "sol" y "primavera" con relación a los signos ya introducidos.

   ☐ ¿Cómo se comparan con los signos introducidos anteriormente?

   ☐ ¿Forma el signo de un "día de sol en primavera" una oposición con el paisaje de destrucción dejado por el "huracán de amor"? Explica.

5. La tercera estrofa trata del esfuerzo de organizar su vida después del "huracán de amor." ¿Cómo expresa el yo poético ese proceso?

   ☐ ¿Podrá su vida ser exactamente igual que antes del "huracán de amor"? Explica.

6. En la última estrofa se dirige a un nuevo destinatario. ¿Quién crees que es el "tú" a quien se dirige?

   ☐ ¿Podríamos ser nosotros los lectores? Explica.

   ☐ ¿De qué nos reprende? Nota que "tú" es parte de la crueldad del día de la segunda estrofa.

7. En la última estrofa también aparece el signo de un muro. ¿Qué hace un muro?

   ☐ Al separar dos mundos, ahora podemos ver quiénes están a uno y otro lado del muro. "Tú" (posiblemente nosotros) está de un lado; ¿quién está del otro lado?

■——Pasos para una lectura más a fondo

1. Si las primeras estrofas fueran un cuadro surrealista, ¿qué se vería en ese paisaje del cuadro?

2. Además de un destinatario "tú," que muy bien pudiera ser el lector, el emisor usa la forma de la primera persona plural en el verso 12. Y ¿quién será el referente de "alguien" del verso 9?

☐ ¿Cuál podría ser el propósito de no expresar con más precisión su destinatario?

3. En la segunda estrofa expresa que ese "alguien" "ha dividido en dos un cuerpo." Luego, en la última estrofa, se introduce el signo del muro que también sirve para separar al emisor de los demás. ¿Hay otras oposiciones (o divisiones) en el sistema de significación del poema?

4. Vale la pena caracterizar al destinatario: ¿por qué no entiende lo que sufre el yo poético?

☐ ¿Por qué está al lado opuesto del muro del emisor?

☐ Trata de explicar por qué el destinatario es "cruel como un día de sol de primavera." Ten en cuenta que esa imagen de un día luminoso de primavera es positiva y de alguien que no ha sufrido lo que ha sufrido el yo poético. Por lo tanto, no comprendemos ("Tú nada sabes de ello"). ¿Podría ser esa la razón por la cual nosotros los lectores somos crueles? Explica.

5. Los signos del poema pueden ser difíciles de interpretar, pero no son signos rebuscados ni ilógicos.

☐ ¿Crees que el poema suena como una confesión "sincera" de una persona que ha sufrido? Explica.

☐ ¿Qué técnicas emplea Cernuda para conseguir ese tono natural?

6. Terminemos considerando el sentido de la imagen de las telarañas que cuelgan de la razón.

☐ ¿La razón nos ayuda a solucionar problemas de amor y del corazón? Explica.

☐ Para el poeta, la razón va claramente en contra de los placeres de la vida (es, como lo llamaría Ortega y Gasset, "antivital") y tiene telarañas como cualquier objeto que ya no tiene utilidad y que guardamos en un rincón oscuro. Desarrolla esta idea.

Jorge Carrera Andrade

1903–1978

Carrera Andrade es el mayor poeta ecuatoriano del siglo XX y uno de los más conocidos poetas hispanoamericanos fuera del ámbito español. Ese reconocimiento se debe en parte a los muchos viajes por el mundo que hizo Carrera Andrade, primero por sus actividades en el partido socialista, y luego como embajador de su país. En todas sus residencias se vinculó a los círculos literarios. Su poesía es principalmente visual más que sentimental, y posee una singular capacidad de crear metáforas y expresiones metonímicas geniales para describir las cosas comunes que lo rodean. Esa frescura de expresión es lo que da la nota distintiva a sus versos.

Biografía para uso de los pájaros (1937)

Antes de leer

1. ¿Qué cambios tecnológicos has notado en el mundo desde que tú naciste? ¿Miras al pasado con nostalgia? ¿Crees que todos los cambios son buenos? Explica.

2. ¿Hay alguien en tu familia que suela contar los cuentos del pasado de tu familia? Explica.

Código para la comprensión

Código agrícola: Varios países de Hispanoamérica, entre ellos Ecuador, están divididos entre la sierra (o el altiplano) y la costa (zona tropical). Cada región tiene un clima completamente diferente y por lo tanto se cultivan productos diferentes. La sierra es más propicia para el cultivo del trigo y el maíz (la "cebada" en el poema), pero también es idónea para criar ganado (los "bueyes" del poema). En la costa tropical, con sus grandes fincas, se cultiva la caña de azúcar, la banana, así como la piña y los mangos. Carrera Andrade hace mención especial al cacao, unos granos que crecen en vainas largas, de donde se produce el chocolate, que proceden de las áreas costeñas de Centro y Sudamérica.

"Biografía para uso de los pájaros"

Nací en el siglo de la defunción[1] de la rosa
cuando el motor ya había ahuyentado[2] a los ángeles.
Quito veía andar la última diligencia
y a su paso corrían en buen orden los árboles,
las cercas y las casas de las nuevas parroquias
en el umbral del campo

5

---

[1] muerte
[2] alejado; asustado

donde las lentas vacas rumiaban el silencio
y el viento espoleaba sus ligeros caballos.
Mi madre revestida de poniente
guardó su juventud en una honda guitarra   10
y sólo algunas tardes la mostraba a sus hijos
envuelta entre la música, la luz y las palabras.
Yo amaba la hidrografía[3] de la lluvia,
las amarillas pulgas del manzano
y los sapos que hacían sonar dos o tres veces   15
su gordo cascabel de palo.
Sin cesar maniobraba la gran vela del aire.
Era la cordillera un litoral del cielo.
La tempestad venía, y al batir del tambor
cargaban sus mojados regimientos;   20
mas luego el sol con sus patrullas[4] de oro
restauraba la paz agraria y transparente.
Yo veía a los hombres abrazar la cebada,
sumergirse en el cielo unos jinetes
y bajar a la costa olorosa de mangos   25
los vagones cargados de mugidores bueyes.
El valle estaba allá con sus haciendas
donde prendía el alba su reguero[5] de gallos
y al oeste la tierra donde ondeaba la caña
de azúcar su pacífico banderín, y el cacao   30
guardaba en un estuche su fortuna secreta,
y ceñían, la piña su coraza[6] de olor,
la banana desnuda su túnica de seda.
Todo ha pasado ya en sucesivo oleaje
como las vanas cifras de la espuma.   35
Los años van sin prisa enredando sus líquenes[7]
y el recuerdo es apenas un nenúfar[8]
que asoma entre dos aguas
su rostro de ahogado.
La guitarra es tan sólo ataúd de canciones   40
y se lamenta herido en la cabeza el gallo.
Han emigrado todos los ángeles terrestres,
hasta el ángel moreno del cacao.

---

[3] estudio de las partes líquidas de la superficie terrestre
[4] gente armada que vigila
[5] canal pequeño que forma el agua de riego
[6] armadura para proteger el pecho
[7] algas
[8] planta acuática con flores que flotan sobre la superficie del agua

■——Pasos para la comprensión

1. El yo poético empieza fijándose en un momento específico de la historia, que tiene que ser el siglo XX en que vivió Carrera Andrade.

   □ ¿Con qué asocias los signos de "rosa" y "ángeles"?

   □ ¿En qué mundo vive el poeta donde estos signos ya no existen?

   □ Explica el contraste incongruente entre los signos de "motor" y "ángel." O sea, ¿por qué hace el motor huir a los ángeles?

2. En los versos 3–8 se refiere a la expansión de la ciudad de Quito, donde había nacido el poeta. Termina con dos bellos versos que recuerdan cómo era el campo antes de que la urbanización lo destruyera. ¿Qué hacían las vacas y los caballos?

3. Con el verso 9 empieza un recuerdo familiar. ¿Dónde guarda su madre sus recuerdos de juventud?

   □ Teniendo en cuenta el referente de la modernidad, ¿por qué crees que la madre ya no le canta canciones a sus hijos o les cuenta cuentos como antes?

   □ Aunque el poema no lo menciona, ¿qué avances tecnológicos substituirían estas tradiciones orales del pasado?

4. En los versos 13–22, el poeta recuerda su contacto íntimo con la naturaleza. ¿Qué sentidos recuerda?

5. A partir del verso 23 se pinta un cuadro del campo ecuatoriano, desde el altiplano hasta la costa.

   □ ¿Qué elementos del paisaje destacan?

   □ ¿Qué productos agrícolas mencionan?

6. Nota la comunión que existe entre la naturaleza y el cielo, así como entre el hombre y la tierra.

   □ ¿Qué relación hay entre la cordillera y el cielo?

   □ Trata de explicar la oposición binaria entre la tempestad y el sol.

   □ ¿Qué hacen los hombres con la cebada?

   □ Trata de visualizar la imagen de los jinetes que se sumergen en el horizonte.

7. ¿Con qué otros signos pinta el narrador un cuadro idílico de la vida campestre y de la armonía entre el hombre y la tierra?

8. El verso 34 empieza diciendo que ese mundo ha cambiado. Los signos de frutas y otros productos agrícolas se convierten en "líquenes." Explica.

9. ¿Qué les ha pasado a todos los ángeles? ¿Qué crees que significa este último mensaje del poema?

■———Pasos para una lectura más a fondo

1. Carrera Andrade juega con el idioma de una manera genial. Notemos algunos de estos juegos de palabras:

   □ "Las lentas vacas rumiaban el silencio." ¿Qué rumian normalmente las vacas? ¿Qué efecto se produce al sustituir el signo de "pasto" por el de "silencio?"

   □ "El viento espoleaba sus ligeros caballos." ¿Quién espolea normalmente un caballo? ¿Qué efecto produce esta personificación del viento?

   □ "Yo veía a los hombres abrazar la cebada." ¿Qué hacen normalmente los campesinos con la cebada? ¿Qué efecto produce sustituir "cosechar" por "abrazar"?

   □ "El cacao guardaba en su estuche su fortuna secreta." Explica las metonimias de "estuche" y "fortuna secreta."

   □ "La banana desnuda su túnica de seda." Piensa en cómo crece el racimo de bananas, y trata de explicar esta personificación.

2. Quizá el juego más ingenioso ocurre en los versos 21–22 al comparar el sol que sale después de la lluvia. ¿Con qué signos militares anuncia el poeta metafóricamente la llegada de la tempestad?

   □ ¿Con qué signos describe la llegada del sol?

   □ ¿Qué restaura el sol?

3. El poema trata de las transformaciones que trae la vida moderna. Es en el signo de la guitarra de su madre donde mejor se nota esa transformación. ¿En qué se convierte la guitarra en el verso 40?

   □ ¿Qué había sido la guitarra antes?

   □ ¿Qué implica esta transformación?

4. Hay otros signos en el poema que indican una transformación. Fíjate en el nenúfar, que es una bella flor que flota sobre el agua. ¿Qué le pasa a esta bella flor en el verso 39? Busca otros ejemplos semejantes.

5. El poema es rico en sensaciones de olores y sonidos. Búscalas y explica los efectos que producen.

6. El poema empieza y termina con signos de ángeles. Al principio se entiende que el motor, símbolo de la modernidad, ha substituido a los ángeles, símbolos de lo espiritual. Pero al final, los ángeles parecen tomar otros significados al ser "ángeles terrestres" y hasta menciona un ángel moreno especial del cacao. Primero, ¿por qué es el ángel del cacao moreno?

   □ ¿Qué parecen representar estos ángeles terrestres que se asocian con los productos agrícolas?

   □ ¿Qué implica el yo poético respecto al futuro agrícola del país al sugerir que estos ángeles han emigrado?

Pablo Neruda

■□■

1904–1973

Pablo Neruda dedicó su vida a la poesía, y ningún poeta hispano del siglo XX ha tenido más resonancia internacional que él. Su lírica, desde sus primeros poemarios escritos antes de que cumpliera los veinte años de edad, evita los clichés y fórmulas banales del léxico poético y siempre presenta una visión original. La realidad vista y sentida en la poesía de Neruda es siempre nueva, fresca y peculiar. Su poesía pasa por todas las etapas significativas de la poesía hispana del siglo XX: modernismo, vanguardismo, poesía comprometida, y termina creando su propia poética original—las *Odas*—en las que canta a las cosas insólitas y cotidianas que otros poetas habían pasado por alto. El timbre de su poesía tiene una atracción especial para la gente de habla española, y sin embargo su voz ha sido apreciada por un público mucho más amplio, como lo comprueba el premio Nobel de 1971, el segundo concedido a un poeta chileno.

Veinte poemas de amor y una canción desesperada (1924)

Antes de leer

1. ¿Crees que es posible expresar tu amor sin palabras, sólo con un silencio intenso? Explica.

2. ¿Crees que a veces el silencio es más poderoso y portentoso que la palabra hablada? Explica.

"Me gustas cuando callas" (Poema 15)

Me gustas cuando callas porque estás como ausente,　　　　　　　　　　1
y me oyes desde lejos, y mi voz no te toca.
Parece que los ojos se te hubieran volado
y parece que un beso te cerrara la boca.

Como todas las cosas están llenas de mi alma　　　　　　　　　　　　2
emerges de las cosas, llena del alma mía.
Mariposa de sueño, te pareces a mi alma,
y te pareces a la palabra melancolía.

Me gustas cuando callas y estás como distante.   3
Y estás como quejándote, mariposa en arrullo.
Y me oyes desde lejos, y mi voz no te alcanza:
déjame que me calle con el silencio tuyo.

Déjame que te hable también con tu silencio   4
claro como una lámpara, simple como un anillo.
Eres como la noche, callada y constelada.
Tu silencio es de estrella, tan lejano y sencillo.

Me gustas cuando callas porque estás como ausente.   5
Distante y dolorosa como si hubieras muerto.
Una palabra entonces, una sonrisa bastan.
Y estoy alegre, alegre de que no sea cierto.

■——Pasos para la comprensión

1. Aunque siempre se insiste en que el verbo *gustar* sólo se emplea en la tercera persona en concordancia con su objeto, coloquialmente se puede usar diferentes personas. Hay una pequeña diferencia entre "me gusta cuando callas" y "me gustas cuando callas." Trata de discernirla.

2. La imagen de la mujer en la primera estrofa carece de emoción o personalidad: lejos del narrador, ausente, sin poder ver ("parece que los ojos se te hubieran volado") y sin poder hablar ("parece que un beso te cerrara la boca"). Parece también insensible, pues la voz del narrador no la toca. Pero en la segunda estrofa va adquiriendo más personalidad.

   □ ¿Con qué compara a la mujer metonímicamente?

   □ ¿Cómo es ella? (El narrador no da el adjetivo, sino el sustantivo.)

3. El poema parece yuxtaponer la mujer silenciosa y el hombre hablador ("me oyes," "mi voz"), lo cual bien podría ser una oposición binaria que muestra la dominación del hombre sobre la mujer. En la segunda estrofa el narrador admite su dominación al principio. ¿Qué dice?

   □ Por lo tanto, la mujer está llena de su alma. El signo "alma" aquí parece ser bastante vago y general. ¿A qué crees que se refiere?

   □ ¿Crees que el narrador agradece la abnegación de la mujer?

4. Luego el narrador explica el silencio de la mujer de otra forma, la cual salva la pieza de un punto de vista totalmente machista. En la tercera estrofa empieza la transformación. Ahora la mujer adquiere voz.

   □ ¿Qué hace la mujer? ¿Qué ruido hace?

   □ Ese ruido—un arrullo—es un signo onomatopéyico con varios significdos, todos relacionados con el amor. Busca la palabra en el diccionario español y explica que sentido tiene dentro del sistema de significación del poema.

5. La tercera estrofa termina con el narrador sucumbiendo al silencio de la mujer. ¿Con qué palabras lo expresa?

   □ ¿Qué podría haber en el silencio de la mujer que ahora admira el narrador?

6. La preciosa estrofa cuarta empieza con una paradoja. Explícala.

   □ El silencio es un signo cuyos significantes pudieran comunicar ideas. Aunque no se dice, ¿qué comunica el silencio de la mujer?

7. Nota también las metáforas de la cuarta estrofa. El silencio es "claro" y "simple." ¿Con qué signos compara metafóricamente la claridad y la sencillez?

   □ Vale la pena explorar el signo del anillo más a fondo. ¿Cuáles son los significados del anillo teniendo en cuenta su referente "el amor"?

8. Termina comparando a la mujer con la noche. ¿Por qué?

9. La última estrofa le da otra vuelta al tema. Ahora el poeta dice que el silencio y ausencia de la mujer la hacen parecer muerta. Pero, ¿qué le da alegría al poeta? ¿Cómo muestra la mujer que no está muerta?

■———Pasos para una lectura más a fondo

1. El "Poema 15" parece tratar sobre la comunicación no verbal entre dos amantes, una comunicación que no es carnal. Es el puro silencio en que dos personas que se aman expresan su amor sin tener que decirlo con palabras. Cuenta el número de veces que aparece la palabra *silencio*.

   □ Haz una lista (o isotopía) de todos los signos relacionados con el "silencio" en este poema.

   □ El silencio se crea también de otras formas. Nota que el poema carece de verbos de acción o de mucho movimiento.

   □ ¿Qué otras técnicas se podrían citar que emplea el poeta para crear un tono de silencio y tranquilidad?

2. Ya hemos notado en los pasos 7 y 8 más arriba que el signo *silencio,* cuyo significado implica la falta total de comunicación, puede comunicar en sus significantes. Nota cómo esto ocurre magistralmente en el primer verso de la cuarta estrofa.

   □ El silencio, además, es claro, simple y como la noche.

   □ Nota la oposición binaria entre "claro" y "noche." Para entender mejor esta oposición binaria, nota cómo el narrador modifica la noche: "callada y constelada."

   □ El adjetivo *constelado* no es muy frecuente en castellano y bien podría ser un neologismo, pero su significado es fácil de entender por la palabra *constelación*. ¿Qué es una constelación? Las constelaciones, con las figuras que forman, ¿comunican? Explica ahora lo que podría significar el adjetivo *constelado*.

3. Neruda escribe los *Veinte poemas de amor y una canción desesperada* (1924) a los diecinueve años bajo la influencia del modernismo, de modo que emplea una es-

tructura rígida. Trata de identificar las características de la estructura poética, contando el número de sílabas y verificando si hay rima.

4. Una de las características de este poema son las cesuras de cada verso. Nota cómo hay una pausa en cada uno, aún cuando no hay una coma. Los versos de 14 sílabas (llamados alejandrinos) son largos, y necesitan un "descanso." Trata de explicar el efecto que crean estas cesuras al leer el poema en voz alta. Escucha el poema en el CD. ¿Crees que estas cesuras forman parte del discurso del "silencio" del poema?

5. Hemos notado en los *Pasos para la comprensión* que el narrador tiene un punto de vista machista. Explica cómo se expresa ese punto de vista de "hombre dominante" a principios del poema. Llega un momento en que el narrador empieza a darse cuenta de la superioridad de la forma "silenciosa" de la comunicación de la mujer. ¿En qué versos sucesivos se expresa este reconocimiento?

   □ A partir de ese momento, el silencio se va asociando metafóricamente con signos positivos: claridad, sencillez y estrellas (que también son luminosas y sencillas). Teniendo todo esto en cuenta, ¿cuál crees que es el mensaje de este poema?

6. Una característica de la poesía amatoria de Neruda es que nunca degenera en conceptos fáciles o clichés. ¿Qué tiene de original el "Poema 15"?

Residencia en la tierra, II (1931–1935)

Antes de leer

1. ¿Te has sentido alguna vez angustiado de la vida? Explica. ¿Cuáles podrían ser algunas de las causas que provocan esta angustia?

2. ¿Has tenido algún sueño en que hayan aparecido signos extraños que no podías explicar? Explica o cuenta lo que soñaste.

Códigos para la comprensión

Código biográfico: Entre los años de 1927 y 1932 Neruda desempeñó puestos diplomáticos en varias capitales asiáticas. Fuera de su medio ambiente latino, escuchando idiomas que no conocía y separado de sus amigos, Neruda sintió un intenso aislamiento y una desesperación que se trasladó a imágenes incongruentes en sus poemas. La vida no tenía sentido para Neruda durante estos años, y esa confusión y angustia se siente en poemas como "Walking around."

Código filosófico: "Walking around" expresa un sentido existencialista de la vida. Consulta la introducción a este capítulo para repasar lo que significa el existencialismo.

Código literario y artístico: El surrealismo es el movimiento artístico que acompañó las ideas existencialistas, y "Walking around" es un buen ejemplo del surrealismo. Vuelve a leer la introducción a este capítulo para repasar el surrealismo.

"Walking around"

Sucede que me canso de ser hombre.   1
Sucede que entro en las sastrerías y en los cines
marchito, impenetrable, como un cisne de fieltro
navegando en un agua de origen y ceniza.

El olor de las peluquerías me hace llorar a gritos.   2
Sólo quiero un descanso de piedras o de lana,
sólo quiero no ver establecimientos ni jardines,
ni mercaderías, ni anteojos, ni ascensores.

Sucede que me canso de mis pies y mis uñas   3
y mi pelo y mi sombra.
Sucede que me canso de ser hombre.

Sin embargo sería delicioso   4
asustar a un notario con un lirio cortado
o dar muerte a una monja con un golpe de oreja.

Sería bello   5
ir por las calles con un cuchillo verde
y dando gritos hasta morir de frío.

No quiero seguir siendo raíz en las tinieblas,   6
vacilante, extendido, tiritando de sueño,
hacia abajo, en las tripas mojadas de la tierra,
absorbiendo y pensando, comiendo cada día.

No quiero para mí tantas desgracias.   7
No quiero continuar de raíz y de tumba,
de subterráneo solo, de bodega con muertos
ateridos, muriéndome de pena.

Por eso el día lunes arde como el petróleo   8
cuando me ve llegar con mi cara de cárcel,
y aúlla en su transcurso como una rueda herida,
y da pasos de sangre caliente hacia la noche.

Y me empuja a ciertos rincones, a ciertas casas húmedas,   9
a hospitales donde los huesos salen por la ventana,
a ciertas zapaterías con olor a vinagre,
a calles espantosas como grietas.

Hay pájaros de color de azufre y horribles intestinos   10
colgando de las puertas de las casas que odio,

hay dentaduras olvidadas en una cafetera,
hay espejos
que debieran haber llorado de vergüenza y espanto,
hay paraguas en todas partes, y venenos, y ombligos.

Yo paseo con calma, con ojos, con zapatos,   11
con furia, con olvido,
paso, cruzo oficinas y tiendas de ortopedia,
y patios donde hay ropas colgadas de un alambre:
calzoncillos, toallas y camisas que lloran
lentas lágrimas sucias.

■———Pasos para la comprensión

1. Lee primero el *código literario y artístico*. La poesía surrealista no tiene siempre coherencia. Sus signos se pueden identificar, pero no siempre forman eslabones que nos conduzcan a un mensaje concreto o coherente. Sin embargo, sí pueden tener características en común. Por ejemplo, los signos e imágenes de este poema, ¿son del mundo moderno urbano o del campo y la naturaleza? Explica, dando ejemplos.

2. El tono del poema—y quizá su mensaje—se expresa en el primer verso. ¿Cuál es y qué pudiera significar?

3. ¿Hay alguna relación en la primera estrofa entre los signos "sastrería" y "cine"?

   □ En ambos casos, el narrador entra como un "cisne de fieltro," o sea, un material impermeable. Trata de descifrar lo que está expresando el narrador.

   □ ¿Siente el mundo que lo rodea? Explica.

4. Las estrofas sexta y séptima empiezan con la anáfora "No quiero." La séptima es más clara. ¿Qué es lo que no quiere el narrador?

5. La estrofa octava claramente forma un eslabón con las dos anteriores, al empezar con el conector "por eso." El narrador odia los lunes. ¿Por qué?

   □ Nota las tres acciones del lunes: "arde como el petróleo," "aúlla. . . como una rueda herida," y "da pasos. . . hacia la noche." Explica el signo "lunes."

   □ Explica en particular los valores auditivos de "aúlla. . . como una rueda herida." Identifica las técnicas que crean estos sonidos.

6. La imagen con que termina el poema es una de las más concretas y fáciles de entender. El narrador ve ropa tendida goteando. ¿Con qué metáforas asocia esas gotas? ¿Por qué son sucias las lágrimas?

7. Aunque no siempre podemos entender los signos a fondo, sí los podemos "sentir." Trata de explicar o "sentir" los siguientes signos o imágenes:

   □ "asustar a un notario con un lirio cortado" de la estrofa cuarta

   □ "dar muerte a una monja con un golpe de oreja" de la estrofa cuarta

□ "cara de cárcel" en la estrofa octava

□ "espejos que debieran haber llorado de vergüenza y espanto" de la estrofa décima

■——Pasos para una lectura más a fondo

1. Busca todos los signos de desesperación en el poema. Éstos sí podrían formar una isotopía. ¿Crees que estos signos contienen el mensaje del poema?

2. Nota el título del poema que claramente está en otro idioma. ¿Crees que todos los lectores del poema saben lo que significa? ¿Qué efecto produce el que uno ni entienda el título de una obra?

   □ Explica cómo el título en inglés contribuye al mundo sin sentido del que habla el poema.

3. El poema contiene ciertas oposiciones binarias. En la primera estrofa se expresa el navegar por un agua de "origen y ceniza." Hay imágenes del mundo exterior urbano y también del mundo subterráneo. Busca otras oposiciones binarias y trata de explicarlas dentro del sentido (o falta de él) de este poema.

4. Explica cómo el verso libre funciona bien en este tipo de poesía.

Canto general (1950)

Antes de leer

1. ¿Crees que las grandes empresas capitalistas internacionales explotan a los trabajadores de países subdesarrollados? Explica y cuenta lo que sabes.

2. ¿Te gustan las frutas tropicales? La banana es una de ellas. ¿Crees que son caras en comparación con otras frutas?

Códigos para la comprensión

Código capitalista: La United Fruit Company fue una empresa notoria que se apoderó de grandes fincas del Caribe y Centroamérica para cultivar frutas para su exportación a los Estados Unidos. Formaron alianzas sospechosas con los dictadores de quienes recibieron beneficios especiales. Las empresas y los gobiernos, por lo tanto, se respaldaban unos a otros y se beneficiaban económicamente. Entre las atrocidades de esta empresa se cuenta la explotación terrible de los trabajadores, a quienes se les pagaban sueldos bajísimos con la intención de sacar mayores ganancias y llevar productos a los Estados Unidos a precios bajos. La abolición del monopolio de la United Fruit y sus prácticas ilegales e injustas siempre formó parte de la agenda liberal y progresista de Latinoamérica, a la cual se subscribía Neruda. Otra empresa, Anaconda, tenía grandes posesiones mineras, principalmente en Chile, las cuales fueron expropiadas en 1972.

Código histórico: Después de la independencia de las repúblicas de Hispanoamérica, el sueño de Bolívar de formar una democracia unida como la de los Estados Unidos se desvaneció al surgir fuertes caudillos regionales que tomaron el poder en sus propias manos. Esa tradición de dictadores permaneció a lo largo de la mayor parte del siglo XX. Neruda menciona algunos de los dictadores más abominables del Caribe y Centroamérica: Tomás Martínez en Nicaragua (gobernó entre 1863 y 1890); Rafael Trujillo en la República Dominicana (entre 1930 y 1961); Jorge Ubico en Guatemala (entre 1931 y 1944); Carías Andino en Honduras (entre 1933 y 1948); y "Tacho" Somoza en Nicaragua (entre 1936 y 1956).

Código geográfico: Norte y Sudamérica están unidos por unos istmos estrechos que forman Centroamérica. Como la América Central es mucho más estrecha que Norte o Sudamérica, Neruda crea la imagen metonímica del hemisferio como una mujer, con Centroamérica como la cintura. Lógicamente, Sudamérica sería las caderas.

"United Fruit Co."

Cuando sonó la trompeta, estuvo   1
todo preparado en la tierra
y Jehová repartió el mundo
a Coca-Cola Inc., Anaconda,
Ford Motors, y otras entidades:
la Compañía Frutera Inc.
se reservó lo más jugoso,
la costa central de mi tierra,
la dulce cintura de América.

Bautizó de nuevo sus tierras   2
como "Repúblicas Bananas,"
y sobre los muertos dormidos,
sobre los héroes inquietos
que conquistaron la grandeza,
la libertad y las banderas,
estableció la ópera bufa:
enajenó los albedríos,[1]
regaló coronas de César,
desenvainó[2] la envidia, atrajo
la dictadura de las moscas,
moscas Trujillos, moscas Tachos,
moscas Carías, moscas Martínez,

moscas Ubico, moscas húmedas
de sangre humilde y mermelada,
moscas borrachas que zumban[3]
sobre las tumbas populares,
moscas de circo, sabias moscas
entendidas en tiranía.

Entre las moscas sanguinarias   3
la Frutera desembarca,
arrasando el café y las frutas,
en sus barcos que deslizaron
como bandejas el tesoro
de nuestras tierras sumergidas.

Mientras tanto, por los abismos   4
azucarados de los puertos,
caían indios sepultados
en el vapor de la mañana:
un cuerpo rueda, una cosa
sin nombre, un número caído,
un racimo de fruta muerta
derramada en el pudridero.

---

[1] facultad de los seres humanos de obrar por su propia voluntad

[2] sacar de su vaina (*sobre todo la espada*)

[3] zumbar: ruido continuo y bronco

■———Pasos para la comprensión

1. El poema empieza con una escena humorística que también es una parodia del libro del Génesis de la Biblia: Dios repartiendo el mundo, pero este Dios reparte el mundo a grandes empresas multinacionales capitalistas. Explica el sarcasmo y la crítica de esta introducción.

2. La última parte de la estrofa contiene una de las imágenes más preciosas de la poesía de Neruda cuando compara metonímicamente Centroamérica a la cintura de una mujer. Lee el *código geográfico* y explica la metonimia.

3. En la segunda estrofa se hace una lista de las atrocidades que cometió United Fruit. Primero, les da un nombre nuevo a las repúblicas. ¿Cómo las llamó?

   □ ¿Qué otras cosas hizo?

   □ ¿Cómo es que tuvo el poder de "regalar coronas"? (Consulta el *código capitalista*.)

4. Enfoquémonos en el signo de las moscas.

   □ ¿Qué son metafóricamente estas moscas?

   □ ¿Por qué es un signo apropiado en un poema sobre una compañía frutera?

   □ ¿Cómo son estas moscas?

5. En la tercera estrofa se ve cómo la empresa explota la tierra. Busca en el diccionario español el significado de *arrasar* y *deslizar*. ¿A qué compara metonímicamente el café y las frutas?

6. En la última estrofa caen muertos unos indios. ¿Quiénes son esos indios?

   □ ¿De qué crees que caen muertos? Trata de explicar el tipo de explotación a que se refiere Neruda.

7. En los últimos versos, ¿a qué compara el indio que cae muerto?

■———Pasos para una lectura más a fondo

1. El humor con que empieza el poema se va convirtiendo en tragedia. Trata de explicar el efecto que produce una yuxtaposición opuesta de este tipo.

2. En la segunda estrofa se deja sentir más el sarcasmo del narrador. Llegan las empresas multinacionales que establecen encima de los "héroes. . . / que conquistaron la grandeza, la libertad y las banderas." ¿Quiénes son los que vinieron a conquistar estas tierras?

   □ Ahora, hay otro tipo de conquista. ¿Crees que Neruda piensa que esos conquistadores eran "héroes"?

3. La expresión "desenvainó la envidia" es magnífica. Explica su carácter poético desde las siguientes perspectivas: su valor auditivo; su relación con otros signos agrícolas; su relación con el discurso histórico.

    ☐ Haz lo mismo con "los abismos azucarados de los puertos" de la última estrofa.

4. Nota cómo el narrador usa la primera persona sólo dos veces en el poema: en los versos 8 y 34. Nota además la diferencia entre "mi" y "nuestra." Al usar la primera persona plural, ¿cómo involucra al lector en su obra?

    ☐ Después de hablar de "mi tierra" en el verso octavo, en el décimo cambia a "sus tierras" para referirse a las tierras que Dios repartió a las multinacionales. Ya claramente no son las tierras del narrador, sino de otros. Comenta este uso interesante de pronombres posesivos y su efecto en el discurso histórico del poema.

5. En la última estrofa se compara metonímicamente la muerte del indio a la de un racimo de fruta. Nota dónde cae el racimo de fruta. Ahí también cae el indio. ¿Recibe el entierro en una "tumba" como la que se menciona en el verso 26? Explica por qué.

    ☐ Explica también el efecto que tiene terminar el poema con un indio muerto y con el signo "pudridero."

Odas elementales (1954)

Antes de leer

1. ¿Has comido alguna vez una alcachofa? Explica cómo son y cómo se comen.

Código para la comprensión

Código vegetal: La alcachofa es el fruto de un arbusto de la familia de los cardos. Pueden ser pequeños o grandes, pero por lo general son del tamaño de un puño cerrado. La delicadeza del fruto se encuentra bajo sus escamas verdeoscuras que protegen la tierna parte interior. Recién cosechada, la alcachofa es tierna, pero cuando se seca se pone dura y la punta de sus escamas pinchan al tocarlas.

"Oda a la alcachofa"

La alcachofa		sus escamas,	
de tierno corazón		a su lado	10
se vistió de guerrero,		los vegetales locos	
erecta, construyó		se encresparon,[1]	
una pequeña cúpula,	5	se hicieron	
se mantuvo		zarcillos,[2] espadañas,	
impermeable		bulbos conmovedores,	15
bajo		en el subsuelo	

---

[1] erizaron; *fig.* agitaron
[2] tallo de plantas trepadoras; planta cuyos tallos resistentes se emplean para hacer cestos

durmió la zanahoria
de bigotes rojos,
la viña
resecó los sarmientos[3]   20
por donde sube el vino,
la col
se dedicó
a probarse faldas,
el orégano   25
a perfumar el mundo,
y la dulce
alcachofa
allí en el huerto,
vestida de guerrero,   30
bruñida
como una granada,
orgullosa,
y un día
una con otra   35
en grandes cestos
de mimbre, caminó
por el mercado
a realizar su sueño:
la milicia.   40
En hileras
nunca fue tan marcial
como en la feria,
los hombres
entre las legumbres   45
con sus camisas blancas
eran
mariscales
de las alcachofas,
las filas apretadas,   50
las voces de comando,

y la detonación
de una caja que cae,
pero
entonces   55
viene
María
con su cesto,
escoge
una alcachofa,   60
no le teme,
la examina, la observa
contra la luz como si fuera un huevo,
la compra,
la confunde   65
en su bolsa
con un par de zapatos,
con un repollo y una
botella
de vinagre   70
hasta
que entrando a la cocina
la sumerge en la olla.
Así termina
en paz   75
esta carrera
del vegetal armado
que se llama alcachofa,
luego
escama por escama   80
desvestimos
la delicia
y comemos
la pacífica pasta
de su corazón verde.   85

■———Pasos para la comprensión

1. Para entender los signos e imágenes de este poema hay que leer el *código vegetal* y saber lo que es una alcachofa. Desde el principio se establece una serie de signos relacionados con el aspecto físico de esta fruta vegetal. ¿Qué tiene la alcachofa de "guerrero"? ¿Cómo se mantiene impermeable?

---

[3] tallos largos y flexibles de la vid (planta que produce las uvas)

2. La alcachofa forma parte de un huerto donde también hay otras hortalizas. Los vegetales locos son los que crecen sin orden. ¿Cuáles serán?

☐ ¿Qué vegetales se crecen como bulbos, bajo la tierra?

☐ ¿Por qué dice que la zanahoria tenía bigotes rojos?

☐ ¿Qué fruta sale de los sarmientos y luego se usa para producir vino?

☐ ¿Por qué se pone faldas la col?

☐ ¿Qué hace el orégano?

☐ Explica la personificación de estos vegetales.

3. Un día, un agricultor viene a recoger las alcachofas, y terminan en una cesta para ser llevadas al mercado. El narrador escribe que la alcachofa fue a realizar su sueño de ser soldado. Con estas ideas como referentes—mercado y guerra—explica por qué las alcachofas forman hileras, y por qué los hombres que las venden son mariscales. ¿Qué imágenes se producen?

4. De buenas a primeras viene una mujer—María—que se compra la alcachofa y la mete en su cesta de compras, junto con otros artículos. ¿Qué hace con la alcachofa al llegar a casa? ¿Y después de cocida?

5. Explica la ironía de la finalidad de la alcachofa, despúes haber llevado una carrera militar.

■———Pasos para una lectura más a fondo

1. Busca en el *Diccionario de términos literarios* "oda." ¿Qué es?

☐ ¿Cuál es su origen?

☐ ¿A quiénes se solían dedicar las odas?

☐ ¿Qué hay de original en dedicar una oda a algo tan corriente como una alcachofa?

2. El autor ve la alcachofa como un soldado. Haz la isotopía completa del carácter marcial de la alcachofa en este poema.

3. Con la llegada de María, la alcachofa pierde su carácter guerrero. ¿Qué hace María al recoger el vegetal? ¿Lo teme? ¿Por qué?

☐ Trata de explicar el contraste entre el papel marcial de la alcachofa hasta ese momento y su nuevo papel como mero vegetal.

☐ Llevemos la idea algo más lejos. ¿Qué mensaje se podría sacar respecto a la vida en general de algo que parece ser temible (como un guerrero) pero que en realidad es inofensivo?

4. Nota cómo el narrador usa la primera persona plural al final del poema. ¿Qué hace el narrador al entrar en el poema?

☐ ¿Con esa forma del verbo, nos incluye a nosotros los lectores también? Trata de explicar por qué. O sea, ¿a qué nos convida a hacer el narrador?

5. ¿Cómo come el narrador la alcachofa? Explica el verbo *desvestir.* Cuando la alcachofa está desnuda de su armadura (escamas), ¿qué se come? (Lee el *Código vegetal.*)

6. ¿Con qué signos describe el narrador el interior de la alcachofa?

   ☐ Contrasta el signo "pacífico" con lo que era la alcachofa antes.

   ☐ ¿Por qué crees que el autor crea esta oposición binaria?

   ☐ Nota que esta oposición se da también en los primeros versos del poema.

7. Por último, nota la forma del poema. ¿Tiene alguna? ¿Qué hace que sea poesía?

Sergio Vodanovic

■□■

1926–2001

Vodanovic, además de dramaturgo, ha sido el productor y director de algunas de sus propias obras, de modo que conoce el teatro desde varias perspectivas. Empezó estrenando su obra con grupos universitarios, pero pronto se dio a conocer en los teatros comerciales, donde goza de un público por todo Hispanoamérica, puesto que aunque algunas de sus obras tienen lugar en Chile, su temática puede referirse a cualquier parte del mundo hispanoamericano. Su obra, por lo tanto, suele presentar conflictos sociales y éticos, pero el autor los trata con humor, ironía y sátira, no para disminuir su importancia, sino para resaltar su gravedad. Aunque su teatro no llega a lo absurdo total, sí se puede observar en sus piezas acciones inverosímiles o poco probables para crear quizá una distancia entre público y escenario para que se pueda ver la realidad social con mayor objetividad.

Viña: Tres comedias en traje de baño (1964)

Antes de leer

1. Si tuvieras un sirviente para atender a tus necesidades, ¿cómo crees que sería tu vida? Descríbela.

2. ¿Qué cosas le pedirías a esa persona que hiciera por ti?

3. ¿Cómo tratarías a esa persona? ¿Por qué?

4. ¿Te gustaría ser el/la sirviente de otra persona? Explica.

Códigos para la comprensión

Código social: En muchos países de Hispanoamérica la sociedad se halla dividida en estrictas clases sociales. En muchos casos, las clases altas llevan vidas de lujo y despreocupación. Aunque estas clases existen en todos los países del mundo, en algunos países de Hispanoamérica, a falta de una clase media amplia, las clases ricas proliferan más. Esta mala distribución de riqueza hace que los de la clase alta y hasta los de la clase media tengan sirvientes—algunas veces varios. Estos sirvientes, para identificarse como tal, llevan uniformes.

Código literario: La fotonovela es un género paraliterario muy popular en Hispanoamérica, sobre todo entre los pobres, muchos de los cuales son analfabetos. Como las telenovelas, suelen pintar situaciones inverosímiles. Una situación muy común, tanto en las fotonovelas como en las telenovelas, es el caso de una muchacha pobre que se enamora de un chico rico, o de una persona humilde que descubre que es el hijo o hija natural de gente rica, etc. En todo caso, casi siempre se presenta la posibilidad a los pobres de escaparse de su pobreza, pero de un modo falso e idealizado.

Código geográfico: "El delantal blanco" forma parte de una trilogía de piezas cortas titulada *Viña: Tres comedias en traje de baño* (1964), que tienen lugar en Viña del Mar, el balneario más famoso de Chile, donde no sólo acude la elite chilena sino el *jet-set* hispanoamericano para disfrutar de sus magníficas playas.

El delantal blanco

Personajes

LA SEÑORA
LA EMPLEADA
DOS JÓVENES
LA JOVENCITA
EL CABALLERO DISTINGUIDO
La playa.
Al fondo, una carpa.[1] Frente a ella, sentadas a su sombra, la SEÑORA y la EMPLEADA.

La SEÑORA *está en traje de baño y, sobre él, usa un blusón de toalla blanca que le cubre hasta las caderas. Su tez está tostada por un largo veraneo. La* EMPLEADA *viste su uniforme blanco. La* SEÑORA *es una mujer de treinta años, pelo claro, rostro atrayente aunque algo duro. La* EMPLEADA *tiene veinte años, tez blanca, pelo negro, rostro plácido y agradable.*
LA SEÑORA: *(Gritando hacia su pequeño hijo, a quien no ve y que se supone está a la orilla del mar, justamente, al borde del escenario.)* ¡Alvarito! ¡Alvarito! ¡No le tire arena a la niñita! ¡Métase al agua! Está rica . . . ¡Alvarito, no! ¡No le deshaga el castillo a la niñita! Juegue con ella. . . Sí, mi hijito. . . juegue. . .

---

[1] toldo

LA EMPLEADA: Es tan peleador. . .

LA SEÑORA: Salió al padre. . . Es inútil corregirlo. Tiene una personalidad dominante que le viene de su padre, de su abuelo, de su abuela. . . ¡sobre todo de su abuela!

LA EMPLEADA: ¿Vendrá el caballero mañana?

LA SEÑORA: *(Se encoge de hombros con desgana.)* ¡No sé! Ya estamos en marzo, todas mis amigas han regresado y Álvaro me tiene todavía aburriéndome en la playa. Él dice que   10
quiere que el niño aproveche las vacaciones, pero para mí que es él quien está aprovechando. *(Se saca el blusón y se tiende a tomar sol.)* ¡Sol! ¡Sol! Tres meses tomando sol. Estoy intoxicada de sol. *(Mirando inspectivamente a la EMPLEADA.)* ¿Qué haces tú para no quemarte?

LA EMPLEADA: He salido tan poco de la casa. . .

LA SEÑORA: ¿Y qué querías? Viniste a trabajar, no a veranear. Estás recibiendo sueldo, ¿no?

LA EMPLEADA: Sí, señora. Yo sólo contestaba su pregunta. . .

La SEÑORA *permanece tendida recibiendo el sol. La* EMPLEADA *saca de una bolsa de género[2] una revista de historietas fotografiadas y principia a leer.*   20

LA SEÑORA: ¿Qué haces?

LA EMPLEADA: Leo esta revista.

LA SEÑORA: ¿La compraste tú?

LA EMPLEADA: Sí señora.

LA SEÑORA: No se te paga tan mal, entonces, si puedes comprarte tus revistas, ¿eh?

La EMPLEADA *no contesta y vuelve a mirar la revista.*

LA SEÑORA: ¡Claro! Tú leyendo y que Alvarito reviente, que se ahogue. . .

LA EMPLEADA: Pero si está jugando con la niñita. . .

LA SEÑORA: Si te traje a la playa es para que vigilaras a Alvarito y no para que te pusieras a leer.   30

La EMPLEADA *deja la revista y se incorpora para ir donde está Alvarito.*

LA SEÑORA: ¡No! Lo puedes vigilar desde aquí. Quédate a mi lado, pero observar al niño. ¿Sabes? Me gusta venir contigo a la playa.

LA EMPLEADA: ¿Por qué?

LA SEÑORA: Bueno. . . no sé. . . Será por lo mismo que me gusta venir en el auto, aunque la casa esté a dos cuadras. Me gusta que vean el auto. Todos los días, hay alguien que se para al lado de él y lo mira y comenta. No cualquiera tiene un auto como el de nosotros. . . Claro, tú no te das cuenta de la diferencia. Estás demasiado acostumbrada a lo bueno. . . Dime. . . ¿Cómo es tu casa?   40

LA EMPLEADA: Yo no tengo casa.

LA SEÑORA: No habrás nacido empleada, supongo. Tienes que haberte criado en alguna parte, debes haber tenido padres. . . ¿Eres del campo?

LA EMPLEADA: Sí.

LA SEÑORA: Y tuviste ganas de conocer la ciudad, ¿ah?

LA EMPLEADA: No. Me gustaba allá.

LA SEÑORA: ¿Por qué te viniste, entonces?

---

[2] tela

LA EMPLEADA: Tenía que trabajar.

LA SEÑORA: No me vengas con ese cuento. Conozco la vida de los inquilinos[3] en el campo. Lo pasan bien. Les regalan una cuadra para que cultiven. Tienen alimentos gratis y hasta les sobra para vender. Algunos tienen hasta sus vaquitas. . . ¿Tus padres tenían vacas?   50

LA EMPLEADA: Sí, señora. Una.

LA SEÑORA: ¿Ves? ¿Qué más quieren? ¡Alvarito! ¡No se meta tan allá que puede venir una ola! ¿Qué edad tienes?

LA EMPLEADA: ¿Yo?

LA SEÑORA: A ti te estoy hablando. No estoy loca para hablar sola.

LA EMPLEADA: Ando en los veintiuno. . .

LA SEÑORA: ¡Veintiuno! A los veintiuno yo me casé. ¿No has pensado en casarte?

La EMPLEADA baja la vista y no contesta.

LA SEÑORA: ¡Las cosas que se me ocurre preguntar! ¿Para qué querrías casarte? En la casa tienes de todo: comida, una buena pieza, delantales limpios. . . Y si te casaras. . . ¿Qué   60
es lo que tendrías? Te llenarías de chiquillos, no más.

LA EMPLEADA: *(Como para sí.)* Me gustaría casarme. . .

LA SEÑORA: ¡Tonterías! Cosas que se te ocurren por leer historias de amor en las revistas baratas. . . Acuérdate de esto: los príncipes azules ya no existen. No es el color lo que importa, sino el bolsillo. Cuando mis padres no me aceptaban un pololo[4] porque no tenía plata, yo me indignaba, pero llegó Álvaro con sus industrias y sus fondos y no quedaron contentos hasta que lo casaron conmigo. A mí no me gustaba porque era gordo y tenía la costumbre de sorberse los mocos,[5] pero después en el matrimonio, uno se acostumbra a todo. Y llega a la conclusión que todo da lo mismo, salvo la plata. Sin la plata no somos nada. Yo tengo plata, tú no tienes. Esa es toda la diferencia entre nosotras. ¿No te parece?   70

LA EMPLEADA: Sí, pero. . .

LA SEÑORA: ¡Ah! Lo crees, ¿eh? Pero es mentira. Hay algo que es más importante que la plata: la clase. Eso no se compra. Se tiene o no se tiene. Álvaro no tiene clase. Yo sí la tengo. Y podría vivir en una pocilga y todos se darían cuenta de que soy alguien. No una cualquiera. Alguien. Te das cuenta, ¿verdad?

LA EMPLEADA: Sí, señora.

LA SEÑORA: A ver. . . Pásame esa revista. *(La EMPLEADA lo hace. La SEÑORA la hojea. Mira algo y lanza una carcajada.)* ¿Y esto lees tú?

LA EMPLEADA: Me entretengo, señora.

LA SEÑORA: ¡Qué ridículo! ¡Qué ridículo! Mira a este roto vestido de smoking.[6] Cualquiera   80
se da cuenta que está tan incómodo en él como un hipopótamo con faja. . . *(Vuelve a mirar en la revista.)* ¡Y es el conde de Lamarquina! ¡El conde de Lamarquina! A ver. . . ¿Qué es lo que dice el conde? *(Leyendo.)* "Hija mía, no permitiré jamás que te cases con Roberto. Él es un plebeyo. Recuerda que por nuestras venas corre sangre azul." ¿Y ésta es la hija del conde?

LA EMPLEADA: Sí. Se llama María. Es una niña sencilla y buena. Está enamorada de Roberto, que es el jardinero del castillo. El conde no lo permite. Pero. . . ¿sabe? Yo creo

---

[3] en Chile, persona que trabaja en una finca a cambio de habitación y un trozo de terreno
[4] *chilenismo:* pretendiente
[5] *no sonarse la nariz*
[6] traje formal de caballeros

que todo va a terminar bien. Porque en el número anterior Roberto le dijo a María que
no había conocido a sus padres y cuando no se conoce a los padres, es seguro que ellos son
gente rica y aristócrata que perdieron al niño de chico o lo secuestraron. . .   90

LA SEÑORA: ¿Y tú crees todo eso?

LA EMPLEADA: Es bonito, señora.

LA SEÑORA: ¿Qué es tan bonito?

LA EMPLEADA: Que lleguen a pasar cosas así. Que un día cualquiera, uno sepa que es
otra persona, que en vez de ser pobre, se es rica; que en vez de ser nadie se es alguien, así
como dice Ud. . .

LA SEÑORA: Pero no te das cuenta que no puede ser. . . Mira a la hija. . . ¿Me has visto
a mí alguna vez usando unos aros así? ¿Has visto a alguna de mis amigas con una cosa tan
espantosa? ¿Y el peinado? Es detestable. ¿No te das cuenta que una mujer así no puede ser
aristócrata?. . . ¿A ver? Sale fotografiado aquí el jardinero. . .   100

LA EMPLEADA: Sí. En los cuadros del final. *(Le muestra en la revista. La SEÑORA ríe
encantada.)*

LA SEÑORA: ¿Y éste crees tú que puede ser un hijo de aristócrata? ¿Con esa nariz? ¿Con
ese pelo? Mira. . . Imagínate que mañana me rapten a Alvarito. ¿Crees tú que va a dejar
por eso de tener su aire de distinción?

LA EMPLEADA: ¡Mire, señora! Alvarito le botó el castillo de arena a la niñita de una
patada.

LA SEÑORA: ¿Ves? Tiene cuatro años y ya sabe lo que es mandar, lo que es no
importarle los demás. Eso no se aprende. Viene en la sangre.

LA EMPLEADA: *(Incorporándose.)* Voy a ir a buscarlo.

LA SEÑORA: Déjalo. Se está divirtiendo.   110

*La EMPLEADA se desabrocha el primer botón de su delantal y hace un gesto en el que muestra
estar acalorada.*

LA SEÑORA: ¿Tienes calor?

LA EMPLEADA: El sol está picando fuerte.

LA SEÑORA: ¿No tienes traje de baño?

LA EMPLEADA: No.

LA SEÑORA: ¿No te has puesto nunca traje de baño?

LA EMPLEADA: ¡Ah, sí!

LA SEÑORA: ¿Cuándo?

LA EMPLEADA: Antes de emplearme. A veces, los domingos, hacíamos excursiones a la   120
playa en el camión del tío de una amiga.

LA SEÑORA: ¿Y se bañaban?

LA EMPLEADA: En la playa grande de Cartagena. Arrendábamos[7] trajes de baño y
pasábamos todo el día en la playa. Llevábamos de comer y. . .

LA SEÑORA: *(Divertida.)* ¿Arrendaban trajes de baño?

LA EMPLEADA: Sí. Hay una señora que arrienda en la misma playa.

LA SEÑORA: Una vez con Álvaro, nos detuvimos en Cartagena a echar bencina[8] al auto
y miramos a la playa. ¡Era tan gracioso! ¡Y esos trajes de baño arrendados! Unos eran tan
grandes que hacían bolsas por todos los lados y otros quedaban tan chicos que las mujeres
andaban con el traste[9] afuera. ¿De cuáles arrendabas tú? ¿De los grandes o de los chicos?   130

---

[7] alquilábamos

[8] *chilenismo:* gasolina

[9] *amer:* parte trasera *(o sea, las nalgas)*

La EMPLEADA mira al suelo taimada.

LA SEÑORA: Debe ser curioso. . . Mirar el mundo desde un traje de baño arrendado o envuelta en un vestido barato. . . o con uniforme de empleada como el que usas tú. . . Algo parecido le debe suceder a esta gente que se fotografía para estas historietas: se ponen smoking o un traje de baile y debe ser diferente la forma como miran a los demás, como se sienten ellos mismos. . . Cuando yo me puse mi primer par de medias, el mundo entero cambió para mí. Los demás eran diferentes; yo era diferente y el único cambio efectivo era que tenía puesto un par de medias. . . Dime. . . ¿Cómo se ve el mundo cuando se está vestida con un delantal blanco?

LA EMPLEADA: *(Tímidamente.)* Igual. . . La arena tiene el mismo color. . . las nubes son   140
iguales. . . Supongo.

LA SEÑORA: Pero no. . . Es diferente. Mira. Yo con este traje de baño, con este blusón de toalla, tendida sobre la arena, sé que estoy en "mi lugar," que esto me pertenece. . . En cambio tú, vestida como empleada sabes que la playa no es tu lugar, que eres diferente. . . Y eso, eso te debe hacer ver todo distinto.

LA EMPLEADA: No sé.

LA SEÑORA: Mira. Se me ha ocurrido algo. Préstame tu delantal.

LA EMPLEADA: ¿Cómo?

LA SEÑORA: Préstame tu delantal.

LA EMPLEADA: Pero. . . ¿Para qué?   150

LA SEÑORA: Quiero ver cómo se ve el mundo, qué apariencia tiene la playa cuando se la ve encerrada en un delantal de empleada.

LA EMPLEADA: ¿Ahora?

LA SEÑORA: Sí, ahora.

LA EMPLEADA: Pero es que. . . No tengo un vestido debajo.

LA SEÑORA: *(Tirándole el blusón.)* Toma. . . Ponte esto.

LA EMPLEADA: Voy a quedar en calzones. . .

LA SEÑORA: Es lo suficientemente largo como para cubrirte. Y en todo caso vas a mostrar menos que lo que mostrabas con los trajes de baño que arrendabas en Cartagena. *(Se levanta y obliga a levantarse a la EMPLEADA.)* Ya. Métete en la carpa y cámbiate.   160

(Prácticamente obliga a la EMPLEADA a entrar a la carpa y luego lanza al interior de ella el blusón de toalla. Se dirige al primer plano y le habla a su hijo.)

LA SEÑORA: Alvarito, métase un poco al agua. Mójese las patitas siquiera. . . No sea tan de rulo[10]. . . ¡Eso es! ¿Ves que es rica el agüita? *(Se vuelve hacia la carpa y habla hacia dentro de ella.)* ¿Estás lista? *(Entra a la carpa.)*

Después de un instante, sale la EMPLEADA vestida con el blusón de toalla. Se ha prendido el pelo hacia atrás y su aspecto ya difiere algo de la tímida muchacha que conocemos. Con delicadeza se tiende de bruces[11] sobre la arena. Sale la SEÑORA abotonándose aún su delantal blanco. Se va a sentar delante de la EMPLEADA, pero vuelve un poco más atrás.

LA SEÑORA: No. Adelante no. Una empleada en la playa se sienta siempre un poco más atrás que su patrona. *(Se sienta sobre sus pantorrillas y mira, divertida, en todas direcciones.)*   170

La EMPLEADA cambia de postura con displicencia. La SEÑORA toma la revista de la EMPLEADA y principia a leerla. Al principio, hay una sonrisa irónica en sus labios que desaparece luego al interesarse por la lectura. Al leer mueve los labios. La EMPLEADA, con naturalidad, toma de la bolsa de playa de la SEÑORA un frasco de aceite bronceador y principia a extenderlo con

---

[10] *chilenismo:* tierra seca de labor

[11] boca abajo

lentitud por sus piernas. La SEÑORA *la ve. Intenta una reacción reprobatoria, pero queda desconcertada.*

LA SEÑORA: ¿Qué haces?

La EMPLEADA *no contesta. La* SEÑORA *opta por seguir la lectura. Vigilando de vez en vez con la vista lo que hace la* EMPLEADA. *Ésta ahora se ha sentado y se mira detenidamente las uñas.*

LA SEÑORA: ¿Por qué te miras las uñas?   180

LA EMPLEADA: Tengo que arreglármelas.

LA SEÑORA: Nunca te había visto antes mirarte las uñas.

LA EMPLEADA: No se me había ocurrido.

LA SEÑORA: Este delantal acalora.

LA EMPLEADA: Son los mejores y los más durables.

LA SEÑORA: Lo sé. Yo los compré.

LA EMPLEADA: Le queda bien.

LA SEÑORA: *(Divertida.)* Y tú no te ves nada de mal con esa tenida.[12] *(Se ríe.)* Cualquiera se equivocaría. Más de un jovencito te podría hacer la corte[13]. . . ¡Sería como para contarlo!   190

LA EMPLEADA: Alvarito se está metiendo muy adentro. Vaya a vigilarlo.

LA SEÑORA: *(Se levanta inmediatamente y se adelanta.)* ¡Alvarito! ¡Alvarito! No se vaya tan adentro. . . Puede venir una ola. *(Recapacita de pronto y se vuelve desconcertada hacia la* EMPLEADA.*)*

LA SEÑORA: ¿Por qué no fuiste tú?

LA EMPLEADA: ¿Adónde?

LA SEÑORA: ¿Por qué me dijiste que yo fuera a vigilar a Alvarito?

LA EMPLEADA: *(Con naturalidad.)* Ud. lleva el delantal blanco.

LA SEÑORA: Te gusta el juego, ¿ah?

Una pelota de goma, impulsada por un niño que juega cerca, ha caído a los pies de la   200
EMPLEADA. *Ella la mira y no hace ningún movimiento. Luego mira a la* SEÑORA. *Ésta, instintivamente, se dirige a la pelota y la tira en la dirección en que vino. La* EMPLEADA *busca en la bolsa de playa de la* SEÑORA *y se pone sus anteojos para el sol.*

LA SEÑORA: *(Molesta.)* ¿Quién te ha autorizado para que uses mis anteojos?

LA EMPLEADA: ¿Cómo se ve la playa vestida con un delantal blanco?

LA SEÑORA: Es gracioso. ¿Y tú? ¿Cómo ves la playa ahora?

LA EMPLEADA: Es gracioso.

LA SEÑORA: *(Molesta.)* ¿Dónde está la gracia?

LA EMPLEADA: En que no hay diferencia.

LA SEÑORA: ¿Cómo?   210

LA EMPLEADA: Ud. con el delantal blanco es la empleada; yo con este blusón y los anteojos oscuros soy la señora.

LA SEÑORA: ¿Cómo?. . . ¿Cómo te atreves a decir eso?

LA EMPLEADA: ¿Se habría molestado en recoger la pelota si no estuviese vestida de empleada?

LA SEÑORA: Estamos jugando.

LA EMPLEADA: ¿Cuándo?

LA SEÑORA: Ahora.

---

[12] *chilenismo:* uniforme

[13] pretenderte

LA EMPLEADA: ¿Y antes?

LA SEÑORA: ¿Antes?   220

LA EMPLEADA: Sí. Cuando yo estaba vestida de empleada. . .

LA SEÑORA: Eso no es juego. Es la realidad.

LA EMPLEADA: ¿Por qué?

LA SEÑORA: Porque sí.

LA EMPLEADA: Un juego. . . un juego más largo. . . como el "paco-ladrón". A unos les corresponde ser "pacos,"[14] a otros "ladrones."

LA SEÑORA: *(Indignada.)* ¡Ud. se está insolentando!

LA EMPLEADA: ¡No me grites! ¡La insolente eres tú!

LA SEÑORA: ¿Qué significa eso? ¿Ud. me está tuteando?

LA EMPLEADA: ¿Y acaso tú no me tratas de tú?   230

LA SEÑORA: ¿Yo?

LA EMPLEADA: Sí.

LA SEÑORA: ¡Basta ya! ¡Se acabó este juego!

LA EMPLEADA: ¡A mí me gusta!

LA SEÑORA: ¡Se acabó! *(Se acerca violentamente a la EMPLEADA.)*

LA EMPLEADA: *(Firme.)* ¡Retírese!

    La SEÑORA *se detiene sorprendida.*

LA SEÑORA: ¿Te has vuelto loca?

LA EMPLEADA: Me he vuelto señora.

LA SEÑORA: Te puedo despedir en cualquier momento.

    LA EMPLEADA *explota en grandes carcajadas, como si lo que hubiera oído fuera el chiste más*   240
gracioso que jamás ha escuchado.

LA SEÑORA: ¿Pero de qué te ríes?

LA EMPLEADA: *(Sin dejar de reír.)* ¡Es tan ridículo!

LA SEÑORA: ¿Qué? ¿Qué es tan ridículo?

LA EMPLEADA: Que me despida. . . ¡Vestida así! ¿Dónde se ha visto a una empleada despedir a su patrona?

LA SEÑORA: ¡Sácate esos anteojos! ¡Sácate el blusón! ¡Son míos!

LA EMPLEADA: ¡Vaya a ver al niño!

LA SEÑORA: Se acabó el juego, te he dicho. O me devuelves mis cosas o te las saco.   250

LA SEÑORA: ¡Cuidado! No estamos solas en la playa.

LA SEÑORA: ¿Y qué hay con eso? ¿Crees que por estar vestida con un uniforme blanco no van a reconocer quién es la empleada y quién la señora?

LA EMPLEADA: *(Serena.)* No me levante la voz.

La SEÑORA exasperada se lanza sobre la EMPLEADA y trata de sacarle el blusón

LA SEÑORA: *(Mientras forcejea.)* ¡China![15] ¡Ya te voy a enseñar quién soy! ¿Qué te has creído? ¡Te voy a meter presa![16]

    Un grupo de bañistas ha acudido al ver la riña. Dos JÓVENES, una MUCHACHA y un SEÑOR de edad madura y de apariencia muy distinguida. Antes que puedan intervenir la EMPLEADA ya ha dominado la situación manteniendo bien sujeta a la SEÑORA contra la

---

[14] *amer:* policía

[15] *amer:* india sirviente; plebeya

[16] mandar a la cárcel

arena. Esta sigue gritando ad libitum[17] *expresiones como: "rota cochina" . . . "ya te las vas a ver con mi*   260
marido" . . . "te voy a mandar presa" . . . "esto es el colmo," etc., etc.

UN JOVEN: ¿Qué sucede?

EL OTRO JOVEN: ¿Es un ataque?

LA JOVENCITA: Se volvió loca.

UN JOVEN: Puede que sea efecto de una insolación.

EL OTRO JOVEN: ¿Podemos ayudarla?

LA EMPLEADA: Sí. Por favor. Llévensela. Hay una posta[18] por aquí cerca. . .

EL OTRO JOVEN: Yo soy estudiante de Medicina. Le pondremos una inyección para que
se duerma por un buen tiempo.

LA SEÑORA: ¡Imbéciles! ¡Yo soy la patrona! Me llamo Patricia Hurtado, mi marido es   270
Álvaro Jiménez, el político. . .

LA JOVENCITA: *(Riéndose.)* Cree ser la señora.

UN JOVEN: Está loca.

EL OTRO JOVEN: Un ataque de histeria.

UN JOVEN: Llevémosla.

LA EMPLEADA: Yo no los acompaño. . . Tengo que cuidar a mi hijito. . . Está ahí, bañándose. . .

LA SEÑORA: ¡Es una mentirosa! ¡Nos cambiamos de vestido sólo por jugar! ¡Ni siquiera
tiene traje de baño! ¡Debajo del blusón está en calzones! ¡Mírenla!

EL OTRO JOVEN: *(Haciéndole un gesto al JOVEN.)* ¡Vamos! Tú la tomas por los pies y yo
por los brazos.   280

LA JOVENCITA: ¡Qué risa! ¡Dice que está en calzones!

   Los dos JÓVENES *toman a la SEÑORA y se la llevan, mientras ésta se resiste y sigue
gritando.*

LA SEÑORA: ¡Suéltenme! ¡Yo no estoy loca! ¡Es ella! ¡Llamen a Alvarito! ¡Él me
reconocerá!

   Mutis[19] *de los dos* JÓVENES *llevando en peso a la SEÑORA. La EMPLEADA se tiende sobre la
arena, como si nada hubiera sucedido, aprontándose para un prolongado baño de sol.*

EL CABALLERO DISTINGUIDO: ¿Está Ud. bien, señora? ¿Puedo serle útil en algo?

LA EMPLEADA: *(Mira inspectivamente al SEÑOR DISTINGUIDO y sonríe con amabilidad.)*
Gracias. Estoy bien.   290

EL CABALLERO DISTINGUIDO: Es el símbolo de nuestro tiempo. Nadie parece darse
cuenta, pero a cada rato, en cada momento sucede algo así.

LA EMPLEADA: ¿Qué?

EL CABALLERO DISTINGUIDO: La subversión del orden establecido. Los viejos
quieren ser jóvenes; los jóvenes quieren ser viejos; los pobres quieren ser ricos y los ricos
quieren ser pobres. Sí, señora. Asómbrese Ud. También hay ricos que quieren ser pobres.
Mi nuera va todas las tardes a tejer con mujeres de poblaciones callampas.[20] ¡Y le gusta
hacerlo! *(Transición.)* ¿Hace mucho tiempo que está con Ud.?

LA EMPLEDA: ¿Quién?

EL CABALLERO DISTINGUIDO: *(Haciendo un gesto hacia la dirección en que se llevaron a*   300
la SEÑORA.) Su empleada.

---

[17] *lat.* espontáneamente

[18] *chilenismo:* puesto de primeros auxilios

[19] salida del escenario *(término teatral)*

[20] *chilenismo:* de chabolas (donde viven los pobres)

LA EMPLEADA: *(Dudando, haciendo memoria.)* Poco más de un año.

EL CABALLERO DISTINGUIDO: ¡Y así le paga a Ud.! ¡Queriéndose hacer pasar por una señora! ¡Como si no se reconociera a primera vista quién es quién! *(Transición.)* ¿Sabe Ud. por qué suceden estas cosas?

LA EMPLEADA: ¿Por qué?

EL CABALLERO DISTINGUIDO: *(Con aire misterioso.)* El comunismo. . .

LA EMPLEADA: ¡Ah!

EL CABALLERO DISTINGUIDO: *(Tranquilizador.)* Pero no nos inquietemos. El orden está restablecido. Al final, siempre el orden se restablece. . . Es un hecho. . . Sobre eso no   310
hay discusión. . . *(Transición.)* Ahora, con permiso señora. Voy a hacer mi footing diario. Es muy conveniente a mi edad. Para la circulación ¿sabe? Y Ud. quede tranquila. El sol es el mejor sedante. *(Ceremoniosamente.)* A sus órdenes, señora. *(Inicia el mutis. Se vuelve.)* Y no sea muy dura con su empleada, después que se haya tranquilizado. . . Después de todo. . . Tal vez tengamos algo de culpa nosotros mismos. . . ¿Quién puede decirlo? *(El CABALLERO DISTINGUIDO hace mutis.)*

 La EMPLEADA cambia de posición. Se tiende de espaldas para recibir el sol en la cara. De pronto se acuerda de Alvarito: Mira hacia donde él está.

LA EMPLEADA: ¡Alvarito! ¡Cuidado con sentarse en esa roca! Se puede hacer una nana[21] en el pie. . . Eso es, corra por la arenita. . . Eso es, mi hijito. . . *(Y mientras la EMPLEADA mira*   320
con ternura y delectación maternal cómo Alvarito juega a la orilla del mar se cierra lentamente el Telón.)

■——Pasos para la comprensión

1. Nota primero la acotación. ¿Dónde tiene lugar la acción del drama? ¿Cómo están vestidos los dos personajes? ¿Crees que el signo indumentaria (o sea, referente a la ropa) es significativo? Explica, teniendo en cuenta que el título de la pieza llama la atención sobre ese signo.

2. El discurso con que se inicia la pieza es significativo. Aunque no vemos nunca a Alvarito, el hijo de la señora, sabemos lo que está haciendo por lo que dicen los personajes.

   ☐ ¿Qué hace Alvarito? ¿Le preocupa a la madre la mala conducta de su hijo?

   ☐ ¿Cómo explica la madre la conducta de Alvarito?

   ☐ ¿Con qué adjetivo describe la empleada a Alvarito? ¿Qué adjetivo usa la madre? Contrasta estos dos adjetivos. ¿Crees que forman una oposición binaria?

3. ¿Está la señora a gusto en la playa? Explica.

4. Las escenas que siguen establecen una relación conflictiva entre ama y criada.

   ☐ ¿Cree el ama que la criada debe tomar el sol? ¿Por qué?

   ☐ ¿Le permite a la criada leer su fotonovela? ¿Por qué? ¿Crees que tiene razón la señora? Explica.

---

[21] *chilenismo:* lesión, herida

5. En un momento dado la señora dice que le gusta que la criada la acompañe a la playa, lo cual sorprende al espectador puesto que hasta ese momento, lo único que ha hecho la señora ha sido insultar a la criada. Luego se descubre por qué le gusta traerla.

   ☐ ¿Qué razón da?

   ☐ ¿Qué efecto produce el comparar a la criada con un auto?

6. Luego empieza una conversación entre las dos mujeres sobre la vida personal de la criada. ¿Qué indica el hecho de que la señora sepa tan poco de su vida después de tanto tiempo de servicio?

   ☐ La señora cree que la criada dejó el campo para conocer la ciudad, pero ¿por qué lo hizo? ¿Qué indica la falta de conocimiento de la señora? Explica.

   ☐ Además, la señora le dice lo bien que viven los inquilinos en el campo. ¿Qué concepto tiene la señora de la vida en el campo? ¿Tiene una visión informada? Explica.

   ☐ Respecto al casamiento, ¿por qué opina la señora que la criada está mejor soltera? ¿Crees que la criada quiere permanecer soltera? Explica.

7. La señora empieza a leer la fotonovela de la criada y a criticarla. ¿Por qué se burla de los personajes? ¿Qué piensa la señora respecto a la gente verdaderamente aristocrática?

8. ¿Cómo reacciona la señora al enterarse de que Alvarito ha tumbado el castillo de arena de una niña? ¿Cómo vincula el ama lo que dice con el discurso aristocrático anterior?

9. Después de burlarse de los trajes de baño alquilados, la señora desarrolla una teoría respecto a la ropa que uno lleva. ¿Qué dice? ¿Está de acuerdo la criada?

10. Para probar su teoría, ¿qué sugiere la señora que hagan? ¿Produce el efecto que creía el ama?

    ☐ ¿Qué empieza a hacer la criada? ¿Cómo reacciona el ama?

    ☐ La criada va tomándose más libertades. Explica.

11. Cuando la criada se niega a terminar el juego y a devolverle la ropa a la señora, ésta se apoya en su teoría de que la aristocracia se ve en la gente. La señora se lanza como una fiera a la criada y lucha con ella insultándola. ¿Qué hacen dos jóvenes que pasan? ¿A quién creen—a la verdadera señora o a la criada? ¿Por qué?

12. ¿Cómo trata el caballero distinguido a la criada? ¿Por qué la trata de ese modo? ¿Por qué cree que la criada es la señora?

13. El caballero entabla una discusión sobre "el orden establecido." ¿A qué se refiere? ¿A qué le echa la culpa el caballero de que los pobres quieran ser ricos?

14. Es significativo el modo en que termina la pieza. ¿Qué está haciendo la empleada? ¿Actúa de modo diferente a la señora? Desde el punto de vista social, ¿ha cambiado algo? Explica.

■———Pasos para una lectura más a fondo

1. El drama empieza con un discurso sobre la herencia: Alvarito es "dominante" como los miembros de la familia. Luego el ama habla de cómo se ve en lo físico y en el comportamiento la "clase" de las personas. Sin embargo, también habla de cómo la gente se distingue por la ropa que lleva. ¿Ves una falta de coherencia en sus opiniones? Hay un refrán en español que dice "El hábito no hace el monje," pero también se puede decir de otro modo: "El hábito hace el monje." ¿Con qué refrán estás tú de acuerdo? ¿Qué refrán parece funcionar en "El delantal blanco"?

2. La introducción de la fotonovela añade una interesante nota metaliteraria. Después de leer el *código literario,* ¿qué relación hay entre los discursos de las fotonovelas y telenovelas y las de esta pieza teatral?

3. Al intercambiar trajes, las dos mujeres cambian de papeles y entablan un pequeño "drama" dentro del drama. Aquí tenemos una escena metadramática. Explica cómo este aspecto de la obra contribuye a borrar los límites entre lo real y lo ficticio.

4. La señora habla de lo bien que se vive en el campo, sin embargo, la empleada tiene otra opinión. Aquí, un mismo signo adquiere diferentes significados. Explica por qué ocurre esto y cuáles son los diferentes códigos que operan para crear estos significados opuestos.

5. Por el diálogo de la señora se puede vislumbrar algo de su vida familiar con Álvaro.

   □ ¿Quién fue el que insistió en que se casaran?

   □ ¿Crees que Patricia ama a Álvaro verdaderamente? ¿Cómo es Álvaro? ¿Por qué lo aguanta Patricia?

   □ A veces en la literatura, los lectores (o espectadores en este caso) tienen que hacer inferencias basadas en las cosas que se dicen, aunque el autor no lo diga explícitamente. Patricia se queja del largo veraneo, y dice que su marido es "el que está aprovechando." ¿Qué razones se podrían proporcionar para explicar por qué Álvaro quiere que su mujer pase tanto tiempo en la playa?

6. Dos veces la señora habla de lo bien que se les paga y lo bien que vive la gente pobre del campo. ¿Crees que Patricia es ingenua, tonta, cruel o simplemente está defendiendo su posición social? Explica.

7. En la escena en que Alvarito le tira el castillo de arena a la niña, la madre no lo regaña. Todo lo contrario, lo ve como una forma de autoridad. ¿Qué implica este detalle respecto a las relaciones entre hombres y mujeres dentro de estas clases sociales, el modo en que se cría a los hijos y el tema del machismo?

8. El juego de intercambiar la ropa motiva unas situaciones curiosas. La señora lo había sugerido porque quería ver cómo se veía el mundo vestida de criada. Ella anteriormente había propuesto la teoría de que siempre se puede identificar a un aristócrata por su comportamiento. Ahora, sin embargo, vestida de criada, nadie la reconoce como mujer de clase alta. ¿Qué indica este hecho respecto a

la teoría de Patricia y toda postura ideológica que cree en la superioridad de un grupo o raza sobre otro? Al mismo tiempo, ¿qué indica respecto a la teoría de que "el hábito hace al monje"?

9. El caballero que aparece al final es una figura curiosa. Por una parte le echa la culpa al comunismo por el deseo de los pobres de querer avanzar. Pero luego especula que son los mismos ricos los que tienen la culpa por los problemas que surgen en una sociedad fragmentada socialmente. ¿Qué papel crees que hace ese caballero en la pieza? Ten en cuenta que sus palabras son casi las últimas del drama.

10. La señora es casi un figurón: le falta completamente una consciencia social, es insensible, su lógica es absurda, su vanidad pasa los límites de lo aceptable, etc. En fin, es una figura sumamente estereotipada, sin matices de complejidad psicológica. Y sin embargo, es una víctima. Vuelve a considerar el quinto paso de esta sección.

   □ ¿Pudo Patricia escoger su vida?

   □ ¿Es posible que ella sea simplemente un producto de su posición social? Comenta este aspecto de la obra desde un punto de vista feminista.

11. Consideremos ahora a la criada.

   □ ¿Está ella estereotipada también? Explica.

   □ ¿Es ella como uno de los personajes de las fotonovelas que lee? Explica.

   □ Al hacer el papel de la señora, ¿parece que vaya a desempeñar el papel de un modo diferente? Explica.

12. El caballero que llega al final habla de la "subversión del orden establecido." ¿Ha habido en esta obra una subversión? Explica.

   □ Explica ahora la ironía de esa subversión.

13. Cuando se considera superficialmente, "El delantal blanco" parece un testimonio social—una versión dramática del realismo social en la prosa ficción. Pero no lo es. ¿Contiene la obra elementos absurdos? Explica.

   □ ¿Cómo juega el autor con los diferentes planos de la realidad y la ficción?

   □ ¿Cómo borra los límites entre los dos?

CAPÍTULO 12

LA POSGUERRA CIVIL ESPAÑOLA

 Consulta www.prenhall.com/momentos y lee un ensayo de orientación a este capítulo.

La Guerra Civil española (1936–1939) fue uno de los conflictos determinantes de la historia europea del siglo XX. Desde una perspectiva nacional, fue la sangrienta culminación de "las dos Españas" que se venía urdiendo y dividiendo el país desde el siglo XVIII. Desde una perspectiva europea, fue una contienda entre las ideas reaccionarias fascistas y las ideologías sociales progresistas—las mismas ideologías que se enfrentarían en la Segunda Guerra mundial (1939–1945). Es con buena razón que la guerra española se ha llamado un ensayo para la horrible guerra que la siguió. Pero a diferencia de la guerra europea, donde se derrotaron las ideas fascistas de Musulini y Hitler, en España vencieron la ortodoxia, el tradicionalismo y las ideas reaccionarias.

El hombre fuerte que surgió como líder irrefutable después de la guerra, Francisco Franco (1892–1975), impuso un régimen riguroso de control y vigilancia en donde se limitaron considerablemente las libertades de los españoles y se impuso una censura para impedir cualquier critica política, religiosa o al régimen. El "franquismo" duró treinta y cinco años, y en ese período de tiempo el país se encontró aislado de sus vecinos europeos. Al no haber participado en la guerra mundial por el estado desolado en que se encontraba después de su guerra interna, España no pudo aprovecharse del Plan Marshall, que ayudó a reconstruir la Europa demolida después de la guerra. España tuvo que recuperarse por sí misma, lentamente, sin nunca alcanzar el progreso de sus vecinos del norte. Sin embargo, el país, gracias en gran parte al desarrollo del turismo internacional, salió adelante poco a poco.

A primera vista, es difícil pensar que la situación en España entre 1939 y 1975—dictadura, censura, atraso económico—fuera propicia para el florecimiento de las letras. Además, los grandes escritores anteriores a la Guerra Civil—Unamuno, Machado, Valle-Inclán y García Lorca—murieron o fueron asesinados antes de empezar el franquismo. Y muchos de los otros escritores ya reconocidos—Juan Ramón Jiménez (1881–1958), Jorge Guillén (1893–1984), Luis Cernuda (1902–1963), Rafael Alberti (1902–1999)—se marcharon al exilio. Pero a pesar de estos obstáculos, no se pudo contener el espíritu creador de los españoles. La literatura de la posguerra bajo la dictadura de Franco (1939–1975) es un momento cumbre de la literatura hispánica.

Se debe empezar por decir, sin embargo, que, salvo pocas excepciones, no se trata de un período literario innovador, como lo es el "Boom" de la narrativa hispanoamericana que se llevó a cabo durante los mismos años, y que, irónicamente, fue lanzado en gran medida por las casas editoriales españolas. El régimen tradicionalista y la censura derechista impidieron la experimentación o la crítica en el ámbito literario. Pero dentro del realismo social, los narradores y los dramaturgos pudieron cavarse un espacio propio para expresarse distinguidamente.

En el campo poético, varios poetas de la generación anterior a la guerra—la llamada Generación del 27—permanecieron en España y siguieron su labor artística al margen del franquismo. Este es el caso de Vicente Aleixandre (1898–1984) y Dámaso Alonso (1898–1990), que pronto se convirtieron en los decanos de nuevas generaciones de poetas, tales como Gabriel Celaya (1911–1991), Blas de Otero (1916–1979) y José Hierro (1922–2002), así como de otros más jóvenes como Ángel González (n. 1925), José Ángel Valente (1929–2000) y Claudio Rodríguez (1934–1999). La producción poética de la posguerra es variadísima en temática y técnicas e impresionante por su alta calidad artística.

La narrativa no tardó mucho en reaparecer después de la guerra. La fecha clave es 1942 con la publicación de *La familia de Pascual Duarte,* la primera obra de Camilo José Cela (1916–2002). La novela, escrita dentro de un estilo denominado "tremendista," enfatiza los elementos sórdidos, irracionales y trágicos de la vida. Claramente, la novela revela el sentimiento del país después de la guerra, pero la contienda nacional jamás se menciona. Cela siguió escribiendo durante los treinta y cinco años del franquismo, experimentando con el género narrativo. Su novela *La colmena* (1951) Constrituye uno de los cuadros más completos y reveladores que se conservan de la vida urbana bajo el régimen de Franco.

Dos narradores de renombre—Miguel Delibes (n. 1920) y Ana María Matute (n. 1926)—suelen ambientar sus obras en zonas rurales y penetrar profundamente en la psicología de sus personajes, los cuales con mucha frecuencia son niños. Los años cincuenta vieron la aparición de otros narradores más enfocados en problemas sociales y morales: Ignacio Aldecoa (1925–1969), Carmen Martín Gaite (1925–2000), Juan Goytisolo (n. 1931) y Rafael Sánchez Ferlosio (n. 1927). Este último se lució en el estilo frío y objetivista del *nouveau roman* francés con su novela *El Jarama* (1956). Esta novela, junto con *Tiempo de silencio* (1962) de Luis Martín Santos (1924–1964), se cita con frecuencia como la narrativa más revolucionaria de la posguerra. De los autores de la década de los 50, Goytisolo ha sido el que más ha evolucionado estilísticamente y el que más ha experimentado con el género narrativo.

El teatro tardó más tiempo en producir frutos, pero cuando se estrenó en 1949 *Historia de una escalera* de Antonio Buero Vallejo (1916–2000), le siguió una explosión de creatividad. Buero y su contemporáneo Alfonso Sastre (n. 1926) produjeron obras críticas de la sociedad franquista. Sastre, más atrevido que Buero, nunca alcanzó la popularidad de su compañero. Otro teatro, denominado "evasionista" por evitar temas que pudieran crear problemas con la censura, fue también impresionante en su calidad y cantidad. Aquí se tendría que mencionar a Edgar Neville (1899–1967), Alejandro Casona (1903–1965) y Miguel Mihura (n. 1905), y los escritores cómicos Jardiel Poncela (1901–1952) y Alfonso Paso (1926–1978). Este último, supo velar su crítica con gracia, arte y humor. A otros dramaturgos más experimentalistas y atrevidos se les negó espacio para la representación. Así, un dramaturgo innovador como Fernando Arrabal (n. 1932) se exilió en Francia y terminó escribiendo en francés para ese público.

En conclusión, la literatura floreció bajo la dictadura de Franco, a pesar de los obstáculos que normalmente hubieran impedido su desarrollo. Quizá los escritores peninsulares de la posguerra se dieron cuenta de que durante el Siglo de Oro la censura no había estorbado la creación artística en absoluto. Los españoles, al parecer, tienen el talento de velar o disimular sus críticas eficazmente para engañar a los censores.

Vicente Aleixandre

■□□

1898–1984

Aunque se podría haber incluido a Aleixandre entre los poetas del vanguardismo, se ha incluido aquí por haber sido uno de los poetas de su generación que permaneció en España después de la Guerra Civil en vez de marcharse al exilio, y por haber vivido los treinta y cinco años del franquismo. Antes de la guerra había producido un impresionante corpus poético en el estilo surrealista, pero después de la guerra emprendió una etapa completamente nueva, más humana y comprensible, en la que el tono existencialista de la primera época cede a una nueva alegría desde la que el poeta canta a la humanidad. El Premio Nobel que se le concedió en 1977 fue un reconocimiento de su talento tanto como de toda la impresionante producción poética española de la Generación del 27, a la cual también pertenecieron grandes poetas como Pedro Salinas, García Lorca, Jorge Guillén, Dámaso Alonso, Rafael Alberti y Luis Cernuda.

Historia del corazón (1954)

Antes de leer

1. ¿Prefieres estar solo/a o con un grupo de gente? Explica.

2. ¿Qué es mejor, ser tu propia persona o conformarte a las normas generales? ¿Qué es más fácil? Explica.

"En la plaza"

Hermoso es, hermosamente humilde y confiante, vivificador y profundo,
sentirse bajo el sol, entre los demás, impelido, llevado, conducido, mezclado,
    rumorosamente arrastrado.
No es bueno
quedarse en la orilla   5
como el malecón o como el molusco que quiere calcáreamente[1] imitar a la roca.
Sino que es puro y sereno arrasarse en la dicha de fluir y perderse,
encontrándose en el movimiento con que el gran corazón de los hombres palpita
    extendido.
Como ése que vive ahí, ignoro en qué piso,   10
y le he visto bajar por unas escaleras
y adentrarse valientemente entre la multitud y perderse.
La gran masa pasaba. Pero era reconocible el diminuto corazón afluido.
Allí, ¿quién lo reconocería? Allí con esperanza, con resolución o con fe, con temeroso
    denuedo,[2]   15
con silenciosa humildad, allí él también transcurría.
Era una gran plaza abierta, y había olor de existencia. Un olor a gran sol descubierto, a
    viento rizándolo, un gran viento que sobre las cabezas pasaba su mano, su gran mano
    que rozaba las frentes unidas y las reconfortaba.
Y era el serpear que se movía   20
como un único ser, no sé si desvalido, no sé si poderoso, pero existente y perceptible, pero
    cubridor de la tierra.
Allí cada uno puede mirarse y puede alegrarse y puede reconocerse.
Cuando, en la tarde caldeada, solo en tu gabinete,[3] con los ojos extraños y la interrogación
    en la boca, quisieras algo preguntar a tu imagen,   25
no te busques en el espejo,
en un extinto diálogo en que no te oyes.
Baja, baja despacio y búscate entre los otros.
Allí están todos, y tú entre ellos.
Oh, desnúdate y fúndete, y reconócete.   30
Entra despacio, como el bañista que, temeroso, con mucho amor y recelo[4] al agua,
introduce primero sus pies en la espuma,
y siente el agua subirle, y ya se atreve, y casi ya se decide.
Y ahora con el agua en la cintura todavía no se confía.

---

[1] calcáreo: *adj.* que se emplea para las conchas que contienen cal (*esta forma adverbial es un neologismo*)
[2] brío, intrepidez
[3] cuarto destinado al estudio
[4] sospechoso del posible peligro

Pero él extiende sus brazos, abre al fin sus dos brazos y se entrega completo.   35
Y allí fuerte se reconoce, y crece y se lanza,
y avanza y levanta espumas, y salta y confía,
y hiende[5] y late en las aguas vivas, y canta, y es joven.
Así, entra con pies desnudos. Entra en el hervor, en la plaza.
Entra en el torrente que te reclama y allí sé tú mismo. ¡Oh pequeño corazón diminuto,   40
    corazón que quiere latir para ser él también el unánime corazón que le alcanza!

■———Pasos para la comprensión

1. El poema empieza declarando su tema en los primeros tres versos. ¿Cuál es? ¿Qué signos emplea que no dejan lugar a dudas de que lo que recomienda es bueno?

2. A partir del verso 4 declara lo negativo de no mezclarse con los demás. ¿Qué signos del mar emplea para expresar esta idea?

3. En esa misma estrofa empieza a introducir la idea de que perderse en el fluir de la humanidad es un modo de "encontrarse" o "reconocerse." Nota cómo se repite esta idea en otras partes del poema. Busca ejemplos.

4. En el verso 9 aparece el signo del gran "corazón" que late en acorde con todos los diminutos corazones humanos. ¿Cómo se repite esta idea en el verso 13?

5. El verso 17 es el que da el título al poema. Tenemos la imagen de una plaza. ¿Qué crees que quiere decir el narrador cuando dice que la plaza tenía "olor de existencia"?

   □ Explica también la personificación del viento. ¿Qué hace el viento a los que acuden (concurren) a la plaza?

6. Empezando con el verso 24, el poeta se dirige al lector. ¿Qué le dice que no debe hacer? ¿Qué crees que quiere decir el poeta cuando escribe "con la interrogación en la boca"?

7. El poema termina con una metáfora que asocia al lector con un bañista entrando en el mar. ¿Por qué etapas pasa el bañista antes de sumergirse del todo en el agua? ¿Es una imagen bien lograda dentro del sistema de significación del poema? ¿Por qué?

8. En los últimos 3 versos, ¿a qué compara la plaza metafóricamente? ¿Qué implican estos dos signos?

---

[5] *fig.* atravesar un líquido (*como un barco que "hiende" las aguas*)

■——Pasos para una lectura más a fondo

1. Nota cómo el narrador empieza el poema de un modo impersonal; pasa a hablar de un hombre particular a partir del verso décimo, y termina dirigiéndose al lector. ¿Cuál crees que podría ser el propósito de este movimiento del poema?

2. El poema contiene dos signos centrales: la plaza y el mar. Sin embargo, no forman una oposición, sino que se complementan. ¿Qué tienen en común dentro del esquema de significación del poema?

3. ¿Crees que en los versos 21–23, cuando el poeta dice que el grupo se movía como un solo ser, implica que el hombre, al fundirse en la masa de la plaza, pierde su identidad propia? Explica. El franquismo fue una época de conformismo para la sociedad española; el régimen no premiaba el individualismo. ¿Crees que este poema ejemplifica esa característica del franquismo?

Camilo José Cela

■□□

1916–2002

Si había alguna duda sobre quién era el prosista más influyente de la posguerra española, el Premio Nobel que se le concedió a Cela en 1989 la resolvió. Cela es un mito de la literatura española moderna; sus citas y anécdotas andan de boca en boca, así como ocurría con Quevedo en el Siglo de Oro. La publicación de su primera novela, *La familia de Pascual Duarte* en 1942 es un hito de la novela española moderna. Escrita en un estilo neonaturalista llamado el "tremendismo," la novela capta el sentimiento de aislamiento, angustia y violencia de la guerra. *La colmena* de 1951, prohibida por la censura, tuvo que publicarse en Buenos Aires. En ella, con un estilo cinematográfico y fragmentado, se pinta magníficamente el Madrid de los años 40. En su producción posterior, Cela siguió experimentando con el género narrativo, borrando los límites entre la novela, la biografía, el libro de viajes, las memorias, las fábulas y hasta el romance.

Nuevo retablo de don Cristobalito (1957)

Antes de leer

1. Las personas que son diferentes de la mayoría, ¿se suelen aceptar bien en una sociedad conservadora? Explica.

2. ¿Crees que la gente gay debe tener los mismos derechos de casarse que la gente heterosexual? Explica.

3. ¿Cómo podría afectar a la psicología de una persona el ser menusválido, por ejemplo, por una pierna artificial?

4. Hay matrimonios felices y otros que no lo son. ¿Cómo suelen ser los matrimonios infelices? ¿Cómo se comportan?

5. ¿Crees que la justicia es siempre justa? ¿Puedes mencionar algunos ejemplos en que la justicia se haya podido equivocado?

Códigos para la comprensión

Código literario: Cela, en sus primeras obras después de terminar la Guerra Civil, inició un estilo neonaturalista denominado el tremendismo, en que se destacaban los elementos más sórdidos y grotescos del ser humano, así como las acciones más violentas y horripilantes. Se ha dicho que este estilo capta la desesperación después de la guerra española, así como los actos violentos del conflicto.

Código geográfico: La región vasca de donde provienen los personajes de este relato Menchu y su hermano Fermín, está situada en el noroeste de España junto a la frontera francesa. Estos personajes, sin embargo, viven en Toulouse, ciudad del sur de Francia no muy lejana a la frontera. Las otras ciudades francesas que se mencionan en el relato, como Burdeos (Bordeaux) y Arcachón, son también ciudades del sur de Francia. Guayana, un pequeño país en el norte de Sudamérica que hasta hoy sigue bajo la dependencia de Francia, era donde los franceses mandaban a sus prisioneros.

Código sociológico: En los años 50 y 60 del siglo XX, la situación económica de España hizo que muchos españoles emigraran a países europeos para conseguir trabajo, aprovechando las economías más desarrolladas. Además, sería raro que un artista travestí como Fermín pudiera trabajar en España, donde en la época de Franco se prohibían las representaciones de ese tipo.

Código artístico: Fermín hace papeles de famosas mujeres cantantes populares después de la Primera Guerra mundial (como Raquel Meller y Mistinguette) y de bailarinas famosas (como Anna Pavlova y la Argentina). Se mencionan, además, papeles específicos que baila Fermín vestido de bailarina, como los ballets *Retablo de Maese Pedro* del español Manuel de Falla, *Petruchka* del ruso Igor Stravinski, y *El cisne moribundo* del francés Saint-Saëuns.

"El misterioso asesinato de la rue Blanchard"

I

Joaquín Bonhome, con su pata de palo de pino, que sangraba resina, una resina amarillita y pegajosa como si todavía manara de un pino vivo, cerró la puerta tras sus espaldas.

—¿Hay algo?
—¡Nada!

Menchu Aguirrezabala, su mujer, que era muy bruta, con su ojo de cristal que manaba   5
una agüilla amarillita y pegajosa como si todavía destilara del ojo de carne que perdiera en Burdeos, cuando la gripe, del golpe que le pegara su hermano Fermín, el transformista, se puso como una furia.

Toulouse, en el invierno, es un pueblo triste y oscuro, con sus farolitos de gas, que están encendidos desde las cinco de la tarde; con sus lejanos acordeones, que se lamentan como   10
criaturas abandonadas; con sus cafetines pequeñitos con festones[1] de encajes de Malinas alrededor de las ventanas; con sus abnegadas mujeres, esas abnegadas mujeres que se tuercen para ahorrar para el equipo de novias, ese equipo de novias que jamás han de necesitar, porque jamás han de volver a enderezarse. . .Toulouse era, como digo, un pueblo triste, y en los pueblos tristes—ya es sabido—los pensamientos son tristes también y acaban por agobiar   15
a los hombres de tanto como pesan.

Joaquín Bonhome había sido de todo: minero, sargento de infantería, maquillador, viajante de productos farmacéuticos, *camelot du roi,*[2] empleado de La Banque du Midi, contrabandista, recaudador de contribuciones, guardia municipal en Arcachón. . . Con tanta y tan variada profesión como tuvo, ahorró algunos miles de francos, y acordó casarse; lo pensó mu-   20
cho antes de decidirse, porque el casarse es una cosa muy seria, y después de haber cogido miedo a actuar sin más dirección que su entendimiento, pidió consejo a unos y a otros, y acabó, como vulgarmente se dice, bailando con la más fea. Menchu—¡qué bruta era!—era alta, narizota, medio calva, chupada de carnes, bermeja de color y tan ruin, que su hermano—que no era ninguna hiena[3]—hubo de cargarse[4] un día más de la cuenta, y le vació   25
un ojo.

Su hermano Fermín había tenido que emigrar de Azpeitia, porque los caseros, que son muy mal pensados, empezaron a decir que había salido grilla,[5] y le hicieron la vida imposible; cuando se marchó, tenía diecinueve años, y cuando le saltó el ojo a su hermana, dos años más tarde, era imitador de estrellas en el "Musette," de Burdeos. Bebía *vodka,* esa bebida que   30
se hace con cerillas; cantaba *L'amour et le printemps;* se depilaba las cejas. . .

Joaquín, que en su larga y azarosa[6] vida jamás hubiera tenido que lamentar ningún percance, fue a perder la pierna de la manera más tonta, al poco tiempo de casado: lo atropelló el tren un día al salir de Bayona. Él jura y perjura que fue su mujer que lo empujó; pero lo

---

[1] dibujos o recortes de ondas que adornan el borde de algo
[2] partidario del partido monarquista francés
[3] *fig.* persona feroz, cruel
[4] enojarse
[5] *fam.* homosexual
[6] desgraciada

que parece más cierto es que se cayó solo, animado por el mucho vino que llevaba en el vien- 35
tre. Lo único evidente es que el hombre se quedó sin pierna, y hasta que le pudieron poner
el taco de pino hubo de pasarlas moradas;[7] le echaba la culpa a la Menchu delante de todo el
mundo, y no me hubiera extrañado que, de haber podido, la moliese cualquier día a puntapiés, y una de sus mayores congojas por entonces era la idea de que había quedado inútil.

"¡Un hombre—pensaba—que para pegarle una patada en el culo a su mujer necesita apo- 40
yarse entre dos sillas. . . !"

Menchu se reía en sus propias narices de aquella cojera espectacular que le había quedado,
y Joaquín, por maldecirla, olvidaba incluso los dolores que tenía en el pie. En ese pie—¡qué
cosa más rara!—que quién sabe si a lo mejor habrían acabado por echarlo a la basura.

El hombre encontraba tan inescrutable como un arcano[8] el destino que hubiera tenido 45
su pie.

¿A dónde habría ido a parar?

Tiene su peligro dejar marchar un trozo de carne, así como así, en el carro de la basura.
Francia es un país civilizado; pudiera ocurrir que lo encontrasen los gendarmes, que lo llevasen, envuelto en una gabardina, como si fuera un niño enfermo, a la Prefectura[9]. . . El señor 50
comisario sonreiría lentamente, como sólo ellos saben sonreír en los momentos culminantes
de su carrera; se quitaría el palillo de la boca; se atusaría con toda parsimonia los mostachos.
Después, sacaría una lupa del cajón de la mesa y miraría el pie; los pelos del pie, mirados con
la lente, parecerían como calabrotes.[10] Después diría a los guardias, a esos guardias viejos
como barcos, pero curiosos como criadas: 55

—¡Está claro, muchachos, está claro!

Y los guardias se mirarían de reojo, felices de sentirse confidentes del señor comisario. . .
¡Es horrible! Hay ideas que acompañan como perros falderos, e ideas que desacompañan— 60
¿cómo diría?—, que impacientan los pensamientos como si fueran trasgos.[11] Ésta, la del pie,
es de las últimas, de las que desacompañan. Uno se siente impaciente cuando deja cavilar la
imaginación sobre estas cuestiones. Miramos con recelo a los gendarmes. Los gendarmes no
son el Papa; se pueden equivocar como cualquiera, y entonces estamos perdidos; nos llevan
delante del señor comisario; el señor comisario tampoco es el Papa; y a lo mejor acabamos
en la Guayana[12]. . . En la Guayana está todo infestado de malaria. . . A los gendarmes les está
prohibido por la conciencia pedir fuego,[13] por ejemplo, a los que pasamos por la calle, porque 65
saben que siempre el corazón nos da un vuelco en el pecho; les está prohibido por la conciencia; pero ellos hacen poco caso de esta prohibición; ellos dicen que no está escrito, y no
estando escrito. . .

Lo peor de todo lo malo que a un hombre le puede pasar es el irse convenciendo poco
a poco de que ha quedado inútil; si se convence de repente, no hay peligro: se olvidará, 70
también de repente, a la vuelta de cualquier mañana; lo malo es que se vaya convenciendo

---

[7] pasarlo mal

[8] misterio

[9] *aquí*, comisaría

[10] cables gruesos

[11] duendes, espíritus

[12] *consulta el código geográfico*

[13] pedir que le enciendan un cigarillo

lentamente, con todo cuidado, porque entonces ya no habrá quien pueda quitarle la idea de la cabeza, y se irá quedando delgado a medida que pasa el tiempo, e irá perdiendo el color, y empezará a padecer de insomnio, que es la enfermedad que más envenena a los criminales, y estará perdido para siempre. . .   75

Joaquín Bonhome quería sacudirse esos pensamientos; mejor dicho: quería sacudírselos a veces, porque otras veces se recreaba en mirar para su pata de palo, como si eso fuera muy divertido, y en palparla después cariñosamente o en grabar con su navajita una J y una B, enlazadas todo alrededor.

—¡Qué caramba! ¡Un hombre sin pierna es todavía un hombre!—decía constantemente 80 como para verlo más claro. Y después, pensaba:

"Ahí está Fermín, con sus dos piernas, y ¿qué?"

A Joaquín nunca le había resultado simpático el transformista. Lo encontraba, como él decía, "poco hombre para hombre, y muy delgado para mujer," y cuando aparecía por Toulouse, aunque siempre lo llevaba a parar a su casa de la rue Blanchard, lo trataba con 85 despego y hasta con cierta dureza en ocasiones. A Fermín, cuando le decía el cuñado alguna inconveniencia, se le clareaban las escamas[14] y apencaba[15] con todo lo que quisiera decirle. Su hermana, Menchu, solía decir que el ojo se lo había saltado de milagro, y no le guardaba malquerer; al contrario, lo trataba ceremoniosamente; acudía—cuando él trabajaba en el pueblo—todas las noches a contemplarlo desde su mesa del "Jo-Jo;" presumía ante las veci- 90 nas del arte de su hermano; le servía a la mesa con todo cariño grandes platos de setas;[16] que era lo que más le gustaba. . .

—¿Ha visto usted la interpretación que hizo de Raquel? ¿Ha visto usted la interpretación que hizo de la Paulowa? ¿Ha visto usted la interpretación que hizo de la "Mistinguette"? ¿Ha visto usted la interpretación que hizo de "la Argentina"?   95

Las vecinas no habían visto nunca nada—¡qué asco de vecinas!—, y la miraban boquiabiertas, como envidiosas; parecía que pensaban algo así como:
"¡Qué gusto debe dar tener un hermano artista!"
Para confesarse después íntimamente y como avergonzadas:

—Raúl no es más que bombero. . . Pierre es tan sólo dependiente de la tienda de M. 100 Lafenestre. . . Etienne se pasó la vida acariciando con un cepillo de púas de metal las ancas de los caballos de mademoiselle D'Alaza. . . ¡Oh, un hermano artista!

Y sonreían, soñadoras, imaginándose a Raúl bailando el *Retablo de Maese Pedro,* o a Pierre girando como un torbellino en el ballet *Petruchka,* o a Etienne andando sobre las puntas de 105 los pies como un cisne moribundo. . .
¡Ellos, con lo bastotes[17] que eran!

---

[14] *fam.* se aprehendía (*o sea, se lo aguantaba*)
[14] *fam.* apechugaba (*o sea, lo aceptaba*)
[16] hongos muy apreciados
[17] torpes (ordinarios)

Algunas veces, las vecinas, como temerosas de ser tachadas de ignorantes, decían que sí, que habían visto a Fermín—a "Garçon Basque," como se llamaba en las tablas—, y entonces estaban perdidas. Menchu las acosaba a preguntas, las arrinconaba a conjeturas, y no cejaba[18] hasta verlas, dóciles y convencidas, rendirse de admiración ante el arte de su hermano.   110

Joaquín, por el contrario, no sentía una exagerada simpatía por "Garçon Basque," y con frecuencia solía decir a su hermana que se había acabado eso de alojar al transformista en su desván de la rue Blanchard.

—Mi casa es pobre—decía—, pero honrada, y ha de dar demasiado que hablar el traer a tu hermano a dormir a casa; no lo olvides.   115

Menchu porfiaba; aseguraba que la gente no se ocupaba para nada del vecino; insistía en que, después de todo, no tenía nada de malo el que una hermana llevase a dormir a casa a un hermano, y acababa por vociferar, de una manera que no venía a cuento, que la casa era grande y que había sitio de sobra para Fermín. Mentira, porque el cuarto era bastante angosto; pero Menchu—¡quién sabe si por cariño o por qué!—no atendía a razones y no   120
reparaba en los argumentos de su marido, que demostraba tener más paciencia que un santo.

En la rue Blanchard, en realidad, no había ni un solo cuarto lo bastante amplio para alojar a un forastero. Era corta y empinada, estrecha y sucia, y las casas de sus dos aceras tenían esa pátina que sólo los años y la sangre derramada saben dar a las fachadas. La casa en cuya buhardilla vivían Joaquín Bonhome y su mujer tenía el número 17 pintado en tinta roja sobre el quicio de la puerta; tenía tres pisos divididos en izquierda y derecha y un desván, la   125
mitad destinado a trastero y la otra mitad a guarecer al mal avenido matrimonio Bonhome de las inclemencias del tiempo. En el primero vivían, en el izquierda, M. L'Epinard, funcionario de Correos retirado, y sus once hijas, que ni se casaban, ni se metían monjas, ni se fugaban con nadie, ni hacían nada útil; y en el derecha, M. Durand, gordinfloncillo y mis-   130
terioso, sin profesión conocida, con mademoiselle Ivette, que escupía sangre y sonreía a los vecinos en las escaleras; en el segundo, en el izquierda, M. Froitemps, rodeado de gatos y loros, que ¡quién sabe de dónde los habría sacado!, y en el derecha, M. Gaston Olive-Levy, que apestaba a azufre y que traficaba con todo lo traficable y ¡sabe Dios! si con lo no traficable también; en el tercero, en el izquierda, M. Jean-Louis López, profesor de piano, y   135
en el derecha, madame de Bergerac-Montsouris, siempre de cofia, siempre hablando de su marido, que había sido, según ella, comandante de artillería; siempre lamentándose del tiempo, de la carestía de la vida, de lo que robaban las criadas. . . En el desván, por último, y como ya hemos dicho, vivían Menchu y Joaquín, mal acondicionados en su desmantelado cuartucho, guisando en su cocinilla de serrín, que echaba tanto humo que hacía que a   140
uno le escociesen[19] los ojos. La puerta era baja, más baja que un hombre, y para entrar en el cuarto había que agachar un poco la cabeza; Joaquín Bonhome, como era cojo, hacía una reverencia tan graciosa al entrar, que daba risa verle. Entró, y, como ya sabemos, cerró la puerta tras sus espaldas.

—¿Hay algo?   145
—¡Nada!

---

[18] *fig.* aflojaba
[19] quemasen

Joaquín, el hombre que cuando tenía las dos piernas de carne y hueso había sido tantas cosas, se encontraba ahora, cuando de carne y hueso no tenía más que la de un lado, y cuando más lo necesitaba, sin colocación alguna y a pique de ser puesto—el día menos pensado—en medio de la calle con sus cuatro bártulos y su mujer. Salía todos los días a buscar trabajo; pero, 150 como si nada: el único que encontró, veinticinco días hacía, para llevar unos libros en la prendería de M. Barthélemy, le duró cuarenta y ocho horas, porque el amo, que, rodeado de trajes usados toda su vida, jamás se había preocupado de las cosas del espíritu, lo cogió escribiendo una poesía, y lo echó.

Aquel día venía tan derrotado como todos; pero de peor humor todavía. Su mujer, ya lo 155 sabéis, se puso como una furia. . .

II

El señor comisario estaba aburrido como una ostra.

—¡En Toulouse no pasa nada!—decía como lamentándose. . .Y era verdad. En Toulouse no pasaba nada. ¿Qué suponía—a los treinta y seis años de servicio—tener que ocuparse del robo de un monedero, tener que trabajar sobre el hurto de un par de gallinas? 160

—¡Bah—exclamaba—, no hay aliciente![20] ¡En Toulouse no pasa nada!—Y se quedaba absorto, ensimismado, dibujando flores o pajaritos sobre el secante, por hacer algo.

Fuera, la lluvia caía lentamente, tristemente, sobre la ciudad. La lluvia daba a Toulouse un aire como de velatorio; en los pueblos tristes—ya es sabido—los pensamientos son tristes también, y acaban por agobiar a los hombres de tanto como pesan. 165

Los guardias paseaban, rutinarios, bajo sus capotillos de hule negro, detrás de sus amplios bigotes, en los que las finas gotas de lluvia dejaban temblorosas y transparentes esferitas. . . Hacía ya tiempo que el señor comisario no les decía, jovial:

—¡Está claro, muchachos, está claro!—y ellos, viejos como barcos, pero curiosos como criadas, estaban casi apagados sin aquellas palabras. 170

Dos bocacalles más arriba—¡el mundo es un pañuelo![21]—, en el número 17 de la rue Blanchard, discutían Joaquín Bonhome, el de la pata de palo, el hombre que había sido tantas cosas en su vida y que ahora estaba de más, y su mujer, Menchu Aguirrezabala, que tan bruta era, con su pelambrera[22] raída y su ojo de cristal. Fermín Aguirrezabala—"Garçon Basque"—, con su pitillo oriental entre los dedos, los miraba reñir. 175

—Horror al trabajo es lo que tienes, ya sé yo; por eso no encuentras empleo. . .

Joaquín aguantaba el chaparrón como mejor podía. Su mujer le increpaba de nuevo:

---

[20] incentivo
[21] *expresión que se emplea para expresar sorpresa por alguna casualidad (como por ejemplo, cuando dos conocidos se encuentran estando muy lejos de sus respectivas residencias)*
[22] cabellera

—Y si lo encuentras no te durará dos días. ¡Mira que a tus años y con esa pata de palo, expulsado de un empleo, como cualquier colegial, por cazarle el jefe componiendo versos!. . .

Joaquín callaba por sistema; nunca decía nada. Enmudecía, y cuando se aburría de hacerlo, se apoyaba entre dos sillas y recurría al puntapié. A su mujer le sentaba muy bien un punterazo a tiempo; iba bajando la voz poco a poco, hasta que se marchaba, rezongando por lo bajo, a llorar a cualquier rincón.

Fermín aquel día pensó intervenir, para evitar quizá que su cuñado llegase al puntapié, pero acabó por no decidirse a meter baza.[23] Sería más prudente.

Quien estaba gritando todavía era su hermana; Joaquín aún no había empezado. Ella estaba excitada como una arpía, y la agüilla—amarillita y pegajosa—que manaba de su ojo de cristal, como si todavía destilara el ojo de carne que perdiera en Burdeos, cuando la gripe, parecía como de color de rosa, ¡quién sabe si teñida por alguna gota de sangre!. . . Iba sobresaltándose poco a poco, poniéndose roja de ira, despidiendo llamas de furor, llamas de furor a las que no conseguía amortiguar la lluvia, que repiqueteaba, dulce, contra los cristales; aquella lluvia que caía lentamente, tristemente, sobre la ciudad. . . Fermín estaba asustadito, sentado en su baúl y veía desarrollarse la escena sin decidirse—tal era el aspecto de la Menchu—a intervenir; estaba tembloroso, pálido, azorado, y en aquel momento hubiera dado cualquier cosa por no haber estado allí. ¡Dios sabe si el pobre sospechaba lo que iba a pasar, lo que iban a acabar haciendo con él!. . .

¡Qué lejano estaba el señor comisario de que en aquellos momentos faltaban pocos minutos para que apareciese aquel asunto, que no acababa de producirse en Toulouse y que tan entretenido lo había de tener! Estaría a lo mejor bebiendo cerveza, o jugando al ajedrez, o hablando de política con monsieur le docteur Sainte-Rosalie, y no se acordaría de que—¡a los treinta y seis años de servico!—en Toulouse, donde no había aliciente, donde nunca pasaba nada, iba a surgir un caso digno de él.

Joaquín había aguantado ya demasiado. Se levantó con unos andares de lobo herido que daba grima verle; arrimó dos sillas para apoyarse, se balanceó y, ¡zas!, le soltó el punterazo a su mujer. Fue cosa de un segundo: Menchu se fue, de la patada, contra la pared. . . Se debió de meter algún gancho por el ojo de cristal. . . ¡Quién sabe si se le habría atragantado en la garganta!. . .

A Joaquín, con el susto que se llevó con la pirueta de su mujer, se conoce que se le escurrió la silla, que perdió pie; el caso es que se fue de espaldas y se desnucó.

"Garçon Basque" corría de un lado para otro, presa del pánico; cuando encontró la puerta, se echó escaleras abajo como alma que lleva el diablo. Al pasar por el primero, Ivette le sonrió con su voz cantarina:

—Au revoir, "Garçon Basque". . .

Al cruzar el portal, las dos hijas pequeñas de M. L'Epinard, que ni se casaban ni se metían monjas, ni se fugaban con nadie, ni hacían nada útil, le saludaron a coro:

—Au revoir, "Garçon Basque". . .

---

[23] intervenir

"Garçon Basque" corría, sin saber por qué, ni hacia dónde, sin rumbo, jadeante. La lluvia seguía cayendo cuando lo detuvieron los gendarmes; esos gendarmes que no son el Papa, que se pueden equivocar como cualquiera. . .

"La Poste de Toulouse" apareció aquella noche con un llamativo rótulo. Los vendedores 220
voceaban hasta enronquecer:

—¡El misterioso asesinato de la rue Blanchard!

El señor comisario, que tampoco es el Papa, que también se podía equivocar como cualquiera, sonreía:

—¡El misterioso asesinato de la rue Blanchard!. . .   225

¡Bah—añadía despectivo—, esos periodistas!. . .
Los guardias estaban gozosos, radiantes de alegría; el señor comisario les había vuelto a decir:

—¡Está claro, muchachos, está claro! ¡Esos transformistas! ¡Yo los encerraba a todos, como
medida de precaución, para que no volviesen a ocurrir estas cosas!   230

. . . . .

La Guayana está infestada de malaria: "Garçon Basque," no conseguía aclimatarse. . .
Sentado en su baúl, veía pasar las horas, los días, las semanas, los meses. . . No llegó a ver
pasar ningún año. . .

■———Pasos para la comprensión

1. En los primeros dos párrafos del relato se ve ya claramente el estilo tremendista
   de Cela. Vuelve a leer el *código literario* y cita ejemplos de ese estilo, sin dejar de
   notar cómo Menchu perdió un ojo.

2. El diálogo corto entre Joaquín y Menchu, su mujer, no tiene un contexto o un
   referente para que el lector, en ese momento, pueda saber a qué se refiere. Es un
   buen ejemplo para mostrar que toda comunicación, para ser entendida justamente, necesita un contexto y un referente. Al no tenerlos, el lector no tiene
   más remedio que inferir. ¿De qué crees que están hablando?

   □ Hacia el final de la primera parte del relato, se repite el mismo diálogo, pero con
      la explicación que se da, se entiende perfectamente bien el referente. ¿Cuál es?

3. En la descripción poética de Toulouse, el narrador escribe: "Toulouse era, como
   digo, un pueblo triste." ¿Qué se puede decir del punto de vista narrativo de este
   relato? ¿Qué se espera de un narrador de este tipo?

4. En las lineas 23–26 tenemos una descripción grotesca de Menchu. Descríbela.
   ¿Explica el narrador por qué se caso Joaquín con una mujer tan ruin?

5. En el párrafo que comienza en la línea 27 se explica por qué Joaquín tuvo que salir de su pueblo vasco y emigrar a Francia. El narrador escribe: "empezaron a decir que había salido grilla, y le hicieron la vida imposible." Aunque quizá no se sepa lo que es un "grilla," esta comunicación sí tiene un contexto (un hombre travestí). Por lo tanto, el lector puede especular con alguna certeza sobre lo que es un "grilla" y por qué se le hizo la vida imposible en España. Explica. Al no hacérsele la vida tan imposible en Francia a un hombre de su condición, ¿qué parece decirnos este código de la España franquista?

6. En el párrafo que comienza en la línea 32 se explica cómo Fermín perdió una pierna. ¿Qué le pasó?

   □ Según Joaquín, ¿quién tuvo la culpa de su caída?

   □ ¿Qué opina el narrador?

   □ Joaquín sigue empeñado en que fue la culpa de su mujer y el narrador escribe: "no me hubiera extrañado que, de haber podido, la moliese cualquier día a puntapiés." ¿Qué le impide a Joaquín moler a su mujer a puntapiés?

   □ En sus pensamientos en las líneas 40–41, Joaquín imagina un modo de hacerlo. ¿Cómo lo haría?

   □ Si ya has leído el cuento entero, ¿qué hace Joaquín al final del relato?

7. Se le ocurre a Joaquín la ridícula idea de especular sobre el paradero de su pie. Se imagina que iría acerca a parar en el poder de un comisario de la policía, quien llegaría a una conclusión fácil de la procedencia el pie. Luego el narrador entra de nuevo en el relato con la palabra *Miramos.*

   □ ¿Qué dice el narrador acerca de las pruebas definitivas de la justicia?

   □ ¿Se puede llegar a conclusiones fáciles? Explica.

   □ Si has terminado el cuento, ¿por qué es clave este discurso del narrador para entender el mensaje del relato?

8. ¿Por qué se siente a veces Joaquín inútil como hombre?

   □ ¿Son lógicos sus sentimientos? Explica.

   □ Otras veces se siente bien, pensando de este modo: "Ahí está Fermín, con sus dos piernas, y ¿qué?" ¿Qué le consuela a Joaquín?

9. ¿Qué opinión tiene Menchu de su hermano? ¿Por qué crees que se siente así a pesar de lo que le hizo?

10. Y Joaquín, ¿se lleva bien con su cuñado? ¿Por qué no quiere que se aloje en su casa cuando está trabajando en Toulouse?

    □ ¿Menchu le hace caso? ¿Por qué?

    □ ¿Es verdad, según el narrador, que el apartamento de los Bonhome es lo suficientemente amplio como para recibir visita?

    □ ¿En qué parte de la casa vive la pareja? ¿Cómo suele ser esa parte de las casas?

11. Para apreciar el movimiento circular de la primera parte del relato, vuelve a leer el paso segundo.

    ☐ ¿Cuál sería el propósito del autor implícito de emplear esta técnica que contiene elementos de paralelismo, *flashback* y hasta de cinematografía?

    ☐ ¿Cuál sería el propósito de crear una acción cíclica?

12. La segunda parte del relato tiene lugar en la comisaría.

    ☐ ¿En qué estado se encuentra el comisario?

    ☐ Explica la ironía de su opinión de que en Toulouse no pasa nada.

    ☐ Si el comisario se equivoca en esta opinión, ¿podría equivocarse en otras?

13. La escena pasa a una riña en casa de los Bonhome, mientras está Fermín de visita. ¿De qué riñe la pareja?

    ☐ Explica, paso por paso, lo que le hizo Joaquín a su mujer, lo que le pasó a ella como resultado, y lo que luego le pasó a Joaquín.

14. ¿Cómo reaccionó Fermín ante la catástrofe? ¿Es justificada su reacción? Explica.

15. ¿Hubo gente que lo vio huirse? ¿Por qué crees que el autor implícito incluiría este detalle?

16. Los periodistas escriben sobre el "Misterioso asesinato de la rue Blanchard." Pero, para el comisario, ¿hay algún misterio?

    ☐ ¿A qué conclusión llega?

    ☐ ¿Por qué llega a esa conclusión errónea?

17. Explica lo que le pasa a Fermín en el presidio en Guayana.

■——Pasos para una lectura más a fondo

1. Este relato está ingeniosamente concebido a base de una serie de referencias que luego en la narración se repiten, adquiriendo mayor sentido. En otras palabras, no se sabe por qué un signo o enunciado es introducido en su momento, pero luego es necesario para entender el mensaje. Ya se ha notado este proceso en los pasos 2 y 11 que tratan sobre el corto diálogo con que comienza la narración. Ahora explica el paralelismo en otra parte del cuento de estos otros elementos, signos o acciones del relato:

   ☐ la descripción de Toulouse como pueblo triste

   ☐ la larga lista de empleos que había tenido Joaquín

   ☐ la necesidad de Fermín de marcharse de España

   ☐ el ingenio del comisario de llegar a una explicación rápida y fácil respecto al pie de Joaquín

   ☐ las referencias a Guayana

   ☐ la larga lista de los vecinos de los Bonhome

□ los puntapiés que Joaquín le da a su mujer

□ la certidumbre de las opiniones del comisario, cuando se repite "está claro"

□ ¿Se te ocurren otros?

2. El estilo tremendista analizado en el paso primero se mezcla en el relato con algunas descripciones poéticas. Por ejemplo, a partir de la línea 186, nota cómo el furor de Menchu lo amortigua el dulce sonido de la lluvia. ¿Qué efecto produce esta yuxtaposición de estilos y sentimientos?

3. El narrador pinta a Joaquín y a Menchu con detalles grotescos, pero ¿quién parece tener peor carácter?

□ ¿Qué cualidades positivas tiene Joaquín? ¿Su esposa tiene alguna cualidad positiva?

□ ¿Por qué echan a Joaquín de su puesto en la prendería de Berthélemy?

□ Luego su mujer se lo echa en cara, pero ¿crees que ha hecho algo malo Joaquín? ¿Qué indica este detalle, poco desarrollado en el relate, respecto a su personalidad?

□ ¿Crees que el narrador del relato es algo misógino?

4. La figura de Fermín es curiosa. El narrador implica que Fermín se va a Francia para respirar un aire más libre y abierto que en España a causa de su homosexualidad. Sin embargo, ¿cuál es la ironía de su decisión?

5. En algún momento durante la riña trágica entre Joaquín y Menchu, Fermín piensa en intervenir, pero decide no hacerlo. ¿Por qué?

□ ¿Por qué crees que huye del apartamento después de la tragedia?

□ ¿Crees que habría sido mejor si se hubiera quedado? Explica.

6. La injusticia de acusar a Fermín de los asesinatos tiene varias ramificaciones en cuanto al mensaje de este relato. ¿Cuáles son?

Antonio Buero Vallejo

■□■

1916–2000

Al salir de la cárcel, donde estuvo siete años después de la Guerra Civil por haber luchado con los republicanos contra Franco, Buero se dedica enteramente al teatro, y en 1949 estrena *Historia de una escalera,* que rompe el largo silencio en que se encontraba el teatro español desde los comienzos de la contienda civil. La pieza, sin embargo, no menciona la guerra. Finalmente, en *El Tragaluz,* de 1967, el conflicto entre los vencidos y los vencedores sirve claramente de eje de la acción dramática y existencial. La obra de Buero se podría clasificar dentro del realismo social, pero el dilema de sus personajes suele ser existencial y moral. Dentro de su extensa producción se destaca una serie de dramas históricos, donde los héroes como Velázquez, Esquilache, Goya y Larra luchan contra regímenes opresivos y lanzan un grito en pro de la libertad individual. Al ambientar sus obras en el pasado, Buero pudo disimular su crítica del presente y, así, ser aprobado por la censura franquista. Aunque el teatro de Buero es bastante tradicional, no se puede negar que experimenta con nuevas técnicas dramáticas, como el teatro épico del influyente dramaturgo alemán Bertolt Brecht (1898–1956).

Historia de una escalera (1949)

No se ha podido conseguir permiso de los herederos de Buero Vallejo para reproducir *Historia de una escalera,* pero los "Pasos para la comprensión" de cada acto, así como los "Pasos para una lectura más a fondo" se podrán encontrar en el portal de la red que acompaña este libro (www.prenhall.com/momentos).

Miguel Delibes

■□□

n. 1920

Delibes ha sido uno de los narradores más estimados de la posguerra española, ganando todos los premios prestigios que otorga el país. Se ha dicho, acertadamente, que ha sabido captar en prosa el habla y el ambiente de la Castilla rural, así como lo supo hacer Machado en la poesía. Aunque se mantiene fiel a los principios del realismo con un arte de observación aguda y objetiva, ha experimentado nuevas formas de narrar. En su novela *Cinco horas con Mario* (1966) escribe un monólogo interior de una viuda que vela el cadáver de su esposo difunto, y a través de *flash-backs* va quitando poco a poco la máscara de falsedad a la sociedad conformista del franquismo dejándonos un cuadro magistral de la pobreza moral de la época.

Viejas historias de Castilla la Vieja (1964)

Antes de leer

1. Los niños de tres a cinco años están constantemente haciendo preguntas. ¿Por qué crees que las hacen? ¿Crees que es importante que los padres contesten seria y correctamente a sus interrogantes? Explica.

2. ¿Has tenido algún animalito o mascota que se te haya muerto? Explica cómo te sentiste.

3. Cuando un animalito está sufriendo mucho, ¿crees que es buena idea darle la muerte para que no suframás?

Códigos para la comprensión

Código costumbrista: En los entierros de los pueblos españoles, se recoge dinero para ayudar a la familia del difunto con los gastos del entierro u otros inconvenientes económicos causados a raíz del fallecimiento. En este relato, al niño Juan le parece extraño que la gente esté dando "perras" a la familia de la difunta. Las "perras" son monedas metálicas.

Código biológico: Cuando los seres vivos expiran (gente y animales), claramente pierden el control de sus funciones biológicas, de modo que despiden de sí lo que tengan dentro.

"El conejo"

Y cada vez que veía al herrador, Juan le decía:

—¿Cuándo me das el conejo, Boni?

Y Boni, el herrador, respondía preguntando:

—¿Sabrás cuidarle?

Y Juan, el niño, replicaba: 5

—Claro.

Pero Adolfo, el más pequeño, terciaba,[1] enfocándole su limpia mirada azul:

—¿Qué hace el conejo?

---

[1] exponía su propia opinión

Juan enumeraba pacientemente:

—Pues. . . comer, dormir, jugar. . .   10
—¿Como yo?—indagaba Adolfo.

Y el herrador, sin cesar de golpear la herradura, añadía:

—Y cría, además.

Juan agarraba al pequeño de la mano:

—El conejo que nos dé Boni criará conejos pequeños y cuando tengamos muchos le   15
daremos uno a Ficu.

—Sí—decía Adolfo.

Boni, el herrador, aunque miraba para los chicos, siempre acertaba en el clavo.

—¿Es cierto que quieres el conejo?
—Claro—respondió Juan.   20
—¿Y sabréis cuidarle?
—Sí—dijeron los dos niños a coro.
—Pues mañana a mediodía os aguardo en casa—añadió el herrador.

Y cuando los niños descendían cambera[2] abajo, cogidos de la mano, les voceó:

—Y si le cuidáis bien os daré, además, un pichón.   25

Y Adolfo le dijo a Juan:

—¿Un pichón? ¿Qué es un pichón?
—Una paloma—contestó Juan.
—¿Y vuela?—dijo Adolfo.
—Todas las palomas vuelan—dijo Juan.   30

Al entrar en la Plaza, vieron los grupos de gente y a Sebastián y Rubén con los cirios y
una mujer que sollozaba. Y Evelio, el de la fonda, dijo:

—Le venía de atrás; si no le dijo nada al médico fue por no enseñarle los pechos.

Esteban, el del molino, se rascó el cogote:

—En una soltera se comprende.   50

---

[2] *regionalismo:* camino

Juan y Adolfo, cogidos de la mano, merodeaban entre los grupos sin que nadie reparara
en ellos, hasta que llegó el cura y enhebró[3] una retahíla ininteligible, y las mujeres se san-
tiguaron, y los hombres se quitaron las boinas y las daban vueltas, sin dejarlo, entre los dedos. Y Juan soltó a su hermano y se descubrió y empezó a girar su sombrero tal como veía
hacer a los hombres. Y al ver sacar aquello de la casa, le dijo a Adolfo en un cuchicheo: 40

—Es un muerto.
—¿Dónde está el muerto?—voceó Adolfo.

Y los hombres dijeron:

—¡Chist, chaval!

Y Adolfo abrió aún más sus ojos azules y bajó la voz y le dijo a Juan: 45

—¿Dónde está el muerto, Juan?

Y Juan respondió:

—Metido en esa caja.

Y Adolfo miró primero a la caja blanca, y luego a su hermano, y luego a la caja blanca
otra vez, y, finalmente, alargó su manita y cogió la de su hermano, y ambos arrancaron 50
a andar tras el cortejo, mientras el cura continuaba murmurando frases ininteligibles. Y
al cruzar frente al potro, Boni, el herrador, estaba quieto, parado, la boina entre los dedos, mirando pasar la comitiva. Y al ver en último lugar a Juan, le guiñó un ojo y le dijo:

—¿Dónde vais vosotros?
—Al entierro—dijo Juan—. Es un muerto.   55
—¿Y el conejo?
—Mañana—dijo el niño.

El herrador volvió a calarse la boina, enjaretó[4] el acial,[5] tomó el martillo y le dijo a Juan
por entre las patas del macho, indicando con un movimiento de cabeza la curva por donde
desaparecía el cortejo: 60

—A ver si le cuidas bien, no le vaya a ocurrir lo que a la Eulalia.

Adolfo levantó su mirada azul:

—¿Sabía volar la Eulalia?—preguntó.
—¡Chist!—respondió Juan, uniéndose al grupo.

---

[3] hablar confusamente
[4] encajó
[5] instrumento que oprime el hocico de las bestias para sujetarlas

La caja yacía en la primera posa y el cura rezongaba frases extrañas en un tono de voz muy 65
grave, y los hombres iban, se adelantaban de uno en uno y echaban dinero en la bandeja que
sostenía el Melchorín; cada vez más dinero; y las monedas tintineaban sobre el metal, y a
Adolfo se le abultaban los ojos y decía:

—Juan, ¿por qué le dan perras[6] a Melchorín?

Y Juan le aclaraba: 70

—Para no morirse como la señora Eulalia.

Y así durante tres posas, hasta que llegaron a lo alto, al alcor,[7] donde se erguían los cipreses
del pequeño camposanto. Secun andaba allí, junto al hoyo, con la pala en la mano, y Zósimo,
el alguacil, sostenía sobre el hombro un azadón. Entre la tierra removida blanqueaban los
huesos mondos,[8] y Adolfo apretó la mano de Juan y preguntó: 75

—¿Eso qué es?
—¡Chist!—le respondió Juan—. Una calavera, pero no te asustes.
—¿Vuela?—inquirió Adolfo.

Pero Juan no respondió. Miraba atentamente cómo bajaban la caja al hoyo con las cuerdas, y luego cómo Secun y Zósimo arrastraban la tierra negra y los huesos blancos sobre ella, 80
y luego cómo Melchorín pasaba la bandeja, y luego, finalmente, nada.
Y a la hora de comer Juan le dijo a su padre:

—Papá.

Pero su padre no le oyó. Escuchaba las conversaciones de sus hermanos mayores y miraba
con evidente simpatía a Adolfo, a quien su madre regañaba porque se había manchado. Así 85
es que Juan repitió "papá" hasta cuatro veces y, a la cuarta, su padre se volvió a él:

—Papá, papá, no se te cae esa palabra de la boca. ¿Qué es lo que quieres?

Juan dijo tímidamente:

—Boni, el herrador, me va a regalar un conejo.
—¿Ah, sí?—dijo distraídamente el padre.   90
—Es para Adolfo y para mí—agregó Juan.
—¿Para Adolfo también?—rió el padre—. ¿Y para qué quieres tú un conejo, si puede saberse?

—Para que vuele—dijo Adolfo.

Intervino Juan: 95

---

[6] monedas dinero
[7] colina
[8] limpios (*aquí*, secos)

—Para que críe; son las palomas las que vuelan. Boni dice. . .
—Calla tú; déjale al niño—añadió el padre.
—Los conejos tienen alas—dijo Adolfo.

Y su padre rió. Y su madre rió. Y rieron, asimismo, los hermanos mayores.
Y a la mañana siguiente se presentó Juan con el gazapo,[9] blanco y marrón, en un capacho y dijo: 100

—Mamá, ¿tienes un cajón?

Mas la madre se soleaba, adormilada en la hamaca, y no respondió. Juan insistió, penduleando[10] el capacho, hasta que al fin la madre entreabrió los ojos y murmuró:

—Este niño, siempre inoportuno. En la cueva habrá un cajón, creo yo. 105

Y Juan bajó a la cueva y subió un cajón, y Luis se encaprichó con el conejo y sacó a su vez la caja de herramientas y le puso al cajón un costado de tela metálica y le abrió un portillo para meter y sacar al animal, y Juan, al ver a su hermano afanar con tanto entusiasmo, le decía:

—Aquí criará a gusto, ¿verdad, Luis?

Mas Luis, enfrascado en su tarea, ni siquiera le oía: 110

—Es bonito el conejo que me ha dado el Boni, ¿verdad, Luis?
Luis decía, al cabo, rutinariamente:
—Es bonito.

Adolfo se aproximó a Juan.

—¿Es la casa del conejo?—preguntó. 115
—Sí, es la casa del conejo, ¿te gusta?—dijo Juan.
—Sí—dijo Adolfo.

Y tan pronto Luis concluyó su obra, Juan agarró al gazapo cuidadosamente, abrió el portillo y lo metió dentro. El niño miraba al bicho[11] fruncir el hociquito, cambiar de posición, aguzar las orejas, y decía: 120

—Está contento en esta casa, ¿verdad, Luis?
—Sí, está contento—decía Luis.
—¿Y va a volar?—preguntó Adolfo.

Juan inclinó la cabeza a nivel de la de su hermano y le dijo:

---

[9] conejo
[10] moviéndolo como un péndulo
[11] animal

—Los conejos no vuelan, Ado. Las que vuelan son las palomas. Y si cuidamos bien al   125
conejo, el Boni nos dará una.
—Sí—dijo Adolfo.

Juan corrió hacia Luis, que se encaminaba a la casa con la caja de herramientas en la mano:

—Luis—le dijo—, ¿me harás otra casa si el Boni me da una paloma?   130
—¿Otro bicho?—rezongó Luis.

Juan le miraba sonriente, un poco abrumado. Dijo:

—Boni me dará un pichón si crío bien el conejo.
—Bueno, ya veré—dijo Luis.

Y Juan volvió donde el conejo, a mirar cómo fruncía el hociquito rosado y cómo le pal-   135
pitaba el corazón en los costados. Después cogió a Adolfo de la mano y se llegó donde su padre.

—Papá—dijo—, ¿qué comen los conejos?

El padre se volvió a él, sorprendido.

—¡Qué sé yo!—dijo—. Verde, supongo.
—Sí—dijo Juan atemorizado, y corrió donde su madre y le dijo: 140
—Mamá, ¿qué es verde?
—Jesús, qué niño tan pesado—dijo la madre—. Verde, pero, ¿verde de qué?
—Papá dice que los conejos comen verde y yo no sé lo que es verde.
—¡Ah, verde!—respondió la madre—. Pues yerba digo yo que será.

A la tarde, el niño bajó donde el herrador.   145

—Boni—le dijo—, ¿qué comen tus conejos?

Boni, el herrador, se incorporó pesadamente, oprimiéndose los riñones con las manos y
sin llegar a enderezarse del todo.

—Bueno, bueno—dijo—, los conejos tienen buen apetito. Cualquier cosa. Para empezar
puedes darle berza y unos lecherines. Y si se porta bien dale una zanahoria de postre.   150

Juan tomó a Adolfo de la mano. Adolfo dijo:

—A mí no me gusta eso.
—¿Cuál?—inquirió Juan.
—Eso—dijo Adolfo.

Cada mañana, Juan llevaba al conejo su ración de berza y de lecherines. Algún día le   155
echaba también una zanahoria, pero el conejo apenas roía una esquina y la dejaba.

—No le gusta eso—decía Adolfo. Y Juan le explicaba pacientemente que el conejo tenía la tripa llena de berza y de lecherines y no le quedaba hueco para la zanahoria. Adolfo denegaba obstinadamente con la cabeza:

—No le gusta eso—decía.   160

En un principio el conejo mostraba alguna desconfianza, pero tan pronto advirtió que los pequeños se aproximaban para llevarle alimentos se ponía de manos para recibir las hojas de berza y aun las comía delante de ellos. Ya no le temblaban los costados si los niños le cogían, y le gustaba agazaparse al sol, en un rincón, cuando Juan le sacaba de la cueva para airearse. En todo caso, Juan alejaba al conejo de la casa porque su madre dijo el primer día que "aquel 165 bicho olía que apestaba."

Al concluir el verano comenzó a llover. Llovía lenta, incansablemente, y Juan burlaba cada día la vigilancia para salir por lecherines. Cada vez regresaba con una brazada de ellos, y el conejo le aguardaba de manos, impaciente. Juan le decía:

—Tienes hambre, ¿eh?   170

Y, en tanto comía, añadía:

—Adolfo no viene porque no le dejan, ¿sabes? Está lloviendo. Cuando deje de llover te sacaré al sol.

Y, al cuarto día, cesó, repentinamente, de llover. Juan vio el cielo azul desde la cama, y sin calzarse corrió a la cueva; mas el conejo no le recibió de manos, ni siquiera aculado en un 175 rincón, como acostumbraba a hacer los primeros días, sino tumbado de costado y respirando anhelosamente. El niño introdujo la mano por la tela metálica y le acarició, pero el animalito no abría los ojos.

—¿Es que estás malo?—preguntó Juan.

Y como el conejo no reaccionaba, abrió precipitadamente el portillo y lo sacó fuera. El 180 animal continuaba relajado, sin vida: apenas un leve hociqueo y una precipitada, arrítmica respiración. Juan lo depositó en el suelo y corrió alocadamente hacia la casa:

—¡Mamá, mamá!—voceó—. El conejo está muy malito.

Su madre le miró irritada:

—Déjate de conejos ahora y cálzate—dijo.   185

Juan se puso las sandalias y buscó a Adolfo:

—Adolfo—le dijo—, el conejo se está muriendo.
—A ver—dijo Adolfo.
—Ven—dijo Juan, tomándole de la mano.

El conejo, tendido de costado sobre la yerba, era como un manojito de algodón, apenas   190
animado por un imperceptible estremecimiento:

—¿Tiene sueño?—preguntó Adolfo.
—No—respondió Juan gravemente.
—¿Por qué no abre los ojos?—demandó Adolfo.
—Porque se va a morir—dijo Juan.   195

Y, repentinamente, soltó la mano de su hermano y corrió donde el herrador:

—Boni—le dijo—, el conejo está muy malo.

Boni, el herrador, se llevó las manos a los riñones antes de incorporarse:

—No será para tanto, digo yo.
—Sí—dijo Juan—. No quiere andar ni tampoco abrir los ojos.   200
—¡Vaya por Dios!—dijo el Boni—. Pues sí que le has cuidado bien.

El niño no contestó. Tomó la mano encallecida del hombre y le encareció tirando de él:

—Vamos, Boni.
—Vamos, vamos—protestó el herrador—. ¿Y qué va a decir la mamá? Sabes de sobra que
a la mamá no le gusta que los del pueblo metamos las narices allí.   205

Pero siguió al niño cambera abajo; y al llegar a la puerta, advirtió:

—Tráeme el conejo, anda. Yo no paso.

Y cuando el niño regresó con el conejo, Adolfo corría torpemente tras él, y al ver al herrador, le dijo:

—¿Es que va a volar, Boni?   210

El herrador examinaba atentamente al animal:

—Volar, volar. . . , sí que está el animalito como para volar—volvió los ojos a Juan—. ¿Le
mudas la cama?

—¿Qué cama?—preguntó el niño.
                                                                                          215
El herrador se fingió irritado:

—¿Es que quieres que el conejo esté tan despabilado como tú si ni siquiera le haces la
cama?
—Yo no lo sabía—dijo Juan humildemente.

Aún insistió el herrador:

—Y le habrás dado la comida húmeda, claro.   220

Juan asintió:

—Como llovía. . .
—Llovía, llovía—prosiguió el herrador—. ¿Y no tienes una cocina para secarlo? Mira, para que lo sepas, los lecherines mojados son para el animalito lo mismo que veneno.
—¿Veneno?—murmuró Juan aterrado.   225
—Sí, veneno, eso. Les fermenta en la barriga y se hinchan hasta que se mueren, ya lo sabes.

Se incorporó el herrador. Juan le miraba vacilante. Dijo al fin:

—¿Se podrá curar?
—Curar, curar—dijo el herrador—. Claro que se puede curar, pero no es fácil. Lo más fácil es que se muera.   230

Juan le atajó:

—Yo no quiero que se muera el conejo, Boni.
—¿Y quién lo quiere, hijo? Estas cosas están escritas—replicó el Boni.
—¿Escritas?; ¿quién las escribe, Boni?—preguntó el chico, anhelante.

El herrador se impacientó: 235

—¡Vaya pregunta!—dijo secamente.

Adolfo miraba de cerca, casi olfateándolo, al conejo. Al cabo, aún encuclillado,[12] alzó su mirada azul, muy pálida, casi transparente:

—Tiene sueño—dijo.
—Sí—dijo el herrador—. Mucho sueño. Lo malo es si no despierta.   240

Se agachó bruscamente y le puso a Juan una manaza en el antebrazo:

—Mira, hijo, lo primero que le vas a poner a este bicho es una cama seca.

A Juan se le frunció la frente:

—¿Una cama seca?—indagó.
—Una brazada de paja, vaya.   245
—Tiene sueño—dijo Adolfo—. El conejo tiene sueño.
—¡Calla tú la boca!—cortó el herrador—. Luego, no le des de comer en todo el día, y mañana, si le ves más listo, le das. . . O, mejor, ya vendré yo. Si mañana le vieras más listo, me mandas razón con la Puri o te acercas tú mismo.

---

[12] *neologismo:* en cuclillas (agachado)

Y cuando el Boni salió a la carretera, Juan cogió al conejo con cuidado, le acostó sobre   250
su antebrazo y franqueó la puerta del jardín. Le dijo a Adolfo, conforme avanzaban por el
paseo bordeado de lilas de otoño:

—El conejo se va a poner bueno. El Boni lo ha dicho.

Adolfo le miró:

—¿Y volará?—dijo.   255
—No—prosiguió Juan—, los conejos no vuelan.

Luego metió la paja en el cajón y depositó al conejo encima, pero Luis le miraba hacer,
y cuando Juan cerró el portillo, dijo:

—Ese conejo las está diñando.[13]
—No—protestó Juan—. El Boni dijo que se pondrá bueno.   260
—Ya—dijo Luis—. Este no lo cuenta.

En ese momento el conejo se agitó en unas convulsiones extrañas:

—Mira, ¡ya corre!—voceó Adolfo.
—Está mejor—dijo Juan—. Antes no se movía.
—Ya—dijo Luis—. Está en las últimas. Además me da grima[14] ver sufrir a los animales.   265
Le voy a matar.

Abrió el portillo, y Juan se agarraba a su cuello y gritaba:

—¡No, no, no. . . !

Se asomó la madre:

—¡Marcharos de aquí con ese conejo!   270
—Se está muriendo—dijo Luis—. El animal sólo hace que sufrir.
—Matadle—dijo, piadosamente, la madre.

Luis le sujetó por las patas traseras, la cabeza abajo.

—No—dijo todavía, débilmente, Juan—. Boni dice que se curará.
—Sí, mátale—dijo Adolfo con una prematura dureza en sus ojos azules.   275

Y Luis, sin más vacilaciones, le golpeó por tres veces con el canto de la mano detrás de las
orejas. El conejo se estremeció levemente y, por último, se le dobló la cabeza hacia dentro.
Luis le arrojó en la yerba:

---
[13]   se está muriendo
[14]   horror

—Listo—dijo frotándose una mano con otra, como si se limpiara.

Juan y Adolfo se aproximaron al animal: 280

—Tiene sueño—dijo Adolfo.
—Sí. . . está muerto—dijo Juan agachándose y acariciándole suavemente.

Sus ojos estaban húmedos, y continuaba atusándole, cuando su madre le chilló:

—¡Llevadle lejos, que no dé olor! ¡Enterradle!

Juan se incorporó súbitamente: 285

—Eso, Adolfo—dijo—, vamos a enterrarle.

Le había brotado, de pronto, una alegría inmoderada.

—Sí—dijo Adolfo.
—Eso—insistió Juan—. Vamos a hacer el entierro.

Entró en la cueva y salió con la azada al hombro, y luego le entregó a Adolfo una tapa de 290
cartón y le dijo:

—Ahí se echan las perras, ¿sabes?
—Las perras, eso—dijo Adolfo jubilosamente.

Y Juan suspendió el conejo recelosamente de las patas traseras y caminaba por el paseo de
lilas, el bicho en una mano, la azada al hombro, salmodiando una letanía ininteligible. Y   295
Adolfo le seguía a corta distancia con el cartón a guisa de bandeja, y súbitamente voceó:

—Se hace pis. El conejo se está haciendo pis.

Juan se detuvo, levantó el conejo y vio el chorrito turbio que mancillaba la piel blanca del
animal y escurría, finalmente, hasta las losetas del paseo. Miró de nuevo incrédulamente, y al
cabo chilló, volviendo la cabeza hacia la casa: 300

—¡Papá, mamá, Puri, Luis, el conejo se ha meado cuando ya estaba muerto!

Pero nadie le respondió.

■———Pasos para la comprensión

1. "El conejo" es como un pequeño *Bildungsroman* (ver el *Diccionario de términos literarios*), en que los niños Juan y Adolfo van aprendiendo lecciones de la vida.

Esto empieza muy temprano en el relato cuando Boni, el herrador, dice que les regalará un conejo a los niños, si prometen cuidarlo.

☐ Para los niños, ¿qué representaría el conejo—un juguete o una responsabilidad? Explica.

☐ Luego, cuando Juan enumera las cosas que hace el conejo (comer, dormir, jugar), Boni añade la de criar. ¿Crees que saben los niños lo que es criar?

2. Camino a su casa presencian un entierro. ¿Desde qué punto de vista se observan los acontecimientos en esta escena?

☐ Adolfo siempre está haciendo preguntas. ¿Por qué? ¿Es típico de los niños?

☐ Y las respuestas del hermano mayor, ¿son siempre correctas? Explica.

☐ ¿Cómo responde Juan cuando Adolfo le pregunta por qué dan perras en el entierro? (Consulta el *código costumbrista*.)

3. De vuelta a su casa, ¿cómo tratan los padres a Adolfo? ¿Le responden a sus preguntas infantiles?

☐ Al día siguiente cuando Juan le pide un cajón a la madre para meter el conejo, ¿cómo le responde ella?

☐ Y luego, cuando le preguntan qué es "verde," ¿cómo les responde?

☐ ¿Crees que estos detalles se intercalan para hacer una crítica de los padres? Explica.

4. ¿Cumplen los niños su palabra de cuidar al conejo? Explica.

5. Un día encuentran al conejo enfermo y hasta muriéndose. Se lo reportan a la madre, y ¿cómo responde ésta?

6. Van a Boni en busca de consejos. ¿Les echa la culpa a los niños por la condición del conejo? Explica.

☐ Según Boni, no se le puede dar verduras mojadas a los conejos porque es como veneno para ellos. ¿Crees que es verdad? Explica.

☐ Si no es verdad lo que dice Boni, ¿por qué crees que se inventa una mentira?

7. Boni dice, respecto a la muerte del conejo, que "estas cosas están escritas." Explica lo que implican sus palabras. ¿Crees tú que todo está predestinado?

☐ La pregunta infantil que le hace Juan a Boni respecto a que todo está escrito es sumamente sugestiva. ¿Cuál es su pregunta?

8. Cuando el hermano Luis ve al animalito tan enfermo, ¿qué quiere hacer?

☐ ¿Está de acuerdo la madre?

☐ ¿Qué hace Luis por fin?

9. ¿Cuál es la primera reacción de Juan ante la muerte del conejo? Pero, ¿qué hace que se olvide pronto de la tragedia?

10. ¿Cómo se han preparado los niños para el entierro del conejo? O sea, ¿qué imitan?

☐ ¿Crees que aquí los niños están llevando a cabo un entierro o están jugando? Explica.

11. El relato termina con una hecho biológico (ver el *código biológico*) que los niños no entienden. Cuando le preguntan a la familia por qué se ha orinado el conejo después de morir, ¿le contestan? Explica por qué el relato termina de este modo.

■————Pasos para una lectura más a fondo

1. El relato contiene un discurso muy nutrido sobre la niñez: su comportamiento, crianza y desarrollo. Comenta cuál el mensaje del relato respecto a cada uno de estos aspectos de la niñez.
   - □ ¿De qué manera imitan los niños a la gente mayor? ¿Siempre aprenden cosas buenas de ellos? Explica.
   - □ ¿Crees que los niños Juan y Adolfo terminarán siendo como sus padres cuando sean mayores? ¿Hay algunas pistas en el relato que parezcan afirmar esta noción? Coméntalas.
   - □ ¿Crees que el relato contiene una crítica respecto al modo de criar a los niños? ¿Qué hacen los padres que no deberían hacer?
   - □ ¿Crees que Delibes ha pintado un cuadro realista de la niñez?

2. "El conejo" también contiene un discurso epistemológico, o sea, los principios del conocimiento humano. Los niños en este relato hacen preguntas sobre la realidad en que viven y que ellos no comprenden. A veces, estas preguntas tienen respuesta y otras veces no. Y las respuestas que los adultos les dan a los niños, ¿son siempre verdades? Haz una lista de las ocasiones en que la explicación no es verdad. (Repasa los pasos 2 y 6 de *Pasos para la comprensión*.)
   - □ ¿Se puede explicar todo lo que pasa en la vida? Boni, en un momento, dice que la muerte del conejo estaba escrita. ¿Es esta una explicación típica para explicar lo inexplicable? Explica.
   - □ El último suceso, cuando el conejo que hace pis después de morir, ¿tiene una explicación? ¿Se da esa explicación a los niños? ¿Qué implica este discurso dentro del relato?

3. ¿Crees que el degüello del conejo es una acción justificada?
   - □ ¿Era posible que se mejorara el conejo? Explica.
   - □ ¿Por qué incluir este acto violento en un relato sobre el mundo de los niños?
   - □ ¿Qué aprenden los niños en este episodio?

4. Otro discurso bien desarrollado es el de la muerte. Aunque no sabemos exactamente por qué ha muerto Eulalia, ¿qué razones dan los que asisten al entierro? ¿Por qué crees que tienen que encontrar una explicación?
   - □ Más adelante, también se intenta explicar la muerte del conejo; primero echándole la culpa a los niños y luego diciendo que estaba predestinado. ¿Qué parece indicar estos detalles del relato respecto a la vida y la muerte?

5. El relato no contiene un discurso social muy destacado, pero sí existe. ¿Por qué no quiere ir Boni al pueblo donde está la casa de los padres de Juan y Adolfo? ¿Por qué crees que siente que es inoportuno ir allí?

6. ¿Cómo caracterizarías el punto de vista del narrador? ¿Da su opinión en algún momento? Explica.

7. El relato contiene mucho diálogo. ¿Es un diálogo convincente?

   □ ¿Se puede "oír" el habla de los personajes al leer el relato?

   □ ¿Son los diálogos cortos y directos o largos y enmarañados? ¿Crees que esta forma de habla corresponde a la de los campesinos castellanos que describe Delibes? Explica.

8. Adolfo parece estar obsesionado con el vuelo. ¿Cuál podría ser el significado de este signo dentro del sistema de significación del relato?

Carmen Martín Gaite

■□■

1925–2000

Martín Gaite comienza a escribir en los años 50 junto con Sánchez Ferlosio e Ignacio Aldecoa (1925–1969), escritores con quienes mantuvo estrechas relaciones personales. Fue la primera mujer en ganar el Premio Nacional de Literatura por su novela *El cuarto de atrás* (1978) y el Nacional de Letras por el conjunto de su obra en 1994. Las mujeres casi siempre forman el centro de su mundo narrativo, pero en 1974 con *Retahílas,* la autora sale a la batalla feminista. La obra fue descrita como subversiva por la crítica por la visión realista con que pintó a la mujer bajo el régimen franquista. En ésta como en otras novelas, se destaca su capacidad de recrear el lenguaje coloquial de un modo convincente. Es más, la comunicación verbal, o falta de ella, se convierte en un discurso narrativo importante en su obra.

Las ataduras (1960)

Antes de leer

1. ¿Qué cosas haces o has hecho para complacer a tus padres u otros familiares, aunque no querías hacerlo en realidad?

2. ¿Qué presiones te crean tus padres? Explica. ¿Crees que ellos crean estas presiones consciente o inconscientemente?

3. ¿Crees que tus padres han puesto muchas esperanzas en ti? Explica.

4. ¿Crees que es importante liberarte de tus padres? ¿Qué has hecho tú hasta ahora para conseguirlo? ¿Conoces a alguien que se haya casado para liberarse de sus padres?

5. ¿Qué obligaciones piensas que debes tener hacia tus padres cuando seas mayor? Por ejemplo, ¿te sentirás obligado/a a llevarlos a vivir a tu casa para cuidarlos si se enfermaran?

Códigos para la comprensión

Código sociológico: En países latinos, es frecuente que varias generaciones convivan juntas. No es raro que haya tres generaciones en una misma casa. En España e Italia, es muy común que los chicos y chicas se queden a vivir con sus padres después de empezar a trabajar. También, hay que mencionar que en los países latinos no hay tanta movilidad geográfica como en los Estados Unidos. La gente suele quedarse a vivir en el pueblo o ciudad donde nació.

Código folclórico: Cada pueblo de España celebra las fiestas de su santo patrón. Estas fiestas muchas veces incluyen una romería, que es un tipo de fiesta al aire libre en el campo donde a lo largo de varios días se bebe, se come, se baila y uno se reúne con los amigos. Allí acuden muchos comerciantes y vendedores de muchas comidas típicas de la región. Galicia es famosa por sus mariscos, de modo que no sorprende que haya un pulpero. El pulpo es un plato muy típico de Galicia. Después de hervir el pulpo, se parte en trocitos y se sirve con patatas, aceite de oliva y pimentón. Se llama, precisamente, "pulpo a la gallega."

Código geográfico: Aunque Martín Gaite es de Salamanca, como muchos españoles veraneaba en Galicia, en el pueblo de San Lorenzo de Piñor, cerca de Orense. El río Miño desemboca en el océano Atlántico, formando parte de la frontera entre España y Portugal. Fluye desde el interior de Galicia, pasando por Orense, la capital de esa provincia. Santiago de Compostela es el centro cultural de Galicia por ser la sede del sepulcro de Santiago, el santo patrón de España y el sitio de peregrinajes medievales. Su catedral es una de las más importantes de Europa, sobre todo la fachada románica, llamada el "Pórtico de la Gloria." Santiago, también, tiene una universidad importante.

Las ataduras

—No puedo dormir, no puedo. Da la luz, Herminia—dijo el viejo maestro, saltando sobre los muelles de la cama.

Ella se dio la vuelta hacia el otro lado, y se cubrió con las ropas revueltas.

—Benjamín, me estás destapando—protestó—. ¿Qué te pasa?, ¿no te has dormido todavía?

—¿Qué quieres que me pase? Ya lo sabes, ¿es que no lo sabes? ¡Quién se puede dormir! 5
Sólo tú que pareces de corcho.

—No vuelvas a empezar ahora, por Dios—dijo la voz soñolienta de la mujer—. Procura
dormir, hombre, déjame, estoy cansada del viaje.

—Y yo también. Eso es lo que tengo atragantado,[1] eso. Ese viaje inútil y maldito, me cago
en Satanás; que si se pudieran hacer las cosas dos veces. . . 10

—Si se pudieran hacer dos veces, ¿qué?

—Que no iría, que me moriría sin volverla a ver, total para el espectáculo que hemos
visto; que irías tú si te daba la gana, eso es lo que te digo.

—Sí, ya me he enterado; te lo he oído ayer no sé cuántas veces. ¿Y qué? Ya sabes que a
mí me da la gana y que iré siempre que ella me llame. También te lo he dicho ayer. Creí que 15
no querías darle más vueltas al asunto.

—No quería. ¿Y qué adelanto con no querer? Me rebulle.[2] Tengo sangre en las venas y
me vuelve a rebullir; me estará rebullendo siempre que me acuerde.

—Vaya todo por Dios.

—Da la luz, te digo. 20

La mujer alargó una muñeca huesuda y buscó a tientas la pera de la luz. Los ojos del viejo
maestro, foscos,[3] esforzados de taladrar[4] la oscuridad, parpadearon un instante escapando de
los de ella que le buscaron indagadores, al resplandor que se descolgó sobre la estancia. Se
sentó en la cama y la mujer le imitó a medias, con un suspiro. Asomaron las dos figuras por
encima de la barandilla que había a los pies, a reflejarse enfrente, en la luna[5] del armario. Toda 25
la habitación nadaba con ellos, zozobraba,[6] se torcía, dentro de aquel espejo de mala calidad,
sucio de dedos y de moscas. Se vio él. Miró en el espejo, bajo la alta bombilla solitaria, el
halo de sus propios pelos canosos alborotados, el bulto de la mujer, apenas surgido para
acompañarle, el perfil de tantos objetos descabalados, ignorados de puro vistos, de tantas esquinas limadas por el uso, y se tapó los ojos. Dentro de ellos estalló un fuego colorado. Alina, 30
niña, se sacudía el cabello mojado, riendo, y dejaba las frazadas de leña en la cocina, allí, a dos
pasos; su risa trepaba con el fuego. Ahora un rojo de chispas de cerezas: Alina, en la copa de
un cerezo del huerto, le contaba cuentos al niño del vaquero. Ahora un rojo de sol y de mariposas; ahora un rojo de vino.

La mujer se volvió a hundir en la cama. 35

—Herminia, ¿qué hora es?

—Las seis y cuarto. Anda, duérmete un poco. ¿Apagamos la luz?

Por toda contestación, el maestro echó los pies afuera y se puso a vestirse lentamente. Luego
abrió las maderas de la ventana. Se cernía[7] ya sobre el jardín una claridad tenue que a él le permitía reconocer los sitios como si los palpara. Cantó un gallo al otro lado de la carretera. 40

---

[1] atravesado en la garganta; *fig.* enojado
[2] agita
[3] oscuros; *fig.* mal humorados
[4] penetrar
[5] espejo
[6] se hundía (*zozobrar se refiere al peligro de un barco a causa de una tormenta*)
[7] *fig.* se observaba

—Tan a gusto como podían vivir aquí esos niños—masculló[8] con una voz repentinamente floja—. Tantas cosas como yo les podría enseñar, y las que ellos verían, maldita sea.

—Pero, ¿qué dices, Benjamín? No vuelvas otra vez. . .

—No vuelvo, no; no vuelvo. Pero dímelo tú cómo van a prosperar en aquel cuartucho 45 oliendo a tabaco y a pintura. Ya; ya te dejo en paz. Apaga si quieres.

Ella le había seguido con los ojos desde que se levantó. Ahora le vio separarse de la ventana, cerrar las maderas y coger su chaqueta, colgada en una silla. Le hizo volverse en la puerta.

—¿Adónde vas?   50

—Por ahí, qué más da. Donde sea. No puedo estar en la cama.

Ya en el pasillo, no escuchó lo que ella contestaba, aunque distinguió que era el tono de hacerle alguna advertencia. Tuvo un bostezo que le dio frío. La casa estaba inhóspita a aquellas horas; se le sentían los huesos, crujía. Y el cuerpo la buscaba, sin embargo, para abrigarse en alguna cosa.   55

Entró en la cocina: ni restos del fuego rojo que había llenado sus ojos cerrados unos minutos antes. Pasó la mirada por los estantes recogidos. Todo gris, estático. El tictac del despertador salía al jardín por la ventana abierta. Sacó agua de la cántara con un cacillo[9] y la bebió directamente. Se sentó en el escaño[10] de madera, hizo un pitillo. Allí estaba la escopeta, en el rincón de siempre. Fumó, mirando al suelo, con la frente en las manos. Después de 60 aquel cigarro, otros dos.

Eran ya las siete cuando salió a la balconada de atrás, colgada sobre un techo de avellanos, con el retrete en una esquina, y bajó la escalerilla que daba al jardín. Era jardín y huerta, pequeño, sin lindes.[11] Las hortensias y las dalias crecían a dos pasos de las hortalizas, y solamente había un paseo de arena medianamente organizado, justamente bajo la balconada, a la sombra 65 de los avellanos. Lo demás eran pequeños caminillos sin orden ni concierto que zurcían[12] los trozos de cultivos y flores. Más atrás de todo esto, había un prado donde estaban los árboles. Ciruelos, perales, manzanos, cerezos y una higuera, en medio de todos. El maestro cruzó el corro de los árboles y por la puerta de atrás salió del huerto al camino. La puerta de la casa daba a la carretera, ésta a un camino que se alejaba del pueblo. A los pocos pasos se volvió a 70 mirar. Asomaba el tejado con su chimenea sin humo, bajo el primer albor de un cielo neutro donde la luna se transparentaba rígida, ya de retirada. Le pareció un dibujo todo el jardín y mentira la casa; desparejada, como si no fuera hermana de las otras del pueblo. Las otras estaban vivas y ésta era la casa de un guiñol,[13] de tarlatana[14] y cartón piedra. Y Herminia, pobre Herminia, su única compañera marioneta. Con la mano en el aire le reñía, le quería dar áni- 75 mos, llevarle a rastras, pero sólo conseguía enhebrar[15] largos razonamientos de marioneta.

---

[8] dijo entre dientes
[9] cucharón con mango largo
[10] especie de banco
[11] bordes
[12] *fig.* conectaban
[12] *fig.* unidas
[13] teatro de títeres
[14] especie de tela ligera
[15] *fig.* hablar sin orden

"Hoy tampoco ha venido carta. No nos va a escribir siempre, Benjamín."

"Hay que dejar a cada cual su vida. Lo que es joven, rompe para adelante."

"No estés callado, Benjamín."

"¿Por qué no vas de caza?"   80

"No ha escrito, no. Mañana, a lo mejor. A veces se pierden cartas."

Y en invierno llueve. Y las noches son largas. Y las marionetas despintadas se miran con asombro.

"Ella, Benjamín, no era para morirse entre estas cuatro paredes."

Dio la vuelta y siguió camino abajo. Ya iba a salir el sol. A la derecha, un muro de piedras 85
desiguales, cubierto de musgo y zarzamoras, separaba el camino de unos cultivos de viña. Más
adelante, cuando se acababa este muro, el camino se bifurcaba y había una cruz de piedra en
el cruce. No se detuvo. Uno de los ramales llevaba a la iglesia, que ya se divisaba detrás de
un corro de eucaliptos; pero él tomó el otro, una encañada del ancho exacto de un carro de
bueyes y que tenía los rodales de este pasaje señalados muy hondo en los extremos del suelo. 90
Oyó que le llamaban, a la espalda, y se volvió. A los pocos metros, cerca del cruce, distinguió al cura que subía, montado en su burro, hacia el camino de la otra parroquia.

—Benjamín—había llamado, primero no muy fuerte, entornando los ojos viejos, como
para asegurarse.

Y luego detuvo el burro y ya más firme, con alegría: 95

—Benjamín, pero claro que es él. Benjamín, hombre, venga acá. Mira que tan pronto de vuelta.

El maestro no se acercó. Le contestó apagadamente sin disminuir la distancia:

—Buenos días, don Félix. Voy de prisa.

El burro dio unos pasos hacia él.   100

—Vaya, hombre, con la prisa. Temprano saltan los quehaceres. Cuénteme, por lo menos,
cuándo han llegado.

—Ayer tarde, ya tarde.

—¿Y qué tal? ¿Es muy grande París?

—Muy grande, sí señor. Demasiado.   105

—Vamos, vamos. Tengo que ir una tarde por su casa, para que me cuente cosas de la chica.

—Cuando quiera.

—Porque como esté esperando a que usted venga por la iglesia. . .

Se había acercado y hablaba mirando la cabeza inclinada del maestro, que estaba desen-
terrando una piedra del suelo, mientras le escuchaba. Salió un ciempiés de debajo, lo vieron 110
los dos escapar culebreando. A Alina no le daba miedo de los ciempiés, ni cuando era muy
niña. De ningún bicho tenía miedo.

—¿Y cómo la han encontrado, a la chica?

—Bien, don Félix, muy bien está.

—Se habrá alegrado mucho de verles, después de tanto tiempo.

—Ya ve usted.

—Vaya, vaya. . . ¿Y por fin no se han traído a ningún nietecito?

—No señor, el padre no quiere separarse de ellos.

—Claro, claro. Ni Adelaida tampoco querrá. Maja chica Alina. Así es la vida. Parece que la estoy viendo correr por aquí. Cómo pasa el tiempo. En fin. . . ¿Se acuerda usted de cuando 120 recitó los versos a la Virgen, subida ahí en el muro, el día de la procesión de las Nieves? No tendría ni ocho años. ¡Y qué bien los decía!, ¿se acuerda usted?

—Ya lo creo, sí señor.

—Le daría usted mis recuerdos, los recuerdos del cura viejo.

—Sí, Herminia se los dio, me parece. 125

—Bueno, pues bien venidos. No le entretengo más, que también a mí se me hace tarde para la misa. Dígale a Herminia que ya pasaré, a ver si ella me cuenta más cosas que usted.

—Adiós, don Félix.

Se separaron. La encañada seguía hacia abajo, pero se abría a la derecha en un repecho, suave al principio, más abrupto luego, resbaladizo de agujas de pino. Llegado allí, el maestro se puso a 130 subir la cuesta despacio, dejando el pueblo atrás. No volvió la vista. Ya sentía el sol a sus espaldas. Cuanto más arriba, más se espesaba el monte de pinos y empezaban a aparecer rocas muy grandes, por encima de las cuales a veces tenía que saltar para no dar demasiado rodeo. Miró hacia la cumbre, en línea recta. Todavía le faltaba mucho. Trepaba de prisa, arañándose el pantalón con los tojos, con las carquejas secas. Pero se desprendía rabiosamente y continuaba. No hacía 135 caso del sudor que empezaba a sentir, ni de los resbalones, cada vez más frecuentes.

—Alina—murmuró, jadeando—, Alina.

Le caían lágrimas por la cara.

—Alina, ¿qué te pasa?, me estás destapando. ¿No te has dormido todavía? ¿Adónde vas? 140

—A abrir la ventana.

—Pero, ¿no te has levantado antes a cerrarla? Te has levantado, me parece.

—Sí, me he levantado, ¿y qué?, no estés tan pendiente de mí.

—¿Cómo quieres que no esté pendiente si no me dejas dormir? Para quieta; ¿por qué cerrabas antes la ventana? 145

—Porque tosió Santiago. ¿No le oyes toda la noche? Tose mucho.

—Entonces no la abras otra vez, déjala.

La ventana da sobre un patio pequeño. Una luz indecisa de amanecer baja del alto rectángulo de cielo. Alina saca la cabeza a mirar; trepan sus ojos ansiosos por los estrados de ropa colgada—camisetas, sábanas, jerseys, que se balancean, a distintas alturas—, y respira al hallar 150 arriba aquel claror primero. Es un trozo pequeño del cielo que se empieza a encender sobre París esa mañana, y a lo mejor ella sola lo está mirando.

—Pero, Adelaida, cierra ahí. ¿No has dicho que Santiago tose? No se te entiende. Ven acá.

—Me duele la cabeza, si está cerrado. Déjame un poco respirar, Philippe, duérmete. Yo no tengo sueño. Estoy nerviosa. 155

—Te digo que vengas acá.

—No quiero—dice ella, sin volverse—. Déjame.

Por toda respuesta, Philippe se incorpora y da una luz pequeña. En la habitación hay dos cunas, una pequeñísima, al lado de la cama de ellos, y otra más grande, medio oculta por un biombo. El niño que duerme en esta cuna se ha revuelto y tose. Alina cierra la ventana.   160

—Apaga—dice con voz dura.

La luz sigue encendida.

—¿Es que no me has oído, estúpido?—estalla, furiosa, acercándose al interruptor.

Pero las manos de él la agarran fuertemente por las muñecas. Se encuentran los ojos de los dos.   165

—Quita, bruto. Que apagues, te he dicho. El niño está medio despierto.

—Quiero saber lo que te pasa. Lo que te rebulle en la cabeza para no dejarte dormir.

—Nada, déjame. Me preocupa el niño; eso es todo. Y que no puedo soportar el olor de pintura.

—No, eso no es todo, Alina. Te conozco. Estás buscando que riñamos. Igual que ayer.   170

—Cállate.

—Y hoy si quieres riña, vas a tener riña ¿lo oyes? no va a ser como ayer. Vamos a hablar de todo lo que te estás tragando, o vas a cambiar de cara, que ya no te puedo ver con ese gesto.

Ella se suelta, sin contestar, y se acerca a la cuna del niño, que ahora lloriquea un poco.   175 Le pone a hacer pis y le da agua. Le arregla las ropas. A un gesto suyo, Philippe apaga la luz. Luego la siente él cómo coge a tientas una bata y abre la puerta que da al estudio.

—¿Qué vas a buscar? ¡Alina!—llama con voz contenida.

Alina cierra la puerta detrás de sí y da la luz del estudio. Es una habitación algo mayor que la otra y mucho más revuelta. Las dos componen toda la casa. Sobre una mesa grande, cu-   180 bierta de hule amarillo, se ven cacharros y copas sin fregar, y también botes con pinceles. Junto a la mesa hay un caballete y, en un ángulo, una cocina empotrada[16] tapada por corti- nas. Alina ha ido allí a beber un poco de leche fría, y se queda de pie, mirándolo todo con ojos inertes. Por todas partes están los cuadros de Philippe. Colgados, apilados, vueltos de es- palda, puestos a orear. Mira los dos divanes donde han dormido sus padres y se va a tender   185 en uno de ellos. Apura el vaso de leche, lo deja en el suelo. Luego enciende un pitillo.

En el caballete[17] hay un lienzo a medio terminar. Una oleada de remiendos grises, bro- chazos amarillentos, agujas negras.

Philippe ha aparecido en la puerta del estudio.

---

[16] incrustada en la pared

[17] sostén para los lienzos (que es una tela estirada sobre un marco que usan los pintores para pintar sus cuadros)

—Alina, ¿no oyes que te estoy llamando? Ven a la cama.   190
—Por favor, déjame en paz. Te he dicho que no tengo sueño, que no quiero.
—Pero aquí huele mucho más a pintura. ¿No dices que es eso lo que te pone nerviosa?
—Tú me pones nerviosa, ¡tú!, tenerte que dar cuenta y explicaciones de mi humor a cada momento, no poderme escapar a estar sola ni cinco minutos. Señor. ¡Cinco minutos de paz en todo el día!. . . A ver si ni siquiera voy a poder tener insomnio, vamos. . . , y nervios por   195
lo que sea; es que es el colmo. ¡¡Ni un pitillo!! ¡Ni el tiempo de un pitillo sin tenerte delante!

Ha ido subiendo el tono de voz, y ahora le tiembla de excitación. Él se acerca.

—No hables tan alto. Te estás volviendo una histérica. Decías que estabas deseando que se fueran tus padres porque te ponían nerviosa, y ahora que se han ido es mucho peor.
—Mira, Philippe, déjame. Es mejor que me dejes en paz.   200
—No te dejo. Tenemos que hablar. Antes de venir tus padres no estabas así nunca. Antes de venir ellos. . .

Alina se pone de pie bruscamente.

—¡Mis padres no tienen nada que ver!—dice casi gritando—. Tú no tienes que hablar de ellos para nada, no tienes ni que nombrarlos, ¿lo oyes? Lo que pase o no pase por causa de   205
mis padres, sólo me importa a mí.
—No creo eso; nos importa a los dos. Ven, siéntate.
—No tienes ni que nombrarlos—sigue ella tercamente, paseando por la habitación—, eso es lo que te digo. Tú ni lo hueles lo que son mis padres, ni te molestas en saberlo. Más vale que no los mezcles en nada, después de lo que has sido con ellos estos días; mejor será así, si   210
quieres que estemos en paz.
—¡Yo no quiero que estemos en paz! ¿Cuándo he querido, Alina? Tú te empeñas en tener siempre paz a la fuerza. Pero cuando hay tormenta, tiene que estallar, y si no estalla es mucho peor. Dilo ya todo lo que andas escondiendo, en vez de callarte y amargarte a solas. ¿Por qué me dices que no te pasa nada? Suelta ya lo que sea. Ven.   215

Alina viene otra vez a sentarse en el sofá, pero se queda callada, mirándose las uñas. Hay una pausa. Los dos esperan.

—Qué difícil eres, mujer—dice él, por fin—. Cuántas vueltas le das a todo. Cuando se fueron tus padres, dijiste que te habías quedado tranquila. Recuérdalo.
—Claro que lo dije. No hay nervios que puedan aguantar una semana así. ¿Es que no has   220
visto lo desplazados que estaban, por Dios? ¿Vas a negar que no hacías el menor esfuerzo por la convivencia con ellos? Los tenías en casa como a animales molestos, era imposible de todo punto vivir así. ¡Claro que estaba deseando que se fueran!
—Adelaida, yo lo sabía que iba a pasar eso, y no sólo por mi culpa. Te lo dije que vinieran a un hotel, hubiera sido más lógico. Ellos y nosotros no tenemos nada que ver. Es otro mundo   225
el suyo. Chocaban con todo, como es natural. Con nuestro horario, con la casa, con los amigos. No lo podíamos cambiar todo durante una semana. Yo les cedí mi estudio; no eres justa quejándote sólo de mí. La hostilidad la ponían ellos también, tu padre sobre todo. ¡Cómo me miraba! Está sin civilizar tu padre, Alina. Tú misma lo has dicho muchas veces; has dicho

que se le había agriado el carácter desde que te fuiste a estudiar a la Universidad, que tenía   230
celos de toda la gente que conocías, que al volver al pueblo te hacía la vida imposible. Y
acuérdate de nuestro noviazgo.

Alina escucha sin alzar los ojos. Sobre las manos inmóviles le han empezado a caer lágrimas. Sacude la cabeza, como ahuyentando[18] un recuerdo molesto.

—Deja las historias viejas—dice—. Qué importa eso ahora. Ellos han venido. Te habían   235
conocido de refilón[19] cuando la boda, y ahora vienen, después de tres años, a vernos otra vez,
y a ver a los niños. ¿No podías haberlo hecho todo menos duro? Ellos son viejos. A ti el despego de mi padre no te daña, porque no te quita nada ya. Pero tú a mi padre se lo has quitado
todo. Eras tú quien se tenía que esforzar, para que no se fueran como se han ido.
 —Pero, ¿cómo se han ido? Parece que ha ocurrido una tragedia, o que les he insultado.   240
¿En qué he sido despegado yo, distinto de como soy con los demás? Sabes que a nadie trato
con un cuidado especial, no puedo. ¿En qué he sido despegado? ¿Cuándo? ¿Qué tendría que
haber hecho?
 —Nada, déjalo, es lo mismo.
 —No, no es lo mismo. Aprende a hablar con orden. A ver: ¿cuándo he sido yo despegado?   245
 —No sé; ya en la estación, cuando llegaron; y luego, con lo de los niños, y siempre.
 —Pero no amontones las cosas, mujer. En la estación, ¿no empezaron ellos a llorar, como
si estuvieras muerta, y a mí ni me miraban? ¿No se pusieron a decir que ni te conocían de
tan desmejorada, que cómo podías haberte llegado a poner así? Tú misma te enfadaste,
acuérdate. ¿No te acuerdas? Di.   250
 —Pero si es lo mismo, Philippe—dice ella con voz cansada—. Anda, vete a acostar. No
se trata de los hechos, sino de entender y sentir la postura de mis padres, o no entenderla. Tú
no lo entiendes, qué le vas a hacer. Estaríamos hablando hasta mañana.
 —¿Y qué?
 —Que no quiero, que no merece la pena.   255

Se levanta y va a dejar el vaso en el fregadero. Philippe la sigue.

—¿Cómo que no merece la pena? Claro que la merece. ¿Crees que me voy a pasar toda
la vida sufriendo tus misterios? Ahora ya te vuelves a aislar, a sentirte incomprendida, y me
dejas aparte. Pero, ¿por qué sufres tú exactamente, que yo lo quiero saber? Tú te pasas perfectamente sin tus padres, has sentido alivio, como yo, cuando se han ido. . . ¿no?   260
 —Por Dios, ¡déjame!
 —No, no te dejo, haz un esfuerzo por explicarte, no seas tan complicada. Ahora quiero
que hablemos de este asunto.
 —¡Pues yo no!
 —¡Pues yo sí. . . ! Quiero que quede agotado de una vez para siempre, que no lo ten-   265
gamos que volver a tocar. ¿Me oyes? Mírame cuando te hablo. Ven, no te escapes de lo que
te pregunto.

Alina se echa a llorar con sollozos convulsos.

---

[18] *fig.* desechando de sí
[19] de paso, brevemente

—¡¡Déjame!!—dice, chillando—. No sé explicarte nada, déjame en paz. Estoy nerviosa de estos días. Se me pasará. Ahora todavía no puedo reaccionar. Mis padres se han ido pensando 270 que soy desgraciada, y sufro porque sé que ellos sufren pensando así. No es más que eso.

—¡Ay Dios mío! ¿Pero tú eres desgraciada?

—Y qué más da. Ellos lo han visto de esa manera, y ya nunca podrán vivir tranquilos. Eso es lo que me desespera. Si no me hubieran visto, sería distinto, pero ahora, por muy contenta que les escriba, ya nunca se les quitará de la cabeza. Nunca. Nunca. 275

Habla llorando, entrecortadamente. Se pone a vestirse con unos pantalones de pana negros que hay en el respaldo de una silla, y un jersey. Agarra las prendas y se las mete, con gestos nerviosos. Un reloj, fuera, repite unas campanadas que ya habían sonado un minuto antes.

—Tranquilízate, mujer. ¿Qué haces?

—Nada. Son las siete. Ya no me voy a volver a acostar. Vete a dormir tú un poco, por fa- 280 vor. Vamos a despertar a los niños si seguimos hablando tan fuerte.

—Pero no llores, no hay derecho. Libérate de esa pena por tus padres. Tú tienes que lle- var adelante tu vida y la de tus hijos. Te tienes que ocupar de borrar tus propios sufrimientos reales, cuando tengas alguno.

—Que sí, que sí. . . 285

—Mujer, contéstame de otra manera. Parece que me tienes rencor, que te aburro.

La persigue, en un baile de pasos menudos, por todo el estudio. Ella ha cogido una bolsa que había colgada en la cocina.

—Déjame ahora—le dice, acercándose a la puerta de la calle—. Tendrás razón, la tienes, seguramente; pero, déjame, por favor. ¡¡Te lo estoy pidiendo por favor!! 290

—¿Cómo?, ¿te vas? No me dejes así, no te vayas enfadada. Dime algo, mujer.

Alina ya ha abierto la puerta.

—¡Qué más quieres que te diga! ¡Que no puedo más! Que no estaré tranquila hasta que no me pueda ver un rato sola. Que me salgo a buscar el pan para desayunar y a que me dé un poco el aire. Que lo comprendas si puedes. Que ya no aguanto más aquí encerrada. Hasta 295 luego.

Ha salido casi corriendo. Hasta el portal de la calle hay solamente un tramo de escalera. La mano le tiembla, mientras abre la puerta. Philippe la está llamando, pero no contesta.

Sigue corriendo por la calle. Siente flojas las piernas, pero las fuerza a escapar. Cruza de una acera a otra, y después de una bocacalle a otra, ligera y zozobrante,[20] arrimada a las pare- 300 des. Hasta después de sentir un verdadero cansancio, no ha alzado los ojos del suelo, ni ha pensado adónde iba. Poco a poco, el paso se le va relajando, y su aire se vuelve vacilante y arrítmico, como el de un borracho, hasta que se detiene. Se ha acordado de que Philippe no la seguirá, porque no puede dejar solos a los niños, y respira hondo.

Es una mañana de niebla. La mayor parte de las ventanas de las casas están cerradas to- 305 davía, pero se han abierto algunos bares. Ha llegado cerca de la trasera de Notre Dame. Las

---

[20] *fig.* afligida

personas que se cruzan con ella la miran allí parada, y siguen ajenas, absortas en lo suyo. Echa
a andar en una dirección fija. Está cerca del Sena, del río Sena. Un río que se llama de
cualquier manera: una de aquellas rayitas azul oscuro que su padre señalaba en el mapa de la
escuela. Éste es su río de ahora. Ha llegado cerca del río y lo quiere ver correr.   310

Sale a la plaza de Notre Dame, y la cruza hacia el río. Luego va siguiendo despacio el parapeto hasta llegar a las primeras escaleras que bajan. El río va dentro de su cajón. Se baja por
el parapeto[21] hasta una acera ancha de cemento y desde allí se le ve correr muy cerca. Es
como un escondite de espaldas a la ciudad, el escenario de las canciones que hablan de
amantes casi legendarios. No siente frío. Se sienta, abrazándose las rodillas, y los ojos se le van   315
apaciguando, descansando en las aguas grises del río.

Los ríos le atrajeron desde pequeñita, aún antes de haber visto ninguno. Desde arriba del
monte Ervedelo, le gustaba mirar fijamente la raya del Miño, que riega Orense, y también la
ciudad, concreta y dibujada. Pero sobre todo el río, con su puente encima. Se lo imaginaba
maravilloso, visto de cerca. Luego, en la escuela, su padre le enseñó los nombres de otros ríos   320
que están en países distantes; miles de culebrillas finas, todas iguales: las venas del mapa.

Iba a la escuela con los demás niños, pero era la más lista de todos. Lo oyó decir muchas
veces al cura y al dueño del Pazo, cuando hablaban con su padre. Aprendió a leer en seguida
y le enseñó a Eloy, el del vaquero, que no tenía tiempo para ir a la escuela.

—Te va a salir maestra como tú, Benjamín—decían los amigos del padre, mirándola.   325

Su padre era ya maduro, cuando ella había nacido. Junto con el recuerdo de su primera infancia, estaba siempre el del roce del bigote hirsuto[22] de su padre, que la besaba mucho y le
contaba largas historias cerca del oído. Al padre le gustaba beber y cazar con la gente del pueblo.
A ella la hizo andarina y salvaje. La llevaba con él al monte en todo tiempo y le enseñaba los
nombres de las hierbas y los bichos. Alina, con los nombres que aprendía, iba inventando his-   330
torias, relacionando colores y brillos de todas las cosas menudas. Se le hacía un mundo an-
chísimo, lleno de tesoros, el que tenía al alcance de la vista. Algunas veces se había juntado con
otras niñas, y se sentaban todas a jugar sobre los muros, sobre los carros vacíos. Recogían y alineaban palitos, moras verdes y rojas, erizos de castaña, granos de maíz, cristales, cortezas. Jugaban a cambiarse estos talismanes[23] de colores. Hacían caldos y guisos, machacando los pétalos   335
de flores en una lata vacía, los trocitos de teja que dan el pimentón, las uvas arrancadas del
racimo. Andaban correteando a la sombra de las casas, en la cuneta[24] de la carretera, entre las
gallinas tontas y espantadizas y los pollitos feos del pescuezo pelado.

Pero desde que su padre la empezó a aficionar a trepar a los montes, cada vez le gustaba
más alejarse del pueblo; todo lo que él le enseñaba o lo que iba mirando ella sola, en las cum-   340
bres, entre los pies de los pinos, era lo que tenía verdadero valor de descubrimiento. Saltaba
en las puntas de los pies, dando chillidos, cada vez que se le escapaba un vilano, una lagartija
o una mariposa de las buenas. La mariposa paisana volaba cerca de la tierra, cabeceando, y
era muy fácil de coger, pero interesaba menos que una mosca. Era menuda, de color naranja
o marrón pinteada; por fuera como de ceniza. Por lo más adentrado del monte, las mariposas   345
que interesaban se cruzaban con los saltamontes, que siempre daban susto al aparecer,

---

[21] muro que sigue la dirección del río para evitar caídas
[22] pelo áspero
[23] objetos a los que se atribuye poder sobrenatural
[24] zanjas de desagüe a los lados de los caminos

desplegando sus alas azules. Pero Alina no tenía miedo de ningún bicho; ni siquiera de los caballitos del diablo que sólo andaban por lo más espeso, por donde también unas arañas enormes y peludas tendían entre los pinchos de los tojos sus gruesas telas, como hamacas. Los caballitos del diablo le atraían por lo espantoso, y los acechaba, conteniendo la respiración.   350

—Cállate, papá, que no se espante ése. Míralo ahí. Ahí—señalaba, llena de emoción.

Había unas flores moradas, con capullos secos enganchados en palito que parecían cascabeles de papel. Éstas eran el posadero de los caballitos del diablo, se montaban allí y quedaban balanceándose en éxtasis, con un ligero zumbido que hacía vibrar sus alas de tornasol, el cuerpo manchado de reptil pequeño, los ojos abultados y azules.   355

Un silencio aplastante, que emborrachaba, caía a mediodía verticalmente sobre los montes. Alina se empezó a escapar sola a lo intrincado y le gustaba el miedo que sentía algunas veces, de tanta soledad. Era una excitación incomparable la de tenderse en lo más alto del monte, en lo más escondido, sobre todo pensando en que a lo mejor la buscaban o la iban a reñir.   360

Su madre la reñía mucho, si tardaba; pero su padre apenas un poco las primeras veces, hasta que dejó de reñirla en absoluto, y no permitió tampoco que le volviera a decir nada su mujer.

—Si no me puedo quejar—decía, riéndose—. Si he sido yo quien le ha enseñado lo de andar por ahí sola, pateando la tierra de uno y sacándole sabor. Sale a mí clavada,[25] Herminia. No es malo lo que hace; es una hermosura. Y no te apures,[26] que ella no se pierde, no.   365

Y el abuelo Santiago, el padre de la madre, era el que más se reía. Él sí que no estaba nunca preocupado por la nieta.

—Dejarla—decía—, dejarla, que ésta llegará lejos y andará mundo. A mí se parece, Benjamín, más que a ti. Ella será la que continúe las correrías del abuelo. Como que se va a quedar aquí. Lo trae en la cara escrito lo de querer explorar mundo y escaparse.   370

—No, pues eso de las correrías sí que no—se alarmaba el maestro—. Esas ideas no se las meta usted en la cabeza, abuelo. Ella se quedará en su tierra, como el padre, que no tiene nada perdido por ahí adelante.

El abuelo había ido a América de joven. Había tenido una vida agitada e inestable y le habían ocurrido muchas aventuras. El maestro, en cambio, no había salido nunca de unos   375 pocos kilómetros a la redonda, y se jactaba de ello cada día más delante de la hija.

—Se puede uno pasar la vida, hija, sin perderse por mundos nuevos. Y hasta ser sabio. Todo es igual de nuevo aquí que en otro sitio; tú al abuelo no le hagas caso en esas historias de los viajes.

El abuelo se sonreía.

—Lo que sea ya lo veremos, Benjamín. No sirve que tú quieras o no quieras.   380

---

[25] *adj.* que se emplea para indicar que dos personas se parecen mucho
[26] te preocupes

A medida que crecía, Alina empezó a comprender confusamente que su abuelo y su padre parecían querer disputársela para causas contradictorias, aunque los detalles y razones de aquella sorda rivalidad se le escapasen. De momento la meta de sus ensueños era bajar a la ciudad a ver el río.

Recordaba ahora la primera vez que había ido con su padre a Orense, un domingo de verano, que había feria. La insistencia con que le pidió que la llevara y sus juramentos de que no se iba a quejar de cansancio. Recordaba, como la primera emoción verdaderamente seria de su vida, la de descubrir el río Miño de cerca, en plena tarde, tras la larga caminata, con un movimiento de muchas personas vestidas de colores, merendando en las márgenes, y de otras que bajaban incesantemente de los aserraderos[27] de madera a la romería.[28] Cerca del río estaba la ermita de los Remedios, y un poco más abajo, a la orilla, el campo de la feria con sus tenderetes que parecían esqueletos de madera. Estuvieron allí y el padre bebió y habló con mucha gente. Bailaban y cantaban, jugaban a las cartas. Vendían pirulís, pulpo, sombreros de paja, confites, pitos, pelotillas de goma y alpargatas. Pero Alina en eso casi no se fijó; lo había visto parecido por San Lorenzo, en la fiesta de la aldea. Miraba, sobre todo, el río, hechizada, sin soltarse al principio de la mano de su padre. Luego, más adelante, cuando el sol iba ya bajando, se quedó un rato sentada sola en la orilla (". . .que tengo cuidado. Déjame. De verdad, papá. . ."); y sentía todo el rumor de la fiesta a sus espaldas, mientras trataba de descubrir, mezcladas en la corriente del Miño, las pepitas de oro del afluente legendario, el Sil, que arrastra su tesoro, encañonado entre colinas de pizarra. No vio brillar ninguna de aquellas chispas maravillosas, pero el río se iba volviendo, con el atardecer, cada vez más sonrosado y sereno, y se sentía, con su fluir, la despedida del día. Había en la otra orilla unas yeguas que levantaban los ojos de vez en cuando, y un pescador, inmóvil, con la caña en ángulo. El rosa se espesaba en las aguas.

Luego, al volver, desde el puente, casi de noche, se veían lejos los montes y los pueblos escalonados en anfiteatro, anchos, azules, y, en primer término, las casas de Orense con sus ventanas abiertas, algunas ya con luces, otras cerradas, inflamados aún los cristales por un último resplandor de sol. Muchas mujeres volvían de prisa, con cestas a la cabeza, y contaban dinero, sin dejar de andar ni de hablar.

—Se nos ha hecho muy tarde, Benjamín; la niña va con sueño—decía un amigo del padre, que había estado con ellos casi todo el rato.

—¿Ésta?—contestaba el maestro, apretándole la mano—. No la conoces tú a la faragulla[29] esta. ¿Tienes sueño, faragulla?

—Qué va, papá, nada de sueño.

El maestro y su amigo habían bebido bastante, y se entretuvieron todavía un poco en unas tabernas del barrio de la Catedral.

Luego anduvieron por calles y callejas, cantando hasta salir al camino del pueblo, y allí el amigo se despidió. La vuelta era toda cuesta arriba, y andaban despacio.

—A lo mejor nos riñe tu madre.

—No, papá. Yo le digo que ha sido culpa mía; que me quise quedar más.

---

[27] lugar donde sierran la madera de los troncos de los árboles
[28] fiesta popular que se celebra en el campo junto a un santuario
[29] *gallego*: expresión para indicar algo pequeño; *aquí*, chica, muchacha

El maestro se puso a cantar, desafinando algo, una canción de la tierra, que cantaba muy a menudo, y que decía: ". . .aproveita[30] a boa vida—solteiriña non te cases—aproveita a boa vida— que eu sei de alguna casada—que chora de arrepentida." La cantó muchas veces.

—Tú siempre con tu padre, bonita—dijo luego—, siempre con tu padre.   425

Había cinco kilómetros de Orense a San Lorenzo. El camino daba vueltas y revueltas, a la luz de la luna.

—¿Te cansas?
—No, papá.
—Tu madre estará impaciente.   430

Cantaban los grillos. Luego pasó uno que iba al pueblo con su carro de bueyes, y les dijo que subieran. Se tumbaron encima del heno cortado.

—¿Lo has pasado bien, reina?
—¡Uy, más bien!

Y, oyendo el chillido de las ruedas, de cara a las estrellas, Alina tenía ganas de llorar.   435
A Eloy, el chico del vaquero, le contó lo maravilloso que era el río. Él ya había bajado a Orense varias veces porque era mayor que ella, y hasta se había bañado en el Miño, pero la escuchó hablar como si no lo conociera más que ahora, en sus palabras.
Eloy guardaba las vacas del maestro, que eran dos, y solía estar en un pequeño prado triangular que había en la falda del monte Ervedelo. Allí le venía a buscar Alina muchas tardes,   440
y es donde le había enseñado a leer. A veces el abuelo Santiago la acompañaba en su paseo y se quedaba sentado con los niños, contándoles las sempiternas historias de su viaje a América. Pero Alina no podía estar mucho rato parada en el mismo sitio.

—Abuelo, ¿puedo subir un rato a la peña grande con Eloy, y tú te quedas con las vacas, como ayer? Bajamos en seguida.   445

El abuelo se ponía a liar un pitillo.

—Claro, hija. Venir cuando queráis.

Y subían corriendo de la mano por lo más difícil, brincando de peña en peña hasta la cumbre.
¡Qué cosa era la ciudad, vista desde allí arriba! A partir de la gran piedra plana, donde se   450
sentaban, descendía casi verticalmente la maleza, mezclándose con árboles, piedras, cultivos, en un desnivel vertiginoso, y las casas de Orense, la Catedral, el río estaban en el hondón de todo aquello; caían allí los ojos sin transición y se olvidaban del camino y de la distancia. Al río se le reconocían las arrugas de la superficie, sobre todo si hacía sol. Alina se imaginaba lo bonito que sería ir montados los dos en una barca, aguas adelante.   455

---

[30] canción en gallego

—Hasta Tuy, ¿qué dices? ¿Cuánto tardaríamos hasta Tuy?

—No sé.

—A lo mejor muchos días, pero tendríamos cosas de comer.

—Claro, yo iría remando.

—Y pasaríamos a Portugal. Para pasar a Portugal seguramente hay una raya en el agua de   460
otro color más oscuro, que se notará poco, pero un poquito.

—¿Y dormir?

—No dormiríamos. No se duerme en un viaje así. Sólo mirar; mirando todo el rato.

—De noche no se mira, no se ve nada.

—Sí que se ve. Hay luna y luces por las orillas. Sí que se ve.   465

Nunca volvían pronto, como le habían dicho al abuelo.

—¿A ti qué te parece, que está lejos o cerca, el río?

—¿De aquí?

—Sí.

—A mí me parece que muy cerca, que casi puede uno tirarse. ¿A ti?   470

—También. Parece que si abro los brazos, voy a poder bajar volando. Mira, así.

—No lo digas—se asustaba Eloy, retirándola hacia atrás—, da vértigo.

—No, si no me tiro. Pero qué gusto daría, ¿verdad? Se levantaría muchísima agua.

—Sí.

El río era como una brecha, como una ventana para salir, la más importante, la que tenían   475
más cerca.

Una tarde, en uno de estos paseos, Eloy le contó que había decidido irse a América, en
cuanto fuese un poco mayor.

—¿Lo dices de verdad?

—Claro que lo digo de verdad.   480

Alina le miraba con mucha admiración.

—¿Cuándo se te ha ocurrido?

—Ya hace bastante, casi desde que le empecé a oír contar cosas a tu abuelo. Pero no estaba decidido como ahora. Voy a escribir a un primo que tengo allí. Pero es un secreto todo
esto, no se lo digas a nadie.   485

—Claro que no. Te lo juro. Pero, oye, necesitarás dinero.

—Sí, ya lo iré juntando. No te creas que me voy a ir en seguida.

—Pues yo que tú, me iría en seguida. Si no te vas en seguida, a lo mejor no te vas.

—Sí que me voy, te lo juro que me voy. Y más ahora que veo que a ti te parece bien.

Alina se puso a arrancar hierbas muy de prisa, y no hablaron en un rato.   490
Luego dijo él:

—¿Sabes lo que voy a hacer?

—¿Qué?

—Que ya no te voy a volver a decir nada hasta que lo tenga todo arreglado y te vea para despedirme de ti. Así verás lo serio que es. Dice mi padre, que cuando se habla mucho de 495 una cosa, que no se hace. Así que tú ya tampoco me vuelvas a preguntar nada, ¿eh?

—Bueno. Pero a ver si se te pasan las ganas por no hablar conmigo.

—No, mujer.

—Y no se lo digas a nadie más.

—A nadie. Sólo a mi primo, cuando le escriba, que no sé cuándo será. A lo mejor espero 500 a juntar el dinero.

No volvieron a hablar de aquello. Eloy se fue a trabajar a unas canteras[31] cercanas, de donde estaban sacando piedra para hacer el Sanatorio y se empezaron a ver menos. Alina le preguntó al abuelo que si el viaje a América se podía hacer yendo de polizón,[32] porque imaginaba que Eloy iría de esa manera, y, durante algún tiempo, escuchó las historias del abuelo con una 505 emoción distinta, pero en seguida volvió a sentirlas lejos, como antes, igual que leídas en un libro o pintadas sobre un telón de colores gastados. En el fondo, todo aquello de los viajes le parecía una invención muy hermosa, pero sólo una invención, y no se lo creía mucho. Eloy no se iría; ¿cómo se iba a ir?

Muchas veces, desde el monte Ervedelo, cuando estaba sola mirando anochecer y se 510 volvía a acordar de la conversación que tuvo allí mismo con su amigo, aunque trataba de sentir verdad que el sol no se había apagado, sino que seguía camino hacia otras tierras desconocidas y lejanas, y aunque decía muchas veces la palabra "América" y se acordaba de los dibujos del libro de Geografía, no lo podía, en realidad, comprender. Se había hundido el sol por detrás de las montañas que rodeaban aquel valle, y se consumía su reflejo en la 515 ciudad recién abandonada, envuelta en un vaho caliente todavía. Empezaban a encenderse bombillas. Cuántas ventanas, cuántas vidas, cuántas historias. ¿Se podía abarcar más? Todo aquello pequeñito eran calles, tiendas, personas que iban a cenar. Había vida de sobra allí abajo. Alina no podía imaginar tanta. Otros países grandes y florecientes los habría, los había sin duda; pero lo mismo daba. Cuando quedaban oscurecido el valle, manso y violeta el río; 520 cuando empezaban a ladrar los perros a la luna naciente y se apuntaba también el miedo de la noche, todo se resumía en este poco espacio que entraba por los ojos. El sol había soplado los candiles, había dicho "buenas noches;" dejaba la esperanza de verle alzarse mañana. Alina en esos momentos pensaba que tenía razón su padre, que era un engaño querer correr detrás del sol, soñarle una luz más viva en otra tierra. 525

Cuando cumplió los diez años, empezó a hacer el bachillerato.[33] Por entonces, la ciudad le era ya familiar. Su madre bajaba muchas veces al mercado con las mujeres de todas las aldeas que vivían de la venta diaria de unos pocos huevos, de un puñado de judías. Alina la acompañó cuestas abajo y luego arriba, adelantando a los otros grupos, dejándose adelantar por ellos o pasando a engrosarlos,[34] y escuchó en silencio, junto a su madre, las conversaciones que 530

---

[31] lugar de donde se saca piedra para la construcción
[32] el que viaja escondido para no pagar
[33] estudios preparatorios para la universidad
[34] juntarse a ellos

llevaban todas, mientras mantenían en equilibrio las cestas sobre la cabeza muy tiesa, sin mirarse, sin alterar el paso rítmico, casi militar. Ellas ponían en contacto las aldeas y encendían   535
sus amistades, contaban las historias y daban las noticias, recordaban las fechas de las fiestas.
Todo el cordón de pueblecitos dispersos, cercanos a la carretera, vertía desde muy temprano
a estas mensajeras, que se iban encontrando y saludando, camino de la ciudad, como bandadas
de pájaros parlanchines.[35] A Alina le gustaba ir con su madre, trotando de trecho en trecho
para adaptarse a su paso ligero. Y le gustaba oír la charla de las mujeres. A veces hablaban de
ella y le preguntaban cosas a la madre, que era seria y reconcentrada, más amiga de escuchar   540
que de hablar. Habían sabido que iba a ingresar la niña en el Instituto. La niña del maestro.

    —Herminia, ¿ésta va a ir a Orense al Ingreso?
    —Va.
    —Cosas del padre, claro.   545
    —Y de ella. Le gusta a ella.
    —¿A ti te gusta, nena?
    —Me gusta, sí señora.

Después, según fueron pasando los cursos, los comentarios se hicieron admirativos.

    —Dicen que vas muy bien en los estudios.   550
    —Regular.
    —No. Dicen que muy bien. ¿No va muy bien, Herminia?
    —Va bien, va.

Alina estudiaba con su padre, durante el invierno, y en junio bajaba a examinarse al Instituto por libre. Solamente a los exámenes de ingreso consintió que su padre asistiera. Lo hizo
cuestión personal.   555

    —Yo sola, papá. Si no, nada. Yo bajo y me examino y cojo las papeletas y todo. Si estáis
vosotros, tú sobre todo, me sale mucho peor.

Se había hecho independiente por completo, oriunda[36] del terreno, confiada, y era absolutamente natural verla crecer y desenredarse sola como a las plantas. Benjamín aceptó las   560
condiciones de la hija. Se jactaba de ella, la idealizaba en las conversaciones con los amigos.
Cada final de curso, varias horas antes del regreso de Alina, lo dejaba todo y salía a esperarla
a la tienda de Manuel, que estaba mucho antes del pueblo, al comienzo de los castaños de
Indias de la carretera, donde las mujeres que regresaban del mercado, en verano, se detenían
a descansar un poco y a limpiarse el sudor de la frente debajo de aquella primera sombra uniforme. Casi siempre alguna de ellas, que había adelantado a Alina por el camino arriba, le   565
traía la noticia al padre antes de que llegara ella.

    —Ahí atrás viene. Le pregunté. Dice que trae sobresalientes,[37] no sé cuántos.
    —No la habrán suspendido[38] en ninguna.

---

[35] que hablan mucho
[36] nativa
[37] las notas más altas
[38] suspender: no aprobar una asignatura

—Bueno, hombre, bueno. ¡La van a suspender!

—¿Tardará?

—No sé. Venía despacio.

570

Alina venía despacio. Volvía alegre, de cara al verano. Nunca había mirado con tanta hermandad y simpatía a las gentes con las que se iba encontrando, como ahora en estos regresos, con sus papeletas recién dobladas dentro de los libros. Formaban un concierto aquellas gentes con las piedras, los árboles y los bichos de la tierra. Todo participaba y vivía conjuntamente: eran partículas que tejían el mediodía infinito, sin barreras. En la tienda de Manuel 575 se detenía. Estaba Benjamín fuera, sentado a una mesa de madera, casi nunca solo, y veía ella desde lejos los pañuelos que la saludaban.

—Ven acá, mujer. Toma una taza de vino, como un hombre, con nosotros—decía el padre, besándola.

Y ella descansaba allí, bebía el vino fresco y agrio. Y entre el sol de la caminata, la emo- 580 ción, el vino y un poquito de vergüenza, las mejillas le estallaban de un rojo bellísimo, el más vivo y alegre que el maestro había visto en su vida.

—Déjame ver, anda. Trae esas papeletas.

—Déjalo ahora, papá. Buenas notas, ya las verás en casa.

—¿Qué te preguntaron en Geografía?   585

—Los ríos de América. Tuve suerte.

—¿Y en Historia Natural?

—No me acuerdo, . . . ah, sí, los lepidópteros.

—Pero deja a la chica, hombre, déjala ya en paz—intervenían los amigos.

En casa, el abuelo Santiago lloraba. No podía aguantar la emoción y se iba a un rincón 590 de la huerta, donde Alina le seguía y se ponía a consolarle como de una cosa triste. Le abrazaba. Le acariciaba la cabeza, las manos rugosas.[39]

—Esta vez sí que va de verdad, hija. Es la última vez que veo tus notas. Lo sé yo, que me muero este verano.

Al abuelo, con el pasar de los años, se le había ido criando un terror a la muerte que llegó 595 casi a enfermedad. Estaba enfermo de miedo, seco y nervioso por los insomnios. Se negaba a dormir porque decía que la muerte viene siempre de noche y hay que estar velando para espantarla. Tomaba café y pastillas para no dormir, y lloraba muchas veces, durante la noche, llamando a los de la casa, que ya no hacían caso ninguno de sus manías, y le oían gemir como al viento. Alina tenía el sueño muy duro, pero era la única que acudía a consolarle, alguna 600 vez, cuando se despertaba. Le encontraba sentado en la cama, con la luz encendida, tensa su figurilla enteca que proyectaba una inmensa sombra sobre la pared; en acecho, como un vigía.[40] Efectivamente, casi todos los viejos de la aldea se quedaban muertos por la noche, mientras dormían, y nadie sentía llegar estas muertes, ni se molestaban en preguntar el motivo de ellas. Eran gentes delgadas y sufridas, a las que se había ido nublando la mirada, y que a lo

[39] con arrugas

[40] centinela

mejor no habían visto jamás al médico. También el abuelo había estado sano siempre, pero   605
era de los más viejos que quedaban vivos, y él sabía que le andaba rondando la vez.

Las últimas notas de Alina que vio fueron las de quinto curso. Precisamente aquel año la
abrazó más fuerte y lloró más que otras veces, tanto que el padre se tuvo que enfadar y le
llamó egoísta, le dijo que aguaba la alegría de todos. Alina tuvo toda la tarde un nudo en la
garganta, y por primera vez pensó que de verdad el abuelo se iba a morir. Le buscó en la   610
huerta y por la casa varias veces aquella tarde, a lo largo de la fiesta que siempre celebraba el
maestro en el comedor, con mucha gente. Merendaron empanada, rosquillas y vino y cantaron mucho. Por primera vez había también algunos jóvenes. Un sobrino del dueño del
Pazo,[41] que estudiaba primero de carrera tocaba muy bien la guitarra y cantaba canciones
muy bonitas. Habló bastante con Alina, sobre todo de lo divertido que era el invierno en   615
Santiago de Compostela, con los estudiantes. Ya, por entonces, estaba casi decidido que Alina
haría la carrera de Letras en Santiago, y ella se lo dijo al chico del Pazo. Era simpático, y la
hablaba con cierta superioridad, pero al mismo tiempo no del todo como a una niña. Alina
lo habría pasado muy bien si no estuviera todo el tiempo preocupada por el abuelo, que había
desaparecido a media tarde, después de que el maestro le había reprendido con irritación,   620
como a un ser molesto. No le pudo encontrar, a pesar de que salió a los alrededores de la casa
varias veces, y una de ellas se dio un llegón corriendo hasta el cruce de la iglesia y le llamó
a voces desde allí.

Volvió el abuelo por la noche, cuando ya se habían ido todos los amigos y había pasado
la hora de la cena, cuando la madre de Alina empezaba a estar también muy preocupada. Traía   625
la cabeza baja y le temblaban las manos. Se metió en su cuarto, sin que las palabras que ellos
le dijeron lograsen aliviar su gesto contraído.

—Está loco tu padre, Herminia, loco—se enfadó el maestro, cuando le oyeron que
cerraba la puerta—. Debía verle un médico. Nos está quitando la vida.

Benjamín estaba excitado por el éxito de la hija y por la bebida, y tenía ganas de discutir   630
con alguien. Siguió diciendo muchas cosas del abuelo, sin que Alina ni su madre le secun-
daran.[42] Luego se fueron todos a la cama.

Pero Alina no durmió. Esperó un rato y escapó de puntillas al cuarto del abuelo. Aquella
noche, tras sus sobresalientes de quinto curso, fue la última vez que habló largo y tendido[43]
con él. Se quedaron juntos hasta la madrugada, hasta que consiguió volver a verle confiado,   635
ahuyentado el desamparo de sus ojos turbios que parecían querer traspasar la noche, verla rajada por chorros de luz.

—No te vayas, hija, espera otro poco—le pedía a cada momento, él, en cuanto la conversación languidecía.

—Si no me voy. No te preocupes. No me voy hasta que tú quieras.   640

—Que no nos oiga tu padre. Si se entera de que estás sin dormir por mi culpa, me mata.

—No nos oye, abuelo.

---

[41] casas señoriales con fincas de Galicia
[42] contradijeran
[43] por mucho tiempo

Y hablaban en cuchicheo,[44] casi al oído, como dos amantes.

—¿Tú no piensas que estoy loco, verdad que no?
—Claro que no.   645
—Dímelo de verdad.
—Te lo juro, abuelo.—Y a Alina le temblaba la voz—. Me pareces la persona más seria de
la casa.
—Me dicen que soy como un niño, pero no. Soy un hombre. Es que, hija de mi alma, la
cosa más seria que le puede pasar a un hombre es morirse. Hablar es el único consuelo. Es-   650
taría hablando todo el día, si tuviera quien me escuchara. Mientras hablo, estoy todavía vivo,
y le dejo algo a los demás. Lo terrible es que se muera todo con uno, toda la memoria de las
cosas que se han hecho y se han visto. Entiende esto, hija.
—Lo entiendo, claro que lo entiendo.

Lloraba el abuelo.   655

—Lo entiendes, hija, porque sólo las mujeres entienden y dan calor. Por muy viejo que
sea un hombre, delante de otro hombre tiene vergüenza de llorar. Una mujer te arropa,[45]
aunque también te traiga a la tierra y te ate, como tu abuela me ató a mí. Ya no te mueves
más, y ves que no valías nada. Pero sabes lo que es la compañía. La compañía de uno, mala
o buena, se la elige uno.   660

Desvariaba[46] el abuelo. Pero hablando, hablando le resucitaron los ojos y se le puso una
voz sin temblores. La muerte no le puede coger desprevenido a alguien que está hablando.
El abuelo contó aquella noche, enredadas, todas sus historias de América, de la abuela Rosa,
de gentes distintas cuyos nombres equivocaba y cuyas anécdotas cambiaban de sujeto, historias desvaídas de juventud. Era todo confuso, quizá más que ninguna vez de las que habían   665
hablado de lo mismo, pero en cambio, nunca le había llegado a Alina tan viva y estremece-
dora como ahora la desesperación del abuelo por no poder moverse ya más, por no oír la voz
de tantas personas que hay en el mundo contando cosas y escuchándolas, por no hacer tantos viajes como se quedan por hacer y aprender tantas cosas que valdrían la pena; y comprendía que quería legársela a ella aquella sed de vida, aquella inquietud.   670

—Aquí, donde estoy condenado a morir, ya me lo tengo todo visto, sabido de memoria. Sé cómo son los responsos que me va a rezar el cura, y la cara de los santos de la iglesia
a los que me vais a encomendar, he contado una por una las hierbas del cementerio. La única
curiosidad puede ser la de saber en qué día de la semana me va a tocar la suerte. Tu abuela
se murió en domingo, en abril.   675
—¿Mi abuela cómo era?
—Brava, hija, valiente como un hombre. Tenía cáncer y nadie lo supo. Se reía. Y además
se murió tranquila. Claro, porque yo me quedaba con lo de ella—¿tú entiendes?—, con los
recuerdos de ella—quiero decir—, que para alguien no se habían vuelto todavía inservibles.
Lo mío es distinto, porque yo la llave de mis cosas, de mi memoria, ¿a quién se la dejo?   680

---

[44] en voz baja y al oído
[45] *fig.* protege
[46] deliraba

—A mí, abuelo. Yo te lo guardo todo—dijo Alina casi llorando—. Cuéntame todo lo que quieras. Siempre me puedes estar dando a guardar todo lo tuyo, y yo me lo quedaré cuando te mueras, te lo juro.

Hacia la madrugada, fue a la cocina a hacer café y trajo las dos tazas. Estaba desvelada completamente.

685

—Abuelo, dice papá que yo no me case, siempre me está diciendo eso. ¿Será verdad que no me voy a casar? ¿Tú qué dices?
—Claro que te casarás.
—Pues él dice que yo he nacido para estar libre.
—Nunca está uno libre; el que no está atado a algo, no vive. Y tu padre lo sabe. Quiere 690
ser él tu atadura, eso es lo que pasa, pero no lo conseguirá.
—Sí lo consigue. Yo le quiero más que a nadie.
—Pero no es eso, Alina. Con él puedes romper, y romperás. Las verdaderas ataduras son las que uno escoge, las que se busca y se pone uno solo, pudiendo no tenerlas.

Alina, aunque no lo entendió del todo, recordó durante mucho tiempo esta conversación. 695
A los pocos días se encontró con Eloy en la carretera. Estaba muy guapo y muy mayor. Otras veces también le había visto, pero siempre de prisa, y apenas se saludaban un momento. Esta vez, la paró y le dijo que quería hablar con ella.

—Pues habla.
—No, ahora no. Tengo prisa. 700
—¿Y cuándo?
—Esta tarde, a las seis, en Ervedelo. Trabajo allí cerca.

Nunca le había dado nadie una cita, y era rarísimo que se la diera Eloy. Por la tarde, cuando salió de casa, le parecía por primera vez en su vida que tenía que ocultarse. Salió por la puerta de atrás, y a su padre, que estaba en la huerta, le dio miles de explicaciones de las ganas que 705
le habían entrado de dar un paseo. También le molestó encontrarse, en la falda del monte, con el abuelo Santiago, que era ahora quien guardaba la única vaca vieja que vivía, "Pintera." No sabía si pararse con él o no, pero por fin se detuvo porque le pareció que la había visto. Pero estaba medio dormido y se sobresaltó:

—Hija, ¿qué hora es? ¿Ya es de noche? ¿Nos vamos? 710
—No, abuelo. ¿No ves que es de día? Subo un rato al monte.
—¿Vas a tardar mucho?—le preguntó él—. Es que estoy medio malo.

Levantaba ansiosamente hacia ella los ojos temblones.

—No, subo sólo un rato. ¿Qué te pasa? 715
—Nada, lo de siempre: el nudo aquí. ¿Te espero, entonces?
—Sí, espérame y volvemos juntos.
—¿Vendrás antes de que se ponga el sol?
—Sí, claro.

—Por el amor de Dios, no tardes, Adelaida. Ya sabes que en cuanto se va el sol, me en- 720
tran los miedos.

—No tardo, no. No tardo.

Pero no estaba en lo que decía. Se adentró en el pinar con el corazón palpitante, y, sin
querer, echó a andar más despacio. Le gustaba sentir crujir las agujas de pino caídas en el sol
y en la sombra, formando una costra de briznas[47] tostadas. Se imaginaba, sin saber por qué,
que lo primero que iba a hacer Eloy era cogerle una mano y decirle que la quería, tal vez in- 725
cluso a besarla. Y ella, ¿qué podría hacer si ocurría algo semejante? ¿Sería capaz de decir
siquiera una palabra?

Pero Eloy sólo pretendía darle la noticia de su próximo viaje a América. Por fin sus parientes le habían reclamado, y estaba empezando a arreglar todos los papeles.

—Te lo cuento, como te prometí cuando éramos pequeños. Por lo amigos que éramos 730
entonces, y porque me animaste mucho. Ahora ya te importará menos.

—No, no me importa menos. También somos amigos ahora. Me alegro de que se te haya
arreglado. Me alegro mucho.

Pero tenía que esforzarse para hablar. Sentía una especie de decepción, como si este viaje
fuera diferente de aquel irreal y legendario, que ella había imaginado para su amigo en esta 735
cumbre del monte, sin llegarse a creer que de verdad lo haría.

—¿Y tendrás trabajo allí?

—Sí, creo que me han buscado uno. De camarero. Están en Buenos Aires y mi tío ha
abierto un bar.

—Pero tú de camarero no has trabajado nunca. ¿Te gusta? 740

—Me gusta irme de aquí. Ya veremos. Luego haré otras cosas. Se puede hacer de todo.

—¿Entonces, estás contento de irte?

—Contento, contento. No te lo puedo ni explicar. Ahora ya se lo puedo decir a todos.
Tengo junto bastante dinero, y si mis padres no quieren, me voy igual.

Le brillaban los ojos de alegría, tenía la voz segura. Alina estaba triste, y no sabía expli- 745
carse por qué. Luego bajaron un poco y subieron a otro monte de la izquierda, desde el cual
se veían las canteras donde Eloy había estado trabajando todo aquel tiempo. Sonaban de vez
en cuando los barrenos[48] que atronaban el valle, y los golpes de los obreros abriendo las masas
de granito, tallándolas en rectángulos lisos, grandes y blancos. Eloy aquella tarde había perdido el trabajo por venir a hablar con Alina y dijo que le daba igual, porque ya se pensaba 750
despedir. Se veían muy pequeños los hombres que trabajaban, y Eloy los miraba con curiosidad y atención, desde lo alto, como si nunca hubieran sido sus compañeros.

—Me marcho, me marcho—repetía.

---

[47] filamentos
[48] herramienta o máquina para talarar y cortar las rocas

Atardeció sobre Orense. Los dos vieron caer la sombra encima de los tejados de la ciudad, cegar al río. Al edificio del Instituto le dio un poco de sol en los cristales hasta lo último. Alina 755
lo localizó y se lo enseñó a Eloy, que no sabía dónde estaba. Tuvo que acercar mucho su cara a la de él.

—Mira; allí. Allí. . .

Hablaron del Instituto y de las notas de Alina.

—El señorito del Pazo dice que eres muy lista, que vas a hacer carrera. 760
—Bueno, todavía no sé.
—Te pone por las nubes.
—Si casi no le conozco. ¿Tú cuándo le has visto?
—Le veo en la taberna. Hemos jugado a las cartas. Hasta pensé: "A lo mejor quiere a
Alina." 765

La miraba. Ella se puso colorada.

—¡Qué tontería! Sólo le he visto una vez. Y además, Eloy, tengo quince años. Parece mentira que digas eso.

Tenía ganas de llorar.

—Ya se es una mujer con quince años—dijo él alegremente, pero sin la menor tur- 770
bación—. ¿O no? Tú sabrás.
—Sí, bueno, pero. . .
—¿Pero qué?
—Nada.
—Tienes razón, mujer. Tiempo hay, tiempo hay. Y Eloy se rió. Parecía de veinte años o 775
mayor, aunque sólo le llevaba dos a ella. "Estará harto de tener novias—pensó Alina—. Me quiere hacer rabiar."

Bajaron en silencio por un camino que daba algo de vuelta. Era violento tenerse que agarrar alguna vez de la mano, en los trozos difíciles. Ya había estrellas. De pronto Alina se acordó del abuelo y de lo que le había prometido de no tardar, y se le encogió el corazón. 780

—Vamos a cortar por aquí. Vamos de prisa. Me está esperando.
—Bueno, que espere.
—No puede esperar. Le da miedo. Vamos, oye. De verdad.

Corrían. Salieron a un camino ya oscuro y pasaron por delante de la casa abandonada, que había sido del cura en otro tiempo y luego se la vendió a unos señores que casi no venían 785
nunca. La llamaban "la casa del camino" y ninguna otra casa le estaba cerca. A la puerta, y por el balcón de madera carcomida, subía una enredadera de pasionarias, extrañas flores como de carne pintarrajeada, de mueca grotesca y mortecina, que parecían rostros de payasa vieja. A Alina, que no tenía miedo de nada, le daban miedo estas flores, y nunca las había visto en otro sitio. Eloy se paró y arrancó una. 790

—Toma.

—¿Que tome yo? ¿Por qué?—se sobrecogió ella sin coger la flor que le alargaba su amigo.

—Por nada, hija. Porque me voy; un regalo. Me miras de una manera rara, como con miedo. ¿Por qué me miras así?

—No; no la quiero. Es que no me gustan, me dan grima.[49]   795

—Bueno—dijo Eloy. Y la tiró—. Pero no escapes.

Corrían otra vez.

—Es por el abuelo. Tengo miedo por él—decía Alina, casi llorando, descansada de tener un pretexto para justificar su emoción de toda la tarde—. Quédate atrás tú, si quieres.

—Pero ¿qué le va a pasar al abuelo? ¿Qué le puede pasar?   800

—No sé. Algo. Tengo ganas de llegar a verle.

—¿Prefieres que me quede o que vaya contigo?

—No. Mejor ven conmigo. Ven tú también.

—Pues no corras así.

Le distinguieron desde lejos, inmóvil, apoyado en el tronco de un nogal, junto a la vaca, 805
que estaba echada en el suelo.

—¿Ves cómo está allí?—dijo Eloy.

Alina empezó a llamarle, a medida que se acercaba:

—Que ya vengo, abuelo. Que ya estoy aquí. No te asustes. Somos nosotros. Eloy y yo.

Pero él no gemía, como otras veces, no se incorporaba. Cuando entraron agitadamente en el 810
prado, vieron que se había quedado muerto, con los ojos abiertos, impasibles. Las sombras se
tendían pacíficamente delante de ellos, caían como un telón, anegaban[50] el campo y la aldea.

A partir de la muerte del abuelo y de la marcha de Eloy, los recuerdos de Alina toman otra
vertiente más cercana, y todos desembocan en Philippe. Es muy raro que estos recuerdos sean
más confusos que los antiguos, pero ocurre así.   815

Los dos últimos cursos de bachillerato, ni sabe cómo fueron. Vivía en la aldea, pero con
el solo pensamiento de terminar los estudios en el Instituto para irse a Santiago de Compostela. Ya vivía allí con la imaginación, y ahora, después de los años, lo que imaginaba se
enreda y teje con lo que vivió de verdad. Quería escapar, cambiar de vida. Se hizo huraña[51]
y estaba siempre ausente. Empezó a escribir versos que guardaba celosamente y que hasta que 820
conoció a Philippe no había enseñado a nadie, ni a su padre siquiera. Muchas veces se iba a
escribir al jardín que rodeaba la iglesia, cerca de la tumba del abuelo. Aquello no parecía un
cementerio, de los que luego conoció Alina, tan característicos. Cantaban los pájaros y andaban por allí picoteando las gallinas del cura. Estaban a dos pasos los eucaliptos y los pinos,
todo era uno. Muchas veces sentía timidez de que alguien la encontrase sola en lugares así, y 825
se hacía la distraída para no saludar al que pasaba, aunque fuese un conocido.

---

[49] horror

[50] inundaban

[51] persona que huye de la gente; introvertida

—Es orgullosa—empezaron a decir en el pueblo—. Se le ha subido a la cabeza lo de los estudios.

A las niñas que habían jugado con ella de pequeña se les había acercado la juventud, es-   830
tallante y brevísima, como una huella roja. Vivían todo el año esperando las fiestas del Patrón
por agosto, de donde muchas salían con novio y otras embarazadas. Algunas de las de su edad
ya tenían un hijo. Durante el invierno se las encontraba por la carretera, descalzas, con sus
cántaros a la cabeza, llevando de la mano al hermanito o al hijo. Cargadas, serias, respon-
sables. También las veía, curvadas hacia la tierra para recoger patatas o piñas.[52] Y le parecía   835
que nunca las había mirado hasta entonces. Nunca había encontrado esta dificultad para comunicarse con ellas ni había sentido la vergüenza de ser distinta. Pero tampoco, como ahora,
esta especie de regodeo[53] por saber que ella estaba con el pie en otro sitio, que podría evadirse
de este destino que la angustiaba. Iba con frecuencia a confesarse con don Félix y se acusaba
de falta de humildad.   840

—Pues trabaja con tu madre en la casa, hija—le decía el cura—, haz trabajos en el campo,
habla con toda la gente, como antes hacías.

Luego, rezando la penitencia, se pasaba largos ratos Alina en la iglesia vacía por las tardes,
con la puerta al fondo, por donde entraban olores y ruidos del campo, abierta de par en par.
Clavaba sus ojos, sin tener el menor pensamiento, en la imagen de San Roque, que tenía el   845
ala del sombrero levantada y allí, cruzadas dos llaves, pintadas de purpurina. Le iba detallando
los ojos pasmados, la boca que asomaba entre la barba, con un gesto de guasa,[54] como si estuviera disfrazado y lo supiera. Llevaba una esclavina oscura con conchas de peregrino y debajo una túnica violeta, que se levantaba hasta el muslo con la mano izquierda para enseñar
una llaga pálida, mientras que con la derecha agarraba un palo rematado por molduras. El
perro que tenía a sus pies, según del lado que se le mirara, parecía un cerdo flaco o una oveja.   850
Levantaba al santo unos ojos de agonía.

—Se me quita la devoción, mirando ese San Roque—confesaba Alina al cura—. Me
parece mentira todo lo de la iglesia, no creo en nada de nada. Me da náusea.
—¡Qué cosa más rara, hija, una imagen tan milagrosa! Pero nada—se alarmaba don   855
Félix—, no vuelvas a mirarla. Reza el rosario en los pinos como hacías antes, o imagínate a
Dios a tu manera. Lo que sea, no importa. Tú eres buena, no te tienes que preocupar tanto
con esas preguntas que siempre se te están ocurriendo. Baila un poquito en estas fiestas que
vienen. Eso tampoco es malo a tu edad. Diviértete, hija.—Se reía—. Dirás que qué peni-
tencia tan rara.   860

El maestro, que siempre había sido bastante anticlerical, empezó a alarmarse.

—Pero, Herminia, ¿qué hace esta chica todo el día en la iglesia?
—Que haga lo que quiera. Déjala.
—¿Que la deje? ¿Cómo la voy a dejar? Se nos mete monja por menos de un pelo.

---

[52] fruta del pino (piñones)
[53] placer grosero
[54] burla

—Bueno, hombre, bueno. 865
—Pero ¿cómo no te importa lo que te digo, mujer? Tú no te inmutas por nada. Eres como de corcho.
—No soy de corcho, pero dejo a la hija en paz. Tú la vas a aburrir, de tanto estar pendiente de lo que hace o lo que no hace.
—Pero dile algo tú. Eso son cosas tuyas. 870
—Ya es mayor. Díselo tú, si quieres, yo no le digo nada. No veo que le pase nada de particular.
—Sí que le pasa. Tú no ves más allá de tus narices. Está callada todo el día. Ya no habla conmigo como antes, me esconde las cosas que escribe.
—Bueno, y qué. Porque crece. No va a ser siempre como de niña. Son cosas del cre- 875 cimiento, de que se va a separar. Se lo preguntaré a ella lo que le pasa.

Y Alina siempre decía que no le pasaba nada.

—¿No será que estudias demasiado?
—No, por Dios, papá. Al contrario. Si eso es lo que más me divierte.
—Pues antes comías mejor, estabas más alegre, cantabas. 880
—Yo estoy bien, te lo aseguro.
—Verás este año en las fiestas. Este año nos vamos a divertir. Va a ser sonada, la romería de San Lorenzo.

Aquel verano, el último antes de empezar Alina la carrera,[55] se lo pasó Benjamín, desde junio, haciendo proyectos para la fiesta del Patrón que era a mediados de agosto. Quería ce- 885 lebrar por todo lo alto que su hija hubiese acabado el bachillerato y quería que ella se regocijase con él, preparando las celebraciones. Pidió que aquel año le nombrasen mayordomo de la fiesta. Los mayordomos se elegían cada año entre los cuatro o cinco mejor acomodados de la aldea y ellos corrían con gran parte del gasto. En general todos se picaban y querían deslumbrar a los demás; pensaban que el San Lorenzo que patrocinaban ellos había de tener 890 más brillo que ninguno, aunque las diferencias de unos años a otros fueran absolutamente insensibles y nadie se apercibiera de que había variado alguna cosa. El maestro, aquel año, soñaba con que su nombre y el de la hija se dijeran en Verín y en Orense.

—Nos vamos a arruinar, hombre—protestaba Herminia, cada vez que le veía subir de Orense con una compra nueva. 895
—Bueno, ¿y qué si nos arruinamos?
—No, nada.

Compró cientos de bombas y cohetes. Alquiló a un pirotécnico para los fuegos artificiales, que en el pueblo nunca se habían visto. Contrató a la mejor banda de música del contorno, atracciones nuevas de norias y tiovivos.[56] Mandó adornar todo el techo del campo donde se 900 iba a celebrar la romería con farolillos y banderas, instaló en la terraza de su propia casa un pequeño bar con bebidas, donde podía detenerse todo el mundo, a tomar un trago gratis.

---

[55] los estudios universitarios
[56] diversiones de ferias

—El maestro echa la casa por la ventana[57]—comentaban.
—La echa, así.

Días antes había bajado a la ciudad con Adelaida y había querido comprarle un traje de   905
noche en una tienda elegante. La llevó al escaparate con mucha ilusión. Era azul de glasé y
tenía una rosa en la cintura.

—Que no, papá. Que yo eso no me lo pongo, que me da mucha vergüenza a mí ponerme
eso. No te pongas triste. Es que no puedo, de verdad. Anda, vamos.
—Pero ¿cómo "vamos"? ¿No te parece bonito?   910
—Muy bonito, sí. Pero no lo quiero. No me parece propio. Compréndelo, papá. Te lo
agradezco mucho. Parece un traje de reina, o no sé.
—Claro, de reina. Para una reina.

No lo podía entender. Insistía en que entrase a probárselo para que se lo viese él puesto,
por lo menos unos instantes. Pero no lo consiguió. Terminaron en una de aquellas tiendas de   915
paños del barrio antiguo, hondas y solitarias como catedrales, y allí se eligió Alina dos cortes
de vestido de cretona estampada que le hizo en tres días la modista de la aldea. Volvieron muy
callados todo el camino, con el paquete.

No fueron para Alina aquellas fiestas diferentes de las de otros años, más que en que se
tuvo que esforzar mucho para esconder su melancolía, porque no quería nublar el gozo de   920
su padre. No sabía lo que le pasaba, pero su deseo de irse era mayor que nunca. Se sentía atra-
pada, girando a disgusto en una rueda vertiginosa. Se reía sin parar, forzadamente, y a cada
momento se encontraba con los ojos del padre que buscaban los suyos para cerciorarse[58] de
que se estaba divirtiendo. Bailó mucho y le dijeron piropos, pero de ningún hombre le quedó
recuerdo.   925

—Ya te estaba esperando a ti en esa fiesta—le dijo a Philippe poco tiempo más tarde,
cuando le contó cosas de este tiempo anterior a su encuentro—. Era como si ya te conociera
de tanto como te echaba de menos, de tanto como estaba reservando mi vida para ti.

Benjamín perdió a su hija en aquellas fiestas, a pesar de que Philippe, el rival de carne y
hueso, no hubiese aparecido todavía. Pero no se apercibió. Anduvo dando vueltas por el   930
campo de la romería, de unos grupos a otros, desde las primeras horas de la tarde, y estaba
orgulloso recibiendo las felicitaciones de todo el mundo. Descansaba del ajetreo[59] de los días
anteriores.
La romería se celebraba en un soto de castaños y eucaliptos a la izquierda de la carretera.
Los árboles eran viejos, y muchos se secaban poco a poco. Otros los habían ido cortando, y   935
dejaron el muñón de asiento para las rosquilleras. Las que llegaban tarde se sentaban en el
suelo, sobre la hierba amarillenta y pisoteada, y ponían delante la cesta con la mercancía. En
filas de a tres o cuatro, con pañuelos de colores a la cabeza. Vendían rosquillas de Rivadavia,
peras y manzanas, relojitos de hora fija, pitos, petardos.[60] Estaban instaladas desde por la
mañana las barcas voladoras pintadas de azul descolorido y sujetas por dos barras de hierro a   940

---

[57] *expresión que se emplea cuando se gasta mucho dinero sin preocuparse*
[58] asegurarse
[59] trabajo arduo
[60] paquetes de pólvora que hacen mucho ruido al estallar

un cartel alargado, donde se leía: "LA ALEGRÍA— ODILO VARELA." Otros años las ponían cerca de la carretera, y a Odilo Varela, que ya era popular, le ayudaban todos los niños del pueblo trayendo tablas y clavos. Pero esta vez habían venido también automóviles de choque y una noria, y las barcas voladoras pasaron a segundo término.

También desde por la mañana, muy temprano, habían llegado los pulperos,[61] los indis- 945
pensables, solemnes pulperos de la feria. Este año eran tres. El pulpero era tan importante como la banda de música, como la misa de tres curas, como los cohetes que estremecían la montaña. Los chiquillos rondaban los estampidos de los primeros cohetes para salir corriendo a buscar la vara. Y también acechaban la llegada del primer pulpero para salir corriendo por la aldea a dar la noticia. El pulpero, entretanto, preparaba parsimoniosamente sus bártulos, 950
consciente de la dignidad de su cargo, de su valor en la fiesta. Escogía, tras muchas inspecciones del terreno, el lugar más apropiado para colocar la inmensa olla de hierro renegrido. La cambiaba varias veces. Un poco más arriba. Donde diera menos el aire. Una vez asentada definitivamente, sobre sus patas, la llenaba de agua y amontonaba debajo hojas secas, ramas y cortezas que iba juntando y recogiendo con un palo. A esto le ayudaban los chiquillos, cada 955
vez más numerosos, que le rodeaban. Luego prendía la hoguera, y, cuando el agua empezaba a hervir, sacaba el pulpo para echarlo a la olla. Éste era el momento más importante de la ceremonia, y ya se había juntado mucha gente para verlo. El pulpo seco como un esqueleto, con sus brazos tiesos llenos de arrugas, se hundía en el agua para transformarse. El pulpero echaba un cigarro, y contestaba sin apresurarse a las peticiones de las mujeres que se habían 960
ido acercando y empezando a hacerle encargos, mientras, de vez en cuando, revolvía dentro de la olla con su largo garfio de hierro. El caldo del pulpo despedía por sus burbujas un olor violento que excitaba y alcanzaba los sentidos, como una llamarada.

Por la tarde, este olor había impregnado el campo y se mezclaba con el de anguilas fritas. También venían de cuando en cuando, entre el polvo que levantaban las parejas al bailar, otras 965
ráfagas frescas de olor a eucaliptos y a resina. Alina las bebía ansiosamente, respiraba por encima del hombro de su compañero de baile, miraba lejos, a las copas oscuras de los pinos, a las montañas, como asomada a una ventana.

—Parece que se divierte tu chica—le decían al maestro los amigos.

—Se divierte, sí, ya lo veo. No deja de bailar. Y lo que más me gusta es que baila con to- 970
dos. No está en edad de atarse a nadie.

—Se atará, Benjamín, se atará.

—Pero hay tiempo. Ahora, en octubre va a la Universidad. Hará su carrera. Buena gana tiene ella de pensar en novios. Ésta sacará una oposición, ya lo veréis. Le tiran mucho los estudios. 975

Desde la carretera hasta donde estaba el templete de los músicos, con su colgadura de la bandera española, todo el campo de la romería estaba cuajado a ambos lados de tenderetes de vinos y fritangas,[62] con sus bancos de madera delante, y sobre el mostrador se alineaban los porrones de vino del Ribero y las tacitas de loza blanca, apiladas casi hasta rozar los rabos de las anguilas[63] que pendían medio vivas todavía, enhebradas de diez a doce por las cabezas. 980
El maestro no perdía de ojo a la chica, ni dejaba de beber; se movía incesantemente de una

---

[61] *consulta el código folclórico.*

[62] cosas fritas

[63] peces con cuerpos como serpientes

parte a otra. Alina sonreía a su padre, cuando le pasaba cerca, bailando, pero procuraba empujar a su pareja hacia la parte opuesta para esquivar[64] estas miradas indagadoras que la desasosegaban. Contestaba maquinalmente, se reía, giraba. ("Bailas muy bien.""Perdona, te he pisado.""¿Y vas a ser maestra"?) Se dejaba llevar, entornando los ojos. A veces tropezaba con   985
una pareja de niñas que se ensayaban para cuando mozas, y que se tambaleaban, mirándolas muerta de risa. Anochecía. Los niños buscaban los pies de los que bailaban con fuegos y petardos, y después escapaban corriendo. Ensordecía el chillido de los pitos morados que tienen en la punta ese globo que se hincha al soplar y después se deshincha llorando. Casi no se oía la música. Cuando se paraba, sólo se enteraba Alina porque su compañero se paraba   990
también. Se soltaban entonces.

—Gracias.
—A ti, bonita.

Y el padre casi todas las veces se acercaba entonces para decirle algo, o para llevársela a dar una vuelta por allí con él y los amigos, hasta que veía que los músicos volvían a coger los ins-   995
trumentos. La llevó a comer el pulpo, que pedía mucho vino. Le divertía a Benjamín coger él mismo la gran tijera del pulpero y cortar el rabo recién sacado de la olla. Caían en el plato de madera las rodajitas sonrosadas y duras, por fuera con su costra de granos amoratados. El pulpero las rociaba de aceite y pimentón.

—Resulta bien esto, ¿eh, reina?   1000
—Sí, papá.
—Me gusta tanto ver lo que te diviertes. ¿Ves?, ya te lo decía yo que ibas a bailar todo el tiempo.
—Sí, bailo mucho.
—Es estupenda la banda, ¿verdad? Mejor que ningún año.   1005
—Sí que es muy buena, sí.

Pero la banda era igual que siempre, con aquellos hombres de azul marino y gorra de plato, que de vez en cuando se aflojaban la corbata. Alina hubiera querido escucharles sin tener que bailar. Todo lo que tocaban parecía lo mismo. Lo transformaban, fuera lo que fuera, en una charanga uniforme que no se sabía si era de circo o de procesión. Porque pasaba por ellos; le   1010
daban un conmovedor aire aldeano. Lo mismo que saben casi igual los chorizos que las patatas, cuando se asan en el monte con rescoldo de eucaliptos, así se ahumaban los pasodobles y los tangos al pasar por la brasa de la romería. Esta música fue la más querida para Alina y nunca ya la olvidó. Y, sin saber por qué, cuando pasó el tiempo la asoció, sobre todo, a la mirada que tenía un cordero que rifaron cuando ya era de noche. Ella y su padre habían   1015
cogido papeletas para la rifa, y estaban alrededor esperando a que se sortease. El animal se escapó, balando entre la gente, y no lo podían coger con el barullo.[65] Cuando por fin lo rescataron, se frotaba contra las piernas de todos y los miraba con ojos tristísimos de persona. A Alina toda la música de la fiesta se le tiñó de la mirada de aquel cordero, que le pareció lo más vivo e importante de la fiesta, y que en mucho tiempo no pudo olvidar tampoco.   1020
En los primeros días de soledad e inadaptación que pasó al llegar a Santiago, todos estos particulares de la aldea recién abandonada los puso en poemas que luego entusiasmaron a

---

[64] evadir
[65] confusión

Philippe. Él, que venía a encontrar colores nuevos en el paisaje de España y a indignarse con todo lo que llamaba sus salvajismos, se sintió atraído desde el principio por aquella muchacha, salvaje también, casi una niña, que poco a poco le fue abriendo la puerta de sus recuerdos. 1025 Una muchacha que nunca había viajado, a la que no había besado ningún chico, que solamente había leído unos cuantos libros absurdos; romántica, ignorante, y a la que sin embargo, no se cansaba uno de escuchar.

—Pero es terrible eso que me cuentas de tu padre.   1030
—¿Terrible por qué?
—Porque tu padre está enamorado de ti. Tal vez sin darse cuenta, pero es evidente. Un complejo de Edipo.
—¿Cómo?
—De Edipo.
—No sé, no entiendo. Pero dices disparates.   1035
—Te quiere guardar para él. ¿No te das cuenta? Es monstruoso. Hay cosas que sólo pasan en España. Ese sentido de posesión, de dependencia. Te tienes que soltar de tus padres, por Dios.

Philippe se había ido de su casa desde muy pequeño. No tenía respeto ninguno por la institución familiar. Desde el primer momento comprendió Alina que con sus padres no podría 1040 entenderse, y por eso tardó mucho en hablarles de él, cuando ya no tuvo más remedio porque iba a nacer el pequeño Santiago.

Pero, aunque esto solamente ocurrió a finales de curso, ya en las primeras vacaciones de Navidad, cuando Alina fue a la aldea, después de demorarse con miles de pretextos, comprendió Benjamín que existía otra persona que no era él; que Alina había encontrado su ver- 1045 dadera atadura. Y tanto miedo tenía de que fuera verdad, que ni siquiera a la mujer le dijo nada durante todo el curso, ni a nadie; hasta que supieron aquello, de repente, lo del embarazo de la chica, y se hizo de prisa la boda.

Así que Adelaida no llegó a dar ni siquiera los exámenes de primero. Aquellos cursos que no llegaron a correr, toda la carrera de Alina, se quedó encerrada en los proyectos que hizo 1050 su padre la última vez que habló con ella de estas cosas, cuando fue a acompañarla en octubre a la Universidad. Hicieron el viaje en tren, una mañana de lluvia. Alina estaba muy nerviosa y no podía soportar las continuas recomendaciones con que la atosigaba,[66] queriendo cubrirle todos los posibles riesgos, intentando hacer memoria para que en sus consejos no quedase ningún cabo por atar. En los silencios miraban los dos el paisaje por la ventanilla pen- 1055 sando en cosas diferentes.

Benjamín no había ido nunca a Santiago, pero tenía un amigo íntimo, en cuya pensión se quedó Alina.

—Dale toda la libertad que a los otros, Ramón, pero entérate un poco de la gente con quien anda y me escribes.   1060
—Bueno, hombre, bueno—se echó a reír el amigo—. Tengo buena gana. La chica es lista, no hay más que verla. Déjala en paz. Se velará ella sola.

Y a Benjamín le empezó a entrar una congoja que no le dejaba coger el tren para volverse.

---

[66] *fig.* fatigaba, oprimía

—Pero papá, mamá te está esperando.

—¿Es que te molesto, hija?   1065

—No. Pero estás gastando dinero. Y yo ya estoy bien aquí. Ya voy a las clases. Ni siquiera puedo estar contigo.

Se demoró casi una semana. El día que se iba a marchar, dieron un paseo por la Herradura antes de que Alina le acompañase al tren. Aquellos días habían hablado tanto de las mismas cosas, que ya no tenían nada que decirse. Por primera vez en su vida, Alina vio a su padre   1070 desplazado, inservible, mucho más de lo que había visto nunca al abuelo Santiago. Luchaba contra aquel sentimiento de alivio que le producía el pensamiento de que se iba a separar de él. En la estación se echó a llorar, sin asomo ya de entereza,[67] se derrumbó sollozando en brazos de la hija que no era capaz de levantarle, que le tuvo que empujar para que cogiera el tren casi en marcha.   1075

—Pero no te pongas así, papá. Si vuelvo en Navidades. Y además os voy a escribir. Son dos meses, total, hasta las Navidades.

Alrededor de quince días después de esta despedida, Alina conoció a Philippe.

Ha empezado a llover sobre el río. Menudos alfilerazos sobre el agua gris. Alina se levanta. Tiene las piernas un poco entumecidas,[68] y muchas ganas de tomarse un café. Y también   1080 muchas ganas de ver a Philippe. Ahora hace frío.

Camino de casa, compra una tarjeta, y en el bar donde entra a tomar el café pide prestado un bolígrafo y, contra el mostrador, escribe:

"Queridos padres: os echo mucho de menos. Estamos contentos porque nos han hablado, hoy, de un apartamento más grande y seguramente lo podremos coger para la primavera. San-   1085 tiago está mejor y ya no tose. Philippe ha empezado a trabajar mucho para la exposición que va a hacer. Casi no hablamos cuando estuvisteis aquí, siempre con el impedimento de los niños y del quehacer de la casa. Por eso no os pude decir cuanto quiero a Philippe, y a lo mejor no lo supisteis ver en esos días. Os lo explico mejor por carta. Ya os escribiré largo.

Estoy alegre. He salido a buscar el pan y se está levantando la mañana. Pienso en lo mar-   1090 avilloso que será para los niños ir a San Lorenzo y ver las casas de Orense desde Ervedelo. Iremos alguna vez. Pronto. Os abraza. Alina."

Le corre una lágrima, pero se aparta para que no caiga encima de lo escrito. Levanta los ojos y va a pagar al camarero, que la está mirando con simpatía.

—*Çala ne vaut pas la peine de pleurer, ma petite*[69]—le dice al darle el cambio.   1095

Y ella sonríe. Le parece que es un mensaje de Eloy, su amigo, desde un bar de Buenos Aires.

Benjamín se despertó con la cara mojada de lluvia y miró alrededor, aturdido. De pie, a su lado, estaba Herminia, con un gran paraguas abierto.

—Vamos a casa, anda—le dijo—. Sabía que te iba a encontrar aquí.

Benjamín se frotó los ojos. Se incorporó. Le dolía la espalda de dormir sobre la piedra.   1100

---

[67] fortaleza de ánimo

[68] sin sensación

[69] *francés:* "No vale la pena llorar, hija mía."

—¿Qué hora es?—preguntó.

—Las tres de la tarde. Tienes la comida allí preparada y la cama hecha, por si quieres descansar. He aireado bien el cuarto.

—No, no. Debo haber dormido aquí bastante, era por la mañana cuando me dormí. Y hacía sol. 1105

Miró abajo, cuando se levantaba. Ahora estaba gris Orense, gris el río. La lluvia era mansa y menuda.

—Vamos.

Bajaron del monte despacio.

—Mira que haberte quedado dormido en la peña—dijo ella—. Para haberte caído rodando. Estás loco. 1110

—Anda, anda, ten cuidado donde pisas y deja los sermones. Siempre te tengo que encontrar detrás de mí.

No volvieron a hablar, atentos a no resbalar en la bajada. Al llegar al camino llovía más fuerte, y se juntaron los dos dentro del paraguas. 1115

—A ver si no he hecho bien en venir. Para que luego empieces con los reumas como el otro invierno. Si no hubiera visto que se nublaba, no hubiera venido, no. Al fin, ya sé dónde te voy a encontrar cuando te pierdas.

—Bueno, ya basta. Has venido. Está bien, mujer.

Pasaron por el sitio donde Benjamín se había encontrado al cura. Dejaron atrás el prado 1120 donde se había quedado muerto el abuelo.

—Qué manía me está entrando con dormir por el día, Herminia. ¿Por qué será? Me parece que duermo más amparado si hay luz y se oyen ruidos. Tanto como me metía con tu padre, y me estoy volviendo como él.

—Qué va, hombre. Qué te vas a estar volviendo como él. 1125

—Te lo digo de verdad que sí. Estoy viejo. Antes me he encontrado con don Félix y casi he estado amable. Me daba pena de él. Me parecía tan bueno.

—Siempre ha sido bueno.

—¡Pero no entiendes nada, rayo,[70] qué tiene que ver que siempre haya sido bueno! A mí antes me ponía nervioso, lo sabes, no le podía ni ver. Y ahora casi me dan ganas de ir a misa 1130 el domingo. Tengo miedo a morirme. Como tu padre.

Cuando llegaron al sendero que llevaba a la parte trasera de la casa, por donde había venido, Benjamín se quiso desviar y tomarlo de nuevo.

—No, hombre—se opuso la mujer—. Vamos por la carretera. Debajo de los castaños nos mojamos menos. ¿No ves que está arreciando?[71] Estamos a un paso. 1135

---

[70] *interjección que expresa disgusto*
[71] lloviendo más fuerte

—No sé que te diga, es que. . .

—Es que, ¿qué?

—Nada, que a lo mejor nos encontramos a alguien, y nos preguntan del viaje, y eso.

—¿Y qué pasa con que nos pregunten? Si nos preguntan, pues contestamos. No sé qué   1140
es lo que tenemos que esconder. ¿Que si está bien la hija? Que sí. ¿Que si son guapos los nietos? Que sí. ¿Que si se lleva bien con el yerno?. . .

—Bueno, venga—cortó el maestro—. Cállate ya. Vamos por donde quieras y en paz.

Del muro que terminaba, a la entrada de la carretera, salió volando un saltamontes y les
pasó rozando por delante.

—Buenas noticias—dijo Herminia—. A lo mejor nos mandan a los niños este verano. ¿Tú   1145
qué dices?

—Nada, que yo qué sé. Cualquiera sabe lo que pasará de aquí al verano. Nos podemos
haber muerto todos. O por lo menos tú y yo.

—¿Tú y yo, los dos juntos? ¿Nada menos? Pues si que das unos ánimos. Muérete tú, si
quieres, que yo no tengo gana de morir todavía.   1150

Sacaba Herminia una voz valiente y tranquila que el maestro le conocía muy bien.

—Desde luego, Herminia—dijo; y estaba muy serio—, no me querría morir después que
tú. Sería terrible. De verdad. Lo he pensado siempre.

—Pero bueno, será lo que Dios quiera. Y además, cállate ya. Qué manía te ha entrado con
lo de morirse o no morirse.   1155

—Es que sería terrible. Terrible.

Sonaba la lluvia sobre los castaños de Indias que les cubrían como un techo. Ya llegando
a la casa, el maestro dijo:

—No me voy a acostar. No dejes que me acueste hasta la noche. A ver si cojo el sueño
por las noches otra vez. Me estoy volviendo como tu padre, y ahora que va a venir el in-   1160
vierno, me da mucho miedo. No quiero, Herminia, no quiero. No me dejes tú. Al verano
le tengo menos miedo, pero el invierno. . .

—Tendremos que empezar a hacer el gallinero[72]— dijo ella.

■——Pasos para la comprensión

1. Los eventos no siguen un orden cronológico. Las dos "escenas" de la primera parte
   ocurren después de los eventos contados en la segunda parte. He aquí el cuento:
   Alina había sido una niña precoz muy pegada a su padre, quien tenía altas aspira-
   ciones para su hija. Cuando se fue a la universidad, se enamoró de Philippe, un
   pintor francés, salió en estado, tuvo que casarse sin terminar la carrera y se fue a

---

[72] corral de gallinas; *fig.* sitio con mucho ruido y animación

vivir a París. Cuando nació su segundo hijo, los padres fueron a París a visitarla. La visita no resultó bien. En la primera "escena" el padre expresa su frustración ante la situación de Alina, y en la segunda "escena" Alina expresa la suya.

2. ¿Por qué no puede dormir Benjamín?

   □ ¿Qué no le ha gustado de la vida de su hija en París?

   □ ¿En qué se diferencia la reacción de Herminia de la de su marido? Nota sus palabras refiriéndose a Alina: "Ella. . . no era para morirse entre estas cuatro paredes."

   □ Herminia es la que acepta que su hija se haya marchado del pueblo. ¿Son normalmente las madres las que reaccionan de este modo? Explica.

3. En su caminata, Benjamín se encuentra con don Félix, el cura de la aldea. ¿Qué tipo de preguntas le hace a Benjamín?

   □ De la conversación entre los dos hombres, ¿qué se puede discernir de la religiosidad de Benjamín?

4. Benjamín empieza a subir una colina. ¿Qué le pasa al final de la escena?

5. La próxima "escena" tiene lugar en París, y Alina, como su padre, tampoco puede dormir. ¿Cómo trata Alina a su esposo Philippe?

   □ ¿Por qué lo trata de ese modo? ¿De qué está enojada? (Fíjate el diálogo a partir de la línea 156.)

6. ¿Cómo es el piso de Alina y Philippe?

   □ ¿Crees que el estado de su piso pudiera haber contribuido al enojo de Benjamín? Explica.

   □ ¿Lo pasaron bien los padres en casa de Alina y Philippe? ¿Qué pasó?

7. Alina sintetiza su frustración en las líneas 270–271. "Mis padres se han ido pensando que soy desgraciada, y sufro porque sé que ellos sufren pensando así." Comenta.

   □ ¿Qué opina Philippe de esta reacción de Alina?

8. Alina necesita estar sola un rato y sale a la calle. ¿En qué parte de París está? ¿Qué atracción especial tiene el río Sena para Alina?

9. En la segunda parte tenemos los recuerdos de Alina de su juventud que constituyen la parte central de la narración, presentándose de forma cronológica. ¿Qué signo sirve para transportarla de París al pueblo de su niñez?

10. ¿Qué relación especial tiene Alina con su padre?

    □ ¿Qué relación tiene con su abuelo Santiago?

    □ Benjamín y Santiago tienen ideas diferentes respecto al futuro de Alina. Esta contienda se expresa en las 363–380. Al ser más grande, Alina se da cuenta de que "su abuelo y su padre parecían querer disputársela para causas contradictorias." Explica.

11. Alina recuerda su primer viaje a Orense, la capital de la provincia. ¿Qué fue lo que más le impresionó a Alina del viaje?

12. ¿Qué relación especial tiene Alina con Eloy?

    □ ¿Qué deseos tiene Eloy?

    □ ¿Qué relación hay entre los deseos de Eloy y los de Alina?

13. ¿Qué tipo de estudiante es Alina? ¿Qué emoción siente su padre por ella?

14. El abuelo de Alina empieza a temer a la muerte. Explica. ¿Cómo se muere Santiago?

15. En el transcurso de sus conversaciones con Alina, el abuelo es el primero en hablarle a ésta sobre las ataduras. Por lo que dice en las líneas 685–695, ¿cree el abuelo que las ataduras son malas?

    □ Alina, le dice que su padre le ha dicho que no se va a casar. ¿Por qué le ha dicho esto, según el abuelo?

16. ¿Cómo se siente Alina al saber que Eloy se marcha a Buenos Aires? Trata de explicar su reacción.

17. La muerte de su abuelo y la partida de Eloy cambian a Alina. ¿De qué modo?

18. Uno de los cambios tiene que ver con su religiosidad. ¿Tiene mucha fe Alina?

    □ ¿Qué recomienda el cura que haga Alina para no pensar en cosas teológicas?

    □ Benjamín, al ver a Alina pasar tanto tiempo con el cura, teme que se vaya a meter a monja. ¿Cómo reacciona la madre a las preocupaciones de Benjamín por su hija?

19. ¿Por qué quiso Benjamín ser nombrado mayordomo de la fiesta de San Lorenzo?

    □ ¿Se divierte mucho Alina en la fiesta?

    □ ¿Por qué finge Alina alegría?

20. Cuenta lo que pasó cuando Benjamín llevó a Alina a la universidad en Santiago. ¿Cómo fue la despedida entre padre e hija?

21. A partir de la línea 1021 cuando Alina conoce a Philippe en la universidad, le habla sobre su relación con su padre. ¿Qué piensa Philippe de esa relación? ¿Qué le recomienda a Alina que haga?

22. Las dos últimas escenas de la segunda parte son escenas que siguen cronológicamente a las dos primeras escenas de la narración. Habíamos dejado a Alina junto al Sena meditando y a Benjamín subiendo una colina. Ahora vemos lo que les pasó. Explica.

23. Alina va a un café y les escribe una postal a sus padres. ¿Qué les dice? ¿Les dice la verdad? ¿Por qué crees que les escribe estas cosas?

24. Hermina encuentra a su esposo después de que éste se había quedado dormido en el campo. ¿Qué descubrimos en la conversación entre Herminia y Benjamín respecto a la relación que tienen?

- ¿Qué le sigue preocupando a Benjamín?
- ¿Qué actitud expresa Herminia respecto a la preocupación de su esposo?

■———Pasos para una lectura más a fondo

1. ¿Qué significa el signo "atadura"? En esta narración, este signo tiene significados que forman una oposición binaria: tiene un significado positivo y otro negativo. Por ejemplo, el abuelo Santiago ve el matrimonio como una "atadura" buena. Explica esta oposición binaria.

2. La mayor atadura de la narración tiene que ver con la que une a Alina a su padre. Comenta esa "atadura." ¿Por qué crees que Benjamín crea esas ataduras para su hija y la madre no lo hace?

3. Caracteriza a Herminia. ¿En qué se diferencia de Benjamín?

   - Herminia tiene las últimas palabras de la narración, cuando le recuerda a su marido que tienen que construir un gallinero. Trata de explicar la significación de sus palabras, y por qué se lo recuerda a su marido. Para entender la complejidad de este signo, considera que un gallinero es un tipo de "atadura" y que tiene también un sentido figurativo. ¿Qué podría representar figurativamente?

4. La madre hace un papel importante en la narración; sin embargo, no forma parte de la problemática que afecta a Alina. Explica su papel y por qué Alina no se preocupa por ella. Piensa en el hecho de que son las madres las que normalmente se preocupan excesivamente por sus hijos, y que en esta narración sucede lo opuesto.

   - ¿Es Herminia una buena madre? Explica.

5. ¿Es Alina una buena hija? Explica.

   - ¿Cambia Alina a lo largo de la narración? Explica.
   - ¿Cambia su relación con su padre? Explica.
   - Si es que ha habido un cambio, ¿qué lo habrá provocado?

6. Philippe no entiende esa "atadura" y lo explica como una característica nacional. ¿Crees que la cultura latina crea esas "presiones" en mayor grado que otras culturas? ¿Qué motivos tendría Philippe para intentar conseguir que Alina se "desatara" de sus padres?

7. Alina escoge su "atadura"—la del matrimonio con Philippe. ¿Había tomado Alina una decisión propia antes de hacer el amor con Philippe? Explica.

8. ¿Crees que Alina ama a Philippe?

   - ¿Es posible que ella se casara con él como acto de rebelión contra su padre?
   - ¿Qué puedes encontrar en el texto que apoye esta teoría?

9. ¿Por qué crees que Alina tiene una relación tan fuerte con su abuelo? ¿Le crea "presiones" y ataduras a Alina también?

10. La narración no tiene una estructura cronológica. ¿Qué efecto produce este desorden cronológico?

   □ ¿Qué técnicas utiliza la autora para crear lazos o motivos para unir las diferentes secciones?

11. La primera parte tiene dos escenas: una con Benjamín y Herminia y otra con Alina y Philippe. ¿Qué paralelos hay entre estas dos escenas?

12. La narración contiene mucho costumbrismo gallego, y sin embargo, el propósito principal de la obra tiene que ver con otros asuntos. Comenta el costumbrismo de la obra, como el pulpero, por ejemplo, y trata de explicar cómo estos elementos costumbristas podrían tener algo que ver con el tema de las "ataduras."

13. En la línea 340, se lee:"Cada vez le gustaba más alejarse del pueblo." Pero el padre no quiere que corra mundo:"Ella se quedará en su tierra, como el padre, que no tiene nada perdido por ahí adelante". Discute el tema de la "liberación" en esta narración.

14. El tema de la liberación engendra otro a su vez, el feminista. Ese discurso es muy complejo en el relato, pero vale la pena explorarlo.

   □ Al liberarse Alina de la atadura de su padre, ¿se crea para ella otra atadura? Explica.

   □ Santiago había dicho que algunas ataduras son buenas, si uno las escoge para sí mismo. ¿Crees que la nueva atadura que ha escogido Alina es buena para ella? Explica.

   □ ¿Es Alina una feminista? Si no lo es, ¿crees que la autora está comunicando algo respecto a la imposibilidad de la mujer de ser totalmente "libre"?

15. Philippe hace un papel importante en la obra.

   □ ¿Entiende Philippe las ataduras que siente su esposa? ¿Es ésta una cuestión de diferencias entre hombre y mujer, o de diferencias culturales? Explica.

   □ Benjamín había querido que su hija recibiera una educación y que desarrollara sus talentos innatos. ¿Crees que Philippe desea lo mismo para Alina?

   □ ¿Es Philippe un buen esposo? Desarrolla esta idea.

16. "Las ataduras" tiene una amplia extensión geográfica: de un pueblito de Galicia a Orense, capital de provincia, a Santiago de Compostela, capital cultural de Galicia, a París. Recuerda también que el abuelo ha estado en América y que Eloy se va a Buenos Aires. Comenta este signo geográfico y cómo se relaciona con otros temas de la narración.

17. Los ríos forman un signo recurrente en la narración. Vuelve a leer las siguientes secciones y trata de explicar los significados asociados con río:

   □ El primer párrafo de la segunda parte (líneas 317–321);

   □ Cuando Alina ve el Miño de cerca (líneas 317–321);

   □ Alina sentada junto al Sena (líneas 308–316).

18. Los diálogos de Martín Gaite son muy vívidos y naturales. Vuelve a leer, por ejemplo, la conversación entre Alina y Philippe en la segunda escena de la primera parte (líneas 138–295). ¿Con qué códigos expresa el autor implícito el tono de la conversación y la forma de hablar entre los esposos?

19. El abuelo le dice a Alina que él había sido el receptor de los recuerdos de su difunta esposa, pero que nadie tendrá la llave de sus recuerdos cuando él se muera (líneas 678–680). Alina le ruega que se lo cuente todo a ella, que ella será la guardiana de sus recuerdos. Explica este aspecto de la narración como un discurso metalingüístico.

Ana María Matute

■□■

n. 1926

Ana María Matute, la única mujer que actualmente ocupa un escaño en la Real Academia Española, empieza a escribir prácticamente de niña y hoy su extensa obra en prosa forma un mundo narrativo con unos objetivos artísticos bien definidos y un desarrollo coherente. Los niños y los adolescentes forman el núcleo de ese mundo, y los recuerdos, impresiones e introspección de estos personajes nos hacen ver y sentir la realidad de un modo que es a la vez peculiar y auténtico. Su estilo se diferencia de otros prosistas de la posguerra, eludiendo el estilo directo del realismo social y cultivando otro recargado de memorias, sensaciones, reflexiones y descripciones poéticas.

Historias de la Artámila (1961)

Antes de leer

1. ¿Qué distingue a un ser humano de un animal? ¿En qué se parecen? ¿Qué puede hacer que un ser humano actúe como un animal?

2. ¿Te has sentido alguna vez frustrado por no haber tenido ciertas oportunidades que otros han tenido? Explica. ¿Crees que la vida es siempre justa? Explica.

Códigos para la comprensión

Código pastoril: Por tradición, España es un país ganadero, sobre todo de corderos, y el oficio de pastor existe aún para cuidar las manadas de ovejas. Las ovejas van pastando a lo largo de grandes territorios, y los pastores pueden permanecer junto a sus rebaños por varias semanas seguidas. Es común, en tales casos, llevar comida que no se estropee fácilmente, como queso y cecina, que es una carne seca.

Código cultural: En un país como España se espera que los familiares amparen a sus parientes necesitados. Lope, el personaje central de este cuento, queda huérfano a los trece años y es lógico que un pariente lo recoja y lo críe.

"Pecado de omisión"

A los trece años se le murió la madre, que era lo último que le quedaba. Al quedar huérfano ya hacía lo menos tres años que no acudía a la escuela, pues tenía que buscarse el jornal de un lado para otro. Su único pariente era un primo de su madre, llamado Emeterio Ruiz Heredia. Emeterio era el alcalde y tenía una casa de dos pisos asomada a la plaza del pueblo, redonda y rojiza bajo el sol de agosto. Emeterio tenía doscientas cabezas de ganado paciendo[1]   5
por las laderas de Sagrado, y una hija moza, bordeando los veinte, morena, robusta, riente y algo necia. Su mujer, flaca y dura como un chopo, no era de buena lengua y sabía mandar. Emeterio Ruiz no se llevaba bien con aquel primo lejano, y a su viuda, por cumplir, la ayudó buscándole jornales extraordinarios. Luego, al chico, aunque le recogió una vez huérfano, sin herencia ni oficio, no le miró a derechas. Y como él los de su casa.   10
    La primera noche que Lope durmió en casa de Emeterio, lo hizo debajo del granero.[2] Se le dio cena y un vaso de vino. Al otro día, mientras Emeterio se metía la camisa dentro del pantalón, apenas apuntando el sol en el canto de los gallos, le llamó por el hueco de la escalera, espantando a las gallinas que dormían entre los huecos:

—¡Lope!   15

Lope bajó descalzo, con los ojos pegados de legañas.[3] Estaba poco crecido para sus trece años y tenía la cabeza grande, rapada.

—Te vas de pastor a Sagrado.

Lope buscó las botas y se las calzó. En la cocina, Francisca, la hija, había calentado patatas con pimentón. Lope las engulló[4] deprisa, con la cuchara de aluminio goteando a cada bo-   20
cado.

—Tú ya conoces el oficio. Creo que anduviste una primavera por las lomas de Santa Áurea, con las cabras de Aurelio Bernal.

---

[1]   pastando
[2]   sitio donde se guarda el grano
[3]   un humor pegajoso que se forma en los ojos cuando se duerme
[4]   comió precipitadamente

—Sí, señor.

—No irás solo. Por allí anda Roque el Mediano. Iréis juntos.   25

—Sí, señor.

Francisca le metió una hogaza[5] en el zurrón,[6] un cuartillo de aluminio, sebo de cabra y cecina.[7]

—Andando—dijo Emeterio Ruiz Heredia.

Lope le miró. Lope tenía los ojos negros y redondos, brillantes.   30

—¿Qué miras? ¡Arreando!

Lope salió, zurrón al hombro. Antes, recogió el cayado,[8] grueso y brillante por el uso, que guardaba, como un perro, apoyado en la pared.

Cuando iba ya trepando por la loma de Sagrado, lo vio don Lorenzo, el maestro. A la tarde, en la taberna, don Lorenzo lió un cigarrillo junto a Emeterio, que fue a echarse una copa de anís.   35

—He visto a Lope—dijo—. Subía para Sagrado. Lástima de chico.

—Sí—dijo Emeterio, limpiándose los labios con el dorso de la mano—. Va de pastor. Ya sabe: hay que ganarse el currusco.[9] La vida está mala. El "esgraciado" del Pericote no le dejó ni una tapia en que apoyarse y reventar.[10]

—Lo malo—dijo don Lorenzo, rascándose la oreja con su uña larga y amarillenta— es que   40 el chico vale. Si tuviera medios podría sacarse partido de él. Es listo. Muy listo. En la escuela. . .

Emeterio le cortó, con la mano frente a los ojos:

—¡Bueno, bueno! Yo no digo que no. Pero hay que ganarse el currusco. La vida está peor cada día que pasa.

Pidió otra de anís. El maestro dijo que sí, con la cabeza.   45

Lope llegó a Sagrado, y voceando encontró a Roque el Mediano. Roque era algo retrasado y hacía unos quince años que pastoreaba para Emeterio. Tendría cerca de cincuenta años y no hablaba casi nunca. Durmieron en el mismo chozo de barro, bajo los robles, aprovechando el abrazo de las raíces. En el chozo sólo cabían echados y tenía que entrar a gatas,[11] medio arrastrándose. Pero se estaba fresco en el verano y bastante abrigado en el invierno.   50

El verano pasó. Luego el otoño y el invierno. Los pastores no bajaban al pueblo, excepto el día de la fiesta. Cada quince días un zagal les subía la "collera:"[12] pan, cecina, sebo, ajos. A veces, una bota de vino. Las cumbres de Sagrado eran hermosas, de un azul profundo, terrible, ciego. El sol, alto y redondo, como una pupila impertérrita,[13] reinaba allí. En la

---

[5] pan especial hecho para no estropearse rápidamente
[6] bolsa grande que llevan los pastores
[7] carne seca
[8] bastón corvo de pastor
[9] *región:* ganarse la vida
[10] *fam.* morirse
[11] gateando
[12] *región:* ración
[13] inmóvil

neblina del amanecer, cuando aún no se oía el zumbar de las moscas ni crujido alguno, Lope   55
solía despertar, con la techumbre de barro encima de los ojos. Se quedaba quieto un rato,
sintiendo en el costado el cuerpo de Roque el Mediano, como un bulto alentante. Luego,
arrastrándose, salía para el cerradero.[14] En el cielo, cruzados, como estrellas fugitivas, los gritos se perdían, inútiles y grandes. Sabía Dios hacia que parte caerían. Como las piedras.
Como los años. Un año, dos, cinco.   60

Cinco años más tarde, una vez, Emeterio le mandó llamar, por el zagal. Hizo reconocer
a Lope por el médico, y vio que estaba sano y fuerte, crecido como un árbol.

—¡Vaya roble!—dijo el médico, que era nuevo. Lope enrojeció y no supo qué contestar.

Francisca se había casado y tenía tres hijos pequeños, que jugaban en el portal de la plaza.
Un perro se le acercó, con la lengua colgando. Tal vez le recordaba. Entonces vio a Manuel   65
Enríquez, el compañero de la escuela que siempre le iba a la zaga.[15] Manuel vestía un traje
gris y llevaba corbata. Pasó a su lado y les saludó con la mano.
Francisca comentó:

—Buena carrera, ése. Su padre lo mandó estudiar y ya va para abogado.

Al llegar a la fuente volvió a encontrarlo. De pronto, quiso llamarle. Pero se le quedó el   70
grito detenido, como una bola, en la garganta.

—¡Eh!—dijo solamente. O algo parecido.

Manuel se volvió a mirarle, y le conoció. Parecía mentira: le conoció. Sonreía.

—¡Lope! ¡Hombre, Lope. . . !

¿Quién podía entender lo que decía? ¡Qué acento tan extraño tienen los hombres, qué   75
raras palabras salen por los oscuros agujeros de sus bocas! Una sangre espesa iba llenándole las
venas, mientras oía a Manuel Enríquez.
Manuel abrió una cajita plana, de color de plata, con los cigarrillos más blancos, más perfectos que vio en su vida. Manuel se la tendió, sonriendo.
Lope avanzó su mano. Entonces se dio cuenta de que era áspera, gruesa. Como un trozo   80
de cecina. Los dedos no tenían flexibilidad, no hacían el juego. Qué rara mano la de aquel
otro: una mano fina, con dedos como gusanos grandes, ágiles, blancos, flexibles. Qué mano
aquélla, de color de cera, con las uñas brillantes, pulidas. Qué mano extraña: ni las mujeres
la tenían igual. La mano de Lope rebuscó, torpe. Al fin, cogió el cigarrillo, blanco y frágil,
extraño, en sus dedos amazacotados:[16] inútil, absurdo, en sus dedos. La sangre de Lope se le   85
detuvo entre las cejas. Tenían una bola de sangre agolpada,[17] quieta, fermentando entre las
cejas. Aplastó el cigarrillo con los dedos y se dio media vuelta. No podía detenerse, ni ante
la sorpresa de Manuelito, que seguía llamándole:

---

[14] corral

[15] le seguía en los estudios (*o sea, era menos inteligente que él*)

[16] pesados, duros

[17] algo que surge de repente

—¡Lope! ¡Lope!

Emeterio estaba sentado en el porche, en mangas de camisa, mirando a sus nietos. Son- 90
reía viendo a su nieto mayor, y descansando de la labor, con la bota de vino al alcance de la
mano. Lope fue directo a Emeterio y vio sus ojos interrogantes y grises.

—Anda, muchacho, vuelve a Sagrado, que ya es hora. . .

En la plaza había una piedra cuadrada, rojiza. Una de esas piedras grandes como melones
que los muchachos transportan desde alguna pared derruida. Lentamente, Lope la cogió en- 95
tre sus manos. Emeterio le miraba, reposado, con una leve curiosidad. Tenía la mano derecha
metida entre la faja y el estómago. Ni siquiera le dio tiempo de sacarla: el golpe sordo, el
salpicar de su propia sangre en el pecho, la muerte y la sorpresa, como dos hermanas, subieron
hasta él, así, sin más.

Cuando se lo llevaron esposado, Lope lloraba. Y cuando las mujeres, aullando como lobas, 100
le querían pegar e iban tras él, con los mantos alzados sobre las cabezas, en señal de duelo, de
indignación, "Dios mío, él, que le había recogido. Dios mío, él, que le hizo hombre. Dios
mío, se habría muerto de hambre si él no lo recoge. . ," Lope sólo lloraba y decía:

—Sí, sí, sí. . .

■———Pasos para la comprensión

1. El narrador entra enseguida en la trama, proporcionando en los primeros párrafos
   muchos detalles. ¿A qué edad quedó huérfano Lope?

   □ ¿Cuándo dejó el colegio? ¿Por qué?

   □ ¿Qué pariente lo recogió? ¿Qué oficio le dio?

2. En las líneas 34–41 se encuentra un diálogo entre Emeterio y Lorenzo, el maestro del pueblo. ¿Qué opina Lorenzo de Lope? ¿Por qué no le hace caso Emeterio?

3. El único compañero de Lope en la montaña es Roque el Mediano. ¿Por qué crees
   que tiene ese nombre? ¿Tiene algo en común con Lope? Explica.

4. Describe el sitio donde duermen los dos pastores.

   □ ¿Qué comen?

   □ ¿Cuándo bajan al pueblo?

   □ ¿Es ésta una forma de vida para seres humanos? Explica.

5. Un día, después de cinco años en el Sagrado, Lope baja al pueblo y se encuentra
   con un antiguo compañero del colegio, Manuel Enríquez. ¿Cómo es este chico?

6. ¿En qué se diferencian las formas de vestir, la voz y el aspecto de los dedos de
   Manuel y Lope?

   □ ¿Qué cogió Lope de la cajita de plata de Manuel? ¿Qué hizo Lope con él?
     ¿Por qué?

7. Lope volvió a la casa de Emeterio. ¿Qué le hizo?

   ☐ ¿Qué crees que le impulsó a hacer tal cosa?

8. ¿Cómo reaccionaron los habitantes del pueblo ante este acto bárbaro? ¿Puedes justificar la brutalidad de Lope?

■———Pasos para una lectura más a fondo

1. El relato contiene un discurso sobre la educación. ¿Hay indicios de que Lope sea un chico listo e inteligente? Explica cómo se desarrolla este discurso.

2. Comenta el título del relato. ¿Quién parece cometer el "pecado"? ¿Cuál es la omisión?

3. Claramente Lope se enoja cuando ve el éxito de Manuel, pero ¿por qué no puede controlar sus emociones y actuar como un hombre de razón?

4. Lope nunca se rebeló en contra de su realidad mezquina hasta el final. ¿Qué razones respecto a su estado económico-social podrían haber contribuido a que la tolerara?

5. El techo de barro de la estrecha choza donde duermen los pastores contrasta con el ancho cielo azul de las montañas. Explica esta oposición dentro del sistema de significación del relato.

Rafael Sánchez Ferlosio

■ ☐ ■

n. 1927

El frío objetivismo narrativo del *nouveau roman* francés tiene su mayor exponente en el mundo hispánico en Sánchez Ferlosio. Su técnica consiste en registrar los hechos de la historia, el diálogo y las sensaciones de sus personajes sin la intervención de un narrador que comente o interprete lo que pasa. En cuanto al estilo, Sánchez Ferlosio es el narrador más consciente de su generación que tiene además una capacidad extraordinaria de captar el habla popular y cotidiana. Desgraciadamente, dejó de escribir obras literarias después del éxito de su novela *El Jarama* (1956) para dedicarse a ser un crítico escéptico de la vida moderna en general, y de la cultura española en particular.

Alfanhui (1961)

Antes de leer

1. ¿Qué son más importante, las flores o los vegetales? Explica. ¿Cúal es, esencialmente, la diferencia entre ambos?

2. Cuando algo malo te pasa, ¿piensas que puede ser un tipo de castigo por algo malo que hayas hecho? Explica.

3. ¿Has conducido alguna vez por carreteras congeladas y con mucha nieve? Explica cómo es esta experiencia.

Códigos para la comprensión

Código geográfico: El relato se refiere a los pueblos de la costa del Mediterráneo español entre Barcelona y Valencia: Tortosa, Villafranca de Panadés, Reus, Tarragona y Vendrell. Es una zona de habla catalana, como lo muestra un camionero que pregunta "¿qué vols?," lo cual quiere decir en castellano "¿qué quieres?" Por la provincia de Tarragona se encuentra la cordillera de Montsant, la cual es una riquísima zona agrícola.

El camionero es de Teruel, un pueblo de Aragón, que está al oeste de la región catalana. A los aragoneses se le llama "maños" coloquialmente.

Y el corazón caliente

Estos días de atrás, cuando hizo tantísimo frío, no se veían más que cosechas y cosechas destruidas del hielo, por toda la carretera litoral de Barcelona hasta Tortosa. Murieron inclusive muchos árboles frutales, y naranjos, y olivos. Hasta viejos olivos, ya árboles grandes, padres, se llegaron a helar, como los débiles geranios. La cosecha de flores, arrasada.[1] Se lamentaban por sus flores los campesinos del Panadés, de la Plana de Reus, del campo de 5
Tarragona.

Sobrevivían los pinos marítimos bajo el cielo de acero, contra vientos glaciales que entraban de la mar a mediodía: los arbustos bravíos, agitando sus melenas verdioscuras entre los blancos peñascales, hacia las faldas[2] del Montsant.

Y que las flores, allá penas,[3] ya podía fastidiarse la cosecha de flores—discutía en un bar 10
de carretera entre Vendrell y Tarragona un camionero de Aragón. Empellones[4] de viento oprimían la puerta de cristales y hacían crujir las maderas y vibrar los cuadrados cristalitos de colores, por toda la fachada del local. Qué gracia, ¿es que no eran también una riqueza?, ¿es que acaso no daban dinero por las flores?, que a ver si con el frío tenía perdido el sentido común. Un tercero salió con que no sería extraño, con que si aquellos fríos exagerados, tan 15

---

[1] destruida

[2] laderas

[3] *expresión para indicar que a nadie le importa, que algo no tiene gran importancia*

[4] ráfagas, empujones fuertes

fuera de la ley, traían a la gente trastornada con las reacciones más impropias; que a él, sin ir más lejos, le daba por la risa, por echarse a reír a carcajadas, ya tan disparatado[5] como era tantísimo frío. Por las rendijas se metían los cuchillos de aire, al calor del ambiente empañado de alientos humanos y de vapor de cafetera, entre tufos de anhídrido carbónico y aromas de tabaco y de café. Ardía la salamandra de antracita;[6] su largo tubo negro atravesaba el cielo del 20 local, por encima de todas las cabezas, y salía a la calle por un agujero circular, recortado como una gatera[7] en uno de aquellos más altos cristalitos de colores. El barman meneaba la cabeza: pues no era cosa de reírse, no, que las flores valían mucho dinero. De nuevo, el de Aragón, que por las flores era una pajarada[8] andar llorando, cuando tantas legumbres y hortalizas, de las que se sustentan las personas, se habían echado igualmente a perder; flores, para 25 los muertos; no quiero flores—dijo—, primero son los vivos. Se volvía, al decirlo, hacia las mesas, y agitaba en el aire la cucharilla del café. Detrás jugaban a las cartas. El barman no podía estar conforme: y que las flores podían ser un lujo para aquél que las compra; pero que no lo eran para quien las produce y las vende, habiendo puesto en ellas su dinero, su inteligencia y su trabajo. Y el maño,[9] que ya en ese plan más valía dejar de discutir; que si quería 30 entender las cosas de esa forma, sobre esa base lo mismo podía valorar esta jarra—la levantó del mármol, mostrándola en su mano—, no ya por el servicio que le hacía, sino por lo que a cualquier caprichoso antojase ofrecerle por ella, que caprichosos siempre hay. A lo que el barman replicó que si las flores eran un capricho, se trataba de un capricho bastante común, y que, si se iba a ver, la mitad de la vida son caprichos, y en ellos se gastan los hombres gran 35 parte del dinero, y que a ver si es que él no fumaba y no iba al cine alguna vez. En esto, el de Aragón ya le estaba diciendo que no con la cabeza desde antes de saber lo que el barman le decía, y replicó que al cine, por llevar a sus hijas los domingos, pero que a él le aburría más que una misa; y respecto al fumar, el tabaco no era un capricho, sino una necesidad más necesaria que otras muchas. Entonces al que le entraba la risa por el frío los mira a la cara a los 40 dos: "A ver quien es más cabezota"[10]— les dice riendo. El barman se encoge de hombros, y ya dejaron la disputa.

El camionero se tomó una copita de ginebra, detrás del café; después enciende media faria[11] y dice que se marcha, que se le helaba el radiador. Al cruzar el umbral sintió de golpe todo el frío, y se vuelve a los otros, se sonríe: que si también sería a lo mejor algún capricho 45 viajar en un día como aquél. Le vieron, por los cristales empañados, cruzar la carretera; parecía un perrito, con aquel cuerpo que tenía, embutido en el cuero; lo vieron encaramarse a la cabina del enorme camión encarnado.[12] Llevaba una carga de hierro, de estas formas corrientes que se emplean para la construcción.

Conque no habrían pasado un par de horas, poco más de las cuatro serían, cuando vienen 50 dos hombres a caballo por el kilómetro cuarenta entre Reus y Tortosa, y en esto, al asomar de una revuelta, ven abajo el camión, con las ruedas al aire, salido del asfalto y recostado sobre el lado izquierdo. Pican a los caballos y llegan a él, y se apean, y allí no ven a nadie, ni señales de sangre en la cabina ni nada. La caja del camión estaba así apoyada contra un árbol,

---

[5] absurdo
[6] estufa de carbón para calentar
[7] agujero para que puedan pasar los gatos
[8] *fam.* cosa ridícula
[9] *fam.* aragonés
[10] *fam.* testarudo
[11] marca de cigarrillos baratas
[12] color rojo

que eso fue, desde luego lo que lo perdonó de despeñarse hasta la playa; y toda la carga vol- 55
cada hacia el barranco, cada hierro por su lado, esparcidos por entre las peñas de la abrupta
ladera.[13]

Así es que al no ver a nadie en el sitio, echan una mirada en derredor, cuando de pronto,
ahí mismo, al otro lado de la carretera: el hombrecín. Allí junto se había agazapado,[14] en una
especie de cobijo,[15] como una garita de tierra, que hacía de terraplén;[16] y quieto allí, sin de- 60
cir nada, las manos así puestas sobre un cacho de fuego que se había organizado con cuatro
palitroques y un puñado de pasto y hojas secas. Conque acuden a él y le hablan, esas preguntas que se hacen, sobre qué había pasado, si estaba herido a lo mejor, si notaba alguna
cosa. Y él no los mira siquiera, ni levantar los ojos de la lumbre; no hizo más que mover levemente la cabeza en sentido negativo. Le insistieron a ver qué le pasaba—ya un poco mo- 65
lestos, ellos—, si precisa de algo, si tienen que avisar a alguna parte, una ayuda, cualquier cosa
que sea; y lo mismo, sigue el tío[17] sin mirarlos a la cara. Nada más una mano levantó, con fastidio, señalando a las bestias, y ya por fin les suelta una arrogancia: pues sí, que enganchasen
las bestias al camión, y ellos empujando por detrás; nunca se sabe, a lo mejor entre los cuatro eran capaces de sacarlo. Ellos, oiga, esto no, no nos ha de hablar mal, y que tendría sin 70
duda sus razones para estar contrariado, pero ellos no hacían sino cumplir con el deber de
socorrerlo, y tampoco tenían ningún derecho a recibir malas palabras. El otro, nada, echando
palitos en el fuego, sin mirarlos; que agradecido—les dijo—, pero que a ver ya qué cuernos[18]
de ayuda le iban a servir, cuando ya estaba hecho el deterioro, y sucedido cuanto tenía que
suceder; que prosiguiesen su camino, y a la paz. Lo miran de mala manera, ya ellos con el pie 75
en el estribo y cogiéndose a las sillas, y le dice el más joven—hijo del otro, a lo mejor—, le
dice, montando, que en fin, que ahí lo dejan; que por verlo en el trance en que se halla, no
quieren tomárselo en cuenta, pero que a otro a estas alturas ya le habrían fracturado los huesos que el camión había tenido el mal gusto de no quererle fracturar. Y con esto ya pican los
dos a sus caballerías y se largan[19] sin más contemplaciones. 80

De forma que siguieron los dos hombres carretera adelante, y más allá se toparon con otro
camión que venía para ellos, y le hacen señas de que pare. Acercó uno la bestia al camión,
mientras el chófer ya bajaba el cristal de la cabina: "¿qué vols?". Venía un ayudante con él. Y
a todo esto los fríos aquellos apretando, que iban a más a cada instante. Enteramente blancos
salían los vapores que soltaba el tapón del radiador y los resuellos[20] que brotaban de las narices 85
del caballo. Pues ya el hombre les cuenta lo que hay, que ha volcado un camión allí atrás, no
habrá un kilómetro, mas tal y tal detalle, la forma en que el sujeto se había puesto, que no
valía la pena desde luego molestarse por tipos así, pero que se iba a congelar con aquel frío
tan asesino. Y el chófer, que cómo es el hombre. Pues pequeñín, ya tendría cumplidos los
cuarenta, con cara de garbanzo, un tipo atravesado,[21] hepático, una guerrera[22] de esas de 90
cuero, y que le estaba la guerrera un poco grande; y el camión, colorado. Se miraron los

---

[13] precipicio
[14] agachado, encogido
[15] lugar cubierto
[16] desnivel, pendiente del terreno
[17] *fam.* hombre
[18] *interjección fam. grosera*
[19] *fam.* marchan
[20] respiraciones fuertes
[21] malhumorado
[22] chaqueta de invierno

otros—se ve que ya le conocían—, y asentían sonriendo, al identificarlo por las señas que les daba de él el del caballo; y que si seguro que no estaba herido. Que no, que ni un rasguño.

Ya por fin continúan los del camión, y acto seguido se presentan en el lugar del accidente, y en esto hay ya también un Citroen allí parado, era un once normal, del cual Citroen ya se había apeado un señor a la vera[23] del maño, y el maño sin moverse, ni pío;[24] en la misma postura seguía, encogido, ni mira a los que llegan—siquiera hubiese levantado la cara de la lumbre un instante: ni eso, no miró. Se apean los del camión, se acercan igualmente, y que vaya por Dios, pues cómo habrá volcado de esa forma—todo esto con buenas palabras—; y mudo, no contesta; encogerse de hombros, lo único, apartar la cabeza hacia un lado, como aquel que no quiere saber nada de nada. "No, si no les contesta—advierte el del turismo[25]— No sé lo que le pasa; debe de estar acobardado." Miraron ellos para el hombre, y hacia el Citroen detrás de él; también venía una mujer con un gorro de lana amarillo, tras el cristal del parabrís. Ya uno de ellos le dice al marido, o el parentesco que tuviera, le pregunta: "¿No trae usted una botella, un licor para el viaje, alguna cosa de bebida?" Asintió el del turismo, "whisky," le dice, y se acerca a por él. Y en lo que va el hombre al coche y regresa, se le ocurre al ayudante del camión tocarle al maño en el hombro con la mano, que no tenía que angustiarse, que salvando el pellejo,[26] lo demás. . . , y el maño se revuelve, evitando la mano; un resorte muy brusco le hizo, como el que se la habría mordido, capaz, si no la quita a tiempo; y se dispara en qué querían con él, ¿habían volcado ellos? No. Pues cada cual por su camino, entonces. Que ni siquiera tenían que haberse parado, ¿qué venían a apiadarse[27] de nadie?, como si él no lo supiera lo que tenía que purgar. ¿No tenían sus vehículos en regla?, ¡pues hala![28]; que se agachasen sobre otro para curiosear.

Luego ya, se ha acercado también la señora con el hombre del whisky; se inclinó ella hacia el maño y le ofrece un paquete de galletas cuadradas, de éstas que vienen envueltas en papel celofán. La mira, y que cómo quería que él comiese galletas ahora, que cómo comprendía que un hombre se pusiese a comer una galleta en una situación como la suya; si no lo veía ella misma que no podía ser, que aquello era una equivocación. Y el marido, por lo menos el whisky le pide que se tome, ¿qué le cuesta tomarse un traguito? De beber, pues tampoco, tampoco podía beber, que no se molestasen, ¿les parecía corriente ponerse él ahora a beber o a comer galletitas? "Mire que estamos a nueve bajo cero"—le decía el del turismo. Ni eso, no quiso beber. "Déjelo, éste está un poco mal de la cabeza y se cree que nos vamos a tirar aquí horas enteras los demás, contemplándolo a él, hasta que quiera decidirse a ser una persona razonable." Y a todo esto no tenía ya más palitroques y hojas secas al alcance de la mano, y nada más había un rescoldillo[29] de brasa debajo de él: le subía una hebra[30] de humo azulado hacia los ojos y se los hacía llorar. Claro que sí, que se marchasen—dijo, que no tenían necesidad de padecer el frío ni de purgar ninguna cosa allí con él; que lo dejasen, que él ya lo pasaría tal como a él solo le pertenecía tenerlo que pasar. Y la señora, que cómo pretendía que se fuesen tranquilos; que no se podían marchar en modo alguno con aquel cargo de conciencia. "Venga, maño, levanta ya de ahí, métete en la cabina ahora mismo, o lo hacemos

95

100

105

110

115

120

125

130

---

[23] al lado
[24] *expresión que indica que no dijo absolutamente nada*
[25] coche particular (no comercial)
[26] *fam.* la vida
[27] tener lástima
[28] *fam.* váyase
[29] cenizas
[30] hilo

nosotros a la fuerza; estás entreteniendo a estos señores, estás dando la lata,[31] te comportas como una criatura de tres años, ya sabes además que no podemos parar mucho tiempo, que los depósitos se hielan." Estaba tiritando debajo de sus ropas, y levanta los ojos y mira a la señora y ya saca una voz disminuida, por favor, que siguieran su viaje, que comprendiesen que él no podía cogerle las galletas ni el whisky de su esposo, pero que igual lo agradecía; 135 que por él no tuviesen cuidado, que helarse no se helaba; que se hielan las plantas y las flores y los árboles, todo bicho viviente, pero que el hombre no se hiela, porque si no a ver quién queda para sufrir el castigo del frío, y para alguien tendría que estar hecho ese castigo, que se fuesen tranquilos, que no le vendría esa suerte de quedarse congelado como una coliflor, porque para eso tenía la sangre caliente, no fría como los vegetales, para poder darse 140 cuenta de las cosas y padecerlas y purgarlas y encima vivir todavía; que allí había volcado y ya nadie podía levantarlo de pasar su castigo, aunque hubiese personas amables y buenos compañeros; y después les dio el nombre de su pueblo, en la provincia de Teruel, y las señas[32] de su casa, que allí tenían la de ellos, si pasaban un día. Ya la señora, ante aquello, se volvió hacia los otros con una mirada de inquietud, y luego miró al maño nuevamente, encogido en 145 el suelo, tiritando, sobre la mancha negra de su lumbre apagada. "No padezcan ustedes de marcharse, señora; sin reparo ninguno"—la tranquilizó el ayudante—; "descuiden que nosotros aquí no lo dejamos." No paraba aquel aire glacial que congelaba el vaho de los cristales, formando sobre ellos dibujos de escarcha; y el maño miraba a los otros, desde abajo, con unos ojos muy abiertos, que iban de una cara a otra, atentamente, como queriendo 150 seguirles cada palabra y cada gesto.

Y ya se van a ir los del Citroen, y los del camión todavía diciéndole al maño que atendiese a razones, que por qué no ponía un poquito de su parte, también, para no echarse al surco[33] de aquella manera; al fin y al cabo era un percance[34] que todos ellos estaban expuestos a tenerlo el día menos pensado, sin que fuera tampoco de mayor gravedad, ni para acobardarse 155 hasta tal punto y quedarse aculado[35] en aquella zorrera;[36] y que si tenía pensamiento de continuar así en ese plan, que entonces no se incomodase si lo cogían ellos por un brazo cada uno y lo sacaban de allí a viva fuerza. Él, que no le contasen lo que era aquel percance, que ya él lo veía por sí mismo clarísimamente, que no era tampoco una berza[37] para pasarlo sin sentir, ni quedarse congelado lo mismo que las berzas cuando el hielo las hiela, lo mismo que 160 el camión, ahí patas arriba, que ya ni siente ni padece, ni si estaban a nueve bajo cero como si estaban a noventa, no; a él nadie tenía que explicarle lo que era aquel castigo, porque tenía la sangre funcionando y el coraje de tanta mala sombra[38] como le había sobrevenido. Llega en esto un ronquido de motos y aparece de pronto la pareja de Policía de Carreteras y se paran y acuden al maño, que ya está tiritando todo él como una hoja y haciendo diente con 165 diente, de frío. Los otros les contaron lo ocurrido a los dos policías y que se debía de haber acoquinado,[39] a lo mejor por el susto del vuelco y por la consiguiente desazón,[40] y se negaba

---

[31] hablando muchas necedades
[32] dirección
[33] darse por vencido
[34] accidente
[35] arrinconado
[36] cueva de zorros
[37] col
[38] mala suerte
[39] intimidado, frustrado
[40] *fig.* disgusto

a moverse de allí, por cosas raras que se imaginaba, obligaciones, vaya usted a saber. Los policías se dirigen a él, y que vamos, que se levantase, que el día no estaba para bromas ni muchísimo menos, y que se metiese en el otro camión, que a por el suyo ya mandarían una 170 grúa, cuando fuera. El maño se revuelve, que allí la mala sombra lo había revolcado y de allí no daría un paso más, donde lo había cogido su castigo. Ya sin más, echan mano de él los policías y lo levantan a la fuerza; él queriendo zafarse, y renegando, y ellos intentando aplacarlo y someterlo, hasta que casi a rastras y a empujones lograron ya sentarlo en la cabina del camión, entre el ayudante y el chófer, donde al cabo dejó de resistirse, agachó la cabeza 175 y se quedó taciturno, encogido y temblando, casi enfermo de frío.

Oscurecido, llegaron al bar de carretera donde había estado el maño a mediodía, y le hicieron bajarse, los otros, y entrar en el local. Los policías habían precedido al camión, y ahora uno de ellos le indica que se siente al calor, junto a la salamandra, y al barman que le ponga un café doble, con un chorrito de coñac. Y mientras se lo pone, los otros en la barra 180 comentan en voz baja lo ocurrido, y el maño ahí sentado, los brazos sobre el mármol de una mesa, y así fijo, que no se le cuajaba la mirada[41] sobre ninguna cosa. Conque ya se le acerca el mismo policía, con el café con leche, y se lo deja en la mesa, humeando, delante de él, y que se anime, hombre, que no se lo deje enfriar, le recomienda, que ya vería cómo con eso reaccionaba y entraría enseguida en calor. Él rehusó, apartó el vaso de sí con el codo, y 185 abatió[42] la cabeza sobre el mármol, enterrando la cara entre los brazos, y se puso a llorar seguidamente.

■——Pasos para la comprensión

1. Nota el tono familiar del narrador del primer y tercer párrafo. ¿Qué elementos contiene este tipo de expresión?

   ☐ Nota ahora el estilo narrativo del segundo párrafo. ¿En qué se diferencia?

2. Nota en el tercer párrafo el modo en que el autor maneja el diálogo. Se hace de dos modos: citando sin comillas o mediante el discurso indirecto libre, donde el narrador nos dice más o menos lo que dijo un personaje, sin citarlo directamente. Comenta el efecto de este fluir de diálogo entretejido con la narración.

3. ¿Qué ha pasado debido al frío?

   ☐ ¿Qué discusión ocurre en un bar entre un camionero y el camarero respecto a las pérdidas causadas por el frío?

   ☐ ¿Qué opinión expresa el camarero respecto a las flores? ¿Cómo le responde el camionero?

4. Lo próximo que el narrador nos da a saber es que dos hombres a caballo ven un camión ruedas arriba que se ha salido de la carretera. Nota cómo el narrador no cuenta cómo pasó el accidente. ¿Qué crees que habría pasado?

---

[41] enfocaban los ojos
[42] bajó, inclinó

5. Al principio los hombres no ven a nadie, pero luego ven al camionero agachado al otro lado de la carretera. ¿Qué está haciendo?

   ☐ ¿Qué contesta a las interrogaciones de los hombres?

   ☐ ¿Cómo los trata? 470

   ☐ ¿Qué le dice uno de los hombres al marcharse?

6. Luego acuden otros camioneros y una pareja en auto. Todos intentan ayudar al hombre.

   ☐ ¿Cómo responde él al socorro que se le ofrece? 475

   ☐ Ya que el narrador se niega a interpretar las razones por su reacción, el lector debe inferir los motivos de sus acciones. ¿Por qué crees que el hombre trata a los que quieren socorrerlo tan brusca, sarcástica y groseramente?

7. ¿Por qué no le hacen caso los camioneros y la pareja cuando el hombre les pide 480 que se vayan y lo dejen en paz? ¿Qué podemos inferir del carácter de estas personas?

8. Poco a poco, el hombre va suavizando el tono de su voz y expresa su agradecimiento por las atenciones de los que están presentes, pero sigue testarudo en no moverse de su sitio. ¿Por qué cree el hombre que no se congelará igual que 485 las hortalizas y las flores? ¿Crees que tiene razón?

9. El hombre introduce un nuevo discurso: su mala sombra y el castigo. ¿Qué crees quiere decir con estos signos respecto al accidente que acaba de tener?

10. ¿Cómo logran, por fin, meterlo en la cabina del camión? ¿Adónde lo llevan? 490 ¿Qué hizo el hombre al llegar al bar?

■———Pasos para una lectura más a fondo

495

1. Uno de los aspectos más originales de este relato es el punto de vista narrativo. ¿Es el narrador omnisciente? Para contestar, considera los siguientes detalles:

   ☐ ¿Por qué no sabe si los dos hombres a caballo son padre e hijo?

   ☐ ¿Sabe el narrador cuál es la relación entre el hombre y la mujer que llegan en auto? 500

   ☐ ¿Qué nos indican estos detalles respecto al papel del narrador en este relato?

   ☐ ¿Cómo ha de reaccionar el lector ante un narrador de este tipo?

2. El narrador se niega a contar muchas cosas. Por ejemplo, jamás interpreta la per- 505 sonalidad y las acciones del camionero aragonés. El lector tiene que inferir. ¿Cómo es este hombre?

   ☐ ¿Cómo explicarías su reacción insolente después del accidente?

   ☐ ¿Por qué cree que lo que le ha pasado es un castigo?

   ☐ ¿Crees que el camionero ha sido un hombre malo? Explica.

3. Nota el contraste que hace el narrador entre el frío de afuera y el calor del interior del bar. A mediados del tercer párrafo se hace un inventario de los signos dentro del bar que producen calor. ¿Cuáles son?

   ☐ Nota que el calor no se produce únicamente por la calefacción de carbón. ¿Por dónde sale el humo de la calefacción?

   ☐ ¿Qué parece indicar esta oposición?

4. La discusión en el bar sobre qué es más valioso, si las flores o las hortalizas, forma otra oposición binaria. Explica.

   ☐ ¿Cómo se relaciona esta oposición con la del primer paso?

5. Comenta sobre la compasión humana que muestran los de la carretera con el camionero aragonés.

   ☐ Comenta también la indiferencia y frialdad del camionero.

   ☐ ¿Cómo relaciona este contraste con la oposición binaria que se ha venido formando en el relato?

6. Hay otros signos en la narración que vale la pena mencionar y ver cómo encajan con la oposición binaria central. Nota por ejemplo el segundo párrafo y comenta los siguientes signos: pinos y arbustos bravíos; verde oscuro en comparación a lo blanco; mar, tierra, cielo. Busca otros ejemplos en el relato.

7. ¿Con qué signo termina el relato? Comenta el título del relato. Con estas pistas en mente, junto con la oposición binaria que se ha elaborado, trata de explicar el mensaje del relato.

Juan Goytisolo

◼☐◼

n. 1931

Los intereses de Goytisolo van mucho más allá de la literatura, pues ha escrito brillantemente sobre los emigrantes románticos en Inglaterra así como sobre la confluencia en la Península Ibérica de musulmanes y judíos. Estos conocimientos intelectuales tienen ecos en sus obras. Se estrena como novelista dentro del estilo del realismo social, pero en 1966 comienza una serie de novelas experimentales que indagan profundamente en la realidad histórica española, decodificando y aniquilando los mitos de la historia de España. Estas tres novelas—*Señas de identidad* (1966), *Reivindicación del Conde don Julián* (1970) y *Juan sin tierra* (1975)—son las novelas que unen a Goytisolo artísticamente a los del "Boom" hispanoamericano, con cuyos autores Goytisolo ha mantenido una estrecha amistad.

Para vivir aquí (1961)

Antes de leer

1. ¿Qué suelen hacer los soldados cuando se les da tiempo libre?
2. Cuando hay un evento importante en una ciudad, como las Olimpiadas, o la visita oficial de una personalidad importante, ¿qué se suele hacer en la ciudad para prepararse? ¿Te parecen hipócritos estos preparativos? ¿Por qué sí o no?

Códigos para la comprensión

Código militar: España tiene hasta estos días un sistema democrático respecto al servicio militar: todo el mundo, rico o pobre, educado o sin educación, tiene que "hacer la mili." De este modo, los chicos españoles de distintas clases sociales llegan a conocerse.

Código urbano/geográfico: El cuento tiene lugar en Barcelona, y se mencionan varios sitios muy reconocidos de la gran ciudad, como sus Ramblas, que son calles anchas peatonales que cruzan la ciudad; el Liceo, uno de los teatros de ópera más famosos del mundo; Atarazanas, un museo naval. Luego los amigos conducen a Gerona, una ciudad al norte de Barcelona, también en la costa del Mediterráneo.

Código vaticano: El Nuncio es un embajador del Papa. En la época de Franco, se mantenía lazos estrechos con el Vaticano y una visita del Nuncio se celebraba en grande. Por eso, en este relato, han limpiado la ciudad, y hasta han trasladado a las prostitutas a otra ciudad.

Cara y cruz

A media tarde me habían telefoneado desde el cuartel para decirme que el martes entraba de guardia. Tenía por lo tanto tres días libres. Mi primera idea fue llamar a Borés, que acababa de cumplir la semana en el cuartel de Pedralbes.

—Mi viejo se ha largado[1] a Madrid y ha olvidado las llaves del auto.
—Hace dos noches que no pego un ojo[2]—me contestó.

5

---

[1] *fam.* marchado
[2] *expresión que indica que no ha podido dormir*

—¿Putas?—dije.
—Chinches. Toda la Residencia de Oficiales está infestada.

Cuando llegué a la cafetería, me esperaba ya. Estaba algo más blanco que de costumbre y me mostró las señales del cuello.

—Lo que es esta vez no son mordiscos.   10
—¿Qué dice tu madre?—pregunté yo.

Borés vació su ginfis de un trago.

—Desde que empecé el servicio anda más tranquila.

Manolo se acercó a servirnos con una servilleta doblada sobre el brazo.

—¿Qué piensa de toda esta gresca,[3] don Rafael?   15

Con un ademán, indicó la cadena de altavoces encaramados en los árboles y los escudos que brillaban en los balcones de las casas.

—Turismo—repuse—. El coste de la vida sube, y de algún modo deben sacar los cuartos.[4]

—Eso mismo me digo yo, don Rafael.
—Aquí no es como en Roma. . . La gente va muy escaldada.[5]   20

Retrepados en los sillones de mimbre, observamos el desfile de peregrinos. Tenía una sed del demonio y me bebí tres ginfis.
Borés controló el paso de once monjas y siete curas.

—Por ahí cuentan que con la expedición americana viene un burdel de mulatas. 25
—Algo tienen que ofrecer al público. Con tanto calor y las apreturas. . .
—¿Qué te parece si fuéramos a dar un vistazo?
—¿A la Emilia?
—Sí. A la Emilia.

Al arrancar, Manolo nos deseó que acabáramos la noche en buena compañía. Aunque eran 30
las once, las calles estaban llenas de gente. Los altavoces transmitían música de órgano y en la luz roja de Canaletas cedimos el paso a un grupo de peregrinas.

—¿Crees que. . .?—preguntó Borés, asomando la cabeza.

---

[3] *fam.* alboroto
[4] monedas, dinero
[5] con cautela

—Quién sabe. . . Seguramente hay muchas mezcladas.

—Invítalas a subir.   35

—Recuerda lo que ocurrió la última vez—dije.

En las Ramblas, el tránsito se había embotellado y aguardamos[6] frente al Liceo durante cerca de diez minutos. Al fin, aparcamos el coche en Atarazanas y subimos a pie por Montserrat. La mayor parte de los bares estaban cerrados y en los raros cafés abiertos no cabía una aguja.   40

—Luego dicen que no hay agua en los pantanos[7]—exclamó Borés, señalando las luminarias.[8]

—Eres un descreído—le reprendí—. En ocasiones así se tira la casa por la ventana.[9]

Por la calle Conde de Asalto discurría una comitiva tras un guión plateado. Varios niños salmodiaban[10] algo en latín.   45

Casa Emilia quedaba a una veintena de metros y contemplamos la fachada, asombrados. Resaltando entre las cruces de neón de la calle, sus balcones lucían un gigantesco escudo azul del Congreso.

—Caray—dijo Borés—. ¿Has visto. . .?

—A lo mejor la han convertido también en capilla. . .   50

La luz del portal estaba apagada y subimos la escalera a tientas. En el rellano, tropezamos con dos soldados.

—Están ustés perdiendo el tiempo—dijo uno—. No hay nadie.

—¿Y las niñas?

—Se ha ído.   55

Volvimos a bajar. Por la calzada desfilaban nuevos guiones y los observamos en silencio por espacio de unos segundos.

—¿Vamos al Gaucho?

—Vamos.

Al doblar la esquina, oí pronunciar mi nombre y miré atrás. Ninochka espiaba la proce-   60
sión desde un portal y nos hacía señales de venir.

—Viciosos. . .—dijo atrayéndonos al interior del zaguán[11]—, ¿no os da vergüenza?

---

[6] esperamos

[7] *expresión para indicar que no hay fondos, dinero*

[8] luces que se ponen en las calles en épocas de fiesta

[9] *expresión que se emplea cuando se gasta mucho dinero para una ocasión especial*

[10] cantar con cadencia monótona

[11] vestíbulo

Iba vestida de negro, con un jersey con mangas cerrado hasta el cuello y ocultaba su pelo rubio platino bajo un gracioso pañuelo-mantilla.

—¿Qué es este disfraz?   65
—Chist. Callaos. . .—al sonreír, se le formaban dos hoyuelos en la cara—. Se las han llevado a todas. . . En camiones. . .
—¿Cuándo?
—Esta mañana—apuntó al altavoz que tronaba en lo alto del farol—. El señor ese ha dicho que cuando llegue el Nuncio la ciudad debe estar limpia. . .   70
—¿Y tú?
—Me escapé de milagro—volvió a mostrar el altavoz, con un mohín[12]—. Dice que no somos puras.
—Difamación—exclamé yo—. Calumnia.
—Eso es lo que digo—Ninochka se arregló la mantilla, con coquetería—. Al fin y al cabo, 75
somos flores. Arrugadas y marchitas, pero flores. . . Lo leí en una novela. . . *Las hijas del asfalto*. . . ¿La conoces?
—No.
—Pasa en el Mulén Ruxe de París. . . Es muy bonita.   80
—¿Y dónde han mandado las flores?—preguntó Borés.
—Fuera. A los pueblos. A tomar el aire del campo.
—¿No sabes dónde?
—A la Montse y la Merche, las han llevado a Gerona.
—Habría que ir a consolarlas—dije yo—, ¿no te parece?
—Las pobrecillas—murmuró Borés—. Deben sentirse tan solas. . .   85
—¿Vienes?—pregunté a Ninochka.
—¿Yo?—Ninochka reía de nuevo—. Yo voy a la Adoración Nocturna. . . Como María Magdalena. . . Arrepentida. . .

Al despedirnos, me mordió el lóbulo de la oreja. Estaba terriblemente atractiva con la mantilla y su jersey casto.   90

—¿Crees que encontraremos algo?—pregunté a Borés mientras ponía el motor en marcha.
—La noche es larga. No perdemos nada probando.

En el Paseo de Colón el tránsito se había despejado y bordeamos la verja del parque, camino de San Andrés.

—A lo mejor es una macutada.[13]   95
—Por el camino nos enteraremos.

Habíamos dejado atrás los últimos escudos luminosos y avanzamos a ciento veinte por la carretera desierta. Nuestro primer alto fue en Mataró.

—¿Ha visto usted un camión lleno de niñas?—pregunté al chico del bar.

---

[12] gesto
[13] *fam.* intento inútil

—Yo no, señor—sus ojos brillaban de astucia—. Pero he oído decir al personal que han 100
pasado más de cinco.

—¿Hacia Gerona?

—Sí. Hacia Gerona.

Nos bebimos las dos ginebras y le dejé una buena propina.

—Uno de mis clientes. . . Un notario. . . ha tomado el mismo camino que ustedes hace 105
sólo unos minutos.

Borés le agradeció la indicación y subimos de nuevo al coche. En menos de un cuarto de
hora, dejamos atrás la carretera de Blanes. En una de las curvas de la sierra alcanzamos un
Lancia negro, que conducía un hombre con gafas.

—Debe de ser el notario—dijo Borés.   110

—El tío parece que lleva prisa.

—Acelera. . . Si me quita a la Merche, me lo cargo.[14]

El parador de turismo tenía encendidas las luces y nos detuvimos a beber unas copas.

—¿Ha visto. . .?—preguntó Borés, al salir, indicando la carretera.

—Sí, sí—repuso el *barman,* riendo—. Adelante.   115

En el cruce de Caldas volvimos a atrapar al notario. Borés se frotaba las manos excitado,
y le largó una salva de insultos a través de la ventanilla.

—La Merche es para mí, y Dorita, y la Mari. . .

A una docena de kilómetros de la ciudad, frené junto a un individuo que nos hacía señales
con el brazo.   120

—¿Van a Gerona?

—Suba.

El hombre se acomodó en el asiento de atrás, sin sacarse la boina.

—Parece que hay fiesta por ahí—aventuró Borés al cabo de un rato.

—Sí. Eso dicen. . .—Hablaba con fuerte acento catalán—. En mi pueblo todos los chicos 125
han ido. . .

—¿Y usted?

—También voy—en el retrovisor le vi guiñar un ojo—. He esperado a que mi mujer se
fuera a la cama. . .

---

[14] lo mato

La barriada dormía silenciosa y torcí por Primo de Rivera hacia el Oñar. Desde el puente,   130
observé que los cafés de la Rambla estaban iluminados. Un camarero iba de un lado a otro
con una bandeja y un grupo de gamberros[15] se dirigía hacia la catedral, dando gritos.

—Mira. . .—dije yo.

El paseo ofrecía un extraordinario espectáculo. Sentadas en las sillas, acodadas en las ba-   135
rras de los bares, tumbadas sobre los bancos y los veladores había docenas de mujeres silenciosas, que nos contemplaban como a una aparición venida del otro mundo. El campanario
de una iglesia daba las dos y muchas se recostaban contra la pared para dormir. Algunas no
habían perdido aún la esperanza y nos invitaban a acercarnos.

—Vente pa aquí, guapo.
—Una cama blandita y no te cobraré ni cinco.   140

Borés y yo nos abrimos paso hacia las arcadas. Venidos de todos los pueblos de la comarca,
los tipos discutían, riendo, con las mujeres y se perdían por las callejuelas laterales, acom-
pañados, a veces, de tres o cuatro. Los hoteles estaban llenos y no había una cama libre. Los
afortunados poseedores de una habitación se acostaban gratis con las muchachas más caras.

—Llévame contigo, cielo. . .   145
—Anda. . . Ven a dormir un ratito. . .

A la primera ojeada, descubrimos a Merche. Estaba sentada en un café, fumando, y al vernos, no manifestó ninguna sorpresa.

—*Dominus vobiscum*[16]—se limitó a decir, a modo de saludo.
—*Ite missa est.*[17]   150

Con ademán distraído nos invitó a instalarnos a su lado.

—Perdonarán que el "livinrún"[18] esté sucio—se excusó—. Mi doncella está afiliada al
sindicato y no trabaja el sábado.
El camarero hizo notar su presencia con un carraspeo.[19] Borés pidió dos ginebras y otro
café.   155

—¿De imaginaria?[20]—preguntó cuando se hubo ido.
—Las clases ociosas solemos dormir tarde—repuso Merche.

---

[15] gente que comete actos groseros e inciviles
[16] *lat.* frase de la misa que significa "Qué el Señor esté contigo."
[17] *lat.* frase de la misa que se dice al final para indicar que la misa ha terminado
[18] *inglés* "living room."
[19] sonido de aspereza en la garganta
[20] *término militar para una guardia nocturna*

Su rostro reflejaba gran fatiga. Como de costumbre no se sabía si hablaba en serio, o bromeaba.

—Hace un par de horas pasamos por el barrio y Ninochka nos contó lo ocurrido.   160

—Es una iniciativa del Ministerio de Turismo—Merche apuró el café de su taza—. Como éramos incultas nos ha pagado un viaje. . . Agencia Kuk. . . Ver mundo. . .

—¿No has encontrado cama?—pregunté yo.

En lugar de contestarme, se encaró con Borés, sonriente.

—¿Y vosotros? . . . ¿Por qué estáis aquí? . . . ¿Han echado también a los hijos de buena   165
familia?

—Sólo a los depravados—dijo él.

—Ah. . . A los depravados, sólo. . . Temía. . .

Los ojos se le cerraban de sueño. Borés cambió una mirada conmigo.

—Mi padre tiene un despacho cerca de aquí—explicó—. Si quieres, podemos dormir los   170
dos juntos.

—Gracias, vida—dijo Merche—. Eres un amor de chico.

Bebimos las dos ginebras y el café. Una mujer roncaba en la mesa del lado y los gamberros corrían aún dando gritos.

—¿Y tú?   175

—Yo beberé otra copa, y ahueco.[21]

—Entonces, telefonea a casa. . . Di que me he quedado a dormir en tu estudio.

Los miré alejarse hacia el barrio de la catedral. Cogidos del brazo. Luego pagué la nota del bar y caminé en dirección al río. Las mujeres me volvían a llamar y bebí otras dos ginebras. Aquella noche absorbía el alcohol como nada. Yo solo hubiera podido vaciar una barrica.   180

—Congresos así debería haber to[22] los años—decía un hombre bajito a mi lado—, ¿no le parece, compadre?

Le contesté que tenía razón y, si la memoria no me engaña, creo que bebimos un trago juntos.

No sé a qué hora subí al coche, ni cómo hice los cien kilómetros que me separaban de Barcelona. Cuando llegué había amanecido y, por las calles adornadas, circulaban los   185
primeros transeúntes.

Sólo recuerdo que una brigada de obreros barría el suelo, preparando la procesión y que, al mirar al balcón de mi cuarto, descubrí un flamante escudo.

—Debe ser cosa de mamá—expliqué al sereno.

Procurando no hacer ruido, me colé hasta el cuarto de baño y abrí el grifo de la ducha.   190

---

[21] *fam.* me largo, me marcho

[22] *apócope:* todo

■———Pasos para la comprensión

1. Desde las primeras palabras nos damos cuenta de que se trata de una narración en primera persona. ¿Qué se sabe de antemano de ese tipo de narrador? ¿Va a pintarse de mala luz? Explica.

2. El narrador se encuentra con tres días libres y llama al amigo Borés, que también hace la mili, para salir de juerga. En el bar en que se citan, hablan de varias cosas. Nota sobre todo ciertas respuestas que el lector no puede entender pero que sí puede inferir. ¿Qué quiere decir Borés cuando dice, respecto a su madre, "desde que empecé el servicio anda más tranquila"? ¿Por qué estaría la madre preocupada antes?

    □ Luego, cuando ven a un grupo de peregrinas jóvenes y guapas, se niegan a invitarlas a subir con ellos, y dice el narrador: "Recuerda lo que ocurrió la última vez." ¿Qué habría podido ocurrir?

3. ¿Cómo está Barcelona a causa de la visita del Nuncio (consulta el *código vaticano*)?

    □ ¿Por qué han cerrado el prostíbulo de Emilia?

    □ ¿Qué les cuenta Ninochka de donde han llevado a las "niñas"?

4. Todo el diálogo de Ninochka es humorístico y sarcástico. ¿Por qué llama a los dos amigos "viciosos"?

    □ ¿Por qué está vestida de negro?

    □ Se autodenomina una flor arrugada y marchita. ¿Cómo se llama la novela donde leyó esa descripción?

    □ ¿Por qué no va Ninochka con los chicos a Gerona?

    □ ¿Cómo se despide del narrador?

    □ Comenta el humor y la ironía en esta escena.

5. Los dos amigos se marchan hacia Gerona. ¿Dónde paran en el camino y para qué?

    □ ¿Por qué le echan vituperios a un notario por la ventana en la carretera?

    □ ¿De qué hablan los dos amigotes?

    □ ¿A quién recogen en la carretera? ¿Por qué va a Gerona?

6. Cuando llegan a Gerona, a quiénes encuentran? ¿En qué estado están?

    □ ¿Es ésta una escena humorística como las anteriores? Explica.

7. Cuando encuentran a Merche, ¿con qué expresión los saluda? ¿Qué les dice de su "casa"? Explica la gracia.

8. ¿Adónde se van juntos Borés y Merche?

9. El narrador vuelve solo a Barcelona. ¿Qué hace cuando entra en su casa? Trata de explicar la ironía de las últimas palabras del relato.

■——Pasos para una lectura más a fondo

1. ¿A qué clase social pertenecen el narrador y Borés? ¿Con qué códigos lo da a saber el autor implícito?

2. La conversación entre los dos amigos es magistral; tiene el aspecto elíptico y coloquial del habla natural de amigos. Cita algunos ejemplos.

   ☐ ¿Hablan acaso de temas importantes? ¿Cuál es el tema central de sus conversaciones?

3. También, como jóvenes, hacen las locuras típicas de la edad. Señala algunos ejemplos.

4. La vida despreocupada de los dos amigos contrasta marcadamente con la situación triste de las prostitutas. Explica.

   ☐ La expresión que da título al relato—"cara y cruz"— se refiere a las dos caras de la moneda metálica. Explica cómo ese título encuadra con la oposición social del relato.

   ☐ ¿Les parece preocupar los dos amigos la situación de las "niñas"? Explica.

5. La limpieza de Barcelona para la visita del Nuncio contiene, además de humor, algo de hipocresía. Explica.

6. Enfoquémonos en el narrador. Como narrador, puede controlar completamente la información que quiera que el lector sepa. Hay varias cosas respecto a su persona que no sabemos y que se tienen que inferir.

   ☐ ¿Revela su nombre en el relato?

   ☐ ¿Por qué crees que bebe tanto alcohol?

   ☐ ¿Por qué crees que se queda solo?

   ☐ ¿Crees que hay algo de su persona que el narrador quiere ocultar? Explica.

7. ¿Qué cuadro nos pinta Goytisolo de la España franquista? Considera el discurso moral, social y religioso, entre otras cosas, y hasta la ausencia de un discurso intelectual.

CAPÍTULO 13

EL "BOOM" DE LA NARRATIVA HISPANOAMERICANA

■ ■ ■

 Consulta www.prenhall.com/momentos y lee un ensayo de orientación a este capítulo.

La expresión "Boom" como apelativo para describir la narrativa latinoamericana de la segunda mitad del siglo XX, no es la más adecuada para explicar la variada estética de la producción narrativa de la época, y sin embargo capta gráfica y sonoramente la explosión de actividad y de creatividad que se sintió—y que se sigue sintiendo— en el campo de la prosa ficción latinoamericana. Sólo el modernismo se le puede comparar en cuanto a las reverberaciones que ha tenido, pues la explosión del Boom se oyó en todos los rincones del mundo hispanohablante, y no hubo país que no produjera un novelista o narrador de primera fila. El estallido fue tan fuerte que se sintió por el mundo entero, y sus grandes figuras pronto se convirtieron en *best-sellers* internacionales. Si el modernismo fue el primer movimiento literario de Hispanoamérica en cruzar el Atlántico e influir en la madre patria, el "Boom" fue el primero en repercutir internacionalmente.

El "Boom" no sucedió por pura casualidad. El modernismo había lanzado una larga sombra en Hispanoamérica, y la actividad literaria e intelectual de la primera mitad del siglo XX fue impresionante. En los años 40 y 50 varios escritores, trabajando independientemente, crearon mundos narrativos geniales e insólitos. El primero entre ellos es el argentino Jorge Luis Borges (1899–1986), que nunca escribió una novela, pero cuyas narraciones cortas contienen toda la intensidad y problemática de obras largas. Borges elude, hasta cierto punto, la realidad política y social que dominaba la narrativa hispanoamericana, y busca otras realidades como las de los sueños y las que existen en textos literarios o en sistemas filosóficos, abriendo de ese modo las puertas a lo fantástico. Al mismo tiempo, y en un ambiente completamente diferente como es Guatemala, Miguel Ángel Asturias (1899–1974) estaba experimentando con la materia indígena, pero no en forma de protesta social como se había hecho antes, sino de una manera estética. En Cuba, Alejo Carpentier (1904–1980) empezaba a descubrir el mundo mágico y maravilloso del continente americano, mientras que en México Juan Rulfo (1918–1986) encontraba los vínculos entre lo regional y costumbrista, y lo mítico y universal. Estos autores prepararon el terreno para el cultivo de una nueva narrativa.

No hubo ninguna región de Hispanoamérica que no sintiera su impacto: Julio Cortázar (1914–1984) y Manuel Puig (n. 1932) en Argentina, José Donoso (n. 1924) en Chile, Juan Carlos Onetti (1909–1994) en Uruguay, Augusto Roa Bastos (n. 1917) en Paraguay, Mario Vargas Llosa (n. 1936) en Perú, Gabriel García Márquez (n. 1928) en Colombia, Carlos Fuentes (n. 1928) en México, Guillermo Cabrera Infante (n. 1929) y Severo Sarduy (n. 1937) en Cuba, Luis Rafael Sánchez (n. 1936) en Puerto Rico, y Arturo Uslar Pietri (1906–2001) en Venezuela, por sólo mencionar los de mayor renombre.

La narrativa del "Boom" es imposible de caracterizar, puesto que no se refiere a una estética, ideología o movimiento literario específico. Es hasta ilusorio intentar especificar las características de un autor determinado, ya que cada uno experimentó de su propia manera y los universos que crearon saltan desde el realismo hasta las deformaciones estructurales y lingüísticas más insólitas imaginables. En realidad, quizá su característica más unificadora sea su insistencia en buscar nuevas formas de narrar. Sin embargo, el afán de estos escritores no es la experimentación por el mero gusto de experimentar, como había sido la ambición de algunos escritores vanguardistas; cada uno de los narradores del "Boom" ha buscado fórmulas de expresión genuinas capaces de indagar de un modo u otro en la compleja problemática americana. Así como el mundo latinoamericano es mestizo por la fusión de lo indígena, lo europeo y lo africano, elementos que a su vez combaten y chocan entre sí, la nueva narrativa también es un calidoscopio de fuentes, estilos, lenguajes y técnicas variables y hasta dispares.

Se cita con frecuencia la Revolución cubana de 1959 como un momento decisivo del "Boom," y la verdad es que muchos de sus escritores abrazaron el radicalismo político y social, pero sus obras jamás son propagandísticas. Sus narrativas exponen y critican abusos políticos e iniquidades sociales de un modo que despierta la conciencia de sus lectores, pero por lo general lo hacen furtiva e implícitamente. Cuando se considera que sus receptores suelen ser los mismos explotadores y retrógrados que censuran en sus obras, es muy posible que con el tiempo el "Boom" sea un impulso de cambio social e ideológico en Hispanoamérica.

Los escritores del "Boom" son, además de portentosos creadores, individuos de rigurosa formación intelectual. Aunque sus obras no son necesariamente vehículos para lucir su erudición y sabiduría, la mayoría participa activamente en los discursos políticos y filosóficos de Hispanoamérica y son leídos y comentados por un público que no es exclusivamente literario. También son autores cosmopolitas; todos han pasado largos períodos en el extranjero y varios viven fuera de sus países maternos o mantienen residencias en Nueva York, París, Londres o Barcelona. Se ha notado con frecuencia que el carácter cosmopolita de estos escritores les ha proporcionado una visión más amplia y una perspectiva más objetiva con las cuales interpretar la compleja realidad americana.

El "Boom" ha conseguido abrir rumbos para la narrativa, no sólo en los países hispanos sino en el mundo entero. El realismo mágico, por ejemplo, se considera invención del "Boom", y escritores de otros países se han aprovechado de él. Por otra parte, los escritores del "Boom" también han aprovechado las innovaciones narrativas de otros, como la yuxtaposición de planos temporales, el uso de lo fantástico, el fluir de la conciencia, las narraciones fragmentadas, los recursos cinematográficos, etc., y sin embargo, trabajan estas técnicas con insuperable maestría.

Jorge Luis Borges

■□□

1899–1986

El prestigio internacional que consiguió este escritor argentino no sólo sirvió de inspiración a los jóvenes prosistas de Hispanoamérica, sino también les abrió las puertas a un mercado editorial vastísimo que antes ningún escritor hispanoamericano había alcanzado. Visto así, se puede considerar a Borges el "padre" del "Boom." Su propia obra, sin embargo, se limita al ensayo, la poesía y el relato corto; jamás escribió una novela. Su obra narrativa refleja sus amplios conocimientos intelectuales, y en ella las ideas filosóficas y teológicas adquieren una vida literaria que se extiende más allá del mundo abstracto de las ideas. Leer una narración de Borges es entrar en un mundo laberíntico de nombres, hechos e ideas donde el tiempo fluctúa entre lo cronológico y lo psíquico, y donde los límites entre lo real y lo apócrifo se confunden. Cuando el lector parece ver el camino de la solución, la senda se bifurca de nuevo. Aunque Borges nunca consideró su obra original puesto que tomaba las ideas y los conceptos de obras que él había leído, la verdad es que el modo en que él transforma esas ideas y juega con ellas hace que su producción narrativa se cuente entre las más originales que se haya producido en castellano.

Ficciones (1944; 1956)

Antes de leer

1. ¿Has leído alguna vez una novela detectivesca? ¿Cuáles son sus características? Explica por qué te gustan o no.

2. ¿Te consideras una persona lógica? Explica. ¿Crees que la lógica puede resolver todos los problemas de la vida? Cita algunos ejemplos de momentos en que la lógica no sirva de guía.

3. Explica lo que es un laberinto. ¿Puedes concebir un laberinto que sea sencillo en vez de complejo?

Códigos para la comprensión

Códigos hebreos:

☐ La cábala es una forma mística de explicar los misterios del Talmud o de la Biblia. La cábala sospecha que ese misterio se encierra en anagramas y combinaciones de letras, que, de ser descifrados, revelarían el mensaje secreto de Dios.

☐ El tetragrámaton es una palabra de cuatro letras. Entre los judíos, el nombre de Dios se representaba con cuatro letras que nunca se podrían pronunciar (JHVH) y que en su forma moderna serían Jeová.

☐ El día sagrado judío—el sábado—empieza al anochecer del viernes y termina al anochecer del sábado.

☐ El rabí o rabino es un título honorífico que se le concede a un judío maestro de las escrituras sagradas.

Códigos geométricos:

☐ Un triángulo equilátero está compuesto de tres líneas de la misma extensión. Cuando se añade un cuarto punto, a la misma extensión de cada línea del triángulo equilátero, se construye un tetrágono. Es con esta figura que Lönnrot cree descubrir el sitio del cuarto asesinato.

☐ Una línea recta es infinita. Si se establece en ella dos puntos (A y B) y se escoge un punto exactamente en el medio entre ellos (C), y si luego, entre los puntos A y C se escoge otro punto (D) exactamente en el medio, y se repite este proceso *ad infinitum,* nunca se podría llegar al punto original de A. Este teorema se emplea en el cuento de Borges para probar el concepto de lo infinito y de la imposibilidad. Es en este "laberinto" que quisiera Lönn-rot ser encerrado, porque así jamás podría morir.

La muerte y la brújula

A Mandie Molina Vedia

De los muchos problemas que ejercitaron la temeraria[1] perspicacia[2] de Lönnrot, ninguno tan extraño—tan rigurosamente extraño, diremos—como la periódica serie de hechos de sangre que culminaron en la quinta de Triste-le-Roy, entre el interminable olor de los eucaliptos. Es verdad que Erik Lönnrot no logró impedir el último crimen, pero es indiscutible que lo previó. Tampoco adivinó la identidad del infausto[3] asesino de Yarmolinsky, pero sí la secreta morfología de la malvada serie y la participación de Red Scharlach, cuyo segundo apodo es Scharlach el Dandy. Ese criminal (como tantos) había jurado por su honor la muerte de Lönnrot, pero éste nunca se dejó intimidar. Lönnrot se creía un puro razonador, un Auguste Dupin,[4] pero algo de aventurero había en él y hasta de tahúr.[5]

---

[1] imprudente
[2] agudeza de entendimiento
[3] infame
[4] *detective creado por Edgar Alan Poe*
[5] jugador aficionado

El primer crimen ocurrió en el Hôtel du Nord—ese alto prisma que domina el estuario cuyas aguas tienen el color del desierto. A esa torre (que muy notoriamente reúne la abo-   10 rrecida blancura de un sanatorio, la numerada divisibilidad de una cárcel y la apariencia general de una casa mala) arribó el día 3 de diciembre el delegado de Podólsk al Tercer Congreso Talmúdico, doctor Marcelo Yarmolinsky, hombre de barba gris y ojos grises. Nunca sabremos si el Hôtel du Nord le agradó: lo aceptó con la antigua resignación que le había permitido tolerar tres años de guerra en los Cárpatos y tres mil años de opresión y de pogroms.[6] Le dieron un dormitorio en el piso R, frente a la *suite* que no sin esplendor ocupaba el Tetrarca de Galilea. Yarmolinsky cenó, postergó para el día siguiente el examen de la desconocida ciudad, ordenó en un *placard*[7] sus muchos libros y sus muy pocas prendas, y antes de media noche apagó la luz. (Así lo declaró el *chauffeur* del Tetrarca, que dormía en la pieza contigua.) El cuatro, a las 11 y 3 minutos a.m., lo llamó por teléfono un redactor de la *Yidis-*   20 *che Zaitung;* el doctor Yarmolinsky no respondió; lo hallaron en su pieza, ya levemente oscura la cara, casi desnudo bajo una gran capa anacrónica. Yacía no lejos de la puerta que daba al corredor; una puñalada profunda le había partido el pecho. Un par de horas después, en el mismo cuarto, entre periodistas, fotógrafos y gendarmes, el comisario Treviranus y Lönnrot debatían con serenidad el problema.

—No hay que buscarle tres pies al gato[8]—decía Treviranus, blandiendo[9] un imperioso cigarro—. Todos sabemos que el Tetrarca de Galilea posee los mejores zafiros del mundo. Alguien, para robarlos, habrá penetrado aquí por error. Yarmolinsky se ha levantado; el ladrón ha tenido que matarlo. ¿Qué le parece?

30

—Posible, pero no interesante—respondió Lönnrot—. Usted replicará que la realidad no tiene la menor obligación de ser interesante. Yo le replicaré que la realidad puede prescindir de esa obligación, pero no las hipótesis. En la que usted ha improvisado, interviene copiosamente el azar. He aquí un rabino muerto; yo preferiría una explicación puramente rabínica, no los imaginarios percances de un imaginario ladrón.

Treviranus repuso con mal humor:

—No me interesan las explicaciones rabínicas; me interesa la captura del hombre que apuñaló a este desconocido.

—No tan desconocido—corrigió Lönnrot—. Aquí están sus obras completas.—Indicó en el *placard* una fila de altos volúmenes: una *Vindicación de la cábala;* un *Examen de la filosofía de Robert Flood;* una traducción literal del *Sepher Yezirah;* una *Biografía del Baal Shem;* una *Histo-*   40 *ria de la secta de los Hasidim;* una monografía (en alemán) sobre el Tetragrámaton;[10] otra, sobre la nomenclatura divina del Pentateuco. El comisario los miró con temor, casi con repulsión. Luego, se echó a reír.

---

[6] persecusiones contra judíos
[7] *francés:* armario
[8] *expresión que se emplea para indicar que las cosas no son tan complejas como parecen*
[9] moviendo vivamente
[10] Consulta el *código hebreo.*

—Soy un pobre cristiano—repuso—. Llévese todos esos mamotretos,[11] si quiere; no tengo tiempo que perder en supersticiones judías.

—Quizá este crimen pertenece a la historia de las supersticiones judías—murmuró Lönnrot.

—Como el cristianismo—se atrevió a completar el redactor de la *Yidische Zaitung*. Era miope,[12] ateo y muy tímido.   50

Nadie le contestó. Uno de los agentes había encontrado en la pequeña máquina de escribir una hoja de papel con esta sentencia inconclusa:

La primera letra del Nombre ha sido articulada.

Lönnrot se abstuvo de sonreír. Bruscamente bibliófilo o hebraísta, ordenó que le hicieran un paquete con los libros del muerto y los llevó a su departamento. Indiferente a la investigación policial, se dedicó a estudiarlos. Un libro en octavo mayor le reveló las enseñanzas de Israel Baal Shem Tobh, fundador de la secta de los Piadosos; otro, las virtudes y terrores del Tetragrámaton, que es el inefable Nombre de Dios; otro, la tesis de que Dios tiene un nombre secreto, en el cual está compendiado (como en la esfera de cristal que los persas atribuyen a Alejandro de Macedonia). Su noveno atributo, la eternidad—es decir, el conocimiento in- 60 mediato—de todas las cosas que serán, que son y que han sido en el universo. La tradición enumera noventa y nueve nombres de Dios; los hebraístas atribuyen ese imperfecto número al mágico temor de las cifras pares; los Hasidim razonan que ese hiato señala un centésimo nombre—el Nombre Absoluto.

De esa erudición lo distrajo, a los pocos días, la aparición del redactor de la *Yidische Zaitung*. Éste quería hablar del asesinato; Lönnrot prefirió hablar de los diversos nombres de Dios; el periodista declaró en tres columnas que el investigador Erik Lönnrot se había dedicado a estudiar los nombres de Dios para dar con el nombre del asesino. Lönnrot, habituado a las simplificaciones del periodismo, no se indignó. Uno de esos tenderos que han descubierto que cualquier hombre se resigna a comprar cualquier libro, publicó una edición popular de la *His-* 70 *toria de la secta de los Hasidim*.

El segundo crimen ocurrió la noche del 3 de enero, en el más desamparado y vacío de los huecos suburbios occidentales de la capital. Hacia el amanecer, uno de los gendarmes que vigilan a caballo esas soledades vio en el umbral de una antigua pinturería un hombre emponchado,[13] yacente. El duro rostro estaba como enmascarado de sangre; una puñalada profunda le había rajado el pecho. En la pared, sobre los rombos[14] amarillos y rojos, había unas palabras en tiza. El gendarme las deletreó. . . Esa tarde, Treviranus y Lönnrot se dirigieron a la remota escena del crimen. A izquierda y a derecha del automóvil, la ciudad se desintegraba; crecía el firmamento y ya importaban poco las casas y mucho un horno de ladrillos o un álamo. Llegaron a su pobre destino: un callejón final de tapias rosadas que parecían reflejar de 80 algún modo la desaforada[15] puesta de sol. El muerto ya había sido identificado. Era Daniel Simón Azevedo, hombre de alguna fama en los antiguos arrabales del Norte, que había

---

[11] libros grandes
[12] corto de vista
[13] *amer:* envuelto en un poncho
[14] figura geométrica en forma de diamante
[15] *fig.* gigantesca

ascendido de carrero[16] a guapo[17] electoral, para degenerar después en ladrón y hasta en delator.[18] (El singular estilo de su muerte les pareció adecuado: Azevedo era el último representante de una generación de bandidos que sabía el manejo del puñal, pero no del revólver.) Las palabras de tiza eran las siguientes:

La segunda letra del Nombre ha sido articulada.

El tercer crimen ocurrió la noche del 3 de febrero. Poco antes de la una, el teléfono resonó en la oficina del comisario Treviranus. Con ávido sigilo,[19] habló un hombre de voz gutural; dijo que se llamaba Ginzberg (o Ginsburg) y que estaba dispuesto a comunicar, por una re-   90
muneración razonable, los hechos de los dos sacrificios de Azevedo y de Yarmolinsky. Una discordia de silbidos y de cornetas ahogó la voz del delator. Después, la comunicación se cortó. Sin rechazar aún la posibilidad de una broma (al fin, estaban en carnaval) Treviranus indagó que le habían hablado desde *Liverpool House,* taberna de la Rue de Toulon—esa calle salobre[20] en la que conviven el cosmorama[21] y la lechería, el burdel y los vendedores de biblias. Treviranus habló con el patrón. Éste (Black Finnegan, antiguo criminal irlandés, abrumado y casi anulado por la decencia) le dijo que la última persona que había empleado el teléfono de la casa era un inquilino, un tal Gryphius, que acababa de salir con unos amigos. Treviranus fue en seguida a *Liverpool House.* El patrón le comunicó lo siguiente: Hace ocho días, Gryphius había tomado una pieza en los altos del bar. Era un hombre de rasgos afila-   100
dos, de nebulosa barba gris, trajeado[22] pobremente de negro; Finnegan (que destinaba esa habitación a un empleo que Treviranus adivinó) le pidió un alquiler sin duda excesivo; Gryphius inmediatamente pagó la suma estipulada. No salía casi nunca; cenaba y almorzaba en su cuarto; apenas si le conocían la cara en el bar. Esa noche, bajó a telefonear al despacho de Finnegan. Un cupé cerrado se detuvo ante la taberna. El cochero no se movió del pescante;[23] algunos parroquianos recordaron que tenía máscara de oso.[24] Del cupé bajaron dos arlequines; eran de reducida estatura y nadie pudo no observar que estaban muy borrachos. Entre balidos de cornetas, irrumpieron en el escritorio de Finnegan; abrazaron a Gryphius, que pareció reconocerlos, pero que les respondió con frialdad; cambiaron unas palabras en yiddish—él en voz baja, gutural, ellos con voces falsas, agudas—y subieron a la pieza del   110
fondo. Al cuarto de hora bajaron los tres, muy felices; Gryphius, tambaleante, parecía tan borracho como los otros. Iba, alto y vertiginoso, en el medio, entre los arlequines enmascarados. (Una de las mujeres del bar recordó los losanges[25] amarillos, rojos y verdes.) Dos veces tropezó; dos veces lo sujetaron los arlequines. Rumbo a la dársena[26] inmediata, de agua rectangular, los tres subieron al cupé y desaparecieron. Ya en el estribo del cupé, el último arlequín garabateó una figura obscena y una sentencia en una de las pizarras de la recova.[27]

Treviranus vio la sentencia. Era casi previsible, decía:

La última de las letras del Nombre ha sido articulada.

---

[16] *argentinismo:* chófer

[17] *argentinismo:* valentón (*aquí, como alguien que concierta asuntos peligrosos, quizá ilegales*)

[18] denunciador, soplón

[19] precaución

[20] con sabor a sal

[21] teatro redondo que proyecta escenas y paisajes que parecen reales

[22] llevando ropa

[23] asiento del conductor

[24] *Es época de carnaval y la gente se disfraza.*

[25] ornamentos heráldicos (*que llevaban los arlequines*)

[26] pequeño estanque artificial

[27] puesto de mercado (donde normalmente se venden gallinas)

Examinó, después, la piecita de Gryphius–Ginzberg. Había en el suelo una brusca estrella de sangre; en los rincones, restos de cigarrillos de marca húngara; en un armario, un libro en 120 latín—el *Philologus hebraeograecus* (1739) de Leusden—con varias notas manuscritas. Treviranus lo miró con indignación e hizo buscar a Lönnrot. Éste, sin sacarse el sombrero, se puso a leer, mientras el comisario interrogaba a los contradictorios testigos del secuestro posible. A las cuatro salieron. En la torcida Rue de Toulon, cuando pisaban las serpentinas muertas del alba, Treviranus dijo:

—¿Y si la historia de esta noche fuera un simulacro?[28]

Erik Lönnrot sonrió y le leyó con toda gravedad un pasaje (que estaba subrayado) de la disertación trigésima tercera del *Philologus: Dies Judaeorum incipit a solis occasu usque ad solis occasum diei sequentis.* Esto quiere decir—agregó—, *El día hebreo empieza al anochecer y dura hasta el siguiente anochecer.* 130

El otro ensayó una ironía.

—¿Ese dato es el más valioso que usted ha recogido esta noche?

—No. Más valiosa es una palabra que dijo Ginzberg.

Los diarios de la tarde no descuidaron esas desapariciones periódicas. *La Cruz de la Espada* las contrastó con la admirable disciplina y el orden del último Congreso Eremítico; Ernst Palast, en *El Mártir*, reprobó "las demoras intolerables de un pogrom clandestino y frugal, que ha necesitado tres meses para liquidar tres judíos;" la *Yidische Zaitung* rechazó la hipótesis horrorosa de un complot antisemita, "aunque muchos espíritus penetrantes no admiten otra solución del triple misterio;" el más ilustre de los pistoleros del Sur, Dandy Red Scharlach, juró que en su distrito nunca se producirían crímenes de ésos y acusó de culpable negligen- 140 cia al comisario Franz Treviranus.

Éste recibió, la noche del primero de marzo, un imponente sobre sellado. Lo abrió: el sobre contenía una carta firmada *Baruj Spinoza* y un minucioso plano de la ciudad, arrancado notoriamente de un Baedeker.[29] La carta profetizaba que el 3 de marzo no habría un cuarto crimen, pues la pinturería del Oeste, la taberna de la Rue de Toulon y el Hôtel du Nord eran "los vértices perfectos de un triángulo equilátero y místico;" el plano demostraba en tinta roja la regularidad de ese triángulo. Treviranus leyó con resignación ese argumento *more geometrico* y mandó la carta y el plano a casa de Lönnrot—indiscutible merecedor de tales locuras.

Erik Lönnrot la estudió. Los tres lugares, en efecto, eran equidistantes. Simetría en el tiempo (3 de diciembre, 3 de enero, 3 de febrero); simetría en el espacio, también. . . Sintió, 150 de pronto, que estaba por descifrar el misterio. Un compás y una brújula completaron esa brusca intuición. Sonrió, pronunció la palabra *Tetragrámaton* (de adquisición reciente) y llamó por teléfono al comisario. Le dijo:

---

[28] representación de apariencia real, pero que resulta falsa
[29] *nombre de una serie de guías turísticas*

—Gracias por ese triángulo equilátero que usted anoche me mandó. Me ha permitido resolver el problema. Mañana viernes los criminales estarán en la cárcel; podemos estar muy tranquilos.

—Entonces ¿no planean un cuarto crimen?

—Precisamente porque planean un cuarto crimen, podemos estar muy tranquilos.—Lönnrot colgó el tubo. Una hora después, viajaba en un tren de los Ferrocarriles Australes, rumbo a la quinta abandonada de Triste-le-Roy. Al sur de la ciudad de mi cuento fluye un 160 ciego riachuelo de aguas barrosas, infamado de curtiembres[30] y de basuras. Del otro lado hay un suburbio fabril donde, al amparo de un caudillo barcelonés, medran los pistoleros. Lönnrot sonrió al pensar que el más afamado—Red Scharlach—hubiera dado cualquier cosa por conocer esa clandestina visita. Azevedo fue compañero de Scharlach; Lönnrot consideró la remota posibilidad de que la cuarta víctima fuera Scharlach. Después, la desechó. . .Virtualmente, había descifrado el problema; las meras circunstancias, la realidad (nombres, arrestos, caras, trámites judiciales y carcelarios), apenas le interesaban ahora. Quería pasear, quería descansar de tres meses de sedentaria investigación. Reflexionó que la explicación de los crímenes estaba en un triángulo anónimo y en una polvorienta palabra griega. El misterio casi le pareció cristalino; se abochornó de haberle dedicado cien días.   170

El tren paró en una silenciosa estación de cargas. Lönnrot bajó. Era una de esas tardes desiertas que parecen amaneceres. El aire de la turbia llanura era húmedo y frío. Lönnrot echó a andar por el campo. Vio perros, vio un furgón en una vía muerta, vio el horizonte, vio un caballo plateado que bebía el agua crapulosa de un charco. Oscurecía cuando vio el mirador rectangular de la quinta de Triste-le-Roy, casi tan alto como los negros eucaliptos que lo rodeaban. Pensó que apenas un amanecer y un ocaso (un viejo resplandor en el oriente y otro en el occidente) lo separaban de la hora anhelada por los buscadores del Nombre.

Una herrumbrada[31] verja definía el perímetro irregular de la quinta. El portón principal estaba cerrado. Lönnrot, sin mucha esperanza de entrar, dio toda la vuelta. De nuevo ante el portón infranqueable, metió la mano entre los barrotes, casi maquinalmente, y dio con el 180 pasador. El chirrido del hierro lo sorprendió. Con una pasividad laboriosa, el portón entero cedió.

Lönnrot avanzó entre los eucaliptos, pisando confundidas generaciones de rotas hojas rígidas. Vista de cerca, la casa de la quinta de Triste-le-Roy abundaba en inútiles simetrías y en repeticiones maniáticas: a una Diana glacial en un nicho lóbrego correspondía en un segundo nicho otra Diana; un balcón se reflejaba en otro balcón; dobles escalinatas se abrían en doble balaustrada. Un Hermes de dos caras proyectaba una sombra monstruosa. Lönnrot rodeó la casa como había rodeado la quinta. Todo lo examinó; bajo el nivel de la terraza vio una estrecha persiana.

La empujó: unos pocos escalones de mármol descendían a un sótano. Lönnrot, que ya 190 intuía las preferencias del arquitecto, adivinó que en el opuesto muro del sótano había otros escalones. Los encontró, subió, alzó las manos y abrió la trampa de salida.

Un resplandor lo guió a una ventana. La abrió: una luna amarilla y circular definía en el triste jardín dos fuentes cegadas.[32] Lönnrot exploró la casa. Por antecomedores y galerías salió

---

[30] lugar donde se cura el cuero
[31] oxidada
[32] tapiadas (*o sea, escondidas a la vista*)

a patios iguales y repetidas veces al mismo patio. Subió por escaleras polvorientas a antecámaras circulares; infinitamente se multiplicó en espejos opuestos; se cansó de abrir o entreabrir ventanas que le revelaban, afuera, el mismo desolado jardín desde varias alturas y varios ángulos; adentro, muebles con fundas amarillas y arañas[33] embaladas en tarlatán.[34] Un dormitorio lo detuvo; en ese dormitorio, una sola flor en una copa de porcelana; al primer roce los pétalos antiguos se deshicieron. En el segundo piso, en el último, la casa le pareció   200 infinita y creciente. *La casa no es tan grande,* pensó. *La agrandan la penumbra, la simetría, los espejos, los muchos años, mi desconocimiento, la soledad.*

Por una escalera espiral llegó al mirador. La luna de esa tarde atravesaba los losanges de las ventanas; eran amarillos, rojos y verdes. Lo detuvo un recuerdo asombrado y vertiginoso.

Dos hombres de pequeña estatura, feroces y fornidos, se arrojaron sobre él y lo desarmaron; otro, muy alto, lo saludó con gravedad y le dijo:

—Usted es muy amable. Nos ha ahorrado una noche y un día.

Era Red Scharlach. Los hombres maniataron[35] a Lönnrot. Éste, al fin, encontró su voz.

—Scharlach ¿usted busca el Nombre Secreto?

Scharlach seguía de pie, indiferente. No había participado en la breve lucha, apenas si   210 alargó la mano para recibir el revólver de Lönnrot. Habló; Lönnrot oyó en su voz una fatigada victoria, un odio del tamaño del universo, una tristeza no menor que aquel odio.

—No—dijo Scharlach—. Busco algo más efímero y deleznable,[36] busco a Erik Lönnrot. Hace tres años, en un garito de la Rue de Toulon, usted mismo arrestó, e hizo encarcelar a mi hermano. En un cupé, mis hombres me sacaron del tiroteo con una bala policial en el vientre. Nueve días y nueve noches agonicé en esta desolada quinta simétrica; me arrasaba la fiebre, el odioso Jano[37] bifronte que mira los ocasos y las auroras daba horror a mi ensueño y a mi vigilia. Llegué a abominar de mi cuerpo, llegué a sentir que dos ojos, dos manos, dos pulmones, son tan monstruosos como dos caras. Un irlandés trató de convertirme a la fe de Jesús; me repetía la sentencia de los *góim:* Todos los caminos llevan a Roma. De noche, mi   220 delirio se alimentaba de esa metáfora: yo sentía que el mundo es un laberinto, del cual era imposible huir, pues todos los caminos, aunque fingieran ir al norte o al sur, iban realmente a Roma, que era también la cárcel cuadrangular donde agonizaba mi hermano y la quinta de Triste-le-Roy. En esas noches yo juré por el dios que ve con dos caras y por todos los dioses de la fiebre y de los espejos tejer un laberinto en torno del hombre que había encarcelado a mi hermano. Lo he tejido y es firme: los materiales son un heresiólogo[38] muerto, una brújula, una secta del siglo XVIII, una palabra griega, un puñal, los rombos de una pinturería.

El primer término de la serie me fue dado por el azar.[39] Yo había tramado con algunos colegas—entre ellos, Daniel Azevedo—el robo de los zafiros del Tetrarca. Azevedo nos

---

[33] candelabros (lámparas de varios brazos)

[34] una tela muy ligera y transparente

[35] le ataron las manos

[36] cosa que se deshace o se desliza fácilmente

[37] dios romano que custodia las puertas, y para ello tiene dos caras

[38] el que se dedica al estudio de las herejías (o sea, doctrinas falsas)

[39] por casualidad

traicionó: se emborrachó con el dinero que le habíamos adelantado y acometió la empresa el   230
día antes. En el enorme hotel se perdió; hacia las dos de la mañana irrumpió en el dormitorio de Yarmolinsky. Éste, acosado por el insomnio, se había puesto a escribir. Verosímilmente,
redactaba unas notas o un artículo sobre el Nombre de Dios; había escrito ya las palabras *La
primera letra del Nombre ha sido articulada.* Azevedo le intimó silencio; Yarmolinsky alargó la
mano hacia el timbre que despertaría todas las fuerzas del hotel; Azevedo le dio una sola
puñalada en el pecho. Fue casi un movimiento reflejo; medio siglo de violencia le había enseñado que lo más fácil y seguro es matar. . . A los diez días yo supe por la *Yidische Zaitung*
que usted buscaba en los escritos de Yarmolinsky la clave de la muerte de Yarmolinsky. Leí la
Historia de la secta de los Hasidim; supe que el miedo reverente de pronunciar el Nombre de
Dios había originado la doctrina de que ese Nombre es todopoderoso y recóndito. Supe que   240
algunos Hasidim, en busca de ese Nombre secreto, habían llegado a cometer sacrificios humanos. . . Comprendí que usted conjeturaba que los Hasidim habían sacrificado al rabino;
me dediqué a justificar esa conjetura.

Marcelo Yarmolinsky murió la noche del tres de diciembre; para el segundo "sacrificio"
elegí la del tres de enero. Murió en el Norte; para el segundo "sacrificio" nos convenía un
lugar del Oeste. Daniel Azevedo fue la víctima necesaria. Merecía la muerte: era un impul-
sivo, un traidor; su captura podía aniquilar todo el plan. Uno de los nuestros lo apuñaló; para
vincular su cadáver al anterior, yo escribí encima de los rombos de la pinturería *La segunda
letra del Nombre ha sido articulada.*

El tercer "crimen" se produjo el tres de febrero. Fue, como Treviranus adivinó, un mero   250
simulacro. Gryphius-Ginzberg-Ginsburg soy yo; una semana interminable sobrellevé (su-
plementado por una tenue barba postiza) en ese perverso cubículo de la Rue de Toulon,
hasta que los amigos me secuestraron. Desde el estribo del cupé, uno de ellos escribió en
un pilar *La última de las letras del Nombre ha sido articulada.* Esa escritura divulgó que la serie
de crímenes era *triple.* Así lo entendió el público; yo, sin embargo, intercalé repetidos indicios para que usted, el razonador Erik Lönnrot, comprendiera que es *cuádruple.* Un prodigio en el Norte, otros en el Este y en el Oeste, reclaman un cuarto prodigio en el Sur; el
Tetragrámaton—el Nombre de Dios, JHVH—consta de *cuatro* letras; los arlequines y la
muestra del pinturero sugieren *cuatro* términos. Yo subrayé cierto pasaje en el manual de
Leusden; ese pasaje manifiesta que los hebreos computaban el día de ocaso a ocaso; ese pasaje   260
da a entender que las muertes ocurrieron el *cuatro* de cada mes. Yo mandé el triángulo equilátero a Treviranus. Yo presentí que usted agregaría el punto que falta. El punto que determina un rombo perfecto, el punto que prefija el lugar donde una exacta muerte lo espera.
Todo lo he premeditado, Erik Lönnrot, para atraerlo a usted a las soledades de Triste-le-Roy.

Lönnrot evitó los ojos de Scharlach. Miró los árboles y el cielo subdivididos en rombos
turbiamente amarillos, verdes y rojos. Sintió un poco de frío y una tristeza impersonal, casi
anónima. Ya era de noche; desde el polvoriento jardín subió el grito inútil de un pájaro. Lönnrot consideró por última vez el problema de las muertes simétricas y periódicas.

—En su laberinto sobran tres líneas—dijo por fin—. Yo sé de un laberinto griego que es
una línea única, recta. En esa línea se han perdido tantos filósofos que bien puede perderse   270
un mero *detective.* Scharlach, cuando en otro avatar[40] usted me dé caza, finja (o cometa) un

---

[40] reencarnación

crimen en A, luego un segundo crimen en B, a 8 kilómetros de A, luego un tercer crimen en C, a 4 kilómetros de A y de B, a mitad de camino entre los dos. Aguárdeme después en D, a 2 kilómetros de A y de C, de nuevo a mitad de camino. Máteme en D, como ahora va a matarme en Triste-le-Roy.

—Para la otra vez que lo mate—replicó Scharlach—le prometo ese laberinto, que consta de una sola línea recta y que es invisible, incesante.

Retrocedió unos pasos. Después, muy cuidadosamente, hizo fuego.

■———Pasos para la comprensión

1. Nota cómo en el primer párrafo se presentan los personajes principales y se anticipa el final.
   - ☐ ¿Quién es Erik Lönnrot?
   - ☐ ¿Y Red Scharlach?
   - ☐ ¿Qué relación parece existir entre estos dos hombres?
   - ☐ ¿Qué parece haber pasado al final en la quinta de Triste-le-Roy?

2. Nota ahora la estructura de la primera mitad del cuento, sobre todo los párrafos que empiezan en las líneas 10 y 72. Haz un diagrama que incluya la siguiente información respecto a cada crimen:
   - ☐ ¿Dónde ocurrió?
   - ☐ ¿En qué fecha?
   - ☐ ¿Quién fue asesinado?
   - ☐ ¿Qué se sabe de la persona asesinada?
   - ☐ ¿Qué pista se deja después de cada crimen?
   - ☐ ¿Qué coincidencias, relaciones, semejanzas, etc. notas entre estos crímenes?

3. Yarmolinsky ha venido a París para participar en un congreso talmúdico y se hospeda en el Hôtel du Nord. ¿Quién está hospedado en la suite frente a su cuarto?

4. ¿Quién es Treviranus?
   - ☐ ¿En qué se diferencian el jefe de policía y el detective Lönnrot?
   - ☐ ¿Cómo entiende cada uno el asesinato de Yarmolinsky?

5. De los libros que se encontraron en la habitación de Yarmolinsky, la monografía sobre el tetragrámaton parece ser el que más le interesa a Lönnrot. ¿Qué es? Consulta los *códigos hebreos*.

6. Después de la muerte de Ginzberg, Treviranus recibe una carta que le entrega a Lönnrot, en la cual hay un mapa de la ciudad mostrando que los tres crímenes

ocurrieron en vértices perfectos formando un triángulo equilátero, lo cual indicaría que los crímenes han terminado, puesto que la forma geométrica está completa. Pero Lönnrot cree que habrá un crimen más. ¿En qué se basa su teoría?

7. ¿Por qué va Lönnrot a la quinta de Triste-le-Roy? ¿Dónde, precisamente, se encuentra la quinta en relación a los otros crímenes?

8. A Lönnrot le espera una gran sorpresa en la quinta. ¿Quién lo espera allí? ¿Por qué estaba allí?

   □ Lönnrot esperaba encontrar al asesino en la quinta, y lo encuentra. Explica la ironía de ese encuentro.

9. ¿Por qué ha querido Scharlach vengarse de Lönnrot?

10. Cuando Scharlach tiene a Lönnrot prisionero, le revela todo el misterio y cómo se le ocurrió el plan ingenioso para capturar y matar a Lönnrot. ¿Qué fue el hecho que ocurrió por casualidad que le dio a Scharlach la idea?

    □ ¿Por qué sabía Scharlach que a Lönnrot le interesarían las teorías del tetagrámaton y del hasidim?

    □ Explica el resto del plan que concibió Scharlach.

11. Antes de morir, Lönnrot le dice a Scharlach que su plan geométrico de cuatro puntos es demasiado complejo, y que él conoce otro de una sola línea, y le dice que quisiera ser matado en otro avatar en el punto "D" de esa solitaria línea recta. Explica la ingeniosidad de este plan geométrico tan sencillo con que termina la narración. Consulta los *códigos geométricos*.

■———Pasos para una lectura más a fondo

1. "La muerte y la brújula" es un cuento policiaco. Haz una lista de los elementos que contiene esta narración que sean típicos de este género de ficción.

   □ Explica cómo el cuento de Borges se distingue del típico cuento detectivesco.

   □ En los cuentos policiacos suelen haber muchas "pistas falsas" para despistar al lector. ¿Cuáles son algunas de estas pistas falsas en esta narración?

2. Lönnrot sigue la lógica para encontrar al asesino. Da ejemplos de la lógica que emplea.

   □ Sin embargo, ¿le ayuda su procedimiento racional y metódico? Explica.

   □ ¿Qué parece indicar el mensaje de "La muerte y la brújula" respecto a la lógica?

3. El tetragrámaton (consulta los *códigos hebreos*) tiene que ver con el nombre secreto de Dios, que consta de cuatro letras. Explica cómo esta noción de la mística hebrea constituye la base de esta narración, tanto en su trama como en su significado.

4. La narración compara tres figuras geométricas: el triángulo, el cuadrángulo y la línea recta. Después de explicar cómo estas figuras funcionan en la narración, trata de explicar en qué son diferentes y en qué se asemejan.

5. "La muerte y la brújula" se puede describir como una contienda intelectual y profesional entre dos hombres: Scharlach y Lönnrot. ¿Quién es el más listo al final? Explica.

☐ La crítica ha especulado la posibilidad de que Lönnrot y Scharlach son la misma persona, puesto que ambos nombres tienen una relación con el color rojo. En esta teoría, Scharlach es en realidad el detective que Lönnrot quisiera ser–su detective ideal. Comenta sobre esta teoría. ¿Estás de acuerdo?

6. El laberinto es la representación simbólica más identificada con Borges. Normalmente, el laberinto es una construcción perpleja y por tanto un vehículo adecuado para exponer sus inquietudes metafísicas. Sin embargo, el laberinto que propone Lönnrot al final de esta narración es uno muy sencillo. ¿O quizá no lo es? ¿Cuál podría ser el propósito de incluir un laberinto sencillo pero ingenioso a la vez?

7. Explica hasta qué punto "La muerte y la brújula" es una narración metafísica (o sea, que trata del ser, de la existencia y de las causas y efectos que determinan la vida).

8. "La muerte y la brújula" no contiene mucha descripción minuciosa. La única excepción es la de la quinta de Triste-le-Roy. ¿Cómo es esta quinta vieja y abandonada? Haz una lista de sus características.

☐ ¿Qué crees que podría representar esta quinta dentro del sistema de significación del relato?

El Sur

Antes de leer

1. ¿Te consideras una persona intelectual o de acción? Explica. A veces, ¿te gustaría ser del tipo opuesto? Explica.

2. ¿Te consideras una persona práctica y lógica o una persona idealista y romántica? Explica. ¿Crees que las personas son de una manera u otra, o que cada individuo posee ambas características?

3. ¿Te han administrado alguna vez la anestesia o alguna droga narcótica? ¿Qué sentiste?

Códigos para la comprensión

Código biográfico: Varias generaciones de la familia de Borges eran militares. Borges, sin embargo, era un intelectual en vez de un hombre de acción. En este relato el héroe se imagina una muerte romántica y valiente. Otro detalle más: Borges trabajó como bibliotecario, y a consecuencia de un descuido, un día se golpeó la cabeza con una ventana abierta que estaba recién pintada. A consecuencia de este accidente sufrió una septicemia que casi le llevó a la muerte. Es a raíz de este percance que Borges empezó a escribir sus relatos.

Código geográfico: El "sur" en este relato se refiere a dos sitios. En primer lugar, se refiere al sur de Buenos Aires donde se empieza a perder la modernización de la metrópoli, y se entra a la parte más antigua de la ciudad. Además, saliendo ya de Buenos Aires se entra en un nuevo paisaje donde empiezan las pampas, ese espacio de la barbarie donde habita el gaucho. El relato, por lo tanto, yuxtapone el "norte" metropolitano y culto de Buenos Aires con el "sur" rural y salvaje.

Código literario: *Las mil y una noches* es una de las obras maestras de la literatura árabe, y Borges fue un gran aficionado de su lectura. En ella el sultán de Persia decide casarse cada noche con una mujer diferente y matarla al día siguiente para vengarse de la infidelidad de su esposa. Cuando se casa con Schehrazade, ésta se inventa un plan para salvarse la vida. Cada noche, ella le cuenta una historia diferente al sultán que no termina hasta el día siguiente. El sultán, sintiendo curiosidad por los relatos de Schehrazade, la deja con vida para que se los siga contando.

El sur

El hombre que desembarcó en Buenos Aires en 1871 se llamaba Johannes Dahlmann y era pastor de la iglesia evangélica; en 1939, uno de sus nietos, Juan Dahlmann, era secretario de una biblioteca municipal en la calle Córdoba y se sentía hondamente argentino. Su abuelo materno había sido aquel Francisco Flores, del 2 de infantería de línea, que murió en la frontera de Buenos Aires, lanceado por indios de Catriel; en la discordia de sus dos linajes, Juan Dahlmann (tal vez a impulsos de la sangre germánica) eligió el de ese antepasado romántico, o de muerte romántica. Un estuche con el daguerrotipo de un hombre inexpresivo y barbado, una vieja espada, la dicha y el coraje de ciertas músicas, el hábito de estrofas del *Martín Fierro,* los años, el desgano y la soledad, fomentaron ese criollismo algo voluntario, pero nunca ostentoso. A costa de algunas privaciones, Dahlmann había logrado salvar el casco de   10
una estancia[1] en el Sur, que fue de los Flores; una de las costumbres de su memoria era la imagen de los eucaliptos balsámicos y de la larga casa rosada que alguna vez fue carmesí. Las tareas y acaso la indolencia lo retenían en la ciudad. Verano tras verano se contentaba con la idea abstracta de posesión y con la certidumbre de que su casa estaba esperándolo, en un sitio preciso de la llanura. En los últimos días de febrero de 1939, algo le aconteció.

Ciego a las culpas, el destino puede ser despiadado con las mínimas distracciones. Dahlmann había conseguido, esa tarde, un ejemplar descabalado[2] de las *Mil y una noches,* de Weil; ávido de examinar ese hallazgo, no esperó que bajara el ascensor y subió con apuro las escaleras; algo en la oscuridad le rozó la frente ¿un murciélago, un pájaro? En la cara de la   20
mujer que le abrió la puerta vio grabado el horror, y la mano que se pasó por la frente salió roja de sangre. La arista[3] de un batiente[4] recién pintado que alguien se olvidó de cerrar le habría hecho esa herida. Dahlmann logró dormir, pero a la madrugada estaba despierto y

---

[1] hacienda de las pampas argentinas
[2] incompleto
[3] *aquí,* punta
[4] contrapuerta

desde aquella hora el sabor de todas las cosas fue atroz. La fiebre lo gastó y las ilustraciones de las *Mil y una noches* sirvieron para decorar pesadillas. Amigos y parientes lo visitaban y con exagerada sonrisa le repetían que lo hallaban muy bien. Dahlmann los oía con una especie de débil estupor y le maravillaba que no supieran que estaba en el infierno. Ocho días pasaron, como ocho siglos. Una tarde, el médico habitual se presentó con un médico nuevo y lo condujeron a un sanatorio de la calle Ecuador, porque era indispensable sacarle una radiografía. Dahlmann, en el coche de plaza que los llevó, pensó que en una habitación que no fuera la suya podría, al fin, dormir. Se sintió feliz y conversador; en cuanto llegó, lo desvistieron, le raparon la cabeza, lo sujetaron con metales a una camilla, lo iluminaron hasta la ceguera y el vértigo, lo auscultaron[5] y un hombre enmascarado le clavó una aguja en el brazo. Se despertó con náuseas, vendado, en una celda que tenía algo de pozo y, en los días y noches que siguieron a la operación pudo entender que apenas había estado, hasta entonces, en un arrabal del infierno. El hielo no dejaba en su boca el menor rastro de frescura. En esos días, Dahlmann minuciosamente se odió; odió su identidad, sus necesidades corporales, su humillación, la barba que le erizaba la cara. Sufrió con estoicismo las curaciones, que eran muy dolorosas, pero cuando el cirujano le dijo que había estado a punto de morir de una septicemia,[6] Dahlmann se echó a llorar, condolido de su destino. Las miserias físicas y la incesante previsión de las malas noches no le habían dejado pensar en algo tan abstracto como la muerte. Otro día, el cirujano le dijo que estaba reponiéndose y que, muy pronto, podría ir a convalecer a la estancia. Increíblemente, el día prometido llegó.

A la realidad le gustan las simetrías y los leves anacronismos; Dahlmann había llegado al sanatorio en un coche de plaza y ahora un coche de plaza lo llevaba a Constitución. La primera frescura del otoño, después de la opresión del verano, era como un símbolo natural de su destino rescatado de la muerte y la fiebre. La ciudad, a las siete de la mañana, no había perdido ese aire de casa vieja que le infunde la noche; las calles eran como largos zaguanes,[7] las plazas como patios. Dahlmann la reconocía con felicidad y con un principio de vértigo; unos segundos antes de que las registraran sus ojos, recordaba las esquinas, las carteleras, las modestas diferencias de Buenos Aires. En la luz amarilla del nuevo día, todas las cosas regresaban a él.

Nadie ignora que el Sur empieza del otro lado de Rivadavia. Dahlmann solía repetir que ello no es una convención y que quien atraviesa esa calle entra en un mundo más antiguo y más firme. Desde el coche buscaba entre la nueva edificación, la ventana de rejas, el llamador, el arco de la puerta, el zaguán, el íntimo patio.

En el *hall* de la estación advirtió que faltaban treinta minutos. Recordó bruscamente que en un café de la calle Brasil (a pocos metros de la casa de Yrigoyen) había un enorme gato que se dejaba acariciar por la gente, como una divinidad desdeñosa. Entró. Ahí estaba el gato, dormido. Pidió una taza de café, la endulzó lentamente, la probó (ese placer le había sido vedado en la clínica) y pensó, mientras alisaba el negro pelaje, que aquel contacto era ilusorio y que estaban como separados por un cristal, porque el hombre vive en el tiempo, en la sucesión, y el mágico animal, en la actualidad, en la eternidad del instante.

A lo largo del penúltimo andén el tren esperaba. Dahlmann recorrió los vagones y dio con uno casi vacío. Acomodó en la red la valija; cuando los coches arrancaron, la abrió y sacó, tras alguna vacilación, el primer tomo de las *Mil y una noches*. Viajar con este libro, tan

---

[5] examinaron con estetoscopio
[6] infección de la sangre
[7] vestíbulos

vinculado a la historia de su desdicha, era una afirmación de que esa desdicha había sido anulada y un desafío alegre y secreto a las frustradas fuerzas del mal.

A los lados del tren, la ciudad se desgarraba[8] en suburbios; esta visión y luego la de jardines y quintas demoraron el principio de la lectura. La verdad es que Dahlmann leyó poco; la montaña de piedra imán y el genio que ha jurado matar a su bienhechor eran, quién lo niega, maravillosos, pero no mucho más que la mañana y que el hecho de ser. La felicidad lo distraía de Shahrazad y de sus milagros superfluos; Dahlmann cerraba el libro y se dejaba simplemente vivir.

El almuerzo (con el caldo servido en boles de metal reluciente, como en los ya remotos veraneos de la niñez) fue otro goce tranquilo y agradecido.

Mañana me despertaré en la estancia, pensaba, y era como si a un tiempo fuera dos hombres: el que avanzaba por el día otoñal y por la geografía de la patria, y el otro, encarcelado en un sanatorio y sujeto a metódicas servidumbres. Vio casas de ladrillo sin revocar,[9] esquinadas y largas, infinitamente mirando pasar los trenes; vio jinetes en los terrosos caminos; vio zanjas y lagunas y haciendas;[10] vio largas nubes luminosas que parecían de mármol, y todas estas cosas eran casuales, como sueños de la llanura. También creyó reconocer árboles y sembrados que no hubiera podido nombrar, porque su directo conocimiento de la campaña[11] era harto inferior a su conocimiento nostálgico y literario.

Alguna vez durmió y en sus sueños estaba el ímpetu del tren. Ya el blanco sol intolerable de las doce del día era el sol amarillo que precede al anochecer y no tardaría en ser rojo. También el coche era distinto; no era el que fue en Constitución, al dejar el andén: la llanura y las horas lo habían atravesado y transfigurado. Afuera la móvil sombra del vagón se alargaba hacia el horizonte. No turbaban la tierra elemental ni poblaciones ni otros signos humanos. Todo era vasto, pero al mismo tiempo era íntimo y, de alguna manera, secreto. En el campo desaforado,[12] a veces no había otra cosa que un toro. La soledad era perfecta y tal vez hostil, y Dahlmann pudo sospechar que viajaba al pasado y no sólo al Sur. De esa conjetura fantástica lo distrajo el inspector, que, al ver su boleto, le advirtió que el tren no lo dejaría en la estación de siempre sino en otra, un poco anterior y apenas conocida por Dahlmann. (El hombre añadió una explicación que Dahlmann no trató de entender ni siquiera de oír, porque el mecanismo de los hechos no le importaba.)

El tren laboriosamente se detuvo, casi en medio del campo. Del otro lado de las vías quedaba la estación, que era poco más que un andén con un cobertizo. Ningún vehículo tenían, pero el jefe opinó que tal vez pudiera conseguir uno en un comercio que le indicó a unas diez, doce, cuadras.

Dahlmann aceptó la caminata como una pequeña aventura. Ya se había hundido el sol, pero un esplendor final exaltaba la viva y silenciosa llanura, antes de que la borrara la noche. Menos para no fatigarse que para hacer durar esas cosas, Dahlmann caminaba despacio, aspirando con grave felicidad el olor del trébol.

El almacén, alguna vez, había sido punzó,[13] pero los años habían mitigado para su bien ese color violento. Algo en su pobre arquitectura le recordó un grabado en acero, acaso de

---

[8] deshacía
[9] pintar con cal
[10] ganado
[11] campo llano
[12] interminable
[13] color rojo muy vivo

una vieja edición de *Pablo y Virginia*. Atados al palenque[14] había unos caballos. Dahlmann, adentro, creyó reconocer al patrón; luego comprendió que lo había engañado su parecido con uno de los empleados del sanatorio. El hombre, oído el caso, dijo que le haría atar la jardinera;[15] para agregar otro hecho a aquel día y para llenar ese tiempo, Dahlmann resolvió comer en el almacén.   110

En una mesa comían y bebían ruidosamente unos muchachones, en los que Dahlmann, al principio, no se fijó. En el suelo, apoyado en el mostrador, se acurrucaba,[16] inmóvil como una cosa, un hombre muy viejo. Los muchos años lo habían reducido y pulido como las aguas a una piedra o las generaciones de los hombres a una sentencia. Era oscuro, chico y reseco, y estaba como fuera del tiempo, en una eternidad. Dahlmann registró con satisfacción la vincha,[17] el poncho de bayeta, el largo chiripá[18] y la bota de potro y se dijo, rememorando inútiles discusiones con gente de los partidos del Norte o con entrerrianos,[19] que gauchos de ésos ya no quedan más que en el Sur.

Dahlmann se acomodó junto a la ventana. La oscuridad fue quedándose con el campo, pero su olor y sus rumores aún le llegaban entre los barrotes de hierro. El patrón le trajo sardinas y después carne asada; Dahlmann las empujó con unos vasos de vino tinto. Ocioso, paladeaba el áspero sabor y dejaba errar la mirada por el local, ya un poco soñolienta. La lámpara de kerosén pendía de uno de los tirantes; los parroquianos de la otra mesa eran tres: dos parecían peones de chacra;[20] otro, de rasgos achinados[21] y torpes, bebía con el chambergo[22] puesto. Dahlmann, de pronto, sintió un leve roce en la cara. Junto al vaso ordinario de vidrio turbio, sobre una de las rayas del mantel, había una bolita de miga. Eso era todo, pero alguien se la había tirado.   120

Los de la otra mesa parecían ajenos a él. Dahlmann, perplejo, decidió que nada había ocurrido y abrió el volumen de las *Mil y una noches,* como para tapar la realidad. Otra bolita lo alcanzó a los pocos minutos, y esta vez los peones se rieron. Dahlmann se dijo que no estaba asustado, pero que sería un disparate que él, un convaleciente, se dejara arrastrar por desconocidos a una pelea confusa. Resolvió salir; ya estaba de pie cuando el patrón se le acercó y lo exhortó con voz alarmada: 130

—Señor Dahlmann, no les haga caso a esos mozos, que están medio alegres.[23]

Dahlmann no se extrañó de que el otro, ahora, lo conociera, pero sintió que estas palabras conciliadoras agravaban, de hecho, la situación. Antes, la provocación de los peones era a una cara accidental, casi a nadie; ahora iba contra él y contra su nombre y lo sabrían los vecinos.

---

[14] *amer:* estaca para amarrar animales

[15] *argentinismo:* carro ligero de dos ruedas (como los que se usan en los aeropuertos para transportar a gente incapacitada)

[16] se encogía

[17] *amer:* cinta o pañuelo que se ciñe a la cabeza para sujetar el pelo (usado por los gauchos)

[18] prenda exterior de vestir usada por los gauchos; consiste en un paño, a manera de calzones, que cubre las piernas y se sujeta a la cintura

[19] los que provienen de la provincia argentina de Entre Ríos, al este del país

[20] finca pequeña

[21] *amer:* de persona indígena

[22] sombrero de ala ancha

[23] borrachos

Dahlmann hizo a un lado al patrón, se enfrentó con los peones y les preguntó qué andaban buscando.

El compadrito[24] de la cara achinada se paró, tambaleándose. A un paso de Juan Dahlmann,   140 injurió a gritos, como si estuviera muy lejos. Jugaba a exagerar su borrachera y esa exageración era una ferocidad y una burla. Entre malas palabras y obscenidades, tiró al aire un largo cuchillo, lo siguió con los ojos, lo barajó,[25] e invitó a Dahlmann a pelear. El patrón objetó con trémula voz que Dahlmann estaba desarmado. En ese punto, algo imprevisible ocurrió.

Desde un rincón, el viejo gaucho extático, en el que Dahlmann vio una cifra del Sur (del Sur que era suyo), le tiró una daga desnuda que vino a caer a sus pies. Era como si el Sur hubiera resuelto que Dahlmann aceptara el duelo. Dahlmann se inclinó a recoger la daga y sintió dos cosas. La primera, que ese acto casi instintivo lo comprometía a pelear. La segunda, que el arma, en su mano torpe, no serviría para defenderlo, sino para justificar que lo mataran. Alguna vez había jugado con un puñal, como todos los hombres, pero su esgrima   150 no pasaba de una noción de que los golpes deben ir hacia arriba y con el filo para adentro. *No hubieran permitido en el sanatorio que me pasaran estas cosas,* pensó.

—Vamos saliendo—dijo el otro.

Salieron, y si en Dahlmann no había esperanza, tampoco había temor. Sintió, al atravesar el umbral, que morir en una pelea a cuchillo, a cielo abierto y acometiendo, hubiera sido una liberación para él, una felicidad y una fiesta, en la primera noche del sanatorio, cuando le clavaron la aguja. Sintió que si él, entonces, hubiera podido elegir o soñar su muerte, ésta es la muerte que hubiera elegido o soñado.

Dahlmann empuña con firmeza el cuchillo, que acaso no sabrá manejar, y sale a la   160 llanura.

■———Pasos para la comprensión

1. En el primer párrafo el narrador nos revela detalles de los dos abuelos de Juan Dahlman. ¿Qué sabemos del inmigrante Johannes Dahlmann?

   □ ¿Y del argentino Francisco Flores?

   □ ¿Con quién parece Juan Dahlmann identificarse más?

2. Por los detalles del primer párrafo, ¿qué sabemos de los gustos de Juan Dahlmann? ¿De qué modo expresa su criollismo argentino?

3. A principios del segundo párrafo, algo le pasa a Dahlmann en la biblioteca donde trabaja. ¿Qué es?

   □ Aunque el texto no lo expresa explícitamente, ¿dónde llevan a Dahlmann a raíz de su accidente?

   □ Después lo llevaron a un sanatorio para operarlo. ¿Cómo sabemos que Dahlman tuvo una cirugía? O sea, ¿qué sensaciones experimenta?

---

[24] *argentinismo:* hombre del bajo pueblo de Buenos Aires, vano, engreído y pendenciero

[25] *argentinismo:* agarrar al vuelo

4. Un día el médico le dice que se ha mejorado y que podrá ir a recuperarse en su estancia. Los próximos ocho párrafos (a partir de la línea 43) narran el viaje de Dahlman desde el sanatorio a la estancia. En estos ocho párrafos vemos una trayectoria geográfica, al pasar la calle de Rivadavia y entrar en los antiguos barrios del sur de la ciudad de Buenos Aires, y luego la trayectoria del tren hacia la estancia que queda en la pampa. Haz una lista de los signos de esta trayectoria geográfica.

5. En esa trayectoria también empiezan a suceder hechos extraños. Este desdoblamiento se expresa explícitamente en las líneas 76-78 donde el narrador dice: "era como si a un tiempo fuera dos hombres: el que avanzaba por el día otoñal y por la geografía y la patria, y el otro, encarcelado en un sanatorio y sujeto a metódicas servidumbres." Trata de catalogar estos hechos extraños que no parecen tener nada que ver con la trayectoria geográfica.

6. En las líneas 91-92 el narrador nos vuelve a dar otra pista para que comprendamos el viaje "mítico" de Dahlman cuando escribe que éste "pudo sospechar que viajaba al pasado y no sólo al Sur. De esa conjetura fantástica lo distrajo el inspector, que, al ver su boleto, le advirtió que el tren no lo dejaría en la estación de siempre sino en otra." ¿Qué podría significar este comentario respecto al tipo de "viaje" que hace Dahlman y la función del tiempo en esta narración?

7. Al llegar al Sur y entrar en un almacén (taberna), le ocurren una serie de hechos.
   □ ¿Qué pide Dahlman para comer?
   □ ¿Qué otra gente hay en el almacén?
   □ ¿Qué le tiran a Dahlman?
   □ ¿Cómo reacciona éste al principio?
   □ Dalhman decide abandonar el sitio y salir a la calle, pero ¿qué pasa que le hace enfrentarse con sus agresores? Para contestar, lee con cuidado los tres párrafos que empiezan en la línea 135.

8. ¿Qué le tiró a Dahlman un gaucho viejo?
   □ Este hecho, ¿a qué le comprometía?
   □ ¿Acepta Dahlman la tregua?
   □ ¿Lo hace con miedo o con gusto? Explica.

9. El narrador no nos cuenta cómo termina la lucha entre Dahlman y el gaucho. ¿Qué crees que pasaría?

▰───Pasos para una lectura más a fondo

1. ¿Qué importancia crees que pueden tener los diferentes orígenes de la familia de Dahlmann?
   □ Nota que es germánico (norte de Europa) y español (sur de Europa). ¿Qué características muestra Dahlmann de cada parte de su herencia?

□ ¿Nos puede ayudar esta información a explicar el desenlace del cuento?

2. Parece existir dos niveles de narración: uno temporal (lo que le pasa un día al bibliotecario Dahlmann) y otro psíquico (lo que está pensando Dahlmann). Trata de separar estos dos niveles de la narración.

□ Así como hay dos niveles narrativos y dos puntos geográficos (norte/sur), trata de identificar otras oposiciones en la narración.

3. Presta especial atención a las líneas 155-158 cuando el narrador escribe: "[Dahlmann] sintió, al atravesar el umbral, que morir en una pelea a cuchillo, a cielo abierto y acometiendo, hubiera sido una liberación para él, una felicidad y una fiesta, en la primera noche del sanatorio, cuando le clavaron la aguja." ¿Crees que Dahlmann murió en el sanatorio? Desarrolla esta idea.

4. En las líneas 158-159 el narrador escribe: "Sintió que si él, entonces, hubiera podido elegir o soñar su muerte, ésta es la muerte que hubiera elegido o soñado." ¿Qué importancia tienen aquí las palabras *entonces* y *soñar* y *el tiempo verbal del subjuntivo*?

5. *Las mil y una noches* representa un intertexto importante en esta narración. Después de consultar el *código literario,* trata de explicar el papel que desempeña este intertexto, tomando en cuenta lo que hace Schehrazade para salvarse la vida.

6. Busca los códigos y signos que tienen que ver con la realidad argentina.

□ ¿Hasta qué punto es "El Sur" un cuento "histórico" y hasta qué punto es un cuento existencial o psicológico?

□ Explica cómo este contraste concuerda con otras oposiciones del relato.

7. "A la realidad le gustan las simetrías y los leves anacronismos." ¿Cuáles son esas simetrías o paralelismos que aparecen en el cuento?

□ ¿Y los anacronismos? Por ejemplo, el coche que conduce a Dahlmann al sanatorio es el mismo que lo lleva a la estación de tren. Trata de explicar estas simetrías dentro del significado de la narración.

Miguel Ángel Asturias

■□■

1899–1974

El "Boom" le debe mucho a este escritor guatemalteco. Adquirió una conciencia de las injusticias sociales que ocurrían en su país desde joven, y luego con su estancia en París en los años 20 del siglo pasado, nutrió su aprecio por la cultura maya. Además, se puso en contacto con los experimentos literarios vanguardistas que estaban en boga en la capital francesa. Asturias fue quizá el primer novelista en combinar la materia indígena, la preocupación política y social, y las nuevas estéticas narrativas del siglo XX. Su labor fue reconocida en 1967 cuando se le concedió el premio Nobel. Este prestigioso premio hizo que el mundo tomara nota de las extraordinarias innovaciones narrativas que estaban ocurriendo en el mundo latinoamericano.

Leyendas de Guatemala (1930)

Antes de leer

1. ¿Has visitado alguna vez un sitio que te pareciera irreal y mítico por su belleza? Descríbelo.

2. ¿Conoces alguna leyenda norteamericana (por ejemplo, la de Rip Van Winkle) de dominio público? ¿Cuál crees que es el impacto de las leyendas en la conciencia de un pueblo?

Códigos para la comprensión

Código geográfico: El lago Atitlán, en el altiplano guatemalteco, está rodeado por tres volcanes, de los cuales el Atitlán es el más grande. Alrededor del lago hay muchos poblados, siendo Santiago Atitlán y Panajachel los más grandes. Para muchos, incluyendo el autor británico Aldous Huxley, es el lago más bello del mundo. Por su altura, las nubes a veces se encuentran flotando en la superficie del agua, creando una atmósfera mágica e hipnótica.

Código histórico: Pedro de Alvarado (1485–1541) acompañó a Hernán Cortés en la conquista de México, donde se lució tanto por su valentía como por su crueldad. Fue su decisión la de asesinar a más de seiscientos nobles aztecas, lo cual provocó la lucha más sangrienta de la conquista de México, conocida como "la noche triste." En 1523 Cortés lo manda a conquistar las tribus mayas del sur, y conquista Guatemala, fundando Santiago de los Caballeros, hoy llamado Antigua.

Código legendario: Una leyenda maya cuenta que había un tesoro enterrado bajo uno de los volcanes del lago Atitlán. Asturias se vale de esta leyenda, mezclándola en su relato con la historia de la conquista de Guatemala.

Código etnográfico: Aunque su propósito no sea etnográfico, Asturias incluye en su relato muchos elementos realistas respecto a los indígenas que viven a las orillas del lago Atitlán. Por ejemplo, sus mercados flotantes, el cacao como forma de moneda, los huipiles y otros tejidos coloridos con bellos diseños, las máscaras de los guerreros, sus cuerpos pintados, etc. Hay un interés especial en el relato sobre el mercadeo de las aves (guacamayos, loros, cenzontles, corchas, pericos, etc.), que según el autor son caros porque servían de regalos entre los enamorados. Pero también se debe reconocer que las plumas de las aves se empleaban para penachos así como decoraciones. El Quetzal, símbolo de Guatemala, también aparece en el relato con su nombre maya, Kukul, apreciado por su belleza, el color verde de su plumaje y su rareza.

Código biográfico: Las *Leyendas de Guatemala* (1930), donde aparece este relato, se escribieron en París, donde Asturias se encontraba en el exilio entre los años 1923 y 1933. Allí colaboró con Georges Raynaud, quien tradujo el libro sagrado de los mayas, el *Popol Vuh,* al francés. Asturias también conoció a muchos autores y artistas de la vanguardia que se encontraban como él en la capital francesa. El nuevo estilo de vanguardia que aprendió de estos escritores, el interés etnográfico de Raynaud y sus propios recuerdos de su país natal, se mezclan en las *Leyendas,* creando un mundo que es parte verídico, parte mágico y parte ensueño. Es por esta mezcla por lo que se le considera uno de los creadores del "realismo mágico."

Leyenda del tesoro del lugar florido

¡El Volcán despejado era la guerra!

Se iba apagando el día entre las piedras húmedas de la ciudad, a sorbos, como se consume el fuego en la ceniza. Cielo de cáscara de naranja, la sangre de las pitahayas[1] goteaba entre las nubes, a veces coloreadas de rojo y a veces rubias como el pelo del maíz o el cuero de los pumas.

En lo alto del templo, un vigilante vio pasar una nube a ras[2] del lago, casi besando el agua, y posarse a los pies del volcán. La nube se detuvo, y tan pronto como el sacerdote la vio cerrar los ojos, sin recogerse el manto, que arrastraba a lo largo de las escaleras, bajó al templo gritando que la guerra había concluido. Dejaba caer los brazos, como un pájaro las alas, al escapar el grito de sus labios, alzándolos de nuevo a cada grito. En el atrio, hacia Poniente,   10
el sol puso en sus barbas, como en las piedras de la ciudad, un poco de algo que moría. . .

A su turno partieron pregoneros[3] anunciando a los cuatro vientos que la guerra había concluido en todos los dominios de los señores de Atitlán.

Y ya fue noche de mercado. El lago se cubrió de luces. Iban y venían las barcas de los comerciantes, alumbradas como estrellas. Barcas de vendedores de frutas. Barcas de vendedores de vestidos y calzas. Barcas de vendedores de jadeítas,[4] esmeraldas, perlas, polvo de oro, cálamos[5] de pluma llenos de aguas aromáticas, brazaletes de caña blanca. Barcas de vendedores de miel, chile verde y en polvo, sal y copales[6] preciosos. Barcas de vendedores de tintes y plumajería. Barcas de vendedores de trementina,[7] hojas y raíces medicinales. Barcas de vendedores de gallinas. Barcas de vendedores de cuerdas de maguey, zibaque[8] para esteras,[9]   20
pita para hondas, ocote[10] rajado, vajilla de barro pequeña y grande, cueros curtidos[11] y sin

---

[1] planta de la familia de los cactos con bellas flores
[2] casi tocando
[3] gente ambulante que vende o anuncia
[4] jade: piedra preciosa
[5] cañas
[6] resinas que se emplean para incensos
[7] resina empleada en las pinturas
[8] *guatemaltequismo:* una fibra de planta muy resistente
[9] tejido de fibras de plantas para cubrir el suelo
[10] *guatemaltequismo:* pino muy resinoso
[11] curados

curtir, jícaras[12] y máscaras de morro[13]. Barcas de vendedores de guacamayos,[14] loros, cocos, resina fresca y ayotes[15] de muy gentiles pepitas. . .

Las hijas de los señores paseaban al cuidado de los sacerdotes, en piraguas[16] alumbradas como mazorcas de maíz blanco, y las familias de calidad, llevando comparsa[17] de músicos y cantores, alternaban con las voces de los negociantes, diestros y avisados en el regatear.

El bullicio, empero,[18] no turbaba la noche. Era un mercado flotante de gente dormida, que parecía comprar y vender soñando. El cacao, moneda vegetal, pasaba de mano a mano sin ruido, entre nudos de barcas y de hombres.

Con las barcas de volatería[19] llegaban el cantar de los cenzontles,[20] el aspaviento de los   30 chorchas,[21] el parloteo de los pericos. . . Los pájaros costaban el precio que les daba el comprador, nunca menos de veinte granos, porque se mercaban para regalos de amor.

En las orillas del lago se perdían, temblando entre la arboleda, la habladera y las luces de los enamorados y los vendedores de pájaros.

Los sacerdotes amanecieron vigilando el Volcán desde los grandes pinos. Oráculo de la paz y de la guerra, cubierto de nubes era anuncio de paz, de seguridad en el Lugar Florido, y despejado, anuncio de guerra, de invasión enemiga. De ayer a hoy se había cubierto de vellones[22] por entero, sin que lo supieran los girasoles ni los colibríes.[23]

Era la paz. Se darían fiestas. Los sacrificadores iban en el templo de un lado a otro, preparando trajes, aras y cuchillos de obsidiana.[24] Ya sonaban los tambores, las flautas, los   40 caracoles, los atabales,[25] los tunes.[26] Ya estaban adornados los sitiales con respaldo. Había flores, frutos, pájaros, colmenas, plumas, oro y piedras caras para recibir a los guerreros. De las orillas del lago se disparaban barcas que llevaban y traían gente de vestidos multicolores, gente con no sé qué de vegetal. Y las pausas espesaban la voz de los sacerdotes, cubiertos de mitras amarillas y alineados de lado a lado de las escaleras, como trenzas de oro, en el templo de Atit.

—¡Nuestros corazones reposaron a la sombra de nuestras lanzas!—clamaban los sacerdotes. . .

—¡Y se blanquearon las cavidades de los árboles, nuestras casas, con detritus[27] de animales, águila y jaguar!. . .   50

---

[12] vasijas de calabazas

[13] especie de piedra

[14] especie de papagayo

[15] *guatemaltequismo:* especie de calabaza

[16] especie de canoas

[17] acompañamiento

[18] *poét.* sin embargo

[19] aves

[20] ave famosa por su bello canto

[21] especie de ave típica de Guatemala

[22] montón de lana (*aquí, metonimia por nubes*)

[23] especie de ave sonsonante

[24] roca volcánica negra o verde

[25] especie de tambor

[26] *guatemaltequismo:* tambores formados de madera hueca

[27] restos descompuestos

—¡Aquí va el cacique! ¡Es éste! ¡Éste que va aquí!—parecían decir los eminentes, barbados como dioses viejos, e imitarles las tribus olorosas a lago y a telar—. ¡Aquí va el cacique! ¡Es éste! ¡Éste que va aquí!. . .

—¡Allí veo a mi hijo, allí, allí, en esa fila!—gritaban las madres, con los ojos, de tanto llorar, suaves como el agua.

—¡Aquél—interrumpían las doncellas—es el dueño de nuestro olor! ¡Su máscara de puma y las plumas rojas de su corazón!

Y otro grupo, al paso:

—¡Aquél es el dueño de nuestros días! ¡Su máscara de oro y sus plumas de sol!

Las madres encontraban a sus hijos entre los guerreros, porque conocían sus máscaras, y   60
las doncellas, porque sus guardadores les anunciaban sus vestidos.
Y señalando al cacique:

—¡Es él! ¿No veis su pecho rojo como la sangre y sus brazos verdes como la sangre vegetal? ¡Es sangre de árbol y sangre de animal! ¡Es ave y árbol! ¿No veis la luz en todos sus matices sobre su cuerpo de paloma? ¿No veis sus largas plumas en la cola? ¡Ave de sangre verde! ¡Árbol de sangre roja! ¡Kukul![28] ¡Es él! ¡Es él!

Los guerreros desfilaban, según el color de sus plumas, en escuadrones de veinte, de cincuenta y de cien. A un escuadrón de veinte guerreros de vestidos y penachos[29] rojos, seguían escuadrones de cuarenta de penachos y vestidos verdes y de cien guerreros de plumas amarillas. Luego los de las plumas de varios matices, recordando el guacamayo, que   70
es el engañador. Un arco iris en cien pies. . .

—¡Cuatro mujeres se aderezaron con casacas de algodón y flechas! ¡Ellas combatieron parecidas en todo a cuatro adolescentes!—se oía la voz de los sacerdotes a pesar de la muchedumbre, que, sin estar loca, como loca gritaba frente al templo de Atit, henchido de flores, racimos de frutas y mujeres que daban a sus senos color y punta de lanzas.

El cacique recibió en el vaso pintado de los baños a los mensajeros de los hombres de Castilán, que enviaba el Pedro de Alvarado, con muy buenas palabras, y los hizo ejecutar en el acto. Después vestido de plumas rojas el pecho y verdes los brazos, llevando manto de finísimos bordados de pelo de ala tornasol, con la cabeza descubierta y los pies desnudos en sandalias de oro, salió a la fiesta entre los Eminentes, los Consejeros y los Sacerdotes. Veíase   80
en su hombro una herida simulada con tierra roja y lucía tantas sortijas en los dedos que cada una de sus manos remedaba[30] un girasol.

---

[28] Quetzal. consulta el *código etnográfico*.
[29] conjunto de plumas que se llevan sobre la cabeza
[30] imitaba

Los guerreros bailaban en la plaza asaeteando[31] a los prisioneros de guerra, adornados y atados a la faz de los árboles.

Al paso del cacique, un sacrificador, vestido de negro, puso en sus manos una flecha azul.

El sol asaeteaba a la ciudad, disparando sus flechas desde el arco del lago. . .

Los pájaros asaeteaban el lago, disparando sus flechas desde el arco del bosque. . .

Los guerreros asaeteaban a las víctimas, cuidando de no herirlas de muerte para prolongar la fiesta y su agonía.   90

El cacique tendió el arco y la flecha azul contra el más joven de los prisioneros, para burlarlo, para adorarlo. Los guerreros en seguida lo atravesaron con sus flechas, desde lejos, desde cerca, bailando al compás de los atabales.

De improviso, un vigilante interrumpió la fiesta. ¡Cundió[32] la alarma! El ímpetu y la fuerza con que el Volcán rasgaba las nubes anunciaban un poderoso ejército en marcha sobre la ciudad. El cráter aparecía más y más limpio. El crepúsculo dejaba en las peñas de la costa lejana un poco de algo que moría sin estruendo, como las masas blancas, hace un instante inmóviles y ahora presas de agitación en el derrumbamiento. Lumbreras apagadas en las calles. . . Gemidos de palomas bajo los grandes pinos. . . ¡El Volcán despejado era la guerra!. . .   100

—¡Te alimenté pobremente de mi casa y mi recolección de miel; yo habría querido conquistar la ciudad, que nos hubiera hecho ricos!—clamaban los sacerdotes vigilantes desde la fortaleza, con las manos lustradas extendidas hacia el Volcán, exento en la tiniebla mágica del lago, en tanto los guerreros se ataviaban y decían:

—¡Que los hombres blancos se confundan viendo nuestras armas! ¡Que no falte en nuestras manos la pluma tornasol, que es flecha, flor y tormenta primaveral! ¡Que nuestras lanzas hieran sin herir!

Los hombres blancos avanzaban; pero apenas se veían en la neblina. ¿Eran fantasmas o seres vivos? No se oían sus tambores, no sus clarines, no sus pasos, que arrebataba el silencio de la tierra. Avanzaban sin clarines, sin pasos, sin tambores.   110

En los maizales se entabló la lucha. Los del Lugar Florido pelearon buen rato, y derrotados, replegáronse[33] a la ciudad, defendida por una muralla de nubes que giraba como los anillos de Saturno.

Los hombres blancos avanzaban sin clarines, sin pasos, sin tambores. Apenas se veían en la neblina sus espadas, sus corazas, sus lanzas, sus caballos. Avanzaban sobre la ciudad como la tormenta, barajando nubarrones, sin indagar peligros, avasalladores, férreos, inatacables, entre centellas que encendían en sus manos fuegos efímeros de efímeras luciérnagas; mientras, parte de las tribus se aprestaba a la defensa y parte huía por el lago con el tesoro del Lugar Florido a la falda del Volcán, despejado en la remota orilla, trasladándolo en barcas que los invasores, perdidos en diamantino mar de nubes, columbraban[34] a lo lejos como explosiones 120 de piedras preciosas.

---

[31] hiriendo con flechas

[32] se oyó, extendió

[33] se retiraron

[34] vislumbraban

No hubo tiempo de quemar los caminos. ¡Sonaban los clarines! ¡Sonaban los tambores! Como anillo de nebulosas se fragmentó la muralla de la ciudad en las lanzas de los hombres blancos, que, improvisando embarcaciones con troncos de árboles, precipitáronse de la población abandonada a donde las tribus enterraban el tesoro. ¡Sonaban los clarines! ¡Sonaban los tambores! Ardía el sol en los cacaguatales.[35] Las islas temblaban en las aguas conmovidas, como manos de brujos extendidas hacia el Volcán.

¡Sonaban los clarines! ¡Sonaban los tambores!

A los primeros disparos de los arcabuces, hechos desde las barcas, las tribus se desbandaron por las arroyadas, abandonando perlas, diamantes, esmeraldas, ópalos, rubíes, amargajitas,[36] oro   130
en tejuelos,[37] oro en polvo, oro trabajado, ídolos, joyas, chalchihuitls, andas y doseles de plata, copas y vajillas de oro, cerbatanas[38] recubiertas de una brisa de aljófar[39] y pedrería cara, aguamaniles[40] de cristal de roca, trajes, instrumentos y tercios cien y tercios mil de telas bordadas con rica labor de pluma; montaña de tesoros que los invasores contemplaban desde sus barcas deslumbrados, disputando entre ellos la mejor parte del botín. Y ya para saltar a tierra—¡sonaban los clarines!, ¡sonaban los tambores!—percibieron, de pronto, el resuello[41] del Volcán. Aquel respirar lento del Abuelo del Agua les detuvo; pero, resueltos a todo, por segunda vez intentaron desembarcar a merced de un viento favorable y apoderarse del tesoro. Un chorro de fuego les barrió el camino. Escupida de sapo gigantesco. ¡Callaron los clarines! ¡Callaron los tambores! Sobre las aguas flotaban los tizones como rubíes y los rayos de sol como diamantes, y, chamuscados[42] den-   140
tro de sus corazas, sin gobierno sus naves, flotaban a la deriva[43] los de Pedro de Alvarado, viendo caer, petrificados de espanto, lívidos ante el insulto de los elementos, montañas sobre montañas, selvas sobre selvas, ríos y ríos en cascadas, rocas a puñados, llamas, cenizas, lava, arena, torrentes, todo lo que arrojaba el Volcán para formar otro volcán sobre el tesoro del Lugar Florido, abandonado por las tribus a sus pies, como un crepúsculo.

■———Pasos para la comprensión

1. La prosa de Asturias es sumamente visual y sensorial, y se puede apreciar ese aspecto de su estilo desde el principio de este relato. Empieza con una descripción del atardecer, que son espectaculares en cualquier lugar, y aún más en el lago Atitlán. ¿Con qué signos y metáforas del mundo natural se describe el atardecer?

   □ Describe la cromática.

   □ ¿Son imágenes originales o comunes? Explica.

2. En el párrafo que comienza en la línea 35 se explica algo de las creencias mayas respecto a la paz y la guerra. ¿Cómo saben los sacerdotes que ha terminado la guerra?

---

[35] campos sembrados de cacahuate (cacahuete)
[36] posiblemente, piedra preciosa
[37] pequeños azulejos, como para mosaicos
[38] especie de arma de fuego
[39] perlas de forma irregular
[40] especie de jarra
[41] respiración violenta
[42] quemados
[43] sin rumbo cierto

☐ Esa información nos ayuda a entender el segundo párrafo, cuando el sacerdote grita que la guerra ha terminado. ¿Qué vio que se lo indicó?

☐ Explica la personificación de la nube. (Consulta el *código geográfico* para entender por qué la nube flota tan cerca de la superficie del lago.)

3. La descripción del mercado flotante constituye una enciclopedia de los productos mayas. ¿Qué venden los mercaderes? Para contestar, tendrás que buscar muchas palabras en el diccionario. Más adelante se hace hincapié en los mercaderes de aves. ¿Por qué son importantes y caros?

4. Según el narrador, ¿había mucho ruido en el mercado? Explica por qué.

5. Las celebraciones que se preparan por la paz incluyen desfiles de escuadrones de guerreros. ¿Cómo se distingue un escuadrón de otro? ¿Cómo reconocen a los guerreros sus madres y amantes?

6. El cacique del desfile es Kukul, o quetzal. ¿Cómo se ve representado? ¿Cómo se explica su color verde?

7. En el párrafo que comienza en la línea 76 se revela algo de la guerra que había terminado. ¿Qué hizo el cacique con los hombres de Castilán que había enviado Pedro de Alvarado?

☐ En los párrafos siguientes se describe cómo fueron sacrificados.

☐ Explica por qué prolongan la matanza de los mensajeros.

8. A partir de la línea 94 un vigilante nota un cambio en el lago. ¿Cuál es y qué indica? ¿Quiénes atacaban?

9. ¿Por qué crees que el narrador describe el avance del ejercito blanco sin ruido alguno y casi invisible? ¿Por dónde llegaron los ejércitos de Alvarado?

10. El autor infiere una diferencia tecnológica entre los blancos y los indios. Explica cuál es la diferencia entre sus armas.

11. Cuando los indios oyen los disparos de los arcabuces españoles, huyen. ¿Qué abandonan?

☐ ¿Cómo reaccionan los españoles ante el tesoro que ven?

☐ ¿Qué parece indicar implícitamente este detalle del relato respecto al motivo de la conquista?

12. ¿Qué ocurre en el momento en que los españoles van a apoderarse del tesoro? La erupción del volcán cumple lo que pronosticaba la leyenda. Explica.

■ ——**Pasos para una lectura más a fondo**

1. El estilo de Asturias es sumamente poético. Busca ejemplos de personificación, metáforas, aliteraciones, otros efectos auditivos y repeticiones. Trata de explicar el efecto cumulativo de estos elementos poéticos.

2. Es también un estilo muy visual y sensorial. Le encanta, por ejemplo, dar largas listas de elementos exóticos. ¿Qué efecto producen estos catálogos?

3. Ya hemos notado cómo el narrador hace una comparación entre la tecnología de indios y europeos. Pero la comparación es aún más compleja. ¿Cómo se asemejan los dos respecto a la religión, el ejército, la crueldad y el afán por las riquezas?

4. La cultura de los mayas, como la de muchos otros pueblos indígenas, estaba regida por el mundo natural. ¿Cómo expresa el autor este fenómeno en el relato? Empieza, por ejemplo, con las descripciones del primer párrafo e incluye la descripción del cacique Quetzal.

5. Los españoles pueden luchar y ganar la batalla contra los indios por su superior tecnología marcial, pero no tienen armas para luchar contra las fuerzas naturales. Explica cómo este fenómeno se expresa en el relato.

6. Las *Leyendas* de Asturias crean un mundo mágico, surrealista y sobrenatural. Explica cómo se ven estos elementos en "La leyenda del tesoro del lugar florido."

7. También se mezclan elementos históricos, legendarios y de pura ficción. Trata de identificar la mezcla de estos elementos en este relato. Por ejemplo, ¿qué parece ser histórico?

   ☐ ¿Qué es legendario?

   ☐ ¿Qué es etnográfico de la cultura maya?

8. ¿Cuál es el efecto para el lector de las mezclas descritas en el paso sexto, el mundo mágico del paso quinto y el estilo poético del paso primero? ¿Crees que conforman un estilo original? Explica.

9. El relato empieza con un atardecer y termina con la palabra *crepúsculo*. ¿Cuál crees que es la intención del autor al enmarcar su relato de este modo?

   ☐ ¿Crees que la llegada de los españoles representó el final (crepúsculo) de la cultura maya? Explica.

Juan Rulfo

■ ☐ ☐

1918–1986

Pocos escritores han conseguido su lugar fijo en el Parnaso con una obra tan reducida como la de Juan Rulfo: unos diez y siete relatos reunidos en *El llano en llamas* (1953) y una novela corta, *Pedro Páramo* (1955). Pero esa obra breve es intensa, humana, universal y profunda. Nace en el sur del estado de Jalisco, en México—una zona árida y pobre—y sus relatos captan magistralmente el paisaje, el habla, la miseria y la existencia humana de ese mundo. Al leer los diálogos de sus obras, se percibe el ritmo melódico del español mexicano. Pero su "regionalismo" nunca se degenera en simple costumbrismo; al contrario, contiene una faceta mítica que lo eleva a lo universal. En el trasfondo de sus relatos se dan todos los problemas históricos y económicos que afectan al campesino mexicano, pero lo que resalta en ellos es la compleja y paradójica existencia humana.

El llano en llamas (1953)

Antes de leer

1. ¿Cuentas con el amor incondicional y el apoyo total de tus padres o familiares? Explica. ¿Hay algo terrible que pudieras hacer que causaría que tus padres dejaran de quererte o apoyarte? Explica.

2. ¿Crees que las madres son más compasivas y capaces de perdonar que los padres? Explica.

3. ¿Has estado alguna vez en un desierto? Describe cómo era. Si no has estado, ¿cómo te lo imaginas?

Códigos para la comprensión

Código geográfico: Rulfo normalmente ubica su obra geográficamente en su región de nacimiento, Jalisco. La parte del estado donde nació es árida, rocosa, sobria y bastante despoblada—características que se ven claramente en "¿No oyes ladrar los perros?".

Código cultural: Las relaciones familiares son sumamente fuertes en la cultura hispana. Se debe notar en "¿No oyes ladrar los perros?" que aunque el hijo ha cometido una serie de crímenes irremisibles, el padre no lo abandona. También se debe notar el fuerte lazo que existe con el compadrazgo—el padrino del hijo—que a veces llega a ser como la relación entre hermanos. En esta narración se hace mención al hecho de que Ignacio parece haber matado a su padrino Tranquilino, lo cual equivaldría a un fratricidio.

Código lingüístico: El castellano tiene formas familiares (*tú*/*vosotros*) y formales (*usted*/*ustedes*) para dirigirse a las personas. En el mundo de habla española, normalmente los miembros de una familia se tutean; la forma de *usted*, que se emplea con personas desconocidas o de estatus superior a uno, siempre conlleva algo de distancia y frialdad. Cuando se tutea en una familia (y es importante recordar que esta regla no es universal puesto que en algunas regiones se emplea el *usted* entre familiares), y se pasa del *tú* al *usted*, el cambio de registro indica que los miembros están enojados.

Código histórico: Rulfo vivió durante los años difíciles que siguieron a la Revolución mexicana, y aunque la guerra en sí no aparece en el cuento, el trasfondo de violencia, desesperación e incomunicación es resultado de esa contienda belicosa.

¿No oyes ladrar los perros?

Tú que vas allá arriba, Ignacio, dime si no oyes alguna señal de algo o si ves alguna luz en alguna parte.

—No se ve nada.
—Ya debemos estar cerca.
—Sí, pero no se oye nada.
—Mira bien.
—No se ve nada.
—Pobre de ti, Ignacio.

La sombra larga y negra de los hombres siguió moviéndose de arriba abajo, trepándose a las piedras, disminuyendo y creciendo según avanzaba por la orilla del arroyo. Era una sola   10
sombra, tambaleante.
La luna venía saliendo de la tierra, como una llamarada redonda.

—Ya debemos estar llegando a ese pueblo, Ignacio. Tú que llevas las orejas de fuera, fíjate a ver si no oyes ladrar los perros. Acuérdate que nos dijeron que Tonaya estaba detrasito[1] del monte. Y desde qué horas que hemos dejado el monte. Acuérdate, Ignacio.
—Sí, pero no veo rastro de nada.
—Me estoy cansando.
—Bájame.

El viejo se fue reculando[2] hasta encontrarse con el paredón y se recargó[3] allí, sin soltar la carga de sus hombros. Aunque se le doblaban las piernas, no quería sentarse, porque después   20
no hubiera podido levantar el cuerpo de su hijo, al que allá atrás, horas antes, le habían ayudado a echárselo a la espalda. Y así lo había traído desde entonces.

—¿Cómo te sientes?
—Mal.

Hablaba poco. Cada vez menos. En ratos parecía dormir. En ratos parecía tener frío. Temblaba. Sabía cuándo le agarraba a su hijo el temblor por las sacudidas que le daba, y porque los pies se le encajaban en los ijares como espuelas. Luego las manos del hijo, que traía trabadas en su pescuezo, le zarandeaban[4] la cabeza como si fuera una sonaja.[5]

---

[1] *es típico del habla mexicana hacer diminutivos de las palabras* (detrás → detrasito)
[2] retrocediendo
[3] acomodó mejor la carga
[4] movía mucho
[5] juguete que al agitarlo hace ruido

Él apretaba los dientes para no morderse la lengua y cuando acababa aquello le 30
preguntaba:

—¿Te duele mucho?
—Algo—contestaba él.

Primero le había dicho: "Apéame aquí . . . Déjame aquí . . . Vete tú solo. Yo te alcanzaré
mañana o en cuanto me reponga un poco." Se lo había dicho como cincuenta veces. Ahora
ni siquiera eso decía.

Allí estaba la luna. Enfrente de ellos. Una luna grande y colorada que les llenaba de luz
los ojos y que estiraba y oscurecía más su sombra sobre la tierra.

—No veo ya por dónde voy—decía él.

Pero nadie le contestaba. 40

El otro iba allá arriba, todo iluminado por la luna, con su cara descolorida, sin sangre, re-
flejando una luz opaca. Y él acá abajo.

—¿Me oíste, Ignacio? Te digo que no veo bien.

Y el otro se quedaba callado.

Siguió caminando, a tropezones. Encogía el cuerpo y luego se enderezaba para volver a
tropezar de nuevo.

—Éste no es ningún camino. Nos dijeron que detrás del cerro estaba Tonaya. Ya hemos
pasado el cerro. Y Tonaya no se ve, ni se oye ningún ruido que nos diga que está cerca. ¿Por
qué no quieres decirme qué ves, tú que vas allá arriba, Ignacio?

—Bájame, padre. 50

—¿Te sientes mal?

—Sí.

—Te llevaré a Tonaya a como dé lugar.[6] Allí encontraré quien te cuide. Dicen que allí hay
un doctor. Yo te llevaré con él. Te he traído cargando desde hace horas y no te dejaré tirado
aquí para que acaben contigo quienes sean.

Se tambaleó un poco. Dio dos o tres pasos de lado y volvió a enderezarse.

—Te llevaré a Tonaya.

—Bájame.

Su voz se hizo quedita, apenas murmurada:

—Quiero acostarme un rato. 60

—Duérmete allí arriba. Al cabo te llevo bien agarrado.

---

[6] sea como sea

La luna iba subiendo, casi azul, sobre un cielo claro. La cara del viejo, mojada en sudor, se llenó de luz. Escondió los ojos para no mirar de frente, ya que no podía agachar la cabeza agarrotada entre las manos de su hijo.

—Todo esto que hago, no lo hago por usted. Lo hago por su difunta madre. Porque usted fue su hijo. Por eso lo hago. Ella me reconvendría[7] si yo lo hubiera dejado tirado allí, donde lo encontré, y no lo hubiera recogido para llevarlo a que lo curen, como estoy haciéndolo. Es ella la que me da ánimos, no usted. Comenzando porque a usted no le debo más que puras dificultades, puras mortificaciones, puras vergüenzas.

Sudaba al hablar. Pero el viento de la noche le secaba el sudor. Y sobre el sudor seco, volvía   70
a sudar.

—Me derrengaré,[8] pero llegaré con usted a Tonaya, para que le alivien esas heridas que le han hecho. Y estoy seguro de que, en cuanto se sienta usted bien, volverá a sus malos pasos. Eso ya no me importa. Con tal que se vaya lejos, donde yo no vuelva a saber de usted. Con tal de eso . . . Porque para mí usted ya no es mi hijo. He maldecido la sangre que usted tiene de mí. La parte que a mí me tocaba la he maldecido. He dicho: "¡Que se le pudra en los riñones la sangre que yo le di!" Lo dije desde que supe que usted andaba trajinando[9] por los caminos, viviendo del robo y matando gente . . . Y gente buena. Y si no, allí está mi compadre Tranquilino. El que lo bautizó a usted. El que le dio su nombre. A él también le tocó la mala suerte de encontrarse con usted. Desde entonces dije: "Ése no puede   80
ser mi hijo."
    —Mira a ver si ya ves algo. O si oyes algo. Tú que puedes hacerlo desde allá arriba, porque yo me siento sordo.
    —No veo nada.
    —Peor para ti, Ignacio.
    —Tengo sed.
    —¡Aguántate! Ya debemos estar cerca. Lo que pasa es que ya es muy noche y han de haber apagado la luz en el pueblo. Pero al menos debías de oír si ladran los perros. Haz por oír.
    —Dame agua.
    —Aquí no hay agua. No hay más que piedras. Aguántate. Y aunque la hubiera, no te ba-   90
jaría a tomar agua. Nadie me ayudaría a subirte otra vez y yo solo no puedo.
    —Tengo mucha sed y mucho sueño.
    —Me acuerdo cuando naciste. Así eras entonces. Despertabas con hambre y comías para volver a dormirte. Y tu madre te daba agua, porque ya te habías acabado la leche de ella. No tenías llenadero.[10] Y eras muy rabioso. Nunca pensé que con el tiempo se te fuera a subir aquella rabia a la cabeza . . . Pero así fue. Tu madre, que descanse en paz, quería que te criaras fuerte. Creía que cuando tú crecieras irías a ser su sostén. No te tuvo más que a ti. El otro hijo que iba a tener la mató. Y tú la hubieras matado otra vez si ella estuviera viva a estas alturas.

---

[7] reprocharía
[8] lastimaré el espinazo
[9] andado mucho
[10] *Léase:* Nunca te llenabas.

Sintió que el hombre aquel que llevaba sobre sus hombros dejó de apretar las rodillas y   100
comenzó a soltar los pies, balanceándolos de un lado para otro. Y le pareció que la cabeza,
allá arriba, se sacudía como si sollozara.

Sobre su cabello sintió que caían gruesas gotas, como de lágrimas.

—¿Lloras, Ignacio? Lo hace llorar a usted el recuerdo de su madre, ¿verdad? Pero nunca
hizo usted nada por ella. Nos pagó siempre mal. Parece que, en lugar de cariño, le hubiéramos retacado[11] el cuerpo de maldad. ¿Y ya ve? Ahora lo han herido. ¿Qué pasó con sus
amigos? Los mataron a todos. Pero ellos no tenían a nadie. Ellos bien hubieran podido decir: "No tenemos a quién darle nuestra lástima." ¿Pero usted, Ignacio?

Allí estaba ya el pueblo. Vio brillar los tejados bajo la luz de la luna. Tuvo la impresión de
que lo aplastaba el peso de su hijo al sentir que las corvas[12] se le doblaban en el último es-   110
fuerzo. Al llegar al primer tejabán,[13] se recostó sobre el pretil de la acera y soltó el cuerpo,
flojo, como si lo hubieran descoyuntado.

Destrabó dificilmente los dedos con que su hijo había venido sosteniéndose de su cuello
y, al quedar libre, oyó cómo por todas partes ladraban los perros.

—¿Y tú no los oías, Ignacio?—dijo—. No me ayudaste ni siquiera con esta esperanza.

■──Pasos para la comprensión

1. El cuento empieza *in medias res*. Un padre lleva sobre sus hombros a su hijo herido.
   - ¿Qué le pide el padre a Ignacio?
   - ¿Qué lugar están buscando?
   - ¿Por qué no puede el padre oír los perros ladrar?
   - ¿Qué indicaría el ladrido de los perros?

2. Hace tiempo que el padre lleva al hijo cargado y está muy cansado, pero se niega a bajarlo. ¿Por qué?
   - El hijo le sugiere al padre que lo abandone, pero ¿le hace caso el padre?
   - ¿Por qué crees que el padre no abandona a su hijo?

3. ¿En qué estado va Ignacio?

4. A mediados del cuento, el diálogo entre padre e hijo cambia de tema y éstos empiezan a hablar de la relación entre ellos. Según el padre, ¿por qué hace lo que hace por su hijo?

5. Los vituperios que le dice el padre al hijo son fuertes. ¿De qué cosas le acusa?

6. ¿Qué ha hecho el hijo, en particular, para que el padre se enojara tanto?

---

[11] *mexicanismo:* llenado mucho
[12] parte de las piernas detrás de las rodillas
[13] *mexicanismo:* casa rústica

7. ¿Por qué empieza a llorar Ignacio?

8. Cuando el padre por fin ve el pueblo, baja su hijo de sus hombros, y en ese momento oye ladrar los perros. ¿Por qué escarmienta el padre al hijo al final del cuento?

■———Pasos para una lectura más a fondo

1. El diálogo del cuento es sobrio, directo y lacónico. ¿Cómo es el paisaje por el que caminan?

   □ ¿Qué relación hay entre el estilo del diálogo y el paisaje?

   □ ¿Cómo describirías la comunicación verbal entre padre e hijo?

2. El pueblo que buscan, Tonaya, y el camino dudoso e inseguro que trazan, parecen tener valor simbólico o alegórico. Explica.

3. La luna es un signo recurrente en el cuento. Busca las veces que aparece y trata de explicar el significante del signo.

   □ Algunos críticos han observado que en la novela de Juan Rulfo, *Pedro Páramo*, la luna hace el papel de la maternidad. ¿Crees que pudiera tener una función semejante en este cuento? Explica.

4. Aunque la madre no aparece en esta narración, su fuerte presencia se hace sentir. Explica.

5. Cuando el padre empieza a reprobar a Ignacio por toda la aflicción que le ha causado, cambia de forma verbal. Antes tuteaba a su hijo; ahora no. ¿Cuál es la razón por ello? Consulta el *código lingüístico*.

6. El padre condena severamente al hijo y hasta le dice "¡Que se le pudra en los riñones la sangre que yo le di!" ¿Crees que el padre en realidad odia a su hijo?

   □ ¿Qué diferencia hay entre lo que dice el padre al hijo y lo que hace el padre por su hijo?

   □ ¿Qué parece indicar esta contradicción u oposición respecto al significado del cuento?

   □ ¿Qué valor simbólico pudiera tener el hecho de que el padre "carga" a su hijo?

7. En el relato se repiten muchas palabras "negativas" como *nada, nadie, ninguno*, etc. ¿Cuál podría ser el propósito de esta técnica?

8. Hay en el cuento una oposición de valores: los positivos del padre y los antisociales del hijo. Explica.

   □ Ignacio parece haber sido criado con el amor y el cariño de sus padres, y sin embargo ha llevado un mal camino. En otros cuentos de Rulfo, como en "Es que somos muy pobres," se trata de justificar o entender las adversidades de la vida. ¿Crees que la gente es siempre el producto de su crianza, o que a veces la vida le hace lleva por otro camino?

9. La narración contiene un subtexto que no se aclara muy bien. O sea, hay muchas cosas que no se revelan y que el lector tiene que inferir. Así ocurre al final. El padre se descarga del hijo, y después ¿qué crees que pasa?

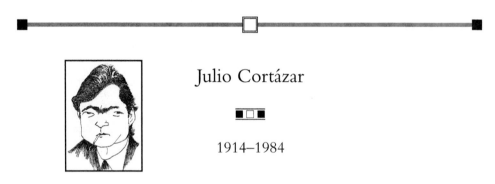

Julio Cortázar

1914–1984

Digno heredero de la tradición de la narrativa cosmopolita, intelectual y fantástica de su compatriota Borges, Cortázar cuenta con una obra extensa que incluye varias novelas experimentales que son obras claves de la narrativa del "Boom". Entre ellas destaca *Rayuela* (1963), un ataque explícito al estilo realista, donde se proponen diversas alternativas a la lectura lineal de la obra, creando distintos y hasta contradictorios niveles narrativos. Una característica genial de Cortázar es el lenguaje cotidiano que emplea para describir acciones inverosímiles, dejando al receptor en un estado confuso, sin saber por cierto si el mundo literario en que se ha sumergido es el suyo, el cual reconoce por el lenguaje, u otro fantástico y completamente ajeno a sus experiencias. En su última etapa, la obra de Cortázar toma dimensiones políticas que critican la opresión de las dictaduras militares de Chile y Argentina, y abrazan regímenes socialistas.

Final del juego (1964)

Antes de leer

1. ¿Has leído alguna vez una novela tan interesante que no podías dejar de leerla? Cuenta la experiencia.

2. ¿Has leído alguna novela que te haya parecido tan verosímil que has creído que era verdad y no ficción? Cuenta la experiencia.

La continuidad de los parques

Había empezado a leer la novela unos días antes. La abandonó por negocios urgentes, volvió a abrirla cuando regresaba en tren a la finca; se dejaba interesar lentamente por la trama, por el dibujo de los personajes. Esa tarde, después de escribir una carta a su apoderado[1] y discutir con el mayordomo[2] una cuestión de aparcerías,[3] volvió al libro en la tranquilidad del estudio que miraba hacia el parque de los robles. Arrellanado[4] en su sillón favorito, de espaldas a la puerta que lo hubiera molestado como una irritante posibilidad de intrusiones, dejó que su mano izquierda acariciara una y otra vez el terciopelo verde y se puso a leer los últimos capítulos. Su memoria retenía sin esfuerzo los nombres y las imágenes de los protagonistas; la ilusión novelesca lo ganó casi en seguida. Gozaba del placer casi perverso de irse desgajando[5] línea a línea de lo que lo rodeaba, y sentir a la vez que su cabeza des-   10
cansaba cómodamente en el terciopelo del alto respaldo, que los cigarrillos seguían al alcance de la mano, que más allá de los ventanales danzaba el aire del atardecer bajo los robles. Palabra a palabra, absorbido por la sórdida disyuntiva[6] de los héroes, dejándose ir hacia las imágenes que se concertaban y adquirían color y movimiento, fue testigo del último encuentro en la cabaña del monte. Primero entraba la mujer, recelosa;[7] ahora llegaba el amante, lastimada la cara por el chicotazo[8] de una rama. Admirablemente restañaba[9] ella la sangre con sus besos, pero él rechazaba las caricias, no había venido para repetir las ceremonias de una pasión secreta, protegida por un mundo de hojas secas y senderos furtivos. El puñal se entibiaba[10] contra su pecho, y debajo latía la libertad agazapada.[11] Un diálogo anhelante corría por las páginas como un arroyo de serpientes, y se sentía que todo estaba   20
decidido desde siempre. Hasta esas caricias que enredaban el cuerpo del amante como queriendo retenerlo y disuadirlo, dibujaban abominablemente la figura de otro cuerpo que era necesario destruir. Nada había sido olvidado: coartadas,[12] azares,[13] posibles errores. A partir de esa hora cada instante tenía su empleo minuciosamente atribuido. El doble repaso despiadado se interrumpía apenas para que una mano acariciara una mejilla. Empezaba a anochecer.

Sin mirarse ya, atados rígidamente a la tarea que los esperaba, se separaron en la puerta de la cabaña. Ella debía seguir por la senda que iba al norte. Desde la senda opuesta él se volvió un instante para verla correr con el pelo suelto. Corrió a su vez, parapetándose[14] en los árboles y los setos, hasta distinguir en la bruma malva del crepúsculo la alameda que llevaba a la casa. Los perros no debían ladrar, y no ladraron. El mayordomo no estaría a esa hora, y no   30

---

[1] agente, el que se ocupa de los negocios de otro
[2] encargado de la finca
[3] contratos por los que el dueño de una finca concede a los peones el derecho de cultivarla
[4] extendido cómodamente
[5] *fig.* apartando
[6] dilema
[7] con miedo; sospechosa
[8] *amer:* latigazo
[9] detenía
[10] sentía tibio
[11] oculta
[12] historias inventadas de antemano para evitar ser acusado por un delito
[13] casualidades imprevistas
[14] escondiéndose

estaba. Subió los tres peldaños del porche y entró. Desde la sangre galopando en sus oídos le llegaban las palabras de la mujer: primero una sala azul, después una galería, una escalera alfombrada. En lo alto, dos puertas. Nadie en la primera habitación, nadie en la segunda. La puerta del salón, y entonces el puñal en la mano, la luz de los ventanales, el alto respaldo de un sillón de terciopelo verde, la cabeza del hombre en el sillón leyendo una novela.

■——Pasos para la comprensión

1. Un señor continúa su lectura de una novela que había empezado unos días antes. ¿Qué sabemos de este señor? Para contestar, considera los siguientes signos y códigos: negocios urgentes, finca, carta al apoderado, discusión con mayordomo sobre aparcerías (éstas son contratos entre el dueño de las tierras y el campesino que las arrienda), un sillón cómodo de terciopelo, un estudio con vistas a un parque, etc.

2. ¿Qué signos hay que indican lo embelesado que está en su lectura?
   - □ Cuando el narrador escribe que el señor "fue testigo del último encuentro en la cabaña del monte," ¿qué indica respecto a la capacidad de la literatura?

3. Lo que sigue es un resumen narrativo de lo que pasa en la novela. De este resumen discernimos ciertos detalles de los dos personajes. Explica cómo se puede concluir lo siguiente:
   - □ que son amantes
   - □ que ella es casada
   - □ que él no quiere seguir la relación secretamente
   - □ que va a matar al esposo
   - □ que el asesinato se ha planeado con mucho cuidado

4. En el segundo y último párrafo el plan se lleva a cabo. ¿Va todo según el plan?
   - □ ¿Cómo encuentra el hombre el cuarto donde ha de estar el esposo?
   - □ ¿Quién es el hombre que el amante va a matar?

5. Nos encontramos ante un cuento fantástico y circular. Explica.

■——Pasos para una lectura más a fondo

1. Explica el discurso metaliterario que se desarrolla en este cuento.
   - □ ¿Conoces a otros personajes literarios que se embelesaran tanto en su lectura que se "convirtieron" en los personajes de los cuales leían?
   - □ ¿Crees que el propósito de este cuento puede ser el de exponer los efectos que pueden casar la literatura en el lector?

2. ¿Qué signos comparten el hombre que lee y el esposo que van a asesinar? O sea, ¿en qué son semejantes los dos hombres? Por ejemplo, ¿dónde se repite de alguna manera el parque de robles que ve el lector desde su estudio?

☐ Busca otros signos compartidos.

☐ ¿Crees que el lector y el esposo son la misma persona?

3. El autor, claramente, borra los límites entre la realidad y la ficción. Pero este juego se complica cuando se considera el discurso metaliterario. O sea, nosotros estamos leyendo un cuento de un hombre que a su vez está leyendo. Explica la "continuidad" y "circularidad" de ese aspecto de la narración.

La noche boca arriba

Antes de leer

1. ¿Te gusta el género narrativo de la ciencia ficción? Explica.

2. ¿Crees que otra persona en otra dimensión u otra parte del universo podría estar viviendo tu vida exactamente como la estás viviendo tú ahora? ¿Te intriga esta posibilidad? Explica.

3. ¿Has tenido un sueño ridículo que al momento de soñarlo creías que era verdad? Explica.

Códigos para la comprensión

Código ritual azteca: Para aplacar a sus dioses, los aztecas practicaban el sacrificio humano. Para ello, cazaban personas de tribus enemigas, las traían vivas a Tenochtitlán, y allí, sobre una piedra y boca arriba en la cima de una pirámide, les sacaban el corazón, que luego quemaban en ofrenda a los dioses. La lucha para conseguir seres para sacrificar se llamaba la "guerra florida."

La noche boca arriba

Y salían en ciertas épocas a cazar enemigos; le llamaban la guerra florida.

A mitad del largo zaguán[1] del hotel pensó que debía ser tarde, y se apuró a salir a la calle y sacar la motocicleta del rincón donde el portero de al lado le permitía guardarla. En la joyería de la esquina vio que eran las nueve menos diez; llegaría con tiempo sobrado adonde iba. El sol se filtraba entre los altos edificios del centro, y él—porque para sí mismo, para ir pensando, no tenía nombre—montó en la máquina saboreando el paseo. La moto ronroneaba entre sus piernas, y un viento fresco le chicoteaba[2] los pantalones.

---

[1] vestíbulo

[2] *amer:* golpeaba, como con suaves latigazos

Dejó pasar los ministerios (el rosa, el blanco) y la serie de comercios con brillantes vitrinas de la calle Central. Ahora entraba en la parte más agradable del trayecto, el verdadero paseo: una calle larga, bordeada de árboles, con poco tráfico y amplias villas que dejaban venir los jardines hasta las aceras, apenas demarcadas por setos[3] bajos. Quizá algo distraído, pero corriendo sobre la derecha como correspondía, se dejó llevar por la tersura,[4] por la leve crispación[5] de ese día apenas empezado. Tal vez su involuntario relajamiento le impidió prevenir el accidente. Cuando vio que la mujer parada en la esquina se lanzaba a la calzada[6] a pesar de las luces verdes, ya era tarde para las soluciones fáciles. Frenó con el pie y la mano, desviándose a la izquierda; oyó el grito de la mujer, y junto con el choque perdió la visión. Fue como dormirse de golpe.

Volvió bruscamente del desmayo. Cuatro o cinco hombres jóvenes lo estaban sacando de debajo de la moto. Sentía gusto a sal y sangre, le dolía una rodilla, y cuando lo alzaron gritó, porque no podía soportar la presión en el brazo derecho. Voces que no parecían pertenecer a las caras suspendidas sobre él, lo alentaban con bromas y seguridades. Su único alivio fue oír la confirmación de que había estado en su derecho al cruzar la esquina. Preguntó por la mujer, tratando de dominar la náusea que le ganaba la garganta. Mientras lo llevaban boca arriba hasta una farmacia próxima, supo que la causante del accidente no tenía más que rasguños en las piernas. "Usté la agarró apenas, pero el golpe le hizo saltar la máquina de costado. . ." Opiniones, recuerdos, despacio, éntrenlo de espaldas, así va bien, y alguien con guardapolvo dándole a beber un trago que lo alivió en la penumbra de una pequeña farmacia de barrio.

La ambulancia policial llegó a los cinco minutos, y lo subieron a una camilla blanda donde pudo tenderse a gusto. Con toda lucidez, pero sabiendo que estaba bajo los efectos de un shock terrible, dio sus señas al policía que lo acompañaba. El brazo casi no le dolía; de una cortadura en la ceja goteaba sangre por toda la cara. Una o dos veces se lamió los labios para beberla. Se sentía bien, era un accidente, mala suerte; unas semanas quieto y nada más. El vigilante le dijo que la motocicleta no parecía muy estropeada. "Natural," dijo él. "Como que me la ligué encima. . ." Los dos se rieron, y el vigilante le dio la mano al llegar al hospital y le deseó buena suerte. Ya la náusea volvía poco a poco; mientras lo llevaban en una camilla de ruedas hasta un pabellón del fondo, pasando bajo árboles llenos de pájaros, cerró los ojos y deseó estar dormido o cloroformado. Pero lo tuvieron largo rato en una pieza con olor a hospital, llenando una ficha, quitándole la ropa y vistiéndolo con una camisa grisácea y dura. Le movían cuidadosamente el brazo, sin que le doliera. Las enfermeras bromeaban todo el tiempo, y si no hubiera sido por las contracciones del estómago se habría sentido muy bien, casi contento.

Lo llevaron a la sala de radio,[7] y veinte minutos después, con la placa todavía húmeda puesta sobre el pecho como una lápida negra, pasó a la sala de operaciones. Alguien de blanco, alto y delgado, se le acercó y se puso a mirar la radiografía. Manos de mujer le acomodaban la cabeza, sintió que lo pasaban de una camilla a otra. El hombre de blanco se le acercó otra vez, sonriendo, con algo que le brillaba en la mano derecha. Le palmeó la mejilla e hizo una seña a alguien parado atrás.

---

[3] cercados de palos entretejidos
[4] pureza, limpieza
[5] repentina contracción de los músculos por alguna emoción
[6] calle o camino
[7] radiografía

Como sueño era curioso porque estaba lleno de olores y él nunca soñaba olores. Primero
un olor a pantano,[8] ya que a la izquierda de la calzada empezaban las marismas, los tem-   50
bladerales[9] de donde no volvía nadie. Pero el olor cesó, y en cambio vino una fragancia compuesta y oscura como la noche en que se movía huyendo de los aztecas. Y todo era tan
natural, tenía que huir de los aztecas que andaban a caza de hombre, y su única probabilidad
era la de esconderse en lo más denso de la selva, cuidando de no apartarse de la estrecha
calzada que sólo ellos, los motecas,[10] conocían.

Lo que más lo torturaba era el olor, como si aun en la absoluta aceptación del sueño algo
se rebelara contra eso que no era habitual, que hasta entonces no había participado del juego.
"Huele a guerra," pensó, tocando instintivamente el puñal de piedra atravesado en su ceñi-
dor de lana tejida. Un sonido inesperado lo hizo agacharse y quedar inmóvil, temblando.
Tener miedo no era extraño, en sus sueños abundaba el miedo. Esperó, tapado por las ramas   60
de un arbusto y la noche sin estrellas. Muy lejos, probablemente del otro lado del gran lago,
debían estar ardiendo fuegos de vivac;[11] un resplandor rojizo teñía esa parte del cielo. El
sonido no se repitió. Había sido como una rama quebrada. Tal vez un animal que escapaba
como él del olor de la guerra. Se enderezó despacio, venteando.[12] No se oía nada, pero el
miedo seguía allí como el olor, ese incienso dulzón de la guerra florida. Había que seguir,
llegar al corazón de la selva evitando las ciénagas.[13] A tientas, agachándose a cada instante para
tocar el suelo más duro de la calzada, dio algunos pasos. Hubiera querido echar a correr, pero
los tembladerales palpitaban a su lado. En el sendero en tinieblas, buscó el rumbo. Entonces
sintió una bocanada horrible del olor que más temía, y saltó desesperado hacia adelante.

—Se va a caer de la cama—dijo el enfermo de al lado—. No brinque tanto, amigazo.   70

Abrió los ojos y era de tarde, con el sol ya bajo en los ventanales de la larga sala. Mientras
trataba de sonreír a su vecino, se despegó casi físicamente de la última visión de la pesadilla.
El brazo, enyesado, colgaba de un aparato con pesas y poleas.[14] Sintió sed, como si hubiera
estado corriendo kilómetros, pero no querían darle mucha agua, apenas para mojarse los
labios y hacer un buche. La fiebre lo iba ganando despacio y hubiera podido dormirse otra
vez, pero saboreaba el placer de quedarse despierto, entornados los ojos, escuchando el diálogo de los otros enfermos, respondiendo de cuando en cuando a alguna pregunta. Vio llegar un carrito blanco que pusieron al lado de su cama, una enfermera rubia le frotó con
alcohol la cara anterior del muslo y le clavó una gruesa aguja conectada con un tubo que
subía hasta un frasco lleno de líquido opalino. Un médico joven vino con un aparato de metal   80
y cuero que le ajustó al brazo sano para verificar alguna cosa. Caía la noche, y la fiebre lo iba
arrastrando blandamente a un estado donde las cosas tenían un relieve como de gemelos[15] de
teatro, eran reales y dulces y a la vez ligeramente repugnantes; como estar viendo una película
aburrida y pensar que sin embargo en la calle es peor; y quedarse.

---

[8] tierra húmeda, marismas
[9] *argentinismo:* tremedal, tierra patanosa que tiembla al pisarse sobre ella
[10] *neologismo:* combinación de "motocicleta" y "azteca"
[11] campamento militar
[12] respirando fuertemente
[13] tierra con mucho lodo o fango
[14] ruedas y cuerdas para levantar y mover pesos
[15] anteojos dobles (prismáticos) para ver las cosas más de cerca

Vino una taza de maravilloso caldo de oro oliendo a puerro, a apio, a perejil. Un trocito de pan, más precioso que todo un banquete, se fue desmigajando poco a poco. El brazo no le dolía nada y solamente en la ceja, donde lo habían suturado, chirriaba a veces una punzada caliente y rápida. Cuando los ventanales de enfrente viraron[16] a manchas de un azul oscuro, pensó que no le iba a ser difícil dormirse. Un poco incómodo, de espaldas, pero al pasarse la lengua por los labios resecos y calientes sintió el sabor del caldo, y suspiró de felicidad, abandonándose.   90

Primero fue una confusión, un atraer hacia sí todas las sensaciones por un instante embotadas[17] o confundidas. Comprendía que estaba corriendo en plena oscuridad, aunque arriba el cielo cruzado de copas de árboles era menos negro que el resto. "La calzada," pensó. "Me salí de la calzada." Sus pies se hundían en un colchón de hojas y barro, y ya no podía dar un paso sin que las ramas de los arbustos le azotaran el torso y las piernas. Jadeante, sabiéndose acorralado a pesar de la oscuridad y el silencio, se agachó para escuchar. Tal vez la calzada estaba cerca, con la primera luz del día iba a verla otra vez. Nada podía ayudarlo ahora a encontrarla. La mano que sin saberlo él aferraba[18] el mango del puñal, subió como el escorpión de los pantanos hasta su cuello, donde colgaba el amuleto[19] protector. Moviendo apenas los   100 labios musitó[20] la plegaria del maíz que trae las lunas felices, y la súplica a la *Muy Alta*, a la dispensadora de los bienes motecas. Pero sentía al mismo tiempo que los tobillos se le estaban hundiendo despacio en el barro, la espera en la oscuridad del chaparral desconocido se le hacía insoportable. La guerra florida había empezado con la luna y llevaba ya tres días y tres noches. Si conseguía refugiarse en lo profundo de la selva, abandonando la calzada más allá de la región de las ciénagas, quizá los guerreros no le siguieran el rastro. Pensó en los muchos prisioneros que ya habían hecho. Pero la cantidad no contaba, sino el tiempo sagrado. La caza continuaría hasta que los sacerdotes dieran la señal del regreso. Todo tenía su número y su fin, y él estaba dentro del tiempo sagrado, del otro lado de los cazadores.

Oyó los gritos y se enderezó de un salto, puñal en mano. Como si el cielo se incendiara   110 en el horizonte, vio antorchas moviéndose entre las ramas, muy cerca. El olor a guerra era insoportable, y cuando el primer enemigo le saltó al cuello casi sintió placer en hundirle la hoja de piedra en pleno pecho. Ya lo rodeaban las luces, los gritos alegres. Alcanzó a cortar el aire una o dos veces, y entonces una soga lo atrapó desde atrás.

—Es la fiebre—dijo el de la cama de al lado—. A mí me pasaba igual cuando me operé del duodeno. Tome agua y va a ver que duerme bien.

Al lado de la noche de donde volvía, la penumbra tibia de la sala le pareció deliciosa. Una lámpara violeta velaba en lo alto de la pared del fondo como un ojo protector. Se oía toser, respirar fuerte, a veces un diálogo en voz baja. Todo era grato y seguro, sin ese acoso, sin. . . Pero no quería seguir pensando en la pesadilla. Había tantas cosas en qué entretenerse. Se   120 puso a mirar el yeso del brazo, las poleas que tan cómodamente se lo sostenían en el aire. Le

---

[16] cambiaron
[17] *fig.* acumuladas
[18] agarraba fuertemente
[19] objeto que se lleva al que se atribuye alguna virtud sobrenatural
[20] murmuró

habían puesto una botella de agua mineral en la mesa de noche. Bebió del gollete,[21] golosamente. Distinguía ahora las formas de la sala, las treinta camas, los armarios con vitrinas. Ya no debía tener tanta fiebre, sentía fresca la cara. La ceja le dolía apenas, como un recuerdo. Se vio otra vez saliendo del hotel, sacando la moto. ¿Quién hubiera pensado que la cosa iba a acabar así? Trataba de fijar el momento del accidente, y le dio rabia advertir que había ahí como un hueco, un vacío que no alcanzaba a rellenar. Entre el choque y el momento en que lo habían levantado del suelo, un desmayo o lo que fuera no le dejaba ver nada. Y al mismo tiempo tenía la sensación de que ese hueco, esa nada, había durado una eternidad. No, ni siquiera tiempo, más bien como si en ese hueco él hubiera pasado a través de algo o reco-   130 rrido distancias inmensas. El choque, el golpe brutal contra el pavimento. De todas maneras al salir del pozo negro había sentido casi un alivio mientras los hombres lo alzaban del suelo. Con el dolor del brazo roto, la sangre de la ceja partida, la contusión en la rodilla; con todo eso, un alivio al volver al día y sentirse sostenido y auxiliado. Y era raro. Le preguntaría alguna vez al médico de la oficina. Ahora volvía a ganarlo el sueño, a tirarlo despacio hacia abajo. La almohada era tan blanda, y en su garganta afiebrada la frescura del agua mineral. Quizá pudiera descansar de veras, sin las malditas pesadillas. La luz violeta de la lámpara en lo alto se iba apagando poco a poco.

Como dormía de espaldas, no lo sorprendió la posición en que volvía a reconocerse, pero en cambio el olor a humedad, a piedra rezumante[22] de filtraciones, le cerró la garganta y lo   140 obligó a comprender. Inútil abrir los ojos y mirar en todas direcciones; lo envolvía una oscuridad absoluta. Quiso enderezarse y sintió las sogas en las muñecas y los tobillos. Estaba estaqueado[23] en el suelo, en un piso de lajas helado y húmedo. El frío le ganaba la espalda desnuda, las piernas. Con el mentón[24] buscó torpemente el contacto con su amuleto, y supo que se lo habían arrancado. Ahora estaba perdido, ninguna plegaria podía salvarlo del final. Lejanamente, como filtrándose entre las piedras del calabozo, oyó los atabales[25] de la fiesta. Lo habían traído al teocalli,[26] estaba en las mazmorras[27] del templo a la espera de su turno.

Oyó gritar, un grito ronco que rebotaba en las paredes. Otro grito, acabando en un quejido. Era él que gritaba en las tinieblas, gritaba porque estaba vivo, todo su cuerpo se defendía con el grito de lo que iba a venir, del final inevitable. Pensó en sus compañeros que llenarían   150 otras mazmorras, y en los que ascendían ya los peldaños del sacrificio. Gritó de nuevo sofocadamente, casi no podía abrir la boca, tenía las mandíbulas agarrotadas y a la vez como si fueran de goma y se abrieran lentamente, con un esfuerzo interminable. El chirriar de los cerrojos lo sacudió como un látigo. Convulso, retorciéndose, luchó por zafarse de las cuerdas que se le hundían en la carne. Su brazo derecho, el más fuerte, tiraba hasta que el dolor se hizo intolerable y tuvo que ceder. Vio abrirse la doble puerta, y el olor de las antorchas le llegó antes que la luz. Apenas ceñidos con el taparrabos[28] de la ceremonia, los acólitos[29] de

---

[21] cuello estrecho de algunas botellas
[22] húmeda
[23] herido
[24] barbilla
[25] tambores
[26] templo azteca
[27] calabozos (cárceles) subterráneos
[28] trozo de tela que únicamente cubre las partes privadas del cuerpo
[29] asistentes de sacerdotes

los sacerdotes se le acercaron mirándolo con desprecio. Las luces se reflejaban en los torsos
sudados, en el pelo negro lleno de plumas. Cedieron las sogas, y en su lugar lo aferraron
manos calientes, duras como bronce; se sintió alzado, siempre boca arriba, tironeado[30] por   160
los cuatro acólitos que lo llevaban por el pasadizo. Los portadores de antorchas iban adelante,
alumbrando vagamente el corredor de paredes mojadas y techo tan bajo que los acólitos debían agachar la cabeza. Ahora lo llevaban, lo llevaban, era el final. Boca arriba, a un metro
del techo de roca viva que por momentos se iluminaba con un reflejo de antorcha. Cuando
en vez de techo nacieran las estrellas y se alzara frente a él la escalinata incendiada de gritos
y danzas, sería el fin. El pasadizo no acababa nunca, pero ya iba a acabar, de repente olería el
aire lleno de estrellas, pero todavía no, andaban llevándolo sin fin en la penumbra roja,
tironeándolo brutalmente, y él no quería, pero cómo impedirlo si le habían arrancado el
amuleto que era su verdadero corazón, el centro de la vida.

Salió de un brinco a la noche del hospital, al alto cielo raso dulce, a la sombra blanda   170
que lo rodeaba. Pensó que debía haber gritado, pero sus vecinos dormían callados. En la
mesa de noche, la botella de agua tenía algo de burbuja, de imagen traslúcida contra la
sombra azulada de los ventanales. Jadeó, buscando el alivio de los pulmones, el olvido de
esas imágenes que seguían pegadas a sus párpados. Cada vez que cerraba los ojos las veía
formarse instantáneamente, y se enderezaba aterrado pero gozando a la vez del saber que
ahora estaba despierto, que la vigilia lo protegía, que pronto iba a amanecer, con el buen
sueño profundo que se tiene a esa hora, sin imágenes, sin nada. . . Le costaba mantener
los ojos abiertos, la modorra[31] era más fuerte que él. Hizo un último esfuerzo, con la
mano sana esbozó un gesto hacia la botella de agua; no llegó a tomarla, sus dedos se cerraron en un vacío otra vez negro, y el pasadizo seguía interminable, roca tras roca, con   180
súbitas fulguraciones[32] rojizas, y él boca arriba gimió apagadamente porque el techo iba
a acabarse, subía, abriéndose como una boca de sombra, y los acólitos se enderezaban y
de la altura una luna menguante[33] le cayó en la cara donde los ojos no querían verla, de-
sesperadamente se cerraban y abrían buscando pasar al otro lado, descubrir de nuevo el
cielo raso protector de la sala. Y cada vez que se abrían era la noche y la luna mientras lo
subían por la escalinata, ahora con la cabeza colgando hacia abajo, y en lo alto estaban las
hogueras, las rojas columnas de humo perfumado, y de golpe vio la piedra roja, brillante
de sangre que chorreaba, y el vaivén de los pies del sacrificado que arrastraban para tirarlo
rodando por las escalinatas del norte. Con una última esperanza apretó los párpados,
gimiendo por despertar. Durante un segundo creyó que lo lograría, porque otra vez es-   190
taba inmóvil en la cama, a salvo del balanceo cabeza abajo. Pero olía la muerte, y cuando
abrió los ojos vio la figura ensangrentada del sacrificador que venía hacia él con el cuchillo
de piedra en la mano. Alcanzó a cerrar otra vez los párpados, aunque ahora sabía que no
iba a despertarse, que estaba despierto, que el sueño maravilloso había sido el otro, absurdo como todos los sueños; un sueño en el que había andado por extrañas avenidas de
una ciudad asombrosa, con luces verdes y rojas que ardían sin llama ni humo, con un
enorme insecto de metal que zumbaba bajo sus piernas. En la mentira infinita de ese

---

[30]*amer:* tirado, arrastrado
[31]sueño pesado
[32]resplandecimientos intensos
[33]luna cuya faz resulta visible sólo en parte

sueño también lo habían alzado del suelo, también alguien se le había acercado con un cuchillo en la mano, a él tendido boca arriba, a él boca arriba con los ojos cerrados entre las hogueras.

■———Pasos para la comprensión

1. La narración empieza sin mayor novedad—un hombre montando una motocicleta por el paseo de una gran ciudad camino a cumplir una cita. ¿Qué signos o códigos se emplean para revelar que la acción tiene lugar en una gran ciudad?

2. Luego ocurre un accidente. Explica lo que pasó.
   □ En el tercer párrafo se revelan más detalles del accidente. ¿Quién fue culpable, él o la mujer?

3. Nota la oración de la línea 17. De aquí en adelante, la narración fluctuará entre momentos que parecerán de la realidad presente y otros de sueño o estados de semi o total inconsciencia. Fíjate en el narrador. ¿Desde qué perspectiva narra los eventos? ¿Qué efecto produce este particular punto de vista?

4. A partir de la línea 29 lo conducen al hospital y lo preparan para la cirugía. Busca todos los signos que nos van indicando lo que está pasando, sin que el narrador lo diga explícitamente. Uno de esos signos importantes ocurre en la línea 47. ¿Qué crees que es lo que "brillaba en la mano derecha" del cirujano?

5. Empezando en la línea 49 ocurre un cambio radical. Los signos del hospital se convierten en signos de un paisaje de marismas y selvas. ¿Por qué quiere el hombre esconderse en lo más profundo de la selva? Para contestar, consulta el *código ritual azteca*.
   □ ¿Qué puede haber ocurrido para que el hombre se vea transportado a otra realidad?

6. Cuando el hombre entra en el hospital, lo primero que nota es su olor. Ahora, a partir de la línea 49 los olores se irán intensificando, llegándole a sorprender al hombre. ¿Por qué?
   □ En el párrafo que comienza en la línea 56 domina el olor a guerra. ¿Cómo será ese olor?

7. A partir de la línea 70 el hombre vuelve a su realidad en el hospital. ¿Qué comentario del vecino nos lo indica?
   □ ¿Qué signos nos convencen de que hemos vuelto al hospital?

8. Pero en la línea 91 el hombre se transporta de nuevo a la huida de los aztecas. ¿Por qué siente miedo al perder la calzada?
   □ ¿Cómo sabemos que está en las marismas y no en la selva deseada?

- ☐ ¿Qué lleva en la mano? ¿Qué lleva alrededor del cuello?
- ☐ ¿Por qué crees que son importantes estos dos artículos?

9. ¿Cómo sabemos en el párrafo que empieza en la línea 110 que el enemigo está cerca? ¿Qué pasa al final del párrafo?

10. El comentario del vecino le hace regresar a la realidad del hospital. ¿Qué siente el hombre a principios del próximo párrafo al "regresar" al hospital?

- ☐ El hombre empieza a repasar en su mente los detalles del accidente. Fíjate con atención en lo que dice respecto al período entre la caída y el momento en que lo levantaron del suelo. ¿Cómo se refiere el narrador a ese espacio de tiempo?
- ☐ Explica en detalle todo lo que dice respecto a ese "hueco" en el tiempo. ¿Crees que ese "hueco" es importante? ¿Por qué?

11. En el párrafo que comienza en la línea 139 vuelve a la guerra florida. ¿En qué estado se encuentra?

- ☐ ¿Qué siente al darse cuenta de que le han quitado el amuleto?
- ☐ En el siguiente párrafo, ¿por medio de qué signos sabemos que lo llevan a sacrificar?
- ☐ ¿Qué intenta hacer el hombre?

12. El último párrafo empieza con un salto de nuevo al hospital, pero aunque el hombre lucha por no dormirse para no volver a los horrores del sueño, no lo logra. ¿En qué momento del párrafo nos damos cuenta de que está de nuevo en el sitio donde lo han de sacrificar?

13. El hombre quiere despertarse y por fin lo logra. Pero cuando abre los ojos, ¿qué ve encima de él?

- ☐ En ese momento, ¿de qué se da cuenta el hombre?
- ☐ ¿Qué efecto produce esta transformación en el lector?

■———Pasos para una lectura más a fondo

1. La narración se desarrolla en dos planos distintos: el del mundo moderno que conoce el lector (ciudad grande, autos y motos, ambulancia, hospital, etc.) y otro mundo desconocido (la guerra florida azteca). Hay, sin embargo, paralelos entre los dos planos. Busca elementos en la guerra florida que formen un paralelo con los siguientes signos del mundo nuestro:

- ☐ el camino por el paseo en moto
- ☐ el grito de la mujer que causó el accidente

☐ el hombre transportado en una camilla boca arriba

☐ olores del hospital

☐ el brazo restringido por el yeso y el aparato con pesas

☐ el cirujano con el cuchillo en la mano

Busca otros paralelos.

☐ ¿Qué función tienen estos paralelismos?

2. Hay, sin embargo, una gran diferencia de tono entre un plano y el otro. Compara, por ejemplo, el párrafo 14 (línea 117) que tiene que ver con las sensaciones del hombre en el hospital, con el párrafo 16 (línea 148) cuando lo llevan al sacrificio. Explica la diferencia.

3. La narración contiene, quizá, un discurso histórico respecto a la civilización azteca. ¿Cuál sería ese discurso? Es muy común glorificar el pasado—la gran cultura indígena mexicana destruida por los europeos. Pero "La noche boca arriba" parece sugerir otra interpretación a esa perspectiva. Explica.

4. El tema de la narración es la realidad y el sueño. ¿Es original este tema?

☐ ¿Recuerdas algún autor del barroco que escribiera un drama sobre este mismo tema?

☐ Lo original de la narración de Cortázar es el modo ingenioso en que juega con el lector, conduciéndole a creer que el accidente y la convalecencia en el hospital forman parte de la realidad. Cuando al final nos damos cuenta de que el verdadero sueño era el del mundo moderno, el lector se lleva una gran sorpresa. Trata de explicar la razón por ello. Tiene que ver con el plano de la realidad que conocemos.

5. Contrasta estos dos signos: la moto ronroneando entre las piernas en el primer párrafo, y un enorme insecto de metal que zumbaba bajo sus piernas.

☐ ¿Qué hace que el signo "moto" se transforme en "enorme insecto de metal"?

☐ ¿Qué nos indica esta transformación con respecto al carácter de cualquier signo?

6. Al juego literario de los dos planos temporales e históricos subyacen otros temas y discursos. Trata de explicar lo que podrían significar los siguientes signos y hechos desde una perspectiva filosófica:

☐ el hombre que se marcha a una cita pero nunca sabemos a dónde iba

☐ el accidente que sufre inesperadamente

☐ el indígena "moteca" perseguido por sus enemigos

☐ la pérdida del camino (la calzada)

☐ la pérdida de su amuleto

☐ el sacrificio de la vida humana

Carlos Fuentes

■ □ □

n. 1928

Hijo de diplomático, Fuentes pasó toda su juventud fuera de México, incluyendo estancias en los Estados Unidos, y esta formación cosmopolita le ha dado una posición privilegiada para observar la realidad hispanoamericana desde dentro y fuera. Su vasta formación intelectual le confiere una visión cósmica del mundo hispano que interpreta como una fusión compleja de eventos y pueblos. En 1992, para conmemorar el quinto centenario del encuentro entre europeos e indígenas, hizo una serie de videos titulada *El espejo enterrado,* donde ofrece una interpretación coherente y sagaz de los factores que han formado la cultura hispánica. En su obra escrita ha ensayado un número impresionante de técnicas narrativas, incluyendo la fragmentación de las acciones y la deformación del lenguaje como en *Cambio de piel* (1967) o *Terra nostra* (1975), y otras con el fluir de la conciencia y con diversos planos temporales como en *La muerte de Artemio Cruz* (1962), sin excluir el género fantástico como en el relato incluido aquí. A pesar de su experimentación con las técnicas narrativas, el propósito de sus mensajes indagan de algún modo en la problemática y complicada realidad mexicana.

Los días enmascarados (1954)

Antes de leer

1. ¿Tienes una pasión por algo o conoces a alguien que tenga una gran pasión por algo? ¿Suele esa pasión dominar su vida? Explica.

2. Cuando una persona tiene dos herencias completamente diferentes, como una persona cuya madre es china y cuyo padre es africano, se dice que esa persona sufre una crisis de identidad. ¿Estás de acuerdo? Explica.

3. Cuando una persona no tiene éxito en la vida o no logra realizar sus metas, ¿crees que es culpa suya o se debe a factores fuera de su alcance? Explica.

4. ¿Has intentado alguna vez escaparte de algo o de alguien, como de una relación que se hubiera vuelto insoportable? ¿Tuviste éxito? Explica.

Códigos para la comprensión

Código antropológico: Teotihuacán, con sus inmensas pirámides, era el centro principal religioso de los Toltecas, una cultura que influyó mucho en los Aztecas. En el panteón de dioses mayas se encuentra Chac Mool, dios de la lluvia; es un dios importante porque sin las lluvias no se podía cultivar el maíz, alimento principal de la población. La versión azteca de Chac Mool es Tláloc, que se menciona en la narración con motivo humorístico. Huitzilopochtli era el dios de la guerra; los aztecas estaban en constante lucha con tribus vecinas. Augustus Le Plongeon (1826–1908) fue un arqueólogo francés importante y uno de los primeros en descifrar los misterios de la cultura maya, que floreció antes de la llegada de los europeos en el sur de México y en Guatemala.

Código biográfico: Carlos Fuentes cuenta haber leído en la prensa que en 1952, cuando se montaba una exposición de arte mexicano en París en que se traía una estatua de Chac Mool, hubo graves tormentas de lluvia por todo Latinoamérica. Ello fue lo que le motivó a Fuentes a escribir este relato.

Código geográfico: La narración comenta varios sitios importantes de México. Tiene lugar en el Distrito Federal y se mencionan dos de sus monumentos coloniales más conocidos: el Palacio del Virrey y la Catedral. Filiberto va a Tlaxcala para comprar su estatua de Chac Mool. Los tlaxcalas eran enemigos de los aztecas, y por lo tanto ayudaron a Cortés en la conquista de México. Filiberto huye a Acapulco, un *resort* internacional en la costa del Pacífico. Cuando se escribió esta narración, no se había construido aún los centros turísticos de Cancún, Puerto Vallarta o Cozumel. Por lo tanto, Acapulco era el destino predilecto del *jet set* americano y europeo.

Código social y cultural: La cultura mexicana, así como la gran mayoría de su gente, es una mezcla de lo indígena y lo español. En la historiografía y en la sociología, esta mezcla se llama "mestizaje." En la sociedad mexicana, por lo tanto, hay un grupo pequeño de gente de sangre pura española, otro grupo más grande de sangre pura indígena, sobre todo maya, y una gran mayoría mestiza. Las clases ricas y pudientes suelen ser las de sangre pura europea, aunque la Revolución mexicana de 1910, que depuso al dictador Porfirio Díaz, hizo mucho para borrar los estigmas sociales entre personas de alta o baja extracción. Filiberto parece ser de la clase alta de extracción europea (quizá alemana), pero es, a la vez, un mexicano liberal producto de la Revolución—orgulloso del pasado indígena de México y partidario de la igualdad social.

Chac Mool

Hace poco tiempo, Filiberto murió ahogado en Acapulco. Sucedió en Semana Santa. Aunque despedido de su empleo en la Secretaría,[1] Filiberto no pudo resistir la tentación

---

[1] organismo del gobierno

burocrática de ir, como todos los años, a la pensión alemana, comer el *choucrout*[2] endulzado por el sudor de la cocina tropical, bailar el sábado de gloria en La Quebrada, y sentirse "gente conocida" en el oscuro anonimato vespertino[3] de la playa de Hornos. Claro, sabíamos que en su juventud había nadado bien, pero ahora, a los cuarenta, y tan desmejorado como se le veía, ¡intentar salvar, y a medianoche, un trecho tan largo! Frau Müller no permitió que se   10
velara—cliente tan antiguo—en la pensión; por el contrario, esa noche organizó un baile en la terracita sofocada, mientras Filiberto esperaba, muy pálido en su caja,[4] a que saliera el camión matutino de la terminal, y pasó acompañado de huacales[5] y fardos[6] la primera noche de su nueva vida. Cuando llegué, temprano, a vigilar el embarque del féretro,[7] Filiberto estaba bajo un túmulo[8] de cocos; el chófer dijo que lo acomodáramos rápidamente en el toldo y lo cubriéramos de lonas, para que no se espantaran los pasajeros, y a ver si no le habíamos echado la sal al viaje.

Salimos de Acapulco, todavía en la brisa. Hasta Tierra Colorada nacieron el calor y la luz. Con el desayuno de huevos y chorizo, abrí el cartapacio[9] de Filiberto, recogido el día anterior, junto con sus otras pertenencias, en la pensión de los Müller. Doscientos pesos. Un periódico viejo; cachos de la lotería; el pasaje de ida—¿sólo de ida?—, y el cuaderno barato, de hojas cuadriculadas y tapas de papel mármol.

Me aventuré a leerlo, a pesar de las curvas, el hedor a vómito, y cierto sentimiento natural 20
de respeto a la vida privada de mi difunto amigo. Recordaría—sí, empezaba con eso— nuestra cotidiana labor en la oficina; quizá, sabría por qué fue declinando, olvidando sus deberes, por qué dictaba oficios sin sentido, ni número, ni "sufragio efectivo."[10] Por qué, en fin, fue corrido,[11] olvidada la pensión, sin respetar los escalafones.[12]

"Hoy fui a arreglar lo de mi pensión. El licenciado, amabilísimo. Salí tan contento que decidí gastar cinco pesos en un café. Es el mismo al que íbamos de jóvenes y al que ahora nunca concurro, porque me recuerda que a los veinte años podía darme más lujos que a los cuarenta. Entonces todos estábamos en un mismo plano, hubiéramos rechazado con energía cualquier opinión peyorativa hacia los compañeros; de hecho librábamos la batalla por aquellos a quienes en la casa discutían la baja extracción o falta de elegancia. Yo sabía que muchos (quizás los más 30
humildes) llegarían muy alto, y aquí, en la escuela, se iban a forjar las amistades duraderas en cuya compañía cursaríamos el mar bravío. No, no fue así. No hubo reglas. Muchos de los humildes quedaron allí, muchos llegaron más arriba de lo que pudimos pronosticar en aquellas fogosas, amables tertulias. Otros, que parecíamos prometerlo todo, quedamos a la mitad del camino, destripados en un examen extracurricular, aislados por una zanja invisible de los que triunfaron y de los que nada alcanzaron. En fin, hoy volví a sentarme en las sillas, modernizadas—también, como barricada de una invasión, la fuente de sodas—, y pretendí leer

---

[2] *francés:* un plato de col en escabeche

[3] atardecer

[4] *aquí,* ataúd

[5] *mexicanismo:* jaula o caja para transportar fruta, loza o animales

[6] bultos grandes

[7] ataúd

[8] montecillo (como un sepulcro levantado en la tierra)

[9] funda donde se guardan papeles

[10] derecho a votar de todos (*como lema del Partido Revolucionario Institucional, se estampaba en todos los documentos del gobierno; aquí se emplea sarcásticamente*)

[11] *mexicanismo:* despedido del trabajo

[12] los rangos de los empleados

expedientes. Vi a muchos, cambiados, amnésicos, retocados de luz neón, prósperos. Con el café que casi no reconocía, con la ciudad misma, habían ido cincelándose[13] a ritmo distinto del mío. No, ya no me reconocían, o no me querían reconocer. A lo sumo—uno o dos—una 40 mano gorda y rápida en el hombro. *Adiós, viejo, qué tal.* Entre ellos y yo, mediaban los dieciocho agujeros del Country Club. Me disfracé en los expedientes. Desfilaron los años de las grandes ilusiones, de los pronósticos felices, y, también, todas las omisiones que impidieron su realización. Sentí la angustia de no poder meter los dedos en el pasado y pegar los trozos de algún rompecabezas abandonado; pero el arcón de los juguetes se va olvidando, y al cabo, quién sabrá a dónde fueron a dar los soldados de plomo, los cascos, las espadas de madera. Los disfraces tan queridos, no fueron más que eso. Y, sin embargo, había habido constancia, disciplina, apego al deber. ¿No era suficiente, o sobraba? No dejaba, en ocasiones, de asaltarme el recuerdo de Rilke. La gran recompensa de la aventura de juventud debe ser la muerte; jóvenes, debemos partir con todos nuestros secretos. Hoy, no tendría que volver la vista a las ciudades 50 de sal. ¿Cinco pesos? Dos de propina."

"Pepe, aparte de su pasión por el derecho mercantil, gusta de teorizar. Me vio salir de Catedral, y juntos nos encaminamos a Palacio. Él es descreído,[14] pero no le basta: en media cuadra tuvo que fabricar una teoría. Que si no fuera mexicano, no adoraría a Cristo, y—No, mira, parece evidente. Llegan los españoles y te proponen adores a un Dios, muerto hecho un coágulo, con el costado herido, clavado en una cruz. Sacrificado. Ofrendado. ¿Qué cosa más natural que aceptar un sentimiento tan cercano a todo tu ceremonial, a toda tu vida. . .? Figúrate, en cambio, que México hubiera sido conquistado por budistas o mahometanos. No es concebible que nuestros indios veneraran a un individuo que murió de indigestión. Pero un Dios al que no le basta que se sacrifiquen por él, sino que incluso va a que le arranquen 60 el corazón, ¡caramba, jaque mate a Huitzilopochtli! El cristianismo, en su sentido cálido, sangriento, de sacrificio y liturgia, se vuelve una prolongación natural y novedosa de la religión indígena. Los aspectos de caridad, amor, y la otra mejilla, en cambio, son rechazados. Y todo en México es eso: hay que matar a los hombres para poder creer en ellos."

"Pepe conocía mi afición, desde joven, por ciertas formas del arte indígena mexicano. Yo colecciono estatuillas, ídolos, cacharros. Mis fines de semana los paso en Tlaxcala, o en Teotihuacán. Acaso por esto le guste relacionar todas las teorías que elabora para mi consumo con estos temas. Por cierto que busco una réplica razonable del Chac Mool desde hace tiempo, y hoy Pepe me informa de un lugar en la Lagunilla[15] donde venden uno de piedra, y parece que barato. Voy a ir el domingo." 70

"Un guasón[16] pintó de rojo el agua del garrafón en la oficina, con la consiguiente perturbación de las labores. He debido consignarlo al director, a quien sólo le dio mucha risa. El culpable se ha valido de esta circunstancia para hacer sarcasmos a mis costillas el día entero, todo en torno al agua. ¡Ch. . .!"[17]

"Hoy, domingo, aproveché para ir a la Lagunilla. Encontré el Chac Mool en la tienducha que me señaló Pepe. Es una pieza preciosa, de tamaño natural, y aunque el marchante asegura su originalidad, lo dudo. La piedra es corriente, pero ello no aminora la elegancia de la

---

[13] *fig.* desarrollándose; saliendo adelante

[14] sin fe

[15] *famoso mercado de México*

[16] burlón

[17] *elipsis de una interjección grosera*

postura o lo macizo del bloque. El desleal vendedor le ha embarrado salsa de tomate en la barriga para convencer a los turistas de la autenticidad sangrienta de la escultura."

"El traslado a la casa me costó más que la adquisición. Pero ya está aquí, por el momento en el sótano mientras reorganizo mi cuarto de trofeos a fin de darle cabida. Estas figuras necesitan sol, vertical y fogoso; ése fue su elemento y condición. Pierde mucho en la oscuridad del sótano, como simple bulto agónico, y su mueca parece reprocharme que le niegue la luz. El comerciante tenía un foco exactamente vertical a la escultura, que recortaba todas las aristas,[18] y le daba una expresión más amable a mi Chac Mool. Habrá que seguir su ejemplo." 80

"Amanecí con la tubería descompuesta. Incauto, dejé correr el agua de la cocina, y se desbordó, corrió por el suelo y llegó hasta el sótano, sin que me percatara. El Chac Mool resiste la humedad, pero mis maletas sufrieron; y todo esto, en día de labores, me ha obligado a llegar tarde a la oficina."

"Vinieron, por fin, a arreglar la tubería. Las maletas, torcidas. Y el Chac Mool, con lama[19] en la base." 90

"Desperté a la una: había escuchado un quejido terrible. Pensé en ladrones. Pura imaginación."

"Los lamentos nocturnos han seguido. No sé a qué atribuirlo, pero estoy nervioso. Para colmo de males, la tubería volvió a descomponerse, y las lluvias se han colado, inundando el sótano."

"El plomero no viene, estoy desesperado. Del Departamento del Distrito Federal, más vale no hablar. Es la primera vez que el agua de las lluvias no obedece a las coladeras y viene a dar a mi sótano. Los quejidos han cesado: vaya una cosa por otra."

"Secaron el sótano, y el Chac Mool está cubierto de lama. Le da un aspecto grotesco, 100 porque toda la masa de la escultura parece padecer de una erisipela[20] verde, salvo los ojos, que han permanecido de piedra. Voy a aprovechar el domingo para raspar el musgo. Pepe me ha recomendado cambiarme a un apartamento, y en el último piso, para evitar estas tragedias acuáticas. Pero no puedo dejar este caserón, ciertamente muy grande para mí solo, un poco lúgubre en su arquitectura porfiriana, pero que es la única herencia y recuerdo de mis padres. No sé qué me daría ver una fuente de sodas con sinfonola[21] en el sótano y una casa de decoración en la planta baja."

"Fui a raspar la lama del Chac Mool con una espátula. El musgo parecía ya parte de la piedra; fue labor de más de una hora, y sólo a las seis de la tarde pude terminar. No era posible distinguir en la penumbra, y al dar fin al trabajo, con la mano seguí los contornos de la 110 piedra. Cada vez que raspaba el bloque parecía reblandecerse. No quise creerlo: era ya casi una pasta. Este mercader de la Lagunilla me ha timado.[22] Su escultura precolombina es puro yeso, y la humedad acabará por arruinarla. Le he puesto encima unos trapos, y mañana la pasaré a la pieza de arriba, antes de que sufra un deterioro total."

"Los trapos están en el suelo. Increíble. Volví a palpar el Chac Mool. Se ha endurecido, pero no vuelve a la piedra. No quiero escribirlo: hay en el torso algo de la textura de la carne, lo aprieto como goma, siento que algo corre por esa figura recostada. . . Volví a bajar en la noche. No cabe duda: el Chac Mool tiene vello en los brazos."

---

[18]asperezas

[19]*amer:* musgo

[20]enfermedad caracterizada por una inflamación de la piel

[21]tocadiscos que, al introducir una moneda, tocaba la canción elegida

[22]estafado; engañado

"Esto nunca me había sucedido. Tergiversé[23] los asuntos en la oficina: giré una orden de pago que no estaba autorizada, y el director tuvo que llamarme la atención. Quizá me mostré 120 hasta descortés con los compañeros. Tendré que ver a un médico, saber si es imaginación, o delirio, o qué, y deshacerme de ese maldito Chac Mool."

Hasta aquí, la escritura de Filiberto era la vieja, la que tantas veces vi en memoranda y formas, ancha y ovalada. La entrada del 25 de agosto, parecía escrita por otra persona. A veces como niño, separando trabajosamente cada letra; otras, nerviosa, hasta diluirse en lo ininteligible. Hay tres días vacíos, y el relato continúa:

"Todo es tan natural; y luego, se cree en lo real . . ., pero esto lo es, más que lo creído por mí. Si es real un garrafón, y más, porque nos damos mejor cuenta de su existencia, o estar, si un bromista pinta de rojo el agua . . ., real bocanada de cigarro efímera, real imagen monstruosa es un espejo de circo, reales, ¿no lo son todos los muertos, presentes y olvidados . . .? 130 Si un hombre atravesara el Paraíso en un sueño, y le dieran una flor como prueba de que había estado allí, y si al despertar encontrara esa flor en su mano . . ., ¿entonces qué . . .? Realidad: cierto día la quebraron en mil pedazos, la cabeza fue a dar allá, la cola aquí, y nosotros no conocemos más que uno de los trozos desprendidos de su gran cuerpo. Océano libre y ficticio, sólo real cuando se le aprisiona en un caracol. Hasta hace tres días, mi realidad lo era al grado de haberse borrado hoy: era movimiento reflejo, rutina, memoria, cartapacio. Y luego, como la tierra que un día tiembla para que recordemos su poder, o la muerte que llegará, recriminando mi olvido de toda la vida, se presenta otra realidad que sabíamos estaba allí, mostrenca,[24] y que debe sacudirnos para hacerse viva y presente. Creía, nuevamente, que era imaginación: el Chac Mool, blando y elegante, había cambiado de color en una noche; 140 amarillo, casi dorado, parecía indicarme que era un Dios, por ahora laxo, con las rodillas menos tensas que antes, con la sonrisa más benévola. Y ayer, por fin, un despertar sobresaltado, con esa seguridad espantosa de que hay dos respiraciones en la noche, de que en la oscuridad laten más pulsos que el propio. Sí, se escuchaban pasos en la escalera. Pesadilla. Vuelta a dormir. . . No sé cuánto tiempo pretendí dormir. Cuando volví a abrir los ojos, aún no amanecía. El cuarto olía a horror, a incienso y sangre. Con la mirada negra, recorrí la recámara, hasta detenerme en dos orificios de luz parpadeante, en dos flámulas[25] crueles y amarillas.

"Casi sin aliento encendí la luz."

"Allí estaba Chac Mool, erguido, sonriente, ocre, con su barriga encarnada. Me parali- 150 zaban los dos ojillos, casi bizcos, muy pegados a la nariz triangular. Los dientes inferiores, mordiendo el labio superior, inmóviles; sólo el brillo del casquetón[26] cuadrado sobre la cabeza anormalmente voluminosa, delataba vida. Chac Mool avanzó hacia la cama; entonces empezó a llover."

Recuerdo que a fines de agosto, Filiberto fue despedido de la Secretaría, con una recriminación pública del director, y rumores de locura y aun robo. Esto no lo creía. Sí vi unos oficios descabellados,[27] preguntando al Oficial Mayor si el agua podía olerse, ofreciendo sus servicios al Secretario de Recursos Hidráulicos para hacer llover en el desierto. No supe qué explicación darme; pensé que las lluvias excepcionalmente fuertes, de ese verano, lo habían

---

[23] enrevesé, confundí

[24] *fig.* sin dueño conocido

[25] especie de flores

[26] casco

[27] *fig.* desordenados, disparatados

enervado. O que alguna depresión moral debía producir la vida en aquel caserón antiguo, 160
con la mitad de los cuartos bajo llave y empolvados, sin criados ni vida de familia. Los apuntes
siguientes son de fines de septiembre:

"Chac Mool puede ser simpático cuando quiere . . ., un gluglu de agua embelesada. . .
Sabe historias fantásticas sobre los monzones,[28] las lluvias ecuatoriales, el castigo de los desiertos; cada planta arranca de su paternidad mítica: el sauce, su hija descarriada;[29] los lotos,
sus mimados; su suegra: el cacto. Lo que no puedo tolerar es el olor, extrahumano, que ema-
na de esa carne que no lo es, de las chanclas flameantes de ancianidad. Con risa estridente,
el Chac Mool revela cómo fue descubierto por Le Plongeon, y puesto, físicamente, en contacto con hombres de otros símbolos. Su espíritu ha vivido en el cántaro y la tempestad, natural; otra cosa es su piedra, y haberla arrancado al escondite es artificial y cruel. Creo que 170
nunca lo perdonará el Chac Mool. Él sabe de la inminencia del hecho estético."

"He debido proporcionarle sapolio[30] para que se lave el estómago que el mercader le untó
de *ketchup* al creerlo azteca. No pareció gustarle mi pregunta sobre su parentesco con Tláloc,
y, cuando se enoja, sus dientes, de por sí repulsivos, se afilan y brillan. Los primeros días, bajó
a dormir al sótano; desde ayer, en mi cama."

"Ha empezado la temporada seca. Ayer, desde la sala en la que duermo ahora, comencé a
oír los mismos lamentos roncos del principio, seguidos de ruidos terribles. Subí y entreabrí
la puerta de la recámara: el Chac Mool estaba rompiendo las lámparas, los muebles; saltó hacia la puerta con las manos arañadas, y apenas pude cerrar e irme a esconder al baño. . . Luego,
bajó jadeante y pidió agua; todo el día tiene corriendo las llaves,[31] no queda un centímetro 180
seco en la casa. Tengo que dormir muy abrigado, y le he pedido no empapar la sala más."

"El Chac Mool inundó hoy la sala. Exasperado, dije que lo iba a devolver a la Lagunilla.
Tan terrible como su risilla—horrorosamente distinta a cualquier risa de hombre o animal—
fue la bofetada que me dio, con ese brazo cargado de brazaletes pesados. Debo reconocerlo:
soy su prisionero. Mi idea original era distinta: yo dominaría al Chac Mool, como se domina
a un juguete; era, acaso, una prolongación de mi seguridad infantil; pero la niñez—¿quién lo
dijo?—es fruto comido por los años, y yo no me he dado cuenta. . . Ha tomado mi ropa, y
se pone las batas cuando empieza a brotarle musgo verde. El Chac Mool está acostumbrado
a que se le obedezca, por siempre; yo, que nunca he debido mandar, sólo puedo doble-
garme.[32] Mientras no llueva—¿y su poder mágico?—vivirá colérico o irritable." 190

"Hoy descubrí que en las noches el Chac Mool sale de la casa. Siempre, al obscurecer,
canta una canción chirriona[33] y anciana, más vieja que el canto mismo. Luego, cesa. Toqué
varias veces a su puerta, y cuando no me contestó, me atreví a entrar. La recámara, que no
había vuelto a ver desde el día en que intentó atacarme la estatua, está en ruinas, y allí se concentra ese olor a incienso y sangre que ha permeado la casa. Pero, detrás de la puerta, hay
huesos: huesos de perros, de ratones y gatos. Esto es lo que roba en la noche el Chac Mool
para sustentarse. Esto explica los ladridos espantosos de todas las madrugadas."

"Febrero, seco. Chac Mool vigila cada paso mío; ha hecho que telefonee a una fonda para
que me traigan diariamente arroz con pollo. Pero lo sustraído[34] de la oficina ya se va a acabar.

---

[28] vientos periódicos de los mares de Asia
[29] desmandada, desobediente
[30] una marca de líquido para limpiar
[31] los grifos
[32] ceder
[33] estridente
[34] robado

Sucedió lo inevitable: desde el día primero, cortaron el agua y la luz por falta de pago. Pero 200
Chac ha descubierto una fuente pública a dos cuadras de aquí; todos los días hago diez o doce
viajes por agua, y él me observa desde la azotea. Dice que si intento huir me fulminará;[35]
también es Dios del Rayo. Lo que él no sabe es que estoy al tanto de sus correrías noctur-
nas. . . Como no hay luz, debo acostarme a las ocho. Ya debería estar acostumbrado al Chac
Mool, pero hace poco, en la obscuridad, me topé con él en la escalera, sentí sus brazos helados, las escamas de su piel renovada, y quise gritar."

"Si no llueve pronto, el Chac Mool va a convertirse en piedra otra vez. He notado su dificultad reciente para moverse; a veces se reclina durante horas, paralizado, y parece ser de
nuevo un ídolo. Pero estos reposos sólo le dan nuevas fuerzas para vejarme,[36] arañarme, como
si pudiera arrancar algún líquido de mi carne. Ya no tienen lugar aquellos intermedios am- 210
ables en que relataba viejos cuentos; creo notar un resentimiento concentrado. Ha habido
otros indicios que me han puesto a pensar: se está acabando mi bodega; acaricia la seda de las
batas; quiere que traiga una criada a la casa; me ha hecho enseñarle a usar jabón y lociones.
Creo que el Chac Mool está cayendo en tentaciones humanas; incluso hay algo viejo en su
cara que antes parecía eterna. Aquí puede estar mi salvación: si el Chac se humaniza, posiblemente todos sus siglos de vida se acumulen en un instante y caiga fulminado. Pero también, aquí, puede germinar mi muerte: el Chac no querrá que asista a su derrumbe, es posible
que desee matarme."

"Hoy aprovecharé la excursión nocturna de Chac para huir. Me iré a Acapulco; veremos
qué puede hacerse para adquirir trabajo, y esperar la muerte del Chac Mool: sí, se avecina; 220
está canoso, abotagado.[37] Necesito asolearme, nadar, recuperar fuerza. Me quedan cuatrocientos pesos. Iré a la Pensión Müller, que es barata y cómoda. Que se adueñe de todo el
Chac Mool: a ver cuánto dura sin mis baldes[38] de agua."

Aquí termina el diario de Filiberto. No quise volver a pensar en su relato; dormí hasta
Cuernavaca. De ahí a México pretendí dar coherencia al escrito, relacionarlo con exceso de
trabajo, con algún motivo sicológico. Cuando a las nueve de la noche llegamos a la terminal, aún no podía concebir la locura de mi amigo. Contraté una camioneta para llevar el
féretro a casa de Filiberto y desde allí ordenar su entierro.

Antes de que pudiera introducir la llave en la cerradura, la puerta se abrió. Apareció un
indio amarillo, en bata de casa, con bufanda. Su aspecto no podía ser más repulsivo; despedía 230
un olor a loción barata; su cara, polveada, quería cubrir las arrugas; tenía la boca embarrada
de lápiz labial mal aplicado, y el pelo daba la impresión de estar teñido.

—Perdone. . ., no sabía que Filiberto hubiera. . .

—No importa; lo sé todo. Dígales a los hombres que lleven el cadáver al sótano.

■———Pasos para la comprensión

1. Lo primero que hay que entender de esta narración es la complejidad de sus
   voces narrativas. El narrador que abre y cierra el cuento es un amigo de Filiberto

---

[35] matará con rayos
[36] molestarme
[37] hinchado
[38] cubos

que ha ido a Acapulco a recoger el cadáver de su amigo quien ha muerto intentando salvar a alguien que se ahogaba. Al regresar a México, D.F., descubre el memorial de su amigo donde había apuntado sus impresiones, y los lee. Las entradas en el memorial de Filiberto forman la parte principal de la narración. Ambas partes—los comentarios del amigo y los escritos de Filiberto—están en primera persona. ¿Qué problemas presenta una narración en primera persona?

2. El primer párrafo contiene unos detalles muy oscuros que, por el momento, no se pueden contestar o entender. Sin embargo, vale la pena tenerlos en cuenta.

   □ ¿Por qué fue despedido Filiberto de la Secretaría donde trabajaba?

   □ ¿Por qué iba siempre a una pensión alemana de Acapulco?

   □ ¿Por qué intentó salvar a una persona que se ahogaba a medianoche?

   □ ¿Por qué celebra Frau Müller un baile la noche de la muerte de un cliente tan antiguo?

   Ahora sí debes tratar de responder a esta consideración: ¿Por qué empezar una narración con tantos hechos inexplicables?

3. La primera escritura de Filiberto presenta tantas preguntas como los comentarios de su amigo en el primer párrafo, sin embargo, hay datos que se pueden deducir.

   □ ¿Cómo sabemos que Filiberto va a jubilarse?

   □ De las impresiones que Filiberto experimenta al entrar a un café que había frecuentado en sus años universitarios, ¿se puede deducir que ahora es un hombre rico?

   □ ¿Logró tener mucho éxito profesional? Explica cómo se sabe.

   □ ¿Sus antiguos compañeros lo reconocen? Explica.

   □ En general, ¿qué emoción siente Filiberto en el café?

   □ ¿Sabemos lo que contribuyó al fracaso profesional de Filiberto?

4. El siguiente apunte tiene lugar en uno de los sitios más conocidos de México: el Zócalo donde están la Catedral y el Palacio. ¿Dónde había ido Filiberto? ¿Qué indica esto respecto a su persona?

   □ ¿En qué se diferencia su amigo Pepe?

   □ ¿Qué teoría fabrica Pepe respecto a la religiosidad de los mexicanos?

   □ ¿Es válida e inteligente su teoría? Explica.

5. En lo que escribe sobre Pepe, descubrimos algo importante de Filiberto. ¿Cuál es su pasión?

6. Filiberto se compra una estatua de Chac Mool. Consulta el *código antropológico* para saber quién es Chac Mool. ¿Dónde pone la estatua en su casa? ¿Por qué? Se debe tener en cuenta que Chac Mool, como dios de la lluvia, se expone al aire libre.

7. Las próximas entradas tienen que ver con dos accidentes:
   □ ¿Qué se le rompió?
   □ ¿Qué se le metió en el sótano?
   □ ¿Qué efecto tuvieron estos accidentes en la estatua?
   □ ¿Qué sonidos oye Filiberto por las noches? ¿Sabemos de dónde vienen? ¿Puedes especular? Explica.
   □ ¿Cuándo, precisamente, dejó de oír los quejidos?

8. Chac Mool está cubierto de musgo por la humedad. Al limpiarlo, Filiberto descubre ciertas cosas de Chac Mool—algunas lógicas y otras sobrenaturales. ¿Cuáles son?

9. ¿Qué efecto tiene su obsesión con Chac Mool en su trabajo y con sus compañeros?

10. El otro narrador interrumpe la lectura de los memoriales para notar que la letra de Filiberto cambia a partir del 25 de agosto. ¿Cómo la describe el narrador?

11. La entrada que sigue a partir de la línea 127 introduce un discurso de la realidad y la fantasía. ¿Qué se dice? ¿Qué le ha pasado a Chac Mool?

12. El narrador vuelve a interrumpir la lectura en la línea 155 para contar lo que le pasó a Filiberto en su trabajo—cosa que Filiberto no menciona en su memorial.
   □ ¿Qué le pasó en el trabajo?
   □ ¿Qué locura le escribió al Secretario de Recursos Hidráulicos?
   □ ¿Qué relación tiene esto con Chac Mool?

13. De la entrada de finales de septiembre que comienza en la línea 163, ¿qué podemos discernir de la relación entre Filiberto y Chac Mool?

14. ¿Cómo reacciona Chac Mool cuando empieza la época de sequía? ¿Qué le hace a la sala de Filiberto?
   □ ¿Qué efecto tiene su comportamiento en su relación con Filiberto?
   □ ¿Puede Filiberto controlar la estatua? Explica lo que ha pasado.

15. Filiberto se convierte en un prisionero de Chac Mool. ¿Qué pasa cuando Filiberto no puede pagar la cuenta del agua, y se la cortan?

16. Explica cómo Chac Mool se ha ido "humanizando" y cómo interpreta Filiberto esta humanización.
   □ ¿Por qué huye una noche a Acapulco?
   □ ¿Qué espera que le pase a Chac Mool? Nosotros ya sabemos el resto de la historia por el primer párrafo.

17. El amigo decide llevar el cadáver a la casa de Filiberto. ¿Qué se encuentra allí? Hasta ese momento, el amigo ha pensado que lo que había escrito Filiberto era porque sufría alguna locura, pero ahora él descubre que todo lo que había escrito

era cierto. ¿Era cierto en realidad? Explica el juego con la realidad y la fantasía que ha creado Fuentes.

■———Pasos para una lectura más a fondo

1. La pasión de Filiberto por la cultura azteca llega a dominarlo. ¿Reconoces aquí alguna relación intertextual con una de las obras maestras de la literatura española? ¿Qué otros elementos de la obra de Fuentes recuerdan a esa obra inmortal española?

2. La dominación de Filiberto por Chac Mool podría tener ramificaciones simbólicas. La cultura mexicana es una mezcla de la europea española y la indígena. A pesar de los esfuerzos de los españoles por exterminar los dioses paganos indígenas, ¿tuvieron éxito? Explica.

   □ Nota cómo Filiberto vacila entre el mundo europeo y el indígena. Cuando ya no puede soportar más a Chac Mool, ¿adónde se escapa? Desarrolla esta idea.

3. El amigo no entiende por qué Filiberto se lanzó al agua a medianoche, lo cual le causó la muerte. Pero sí se puede especular por qué. Recuerda que Chac Mool es el dios maya del agua. ¿Ha podido Filiberto escaparse por completo de Chac Mool al huir a Acapulco? Explica.

4. ¿A qué clase social pertenece Filiberto? ¿Qué signos hay en la narración que lo indican?

   □ En su primera entrada en el memorial cuando Filiberto, en un café, recuerda su juventud, hay un discurso social. Nota la siguiente oración: "Entonces todos estábamos en un mismo plano, hubiéramos rechazado con energía cualquier opinión peyorativa hacia los compañeros; de hecho librábamos la batalla por aquellos a quienes en la casa discutían la baja extracción o falta de elegancia." ¿Quiénes piensas que serían los de "baja extracción"?

   □ ¿Crees que a Filiberto le importaban los asuntos de ese tipo?

5. Filiberto cuenta un incidente que le ocurrió en la oficina donde un compañero de trabajo pintó de rojo el agua del garrafón para burlarse de él. ¿Tienes alguna idea de lo que significa el signo "rojo"? ¿Crees que es posible que Filiberto fuera socialista o comunista? Explica.

6. Según la primera entrada, aunque en la juventud todos estaban "en un mismo plano," ahora no lo estaban. El narrador describe la división entre él y otros como una "zanja invisible" y "los dieciocho agujeros del Country Club." Comenta estos dos signos.

   □ Filiberto se incluye entre los que se quedaron "a medio camino," dando unas razones muy borrosas para explicar su falta de éxito en la vida. ¿Por qué sospechas que no es más claro en sus explicaciones?

☐ ¿Por qué crees que no tuvo más éxito? Cualquier respuesta sería pura especulación, pero trata de justificar tu respuesta con pruebas del texto.

7. La "humanización" de Chac Mool que va ocurriendo a lo largo de la narración, ¿es un hecho simplemente fantástico o tiene ramificaciones simbólicas? Explica. Si es simbólico, ¿qué podría indicar?

8. Nota cómo el autor juega ingeniosamente con lo fantástico y lo real. El amigo supone que Filiberto se está volviendo loco por lo que escribe sobre Chac Mool, pero en la historia que él narra, Chac Mool aparece transformado en ser humano. Explica las ramificaciones artísticas de este juego con la realidad.

9. ¿Crees que el autor implícito escribe su narración completamente en serio o con un poco de humor? ¿Dónde hay humor en el texto? Da un ejemplo.

☐ ¿Cuál sería el efecto de incluir humor en una narración que tiene significación trascendente e intelectual?

10. "Chac Mool" contiene un discurso respecto a México. Haz una lista de todas las referencias a sitios mexicanos. Nota que se mencionan varios de los lugares más conocidos del país, tanto indígenas, coloniales, como modernos. Nota el discurso religioso de Pepe, y el discurso social de Filiberto. Trata de explicar el discurso que se lleva a cabo respecto a México.

Mario Vargas Llosa

■☐☐

n. 1936

Vargas Llosa, en lo que ya podría considerarse un mundo novelesco, ha captado magistralmente el clima social y moral de Lima de la segunda mitad del siglo XX, así como lo hizo Galdós para el Madrid de su época. Y como Galdós, Vargas Llosa es un gran fabricante de tramas y personajes, lo cual explica en parte su éxito editorial internacional. Sin embargo, a pesar de estas semejanzas con el realismo, sobre todo por el escrupuloso cuadro que pinta del medio ambiente limeño, sus técnicas narrativas—siempre originales y geniales—distan mucho de las del realismo, como se comprobará claramente en *Los cachorros* (1967). Se debe destacar también la labor de Vargas Llosa en los campos de la crítica literaria, el análisis histórico y en la política (hasta se ha postulado para la presidencia de Perú). Actualmente reside en España, donde se le concedió el prestigioso Premio Cervantes en 1994 y donde ha sido admitido a la Real Academia de la Lengua.

Los Cachorros (1967)

Antes de leer

1. Describe la sociedad y la cultura popular norteamericana de los años 50 y 60 del siglo XX. ¿En qué películas o series de televisión se refleja esa época?

2. ¿Es importante para ti ser aceptado o aceptada socialmente entre tu grupo de amigos? Explica.

3. Cuando uno pertenece a un círculo de amigos, ¿qué presiones sociales pueden imponerse entre si los miembros de ese grupo? Explica.

4. ¿Qué cosas empiezan a hacer los adolescentes (1) para su entretenimiento; (2) para experimentar con cosas nuevas y prohibidas; (3) para rebelarse contra sus padres, etc.?

5. ¿Qué suelen hacer las personas que tienen o que perciben tener algún defecto o incapacidad para compensarlo o disimularlo? Da algunos ejemplos.

Códigos para la comprensión

Código geográfico: *Los cachorros,* como otras novelas de Mario Vargas Llosa, tiene lugar en el barrio limeño de Miraflores, que era, y sigue siendo, un barrio de abolengo de las clases acomodadas de Lima. Los sitios (colegios, calles, cafés, clubes, cines, etc.) en que se mueven los personajes de la novela son verídicos, como el Colegio Champagnat, la heladería D'Onofrio, el "country club" Terrazas, la Clínica Americana, el bar de copas Chasqui, la Universidad Católica de Lima, la playa La Herradura, clubes nocturnos como Embassy, etc.

Código musical: La orquesta del cubano Pérez Prado ("el rey del mambo") fue una sensación en Hispanoamérica en los años 50 y 60 del siglo pasado, y su llegada a una ciudad, como a Lima en esta novela, causaba sensación entre la gente joven. El mambo es un baile de mucho movimiento de caderas, y por eso causó escándalo entre ciertos sectores de la sociedad cuando se puso de moda. Uno de los éxitos de Pérez Prado fue el bolero "Quizás," cuya letra forma un intertexto musical en *Los cachorros.* Se usa para describir la relación entre Pichulita y Teresita Arrarte. Su letra es la siguiente:

> Siempre que te pregunto que ¿cuándo? ¿cómo? y ¿dónde?
> Tú siempre me respondes, quizás, quizás, quizás.
> Y así pasan los días
> Y yo, desesperada,
> Y tú, tú contestando,

Quizás, quizás, quizás.
Estás perdiendo el tiempo, pensando, pensando.
Por lo que más tú quieras, ¿hasta cuándo? ¿hasta cuándo?

Código cultural norteamericano: La clase social que se pinta en esta novela tiene poder adquisitivo como para consumir los productos comerciales y culturales de los Estados Unidos: fuman Lucky Strike y Viceroy, conducen autos de Ford y Chevrolet, llevan relojes Omega, ven películas de Tarzán, toman *hamburgers, hot dogs* y *milk shakes;* Pichulita imita el modo de vestir de Elvis Presley y James Dean, etc.

Código onomástico: Es muy común en las culturas hispanas dar apodos a las personas. A veces estos apodos son elípticos, como Lalo para Fernando o Tere para Teresa. Otros son verdaderas antonomasias como Chingolo, la "China" Saldívar o la "Flaca" Rojas. Claro que el más significativo es el de "Pichulita."

Código lingüístico: La obra está repleta de americanismos, peruanismos y hasta expresiones particulares de los miraflorinos. El más obvio es el de "pichula" que significa "pene." He aquí una lista de los más usados en la novela:

> sobón: alguien que adula
> mi viejo/a: forma cariñosa para referirse al padre/madre
> cumpa: buen amigo
> muñequearse: ponerse nervioso
> tirar plan: tener relaciones amorosas
> caérsele (a alguien): declarar su amor (a alguien)
> zamparse: emborracharse
> polilla y "cholita de plan:" prostituta

Código social: El círculo burgués miraflorino de *Los cachorros* mira con desprecio a los de clases inferiores a ellos. Se refieren a los "cholos," que son los mestizos peruanos, y los "huachafas," que son gente de la clase media que intenta subir socialmente. Los "cholos" de la novela no tienen nombres propios—simplemente se les llama "cholo." El término puede también usarse con cariño. Fíjate que la madre de Cuéllar lo llama "cholito" en alguna ocasión.

Los cachorros

1

Todavía llevaban pantalón corto ese año, aún no fumábamos, entre todos los deportes preferían el fútbol y estábamos aprendiendo a correr olas, a zambullirnos[1] desde el segundo trampolín del "*Terrazas,*" y eran traviesos, lampiños, curiosos, muy ágiles, voraces. Ese año, cuando Cuéllar entró al Colegio Champagnat.

---

[1] tirarnos al agua con ímpetu

Hermano Leoncio, ¿cierto que viene uno nuevo?, ¿para el "Tercero A," Hermano? Sí, el Hermano Leoncio apartaba de un manotón el moño[2] que le cubría la cara, ahora a callar.

Apareció una mañana, a la hora de la formación de la mano de su papá, y el Hermano Lucio lo a la cabeza de la fila porque era más chiquito todavía que Rojas, y en la clase el Hermano Leoncio lo sentó atrás, con nosotros, en esa carpeta vacía jovencito. ¿Cómo se llamaba? Cuéllar, ¿y tú? Choto, ¿y tú? Chingolo, ¿y tú? Mañuco, ¿y tú? Lalo. ¿Miraflorino? Sí, desde el mes pasado, antes vivía en San Antonio y ahora en Mariscal Castilla, cerca del Cine   10
Colina.

Era chanconcito[3] (pero no sobón[4]): la primera semana salió quinto y la siguiente tercero y después siempre primero hasta el accidente, ahí comenzó a flojear y a sacarse malas notas. Los catorce Incas, Cuéllar, decía el Hermano Leoncio, y él se los recitaba sin respirar, los Mandamientos, las tres estrofas del Himno Marista, la poesía *Mi bandera* de López Albújar: sin respirar. Qué trome,[5] Cuéllar, le decía Lalo y el Hermano muy buena memoria, jovencito, y a nosotros ¡aprendan, bellacos! Él se lustraba las uñas en la solapa del saco[6] y miraba a toda la clase por encima del hombro, sobrándose[7] (de a mentiras, en el fondo no era sobrado, sólo un poco loquibambio[8] y juguetón. Y, además, buen compañero. Nos soplaba[9] en los exámenes y en los recreos nos convidaba chupetes, ricacho, tofis,[10] suertudo, le decía   20
Choto, te dan más propina[11] que a nosotros cuatro, y él por las buenas notas que se sacaba, y nosotros menos mal que eres buena gente, chanconcito, eso lo salvaba).

Las clases de la Primaria terminaban a las cuatro, a las cuatro y diez el Hermano Lucio hacía romper filas y a las cuatro y cuarto ellos estaban en la cancha de fútbol. Tiraban los maletines al pasto, los sacos, las corbatas, rápido Chingolo rápido, ponte en el arco antes que lo pesquen otros, y en su jaula Judas se volvía loco, guau, paraba[12] el rabo, guau guau, les mostraba los colmillos, guau guau guau, tiraba saltos mortales, guau guau guau guau, sacudía los alambres. Pucha diablo[13] si se escapa un día, decía Chingolo, y Mañuco si se escapa hay que quedarse quietos, los daneses sólo mordían cuando olían que les tienes miedo, ¿quién te lo dijo?, mi viejo,[14] y Choto yo me treparía al arco, así no lo alcanzaría, y Cuéllar sacaba su   30
puñalito y chas chas lo soñaba, deslonjaba[15] y enterrabaaaaauuuu, mirando al cielo, uuuuu-uaaauuuu, las dos manos en la boca, auauauauuuu: ¿qué tal gritaba Tarzán? Jugaban apenas hasta las cinco pues a esa hora salía la Media y a nosotros los grandes nos corrían de la cancha a las buenas o a las malas. Las lenguas afuera, sacudiéndonos y sudando recogían libros, sacos y corbatas y salíamos a la calle. Bajaban por la Diagonal haciendo pases de basquet con los maletines, chápate[16] ésta papacito, cruzábamos el Parque a la altura de *Las Delicias*, ¡la

---

[2] *amér:* cabello

[3] *amér:* pequeño

[4] *peruanismo:* adulón

[5] *peruanismo:* persona excepcional

[6] *amér:* americana (prenda de vestir de caballeros)

[7] *amér:* enorgulleciéndose

[8] *peruanismo:* medio loco

[9] *region:* superaba (*o sea, salía mucho mejor que ellos*)

[10] *del inglés taffy* (especie de caramelo)

[11] *región:* cantidad semanal que le dan los padres a los hijos para sus gastos

[12] *amér:* levantaba

[13] *peruanismo: interjección de asombro*

[14] *amér:* padre

[15] *peruanismo:* cortar en lonjas

[16] *peruanismo:* coge

chapé! ¿viste, mamacita?, y en la bodeguita de la esquina de "*D'Onofrio*" comprábamos bar-
quillos ¿de vainilla?, ¿mixtos?, echa un poco más, cholo,[17] no estafes, un poquito de limón,   40
tacaño, una yapita[18] de fresa. Y después seguían bajando por la Diagonal, el "*Violín Gitano*,"
sin hablar, la calle Porta, absortos en los helados, un semáforo, shhp chupando shhhp y
saltando hasta el edificio San Nicolás y ahí Cuéllar se despedía, hombre no te vayas todavía,
vamos al "*Terrazas*," le pedirían la pelota al Chino, ¿no quería jugar por la selección de la clase?
hermano, para eso había que entrenarse un poco, ven vamos anda, sólo hasta las seis, un partido de fulbito en el "*Terrazas*," Cuéllar. No podía, su papá no lo dejaba, tenía que hacer las
tareas. Lo acompañaban hasta su casa, ¿cómo iba a entrar al equipo de la clase si no se en-
trenaba?, y por fin acabábamos yéndonos al "*Terrazas*" solos. Buena gente pero muy chancón,
decía Choto, por los estudios descuida el deporte, y Lalo no era culpa suya, su viejo debía
ser un fregado,[19] y Chingolo claro, él se moría por venir con ellos y Mañuco iba a estar bien   50
difícil que entrara al equipo, no tenía físico, ni patada, ni resistencia, se cansaba ahí mismo,
ni nada. Pero cabecea bien, decía Choto, y además era hincha[20] nuestro, había que meterlo
como sea decía Lalo, y Chingolo para que esté con nosotros y Mañuco sí lo meteríamos,
¡aunque iba a estar más difícil!

   Pero Cuéllar, que era terco y se moría por jugar en el equipo, se entrenó tanto en el verano que al año siguiente se ganó el puesto de interior izquierda en la selección de la clase:
mens sana in corpore sano, decía el Hermano Agustín, ¿ya veíamos?, se puede ser buen deportista y aplicado en los estudios, que siguiéramos su ejemplo. ¿Cómo has hecho?, le decía
Lalo, ¿de dónde esa cintura, esos pases, esa codicia de pelota, esos tiros al ángulo? Y él: lo
había entrenado su primo el Chispas y su padre lo llevaba al Estadio todos los domingos y   60
ahí, viendo a los cracks, les aprendían los trucos ¿captábamos? Se había pasado los tres meses
sin ir a las matinés[21] ni a las playas, sólo viendo y jugando fútbol mañana y tarde, toquen esas
pantorrillas, ¿no se habían puesto duras? Sí, ha mejorado mucho, le decía Choto al Hermano
Lucio, de veras, y Lalo es un delantero ágil y trabajador, y Chingolo qué bien organizaba el
ataque y, sobre todo, no perdía la moral, y Mañuco ¿vio cómo baja hasta el arco a buscar
pelota cuando el enemigo va dominando, Hermano Lucio?, hay que meterlo al equipo.
Cuéllar se reía feliz, se soplaba las uñas y se las lustraba en la camiseta de "Cuarto A," mangas
blancas y pechera azul: ya está, le decíamos, ya te metimos pero no te sobres.

   En julio, para el Campeonato Interaños, el Hermano Agustín autorizó al equipo de
"Cuarto A" a entrenarse dos veces por semana, los lunes y los viernes, a la hora de Dibujo y   70
Música. Después del segundo recreo, cuando el patio quedaba vacío, mojadito por la garúa,[22]
lustrado como un chimpún[23] nuevecito, los once seleccionados bajaban a la cancha, nos cam-
biábamos el uniforme y, con zapatos de fútbol y buzos[24] negros, salían de los camarines en
fila india, a paso gimnástico, encabezados por Lalo, el capitán. En todas las ventanas de las
aulas aparecían caras envidiosas que espiaban sus carreras, había un vientecito frío que arru-
gaba las aguas de la piscina (¿tu te bañarías?, después del match, ahora no, brrr qué frío), sus
saques, y movía las copas de los eucaliptos y ficus del Parque que asomaban sobre el muro

---

[17] *peruanismo:* persona mestiza

[18] *amér:* un poco más

[19] *amér:* persona fastidiosa

[20] *región:* amigo

[21] *del inglés por medio del francés:* espectáculo (o película) que se hace o se pasa durante el día

[22] *amer:* llovizna

[23] *peruanismo:* zapato para jugar al fútbol

[24] *peruanismo:* especie de jersey especial para entrenar

amarillo del Colegio, sus penales y la mañana se iba volando: entrenamos regio,[25] decía Cuéllar, bestial, ganaremos. Una hora después el Hermano Lucio tocaba el silbato y, mientras se
desaguaban las aulas y los años formaban en el patio, los seleccionados nos vestíamos para ir
a sus casas a almorzar. Pero Cuéllar se demoraba porque (te copias todas las de los craks, decía   80
Chingolo, ¿quién te crees?, ¿Toto Terry?) se metía siempre a la ducha después de los entre-
namientos. A veces ellos se duchaban también, guau, pero ese día, guau guau, cuando Judas
se apareció en la puerta de los camarines, guau guau guau, sólo Lalo y Cuéllar se estaban
bañando: guau guau guau guau. Choto, Chingolo y Mañuco saltaron por las ventanas, Lalo
chilló se escapó mira hermano y alcanzó a cerrar la puertecita de la ducha en el hocico mismo
del danés. Ahí, encogido, losetas blancas, azulejos y chorritos de agua, temblando, oyó los
ladridos de Judas, el llanto de Cuéllar, sus gritos, y oyó aullidos, saltos, choques, resbalones
y después sólo ladridos, y un montón de tiempo después, les juro (pero cuánto, decía Chingolo, ¿dos minutos?, más hermano, y Choto ¿cinco?, más mucho más), el vozarrón del Hermano Lucio, las lisuras[26] de Leoncio (¿en español, Lalo?, sí, también en francés, ¿le   90
entendías?, no, pero se imaginaba que eran lisuras, idiota, por la furia de su voz), los caram-
bas, Dios mío, fueras, sapes, largo largo, la desesperación de los Hermanos, su terrible susto.
Abrió la puerta y ya se lo llevaban cargado, lo vio apenas entre las sotanas negras, ¿des-
mayado?, sí, ¿calato,[27] Lalo?, sí y sangrando, hermano, palabra, qué horrible: el baño entero
era purita sangre. Qué más, qué pasó después mientras yo me vestía, decía Lalo, y Chingolo
el Hermano Agustín y el Hermano Lucio metieron a Cuéllar en la camioneta de la Dirección, los vimos desde la escalera, y [Choto arrancaron a ochenta (Mañuco cien)] por hora,
tocando bocina y bocina como los bomberos, como una ambulancia. Mientras tanto el Hermano Leoncio perseguía a Judas que iba y venía por el patio dando brincos, volantines, lo
agarraba y lo metía a su jaula y por entre los alambres (quería matarlo, decía Choto, si lo hu-   100
bieras visto, asustaba) lo azotaba sin misericordia, colorado, el moño bailándole sobre la cara.

Esa semana, la misa del domingo, el rosario del viernes y las oraciones del principio y del
fin de las clases fueron por el restablecimiento de Cuéllar, pero los Hermanos se enfurecían
si los alumnos hablaban entre ellos del accidente, nos chapaban y un cocacho,[28] silencio,
toma, castigado hasta la seis. Sin embargo, ése fue el único tema de conversación en los
recreos y en las aulas, y el lunes siguiente cuando, a la salida del Colegio, fueron a visitarlo a
la "Clínica Americana," vimos que no tenía nada en la cara ni en las manos. Estaba en un cuar-
tito lindo, hola Cuéllar, paredes blancas y cortinas cremas, ¿ya te sanaste, cumpita?,[29] junto a
un jardín con florecitas, pasto y un árbol. Ellos lo estábamos vengando, Cuéllar, en cada
recreo pedrada y pedrada contra la jaula de Judas y él bien hecho, prontito no le quedaría un   110
hueso sano al desgraciado, se reía, cuando saliera iríamos al Colegio de noche y entraríamos
por los techos, viva el jovencito pam pam, el Águila Enmascarada chas chas, y le haríamos
ver estrellas, de buen humor pero flaquito y pálido, a ese perro, como él a mí. Sentadas a la
cabecera de Cuéllar había dos señoras que nos dieron chocolates y se salieron al jardín,
corazón, quédate conversando con tus amiguitos, se fumarían un cigarrillo y volverían, la del
vestido blanco es mi mamá, la otra una tía. Cuenta, Cuéllar, hermanito, qué pasó, ¿le había
dolido mucho?, muchísimo, ¿donde lo había mordido?, ahí pues, y se muñequeó,[30] ¿en la

----

[25] *amer:* magníficamente

[26] *amer:* dichos desvergonzados

[27] *peruanismo:* desnudo

[28] *peruanismo:* golpe fuerte a la cabeza

[29] *amer:* amiguito

[30] *peruanismo:* se puso nervioso

pichulita?,[31] sí, coloradito, y se rió y nos reímos y las señoras desde la ventana adiós, adiós corazón, y a nosotros sólo un momentito más porque Cuéllar todavía no estaba curado y él chist, era un secreto, su viejo no quería, tampoco su vieja, que nadie supiera, mi cholo, mejor   120
no digas nada, para qué, había sido en la pierna no más, corazón ¿ya? La operación duró dos horas, les dijo, volvería al Colegio dentro de diez días, fíjate cuántas vacaciones qué más quieres le había dicho el doctor. Nos fuimos y en la clase todos querían saber, ¿le cosieron la barriga, cierto?, ¿con aguja e hilo, cierto? Y Chingolo cómo se empavó[32] cuando nos contó, ¿sería pecado hablar de eso?, Lalo no, qué iba a ser, a él su mamá le decía cada noche antes de acostarse ¿ya te enjuagaste la boca, ya hiciste pipí?, y Mañuco pobre Cuéllar, qué dolor tendría, si un pelotazo ahí sueña a cualquiera cómo sería un mordisco y sobre todo piensa en los colmillos que se gasta Judas, cojan piedras, vamos a la cancha, a la una, a las dos, a las tres, guau guau guau guau, ¿le gustaba?, desgraciado, que tomara y aprendiera. Pobre Cuéllar, decía Choto, ya no podría lucirse en el Campeonato que empieza mañana, y Mañuco tanto   130
entrenarse de balde y lo peor es que, decía Lalo, esto nos ha debilitado el equipo, hay que rajarse[33] si no queremos quedar a la cola, muchachos, juren que se rajarán.

2

Sólo volvió al Colegio después de Fiestas Patrias y, cosa rara, en vez de haber escarmentado con el fútbol (¿no era por el fútbol, en cierta forma, que lo mordió Judas?) vino más deportista que nunca. En cambio, los estudios comenzaron a importarle menos. Y se comprendía, ni tonto que fuera, ya no le hacía falta chancar: se presentaba a los exámenes con promedios muy bajos y los Hermanos lo pasaban, malos ejercicios y óptimo, pésimas tareas y aprobado. Desde el accidente te soban, le decíamos, no sabías nada de quebrados y, qué tal raza, te pusieron dieciséis. Además, lo hacían ayudar misa, Cuéllar lea el catecismo, llevar el gallardete del año en las procesiones, borre la pizarra, cantar en el coro, reparta las libretas, y   140
los primeros viernes entraba al desayuno aunque no comulgara. Quién como tú, decía Choto, te das la gran vida, lástima que Judas no nos mordiera también a nosotros, y él no era por eso: los Hermanos lo sobaban de miedo a su viejo. Bandidos, qué le han hecho a mi hijo, les cierro el Colegio, los mando a la cárcel, no saben quién soy, iba a matar a esa maldita fiera y al Hermano Director, calma, cálmese señor, lo sacudió del babero.[34] Fue así, palabra, decía Cuéllar, su viejo se lo había contado a su vieja y aunque se secreteaban él, desde mi cama de la clínica, los oyó: era por eso que lo sobaban, no más. ¿Del babero?, qué truquero, decía Lalo, y Chingolo a lo mejor era cierto, por algo había desaparecido el maldito animal. Lo habrán vendido, decíamos, se habrá escapado, se lo regalarían a alguien, y Cuéllar no, no, seguro que su viejo vino y lo mató, él siempre cumplía lo que prometía. Porque una mañana   150
la jaula amaneció vacía y una semana después, en lugar de Judas, ¡cuatro conejitos blancos! Cuéllar, lléveles lechugas, ah compañerito, deles zanahorias, cómo te sobaban, cámbieles el agua y él feliz.

Pero no sólo los Hermanos se habían puesto a mimarlo, también a sus viejos les dio por ahí. Ahora Cuéllar venía todas las tardes con nosotros al "*Terrazas*" a jugar fulbito (¿tu viejo ya no se enoja?, ya no, al contrario, siempre le preguntaba quién ganó el match, mi equipo,

---

[31]*amer:* pichula, el pene de los niños
[32]*peruanismo:* se ruborizó
[33]*region: fig.* trabajar mucho
[34]pieza del hábito que cubre el pecho de los sacerdotes

cuántos goles metiste, ¿tres?, ¡bravo!, y él no te molestes, mamá, se me rasgó la camisa jugando, fue casualidad, y ella sonsito,[35] qué importaba, corazoncito, la muchacha se la cosería y te serviría para dentro de casa, que le diera un beso) y después nos íbamos a la cazuela[36] del Excélsior, del Ricardo Palma o del Leuro a ver seriales, dramas impropios para señoritas, 160 películas de Cantinflas y Tin Tan. A cada rato le aumentaban las propinas y me compran lo que quiero, nos decía, se los había metido al bolsillo a mis papás, me dan gusto en todo, los tenía aquí, se mueren por mí. Él fue el primero de los cinco en tener patines, bicicleta, motocicleta y ellos Cuéllar que tu viejo nos regale una Copa para el Campeonato, que los llevara a la piscina del Estadio a ver nadar a Merino y al Conejo Villarán y que nos recogiera en su auto a la salida de la vermuth,[37] y su viejo nos la regalaba y los llevaba y nos recogía en su auto: sí, lo tenía aquí.

Por ese tiempo, no mucho después del accidente, comenzaron a decirle Pichulita. El apodo nació en la clase, ¿fue el sabido de Gumucio el que lo inventó?, claro, quién iba a ser, y al principio Cuéllar, Hermano, lloraba, me están diciendo una mala palabra, como un ma- 170 rica, ¿quién?, ¿qué te dicen?, una cosa fea, Hermano, le daba vergüenza repetírsela, tartamudeando y las lágrimas que se le saltaban, y después en los recreos los alumnos de otros años Pichulita qué hubo, y los mocos que se le salían, cómo estás, y él Hermano, fíjese, corría donde Leoncio, Lucio, Agustín o el profesor Cañón Paredes: ése fue. Se quejaba y también se enfurecía, qué has dicho, Pichulita he dicho, blanco de cólera, maricón, temblándole las manos y la voz, a ver repite si te atreves, Pichulita, ya me atreví y qué pasaba y él entonces cerraba los ojos y, tal como le había aconsejado su papá, no te dejes muchacho, se lanzaba, rómpeles la jeta, y los desafiaba, le pisas el pie y bandangán, y se trompeaba,[38] un sopapo, un cabezazo, un patadón, donde fuera, en la fila o en la cancha, lo mandas al suelo y se acabó, en la clase, en la capilla, no te fregarán más. Pero más se calentaba y más lo fastidiaban y una 180 vez, era un escándalo, Hermano, vino su padre echando chispas a la Dirección, martirizaban a su hijo y él no lo iba a permitir. Que tuviera pantalones, que castigara a esos mocosos o lo haría él, pondría a todo el mundo en su sitio, qué insolencia, un manotazo en la mesa, era el colmo, no faltaba más. Pero le habían pegado el apodo como una estampilla y, a pesar de los castigos de los Hermanos, de los sean más humanos, ténganle un poco de piedad del Director, y a pesar de los llantos y a las pataletas y las amenazas y golpes de Cuéllar, el apodo salió a la calle y poquito a poco fue corriendo por los barrios de Miraflores y nunca más pudo sacárselo de encima, pobre. Pichulita pasa la pelota, no seas angurriento,[39] ¿cuánto te sacaste en álgebra, Pichulita?, te cambio una fruna,[40] Pichulita, por una melcocha,[41] y no dejes de venir mañana al paseo a Chosica, Pichulita, se bañarían en el río, los Hermanos llevarían 190 guantes y podrás boxear con Gumucio y vengarte, Pichulita, ¿tienes botas?, porque habría que trepar al cerro, Pichulita, y al regreso todavía alcanzarían la vermuth, Pichulita, ¿te gustaba el plan?

También a ellos, Cuéllar, que al comienzo nos cuidábamos, cumpa, comenzó a salírseles, viejo, contra nuestra voluntad, hermano, hincha, de repente Pichulita y él, colorado, ¿qué?,

---

[35] *amer:* aquí, término afectivo, como "mi amor"

[36] parte alta del teatro o cine

[37] *amer:* espectáculo o película que se da o se pasa por la tarde o al oscurecer

[38] *amer:* le daba un puñetazo

[39] *amer:* avariento

[40] *peruanismo:* especie de caramelo

[41] *peruanismo:* una especie de dulce

o pálido ¿tú también, Chingolo?, abriendo mucho los ojos, hombre, perdón, no había sido
con mala intención, ¿él también, su amigo también?, hombre, Cuéllar, que no se pusiera así,
si todos se lo decían a uno se le contagiaba, ¿tú también, Choto?, y se le venía a la boca sin
querer, ¿él también, Mañuco?, ¿así le decíamos por la espalda?, ¿se daba media vuelta y ellos
Pichulita, cierto? No, qué ocurrencia, lo abrazábamos, palabra que nunca más y además por   200
qué te enojas, hermanito, era un apodo como cualquier otro y por último ¿al cojito Pérez
no le dices tú Cojinoba y al bizco Rodríguez Virolo o Mirada Fatal y Pico de Oro al tarta-
mudo Rivera? ¿Y no le decían a él Choto y a él Chingolo y a él Mañuco y a él Lalo? No te
enojes, hermanón, sigue jugando, anda, te toca.

Poco a poco fue resignándose a su apodo y en Sexto año ya no lloraba ni se ponía matón,
se hacía el desentendido y a veces hasta bromeaba, Pichulita no ¡Pichulaza ja ja!, y en Primero
de Media se había acostumbrado tanto que, más bien, cuando le decían Cuéllar se ponía serio y miraba con desconfianza, como dudando, ¿no sería burla? Hasta estiraba la mano a los
nuevos amigos diciendo mucho gusto, Pichula Cuéllar a tus órdenes.

No a las muchachas, claro, sólo a los hombres. Porque en esa época, además de los de-   210
portes, ya se interesaban por las chicas. Habíamos comenzado a hacer bromas, en las clases,
oye, ayer lo vi a Pirulo Martínez con su enamorada, en los recreos, se paseaban de la mano
por el Malecón y de repente ¡pum, un chupete!,[42] y a las salidas ¿en la boca?, sí y se habían
demorado un montón de rato besándose. Al poco tiempo, ése fue el tema principal de sus
conversaciones. Quique Rojas tenía una hembrita mayor que él, rubia, de ojazos azules y el
domingo Mañuco los vio entrar juntos a la matiné del Ricardo Palma y a la salida ella estaba
despeinadísima, seguro habían tirado plan,[43] y el otro día en la noche Choto lo pescó al venezolano de Quinto, ese que le dicen Múcura por la bocaza, viejo, en un auto, con una mujer
muy pintada y, por supuesto, estaban tirando plan, y tú, Lalo, ¿ya tiraste plan?, y tú, Pichulita,
ja ja, y a Mañuco le gustaba la hermana de Perico Sáenz, y Choto iba a pagar un helado y la   220
cartera se le cayó y tenía una foto de una Caperucita Roja en una fiesta infantil, ja ja, no te
muñequees, Lalo, ya sabemos que te mueres por la flaca Rojas, y tú Pichulita ¿te mueres por
alguien?, y él no, colorado, todavía, o pálido, no se moría por nadie, y tú y tú, ja ja.

Si salíamos a las cinco en punto y corríamos por la Avenida Pardo como alma que lleva el
diablo, alcanzaban justito la salida de las chicas del Colegio La Reparación. Nos parábamos
en la esquina y fíjate, ahí estaban los ómnibus, eran las de Tercero y la de la segunda ventana
es la hermana del cholo Cánepa, chau, chau, y ésa, mira, háganle adiós, se rio, se rio, y la
chiquita nos contestó, adiós, adiós, pero no era para ti, mocosa, y ésa y ésa. A veces les
llevábamos papelitos escritos y se los lanzaban a la volada, qué bonita eres, me gustan tus trenzas, el uniforme te queda mejor que a ninguna, tu amigo Lalo, cuidado, hombre, ya te vio   230
la monja, las va a castigar, ¿cómo te llamas?, yo Mañuco, ¿vamos el domingo al cine?, que le
contestara mañana con un papelito igual o haciéndome a la pasada del ómnibus con la cabeza
que sí. Y tú Cuéllar, ¿no le gustaba ninguna?, sí, esa que se sienta atrás, ¿la cuatrojos?, no no,
la de al ladito, por qué no le escribía entonces, y él qué le ponía, a ver, a ver, ¿quieres ser mi
amiga?, no, qué bobada, quería ser su amigo y le mandaba un beso, sí, eso estaba mejor, pero
era corto, algo más conchudo,[44] quiero ser tu amigo y le mandaba un beso y te adoro, ella
sería la vaca y yo seré el toro, ja ja. Y ahora firma tu nombre y tu apellido y que le hiciera un

---

[42] *region:* beso
[43] *peruanismo:* juegos amorosos entre parejas
[44] *amer:* largo

dibujo, ¿por ejemplo cuál?, cualquiera, un torito, una florecita, una pichulita, y así se nos pasaban las tardes, correteando tras los ómnibus del Colegio La Reparación y, a veces, íbamos hasta la Avenida Arequipa a ver a las chicas de uniformes blancos del Villa María, ¿acababan   240 de hacer la primera comunión? les gritábamos, e incluso tomaban el Expreso y nos bajábamos en San Isidro para espiar a las del Santa Ursula y a las del Sagrado Corazón. Ya no jugábamos tanto fulbito como antes.

Cuando las fiestas de cumpleaños se convirtieron en fiestas mixtas, ellos se quedaban en los jardines, simulando que jugaban a la pega tú la llevas, la berlina adivina quién te dijo o matagente ¡te toqué!, mientras que éramos puro ojos, puro oídos, ¿qué pasaba en el salón?, ¿qué hacían las chicas con esos agrandados, qué envidia, que ya sabían bailar? Hasta que un día se decidieron a aprender ellos también y entonces nos pasábamos sábados, domingos íntegros, bailando entre hombres, en casa de Lalo, no, en la mía que es más grande era mejor, pero Choto tenía más discos, y Mañuco pero yo tengo a mi hermana que puede enseñarnos   250 y Cuéllar no, en la de él, sus viejos ya sabían y un día toma, su mamá, corazón, le regalaba ese pic-up,[45] ¿para él solito?, sí ¿no quería aprender a bailar? Lo pondría en su cuarto y llamaría a su amiguitos y se encerraría con ellos cuanto quisiera y también cómprate discos, corazón, anda a "*Discocentro*," y ellos fueron y escogimos huarachas,[46] mambos, boleros y valses y la cuenta la mandaban a su viejo, no más, el señor Cuéllar, dos ocho cinco Mariscal Castilla. El vals y el bolero eran fáciles, había que tener memoria y contar, uno aquí, uno allá, la música no importaba tanto. Lo difícil eran la huaracha, tenemos que aprender figuras, decía Cuéllar, el mambo, y a dar vueltas y soltar a la pareja y lucirnos. Casi al mismo tiempo aprendimos a bailar y a fumar, tropezándonos, atorándose con el humo de los "Lucky" y "Viceroy," brincando hasta que de repente ya hermano, lo agarraste, salía, no lo pierdas,   260 muévete más, mareándonos, tosiendo y escupiendo, ¿a ver, se lo había pasado?, mentira, tenía el humo bajo la lengua, y Pichulita yo, que le contáramos a él, ¿habíamos visto?, ocho, nueve, diez, y ahora lo botaba:[47] ¿sabía o no sabía golpear? Y también echarlo por la nariz y agacharse y dar una vueltecita y levantarse sin perder el ritmo.

Antes, lo que más nos gustaba en el mundo eran los deportes y el cine, y daban cualquier cosa por un match de fútbol, y ahora en cambio lo que más eran las chicas y el baile y por lo que dábamos cualquier cosa era una fiesta con discos de Pérez Prado y permiso de la dueña de la casa para fumar. Tenían fiestas casi todos los sábados y cuando no íbamos de invitados nos zampábamos[48] y, antes de entrar, se metían a la bodega de la esquina y le pedíamos al chino, golpeando el mostrador con el puño: ¡cinco capitanes![49] Seco y volteado, decía   270 Pichulita, así, glu glu, como hombres, como yo.

Cuando Pérez Prado llegó a Lima con su orquesta, fuimos a esperarlo a la Córpac, y Cuéllar, a ver quién se aventaba como yo, consiguió abrirse paso entre la multitud, llegó hasta él, lo cogió del saco y le gritó "¡Rey del mambo!" Pérez Prado le sonrió y también me dio la mano, les juro, y le firmó su álbum de autógrafos, miren. Lo siguieron, confundidos en la caravana de hinchas,[50] en el auto de Boby Lozano, hasta la Plaza San Martín y a pesar de la prohibición del Arzobispo y de las advertencias de los Hermanos del Colegio Champagnat, fuimos

---

[45] *inglés:* camión desubierto por detrás

[46] *amer:* baile popular

[47] *amer:* echaba

[48] *peruanismo:* nos colábamos (entrábamos sin permiso)

[49] un coctél alcohólico hecho con pisco (un aguardiente peruano)

[50] *aquí, en su sentido común de aficionado*

a la Plaza de Acho, a Tribuna de Sol, a ver el campeonato nacional de mambo. Cada noche, en casa de Cuéllar, ponían Radio "El Sol" y escuchábamos, frenéticos, qué trompeta, hermano, qué ritmo, la audición de Pérez Prado, qué piano.   280

Ya usaban pantalones largos entonces, nos peinábamos con gomina[51] y habían desarrollado, sobre todo Cuéllar, que de ser el más chiquito y el más enclenque de los cinco pasó a ser el más alto y el más fuerte. Te has vuelto un Tarzán, Pichulita, le decíamos, qué cuerpazo te echas al diario.

3

El primero en tener enamorada fue Lalo, cuando andábamos en Tercero de Media. Entró una noche al "*Cream Rica*," muy risueño, ellos qué te pasa y él, radiante, sobrado como un pavo real: le caí[52] a Chabuca Molina, me dijo que sí. Fuimos a festejarlo al "*Chasqui*" y, al segundo vaso de cerveza, Lalo, qué le dijiste en tu declaración, Cuéllar comenzó a ponerse nerviosito, ¿le había agarrado la mano?, pesadito, qué había hecho Chabuca, Lalo, y preguntón ¿la besaste, di? Él nos contaba, contento, y ahora les tocaba a ellos, salud, hecho un caramelo de   290
felicidad, a ver si nos apurábamos[53] a tener enamorada y Cuéllar, golpeando la mesa con su vaso, cómo fue, qué dijo, qué le dijiste, qué hiciste. Pareces un cura, Pichulita, decía Lalo me estás confesando y Cuéllar cuenta, cuenta, qué más. Se tomaron tres "*Cristales*" y, a medianoche, Pichulita se zampó.[54] Recostado contra un poste, en plena Avenida Larco, frente a la Asistencia Pública, vomitó: cabeza de pollo, le decíamos, y también qué desperdicio, botar así la cerveza con lo que costó, qué derroche. Pero él, nos traicionaste, no estaba con ganas de bromear, Lalo traidor, echando espuma, te adelantaste, buitreándose[55] la camisa, caerle a una chica, el pantalón, y ni siquiera contarnos que la siriaba, Pichulita, agáchate un poco, te estás manchando hasta el alma, pero él nada, eso no se hacía, qué te importa que me manche, mal amigo, traidor. Después, mientras lo limpiábamos, se le fue la furia y se puso sentimen-   300
tal: ya nunca más te veríamos, Lalo. Se pasaría los domingos con Chabuca y nunca más nos buscarás, maricón. Y Lalo qué ocurrencia, hermano, la hembrita y los amigos eran dos cosas distintas pero no se oponen, no había que ser celoso, Pichulita, tranquilízate, y ellos dense las manos pero Cuéllar no quería, que Chabuca le diera la mano, yo no se la doy. Lo acompañamos hasta su casa y todo el camino estuvo murmurando cállate viejo y requintando,[56] ya llegamos, entra despacito, despacito, pasito a pasito como un ladrón, cuidadito, si haces bulla tus papis se despertarán y te pescarán. Pero él comenzó a gritar, a ver, a patear la puerta de su casa, que se despertaran y lo pescaran y qué iba a pasar, cobardes, que no nos fuéramos, él no les tenía miedo a sus viejos, que nos quedáramos y viéramos. Se ha picado, decía Mañuco, mientras corríamos hacia la Diagonal, dijiste le caí a Chabuca y mi cumpa cambió de cara y   310
de humor, y Choto era envidia, por eso se emborrachó y Chingolo sus viejos lo iban a matar. Pero no le hicieron nada. ¿Quién te abrió la puerta?, mi mamá y ¿qué pasó?, le decíamos, ¿te pegó? No, se echó a llorar, corazón, cómo era posible, cómo iba a tomar licor a su edad, y también vino mi viejo y lo riñó, no más, ¿no se repetiría nunca?, no papá, ¿le daba vergüenza lo que había hecho?, sí. Lo bañaron, lo acostaron y a la mañana siguiente les pidió perdón.

---

[51] *amer:* producto gomoso para fijar el peinado
[52] *peruanismo:* me declaré (para ser su novio)
[53] *amer:* apresurábamos
[54] *amer:* se emborrachó
[55] *amer:* vomitándose
[56] *peruanismo:* protestando

También a Lalo, hermano, lo siento, ¿la cerveza se me subió, no? ¿te insulté, te estuve fundiendo,[57] no? No, qué adefesio, cosa de tragos, choca esos cinco y amigos, Pichulita, como antes, no pasó nada.

Pero pasó algo: Cuéllar comenzó a hacer locuras para llamar la atención. Lo festejaban y le seguíamos la cuerda, ¿a que me robo el carro del viejo y nos íbamos a dar curvas a la   320 Costanera,[58] muchachos?, a que no hermano, y él se sacaba el Chevrolet de su papá y se iban a la Costanera; ¿a que bato[59] el récord de Boby Lozano?, a que no hermano, y él vssst por el Malecón vssst desde Benavides hasta la Quebrada vssst en dos minutos cincuenta, ¿lo batí?, sí y Mañuco se persignó, lo batiste, y tú qué miedo tuviste, rosquetón; ¿a que nos invitaba al "Oh, qué bueno" y hacíamos perro muerto?,[60] a que no hermano, y ellos iban al "Oh, qué bueno," nos atragantábamos de hamburguers y de milk-shakes, partían uno por uno y desde la Iglesia del Santa María veíamos a Cuéllar hacerle un quite al mozo y escapar ¿qué les dije?; ¿a que me vuelo todos los vidrios de esa casa con la escopeta de perdigones de mi viejo?, a que no, Pichulita, y él se los volaba. Se hacía el loco para impresionar, pero también para ¿viste, viste? sacarle cachita[61] a Lalo, tú no te atreviste y yo sí me atreví. No le perdona   330 la de Chabuca, decíamos, qué odio le tiene.

En Cuarto de Media, Choto le cayó a Fina Salas y le dijo que sí, y Mañuco a Pusy Lañas y también que sí. Cuéllar se encerró en su casa un mes y en el Colegio apenas si los saludaba, oye, qué te pasa, nada, ¿por qué no nos buscaba, por qué no salía con ellos?, no le provocaba salir. Se hace el misterioso, decían, el interesante, el torcido, el resentido. Pero poco a poco se conformó y volvió al grupo. Los domingos, Chingolo y él se iban solos a la matiné (solteritos, les decíamos, viuditos), y después mataban el tiempo de cualquier manera, aplanando[62] calles, sin hablar o apenas vamos por aquí, por allá, las manos en los bolsillos, oyendo discos en casa de Cuéllar, leyendo chistes o jugando naipes, y a las nueve se caían por el Parque Salazar a buscar a los otros, que a esa hora ya estábamos despidiendo a las enamoradas.   340 ¿Tiraron buen plan?, decía Cuéllar, mientra nos quitábamos los sacos, se aflojaban las corbatas y nos remangábamos los puños en el Billar de la Alameda Ricardo Palma, ¿un plancito firme, muchachos?, la voz enferma de pica, envidia y malhumor, y ellos cállate, juguemos, ¿mano, lengua?, pestañeando como si el humo y la luz de los focos le hincharan los ojos, y nosotros ¿le daba cólera, Pichulita?, ¿por qué en vez de picarse no se conseguía una hembrita y paraba de fregar?, y él ¿se chupetearon?, tosiendo y escupiendo como un borracho, ¿hasta atorarse?, taconeando, ¿les levantaron la falda, les metimos el dedito?, y ellos la envidia lo corroía, Pichulita, ¿bien riquito, bien bonito?, lo enloquecía, mejor se callaba y empezaba. Pero él seguía, incansable, ya, ahora en serio, ¿qué les habíamos hecho?, ¿las muchachas se dejaban besar cuánto tiempo?, ¿otra vez, hermano?, cállate, ya se ponía pesado, y una vez Lalo se   350 enojó: mierda, iba a partirle la jeta, hablaba como si las enamoradas fueran cholitas de plan.[63] Los separamos y los hicieron amistar, pero Cuéllar no podía, era más fuerte que él, cada domingo con la misma vaina: a ver ¿cómo les fue?, que contáramos, ¿rico el plan?

En Quinto de Media, Chingolo le cayó a la Bebe Romero y le dijo que no, a la Tula Ramírez y que no, a la China Saldívar y que sí: a la tercera va la vencida, decía, el que la sigue

---

[57] *amer: fig.* fastidiando

[58] *amer:* carretera a orillas del mar (*aquí, la que sigue el malecón de Lima camino al puerto del Callao*)

[59] venzo

[60] *peruanismo:* conversación pesada

[61] *amer:* burlarse

[62] poner algo plano; *fig.* caminando

[63] *peruanismo:* prostitutas

la consigue, feliz. Lo festejamos en el barcito de los cachascanistas[64] de la calle San Martín.
Mudo, encogido, triste en su silla del rincón, Cuéllar se aventaba capitán tras capitán: no pongas esa cara, hermano, ahora le tocaba a él. Que se escogiera una hembrita y le cayera, le
decíamos, te haremos el bajo, lo ayudaríamos y nuestras enamoradas también. Sí, sí, ya escogería, capitán tras capitán, y de repente, chau, se paró: estaba cansado, me voy a dormir. Si   360
se quedaba iba a llorar, decía Mañuco, y Choto estaba que se aguantaba las ganas, y Chingolo si no lloraba le daba una pataleta como la otra vez. Y Lalo: había que ayudarlo, lo decía
en serio, le conseguiríamos una hembrita aunque fuera feíta, y se le quitaría el complejo. Sí,
sí, lo ayudaríamos, era buena gente, un poco fregado a veces pero en su caso cualquiera, se
le comprendía, se le perdonaba, se le extrañaba, se le quería, tomemos a su salud, Pichulita,
choquen los vasos, por ti.

Desde entonces, Cuéllar se iba solo a la matiné los domingos y días feriados—lo
veíamos en la oscuridad de la platea, sentadito en las filas de atrás, encendiendo pucho[65]
tras pucho, espiando a la disimulada a las parejas que tiraban plan—, y se reunía con ellos
nada más que en las noches, en el Billar, en el *"Bransa,"* en el *"Cream Rica,"* la cara amarga,   370
¿qué tal domingo?, y la voz ácida, él muy bien y ustedes me imagino que requetebién
¿no?

Pero en el verano ya se le había pasado el colerón; íbamos juntos a la playa—a *"La Herradura,"* ya no a Miraflores—, en el auto que sus viejos le habían regalado por Navidad, un
Ford convertible que tenía el escape abierto, no respetaba los semáforos y ensordecía, asustaba
a los transeúntes. Mal que mal, se había hecho amigo de las chicas y se llevaba bien con ellas,
a pesar de que siempre, Cuéllar, lo andaban fundiendo con la misma cosa: ¿por qué no le caes
a alguna muchacha de una vez? Así serían cinco parejas y saldríamos en patota[66] todo el
tiempo y estarían para arriba y para abajo juntos ¿por qué no lo haces? Cuéllar se defendía
bromeando, no porque entonces ya no cabrían todos en el poderoso Ford y una de ustedes   380
sería la sacrificada, despistando, ¿acaso nueve no íbamos apachurrados?[67] En serio, decía Pusy,
todos tenían enamorada y él no, ¿no te cansas de tocar violín?[68] Que le cayera a la flaca
Gamio, se muere por ti, se los había confesado el otro día, donde la China, jugando a la
berlina, ¿no te gusta? Cáele, la haríamos corralito,[69] lo aceptaría, decídete. Pero él no quería
tener enamorada y ponía cara de forajido, prefiero mi libertad, y de conquistador, solterito
se estaba mejor. Tu libertad para qué, decía la China, ¿para hacer barbaridades?, y Chabuca
¿para irse de plancito?, y Pusy ¿con huachafitas?,[70] y él cara de misterioso, a lo mejor, de cafiche,[71] a lo mejor y de vicioso: podía ser. ¿Por qué ya nunca vienes a nuestras fiestas?, decía
Fina, antes venías a todas y eras tan alegre y bailabas tan bien, ¿qué te pasó, Cuéllar? Y
Chabuca que no fuera aguado,[72] ven y así un día encontrarás una chica que te guste y le   390
caerás. Pero él ni de a vainas,[73] de perdido, nuestras fiestas lo aburrían, de sobrado avejentado,

---

[64] *amer:* los que practican una forma particular de lucha libre

[65] *peruanismo:* cigarrillo

[66] *amer:* pandilla

[67] *amer:* achaparrados (*aquí*, apretados)

[68] *amer:* no hacer nada

[69] *peruanismo:* presentar a dos personas con el propósito de que se enamoren

[70] *peruanismo:* huachafa, persona de clase media baja que presume ser de una clase más alta, y al intentarlo, hace el
ridículo

[71] *peruanismo:* chulo (el hombre que vive de mujeres)

[72] *amer:* soso, sin gracia

[73] *peruanismo:* de ningún modo

no iba porque tenía otras mejores donde me divierto más. Lo que pasa es que no te gustan las chicas decentes, decían ellas, y él como amigas claro que sí, y ellas sólo las cholas, las medio pelo,[74] las bandidas y, de pronto, Pichulita, sssí le ggggustabbbban, comenzaba, las chicccas decenttttes, a tartamudear, sssólo qqqque la flaccca Gamio nnno, ellas ya te muñequeaste y él adddemás no habbbía tiempo por los exámmmenes y ellos déjenlo en paz, salíamos en su defensa, no lo van a convencer, él tenía sus plancitos, sus secretitos, apúrate hermano, mira qué sol, *"La Herradura"* debe estar que arde, hunde la pata, hazlo volar al poderoso Ford.

Nos bañábamos frente a *"Las Gaviotas"* y, mientras las cuatro parejas se asoleaban en la   400
arena, Cuéllar se lucía corriendo olas. A ver esa que se está formando, decía Chabuca, esa tan grandaza ¿podrás? Pichulita se paraba de un salto, le había dado en la yema del gusto, en eso al menos podía ganarnos: lo iba a intentar, Chabuquita, mira. Se precipitaba—corría sacando pecho, echando la cabeza atrás—se zambullía, avanzaba braceando lindo, pataleando parejito, qué bien nada decía Pusy, alcanzaba el tumbo[75] cuando iba a reventar, fíjate la va a correr, se atrevió decía la China, se ponía a flote y metiendo apenas la cabeza, un brazo tieso y el otro golpeando, jalando el agua como un campeón, lo veíamos subir hasta la cresta de la ola, caer con ella, desaparecer en un estruendo de espuma, fíjense fíjense, en una de ésas lo va a revolcar decía Fina, y lo veían reaparecer y venir arrastrado por la ola, el cuerpo arqueado, la cabeza afuera, los pies cruzados en el aire, y lo veíamos llegar hasta la orilla suavecito, empu-   410
jadito por los tumbos.

Qué bien las corre, decían ellas mientras Cuéllar se revolvía contra la resaca, nos hacía adiós y de nuevo se arreaba al mar, era tan simpático, y también pintón,[76] ¿por qué no tenía enamorada? Ellos se miraban de reojo, Lalo se reía, Fina qué les pasa, a qué venían esas carcajadas, cuenten, Choto enrojecía, venían porque sí, de nada y además de qué hablas, qué carcajadas, ella no te hagas y él no, si no se hacía, palabra. No tenía porque es tímido, decía Chingolo, y Pusy no era, qué iba a ser, más bien un fresco, y Chabuca ¿entonces por qué? Está buscando pero no encuentra, decía Lalo, ya le caerá a alguna, y la China falso, no estaba buscando, no iba nunca a fiestas, y Chabuca ¿entonces por qué? Saben, decía Lalo, se cortaba la cabeza que sí, sabían y se hacían las que no, ¿para qué?, para sonsacarles, si no supieran por   420
qué tantos porqué, tanta mirada rarita, tanta malicia en la voz. Y Choto: no, te equivocas, no sabían, eran preguntas inocentes, las muchachas se compadecían de que no tuviera hembrita a su edad, les da pena que ande solo, lo querían ayudar. Tal vez no saben pero cualquier día van a saber, decía Chingolo, y será su culpa ¿qué le costaba caerle a alguna aunque fuera sólo para despistar?, y Chabuca ¿entonces por qué?, y Mañuco qué te importa, no lo fundas tanto, el día menos pensado se enamoraría, ya vería, y ahora cállense que ahí está.

A medida que pasaban los días, Cuéllar se volvía más huraño con las muchachas, más lacónico y esquivo. También más loco: aguó la fiesta de cumpleaños de Pusy arrojando una sarta de cuetes[77] por la ventana, ella se echó a llorar y Mañuco se enojó, fue a buscarlo, se trompearon, Pichulita le pegó. Tardamos una semana en hacerlos amistar, perdón Mañuco,   430
caray, no sé qué me pasó, hermano, nada, más bien yo te pido perdón, Pichulita, por haberme calentado, ven ven, también Pusy te perdonó y quiere verte; se presentó borracho en la Misa

[74] *amer:* gente de poco valor por su estado social o su moral
[75] *peruanismo:* ola
[76] *amer:* inmaduro
[77] cohetes

de Gallo y Lalo y Choto tuvieron que sacarlo en peso al Parque, suéltenme, delirando, le importaba un pito, buitreando, quisiera tener un revólver, ¿para qué, hermanito?, con diablos azules, ¿para matarnos?, sí y lo mismo a ese que pasa pam pam y a ti y a mí también pam pam; un domingo invadió la Pelouse del Hipódromo y con su Ford ffffuum embestía a la gente ffffuum que chillaba y saltaba las barreras, aterrada, ffffuum. En los Carnavales, las chicas le huían: las bombardeaba con proyectiles hediondos, cascarones, frutas podridas, globos inflados con pipí y las refregaba con barro, tinta, harina, jabón (de lavar ollas) y betún: salvaje, le decían, cochino, bruto, animal, y se aparecía en la fiesta del "*Terrazas,*" en el Infantil del Parque de Barranco, en el baile del "*Lawn Tennis,*" sin disfraz, un chisguete de éter en cada mano, píquiti píquiti juas, le di, le di en los ojos, ja ja, píquiti píquiti juas, la dejé ciega, ja ja, o armado con un bastón para enredarlo en los pies de las parejas y echarlas al suelo: bandangán. Se trompeaba, le pegaban, a veces lo defendíamos pero no escarmienta con nada, decíamos, en una de éstas lo van a matar. **440**

Sus locuras le dieron mala fama y Chingolo, hermano, tienes que cambiar, Choto, Pichulita, te estás volviendo antipático, Mañuco, las chicas ya no querían juntarse con él, te creían un bandido, un sobrado y un pesado. Él, a veces tristón, era la última vez, cambiaría, palabra de honor, y a veces matón, ¿bandido, ah sí?, ¿eso decían de mí las rajonas?,[78] no le importaba, las pituquitas[79] se las pasaba, le resbalaban, por aquí. **450**

En la fiesta de promoción—de etiqueta, dos orquestas, en el Country Club—, el único ausente de la clase fue Cuéllar. No seas tonto, le decíamos, tienes que venir, nosotros te buscamos una hembrita, Pusy ya le habló a Margot, Fina a Ilse, la China a Elena, Chabuca a Flora, todas querían, se morían por ser tu pareja, escoge y ven a la fiesta. Pero él no, qué ridículo ponerse smoking, no iría, que más bien nos juntáramos después. Bueno Pichulita, como quisiera, que no fuera, eres contra el tren, que nos esperara en "*El Chasqui*" a las dos, dejaríamos a las muchachas en sus casas, lo recogeríamos y nos iríamos a tomar unos tragos, a dar unas vueltas por ahí, y él tristoncito eso sí.

4

Al año siguiente, cuando Chingolo y Mañuco estaban ya en Primero de Ingeniería, Lalo en Pre-Médicas y Choto comenzaba a trabajar en la "*Casa Wiese*" y Chabuca ya no era enamorada de Lalo sino de Chingolo y la China ya no de Chingolo sino de Lalo, llegó a Miraflores Teresita Arrarte: Cuéllar la vio y, por un tiempo al menos, cambió. De la noche a la mañana dejó de hacer locuras y de andar en mangas de camisa, el pantalón chorreado y la peluca revuelta. Empezó a ponerse corbata y saco, a peinarse con montana a lo Elvis Presley y a lustrarse los zapatos: qué te pasa, Pichulita, estás que no se te reconoce, tranquilo chino. Y él nada, de buen humor, no me pasa nada, había que cuidar un poco la pinta ¿no?, soplándose, sobándose las uñas, parecía el de antes. Qué alegrón, hermano, le decíamos, qué revolución verte así ¿no será que? y él, como una melcocha, a lo mejor, ¿Teresita?, de repente pues, ¿le gustaba?, puede que sí, como un chicle, puede que sí. **460**

De nuevo se volvió sociable, casi tanto como de chiquito. Los domingos aparecía en la **470** misa de doce (a veces lo veíamos comulgar) y a la salida se acercaba a las muchachas del barrio ¿cómo están?, qué hay Teresita, ¿íbamos al Parque?, que nos sentáramos en esa banca que había sombra. En las tardes, al oscurecer, bajaba a la Pista de Patinaje y se caía y se levantaba,

---

[78] *peruanismo:* personas que chismean
[79] *amer:* pituca, persona cursi, presumida

chistoso y conversador, ven ven Teresita, él le iba a enseñar, ¿y si se caía?, no qué va, él la daría la mano, ven ven, una vueltecita no más, y ella bueno, coloradita y coqueta, una sola pero despacito, rubiecita, potoncita[80] y con sus dientes de ratón, vamos pues. Le dio también por frecuentar el "*Regatas*," papá, que se hiciera socio, todos sus amigos iban y su viejo okey, compraré una acción, ¿iba a ser boga, muchacho?, sí y el Bowling de la Diagonal. Hasta se daba sus vueltas los domingos en la tarde por el Parque Salazar, y se lo veía siempre risueño, Teresita ¿sabía en qué se parecía un elefante a Jesús?, servicial, ten mis anteojos, Teresita, hay mu-   480
cho sol, hablador, ¿qué novedades, Teresita, por tu casa todos bien? y convidador ¿un hot-dog, Teresita, un sandwichito, un milk-shake?

Ya está, decía Fina, le llegó su hora, se enamoró. Y Chabuca qué templado estaba, la miraba a Teresita y se le caía la baba, y ellos en las noches, alrededor de la mesa de billar, mientras lo esperábamos ¿le caerá?, Choto ¿se atreverá?, y Chingolo ¿Tere sabrá? Pero nadie se lo preguntaba de frente y él no se daba por enterado con las indirectas, ¿viste a Teresita?, sí, ¿fueron al cine?, a la de Ava Gardner, a la matiné, ¿y qué tal?, buena, bestial, que fuéramos, no se la pierdan. Se quitaba el saco, se arremangaba la camisa, cogía el taco, pedía cerveza para los cinco, jugaban y una noche, luego de una carambola real, a media voz, sin mirarnos: ya está, lo iban a curar. Marcó sus puntos, lo iban a operar, y ellos ¿qué decía, Pichulita?, ¿de   490
veras te van a operar?, y él como quien no quiere la cosa ¿qué bien, no? Se podía, sí, no aquí sino en Nueva York, su viejo lo iba a llevar, y nosotros qué magnífico, hermano, qué formidable, qué notición, ¿cuándo iba a viajar?, y él pronto, dentro de un mes, a Nueva York, y ellos que se riera, canta, chilla, ponte feliz, hermanito, qué alegrón. Sólo que no era seguro todavía, había que esperar una respuesta del doctor, mi viejo ya le escribió, no un doctor sino un sabio, un cráneo de esos que tienen allá y él, papá ¿ya llegó?, no, y al día siguiente ¿hubo correo, mamá?, no corazón, cálmate, ya llegará, no había que ser impaciente y por fin llegó y su viejo lo agarró del hombro: no, no se podía, muchacho, había que tener valor. Hombre, qué lástima, le decían ellos, y él pero puede que en otras partes sí, en Alemania por ejemplo, en París, en Londres, su viejo iba a averiguar, a escribir mil cartas, se gastaría lo que no tenía,   500
muchacho, y viajaría, lo operarían y se curaría, y nosotros claro, hermanito, claro que sí, y cuando se iba, pobrecito, daban ganas de llorar. Choto: en qué maldita hora vino Teresita al barrio, y Chingolo él se había conformado y ahora está desesperado y Mañuco pero a lo mejor más tarde, la ciencia adelantaba tanto ¿no es cierto?, descubrirían algo y Lalo no, su tío el médico le había dicho no, no hay forma, no tiene remedio y Cuéllar ¿ya papá?, todavía, ¿de París, mamá?, ¿y si de repente en Roma?, ¿de Alemania, ya?

Y entretanto comenzó de nuevo a ir a fiestas y, como para borrar la mala fama que se había ganado con sus locuras de rocanrolero[81] y comprarse a las familias, se portaba en los cumpleaños y salchichaparties[82] como un muchacho modelo: llegaba puntual y sin tragos, un regalito en la mano, Chabuquita, para ti, feliz cumplete, y estas flores para tu mamá, dime   510
¿vino Teresita? Bailaba muy tieso, muy correcto, pareces un viejo, no apretaba a su pareja, a las chicas que planchaban ven gordita vamos a bailar, y conversaba con las mamás, los papás, y atendía sírvase señora a las tías, ¿le paso un juguito?, a los tíos ¿un traguito?, galante, qué bonito su collar, cómo brillaba su anillo, locuaz, ¿fue a las carreras, señor, cuándo se saca el

---

[80] *amer:* se refiere a las nalgas

[81] *inglés:* rock-n-roll (*que en aquel tiempo se ponía de moda entre los jóvenes teniendo mala fama entre los mayores; así se usa aquí en forma despectiva*)

[82] *inglés:* fiestas donde se sirven salchichas (*hot dogs*)

pollón?[83] y piropeador, es usted una criolla de rompe y raja, señora, que le enseñara a quebrar así, don Joaquín, qué daría por bailar así.

Cuando estábamos conversando, sentados en una banca del Parque, y llegaba Teresita Arrarte, en una mesa del "*Cream Rica*," Cuéllar cambiaba, o en el barrio, de conversación: quiere asombrarla, decían, hacerse pasar por un cráneo, la trabaja por la admiración. Hablaba de cosas raras y difíciles: la religión (¿Dios que era todopoderoso podía acaso matarse siendo 520 inmortal?, a ver, quién de nosotros resolvía el truco), la política (Hitler no fue tan loco como contaban, en unos añitos hizo de Alemania un país que se le emparó a todo el mundo ¿no?, qué pensaban ellos), el espiritismo (no era cosa de superstición sino ciencia, en Francia había médiums en la Universidad y no sólo llaman a las almas, también las fotografían, él había visto un libro, Teresita, si quería lo conseguía y te lo presto). Anunció que iba a estudiar: el año próximo entraría a la Católica y ella disforzada[84] qué bien, ¿qué carrera iba a seguir? y le metía por los ojos sus manitas blancas, seguiría abogacía, sus deditos, gordos y sus uñas largas, ¿abogacía? ¡uy, qué feo!, pintadas color natural, entristeciéndose y él pero no para ser picapleitos sino para entrar a Torre Tagle[85] y ser diplomático, alegrándose, manitas, ojos, pestañas, y él sí, el Ministro era amigo de su viejo, ya le había hablado, ¿diplomático?, boquita, ¡uy, qué lindo! 530 y él, derritiéndose, muriéndose, por supuesto, se viajaba tanto, y ella también eso y además uno se pasaba la vida en fiestas: ojitos.

El amor hace milagros, decía Pusy, qué formalito se ha puesto, qué caballerito. Y la China: pero era un amor de lo más raro, ¿si estaba tan templado de Tere por qué no le caía de una vez?, y Chabuca eso mismo ¿qué esperaba?, ya hacía más de dos meses que la perseguía y hasta ahora mucho ruido y pocas nueces, qué tal plan. Ellos, entre ellos, ¿sabrán o se harán?, pero frente a ellas lo defendíamos disimulando: despacito se iba lejos, muchachas. Es cosa de orgullo, decía Chingolo, no querrá arriesgarse hasta estar seguro que lo va a aceptar. Pero claro que lo iba a aceptar, decía Fina, ¿no le hacía ojitos, mira a Lalo y la China qué acarameladitos, y le lanzaba indirectas, qué bien patinas, qué rica tu chompa,[86] qué abrigadita y hasta 540 se le declaraba jugando, mi pareja serás tú? Justamente por eso desconfía, decía Mañuco, con las coquetas como Tere nunca se sabía, parecía y después no. Pero Fina y Pusy no, mentira, ellas le habían preguntado ¿lo aceptarás? y ella dio a entender que sí, y Chabuca ¿acaso no salía tanto con él, en las fiestas no bailaba sólo con él, en el cine con quién se sentaba sino con él? Más claro no cantaba un gallo: se muere por él. Y la China más bien tanto esperar que le cayera se iba a cansar, aconséjenle que de una vez y si quería una oportunidad se la daríamos, una fiestecita por ejemplo el sábado, bailarían un ratito, en mi casa o en la de Chabuca o donde Fina, nos saldríamos al jardín y los dejarían solos a los dos, qué más podía pedir. Y en el billar: no sabían, qué inocentes, o qué hipócritas, sí sabían y se hacían.

Las cosas no pueden seguir así, dijo Lalo un día, lo tenía como a un perro, Pichulita se 550 iba a volver loco, se podía hasta morir de amor, hagamos algo, ellos sí pero qué, y Mañuco averiguar si de veras Tere se muere por él o era cosa de coquetería. Fueron a su casa, le preguntamos, pero ella sabía las de Quico y Caco, nos come a los cuatro juntos, decían. ¿Cuéllar?, sentadita en el balcón de su casa, pero ustedes no le dicen Cuéllar sino una palabrota fea, balanceándose para que la luz del poste le diera en las piernas, ¿se muere por mí?, no estaban mal, ¿cómo sabíamos? Y Choto no te hagas, lo sabía y ellos también y las chicas y

---

[83] *peruanismo:* primer premio en las carreras de caballo
[84] *peruanismo:* se estremecía
[85] *palacio limeño que alberga el Ministerio de Asuntos Exteriores*
[86] *amer:* suéter

por todo Miraflores lo decían y ella, ojos, boca, naricita, ¿de veras?, como si viera a un marciano: primera noticia. Y Mañuco anda Teresita, que fuera franca, a calzón quitado,[87] ¿no se daba cuenta cómo la miraba? Y ella ay, ay, ay, palmoteando, manitas, *clientes,* zapatitos, que miráramos, ¡una mariposa!, que corriéramos, la cogiéramos y se la trajéramos. La miraría, sí, pero como un amigo y, además, qué bonita, tocándole las alitas, deditos, uñas, vocecita, la mataron, pobrecita, nunca le decía nada. Y ellos qué cuento, qué mentira, algo le diría, por lo menos la piropearía y ella no, palabra, en su jardín le haría un huequito y la enterraría, un rulito, el cuello, las orejitas, nunca, nos juraba. Y Chingolo ¿no se daba cuenta acaso cómo la seguía?, y Teresita la seguiría pero como amigo, ay, ay, ay, zapateando, puñitos, ojazos, no estaba muerta, la bandida ¡se voló!, cintura y tetitas, pues, si no, siquiera le habría agarrado la mano ¿no? o mejor dicho intentado ¿no?, ahí está, ahí, que corriéramos, o se le habría declarado ¿no?, y de nuevo la cogiéramos: es que es tímido, decía Lalo, tenla pero, cuidado, te vas a manchar, y no sabe si lo aceptarás, Teresita, ¿lo iba a aceptar? y ella aj, aj, arruguitas, frentecita, la mataron y la apachurraron, un hoyito en los cachetes, pestañitas, cejas, ¿a quién? y nosotros cómo a quién y ella mejor la botaba, así como estaba, toda apachurrada, para qué la iba a enterrar: hombritos. ¿Cuéllar?, y Mañuco sí, ¿le daba bola?,[88] no sabía todavía y Choto entonces sí le gustaba, Teresita, sí le daba bola, y ella no había dicho eso, sólo que no sabía, ya vería si se presentaba la ocasión pero seguro que no se presentaría y ellos a que sí. Y Lalo ¿le parecía pintón?, y ella ¿Cuéllar?, codos, rodillas, sí, era un poquito pintón ¿no? y nosotros ¿ves, ves cómo le gustaba? y ella no había dicho eso, que no le hiciéramos trampas, miren, la mariposita brillaba entre los geranios del jardín ¿o era otro bichito?, la punta del dedito, el pie, un taconcito blanco. Pero por qué tenía ese apodo tan feo, éramos muy malcriados, por qué no le pusieron algo bonito como al Pollo, a Boby, a Supermán o al Conejo Villarán, y nosotros sí le daba, sí le daba ¿veía?, lo compadecía por su apodo, entonces sí lo quería, Teresita, y ella ¿quería?, un poquito, ojos, carcajadita, sólo como amigo, claro.

Se hace la que no, decíamos, pero no hay duda que sí: que Pichulita le caiga y se acabó, hablémosle. Pero era difícil y no se atrevían.

Y Cuéllar, por su parte, tampoco se decidía: seguía noche y día detrás de Teresita Arrarte, contemplándola, haciéndole gracias, mimos y en Miraflores los que no sabían se burlaban de él, calentador, le decían, pura pinta, perrito faldero y las chicas le cantaban "*Hasta cuándo, hasta cuándo*" para avergonzarlo y animarlo. Entonces, una noche lo llevamos al *Cine Barranco* y, al salir, hermano, vámonos a "*La Herradura*" en tu poderoso Ford y él okey, se tomarían unas cervezas y jugarían futbolín, regio. Fuimos en su poderoso Ford, roncando, patinando en las esquinas y en el Malecón de Chorrillos un cachaco[89] los paró, íbamos a más de cien, señor, cholito, no seas así, no había que ser malito, y nos pidió brevete[90] y tuvieron que darle una libra,[91] ¿señor?, tómate unos piscos a nuestra salud, cholito, no hay que ser malito, y en "*La Herradura*" bajaron y se sentaron en una mesa de "*El Nacional:*" qué cholada, hermano, pero esa huachafita no estaba mal y cómo bailan, era más chistoso que el circo. Nos tomamos dos "*Cristales*" y no se atrevían, cuatro y nada, seis y Lalo comenzó. Soy tu amigo, Pichulita, y él se rio ¿borracho ya? y Mañuco te queremos mucho, hermano, y él ¿ya?, riéndose, ¿bo-

---

[87] *peruanismo:* hablar francamente
[88] *peruanismo:* lo aceptaría (como novio)
[89] *peruanismo:* policía
[90] *peruanismo:* carné
[91] moneda peruana de oro (o sea, un soborno)

rrachera cariñosa tú también? y Chingolo: querían hablarle, hermano, y también aconsejarlo. Cuéllar cambió, palideció, brindó, qué graciosa esa pareja ¿no?, él un renacuajo[92] y ella una mona ¿no?, y Lalo para qué disimular, patita,[93] ¿te mueres por Tere, no? y él tosió, estornudó, 600 y Mañuco, Pichulita, dinos la verdad ¿sí o no? y él se rio, tristón y temblón, casi no se le oyó: ssse mmmoría, sssí. Dos "*Cristales*" más y Cuéllar no sabía qqqué iba a hacer, Choto, ¿qué podía hacer? y él caerle y él no puede ser, Chingolito, cómo le voy a caer y él cayéndole, patita, declarándole su amor, pues, te va a decir sí. Y él no era por eso, Mañuco, le podía decir sí pero ¿y después? Tomaba su cerveza y se le iba la voz y Lalo después sería después, ahora cáele y ya está, a lo mejor dentro de un tiempo se iba a curar y él, Chotito, ¿y si Tere sabía, si alguien se lo decía?, y ellos no sabía, nosotros ya la confesamos, se muere por ti y a él le volvía la voz ¿se muere por mí? y nosotros sí, y él claro que tal vez dentro de un tiempo me puedo curar ¿nos parecía que sí? y ellos sí, sí, Pichulita, y en todo caso no puedes seguir así, amargándose, enflaqueciéndote, chupándose: que le cayera de una vez. Y Lalo ¿cómo podía 610 dudar? Le caería, tendría enamorada y él ¿qué haría? y Choto tiraría plan y Mañuco le agarraría la mano y Chingolo la besaría y Lalo la paletearía su poquito y él ¿y después? y se le iba la voz y ellos ¿después?, y él después, cuando crecieran y tú te casaras, y él y tú y Lalo: qué absurdo, cómo ibas a pensar en eso desde ahora, y además es lo de menos. Un día la largaría, le buscaría pleito con cualquier pretexto y pelearía y así todo se arreglaría y él, queriendo y no queriendo hablar: justamente era eso lo que no quería, porque, porque la quería. Pero un ratito después—diez "*Cristales*" ya—hermanos, teníamos razón, era lo mejor: le caeré, estaré un tiempo con ella y la largaré.

Pero las semanas corrían y nosotros cuándo, Pichulita, y él mañana, no se decidía, le caería mañana, palabra, sufriendo como nunca lo vieron antes ni después, y las chicas "*estás perdiendo* 620 *el tiempo, pensando, pensando*" cantándole el bolero "*Quizás, quizás, quizás.*" Entonces le comenzaron las crisis: de repente tiraba el taco al suelo en el Billar, ¡cáele, hermano!, y se ponía a requintar[94] a las botellas o a los puchos,[95] y él buscaba lío a cualquiera o se le saltaban las lágrimas, mañana, esta vez era verdad, por su madre que sí: me le declaro o me mato. "*Y así pasan los días, y tú desesperando. . .*" y él se salía de la vermuth y se ponía a caminar, a trotar por la Avenida Larco, déjenme, como un caballo loco, y ellos detrás, váyanse, quería estar solo, y nosotros cáele, Pichulita, no sufras, cáele, cáele, "*quizás, quizás, quizás.*" O se metía en "*El Chasqui*" y tomaba, qué odio sentía, Lalo, hasta emborracharse, qué terrible pena, Chotito, y ellos lo acompañaban, ¡tengo ganas de matar, hermano!, y lo llevábamos medio cargado hasta la puerta de su casa, Pichulita, decídete de una vez, cáele, y ellas mañana y tarde "*por lo* 630 *que tú más quieras, hasta cuándo, hasta cuándo.*" Le hacen la vida imposible, decíamos, acabará borrachín, forajido, locumbeta.[96]

Así terminó el invierno, comenzó otro verano y con el sol y el calor llegó a Miraflores un muchacho de San Isidro que estudiaba arquitectura, tenía un Pontiac y era nadador: Cachito Arnilla. Se arrimó al grupo y al principio ellos le poníamos mala cara y las chicas qué haces tú aquí, quién te invitó, pero Teresita déjenlo, blusita blanca, no lo fundan, Cachito siéntate a mi lado, gorrita de marinero, blue jeans, yo lo invité. Y ellos, hermano, ¿no veía?, y él sí, la está siriando, bobo, te la va a quitar, adelántate o vas muerto, y él y qué tanto que se la

---

[92] *fig.* muchacho corcovado y, a la vez, molesto
[93] *peruanismo:* amigo
[94] *peruanismo:* maldecir
[95] *amer:* cualquier cosa, desperdicio
[96] *amer:* loco

quitara y nosotros ¿ya no le importaba? y él qqqué le ibbba a importar y ellos ¿ya no la quería?, qqqué la ibbba a qqquerrer.   640

Cachito le cayó a Teresita a fines de enero y ella que sí: pobre Pichulita, decíamos, qué amargada y de Tere qué coqueta, qué desgraciada, qué perrada le hizo. Pero las chicas ahora la defendían: bien hecho, de quién iba a ser la culpa sino de él, y Chabuca ¿hasta cuándo iba a esperar la pobre Tere que se decidiera?, y la China qué iba a ser una perrada, al contrario, la perrada se la hizo él, la tuvo perdiendo su tiempo tanto tiempo y Pusy además Cachito era muy bueno, Fina y simpático y pintón y Chabuca y Cuéllar un tímido y la China un maricón.

5

Entonces Pichula Cuéllar volvió a las andadas. Qué bárbaro, decía Lalo, ¿corrió olas en Semana Santa? Y Chingolo: olas no, olones de cinco metros, hermano, así de grandes, de diez metros. Y Choto: hacían un ruido bestial, llegaban hasta las carpas, y Chabuca más, hasta el   650 Malecón, salpicaban los autos de la pista y, claro, nadie se bañaba. ¿Lo había hecho para que lo viera Teresita Arrarte?, sí, ¿para dejarlo mal al enamorado?, sí. Por supuesto, como diciéndole Tere fíjate a lo que me atrevo y Cachito a nada, ¿así que era tan nadador?, se remoja en la orillita como las mujeres y las criaturas, fíjate a quién te has perdido, qué bárbaro.

¿Por qué se pondría el mar tan bravo en Semana Santa?, decía Fina, y la China de cólera porque los judíos mataron a Cristo, y Choto ¿los judíos lo habían matado?, él creía que los romanos, qué sonso. Estábamos sentados en el malecón, Fina, en ropa de baño, Choto, las piernas al aire, Mañuco, los olones reventaban, la China, y venían y nos mojaban los pies, Chabuca, qué fría estaba, Pusy, y qué sucia, Chingolo, el agua negra y la espuma café, Teresita, llena de yerbas y malaguas y Cachito Arnilla, y en eso pst pst, fíjense, ahí venía Cuéllar.   660 ¿Se acercaría, Teresita?, ¿se haría el que no te veía? Cuadró el Ford frente al Club de Jazz de "*La Herradura*," bajó, entró a "*Las Gaviotas*" y salió en ropa de baño—una nueva, decía Choto, una amarilla, una Jantsen y Chingolo hasta en eso pensó, lo calculó todo para llamar la atención ¿viste, Lalo?—, una toalla al cuello como una chalina y anteojos de sol. Miró con burla a los bañistas asustados, arrinconados entre el Malecón y la playa y miró los olones alocados y furiosos que sacudían la arena y alzó la mano, nos saludó y se acercó. Hola Cuéllar, ¿qué tal ensartada, no?, hola, hola, cara de que no entendía, ¿mejor hubieran ido a bañarse a la piscina del "*Regatas*," no?, qué hay, cara de porqué, qué tal. Y por fin cara de ¿por los olones?: no, qué ocurrencia, qué tenían, qué nos pasaba (Pusy: la saliva por la boca y la sangre por las venas, ja ja), si el mar estaba regio así, Teresita ojitos, ¿lo decía en serio?, sí, formidable hasta   670 para correr olas, ¿estaba bromeando, no?, manitas y Cachito ¿él se atrevería a bajarlas?, claro, a puro pecho o con colchón, ¿no le creímos?, no, ¿de eso nos reíamos?, ¿tenían miedo?, ¿de veras?, y Tere ¿él no tenía?, no, ¿iba a entrar?, sí, ¿iba a correr olas?, claro: grititos. Y lo vieron quitarse la toalla, mirar a Teresita Arrarte (¿se pondría colorada, no?, decía Lalo, y Choto no, qué se iba a poner, ¿y Cachito?, sí, él se muñequeó) y bajar corriendo las gradas del Malecón y arrearse al agua dando un mortal. Y lo vimos pasar rapidito la resaca de la orilla y llegar en un dos por tres a la reventazón. Venía una ola y él se hundía y después salía y se metía y salía, ¿qué parecía?, un pescadito, un bufeo,[97] un gritito, ¿dónde estaba?, otro, mírenlo, un bracito, ahí, ahí. Y lo veían alejarse, desaparecer, aparecer y achicarse hasta llegar donde empezaban los tumbos, Lalo, qué tumbos: grandes, temblones, se levantaban y nunca caían, saltitos, ¿era esa   680

----

[97] *amer:* delfín

cosita blanca?, nervios, sí. Iba, venía, volvía, se perdía entre la espuma y las olas y retrocedía y seguía, ¿qué parecía?, un patillo, un barquito de papel, y para verlo mejor Teresita se paró, Chabuca, Choto, todos, Cachito también, pero ¿a qué hora las iba a correr? Se demoró pero por fin se animó. Se volteó hacia la playa y nos buscó y él nos hizo y ellos le hicieron adiós, adiós, toallita. Dejó pasar uno, dos, y al tercer tumbo lo vieron, lo adivinamos meter la cabeza, impulsarse con un brazo para pescar la corriente, poner el cuerpo duro y patalear. La agarró, abrió los brazos, se elevó (¿un olón de ocho metros?, decía Lalo, más, ¿como el techo?, más, ¿como la catarata del Niágara, entonces?, más, mucho más) y cayó con la puntita de la ola y la montaña de agua se lo tragó y apareció el olón, ¿salió, salió? y se acercó roncando como un avión, vomitando espuma, ¿ya, lo vieron, ahí está?, y por fin comenzó a bajar, a perder fuerza   690 y él apareció, quietecito, y la ola lo traía suavecito, forrado de yuyos,[98] cuánto aguantó sin respirar, qué pulmones, y lo varaba en la arena, qué bárbaro: nos había tenido con la lengua afuera, Lalo, no era para menos, claro. Así fue como recomenzó.

A mediados de ese año, poco después de Fiestas Patrias, Cuéllar entró a trabajar en la fábrica de su viejo: ahora se corregirá, decían, se volverá un muchacho formal. Pero no fue así, al contrario. Salía de la oficina a las seis y a las siete estaba ya en Miraflores y a las siete y media en "*El Chasqui*," acodado en el mostrador, tomando (una "*Cristal*" chica, un capitán) y esperando que llegara algún conocido para jugar cacho.[99] Se anochecía ahí, entre dados, ceniceros repletos de puchos, timberos y botellas de cerveza helada, y remataba las noches viendo un show, en cabarets de mala muerte (el "*Nacional*," el "*Pingüino*," el "*Olímpico*," el   700 "*Turbillón*" o, si andaba muca,[100] acabándose de emborrachar en antros[101] de lo peor, donde podía dejar en prenda su pluma Parker, su reloj Omega, su esclava de oro (cantinas de Surquillo o del Porvenir), y algunas mañanas se lo veía rasguñado, un ojo negro, un mano vendada: se perdió, decíamos, y las muchachas pobre su madre y ellos ¿sabes que ahora se junta con rosquetes,[102] caficbos y pichicateros?[103] Pero los sábados salía siempre con nosotros. Pasaba a buscarlos después del almuerzo y, si no íbamos al Hipódromo o al Estadio, se encerraban donde Chingolo o Mañuco a jugar póquer hasta que oscurecía. Entonces volvíamos a nuestras casas y se duchaban y acicalábamos y Cuéllar los recogía en el poderoso Nash que su viejo le cedió al cumplir la mayoría de edad, muchacho, ya tenía veintiún años, ya puedes votar y su vieja, corazón, no corras mucho que un día se iba a matar. Mientras nos   710 entonábamos con el chino de la esquina con un trago corto, ¿irían al chifa?,[104] discutíamos, ¿a la calle Capón?, y contaban chistes, ¿a comer anticuchos[105] bajo el Puente?, Pichulita era un campeón, ¿a la Pizzería?, saben esa de y qué le dijo la ranita y la del general y si Toñito Mella se cortaba cuando se afeitaba ¿qué pasaba? se capaba, ja ja, el pobre era tan huevón.[106]

Después de comer, ya picaditos con los chistes, íbamos a recorrer bulines,[107] las cervezas, de la victoria, la conversación, de Prolongación Huánuco, el sillau[108] y el ají, o de la Avenida

---

[98] *peruanismo:* algas marinas
[99] *amer:* juego de dados
[100] *peruanismo:* andaba sin dinero
[101] *amer:* bares o discotecas
[102] *peruanismo:* homosexuales
[103] *peruanismo:* drogadictos
[104] *peruanismo:* restaurante chino
[105] *peruanismo:* pinchitos de carne que se venden en la calle
[106] *amer:* descuidado
[107] *peruanismo:* especie de bar con prostitutas
[108] *peruanismo:* salsa o condimento chino

Argentina, o hacían una pascanita[109] en el *"Embassy,"* o en el *"Ambassador"* para ver el primer show desde el bar y terminábamos generalmente en la Avenida Grau, donde Nanette. Ya llegaron los miraflorines, porque ahí los conocían, hola Pichulita, por sus nombres y por sus apodos, ¿cómo estás? y las polillas[110] se morían y ellos de risa: estaba bien. Cuéllar se calentaba   720 y a veces las reñía y se iba dando un portazo, no vuelvo más, pero otras se reía y les seguía la cuerda y esperaba, bailando, o sentado junto al tocadiscos con una cerveza en la mano, o conversando con Nanette, que ellos escogieran su polilla, subiéramos y bajaran: qué rapidito, Chingolo, les decía, ¿cómo te fue?, o cuánto te demoraste, Mañuco, o te estuve viendo por el ojo de la cerradura, Choto, tienes pelos en el poto, Lalo. Y uno de esos sábados, cuando ellos volvieron al salón, Cuéllar no estaba y Nanette de repente se paró, pagó su cerveza y salió, ni se despidió. Salimos a la Avenida Grau y ahí lo encontraron, acurrucado contra el volante del Nash, temblando, hermano, qué te pasó, y Lalo: estaba llorando, ¿Se sentía mal, mi viejo?, le decían, ¿alguien se burló de ti?, y Choto ¿quién te insultó?, quién, entrarían y le pegaríamos y Chingolo ¿las polillas lo habían estado fundiendo? y Mañuco ¿no iba a llo-   730 rar por una tontería así, no? Que no les hiciera caso, Pichulita, anda, no llores, y él abrazaba el volante, suspiraba y con la cabeza y la voz rota no, sollozaba, no, no lo habían estado fundiendo, y se secaba los ojos con su pañuelo, nadie se había burlado, quién se iba a atrever. Y ellos cálmate, hombre, hermano, entonces por qué, ¿mucho trago?, no, ¿estaba enfermo?, no, nada, se sentía bien, lo palmeábamos, hombre, viejo, hermano, lo alentaban, Pichulita. Que se serenara, que se riera, que arrancara el potente Nash, vamos por ahí. Se tomarían la del estribo[111] en *"El Turbillón,"* llegaremos justo al segundo show, Pichulita, que partiera y que no llorara. Cuéllar se calmó por fin, partió y en la Avenida 28 de Julio ya estaba riéndose, viejo, y de repente un puchero, sincérate con nosotros, qué había pasado, y él nada, caray, se había entristecido un poco nada más, y ellos por qué si la vida era de mamey, compadre, y él de   740 un montón de cosas, y Mañuco de qué por ejemplo, y él de que los hombres ofendieran tanto a Dios por ejemplo, y Lalo ¿de qué qué dices?, y Choto ¿quería decir de que pecaran tanto?, y él sí, por ejemplo, ¿qué pelotas, no?, sí, y también de lo que la vida era tan aguada. Y Chingolo que iba a ser aguada, hombre, era de mamey, y él porque uno se pasaba el tiempo trabajando, o chupando, o jaraneando, todos los días lo mismo y de repente envejecía y se moría ¿qué cojudo,[112] no?, sí. ¿Eso había estado pensando donde Nanette?, ¿eso delante de las polillas?, sí, ¿de eso había llorado?, sí, y también de pena por la gente pobre, por los ciegos, los cojos, por esos mendigos que iban pidiendo limosna en el jirón de la Unión, y por los canillitas[113] que iban vendiendo *La Crónica* ¿qué tonto, no? y por esos cholitos que te lustran los zapatos en la Plaza San Martín ¿qué bobo, no?, y nosotros claro, qué tonto, ¿pero ya   750 se le había pasado, no?, claro, ¿se había olvidado?, por supuesto, a ver una risita para creerte, ja ja. Corre Pichulita, pícala, el fierro a fondo, qué hora era, a qué hora empezaba el show, quién sabía. ¿Estaría siempre esa mulata cubana?, ¿cómo se llamaba?, Ana, ¿qué le decían?, la Caimana a ver, Pichulita, demuéstranos que se te pasó, otra risita: ja ja.

---

[109] *peruanismo:* parada
[110] *peruanismo:* prostitutas
[111] *peruanismo:* el último trago (copa)
[112] *amer:* tonto
[113] *amer:* vendedores ambulantes de prensa

6

Cuando Lalo se casó con Chabuca, el mismo año que Mañuco y Chingolo se recibían de Ingenieros, Cuéllar ya había tenido varios accidentes y su Volvo andaba siempre abollado, despintado, las lunas rajadas. Te matarás, corazón, no hagas locuras y su viejo era el colmo, muchacho, hasta cuándo no iba a cambiar, otra palomillada[114] y no le daría ni un centavo más, que recapacitara y se enmendara, si no por ti por su madre, se lo decía por su bien. Y nosotros: ya estás grande para juntarte con mocosos, Pichulita. Porque le había dado por ahí.   760
Las noches se las pasaba siempre timbeando con los noctámbulos de "*El Chasqui*" o del "*D'Onofrio*," o conversando y chupando[115] con los bola de oro,[116] los mafiosos del "*Haití*" (¿a qué hora trabaja, decíamos, o será cuento que trabaja?), pero en el día vagabundeaba de un barrio de Miraflores a otro y se lo veía en las esquinas, vestido como James Dean (blue jeans ajustados, camisita de colores abierta desde el pescuezo hasta el ombligo, en el pecho una cadenita de oro bailando y enredándose entre los vellitos, mocasines blancos), jugando trompo con los cocacolas, pateando pelota en un garaje, tocando rondín.[117] Su carro andaba siempre repleto de roncanroleros de trece, catorce, quince años y, los domingos, se aparecía en el "*Waikiki*" (hazme socio, papá la tabla hawaiana era el mejor deporte para no engordar y él también podría ir, cuando hiciera sol, a almorzar con la vieja, junto al mar) con pandillas de   770
criaturas, mírenlo, mírenlo, ahí está, qué ricura, y qué bien acompañado se venía, qué frescura: uno por uno los subía a su tabla hawaiana y se metía con ellos más allá de la reventazón. Les enseñaba a manejar el Volvo, se lucía ante ellos dando curvas en dos ruedas en el Malecón y los llevaba al Estadio, al cachascán, a los toros, a las carreras, al Bowling, al box. Ya está, decíamos, era fatal: maricón. Y también: qué le quedaba, se comprendía, se le disculpaba pero, hermano, resulta cada día más difícil juntarse con él, en la calle lo miraban, lo silbaban y lo señalaban, y Choto a ti te importa mucho el qué dirán, y Mañuco lo rajaban y Lalo si nos ven mucho con él y Chingolo te confundirán.
Se dedicó un tiempo al deporte y ellos lo hace más que nada para figurar: Pichulita Cuéllar, corredor de autos como antes de olas. Participó en el Circuito de Atocongo y llegó   780
tercero. Salió fotografiado en *La Crónica* y en *El Comercio* felicitando al ganador, Arnaldo Alvarado era el mejor, dijo Cuéllar, el pundonoroso perdedor. Pero se hizo más famoso todavía un poco después, apostando una carrera al amanecer, desde la Plaza San Martín hasta el Parque Salazar, con Quique Ganoza, éste por la buena pista, Pichulita contra el tráfico. Los patrulleros lo persiguieron desde Javier Prado, sólo lo alcanzaron en Dos de Mayo, cómo correría. Estuvo un día en la Comisaría y ¿ya está?, decíamos, ¿con este escándalo escarmentará y se corregirá? Pero a las pocas semanas tuvo su primer accidente grave, haciendo el paso de la muerte—las manos amarradas al volante, los ojos vendados—en la Avenida Angamos. Y el segundo, tres meses después, la noche que le dábamos la despedida de soltero a Lalo.   Basta, déjate de niñerías, decía Chingolo, para de una vez que ellos estaban grandes para estas bromitas y queríamos bajarnos. Pero él ni de a juego, qué teníamos, ¿desconfianza en el trome?, ¿tremendos vejetes y con tanto miedo?, no se vayan a hacer pis, ¿dónde había una esquina con agua para dar una curvita resbalando? Estaba desatado y no podían convencerlo,   790

---

[114] *peruanismo:* acto impropio para una persona de cierta edad o estado social
[115] *peruanismo:* bebiendo
[116] *peruanismo:* homosexuales
[117] *amer:* armónica

Cuéllar, viejo, ya estaba bien, déjanos en nuestras casas, y Lalo mañana se iba a casar, no quería romperse el alma la víspera, no seas inconsciente, que no se subiera a las veredas, no cruces con la luz roja a esta velocidad, que no fregara. Chocó contra un taxi en Alcanfores y Lalo no se hizo nada, pero Mañuco y Choto se hincharon la cara y él se rompió tres costillas. Nos peleamos y un tiempo después los llamó por teléfono y nos amistamos y fueron a comer juntos pero esta vez algo se había fregado entre ellos y él y nunca más fue como antes.

Desde entonces nos veíamos poco y cuando Mañuco se casó le envió parte de matrimo- 800 nio sin invitación, y él no fue a la despedida y cuando Chingolo regresó de Estados Unidos casado con una gringa bonita y con dos hijos que apenitas chapurreaban español, Cuéllar ya se había ido a la montaña, a Tingo María, a sembrar café, decían, y cuando venía a Lima y lo encontraban en la calle, apenas nos saludábamos, qué hay cholo, cómo estás Pichulita, qué te cuentas viejo, ahí vamos, chau y ya había vuelto a Miraflores, más loco que nunca, y ya se había matado, yendo al Norte, ¿cómo?, en un choque, ¿dónde?, en las traicioneras curvas de Pasamayo, pobre, decíamos en el entierro, cuánto sufrió, qué vida tuvo, pero este final es un hecho que se lo buscó.

Eran hombres hechos y derechos ya y teníamos todos mujer, carro, hijos que estudiaban en el Champagnat, la Inmaculada o el Santa María, y se estaban construyendo una casita para el verano en Ancón, Santa Rosa o las playas del Sur, y comenzábamos a engordar y a tener 810 canas, barriguitas, cuerpos blandos, a usar anteojos para leer, a sentir malestares después de comer y de beber y aparecían ya en sus pieles algunas pequitas, ciertas arruguitas.

■──Pasos para la comprensión

Capítulo 1

1. Se debe notar enseguida el punto de vista del narrador, que vacila entre primera, segunda y tercera persona. Empieza en tercera persona con "llevaban pantalón corto" pero luego dice que "aún no fumábamos" en primera. O sea, el narrador es objetivo cuando narra en tercera persona y subjetivo cuando narra en primera. Es más, es parte del grupo mirraflorino cuando dice "nosotros," pero un espectador fuera del círculo cuando dice "ellos." Trata de explicar el propósito de un narrador de este tipo. ¿Encuentras difícil leer una narración con un narrador que alterna lo objetivo y lo subjetivo?

2. El narrador fija la edad de los chicos del Colegio Champagnat con perífrasis (o sea, con rodeos, sin decirlo explícitamente).

   □ ¿Qué códigos menciona para fijar esa edad?

   □ ¿Qué edad crees que tienen? Luego se verá que empleará la misma técnica cuando pasan a diferentes etapas de su vida.

3. Empezando en la línea 12, nota cómo el narrador cita a los personajes. En primer lugar es una forma del estilo indirecto libre mediante el que se reproduce lo que dice el personaje sin citarlo directamente. Por otra parte, a veces se oye la voz del personaje, pero no siempre es claro quién habla. Sin embargo, se puede inferir. Por ejemplo, ¿quién dice "sí" y "ahora a callar"?

4. Cuando llega Cuéllar, conoce a los chicos que van a ser sus amigos. ¿Quién dice "y tú"? ¿Quiénes son sus compañeros? Consulta el *código onomástico.*

5. Luego le hacen una pregunta muy importante: "¿miraflorino?" ¿Por qué es importante la pregunta? ¿Es Cuéllar miraflorino?

6. En el cuarto párrafo se da un perfil de la personalidad de Cuéllar. ¿Cómo es? ¿Les cae bien a los otros chicos? ¿Por qué?

7. En ese mismo párrafo hay un ejemplo de un presagio, o sea, se refiere a algo que en ese momento de la narración no se capta. ¿Lo puedes identificar?

8. En el párrafo que comienza en la línea 26 hay una brillante descripción del comportamiento de los muchachos al salir de la escuela. Nota la técnica narrativa de mezclar acción con diálogo sin distinguir entre ellos. Esta se repetirá a lo largo de la novela. Nota también el aspecto polifónico del estilo. ¿Qué otros sonidos se oyen en el párrafo además de las voces de los muchachos?

9. ¿Qué cosas hacen estos chicos que sea típico de su edad?

10. Cuando van a comprar helados, ¿quién se los sirve? Consulta el *código social.*

11. Cuéllar tiene que volver a su casa y se separa del grupo. ¿Por qué?

   ☐ ¿Qué opinan los compañeros de la disciplina de Cuéllar?

   ☐ Para ellos, ¿qué es lo más importante?

   ☐ Explica la ironía y el humor de la siguiente observación: "por los estudios descuida el deporte."

12. En el próximo párrafo, ¿qué hace Cuéllar para poder entrar en el equipo de fútbol? ¿Por qué crees que es tan importante para Cuéllar lucirse en los deportes?

13. A partir de la línea 69 se narra el "accidente" al cual se hizo referencia anteriormente. Explica en detalle lo que pasó.

14. En el último párrafo lo visitan los amigos en la Clínica Americana. Explica cómo "la Clínica Americana" es un código social.

   ☐ Ahí los amigos descubren dónde fue herido. ¿Dónde tiene la herida? (Consulta el *código lingüístico.*)

   ☐ ¿Cómo reacciona Cuéllar al confesarlo?

   ☐ ¿Por qué crees que los padres de Cuéllar no querían que él dijera lo que le había pasado?

Capítulo 2

1. ¿Cómo es Cuéllar en los deportes cuando regresa al colegio después del accidente? ¿Y en los estudios? ¿Cuál podría ser la causa de esta nueva actitud?

2. ¿Por qué se puede salir con la suya en el colegio sin que los maestros lo regañen?

3. En el párrafo que comienza en la línea 154 se señalan otros cambios en Cuéllar.

   ☐ ¿Qué hace ahora que antes no le permitían sus padres?

   ☐ ¿Cómo tratan a Cuéllar sus padres? Otra vez: ¿cómo explicarías estos cambios?

4. A partir de la línea 168 hay un discurso sobre los apodos. Cuenta lo que sabes de los apodos por este discurso.

   ☐ A Cuéllar le han puesto el apodo de "Pichulita," que significa "pene de niño" en algunas partes de Hispanoamérica.

   ☐ ¿Cómo reacciona Cuéllar cuando oye el apodo por primera vez?

   ☐ ¿Qué recomienda su padre que haga?

   ☐ ¿Pudo controlar Cuéllar el uso del apodo? Explica.

   ☐ En la línea 195 el apodo llega a su círculo íntimo de amigos. ¿Cómo reacciona Cuéllar cuando lo oye de sus amigos la primera vez?

   ☐ ¿Qué explicación dan ellos por usar el apodo? ¿Crees que lo hacen con malicia? Explica.

   ☐ El discurso de los apodos termina en el la línea 206. Explica lo que pasa.

5. En las líneas 210-233 se emplea de nuevo la perífrasis (como en el primer párrafo de la novela) para indicar una nueva etapa en la vida de los chicos. ¿Cuál es?

   ☐ ¿Cómo reacciona Cuéllar ante los discursos de los amigos respecto a las chicas en los párrafos 6 y 7?

   ☐ ¿Cómo explicarías su reacción?

6. La perífrasis se vuelve a usar en la línea 244. Explica. En este párrafo y en el siguiente se pinta magistralmente a los chicos entre las edades de 15 y 18 años. ¿Qué cosas empiezan a hacer?

7. En ese párrafo, cuando los amigos están aprendiendo a bailar y a fumar, se puede apreciar la maestría de la polifonía de esta novela. Explica. ¿Por qué crees que es tan importante que estos chicos sepan bailar?

8. En la línea 270, nota cómo se refieren al cantinero con el término *chino*. Éste no es un apodo, sino pura antonomasia. ¿Tiene el chino un nombre? ¿Por qué no lo usan los chicos? Explica este fenómeno desde el discurso social de la novela.

9. ¿Cómo reaccionan los chicos al llegar Pérez Prado a Lima? (Consulta el *Código musical*.) ¿Por qué les prohibe la Iglesia que asistan a los conciertos de Pérez Prado? ¿Les hacen caso los chicos?

10. De nuevo, explica la perífrasis de la línea 281. ¿Sabes cómo llevaba el pelo Elvis Presley? Explica. ¿Por qué se ponen "gomina" estos muchachos en el pelo?

Capítulo 3

1. Cuando los amigos van a celebrar el noviazgo de Lalo a un bar, Cuéllar se emborracha. ¿Qué razón le da a sus amigos por tomar tanto? ¿Cúal crees tú que es la verdadera razón de su embriaguez?

2. A partir de la línea 319 se relatan las locuras que empieza a hacer Cuéllar. La Costanera y el Malecón son avenidas con muchas curvas junto al mar. ¿Qué hace en estas avenidas Cuéllar con el carro de su padre? ¿Por qué crees que hace estas locuras peligrosas?

3. Más adelante, los otros amigos consiguen novias, y Cuéllar no. ¿Cómo reaccionó Cuéllar al ver a todos sus amigos con novias? Explica su reacción.

   ☐ Chingolo tuvo que hacer tres intentos hasta que lo aceptó una chica. ¿Crees que le importaba qué chica lo aceptara?

   ☐ ¿Qué parece indicar su indiferencia respecto al hecho de "tener novia" para su círculo social?

   ☐ Explica cómo esto contribuye a la angustia de Cuéllar.

4. Cuéllar les hace preguntas a sus amigos sobre lo que hacen con sus novias. ¿Por qué te imaginas que quiere saber estos detalles íntimos?

   ☐ ¿Cómo reaccionan sus amigos ante las interrogaciones de Cuéllar, en particular Lalo?

   ☐ ¿Qué solución ven los amigos para la condición de Cuéllar? Lee las líneas 358-366.

   ☐ ¿Crees que los amigos son insensibles o tontos respecto a la condición de castrado de Cuéllar? Explica.

   ☐ Comenta el patetismo del párrafo que comienza en la línea 367.

5. Hasta las novias de sus amigos le animan a Cuéllar a que tome novia, y hasta le tienen una escogida, pero Cuéllar se niega. ¿Qué razón les da por no tener novia?

   ☐ ¿Qué creen las chicas respecto a la vida sexual de Cuéllar y del tipo de mujeres con quién anda? Consulta el *código social* antes de contestar.

   ☐ ¿Qué le pasa al habla de Cuéllar al final del párrafo después de la censura de la chicas? ¿Cómo lo da a saber el narrador? ¿Cómo explicarías este fenómeno nuevo en el habla de Cuéllar?

6. En la línea 401, ¿qué hace Cuéllar mientras las parejas están en la playa? ¿Por qué crees que practica este deporte?

7. En la playa las chicas inquieren por qué Cuéllar no tiene novia, y los chicos se miran entre sí y ríen. ¿Saben las chicas la razón? ¿Por qué crees que los chicos no les dicen a ellas la razón?

   ☐ Chingolo en un momento dice que Cuéllar debe escoger novia, aunque sea "sólo para despistar." ¿Crees que los amigos en realidad sienten o entienden el estado psíquico de Cuéllar? Explica.

8. A partir de la línea 427 aumentan las locuras de Cuéllar.

   ☐ Menciona algunas de las cosas que hace.

☐ En el próximo párrafo, los amigos tratan de disuadirle de esas locuras. Por una parte, lo hacen por el cariño que le tienen, pero ¿se enfrentan en alguna ocasión al verdadero problema que causa el comportamiento antisocial de Cuéllar—su estado de castrado?

☐ ¿Por qué crees que evitan este tema?

9. El capítulo termina con la fiesta de graduación, lo cual equivaldría a un *senior prom* en los Estados Unidos, a la cual Cuéllar no asiste. ¿Qué podría significar no asistir a una ocasión tan importante en la vida de este círculo social?

10. A lo largo del capítulo hay códigos que indican el estatus social de este grupo.

☐ ¿Qué regalos reciben para Navidad?

☐ ¿Dónde tiene lugar la fiesta de promoción?

☐ ¿Qué ropa llevan a la fiesta?

☐ Explica el uso de estos códigos.

Capítulo 4

1. ¿Qué hacen los amigos después de graduarse de la secundaria?

2. Nota cómo algunas parejas se han intercambiado. Explica. ¿Crees que es natural o que en realidad no importa demasiado qué novia tengan, mientras que la tengan? Explica.

3. ¿Cómo cambia Cuéllar cuando llega a Miraflores Teresa Arrarte?

☐ En el párrafo que comienza en la línea 507 se relata en detalle su nuevo comportamiento. ¿Cómo se comporta en las fiestas?

☐ ¿Cuál crees que sea la causa de su cambio?

4. Se explica en parte lo que ha provocado en Cuéllar un cambio de actitud ante la vida. ¿Qué les confiesa a sus amigos que le da esperanzas?

5. El capítulo se concentra en los amigos intentando que Cuéllar se le declare a Tere. ¿Por qué crees que es tan importante para ellos que los dos formen pareja?

☐ ¿Por qué no se decide Cuéllar?

☐ ¿Crees que Cuéllar ama verdaderamente a Tere?

☐ ¿Qué termina haciendo Tere? ¿Puedes justificar su decisión? Explica.

6. Finalmente, hay que considerar el intertexto del bolero "Quizás." (Consulta el *código musical*.) Es un bolero que toda persona de habla española conoce, y su letra paralela perfectamente la indecisión de Cuéllar de declararse a Teresa. Al leer los versos de la canción, el lector hispano los canta espontáneamente, lo cual contribuye a la polifonía de la novela. Trata de explicar la originalidad y el propósito de esta técnica de intertextualidad musical.

Capítulo 5

1. Cuéllar vuelve a correr olas en el peligroso océano Pacífico delante del círculo de sus amigos. ¿Por qué crees que lo hace?

2. Una tarde los amigos van a visitar prostitutas, y Cuéllar, claro está, no sube a estar con ninguna. Un día sale Cuéllar del burdel y empieza a llorar incontrolablemente. ¿Qué se imaginan los amigos que ha causado su llanto?

   □ Pero en realidad, ¿por qué llora Cuéllar? ¿De qué miembros de la sociedad se preocupa ahora?

   □ ¿Se ha hablado antes en la novela de estas personas marginadas que ahora preocupan a Cuéllar?

   □ ¿Por qué crees que ahora Cuéllar piensa en estas personas?

3. Entre las conversaciones entre Cuéllar y sus amigos, Cuéllar habla filosóficamente por primera vez, diciendo que la vida es aguada—que uno en la vida trabaja, hace lo mismo cada día, envejece y muere. Pero Chingolo tiene otra versión de la vida. Para él la vida es de mamey (una fruta aromática, sabrosa y muy dulce). Compara las dos metáforas de la vida de los dos chicos. ¿Para quiénes en la sociedad peruana es la vida de mamey? Explica.

4. El discurso social se agudiza en este último párrafo del capítulo. Explica.

Capítulo 6

1. Ahora Cuéllar se aparta completamente del grupo. ¿Por qué crees que lo hace?

2. Su círculo de amigos es otro: los de bola de oro (homosexuales) y jóvenes que bailan *rock-and-roll* ("rocanroleros"). ¿Por qué crees que Cuéllar se asocia ahora con estos grupos?

3. Sus antiguos amigos ya no quieren asociarse con él, ¿por qué?

4. ¿Qué nuevas locuras hace ahora Cuéllar? ¿En qué se diferencian sus nuevas locuras de las de antes?

5. Cuéllar sale de Lima y va a la montaña, a la finca de su padre, a sembrar café. ¿Es ése un oficio normal para una persona de su clase social?

   □ ¿Quiénes siembran y recogen el café en países hispanoamericanos?

   □ ¿Qué valor simbólico pudiera tener el que Cuéllar haga este nuevo papel?

6. ¿Cómo murió Cuéllar? En su entierro, los amigos, en primera persona plural, dicen: "cuánto sufrió, que vida tuvo, pero este final es un hecho que se lo buscó." Estas palabras merecen comentarse.

   □ ¿Cuéllar se buscó el mordisco del perro que causó su castración?

   □ ¿Qué vida podía tener Cuéllar en el círculo social en que vivía? Comenta estas ideas.

7. En el último párrafo de la novela se emplea la perífrasis, igual que al principio, para indicar la nueva etapa de la vida de estos hombres. ¿Dónde mandan a estudiar a sus hijos? ¿Qué parece indicar este movimiento circular en cuanto a este grupo social?

8. Las últimas frases mencionan que les empiezan a salir en las caras "algunas pequitas, ciertas arruguitas." ¿Qué podrían significar los signos *peca* y *arruga* dentro del sistema de significación respecto a estos hombres de la alta burguesía limeña?

■———Pasos para una interpretación global y a fondo

1. ¿Qué significa el título de esta novela? Busca en el diccionario español el sentido figurativo de *cachorro*. ¿Tiene alguna relación con los personajes de esta novela? Explica. ¿Es un título bien empleado?

2. La novela contiene un discurso sociológico respecto a las clases sociales y los círculos dentro de una clase social en particular. ¿Cómo es el círculo al que pertenece Cuéllar?

   □ ¿Qué tiene que hacer Cuéllar al principio para ser admitido al círculo?

   □ ¿Quiénes son admitidos al círculo? ¿Quiénes son expulsados? Explica.

   □ ¿Es este fenómeno normal o anormal? Explica.

3. Aunque el estilo de *Los cachorros* no es realista, su temática sí lo es. Comenta el "realismo" de la obra en cuanto a:

   □ su medio ambiente social

   □ su escenario urbano

   □ el comportamiento del "grupo"

   □ la psicología de los personajes

   □ las reacciones de los personajes

   □ ¿Se te ocurren otros elementos realistas de la novela?

4. La peripecia de Cuéllar es claramente su castración. Su comportamiento a lo largo de la novela es razonable y explicable dentro de su condición. Pero ¿es posible que el signo de la castración tenga significantes que vayan más allá del componente físico? Por ejemplo, ¿qué podría representar un hombre "castrado" simbólicamente dentro de una sociedad machista? Desarrolla estas ideas.

5. Aunque *Los cachorros* no parece contener un discurso feminista, sí capta magistralmente el papel de la mujer dentro de este mundo social burgués.

   □ ¿Hacen un papel importante las mujeres en esta novela? Explica.

   □ Tienen voz, pero ¿a qué comentarios se dedican?

   □ ¿Qué representan ellas para los chicos?

☐ ¿Hay algún ejemplo de alguna chica en la novela que se subleve contra estas normas conformistas?

☐ ¿Qué nos indican estos detalles respecto al papel de la mujer en la burguesía hispanoamericana de aquella época?

6. Los chicos de la novela claramente conocen la situación de Cuéllar.

   ☐ ¿Le muestran cariño? Explica.

   ☐ ¿Le tienen lástima? Explica.

   ☐ ¿Le ayudan a bregar con su situación? Explica.

7. De todos los discursos de la novela, el social es el que más resalta. ¿Cómo caracterizarías el mundo social de los jóvenes miraflorinos?

   ☐ ¿Se comenta alguna vez los problemas sociales, políticos o filosóficos dentro del círculo? ¿Qué indica la ausencia de este tipo de diálogo?

   ☐ ¿Qué actitud muestran ante los que no pertenecen a su círculo, como los cholos, los chinos, los huachafos, etc.?

   ☐ Así como estas personas son marginadas en la sociedad burguesa limeña, Cuéllar también termina siéndolo. ¿Por qué?

   ☐ Al final Cuéllar empieza a reflexionar sobre la vida ("la vida es aguada") y sentir lástima por las clases menesterosas. ¿Qué provoca su nueva actitud? ¿La comparten sus amigos?

8. El cuadro psicológico que se pinta de Cuéllar es muy convincente. Comenta sus acciones y sentimientos así como las de sus padres y amigos desde una perspectiva de la psicología humana o desde tus conocimientos de psicología.

9. El estilo de la novela es genial. Explica el propósito y el efecto de las siguientes técnicas:

   ☐ el punto de vista fluctuante del narrador entre primera y tercera persona

   ☐ la polifonía (o sea, la inclusión, a veces incierta, de voces distintas de los miembros del círculo social o de otros sonidos)

   ☐ la mezcla y yuxtaposición de voces y acciones en una misma oración

   ☐ la inclusión de la letra de un bolero (intertexto)

   ☐ el empleo de la perífrasis

   ☐ la inclusión de palabras, productos y cultura popular norteamericanos

   ☐ el uso de muchas palabras coloquiales propias de América Latina, Perú, Lima y el barrio de Miraflores

Gabriel García Márquez

■□■

n. 1928

La fértil imaginación de García Márquez, junto con su intenso humanismo, su sofisticado sentido del humor, y su agilidad estilística, lo han hecho el novelista más apreciado del "Boom." Desde un pequeño pueblo costero de Colombia donde nació, pasó a Bogotá donde trabajó como periodista. El oficio lo llevó a Europa, donde fue corresponsal del diario *El espectador*. Fue allí en los años 50 del siglo pasado donde empezó a escribir seriamente y a cursar estudios cinematográficos, y es muy posible que esos conocimientos hayan influido en su estilo narrativo. *Cien años de soledad* (1967), la novela donde el autor colombiano luce con brío todas sus destrezas narrativas, es ya un clásico de la literatura hispánica y un *best-seller* internacional. Cuando se piensa en el realismo mágico se piensa primero en García Márquez, aunque la verdad es que su mundo narrativo es mucho más versátil, como se podrá comprobar en los tres relatos incluidos aquí.

Los funerales de Mamá grande (1974)

Antes de leer

1. ¿Has ocultado alguna vez tus emociones para mantener la dignidad? ¿Crees que es insincero ocultar las emociones? Explica.

2. ¿Es posible ser pobre y digno a la vez? Explica.

3. ¿Hay situaciones que le obligan a uno a robar? Da ejemplos.

Códigos para la comprensión

Códigos culturales:

☐ El luto: La gente hispana tradicionalmente guarda un período de luto después de la muerte de un familiar. Se lleva ropa negra durante este período de tiempo. Aunque estas costumbres están cambiando, todavía se observan en zonas rurales y tradicionales.

▢ La siesta: En la mayoría de los países hispanos se reservan unas horas de descanso al mediodía después del almuerzo. Los negocios, las tiendas y las escuelas cierran desde la 1:30 o las 2 hasta las 4 aproximadamente, lo cual permite que la gente vuelva a sus casas para comer, descansar y a veces dormir un rato. En verano, como hace mucho calor por la tarde, no suele haber nadie en la calle durante las horas de la siesta.

▢ El martes: El martes es un día de mala suerte en los países hispanos (el martes 13 es como el viernes 13 en los Estados Unidos). También hay un refrán muy conocido que dice: "Los martes, no te cases ni te embarques."

Código geográfico: "La siesta del martes" tiene lugar en Macondo, el pueblo imaginario de García Márquez que es parecido al pueblo de Aracataca donde fue criado. Muchas otras obras de García Márquez tienen lugar en este pueblo ficticio, incluyendo su novela más famosa, *Cien años de soledad*.

La siesta del martes

El tren salió del trepidante[1] corredor de rocas bermejas, penetró en las plantaciones de banano, simétricas e interminables, y el aire se hizo húmedo y no se volvió a sentir la brisa del mar. Una humareda sofocante entró por la ventanilla del vagón. En el estrecho camino paralelo a la vía férrea había carretas de bueyes cargadas de racimos verdes. Al otro lado del camino, en intempestivos espacios sin sembrar, había oficinas con ventiladores eléctricos, campamentos de ladrillos rojos y residencias con sillas y mesitas blancas en las terrazas entre palmeras y rosales polvorientos. Eran las once de la mañana y aún no había empezado el calor.

—Es mejor que subas el vidrio—dijo la mujer—. El pelo se te va a llenar de carbón.

La niña trató de hacerlo pero la persiana estaba bloqueada por óxido.

Eran los únicos pasajeros en el escueto[2] vagón de tercera clase. Como el humo de la lo-   10
comotora siguió entrando por la ventanilla, la niña abandonó el puesto y puso en su lugar dos únicos objetos que llevaban: una bolsa de material plástico con cosas de comer y un ramo de flores envuelto en papel de periódicos. Se sentó en el asiento opuesto, alejada de la ventanilla, de frente a su madre. Ambas guardaban un luto riguroso y pobre.

La niña tenía doce años y era la primera vez que viajaba. La mujer parecía demasiado vieja para ser su madre, a causa de las venas azules en los párpados y del cuerpo pequeño, blando y sin formas, en un traje cortado como una sotana. Viajaba con la columna vertebral firmemente apoyada contra el espaldar del asiento, sosteniendo en el regazo[3] con ambas manos una cartera de charol[4] desconchado.[5] Tenía la serenidad escrupulosa de la gente acostumbrada a la pobreza.

A las doce había empezado el calor. El tren se detuvo diez minutos en una estación sin   20
pueblo para abastecerse[6] de agua. Afuera, en el misterioso silencio de las plantaciones, la

---

[1] que tiembla suavemente como en un terremoto
[2] austero, sin adornos
[3] la parte del cuerpo entre la cintura y las rodillas
[4] cuero con un barniz muy brillante
[5] gastado
[6] proveerse

sombra tenía un aspecto limpio. Pero el aire estancado dentro del vagón olía a cuero sin curtir.[7] El tren no volvió a acelerar. Se detuvo en dos pueblos iguales, con casas de madera pintadas de colores vivos. La mujer inclinó la cabeza y se hundió en el sopor.[8] La niña se quitó los zapatos. Después fue a los servicios sanitarios a poner en agua el ramo de flores muertas.

Cuando volvió al asiento la madre la esperaba para comer. Le dio un pedazo de queso, medio bollo[9] de maíz y una galleta dulce, y sacó para ella de la bolsa de material plástico una ración igual. Mientras comían, el tren atravesó muy despacio un puente de hierro y pasó de largo por un pueblo igual a los anteriores, sólo que en éste había una multitud en la plaza. 30 Una banda de músicos tocaba una pieza alegre bajo el sol aplastante.[10] Al otro lado del pueblo, en una llanura cuarteada[11] por la aridez, terminaban las plantaciones.

La mujer dejó de comer.

—Ponte los zapatos—dijo.

La niña miró hacia el exterior. No vio nada más que la llanura desierta por donde el tren empezaba a correr de nuevo, pero metió en la bolsa el último pedazo de galleta y se puso rápidamente los zapatos. La mujer le dio la peineta.

—Péinate—dijo.

El tren empezó a pitar mientras la niña se peinaba. La mujer se secó el sudor del cuello y se limpió la grasa de la cara con los dedos. Cuando la niña acabó de peinarse el tren pasó 40 frente a las primeras casas de un pueblo más grande pero más triste que los anteriores.

—Si tienes ganas de hacer algo, hazlo ahora—dijo la mujer—. Después, aunque te estés muriendo de sed no tomes agua en ninguna parte. Sobre todo, no vayas a llorar.

La niña aprobó con la cabeza. Por la ventanilla entraba un viento ardiente y seco, mezclado con el pito de la locomotora y el estrépito de los viejos vagones. La mujer enrolló la bolsa con el resto de los alimentos y la metió en la cartera. Por un instante, la imagen total del pueblo, en el luminoso martes de agosto, resplandeció en la ventanilla. La niña envolvió las flores en los periódicos empapados, se apartó un poco más de la ventanilla y miró fijamente a su madre. Ella le devolvió una expresión apacible. El tren acabó de pitar y disminuyó la marcha. Un momento después se detuvo. 50

No había nadie en la estación. Del otro lado de la calle, en la acera sombreada por los almendros, sólo estaba abierto el salón de billar. El pueblo flotaba en el calor. La mujer y la niña descendieron del tren, atravesaron la estación abandonada cuyas baldosas[12] empezaban a cuartearse por la presión de la hierba, y cruzaron la calle hasta la acera de sombra.

Eran casi las dos. A esa hora, agobiado por el sopor, el pueblo hacía la siesta. Los almacenes, las oficinas públicas, la escuela municipal, se cerraban desde las once y no volvían

---

[7] curar o procesar
[8] sueño profundo
[9] *colombianismo:* tamal
[10] agobiante, opresivo
[11] hendida, rajada con grietas
[12] ladrillos que se emplean para cubrir el piso

a abrirse hasta un poco antes de las cuatro, cuando pasaba el tren de regreso. Sólo permanecían abiertos el hotel frente a la estación, su cantina y su salón de billar, y la oficina del telégrafo a un lado de la plaza. Las casas, en su mayoría construidas sobre el modelo de la compañía bananera, tenían las puertas cerradas por dentro y las persianas bajas. En algunas   60
hacía tanto calor que sus habitantes almorzaban en el patio. Otros recostaban un asiento a la sombra de los almendros y hacían la siesta sentados en plena calle.

Buscando siempre la protección de los almendros la mujer y la niña penetraron en el pueblo sin perturbar la siesta. Fueron directamente a la casa cural.[13] La mujer raspó con la uña la red metálica de la puerta, esperó un instante y volvió a llamar. En el interior zumbaba un ventilador eléctrico. No se oyeron los pasos. Se oyó apenas el leve crujido de una puerta y en seguida una voz cautelosa muy cerca de la red metálica: "¿Quién es?" La mujer trató de ver a través de la red metálica.

—Necesito al padre—dijo.
—Ahora está durmiendo.   70
—Es urgente—insistió la mujer.

Su voz tenía una tenacidad reposada.

La puerta se entreabrió sin ruido y apareció una mujer madura y regordeta, de cutis muy pálido y cabellos color hierro. Los ojos parecían demasiado pequeños detrás de los gruesos cristales de los lentes.

—Sigan—dijo, y acabó de abrir la puerta.

Entraron en una sala impregnada de un viejo olor de flores. La mujer de la casa las condujo hasta un escaño[14] de madera y les hizo señas de que se sentaran. La niña lo hizo, pero su madre permaneció de pie, absorta, con la cartera apretada en las dos manos. No se percibía ningún ruido detrás del ventilador eléctrico.   80
La mujer de la casa apareció en la puerta del fondo.

—Dice que vuelvan después de las tres—dijo en voz muy baja—. Se acostó hace cinco minutos.
—El tren se va a las tres y media—dijo la mujer.

Fue una réplica breve y segura, pero la voz seguía siendo apacible, con muchos matices. La mujer de la casa sonrió por primera vez.

—Bueno—dijo.

Cuando la puerta del fondo volvió a cerrarse la mujer se sentó junto a su hija. La angosta sala de espera era pobre, ordenada y limpia. Al otro lado de una baranda de madera que dividía la habitación, había una mesa de trabajo, sencilla, con un tapete de hule,[15] y encima de   90

---

[13] *colombianismo:* del cura
[14] banco con respaldo donde caben varias personas
[15] material impermeable

la mesa una máquina de escribir primitiva junto a un vaso con flores. Detrás estaban los archivos parroquiales. Se notaba que era un despacho arreglado por una mujer soltera.

La puerta del fondo se abrió y esta vez apareció el sacerdote limpiando los lentes con un pañuelo. Sólo cuando se los puso pareció evidente que era hermano de la mujer que había abierto la puerta.

—¿Qué se le ofrece?—preguntó.
—Las llaves del cementerio—dijo la mujer.

La niña estaba sentada con las flores en el regazo y los pies cruzados bajo el escaño. El sacerdote la miró, después miró a la mujer y después, a través de la red metálica de la ventana, el cielo brillante y sin nubes.   100

—Con este calor—dijo—. Han podido esperar a que bajara el sol.

La mujer movió la cabeza en silencio. El sacerdote pasó del otro lado de la baranda, extrajo del armario un cuaderno forrado de hule, un plumero de palo y un tintero, y se sentó a la mesa. El pelo que le faltaba en la cabeza le sobraba en las manos.

—¿Qué tumba van a visitar?—preguntó.
—La de Carlos Centeno—dijo la mujer.
—¿Quién?
—Carlos Centeno—repitió la mujer.

El padre siguió sin entender.

—Es el ladrón que mataron aquí la semana pasada—dijo la mujer en el mismo tono—. Yo   110
soy su madre.

El sacerdote la escrutó.[16] Ella lo miró fijamente, con un dominio reposado, y el padre se ruborizó.[17] Bajó la cabeza para escribir. A medida que llenaba la hoja pedía a la mujer los datos de su identidad, y ella respondía sin vacilación, con detalles precisos, como si estuviera leyendo. El padre empezó a sudar. La niña se desabotonó la trabilla[18] del zapato izquierdo, se descalzó el talón[19] y lo apoyó en el contrafuerte.[20] Hizo lo mismo con el derecho.

Todo había empezado el lunes de la semana anterior, a las tres de la madrugada y a pocas cuadras de allí. La señora Rebeca, una viuda solitaria que vivía en una casa llena de cachivaches,[21] sintió a través del rumor de la llovizna que alguien trataba de forzar desde   120
afuera la puerta de la calle. Se levantó, buscó a tientas en el ropero un revólver arcaico que nadie había disparado desde los tiempos del coronel Aureliano Buendía, y fue a la sala sin en-

---

[16] examinó detenidamente
[17] enrojeció, se avergonzó
[18] tira que sujeta el zapato al pie
[19] parte posterior del calzado
[20] parte interior en la parte posterior del zapato que lo refuerza
[21] trastos inútiles

cender las luces. Orientándose no tanto por el ruido de la cerradura como por un terror desarrollado en ella por 28 años de soledad, localizó en la imaginación no sólo el sitio donde estaba la puerta sino la altura exacta de la cerradura. Agarró el arma con las dos manos, cerró los ojos y apretó el gatillo. Era la primera vez en su vida que disparaba un revólver. Inmediatamente después de la detonación no sintió nada más que el murmullo de la llovizna en el techo de cinc. Después percibió un golpecito metálico en el andén de cemento y una voz muy baja, apacible, pero terriblemente fatigada: "Ay, mi madre." El hombre que amaneció muerto frente a la casa, con la nariz despedazada, vestía una franela[22] a rayas de colores, un pantalón ordinario con una soga en lugar de cinturón, y estaba descalzo. Nadie lo conocía   130
en el pueblo.

—De manera que se llamaba Carlos Centeno—murmuró el padre cuando acabó de escribir.
—Centeno Ayala—dijo la mujer—. Era el único varón.

El sacerdote volvió al armario. Colgadas de un clavo en el interior de la puerta había dos llaves grandes y oxidadas, como la niña imaginaba y como imaginaba la madre cuando era niña y como debió imaginar el propio sacerdote alguna vez que eran las llaves de san Pedro. Las descolgó, las puso en el cuaderno abierto sobre la baranda y mostró con el índice un lugar en la página escrita, mirando a la mujer.

—Firme aquí.   140

La mujer garabateó su nombre, sosteniendo la cartera bajo la axila.[23] La niña recogió las flores, se dirigió a la baranda arrastrando los zapatos y observó atentamente a su madre.
El párroco suspiró.

—¿Nunca trató de hacerlo entrar por el buen camino?

La mujer contestó cuando acabó de firmar.

—Era un hombre muy bueno.

El sacerdote miró alternativamente a la mujer y a la niña y comprobó con una especie de piadoso estupor que no estaban a punto de llorar. La mujer continuó inalterable:[24]

—Yo le decía que nunca robara nada que le hiciera falta a alguien para comer, y él me hacía caso. En cambio, antes, cuando boxeaba, pasaba hasta tres días en la cama postrado por los golpes.   150
—Se tuvo que sacar todos los dientes—intervino la niña.

---

22 *amer:* camiseta
23 sobaco (o sea, bajo el brazo)
24 sin cambiar su ademán

—Así es—confirmó la mujer—. Cada bocado que me comía en ese tiempo me sabía a los porrazos[25] que le daban a mi hijo los sábados a la noche.

—La voluntad de Dios es inescrutable—dijo el padre.

Pero lo dijo sin mucha convicción, en parte porque la experiencia lo había vuelto un poco escéptico, y en parte por el calor. Les recomendó que se protegieran la cabeza para evitar la insolación.[26] Les indicó bostezando y ya casi completamente dormido, cómo debían hacer para encontrar la tumba de Carlos Centeno. Al regreso no tenían que tocar. Debían meter la llave por debajo de la puerta, y poner allí mismo, si tenían, una limosna para la Iglesia. La   160 mujer escuchó las explicaciones con mucha atención, pero dio las gracias sin sonreír.

Desde antes de abrir la puerta de la calle el padre se dio cuenta de que había alguien mirando hacia dentro, las narices aplastadas contra la red metálica. Era un grupo de niños. Cuando la puerta se abrió por completo los niños se dispersaron. A esa hora, de ordinario, no había nadie en la calle. Ahora no sólo estaban los niños. Había grupos bajo los almendros. El padre examinó la calle distorsionada por la reverberación, y entonces comprendió. Suavemente volvió a cerrar la puerta.

—Esperen un minuto—dijo, sin mirar a la mujer.

Su hermana apareció en la puerta del fondo, con una chaqueta negra sobre la camisa de   170 dormir y el cabello suelto en los hombros. Miró al padre en silencio.

—¿Qué fue?—preguntó él.

—La gente se ha dado cuenta—murmuró su hermana.

—Es mejor que salgan por la puerta del patio—dijo el padre.

—Es lo mismo—dijo su hermana—. Todo el mundo está en las ventanas.

La mujer parecía no haber comprendido hasta entonces. Trató de ver la calle a través de la red metálica. Luego le quitó el ramo de flores a la niña y empezó a moverse hacia la puerta. La niña la siguió.

—Esperen a que baje el sol—dijo el padre.

—Se van a derretir—dijo su hermana, inmóvil en el fondo de la sala—. Espérense y les presto una sombrilla.

—Gracias—replicó la mujer—. Así vamos bien.   180

Tomó a la niña de la mano y salió a la calle.

■———**Pasos para la comprensión**

1. El relato empieza con una descripción realista de una madre y su hija en el vagón de un tren. ¿Cuál es su situación económica? ¿Cómo lo sabemos?

   □ ¿Sabemos adónde van?

---

[25] golpes fuertes
[26] la fuerza de los rayos de sol

☐ Haz una lista de todos los detalles que se mencionan respecto a las cosas que hacen, el paisaje que atraviesan, el clima, los olores, las instrucciones que le da la madre a su hija, etc.

2. Al bajar del tren, ¿cómo encuentran la ciudad? ¿Por qué está todo tan tranquilo?

3. Se dirigen a la casa del cura y piden hablar con él. La mujer que contesta la puerta se lo niega, pero ¿cómo reacciona la madre?

4. ¿Cómo es la casa del cura? ¿Qué nos indica acerca de su estatus social?

5. Finalmente sabemos por qué ha venido la madre al pueblo. Explica.

6. Es ahora cuando el narrador cuenta lo que le pasó al hijo. Cuenta lo que dice.

7. El cura le pregunta a la madre si nunca intentó hacer que su hijo tomara el buen camino. ¿Qué indican las palabras del cura respecto a la culpabilidad? ¿Crees que tiene razón el cura?

8. La madre da una explicación de lo que le pasó a su hijo.

☐ ¿Por qué tenía que robar el hijo?

☐ ¿Qué hacía antes para ganar dinero?

☐ ¿Por qué tuvo que dejar ese oficio?

☐ ¿Qué le había dicho la madre?

9. La actitud del cura ante la historia de la madre representa un discurso anticlerical. Trata de interpretar las siguientes acciones:

☐ su escepticismo (no cree a la madre)

☐ sus bostezos

☐ no tener que tocar a la puerta al regresar del cementerio

☐ que dieran una limosna a la Iglesia

10. Al final, la hermana del cura nota que hay gente en la calle mirando. ¿Por qué hay gente?

☐ ¿Qué les sugiere el cura a la madre y a su hija que hagan para evitar ser vistas?

☐ ¿Qué decide hacer la mujer a pesar de lo que dice el cura?

☐ ¿Cómo interpretas la preocupación del cura y la decisión de la madre?

■——Pasos para una lectura más a fondo

1. El narrador de "La siesta del martes" sólo nos cuenta los hechos, y los personajes se dan a conocer por sus acciones y su comportamiento. Trata de explicar el efecto estético y artístico de este procedimiento objetivo.

2. El narrador revela muchos detalles por medio de signos y códigos. Trata de encontrar los signos y códigos que revelan lo siguiente:

☐ el estado económico de la mujer y su hija

☐ el carácter de la madre

☐ el carácter del cura

☐ la actitud de la gente hacia los pobres

3. El cuento hace una comparación entre el cura y la madre. ¿Cómo se comparan y contrastan estos dos personajes?

☐ ¿Qué nos parece indicar esta oposición respecto a (1) la Iglesia; (2) el amor materno; (3) la dignidad; (4) los pobres?

4. El signo "ladrón" suele tener un significado negativo, pero sus significados pueden variar. ¿Siente la madre vergüenza de que su hijo haya intentado robar? ¿Por qué?

☐ A Rebeca y al cura, ¿parece preocuparles que se haya matado al muchacho?

☐ ¿Crees tú que la gente tiene derecho a tener armas y matar a cualquiera que ellos crean que les amenaza?

5. García Márquez siempre admiró este cuento suyo, y muchos críticos lo consideran entre sus relatos más logrados. Trata de explicar por qué este cuento es tan bien logrado, a pesar de su aparente sencillez.

La Viuda de Montiel

Antes de leer

1. ¿Crees que una esposa debe apoyar a su esposo, aunque sepa que su pareja comete crímenes? Explica.

2. ¿Qué le pasa a una mujer sin conocimientos de cómo llevar un negocio después de la muerte de su esposo, quien era el que lo había llevado siempre? Explica.

Códigos para la comprensión

Código histórico: La historia de Colombia en las décadas de los años 40, 50 y 60 del siglo pasado fue caracterizada por una violencia asoladora; en las luchas se produjeron más de 300,000 víctimas. Empezó con el llamado "Bogotazo" en 1948 en que el líder popular Gaitán, que había tenido éxito en organizar a los trabajadores urbanos y los campesinos con su agenda política progresista, fue asesinado en el centro de Bogotá. El pueblo se rebeló contra los asesinos, pero miles murieron en las luchas de ese día. A partir de entonces, la violencia se aumentó. Las contiendas eran, por lo general, entre las oligarquías establecidas y el pueblo que demandaba más participación en el gobierno y mayor justicia laboral. José Montiel es un cacique que consigue el apoyo del gobierno local y juntos controlan la región, matando a cualquiera que se oponga o que cuestione su autoridad.

La viuda de Montiel

Cuando murió don José Montiel, todo el mundo se sintió vengado, menos su viuda; pero se necesitaron varias horas para que todo el mundo creyera que en verdad había muerto. Muchos lo seguían poniendo en duda después de ver el cadáver en cámara ardiente, embutido con almohadas y sábanas de lino dentro de una caja amarilla y abombada como un melón. Estaba muy bien afeitado, vestido de blanco y con botas de charol, y tenía tan buen semblante que nunca pareció tan vivo como entonces. Era el mismo don Chepe Montiel de los domingos, oyendo misa de ocho, sólo que en lugar de la fusta tenía un crucifijo entre las manos. Fue preciso que atornillaran la tapa del ataúd y que lo emparedaran en el aparatoso mausoleo familiar, para que el pueblo entero se convenciera de que no se estaba haciendo el muerto.

Después del entierro, lo único que a todos pareció increíble, menos a su viuda, fue que José   10
Montiel hubiera muerto de muerte natural. Mientras todo el mundo esperaba que lo acribillaran por la espalda en una emboscada, su viuda estaba segura de verlo morir de viejo en su cama, confesado y sin agonía, como un santo moderno. Se equivocó apenas en algunos detalles. José Montiel murió en su hamaca, un miércoles a las dos de la tarde, a consecuencia de la rabieta que el médico le había prohibido. Pero su esposa esperaba también que todo el pueblo asistiera al entierro y que la casa fuera pequeña para recibir tantas flores. Sin embargo, sólo asistieron sus copartidarios y las congregaciones religiosas, y no se recibieron más coronas que las de la administración municipal. Su hijo—desde su puesto consular de Alemania—y sus dos hijas, desde París, mandaron telegramas de tres páginas. Se veía que los habían redactado de pie, con la tinta multitudinaria de la oficina de correos, y que habían roto muchos formularios antes de   20
encontrar 20 dólares de palabras. Ninguno prometía regresar. Aquella noche, a los 62 años, mientras lloraba contra la almohada en que recostó la cabeza el hombre que la había hecho feliz, la viuda de Montiel conoció por primera vez el sabor de un resentimiento. "Me encerraré para siempre—pensaba—. Para mí, es como si me hubieran metido en el mismo cajón de José Montiel. No quiero saber nada más de este mundo." Era sincera.

Aquella mujer frágil, lacerada por la superstición, casada a los 20 años por voluntad de sus padres con el único pretendiente que le permitieron ver a menos de 10 metros de distancia, no había estado nunca en contacto directo con la realidad. Tres días después de que sacaron de la casa el cadáver de su marido, comprendió a través de las lágrimas que debía reaccionar, pero no pudo encontrar el rumbo de su nueva vida. Era necesario empezar por el principio.   30

Entre los innumerables secretos que José Montiel se había llevado a la tumba, se fue enredada la combinación de la caja fuerte. El alcalde se ocupó del problema. Hizo poner la caja en el patio, apoyada al paredón, y dos agentes de la policía dispararon sus fusiles contra la cerradura. Durante toda una mañana, la viuda oyó desde el dormitorio las descargas cerradas y sucesivas ordenadas a gritos por el alcalde. "Esto era lo último que faltaba—pensó—. Cinco años rogando a Dios que se acaben los tiros, y ahora tengo que agradecer que disparen dentro de mi casa." Aquel día hizo un esfuerzo de concentración, llamando a la muerte, pero nadie le respondió. Empezaba a dormirse cuando una tremenda explosión sacudió los cimientos de la casa. Habían tenido que dinamitar la caja fuerte.

La viuda de Montiel lanzó un suspiro. Octubre se eternizaba con sus lluvias pantanosas y   40
ella se sentía perdida, navegando sin rumbo en la desordenada y fabulosa hacienda de José Montiel. El señor Carmichael, antiguo y diligente servidor de la familia, se había encargado de la administración. Cuando por fin se enfrentó al hecho concreto de que su marido había muerto, la viuda de Montiel salió del dormitorio para ocuparse de la casa. La despojó de todo

ornamento, hizo forrar los muebles en colores luctuosos, y puso lazos fúnebres en los retratos del muerto que colgaban de las paredes. En dos meses de encierro había adquirido la costumbre de morderse las uñas. Un día—los ojos enrojecidos e hinchados de tanto llorar—se dio cuenta de que el señor Carmichael entraba a la casa con el paraguas abierto.

—Cierre ese paraguas, señor Carmichael—le dijo—. Después de todas las gracias que tenemos, sólo nos faltaba que usted entrara a la casa con el paraguas abierto.   50

El señor Carmichael puso el paraguas en el rincón. Era un negro viejo, de piel lustrosa, vestido de blanco y con pequeñas aberturas hechas a navaja en los zapatos para aliviar la presión de los callos.

—Es sólo mientras se seca.

Por primera vez desde que murió su esposo, la viuda abrió la ventana.

—Tantas desgracias, y además este invierno—murmuró, mordiéndose las uñas—. Parece que no va a escampar nunca.

—No escampará ni hoy ni mañana—dijo el administrador—. Anoche no me dejaron dormir los callos.

Ella confiaba en las predicciones atmosféricas de los callos del señor Carmichael.   60 Contempló la placita desolada, las casas silenciosas cuyas puertas no se abrieron para ver el entierro de José Montiel, y entonces se sintió desesperada con sus uñas, con sus tierras sin límites, y con los infinitos compromisos que heredó de su esposo y que nunca lograría comprender.

—El mundo está mal hecho—sollozó.

Quienes la visitaron por esos días tuvieron motivos para pensar que había perdido el juicio. Pero nunca fue más lúcida que entonces. Desde antes de que empezara la matanza política ella pasaba las lúgubres mañanas de octubre frente a la ventana de su cuarto, compadeciendo a los muertos y pensando que si Dios no hubiera descansado el domingo habría tenido tiempo de terminar el mundo.

—Ha debido aprovechar ese día para que no le quedaran tantas cosas mal hechas—decía—.   70 Al fin y al cabo, le quedaba toda la eternidad para descansar.

La única diferencia, después de la muerte de su esposo, era que entonces tenía un motivo concreto para concebir pensamientos sombríos.

Así, mientras la viuda de Montiel se consumía en la desesperación, el señor Carmichael trataba de impedir el naufragio. Las cosas no marchaban bien. Libre de la amenaza de José Montiel, que monopolizaba el comercio local por el terror, el pueblo tomaba represalias. En espera de clientes que no llegaron, la leche se cortó en los cántaros amontonados en el patio, y se fermentó la miel en sus cueros, y el queso engordó gusanos en los oscuros armarios del depósito. En su mausoleo adornado con bombillas eléctricas y arcángeles en imitación de mármol, José Montiel pagaba seis años de asesinatos y tropelías. Nadie en la historia del país   80 se había enriquecido tanto en tan poco tiempo. Cuando llegó al pueblo el primer alcalde de la dictadura, José Montiel era un discreto partidario de todos los regímenes, que se había pasado la mitad de la vida en calzoncillos sentado a la puerta de su piladora de arroz. En un tiempo disfrutó de una cierta reputación de afortunado y buen creyente, porque prometió en voz alta regalar al templo un san José de tamaño natural si se ganaba la lotería, y dos semanas después se ganó seis fracciones y cumplió su promesa. La primera vez que se le vio usar zapatos fue cuando llegó el nuevo alcalde, un sargento de la policía, zurdo y montaraz, que tenía órdenes expresas de liquidar la oposición. José Montiel empezó por ser su informador confidencial. Aquel comerciante modesto cuyo tranquilo humor de hombre gordo no

despertaba la menor inquietud, discriminó a sus adversarios políticos en ricos y pobres. A los 90
pobres los acribilló la policía en la plaza pública. A los ricos les dieron un plazo de 24 horas
para abandonar el pueblo. Planificando la masacre, José Montiel se encerraba días enteros con
el alcalde en su oficina sofocante, mientras su esposa se compadecía de los muertos. Cuando
el alcalde abandonaba la oficina, ella le cerraba el paso a su marido.

—Ese hombre es un criminal—le decía—. Aprovecha tus influencias en el gobierno para
que se lleven a esa bestia que no va a dejar un ser humano en el pueblo.

Y José Montiel, tan atareado en esos días, la apartaba sin mirarla, diciendo: "No seas pen-
deja." En realidad, su negocio no era la muerte de los pobres sino la expulsión de los ricos. Después de que el alcalde les perforaba las puertas a tiros y les ponía el plazo para abandonar el
pueblo, José Montiel les compraba sus tierras y ganados por un precio que él mismo se encargaba de fijar. 100

—No seas tonto—le decía su mujer—. Te arruinarás ayudándolos para que no se mueran
de hambre en otra parte, y ellos no te lo agradecerán nunca.

Y José Montiel, que ya ni siquiera tenía tiempo de sonreír, la apartaba de su camino, diciendo:

—Vete para tu cocina y no me friegues tanto.

A ese ritmo, en menos de un año estaba liquidada la oposición, y José Montiel era el hombre más rico y poderoso del pueblo. Mandó a sus hijas para París, consiguió a su hijo un
puesto consular en Alemania, y se dedicó a consolidar su imperio. Pero no alcanzó a disfrutar seis años de su desaforada riqueza.

Después de que se cumplió el primer aniversario de su muerte, la viuda no oyó crujir la 110
escalera sino bajo el peso de una mala noticia. Alguien llegaba siempre al atardecer. "Otra vez
los bandoleros—decían—. Ayer cargaron con un lote de 50 novillos." Inmóvil en el mece-
dor, mordiéndose las uñas, la viuda de Montiel sólo se alimentaba de su resentimiento.

—Yo te lo decía, José Montiel—decía, hablando sola—. Este es un pueblo desagradecido.
Aún estás caliente en tu tumba y ya todo el mundo nos volteó la espalda.

Nadie volvió a la casa. El único ser humano que vio en aquellos meses interminables en
que no dejó de llover, fue el perseverante señor Carmichael, que nunca entró a la casa con
el paraguas cerrado. Las cosas no marchaban mejor. El señor Carmichael había escrito varias
cartas al hijo de José Montiel. Le sugería la conveniencia de que viniera a ponerse al frente
de los negocios, y hasta se permitió hacer algunas consideraciones personales sobre la salud 120
de la viuda. Siempre recibió respuestas evasivas. Por último, el hijo de José Montiel contestó
francamente que no se atrevía a regresar por temor de que le dieran un tiro. Entonces el señor
Carmichael subió al dormitorio de la viuda y se vio precisado a confesarle que se estaba
quedando en la ruina.

—Mejor—dijo ella—. Estoy hasta la coronilla de quesos y de moscas. Si usted quiere,
llévese lo que le haga falta y déjeme morir tranquila.

Su único contacto con el mundo, a partir de entonces, fueron las cartas que escribía a sus
hijas a fines de cada mes. "Este es un pueblo maldito—les decía—. Quédense allá para siempre
y no se preocupen por mí. Yo soy feliz sabiendo que ustedes son felices." Sus hijas se turnaban
para contestarle. Sus cartas eran siempre alegres, y se veía que habían sido escritas en lugares 130
tibios y bien iluminados y que las muchachas se veían repetidas en muchos espejos cuando se
detenían a pensar. Tampoco ellas querían volver. "Esto es la civilización—decían—. Allá, en
cambio, no es un buen medio para nosotras. Es imposible vivir en un país tan salvaje donde

asesinan a la gente por cuestiones políticas." Leyendo las cartas, la viuda de Montiel se sentía mejor y aprobaba cada frase con la cabeza.

En cierta ocasión, sus hijas le hablaron de los mercados de carne de París. Le decían que mataban unos cerdos rosados y los colgaban enteros en la puerta adornados con coronas y guirnaldas de flores. Al final, una letra diferente a la de sus hijas había agregado: "Imagínate, que el clavel más grande y más bonito se lo ponen al cerdo en el culo." Leyendo aquella frase, por primera vez en dos años, la viuda de Montiel sonrió, subió a su dormitorio sin apagar las luces de la casa, y antes de acostarse volteó el ventilador eléctrico contra la pared. Después 140 extrajo de la gaveta de la mesa de noche unas tijeras, un cilindro de esparadrapo y el rosario, y se vendó la uña del pulgar derecho, irritada por los mordiscos. Luego empezó a rezar, pero al segundo misterio cambió el rosario a la mano izquierda, pues no sentía las cuentas a través del esparadrapo. Por un momento oyó la trepidación de los truenos remotos. Luego se quedó dormida con la cabeza doblada en el pecho. La mano con el rosario rodó por su costado, y entonces vio a la Mamá Grande en el patio con una sábana blanca y un peine en el regazo, destripando piojos con los pulgares. Le preguntó:

—¿Cuándo me voy a morir?

La Mamá Grande levantó la cabeza.

—Cuando te empiece el cansancio del brazo. 150

Pasos para la comprensión

1. Es importante notar las reacciones de las diferentes personas ante la muerte de José Montiel.

   □ ¿Cómo reacciona el pueblo? ¿sus hijos? ¿su viuda?

   □ También, cada persona o grupo tiene una idea diferente de cómo hubiera muerto José Montiel. ¿Cómo creía todo el pueblo que muriera Montiel? ¿Y su esposa?

2. En el tercer párrafo se revelan varias cosas de la vida de la viuda de Montiel y de su carácter. ¿Cuáles son?

   □ ¿Por qué se siente tan sola, que su vida no tiene rumbo, y que tiene que empezar su vida "desde el principio"?

3. ¿Qué piensa la viuda de Montiel de su esposo? ¿Lo quiere? ¿Cómo lo sabemos?

4. La viuda de Montiel es supersticiosa. ¿Cómo lo sabemos?

   □ También tiene una manía. ¿Qué es?

   □ ¿Hay alguna relación entre su superstición y su manía?

5. ¿Qué le pasa a la hacienda y los negocios de José Montiel después de morirse? ¿Por qué?

6. ¿Qué sabemos de la juventud de Montiel?

   □ ¿De quién aprendió Montiel el "arte de gobernar"?

   □ ¿Qué, precisamente, aprendió Montiel de él?

7. ¿Por qué no regresan los hijos de la viuda de Montiel para ayudar a su madre después de la muerte del padre?

☐ ¿Cómo reacciona la madre ante la decisión de sus hijos de no volver?

8. ¿Cómo sabemos que la viuda de Montiel muere al final del cuento?

Pasos para una lectura más a fondo

1. "La viuda de Montiel" nos presenta un cuadro realista de la vida en muchas partes de Hispanoamérica. ¿Qué nos revela respecto a las mujeres?

☐ ¿los dictadores?

☐ ¿la violencia?

☐ ¿los ricos y los pobres?

2. ¿Es la viuda de Montiel una buena mujer? ¿Qué ejemplos hay en el texto para apoyar tu respuesta?

3. ¿Qué es el nombre de la viuda de Montiel?

☐ ¿Qué nos indica el hecho de que no lo sabemos?

☐ ¿Cómo trata Montiel a su esposa?

☐ ¿Le hace caso?

4. ¿Cómo se puede explicar la incongruencia entre la crítica que hace la viuda de Montiel de la violencia y el respeto y amor que le tiene a su esposo, quien es responsable por esa violencia?

☐ ¿Cómo describirías a la viuda de Montiel? ¿Es ingenua, simple o insensata? Explica.

☐ Por otra parte, ¿qué pruebas hay en el texto que indiquen que posiblemente es una mujer muy lista?

5. Las obras de García Márquez contienen signos insólitos. A veces estos signos están bien integrados en el sistema de significación de la obra. Otras veces no es tan fácil entender la relación. Dos signos en esta narración que llaman la atención son la caja fuerte que tienen que explotar para abrir y el cerdo de las carnicerías de París con un clavel en el "culo." Trata de explicar estos signos.

☐ ¿Cuál está bien integrado a la narración? ¿Por qué?

☐ Claramente, el signo del cerdo no se integra tan cómodamente a la narración, y por lo tanto nos llama la atención como un signo complejo con significantes múltiples. Trata de explicarlos, sobre todo la oposición entre un cerdo muerto y un clavel.

6. ¿Contiene esta narración elementos del realismo mágico? Explica y da ejemplos.

7. Aunque el relato refleja una triste realidad histórica y personal, contiene elementos de humor. ¿Cuáles son y cómo funcionan en el relato?

La increíble y triste historia de la cándida Eréndira y de su abuela desalmada (1972)

Antes de leer

1. Si vieras a una persona con alas, ¿qué supondrías que sería? ¿Por qué?

2. ¿Crees en los ángeles? ¿Quiénes son? ¿Qué hacen?

3. ¿Has ido alguna vez a un circo o un carnaval donde se exhibieran personas anormales? ¿Has ido a ver alguna? ¿Qué sentiste al verla? ¿Crees que estas personas totalmente anormales existen en realidad?

Código para la comprensión

Código zoológico: Los cangrejos a los cuales se refiere en esta narración son de tamaño pequeño, viven sobre la tierra, y respiran aire y construyen túneles donde se meten para protegerse. Cuando llueve mucho, como ocurre en este relato, las cuevas se inundan y los cangrejos huyen a otras partes, en este caso dentro de la casa de Pelayo. El hecho de que su casa esté llena de cangrejos, por lo tanto, no es inverosímil.

Un señor muy viejo con unas alas enormes

Al tercer día de lluvia habían matado tantos cangrejos dentro de la casa, que Pelayo tuvo que atravesar su patio anegado[1] para tirarlos en el mar, pues el niño recién nacido había pasado la noche con calenturas y se pensaba que era a causa de la pestilencia. El mundo estaba triste desde el martes. El cielo y el mar eran una misma cosa de ceniza, y las arenas de la playa, que en marzo fulguraban como polvo de lumbre, se habían convertido en un caldo de lodo y mariscos podridos. La luz era tan mansa al mediodía, que cuando Pelayo regresaba a la casa después de haber tirado los cangrejos, le costó trabajo ver qué era lo que se movía y se quejaba en el fondo del patio. Tuvo que acercarse mucho para descubrir que era un hombre viejo, que estaba tumbado boca abajo en el lodazal,[2] y a pesar de sus grandes esfuerzos no podía levantarse, porque se lo impedían sus enormes alas.

Asustado por aquella pesadilla, Pelayo corrió en busca de Elisenda, su mujer, que estaba poniéndole compresas al niño enfermo, y la llevó hasta el fondo del patio. Ambos observaron el cuerpo caído con un callado estupor. Estaba vestido como un trapero.[3] Le quedaban apenas unas hilachas[4] descoloridas en el cráneo pelado y muy pocos dientes en la boca, y su lastimosa condición de bisabuelo ensopado[5] lo había desprovisto de toda grandeza. Sus alas de

10

---

[1] inundado de agua

[2] terreno de lodo, fango

[3] persona que se gana la vida buscando y vendiendo trapos (*o sea, vestido muy pobremente*)

[4] hilos, pelos

[5] muy mojado, empapado

gallinazo[6] grande, sucias y medio desplumadas, estaban encalladas[7] para siempre en el lodazal. Tanto lo observaron, y con tanta atención, que Pelayo y Elisenda se sobrepusieron muy pronto del asombro y acabaron por encontrarlo familiar. Entonces se atrevieron a hablarle, y él les contestó en un dialecto incomprensible pero con una buena voz de navegante. Fue así como pasaron por alto el inconveniente de las alas, y concluyeron con muy buen juicio que   20 era un náufrago solitario de alguna nave extranjera abatida por el temporal. Sin embargo, llamaron para que lo viera a una vecina que sabía todas las cosas de la vida y la muerte, y a ella le bastó con una mirada para sacarlos del error.

—Es un ángel—les dijo—. Seguro que venía por el niño, pero el pobre está tan viejo que lo ha tumbado la lluvia.

Al día siguiente todo el mundo sabía que en casa de Pelayo tenían cautivo un ángel de carne y hueso. Contra el criterio de la vecina sabia, para quien los ángeles de estos tiempos eran sobrevivientes fugitivos de una conspiración celestial, no habían tenido corazón para matarlo a palos. Pelayo estuvo vigilándolo toda la tarde desde la cocina, armado con su garrote de alguacil, y antes de acostarse lo sacó a rastras del lodazal y lo encerró con las gallinas   30 en el gallinero alambrado. A media noche, cuando terminó la lluvia, Pelayo y Elisenda seguían matando cangrejos. Poco después el niño despertó sin fiebre y con deseos de comer. Entonces se sintieron magnánimos y decidieron poner al ángel en una balsa[8] con agua dulce y provisiones para tres días, y abandonarlo a su suerte en altamar. Pero cuando salieron al patio con las primeras luces, encontraron a todo el vecindario frente al gallinero, retozando con el ángel sin la menor devoción y echándole cosas de comer por los huecos de las alambradas, como si no fuera una criatura sobrenatural sino un animal de circo.

El padre Gonzaga llegó antes de las siete alarmado por la desproporción de la noticia. A esa hora ya habían acudido curiosos menos frívolos que los del amanecer, y habían hecho toda clase de conjeturas sobre el porvenir del cautivo. Los más simples pensaban que sería   40 nombrado alcalde del mundo. Otros, de espíritu más áspero, suponían que sería ascendido a general de cinco estrellas para que ganara todas las guerras. Algunos visionarios esperaban que fuera conservado como semental para implantar en la tierra una estirpe de hombres alados y sabios que se hicieran cargo del Universo. Pero el padre Gonzaga, antes de ser cura, había sido leñador macizo.[9] Asomado a las alambradas repasó en un instante su catecismo, y todavía pidió que le abrieran la puerta para examinar de cerca a aquel varón de lástima que más bien parecía una enorme gallina decrépita entre las gallinas absortas.[10] Estaba echado en un rincón, secándose al sol las alas extendidas, entre las cáscaras de frutas y las sobras de desayunos que le habían tirado los madrugadores. Ajeno a las impertinencias del mundo, apenas si levantó sus ojos de anticuario y murmuró algo en su dialecto cuando el padre Gonzaga entró en el   50 gallinero y le dio los buenos días en latín. El párroco tuvo la primera sospecha de su impostura al comprobar que no entendía la lengua de Dios ni sabía saludar a sus ministros. Luego observó que visto de cerca resultaba demasiado humano: tenía un insoportable olor de

---

[6] buitre
[7] adheridas, incrustadas
[8] embarcación plana hecha de maderas unidos
[9] sólido, fuerte
[10] admiradas, pasmadas

intemperie,[11] el revés de las alas sembrado de algas parasitarias y las plumas mayores mal-
tratadas por vientos terrestres, y nada de su naturaleza miserable estaba de acuerdo con la
egregia[12] dignidad de los ángeles. Entonces abandonó el gallinero, y con un breve sermón
previno a los curiosos contra los riesgos de la ingenuidad.[13] Les recordó que el demonio tenía
la mala costumbre de recurrir a artificios de carnaval para confundir a los incautos.
Argumentó que si las alas no eran el elemento esencial para determinar las diferencias entre
un gavilán y un aeroplano, mucho menos podían serlo para reconocer a los ángeles. Sin em-   60
bargo, prometió escribir una carta a su obispo, para que éste escribiera otra al Sumo Pontífice,
de modo que el veredicto final viniera de los tribunales más altos.

Su prudencia cayó en corazones estériles. La noticia del ángel cautivo se divulgó con tanta
rapidez, que al cabo de pocas horas había en el patio un alboroto de mercado, y tuvieron que
llevar la tropa con bayonetas para espantar el tumulto que ya estaba a punto de tumbar la casa.
Elisenda, con el espinazo[14] torcido de tanto barrer basura de feria, tuvo entonces la buena
idea de tapiar[15] el patio y cobrar cinco centavos por la entrada para ver al ángel.

Vinieron curiosos hasta de la Martinica. Vino una feria ambulante con un acróbata
volador, que pasó zumbando varias veces por encima de la muchedumbre, pero nadie le hizo
caso porque sus alas no eran de ángel sino de murciélago sideral.[16] Vinieron en busca de salud   70
los enfermos más desdichados del Caribe: una pobre mujer que desde niña estaba contando
los latidos de su corazón y ya no le alcanzaban los números, un jamaiquino que no podía
dormir porque lo atormentaba el ruido de las estrellas, un sonámbulo que se levantaba de
noche a deshacer dormido las cosas que había hecho despierto, y muchos otros de menor
gravedad. En medio de aquel desorden de naufragio que hacía temblar la tierra, Pelayo y
Elisenda estaban felices de cansancio, porque en menos de una semana atiborraron[17] de plata
los dormitorios, y todavía la fila de peregrinos que esperaban turno para entrar llegaba hasta
el otro lado del horizonte.

El ángel era el único que no participaba de su propio acontecimiento. El tiempo se le
iba en buscar acomodo en su nido prestado, aturdido por el calor de infierno de las lám-   80
paras de aceite y las velas de sacrificio que le arrimaban a las alambradas. Al principio
trataron de que comiera cristales de alcanfor,[18] que, de acuerdo con la sabiduría de la vecina
sabia, era el alimento específico de los ángeles. Pero él los despreciaba, como despreció sin
probarlos los almuerzos papales[19] que le llevaban los penitentes, y nunca se supo si fue por
ángel o por viejo que terminó comiendo nada más que papillas[20] de berenjena. Su única
virtud sobrenatural parecía ser la paciencia. Sobre todo en los primeros tiempos, cuando lo
picoteaban las gallinas en busca de los parásitos estelares que proliferaban en sus alas, y los
baldados[21] le arrancaban plumas para tocarse con ellas sus defectos, y hasta los más piadosos
le tiraban piedras tratando de que se levantara para verlo de cuerpo entero. La única vez que

---

[11] los elementos (sol, lluvia, etc.)

[12] ilustre

[13] credulidad

[14] columna vertebral

[15] encerrar con un muro

[16] de las estrellas

[17] llenaron completamente

[18] bolitas blancas de olor muy fuerte que se emplean normalmente para proteger la ropa de las polillas

[19] magníficos, dignos del Papa

[20] puré

[21] minusválidos

consiguieron alterarlo fue cuando le abrasaron el costado con un hierro de marcar novillos,   90
porque llevaba tantas horas de estar inmóvil que lo creyeron muerto. Despertó sobresaltado,
despotricando[22] en lengua hermética y con los ojos en lágrimas, y dio un par de aletazos
que provocaron un remolino de estiércol de gallinero y polvo lunar, y un ventarrón de
pánico que no parecía de este mundo. Aunque muchos creyeron que su reacción no había
sido de rabia sino de dolor, desde entonces se cuidaron de no molestarlo, porque la mayoría
entendió que su pasividad no era la de un héroe en uso de buen retiro sino la de un cataclismo en reposo.

El padre Gonzaga se enfrentó a la frivolidad de la muchedumbre con fórmulas de inspiración doméstica, mientras le llegaba un juicio terminante sobre la naturaleza del cautivo.
Pero el correo de Roma había perdido la noción de la urgencia. El tiempo se les iba en   100
averiguar si el convicto tenía ombligo, si su dialecto tenía algo que ver con el arameo, si podía
caber muchas veces en la punta de un alfiler, o si no sería simplemente un noruego con alas.
Aquellas cartas de parsimonia[23] habrían ido y venido hasta el fin de los siglos, si un acontecimiento providencial no hubiera puesto término a las tribulaciones del párroco.

Sucedió que por esos días, entre muchas otras atracciones de las ferias errantes del Caribe,
llevaron al pueblo el espectáculo triste de la mujer que se había convertido en araña por desobedecer a sus padres. La entrada para verla no sólo costaba menos que la entrada para ver al
ángel, sino que permitían hacerle toda clase de preguntas sobre su absurda condición, y ex-
aminarla al derecho y al revés, de modo que nadie pusiera en duda la verdad del horror. Era
una tarántula espantosa del tamaño de un carnero y con la cabeza de una doncella triste. Pero   110
lo más desgarrador[24] no era su figura de disparate, sino la sincera aflicción con que contaba
los pormenores de su desgracia: siendo casi una niña se había escapado de la casa de sus padres
para ir a un baile, y cuando regresaba por el bosque después de haber bailado toda la noche
sin permiso, un trueno pavoroso abrió el cielo en dos mitades, y por aquella grieta salió el
relámpago de azufre que la convirtió en araña. Su único alimento eran las bolitas de carne
molida que las almas caritativas quisieran echarle en la boca. Semejante espectáculo, cargado
de tanta verdad humana y de tan temible escarmiento,[25] tenía que derrotar sin proponérselo
al de un ángel despectivo[26] que apenas si se dignaba mirar a los mortales. Además los escasos
milagros que se le atribuían al ángel revelaban un cierto desorden mental, como el del ciego
que no recobró la visión pero le salieron tres dientes nuevos, y el del paralítico que no pudo   120
andar pero estuvo a punto de ganarse la lotería, y el del leproso a quien le nacieron girasoles
en las heridas. Aquellos milagros de consolación que más bien parecían entretenimientos de
burla, habían quebrantado ya la reputación del ángel cuando la mujer convertida en araña
terminó de aniquilarla. Fue así como el padre Gonzaga se curó para siempre del insomnio, y
el patio de Pelayo volvió a quedar tan solitario como en los tiempos en que llovió tres días y
los cangrejos caminaban por los dormitorios.

Los dueños de la casa no tuvieron nada que lamentar. Con el dinero recaudado construyeron una mansión de dos plantas, con balcones y jardines, y con sardineles[27] muy altos
para que no se metieran los cangrejos del invierno, y con barras de hierro en las ventanas para

---

[22] diciendo barbaridades
[23] lentitud
[24] triste
[25] lección que se aprende de las experiencias propias o ajenas
[26] desdeñoso, que desprecia
[27] muros de ladrillos

que no se metieran los ángeles. Pelayo estableció además un criadero de conejos muy cerca   130
del pueblo y renunció para siempre a su mal empleo de alguacil, y Elisenda se compró unas
zapatillas satinadas de tacones altos y muchos vestidos de seda tornasol, de los que usaban las
señoras más codiciadas en los domingos de aquellos tiempos. El gallinero fue lo único que
no mereció atención. Si alguna vez lo lavaron con creolina y quemaron las lágrimas de
mirra[28] en su interior, no fue por hacerle honor al ángel, sino por conjurar la pestilencia de
muladar que ya andaba como un fantasma por todas partes y estaba volviendo vieja la casa
nueva. Al principio, cuando el niño aprendió a caminar, se cuidaron de que no estuviera muy
cerca del gallinero. Pero luego se fueron olvidando del temor y acostumbrándose a la peste,
y antes de que el niño mudara los dientes se había metido a jugar dentro del gallinero, cuyas
alambradas podridas se caían a pedazos. El ángel no fue menos displicente[29] con él que con   140
el resto de los mortales, pero soportaba las infamias más ingeniosas con una mansedumbre de
perro sin ilusiones. Ambos contrajeron la varicela al mismo tiempo. El médico que atendió
al niño no resistió a la tentación de auscultar[30] al ángel, y le encontró tantos soplos en el
corazón y tantos ruidos en los riñones, que no le pareció posible que estuviera vivo. Lo que
más le asombró, sin embargo, fue la lógica de sus alas. Resultaban tan naturales en aquel organismo completamente humano, que no podía entenderse por qué no las tenían también
los otros hombres.

Cuando el niño fue a la escuela, hacía mucho tiempo que el sol y la lluvia habían desbaratado el gallinero. El ángel andaba arrastrándose por acá y por allá como un moribundo
sin dueño. Lo sacaban a escobazos de un dormitorio y un momento después lo encontra-   150
ban en la cocina. Parecía estar en tantos lugares al mismo tiempo, que llegaron a pensar que
se desdoblaba, que se repetía a sí mismo por toda la casa, y la exasperada Elisenda gritaba
fuera de quicio[31] que era una desgracia vivir en aquel infierno lleno de ángeles. Apenas si
podía comer, sus ojos de anticuario se le habían vuelto tan turbios que andaba tropezando
con los horcones,[32] y ya no le quedaban sino las cánulas[33] peladas de las últimas plumas.
Pelayo le echó encima una manta y le hizo la caridad de dejarlo dormir en el cobertizo, y
sólo entonces advirtieron que pasaba la noche con calenturas delirando en trabalenguas de
noruego viejo. Fue ésa una de las pocas veces en que se alarmaron, porque pensaban que
se iba a morir, y ni siquiera la vecina sabia había podido decirles qué se hacía con los ángeles muertos.   160

Sin embargo, no sólo sobrevivió a su peor invierno, sino que pareció mejor con los
primeros soles. Se quedó inmóvil muchos días en el rincón más apartado del patio, donde
nadie lo viera, y a principios de diciembre empezaron a nacerle en las alas unas plumas
grandes y duras, plumas de pajarraco viejo, que más bien parecían un nuevo percance[34] de
la decrepitud. Pero él debía conocer la razón de esos cambios, porque se cuidaba muy bien
de que nadie los notara, y de que nadie oyera las canciones de navegantes que a veces
cantaba bajo las estrellas. Una mañana, Elisenda estaba cortando rebanadas de cebolla para
el almuerzo, cuando un viento que parecía de alta mar se metió en la cocina. Entonces se

---

[28] resina que exudan ciertos árboles

[29] desagradable

[30] examinar con estetoscopio

[31] exasperada

[32] *amer:* maderos verticales como columnas que sostienen las vigas de una casa

[33] cañas pequeñas (*aquí*, las espinas de las plumas)

[34] accidente

asomó por la ventana, y sorprendió al ángel en las primeras tentativas del vuelo. Eran tan torpes, que abrió con las uñas un surco de arado en las hortalizas y estuvo a punto de desbaratar el cobertizo con aquellos aletazos indignos que resbalaban en la luz y no encontraban asidero[35] en el aire. Pero logró ganar altura. Elisenda exhaló un suspiro de descanso, por ella y por él, cuando lo vio pasar por encima de las últimas casas, sustentándose de cualquier modo con un azaroso[36] aleteo de buitre senil. Siguió viéndolo hasta cuando acabó de cortar la cebolla, y siguió viéndolo hasta cuando ya no era posible que lo pudiera ver, porque entonces ya no era un estorbo en su vida, sino un punto imaginario en el horizonte del mar.

■————Pasos para la comprensión

1. Dos hechos ocurren en el primer párrafo: la matanza de cangrejos y la aparición inesperada de un viejo con alas.
   - ☐ ¿Por qué hay cangrejos en la casa? Consulta el *código zoológico.*
   - ☐ ¿Por qué ha venido el hombre con alas?
   - ☐ Aunque los dos incidentes son algo fantásticos, el primero tiene al menos una explicación lógica. ¿Se puede explicar lógicamente todo lo que pasa en la vida?

2. Vale la pena repasar la descripción del viejo con alas.
   - ☐ ¿Cuánto pelo tiene?
   - ☐ ¿Cómo es la boca?
   - ☐ ¿Cómo está vestido?
   - ☐ ¿En qué condición tiene las alas?
   - ☐ ¿Qué lenguaje habla?

3. Llaman a una vecina para identificar al hombre.
   - ☐ ¿Por qué llaman a esta persona?
   - ☐ ¿Qué dice ella respecto al hombre?
   - ☐ ¿Qué razón lógica da para explicar su presencia en la casa? ¿Es convincente su explicación?

4. Como consecuencia de la explicación de la vecina, ¿cómo reaccionaron los habitantes del pueblo?

5. El padre Gonzaga llega a otra conclusión.
   - ☐ ¿Por qué no cree que es un ángel?
   - ☐ ¿Qué cree que es?
   - ☐ ¿Qué hace para comprobar lo que es?

---

[35] lugar para agarrarse
[36] turbado; incierto

□ Más adelante, en las líneas 98-104, se menciona de nuevo la investigación papal. ¿Cómo llevan a cabo la investigación?

□ ¿Qué parece criticar aquí el autor implícito?

□ Nota que los parroquianos no hacen caso a la opinión del cura. ¿Por qué?

6. Gente de todas partes del Caribe viene a ver el ángel. ¿Por qué vienen?

□ Su presencia convierte la casa de Pelayo en un tipo de feria o carnaval. ¿Cómo se aprovecha Elisenda de la situación?

□ ¿Tuvo éxito su idea?

7. Nota que en la línea 79 el narrador se refiere al hombre como "ángel." El pobre ángel, enjaulado en el gallinero, lleva una vida muy triste. Menciona algunas de las cosas que le pasan y que tiene que aguantar de los peregrinos que lo vienen a ver.

8. ¿Qué nuevo espectáculo carnavalesco llega al pueblo que desvía la atención que la gente le prestaba al ángel?

□ Pero además, ¿qué contribuyó a que el pueblo perdiera fe en el poder milagroso del ángel?

9. Con el tiempo, los alambres del gallinero se habían oxidado, y el ángel pudo salir y se metió en la casa. Su presencia estorba mucho a Elisenda, que termina diciendo que era una "desgracia vivir en aquel infierno lleno de ángeles." Comenta la ironía y el humor de sus palabras. Pero además, nota la oposición binaria que se crea. Explícala.

10. A pesar del estorbo, nota que la familia cuida al ángel y jamás piensa en echarlo de la casa. ¿Por qué será?

□ ¿Por qué será que temen que el ángel se muera?

11. El ángel va recobrando fuerzas, le salen nuevas plumas, intenta volar. Aunque vuela torpemente al principio finalmente lo consigue, siendo testigo Elisenda.

■———Pasos para una lectura más a fondo

1. En el realismo mágico, técnica literaria que emplea García Márquez aquí, uno quiere ver lo que ocurre como una alegoría o una fábula con un mensaje oculto. Pero ese mensaje, si es que existe, no se sostiene lógica o consistentemente en el texto. En cambio, el lector observa ocurrencias mágicas y fantásticas en la trama que le conducen al mensaje. Veamos algunos ejemplos y explica lo que cada uno pudiera implicar:

□ La presencia del "ángel" ayuda de varios modos a la familia de Pelayo.

□ El padre Gonzaga se opone a la idea del "ángel" y sugiere que pudiera ser un demonio; sin embargo, el pueblo se niega a hacerle caso al clérigo y acepta la interpretación de la vecina sabia.

☐ Los que vienen a ver el "ángel" esperan que haga milagros, pero los milagros del "ángel" no producen los resultados esperados.

☐ La gente pierde interés en el "ángel" cuando llega al pueblo la mujer araña.

☐ Busca otros ejemplos de este tipo y ofrece una posible interpretación simbólica del mensaje.

2. El signo "señor viejo" que llega milagrosamente a la casa de Pelayo tiene, a lo largo de la narración, muchos significados. Al principio, la pareja cree que es un "náufrago," pero la vecina cree que es un "ángel." Sin embargo, el padre Gonzaga rechaza la idea angélica y sugiere que es un "demonio." Nota cómo el autor está jugando con la complejidad de los signos.

☐ ¿Cuál sería su propósito de no darle una identidad concreta a la "cosa" que aparece un día en la casa de Pelayo?

☐ ¿Cómo se refiere el autor a esta "cosa" en el título del relato?

3. El significado de "ángel" es el que más aceptación tiene en la narración entre la gente de la región. ¿Qué es para ti un ángel y cómo es?

☐ ¿Qué tiene este hombre de parecido con un ángel? ¿Qué tiene que no se parezca a un ángel?

☐ Nota que el padre Gonzaga dice que "si las alas no eran el elemento esencial para determinar las diferencias entre un gavilán y un aeroplano, mucho menos podían serlo para reconocer a los ángeles." ¿Qué implican las palabras del padre con respecto al aspecto físico del signo?

☐ El médico que lo atiende al final nota que sus alas son tan naturales para su organismo "que no podía entenderse por qué no las tenían también los otros hombres." Nota cómo el signo se invierte aquí. Explica.

☐ Fíjate que en muchas instancias se hace mención al hombre con signos de aves: gallinazo, una enorme gallina, y cuando se va al final se parece a un "buitre senil." ¿Es hombre, ángel, demonio o ave? Explica.

4. No se debe pasar por alto el humor del realismo mágico de García Márquez. El humor se expresa tanto en los hechos como en el uso de las palabras. Explica el humor de:

☐ la primera descripción del "ángel"

☐ la presencia del padre Gonzaga en el gallinero

☐ los peregrinos que vienen a ver el "ángel," como el jamaicano a quien le atormenta el ruido de las estrellas

☐ la mujer araña

☐ Cita otros ejemplos que te causaron risa.

5. Merece la pena comentar el ambiente de carnaval que provoca la presencia del ángel y luego la mujer araña. ¿Qué tipo de mundo se pinta?

   □ Parece ridículo, pero ¿se ven estas cosas u otras semejantes en las ferias y los carnavales? Explica.

6. En el realismo mágico de García Márquez, pueden ocurrir cosas mágicas y fantásticas, pero las reacciones de los personajes ante los hechos son siempre humanas.

   □ Por ejemplo, ¿por qué sacan cangrejos de la casa los padres?

   □ ¿Por qué no echan al "ángel" de la casa?

   □ Cita otros ejemplos de actos o reacciones humanas en la narración.

   □ ¿Qué efecto produce el choque entre lo humano y lo mágico?

7. ¿Crees que el señor viejo con alas enormes representa algo? Antes de contestar, considera que aparece y se va sin ningún aviso; que nunca sabemos exactamente lo que es; que su presencia es estorbosa pero que termina ayudando a la familia. Ahora trata de contestar, teniendo en cuenta que no hay una respuesta fija.

CAPÍTULO 14

LA VOZ FEMENINA EN LA LITERATURA CONTEMPORÁNEA

■■■

 Consulta www.prenhall.com/momentos y lee un ensayo de orientación a este capítulo.

Un fenómeno de los últimos veinte y cinco años del siglo XX en las letras hispánicas ha sido la mayor participación de las mujeres en la literatura. Este fenómeno se debe a muchos factores: la germinación del feminismo radical en los años 70 del siglo pasado, el mayor número de mujeres que asisten a las universidades (que en algunos países ya es superior al de los hombres), el hecho de que en países como España, las mujeres lean más novelas que los hombres, etc. Esto no indica que el mundo hispánico no haya contado con autoras ilustres con anterioridad. Sor Juana Inés de la Cruz y Santa Teresa de Ávila eran figuras consagradas de las letras hispánicas mucho antes de que el feminismo empezara a rescatar escritoras olvidadas del pasado.

Sin embargo, no se podría decir que las mujeres han estado al frente de los grandes movimientos literarios; sólo han participado al margen de ellos. Por ejemplo, los dos grandes movimientos literarios que ha producido Latinoamérica y que se han exportado al exterior—el modernismo y el "Boom" de la narrativa—no contaron con la participación de mujeres. Y sin embargo, es notorio que en la producción posterior a estos movimientos—el posmodernismo y el posboom—se destacaran sus aportaciones. Gabriela Mistral (1889–1957), Delmira Agustini (1886–1914), Juana de Ibarourou (1895–1979), Alfonsina Storni (1892–1938) y Julia de Burgos (1917–1953) son quizá los autores más estudiados del posmodernismo, así como en la actualidad no se puede negar el éxito editorial de autores como Isabel Allende (n. 1942), Rosario Ferré (n. 1942), Laura Esquivel (n. 1950), entre muchas otras.

Otro acontecimiento análogo es el éxito que han tenido escritoras latinas en los Estados Unidos. Aunque éstas escriben en inglés, muchas veces los asuntos de sus obras tratan del mundo y la realidad latina, como es el caso de la dominicanoamericana Julia Álvarez (n. 1950), la cubanoamericana Cristina García (n. 1958), y las mexicanoamericanas Denise Chávez (n. 1948), Ana Castillo (n. 1953) y Sandra Cisneros (n. 1954).

Al representar una minoría entre las filas de escritores, no ha de sorprender que las mujeres que han escrito en el pasado se hayan preocupado por la condición de la mujer en la sociedad y hayan lanzado un grito en contra de la injusticia. Este fenómeno se puede observar en esta antología en autores como María de Zayas, Sor Juana Inés de la Cruz, Gertrudis Gómez de Avellaneda, Emilia Pardo Bazán, y las escritoras ya mencionadas del posmodernismo. Las autoras que han llegado a su madurez a finales del siglo XX, sin embargo, han tenido la libertad de expresar explícitamente su frustración ante la condición de la mujer y de abogar por su total liberación.

Los movimientos feministas del pasado habían luchado para cambiar alguna mentalidad o conseguir algún derecho u otro. Por ejemplo, el discurso feminista del siglo XVIII tuvo que ver con la inteligencia de la mujer, llegándose a la conclusión de que una mujer podía tener la misma inteligencia que un hombre si recibía la misma educación. En el siglo XIX se luchó por el derecho de la mujer a estudiar. En los años 20 del siglo XX las mujeres lucharon y consiguieron en los Estados Unidos, como en otras partes, el derecho de votar. Pero el movimiento feminista de los años 70 fue mucho más radical y totalizador. Se luchó por una igualdad total entre los sexos, tanto en el campo laboral como en el social, político y hasta matrimonial.

Como parte de esa igualdad total, las mujeres han buscado y conseguido su propia voz en el ámbito literario. Rosa Montero (n. 1951), en el ensayo introductorio a este capítulo, arguye, sin embargo, que no hay una voz femenina particular, y que si la hubiera, las escrituras de mujeres serían tan sexistas como las de los hombres. En contraste a esta visión hay críticos feministas que perciben en las obras de mujeres una nueva manera de expresarse, con nuevos códigos y signos que requieren una nueva aproximación crítica para su decodificación. Por ejemplo, el cuerpo femenino se incorpora por primera vez al texto literario como un cuerpo libre, independiente, y no simplemente como el fruto de placer de los hombres. Los anhelos eróticos de las mujeres, así como el placer sexual expresado desde la perspectiva femenina, tienen cabida en esta nueva literatura—temas que no se habían abarcado antes.

Otra característica de la voz de la mujer es la sensibilidad con la cual expresan su hermandad con todas las mujeres así como con las personas oprimidas del mundo. Muchos textos de mujeres presentan discursos de opresión política o patriarcal; esto se ve en particular en los escritos de las mujeres del cono sur de Sudamérica (Argentina, Chile, Uruguay), como Luisa Valenzuela (n. 1938) y Cristina Peri Rossi (n. 1941). La literatura femenina también ha resucitado el género del testimonio, en forma de novela, como *Hasta no verte Jesús mío* (1969) de Elena Poniatowska (n. 1933), o en forma de testimonio verídico, como en *Yo soy Rigoberta Menchú* (1983), de la autora guatemalteca, ganadora del premio Nobel de la Paz en 1992.

Las otras autoras representadas en este capítulo encarnan otras facetas de la expresión literaria femenina. El poema de Rosario Castellanos (1925–1974) rompe por completo con el tradicional discurso lírico y escribe una antipoesía—un buen ejemplo de rebelión artística típica de mucha de las escrituras de mujeres. En el relato de Elena Poniatowska se borran las fronteras entre los géneros epistolares, periodísticos y literarios. Esther Tusquets (n. 1936) emplea un estilo poético, sensual y musical para describir la transformación de una niña privilegiada en una mujer comprometida e independiente. La heroína de Luisa Valenzuela abandona completamente sus preocupaciones feministas al entregarse al hipnotismo del tango, mientras que Isabel Allende (n. 1942) emplea el realismo mágico para describir a una mujer que, ademas de abrirse su propio camino en el mundo, es capaz de transformar las actitudes de los hombres.

Rosario Castellanos

1925–1974

Aunque bastante mayor que las otras escritoras de este capítulo, ningún repaso de escrituras de mujeres podría omitir a esta autora mexicana, que introduce en el mundo hispánico el discurso feminista moderno, libre de los clichés y fórmulas banales de otros escritores. Criada en Chiapas, el estado de México que junto con Oaxaca tiene el mayor número de indígenas, Castellanos tuvo contacto con "el otro" desde niña— los vencidos y oprimidos mexicanos originales— y sus novelas más conocidas, *Balún Canán* (1957) y *Oficio de tinieblas* (1962), parten de esa intensa experiencia de su juventud. Su extensa obra poética, recogida en la colección *Poesía no eres tú* (1972), muestra en sus temas el carácter polifacético de Castellanos. Como indica el título, muchos de los poemas se sublevan en contra de la retórica poética tradicional creada por los hombres y busca una voz auténtica más directa y sincera.

Poesía no eres tú, obra poética 1948–1971 (1972)

Antes de leer

1. ¿Cuál es la diferencia entre poesía y prosa?
2. Si tuvieras que escribir un poema sobre tu personalidad (un autorretrato), ¿qué detalles incluirías?
3. ¿Te negarías a contar ciertas pecas de tu carácter y características perjudiciales, o serías completamente candoroso?

Códigos para la comprensión

Código urbano de México: El Bosque (o Parque) de Chapultepec es un parque urbano de México, D.F., que contiene el Parque zoológico así como el famoso Museo Nacional de Antropología. Alrededor del Bosque se encuentran los barrios más elegantes de la capital: al norte Polanco y las Lomas de Chapultepec, al este el distrito comercial llamado la Zona Rosa, y al sur Condesa. Al decir Castellanos que vive enfrente del Bosque, se refiere a uno de estos barrios de abolengo.

Código feminista: Rosario Castellanos fue una de las primeras feministas modernas de Hispanoamérica. En 1975 publicó una serie de ensayos en un libro titulado *Mujer que sabe latín,* que le da un giro irónico al refrán mexicano que dice "Mujer que sabe latín, no tiene marido ni buen fin."

Autorretrato

Yo soy una señora: tratamiento
arduo de conseguir, en mi caso, y más útil
para alternar con los demás que un título
extendido a mi nombre en cualquier academia.

Así, pues, luzco mi trofeo y repito: 5
yo soy una señora. Gorda o flaca
según las posiciones de los astros,
los ciclos glandulares
y otros fenómenos que no comprendo.

Rubia, si elijo una peluca rubia.   10
O morena, según la alternativa.
(En realidad, mi pelo encanece, encanece.)

Soy más o menos fea. Eso depende mucho
de la mano que aplica el maquillaje.

Mi apariencia ha cambiado a lo largo del tiempo   15
—aunque no tanto como dice Weininger
que cambia la apariencia del genio—. Soy mediocre.

Lo cual, por una parte, me exime[1] de enemigos
y, por la otra, me da la devoción
de algún admirador y la amistad   20
de esos hombres que hablan por teléfono
y envían largas cartas de felicitación.
Que beben lentamente whisky sobre las rocas
y charlan de política y de literatura.

Amigas . . . hmmm . . . a veces, raras veces   25
y en muy pequeñas dosis.
En general, rehúyo los espejos.

———
[1] exonera, salva

Me dirían lo de siempre: que me visto muy mal
y que hago el ridículo
cuando pretendo coquetear con alguien.   30

Soy madre de Gabriel: ya usted sabe, ese niño
que un día se erigirá en[2] juez inapelable
y que acaso, además, ejerza de verdugo.[3]
Mientras tanto lo amo.

Escribo. Este poema. Y otros. Y otros.   35
Hablo desde una cátedra.[4]
Colaboro en revistas de mi especialidad
y un día a la semana publico en un periódico.

Vivo enfrente del Bosque.[5] Pero casi
nunca vuelvo los ojos para mirarlo. Y nunca   40
atravieso la calle que me separa de él
y paseo y respiro y acaricio
la corteza rugosa[6] de los árboles.

Sé que es obligatorio escuchar música
pero la eludo con frecuencia. Sé   45
que es bueno ver pintura
pero no voy jamás a las exposiciones
ni al estreno teatral ni al cine-club.

Prefiero estar aquí, como ahora, leyendo
y, si apago la luz, pensando un rato   50
en musarañas[7] y otros menesteres.

Sufro más bien por hábito, por herencia, por no
diferenciarme más de mis congéneres
que por causas concretas.

Sería feliz si yo supiera cómo.   55
Es decir, si me hubieran enseñado los gestos,
los parlamentos,[8] las decoraciones.

---

[2] se hará

[3] el que ejecuta la pena de muerte

[4] puesto de un profesor universitario

[5] Bosque de Chapultepec. Consulta el *código urbano*.

[6] tosca

[7] pensar (o mirar) en musarañas: estar distraído, sin enfocarse en lo que se debe

[8] modos de hablar

En cambio me enseñaron a llorar. Pero el llanto
es en mí un mecanismo descompuesto
y no lloro en la cámara mortuoria   60
ni en la ocasión sublime ni frente a la catástrofe.

Lloro cuando se quema el arroz o cuando pierdo
el último recibo del impuesto predial.[9]

■———Pasos para la comprensión

1. Lo primero que resalta en este poema es su forma. Trata de caracterizarla. ¿Tiene rima? ¿un número fijo de sílabas? ¿estrofas fijas? ¿Cómo se llama este tipo de poesía?

   ☐ Castellanos, además, intenta en este poema suprimir todo elemento poético y crear un tono familiar y natural. ¿Crees que lo consigue? Explica.

2. Empieza el poema jactándose de su título de "señora." ¿Cómo se consigue ese título?

   ☐ Dice que encuentra ese título más útil que otros que le han dado. ¿Cómo ha conseguido ella los otros títulos? ¿Crees que la poeta dice esto en serio?

   ☐ ¿Cómo caracterizarías el tono de lo que dice respecto a ser señora?

3. Sigue una serie de descripciones físicas. En general, ¿qué tiene en común el peso, el color del cabello y la belleza? Según la poeta, ¿son cosas estáticas o mutables?

   ☐ Por lo tanto, ¿crees que la poeta le da mucha importancia? Explica.

   ☐ Más adelante, en los versos 27–30, dice que rehúye de los espejos para no ver lo mal que viste o lo mal que coquetea. Otra vez, ¿crees que le da mucha importancia a estas cosas?

4. En los versos 17–24, ¿cómo se considera en cuanto a su persona y capacidad intelectual en general? ¿Qué ventajas ve ella en no ser brillante?

5. En los versos 31–34 habla de su papel de madre.

   ☐ ¿Qué profesión tiene Gabriel?

   ☐ ¿Qué teme la madre que haga algún día?

   ☐ ¿Crees que lo dejará de querer si hace eso algún día?

6. Fíjate los versos 35–38 respecto a su vida profesional. ¿Contiene esa estrofa algún comentario o valor subjetivo? ¿Por qué crees que esta estrofa es diferente de las otras?

---

[9] de propiedades inmuebles

7. los versos 39-43 son los más líricos del poema. ¿Por qué será que nunca mira el Bosque de Chapultepec o va allí?

   □ ¿Cuál podría ser el significado de acariciar "la corteza rugosa de los árboles"?

8. En los versos 44-51 habla de las cosas que "debe" hacer pero que no hace. ¿Por qué crees que ella se siente obligada socialmente a hacer estas cosas?

9. Las últimas estrofas tienen que ver de alguna manera con el modo en que fue criada. ¿La criaron para sufrir? ¿para ser feliz? ¿para llorar? Explica.

10. El poema termina con su modo de llorar. No llora por las cosas grandes, sino por cosas triviales. ¿Qué podría indicar este detalle?

■———Pasos para una lectura más a fondo

1. El poema tiene muchos signos que identifican la clase social de la poeta. Haz una lista de ellos y trata de identificar su clase social.

2. Lo primero que dice la poeta es que es una mujer casada. Luego escribe de tópicos completamente femeninos como el peso, la belleza, el color del pelo, la ropa, etc. Le preocupa también el concepto que los hombres tienen de ella, su inhabilidad de coquetear y hasta menciona que al no ser brillante consigue la admiración de ciertos hombres (consulta el *código feminista*). ¿Crees que ha incluido estos discursos típicamente de mujeres con un propósito irónico? Explica tu opinión.

   □ ¿Cómo caracterizarías el discurso feminista de este poema?

3. Muchos elementos de los que menciona la poeta para describirse no tienen gran trascendencia y podrían suprimirse. ¿Por qué crees que incluye estos detalles?

   □ ¿Qué valor podrían tener?

   □ Trata de decodificar el hecho de que no tenga muchas amigas y que no le guste escuchar música o ver películas.

4. En cualquier poema o narración en primera persona se presenta el problema de selectividad, ya que el narrador escoge lo que quiere y calla otras cosas. Por ejemplo, la poeta se describe como mediocre y, a la misma vez, revela su profesión de poeta, periodista y profesora. ¿Cómo interpretas esta contradicción?

   □ ¿Encuentras otras en el poema?

   □ ¿Crees que hay un proceso de deconstrucción operando en el poema? Explica.

Elena Poniatowska

n. 1933

Cosmopolita y de una vasta formación cultural, Elena Poniatowska nace en París pero se traslada a México a los diez años de edad y allí se educa en escuelas francesas. Más tarde va a estudiar a los Estados Unidos. Empieza su carrera escribiendo para el prestigioso diario mexicano *Excélsior,* y el periodismo informará toda su obra, la cual suele ser una aglomeración polifónica de varios géneros, eclipsando lo que es prosa ficción y lo que no lo es. Emplea también con mucho éxito la forma epistolar, como en su novela más conocida, *Querido Diego, te abraza Quiela* (1978) en que Poniatowska se inventa cartas de amor que la pintora rusa Angelina Beloff le dirige al gran pintor mexicano Diego Rivera. Ese mismo juego con personajes históricos y materia inventada se repite en "Cine Prado." Lo que no se ve en este relato y que caracteriza gran parte de la obra de Poniatowska es su preocupación por los desposeídos de la sociedad mexicana.

De noche vienes (1979)

Antes de leer

1. ¿Quién es el actor o actriz que más te gusta? ¿Y a cuál admiras más? ¿Por qué admiras a esa persona? Si esa persona cometiera algún delito, ¿te sentirías defraudado? Explica.

2. ¿Has llorado alguna vez viendo una película? Cuenta la situación. Piensa en lo que ha tenido que pasar cuando se llora en una película. ¿Crees que la película ha tenido éxito en borrar los límites entre el arte y la realidad? Explica.

Código para la comprensión

Código cinematográfico: Françoise Arnoul es una actriz francesa muy popular de los años 50 y 60 del siglo pasado que solía hacer papeles semieróticos. *El fruto prohibido* (1952) fue uno de sus mayores éxitos.

Cine Prado

Señorita:

A partir de hoy, debe usted borrar mi nombre de la lista de sus admiradores. Tal vez convendría ocultarle esta deserción, pero callándome, iría en contra de una integridad personal que jamás ha eludido las exigencias de la verdad. Al apartarme de usted, sigo un profundo viraje[1] de mi espíritu, que se resuelve en el propósito final de no volver a contarme entre los 5
espectadores de una película suya.

Esta tarde, más bien, esta noche, usted me destruyó. Ignoro si le importa saberlo, pero soy un hombre hecho pedazos. ¿Se da usted cuenta? Soy un aficionado que persiguió su imagen en la pantalla de todos los cines de estreno y de barrio, un crítico enamorado que justificó sus peores actuaciones morales y que ahora jura de rodillas separarse para siempre de usted 10
aunque el simple anuncio de *Fruto prohibido* haga vacilar su decisión. Lo ve usted, sigo siendo un hombre que depende de una sombra engañosa.

Sentado en una cómoda butaca, fui uno de tantos, un ser perdido en la anónima oscuridad, que de pronto se sintió atrapado en una tristeza individual, amarga y sin salida. Entonces fui realmente yo, el solitario que sufre y que le escribe. Porque ninguna mano fraterna se ha 15
extendido para estrechar la mía. Cuando usted destrozaba tranquilamente mi corazón en la pantalla, todos se sentían inflamados[2] y fieles. Hasta hubo un canalla que rió descaradamente, mientras yo la veía desfallecer en brazos de ese galán abominable que la condujo a usted al último extremo de la degradación humana.

Y un hombre que pierde de golpe todos sus ideales, ¿no cuenta para nada, señorita? 20

Dirá usted que soy un soñador, un excéntrico, uno de esos aerolitos[3] que caen sobre la tierra al margen de todo cálculo. Prescinda usted de cualquiera de sus hipótesis, el que la está juzgando soy yo, y hágame el favor de ser más responsable de sus actos, y antes de firmar un contrato o de aceptar un compañero estelar, piense que un hombre como yo puede contarse entre el público futuro y recibir un golpe mortal. No hablo movido por los celos, pero, 25
créame usted: en *Esclavas del deseo* fue besada, acariciada y agredida[4] con exceso. No sé si mi memoria exagera, pero en la escena del cabaret no tenía usted por qué entreabrir de esa manera sus labios, desatar sus cabellos sobre los hombros y tolerar los procaces[5] ademanes[6] de aquel marinero, que sale bostezando, después de sumergirla en el lecho del desdoro y abandonarla como una embarcación que hace agua. 30

Yo sé que los actores se deben a su público, que pierden en cierto modo su libre albedrío y que se hallan a la merced de los caprichos de un director perverso; sé también que están obligados a seguir punto por punto todas las deficiencias y las falacias[7] del texto que deben interpretar, pero déjeme decirle que a todo el mundo le queda, en el peor de los casos, un mínimo de iniciativa, una brizna[8] de libertad que usted no pudo o no quiso aprovechar. 35

Si se tomara la molestia, usted podría alegar en su defensa que desde su primera irrupción en el celuloide aparecieron algunos de los rasgos de conducta que ahora le reprocho. Es

---

[1] *fig.* cambio de orientación en la conducta y las actitudes
[2] encendidos (*aquí*, animados)
[3] meteorito
[4] atacada, embestida
[5] desvergonzados; atrevidos
[6] acciones
[7] errores
[8] chispa, un poquito

verdad; y admito avergonzado que ningún derecho ampara mis querellas. Yo acepté amarla tal como es. Perdón, tal como creía que era. Como todos los desengañados, maldigo el día en que uní mi vida a su destino cinematográfico. Y conste que la acepté toda opaca y princi- 40 piante, cuando nadie la conocía y le dieron aquel papelito de trotacalles[9] con las medias chuecas[10] y los tacones carcomidos, papel que ninguna mujer decente habría sido capaz de aceptar. Y sin embargo, yo la perdoné, y en aquella sala indiferente y llena de mugre saludé la aparición de una estrella. Yo fui su descubridor, el único que supo asomarse a su alma, entonces inmaculada, pese a su bolsa arruinada y a sus vueltas de carnero.[11] Por lo que más quiera en 45 la vida, perdóneme este brusco arrebato.

Se le cayó la máscara, señorita. Me he dado cuenta de la vileza de su engaño. Usted no es la criatura de delicias, la paloma frágil y tierna a la que yo estaba acostumbrado, la golondrina de inocentes revuelos, el rostro perdido entre gorgueras de encaje que yo soñé, sino una mala mujer hecha y derecha,[12] un despojo de la humanidad, novelera[13] en el peor sentido de la 50 palabra. De ahora en adelante, muy estimada señorita, usted irá por su camino y yo por el mío. Ande, ande usted, siga trotando por las calles, que yo ya me caí como una rata en una alcantarilla. Y conste que lo de señorita se lo digo porque a pesar de los golpes que me ha dado la vida sigo siendo un caballero. Mi viejita[14] santa me inculcó en lo más hondo el guardar siempre las apariencias. Las imágenes se detienen y mi vida también. Así es que. . . 55 señorita. Tómelo usted, si quiere, como una desesperada ironía.

Yo la había visto prodigar besos y recibir caricias en cientos de películas, pero antes, usted no alojaba a su dichoso compañero en el espíritu. Besaba usted sencillamente como todas las buenas actrices: como se besa a un muñeco de cartón. Porque, sépalo usted de una vez por todas, la única sensualidad que vale la pena es la que se nos da envuelta en alma, porque el 60 alma envuelve entonces nuestro cuerpo, como la piel de la uva comprime la pulpa, la corteza guarda al zumo. Antes, sus escenas de amor no me alteraban, porque siempre había en usted un rasgo de dignidad profanada, porque percibía siempre un íntimo rechazo, una falla en el último momento que rescataba mi angustia y consolaba mi lamento. Pero en *La rabia en el cuerpo* con los ojos húmedos de amor, usted volvió hacia mí su rostro verdadero, ese que no 65 quiero ver nunca más. Confiéselo de una vez: usted está realmente enamorada de ese malvado, de ese comiquillo de segunda, ¿no es cierto? ¿Se atrevería a negarlo impunemente? Por lo menos todas las palabras, todas las promesas que le hizo, eran auténticas, y cada uno de sus gestos, estaban respaldados en la firme decisión de un espíritu entregado. ¿Por qué ha jugado conmigo como juegan todas? ¿Por qué me ha engañado usted como engañan todas las mu- 70 jeres, a base de máscaras sucesivas y distintas? ¿Por qué no me enseñó desde el principio, de una vez, el rostro desatado que ahora me atormenta?

Mi drama es casi metafísico y no le encuentro posible desenlace. Estoy solo en la noche de mi desvarío. Bueno, debo confesar que mi esposa todo lo comprende y que a veces comparte mi consternación.[15] Estábamos gozando aún de los deliquios[16] y la dulzura propia 75

---

[9] prostituta

[10] *amer:* torcido, desviado (*aquí*, mal puestas)

[11] *amer:* voltereta

[12] *expresión enfática con que se destaca la característica* (*aquí*, mujer mala)

[13] inconstante

[14] *amer:* término de cariño para referirse a su madre

[15] con turbación, abatimiento

[16] éxtasis

de los recién casados cuando acudimos inermes[17] a su primera película. ¿Todavía la guarda usted en su memoria? Aquella del buzo[18] atlético y estúpido que se fue al fondo del mar, por culpa suya, con todo y escafandra.[19] Yo salí del cine completamente trastornado, y habría sido una vana pretensión el ocultárselo a mi mujer. Ella, por lo demás, estuvo completamente de mi parte; y hubo de admitir que sus deshabillés[20] son realmente espléndidos. No tuvo inconveniente en acompañarme al cine otras seis veces, creyendo de buena fe que la rutina rompería el encanto. Pero ¡ay! las cosas fueron empeorando a medida que se estrenaban sus películas. Nuestro presupuesto hogareño tuvo que sufrir importantes modificaciones, a fin de permitirnos frecuentar las pantallas unas tres veces por semana. Está por demás decir que después de cada sesión cinematográfica pasábamos el resto de la noche discutiendo. Sin embargo, mi compañera no se inmutaba. Al fin y al cabo, usted no era más que una sombra indefensa, una silueta de dos dimensiones, sujeta a las deficiencias de la luz. Y mi mujer aceptó buenamente tener como rival a un fantasma cuyas apariciones podían controlarse a voluntad, pero no desaprovechaba la oportunidad de reírse a costa de usted y de mí. Recuerdo su regocijo aquella noche fatal en que, debido a un desajuste fotoeléctrico, usted habló durante diez minutos con voz inhumana, de robot casi, que iba del falsete al bajo profundo. . . A propósito de su voz, sepa usted que me puse a estudiar el francés porque no podía conformarme con el resumen de los títulos en español, aberrantes[21] e incoloros. Aprendí a descifrar el sonido melodioso de su voz, y con ello vino el flagelo de entender a fuerza mía algunas frases vulgares, la comprensión de ciertas palabras atroces que puestas en sus labios o aplicadas a usted me resultaron intolerables. Deploré aquellos tiempos en que llegaban a mí, atenuados[22] por pudibundas[23] traducciones; ahora, las recibo como bofetadas.

Lo más grave del caso es que mi mujer está dando inquietantes muestras de mal humor. Las alusiones a usted, y a su conducta en la pantalla, son cada vez más frecuentes y feroces. Últimamente ha concentrado sus ataques en la ropa interior y dice que estoy hablándole en balde[24] a una mujer sin fondo. Y hablando sinceramente, aquí entre nosotros, ¿a qué viene toda esa profusión de infames transparencias, ese derroche[25] de íntimas prendas de tenebroso acetato? Si yo lo único que quiero hallar en usted es esa chispita triste y amarga que ayer había en sus ojos. . . Pero volvamos a mi mujer. Hace visajes[26] y la imita. Me arremeda a mí también. Repite burlona algunas de mis quejas más lastimeras. "Los besos que me duelen en *Qué me duras,* me están ardiendo como quemaduras." Dondequiera que estemos se complace en recordarla, dice que debemos afrontar este problema desde un ángulo puramente racional, con todos los adelantos de la ciencia y echa mano de argumentos absurdos pero contundentes. Alega, nada menos, que usted es irreal y que ella es una mujer concreta. Y a fuerza de demostrármelo está acabando una por una con mis ilusiones. No sé qué va a ser de mí si resulta cierto lo que aquí se rumora, que usted va a venir a filmar una película y honrará a nuestro país con su visita. Por amor de Dios, por lo más sagrado, quédese en su patria, señorita.

---

[17] sin defensas

[18] persona que se lanza al agua

[19] traje especial que llevan los buzos

[20] saltos de cama

[21] *aquí,* erróneos

[22] disminuidos

[23] púdicas, decorosas

[24] en vano

[25] malgastar de dinero

[26] gestos

Sí, no quiero volver a verla, porque cada vez que la música cede poco a poco y los hechos se van borrando en la pantalla, yo soy un hombre anonadado.[27] Me refiero a la barrera
mortal de esas tres letras crueles que ponen fin a la modesta felicidad de mis noches de amor,   115
a dos pesos la luneta.[28] He ido desechando poco a poco el deseo de quedarme a vivir con
usted en la película y ya no muero de pena cuando tengo que salir del cine remolcado[29] por
mi mujer que tiene la mala costumbre de ponerse de pie al primer síntoma de que el último
rollo se está acabando.

Señorita, la dejo. No le pido siquiera un autógrafo, porque si llegara a enviármelo yo sería   120
capaz de olvidar su traición imperdonable. Reciba esta carta como el homenaje final de un
espíritu arruinado y perdóneme por haberla incluido entre mis sueños. Sí, he soñado con
usted más de una noche, y nada tengo que envidiar a esos galanes de ocasión que cobran un
sueldo por estrecharla en sus brazos y que la seducen con palabras prestadas.

Créame sinceramente su servidor.   125

PD.

Olvidaba decirle que escribo tras las rejas de la cárcel. Esta carta no habría llegado nunca
a sus manos si yo no tuviera el temor de que el mundo le diera noticias erróneas acerca de
mí. Porque los periódicos, que siempre falsean los hechos, están abusando aquí de este suceso
ridículo: "Ayer por la noche, un desconocido, tal vez en estado de ebriedad o perturbado de   130
sus facultades mentales, interrumpió la proyección de *Esclavas del deseo* en su punto más emo-
cionante, cuando desgarró la pantalla del cine Prado al clavar un cuchillo en el pecho de
Françoise Arnoul. A pesar de la oscuridad, tres espectadoras vieron cómo el maniático corría
hacia la actriz con el cuchillo en alto y se pusieron de pie para examinarlo de cerca y poder
reconocerlo a la hora de la consignación.[30] Fue fácil porque el individuo se desplomó una   135
vez consumado el acto."

Sé que es imposible, pero daría lo que no tengo con tal de que usted conservara para siempre en su pecho, el recuerdo de esa certera puñalada.

■——Pasos para la comprensión

1. El relato es epistolar; el narrador dirige su carta a la actriz Françoise Arnoul,
   aunque sólo sabemos su nombre al final de la obra por medio de un artículo de
   periódico. La primera oración de la carta revela de una vez su intención. ¿Cuál es?

2. En el segundo y tercer párrafo el narrador revela ciertas particularidades de su
   carácter que pueden ayudar a explicar sus acciones. ¿Qué revela?

   □ En otras partes de la carta revela otras características de su mentalidad dislocada
   (por ejemplo, lee las líneas 73-75). Cita ejemplos y trata de perfilar el estado
   psíquico del emisor.

---

[27] aniquilado, reducido a la nada
[28] butaca de teatro o cine
[29] *fig.* arrastrado
[30] manifestación de sus opiniones por escrito

3. ¿Qué ha hecho Arnoul en *La rabia en el cuerpo* para que el narrador se sintiera tan desilusionado con ella?

   ☐ ¿Por qué le había perdonado sus papeles de mujer seductora en películas anteriores como *Fruto prohibido* y *Esclavas del deseo?*

4. ¿Por qué se había enamorado el narrador de Arnoul? En las líneas 47-50 se revelan algunas razones.

   ☐ ¿Se había enamorado de la mujer de carne y hueso, de los papeles que desempeña en sus películas, o de una imagen de su propia creación? Explica.

5. En las líneas 66-72 el narrador inadvertidamente revela algo de su vida respecto a las mujeres. ¿Qué piensa de ellas? ¿Qué malas experiencias parece haber tenido?

6. En la línea 74 descubrimos que el narrador tiene esposa. ¿Qué efecto tiene en su matrimonio su fascinación con Arnoul?

   ☐ ¿Por qué acepta la esposa una rival como Arnoul?

   ☐ Luego, en el que comienza en la línea 98, aparece más información del matrimonio. ¿Qué empieza a hacer la esposa? ¿Qué efecto tienen sus actuaciones en el narrador?

7. A partir de la línea 91 hay un discurso metalingüístico en que el narrador explica por qué aprendió francés. Explica.

8. El último es interesante. ¿Crees que el narrador sigue enamorado de Arnoul? Explica por qué.

9. En la posdata, el narrador revela que está en la cárcel. ¿Qué hizo? ¿Niega haberlo hecho?

■———Pasos para una lectura más a fondo

1. El relato es complejo en cuanto a las teorías de la comunicación. El autor implícito crea un narrador masculino que dirige su mensaje a un narratario que es un personaje real (la actriz francesa Françoise Arnoul). Nosotros los lectores no somos los destinatarios del mensaje. Explica las complicaciones de un circuito de comunicación de este tipo.

2. Siempre que hay una narración en primera persona se presentan problemas de intereses personales. ¿Qué quiere el narrador que su destinatario crea de él? Piensa en lo que dice de cómo fue criado (líneas 53-56) y en el tono y estilo de su carta.

3. En su carta revela ciertos detalles que a lo mejor no quería divulgar intencionadamente.

   ☐ ¿Qué cosas revela de su personalidad?

   ☐ ¿De su vida?

   ☐ ¿De sus actitudes sobre las mujeres?

    ☐ ¿De su matrimonio?

    ☐ ¿Crees que el narrador es inestable mentalmente?

4. El relato difumina magistralmente los confines entre el arte y la realidad. ¿Se ha enamorado el narrador de Arnoul o de los papeles que ella interpreta?

    ☐ ¿Se ha enamorado de un ente de ficción, como cree su esposa, o de una mujer de carne y hueso?

    ☐ ¿Se ha enamorado de lo que ve en la pantalla o de una imagen idealizada de su propia creación?

    ☐ Trata de explicar las ramificaciones de estas preguntas.

5. "Cine Prado" contiene un nutrido discurso metaliterario porque su mensaje tiene que ver con los efectos del arte en el destinatario. ¿Qué nos dice este discurso?

    ☐ En el caso de este narrador, ¿son buenos los efectos que tiene el arte en el receptor?

    ☐ Trata de argüir a favor de cómo afecta el cine al narrador.

6. La esposa del narrador merece atención aparte. Enumera las cosas que hace ella para intentar que su esposo regrese a la realidad.

    ☐ ¿Crees que las cosas que hace y dice son inteligentes?

    ☐ ¿Tienen éxito sus esfuerzos?

    ☐ ¿Crees que este matrimonio es feliz? ¿Es la esposa el tipo de mujer que el narrador desea? Explica.

    ☐ ¿Crees que la puñalada que el narrador le planta a Arnoul en la pantalla pone fin a su amor imposible? Explica.

7. El narrador empieza su carta rompiendo con Arnoul, pero hay ejemplos en su texto que implican que todavía está enamorado de ella.

    ☐ ¿Cómo explicarías el que le pida a Arnoul que no venga a México a rodar una película?

    ☐ ¿Cómo explicarías el que no le pida un autógrafo?

8. En la posdata, el narrador cita un periódico. ¿Por qué crees que el autor implícito reproduce de forma exacta esa cita en la carta?

    ☐ Explica cómo la cita contribuye al juego de realidad e ilusión. Considera que la cita es ficticia como lo es el resto del relato, y sin embargo se percibe de distinta manera.

9. El relato contiene un discurso feminista. El narrador crea una figura femenina ideal en su imaginación y se desilusiona cuando esa figura no responde a su imagen de perfección.

    ☐ ¿Crees que la autora implícita esté haciendo un comentario con respecto a las expectativas de todos los hombres en cuanto a las mujeres?

☐ Nota los signos en la líneas 47-51 con que el narrador compara a Arnoul metafóricamente. ¿Qué indican estas comparaciones?

10. La acción de matar a una mujer en la pantalla de un cine es lo suficientemente exagerada como para resultar en una escena humorística. ¿Qué otras formas de humor encuentras en el relato?

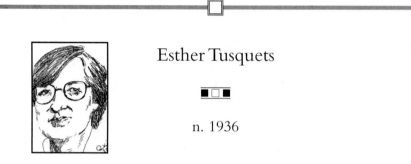

Esther Tusquets

n. 1936

Esther Tusquets no empieza a escribir seriamente hasta cumplir los cuarenta años, pero a partir de su primera novela, *El mismo mar en todos los veranos* (1978), se ha destacado como una de las estilistas españolas más apreciadas de los últimos años del siglo XX. Trata los temas sexuales abiertamente, pero de un modo poético, y tiene la capacidad de penetrar en la psicología de sus personajes convincentemente, como se podrá comprobar en "Orquesta de verano." La importancia de Tusquets, sin embargo, va más allá de su labor como escritora; como directora de la Editorial Lumen de Barcelona, ha abierto las puertas editoriales a muchas mujeres, de modo que se puede decir que Tusquets ha sido una de los mayores promotores de la literatura feminista española.

Siete miradas en un mismo paisaje (1981)

Antes de leer

1. ¿Puedes recordar los momentos decisivos de tu niñez que contribuyeron a formar tu actual carácter o personalidad? Cuéntalos.

2. ¿Crees que es posible formar una amistad estrecha entre una persona mayor y un niño o niña de doce años? Explica.

3. ¿Niegas algunos de los valores o principios políticos de tus padres? Explica.

4. ¿Te gusta la música clásica? ¿Qué sientes cuando la escuchas?

Código para la comprensión

Código social: La burguesía española suele escaparse de las ciudades en verano para pasarlo en balnearios del norte, donde hace menos calor.

Orquesta de verano

Estaba muy avanzado el verano—más que mediado agosto—cuando decidieron iniciar las obras en el comedor pequeño y trasladar a los chicos con sus señoritas y sus nurses y sus mademoiselles al comedor de los mayores. Los niños habían formado a lo largo de julio y de la primera quincena[1] de agosto una cuadrilla[2] desmandada[3] y salvaje, paulatinamente[4] más ingobernable, que asaltaba invasora las playas, recorría el pueblo en bicicleta con los timbres a 5 todo sonar, merodeaba[5] turbulenta y curiosa por las casetas de la feria, o se deslizaba—de pronto subrepticia,[6] callada, casi invisible—en el rincón más recóndito[7] del cañaveral, donde venían construyendo de año en año sus cabañas, para ocultar en ellas sus insólitos[8] tesoros, e iniciarse los unos a los otros en esas secretas maravillosas transgresiones siempre renovadas (fumar los primeros cigarrillos, a menudo manoseados, húmedos, compartidos; enfrascarse[9] 10 en unas partidas de póquer cuya dureza hubiera dejado atónitos a los mayores, tan apasionadas y reñidas que hasta renunciaban a veces por ellas a bajar a la playa; adentrarse en otros juegos más ambiguos y extraños, que Sara relacionaba oscuramente con el mundo de los adultos y de lo prohibido, y que la habían tenido aquel verano fascinada y avergonzada a un tiempo, deseosa de asistir a ellos como espectadora pero muy reacia[10] a participar, y había es- 15 tado tan astuta o tan cauta en el juego de las prendas y tan afortunada con las cartas que había conseguido ver pasar los días sin tener que dejar, ella sola acaso entre todas las niñas, que la besaran en la boca, o le toquetearan los senos o le bajaran las bragas), transgresiones doblemente embriagadoras porque venían a colmar este paréntesis de provisoria libertad que les brindaba el verano y resultaban impensables en el ámbito invernal de los colegios y los pisos 20 en la ciudad.

Pero se había disuelto en dos o tres días la colonia veraniega, y junto con ella la pandilla de los chicos, trasladados unos al interior para consumir en la montaña o el campo lo que les quedaba de vacaciones, devueltos los más a sus casas para preparar los exámenes de setiembre. Y había quedado Sara como única rezagada[11] en la diezmada[12] cuadrilla de varones (a fi- 25 nales de agosto vendrían, para su cumpleaños las cuatro o cinco amigas más amigas, habían prometido consoladoras mamá y la mademoiselle), y la atmósfera había cambiado, se había puesto de pronto tensa y desagradable, agravados tal vez la irritabilidad y el descontento generales por las frecuentes lluvias y la sensación compartida de que quedaban ya sólo unos restos inoportunos y deteriorados del verano. Lo cierto era que las ocupaciones de los chicos 30 se habían hecho más y más violentas, y estaba harta Sara de ellos y sus peleas y sus juegos, de sus bromas pesadas, de sus palabras sucias, de sus chistes groseros, de que la espiaran por la ventana cuando se estaba cambiando de ropa o le volcaran la barca o la acorralaran entre tres

---

[1] dos semanas
[2] pandilla
[3] desobediente
[4] poco a poco
[5] vagaba (con malas intenciones)
[6] lo que se hace ocultamente o a escondidas
[7] escondido
[8] raros
[9] dedicarse del todo
[10] opuesta
[11] rezagar: quedarse atrás
[12] diezmar: separar una de cada diez personas (*aquí*, mermada en número)

o cuatro en el cañaveral. Por eso se alegró tanto del cambio de comedor: allí por lo menos, durante las horas de las comidas, tendrían que comportarse los chicos como personas. Y esto 35 o algo muy parecido debieron de pensar ellos, porque protestaron y rezongaron[13] muchísimo, lamentándose de que sólo les faltaba ahora, encima de haberse quedado en tan pocos y de que la lluvia les privara muchas mañanas de la playa y casi todas las tardes del cañaveral, tener que mantenerse quietos y erguidos ante la mesa, sin hablar apenas, comiendo todo lo que les pusieran en el plato, pelando las naranjas con cuchillo y tenedor, y tener que ponerse para 40 colmo chaqueta y corbata para entrar por las noches al comedor.

Pero Sara estaba radiante, tan excitada la primera noche que se cambió tres veces de vestido antes de bajar a cenar—se decidió por uno de organdí, con el cuello cerrado y mucho vuelo, que le dejaba los brazos al aire y no le gustaba mucho a su madre, porque decía que la hacía parecer mayor y que no era adecuado para una niña que no había cumplido to- 45 davía los doce años—y se recogió el pelo—muy largo, muy rubio, muy liso—con una cinta de seda. Excitada sobre todo Sara esta primera noche por la posibilidad que se le ofrecía de husmear el mundo de los adultos, hasta entonces apenas entrevisto y sólo adivinado, porque quedaban los niños durante el largo invierno confinados al colegio, a los paseos con mademoiselle, al cuarto de jugar, y no había existido—ni este año ni en años anteriores—apenas 50 contacto tampoco entre los chicos y sus padres a lo largo del verano (algo había oído Sara que le decía la mademoiselle a una camarera del hotel sobre las delicias y lo entrañable de este veraneo familiar, y las dos se reían y callaron de repente cuando advirtieron que ella las estaba escuchando, y le dio todo junto a Sara una rabia atroz), y lo cierto era que los niños se levantaban, desayunaban, hacían los deberes o jugaban al pingpong, mientras los mayores 55 todavía seguían durmiendo, y cuando ellos subían de la playa apenas terminaban los padres su desayuno y se preparaban perezosos para el baño, y cuando los adultos entraban en el comedor grande para el almuerzo, andaban ya los chicos por ahí, pedaleando[14] por la ca- rretera en sus bicicletas o tirando al blanco en las casetas de la feria. Sólo a veces, al cruzar— adrede—ante la puerta de alguno de los salones o de la biblioteca, veía Sara a su madre, rubia 60 y evanescente[15] entre el rizoso humo de los cigarrillos, y la conmovía y envanecía que fuera tan delicada, tan frágil, tan elegante y tan hermosa, con ese aire de hada o de princesa que sobrevolaba etérea la realidad (la más mágica de las hadas y la más princesa de todas las prince- sas, había pensado Sara de pequeña, y en cierto modo lo seguía pensando), y la madre aban- donaba por unos instantes las cartas o la charla con los amigos, le hacía un gesto de saludo, 65 la llamaba para que se acercara a darle un beso, a coger un bombón de licor de la caja que al- guien le acababa de regalar, y otras veces se acercaba el padre a la mesa de los niños, y pre- guntaba a la mademoiselle si se portaban bien, si hacían todos los días los deberes, si estaban disfrutando del veraneo; y coincidían todos, claro está, en la iglesia los domingos, porque había una sola misa en el pueblo y el grupo de los padres tenía que—relativamente—madrugar, 70 pero incluso allí llegaban tarde y se sentaban en los bancos de atrás, cerca de la puerta, aunque esperaban a los niños a la salida para darles un beso y dinero para que tiraran al blanco o se com- praran un helado en las casetas de la feria.

Y aquella primera noche en que pasaron los chicos al comedor grande—donde ocuparon sólo cuatro mesas—, se arregló Sara con muchísimo cuidado, y entró en la sala flanqueada 75

---

[13] refunfuñaron, se quejaron
[14] poniendo en movimiento los pedales de una bicicleta
[15] lo que se desvanece, como el humo; *fig.* delicada, tenue

por las figuras de la mademoiselle y de su hermano—ambos remolones[16] y cariaconteci-
dos[17]—, y el corazón le latía deprisa y se sintió enrojecer, y estaba tan excitada y tan nerviosa
que le costó un esfuerzo terminar la comida que le pusieron en el plato, y le pareció que no
podía ver apenas nada, que no acertaba a fijarse en nada, tan grande era su afán por verlo todo
y registrarlo todo, las mujeres con sus vestidos largos y los hombros desnudos y el cabello   80
recogido y los largos pendientes descendiendo fulgurantes a ambos lados de la garganta; los
hombres apuestos[18] y risueños, tan distintos a como se los veía por las mañanas en la playa o
en las terrazas, hablando todos animadamente—¿de qué podían hablar?—, entre las risas y
los tintineos de las copas de cristal, mientras se deslizaban silenciosos y furtivos[19] los camareros
por entre las mesas, pisando leve y sin despegar apenas los labios, tan estirados y ceremoniosos   85
e impersonales que costaba reconocer en ellos a los tipos bullangueros[20] y bromistas y hasta
groseros algunas veces que les habían servido hasta ayer en el comedor de los niños, todos,
camareros y comensales, sin reparar en los chicos para nada, de modo que resultaba inútil el
afán de las señoritas y las mademoiselles para lograr que se estuvieran quietos, que no dejaran
nada en el plato, que utilizaran correctamente los cubiertos. Como resultaba asimismo inútil   90
la música que ejecutaba la orquesta (oyéndola al cruzar por el vestíbulo o desde la lejanía de
la terraza, había supuesto Sara que eran más los músicos, pero ahora comprobó que había
sólo un piano, un violonchelo y un violín, y le pareció que tenía el pianista unos ojos muy
tristes), porque no parecía escucharla nadie, no parecían ni siquiera oírla, y se limitaban a
fruncir el entrecejo y elevar un poco más la voz en los momentos en que aumentaba el vol-   95
umen de la música, como si debieran sobreponer sus palabras a un ruido incómodo. Ni un
gesto, ni un simulacro de aplauso, ni una sonrisa. Y esto le sorprendió a Sara, porque en la
ciudad los padres y sus amigos asistían a conciertos, iban a la ópera (esas noches la madre entraba en el cuarto de los niños, ya acostados, para despedirse, porque sabía que le gustaba mucho a Sara verla—como ahora en el comedor—con hermosos vestidos largos y escotados,[21]   100
abrigos de piel, tocados[22] de plumas, pulseras tintineantes, el bolsito de malla[23] de oro donde
guardaba un pañuelito bordado y los prismáticos, y en torno a ella aquel perfume fragante y
denso que impregnaba todas las cosas que tocaba la madre y que ella no olvidaría ya jamás),
y había en el salón biblioteca varias estanterías llenas de discos, que la mademoiselle ponía algunas noches, cuando los padres no estaban en casa, para que la oyera Sara desde la cama y   105
se durmiera con música. Pero aquí nadie prestaba la menor atención, y tocaban los músicos
para nadie, para nada, y cuando se acercó Sara a la mesa de los padres para darles un beso de
buenas noches, no pudo abstenerse de preguntar, y los padres y sus amigos se echaron a reír
y comentaron que "aquello" tenía poco que ver con la verdadera música, por mucho que se
esforzaran "esos pobres tipos." Y lo de "pobres tipos" le hizo a Sara daño y lo relacionó sin   110
saber por qué con las burlas de los chicos, con sus estúpidas crueldades en el cañaveral, pero
descartó en seguida este pensamiento, puesto que no existía relación ninguna, como no tenía
tampoco nada que ver—y no entendía por qué le había vuelto a la memoria—la frase ácida
y sarcástica que había oído a mademoiselle sobre las delicias de los veraneos en familia.

---

[16] perezosos
[17] *fam.* afligidos
[18] gallardos; elegantes
[19] disimulados
[20] alborotadores, bulliciosos
[21] de cuello bajo
[22] peinados y adornos
[23] tejido de algún metal

Fue sin embargo a la mademoiselle a quien le preguntó a la siguiente noche, porque a Sara   115
la música le seguía pareciendo muy bonita y le daba rabia que los mayores no se molestaran
en escuchar y dictaminaran[24] luego condescendientes sobre algo en lo que no habían puesto
la más mínima atención—"¿verdad que es precioso?, ¿no te parece a ti que tocan muy
bien?"—, y la mademoiselle respondió que sí, que tocaban sorprendentemente bien, sobre
todo el pianista, pero que lo mismo daba tocar bien o tocar mal en el comedor de aquel lu-   120
joso hotel de veraneo. Era en definitiva un desperdicio. Y entonces Sara reunió todo su valor,
se puso en pie, recorrió sonrojada y con el corazón palpitante—pero sin vacilar—el espacio que la separaba de la orquesta, y le dijo al pianista que le gustaba mucho la música, que
tocaban muy bien, ¿por qué no tocaban algo de Chopin?, y el hombre la miró sorprendido,
y le sonrió por debajo del bigote (aunque ni por esas dejó de parecerle muy triste) y res-   125
pondió que no era precisamente Chopin lo que allí se esperaba que interpretasen, y a punto
estuvo Sara de replicar que lo mismo daba, puesto que no iban de todos modos a escuchar
ni a enterarse tampoco de nada, y se sintió—acaso por primera vez en su vida—incómoda y
avergonzada a causa de sus padres, de aquel mundo rutilante[25] de los adultos que no le parecía
de pronto ya tan maravilloso, y, sin saber bien el porqué, le pidió disculpas al pianista antes   130
de regresar a su mesa.

Ahora Sara se ponía todas las noches un vestido bonito (iba alternando entre los tres vestidos elegantes que se había traído y que no había llevado en todo el verano: siempre en tejanos o en bañador) y se peinaba con cuidado, bien cepillado el pelo y reluciente antes de
atarlo con una cinta de seda. Y seguía entrando en el comedor sofocada y confundida—se   135
burlaban enconados[26] y despechados[27] y acaso celosos los chicos, pero Sara no los escuchaba
ya: habían dejado simplemente de existir—, y comía luego de modo maquinal lo que le
ponían en el plato, porque era más cómodo tragar que discutir. Y seguía observando Sara los
bonitos vestidos de las mujeres, las nuevas alhajas y peinados, la facilidad de sus risas y sus
charlas entre el tintineo de los vasos, lo apuestos que parecían casi todos los hombres, y lo   140
bien que se inclinaban hacia sus parejas, les sonreían, les encendían el cigarrillo o les alarga-
ban un chal, mientras se apresuraban a su alrededor unos camareros reducidos a la categoría
de fantasmas, y sonaba la música, y fuera rielaba la luna llena sobre el mar oscuro, todo casi
como en las películas o en los anuncios en tecnicolor. Pero cada vez con mayor frecuencia se
le iban los ojos hacia la orquesta y el pianista, que le parecía más y más triste, más y más ajeno,   145
pero que algunas veces, al levantar la vista del teclado y encontrarse con la mirada de Sara, le
sonreía y esbozaba un vago gesto cómplice.

De repente todo lo concerniente al pianista le parecía interesante, y averiguó Sara entonces que aquella mujer flaca y pálida, o más que pálida descolorida, como si fuera una copia
borrosa de un original más atractivo, aquella mujer a la que habría visto seguramente a   150
menudo sentada sobre la arena de la playa o paseando por los senderos más distantes y menos
frecuentados del jardín, siempre con una niña pequeña de la mano o trotando a su alrededor,
era la esposa del pianista, y era, la niña, de ellos dos, y nunca había visto Sara una criatura tan
preciosa, y se preguntó si en algún momento del pasado habría sido la madre también así, y
qué pudo haber ocurrido después para disminuirla de ese modo. Y como Sara había roto de-   155
finitivamente su nexo con la pandilla de muchachos, y la mademoiselle no puso reparos,

---

[24] expresaran opiniones
[25] brillante
[26] *fig.* exasperados, irritados
[27] enfadados, desengañados

empezó a ir cada vez más a menudo en compañía de la mujer y de la niña, que le inspiraban un afecto transferido, como por delegación, porque Sara quería al pianista—lo descubrió una noche cualquiera, en que él levantó la vista del piano y sus miradas se encontraron, y fue un descubrimiento libre de sobresaltos o turbación o espanto, la mera comprobación de una realidad evidente que lo llenaba todo—y la niña y la mujer eran algo muy suyo, y Sara le compraba a la pequeña helados, garrapiñadas,[28] globos de colores, cromos,[29] y la invitaba a subir a las barcas, a la noria, al tiovivo, a asistir a una función en el circo, y parecía la niña enloquecida de gozo, y Sara miraba entonces con extrañeza a la madre, y la madre explicaba invariable: "es que no lo había visto nunca, tenido nunca, probado nunca, es que nunca—y aquí la mirada se le ponía dura—se lo hemos podido proporcionar," y Sara se sentía entonces hondamente acongojada[30] y como en peligro—le hubiera gustado pedirle perdón, como se lo pidió en una noche ya lejana al pianista, no sabía por quién o de qué, porque no lograba comprender, o quizá porque algo estaba madurando tenaz dentro de ella, y cuando saliera a la luz y la desbordara, tendría que comprenderlo todo y estaría la inocencia para siempre perdida y el mundo patas arriba y ella naufragando en medio del caos sin saber cómo acomodarse en él para sobrevivir.

Al anochecer—anochecía ya más temprano a finales de agosto—, mientras la mujer daba de cenar a la niña y la acostaba en las habitaciones de servicio, se tropezaba casi siempre Sara con el pianista en el jardín, y solían pasear juntos por el camino, hacia arriba y hacia abajo, cogidos de la mano, y hablaba el hombre entonces de todo lo que pudo haber sido, de todo lo que había soñado en la juventud—ya perdida, aunque no tendría más de treinta años—, de lo que había significado para él la música, de cómo se habían amado él y la mujer, y de cómo habían ido luego las circunstancias agostándolo[31] todo, quebrándolo todo, haciéndoselo abandonar todo por el camino. Era un discurso pavoroso y desolador, y le parecía a Sara que el hombre no hablaba para ella—¿cómo iba a descargar esas historias en una chiquilla de once años?—, sino acaso para sí mismo, para el destino, para nadie, y en la oscuridad de la noche en la carretera no se veían las caras, pero en algunos puntos el hombre vacilaba, se estremecía, le temblaba la voz, y entonces Sara le apretaba más fuerte la mano y sentía en el pecho un peso duro que no sabía ya si se llamaba piedad o se llamaba amor, y le hubiera gustado animarse a decirle que había existido sin duda un malentendido, un cúmulo[32] de fatalidad contra ellos conjurada,[33] que todo iba a cambiar en cualquier instante, que la vida y el mundo no podían ser permanentemente así, como él los describía, y en un par de ocasiones el hombre se detuvo, y la abrazó fuerte fuerte, y le pareció a Sara que tenía las mejillas húmedas, aunque no hubiera podido asegurarlo.

Acaso se sintiera la mujer sutilmente celosa de estos paseos a dos en la oscuridad, o tal vez necesitara simplemente alguien en quien verter la propia angustia y ante quien justificarse (aunque nadie la estaba acusando de nada), porque aludía a veces amarga a "lo que te debe haber contado mi marido," y por más que Sara tratara de detenerla, intentara no escuchar, "¿sabes que desde que hay menos clientes en el hotel no nos pagan siquiera la miseria que habían prometido, y que él ni se ha dignado enterarse?, ¿sabes lo que me hizo el otro día el

---

[28] dulces de almendras
[29] tarjetas con retratos que se coleccionan
[30] afligida; temerosa
[31] consumiéndolo
[32] acumulación
[33] conspirada

gerente delante de sus narices, sin que él interviniera para nada?, ¿sabes que he pedido yo dinero prestado a todo el mundo, que debemos hasta el modo de andar, que no tenemos a donde ir cuando termine el verano dentro de cuatro días?, y él al margen, como si nada de   200 esto le concerniera para nada." Y un día la agarró por los hombros y la miró con esa mirada dura, que la dejaba inerme[34] y paralizada: "Ayer me sentía yo tan mal que ni podía cenar, ¿crees que se inquietó o me preguntó siquiera lo que me pasaba?, cogió mi plato y se comió sin decir una palabra la comida de los dos, ¿te ha contado esto?" Y Sara intentó explicarle que el hombre no le hablaba nunca de incidentes concretos, de sórdidos problemas cotidianos,   205 de lo que estaba sucediendo ahora entre él y la mujer; hablaba sólo, melancólico y desolado, de la muerte del amor, de la muerte del arte, de la muerte de la esperanza.

Así llegó el día del cumpleaños de Sara, justo el día antes de que terminara el veraneo y se cerrara el hotel y volvieran todos a la ciudad, y subieron sus amigas más amigas, como mamá y la mademoiselle habían prometido, y hasta los chicos estaban mejor, con sus trajes   210 recién planchados y su sonrisa de los domingos, y tuvo muchísimos regalos, que colocó sobre una mesa para que todos los vieran, y le habían comprado un vestido nuevo, y papá le dio una pulsera de oro con piedrecitas verdes que había sido de la abuela y que significaba que Sara empezaba ya a ser una mujer, y hubo carreras de saco, piñatas, fuegos artificiales, y montañas de bocadillos y un pastel monumental, y hasta una tisana[35] con mucho champán   215 que los achispó[36] un poquito porque nunca antes les habían dejado beberla, y era un síntoma más de que estaban dejando a sus espaldas la niñez. Y estuvo Sara toda la tarde tan excitada y tan contenta, tan ocupada abriendo los regalos y organizando juegos y atendiendo a los amigos, que sólo al anochecer, cuando terminó la fiesta y se despidieron algunos para volver a la ciudad, se dio cuenta de que la hija de los músicos no había estado con ellos, y supo entonces   220 desde el primer instante lo que había sucedido, por más que se obstinara en negarse algo que era tan evidente y le parecía sin embargo inverosímil, lo supo antes de agarrar a la mademoiselle por el brazo y sacudirla con furia, "¿por qué no ha venido la niña a mi fiesta, di?", y no hacía falta ninguna especificar de qué niña estaba hablando, y la mademoiselle sonrojada, tratando de hablar con naturalidad pero sonrojada hasta el pelo y sin atreverse a mirarla,   225 "no lo sé, Sara, te aseguro que no lo sé, me parece que el conserje no la ha dejado entrar" y, en un intento de apaciguarla, "de todos modos es mucho más pequeña que vosotros. . .", lo supo antes de plantarse delante del conserje y gritarle su desconcierto y escupirle su rabia, y encogerse el tipo de hombros, y explicar que él había hecho únicamente lo que le habían mandado, que había instrucciones de su madre sobre quiénes debían participar en la fiesta,   230 lo supo antes de acercarse a su madre con el corazón encogido, esforzándose por no estallar en sollozos, y la madre levantó del libro unos ojos sorprendidos e impávidos, y dijo con voz lenta que no sabía ella que fueran tan amigas y que de todos modos debería ir aprendiendo Sara cuál era la gente que le correspondía tratar, y luego, al ver que se le llenaban los ojos de lágrimas y que estaba temblando, "no llores, no seas tonta, a lo mejor me he equivocado, pero   235 no tiene demasiada importancia, ve a verla ahora, le llevas un pedazo de pastel, unos bombones, y todo queda olvidado." Pero en el cuarto de los músicos, donde no había estado nunca antes, la mujer la miró con una mirada dura—definitiva ahora, pensó Sara, la dureza

---

[34] sin armas de defensa
[35] bebida
[36] puso alegre (por el alcohol)

que había ido ensayando y aprendiendo a lo largo del verano—, pero se le quebró la voz al explicar, "lo peor es que ella no entendía nada, sabes, os veía a vosotros y la merienda y los 240 juegos, y no entendía por qué no se podía ella acercar, ha llorado mucho, sabes, antes de quedarse dormida." Pero la mujer no lloraba. Y Sara se secó las lágrimas, y no pidió perdón —ahora que sí sabía por quién y por qué, también sabía que uno no pide perdón por ciertas cosas—, y no les llevó pasteles ni bombones, ni intentó regalarles nada, arreglar nada.   245

Sara subió a su habitación, se arrancó a manotazos la cinta, el vestido, la pulserita de la abuela, lo echó todo revuelto encima de la cama, se puso los tejanos, se dejó suelto el pelo mal peinado encima de los hombros. Y cuando entró así en el comedor, nadie, ni la mademoiselle ni los chicos ni los padres ni el maitre, se animó a decirle nada. Y Sara se sentó en 250 silencio, sin tocar siquiera la comida que le pusieron en el plato, muy erguida y ahora muy pálida, mirando fijo hacia la orquesta y repitiéndose que ella no olvidaría nunca nunca lo que había ocurrido, que nunca se pondría un hermoso vestido largo y escotado y un abrigo de pieles y unas joyas y dejaría que unos tipos en esmoquin le llenaran la copa y le hablaran de amor, que nunca—pensó con asombro—sería como ellos, que nunca aprendería cuál era la gente que debía tratar, porque su sitio estaba para siempre con los hombres de mirada triste 255 que habían soñado demasiado y habían perdido la esperanza, con las mujeres duras y envejecidas y desdibujadas[37] que no podían apenas defender a sus crías, desde este verano terrible y complicado en que había descubierto Sara el amor y luego el odio (tan próximo y tan junto y tan ligado con el amor), en este verano en que se había hecho, como anunciaban los mayores aunque por muy distintos caminos, mujer, repitiéndose esto mientras le miraba fijo fijo, 260 y él la miraba también a ella todo el tiempo, sin necesidad ninguna de bajar los ojos al teclado para interpretar, durante todo lo que duró la cena, música de Chopin.

■——Pasos para la comprensión

1. En los primeros párrafos del relato se incluyen varios códigos que revelan la clase social de Sara y sus padres. Búscalos y explícalos.

2. En esos párrafos también se revelan las acciones de estos adolescentes y sus experimentos con la vida de los adultos.

   □ ¿Qué hacen que es típico de los adolescentes?

   □ ¿Qué hacen para experimentar con la vida de los adultos?

   □ ¿Cómo se siente Sara respecto a estas transgresiones?

3. La primera oración del relato revela un incidente al parecer insólito: el comedor donde comen los niños está en obras, y los niños tendrán que cenar con sus padres. ¿Cómo reaccionan los muchachos ante esta situación?

   □ ¿Y Sara?

   □ ¿De qué modo supone el cenar con los adultos un paso más en el desarrollo de la madurez de Sara?

---

[37] desdibujar: desvanecer los contornos (*aquí, fig.* insignificante)

4. En el tercer párrafo (líneas 59–73) se describe la relación entre Sara y sus padres. Descríbela. ¿Es una relación típica? Explica.

5. El largo párrafo que comienza en la línea 74, está lleno de sensaciones emotivas, visuales, auditivas y olfatorias. Da ejemplos. ¿Cómo contribuyen estas sensaciones al tono poético del relato?

6. En ese mismo párrafo Sara nota la poca atención que reciben los músicos en el comedor; quiere saber por qué y se lo pregunta a sus padres. ¿Cómo reaccionan ellos? ¿Qué razón dan?

   □ ¿Acepta Sara lo que dicen sus padres?

   □ ¿Qué revela este detalle con respecto a los adultos? ¿Y con respecto a Sara?

   □ ¿Por qué sirve para que Sara se desilusione del mundo de sus padres?

7. Sara empieza a tomar un interés en la vida del pianista y su esposa.

   □ ¿Qué descubre de su situación económica?

   □ ¿Qué le confiesa una noche el pianista respecto a sus sueños vitales?

   □ ¿Cómo reacciona Sara ante su triste confesión?

   □ ¿Qué revela esta reacción de su propia personalidad?

8. La mujer del pianista le ofrece a Sara otra versión de su vida matrimonial. ¿De qué se queja?

9. En la fiesta de cumpleaños de Sara no dejan pasar a la hija del pianista. ¿Cómo reacciona Sara cuando se entera?

   □ ¿Qué razón da su madre por no haberla dejado pasar?

   □ Y la madre de la niña, ¿qué le dice a Sara?

10. Las últimas acciones de Sara y sus pensamientos son muy significativos.

    □ ¿Por qué se quita la ropa de gala?

    □ ¿Qué hace con el pelo?

    □ ¿Cómo se viste para ir a cenar?

    □ ¿Qué indican estas acciones de Sara?

11. ¿Qué toca el pianista a lo largo de esta última cena? ¿Por qué?

    □ ¿Qué podría representar su desobediencia al cliente?

■——Pasos para una lectura más a fondo

1. Lo primero que destaca en este relato es su estilo. Enumera algunas de sus características. ¿Qué efecto produce cada una?

- ☐ Fíjate en las oraciones largas y las técnicas sintácticas que emplea la autora para alargar las oraciones. ¿Qué efecto produce la prolongación de las oraciones?

- ☐ Comenta sobre la acumulación de tantos detalles descriptivos en la obra. ¿Qué efecto producen las largas listas de artículos y sensaciones?

- ☐ La autora emplea el discurso indirecto libre, y las pocas veces que se escuchan las palabras de los personajes están integradas como citas dentro de la narración en vez de separadas. ¿Qué efecto produce una narración ininterrumpida de este modo?

- ☐ Trata de precisar el efecto cumulativo de esta técnica narrativa.

2. ¿Cómo describirías la voz narrativa del relato?

   - ☐ ¿Desde el punto de vista de quién habla el narrador?

   - ☐ ¿Cuáles son los efectos de un punto de vista tan subjetivo?

3. "Orquesta de verano" es un pequeño *Bildungsroman*, ya que vemos a Sara convertirse de niña en mujer. ¿En qué etapas de su desarrollo hace hincapié el narrador?

   - ☐ ¿Qué experiencias la afectan más?

   - ☐ La rebelión contra los valores de los padres forma parte de este proceso. Explica.

4. El relato contiene un señalado discurso social. ¿Qué elementos de las injusticias sociales y disparidades económicas resaltan?

5. La pérdida de inocencia de Sara tiene su paralelo en la pérdida de las ilusiones del pianista. Comenta sobre este paralelismo.

   - ☐ ¿Por qué es la vida del pianista y su familia tan patética?

   - ☐ ¿Cuál serían las causas de su sentimiento de desengaño?

6. El "amor" que surge entre Sara y el pianista merece comentario.

   - ☐ ¿Encuentras raro que hubiera una relación tan íntima entre una niña de doce años y un hombre de trienta?

   - ☐ ¿Cómo describirías el amor entre ellos? ¿Es paternal o algo más complejo? Amplía estas ideas.

7. La música hace un papel importante en este relato. Para producir música se necesita armonía. Las clases adineradas no escuchan la música y la consideran inferior. Pero Sara siente su atracción. Amplía estas ideas.

   - ☐ ¿Crees que el estilo del relato se asemeja a una composición musical? Explica.

8. La rebelión de Sara tiene un componente feminista. Explica. ¿Cómo crees que será Sara cuando sea mayor?

Luisa Valenzuela

■□■

n. 1938

Luisa Valenzuela ha pasado largos períodos de su vida fuera de su ciudad natal de Buenos Aires—México, París y Barcelona en los años 70 y Nueva York en la década de los 80—de modo que no vivió personalmente el período de violencia y represión que sufrió Argentina, y sin embargo su obra recrea, quizá mejor que la de ningún otro escritor, la confusión, la sujeción y el dolor que pasaron los argentinos durante ese período triste de su historia. El otro tema de Valenzuela es la sexualidad, pero éste casi siempre se une al primero, al explorar los vínculos entre lo sexual y lo político.

Antes de leer

1. ¿Te gusta bailar? ¿Qué tipo de baile te gusta más?
2. En los bailes tradicionales, la mujer sigue el compás del hombre. ¿Crees que éste es un ejemplo más de la dominación del hombre sobre la mujer?

Códigos para la comprensión

Código del baile: En Hispanoamérica, el baile forma una parte importante de la vida social. Cuando hay reuniones de amigos y familiares, se suele bailar, y todos bailan, incluyendo los niños y la gente mayor.

Código del tango: No hay un acuerdo respecto al origen de este baile que está tan ligado con la identidad nacional argentina. Parece ser producto de una fusión de muchas culturas: la africana (cuarta parte de la población de Buenos Aires a finales del siglo XIX era negra); la cubana (a causa de las estrechas relaciones comerciales entre los puertos de La Habana y Buenos Aires); y la indígena en la forma de la milonga, una música popular de la pampa. Lo que es más cierto es que antes de pasar a los salones elegantes, el tango era la música y el baile de los prostíbulos del puerto que bailaban seductivamente las prostitutas con sus clientes. En los años 20 del siglo pasado, el tango se puso de moda en Europa y fue entonces cuando adquirió su carácter elegante. Hoy, el tango sigue teniendo dos variantes: la más popular de los barrios de Buenos Aires, y la de salón, que es más formal con reglas y pasos preestablecidos. En Argentina, el salón donde se va a bailar el tango se llama una milonga, y los entusiastas del baile y su música son milangueros. La mujer que baila el tango de salón lleva zapatos de tacón, y se emplean a veces unos elásticos para unir el zapato al pie firmemente.

Tango

Me dijeron:

En este salón te tenés que sentar cerca del mostrador, a la izquierda, no lejos de la caja registradora; tomate un vinito, no pidás algo más fuerte porque no se estila en las mujeres, no tomés cerveza porque la cerveza da ganas de hacer pis y el pis no es cosa de damas, se sabe del muchacho de este barrio que abandonó a su novia al verla salir del baño: yo creí que ella 5 era puro espíritu, un hada, parece que alegó el muchacho. La novia quedó *para vestir santos*, frase que en este barrio todavía tiene connotaciones de soledad y soltería, algo muy mal visto. En la mujer, se entiende. Me dijeron.

Yo ando sola y el resto de la semana no me importa pero los sábados me gusta estar acompañada y que me aprieten fuerte. Por eso bailo el tango. 10

Aprendí con gran dedicación y esfuerzo, con zapatos de taco alto y pollera[1] ajustada, *de tajo*. Ahora hasta ando con los clásicos elásticos en la cartera, el equivalente a llevar siempre conmigo la raqueta si fuera tenista, pero menos molesto. Llevo los elásticos en la cartera y a veces en la cola de un banco o frente a la ventanilla cuando me hacen esperar por algún trámite los acaricio, al descuido, sin pensarlo, y quizá, no sé, me consuelo con la idea de que 15 en ese mismo momento podría estar bailando el tango en vez de esperar que un empleaducho desconsiderado se digne atenderme.

Sé que en algún lugar de la ciudad, cualquiera sea la hora, habrá un salón donde se esté bailando en la penumbra. Allí no puede saberse si es de noche o de día, a nadie le importa si es de noche o de día, y los elásticos sirven para sostener alrededor del empeine[2] los zapatos 20 de calle, estirados como están de tanto trajinar[3] en busca de trabajo.

El sábado por la noche una busca cualquier cosa menos trabajo. Y sentada a una mesa cerca del mostrador, como me recomendaron, espero. En este salón el sitio clave es el mostrador, me insistieron, así pueden ficharte[4] los hombres que pasan hacia el baño. Ellos sí pueden permitirse el lujo. Empujan la puerta vaivén con toda la carga a cuestas, una ráfaga amoniacal 25 nos golpea, y vuelven a salir aligerados dispuestos a retomar la danza.

Ahora sé cuándo me toca a mí bailar con uno de ellos. Y con cuál. Detecto ese muy leve movimiento de cabeza que me indica que soy la elegida, reconozco la invitación y cuando quiero aceptarla sonrío muy quietamente. Es decir que acepto y no me muevo; él vendrá hacia mí, me tenderá la mano, nos pararemos enfrentados al borde de la pista y 30 dejaremos que se tense el hilo, que el bandoneón[5] crezca hasta que ya estemos a punto de

---

[1] *argentinismo:* falda
[2] parte superior del pie
[3] andar de un sitio a otro (*es también un argentinismo que significa encontrarse burlado*)
[4] *argentinismo:* mirar, registrar a alguien
[5] especie de acordeón

estallar y entonces, en algún insospechado acorde, él me pondrá el brazo alrededor de la cintura y zarparemos.

Con las velas infladas bogamos a pleno viento si es milonga,[6] al tango lo escoramos.[7] Y los pies no se nos enredan porque él es sabio en señalarme las maniobras tecleteando[8] mi 35 espalda. Hay algún corte nuevo, figuras que desconozco e improviso y a veces hasta salgo airosa. Dejo volar un pie, me escoro a estribor,[9] no separo las piernas más de lo estrictamente necesario, él pone los pies con elegancia y yo lo sigo. A veces me detengo, cuando con el dedo medio él me hace una leve presión en la columna. Pongo la mujer en punto muerto, me decía el maestro y una debía quedar congelada en medio del paso para que él 40 pudiera hacer sus firuletes.[10]

Lo aprendí de veras, lo mamé a fondo como quien dice. Todo un ponerse, por parte de los hombres, que alude a otra cosa. Eso es el tango. Y es tan bello que se acaba aceptando.

Me llamo Sandra pero en estos lugares me gusta que me digan Sonia, como para perdurar más allá de la vigilia.[11] Pocos son sin embargo los que acá preguntan o dan nombres, pocos 45 hablan. Algunos eso sí se sonríen para sus adentros, escuchando esa música interior a la que están bailando y que no siempre está hecha de nostalgia. Nosotras también reímos, sonreímos. Yo río cuando me sacan a bailar seguido (y permanecemos callados y a veces sonrientes en medio de la pista esperando la próxima entrega), río porque esta música de tango rezuma[12] del piso y se nos cuela por la planta de los pies y nos vibra y nos arrastra. 50

Lo amo. Al tango. Y por ende a quien, transmitiéndome con los dedos las claves del movimiento, me baila.

No me importa caminar las treintipico de cuadras de vuelta hasta mi casa. Algunos sábados hasta me gasto en la milonga la plata del colectivo y no me importa. Algunos sábados un sonido de trompetas digamos celestiales traspasa los bandoneones y yo me elevo. Vuelo. Al- 55 gunos sábados estoy en mis zapatos sin necesidad de elásticos, por puro derecho propio. Vale la pena. El resto de la semana transcurre banalmente y escucho los idiotas piropos callejeros, esas frases directas tan mezquinas si se las compara con la lateralidad del tango.

Entonces yo, en el aquí y ahora, casi pegada al mostrador para dominar la escena, me fijo un poco detenidamente en algún galán maduro y le sonrío. Son los que mejor bailan. A ver 60 cuál se decide. El cabeceo me llega de aquel que está a la izquierda, un poco escondido detrás de la columna. Un tan delicado cabeceo que es como si estuviera apenas, levemente, poniéndole la oreja al propio hombro, escuchándolo. Me gusta. El hombre me gusta. Le sonrío con franqueza y sólo entonces él se pone de pie y se acerca. No se puede pedir un exceso de arrojo.[13] Ninguno aquí presente arriesgaría el rechazo cara a cara, ninguno está 65 dispuesto a volver a su asiento despechado, bajo la mirada burlona de los otros. Este sabe que me tiene y se me va arrimando, al tranco, y ya no me gusta tanto de cerca, con sus años y con esa displicencia.[14]

---

[6] baile popular semejante al tango
[7] *término marítimo que describe a un buque que se inclina de costado*
[8] teclear, dar gopes ligeros con los dedos (aquí, para indicar el movimiento o pase que van a hacer)
[9] *término marítimo que se refiere al costado derecho del navío*
[10] *argentinismo:* arabescos (movimientos elegantes de baile)
[11] *o sea, tarde por la noche*
[12] rezumar: salirse un líquido de su recipiente
[13] osadía
[14] indiferencia en el trato

La ética imperante no me permite hacerme la desentendida. Me pongo de pie, él me conduce a un ángulo de la pista un poco retirado y ahí ¡me habla! Y no como aquél, tiempo atrás, 70
que sólo habló para disculparse de no volver a dirigirme la palabra, porque yo acá vengo a
bailar y no a dar charla, me dijo, y fue la última vez que abrió la boca. No. Este me hace un
comentario general, es conmovedor. Me dice vio doña, cómo está la crisis, y yo digo que sí,
que vi, la pucha[15] que vi aunque no lo digo con estas palabras, me hago la fina, la Sonia: Si
señor, qué espanto, digo, pero él no me deja elaborar la idea porque ya me está agarrando 75
fuerte para salir a bailar al siguiente compás. Este no me va a dejar ahogar, me consuelo, entregada, enmudecida.

Resulta un tango de la pura concentración, del entendimiento cósmico. Puedo hacer los
ganchos[16] como le vi hacer a la del vestido de crochet, la gordita que disfruta tanto, la que
revolea tan bien sus bien torneadas pantorrillas[17] que una olvida todo el resto de su opulenta 80
anatomía. Bailo pensando en la gorda, en su vestido de crochet verdecolor esperanza, dicen,
en su satisfacción al bailar, réplica o quizá reflejo de la satisfacción que habrá sentido al tejer;
un vestido vasto para su vasto cuerpo y la felicidad de soñar con el momento en que ha de
lucirlo, bailando. Yo no tejo, ni bailo tan bien como la gorda, aunque en este momento sí
porque se dio el milagro.   85

Y cuando la pieza acaba y mi compañero me vuelve a comentar cómo está la crisis, yo lo
escucho con unción, no contesto, le dejo espacio para añadir: ¿Y vio el precio al que se fue
el felo?[18] Yo soy viudo y vivo con mis dos hijos. Antes podía pagarle a una dama el restaurante, y llevarla después al hotel. Ahora sólo puedo preguntarle a la dama si posee departamento, y en zona céntrica. Porque a mí para un pollito y una botella de vino me alcanza.   90

Me acuerdo de esos pies que volaron los míos, de esas filigranas.[19] Pienso en la gorda tan
feliz con su hombre feliz, hasta se me despierta una sincera vocación por el tejido.

Departamento no tengo, explico, pero tengo pieza en una pensión muy bien ubicada,
limpia. Y tengo platos, cubiertos, y dos copas verdes de cristal, de esas bien altas. ¿Verdes?
Son para vino blanco. Blanco, sí. Lo siento, pero yo al vino blanco no se lo toco.   95

Y sin hacer ni una vuelta más, nos separamos.

■────Pasos para la comprensión

1. Aunque el relato está escrito en primera persona, en el primer párrafo se escuchan
   otras voces, pero no en forma de diálogo o de estilo indirecto libre. ¿Cómo lo
   clasificarías?

2. Los consejos que le da esta persona a la narradora contienen un discurso sobre la
   mujer. Por ejemplo, ¿qué restricciones tiene la mujer?

---

[15] *amer: interjección eufemística por "prostituta"*
[16] *argentinismo:* movimiento que llama la atención
[17] parte más abultada de la pierna, entre la corva y el tobillo
[18] *argentinismo:* tipo de hotel donde van las parejas por turnos
[19] *fig.* movimientos muy delicados y pulidos

3. La narradora tiene una pasión por el tango.

☐ ¿Cómo aprendió a bailarlo?

☐ ¿Qué lleva siempre en su cartera? ¿Qué hace con ellos? (Consulta el *código del tango*.)

☐ ¿Adónde va los sábados por la noche?

4. Nota cómo la narradora se comunica con signos no verbales con los hombres que la sacan a bailar. Explica.

☐ Luego, al bailar, ¿cómo llegan los que bailan a un acuerdo del paso o movimiento que van a hacer?

☐ ¿Es necesario hablar para comunicarse?

5. Al bailar, el hombre lleva a la mujer.

☐ ¿Lleva siempre el baile un patrón fijo? Explica.

☐ A veces, la mujer se queda quieta. ¿Por qué?

6. La narradora, quien se llama Sandra, asume otro nombre los sábados. ¿Por qué?

☐ ¿Qué pasa cuando alguien cambia de nombre? ¿Sigue siendo la misma persona?

7. El relato termina con un baile con un señor mayor.

☐ Mientras otros no hablan cuando bailan, éste sí. ¿Sobre qué temas habla antes de bailar?

☐ ¿Cómo baila el señor? ¿Y la narradora en este caso?

8. Al terminar el baile, el señor retoma el hilo de la conversación que había empezado antes de bailar. Ahora habla de la crisis económica.

☐ ¿Qué podía hacer antes el señor que no puede hacer ahora?

☐ ¿Qué le ofrece la narradora?

☐ ¿Cómo se explicaría que al principio la mujer no tenga mucho interés en el señor y ahora sí? Por ejemplo, ¿qué sabe hacer el hombre que le encanta a la mujer?

☐ ¿Acepta el señor la invitación? ¿Por qué?

9. Para entender el impacto del rechazo del señor, hay que notar la reacción de la narradora en las líneas 66-68. Al acercarse el señor mayor para bailar con ella, la narradora empieza a sentir que no tiene ganas de bailar con él, pero no se atreve a negarlo. ¿Por qué?

☐ Sin embargo, el señor no se siente restringido al tiempo de despreciar a la mujer. ¿De qué modo representa todo esto un discurso feminista?

☐ ¿Cuáles podrían ser las razones por no aceptar el convite de la mujer?

■───Pasos para una lectura más a fondo

1. El tango en este relato adquiere significados que van mucho más allá de su significado de baile. Después de considerar las siguientes ideas, trata de explicar los significados que forma signo *tango*.

    □ Mira las líneas 9-10. ¿Por qué no quiere la narradora estar sola los sábados? ¿Qué anhela?

    □ Nota la voz de su maestro en las líneas 39-41. ("Pongo la mujer en punto muerto"). ¿Qué consejos le da? ¿Quién, por lo tanto, se luce en el tango?

    □ ¿Quién "manda" durante el baile? ¿Cómo lo hace? ¿Le importa a la narradora?

    □ Nota la forma sintáctica de "me baila" en la línea 52. ¿Es bailar un verbo transitivo o intransitivo? ¿Debe llevar un objeto directo? ¿Qué efecto produce este raro uso sintáctico?

    □ La narradora ama el tango, pero también a otra cosa. Lee la línea 51 y explica.

2. La autora implícita emplea un estilo poético para captar los pasos del tango. Comenta la metáfora de la línea 34: "Con las velas infladas bogamos a pleno viento."

3. Hay una señora gorda que baila el tango muy bien y "que disfruta mucho." La narradora está obsesionada con ella y con su vestido de crochet. Lee las líneas 78 a 85 ("Pienso en la gorda tan feliz").

    □ ¿Parece ser feliz la narradora?

    □ ¿Qué podría representar la mujer gorda? Ten en cuenta (1) el *código del baile*, (2) el significado o subtexto del tango y (3) el discurso feminista del relato.

4. En el discurso de la narradora se perciben problemas sociales, aunque éstos no ocupan primer plano en el relato.

    □ ¿Tiene trabajo la narradora?

    □ ¿Cómo vuelve a su casa los sábados después de bailar el tango? ¿Por qué?

    □ El señor mayor es el que alude a la situación económica más directamente. Explica.

5. Enfoquémonos más en el discurso feminista.

    □ ¿De qué modo es la narradora una mujer liberada?

    □ ¿De qué modo no lo es?

    □ ¿Qué signos hay en el relato que indican las limitaciones de una mujer en la sociedad argentina?

    □ Y los hombres en el relato, ¿cómo son?

    □ Trata de explicar cómo presenta el cuento un discurso feminista.

Cristina Peri Rossi

■□□

n. 1941

Peri Rossi nace en Uruguay, pero en 1972 huye de la dictadura militar en su país y se establece en Barcelona, publicando allí la mayor parte de su obra literaria, que ya incluye un buen número de novelas, relatos, poemarios y ensayos. Su obra refleja el aislamiento que sintió exiliada de su patria, así como la soledad y marginación de mujer liberada. Su sentido de justicia y liberación personal se extiende a todos los seres que, de cualquier modo, son marginados—los pobres, los homosexuales, los niños hambrientos, las prostitutas, etc. Su estilo es una manifestación más de su rebeldía contra las restricciones, y combina con su prosa otros géneros como la poesía, la crónica y el ensayo. Su originalidad estilística ha recibido el aplauso de la crítica.

Indicios pánicos (1970)

Antes de leer

1. ¿Qué tipo de persona se apunta a luchar en contra de regímenes represivos? ¿Has conocido a alguna?
2. ¿Si un ser querido tuyo estuviera implicado en una actividad de ese tipo, tratarías de convencerle de que desistiera o no? Explica.

Códigos para la comprensión

Código histórico uruguayo: En los años 70 del siglo XX los países del cono sur de Sudamérica (Argentina, Chile, Paraguay y Uruguay) sufrieron dictaduras militares que produjeron registros imprevistos de las casas particulares, encarcelamientos, torturas y muertes de los que sospechaban ser enemigos ideológicos del régimen. En Uruguay, los problemas empezaron en 1967 cuando Jorge Pacheco Areco abolió todos los movimientos izquierdistas, y les dio a las fuerzas armadas la autoridad de combatirlos. El sucesor de Pacheco, Juan María Bordaberry, siguió la misma política de represión. El grupo que le causó más dificultades al gobierno fue los Tupamaros, un grupo de terroristas urbanos. Al no poder controlar la violencia, un golpe militar le quitó el poder a Bordaberry. Los militares instituyeron una censura feroz y suprimieron las libertades civiles de los uruguayos, pero restablecieron la paz y hasta lograron exterminar a los Tupamaros, cuyos miembros fueron encarcelados o "desaparecieron." La organización Amnistía Internacional especuló que Uruguay tenía más prisioneros políticos per cápita que ningún otro país del mundo, y hasta un 10 por ciento de la población se fue al exilio—entre ellos Cristina Peri Rossi.

Código histórico norteamericano: Robert McNamara fue el ministro de defensa durante los mandatos presidenciales de Kennedy (1961–1963) y Johnson (1963–1969), y muchos creen que la expansión militar de la guerra de Vietnam se debió a él.

Código romano: Se ha sospechado que uno de los espectáculos que se montaban en los anfiteatros romanos, como el gran coliseo en Roma, era el sacrificio de cristianos a cargo de las fieras. No existe documentación para comprobar esta práctica, pero sí es cierto que se echaban prisioneros y esclavos a las fieras para el entretenimiento del público.

Los trapecistas

Y Ahora, María Teresa, Hasta Otro Día.

No más flores en mi cuarto, María Teresa, esperando tu venida. María Teresa en el álbum de las fotos es una sombrita corrida, una mancha de líquido que se ha secado dejando su flor amarilla. Del líquido fijador que atestigua para siempre, María Teresa, que tu mirada es la más tibia de las miradas que yo pueda recordar, evocar un día, que tu sonrisa de nada se va al viento, porque eres noble y las señas de tu rostro allí están reveladas para siempre, para que 5
mañana tus nietos las recojan entre risas "Fíjate que tiempos aquellos, qué risa los vestidos, la moda tan ridícula y las poses, todas prefabricadas" o sea el Señor Comisario Encargado de Pesquisas[1] el que venga a requisar,[2] entre los médanos[3] de papeles que suben por mi cuarto Las Huellas De Aquella Muchacha Que Usted conocía, y descubran, entre recortes amarillos y ya inútiles, entre recibos impagos y ensayos de teatro, entre programas de cine y fras- 10
cos de remedios, tus señas María Teresa, pasto de archivos, y me pregunten qué has hecho, qué hemos hecho, qué hicimos aquel día aquél aquél aquél, aquel día que ya no recuerdo que vimos una película no me acuerdo cuál que nos metimos en un café horrible donde nos bebimos una taza de no sé qué y yo no diga no diga o les diga lo que no sé: dónde estás qué hiciste qué hicimos porque el viento y el tiempo y María Teresa y acaso si supiera dónde es 15
que estás. Mejor, así no les digo nada. Y yo te tomé la fotografía sin que te dieras cuenta, hice como que la máquina estaba descargada porque tristemente intuía el presente, porque sabía que cada minuto era un minuto y pasajero entonces blandí[4] la cámara como en un juego, el juego aquel que tristemente deslizamos y oprimí el disparador que no debía fijar nada y en el silencio cómplice íntimo de la película—ella y yo hermanos—María Teresa fuiste una flor, 20
María Teresa, hermana y amiga, fraterna y amante, de pronto fuiste una instantánea, un

---

[1] investigación
[2] embargar, retener, quitar cosas
[3] dunas (de arena)
[4] moví

pedazo de cinta que se impresionó con la luz de tus ojos tu perfil y si también hubiera sido
una cinta sonora, ahora yo estaría viendo no solamente tu sonrisa sino que además hubiera
registrado tu voz, tu voz diciéndome en juego "Por favor no juegues" tu voz diciéndome
"Esta tarde y esta tarde y esta tarde" María Teresa diciéndome "Loco loco loco loquito" y   25
"Eres tú eres tú eres infinito."

   Qué has hecho qué hemos hecho qué hicimos nosotros dos, tú sola por separado, sepa-
rándote de mí en cualquier momento.

         Porque
Los días se cruzaban como ejércitos contrarios   30
y las noches eran venéreas[5]
Noches de bálsamo y vigilia[6]
de dicha centinela
de vértigo y de celo[7]

   habíamos descubierto un nuevo romanticismo, éramos los adelantados, los profetas del   35
sentimiento moderno.

   la gran hemorragia del Ego de pronto sustituida por la vena siempre abierta
   de ustedes del nosotros de ellos.

Hundido el pequeño dios del yo erigimos el gran templo del ustedes; a un vértigo
sigue otro vértigo a un mártir cinco mártires   40
toda cuestión de plaza y de volúmenes;
      sustituir el circo y el león con el cristiano adentro
      por cualquier calle el ejército y uno de nosotros al centro, bailando.
      O, en lugar de la cruz los clavos y el martirio,
            la cárcel la tortura y la muerte   45
            La ergástula[8] el gueto[9] el flagelo[10]
            la selva el alambrado la picana[11]
         una muerte innominada, "desaparecido," "ignórase su paradero," "accidental"
      "casual" "descuido" "involuntario;"
      lo mismo, María Teresa, pero vestido de otra manera.   50

   El mundo, ayer y hoy, armado con gran complicidad, con la ayuda bendita de todos,
algunos más o menos inocentes, con los Santos Oficios los Papas y el Opus Dei, The
New Yorker, McNamara, La Falange, El Movimiento Por La Paz y La Familia, El Comité

---

[5] sensuales
[6] sin dormir
[7] cuidado (*aquí*, vigilancia)
[8] cárcel romana destinada a esclavos
[9] *ghetto*, aislamiento de alguna minoría perseguida
[10] azote
[11] forma de tortura con porra de alto voltaje

Internacional Por el Mantenimiento de la Propiedad, Richard Nixon y las grandes rotativas; James Bond, Briggitte Bardot y las alhajas de Liz Taylor, todo en las misma arena, pero ten en cuenta, 55

siempre montado para que nada se conmueva y los cristianos de ayer, bajo otro nombre y nuevas apariencias, comparezcan en la arena del circo, bajo leones tan solemnes, tan voraces, tan buenos funcionarios y padres de familia.

La lista María Teresa, ya era extensa sin tu nombre, por eso es posible que yo no me resignara a agregar el tuyo, a regalarles graciosamente tu mirada, tu sonrisa, tu piel caliente, la intimidad de tu cuerpo, la arrolladora comunicación de tu vientre, los brazos largos y blancos, las lomas suaves de los senos con su lago central, tus piernas dos remos suavemente bogando a los costados, 60

María Teresa yo no quise hacerles ese regalo, tuve el deseo absurdo e imposible de cavar un [hueco, 65
tuve el deseo absurdo e imposible de abrir un foso en medio de la historia,
un hoyo, una hondonada,

construir un subterráneo donde apartarnos, donde esconderte, donde guardarte y prometerte, donde tenerte olvidada cuidada y agasajada, 70

María Teresa en una isla de la historia,
María Teresa escapada del libro que enseña la lucha ininterrumpida,

María Teresa huida de la Biblia, del circo, de los leones, del cepo[12] de la tortura, de la guerra, de la peste, del cerco,

María Teresa cavar para ti un margen donde sustraerte.[13] 75
los tiempos no están buenos, hay muerte por todos lados
y yo temía de ti, temía de lo otros este determinismo mortal
este ceñirse a las reglas que vienen cumpliéndose
[desde tiempos inmemoriables
reglas que son las alas de un pájaro implacable. 80

Voló voló voló

voló el pájaro una vez más, María Teresa, y con él quedó
nuestra casa aturdida[14] y levantada,
nuestra casa revuelta y revisada,
niña desvestida, 85
nuestra casa morosamente registrada
se vino abajo
cayó

---

[12] instrumento para sujetar a alguien por la garganta o los pies
[13] separarte
[14] atolondrada

como una impresionante catástrofe de niños
como el derrumbe de un palacio sin sostén   90
sin cimientos
nuestra casa aturdida y desvariada
por perros que olisquearon sus paredes
como el sexo arañado de un niña desflorada
como una vagina arada   95
Nuestra casa hollada.[15]

       No es que llore sobre sus cenizas
       como lloro
es que este tiempo duro
como un pan muy viejo que me niego a masticar   100

va envolviéndome con su humo
en su dormidera gris
en su menosprecio
Este tiempo y su destino
Es que me van enfermando   105

tengo miedo, María Teresa, te lo digo, donde estés, a sollozar a ponerme tierno y
    melancólico como joven que aún no hubiera conocido mujer
        tengo miedo de amanecer neurótico hipocóndrico
y que pronto vengan los anestesistas a convencerme
de que la vida no es tan mala aún   110
de que siempre queda alguna cosa
alfil o mujer
no sé qué
el fútbol o la posibilidad de escribir en verso
y tu fotografía, entonces, María Teresa,   115
sea el testimonio definitivo de la clausura de la historia.

Tu fotografía su vago mensaje
hagan cementerio en mi corazón

tu fotografía

la sonrisa   120
montada
a
lomos
de tu partida
tu fotografía   125
y

-----

[15] pisoteada

el
Comisario

registrándome la casa los papeles los libros los recuerdos el álbum el herbario la azotea el in-   130
terior de los muebles la heladera las revistas de cine y de fotografía la agenda con los teléfonos la guía con los nombres subrayados los mapas de aerolíneas la cubierta de los discos el
fondo del televisor los estuches de remedio el vientre de tus perros de peluche y el elástico
de la cama.

Miedo María Teresa del circo.

■——Pasos para la comprensión

1. Tres factores contribuyen a que este relato sea difícil: no tiene un claro referente o contexto, la acción está fragmentada cronológicamente, y se incorpo-
   ran elementos poéticos en la narrativa. Empecemos con el referente y el
   contexto. Para que el mensaje de una comunicación se entienda, se tiene que
   saber cuál es el referente y el contexto. Cuando no lo hay, el receptor tiene
   que inferir, aunque se puede fácilmente equivocar. En este relato, María Teresa
   ha desaparecido y el narrador no sabe (o se niega a decirnos) dónde está o por
   qué desapareció. Vamos a inferir lo que ha pasado. ¿Por qué te imaginas que el
   señor Comisario encargado de pesquisas ha venido a registrar la casa? Consulta
   el *código histórico uruguayo*.

   □ ¿Qué sospechas que ha hecho María Teresa para provocar el registro de su casa?

   □ Ahora, trata de explicar el referente del discurso del narrador.

2. Teniendo en cuenta el referente, trata de explicar la razón por lo siguiente:

   □ No habrá más flores en su cuarto

   □ El Comisario vendrá a registrar sus papeles

   □ La foto que le sacó un día sin ella saberlo

   □ El deseo del narrador de haber grabado la voz de María Teresa

   □ El narrador no recuerda nada del día que estuvieron juntos

3. ¿Crees que el narrador ama a María Teresa de verdad? ¿Cuáles son los indicios
   que parecen comprobarlo? Lee el primer fragmento poético (líneas 29-38).
   ¿Cómo parece haber sido su vida amorosa?

4. En ese poema aparece el signo del ego, pero transformado en "ustedes." En la próxima sección se le da un pronombre al ego ("yo") y el narrador escribe: "Hundido
   el pequeño dios del yo erigimos el gran templo del ustedes." ¿Qué quiere decir esa
   frase en el contexto de unos revolucionarios luchando por su pueblo?

5. El sacrificio de los revolucionarios se repite en otra parte del poema cuando se
   sustituyen signos religiosos por otros de tortura. ¿Con qué signos se lleva a cabo
   esta oposición?

6. El narrador implica la complicidad entre los dictadores militares y ciertas instituciones, personas y grupos. Identifícalos y trata de explicar por qué los señala:

☐ la Iglesia católica

☐ los grupos derechistas

☐ ciertos americanos e instituciones americanas

☐ ciertas figuras cinematográficas

7. A partir de la línea 60 el narrador empieza a expresar su deseo de que María Teresa no hubiera llevado una vida activa revolucionaria. ¿Qué quiere decir cuando escribe: "La lista. . . ya era extensa sin tu nombre"?

☐ ¿Por qué hace una lista de signos relacionados con huecos para esconderla?

☐ ¿Por qué la quiere en una isla de la historia? y ¿huida de la Biblia?

☐ ¿Cómo confirma esta sección su amor por María Teresa?

8. El rastreo de su casa por el Comisario se describe en forma de una metáfora. Explica.

9. El narrador expresa su temor. ¿De qué tiene miedo?

☐ Se vuelve a repetir el miedo en la última oración del relato: "Miedo. . . del circo." Para entender el signo del circo hay que volver a la línea 42 en que se habla del "circo y el león con el cristiano adentro." Consulta el *código romano* y explica esta referencia con respecto a María Teresa.

☐ Ahora, trata de explicar por qué tiene miedo del circo.

10. Al final se vuelve a mencionar la foto que sacó de ella. ¿Para qué le servirá al narrador?

☐ ¿Crees que la posesión de la foto representa un peligro para ambos? Explica.

■——Pasos para una lectura más a fondo

1. La cronología de los eventos del relato es fragmentada. Trata de contarlos en su orden cronológico.

☐ ¿Qué efecto produce la fragmentación?

☐ Nuestros recuerdos del pasado, ¿los evocamos siempre en su orden cronológica? Explica.

2. Aunque hemos explicado el referente y el contexto del mensaje, no podemos precisar exactamente por qué María Teresa ha desaparecido. ¿Por qué?

3. Los mensajes de las narraciones en primera persona presentan problemas de intereses personales. Este narrador intenta convencernos de que no sabe nada de lo que pasó "aquel día." Ni recuerda la película que vieron, el café donde fueron ni lo que

tomaron. ¿Qué razón personal tendría el narrador para ocultar su conocimiento de los eventos que concluyeron con la desaparición de María Teresa?

☐ ¿Crees lo que dice el narrador? ¿Crees que es inocente?

4. El primer párrafo—uno de los pocos narrativos del relato—contiene mucha información contada al fluir de la conciencia. ¿Qué parece indicar el uso de esta técnica con respecto al estado psíquico del narrador?

5. ¿Qué efecto produce la combinación de poesía y prosa? ¿Cómo se relaciona esta técnica con las otras, como la fragmentación y el fluir de la conciencia?

6. A lo largo del relato se vislumbra un perfil de la personalidad de María Teresa. ¿Cómo es ella?

☐ También el narrador nos revela ciertas características de sí mismo. ¿Cómo es él?

☐ ¿Qué dice el narrador que confirma el amor y admiración que le tiene a María Teresa?

7. El título del relato no parece tener nada que ver con su contenido. ¿Qué son trapecistas? ¿Es un oficio peligroso?

☐ ¿Puedes señalar otros vínculos entre el título y lo que hace María Teresa?

8. Nunca sabemos lo que le pasó a María Teresa, pero sí podemos especular. ¿Qué le podría haber pasado?

Isabel Allende

■☐☐

n. 1943

Exiliada de Chile como muchos de sus compatriotas que huyeron de la dictadura de Augusto Pinochet (gobernó entre 1973 y 1990), Allende se ha establecido en los Estados Unidos y ha seguido su labor literaria en español, mostrando que en ese país es posible mantener el contacto necesario con el castellano para escribir. El éxito internacional de su primera novela, *La casa de los espíritus* (1982), lanzó a Allende a la fama. Muy influenciada por el realismo mágico de García Márquez en sus primeras obras, ha venido evolucionando y ha creado su propio estilo. En sus obras borra los límites entre la autobiografía (*Paula* de 1995), la historia (*Hija de la fortuna* de 1999) y la prosa ficción.

Cuentos de Eva Luna (1989)

Antes de leer

1. ¿Se le puede considerar a un escritor como una persona que "vende" palabras? ¿Qué tiene que hacer con esas palabras antes de venderlas?

2. ¿Has comprado alguna vez una tarjeta de cumpleaños o de aniversario de una compañía como Hallmark? Antes de comprarla, ¿has leído los versos? Cuando entregas esa postal, ¿crees que esos sentimientos son los tuyos? ¿Crees que estás comprando palabras?

3. ¿Crees que hay razón en el refrán de lengua inglesa que dice "The pen is mightier than the sword"? Explica con ejemplos.

Códigos para la comprensión

Código cultural: En las ciudades y sobre todo en los pueblos de Hispanoamérica, donde sigue habiendo mucha gente analfabeta, existe el oficio del escribano que es una persona que sabe leer y escribir y que por un precio determinado le traduce una carta a su cliente o se la escribe. Muchas veces, estos escribanos también resuelven trámites.

Código histórico: La historia política de muchos países de Hispanoamérica se caracteriza por conflictos y guerras civiles entre grupos opuestos que luchan para conseguir el poder. Con frecuencia, un oficial pudiente del ejército pronuncia un golpe militar y asume el poder en forma de caudillo o dictador. Muchas veces, además, estos hombres son incultos y tienen poca experiencia para gobernar. Los trastornos civiles que pinta Allende en este relato, por lo tanto, son verídicos.

Dos palabras

Tenía el nombre de Belisa Crepusculario, pero no por fe de bautismo o acierto de su madre, sino porque ella misma lo buscó hasta encontrarlo y se vistió con él. Su oficio era vender palabras. Recorría el país, desde las regiones más altas y frías hasta las costas calientes, instalándose en las ferias y en los mercados, donde montaba cuatro palos con un toldo de lienzo, bajo el cual se protegía del sol y de la lluvia para atender a su clientela. No necesitaba pregonar su mercadería, porque de tanto caminar por aquí y por allá, todos la conocían. Había quienes la aguardaban de un año para otro, y cuando aparecía por la aldea con su atado bajo el brazo hacían cola frente a su tenderete.[1] Vendía a precios justos. Por cinco centavos entregaba versos de memoria, por siete mejoraba la calidad de los sueños, por nueve escribía cartas de enamorados, por doce inventaba insultos para enemigos irreconciliables. También vendía cuentos, pero no eran cuentos de fantasía, sino largas historias verdaderas que recitaba de

5

10

---

[1] puesto de venta en mercados al aire libre

corrido,[2] sin saltarse nada. Así llevaba las nuevas[3] de un pueblo a otro. La gente le pagaba por agregar una o dos líneas: nació un niño, murió fulano, se casaron nuestros hijos, se quemaron las cosechas. En cada lugar se juntaba una pequeña multitud a su alrededor para oírla cuando comenzaba a hablar y así se enteraban de las vidas de otros, de los parientes lejanos, de los   15 pormenores de la Guerra Civil. A quien le comprara cincuenta centavos, ella le regalaba una palabra secreta para espantar la melancolía. No era la misma para todos, por supuesto, porque eso habría sido un engaño colectivo. Cada uno recibía la suya con la certeza de que nadie más la empleaba para ese fin en el universo y más allá.

Belisa Crepusculario había nacido en una familia tan mísera, que ni siquiera poseía nom-   20 bres para llamar a sus hijos. Vino al mundo y creció en la región más inhóspita, donde algunos años las lluvias se convierten en avalanchas de agua que se llevan todo, y en otros no cae ni una gota del cielo, el sol se agranda hasta ocupar el horizonte entero y el mundo se convierte en un desierto. Hasta que cumplió doce años no tuvo otra ocupación ni virtud que sobrevivir al hambre y la fatiga de siglos. Durante una interminable sequía le tocó enterrar a   25 cuatro hermanos menores y cuando comprendió que llegaba su turno, decidió echar a andar por las llanuras en dirección al mar, a ver si en el viaje lograba burlar a la muerte. La tierra estaba erosionada, partida en profundas grietas,[4] sembrada de piedras, fósiles de árboles y de arbustos espinudos, esqueletos de animales blanqueados por el calor. De vez en cuando tropezaba con familias que, como ella, iban hacia el sur siguiendo el espejismo del agua. Al-   30 gunos habían iniciado la marcha llevando sus pertenencias al hombro o en carretillas, pero apenas podían mover sus propios huesos y a poco andar debían abandonar sus cosas. Se arrastraban penosamente, con la piel convertida en cuero de lagarto y los ojos quemados por la reverberación de la luz. Belisa los saludaba con un gesto al pasar, pero no se detenía, porque no podía gastar sus fuerzas en ejercicios de compasión. Muchos cayeron por el camino, pero   35 ella era tan tozuda[5] que consiguió atravesar el infierno y arribó por fin a los primeros manantiales, finos hilos de agua, casi invisibles, que alimentaban una vegetación raquítica,[6] y que más adelante se convertían en riachuelos y esteros.[7]

Belisa Crepusculario salvó la vida y además descubrió por casualidad la escritura. Al llegar a una aldea en las proximidades de la costa, el viento colocó a sus pies una hoja de   40 periódico. Ella tomó aquel papel amarillo y quebradizo[8] y estuvo largo rato observándolo sin adivinar su uso, hasta que la curiosidad pudo más que su timidez. Se acercó a un hombre que lavaba un caballo en el mismo charco turbio donde ella saciara su sed.

—¿Qué es esto?—preguntó.

—La página deportiva del periódico—replicó el hombre sin dar muestras de asombro ante   45 su ignorancia.

La respuesta dejó atónita a la muchacha, pero no quiso parecer descarada[9] y se limitó a inquirir el significado de las patitas de mosca dibujadas sobre el papel.

---

[2] sin parar
[3] noticias
[4] rajaduras
[5] obstinada, testaruda
[6] mezquina, pobre
[7] *chilenismo:* arroyo, riachuelo
[8] frágil, delicado
[9] descortés

—Son palabras, niña. Allí dice que Fulgencio Barba noqueó al Negro Tiznao en el tercer round.

50

Ese día Belisa Crepusculario se enteró que las palabras andan sueltas sin dueño y cualquiera con un poco de maña[10] puede apoderárselas para comerciar con ellas. Consideró su situación y concluyó que aparte de prostituirse o emplearse como sirvienta en las cocinas de los ricos, eran pocas las ocupaciones que podía desempeñar. Vender palabras le pareció una alternativa decente. A partir de ese momento ejerció esa profesión y nunca le interesó otra. Al princi- 55 pio ofrecía su mercancía sin sospechar que las palabras podían también escribirse fuera de los periódicos. Cuando lo supo calculó las infinitas proyecciones de su negocio, con sus ahorros le pagó veinte pesos a un cura para que le enseñara a leer y escribir y con los tres que le so- braron se compró un diccionario. Lo revisó[11] desde la A hasta la Z y luego lo lanzó al mar, porque no era su intención estafar a los clientes con palabras envasadas.[12]

60

Varios años después, en una mañana de agosto, se encontraba Belisa Crepusculario en el centro de una plaza, sentada bajo su toldo vendiendo argumentos de justicia a un viejo que solicitaba su pensión desde hacía diecisiete años. Era día de mercado y había mucho bullicio a su alrededor. Se escucharon de pronto galopes y gritos, ella levantó los ojos de la escritura y vio primero una nube de polvo y enseguida un grupo de jinetes que irrumpió en el lugar. 65 Se trataba de los hombres del Coronel, que venían al mando del Mulato, un gigante cono- cido en toda la zona por la rapidez de su cuchillo y la lealtad hacia su jefe. Ambos, el Coro- nel y el Mulato, habían pasado sus vidas ocupados en la Guerra Civil y sus nombres estaban irremisiblemente unidos al estropicio[13] y la calamidad. Los guerreros entraron al pueblo como un rebaño en estampida, envueltos en ruido, bañados de sudor y dejando a su paso un 70 espanto de huracán. Salieron volando las gallinas, dispararon[14] a perderse los perros, corrieron las mujeres con sus hijos y no quedó en el sitio del mercado otra alma viviente que Belisa Crepusculario, quien no había visto jamás al Mulato y por lo mismo le extrañó que se di- rigiera a ella.

—A ti te busco—le gritó señalándola con su látigo enrollado y antes que terminara de de- 75 cirlo, dos hombres cayeron encima de la mujer atropellando el toldo y rompiendo el tintero, la ataron de pies y manos y la colocaron atravesada como un bulto de marinero sobre la grupa[15] de la bestia del Mulato. Emprendieron galope en dirección a las colinas.

Horas más tarde, cuando Belisa Crepusculario estaba a punto de morir con el corazón convertido en arena por las sacudidas del caballo, sintió que se detenían y cuatro manos 80 poderosas la depositaban en tierra. Intentó ponerse de pie y levantar la cabeza con dignidad, pero le fallaron las fuerzas y se desplomó[16] con un suspiro, hundiéndose en un sueño ofus- cado.[17] Despertó varias horas después con el murmullo de la noche en el campo, pero no

---

[10] destreza; astucia

[11] examinó

[12] envasar: introducir productos en recipientes para venderlos

[13] destrucción

[14] huyeron corriendo

[15] parte de atrás del caballo

[16] cayó (como una pared que se tumba)

[17] turbado, confuso

tuvo tiempo de descifrar esos sonidos, porque al abrir los ojos se encontró ante la mirada impaciente del Mulato, arrodillado a su lado.   85

—Por fin despiertas, mujer—dijo alcanzándole su cantimplora[18] para que bebiera un sorbo de aguardiente con pólvora y acabara de recuperar la vida.

Ella quiso saber la causa de tanto maltrato y él le explicó que el Coronel necesitaba sus servicios. Le permitió mojarse la cara y enseguida la llevó a un extremo del campamento, donde el hombre más temido del país reposaba en una hamaca colgada entre dos árboles. Ella   90 no pudo verle el rostro, porque tenía encima la sombra incierta del follaje y la sombra imborrable de muchos años viviendo como un bandido, pero imaginó que debía ser de expresión perdularia[19] si su gigantesco ayudante se dirigía a él con tanta humildad. Le sorprendió su voz, suave y bien modulada como la de un profesor.

—¿Eres la que vende palabras?—preguntó.   95
—Para servirte—balbuceó ella oteando[20] en la penumbra para verlo mejor.

El Coronel se puso de pie y la luz de la antorcha que llevaba el Mulato le dio de frente. La mujer vio su piel oscura y sus fieros ojos de puma y supo al punto que estaba frente al hombre más solo de este mundo.

—Quiero ser Presidente—dijo él.   100

Estaba cansado de recorrer esa tierra maldita en guerras inútiles y derrotas que ningún subterfugio podía transformar en victorias. Llevaba muchos años durmiendo a la intemperie,[21] picado de mosquitos, alimentándose de iguanas y sopa de culebra, pero esos inconvenientes menores no constituían razón suficiente para cambiar su destino. Lo que en verdad le fastidiaba era el terror en los ojos ajenos. Deseaba entrar a los pueblos bajo arcos de triunfo, en-   105 tre banderas de colores y flores, que lo aplaudieran y le dieran de regalo huevos frescos y pan recién horneado. Estaba harto de comprobar cómo a su paso huían los hombres, abortaban de susto las mujeres y temblaban las criaturas, por eso había decidido ser Presidente. El Mulato le sugirió que fueran a la capital y entraran galopando al Palacio para apoderarse del gobierno, tal como tomaron tantas otras cosas sin pedir permiso, pero al Coronel no le   110 interesaba convertirse en otro tirano, de ésos ya habían tenido bastantes por allí y, además, de ese modo no obtendría el afecto de las gentes. Su idea consistía en ser elegido por votación popular en los comicios[22] de diciembre.

—Para eso necesito hablar como un candidato. ¿Puedes venderme las palabras para un discurso?—preguntó el Coronel a Belisa Crepusculario.   115

---

[18] frasco cubierto de algún material para llevar agua y mantenerla fresca
[19] viciosa, disipada
[20] escudriñando
[21] a cielo descubierto
[22] elecciones

Ella había aceptado muchos encargos, pero ninguno como ése, sin embargo no pudo negarse, temiendo que el Mulato le metiera un tiro entre los ojos o, peor aún, que el Coronel se echara a llorar. Por otra parte, sintió el impulso de ayudarlo, porque percibió un palpitante calor en su piel, un deseo poderoso de tocar a ese hombre, de recorrerlo con sus manos, de estrecharlo entre sus brazos.   120

Toda la noche y buena parte del día siguiente estuvo Belisa Crepusculario buscando en su repertorio las palabras apropiadas para un discurso presidencial, vigilada de cerca por el Mulato, quien no apartaba los ojos de sus firmes piernas de caminante y sus senos virginales. Descartó las palabras ásperas y secas, las demasiado floridas, las que estaban desteñidas por el abuso, las que ofrecían promesas improbables, las carentes de verdad y las confusas, para quedarse sólo con   125
aquellas capaces de tocar con certeza el pensamiento de los hombres y la intuición de las mujeres. Haciendo uso de los conocimientos comprados al cura por veinte pesos, escribió el discurso en una hoja de papel y luego hizo señas al Mulato para que desatara la cuerda con la cual la había amarrado por los tobillos a un árbol. La condujeron nuevamente donde el Coronel y al verlo ella volvió a sentir la misma palpitante ansiedad del primer encuentro. Le pasó el papel   130
y aguardó, mientras él lo miraba sujetándolo con la punta de los dedos.

—¿Qué carajo[23] dice aquí?—preguntó por último.
—¿No sabes leer?
—Lo que yo sé hacer es la guerra—replicó él.

Ella leyó en alta voz el discurso. Lo leyó tres veces, para que su cliente pudiera grabárselo   135
en la memoria. Cuando terminó vio la emoción en los rostros de los hombres de la tropa que se juntaron para escucharla y notó que los ojos amarillos del Coronel brillaban de entusiasmo, seguro de que con esas palabras el sillón presidencial sería suyo.

—Si después de oírlo tres veces los muchachos siguen con la boca abierta, es que esta vaina[24] sirve, Coronel—aprobó el Mulato.   140
—¿Cuánto te debo por tu trabajo, mujer?—preguntó el jefe.
—Un peso, Coronel.
—No es caro—dijo él abriendo la bolsa que llevaba colgada del cinturón con los restos del último botín.
—Además tienes derecho a una ñapa.[25] Te corresponden dos palabras secretas—dijo Belisa   145
Crepusculario.
—¿Cómo es eso?

Ella procedió a explicarle que por cada cincuenta centavos que pagaba un cliente, le obsequiaba una palabra de uso exclusivo. El jefe se encogió de hombros, pues no tenía ni el menor interés en la oferta, pero no quiso ser descortés con quien lo había servido tan bien. Ella se   150
aproximó sin prisa al taburete[26] de suela donde él estaba sentado y se inclinó para entregarle su regalo. Entonces el hombre sintió el olor de animal montuno[27] que se desprendía de esa

---

[23] *interjección grosera*
[24] *fam.* lo que carece de importancia
[25] *amer:* un regalito que hace el vendedor a su cliente
[26] asiento sin respaldo
[27] del monte; salvaje

mujer, el calor de incendio que irradiaban sus caderas, el roce terrible de sus cabellos, el aliento de yerbabuena susurrando en su oreja las dos palabras secretas a las cuales tenía derecho.

—Son tuyas, Coronel—dijo ella al retirarse—. Puedes emplearlas cuanto quieras.

155

El Mulato acompañó a Belisa hasta el borde del camino, sin dejar de mirarla con ojos suplicantes de perro perdido, pero cuando estiró la mano para tocarla, ella lo detuvo con un chorro de palabras inventadas que tuvieron la virtud de espantarle el deseo, porque creyó que se trataba de alguna maldición irrevocable.

En los meses de setiembre, octubre y noviembre el Coronel pronunció su discurso tantas veces, que de no haber sido hecho con palabras refulgentes y durables el uso lo habría vuelto 160 ceniza. Recorrió el país en todas direcciones, entrando a las ciudades con aire triunfal y deteniéndose también en los pueblos más olvidados, allá donde sólo el rastro de basura indicaba la presencia humana, para convencer a los electores que votaran por él. Mientras hablaba sobre una tarima[28] al centro de la plaza, el Mulato y sus hombres repartían caramelos y pintaban su nombre con escarcha dorada en las paredes, pero nadie prestaba atención a esos 165 recursos de mercader, porque estaban deslumbrados por la claridad de sus proposiciones y la lucidez poética de sus argumentos, contagiados de su deseo tremendo de corregir los errores de la historia y alegres por primera vez en sus vidas. Al terminar la arenga[29] del Candidato, la tropa lanzaba pistoletazos al aire y encendía petardos[30] y cuando por fin se retiraban, quedaba atrás una estela[31] de esperanza que perduraba muchos días en el aire, como el recuerdo 170 magnífico de un cometa. Pronto el Coronel se convirtió en el político más popular. Era un fenómeno nunca visto, aquel hombre surgido de la guerra civil, lleno de cicatrices y hablando como un catedrático, cuyo prestigio se regaba por el territorio nacional conmoviendo el corazón de la patria. La prensa se ocupó de él. Viajaron de lejos los periodistas para entrevistarlo y repetir sus frases, y así creció el número de sus seguidores y de sus enemigos. 175

—Vamos bien, Coronel—dijo el Mulato al cumplirse doce semanas de éxito.

Pero el candidato no lo escuchó. Estaba repitiendo sus dos palabras secretas, como hacía cada vez con mayor frecuencia. Las decía cuando lo ablandaba la nostalgia, las murmuraba dormido, las llevaba consigo sobre su caballo, las pensaba antes de pronunciar su célebre dis- 180 curso y se sorprendía saboreándolas en sus descuidos. Y en toda ocasión en que esas dos palabras venían a su mente, evocaba la presencia de Belisa Crepusculario y se le alborotaban los sentidos con el recuerdo del olor montuno, el calor de incendio, el roce terrible y el aliento de yerbabuena, hasta que empezó a andar como un sonámbulo y sus propios hombres comprendieron que se le terminaría la vida antes de alcanzar el sillón de los presidentes. 185

—¿Qué es lo que te pasa, Coronel?—le preguntó muchas veces el Mulato, hasta que por fin un día el jefe no pudo más y le confesó que la culpa de su ánimo eran esas dos palabras que llevaba clavadas en el vientre.

---

[28] plataforma portátil
[29] discurso enardecedor
[30] pólvora en paquetitos que, al estallarse en el piso, hacen mucho ruido
[31] la huella que deja un astro

—Dímelas, a ver si pierden su poder—le pidió su fiel ayudante.

—No te las diré, son sólo mías—replicó el Coronel.   190

Cansado de ver a su jefe deteriorarse como un condenado a muerte, el Mulato se echó el fusil al hombro y partió en busca de Belisa Crepusculario. Siguió sus huellas por toda esa vasta geografía hasta encontrarla en un pueblo del sur, instalada bajo el toldo de su oficio, contando su rosario de noticias. Se le plantó delante con las piernas abiertas y el arma empuñada.[32]   195

—Tú te vienes conmigo—ordenó.

Ella lo estaba esperando. Recogió su tintero, plegó el lienzo de su tenderete, se echó el chal sobre los hombros y en silencio trepó al anca del caballo. No cruzaron ni un gesto en todo el camino, porque al Mulato el deseo por ella se le había convertido en rabia y sólo el 200 miedo que le inspiraba su lengua le impedía destrozarla a latigazos. Tampoco estaba dispuesto a comentarle que el Coronel andaba alelado,[33] y que lo que no habían logrado tantos años de batallas lo había conseguido un encantamiento susurrado al oído. Tres días después llegaron el campamento y de inmediato condujo a su prisionera hasta el candidato, delante de toda la tropa.   205

—Te traje a esta bruja para que le devuelvas sus palabras, Coronel, y para que ella te devuelva la hombría—dijo apuntando el cañón de su fusil a la nuca de la mujer.

El Coronel y Belisa Crepusculario se miraron largamente, midiéndose desde la distancia. Los hombres comprendieron entonces que ya su jefe no podía deshacerse del hechizo de esas dos palabras endemoniadas, porque todos pudieron ver los ojos carnívoros del puma tornarse mansos cuando ella avanzó y le tomó la mano.

■——Pasos para la comprensión

1. La introducción a Belisa Crepusculario incluye una serie de datos raros y fuera de lo ordinario, lo cual prepara al receptor para lo que va a encontrarse en el relato. El primer dato extraño es su nombre. ¿Cómo lo consiguió?

   □ Lo segundo es su oficio. ¿Cómo se gana la vida?

   □ Y finalmente, ¿qué regalo les hace a sus clientes por cada cincuenta centavos que gastan?

2. En el segundo párrafo el narrador revela los detalles de su triste vida. Describe el clima del lugar donde se crió.

   □ ¿Por qué huyó de su casa?

   □ Describe la saga de otros que tomaban el mismo camino que ella. ¿Adónde iban?

---

[32] tomada por el puño, en la mano
[33] chiflado, embobado

3. En el párrafo que comienza en la línea 39 nos enteramos de cómo Belisa llegó a aprender su oficio. ¿Cómo reaccionó la primera vez que vio un periódico?

   □ ¿Qué descubrió respecto a las palabras?

   □ ¿A quién fue para que le enseñara a leer y escribir?

   □ ¿Por qué tiró el diccionario después de leerlo?

4. Un día unos guerrilleros entran al pueblo donde ella está y la secuestran. Cuenta lo que hicieron con ella y dónde la llevaron.

5. El Coronel le explica a Belisa su sueño para el país y su deseo de ocupar la presidencia. ¿Qué otro modo sugiere su compañero el Mulato para conseguir el poder que desea? Explica cómo aquí se comienza un discurso político-histórico.

6. ¿Cómo le puede ayudar Belisa al Coronel a ganar las elecciones?

   □ ¿Por qué decide Belisa ayudarlo? Fíjate en las líneas 118-120.

7. El proceso que emplea Belisa para escoger las palabras más apropiadas para el discurso del Coronel representa un bellísimo discurso metalingüístico. Explica ese proceso creativo de Belisa.

8. Cuando Belisa le da el discurso al Coronel, ¡descubrimos que éste no sabe leer! ¿Cómo se aprende el discurso?

   □ ¿Por qué aprueba el Mulato el discurso de Belisa?

   □ ¿Qué le regala Belisa al Coronel?

9. Al marcharse, el Mulato intenta seducir a Belisa. ¿Qué hace ella para disuadirlo? Explica el efecto que tiene.

10. ¿Cómo reaccionó el país al discurso de Belisa? ¿Qué otros trucos propagandísticos usan sus asistentes, como el Mulato, para conseguir el afecto del pueblo?

11. Explica cómo va cambiando el Coronel. ¿Qué efecto le produce cada vez que se acuerda del regalo de Belisa?

    □ Nota la descripción de cómo el Coronel recuerda a Belisa (líneas 181-185). ¿Crees que es una descripción muy femenina y seductora?

12. El Mulato nota el cambio en el Coronel y le ruega que le diga las dos palabras, pero el Coronel se niega. ¿Por qué? ¿Qué decide hacer el Mulato?

13. Describe la escena de reunión entre Belisa y el Coronel. ¿Qué cambio notan sus hombres en los ojos del Coronel?

■——Pasos para una lectura más a fondo

1. El discurso metalingüístico es quizá el elemento más notable de este relato. Es un discurso nutrido que empieza en las primeras palabras del cuento cuando el narrador explica el nombre de Belisa. ¿Cómo se relaciona el acto de nombrar con el discurso metalingüístico?

   □ ¿Qué descubre Belisa de las palabras la primera vez que ve un periódico?

☐ Ya se ha comentado el proceso que sigue Belisa para escoger las palabras en el paso 7 más arriba, pero ¿qué se puede decir del poder de sus palabras (1) en el Coronel y (2) en el pueblo? ¿Qué es lo que transforma al Coronel?

☐ Se le llama autorreferencial a una obra que llama la atención a su propio proceso creativo. ¿Por qué se puede decir que este relato es autorreferencial?

☐ Ahora, trata de sintetizar el discurso metalingüístico de este relato.

2. Se destacan también los discursos feministas y machistas del relato.

☐ ¿De qué modo se puede decir que Belisa es un personaje independiente y feminista?

☐ ¿Crees que es una mujer muy femenina? Explica.

☐ Sin embargo, hay algo en ella que atrae al Mulato y al Coronel. ¿Qué será?

☐ El Coronel y sus guerrilleros representan claramente el machismo. Explica sus acciones a lo largo del relato que corroboran este hecho.

☐ Sin embargo, el cambio que nota el Mulato en su jefe tiene que ver con su "hombría" (ver las líneas 201-205). ¿Qué se puede decir del poder de las palabras que llega hasta transformar este aspecto tan característico del hombre hispano?

3. Hay muchos otros aspectos de la realidad latinoamericana insertados en el relato (consulta el *código histórico*). Identifícalos.

4. El relato contiene algo del realismo mágico, pero nada mágico pasa excepto el poder transformador de las palabras de Belisa. Lo que sí ocurren son muchos hechos poco probables. ¿Cuáles son?

☐ Explica cómo la autora implícita combina la realidad y la fantasía, y comenta el efecto que produce esta oposición.

5. Un aspecto del realismo mágico es el humor, que en este relato reluce brillantemente. El humor se puede ver en el plano de la acción así como en el plano sintáctico y lexicográfico. ¿Qué aspectos de la narrativa producen humor?

☐ Nota el modo en que un hombre le explica a Belisa lo que dice la página deportiva (líneas 49-50). ¿Qué produce humor? Busca otros ejemplos de humor sintáctico.

☐ El Mulato describe al trasformado Coronel como "alelado." Busca otros ejemplos de humor léxico.

6. ¿Conocemos el contenido del discurso que le escribe Belisa al Coronel?

☐ Sin embargo, podemos inferir lo que contiene. ¿Qué crees que decía el discurso?

☐ ¿Por qué puedes llegar a esa conclusión?

☐ Del mismo modo, no sabemos cuáles son las dos palabras de ñapa, pero se puede inferir. ¿Cuáles crees que eran?

MÉTRICA ESPAÑOLA

∎∎∎

Las reglas y normas de la prosodia castellana que se dan a continuación usarán como ejemplo las últimas dos estrofas de la Rima LIII de Bécquer.

Volverán del amor en tus oídos	1
las palabras ardientes a sonar;	2
tu corazón, de su profundo sueño	3
tal vez despertará;	4
pero mudo y absorto y de rodillas,	5
como se adora a Dios ante su altar,	6
como yo te he querido . . . , desengáñate:	7
¡así no te querrán!	8

Reglas para contar sílabas en castellano

☐ Se debe considerar tres cosas: (1) el número de vocales, diptongos y triptongos en cada palabra o frase, (2) la sinéresis y la sinalefa y (3) la diéresis. Estos conceptos se explicarán a continuación.

☐ En castellano, una palabra o frase tiene tantas sílabas como tiene vocales, diptongos o triptongos.

☐ La primera palabra de la estrofa de Bécquer (*volverán*) contiene tres vocales, de modo que tiene tres sílabas.

☐ Un diptongo se da cuando una vocal fuerte (*a, o, e*) se junta con una débil (*i, u*). Por ejemplo, la palabra *ardientes* del verso 2 contiene el diptongo *ie,* de modo que la palabra contiene tres sílabas.

☐ La sinéresis es la contracción de dos vocales fuertes en una misma sílaba. Por ejemplo, la palabra *creer* tiene dos sílabas, pero se cuenta como una.

☐ La sinalefa tiene lugar entre palabras contiguas. Por ejemplo, en el verso 7, en la frase "te he querido," la *e* de *te* se junta con la *e* de *he* (recuerda que la *h* no se oye) formando una sola sílaba, de modo que la frase tiene cuatro sílabas en vez de cinco. La sinalefa también puede producir un diptongo. Así ocurre en la frase "ante su altar," en el verso 6, donde la *u* de *su* y la *a* de *altar* se juntan para formar un diptongo *ua*, de modo que la frase contiene cuatro sílabas en vez de cinco.

Reglas para contar sílabas métricas en castellano

☐ Se debe considerar la última palabra del verso y determinar si es llana, aguda o esdrújula. Estos conceptos se explicarán a continuación.

☐ La palabra llana es una en que el acento tónico cae en la penúltima sílaba, como las palabras *oídos*, *sueño* y *rodillas* de la estrofa de Bécquer.

☐ Las palabras agudas son las que tienen la sílaba tónica en la última sílaba, como en las palabras *sonar, despertará, altar* y *querrán*.

☐ En las palabras esdrújulas, el acento tónico está en la antepenúltima sílaba, como en *desengáñate*.

☐ En el sistema prosódico castellano, cuando la última palabra del verso es aguda, se le añade una sílaba a la cuenta. Así, el verso "las palabras ardientes a sonar" tiene 11 sílabas (las 10 que tiene mas la que se le añade por terminar en palabra aguda).

☐ Cuando el verso termina en una palabra esdrújula, se le resta una sílaba a la cuenta. Fíjate en el verso "como yo te he querido . . . , desengáñate." Contiene 11 sílabas (en realidad tiene 12, pero se le resta una sílaba por terminar en palabra esdrújula).

☐ Cuando el verso termina en una palabra llana, no se añade ni se resta sílaba. Así, el verso "tu corazón de su profundo sueño" contiene 11 sílabas.

Versificación regular e irregular

☐ Los versos en castellano pueden ser regulares o irregulares.

☐ En la versificación regular, el poema tiene un número fijo de sílabas; en la irregular no. La poesía del mester de juglaría, por ejemplo, es de versificación irregular, así como los poemas modernos de verso libre.

☐ La estrofa arriba de Bécquer es regular, porque sus son versos de 11 sílabas, con un último verso de 6 sílabas, y este esquema se repite a lo largo del poema.

Clasificación del verso según el número de sílabas

☐ **Tetrasílabo** (4 sílabas). Son muy raros en la prosodia castellana. Espronceda lo usa en algunas estrofas de "Canción del pirata:"

> Veinte presas
> hemos hecho
> a despecho
> del inglés.

☐ **Hexasílabo** (6 sílabas). Éstos también son bastante raros, aunque lo emplea Alfonsina Storni en "Tú me quieres blanca:"

> Tú me quieres alba,
> me quieres de espuma,
> me quieres de nácar.
> Que sea azucena,
> sobre todas casta.

☐ **Heptasílabo** (7 sílabas). No es muy frecuente, pero se puede observar en los *Proverbios morales* de Sem Tob:

> Quiero dezir del mundo
> e de las sus maneras,
> e cómmo de él dubdo,
> palabras muy çerteras;

☐ **Octosílabo** (8 sílabas). El verso más común de la prosodia castellana, tanto para su expresión popular (el romancero) como para la culta. Machado lo emplea aquí:

> He andado muchos caminos
> he abierto muchas veredas;
> he navegado en cien mares
> y atracado en cien riberas.

☐ **Eneasílabo** (9 sílabas). Es un número difícil de conseguir en castellano. Lo emplea Darío en "Canción de otoño en primavera:"

> Juventud, divino tesoro,
> ¡ya te vas para no volver!
> Cuando quiero llorar, no lloro,
> y a veces lloro sin querer . . .

☐ **Decasílabo** (10 sílabas). No es frecuente, pero lo emplea Bécquer en varias *Rimas:*

> ¡Yo soy un sueño, un imposible,
> vano fantasma de niebla y luz;
> soy incorpórea, soy intangible:
> no puedo amarte.
>   —¡Oh ven, ven tú!

☐ **Endecasílabo** (11 sílabas). Es una de las formas prosódicas predilectas del castellano, sobre todo para la expresión culta. Los sonetos renacentistas y barrocos lo emplean, como éste de Garcilaso:

> En tanto que de rosa y azucena
> se muestra la color en vuestro gesto,
> y que vuestro mirar ardiente, honesto,
> enciende al corazón y lo refrena;

☐ **Dodecasílabo** (12 sílabas). Darío lo emplea en "Sinfonía en gris mayor:"

> El mar como un vasto cristal azogado
> refleja la lámina de un cielo de cinc;
> lejanas bandadas de pájaros manchan
> el fondo bruñido de pálido gris.

☐ **Alejandrino** (14 sílabas). Los versos de 14 sílabas es la forma del mester de clerecía medieval, así como la de muchas formas modernas. Nota su uso por Julia de Burgos:

Ya las gentes murmuran que yo soy tu enemiga
porque dicen que en verso doy al mundo tu yo.

DICCIONARIO DE TÉRMINOS LITERARIOS

███

A

ACOTACIÓN. En obras de teatro, las direcciones que da el autor para indicar el movimiento, los gestos, el tono de hablar, etc. de los personajes. La Comedia del Siglo de Oro no contiene acotaciones, de modo que el lector o director las tiene que inferir.

ALEGORÍA. Figura retórica por la que un cuento o imagen visual adquiere un significado oculto. A veces, una obra entera puede ser una alegoría, como ocurre en las fábulas medievales. Más común es la alegoría que se da dentro de una obra. En el soneto de Herrera en esta antología se encuentra una alegoría del mito de Sísafo, aunque el mito no se menciona explícitamente.

ALEJANDRINO. (v. Apéndice de MÉTRICA ESPAÑOLA)

ALITERACIÓN. Repetición del mismo sonido en palabras cercanas o en el interior de ellas. Se debe tener en cuenta que no consiste necesariamente en la repetición de la misma letra, puesto que, por ejemplo, las letras, por ejemplo, *b, m, p* y *v* son letras distintas, pero todas son bilabiales. La aliteración es la figura retórica más común que se usa para crear efectos auditivos en la poesía. Nota la repetición de la *g* y la *o* en "gordos gongos sordos" de Nicolás Guillén.

AMBIGÜEDAD. Ocurre cuando un signo se puede interpretar de modos distintos. En las redondillas de Sor Juana, por ejemplo, cuando escribe "Hombres necios que acusáis / a la mujer sin razón," ¿quiere decir que los hombres acusan sin razón alguna, o que acusan a mujeres que no tienen razón? Los versos son ambiguos.

ANADIPLOSIS. Figura retórica que consiste en repetir al principio de un verso o de una frase una palabra que aparecía al final del verso o frase anterior. En la Rima LIII de Bécquer, las estrofas pares terminan con "no volverán," y la estrofa siguiente comienza con "Volverán."

ANÁFORA. Repetición de una o más palabras en versos sucesivos. El uso de la palabra *verde* en el "Romance sonámbulo" de Lorca es un ejemplo muy conocido.

ANTANACLASIS. Se produce cuando un signo lingüístico se repite con diferentes significados. En "La negra sombra" de Rosalía de Castro se repite la palabra *asombra,* pero la segunda vez con el sentido de *ensombrar.*

ANTONOMASIA. Sustitución de un término por un nombre propio. Por ejemplo, cuando se le llama a alguien un don Juan, sin ser su nombre Juan. En *Los cachorros* de Vargas Llosa, el apodo "Pichulita" para referirse a Cuéllar es un ejemplo. (v. METONIMIA)

ANTIHÉROE. Personaje principal de una obra cuyas acciones no son heroicas. El personaje de Lazarillo sería un buen ejemplo.

APOLOGÍA. Discurso en defensa de una ideología. Octavio Paz, en el ensayo que aparece en el portal de esta antología, hace una apología de la evangelización española en el Nuevo Mundo.

APÓLOGO. Relato que alegóricamente contiene un mensaje o lección moral o filosófica. El relato de Juan Manuel en esta antología es un ejemplo.

APÓSTROFE. Figura retórica por la que un emisor dirige su mensaje a una persona muerta o ausente, así como a algo abstracto. Heredia se dirige a una tempestad en su famoso poema.

ARQUETIPO. Signo que ocurre en obras de diferentes períodos y hasta de diferentes culturas, lo que indica que es común a la experiencia humana universal. El arquetipo suele aparecer en los mitos y en el folclore. La creación del Imperio inca descrito por El Inca Garcilaso recuerda otros arquetipos de la creación, como la de Génesis de la Biblia hebrea.

ARTE MAYOR/ARTE MENOR. El primero se refiere a los versos de más de ocho sílabas y el segundo a los de ocho sílabas o menos.

ASÍNDETON. Figura que consiste en la eliminación de una o más palabras que enlazarían dos o más términos. La eliminación del verbo ser en "yo, veril destello" en "A Julia de Burgos" es un ejemplo.

ASONANCIA. (v. RIMA)

AUTOR IMPLÍCITO. Término que identifica a la persona que ordena y escribe una obra, pero que no necesariamente expresa sus propias ideas en la obra. En *San Manuel Bueno, mártir*, el autor implícito crea una narradora, Ángela, quien narra la novela. Pero al final de la obra, el autor explícito, Unamuno, toma la palabra.

AUTORREFERENCIA. Se aplica a obras que llaman la atención a su propio carácter literario. "Dos palabras" de Allende trata del efecto de las palabras, del mismo modo que la autora también brega con los efectos de las palabras en su propia creación. (v. META-LINGÜÍSTICA)

B

BARROCO. Consulta la introducción al Capítulo 6. Movimiento cultural asociado con el siglo XVII en el que España hace un papel importante en el campo de la novela (Cervantes), el teatro (Calderón), la poesía (Góngora y Quevedo) y el arte (Velázquez). Adopta un estilo decadente recargado de adornos y elementos retóricos. Ideológicamente expresa un desengaño con la vida, sin acercarse jamás al escepticismo religioso. Un tema predilecto es el de la ilusión—las apariencias engañan y confunden. (v. CONCEPTISMO)

BEATUS ILLE. Tema de la literatura latina asociado con Horacio en que se resalta la vida pacífica y sana del campo. "La vida retirada" de Fray Luis de León es una de las más logradas elaboraciones de ese tema de la literatura castellana.

BILDUNGSROMAN. Término alemán que caracteriza una narrativa que sigue el desarrollo de un niño o niña en su transformación en hombre o mujer.

Lazarillo de Tormes es un buen ejemplo, así como "Las ataduras" de Martín Gaite.

C

CACOFONÍA. Recurso auditivo de voces desagradables o que juntas crean sonidos discordantes.

CANON. Término que se refiere a una serie de obras reconocidas como importantes por autoridades de la literatura. Últimamente, el canon oficial ha sido reconsiderado para admitir a ciertas figuras que, por razones políticas, religiosas o culturales, se habían omitido. Así es el caso de ciertas escritoras, como María de Zayas, que en pleno siglo XVII escribía de asuntos sexuales.

CARNAVALESCO. Término popularizado por Mikhail Bakhtin para describir momentos en la literatura en que se subvierte el orden normal de las jerarquías establecidas.

CARPE DIEM. Tema de la literatura latina asociado con Horacio que exhorta al receptor a gozar de la vida mientras sea joven porque la vida es corta y en la vejez no lo podrá hacer. Fue un tema muy usado entre los poetas del Siglo de Oro, con ejemplos famosos de Garcilaso ("En tanto que de rosa y azucena") y Góngora ("Mientras por competir con tu cabello").

CATARSIS. Según Aristóteles es la purificación y la elevación moral que siente el receptor de una obra trágica, aunque en la crítica actual se emplea para cualquier tipo de reacción emocional del receptor ante una obra literaria.

CESURA. Pausa perceptible en versos largos que ocurre más o menos a mitad del verso. Es característica del mester de juglaría así como de los versos los alejandrinos del mester de clerecía.

CIRCUNLOCUCIÓN. (v. PERÍFRASIS)

CLASICISMO. Tiene varios sentidos con respecto a la literatura. Primero, se refiere a las formas de expresión que tienen su origen en la literatura grecorromana. Por lo tanto, sigue reglas fijas, y temas preestablecidos, como el *carpe diem* o *beatus ille.* La poesía del Renacimiento, sobre todo los sonetos, son ejemplos del clasicismo. La rebelión en contra de una actitud clásica se denomina romántica (v. ROMÁNTICO). También se usa el término "clásico" para referirse a obras del canon (v. CANON) estimadas universalmente, ya sean de estética clásica o romántica.

CÓDIGO. Un signo que se tiene que entender (o sea, que comparte el emisor y el receptor) para que se pueda entender el mensaje. El mismo lenguaje (el español, por ejemplo) es un código que tienen que compartir el emisor y el receptor para que la comunicación. El lector que no se lleve a cabo conozca las muchas referencias históricas del poema "A Roosevelt" de Darío no puede apreciar el poema en toda su profundidad. El código también puede ser un signo que el autor inserta como una pista o clave para dar información implícitamente. En "¿No oyes ladrar los perros?" de Juan Rulfo, cuando el padre cambia de registro y empieza a hablarle a su hijo de *usted,* su cambio constituye un código que indica su enojo con él. Los códigos culturales son, a veces, los más difíciles, porque los emplean los autores, a veces, inconscientemente. Esto ocurre en obras más antiguas, donde ya no conocemos los códigos y podemos equivocarnos al interpretarlos bajo una lupa moderna.

COMEDIA. Para Aristóteles era la antítesis de la tragedia, y trataba materia cotidiana e incluía personajes de las clases bajas. Más tarde, se empleó para obras de teatro con humor. En la literatura española el término se refiere específicamente a obras de teatro del Siglo de Oro, como *El burlador de Sevilla,* que siguen las normas establecidas por Lope de Vega. Las comedias, por lo tanto, pueden contener poco humor y terminar trágicamente para el héroe, como ocurre en el *Burlador.*

COMUNICACIÓN. Teoría de Jakobson y esencial para el análisis literario moderno. Un emisor (autor) emite un mensaje (obra) a un receptor o destinatario (lector u oyente). Para que esa comunicación se entienda, el emisor y el receptor tienen que compartir y entender una serie de códigos (v. CÓDIGO). También puede haber interferencias en el circuito de comunicación que la afectan. La censura es un buen ejemplo. Cervantes escribe bajo una censura y tiene que evitar ciertos temas, o expresarlos de un modo velado. Sus receptores ideales sabrían, por lo tanto, cómo decodificar su mensaje. Otro concepto de la teoría se refiere a los cambios del mensaje según el contexto. Un mismo mensaje ("dame dinero") se puede interpretar de maneras muy distintas si lo emite pide un niño en su casa o si lo enuncia un hombre desconocido en un callejón oscuro. El mensaje es el mismo, pero el contexto ha cambiado.

CONCEPTISMO. Término empleado sólo en la crítica hispánica para referirse al estilo enrevesado y las ideas rebuscadas de los escritores barrocos, sobre todo Gracián y Quevedo.

CONSONANCIA. (v. RIMA)

COSTUMBRISMO. Escenas insertadas en un texto que captan las costumbres de una época o región. Se da en todas las épocas, pero llega a ser una moda en el siglo XIX, cuando se inventa un nuevo subgénero, el "artículo de costumbres" dedicado exclusivamente a pintar costumbres. Se puede observar mucho costumbrismo en textos realistas como los de Galdós, Pardo Bazán y Clarín.

CRIOLLISMO. Término aplicado a textos realistas hispanoamericanos que contienen costumbrismo y que reflejan la realidad histórica y social de las distintas regiones. Los relatos de Javier de Viana y de Juan Bosch son ejemplos.

CRÓNICA. Normalmente obras históricas en prosa, como la *Crónica general* de Alfonso X, o las crónicas oficiales comisionadas por la monarquía española para relatar los hechos que ocurrían en las Indias. Bernal Díaz del Castillo escribe su *Historia verdadera* para corregir los errores de la crónica oficial de Gómara.

CUADERNA VÍA. Forma poética del mester de clerecía, como en Berceo o Juan Ruiz. Son cuartetos de catorce sílabas (v. ALEJANDRINO) con monorima consonante (v. RIMA CONSONANTE)

D

DECONSTRUCCIÓN. Concepto literario posmoderno, sugerido por Derrida, consiste en la creencia de que es impossible encontrar coherencia en un texto literario. La teoría arguye que las grandes obras literarias se contradicen constantemente, haciendo imposible una conclusión concreta y segura respecto a su mensaje.

DIDÁCTICO. Se refiere a una obra cuyo propósito es enseñar. Es una característica del mester de clerecía medieval.

DISCURSO. Cualquier uso extendido del idioma. En las teorías posestructuralistas de Foucault el término es mucho más específico: un discurso ocurre cuando el mensaje identifica un objeto de análisis y proporciona al receptor una serie de conceptos para analizar o entender ese objeto. "Vuelva usted mañana" de Larra contiene un discurso sobre el ocio y la pereza. Hay que distinguir entre un tema y un discurso. Un tema es un concepto abstracto que emerge de la obra, y suele ser un concepto muy general. (v. TEMA)

E

ELIPSIS. Una oración o idea que no se completa y que el lector tiene que inferir.

EMBLEMA. Un símbolo tan reconocido por un grupo que enseguida se sabe lo que significa. En la literatura española, por ejemplo, el viento cobra la significación de la fuerza masculina, y así aparece en Garcilaso, San Juan de la Cruz, Lorca, etc.

ENCABALGAMIENTO. Ocurre en un texto poético cuando una oración o enunciado no termina al final del verso, sino a mediados del próximo. El propósito de esta técnica es hacer que la poesía se parezca más a la prosa. Machado lo usa mucho en sus poemas para crear ese efecto:

> Y pedantones al paño
> que miran, callan y piensan
> que saben, porque no beben
> el vino de las tabernas.

ENEASÍLABO. (v. Apéndice de MÉTRICA ESPAÑOLA)

EPANADIPLOSIS. Figura que consiste en repetir la misma palabra al principio y al final del verso o frase, como en "Verde que te quiero verde" de Lorca.

EPÍFORA. Figura sintáctica producida por la iteración de la misma palabra. Nótala en esta cita de Unamuno: "Creyendo no creer . . . pero sin creer creerlo."

EPOPEYA (o ÉPICA). Obra por lo general larga que cuenta las hazañas de un héroe. El mayor ejemplo en las letras hispánicas es *El cantar de mío Cid*. También existe una épica renacentista, escrita con la estética de aquella época como *La Araucana* de Ercilla, y hasta una romántica como la de el *Martín Fierro* de José Hernández.

ESPERPENTO. Estilo creado por Valle-Inclán que deforma la realidad de un modo grotesco para resaltar algún aspecto de ella. Se asemeja a la caricatura. "La cabeza del Bautista" es un ejemplo. (v. EXPRESIONISMO)

ESTRIBILLO. Uno o más versos que se repiten a intervalos en un texto poético. En el Siglo de Oro, un ejemplo es "Muero porque no muero" de Santa Teresa, y en la literatura romántica, la repetición de "Que es mi barco mi tesoro, / mi dios la libertad, / mi ley la fuerza y el viento, / mi única patria la mar" de Espronceda.

ESTROFA. Una serie de versos unidos. Se distinguen por el número de versos que contienen. Así, un terceto es una estrofa de tres versos, un cuarteto de cuatro, un sexteto de seis, etc. En poemas de verso libre, las estrofas también son libres, y se distinguen por la separación que elige el poeta.

ESTRUCTURALISMO. Una forma importante de crítica literaria moderna que se preocupa del análisis de los códigos sociales y culturales que afectan la interpretación de los signos. También se preocupa de cómo los signos se relacionan con otros del texto para crear un mensaje, o sea, de la estructuración de los signos.

ETIMOLOGÍA. Es el estudio del origen de las palabras.

EUFONÍA. Cualquier serie de signos que produce un efecto o sonido apacible.

EXISTENCIALISMO. Una corriente filosófica del siglo XX que concibe al hombre sólo como existencia y no como esencia. Al quitarle al ser humano todo contenido espiritual, cada individuo tiene la responsabilidad de forjar su propio destino en un mundo cada vez más sin sentido. Uno de los primeros existencialistas europeos fue Unamuno, quien al no creer en una vida eterna, vio la existencia terrenal como la única existencia. El existencialismo se siente mucho en la literatura de vanguardia, como en Vallejo.

EXPRESIONISMO. Escuela y tendencia estética que se da tanto en el arte plástico como en la literatura; representa una rebelión contra el realismo y deforma la realidad para reflejar los sentimientos que desea el autor o pintor. El mayor ejemplo del expresionismo en las letras hispánicas se encuentra en los esperpentos de Valle-Inclán.

F

FANTÁSTICO (LO). Se da principalmente en la narrativa moderna cuando hechos razonables se mezclan con otros inexplicables, confundiendo al lector. El narrador no ofrece una explicación. No se debe confundir con el realismo mágico. Ejemplos de narraciones fantásticas son "El sur" de Borges, "La noche boca arriba" de Cortázar y "Chac Mool" de Fuentes, aunque se ven ejemplos de lo fantástico también en las narraciones de Palma y Quiroga.

FIGURA. Un término general para referirse a todos los usos del lenguaje empleados en obras literarias para crear ciertos efectos. Por ejemplo, los tropos como la metáfora, la metonimia, la personificación y la ironía son ejemplos de figuras. (v. RETÓRICA)

FILOLOGÍA. Originalmente el estudio de los textos literarios, especialmente los que presentan problemas lingüísticos, como los textos medievales. Hoy se emplea, sobre todo en España, para referirse a todo análisis literario.

FLASHBACK. Técnica por la que se altera el orden cronológico para narrar hechos que ocurrieron con anterioridad al momento en que se encuentra la historia en ese momento. La historia de la juventud de Alina en "Las ataduras" de Martín Gaite se cuenta en forma de *flashback.*

FLUIR DE LA CONCIENCIA. Combinación de sensaciones, pensamientos y memorias en el pensamiento referidas por narradores en monólogos interiores, muchas veces sin orden. "Los trapecistas" de Peri Rossi empieza con un párrafo que emplea esta técnica.

FOLCLORE. Tradiciones populares, como fiestas, canciones, bailes, etc. que se han mantenido vivas. La literatura regionalista emplea elementos folclóricos para ambientar sus obras. Se observan elementos de este tipo en las canciones de los segadores en *La casa de Bernarda Alba* o en las fiestas del pueblo en "Las ataduras" de Martín Gaite.

FONOLOGÍA (o FONÉTICA). La producción física de sonidos. Es importante para entender los efectos auditivos en la literatura, sobre todo la aliteración. (v. ALITERACIÓN)

G

GÉNEROS LITERARIOS. Clases en que se puede organizar la literatura: poesía, teatro, ensayo, novela, relato corto, etc. Se debe tener en cuenta los muchos subgéneros, como la poesía lírica y la narrativa, o la tragedia y la comedia, etc.

GRADACIÓN. Encadenamiento de términos relacionados en el sistema de significación del poema. Muchas veces las gradaciones conducen hacia un clímax. Se encuentra una gradación descendente al final del "Mientras por competir con tu cabello" de Góngora ("en tierra, en humo, en polvo, en sombra, en nada") y una ascendente en "Orillas del Duero" de Machado.

H

HAMARTIA. Término de Aristóteles para referirse al error de juicio o mal paso que conduce al protagonista de la tragedia hacia la catástrofe. La inhabilidad de Bernarda Alba en el drama de Lorca de no darse cuenta de los sentimientos de sus hijas pone en movimiento la tragedia de la obra.

HEMISTIQUIO. En los versos largos suele haber una cesura (o descanso) en mitad del verso. Cada parte es un hemistiquio. Se ve claramente en los versos de la epopeya castellana y en la poesía moderna, como en "Sinfonía en Gris Mayor" de Darío. (v. CESURA)

HEPTASÍLABO. (v. Apéndice de MÉTRICA ESPAÑOLA)

HERMENÉUTICA. Rama de la interpretación literaria que se preocupa por entender lo que significa el mensaje de un texto. Se supone que un autor emite un mensaje que un lector ideal puede descifrar. La teoría de la recepción, por ejemplo, es una rama de la crítica hermenéutica, e intenta entender las obras tal como habrían sido entendidas por sus destinatarios originales.

HÉROE. El personaje principal o protagonista de una obra literaria. No tiene que ser necesariamente heroico. (v. ANTIHÉROE)

HEXASÍLABO. (v. Apéndice de MÉTRICA ESPAÑOLA)

HIPÉRBATON. Inversión del orden normal de las palabras para producir un efecto poético. Se da con mucha frecuencia en los poemas barrocos de Góngora y Quevedo.

HIPÉRBOLE. Figura retórica que consiste en exagerar para hacer hincapié en una idea. Larra, en "Vuelva usted mañana," claramente exagera la pereza de los españoles.

HYBRIS. Término de la tragedia que se refiere a la arrogancia de un personaje que lo conduce a la tragedia. Se ve claramente en el personaje de Bernarda Alba de Lorca.

I

IMAGEN. Término muy usado pero bastante impreciso que incluye entre otras técnicas el uso de figuras para evocar impresiones o imágenes visuales explícita o implícitamente.

IMPRESIONISMO. Estilo de arte de la segunda mitad del siglo XIX que pinta escenas bellas con colores brillantes pero esfuminados. Se ha dicho que el modernismo hispanoamericano resulta de aplica esa tendencia a la literatura. El poema "Sinfonía en Gris Mayor" de Darío pinta un cuadro impresionista.

IN MEDIAS RES. Forma de empezar una acción, en vez de por el principio por el medio. La acción de *El burlador de Sevilla* empieza de esa forma, con don Juan dentro del cuarto de Isabela después de haberla gozado.

INTERTEXTUALIDAD. Término amplio que incluye el uso o referencias de textos dentro de otros textos. Forma parte de la polifonía de una obra. Cuando Ginés de Pasamonte en *Don Quijote,* I, xxii, dice que la novela que está escribiendo será más famosa que *Lazarillo de Tormes,* el lector que conozca esa referencia inmediatamente sabrá cómo será la obra de Pasamonte. O en "Rosarito" de Valle-Inclán hay paralelos explícitos e implícitos entre Montenegro y don Juan, de modo que se puede decir que las obras de Tirso y Zorrilla son intertextos de la obra de Valle-Inclán.

IRONÍA. Forma de enunciar algo de tal manera que el receptor lo entienda de otra. Cuando Lazarillo dice al final de la novela que estaba en el apogeo de su buena fortuna, y el receptor sabe claramente que es un cornudo, entonces se puede decir que sus palabras son irónicas.

IRONÍA DRAMÁTICA. Ocurre cuando el espectador sabe más de lo que va a pasar que los mismos personajes. En *La casa de Bernarda Alba* hay muchos indicios de que Adela y Paco tienen relaciones, sin embargo Bernarda se niega a creerlo.

ISOTOPÍA. Concepto importante del estructuralismo que se refiere a las asociaciones y relaciones existentes entre los signos de una obra. Así, por ejemplo, en el soneto de Garcilaso "En tanto que de rosa y azucena" se notan dos series de isotopías relacionadas con lo blanco (la "azucena") y lo rojo (la "rosa"). La isotopía de lo rojo incluiría los siguientes signos: ardiente, encender, oro, alegre primavera, dulce fruto, etc. Para entender el mensaje de este poema hay que descifrar el sentido que subyace en esta isotopía, que es la pasión de la juventud.

J

JITANJÁFORA. Se refiere a un texto lírico cuyas palabras se emplean solamente por su valor fónico, sonoro y rítmico. O sea, el signo carece de significado, sólo tiene significantes auditivos. Se emplea mucho en la poesía negra como la de Nicolás Guillén, como en el verso "Mayombe, bombe, mayonbé."

JUGLARÍA. El arte del juglar (poeta y cantante ambulante de la Edad Media). El mester de juglaría se expresa en versos asonantes e irregulares, pero de más o menos ocho sílabas. De esa forma se evolucionó al romance. (v. RO-MANCE).

L

LÉXICO. Conjunto de las palabras (vocabulario) empleadas en un enunciado.

LIBRE. (v. VERSO LIBRE)

LIRA. Estrofa de cinco versos que alterna entre once y siete sílabas con rima consonante según el esquema ABABB. Se puede observar en "La noche oscura del alma" de San Juan de la Cruz.

M

MARXISMO. Ideas basadas en las de Karl Marx. En cuanto a la crítica literaria, se refiere al análisis que pone énfasis en el mensaje de la explotación de las masas por las oligarquías que dominan la riqueza y el poder político. Si se lee el *Lazarillo de Tormes* desde una perspectiva marxista se destacaría la prisión de su padre y padrastro por haber robado para darle de comer a sus hijos, la explotación de Lazarillo por los clérigos, etc. La intención marxista es más explícita en un relato como "Los amos" de Juan Bosch.

MENSAJE. (v. COMUNICACIÓN)

META (METAFICCIÓN, META-LINGÜÍSTICA, METAPOEMA, METADRAMA, etc.). Se refiere a cualquier comunicación que tiene a sí misma como objeto, o sea, cuando el discurso de una obra trata sobre el uso del lenguaje, se dice que es un discurso metalingüístico, o cuando el mensaje de un poema tiene que ver con la poesía, se dice que es un metapoema. Hay varios discursos de este tipo en esta antología. "No digáis que agotado su tesoro" de Bécquer es un metapoema, así como el poema de Huidobro.

MESTER DE CLERECÍA/JUGLARÍA. Términos muy establecidos para referirse a las formas de componer versos de los clérigos y los juglares durante la Edad Media. (v. CUADERNA VÍA, ROMANCE)

METÁFORA. Una figura en que un signo, idea o acción es sustituida por otra expresión con la cual tiene una relación explícita. En "Dos patrias" de Martí, los versos "Cual bandera / que invita a batallar, la llama roja de la vela flamea" contienen una metáfora: la de la llama de la vela que se relaciona con una bandera que invita al poeta a luchar. La metáfora, por lo tanto, hace una comparación explícitamente. La metonimia, por otro lado, hace la comparación implícitamente. (v. METONIMIA)

METONIMIA. Cuando se substituye un signo por otro relacionado. Por ejemplo, cuando Garcilaso, en "En tanto que de rosa y azucena," emplea el signo de "hermosa cumbre," dentro del sistema de significación del poema en que se refiere a varias partes del cuerpo de la mujer, hay que entender que es la cabeza. Al descifrar esa metonimia, entonces se entiende la imagen de "antes que tiempo airado / cubra de nieve la hermosa cumbre" como canas en la cabeza de la mujer, y no la imagen explícita de una montaña cubierta de nieve. La metonimia, por lo tanto, es una figura mucho más sofisticada que la metáfora, con la cual se confunde mucho. La sinécdoque es la metonimia más sencilla, cuando una

palabra o expresión se emplea para referirse a algo o alguien, como cuando se dice "plata" en vez de "dinero."

MÉTRICA. El estudio de todos los fenómenos relacionados con la versificación, como las medidas de los versos, la rima, las estrofas, etc. (v. Apéndice de MÉTRICA ESPAÑOLA)

MODERNISMO. Consulta la introducción al Capítulo 9. Se debe tener en cuenta que en la historiografía literaria hispánica el término no se aplica a todo lo moderno, sino a un período específico más o menos entre 1888 y 1910, aunque sus efectos se sienten mucho después.

MONÓLOGO. Discurso emitido un personaje de un drama o una narrativa por sin que nadie lo escuche, excepto el destinatario, lector u oyente. Los soliloquios de Segismundo de *La vida es sueño* de Calderón son un ejemplo.

N

NARRACIÓN. (v. RELATO)

NARRADOR. Desde los "New Critics" de los años 20 del siglo XX, se le ha dado gran importancia a la noción de que el que narra en una novela o relato no es necesariamente el autor, puesto que éste crea un ente de ficción, como sus otros personajes, para contar los hechos y guiar al lector. Este "narrador" puede tomar muchas formas, entre ellas los más comunes son: omnisciente, uno que tiene acceso a toda la información, incluso a los pensamientos de los personajes; el que narra en tercera persona, como un personaje-narrador, que no puede narrar objetivamente ni saber todo lo que pasa (en estos narradores a veces no se puede confiar del todo); y el de primera persona, que también es limitado puesto que normalmente tiene un motivo por escribir su mensaje. La narratología es la rama del estructuralismo que se preocupa de la función de los narradores dentro del sistema de significación de un texto.

NARRATARIO. Concepto de la narratología para referirse al destinatario de un mensaje dentro de la obra. Lazarillo dirige su mensaje a alguien de la clase alta a quien Lazarillo llama "Vuestra Merced," de modo que esa persona es el narratario de la novela.

NATURALISMO. Consulta la introducción al Capítulo 8. Es, esencialmente, un movimiento literario nacido del realismo, que ve a los seres humanos como determinados por fuerzas que ellos no pueden controlar, como su medio ambiente o su herencia.

NEGRITUD. (v. POESÍA NEGRA)

NEOLOGISMO. Invención de una palabra.

NOUVEAU ROMAN. Estilo de narrativa de los años 50 y 60 del siglo XX que lleva el objetivismo del narrador a su máximo extremo. Dentro de ese estilo el narrador únicamente relata las sensaciones y las acciones, sin jamás interpretarlas. El mayor representante de esta corriente en España es Rafael Sánchez Ferlosio.

O

OBRA ABIERTA. En las teorías literarias modernas, sobre todo en las de Umberto Eco o Roland Barthes, se declara que en las grandes obras literarias, el autor se expresa dentro de un sistema de significación del que no se puede precisar su sentido específico, y está abierto a muchas y múltiples interpretaciones. (v. DECONSTRUCCIÓN; HERMENÉUTICA)

OCTASÍLABO. (v. Apéndice de MÉTRICA ESPAÑOLA)

ODA. Poema lírico muy formal que se dirige a una persona importante. Pablo Neruda, sin embargo, escribe odas a las cosas insignificantes y cotidianas (como la alcachofa) en forma irónica.

OMNISCIENCIA. Se le llama a un narrador "omnisciente" cuando relata en tercera persona y funciona como un pequeño dios que lo sabe todo y hasta es capaz de penetrar en los pensamientos y las emociones de sus personajes.

ONOMATOPEYA. Es una figura que consiste en el empleo de un signo cuyo significante recrea o recuerda el sentido del significado. Heredia, por ejemplo, emplea el adjetivo *retumbando,* que significa *resonando,* y ese adjetivo, con su aliteración nasal crea un tipo de sonido dentro del poema.

OPOSICIÓN BINARIA. Un concepto fundamental del estructuralismo según el cual un signo a veces sólo se entiende en comparación a otros dentro del sistema de significación. Muchas veces, estos signos forman oposiciones: blanco–negro; subir–bajar, etc.

OXÍMORON. Figura muy cercana a la paradoja. (v. PARADOJA)

P

PANTEÍSMO. Doctrina que asocia a Dios con las manifestaciones de la naturaleza.

PARADOJA. Expresión que parece contener una contradicción, pero que en realidad es verdad. Los últimos versos del soneto de Garcilaso "En tanto que de rosa y azucena" terminan en una paradoja: "Todo lo mudará la edad ligera / por no hacer mudanza en su costumbre." Los versos básicamente dicen que el tiempo lo cambia todo para no cambiar de costumbre.

PARALITERATURA: Categoría de obras escritas que están al margen del canon literario por ser creadas con fines de consumo, como novelas policiacas o de ciencia-ficción, los folletines, etc.

PAREADO. Estrofa de dos versos.

PARODIA. Obra que imita el estilo de otra obra con el fin de burlarse de ella. La parodia más famosa de la literatura hispánica es el *Quijote,* donde Cervantes satiriza el estilo florido de las novelas de caballería.

PATHOS. Elemento esencial de la tragedia, pero hoy se refiere a la calidad de una obra en conmover a su receptor y llevarlo hacia la catarsis. (v. CATARSIS)

PERÍFRASIS. Uso de un rodeo de palabras para decir algo que se podría haber dicho directamente. Darío describe el pelo negro de una de sus amantes en "Canción de otoño en primavera" con esta perífrasis: "Era su cabellera oscura / hecha de noche y de dolor."

PERIPECIA. Paso de la felicidad a la desgracia en una obra, provocado por un acontecimiento imprevisto. El mordisco que recibe Cuéllar en *Los cachorros* de Vargas Llosa cambia su vida irremediablemente.

PERSONIFICACIÓN. Figura por la cual las cosas inanimadas o abstractas cobran calidades de seres humanos, como cuando Sor Juana se refiere al "Mundo" como alguien que la persigue, en el soneto que empieza con el verso: "En perseguirme, Mundo, ¿qué interesas?"

PICARESCA. Consulta la introducción al Capítulo 4. Se refiere a un subgénero de novela episódica narrada en primera persona por un miembro de las clases marginadas. Se da por primera vez en España e introduce por primera vez en la literatura un realismo social.

PLATONISMO. Ideas del filósofo griego Platón (427-347 A.C.), en particular su noción de que las cosas están compuestas de lo material y lo conceptual, y que lo conceptual es lo más importante. El Renacimiento encontró sus ideas fáciles de ajustar al concepto cristiano del cuerpo y del alma.

POESÍA NEGRA. Corriente importante de la poesía vanguardista del Caribe en que se intenta captar los ritmos y la cultura africana de esa región. El primero en experimentar con la poesía negra fue Luis Palés Matos, pero la poesía negra llega a su plenitud en la obra de Nicolás Guillén, donde sobrepasa lo folclórico y adquiere matices sociales.

POESÍA PURA. Cualquier poesía que trata de evitar las figuras retóricas—o por lo menos disimularlas—y poner el énfasis en el valor de la palabra. El ejemplo clásico de poesía pura es la "Noche oscura" de San Juan de la Cruz. El más arduo cultivador de poesía pura del siglo XX es Juan Ramón Jiménez.

POLIFONÍA. Conjunto de voces que compone un texto literario, como en "Romance de la luna, luna" de García Lorca donde se oye, además de la voz del narrador, la voz de la luna, y hasta posiblemente la de otro que avisa a los personajes. Las teorías de la dialogía de Mikhail Bakhtin se basan en la polifonía de las obras literarias.

POLIMETRÍA. Mezcla de varias formas métricas en un solo poema, como en "Canción del pirata" de Espronceda. Una característica notable de la comedia del Siglo de Oro es su polimetría.

POLISEMIA. Capacidad del signo lingüístico de tener varios significados. En "Muero porque no muero," Santa Teresa emplea varias veces el verbo "esperar" con su doble significado de "tener esperanzas" y "estar impaciente."

POSMODERNISMO. Término que se refiere a la generación de poetas en Hispanoamérica influenciada por la poesía modernista. Gabriela Mistral y Alfonsina Storni serían ejemplos.

PREFIGURACIÓN. A veces en un texto literario ocurre algo o se dice algo que resulta ser un indicio de algo que ocurrirá luego en el texto. Los piropos que le dice Montenegro a Rosarito en el relato de Valle-Inclán prefiguran lo que pasa al final.

R

REALISMO. Cualquier forma de escribir que crea la impresión de reflejar la vida y la realidad tal como es. Por ejemplo, *Lazarillo de Tormes* es ficción pero crea la impresión de que es una autobiografía verídica. Como movimiento literario, el realismo se da en la prosa y el teatro en la segunda mitad del siglo XIX, pero perdura hasta nuestros días.

REALISMO MÁGICO. Una forma de narrativa moderna en que la se emplean elementos irreales o improbables dentro de un marco realista, como en "Un señor muy viejo con unas alas enormes" de García Márquez donde aparece un día en el seno de una familia un hombre con alas. No se debe confundir con lo fantástico. (v. FANTÁSTICO)

REDONDILLA. Estrofa de cuatro versos, normalmente octosílabos, con rima ABBA. El conocido poema "Hombres necios que acusáis / a la mujer sin razón" de Sor Juana está escrito en redondillas. Es también la forma estrófica que predomina en la comedia del Siglo de Oro.

REFERENTE. A lo que una expresión literaria se refiere. Sin el referente, la comunicación del mensaje es casi imposible. Si no se entiende, por ejemplo, la dictadura de Juan Manuel Rosas, no se puede captar la alegoría de "El matadero" de Echeverría.

RELATO. La noción del "cuento corto," que viene del término inglés *short story* no tiene una expresión fija en castellano. A veces se le llama cuento, narración, narración corta o relato.

RENACIMIENTO. Consulta la introducción al Capítulo 3. Representa un reencuentro con la cultura clásica de Grecia y Roma que ocurre en partes de Europa desde el siglo XV. En las literaturas hispánicas se suele usar el año 1492 como comienzo del Renacimiento.

RETÓRICA. Conjunto de leyes empleadas desde la antigüedad que se aplican a un mensaje oral o escrito para persuadir al receptor. Hoy se emplea para referirse a todas las técnicas que emplea el escritor para producir ciertos efectos en el destinatario, como las figuras. (v. FIGURA)

RIMA. Semejanza fónica al final de dos o más versos. En castellano, esa semejanza se puede dar entre las vocales (RIMA ASONANTE), o entre las vocales y una o más consonantes (RIMA CONSONANTE). Ver también el Apéndice de MÉTRICA ESPAÑOLA.

RITMO. Se refiere al sistema o patrón de acentos tónicos de un verso o cualquier enunciado. Es una característica fundamental de la poesía, y es uno de sus elementos más difíciles de conseguir y de los más ignorados por la crítica. En "Volverán las oscuras golondrinas" de Bécquer, se perciben tres vocales tónicas, y junto a cada una se escucha un sonido alveolar (*r*), lo cual contribuye a crear la musicalidad del verso.

ROMANCE. En la literatura hispánica, el romance se refiere a poemas populares octosílabos con rima asonante. En su origen fueron compuestos y conservados oralmente, pero en el siglo XVI se coleccionaron en Romanceros y los poetas cultos empezaron a emplear la forma en sus propias composiciones.

Consulta la sección del Romancero en el Capítulo 3.

ROMANTICISMO. Consulta la introducción al Capítulo 7. Se refiere al movimiento cultural que introduce la edad moderna rompiendo con todas las instituciones del régimen antiguo, incluyendo las reglas clásicas que dominaban la expresión literaria.

ROMÁNTICO. En la literatura, este adjetivo se refiere a una actitud de libertad frente al arte y sus reglas. Su antónimo es "clásico." (v. CLASICISMO)

S

SÁTIRA. Un modo de escribir que revela las faltas de individuos, instituciones o la sociedad en general. Normalmente, la sátira se expresa con humor, pero no siempre. *Los sueños* de Quevedo, la obra de Valle y la de Caviedes son satíricas.

SEMIÓTICA (o SEMIOLOGÍA). Estudio de signos y su relación con otros signos en una obra literaria. (v. SIGNO)

SIGLO DE ORO. Denominación muy establecida dentro de la historiografía literaria hispánica para referirse a la rica producción literaria y artística de los siglos XVI y XVII, que corresponden a la hegemonía de España en Europa. Por otra parte, el término no indica nada respecto a los estilos o corrientes artísticos. Solemos pensar en el siglo XVI como el del Renacimiento y en el siglo XVII como el del Barroco.

SIGNIFICADO. (v. SIGNO)

SIGNIFICANTE. (v. SIGNO)

SIGNO. Cualquier elemento que tenga la capacidad de comunicar, como una palabra, un gesto, etc. Forma la base de la crítica literaria moderna de la semiótica, que se dedica a estudiar cómo funcionan los signos dentro de una obra literaria. Todo signo está compuesto de dos partes: un significado, que es el aspecto material del signo y lo que se refiere a su referente, y un significado, que es su aspecto conceptual. O sea, el significado del signo incluye todo aquello que va más allá de su aspecto material o perceptible. Por ejemplo, el signo "perro" provoca un referente de un mamífero cuadrúpedo, y esto es su significado. Su significado es la amenaza y peligro que representa el signo "perro" en una obra como *Los cachorros* de Vargas Llosa, en que el perro muerde el pene del héroe afectando su vida para siempre. Ese significado, muy diferente del significado que pudiera tener un perro en un cuento de niños, depende de su relación con otros signos de la novela. El valor onomatopéyico del signo "perro" pertenece también a su significante.

SILVA. Forma poética procedente de Italia y empleada en España desde el Renacimiento. Es una forma muy libre, con versos de diferentes extensiones (normalmente heptasílabos y endecasílabos), en diferentes combinaciones y con rima no fija. "La vida retirada" de Fray Luis, así como "En una tempestad" de Heredia son ejemplos.

SÍMBOLO. Término sobreusado y no muy claro, aunque en la literatura por lo general se usa para referirse al significado de un signo que adquiere un valor importante en un texto. Por ejemplo, el calor que sienten y la sed que tienen las hijas de *La casa de Bernarda Alba* son símbolos de su represión sexual y se repiten a lo largo del drama. Pero un símbolo también puede ser algo concreto que contiene un valor abstracto. Esta relación puede ser obvia, como el bastón que lleva Montenegro en "Rosarito" de Valle-Inclán, símbolo de su virilidad, o puede ser más difícil de precisar, como el clavel que destroza la "viuda" en "Dos patrias" de José Martí.

SINÉCDOQUE. (v. METONIMIA)

SINESTESIA. Figura que consiste en asociar elementos que vienen de distintos ámbitos sensoriales. La mezcla de términos auditivos y musicales con otros visuales y pictóricos en "Sinfonía en Gris Mayor" de Darío contiene abundantes ejemplos.

SONETO. Forma poética procedente de Italia que desde el Renacimiento se emplea en el mundo hispánico para sus expresiones más cultas. El soneto consiste en dos cuartetos y dos tercetos endecasílabos, con rima consonante en diferentes patrones. En los sonetos renacentistas suele haber una vuelta o cambio entre el segundo cuarteto y el primer terceto en que el tono o la dirección del mensaje cambia. Aunque en esta antología sólo aparecen sonetos del Siglo de Oro (Garcilaso, Herrera, Gongora, Quevedo y Sor Juana), la forma resucitó con el modernismo, y ha sido empleada por muchos poetas del siglo XX-Machado, Jiménez y Lorca entre ellos.

SUBTEXTO. Texto velado detrás del texto principal. Se emplea en la crítica para referirse a ciertos aspectos del texto no explícitos sino representados alegórica o simbólicamente. La destrucción de la biblioteca de don Quijote contiene un subtexto respecto a la Inquisición, que mantenía un Índice de libros prohibidos.

SURREALISMO (o SUPERREALISMO). Consulta la introducción al Capítulo 11. Una de las corrientes más conocidas de los experimentos vanguardistas de principios del siglo XX. Basado en las teorías de los sueños de Freud, que descubrieron en los sueños proyecciones de la realidad subconsciente del individuo, a pesar de lo irracional y abstracto que fueran. Los artistas surrealistas intentan captar en arte o en palabras esas imágenes irracionales e incongruentes. "Walking around" de Pablo Neruda, con su yuxtaposición de signos totalmente inconexos es un buen ejemplo. Los poemas de García Lorca también contienen elementos surrealistas, aunque en sistemas de significación más coherentes.

T

TEMA. Término sobreusado en la crítica literaria, aunque válido. Referente principal de un texto literario que surge de su analisis. Por ejemplo, el *carpe diem* es el tema de los sonetos de Garcilaso y Góngora, la libertad es el tema de "Canción de pirata" de Espronceda, el amor es el tema de "Canción de otoño en primavera" de Darío, etc. Claro que obras más extensas o complejas pueden tener varios temas. No se debe confundir, sin embargo, el tema con el discurso. (v. DISCURSO)

TERCETO. Estrofas de tres versos, como los que terminan un soneto.

TIRADA. Grupo de versos ligados por la rima. El término se usa principalmente para las epopeyas medievales, como *El cantar de mío Cid,* para distinguir las agrupaciones de versos con un esquema asonante de las de otro esquema.

TONO. Término muy vago que se refiere al ambiente que se crea en una obra li-3teraria (por ejemplo, se puede hablar del tono humorístico de "El alacrán de Fray Gómez" de Palma) o a la actitud o perspectiva del narrador hacia su receptor (por ejemplo, el tono pesimista de "Las medias rojas" de Pardo Bazán).

TRAGEDIA. Una obra, normalmente dramática, que expone el menoscabo del protagonista. Es una forma dramática muy rígida de la antigua literatura griega y descrita con mucho detalle por Aristóteles en su *Poética.* Hoy el término tiene un sentido mucho más libre; sin embargo, los elementos de la tragedia aristotélica se siguen empleando felizmente en la crítica literaria actual, como la catarsis (la purgación de las pasiones), la hamartia (el error del protagonista que lo llevará a la catástrofe), la hybris (o la arrogancia del protagonista), el pathos (o la pena que siente el receptor al ver el protagonista sufrir), etc. García Lorca describió su drama *La casa de Bernarda Alba* como una "tragedia rural," y la obra ciertamente contiene muchos elementos de la tragedia.

TRAGICOMEDIA. Obra trágica que contiene elementos de la comedia, que no necesariamente son elementos de humor, sino temas cotidianos, personajes de las clases bajas y acciones banales. El primer ejemplo en la literatura hispánica es *La Celestina* de Fernando de Rojas, cuyo título original es *La tragicomedia de Calixto y Melibea*.

TRAMA. Se refiere a las acciones de una narrativa tal como nos las presenta el escritor. Los formalistas rusos distinguen entre la secuencia de la trama y la de la fábula, diciendo que ésta es la secuencia de las acciones cronológica.

TREMENDISMO. Corriente neonaturalista que se dio en España después de la Guerra Civil (1936–39) la cual intentó describir las atrocidades de la vida enfocándose en actos brutales y escenas escabrosas. El mayor representante es Camilo José Cela, y elementos del tremendismo se podrán observar en "El misterioso asesinato de la Rue Blachard."

TROPO. Término general que se refiere a las figuras retóricas que emplean palabras en sentidos que van más allá de su significado, como la metáfora y la metonimia. (v. FIGURAS)

TROVADOR. Poeta cortesano de la Edad Media que escribía versos amatorios para la diversión de la corte. Este tipo de poesía está representado en esta antología con el poeta valenciano Ausiás March, quien escribió en catalán.

V

VANGUARDISMO. Consulta la introducción al Capítulo 11. Se refiere al conjunto de movimientos experimentales que se dieron en el arte y en la literatura entre las dos guerras mundiales del siglo XX (cubismo, futurismo, dadaísmo, ultraísmo, creacionismo, surrealismo, etc.).

VERSO. Cada una de las líneas de un poema. La extensión del verso depende del número de sílabas, y el estudio de esas formas silábicas se denomina "versificación." Los versos más frecuentes en castellano son el octosílabo (8) y el endecasílabo (11), aunque los hay de todas las extensiones. (v. Apéndice de MÉTRICA ESPAÑOLA)

VERSO BLANCO (o VERSO SUELTO). Son versos que se adhieren a un esquema métrico regular, pero no a un esquema rítmico. Se da en la poesía castellana desde el Renacimiento, pero predomina en la literatura moderna. "Caminante, son tus huellas / el camino" de Machado contiene versos octosílabos pero sin patrón rítmico fijo.

VERSO LIBRE. Se refiere a un texto poético que no se adhiere a ningún esquema, ni métrico ni rítmico. En la poesía hispánica tiene sus orígenes en el modernismo, en obras como "Nocturno" de Silva o "A Roosevelt" de Darío. Es la forma predilecta de la poesía vanguardista y de toda la poesía posterior.

Z

ZÉJEL. Una forma estrófica de la literatura hispanoárabe cuyo sistema de rima se ajusta al de una canción de tipo tradicional. O sea, el poema toma una parte de un poema o canción tradicional y escribe una composición que recoge la rima de los versos intercalados. El zéjel se puede ver en esta antología en Juan Ruiz, el Arcipreste de Hita.

CRÉDITOS DE TEXTO

Chapter 8

P. 517. Bosch, Juan. Juan Bosch, "Los amos", relato perteneciente a la obra *Camino Real,* © 1933. Usado con permiso de Agencia Literaria Carmen Balcells, S.A.

Chapter 9

P. 548, 550. Jiménez, Juan Ramón. "Mi alma es hermana del cielo gris" and "Este immenso Atlántico" by Juan Ramón Jiménez. Reprinted by permission of the heirs of the author.

Chapter 11

P. 730, 734, 737, 739. Neruda, Pablo. Pablo Neruda, "Me gustas cuando callas", poema de *Veinte poemas de amor y una canción desesperada,* © 1924. "Walking Around", poema de *Residencia en la tierra,* © 1933. "La United Fruit Co.", poema de *Canto general,* © 1950. "Oda a la alcachofa", poema de *Oda elementales,* © 1954. Usado con permiso de Agencia Literaria Carmen Balcells, S.A.

Chapter 12

P. 758. Aleixandre, Vicente. Vicente Aleixandre, "En la plaza", poema perteneciente a la obra *Historia del corazón,* © 1954. Usado con permiso de Agencia Literaria Carmen Balcells, S.A., P. 762. Cela, Camilo José. Camilo José Cela, "El misterioso asesinato en la Rue Blanchard", relato perteneciente a la obra *Nuevo retablo de Don Cristobita,* © 1957. Usado con permiso de Agencia Literaria Carmen Balcells, S.A., P. 773. Delibes, Miguel. "El conejo" by Miguel Delibes. Reprinted by permission of Ediciones Destino, S.A., P. 787. Martín Gaite, Carmen. "Las ataduras" by Carmen Martín Gaite. Reprinted by permission of Ediciones Destino, S.A., P. 824. Matute, Ana María. Ana María Matute, "Pecado de omisión", relato perteneciente a la obra *Historias de la artamila,* © 1961. Usado con permiso de Agencia Literaria Carmen Balcells, S.A., P. 829. Sánchez Ferlosio, Rafael. "Y el corazón caliente" from *Alfanhuí* by Rafael Sánchez Ferlosio (Barcelona: Ediciones Destino, 1977). Reprinted by permission of Ediciones Destino, S.A., P. 837. Goytisolo, Juan. Juan Goytisolo, "Cara y cruz", relato perteneciente a la obra *Para vivir aquí,* © 1959. Usado con permiso de Agencia Literaria Carmen Balcells, S.A.

Chapter 13

P. 868. Asturias, Miguel Ángel. "La leyenda del tesoro..." by Miguel Ángel Asturias. Reprinted by permission of Editorial Losada S.A., P. 876. Rulfo, Juan. Juan Rulfo, "No oyes ladrar los perros?", relato perteneciente a la obra *El llano en llamas,* © 1953. Usado con permiso de Agencia Literaria Carmen Balcells, S.A., P. 882, 884. Cortázar, Julio. Julio Cortázar,

Chapter 14

ÍNDICE DE TÉRMINOS

■■■